**KRAMERS VERTAALWOORDENBOEK
DUITS - NEDERLANDS**

Kramers Vertaalwoordenboek

Duits - Nederlands

Redactie onder leiding van
drs. H. Coenders

SAMENSTELLERS

Algemene leiding
   drs. H. Coenders

Eindredactie
   P.S. Vermeer

Redactie
   mevr. J.M. Cromme
   E.J. Schouten
   mevr. E.-M. Ternité

Auteur 'Niederländische Grammatik'
   mevr. E.-M. Ternité

Invoer/correctie
   drs. G. Bakker
   mevr. W. van der Molen-Kwaak
   mevr. A. Stastra

Bandontwerp
   mevr. M. Gerritse

Zetwerk: Grafikon, België
Druk: Bercker Kevelaer

ISBN 90 274 7616 0
NUR 627

© MCMXCVII Uitgeverij Het Spectrum

Vierde druk

Niets uit deze uitgave mag worden vermenigvuldigd
en/of openbaar gemaakt door middel van druk, fotokopie,
microfilm of op welke andere wijze ook, zonder
voorafgaande schriftelijke toestemming van de uitgever.

No parts of this book may be reproduced in any form,
by print, photoprint, microfilm or any other means,
without written permission from the publisher.

Opneming van een woord in dit woordenboek
prejudicieert niet ten aanzien van het al of niet
bestaan van merkenrechten op dat woord.

VOORWOORD

Het Kramers Vertaalwoordenboek Duits-Nederlands is de opvolger van het Kramers Pocketwoordenboek, waarvan de eerste druk in 1982 verscheen. Dit geheel herziene vertaalwoordenboek is een compacte versie van het grotere gebonden Kramers Woordenboek Duits-Nederlands, waaruit wij met zorg die woorden en uitdrukkingen hebben geselecteerd die Nederlandstaligen nodig hebben als ze in contact komen met de Duitse taal, bijv. bij de studie of in het zakelijk verkeer. Door het handzame formaat is dit woordenboek ook bijzonder geschikt voor op reis. De hoeveelheid en de selectie van de trefwoorden is bovendien van dien aard dat je niet gauw zult misgrijpen bij het zoeken naar een woord. En uiteraard zijn er nieuwe woorden toegevoegd.

Een bijzondere reden voor de Kramersredactie om nu met nieuwe woordenboeken te verschijnen zijn de spellingwijzigingen in het Nederlands en het Duits. Uiteraard is nieuwe, officiële Nederlandse spelling – sinds 1 augustus 1996 verplicht voor het onderwijs en de overheid – in dit woordenboek verwerkt. Bovendien is de nieuwe Duitse spelling verwerkt, die met ingang van 1 augustus 1998 van kracht wordt (tot het jaar 2005 is overigens ook de huidige Duitse spelling nog toegestaan). Bij de trefwoorden waarvan de spelling op grond van de nieuwe regels verandert, is na de nu nog geldende spelling ook de nieuwe spelling vermeld (voorafgegaan door de formulering 'nieuwe spelling:'). Direct na dit *Voorwoord* wordt in het kort de aard van deze Duitse spellingwijziging besproken.

In de bijlagen achterin het boek is een apart overzicht van de Duitse onregelmatige werkwoorden opgenomen met de belangrijkste vervoegingsvormen. Daarnaast is er, speciaal voor de Duitstalige gebruikers, een in het Duits geschreven grammatica van het Nederlands toegevoegd, alsmede een overzicht van de Nederlandse onregelmatige werkwoorden.

Tot slot willen wij allen bedanken die een bijdrage hebben geleverd aan dit Vertaalwoordenboek. Mede dankzij hun inspanning is er een actueel en goed toegankelijk naslagwerk ontstaan voor een breed publiek.

Amsterdam, april 1997   De redactie

INHOUDSOPGAVE

Duitse spellingwijziging — VII

Aanwijzingen voor het gebruik — X

Lijst van tekens en afkortingen — XII

Duits-Nederlands — 1-470

Duitse onregelmatige werkwoorden — 473

Nederlandse onregelmatige werkwoorden — 483

Niederländische Grammatik — 488

DE DUITSE SPELLINGWIJZIGING

In 1998 wordt er in het Duitse taalgebied een spellingwijziging ingevoerd. De huidige Duitse spelling mag echter nog tot het jaar 2005 worden gebruikt, zodat er een aantal jaren twee spellingen naast elkaar zullen bestaan.
Hoewel de nieuwe Duitse spelling pas in 2005 verplicht zal worden gesteld, meent de Kramersredactie dat het nuttig is reeds nu aandacht aan deze spelling te besteden. In dit woordenboek Duits-Nederlands vermelden wij, na de nu nog geldende spelling, de nieuwe spelling van de trefwoorden die een spellingwijziging zullen ondergaan.

Hieronder geven wij in het kort de veranderingen aan ten opzichte van de oude spelling. Omdat sommige regels nogal gecompliceerd zijn en betrekking hebben op grammaticale kwesties die de meeste Nederlandstaligen zelden of nooit zullen tegenkomen in het gebruik van de Duitse taal, is de behandeling niet uitputtend:

- Als een woord eindigt op twee dezelfde medeklinkers (*Ballett*, *Schiff*) en als dit woord als eerste lid van een samenstelling wordt gekoppeld aan een woord dat met eenzelfde medeklinker begint (*Tänzerin*, *Fahrt*) moeten **alle drie** de medeklinkers worden geschreven (*Balletttänzerin*, *Schifffahrt*). In de oude spelling moest er een letter wegvallen (*Ballettänzerin*, *Schiffahrt*). Voor een betere leesbaarheid mogen, als alternatieve spelling, beide woorddelen ook met een koppelteken worden verbonden, waarbij het tweede woorddeel, als dit een zelfstandig naamwoord is, met een hoofdletter begint (*Ballett-Tänzerin*, *Schiff-Fahrt*). In dit woordenboek vermelden wij de oude, de nieuwe en de alternatieve spelling.

- In een groot aantal woorden wordt in de nieuwe spelling de zgn. **Ringel-s** (ß) vervangen door een **dubbele s**. Telkens wanneer in de oude spelling de letter ß stond na een **korte** klinker (*Fluß*, *Schloß*, *Prozeß*), verandert deze in ss (*Fluss*, *Schloss*, *Prozess*). Dit heeft natuurlijk ook consequenties voor deze woorden in samenstellingen met woorden die met een s beginnen: *Schlußsatz* verandert nu in *Schlusssatz* of *Schluss-Satz*. Deze spellingwijzigingen zijn in dit woordenboek verantwoord.

N.B.: de ß in woorden als *Maß*, *groß* en *Fuß* wordt voorafgegaan door een **lange** klinker. Hier treedt dus geen spellingwijziging op.

DE DUITSE SPELLINGWIJZIGING

- Van een aantal in het Duits vaak gebruikte vreemde woorden wordt de spelling 'eingedeutscht', d.w.z. aangepast aan de Duitse schrijfwijze. Dit zijn woorden als *Joghurt, Panther, Differential, Saxophon* en *Geographie*. In sommige gevallen zijn de nieuwe verduitste spelling en de oude spelling **gelijkwaardige** schrijfwijzen, in andere gevallen wordt de oude spelling een **toegelaten** spelling, terwijl de nieuwe spelling **voorkeurspelling** wordt. Zo blijven naast *Jogurt, Panter, Saxofon* en *Geografie* de oude spellingen bestaan, maar *Differenzial* heeft de voorkeur boven de oude spelling. In al deze gevallen vermelden wij in dit woordenboek de nieuwe spelling voorafgegaan door de formulering 'nieuwe spelling ook:'.

- Om wat meer consistentie in de Duitse spelling te krijgen, worden in sommige woorden waarin nu de letter *e* wordt geschreven, een *ä* geschreven, als deze woorden zijn afgeleid van woorden waarin een *a* staat. Dit is het geval met bijv. *aufwendig, überschwenglich* en *verbleuen*, die veranderen in *aufwändig* (wegens *Aufwand*), *überschwänglich* (wegens *überschwang*) en *verbläuen* (wegens *blau*).

  N.B.: de nieuwe spelling van *aufwendig* (*aufwändig*) is een toegelaten spelling. De oude spelling is de voorkeursspelling, omdat *aufwenden* ook bestaat.

- In een aantal **standaarduitdrukkingen** treedt er verandering op in het al dan niet met een **hoofdletter** schrijven van Duitse woorden. Omdat dit geen wijzigingen op trefwoordniveau zijn, zijn zij (nog) niet in dit woordenboek verwerkt. De meest opvallende wijziging doet zich voor in de uitdrukkingen *heute morgen, gestern abend* e.d., waarin het tweede woorddeel niet meer als bijwoord wordt gevoeld, maar als zelfstandig naamwoord, dus: *heute Morgen, gestern Abend* e.d.

- Sommige Duitse woorden die in de oude spelling aaneen werden geschreven, worden in de nieuwe spelling **los geschreven**. De regels hiervoor waren gecompliceerd en zijn dat in de nieuwe spelling nog steeds. Soms hangt de beslissing of een woord al dan niet met een ander woord aaneen moet worden geschreven, af van de vraag of dat woord letterlijk of figuurlijk geïnterpreteerd moet worden. Aangezien de verwerking van dit soort wijzigingen in een woordenboekartikel vaak erg ingrijpend is, heeft de redactie besloten om in deze druk de nieuwe spelling alleen te vermelden bij een beperkt aantal frequente trefwoorden, zoals: *achtgeben* (*Acht geben*), *alleinstehend* (*allein stehend*), *bekanntmachen* (*bekannt machen*).

- De regels omtrent het **afbreken** van woorden aan het eind van een regel worden veranderd. De meest opvallende verandering betreft de afbreekwijze van een woord bij de lettercombinatie *ck*. In de oude spelling mocht er tussen de *c* en de *k* worden afgebroken, waarbij de *c* in een *k* veranderde: *backen – bak-ken; lecker – lek-ker*. Deze regel vervalt. In de nieuwe spelling wordt er voor de *c* afgebroken: *ba-cken, le-cker*.

AANWIJZINGEN VOOR HET GEBRUIK

Trefwoorden

De trefwoorden zijn vetgedrukt en alfabetisch geordend. Synonieme trefwoorden die alfabetisch direct op elkaar volgen, zijn achter elkaar aan het begin van een artikel geplaatst:

Bedächtigkeit *v*, **Bedachtsamkeit** *v* bedachtzaamheid, omzichtigheid, voorzichtigheid

Trefwoorden die hetzelfde worden geschreven, maar die volstrekt verschillende betekenissen hebben en etymologisch niet aan elkaar verwant zijn, zijn als aparte trefwoorden weergegeven, voorafgegaan door een vetgedrukt nummer:

1 paff *tsw* paf, knal
2 paff *bn* = baff

Als bij deze trefwoorden de klemtoon op verschillende plaatsen ligt, is dat aangegeven door middel van een apostrof voorafgaande aan de beklemtoonde lettergreep:

1 'durchreisen *zw* onoverg erdoor(heen) reizen
2 durch'reisen *zw* overg erdoor reizen, door'reizen

Woordsoorten

Bij trefwoorden die tot verschillende woordsoorten behoren en waarbij er, afhankelijk van de woordsoort, verschillen in vertaling optreden, zijn vetgedrukte Romeinse cijfers gebruikt ter indeling van het artikel. Na de Romeinse cijfers zijn de woordsoorten vermeld; bij werkwoorden is vermeld of ze overgankelijk dan wel onovergankelijk zijn (zie voor de gebruikte afkortingen de *Lijst van tekens en afkortingen*):

ankleben *zw* **I** *overg* aanplakken; **II** *onoverg* (vast)kleven

Geslachtsaanduiding en meervoud

Achter trefwoorden die tot de zelfstandige naamwoorden behoren, is aangegeven welk geslacht zij hebben: *m* = mannelijk, *v* = vrouwelijk, *o* = onzijdig. Ook is de tweede-naamvalsvorm en de meervoudsvorm vermeld.
Fittich *m* (-s; -e) betekent bijvoorbeeld dat er sprake is van een mannelijk woord (*der Fittich*) met als tweede naamval *des Fittichs* en als meervoud *die Fittiche*.
Flagge *v* (~; -n) wil zeggen dat het een vrouwelijk zelfstandig naamwoord betreft, waarvan de tweede-naamvalsvorm onveranderd blijft (*der Flagge*) en waarvan het meervoud *die Flaggen* is.
Bij zelfstandige naamwoorden die geen meervoud hebben, zijn alleen het geslacht en de tweede naamval vermeld [bijv. **Fleiß** *m* (-es)]. Bij samengestelde zelfstandige naamwoorden (zoals **Bleistift** en **Stierkampf**) is volstaan met de vermelding van het geslacht; de tweede naamval en het meervoud vind je bij het laatste lid van de samenstelling (resp. **Stift** en **Kampf**).
Soms staat het trefwoord zelf al in het meervoud, wat blijkt uit de aanduiding *mv*:

Arbeitsbedingungen *mv* arbeidsvoorwaarden

Uitspraak

Achter trefwoorden waarvan de uitspraak afwijkt van de algemene, voor het Duits geldende uitspraakregels of waarvan de uitspraak om een andere reden toelichting behoeft, is tussen vierkante haken de juiste uitspraak vermeld. In veel gevallen is de uitspraak verkort weergegeven, waarbij de delen van het trefwoord die geen problemen opleveren, zijn vervangen door liggende streepjes (bijv. **liquid** [-'kwiet]). In de uitspraakweergave is zoveel mogelijk gebruik gemaakt van gewone lettertekens (en niet van fonetische tekens). De enige uitzonderingen hierop zijn:

- ç (de zgn. Ichlaut) zoals in *ich* (bijv. **Radieschen** [-'dies-çen]);
- ~ staat boven een klinker om aan te geven dat die klinker nasaal wordt uitgesproken (bijv. **Arrangement** [-ãzje'mã]).

AANWIJZINGEN VOOR HET GEBRUIK

Het teken ' geeft aan dat de daarop volgende lettergreep de klemtoon krijgt.

Werkwoorden

Achter werkwoorden met een onregelmatige vervoeging zijn in het woordenboek de vormen van de verleden tijd enkelvoud en het voltooid deelwoord vermeld [bijv. **brechen** (brach; gebrochen)].
Achter de overige werkwoorden is vermeld of het een zwak werkwoord (*zw*) of een sterk werkwoord (*st*) betreft. Bij zwakke werkwoorden verloopt de vervoeging regelmatig volgens het model: leben – lebte – gelebt. De vermelding *st* tref je aan bij samengestelde werkwoorden waarvan het grondwoord een sterk werkwoord is (bijv. **abbrechen**). De vormen van de verleden tijd enkelvoud en het voltooid deelwoord kun je eenvoudig afleiden uit de vervoegingsvormen die vermeld staan bij het grondwoord (voor **abbrechen** luidt de vervoeging dus: brach ab – abgebrochen).

Betekenisaanduidingen

Voor de duidelijkheid is bij een aantal vertalingen tussen punthaken een nadere toelichting geplaatst. Vaak (zoals in onderstaand voorbeeld) bestaat deze toelichting uit een specificatie van de objecten waarop een vertaling betrekking heeft:

abbestellen *zw* afbedelen; ⟨krant enz.⟩ opzeggen

Labels

Als een woord of een bepaalde betekenis daarvan specifiek is voor een bepaald (vak)gebied (bijv. scheepvaart, muziek, sport), een bepaalde stijl (bijv. gemeenzaam, plechtig, figuurlijk) of dialect, is dit aangegeven door middel van onderstreepte labels (zie voor de gebruikte afkortingen de *Lijst van tekens en afkortingen*):

Eingabe *v* verzoekschrift, adres; <u>comput</u> input, invoer
Glotze *v* (~; -n) <u>gemeenz</u> tv, buis

Zegswijzen, vaste verbindingen, voorbeeldzinnen

Zegswijzen, vaste verbindingen en voorbeeldzinnen zijn cursief gedrukt. Om ruimte te besparen is het teken ~ gebruikt ter vervanging van het trefwoord:

Pflanze *v* (~; -n) <u>plantk</u> plant; *eine zarte ~* <u>fig</u> een kasplantje
rüstig: *ein ~er Greis* een krasse grijsaard

LIJST VAN TEKENS EN AFKORTINGEN
ERLÄUTERUNG DER ZEICHEN UND ABKÜRZUNGEN

'	klemtoonteken	Akzentzeichen
~	herhaling van het trefwoord	Wiederholung des Stichworts
±	ongeveer hetzelfde	ungefähr dasselbe
&	enzovoort; en	und so weiter; und
aardr	aardrijkskunde	Geographie
alg.	algemeen	allgemein
anat	anatomie	Anatomie
archeol	archeologie	Archäologie
astron	sterrenkunde	Astronomie
auto	auto	Kraftfahrzeuge
Barg	Bargoens, dieventaal	Rotwelsch, Gaunersprache
Beiers	Beiers	bayrisch
Berl	Berlijns	berlinisch
bez vnw	bezittelijk voornaamwoord	Possessivpronomen
bijbel	bijbelse term	biblisch
bijw	bijwoord	Adverb
bilj	biljart	Billard
biol	biologie	Biologie
bn	bijvoeglijk naamwoord	Adjektiv
bouwk	bouwkunde	Bauwesen
chem	chemie, scheikunde	Chemie
comput	computerterm	Datenverarbeitung
dierk	dier(kunde)	Tier(kunde)
eig	eigenlijk	eigentlich
elektr	elektrotechniek	Elektrotechnik
fig	figuurlijk	bildlich, übertragen
filos	filosofie	Philosophie
fotogr	fotografie	Fotografie
gemeenz	gemeenz	umgangssprachlich
geol	geologie	Geologie
geringsch	geringschattend	abwertend
godsd	godsdienst	Religion
gramm	grammatica	Grammatik
h.	vervoegd met 'hebben'	konjugiert mit Hilfswort 'heben'
handel	handelsterm	Kaufmannssprache
herald	heraldiek, wapenkunde	Heraldik
hist	historische term	historisch
iem.	iemand	
iems.	iemands	
insectenk	insectenkunde	Insektenkunde
iron	ironisch	ironisch
jacht	jagersterm	Jägersprache
jeugdtaal	jeugdtaal	Jugendsprache
jmd.	jemand	
jmdm.	jemandem	
jmdn.	jemanden	
jmds.	jemand(e)s	
kaartsp	kaartspel	Kartenspiel
kindertaal	kindertaal	Kindersprache
landb	landbouw	Landwirtschaft
letterk	letterkunde	Literaturwissenschaft
luchtv	luchtvaart	Flugwesen
m	mannelijk	männlich

LIJST VAN TEKENS EN AFKORTINGEN

med	medische term	medizinisch
meteor	meteorologie	Meteorologie
Middeld	Middelduits	mitteldeutsch
mil	militaire term	militärisch
muz	muziek	Musik
m-v	zowel mannelijk als vrouwelijk	männlich und weiblich
nat	natuurkunde	Physik
nat-soc	nationaal-socialistisch	nationalsozialistisch
Nederd	Nederduits	niederdeutsch
N-Duits	Noord-Duits	norddeutsch
nv.	naamval	Fall
o	onzijdig	sächlich
officieel	officiële term	offiziell
onderw	onderwijs	Schulwesen
onoverg	onovergankelijk	intransitiv
Oostr	Oostenrijks	österreichisch
overg	overgankelijk	transitiv
pers vnw	persoonlijk voornaamwoord	Personalpronomen
plantk	plant(kunde)	Pflanz(enkunde)
plat	plat	vulgär
plechtig	plechtig, dichterlijk	gehoben, poetisch
pol	politiek	Politik
post	posterijen	Postwesen
prot	protestantse term	protestantisch
psych	psychologie	Psychologie
radio	radio	Rundfunk
recht	juridische term	Rechtssprache
reg	regionaal	regional
rekenk	rekenkunde	Arithmetik
RK	rooms-katholieke term	katholisch
RTV	radio & televisie	Rundfunk & Fernsehen
scheepv	scheepvaart	Seewesen
scheldwoord	scheldwoord	Schimpfwort
schertsend	schertsend	scherzhaft
schilderk	schilderkunst	Malerei
schrijft	schrijftaal	Schriftsprache
slang	slang	Slang
sp	sport	Sport
spoorw	spoorwegen	Eisenbahnwesen
st	sterk werkwoord	starkes Verb
stud	studententaal	Studentensprache
taalk	taalkunde	Sprachwissenschaft
techn	techniek	Technik
telec	telecommunicatie	Telekommunikation
telw	telwoord	Zahlwort
tennis	tennis	Tennis
thans	thans	jetzt
theat	toneel, theater	Theater
tsw	tussenwerpsel	Interjektion
turnen	turnen	Turnen
TV	TV	Fernsehen
typ	typografie	Typographie
univ	universitaire term	akademisch
v	vrouwelijk	weiblich
V.D.	voltooid deelwoord	Partizip Perfekt
verk.	verkorting	Abkürzung
vero	verouderd	veraltet
visk	vis(kunde)	Fisch(kunde)

vnw	voornaamwoord	Pronomen
voegw	voegwoord	Konjunktion
vogelk	vogel(kunde)	Vogel(kunde)
voorz	voorzetsel	Präposition
vroeger	vroeger	früher
V.T.	verleden tijd	Imperfekt
wederk	wederkerend	reflexiv
W-Duits	West-Duits	westdeutsch
wisk	wiskunde	Mathematik
ww	werkwoord	Verb
Z-Duits	Zuid-Duits	süddeutsch
zw	zwak werkwoord	schwaches Verb
Zwits	Zwitsers	schweizerisch

A

A *o* (~; ~) de letter A; <u>elektr</u> ampère; *das ~ und O* de alfa en omega; *von ~ bis Z* van a tot z

Aa [a'a]: *~ machen* ⟨kindertaal⟩ een grote boodschap doen

Aachen *o* (-s) Aken

aalen *zw* op paling vissen; *sich ~ luieren*, behaaglijk (in de zon) liggen

Aas *o* (-es; Aase, <u>gemeenz</u> Äser) aas, dood dier; <u>gemeenz</u> kreng; kraan; slimmerd; *ein freches ~* een brutale vlegel; *kein ~ ließ sich sehen* er was geen kip te zien

aasen *zw* vreten (v. wild); *mit dem Gelde ~* smijten met (het) geld

Aasfliege *v* (~; -n) <u>dierk</u> aas-, strontvlieg

Aasgeier *m* <u>dierk</u> aasgier; <u>fig</u> uitbuiter

ab I *bijw* weg; af, naar beneden; eraf, los *Der Bart ist ~* <u>gemeenz</u> er is niets meer aan te doen; *die Farbe muß ~* de verf moet eraf; *Hut ~!* petje af!, mijn complimenten!; *der Knopf ist ~* de knoop is eraf; *~ und zu* (*an*) nu en dan, af en toe; **II** *voorz* (+ 3 of 4) vanaf; *~ Berlin* van(af) Berlijn; *~ Werk, Lager, Schiff* <u>handel</u> af fabriek, magazijn, ex schip; *~ heute* vanaf vandaag (heden); *frei ~ hier* <u>handel</u> vrij aan boord (spoor); *~ sofort* vanaf nu, direct; *~ sechs Uhr* vanaf zes uur; *~ Weihnachten* vanaf Kerstmis; *~ kommenden Mittwoch* vanaf a.s. woensdag; *~ ersten* (*erstem*) *September* vanaf één september; *~ nächster Woche* vanaf de volgende week; *Kinder ~ zwölf Jahren* kinderen boven 12 jaar

abänderbar veranderbaar, vatbaar voor wijziging; <u>pol</u> amendeerbaar

abändern *zw* veranderen; amenderen, wijzigen; <u>biol</u> muteren

Abänderung *v* verandering, wijziging

Abänderungsantrag *m* amendement

abarbeiten *zw* afmaken, afwerken; <u>scheepv</u> vlotkrijgen; bewerken (steen); *sich ~ zich afsloven*; *abgearbeitet* afgewerkt, moe; *abgearbeitete Hände* werkhanden

abartig afwijkend

Abbau *m* ontginning, exploitatie; inkrimping; vermindering, geleidelijke opheffing; demontage; <u>chem</u> afbraak, ontleding; *~ von Beamten* afvloeiing van ambtenaren

abbauen *zw* **I** *overg* ontginnen, exploiteren; uitputten (mijn); doen afvloeien, inkrimpen; verminderen; geleidelijk opheffen; demonteren; *Gehälter ~* salarissen verlagen; *Kohlenlager ~* kolenlagen exploiteren; *Personal ~* personeel laten afvloeien; *Vorurteile ~* geleidelijke vooroordelen wegnemen; **II** *onoverg* het opgeven, uitvallen, -knijpen; *geistig ~* seniel worden; *der Sportler baut ab* de sportman is op zijn retour

abbeißen *st* afbijten; <u>slang</u> *einen* (*Schnaps*) *~* er eentje pakken; *da(von) beißt keine Maus einen Faden ab* daar is niets tegen te doen, dat staat vast; *eher beiße ich mir die Zunge ab als etwas zu sagen* ik bijt nog liever mijn tong af dan iets te zeggen

abbeizen *zw* afbijten, schoonmaken ⟨met bijtmiddel⟩

abberufen *st* terugroepen (v. gezant enz.); wegroepen; *~ werden* sterven

abbestellen *zw* afbestellen; ⟨krant enz.⟩ opzeggen

abbetteln *zw* afbedelen, afsmeken; *er ließ sich jedes Wort ~* men moest hem de woorden uit de mond trekken

abbiegen *st* afbuigen; afslaan (bijv. naar rechts); *in eine Straße, in den Wald ~* een weg inslaan, het bos ingaan

Abbieger *mv* afslaand verkeer

Abbild *o* beeld; evenbeeld, kopie

abbilden *zw* afbeelden, afschilderen

Abbildung *v* afbeelding, portret; afschildering

abbinden *st* afbinden ⟨wrat⟩; binden ⟨metselspecie⟩; *eine Schlagader ~* een slagader afsnoeren, -binden; *eine Krawatte, Schürze ~* een das, schort afdoen

Abbitte *v*: *~ tun*, *~ leisten bei* iem. om vergiffenis vragen, excuses maken

abbitten *st* afsmeken; *einem etwas ~* iem. voor iets vergiffenis vragen

abblasen *st* afblazen; afzeggen; *Dampf ~* stoom afblazen (ook <u>fig</u>); *einen Streik ~* een staking afgelasten

abblättern *zw* ontbladeren, afschilferen

abblenden *zw* afdekken, dimmen (van licht); <u>fotogr</u> het diafragma kleiner maken; <u>film</u> cutten, een opname beëindigen; *die Scheinwerfer ~* <u>auto</u> dimmen; *eine Szene ~* een scène beëindigen

Abblendlicht *o* <u>auto</u> dimlicht

abblitzen *zw* <u>gemeenz</u> afgewezen worden, een blauwtje lopen; *das Mädchen läßt alle Männer ~* dat meisje laat alle mannen een blauwtje lopen

abblocken *zw* tegengaan, verhinderen

abblühen *zw* de bloesem verliezen, uitbloeien, verwelken

abböschen *zw* afschuinen, glooiend maken

abbrausen *zw* <u>gemeenz</u> zich uit de voeten maken; *sich ~* douchen

abbrechen *st* afbreken; stopzetten, plotseling beëindigen; afplukken; slopen; *alle Brücken hinter sich ~* zijn schepen achter zich verbranden; *einer Sache die Spitze ~* de scherpe (gevaarlijke) kantjes van iets wegnemen; *seine Zelte ~* plechtig verhuizen, zijn woonplaats verlaten; *brich dir nur nichts ab!* <u>gemeenz</u> heb niet zo'n verschrikkelijk hard werken

abbremsen <u>onderw</u> remmen; <u>fig</u> afremmen

abbrennen *onr* af-, verbranden; afvuren, -schieten; harden, temperen ⟨staal⟩; *ein Feuerwerk ~* een vuurwerk afsteken; *ganz abgebrannt* blut, platzak

Abbreviatur [-'toer] *v* (~; -en) afkorting, abbreviatuur ⟨in tekst⟩

abbröckeln *zw* afbrokkelen (ook v. prijzen, koersen)

Abbruch

Abbruch *m* het afbreken; afbraak; sloping; stopzetting, plotselinge beëindiging; afbreuk, schade, nadeel; *einer Sache ~ tun* aan iets afbreuk doen

abbrummen *zw* met veel lawaai ervandoorgaan; *eine Strafe ~* een straf uitzitten

abbuchen *zw* afboeken; afschrijven ⟨giro⟩

abbürsten *zw* afborstelen; gemeenz *einen ~* iem. de mantel uitvegen

abbüßen *zw* boete doen voor; *eine Strafe ~* een straf uitzitten

Abc *o* ⟨~; ~⟩ abc, alfabet; de eerste beginselen

Abcschüler, Abcschütze *m* leerling van de laagste klas; beginneling

ABC-Waffen *mv* abc-wapens ⟨= atoom-, bacteriologische en chemische wapens⟩

abdachen *zw*: *sich ~* afhellen, glooien

abdämmen *zw* afdammen; fig tegengaan

abdampfen *zw* uitdampen; wegstomen; *er ist abgedampft* gemeenz hij is vertrokken; hij is het hoekje omgegaan

abdämpfen *zw* laten stoven; ⟨geluid⟩ dempen; door stoom gaar koken

Abdankung *v* afdanking; abdicatie, troonsafstand; Zuidd uitvaartdienst, lijkrede

abdecken *zw* afdekken, afschermen; ⟨dekens⟩ wegnemen; ⟨de tafel⟩ afruimen; villen; *jmdn. ~* iem. beschermen *Kredite ~* kredieten aflossen; *einen Spieler ~* sp een speler dekken

Abderit [ab-de-'riet] *m* (-en; -en) Abderiet, inwoner van Abdera; dwaas

abdorren *zw* onoverg verdorren, uitdrogen

abdrängen *zw* af-, wegdringen; sp afhouden

abdrehen *zw* afdraaien; afzwenken; uitzetten, uitschakelen ⟨toestel⟩; *einen Film ~* een film vertonen; *der Hahn ~* de kraan dichtdraaien; *einem den Hals ~* iem. (economisch) kapotmaken, ruïneren

abdreschen *st* dorsen; afranselen; *abgedroschen* afgezaagd

abdrosseln *zw* afsnoeren, beperken; *den Motor ~* auto gas minderen

Abdruck *m* ⟨-s⟩ **1** (mv: *Abdrucke*) afdruk; het afdrukken; foto; **2** (mv: *Abdrücke*) (voet)spoor, afdruk

abdrucken *zw* afdrukken ⟨vel, boek, artikel⟩

abdrücken *zw* afdrukken; de trekker overhalen, schieten; wegduwen; dichtdrukken; *einem die Luft ~* iem. (economisch) kapotmaken, ruïneren

abdunkeln *zw* donker maken, verduisteren; donker worden; afschermen; *ein Zimmer ~* een kamer verduisteren

abebben *zw* [ap-ebben] ebben; luwen, zwakker worden; *der Beifall ebbte ab* het applaus stierf weg

Abend *m* ⟨-s; -e⟩ avond; *bunter ~* gevarieerde, bonte avond; *Heiliger ~* de avond (of de dag) voor Kerstmis, kerstavond; *gestern abend* gisterenavond; *guten ~* goedenavond; *morgen abend* morgenavond; *Sonntag abend* zondagavond; *Sonntag abends, sonntags abends* op een zondagavond; *am ~* 's avonds; *heute abend, die-*

sen ~, an diesem ~ vanavond; *gegen ~* tegen de avond; *es ist noch nicht aller Tage ~* we zijn er nog niet; het einde is nog niet bereikt

Abendanzug *m* avondkleding

Abendbrot *o* Noordd avondeten

Abendkleid *o* avondjapon, -jurk, -kostuum

Abendland *o* avondland, West-Europa

abendländisch westers, v.h. Avondland

Abendmahl *o* avondmaal; avondeten; godsd Avondmaal; *das ~ empfangen, nehmen* aan het Avondmaal deelnemen

abends 's avonds

Abenteuer ['a-ben-toier] *o* ⟨-s; ~⟩ avontuur

Abenteuerin *v* ⟨~; -nen⟩ avonturierster

abenteuerlich avontuurlijk, romantisch; zonderling

abenteuern *zw* op avontuur uitgaan

Abenteurer *m* ⟨-s; ~⟩ avonturier, gelukzoeker

Abenteurerin *v* ⟨~; -nen⟩ avonturierster

aber maar, echter, toch; bijbel, plechtig en, nu; *~ doch* maar toch; *aber wie!* en hoe!; *oder ~* of wel; *~ und abermals* telkens weer; *tausend und ~ tausend* duizend en nog eens duizend; *das war ~ ein Genuß!* dat was pas een genot!

Aberglaube *m* bijgeloof

abergläubisch bijgelovig

aberkennen ['ap-] *onr* bij vonnis ontzeggen, weigeren; *einem die bürgerlichen Ehrenrechte ~* iem. uit kiesrecht en andere burgerlijke rechten ontzetten; *einem eine Forderung ~* iemands eis afwijzen

abermal(s) andermaal, opnieuw, wederom

Aberwitz *m* waanzin; onverstand; onzin

aberwitzig waanzinnig; onzinnig

abessen *st* **I** overg afeten, afknabbelen, afpeuzelen; **II** onoverg: *abgegessen haben* klaar zijn met eten

abfahren *st* **I** onoverg wegrijden, vertrekken; afdalen ⟨op ski's⟩; onderw gemeenz afgaan; gemeenz afgescheept worden, een blauwtje lopen; verdwijnen; *auf etwas ~* gek zijn op iets; **II** overg wegrijden, wegvoeren, wegbrengen; *beide Beine wurden ihm abgefahren* zijn beide benen werden er afgereden; *eine abgefahrene Fahrkarte* een gebruikt spoorkaartje; *eine Gegend ~* een streek afrijden; *der Reifen hat sich abgefahren* de band is afgesleten; *einen ~ lassen* iem. afpoeieren, afschepen

Abfahrt *v* ⟨~; -en⟩ vertrek, afvaart; het afrijden; afdaling ⟨op ski's of in slee⟩; afrit, plaats om de snelweg te verlaten; sp start; *eine steile ~* een steile afdaling ⟨op ski's⟩

Abfahrtzeit *v* vertrektijd

Abfall *m* ⟨-s; -fälle⟩ daling, vermindering; hist afvalligheid, ontrouw; *~ der Leistung* prestatievermindering; *Abfälle mv* afval

abfallen *st* afvallen; afvallig worden ⟨v.e. geloof⟩, afvallen, vermageren, hellen, glooien; scheepv afdrijven; teleurstellen; *das Flugzeug fällt ab* het vliegtuig verliest hoogte; *das Gelände fällt steil ab* het terrein glooit sterk; *dagegen fällt alles ab* daarbij steekt alles (ongunstig) af

abfällig afhellend; afkeurend; *ein ~es Ur-*

teil een afkeurend oordeel
abfangen *st* afvangen; vangen; luchtv opvangen; stutten; *einen* ~ iem. opvangen; *Briefe* ~ brieven onderscheppen; *die Konkurrenz* ~ de concurrentie onschadelijk maken; *einen Stoß* ~ een stoot opvangen
Abfangjäger *m* mil onderscheppingsjager
abfärben *zw* afgeven (van verf); ~ *auf* fig gevolgen hebben voor
abfassen *zw* opstellen, schrijven, redigeren; vatten, grijpen, snappen
abfaulen *zw* afrotten
abfedern *zw* plukken; ruien; techn veren; de schok breken, de stoot opvangen; *der Zug ist gut abgefedert* de trein veert goed
abfertigen *zw* verzenden; behandelen, afdoen; uitklaren of inklaren (douane); bedienen; afwijzen; onvriendelijk, ruw behandelen; sp inmaken, een zware nederlaag toebrengen; *einen (kurz)* ~ iem. afschepen, afwijzen; *Gepäck* ~ bagage in-, uitklaren; *einen Kunden* ~ een klant bedienen; *ein Schiff* ~ een schip voor vertrek gereedmaken
abfeuern *zw* afvuren
abfinden *st* tevredenstellen, schadeloosstellen; *seine Gläubiger* ~ een overeenkomst treffen met zijn schuldeisers; *sich mit etwas* ~ in iets berusten
Abfindung *v* afkoopsom, schadeloosstelling, uitkering ineens
abflachen *zw* afvlakken
abflauen *zw* verflauwen; gaan liggen ⟨wind⟩; bedaren; flauw worden ⟨van de beurs⟩
abfliegen *st* vertrekken, starten, wegvliegen; eraf vliegen; per vliegtuig wegbrengen; *die Maschine ist abgeflogen* het vliegtuig is vertrokken; *die Radkappe ist abgeflogen* de wieldop is eraf gevlogen
Abflug *m* luchtv start
Abfluß *m* afvloeiing; afvoerbuis, goot; verlaat
Abflußrohr *o* afvoer-, afwateringsbuis
abfordern *zw* vragen om, verzoeken om
abformen *zw* vormen
abfragen *zw* vragen, afvragen; *einen (einem) Schüler die Vokabeln* ~ een leerling de woordjes overhoren
abfrieren *st* afvriezen
Abfuhr *v* transport, afvoer; nederlaag
abführen *zw* af-, wegvoeren; wegleiden; africhten ⟨hond⟩; purgeren; opbrengen ⟨naar politiebureau⟩
Abführmittel *o* laxeermiddel
abfüllen *zw* vullen (v. flessen), bottelen; *Wein auf Flaschen* ~ wijn bottelen
Abgabe *v* afgifte, 't afleveren; verkoop; heffing, retributie, belasting; het vrijkomen, uitstraling (v. warmte, energie); handel tegenwaarde v.e. wissel; sp 't toespelen ⟨v.d. bal⟩
abgabenfrei vrij van rechten, belasting
Abgang *m* het weggaan, vertrek; handel verkoop, afzet, debiet; tarra; vermindering; med miskraam, abortus; theat 't afgaan; Oostr kastekort
Abgangsprüfung *v* eindexamen
Abgangszeugnis *o* einddiploma
Abgas *o* verbrandingsgas, afgewerkt gas, schoorsteengas; auto uitlaatgas
abgaunern *zw* ontfutselen
abgeben *st* af-, overgeven, afstaan; verkopen, leveren; handel trekken ⟨wissel⟩; sp *den Ball* ~ de bal doorgeven; *ein Beispiel* ~ een voorbeeld zijn; *einem eins* ~ iem. een klap, een standje geven; *eine Erklärung* ~ een verklaring afleggen; *ein Gutachten* ~ een rapport uitbrengen; *einen guten Reiter* ~ een goed ruiter zijn; *einen Schuß* ~ een schot lossen; *seine Stimme* ~ zijn stem uitbrengen; *den Sündenbock* ~ de zondebok zijn; *ein Urteil* ~ een oordeel uitspreken; *sich mit einem* ~ zich met iemand inlaten, afgeven
abgebrüht doortrapt; doorkneed; onverschillig, verhard, door de wol geverfd
abgedroschen afgezaagd
abgefeimt doortrapt, geraffineerd
abgehackt: ~ *sprechen* afgebeten spreken
abgehärmt afgetobd, door verdriet verteerd
abgehen *st* afgaan, aflopen; vertrekken; er-afgaan; sterven; sp starten; afbladderen; *es geht ihm nichts ab* hij heeft alles wat zijn hartje begeert; *gut* (*gemeinz wie warme Semmeln*) ~ vlot verkocht worden; *es geht nicht ohne Ärger, Schläge ab* ergernis, slaag is onvermijdelijk
abgekämpft vermoeid door de strijd, uitgeput
abgeklärt helder, bezonken, rijp
abgelebt afgeleefd, oud
abgelegen verafgelegen, ver verwijderd
abgelten *st* verrekenen; weer goedmaken, betalen
Abgeltung *v* vergoeding; schadeloosstelling
abgemacht afgesproken; ~! akkoord!
abgeneigt ongenegen, afkerig; *einem Plan abgeneigt sein* afwijzend tegenover een plan staan
abgenutzt versleten, afgesleten
Abgeordnete(r) *m* afgevaardigde
abgerissen afgescheurd; onderbroken, los; haveloos; ~*e Fetzen* losse flarden; ~*e Sätze* onsamenhangende, losse zinnen
abgerundet afgerond
Abgesandte(r) *m* plechtig afgezant
Abgesang *m* afscheid, einde; zwanezang
Abgeschiedenheit *v* afzondering, eenzaamheid
abgeschlagen beschadigd; fig geradbraakt; sp ver achtergebleven
abgeschmackt flauw, laf, smakeloos
Abgeschmacktheit *v* laf-, smakeloosheid, flauwiteit, platitude
abgestanden verschaald ⟨wijn⟩; bedorven ⟨lucht⟩; fig afgezaagd
abgewinnen *st* winnen van; *einem Achtung* ~ iem. achting afdwingen; *einer Sache keinen Geschmack* ~ *können* geen behagen in iets kunnen scheppen, er geen plezier in hebben, er niets voor voelen; *einem ein Lächeln* ~ iem. een glimlach ontlokken

abgewöhnen

abgewöhnen zw af-, ontwennen; afleren; zum A ~ gemeenz akelig; noch einen trinken zum A ~ gemeenz schertsend een glaasje op de valreep drinken
abgießen st afgieten
Abglanz m weerschijn, weerkaatsing; glimp
abgleichen gelijk maken, vereffenen, waterpas maken; nivelleren; regelen
Abgott m afgod
Abgötterei v afgoderij, afgodendienst
abgöttisch dwepend, hartstochtelijk, afgodisch; jmdn. ~ verehren iem. verafgoden
abgrämen zw: sich ~ zich aftobben, doodkniezen
abgreifen st beduimelen; afslijten; afmeten (met passer)
abgrenzen zw afgrenzen, afbakenen
Abgrenzung v afbakening
Abgrund m afgrond
abgründig peilloos; diep, veelomvattend, uiterst; ~er Haß bittere haat
abgrundtief peilloos diep
abgucken zw spieken, afkijken
Abguß m afgietsel; afvoer, afloop, gootsteen
abhaben onr gemeenz af hebben, niet op hebben (v. hoed, bril); meekrijgen; etwas ~ wollen iets willen krijgen; sein(en) Teil ~ fig zijn portie (straf) krijgen
abhaken zw loshaken, afhaken; van een haakje voorzien; afvinken; die Sache war schnell abgehakt de zaak was snel afgehandeld
abhalftern zw onthalsteren, aftuigen (paard); fig aan de dijk zetten
abhalten st afhouden, weerhouden, beletten; (Abstimmung, Konferenz, Prüfung, Sitzung, Versammlung usw.) houden; ich möchte Sie nicht ~ ik zou u niet graag storen, ophouden
Abhaltung v het houden (v. examen enz.); het afhouden; verhindering; ~ haben verhinderd zijn
abhandeln zw afhandelen (agenda); afspreken; einem etwas ~ iem. iets afkopen; vom Preise ~ iets (op de prijs) afdingen; ein Thema ~ een onderwerp grondig (uitputtend) behandelen
abhanden: das ist mir ~ gekommen dat ben ik kwijtgeraakt
Abhandlung v (wetenschappelijke) verhandeling
Abhang m helling, glooiing
abhängen I onoverg st af-, neerhangen; afhangen, afhankelijk zijn; Fleisch muß ~ vlees moet besterven; II overg (meestal zw, gemeenz & dial ook st) (aanhangwagen) afhaken, -koppelen; (iem.) overtreffen, voorbijstreven; zich losmaken van; kwijtraken; gemeenz ontslaan; sp afschudden; (schilderij) van de muur halen
abhängig afhankelijk; verslaafd (aan drugs, alcohol)
abhärten zw harden, hard maken, verharden; sich ~ zich harden
abhaspeln zw afwinden, -haspelen; afraffelen; sich ~ zich erg haasten, zich afjakkeren

abhauen st afhouwen, afhakken; gemeenz (haute ab, abgehauen) ophoepelen, ervandoor gaan; hau ab! donder op!
abhäuten zw afstropen, villen
abheben st afheffen, -lichten; ⟨geld v.d. bank⟩ halen; kaartsp afnemen, couperen; luchtv starten; den Hörer ~ de telefoon van de haak nemen; sich ~ zich aftekenen; gleich hebt er ab straks gaat hij uit zijn bol
abheilen zw onoverg geheel genezen
abhelfen st verhelpen, verbeteren; dem ist nicht abzuhelfen dat is niet te verhelpen
abhetzen zw opjagen, uitputten (wild); sich ~ zich afjakkeren
Abhilfe v hulp; ~ schaffen uitkomst bieden
abhold (+ 3) ongenegen, afkerig van
abholen zw af-, weghalen
abholzen zw ⟨bos⟩ vellen, kappen
abhören zw be-, afluisteren; opvangen (gesprek); uithoren; overhoren
abirren zw afdwalen
Abitur [a-bi-'toer] o ⟨-s; -e⟩ eindexamen; sein ~ machen eindexamen doen
abkämpfen zw door strijd verkrijgen; abgekämpft afgemat, moegestreden
abkanten zw afkanten
abkanzeln zw, **abkapiteln** zw doorhalen, kapittelen; een standje geven
abkapseln zw afsluiten, afzonderen; sich gegen, von etwas ~ zich van iets afsluiten
abkaufen zw afkopen; das kauft dir niemand ab dat gelooft niemand van je; einem der Witz ~ iem. de kunst afkijken
Abklatsch m afdruk (ook v. gietwerk), cliché, evenbeeld; napraterij, slechte imitatie
abklatschen zw door handgeklap onderbreken; aftikken (bij dans); sp wegslaan, afweren; geringsch nabootsen
abklemmen zw afklemmen; fig afbreken
abklingen st wegsterven, langzaam verdwijnen, verminderen; das Fieber klingt ab de koorts zakt; der Streik klingt ab de staking verloopt
abklopfen zw afkloppen, afslaan; ⟨museums enz.⟩ aflopen; ⟨longen⟩ bekloppen; aftikken (v. dirigent)
abknallen zw (iemand) neerschieten
abknappen zw, **abknapsen** zw afpingelen; bezuinigen; einem am Lohn ~ iem. op 't loon beknibbelen; sich etwas ~ zich het brood uit de mond sparen
abkneifen zw afknijpen, afknippen
abknöpfen zw losknopen; einem Geld ~ iem. geld aftroggelen
Abkomme m ⟨-n; -n⟩ plechtig afstammeling, nakomeling
abkommen st vrij-, wegkomen; afdwalen, verouderen, in onbruik raken; von einer Ansicht ~ van mening veranderen; vom Kurs ~ uit de koers raken; vom Thema ~ van zijn onderwerp afdwalen; vom Wege ~ de weg kwijtraken
Abkommen o ⟨-s; ~⟩ overeenkomst, akkoord; ein gütliches ~ een minnelijke schikking
abkömmlich ontbeerlijk, beschikbaar, vrij; ich bin hier nicht ~ ik kan hier niet gemist worden

Abkömmling *m* (-s; -e) ⟨vooral recht⟩ afstammeling; <u>chem</u> derivaat
abkratzen *zw* afkrabben; <u>gemeenz</u> ophoepelen; de pijp uitgaan
abkriegen *zw* eraf krijgen; (mee)krijgen, opdoen; *etwas ~* ⟨ook⟩ een graantje meepikken; *er hat was abgekriegt* hij heeft zijn portie gekregen; *mil* hij is getroffen; *sein Fett ~* zijn portie krijgen
abkühlen *zw* afkoelen, bekoelen; *es hat sich merklich abgekühlt* het is merkbaar koeler geworden
Abkühlung *v* af-, bekoeling
Abkunft *v* afkomst, oorsprong
abkupfern *zw* <u>gemeenz</u> overschrijven, zonder toestemming overnemen
abkürzen *zw* afkorten, verkorten; *ein abgekürztes Verfahren* een vereenvoudigd procédé
Abkürzung *v* (~; -en) afkorting, verkorting
abküssen *zw* hartstochtelijk kussen
abladen *st* afladen, lossen
ablagern *zw* deponeren, opslaan; <u>geol</u> afzetten; *Schutt ~* puin storten; *abgelagert belegen*; *sich ~* bezinken
Ablagerung *v* neerslag; afzetting, bezinking, sediment
ablandig <u>scheepv</u> van 't land af; *~er Wind* aflandige wind
ablassen *st* af-, loslaten; neerlaten; verkopen ⟨waren⟩; spuien; aftappen; laten aflopen; laten vliegen ⟨duiven⟩; *Dampf ~* ⟨ook fig⟩ stoom afblazen; *etwas vom Preise ~* iets van de prijs laten vallen; *von einer Sache ~* iets laten varen, van iets afzien, met iets ophouden
ablatschen *zw* scheeflopen, kapotlopen ⟨schoenen⟩; aflopen; wegsloffen; *die ganze Straße ~* de hele straat aflopen
Ablauf *m* het aflopen, afloop; afvoer ⟨v. water⟩; verloop, uiteinde; *gegen ~ der Frist* tegen het einde van de termijn
ablaufen *st* af-, doorlopen; af-, wegvloeien; *schräg ~* glooien; *einen (kalt) ~ lassen* iem. afschepen; *sich die Hacken (Schuhsohlen) ~* zich het vuur uit de sloffen (de benen uit het lijf) lopen; *sich die Hörner ~* uitrazen, zijn wilde haren verliezen
ablauschen *zw* afluisteren; bespieden; *dem Leben abgelauscht* naar het leven getekend
Ablaut *m* (-(e)s) ablaut
abläuten *zw* afbellen; uitluiden; *eine Runde ~* <u>sp</u> de bel luiden bij het begin of einde van een ronde
ablegen *zw* leggen; neerleggen; afleggen; uitdoen ⟨kleren⟩; afleggers poten; <u>scheepv</u> afvaren; *den alten Adam ~* de oude Adam afleggen; *einen Eid ~* een eed afleggen; *den Mantel ~* de jas, de mantel uitdoen; *die Post ~* de post afleggen, in mappen opbergen; *Rechenschaft ~* rekening en verantwoording afleggen; *beredtes Zeugnis ~ von* welsprekend getuigenis geven van; *wollen Sie nicht ~?* wilt u uw jas niet uitdoen?
Ableger *m* loot, stekje; filiaal; bijenzwerm; <u>schertsend</u> nakomeling, zoon

ablehnen *zw* afwijzen, weigeren, verwerpen, niet goedkeuren, bedanken voor; *einen Heiratsantrag ~* een aanzoek afwijzen; *eine Theorie ~* verwerpen; *einen Zeugen ~* een getuige wraken; *etwas ~* van iets niet willen weten; *etwas dankend ~* voor iets bedanken; *~d antworten* afwijzend antwoorden
Ablehnung *v* weigering, afwijzing, wraking; slechte kritiek
ableiern *zw* opdreunen, afdraaien
ableisten *zw* af-, doormaken; *ein Probejahr ~* een proefjaar afmaken; *den Wehrdienst ~* de dienstplicht volledig vervullen
ableiten *zw* afleiden; de bedding v.e. rivier verleggen
Ableitung *v* afleiding; etymologie
ablenken *zw* afleiden ⟨stroom, aandacht⟩; afweren ⟨stoot⟩
Ablenkung *v* afwending; afleiding; afwijking (v. magneetnaald)
Ablenkungsmanöver *o* afleidingsmanoeuvre
ablichten *zw* een foto(kopie) maken ⟨van⟩; fotograferen
Ablichtung *v* fotokopie; precieze weergave
abliefern *zw* afleveren, leveren
ablisten *zw* aftroggelen, aftronen
ablösen *zw* aflossen, vervangen; ontknopen, losmaken, op elkaar volgen; afzonderen, afscheiden; *sich ~* loslaten; zich afscheiden; elkaar aflossen, op elkaar volgen
Ablösung *v* aflossing; afscheiding; losmaking
abluchsen *zw* ontfutselen, aftroggelen, <u>onderw</u> spieken, afkijken
Abluft *v* slechte lucht, afgevoerde lucht ⟨v. ventilator⟩
ABM = *Arbeitsbeschaffungsmaßnahme* maatregel ter bevordering van de werkgelegenheid
abmachen *zw* afmaken, -doen; afspreken; verwijderen, afnemen; *Rost ~* roest verwijderen; *abgemacht!* afgesproken!; *etwas in Güte, gütlich ~* iets in der minne schikken
Abmachung *v* (~; -en) regeling, vergelijk, overeenkomst, schikking
abmagern *zw* vermageren, <u>gemeenz</u> van de graat vallen
abmahnen *zw* vermanen, <u>vero</u> ontraden
abmalen *zw* afschilderen; *sich ~* zich aftekenen
Abmarsch *m* afmars
abmarschieren *zw* afmarcheren
abmartern *zw*: *sich ~* zich afmartelen, afsloven
abmatten *zw* afmatten; mat (moe) maken; moe worden; matteren
abmelden *zw* afmelden; uitschrijven ⟨uit bevolkingsregister⟩; *einen Gegner ~* <u>sp</u> een tegenstander volledig in bedwang hebben; *ein Kind von der Schule ~* kennis geven, dat een kind de school verlaat; *sich ~* zich afmelden; *slang* er tussenuit knijpen; *abgemeldet sein* <u>gemeenz</u> niet meer meetellen
Abmeldung *v* melding van vertrek; afzegging, tegenbericht; *wenn keine ~ erfolgt* behoudens tegenbericht

abmessen *st* afmeten, opmeten
Abmessung *v* 't af-, opmeten; afmeting
abmildern *zw* verzachten
abmontieren *zw* demonteren; *einen Autoreifen* ~ een autoband afnemen
ABM-Stelle *v* arbeidsplaats in het kader van maatregelen ter bevordering van de werkgelegenheid
abmühen *zw*: *sich* ~ zich afmatten, veel moeite doen, zich uitsloven
abmurksen *zw* slang mollen, om zeep helpen
abnabeln *zw* de navelstreng doorknippen, afbinden; gemeenz opgeven, uit zijn hoofd zetten; *die Idee kannst du dir* ~ dat idee kan je wel uit je hoofd zetten
abnagen *zw* afknagen
Abnahme *v* (~; -n) 't afnemen, afneming; achteruitgang, amputatie; koop, debiet, afname; verval, vermindering; ~ *finden* aftrek hebben
abnehmbar afneembaar
abnehmen *st* I *overg* af-, ont-, wegnemen; amputeren; (fruit) plukken; opnemen (telefoon); accepteren (rekening &); *einem die Arbeit* ~ iem. het werk uit handen nemen; *einen Neubau* ~ een nieuw gebouw inspecteren *einem einen Weg* ~ voor iem. een boodschap doen; *einem etwas* ~ gemeenz iets van iem. geloven, aannemen; II *onoverg* afnemen, minder worden; vermageren; korter worden
Abneigung *v*: ~ *gegen* afkeer van, aversie tegen
abnorm, Oostr Zwits **abnormal** abnormaal; van de norm afwijkend
abnötigen *zw* afdwingen; *einem Achtung* ~ iem. respect afdwingen
abnutzen, **abnützen** *zw* afslijten, verslijten; *sich* ~ slijten
Abnutzung, **Abnützung** *v* slijting, slijtage
Abonnement [-'mã] *o* (-s; -s) abonnement
Abonnent *m* (-en; -en), **Abonnentin** *v* (~; -nen) abonnee; aangeslotene (v.d. telefoon)
abonnieren *zw* zich abonneren (op); *ich habe die Zeitschrift abonniert* ik heb mij op het tijdschrift geabonneerd; *ich bin auf die Zeitschrift abonniert* ik ben op het tijdschrift geabonneerd
abordnen *zw* afvaardigen, delegeren
Abordnung *v* deputatie, afvaardiging, delegatie
1 Abort ['aport, a'bort] *m* (-(e)s; -e) wc, toilet
2 Abort [-'bort] *m* (-es; -e) med abortus, miskraam
abpacken *zw* in-, om-, verpakken
abpassen *zw* afpassen; afmikken; *einen* ~ iem. opwachten; *die Gelegenheit* ~ een (gunstige) gelegenheid afwachten
abpfeifen *st* sp affluiten; 't eindsignaal geven; fig afblazen
abplacken, **abplagen** *zw*: *sich* ~ gemeenz zich afsloven
abplatten *zw* afplatten; pletten
abprägen *zw*: *sich* ~ uitdrukking vinden
Abprall *m* het afketsen, terugkaatsing

abprallen *zw* terugstuiten, -kaatsen; afstuiten, ricocheren; *es prallt an ihm ab* het heeft op hem geen invloed, het laat hem koud
abpressen *zw* uitpersen; afpersen, afdwingen; dichtknijpen
abputzen *zw* afvegen, afboenen; bepleisteren (huis); gemeenz standje geven; *die Schuhe* ~ de voeten vegen
abquälen *zw*: *sich* ~ zich afsloven
abquetschen *zw* afknijpen, -klemmen; fig afpersen
abrackern *zw*: *sich* ~ zich afsloven, zich afbeulen
abrahmen *zw* afromen (ook fig)
abrasieren *zw* afscheren; mil met de grond gelijk maken
abraten *st* af-, ontraden; *einem (von) etwas* ~ iem. iets af-, ontraden
Abraum *m* afval, puin; deklaag, dekgrond (boven steenkool bijv.)
abräumen *zw* wegnemen; opruimen; *das Geschirr, den Tisch* ~ de tafel afnemen, -ruimen
abreagieren *zw* afreageren
abrechnen *zw* afrekenen; vereffenen; *die Steuer* ~ de belasting aftrekken; *gegen einander* ~ met elkaar verrekenen; *mit einem* ~ met iem. afrekenen (ook fig); *das abgerechnet* dat niet meegerekend
abregen *zw*: *sich* ~ kalmeren, bedaren; *reg dich ab!* bedaar nou maar!
abreiben *st* afwrijven, afboenen; schoonwrijven; droogwrijven; *einen* ~ gemeenz iem. afdrogen, afransen; een standje geven
Abreibung *v* afwrijving; gemeenz standje; pak slaag
Abreise *v* afreis, vertrek
abreisen *zw* afreizen, vertrekken
Abreißblock *m* (-s; -blöcke) notitieblok
abreißen *st* I *overg* afscheuren, afrukken, afbreken; slopen; *abgerissene Kleider* afgedragen kleren; *abgerissene Worte* onsamenhangende woorden; *abgerissenen reden* hortend spreken; II *onoverg* afbreken, -scheuren; opeens ophouden; *die Glückssträhne reißt ab* 't boffen houdt op
Abreißkalender *m* scheurkalender
abreiten *st* wegrijden; rijden langs; afrijden (v. paard); *sich* ~ zich moe rijden
abrichten *zw* africhten, dresseren; fatsoeneren; effen maken, effenen
Abrieb *m* slijtage; hetgeen afgesleten is, afgesleten deeltjes
abriegeln *zw* afgrendelen; van de buitenwereld afsluiten
abringen *st* afdwingen; ontworstelen; *sich einen Entschluß* ~ met moeite tot een besluit komen; *einem ein Versprechen* ~ iem. een belofte afdwingen
Abriß, nieuwe spelling: **Abriss** *m* het afscheuren, afbreken; afbraak (v. huis); schets, schetstekening; kort overzicht; ~ *der Litteraturgeschichte* beknopt overzicht van de literatuurgeschiedenis
abrollen *zw* afrollen; afdraaien (film)
abrücken *zw* weg-, afschuiven, verplaat-

sen; weg-, afmarcheren; *von einem* ~ zich van iem. distantiëren
Abruf *m* terugroeping; *Lieferung auf* ~ handel levering op afroep
abrufen *st* af-, weg-, terugroepen; *Waren* ~ afroepen (een deel van de waren laten komen); *einen Zug* ~ het vertrek v.e. trein aankondigen
abrunden *zw* afronden; fig completeren
abrupfen *zw* afplukken, plukken
abrupt abrupt, plotseling; onsamenhangend
abrüsten *zw* ontwapenen; demonteren, onttakelen
Abrüstung *v* ontwapening; *atomare* ~ vermindering v.h. aantal atoomwapens
abrutschen *zw* afglijden, wegglijden; fig minder worden, aftakelen; kelderen (v. aandelen)
absäbeln *zw* dikke plakken afsnijden
absacken *zw* I *overg* in zakken doen; fig winst nemen; II *onoverg* scheepv zinken; in prestatie teruglopen; luchtv hoogte verliezen, in een luchtzak terechtkomen; *die Preise sacken ab* de prijzen zakken in
Absage *v* (~; -n) afzegging, afzwering; opzegging, bedankje
absagen *zw* af-, opzeggen, bedanken voor; *einen Termin* ~ een afspraak afzeggen
absägen *zw* afzagen; gemeenz aan de dijk zetten
absahnen *zw* afromen (ook fig); *einen* ~ gemeenz iem. plukken
absatteln *zw* afzadelen, ontzadelen; afstijgen
Absatz *m* (-es; Absätze) afzet, verkoop; hak (v. schoen); lid, alinea; portaal (op trap); cesuur (in vers); pauze, rust (in rede); knoop (in halm); ketelsteen; geol afzetting, sediment; *auf dem ~ kehrtmachen* rechtsomkeert maken; *in (längeren) Absätzen* met (vrij lange) tussenpozen; *ohne* ~ in eens, in één adem; *reißenden ~ finden* vlug van de hand gaan
Absatzgebiet *o* afzetgebied
absaufen *st* onder water lopen, vollopen; gemeenz scheepv zinken, verdrinken; *den Motor ~ lassen* auto de motor verzuipen
absaugen *st* & *zw* af-, wegzuigen; *den Teppich* ~ het tapijt zuigen
Absaughaube *m* afzuigkap
absausen *zw* wegstuiven
abschaben *zw* afschaven
abschaffen *zw* afschaffen; ontheffen (v. bepaling wet); Oostr uitwijzen
abschälen *zw* afschillen; ontschorsen
abschalten *zw* uitschakelen; relaxen
abschatten *zw*, **abschattieren** *zw* schaduwen, nuanceren, schakeren; verduisteren
abschätzen *zw* schatten, taxeren
abschätzig geringschattend, minachtend, denigrerend; afkeurend
Abschaum *m* schuim; *der ~ der Menschheit* het gepeupel
abscheiden *st* afscheiden, afzonderen; overlijden, sterven; zie ook: *abgeschieden*
Abscheu *m* (-(e)s) (ook *v* (~)) afschuw, afkeer; ~ *vor* afschuw van

abscheuern *zw* schuren, boenen; *sich* ~ kaal, glimmend worden (kleren)
abscheuerregend afschuwwekkend
abscheulich afschuwelijk
abschicken *zw* afzenden, -sturen
abschieben *st* I *onoverg* afdruipen, weggaan; *er schob vergnügt ab* hij liep vergenoegd weg; II *overg* uitwijzen; wegschuiven van; gemeenz (iem.) aan de kant schuiven, wegwerken
Abschiebung *v* uitwijzing; *die ~ der illegalen Einwanderer* de uitwijzing van illegale immigranten
Abschied *m* (-(e)s; -e) afscheid; heengaan; ontslag, congé
abschießen *st* (af)schieten; neerschieten; fig *einen* ~ iem. wegwerken; *den Vogel* ~ alle anderen overtreffen; *zum A~ aussehen* er te gek uitzien
abschinden *st*: *sich* ~ zich afbeulen, -sloven
abschirmen *zw* afschermen; *sich ~ gegen* zich beschermen tegen
abschirren *zw* aftuigen (paard enz.)
abschlachten *zw* (af)slachten
Abschlag *m* afslag, het afslaan; korting, vermindering; uitwatering; het vellen, het gevelde; ~ *auf (+ 4)* voorproefje op; *auf* ~ handel in mindering; op afbetaling
abschlagen *st* afslaan; weigeren; sp uittrappen; *einen Angriff* ~ een aanval afslaan; *etwas vom Preis* ~ iets van de prijs afdoen
abschlägig weigerend; *ich bin ~ beschieden worden* ik heb een afwijzend antwoord ontvangen; ik heb nul op 't rekest gekregen
Abschlagsdividende *v* handel interim-dividend
abschleifen *st* afslijpen; erafslijpen; *sich* ~ glad worden; fig milder, zachter worden
abschleppen *zw* wegslepen; *sich ~ mit* sjouwen met
Abschleppseil *o*, **Abschlepptau** *o* sleeptouw, -kabel
abschließen *st* sluiten, afsluiten; *eine Anleihe* ~ een lening aangaan, afsluiten; *ein Bündnis* ~ een bondgenootschap sluiten; *eine Wette* ~ een weddenschap aangaan; *mit einem* ~ de omgang met iem. afbreken; *mit der Vergangenheit* ~ ook: een punt zetten achter het verleden; *sich von der Welt* ~ zich uit de wereld terugtrekken; *etwas A~ dies* iets definitiefs
Abschluß, nieuwe spelling: **Abschluss** *m* (-schlusses; -schlüsse) sluiting; het sluiten; afsluiting; afsluitklep, -kraan; boord, rand; handel transactie; balans; *vor dem ~ stehen* op 't punt zijn afgesloten te worden (contract)
Abschlußzeugnis, nieuwe spelling: **Abschlusszeugnis** *o* einddiploma
abschmecken *zw* proeven (spec. v. 't eten); op smaak afmaken
abschmeicheln *zw* afbedelen, door vleierij gedaan krijgen
abschmelzen *st* (af)smelten, wegsmelten; (doen) smelten
abschmieren *zw* auto doorsmeren; na-

abschnallen

schrijven, _gemeenz_ slordig overschrijven, overkalken; _luchtv_ afglijden

abschnallen _zw_ **I** _overg_ af-, losgespen; **II** _onoverg_ het niet meer begrijpen, het niet meer kunnen volgen, afhaken

abschnappen _zw_ plotseling open-, dichtspringen ⟨v. veer⟩; plotseling ophouden; _einen_ ~ op 't laatste ogenblik opvangen

abschneiden _st_ afsnijden, afknippen; _einem die Ehre_ ~ iem. in zijn goede naam aantasten; _einem den Hals_ ~ _fig_ iem. financieel te gronde richten; _sich eine Scheibe von etwas_ ~ _können gemeenz_ aan iets een voorbeeld nemen; _den Weg_ ~ een kortere weg nemen; _einem das Wort_ ~ iem. in de rede vallen; _günstig (gut)_ ~ het er goed afbrengen; _schlecht_ ~ een lelijk figuur slaan; afgaan ⟨op school⟩

abschnippeln _zw_ afsnipperen

Abschnitt _m_ (-(e)s; -e) het afsnijden; afgesneden stuk; mil sector; afdeling; gedeelte, hoofdstuk, paragraaf; segment; strook ⟨v. postwissel⟩; coupon, bon; coupure; periode, tijdvak; _ein_ ~ _der Front_ een sector van het front

abschnüren _zw_ afsnoeren, -binden; afsluiten, blokkeren, barricaderen; _jmdm. die Luft_ ~ _fig_ iem. te gronde richten, ruïneren

abschöpfen _zw_ afscheppen; _das Fett, den Rahm_ ~ _fig_ het beste voor zichzelf uitzoeken; _das Fett ist abgeschöpft gemeenz_ 't vet is van de ketel, de meeste winst is al gemaakt

abschotten _zw_ ⟨met schotten⟩ dichtmaken, afscheiden, beschutten ⟨ook _fig_⟩; _von der Außenwelt abgeschottet leben_ afgezonderd van de buitenwereld leven

abschrägen _st_ afschuinen

abschrauben _zw_ afschroeven, afdraaien

abschrecken _zw_ afschrikken; laten schrikken ⟨ei &⟩; _ein_ ~ _des Beispiel_ een afschrikwekkend voorbeeld

abschreiben _st_ afschrijven; overschrijven, kopiëren; uitschrijven; plagiaat bedrijven; aftrekken ⟨van belastbaar inkomen⟩; _einen_ ~ iem. afschrijven, niet meer op hem rekenen

Abschreibung _v_ afschrijving

abschreiten _st_ afstappen

Abschrift _v_ (~; -en) afschrift, kopie; _eine beglaubigte_ ~ een gewaarmerkt afschrift; _für gleichlautende_ ~ voor afschrift conform, voor eensluidend afschrift

abschuften _zw_: _sich_ ~ zich afbeulen

abschuppen _zw_ van schubben ontdoen; _sich_ ~ afschilferen

abschürfen _zw_ schaven

Abschuß, nieuwe spelling: **Abschuss** _m_ (-schusses; -schüsse) steile helling: het schieten, neerschieten; het geschoten wild; _gemeenz_ ontslag

abschüssig hellend; schuin

Abschußliste, nieuwe spelling: **Abschussliste** _v_ jacht lijst met aantal voor afschot bestemde dieren; dodenlijst; _fig gemeenz_ lijst met te verwijderen personen of zaken; lijst met genomineerden ⟨voor ontslag, verwijdering, schrapping e.d.⟩

AbschuẞrampeA, nieuwe spelling: **Abschussrampe _v_ lanceerplatform ⟨raketten⟩

abschütteln _zw_ afschudden; _das Tischtuch_ ~ het tafellaken uitschudden; _einen Verfolger_ ~ een vervolger van zich afschudden

abschütten _zw_ afgieten

abschwächen _zw_ verzwakken, fotogr af-zwakken; _sich_ ~ zwakker worden, verminderen; _in abgeschwächter Form_ in mildere vorm; _das Hoch hat sich abgeschwächt_ het hogedrukgebied is minder krachtig geworden

Abschwächung _v_ verzwakking; afzwakking, vermindering, daling ⟨v. koersen⟩

abschwatzen _zw_: _einem etwas_ ~ iem. iets aftroggelen

abschweifen _zw_ afdwalen; uitweiden

abschwellen _st_ zwakker worden ⟨toon⟩; slinken ⟨gezwel⟩; afnemen ⟨storm⟩

abschwemmen _zw_ af-, wegspoelen

abschwenken _zw_ **I** _onoverg_ afzwaaien, -zwenken; _von seiner Ansicht_ ~ van mening veranderen; **II** _overg_ afspoelen; afschudden

abschwimmen _st_ weg-, afwemmen; weg-, afdrijven; _gemeenz_ weggaan, verdwijnen

abschwindeln _zw_ aftroggelen, op bedrieglijke wijze afhandig maken

abschwirren _zw_ wegsnorren; _gemeenz_ uitknijpen

abschwören _st_ afzweren; _ein Verbrechen_ ~ zweren, dat men onschuldig is aan een misdaad; _seinem Glauben_ ~ zijn geloof afzweren

Abschwung _m_ sp afsprong; _fig_ achteruitgang

absegeln _zw_ afzeilen; zeilen langs; het zeilseizoen afsluiten

absegnen _zw gemeenz schertsend_ zijn zegen geven, toestaan

absehbar afzienbaar; _in_ ~_er Zeit_ binnenkort

absehen _st_ afzien, -kijken; overzien; _abgesehen von_ afgezien van; _das Ende ist nicht abzusehen_ het eind is niet te overzien; _es auf etwas oder jmdn. abgesehen haben_ het op iets of iem. gemunt hebben; _einem etwas an den Augen_ ~ iets in iemands ogen lezen; _von einem Vornehmen_ ~ afzien van een voornemen

abseifen _zw_ afzepen, -soppen; _gemeenz_ een pak slaag geven; met sneeuw inwrijven

abseihen _zw_ filtreren

abseilen _zw_ aan een touw of kabel neerlaten; _gemeenz_ er vandoor gaan; _sich_ ~ aan een touw afdalen

abseitig tegennatuurlijk, eigenaardig, buitenissig; afgelegen

abseits terzijde ⟨ook _theat_⟩; achteraf; _sp_ buitenspel; ~ _von (of: +2)_ terzijde van; ver van; _sich_ ~ _halten_ zich afzijdig houden

Abseits _o sp_ buitenspel

absenden _onr & zw_ af-, verzenden

Absender _m_ (-s; ~) afzender, verzender

absenken zw doen dalen, verlagen; plantk stekken; doen afzinken ⟨caisson⟩; *sich ~ hellen*

Absenker m (-s; ~) plantk aflegger, loot

Absenz v (~; -en) absentie, schoolverzuim: Zwits med absence

absetzbaar afzetbaar ⟨ook v. ambtenaren⟩; verkoopbaar; aftrekbaar ⟨v. belasting⟩

absetzen zw I onoverg pauzeren, ophouden; *ohne abzusetzen* zonder pauze, in één adem; II overg afzetten, neerzetten; *einen Betrag vom Haushaltsplan ~* een bedrag van de begroting afvoeren; *etwas von der Steuer ~* iets van het belastbare bedrag aftrekken; *eine Behandlung ~* de behandeling stopzetten; *die Feder ~* de pen neerleggen; *das Gewehr ~* het geweer afzetten; *das Glas ~* het glas van de mond nemen en neerzetten; *es wird Hiebe ~* er zullen slagen vallen; *ein Medikament ~* stoppen met het gebruik van een geneesmiddel; *die Regierung ~* de regering afzetten, omverwerpen; *ein Theaterstück ~* een stuk van het repertoire nemen; *die Zeile ~* typ een nieuwe alinea beginnen; *sich ~* chem bezinken, neerslaan; gemeenz zich verwijderen; van een tegenstander weglopen; *sich gegen etwas ~* contrasteren met iets; *sich in ein anderes Land ~* heimelijk naar een ander land gaan

absichern zw beveiligen; *sich ~* zich indekken, geen risico's lopen

Absicht v (~; -en) bedoeling; opzet; *in der ~, aufzufallen* met de bedoeling op te vallen; *er hat (ernste) ~en* (ook) hij heeft trouw-, verlovingsplannen

absichtlich opzettelijk, met opzet, met bedoeling, expres; *~er Mord* moord met voorbedachten rade

absicht(s)los onopzettelijk, zonder opzet

absingen st afzingen, ten einde zingen; ⟨*vom Blatt*⟩ *~* van het blad zingen

absinken st ver-, wegzinken; minder worden

absitzen st afzitten; afstijgen, afzitten ⟨v. rijder⟩; *eine Strafe ~* een straf af-, uitzitten

absolut absoluut, volstrekt, onvoorwaardelijk

Absolution v RK absolutie

Absolutismus m (~) absolutisme

Absolvent m (-en; -en) eindexaminandus, afgestudeerde, oud-leerling

absolvieren zw RK absolutie geven; doormaken, afwerken; *ein Gastspiel ~* theat als gast optreden; *er hat das Gymnasium absolviert* hij heeft het gymnasium afgelopen

absonderlich wonderlijk, zonderling, eigenaardig

absondern zw afzonderen; af-, uitscheiden; *sich ~* zich afzonderen

Absonderung v afzondering, afscheiding ⟨ook med⟩, isolement; med secretie

absorbieren zw absorberen, opslorpen; fig geheel in beslag nemen

Absorption v absorptie

abspalten zw afsplijten, -splitsen

1 abspannen zw uitspannen ⟨paard⟩; techn met spankabels vastmaken; *zich ontspannen*; zie ook: *abgespannt*

2 abspannen zw gemeenz afhandig maken, ontfutselen, afpikken; *die Braut ~* iemand zijn meisje afpikken

Abspannung v het uitspannen; vermoeidheid, afgematheid; techn bevestiging met spankabels

absparen zw door sparen verkrijgen, bijeensparen door zich iets te ontzeggen

abspecken zw gemeenz magerder worden

abspeisen zw te eten geven; fig afschepen; *jmdn. ~* iem. met een kluitje in het riet sturen, iem. afschepen

abspenstig: *~ machen* afhandig maken; aftroggelen

absperren zw afsluiten, blokkeren

Absperrung v afsluiting; blokkade; afzetting

Abspiel o sp 't toespelen van de bal, pass

abspielen zw afspelen; van 't blad spelen; sp toespelen; *ein Tonband ~* een geluidsband afspelen; *eine abgespielte Schallplatte* een afgespeelde grammofoonplaat; *sich ~* zich afspelen, plaats grijpen

Abspielgerät o muz platenspeler; bandrecorder

absplittern zw afsplinteren, in splinters loskomen; *sich ~* zich losmaken, zich afsplitsen

Absprache v afspraak

absprechen st afspreken; *einem etwas ~* fig betwisten dat iem. iets heeft; *einem das Recht ~* iem. het recht ontzeggen

absprengen zw doen of laten afspringen; weggalopperen; splijten, splitsen, wegblazen ⟨met springstof⟩; mil van de hoofdmacht scheiden

abspringen st eraf springen; afspringen; terugkaatsen; niet meer meedoen; *vom Thema ~* van zijn onderwerp afstappen; *von einem ~* iem. in de steek laten

abspritzen zw af-, schoonspuiten; afspatten; gemeenz wegrennen

Absprung m het afspringen; afzet; sp start(-plaats)

abspulen zw afhaspelen, -winden; afgedraaid worden ⟨film⟩; opdreunen

abspülen zw spoelen, af-, wegspoelen; de afwas doen

abstammen zw afstammen

Abstammung v afstamming, afkomst; taalk afleiding, etymologie

Abstand m afstand, distantie; tussenruimte; *~ nehmen von etwas oder jmdm.* afstand van iem. of iets nemen *in Abständen* met tussenruimten, -pauzes; *im ~* op een afstand; *mit ~ der beste Fußballspieler* verreweg de beste voetballer

abstatten zw: *einen Bericht ~* een verslag geven, uitbrengen; *einem einen Besuch ~* iem. een bezoek brengen; *seinen Dank ~* dank betuigen

abstauben, abstäuben zw afstoffen; slang stelen, jatten

abstechen st afsteken, ⟨water⟩ aftappen, afleiden; ⟨varkens, hoenders⟩ slachten; nagraveren; kaartsp aftroeven; *einen Hoch-*

Abstecher

ofen ~ vloeibaar metaal uit een hoogoven aftappen *sich* ~ *von* zich sterk onderscheiden van

Abstecher *m* (-s; ~) uitstapje, afwijking van de normale reisroute

abstecken *zw* afpalen, -bakenen; afspelden; *sich ein Programm* ~ een programma voor zich zelf opmaken; *das Ziel* ~ het doel aangeven

abstehen *onr* afstaan, afstand doen van, afzien van; verschalen ⟨v. wijn, bier⟩; muf worden ⟨v. water⟩; op een afstand staan; *sich die Beine* ~ moe worden van het lange staan; *zwei Stunden* ~ twee uur op wacht staan; *von seinem Vorhaben* ~ plechtig van zijn plan afzien; ~ *de Ohren* afstaande oren, flaporen

absteifen *zw* ⟨de was⟩ stijven; techn stutten

Absteige *v* = *Absteigequartier*

absteigen *st* afstijgen, -klimmen; sp degraderen; *in einem Hotel* ~ in een hotel zijn intrek nemen

Absteigequartier *o* tijdelijk verblijf, pied-à-terre; rendez-voushuis

Absteiger *m* sp degraderende club

abstellen *zw* af-, wegzetten; plaatsen, stallen; opheffen, verhelpen; afstemmen op, richten naar; mil detacheren; afsluiten ⟨gas, licht, water⟩; *eine Maschine, einen Motor* ~ een machine, een motor afzetten; *Mißstände* ~ wantoestanden uit de weg ruimen

Abstellgleis *o* zij-, rangeerspoor

Abstellraum *m* bergruimte, stalling

Abstellung *v* afschaffing, opheffing, intrekking, wegneming; plaatsing, stalling

abstempeln *zw* afstempelen; *einen zum Verbrecher* ~ iem. tot misdadiger stempelen

absteppen *zw* ⟨naaiwerk⟩ doorstikken

absterben *st* af-, wegsterven; ⟨motor⟩ afslaan

Abstich *m* het aftappen ⟨v. wijn, v. vloeibaar metaal uit een hoogoven⟩

Abstieg *m* het afdalen, afdaling; verval; sp degradatie

abstimmen *zw* stemmen; RTV afstemmen, instellen; *aufeinander* ~ op elkaar afstemmen; *alles auf Rot* ~ alles in rood houden; *über etwas* ~ pol stemmen over iets; *sich* ~ *mit* 't eens worden met

Abstimmung *v* stemming; het op elkaar afstemmen ⟨kleuren⟩; RTV afstemming; *zur* ~ *bringen* in stemming brengen

Abstinenz *v* (~) geheelonthouding; RK vasten

Abstinenzler *m* geheelonthouder

abstoppen *zw* stopzetten, doen stoppen; snelheid verminderen; sp met de stopwatch de snelheid meten van

Abstoß *m* het afstoten; sp doelschop

abstoßen *st* afstoten, afschaven; tegen de borst stuiten; wegvaren; sp uittrappen; van de hand doen; *sich die Hörner* ~ uitrazen; *Schulden* ~ schulden betalen; *die Produktion von Glühlampen* ~ de productie van gloeilampen stopzetten, afstoten

abstoßend weerzinwekkend, stuitend

Abstoßung *v* afstoting; verkoop

abstottern *zw* gemeenz in termijnen afbetalen

abstrafen *zw* afstraffen; *wiederholt abgestraft* herhaaldelijk gestraft

abstrahieren *zw* abstraheren; *von etwas* ~ van iets afzien, iets buiten beschouwing laten

abstrakt abstract

Abstraktion *v* (~; -en) abstractie

Abstraktum *o* (-s; -ta) abstract begrip, abstractie; abstract woord

abstrampeln *zw* affietsen, aftrappen; *sich* ~ zich lam fietsen; zich uitsloven

abstreichen *st* afstrijken; schrappen; af-, wegvegen; aftrekken; *das Feld* ~ het veld afstropen, afzoeken; *Füße* ~ voeten vegen; *zehn Mark* ~ tien mark aftrekken

abstreifen *zw* afstropen, villen; uittrekken, afleggen; afzoeken; *Beeren* ~ bessen rissen; *die Füße* ~ de voeten vegen; *das Geweih* ~ het gewei afwerpen; *die Handschuhe* ~ de handschoenen uittrekken; *vom Wege* ~ afdwalen

abstreiten *st* betwisten, ontstrijden, loochenen

Abstrich *m* het afgestrekene; aftrek, vermindering, schrapping; neerhaal ⟨bij schrijven⟩; med uitstrijkje; muz afstreek; ~*e machen im sozialen Bereich* bezuinigen in de sociale sector

abstrus [ap-'stroes] verward, onbegrijpelijk

abstufen *zw* trapsgewijze op- of afklimmen, rangschikken; schakeren, nuanceren

Abstufung *v* schakering, nuance; rangschikking

abstumpfen *overg onoverg* afstompen ⟨ook fig⟩

Absturz *m* helling, afgrond, steilte; het neerstorten ⟨ook fig⟩; *der steile* ~ *des Managers* de snelle ondergang van de manager

abstürzen *zw* neer-, afstorten; steil afhellen

abstützen *zw* stutten, schoren, ondersteunen

absuchen *zw* afzoeken, doorzoeken

absurd absurd, ongerijmd, onzinnig; ~*es Theater* absurd toneel

Absurdität *v* (~; -en) absurditeit

Abszeß [ab-'stses], nieuwe spelling: **Abszess,** *m* (-szesses; -szesse) med abces

Abszisse [ab-'stsis-se] *v* (~; -n) x-as; abscis

Abt *m* (-es; Äbte) abt

Abt. = *Abteilung*

abtakeln *zw* aftakelen; fig aan de dijk zetten

abtasten *zw* aftasten, -zoeken, -lezen

abtauen *zw* wegdooien, -smelten; *overg* ontdooien

abtauschen *zw* ruilen; uitwisselen; afruilen ⟨bij spel⟩

Abtei *v* (~; -en) abdij

Abteil *o* (-s; -e) spoorw coupé

abteilen *zw* af-, in-, verdelen

Abteilung *v* afdeling

abtippen *zw* ⟨met schrijfmachine⟩ overtikken

abtönen zw schakeren, nuanceren
Abtönung v schakering, nuancering, nuance
abtöten zw doden; vernietigen; onderdrukken (v. gevoelens &); *Bakterien ~ tun* benadelen bacteriën vernietigen
Abtrag m schade, nadeel; afbetaling; Zwits afgraving; *einer Sache ~ tun* benadelen
abtragen st wegdragen; afdragen (kleren); wegbreken, slopen; weggraven; voldoen, (af)betalen
abträglich schadelijk, nadelig; *der Gesundheit ~* nadelig voor de gezondheid
Abtragung v afgraving; het wegbreken; het afnemen; het effenen; afdoening, aflossing, afbetaling; erosie
abtransportieren zw wegvoeren
abtreiben st afdrijven; wegdrijven; abortus plegen
abtrennen zw afscheiden, -knippen, -scheuren, lostornen
abtreten st aftrappen; aftreden; afstappen; (bezittingen) afstaan; aftrappen; (voeten) vegen; mil inrukken; sterven; *von der Bühne, vom Schauplatz ~* het toneel verlaten; fig verdwijnen; *sich die Füße ~* zijn voeten vegen; *abgetretene Stufen* afgesleten treden (v. trap)
Abtreter m (-s; ~) deurmat
Abtretung v afstand, overdracht, cessie
Abtrieb m het omlaagdrijven v.h. vee
Abtritt m het aftreden; 't afgaan ⟨v.h. toneel⟩; afstand
abtrocknen zw afdrogen; droog worden
abtropfen, abtröpfeln zw afdruppelen, -druipen
abtrotzen zw afdreigen, afdwingen
abtrünnig afvallig
abtun zw afdoen, afmaken; wegdoen, afleggen; afzetten (hoed, bril); *er hat (ist) für mich abgetan* hij heeft voor mij afgedaan; *jmdm. arrogant ~* iem. arrogant behandelen
abtupfen zw afbetten, deppen
aburteilen zw berechten; vonnissen
abverlangen zw: *einem etwas ~* iets van iem. verlangen, eisen
abwägen st afwegen, overwegen
abwählen zw niet herkiezen
abwälzen zw afwentelen, afrollen; *die Schuld, die Verantwortung von sich ~* de schuld, de verantwoordelijkheid van zich afschuiven
abwandeln zw veranderen, variëren, nuanceren; gramm verbuigen, vervoegen
abwandern zw wegtrekken, zich verplaatsen ⟨b.v. dieren⟩; *er ist (hat) die ganze Gegend abgewandert* hij is de gehele streek doorgezworven; *zur Konkurrenz ~* naar de concurrent gaan; *das Kapital wandert ab* het kapitaal trekt weg; *ein Tief wandert ostwärts ab* een gebied van lage druk trekt naar het oosten weg
Abwandlung v gramm verbuiging, vervoeging; schakering
abwarten zw afwachten; oppassen; *A~ und Teetrinken* rustig blijven wachten
abwärts afwaarts; naar beneden; *Kinder von 5 Jahren ~* kinderen van 5 jaar en jonger
Abwärtsbewegung v dalende beweging; dalende lijn; handel baisse
Abwasch m afwas, vaat; Oostr gootsteen; *das ist ein ~* dat gaat in één moeite door
Abwaschbecken o gootsteen
abwaschen st afwassen
Abwaschlappen m vaatdoek
Abwasser o (-s; Abwässer) riool-, afvalwater
Abwasseraufbereitung v waterzuivering
abwechseln zw (af)wisselen; aflossen; veranderen; elkaar afwisselen, -lossen
abwechselnd afwisselend; verderlijk
Abwechs(e)lung v afwisseling, verandering, variatie
Abweg m dwaalweg; verkeerde weg; *auf ~e geraten* op het verkeerde pad raken
abwegig afwijkend, zonderling, verkeerd; *diese Auffassung ist völlig ~* deze opvatting raakt kant noch wal
Abwehr v afwering, verweer, weerstand; sp verdediging, verdedigingslinie, achterhoede; mil contraspionage
abwehren zw afweren, afslaan; *~ de Haltung* afweerhouding
Abwehrstoff m antistof
abweichen I zw afweken; II st afwijken, verschillen
Abweichler m pol dissident
Abweichung v afweking; afwijking, verschil
abweiden zw (laten) afvreten
abweisen st afwijzen; afstoten; weigeren; *einen mit seiner Klage ~* iem. zijn eis ontzeggen
abwenden onr & zw afwenden
abwerben st weglokken, ronselen; wegkopen (v. personeel); *jmdm. die Braut abwerben* vero iem. zijn meisje afpikken
abwerfen st afwerpen, afsmijten; neerwerpen; droppen; mil *Bomben ~* bommen werpen; *Gewinn ~* winst opleveren; *die Maske ~* 't masker laten vallen; *Nutzen ~* nut opleveren
abwerten zw handel devalueren, in waarde doen verminderen; een ongunstig oordeel uitspreken over
Abwertung v devaluatie, waardevermindering; kleinering
abwesend afwezig; verstrooid
Abwesenheit v afwezigheid; *durch ~ glänzen* schitteren door afwezigheid
abwickeln zw afwinden; afwikkelen; *der Verkehr wickelt sich reibungslos ab* het verkeer verloopt zonder stagnatie
Abwick(e)lung v afwikkeling
abwiegeln zw sussen, kalmeren
abwiegen st afwegen ⟨ook fig⟩; wegen
abwimmeln zw gemeenz *einen ~* iem. de bons geven, laten ophoepelen; afwimpelen
Abwind m neerwaartse wind, dalende luchtstroom
abwinken zw een afwijzend gebaar maken, een gebaar maken om op te houden, laten merken dat men iets niet wil; de boot

afhouden

abwirtschaften zw handel door slecht beheer te gronde gaan; *die Partei, die Monarchie hat abgewirtschaftet* de partij, de monarchie heeft afgedaan

abwischen zw afwissen, -vegen; fig gemeenz afdrogen; wegglippen; *Staub ~* stof afnemen

abwracken zw (schip, auto) slopen; *ein abgewrackter Clown* een afgezaagde, flauwe clown

Abwurf m het afgeworpene; het afwerpen, werpen; sp uitgooi uit doel; opbrengst

abwürgen zw wurgen, smoren, verstikken, de hals omdraaien, de keel dichtknijpen; *eine Diskussion ~* een discussie afkappen; *den Motor ~* de motor laten afslaan; *eine Sache ~* in de kiem smoren

abzahlen zw afbetalen

abzählen zw aftellen, tellen; tellend een aantal afnemen; *das kannst du dir an den (fünf) Fingern ~* dat kun je op je vingers natellen; *abgezähltes Geld* gepast geld

Abzählreim m aftelrijmpje

Abzahlung v afbetaling

abzapfen zw aftappen; *einem Geld ~* gemeenz iem. geld aftroggelen

abzäunen zw omheinen

abzehren zw wegteren, wegkwijnen

Abzeichen o insigne, kenteken, onderscheidingsteken, distinctief

abzeichnen zw aftekenen; merken, afbakenen; natekenen; paraferen; *sich ~ gegen, von* zich aftekenen, uitkomen tegen; *eine Krise zeichnet sich ab* een crisis kondigt zich aan

abziehen st I overg afnemen; aanzetten, (mes) slijpen; mil terugtrekken; (haas enz.) villen; rekenk aftrekken; *ein Bett ~* een bed afhalen; *Bier in Flaschen ~* bier bottelen; *ein Foto ~* een foto afdrukken; *eine Pistole ~* een pistool afschieten; *eine Schau ~* slang een show, veel drukte maken; *den Schlüssel ~* de sleutel uit het slot nemen; *die Suppe mit einem Ei ~* een ei door de soep roeren; II onoverg af-, wegtrekken; sp uithalen, hard schieten; *leer ~* met lege handen afdruipen; *wie ein begossener Pudel ~* met de staart tussen de benen afdruipen; *mit langer Nase ~* de kous op de kop krijgen, afdruipen

abzielen zw doelen

abzirkeln zw afpassen, met de passer afmeten; fig als gedrukt schrijven, spreken

abzischen zw gemeenz ervandoorgaan, verdwijnen; *zisch ab!* maak dat je wegkomt!

abzocken zw gemeenz = *absahnen*

abzotteln zw gemeenz wegsloffen, wegslenteren

Abzug m het aftrekken, afdrukken; aftocht; afdruk; overdruk; proef; handel aftrek, korting; trekker (v. geweer); afdrukknop; handel mindering; *in ~ bringen* in mindering brengen

abzüglich: *~ der Unkosten* na aftrek van de onkosten; *~ 5% Zinsen* na aftrek van 5% interest

abzugsfähig aftrekbaar (bij belasting)

abzupfen zw afpluizen, afplukken

abzwacken zw afknijpen; *einem am, vom Lohn etwas ~* iemand iets op zijn loon beknibbelen

Abzweig m afslag (v. snelweg)

Abzweigdose v elektr aftakdose

abzweigen zw af-, vertakken (ook elektr); opzij leggen; *etwas für sich ~* iets achteroverdrukken; *Mittel aus dem Haushalt ~* middelen uit de begroting voor andere dan voorziene doeleinden gebruiken; *die Straße zweigt hier ab* de weg (straat) buigt hier af

Abzweigung v (ook elektr) aftakking, vertakking; zijlijn; afslag (v. weg)

abzwicken zw afknijpen

abzwingen st afdwingen

abzwitschern zw slang opdonderen

ach! ach! helaas! o! och!; *~ so!* aha!, op die manier!; *~ was (wo)!* kom, kom!, loop rond!; *~, wie schön!* o, wat mooi!; *~ du lieber Gott (Himmel)!, ~ du liebe Zeit* lieve hemel!

Ach o: *mit ~ und Krach* op 't kantje af; *mit (unter) ~ und Weh* met ach en wee

Achat [a-'chaat] m (-(e)s; -e) agaat

Achillesferse v achillesheil

Achillessehne v achillespees

Achse v (~; -n) as, spil; hoofdverkeersweg; *immer auf (der) ~ sein* gemeenz altijd onderweg zijn

Achsel v (~; -n) schouder, oksel; *etwas auf seine ~ nehmen* de verantwoordelijkheid voor iets op zich nemen; *etwas auf die leichte ~ nehmen* iets licht opvatten; *jmdn. über die ~ ansehen* iem. met de nek aankijken; *über etwas oder jmdn. die ~ zucken* zijn schouders ophalen over iets of iem.

Achselhöhle v oksel(holte)

Achselstück o mil schouderbedekking (van officier)

Achselzucken o schouderophalen

acht acht; *ich komme um ~* ik kom om acht uur; *wir sind zu ~* we zijn met z'n achten

1 Acht v (~; -en) acht (het cijfer); acht (bij schaatsen); *die ~* lijn acht (bus, tram); *die ~ hat gewonnen* nummer acht heeft gewonnen

2 Acht v (~) (rijks)ban; *in ~ und Bann* in rijks- en kerkban; fig geboycot

3 Acht v (~) acht, oplettendheid; *außer ~ lassen* buiten beschouwing laten; *sich in ~ nehmen* opletten, op zijn tellen passen, voorzichtig zijn, zich in acht nemen; *sich in ~ nehmen vor* zich in acht nemen voor

achtbar achtbaar, achtenswaardig

Achteck o (-s; -e) achthoek

Achtel o (-s; ~) achtste deel; muz achtste noot

achten zw achten, eren, respecteren; *~ auf (+ 4)* letten op, acht slaan op; *nicht groß auf etwas ~* niet erg op iets letten; *~ für* houden voor

ächten zw verbannen; in de ban doen, vogelvrij verklaren, uitstoten, uitbannen, boycotten

achtenswert achtenswaardig
Achter *m* (-s; ~) achtriemsgiek; bus-, tramlijn 8; *der ~ mit Steuermann* de acht met stuurman
Achterbahn *v* achtbaan
achtgeben, nieuwe spelling: **Acht geben** *st: ~ auf ⟨+ 4⟩* letten op
achthaben, nieuwe spelling: **Acht haben** *onr* oplettten; *habt acht!* let op!
achtlos achteloos, slordig, onachtzaam
Achtlosigkeit *v* (~; -en) achteloosheid
achtsam zorgvuldig, oplettend
achtstöckig van acht verdiepingen
Achtstundentag *m* achturige werkdag
Achtung *v* (~) achting; opmerkzaamheid, aandacht; *~!* pas op!; *mil* geeft acht!, in orde!; *alle ~!* alle respect
Ächtung *v* (~; -en) uitstoting, verbanning, boycot
achtungsvoll vol achting, achtend
achtzehn achttien
achtzig tachtig; *auf ~ kommen* gemeenz woedend worden; *in die ~ gehen* tegen de tachtig lopen; *mit ~ fahren* 80 km p. u. rijden; *die ~er Jahre* de jaren tachtig
Achtziger *m* (-s; ~) tachtiger; *ein starker ~* een goede tachtiger
ächzen zuchten, steunen, kreunen
Acker *m* (-s; Äcker) akker; morgen ⟨oude landmaat⟩
Ackerbau *m* land-, akkerbouw
ackern *zw* het land bebouwen, ploegen; zwoegen, ploeteren
Adam *m* Adam; *nach ~ Riese* volgens Bartjens
Adamsapfel *m* adamsappel
adaptieren *zw* aanpassen; Oostr inrichten
adäquat [-'kwaat] adequaat, passend, overeenkomend
addieren *zw* samentellen, optellen
Addition *v* (~; -en) Oostr optelling; samentelling
Additiv *o* (s; -e) toevoegsel
Adel *m* (-s) adel, adeldom
adelig = *adlig*
adeln *zw* adelen; veredelen; in de adelstand verheffen; *Arbeit adelt* arbeid adelt
Adept [a-'dept] *m* (-en; -en) adept, ingewijde; volgeling, aanhanger
Ader *v* (~; -n) ader; *eine künstlerische ~ haben* artistiek aangelegd zijn; *eine leichte ~ haben* tot lichtzinnigheid neigen; *keine ~ für etwas haben* geen aanleg, geen gevoel voor iets hebben; *einen zur ~ lassen* iem. aderlaten; fig gemeenz iem. laten bloeden
Aderlaß, nieuwe spelling: **Aderlass** *m* (-lasses; -lässe) aderlating
Adhäsion *v* (~) adhesie
adieu adieu, vaarwel, goedendag
Adjektiv *o* (-s; -e) bijvoeglijk naamwoord
adjustieren *zw* aanpassen, corrigeren
Adjutant *m* (-en; -en) mil adjudant
Adler *m* (-s; ~) vogelk adelaar, arend
adlig adellijk
Admiral *m* (-s; -e) admiraal ⟨ook vlinder⟩
Admiralität *v* (~; -en) admiraliteit
Adoleszenz *v* (~) adolescentie, rijpere jeugd

adoptieren *zw* adopteren, aannemen ⟨kind⟩
Adoption *v* (~; -en) adoptie
Adoptivkind *o* aangenomen kind
Adresse *v* (~; -n) adres ⟨ook: officiële brief⟩; *per ~ (p.A.)* per adres; *an die falsche ~ kommen* aan 't verkeerde adres komen ⟨zijn⟩; *sich an die richtige ~ wenden* zich tot de juiste persoon wenden
adressieren *zw* adresseren
adrett [a-'dret] kwiek, vlug, handig, netjes
Adria *v: die ~* de Adriatische Zee
Advent *m* (-(e)s) advent
Adverb *o* (-s; -ien), **Adverbium** *o* (-s; -ia) bijwoord
adverbial bijwoordelijk
adversativ tegenstellend, adversatief
Advokat *m* (-en; -en) Oostr Zwits advocaat
Advokatur *v* (~) advocatuur, beroep van advocaat; advocatenkantoor
Aerodynamik *v* [-'na-] aërodynamica
Affäre *v* (~; -n) geschiedenis, affaire; gemeenz zaakje; *sich mit etwas aus der ~ ziehen* zich handig van iets afmaken, zich ergens handig uitdraaien
Affe *m* (-n; -n) aap; gemeenz mil ransel; rugzak; roes; *ein lackierter ~* gemeenz een fat
Affekt *m* (-s; -e) affect, hartstocht, aandoening
affektiert geaffecteerd, gemaakt
äffen *zw* na-apen; foppen, bedotten
Affenhitze *v* smoorhitte
Affenschande *v* groot schandaal
Affentheater *o* gemeenz malle vertoning
affig aanstellerig; fattig, ijdel
Äffin *v* (~; -nen) dierk apin
Affinität *v* (~; -en) chem fig affiniteit
affirmativ bevestigend, affirmatief
Affront [a'frõ] *m* (-s; -s) affront, belediging
Afrika *o* Afrika
Afrika(a)nder *m* (-s; ~) Boer, Afrikaander, Afrikaner
Afrikaner *m* (-s; ~) Afrikaan
afrikanisch Afrikaans
After *m* (-s; ~) anus, achterste
Agent *m* (-en; -en) agent, vertegenwoordiger; ⟨handels⟩agent; geheim agent, spion
Agentin *v* (-nen) agente, vertegenwoordigster; spionne
Agentur *v* (~; -en) agentuur, agentschap
Aggregat *o* (-(e)s; -e) aggregaat
Aggregatzustand *m* aggregatietoestand
Aggression *v* (~) agressie, aanvalslust
aggressiv agressief, aanvallend
Aggressor *m* (-s; -en) agressor
agieren *zw* ageren, handelen, te werk gaan; de rol spelen van
Agio ['a-dzio] *o* (-s) handel agio, opgeld
Agitation *v* (~; -en) agitatie, opwinding
agitieren *zw* propaganda maken; ophitsen
Agitprop *m* (~) pol agitprop, agitatie en propaganda
Agrarier [-'gra-ri-er] *m* (-s; ~) agrariër
Agrarpolitik *v* landbouwpolitiek
Agronom *m* (-en; -en) agronoom, landbouwkundige
ägyptisch Egyptisch
Ahle *v* (~; -n) els ⟨van schoenmaker⟩

Ahn *m* (-en; -en) voorvader; grootvader
ahnden *zw* straffen, wreken, vergelden; *Zuwiderhandlungen werden geahndet* overtredingen worden gestraft
Ahndung *v* (~; -en) vergelding, straf
Ahne *v* (~; -n) stammoeder; grootmoeder
ähneln *zw: einem* ~ *op iem. gelijken*
ahnen *zw* een voorgevoel hebben, vermoeden; intuïtief voelen of begrijpen; *ich ahnte schon so was* ik vreesde (vermoedde) al zoiets; *du ahnst es nicht* je hebt er geen idee van!; *nichts* ~ *d* zonder een flauw vermoeden
Ahnfrau *v* stammoeder
ähnlich gelijkend op, op dergelijke wijze; ~*e Figuren* wisk gelijkvormige figuren; *das Bild ist sehr* ~ het portret lijkt heel goed; *einem (zum Verwechseln)* ~ *sehen* (sprekend) op iem. lijken; *das sieht dir* ~ iron zoiets kan men van jou verwachten; *sich* ~ *sehen wie ein Ei dem andern* op elkaar lijken als twee druppels water; *Ähnliches* iets dergelijks (soortgelijks)
Ähnlichkeit *v* (~; -en) gelijkenis, overeenkomst; *entfernte, täuschende* ~ zwakke, bedrieglijke gelijkenis; wisk gelijkvormigheid
Ahnung *v* (~; -en) voorgevoel, intuïtief gevoel of vermoeden; *eine dunkle* ~ een vaag gevoel, voorgevoel; *hast du eine* ~*!* gemeenz jij snapt er niets van!; *keine (blasse) (nicht die geringste, leiseste)* ~ *von etwas haben* geen (flauw) idee (geen notie) van iets hebben; *von Tuten und Blasen keine Ahnung haben* van toeten noch blazen weten
ahnungslos argeloos, zonder enig vermoeden, geen idee, geen notie hebbend, van de prins geen kwaad wetend
Ahorn *m* (-s; -e) plantk ahorn, esdoorn
Akademie [-'mie] *v* (~; -n) hogeschool; academie; *Pädagogische* ~ pedagogische academie
Akademiker [-'de-] *m* (-s; ~) academicus
akademisch academisch; abstract; ~ *gebildet* academisch gevormd
Akazie [a'ka-tsi-e] *v* (~; -n) plantk acacia
akklimatisieren *zw* acclimatiseren
Akkord *m* (-s; -e) vergelijk, akkoord; muz akkoord; stukloon; *gerichtlicher und außergerichtlicher* ~ gerechtelijke en onderhandse schikking; *im* ~ *arbeiten* tegen stukloon werken
Akkordeon *o* (-s; -s) accordeon
Akkordeonist *m* (-en; -en) accordeonist
akkreditieren *zw* accrediteren; iem. een krediet openen
Akkreditiv [-'tief] *o* (-s; -e) geloofsbrief; handel kredietbrief, accreditief
Akku *m* (-s; -s) accu(mulator)
Akkumulation *v* (~; -en) accumulatie
Akkumulator *m* (-s; -en) accu(mulator)
akkurat accuraat, exact, precies, nauwgezet
Akkuratesse *v* accuratesse
Akkusativ *m* (-s; -e) vierde naamval, accusatief
Akkusativobjekt *o* lijdend voorwerp

Akribie [-'bie] *v* acribie, uiterste nauwkeurigheid
Akrobat *m* (-en; -en) acrobaat
Akrobatik [-'ba-] *v* acrobatiek
Akronym *o* (-s; -e) acroniem
Akt *m* (-s; -e) akte; handeling; plechtigheid; (naakt)figuur, naaktstudie; geslachtsdaad; variéténummer; dossier; Oostr = *Akte*
Akte *v* (~; -n) akte, processtuk, stuk; *etwas zu den* ~*n legen* iets bij de stukken voegen; *iets ad acta leggen*
aktenkundig: *etwas* ~ *machten* iets schriftelijk laten vastleggen;
Aktenzeichen *o* dossiernummer (en datum)
Aktie ['ak-tsi-e] *v* (~; -n) handel aandeel; ~ *auf den Inhaber* aandeel aan toonder; ~ *auf Namen* aandeel op naam; *seine* ~*n steigen* zijn kansen stijgen; *wie stehen die* ~*n?* gemeenz hoe staat 't ermee?
Aktiengesellschaft *v* maatschappij op aandelen, naamloze vennootschap
Akteninhaber *m* aandeelhouder
Aktion *v* (~; -en) actie; *konzertierte* ~ pol op elkaar afgestemde acties; *in* ~ *setzen* in bedrijf, werking stellen; *in* ~ *treten* in actie komen
Aktionär *m* (-s; -e) aandeelhouder
Aktionsbereich *m & o*, **Aktionsradius** *m* actieradius; vliegbereik
aktiv actief, werkzaam; dienstdoende; gramm bedrijvend, actief
Aktiv *o* (-s) gramm bedrijvende vorm
Aktiva, **Aktiven** *mv* handel actief, activa
aktivieren *zw* activeren
Aktivist *m* activist; ⟨in de voormalige DDR⟩ modelarbeider
Aktivität *v* (~) activiteit
Aktivsaldo *m* debetsaldo
Aktstudie [-sjtoedi-e] *v* naaktstudie
aktualisieren *zw* actualiseren, moderniseren, aan de eigen tijd aanpassen
aktuell actueel, hedendaags, eigentijds; *ein* ~*es Angebot* een thans geldende aanbieding, een tijdelijke aanbieding; *der* ~*e Dollarkurs* de dollarkoers van dit moment
Akupunktur *v* acupunctuur
Akustik [a-'koes-tik] *v* (~) akoestiek
akut [a'koet] acuut
AKW *o* (-s) = *Atomkraftwerk* atoomcentrale, kerncentrale
Akzent *m* (-s; -e) klemtoon, accent
Akzept *o* (-(e)s; -e) handel accept
akzeptieren *zw* accepteren, aannemen (ook handel)
Akzessionsliste *v* aanwinstenlijst ⟨v. museum, bibliotheek⟩
Alabaster *m* (-s) albast
Alarm *m* (-s; -e) alarm; ~ *schlagen* alarm slaan; *blinder* ~ loos alarm
Alarmanlage *v* alarminstallatie
Alarmbereitschaft *v* 't voorbereid zijn op alarm, vooralarm
Alarmglocke *v* alarmbel, -klok
alarmieren *zw* alarmeren, alarm slaan; *die Feuerwehr* ~ de brandweer waarschuwen
Alaun *m* (-s; -e) aluin
Alb: *die Schwäbische* ~ de Zwabische Jura

Albaner m (-s; ~) Albanees
Albanien o (-s) Albanië
albanisch bn Albanees
Albatros m (~; -se) vogelk albatros, stormvogel
Alberei v (~; -en) dwaasheid, gekheid; ~en treiben gekheid maken
1 **albern** bn dwaas, zot; ~es Zeug reden onzin praten
2 **albern** zw gekheid maken; stoeien
Albernheit v (~; -en) dwaasheid
Album o (-s; Alben) album
alemannisch (ook taalk) Alemannisch
alert [a-'lert] monter, vlug, levendig
Alex m slang Alexanderplatz (in Berlijn)
Alexandriner m (-s; ~) alexandrijn
Alge v (~; -n) alge; zeewier
Algebra v (~) stelkunde, algebra
algebraisch algebraïsch
Algerien [al'ge-ri-en] o (-s) Algerije
Algerier m (-s; ~) Algerijn
algerisch Algerijns
Algier ['al-zjíer] o Algiers (de stad)
Alibi o (-s; -s) alibi
Alimentation v (~; -en), **Alimente** mv alimentatie
alimentieren zw alimenteren; voeden
Alkohol [-hool] m (-s; -e) alcohol
alkoholarm met een laag alcoholgehalte, alcoholarm
alkoholfrei alcoholvrij
Alkoholgehalt m alcoholgehalte
Alkoholgenuß, nieuwe spelling: **Alkoholgenuss** m alcoholgebruik
Alkoholiker [alko'ho-liker] m (-s; ~) alcoholist
Alkoholismus m (~) alcoholisme
Alkoven m (-s; ~) alkoof
all (-er, -e, -es) al, alles; ~es Geld al het geld; wer kommt alles? wie komen er allemaal?; ~es in ~em alles tezamen genomen; ~e Welt iedereen; es fehlt an allem und jedem er mankeert van alles en nog wat; vor allem vóór alles, vooral; zie ook: alles
All o (-s) heelal, al, universum
allabendlich iedere avond
allbekannt algemeen bekend
alle op, afgelopen, uit; er ist ~ slang hij is erbij; ich bin ganz ~ ik ben totaal op; damit ist es ~ daarmee is 't uit; mit mir ist es ~ gemeenz met mij is 't gedaan; das Geld ist ~ het geld is op; ~ werden opraken; zie ook: all
alledem bei ~ bij dat al; nichts von ~ niets van dat alles; trotz ~ ondanks alles
Allee v (~; -n) allee, laan
Allegorie [-'rie] v (~; -n) allegorie
allein alleen; ganz ~ geheel alleen; er wollte mich besuchen, ~ er kam nicht hij wilde mij bezoeken, maar hij kwam niet; es kam von ~(e) gemeenz 't kwam vanzelf
alleinerziehend, nieuwe spelling: **allein erziehend**; ~er Elternteil alleenstaande ouder
Alleingang m solo-ren, soloprestatie; im ~ in zijn eentje
Alleinherrscher m alleenheerser
alleinig enig; ~er Vertreter enig vertegenwoordiger
alleinstehend, nieuwe spelling: **allein stehend** alleenstaand
Alleinvertrieb m handel alleenverkoop, monopolie
allemal telkens; in ieder geval; ein für ~ eens voor al; ~ wenn telkens als
allenfalls desnoods, hoogstens, op zijn hoogst, eventueel
allenthalben overal, alom, allerwegen
allerdings zeker, welzeker, inderdaad; weliswaar; waren Sie das? ~! bent u dat geweest? Zeker!; das ist ~ richtig, aber... dat is weliswaar juist, maar...
allergisch: ~ gegen allergisch voor
allerhand allerlei, allerhande; gemeenz das ist ja ~ dat is niet mis; es ist ~ zu tun er is werk aan de winkel; ~ Geld gemeenz een hoop geld; das ist schon ~! dat is al heel wat!
Allerheiligen o RK Allerheiligen
allerseits aan alle kanten, van alle zijden, allerzijds, overal; guten Tag ~ goedendag allemaal; ich empfehle mich ~ ik groet het hele gezelschap
Allerweltskerl m prachtkerel, duivelskunstenaar
Allerwerteste(r) m gemeenz schertsend achterste, zitvlak
alles alles; al; allemaal; ~ Geld al het geld; ~Gute im neuen Jahr de beste wensen voor het nieuwe jaar; ~ in allem alles tezamen genomen; mein ein und ~ mijn grootste schat; da hört doch ~ auf dat is het toppunt!; wer kommt ~? wie komt er zo al?; ~ andere als höflich allesbehalve beleefd; er ist ~ (andere), nur kein Kaufmann hij is allesbehalve een koopman; das kann ~ vorkommen dat kan allemaal gebeuren; was du dir doch ~ für Sorgen machst! wat maak je je toch een zorgen!; was tut man nicht ~ für... wat men er niet al voor... doet!; nicht um ~ in der Welt! voor geen goud!; ich möchte um ~ in der Welt nicht... voor alles ter wereld zou ik niet willen...; zie ook: all
allesamt allemaal, altegader
Allesfresser m alleseter, omnivoor
Alleskleber m lijm die voor uiteenlopende materialen gebruikt kan worden, universele lijm
allgemein algemeen; im ~en in het algemeen, over 't algemeen
Allgemeinbefinden o med algemene toestand
Allgemeinbildung v algemene ontwikkeling
allgemeingültig, nieuwe spelling: **allgemein gültig** algemeen geldend, voor allen bindend; algemeen geldig
Allgemeinheit v algemeenheid; de gemeenschap, het algemeen
allgemeinverständlich, nieuwe spelling: **allgemein verständlich** voor allen begrijpelijk
Allgemeinwohl o algemeen welzijn
Allgewalt v almacht, onbeperkte macht
Allheilmittel o panacee, geneesmiddel

Allianz voor alle kwalen
Allianz v (~; -en) verbond, alliantie
Alliierte(r) m bondgenoot, geallieerde
Alliteration v (~; -en) alliteratie
alljährlich jaarlijks, elk jaar
Allmacht v almacht
allmächtig almachtig, alvermogend
allmählich langzamerhand, allengs, van lieverlede; geleidelijk, bij stukjes en beetjes
allmonatlich maandelijks, elke maand voorkomend
Allotria [-'lo-] mv u. o bijzaken; gekheid
Allradantrieb m auto aandrijving op alle wielen
allseitig alzijdig, van alle kanten beschouwd
Alltag m weekdag; dagelijkse sleur; *der graue* ~ het eentonige leven van elke dag; *für den* ~ voor gewone dagen
alltäglich ['al-] dagelijks; op weekdagen; [-'teeg-] alledaags
alltags door de week
Alltagstrott m dagelijkse sleur, dagelijks gangetje
Allüren mv allures
allwissend alwetend
allwöchentlich iedere week voorkomend
allzu al te
Alm v (~; -en) bergweide
Almanach m (-s; -e) almanak
Almosen [al-mo-sen] o (-s; ~) aalmoes
Alp m (-(e)s; -e) nachtmerrie; kobold; *das liegt mir wie ein* ~ *auf der Brust* dat is een nachtmerrie voor me
Alp(e) v (~; -(e)n) alp; alpenweide
Alpdruck (nieuwe spelling ook: **Albdruck**) m, **Alpdrücken** (nieuwe spelling ook: **Albdrücken**) o nachtmerrie
Alpenveilchen o plantk cyclaam
Alphabet [-'beet] o (-s; e) alfabet
alphabetisch alfabetisch
Alphorn o muz alpenhoorn
alpin [-'pien] van de, in de Alpen, alpen-
Alptraum, nieuwe spelling ook: **Albtraum** m nachtmerrie
Alraun m (-s; -e), **Alraune** v (~; -n) alruin, heksenwortel
als voegw 1 (na comparatief:) dan (als); *älter* ~ *ich* ouder dan (als) ik; *er ist zu dumm* ~ *daß er es verstehe* hij is te dom, dan dat hij het begrijpt; 2 toen; ~ *er das hörte wurde er froh* toen hij dat hoorde, werd hij blij; 3 (+ conjunctief) alsof; *er sah aus* ~ *wäre er krank* hij zag eruit, alsof hij ziek was; 4 (ter aanduiding van identiteit) als; ~ *Direktor sah er aus wie ein gewöhnlicher Arbeiter* als directeur zag hij eruit als een gewone arbeider; ~ *solcher* als zodanig; 5 (in opsomming) ~ *da sind* vero als daar zijn
alsbald vero, plechtig aanstonds, spoedig, weldra
alsdann dan, alsdan, daarop
also ['alzoo] alzo, dusdanig; dus; *na* ~ nou dan, zie je wel!; ~ *gut, los!* vooruit maar!
alt oud, vroeger, oudbakken; ~ *und jung* oud en jong, iedereen; *wir bleiben die* ~en wij blijven de ouden, dezelfden voor elkaar; *alles beim* ~en *lassen* alles bij het oude laten; *der Alte* gemeenz de(n) ouwe; *mein Alter* mijn ouwe heer, mijn vader; *meine Alten* mijn oude lui; *meine* ~e *Dame* mijn moeder; *der A*~e *Fritz* de Oude Frits (Frederik de Grote); *altes Haus* gemeenz ouwe jongen; *eine* ~e *Schraube* gemeenz een ouwe tang; *die A*~e *Welt* de oude Wereld; *hier werde ich nicht* ~ gemeenz hier blijf ik niet lang
Alt m (-(e)s; -e) muz alt
Altan [al-'taan] m (-s; -e) groot balkon, bordes
Altar [al'taar] m (-s; Altäre) altaar
altbacken ['alt-backen] oudbakken
altbewährt beproefd, degelijk
alteingesessen van oudsher gevestigd
Altenheim o = *Altersheim*
Alter o (-s; ~) ouderdom; leeftijd; *mittlern* ~s van middelbare leeftijd; *im* ~ in de ouderdom, als men oud is; *im* ~ *von zwanzig Jahren* op de leeftijd van 20 jaar; *im besten* ~ op 't hoogtepunt van het leven; *in gesetztem* ~ op bezadigde leeftijd; *in heiratsfähigem* ~ op huwbare leeftijd; *in meinem* ~ op mijn leeftijd; *mit dem zunehmenden* ~ bij het ouder worden; *seit* ~s, *von* ~s (her) plechtig van ouds(her)
Alterchen o ouwe heer, oudje, ouwe jongen
altern zw oud(er) worden, verouderen; oud maken; *er ist früh gealtert* hij is vroeg oud geworden; *das hat ihn gealtert* dat heeft hem oud gemaakt
alternativ alternatief
Alternative v (~; -n) alternatief, keus; *vor die* ~ *stellen, gestellt werden* voor de keus stellen, gesteld worden
alters: *von* ~ *her, seit* ~ zie: *Alter*
Altersheim o bejaardentehuis
Altersklasse v jaargang
Altersrente v ouderdomsrente; *staatliche* ~ AOW
Altersschwäche v ouderdomszwakte
Altersversorgung v oudedagsvoorziening, bejaardenzorg; ouderdomspensioen
Altertum o (-(e)s; -tümer) oudheid; *Altertümer* voorwerpen, gebouwen uit de klassieke oudheid
Altertümer mv antiquiteiten
altertümlich oud, ouderwets
Altertumsforscher m oudheidkenner, archeoloog
Ältestenrat m seniorenconvent; raad der ouden
althergebracht, altherkömmlich traditioneel
Altist m (-en; -en) muz altzanger; altist
altklug wijsneuzig
Altlast v oude fabrieksterreinen, afvalbergen enz. die ecologische problemen opleveren; fig onopgeloste problemen uit het verleden
ältlich bejaard; oudachtig; ouwelijk, niet meer zo jong; *ein* ~*es Fräulein* een juffrouw op leeftijd
Altmeister m gildenmeester; erkend meester, nestor

altmodisch ouderwets
Altöl o afgewerkte olie
Altpapier o oud papier; *aus hundertprozentigem* ~ gemaakt van oud, gerecycled papier
Altstadt v 'oude stad', binnenstad
Altweibersommer m de laatste mooie herfstdagen, nazomer; herfstdraden
Alufolie v aluminiumfolie
am = *an dem*; ~ *Leben* in leven; ~ *Sonntag* op zondag; ~ *Ufer* aan de oever; ~ *schönsten*, ~ *liebsten* het mooist, het liefst; *es ist etwas* ~ *Kommen dial* er is iets op komst
amalgamieren zw amalgameren, zich met kwik verbinden; samensmelten
Amarelle v (~; -n) plantk morel
Amazone v (~; -n) amazone
Ambition v ambitie, grote eerzucht
Ambivalenz v ambivalentie
Amboß, nieuwe spelling: **Amboss** m (-bosses; -bosse) aambeeld (ook in 't oor)
ambulant trekkend; med lopend, ambulant
Ambulanz v (~; -en) ambulance; polikliniek
Ameise v (~; -n) dierk mier
Amen o amen; *sein* ~ *zu etwas geben* zijn instemming met iets betuigen; *so sicher wie das* ~ *in der Kirche* zo zeker als tweemaal twee vier is
Amerika o (-s) Amerika
Amerikaner m (-s; ~) Amerikaan
amerikanisch Amerikaans
Ami m (-s; -s) Amerikaanse soldaat
Ammarelle v (~; -n) Z-Duits abrikoos
Amme v (~; -n) min, pleegmoeder; baker
Ammereim m bakerrijmpje
1 Ammer v (~; -n) plantk morel
2 Ammer v (~; -n) vogelk geelgors
Ammonshorn o ammoniet (fossiele zeeslak)
Amnesie v (~; -sien) amnesie
Amnestie [-'ti:e] v (~; -n) amnestie
amnestieren zw amnestie verlenen aan
Amok: ~ *laufen* amok maken
a-moll muz a mineur, a kleine terts
amoralisch immoreel
Amortisation v (~; -en) amortisatie, schulddelging
amortisieren zw amortiseren, delgen
Ampel v (~; -n) hang-, schaallamp; verkeerslicht; bloemenhanger; *die* ~ *springt auf Gelb* het verkeerslicht springt op oranje
Ampelkoalition v pol coalitie van socialistische, liberale en groene partijen
Ampere o (-s; ~) ampère
Ampfer m (~; -s) plantk zuring
Amphetamin o amfetamine
Amphibie [-'fie-bi-e] v (~; -n) amfibie
Amphibienfahrzeug o amfibievoertuig
Amphitheater o amfitheater
Ampulle v (~; -n) ampul
Amputation v (~; -en) amputatie
amputieren zw amputeren
Amsel v (~; -n) vogelk merel, zwarte lijster
Amt o (-es; Ämter) ambt, bediening, dienst; gerecht; (officieel) bureau, kantoor; RK (gezongen) mis; departement, ministerie; *tu was deines* ~*es ist* vero doe je plicht; *das ist nicht meines* ~*es* vero dat ligt niet op mijn weg; *das Auswärtige* ~ het ministerie van Buitenlandse Zaken; *in* ~ *und Würden sein* een waardigheid bekleden; *von* ~*s wegen* ambtshalve
amtieren zw een ambt uitoefenen, in dienst zijn; optreden als
amtlich ambtshalve, ambtelijk; officieel; *mit einem* ~ *zu tun haben* met iem. ambtshalve te maken hebben; *aus* ~*er Quelle* uit ambtelijke (officiële) bron; *das steht* ~ *fest* dat staat officieel vast
Amtmann m districtshoofd; Zwits burgemeester
Amts- officieel, dienst-
Amtsalter o anciënniteit
Amtsantritt m ambtsaanvaarding
Amtsbeleidigung v belediging v.e. ambtenaar in functie
Amtsblatt o ± staatscourant
Amtsgericht o ± kantongerecht
amtshalber ambtshalve
Amtsrichter m ± kantonrechter
Amtsschimmel m: *den* ~ *reiten* gemeenz bureaucratisch zijn
Amtssprache v ambtelijke taal, stijf en formeel taalgebruik
Amtstätigkeit v ambtsuitoefening, dienst
Amtszeit v ambtstermijn
Amulett o (-s; -e) amulet
amüsant amusant, vermakelijk
Amüsement [-'mã] o (-s) amusement
amüsieren zw amuseren; *sich köstlich* ~ zich kostelijk amuseren
amusisch onbeschaafd onkunstzinnig, zonder gevoel voor poëzie, muziek enz.
an I *voorz* (+ 3, 4): ~ *einem Abend* op een avond; *ich habe eine Bitte* ~ *Sie* ik heb een verzoek aan u; ~*einer Krücke gehen* met een kruk lopen; ~ *einem Morgen* op een ochtend; ~ *seinem Platz* op zijn plaats; ~ *(und für) sich* op zichzelf; ~ *Stelle eines Ausflugs* in plaats van een uitstapje; ~ *einem Tag* op een dag; ~ *Weihnachten* Z-Duits met Kerstmis; *jetzt war es* ~ *dem* nu was het zover; *es ist nichts* ~ *dem*, ~ *der Sache* er is niets van waar; ~ *dem dreißig Mann* tegen de dertig man; ~ *dem Hause entlang* langs het huis; II *bijw*: *von heute* ~ vanaf vandaag, van vandaag af; *von Anfang* ~ van het begin af; *von seiner Jugend* ~ vanaf zijn jeugd; *gegen etwas* ~ *wollen* tegen iets willen ingaan; *das Licht ist* ~ het licht is aan
Anachronismus [-kro-] m (~; -men) anachronisme
Analphabet ['beet] m analfabeet
Analyse [-'luze] v (~; -n) analyse, ontleding
analysieren zw analyseren, ontleden
Analytiker m (-s; ~) analyticus
Anämie [-'mie] v (~) med anemie, bloedarmoede
anämisch anemisch, bloedarm
Anamnese v anamnese
Ananas ['a-nanas] v (~; ~ & -se) ananas
Anarchie [-'cie] v (~; -n) anarchie
Anarchismus m anarchisme

Anarchist *m* (-en; -en) anarchist
anarchistisch anarchistisch
Anästhesist *m* (-en; -en) anesthesist
Anatomie ['-mie] *v* (~) anatomie, ontleedkunde
anatomisch anatomisch
anbahnen *zw* voorbereiden; *Verhandlungen* ~ onderhandelingen aanknopen; *eine Freundschaft bahnt sich an* er ontstaat langzamerhand vriendschap
anbändeln, Oostr **anbandeln mit** *zw* ruzie zoeken met, het opnemen tegen; het met een meisje aanleggen
1 Anbau *m* (-s) aanbouw, het aanbouwen; verbouw, cultuur, teelt; het bebouwen (v. akker), het telen, aankweken
2 Anbau *m* (-s; -bauten) aanbouwsel, aangebouwd deel (v. huis), bijgebouw
anbauen *zw* aanbouwen; aankweken, verbouwen, telen; ontginnen; *sich* ~ zich vestigen, voor zich ergens een huis bouwen
anbefehlen *st* plechtig aanbevelen
Anbeginn *m* (-s) eerste begin, aanvang; *von* ~ *(an)* van af het eerste begin
anbehalten *st* aanhouden (v. kleren)
anbei hiernevens, -bij (in brief)
anbeißen *st* aanbijten; toebijten, -happen; beginnen te bijten; *der Fisch will nicht recht* ~ de vis wil niet erg bijten; *zum A~ gemeenz* om te zoenen; *er biß nicht an* hij hapte niet toe, hij liep er niet in; *auf alles* ~ op alles ingaan
anbelangen *zw* betreffen; *was dies (mich) anbelangt* wat dit (mij) betreft
anbellen *zw* aanblaffen; fig afblaffen, uitschelden
anbequemen *zw*: *sich* ~ *(+ 3)* zich schikken in, zich aanpassen aan
anberaumen *zw* vaststellen, bepalen (datum); *eine Versammlung* ~ een vergadering beleggen
anbeten ['an-] *zw* aanbidden
Anbetracht, Anbetreff: *in* ~ *(+ 2)* met het oog op, in aanmerking genomen
anbetreffen *st* aangaan, betreffen
anbetteln *zw* bedelend aanspreken
Anbetung ['an-] *v* (~; -en) aanbidding
anbiedern *zw*: *sich (bei) einem* ~ met iem. aanpappen, bij iem. in 't gevlij trachten te komen
anbieten *st* aanbieden; het eerst bieden; *einem das Du* ~ iem. voorstellen, elkaar te tutoyeren; *die Erklärung bietet sich an* de verklaring ligt voor de hand
anbinden *st* aan- of vastbinden, meren; *mit einem* ~ met iem. in relatie treden; (meestal) 't met iem. aan de stok krijgen; *kurz angebunden* kort aangebonden
anblasen *st* aanblazen; gemeenz *einen* ~ tegen iem. uitvallen
anblecken *zw*: *einen* ~ iem. de tanden laten zien
Anblick *m* aanblik, gezicht; kijk (op); *ein* ~ *für Götter!* schertsend een kostelijk gezicht!
anblicken *zw* aankijken, aanzien
anblinzeln *zw*: *einen* ~ knipogen tegen iem., iem. toelonken

anbohren *zw* aanboren, aansteken; *einen* ~ iem. polsen
anbraten *st* even (laten) braden, aanbraden
anbrechen *st* I *overg* aanbreken; beginnen; kneuzen (v. beenderen); II *onoverg* aanbreken; *bei* ~ *der Dunkelheit* bij 't invallen v.d. duisternis; *bei* ~ *der Nacht* bij 't aanbreken van de nacht; *die Dämmerung bricht an* de schemering valt in
anbrennen *onr* ontsteken, aansteken; in brand raken, vuur vatten; aanbranden
anbringen *onr* aanbrengen, plaatsen; te pas brengen; aan de man brengen; *eine Bitte* ~ een verzoek doen; *die Bemerkung war übel angebracht* die opmerking was misplaatst
Anbruch *m* het aanbreken; begin; begin van bederf (vlees); rottend hout; *bei* ~ *des Tages* bij 't aanbreken van de dag
anbrüchig aangestoken (v. fruit); in bederf overgaand
anbrüllen *zw*: *einen* ~ tegen iem. bulderen
anbrummen *zw*: *einen* ~ brommen tegen iem.; iem. beknorren
anbrüten *zw* beginnen te broeden; niet helemaal bebroeden; *ein angebrütetes Ei* een bebroed ei
Andacht *v* (~; -en) (korte) godsdienstoefening, wijdingsdienst; gebed; godsdienstige stemming, vrome aandacht; *seine* ~ *halten* zijn gebed doen
andächtig godsdienstig; eerbiedig
andauern *zw* voortduren
andauernd voortdurend, aanhoudend; ~*es Frostwetter* aanhoudende vorst
Andenken *o* (-s; ~) (na)gedachtenis, herinnering; heugenis; aandenken, souvenir; *seligen, glorreichen Andenkens* zaliger, roemrijker gedachtenis
ander ander; tweede; *ein* ~*es* iets anders; *am* ~*en Tag* de volgende dag; *unter* ~*em* onder andere(n), o.a.; *nun zu etwas* ~*em* laat ons nu over iets anders spreken; *von einem Tag zum* ~*en* van de ene dag op de andere; *zum einen... zum* ~*en...* ten eerste... ten tweede...; *alles* ~*e als höflich* allerminst hoffelijk; *sich eines* ~*en besinnen* van gedachte veranderen
andererseits anderzijds, aan de andere kant
ändern *zw* veranderen; vermaken; *sich* ~ veranderen, anders worden
andernfalls anders; in het andere geval
andernorts elders
anders anders; *niemand* ~ niemand anders
Andersdenkende andersdenkenden
andersartig andersoortig, van andere aard
anderthalb anderhalf
Änderung *v* (~; -en) verandering, wijziging
anderweitig elders; ander; ~*e Verpflichtungen* verplichtingen anders
andeuten *zw* (vluchtig) aanduiden; zinspelen op; in grote lijnen aangeven
Andeutung *v* (~; -en) aanduiding, zinspeling
andeutungsweise in 't voorbijgaan, terloops

andichten zw: (+ 3) toedichten, aanwrijven; (+ 4) een gedicht maken op
andienen zw handel aanmelden, advies zenden van; aanbieden
andonnern zw met donderende stem toespreken; *er stand wie angedonnert da* hij stond als door de bliksem getroffen; *der Zug kam angedonnert* de trein kwam aandenderen
Andrang *m* aandrang, het aandringen; toevloed, drukte, toeloop
andrängen zw: *sich ~* opdringen
andrehen zw aandraaien; gemeenz uithalen, flikken; *gemeenz einem etwas ~* iem. iets aansmeren
andrerseits aan de andere kant
andringen st opdringen, naar voren dringen
androhen zw dreigen, bedreigen; *einem eine Strafe ~* iem. met een straf bedreigen
Androhung *v* bedreiging
Andruck *m* proefdruk
anecken zw aanstoot geven; op de tenen trappen
aneignen zw: *sich ~* zich toe-eigenen; zich eigen maken
aneinander aan elkaar
Anekdote *v* (~; -n) anekdote
anekeln zw walging verwekken, walgen, tegenstaan; *es ekelt mich an* ik walg er van
Anemone *v* (~; -n) plantk anemoon
anempfehlen st aanbevelen, aanprijzen
Anerbieten *o* (-s; ~) aanbod
anerbieten st: *sich ~* zich aanbieden, zich bereid verklaren
anerkannt erkend
anerkanntermaßen (zoals) algemeen erkend (wordt)
anerkennen onr erkennen; waarderen; *einen Staat ~* een staat erkennen; *jemands Verdienste ~* iemands verdiensten erkennen; *einen als Mitarbeiter ~* iem. als medewerker waarderende, prijzende woorden
anerkennenswert loffelijk, prijzenswaardig
Anerkennung *v* waardering; erkenning; eervolle vermelding; *in ~ seiner Verdienste* als erkenning van zijn verdiensten
anerziehen st door de opvoeding aankweken
anfachen zw aanblazen; aanwakkeren
anfahren I onoverg st komen aanrijden, aanvaren; gaan rijden, gaan varen, wegskiën; *der Wagen fuhr an* de wagen zette zich in beweging, begon te rijden, de auto trok op; *an (+ 4) (gegen) etwas ~* tegen iets oprijden, opvaren; II overg: *Berlin ~* naar Berlijn rijden of varen; *einen Fußgänger ~* een voetganger aanrijden; *Waren ~* waren met een wagen of boot brengen; *einen ~ tegen* iem. uitvallen; *einen Motor ~ lassen* een motor laten aanlopen
Anfahrt *v* toegangsweg, uitrit, oprit, oprijlaan; landingsplaats; de weg naar een doel; rijtijd, rijduur; vertrek, het gaan rijden of varen, wegskiën
Anfall *m* aanval (vooral v. ziekte, wanhoop, woede enz.); opbrengst; hoeveelheid, aanbod; het toevallen; het erven; *~ von Jähzorn* driftbui; *~ an Arbeitskräften* aanbod v. arbeidskrachten
anfallen st I overg aanvallen, overvallen; ten deel vallen; *Heimweh fiel ihn an* heimwee overviel hem; II onoverg optreden, verschijnen, zich voordoen; *~de Ausgaben* noodzakelijk wordende uitgaven; *~de Kosten* optredende kosten; *~de Schecks* handel ontvangen cheques
anfällig (+ *für, gegen*) vatbaar ⟨voor ziekte⟩, gevoelig, zwak, kwetsbaar
Anfang *m* (-s; Anfänge) begin, aanvang; oorsprong, grondslag, basis; beginpunt, start; aanhef; *~ März* begin maart; *der ~ vom Ende* het begin van 't einde; *die Anfänge* het begin, het eerste stadium; de beginselen; *mit etwas den ~ machen* met iets een begin maken; *im (am, zu) ~* in het begin, in den beginne; *noch in den Anfängen stecken* nog in de kinderschoenen staan; *von ~ an* van het begin af aan; *von ~ bis Ende* van het begin tot het eind; *aller ~ ist schwer* alle begin is moeilijk
anfangen st I onoverg beginnen, aanvangen, een aanvang nemen; *wer fängt an?* wie begint?; *das fängt ja gut an* iron dat begint al goed; *der Unterricht hat schon angefangen* de les is al begonnen; *fang nicht wieder damit an!* begin daar nou niet weer over!; II overg beginnen, aanvangen, een begin maken met; gaan doen; aanpakken, aanleggen; in dienst treden; *Streit ~* ruzie beginnen te maken; *etwas geschickt ~* iets handig aanpakken; *was sollen wir damit ~?* wat moeten we daarmee beginnen?; *morgen fang ich bei Bayer an* morgen begin ik bij Bayer te werken
Anfänger *m* (-s; ~) beginneling; beginner; *ein blutiger ~* een groentje, een echte beginneling
anfänglich bn bijw aanvankelijk
anfangs bijw aanvankelijk; *~ dieses Jahres* in het begin van dit jaar
Anfangsgründe *mv* eerste beginselen
anfassen zw aanvatten, -grijpen, -pakken, beetpakken; *mit ~* mee aanpakken, een handje helpen; *einen hart ~* iem. hard aanpakken
anfauchen zw blazen, sissen tegen iem., aanblazen; *einen ~ tegen* iem. uitvaren
anfaulen zw beginnen te rotten; *angefaultes Obst* aangestoken fruit
anfechtbar betwistbaar, aanvechtbaar
anfechten st aanvechten, aanvallen; bestrijden; *ein Testament ~* de geldigheid van een testament betwisten; *die angefochtene Entscheidung* de beslissing, waartegen men in beroep gegaan is
Anfechtung *v* (~; -en) bestrijding; aanvechting
anfeinden zw vervolgen, haat toedragen, vijandelijk bejegenen; bestrijden
Anfeindung *v* (~; -en) vervolging, vijandelijke bejegening; vijandige houding
anfertigen zw maken, vervaardigen, bereiden, fabriceren; *eine Zeichnung ~* een te-

anfeuchten 20

kening maken
anfeuchten zw bevochtigen
anfeuern zw aanvuren, -wakkeren
anflehen (+ 4) zw smeken
anfletschen (+ 4) zw iem. de tanden laten zien
anfliegen st aanvliegen; vliegen op; *einen Flugplatz* ~ op een vliegveld aanvliegen; *Berlin* ~ op Berlijn vliegen
Anflug m het aanvliegen; aanvliegroute; opwelling; zweem; waas; door de wind verspreid zaad; gewas van aangewaaid zaad; *das Flugzeug ist im* ~ het vliegtuig nadert, is aan de landing begonnen; *in einem* ~ *von Großmut* uit een opwelling van edelmoedigheid
anfordern zw opvragen, vorderen, rekwireren; aanvragen
Anforderung v eis; vordering, rekwisitie; opvraging, aanvrage
Anfrage v aan- of navraag, onderzoek, vraag; *eine große, kleine* ~ een interpellatie, een vraag (parlement)
anfragen (bei einem) zw aan-, navragen, informeren
anfressen st aanvreten; invreten, aantasten
anfreunden zw: *sich* ~ *mit* vriendschap sluiten met; fig instemmen met; *mit der Lösung kann ich mich* ~ met die oplossing kan ik akkoord gaan
anfügen (+ 3) zw bijvoegen, toevoegen aan
anfühlen zw bevoelen, betasten; *dieser Stoff fühlt sich weich an* deze stof voelt zacht aan
Anfuhr v aanvoer, 't aanvoeren
anführen zw aanvoeren; aanhalen, citeren; beetnemen, voor de gek houden; *einen als Beispiel* ~ iem. ten voorbeeld stellen; *am angeführten Ort* te aangehaalder plaatse, ibidem (bij citaten)
Anführer m aanvoerder, hoofd
Anführung v aanvoering; aanhaling; citaat
Anführungsstrich m, **Anführungszeichen** o aanhalingsteken
anfüllen zw opvullen, vullen
Angabe v opgaaf, -gave, aangifte; bewering; aanwijzing; opschepperij; Oostr handel eerste storting, eerste betaling; *~n gegevens*; ~ *der Adresse* opgave van adres; *ohne* ~ *von Gründen* zonder motivering; *unter* ~ *des Datums* met vermelding v.d. datum
angaffen zw aangapen, aanstaren
angängig toegestaan, geoorloofd; *das ist nicht* ~ dat gaat niet aan
angeben zw aangeven, opgeven; aanbrengen, verklikken; kaartsp beginnen te geven, sp serveren; *ungeheuer* ~ verschrikkelijk opscheppen; *den Ton* ~ muz fig de toon aangeven
Angeber m aangever, verklikker; gemeenz opschepper; aansteller
Angeberei v opschepperij, gebral
angeberisch opschepperig
angeblich vermeend, naar het heet, zogenaamd
angeboren aangeboren

Angebot o aanbieding; handel aanbod, offerte, bod; eerste bod, (bij aanbesteding) inschrijving; ~ *und Nachfrage* vraag en aanbod
angebracht geschikt, gepast; *etwas für* ~ *halten* iets passend, opportuun achten; *die Bemerkung ist hier nicht* ~ die opmerking is hier niet op haar plaats *übel* ~ slecht van pas
angedeihen st: *einem etwas* ~ *lassen* iem. iets schenken, doen geworden, ten deel doen vallen
Angedenken o gedachtenis, aandenken; *seligen* ~s zaliger nagedachtenis
angegossen: *der Anzug sitzt wie* ~ het pak zit als gegoten, past precies
angegriffen vermoeid, aangegrepen
angeheiratet aangetrouwd
angeheitert gemeenz aangeschoten, tipsy
angehen st onr **I** onoverg aangaan (licht, kaars); sp, theat beginnen, een aanvang nemen; opkomen tegen, bestrijden, zich verzetten; nog meevallen, ermee door kunnen, nog acceptabel zijn; *steil* ~ steil oplopen; *gegen ein Vorurteil* ~ tegen een vooroordeel ingaan, een vooroordeel bestrijden; *das mag ja noch gerade* ~ dat kan er nog wel mee door; **II** overg aanpakken, beginnen met een (moeilijke) opdracht, aanvatten; (iemand om iets) verzoeken; sp (een tegenstander) aanvallen; (paardensport) op een hindernis afgaan; (skiën, motorsport) een bocht op een bepaalde wijze nemen; te lijf gaan; aangaan, aanbelangen, betreffen; *einen mit einer Bitte, um Hilfe* ~ iem. een verzoek doen, om hulp vragen; *die zweite Halbzeit* ~ met de tweede helft beginnen; *ein Problem* ~ een probleem aanpakken; *einen Spieler* ~ een speler aanvallen; *was mich angeht* wat mij betreft; *das geht dich gar nichts* (gemeenz *einen Dreck, einen Schmarren*) *an* dat gaat je niets (geen donder, geen bal, geen bliksem) aan
angehend aanstaand, aankomend; *ein ~er Arzt* een beginnend dokter; *eine ~e Vierzigerin* een vrouw in de veertig
angehören zw behoren bij, tot; *einem Verein* ~ tot een vereniging (be)horen
Angehörige(r) m-v nabestaande; *~ges* personeel; *~ger des Mittelstandes* middenstander; *meine ~gen* mijn naaste familieleden
Angeklagte(r) m verdachte (in rechtszitting)
angeknack(s)t gemeenz beschadigd; gek; *seine Gesundheit ist* ~ hij sukkelt met zijn gezondheid; *moralisch angeknackst* met een morele deuk
angegekränkelt ziekelijk, sukkelend
Angel v (~; -n) hengel; vishaak; scharnier, hengsel (v. deur); *jmdm. an die* ~ *gehen* fig door iem. aan de haak worden geslagen; *etwas aus den ~n heben* iets grondig verstoren, uit evenwicht brengen, volledig veranderen
angelegen: *sich etwas* ~ *sein lassen* zich voor iets interesseren, zich om iets bekom-

meren
Angelegenheit v aangelegenheid, zaak; *eine feuchte* ~ een gelegenheid, waarbij flink gedronken wordt
angelegentlich ernstig, diepgaand, dringend; *sich* ~*(st) nach etwas erkundigen* zeer belangstellend naar iets informeren
Angelhaken m vishaak
angeln zw hengelen ⟨ook fig⟩, vissen: *einen* ~ *iem. aan de haak slaan; auf Hechte, Forellen* ~ op snoek, forel vissen
angeloben zw schrijft plechtig beloven
Angelpunkt m draaipunt; fig kern, hoofdzaak
Angelrute v hengelroede, hengel
angemessen passend, gepast; redelijk, behoorlijk; in overeenstemming met; *den Umständen* ~ naar omstandigheden; *zu* ~*en Preisen* tegen redelijke prijzen
angenehm aangenaam; handel gewild
angeregt opgewekt, vrolijk; levendig; *in* ~*er Stimmung* in geanimeerde stemming
angesäuselt gemeenz aangeschoten, tipsy
angeschlagen beschadigd; gehavend; geraakt, gekneusd ⟨bij boksen⟩; vermoeid; aangeschoten
angesehen gezien, geacht
Angesicht o (-s; -e) plechtig gezicht, gelaat; aanblik; *im* ~ *des Todes* met de dood voor ogen; *der Gefahr ins* ~ *sehen* 't gevaar onder ogen zien
angesichts (+ 2) ten aanschouwen van; bij 't zien van, met 't oog op; ~ *der Gefahr* met 't gevaar voor ogen
angespannt gespannen; *der* ~*e Arbeitsmarkt* de krappe arbeidsmarkt
angestammt aangeboren, traditioneel; ~*er Besitz* van generatie op generatie overgeërfd bezit
Angestellte(r) m employé, medewerker, bediende, functionaris; *kaufmännischer* ~*r* medewerker op een handelskantoor
angestrengt ingespannen, zwaar
angetan: *er war sehr von dem Vorschlag* ~ het voorstel behaagde hem zeer; *die Sache ist nicht danach (dazu)* ~ de zaak ziet er niet naar uit
angetrunken aangeschoten, tipsy
angewandt toegepast; ~*e Physik* toegepaste natuurkunde
angewöhnen zw aanwennen
Angewohnheit v aanwensel, hebbelijkheid
angleichen (+ 3) st gelijk maken aan; assimileren
Angler m (-s; ~) hengelaar
angliedern zw aansluiten; *der Schule ist ein Internat angegliedert* aan de school is een internaat verbonden; *einen Vorort dem Stadtbezirk* ~ een voorstad in het stadsgebied opnemen
anglisieren zw verengelsen
anglotzen zw aanstaren, -gapen
angreifen st aanvallen; aangrijpen; aanvatten; aantasten; aanpakken; *selbst mit* ~ zelf de hand uit de mouwen steken; *den Feind* ~ de vijand aanvallen; *die Lungen* ~ de longen aantasten; *jmds. Standpunkt* ~ iems. standpunt aanvallen; *ein Testament* ~ een testament betwisten; *den Vorrat* ~ de voorraad aanspreken; *etwas geschickt* ~ iets handig aanpakken; *er sieht angegriffen aus* hij ziet er afgemat, sterk vermoeid uit
Angreifer m (-s; ~) aanvaller, agressor
angrenzen zw: ~ *an* (+ 4) grenzen aan
angrenzend aangrenzend, belendend; naburig
Angriff m aanval ⟨ook fig⟩; *in* ~ *nehmen* ter hand nemen, aanvatten
angriffslustig agressief
angrinsen zw aangrijnzen
Angst v (~; Ängste) angst; *eine höllische* ~ een dodelijke angst; *er hat* ~ *vor der Zukunft* hij is bang voor de toekomst; *sie hat* ~ *um ihr Kind* ze maakt zich zorgen over haar kind; *es mit der* ~ *zu tun bekommen* plotseling bang worden, in paniek raken
Angsthase m gemeenz schijterd, bangerd
ängstigen zw angstig maken, benauwen; *sich* ~ *um* zich ongerust maken over
ängstlich angstig, vreesachtig, bang; verlegen; ~ *auf etwas bedacht sein* angstvallig op iets letten
angucken zw aankijken; *sich etwas* ~ iets bekijken
anhaben onr aanhebben; *die Hosen* ~ fig de broek aanhebben; *die Spendierhosen* ~ gemeenz in een royale bui zijn; *einem nichts* ~ *können* iem. niets kunnen maken
anhaften zw aankleven; *ihm haftet ein Makel an* er rust een smet op hem
Anhalt m steun, steunpunt, houvast; aanknopingspunt
anhalten st I onoverg aanhouden; stilhouden, stoppen; *der Regen hält an* de regen houdt aan; ~ *um* verzoeken om, dingen naar; II overg stil doen staan, stopzetten; *den Atem* ~ de adem inhouden; *die Luft* ~ gemeenz zijn mond houden
anhaltend aanhoudend, voortdurend
Anhalter m (-s; ~) lifter; handvat; *per* ~ *fahren* liften
Anhaltspunkt m aanknopingspunt, houvast
anhand voorz (+ 2) aan de hand van; ~ *der Daten* aan de hand van gegevens
Anhang m toevoegsel; aanhangers, supporters, volgelingen; gevolg; *der Minister und sein* ~ de minister en zijn medestanders; *eine Witwe ohne* ~ een weduwe zonder kinderen
1 anhängen (+ 3) st onoverg aanhangen, toebehoren, aankleven, gehecht zijn; *einer Partei* ~ een partij aanhangen; *den alten Zeiten* ~ aan de oude tijd hangen
2 anhängen zw overg hangen aan, aanhangen, ophangen, aandoen; *einem etwas* ~ gemeenz iem. iets aanpraten, aansmeren; kwaad van iem. vertellen; *einem einen Prozeß* ~ iem. een proces aandoen; *der Katze die Schelle* ~ de kat de bel aanbinden
Anhänger m (-s; ~) aanhanger, volgeling, partijganger; supporter; hanger ⟨sieraad⟩; aanhangsel; bij-, aanhangwagen; label

anhängig

aan een koffer; ophanglus (jas enz.); <u>auto</u> aanhangwagen, oplegger
anhängig aanhangend; aanhangig
anhänglich aanhankelijk
Anhängsel o (-s; ~) aanhangsel; hanger
anhangsweise als aanhangsel, bij wijze van aanhangsel
Anhauch m waas; <u>fig</u> zweem
anhauchen zw ademen op, bewasemen; aanblazen: *einen (mächtig)* ~ <u>gemeenz</u> tegen iem. uitvaren; *pessimistisch angehaucht* pessimistisch getint
anhauen onr <u>gemeenz</u> aanspreken, aanklampen, lastig vallen
anhäufen zw ophopen; opstapelen
Anhäufung v op(een)hoping; opeenstapeling; verhoging
anheben st I overg optillen, heffen, opheffen; aanheffen; aanvangen; *Löhne, Preise* ~ lonen, prijzen verhogen; II onoverg beginnen
anheften zw aan-, vasthechten; aanplakken (mededeling)
anheilen zw (doen) vastgroeien
anheimeln zw weldadig aandoen; *es heimelt mich hier an* ik voel me hier thuis
anheimfallen, nieuwe spelling: **anheim fallen** st ten deel vallen, toevallen; ten prooi vallen aan; *dem Vergessen* ~ aan de vergetelheid ten prooi vallen
anheimgeben, nieuwe spelling: **anheim geben** st; **anheimstellen**, nieuwe spelling: **anheim stellen** zw overlaten aan, in overweging geven
anheischig: *sich* ~ *machen* zich bereid verklaren; zich sterk maken
anheizen zw (kachel) aanmaken; <u>fig</u> aanwakkeren; *die Inflation, das Interesse, die Stimmung* ~ de inflatie, de interesse, de stemming aanwakkeren
anherrschen zw aan-, toesnauwen
anhetzen zw aanhitsen, -stoken; *angehetzt kommen* (buiten adem) komen aanhollen
anheuern zw onoverg, overg <u>scheepv</u> (aan-)monsteren
Anhieb m: *auf* ~ dadelijk, bij de eerste poging
anhimmeln zw verheerlijkt aanzien, aanbidden
Anhöhe v kleine hoogte, heuvel
anhören zw aanhoren; *einem etwas* ~ iets aan iem. horen; *das hört sich gut an* dat klinkt goed, aangenaam; *ich habe mir die Rede angehört* ik heb de rede gehoord
Anhörung v hoorzitting, hearing; <u>recht</u> het horen (v.d. partijen) *nach* ~ *der Parteien* na de partijen gehoord te hebben
Anhörungsverfahren o hearing
Anilin [-'lien] o (-s) aniline
animalisch dierlijk, animaal
Animierdame v animeermeisje
animieren zw animeren, aanmoedigen
Animosität v animositeit, vijandschap
Anis [-'nies] m (-s; -e) <u>plantk</u> anijs
ankämpfen zw: ~ *gegen* (+4) strijden tegen
Ankauf m aan-, inkoop
ankaufen zw aankopen, inkopen; *sich ir-*

gendwo ~ zich door aankoop van grond ergens vestigen
ankeifen zw op ruziënde toon tekeergaan tegen
Anker m (-s; ~) anker ⟨ook v. muur, wijn, magneet, horloge⟩; ~ *werfen* 't anker uitwerpen; *vor* ~ *liegen* voor anker liggen
ankern zw ankeren; voor anker gaan
Ankerwinde v <u>scheepv</u> ankerspil
anketten zw (boot) aan de ketting leggen, vastleggen; ketenen
ankeuchen zw: *angekeucht kommen* komen aanhijgen
ankitten zw (aan)lijmen, vastkitten
ankläffen zw keffen tegen, aanblaffen
Anklage v aanklacht; *unter* ~ *stellen* in staat van beschuldiging stellen
Anklagebank v beklaagdenbank
anklagen zw aanklagen, beschuldigen; *einen des Diebstahls* ~ iem. wegens diefstal aanklagen
Ankläger m <u>recht</u> aanklager
Anklageschrift v <u>recht</u> akte van beschuldiging
Anklagevertreter m <u>recht</u> officier van justitie
anklammern zw vastklemmen, vastmaken, bevestigen; *sich* ~ zich vastklampen, zich vastgrijpen
Anklang m: ~ *finden* weerklank vinden
ankleben zw I overg aanplakken; II onoverg (vast)kleven
Ankleidekabine v kleedhokje
ankleiden zw aankleden, kleden
Ankleideraum m,
anklingeln zw aanbellen; opbellen
anklingen st in klank herinneren aan, overeenstemmen met; weerklank vinden; *eine Erinnerung klingt an* een herinnering wordt opgewekt; *das Thema klingt an* het thema klinkt door
anklopfen zw aankloppen; *bei einem* ~ iem. polsen
anknipsen zw aandoen (elektr. licht); aansteken (sigarettenaansteker)
anknöpfen zw aanknopen (met knopen)
anknüpfen zw aanknopen; *mit einem Geschäfte* ~ met iemand zaken gaan doen; *mit einem Mädchen* ~ het met een meisje aanleggen
Anknüpfungspunkt m aanknopingspunt
anknurren zw <u>gemeenz</u> knorren tegen, brommen tegen
anködern zw (met aas) lokken
ankohlen zw <u>gemeenz</u> iem. voorjokken, voor de gek houden
ankommen st aankomen; <u>handel</u> slagen, klaar komen (bij koop); succes hebben; in gebruik komen; een plaats vinden bij (in); *gut* ~ (ook) goed ontvangen worden, het doen; <u>iron</u> geen succes hebben; *übel* ~ lelijk te pas komen; *man kann ihm nicht* ~ <u>gemeenz</u> men kan geen vat op hem krijgen; *es auf etwas* ~ *lassen* het erop laten aankomen; *es kommt darauf an* ⟨ook⟩ dat hangt ervan af; *es kommt mir darauf an* het gaat er mij om; *es kommt nur auf dich an* het hangt alleen van je zelf af; *dagegen*

war nicht anzukommen daar kon (ik) niet tegenop

Ankömmling *m* nieuweling, pas-aangekomene

ankoppeln *zw* aankoppelen, vastkoppelen, aanhangen

ankotzen *zw* gemeenz tegen iem. uitvallen; *es kotzt mich an* ik walg ervan

ankrallen *zw* met de klauwen, nagels grijpen; gemeenz aanklampen; *sich ~ zich* krampachtig vasthouden

ankratzen *zw* krassen, schrammen; fig beschadigen, aantasten

ankreiden *zw* vero aankalken, als schuld opschrijven; *einem etwas ~* iem. iets ten laste leggen, kwalijk nemen

Ankreis *m* wisk aangeschreven cirkel

ankreuzen *zw* aankruisen; met een kruis aangeven; merken; laveren

ankünden, ankündigen *zw* aankondigen

Ankunft *v* aankomst

ankuppeln *zw* aankoppelen

ankurbeln *zw* aandraaien, aanslingeren, -zwengelen; fig op gang brengen

anlächeln (+ 4) *zw* glimlachen tegen, toelachen

Anlage *v* (~; -n) aanleg, het aanleggen, opzet; bijlage; installatie; belegging (v. kapitaal); *die ~n* het plantsoen; *die ~n einer Fabrik* fabrieksgebouwen; *~ zur Musik* aanleg voor muziek; *in der ~* ingesloten

Anlageberater *m* beleggingsadviseur

anlagern *zw*: *sich ~* chem zich afzetten

anlangen *zw* aankomen; (+ 4) aangaan, betreffen

Anlaß, nieuwe spelling: **Anlass** *m* (-lasses; -lässe) aanleiding; gelegenheid; *aus diesem ~* daarom; *bei besonderen Anlässen* bij bijzondere gelegenheden; *ohne jeden, den geringsten ~* zonder de geringste aanleiding; *~ geben zu* aanleiding geven tot; *etwas zum ~ nehmen* iets als aanleiding nemen

anlassen *st* aanlaten, aanhouden; starten; aanzetten; *hart, rauh ~* ruw bejegenen, toesnauwen

Anlasser *m* (-s) auto starter

anläßlich, nieuwe spelling: **anlässlich** (+ 2) naar aanleiding van, bij gelegenheid van

anlasten *zw*: *einem etwas ~* iem. iets op de hals schuiven, iem. iets te laste leggen

Anlauf *m* aanloop; het op gang komen; aanval; *in den ersten Anläufen stecken bleiben* in het eerste begin blijven steken

anlaufen *st* aanlopen; oplopen; zwellen; op gang komen; afgewezen worden; beslaan (raam); *rot ~* blozen; *der Film ist gestern angelaufen* met de vertoning van de film is gisteren begonnen; *einen Hafen ~* een haven aanlopen, aandoen; *den Motor ~ lassen* de motor starten

Anlaut *m* beginklank; plaats aan het begin van woord of lettergreep

anlauten *zw* beginnen (v.e. woord)

anläuten (+ 4, Zwits + 3) *zw* reg opbellen; sp *die Runde ~* de bel luiden bij 't begin van een ronde

Anlegebrücke *v* aanlegsteiger

anlegen *zw* (geweer, verband, weg) aanleggen; aandoen, aantrekken; handel beleggen; *sich ~ mit* het aan de stok krijgen, het opnemen tegen; *es auf etwas ~* het op iets gemunt hebben; *Fesseln ~* aan banden leggen; *Feuer ~* brand stichten; *Geld auf Zinsen ~* geld op rente zetten; *Geld zu 4% ~* geld tegen 4% beleggen; *mit Hand ~* een handje helpen; *den Hund ~* de hond vastleggen; *Schmuck ~* sieraden aan-, omdoen; *der Hund legt die Ohren an* de hond legt zijn oren in de nek

Anleger *m* handel belegger; *institutioneller ~* institutionele belegger

Anlegestelle *v* aanlegplaats

anlehnen *zw* aanleunen; leunen tegen; steunen op; op een kier zetten; *eine angelehnte Tür* een deur op een kier; *Fahrräder an die Mauer ~* fietsen tegen de muur zetten; *sich an ein Vorbild ~* zich naar een voorbeeld richten

Anlehnung *v* aanleuning; 't steunen op, steun, navolging

anleiern *zw* gemeenz op gang brengen, aanzwengelen

Anleihe *v* (~; -n) lening; ontlening aan een schrijver; *bei einem Schriftsteller ~n machen* aan een schrijver iets ontlenen

anleimen *zw* aanlijmen; *er sitzt wie angeleimt* hij blijft maar plakken

anleinen *zw* aanlijnen (v. hond); vastbinden, vastmaken

anleiten *zw* leiden, terechthelpen; onderwijzen

Anleitung *v* handleiding, leidraad; leiding

anlernen *zw* aanleren; onderwijzen, instrueren

anleuchten *zw* verlichten, beschijnen

anliefern *zw* leveren, aanvoeren

anliegen *st* grenzen aan; aansluiten, ter harte gaan; aan de orde zijn; *einem ~* bij iem. op iets aandringen; *Nord ~* scheepv noordwaarts aanhouden; *eng ~de Kleider* nauwsluitende kleren

Anliegen *o* (-s; ~) verzoek; verlangen, wens; zaak; *ein ~ vortragen* een verzoek kenbaar maken; ook = *Angelegenheit*

anliegend aanliggend, naburig; als bijlage, bijgaand, ingesloten (in postpakket); *~ finden Sie ...* als bijlage vindt u ...

Anlieger *m* (-s; ~) aanwonende; *~ frei* alleen toegankelijk voor aanwonenden; (in België) uitgezonderd plaatselijk verkeer

anlocken *zw* aanlokken, -halen, -trekken

anlöten *zw* (vast)solderen

anlügen *zw*: *einen ~* iemand voorliegen

anluven *zw* scheepv oploeven

anmachen *zw* (sla) aanmaken; vastmaken; opsteken (licht); *Feuer ~* vuur aanleggen; *ein Mädchen ~* een meisje proberen te versieren

anmahnen *zw* manen, aanmanen, aansporen

anmalen *zw* verven, schilderen; gemeenz *sich ~* zich opmaken

Anmarsch *m* opmars; *im ~* in opmars, in aantocht

anmarschieren *zw* opmarcheren, opruk-

anmaßen

ken
anmaßen zw: sich ~ zich aanmatigen
anmaßend aanmatigend, verwaand
Anmaßung v (~; -en) aanmatiging
anmelden zw aanmelden, -dienen, -kondigen; aanvragen; inschrijven, opgeven; aangeven; (laten) registreren; aantekenen, naar voren brengen, opperen; *Bedenken ~ bezwaren opperen; Beschwerde ~* een klacht indienen; *(den) Konkurs ~* zich failliet laten verklaren; *ein Kind in der Schule ~* een kind op een school inschrijven
Anmeldung v aanmelding, aangifte
anmerken zw aanmerken; noteren; *einem etwas ~* iets aan iem. merken; *sich etwas ~ lassen* iets laten merken; *sich nichts ~ lassen* zich van de domme houden; *dazu möchte ich ~* schrijft ik zou daarbij de kanttekening willen plaatsen
Anmerkung v (~; -en) opmerking; noot
anmessen st aanmeten
anmustern zw overg, onoverg scheepv aanmonsteren
Anmut v (~) bevalligheid, bekoorlijkheid
anmuten (+ 4) zw bevallen; aandoen; *altertümlich ~* ouderwets aandoen, een ouderwetse indruk maken
anmutig, anmutsvoll bevallig, bekoorlijk, gracieus
annageln zw vastspijkeren; *wie angenagelt* als aan de grond genageld
annagen zw knagen aan, beknagen
annähen zw aannaaien
annähern zw (be)naderen; *sich ~* naderbij komen, naderen; *fig* elkaar nader komen
annähernd benaderend, bij benadering, ongeveer
Annäherung v nadering; be-, toenadering
Annäherungsversuch m toenaderingspoging
Annahme v (~; -n) aanneming, receptie, aanvaarding, goedkeuring, acceptatie, veronderstelling, aanstelling, indienstneming; *in der ~, daß* in de veronderstelling dat; *~ an Kindesstatt (Kindes Statt)* vero adoptie
Annahmestelle v bagagedepot; kantoor van verzending
Annalen mv annalen
annehmbar aannemelijk, schappelijk
annehmen st aannemen; zorgen voor; aanvallen, attaqueren ⟨wild⟩; aanvaarden ⟨straf⟩; aannemen ⟨vermoeden⟩; *jmdn. ~* iemand ontvangen; *das kannst du von mir ~* dat mag je van me geloven; *ein Kind ~* adopteren; *ein Urteil ~* een vonnis accepteren; *Vernunft ~* naar rede luisteren; *mit Dank ~* dankend (in dank) aannemen, aanvaarden; *sich (eines Kindes) ~* zorgen voor (een kind)
annehmlich aannemelijk
Annehmlichkeit v (~; -en) het aangename, aangenaamheid, het genoegen
annektieren zw annexeren
Annektierung v (~; -en), **Annexion** v (~; -en) annexatie
annieten zw vastmaken, vastklinken
Annonce v (~; -n) annonce, advertentie

annullieren zw annuleren, nietig verklaren, intrekken
anöden zw vervelen, ergeren
anonym [-'nuum] anoniem
anordnen zw ordenen, regelen, schikken; bepalen, voorschrijven, afkondigen
Anordnung v schikking, regeling; ordening, organisatie, opstelling; beschikking, verordening; *auf ~ des Arztes* op voorschrift van de dokter
anpacken zw aanpakken, -grijpen; *alle pakken mit an* iedereen werkt hard mee
anpassen zw aanpassen; *sich den Umständen ~* zich aan de omstandigheden aanpassen
Anpassungsfähigkeit v, **Anpassungsvermögen** o aanpassingsvermogen; accommodatievermogen ⟨v. 't oog⟩
anpeilen zw aansturen op; in de peiling hebben, in het oog hebben; *einen Flughafen ~* een luchthaven peilen, in de peiling nemen; *er hat immer die Bühne angepeilt* hij heeft altijd toneelspeler willen worden
anpfeifen st fluiten, fluiten tegen; *einen ~* tegen iem. uitvallen
Anpfiff m sp beginsignaal; gemeenz uitbrander
anpflanzen zw planten, aanplanten
Anpflanzung v aanplanting
anpflaumen zw: *einen ~* iem. voor de gek houden
anpinkeln zw gemeenz pissen tegen
anpirschen zw jacht besluipen, sluipend benaderen
anpöbeln zw: *einen ~* tegen iem. uitvallen
anpochen zw aankloppen
Anprall m stoot, botsing
anprallen zw: *gegen etwas ~* tegen iets botsen
anprangern zw aan de kaak stellen
anpreisen st aanprijzen
anpreschen zw: *angepprescht kommen* komen aansnellen
Anprobe v het passen ⟨van kleren⟩
anprobieren zw (aan)passen ⟨v. kleren⟩
anpumpen zw: *einen ~* geld van iem. lenen
Anrainer m Z-Duits Oostr aanwonende, aangelande, buurman
anranzen zw gemeenz toesnauwen, aanblaffen
anraten st aanraden, raden, aanbevelen
anraunzen = *anranzen*
anrechnen zw aanrekenen; in rekening brengen; *die Untersuchungshaft auf die Gefängnisstrafe ~* het voorarrest van de gevangenisstraf aftrekken; *das rechne ich dir hoch an* dat waardeer ik zeer van jou
Anrechnung v het in rekening brengen; aftrek, mindering; *mit in ~ bringen* meerekenen
Anrecht o recht, aanspraak; abonnement; *~ auf etwas haben* recht op iets hebben
Anrede v het aanspreken; vero toespraak; *die höfliche ~* de beleefde aanspreekvorm
anreden (+ 4) zw aanspreken; *einem etwas ~* iem. iets aanpraten; *einen auf den Unfall ~* bij iem. naar 't ongeluk informeren; *gegen den Lärm ~* boven het lawaai uit

anschlagen

praten
anregen zw aansporen, prikkelen, inspireren, de stoot geven tot; suggereren; *den Appetit ~* de eetlust opwekken; *eine Frage ~* een vraag opwerpen
anregend opwekkend, animerend, suggestief
Anregung v opwekking, stoot, aansporing, prikkel; *auf seine ~ (hin)* op zijn initiatief
Anregungsmittel o pepmiddel
anreichern zw rijker maken; chem verrijken; *eine angereicherte Lösung* een meer geconcentreerde oplossing
anreihen zw aanrijgen, aaneenschakelen; *~ + 3* toevoegen aan; *sich ~* in de rij gaan staan; kort op elkaar volgen
Anreise v reis ergens heen; aankomst
anreisen zw aankomen
anreißen st scheuren, inscheuren; ter sprake brengen, aansnijden; *Kunden ~* gemeenz klanten lokken; *den Motor ~* de motor (v.e. boot) starten; *eine Schachtel Zigaretten ~* een pakje sigaretten aanbreken; *soziale Probleme ~* sociale problemen ter sprake brengen
Anreißer m klantenlokker, stoepier, runner
anreißerisch schreeuwerig, opdringerig
anreiten st aanrijden, voor 't eerst rijden; *angeritten kommen* komen aanrijden
Anreiz m prikkel, neiging
anreizen zw aansporen, aanzetten
anrempeln zw: *einen ~* gemeenz opzettelijk tegen iem. aanbotsen, twist zoeken, lastig vallen
anrennen onr aanrennen, -stormen; aanvaren; *übel ~* lelijk tegen iets aanlopen
Anrichte v aanrecht, buffet, bijkeuken, pantry
anrichten zw opdissen, toebereiden; aanrichten, veroorzaken; *Schönes ~* iron een mooie grap uithalen
anritzen zw schrammen
anrollen zw overg u. onoverg aanrollen; beginnen te rollen, te rijden
anrüchig in slechte reuk staande, bedenkelijk, van verdacht allooi
Anrüchigkeit v slechte naam, bedenkelijkheid, beruchtheid
anrücken zw aanrukken ⟨van troepen⟩; aan komen zetten; bijschuiven
Anruf m het aan-, toeroepen, 't opbellen, telefoontje
Anrufbeantworter m (-s; ~) antwoordapparaat
anrufen st aan-, in-, toeroepen; praaien; opbellen, telefoneren; *ein höheres Gericht ~* in hoger beroep gaan
anrühren zw aanroeren; mengen, beslaan; treffen; *von etwas seltsam angerührt sein* door iets merkwaardig getroffen zijn
ans: = *an das* aan het, aan de; naar het, naar de; *~ Wasser fahren* naar de zee, het meer rijden
Ansage v aanzegging, aankondiging; mededeling, bekendmaking; kaartsp bod
ansagen zw aanzeggen, aankondigen, kennis geven; kaartsp bieden; *sage an!* spreek op!

Ansager m conferencier; (radio)omroeper
ansammeln zw verzamelen; ophopen
Ansammlung v verzameling, opeenhoping; *eine ~ von Menschen* een oploopje
ansässig woonachtig, gevestigd; zetelend; *sich ~ machen* zich metterwoon vestigen
Ansatz m inzet; aanzetsel, aanzetstuk, verlengsel, verlengstuk; muz mondstuk; het aanzetten, opstellen; raming, schatting; 't bereiden, vaststellen; begin, aanloop; aanzetting; bezinksel; *~ von Kalkstein* kalkafzetting
Ansatzpunkt m begin-, uitgangspunt
ansäuern zw aanzuren
ansaugen st u. zw zuigen, aan-, op-, vastzuigen
ansäuseln zw: *sich ~* gemeenz zich bedrinken
ansausen zw: *angesaust kommen* aangestoven komen
anschaffen zw aanschaffen; geld verdienen; Z-Duits, Oostr bevelen; *~ gehen* zich prostitueren, tippelen; *Geld ~* voor geld zorgen
Anschaffung v aanschaffing, aanschaf, dekking; *~ machen* handel remise zenden
anschalten zw inschakelen
anschauen zw aanzien; *sich etwas ~* iets bekijken
anschaulich aanschouwelijk, duidelijk
Anschauung v aanschouwing; opvatting, mening, zienswijze
Anschein m schijn, voorkomen, aanzien; *den ~ geben* de schijn wekken; *dem ~ nach, allem ~ nach* blijkbaar
anscheinend naar 't schijnt, blijkbaar
anscheißen zw gemeenz bedriegen; afsnauwen, snauwen tegen
anschicken zw: *sich ~* zich gereed maken, toebereidselen maken
anschieben st aanschuiven, voortduwen; *angeschoben kommen* komen aanzetten
anschielen zw gemeenz schuins aankijken, begluren
anschießen st aanschieten; inschieten; met schieten openen; *angeschossen* aangeschoten ⟨v. wild⟩; verkikkerd; *angeschossen kommen* komen aanlopen
anschirren zw inspannen, optuigen
Anschiß, nieuwe spelling: **Anschiss** m gemeenz schrobbering
Anschlag m aanslag ⟨ook muz en bij schrijfmachine⟩; raming; bulletin, affiche, aangeplakt bericht; *~ der Kosten* raming der kosten; *ein ~ auf (+ 4)* een aanslag op; *in ~ bringen* in rekening brengen, in aanmerking nemen; *durch ~ bekannt machen* door aanplakken bekend maken; *nicht in ~ kommen* niet in aanmerking komen, niet meetellen ⟨bij berekening⟩
anschlagen st I onoverg aanslaan, beginnen te blaffen; plantk beginnen te groeien; sp aantikken ⟨bij zwemmen⟩; succes hebben; II overg aanslaan; bekendmaken, aanplakken; taxeren, ramen; beschadigen; treffen; aanleggen ⟨v. geweer⟩; bezeren, beschadigen; *einen Akkord ~* muz

Anschlagsäule   26

een akkoord aanslaan; *die Mannschaft war angeschlagen* de ploeg was aangeslagen; *Segel* ~ zeilen bijzetten; *einen anderen Ton* ~ ⟨ook⟩ uit een ander vaatje tappen; *den richtigen Ton* ~ de juiste toon treffen; *einen hohen Ton* ~ een hoge toon aanslaan; *die Teetasse war angeschlagen* het theekopje had een barst

Anschlagsäule *v* aanplakzuil

anschleichen *st* aansluipen; *das Wild* ~ het wild besluipen; *sich* ~ naderbij sluipen

anschleppen *zw* gemeenz aanslepen, meebrengen; door te slepen doen aanslaan, aanslepen

anschließen *st* aansluiten; laten volgen, toevoegen; *eine Bemerkung* ~ er een opmerking aan toevoegen; *das Fahrrad* ~ de fiets vastzetten; *sich* ~ zich aansluiten

anschließend aansluitend; direct daarop

Anschluß, nieuwe spelling: **Anschluss** *m* telec aansluiting; contact, voeling; pol inlijving, annexatie; vermindering van de achterstand; aansluiting, verbinding ⟨trein, bus &⟩; ~ *finden* kennissen maken; *den* ~ *verlieren* de aansluiting missen; *den* ~ *schaffen* sp de achterstand tot één doelpunt terugbrengen

Anschlußtreffer, nieuwe spelling: **Anschlusstreffer** *m* sp doelpunt dat de achterstand tot een goal vermindert

Anschlußzug, nieuwe spelling: **Anschlusszug** *m* aansluitende trein

anschmiegen *zw*: *sich* ~ *an* (+ 4) zich vlijen tegen; zich schikken naar, zich aanpassen

anschmiegend, anschmiegsam buigzaam, soepel; meegaand; aanhalig

anschmieren *zw* aansmeren, in de maag stoppen; bedriegen, voor de gek houden

anschnallen *zw* aangespen, vastgespen; *sich* ~ de veiligheidsgordel omdoen

anschnauzen *zw* gemeenz toesnauwen, afblaffen

Anschnauzer *m* uitbrander, grauw, snauw

anschneiden *st* aansnijden; aanknippen ⟨bij kledingvervaardiging⟩; *eine Frage* ~ een kwestie ter sprake brengen; *eine Kurve* ~ een bocht afsnijden

Anschnitt *m* kapje ⟨v. brood⟩; snijvlak

Anschovis *v* ⟨~; ~⟩ visk ansjovis

anschrauben *zw* aan-, vastschroeven

anschreiben *st* aanschrijven; opschrijven, noteren; *alles* ~ *lassen* alles op rekening laten zetten; *schlecht (übel) angeschrieben sein* een slechte reputatie hebben, slecht aangeschreven staan

anschreien *st* aanroepen, toeschreeuwen

Anschrift *v* adres

anschuldigen *zw* beschuldigen, betichten

anschüren *zw* oppoken, aanstoken

anschwärzen *zw* zwartmaken; belasteren

anschwatzen *zw* aanpraten

anschweißen *zw* aanlassen; ⟨wild⟩ aanschieten

anschwellen I *st* aanzwellen, rijzen

anschwemmen *zw* aanspoelen, (doen) aanslibben

Anschwemmung *v* het aanspoelen; aanslibbing

anschwindeln *zw* gemeenz voorliegen; *einem etwas* ~ iem. iets aanpraten, voorliegen

ansegeln *zw* het zeilseizoen openen; *einen Hafen* ~ naar een haven zeilen; *angesegelt kommen* komen aanzetten

ansehen *st* aanzien, bekijken; beschouwen, bezichtigen; zien aan; houden voor, aanzien voor; *sieh mal an!* kijk eens aan!; *einen groß* ~ iem. met grote ogen aankijken; *einen nicht für voll* ~ iem. niet serieus nemen, voor vol aanzien; *einen über die Achsel (Schulter)* ~ iem. met de nek aankijken; *sich etwas* ~ iets bekijken; *das ist hübsch anzusehen* dat is mooi om te zien; *sein Alter ist ihm nicht anzusehen* je kunt niet zien hoe oud hij is

Ansehen *o* uiterlijk, gedaante, voorkomen; aanzien, achtbaarheid; *ohne* ~ *der Person* zonder aanzien des persoons; *sich das* ~ *geben, als...* zich de schijn geven, voordoen, alsof...

ansehnlich er goed uitziend, uiterlijk imponerend, statig, deftig; *eine* ~*e Summe* een aanzienlijke som

anseilen *zw* door een touw verbinden ⟨bij bergbeklimmen⟩; scheepv meren

ansetzen *zw* I onverg inzetten, beginnen; aanbranden; vrucht zetten; *dreimal* ~ driemaal proberen; *zu etwas* ~ met iets een begin maken; *angesetzt kommen* komen toesnellen ⟨v. hond⟩; II overg aanzetten; bepalen, vaststellen, een tijdstip vastleggen; aan de mond zetten; eraan zetten, aannaaien; opzetten; op het vuur zetten; proberen; wisk opstellen; *die Feder* ~ de pen ter hand nemen; *Fett* ~ dik, vet worden; *Gleichungen* ~ vergelijkingen opstellen; *den Hebel (an der richtigen Stelle)* ~ fig de zaak (juist) aanpakken; *einen Preis hoch* ~ een hoge prijs vaststellen; *Rost* ~ gaan roesten; *Schimmel* ~ gaan schimmelen; *Speck* ~ gemeenz dik worden; *eine Zeit* ~ een tijd vaststellen, bepalen; *eine Bowle* ~ een bowl bereiden

Ansicht *v* het aanschouwen; gezicht, uitzicht; uiterlijk; mening; *derselben* ~ *sein* het eens zijn, iems. mening delen; *zur* ~ ter inzage; *meiner* ~ *nach* volgens mij

ansichtig: *jmds., einer Sache* ~ *werden* plechtig iem., iets gewaar worden, in 't oog (vizier) krijgen

Ansichtskarte *v* prentbriefkaart, ansicht(kaart)

Ansichtssache *v*: *das ist* ~ daarover kan men van mening verschillen

Ansichtssendung *v* zichtzending

ansiedeln *zw* vestigen; *sich* ~ zich nederzetten, vestigen

Ansiedlung *v* ⟨~; -en⟩ het vestigen; nederzetting, kolonie

Ansinnen *o* (onredelijke) eis, (nauwelijks aanvaardbaar) voorstel

Ansitz *m* wachtplaats van de jager, kansel

ansitzen *st*: *auf Enten* ~ ⟨op jacht⟩ zitten wachten op eenden

ansonsten gemeenz verder, overigens,

anspannen zw aanspannen, spannen, voorspannen; *alle Kräfte* ~ alle krachten inspannen; zie ook: *angespannt*
Anspannung v 't inspannen; (in)spanning
anspeien st bespuwen, spuwen op
Anspiel o sp begin van het spel, de eerste zet, worp enz.
anspielen zw aanspelen; muz voor het eerst spelen; kaartsp spelen, uitspelen; *auf etwas* ~ op iets zinspelen
Anspielung v toespeling
anspinnen st aanspinnen; aanknopen; *sich* ~ beginnen te ontstaan, zich ontwikkelen
anspitzen zw aanpunten, een punt slijpen aan; gemeenz tot iets aanzetten
Ansporn m aansporing
anspornen zw aansporen, prikkelen
Ansprache v toespraak; Z-Duits Oostr aanspraak
ansprechen st I onoverg aanspreken, reageren; werken, uitwerking hebben; in de smaak vallen, aangenaam aandoen; *das Mittel spricht nicht an* het middel werkt niet; II overg aanspreken, toespreken, spreken tot; spreken over, bespreken, behandelen, aansnijden; bevallen; *leicht* ~ gemakkelijk aanspreken; *Wild* ~ wild herkennen; *die Lage als ernst* ~ de situatie ernstig noemen; *auf etwas* ~ op iets reageren, erop ingaan; *sich angesprochen fühlen* getroffen zijn (door woorden)
ansprechend aangenaam aandoend, sympathiek; *eine wenig* ~*e Hypothese* een weinig aannemelijke hypothese
Ansprechpartner m contactpersoon
anspringen st springend aanvallen; fig toehappen; aanslaan (motor); *einen* ~ ⟨ook⟩ tegen iem. opspringen
anspritzen zw besprenkelen; gemeenz snel komen
Anspruch m aanspraak, vordering; eis; pretentie; *Ansprüche haben/stellen* eisen stellen; ~ *machen auf* (+ 4) aanspraak maken op; *jmdn. oder etwas in* ~ *nehmen* een beroep doen op iem. of iets, iem. of iets geheel opeisen; *sehr in* ~ *genommen sein* 't erg druk hebben
anspruchslos nederig, bescheiden, zonder pretenties
Anspruchslosigkeit v (~) bescheidenheid, eenvoud
anspruchsvoll veeleisend, pretentieus
anspucken zw bespuwen
anspülen zw aanspoelen
anstacheln zw prikkelen, aanzetten
Anstalt v (~; -en) inrichting; instituut; gesticht, sanatorium; ~*en machen* aanstalten maken; ~*en treffen* voorbereidingen treffen
Anstand m fatsoen, betamelijkheid; decorum, waardigheid; bezwaar; standplaats ⟨van jager⟩; *ohne allen* ~ zonder bezwaar; *Anstände* bezwaren, aanmerkingen
anständig fatsoenlijk, betamelijk, netjes; behoorlijk, redelijk; *einen* ~ *behandeln* iemand fatsoenlijk behandelen
Anständigkeit v fatsoenlijkheid, netheid, keurige houding
Anstandsbesuch m beleefdheidsbezoek
anstandshalber fatsoenshalve, beleefdheidshalve
anstandslos zonder (enig) bezwaar
Anstandswauwau m schertsend gemeenz chaperonne
anstarren zw aanstaren
anstatt (+ 2) in plaats van
anstauen zw opstuwen; *sich* ~ zich ophopen
anstaunen zw: *einen* ~ iemand met verbazing aanzien
anstechen st openprikken, prikken in; aansteken ⟨vat⟩
anstecken zw aansteken ⟨ook v. broche, vat enz.; dial v. vuur⟩; aanspelden; med besmetten
ansteckend aanstekelijk; besmettelijk
Anstecknadel v sierspeld
Ansteckung v (~; -en) besmetting, infectie
Ansteckungsgefahr v besmettingsgevaar
anstehen st in de rij staan, wachten; betamen, passen; aarzelen; in het verschiet liggen; *die Zeche stand an* de rekening stond open; *eine* ~*de Entscheidung* een hangende beslissing; *das* ~*de Thema* 't in bespreking zijnde onderwerp
ansteigen st stijgen
anstelle, an Stelle (+ 2) in plaats van
anstellen zw aanstellen; instellen, inrichten; aanzetten; gemeenz uitvoeren; *Betrachtungen* ~ beschouwingen houden; *eine Erhebung, eine Ermittlung* ~ en enquête, een onderzoek instellen; *Vergleiche* ~ vergelijkingen maken; *ein Verhör* ~ een verhoor afnemen; *einen Versuch* ~ een poging doen (ondernemen); *was hast du angestellt?* wat heb jij uitgevoerd, uitgehaald?; *sich* ~ zich aanstellen; in de rij gaan staan; *sich geschickt* ~ zich handig voordoen
anstellig handig; vlug v. begrip
Anstellung v aanstelling; betrekking, positie
anstemmen zw omhoogdrukken; *sich* ~ zich schrap zetten; fig zich keren (tegen)
ansteuern (+ 4) zw aansturen (op)
Anstich m het aansteken; *frischer* ~ bier, vers van het vat
Anstieg m het opklimmen; het stijgen ⟨ook v. prijzen⟩; beklimming; stijging
anstieren zw wezenloos aanstaren
anstiften zw aanrichten, veroorzaken; aanzetten tot, opstoken; uitlokken
Anstiftung v aanzetting ⟨tot misdrijf⟩, uitlokking; *auf* ~ op instigatie
anstimmen zw aanheffen
Anstoß m aanstoot, ergernis; impuls, aanleiding; stoot(je); sp eerste stoot of trap, aftrap; ~ *erregen* aanstoot geven; *den ersten* ~ *geben zu* het initiatief nemen voor; ~ *nehmen an etwas* aanstoot nemen aan iets
anstoßen st (aan)stoten; klinken ⟨met glazen⟩; aangrenzen; aftrappen ⟨voetbal⟩; aanstoot geven; *auf Brüderschaft* ~ met een dronk afspreken elkaar met *du* aan te

anstoßend spreken; *mit der Zunge* ~ lispelen
anstoßend aangrenzend
anstößig aanstotelijk, ergerlijk
anstrahlen *zw* aanstralen; bestralen (met schijnwerper)
anstreben (+ 4) *zw* naar iets streven
anstreichen *st* verven; aanstrepen; *ein Zündholz* ~ een lucifer aanstrijken
Anstreicher *m* schilder
anstrengen *zw* (klacht) indienen; vermoeien, moe maken; *alle Kräfte* ~ alle pogingen in 't werk stellen; *einen Prozeß gegen einen* ~ iemand een proces aandoen; *sich* ~ zich inspannen, moeite doen
anstrengend vermoeiend, inspannend
Anstrich *m* het verven; verf; tint; fig vernisje, kleur; *ein feierlicher (offizieller)* ~ een plechtig (officieel) tintje
anstücke(l)n *zw* een stuk aanzetten
Ansturm *m* het aanstormen, stormaanval; run (op bank, winkel enz.)
anstürmen *zw* aanstormen, opstormen tegen
ansuchen *zw*: *einen (bei einem) um etwas* ~ iem. om iets verzoeken
Ansuchen *o* (-s; ~) verzoek
Antagonismus *m* (~; -men) antagonisme
antanzen *zw*: *angetanzt kommen* gemeenz komen aanzetten; *einen* ~ *lassen* gemeenz iem. laten opdraven
antasten *zw* aantasten; betasten
Anteil *m* aandeel (ook: effect); deel; belangstelling, deelneming; ~ *an etwas haben* deelhebben aan; ~ *an etwas nehmen* belangstelling tonen voor iets
Anteilnahme *v* deelneming; belangstelling
Antenne *v* (~; -n) elektr antenne; dierk voelhoren; *er hat die richtige* ~ *dafür* gemeenz hij heeft het juiste gevoel daarvoor
Anthropologe *m* (-n; -n) antropoloog
Anthropologie *v* (~) antropologie
antik antiek
Antike *v* (~; -n) klassieke oudheid
antippen *zw* licht aanraken; *ein Thema* ~ een onderwerp aanroeren; *bei einem* ~ fig bij iem. aankloppen
Antiqua [-'tie-] *v* (~) antiqua, Latijnse staande drukletter
Antiquar *m* (-s; -e) antiquaar, handelaar in oude boeken, prenten enz.
Antiquariat *o* (-s; -e) antiquariaat
antiquarisch antiquarisch, tweedehands
antiquiert verouderd
Antiquität *v* (~; -en) antiquiteit
antizipieren *zw* anticiperen, vooruitlopen op
Antlitz *o* (-es; -e) gezicht, gelaat
antoben *zw* uitkafferen, woedend toespreken; *angetobt kommen* komen aanrazen
antraben *zw* aandraven, aanrukken; beginnen te draven; ~ *müssen* op het matje moeten komen
Antrag *m* (-s; Anträge) aanzoek; voorstel; aanbod; klacht; eis; verzoek (bij de autoriteiten); vordering; klacht; requisitoir; pol motie; initiatiefwetsvoorstel; *jmdm. einen* ~ *machen* iemand ten huwelijk vragen
antragen *st* aandragen; voorstellen; eisen; aanbieden; *die Ehe* ~ een huwelijksaanzoek doen
Antragsformular *o* aanvraagformulier
Antragsteller *m* voorsteller; handel aanbieder; aanvrager, verzoeker; rekwestrant
antreffen *st* aantreffen, ontmoeten
antreiben *st* **I** *onoverg* aandrijven, -spoelen; **II** *overg* aandrijven (ook techn), aansporen; plankt forceren
antreten *st* aantreden; vasttreden; aantrappen; spurten; aanvaarden; intreden; opkomen; *ein Amt* ~ een ambt aanvaarden; *sein Amt* ~ (ook) in functie treden; *den Beweis* ~ het bewijs leveren; *eine Erbschaft* ~ een erfenis aanvaarden; *das Motorrad* ~ de motorfiets aantrappen; *die Nachfolge* ~ opvolger worden; *eine Reise* ~ een reis beginnen
Antrieb *m* aandrift, aandrijving; aansporing, stoot; techn aandrijfmechanisme; *aus freiem* ~ uit eigen beweging
antrinken *st*: *sich einen (Rausch)* ~ zich een roes drinken; *sich Mut* ~ zich moed indrinken; *angetrunken* beschonken
Antritt *m* intrede; aanvaarding; begin
Antrittsbesuch *m* kennismakingsbezoek
Antrittsvorlesung *v* inaugurele rede
antun *onr* aandoen; *einem ein Leid(s)* ~ iem. kwaad doen; *sich ein Leid(s) (etwas)* ~ zich van kant maken, de hand aan zich zelf slaan; *sich keinen Zwang* ~ zich niet generen; *das Mädchen hat es ihm angetan* het meisje heeft hem betoverd, bekoord; *von etwas nicht angetan sein* er niet mee ophebben

1 anturnen *zw* gemeenz uitgelaten, huppelend komen aanlopen
2 anturnen *zw* gemeenz het hoofd op hol brengen, opzwepen; high maken, in een roes brengen; *angeturnt* high
Antwort *v* (~; -en) antwoord, bescheid; *eine ausweichende* ~ een ontwijkend antwoord
antworten *zw* antwoorden
Antwortkarte *v* post briefkaart met betaald antwoord
anvertrauen *zw* toevertrouwen; *sich einem* ~ iemand in vertrouwen nemen
anvettern *zw*: *sich bei einem* ~ met iem. aanpappen
anvisieren (+ 4) *zw* mikken, zich richten op; fig kijken naar, aankijken
anwachsen *st* aangroeien, vastgroeien; toenemen; wortel schieten
anwackeln *zw*: *angewackelt kommen* gemeenz komen aanwaggelen
Anwalt *m* (-s; Anwälte) advocaat, pleitbezorger; verdediger
Anwaltschaft *v* balie (de gezamenlijke advocaten)
anwandeln *zw* overvallen; *es wandelt mich die Lust an* de lust bekruipt mij
Anwandlung *v* vlaag, aanval; aanvechting; bevlieging
anwärmen *zw* even warm maken, warmer maken; (wijn) chambreren
Anwärter *m* aspirant, rechthebbende (op betrekking); kandidaat (voor betrekking

of diploma); ~ *auf den Thron* (troon-)pretenderen

Anwartschaft *v* recht, aanspraak, uitzicht

anwehen *zw* aanwaaien, opeenhopen

anweisen *st* aanwijzen; opdracht geven; instrueren; *einem eine Summe durch die Bank* ~ de bank opdracht geven, iem. een bedrag uit te betalen; *auf etwas angewiesen sein* afhankelijk zijn van iets, op iets aangewezen zijn

Anweisung *v* aanwijzing; instructie; handel order tot uitbetaling, assignatie

anwendbar bruikbaar, toepasselijk, van toepassing

anwenden *onr* aanwenden, besteden, gebruiken; toepassen

Anwendung *v* aanwending, gebruik; toepassing; *in* ~ *bringen* in praktijk brengen; *unter* ~ *von Gewalt* met de sterke arm; ~ *finden* toegepast worden

anwerben *st* aanwerven, werven

Anwerbung *v* werving, aanmonstering

anwerfen *st* werpen tegen, 't eerst werpen; ⟨motor⟩ starten

Anwesen *o* huis en erf, hoeve, bezitting

anwesend ['an-] aanwezig, tegenwoordig

Anwesenheit *v* aanwezigheid, tegenwoordigheid

Anwesenheitsliste *v* presentielijst

anwidern *zw* tegenstaan; *es widert mich an* het staat mij tegen, ik walg er van

Anwohner *m* (-s; ~) nabuur, buur; aanwonende

Anwurf *m* eerste worp; aantijging, verwijt, beschuldiging; vero pleisterkalk

anwurzeln *zw* vastwortelen, aanslaan; *wie angewurzelt* als aan de grond genageld

Anzahl *v* aantal

anzahlen *zw* een gedeelte vooruit betalen, aanbetaling

Anzahlung *v* eerste termijn; aanbetaling, voorschot

anzapfen *zw* aansteken ⟨vat⟩; aftappen ⟨ook v. telefoon⟩; aftakken; *einen* ~ *gemeenz* iem. aanklampen, van iem. lenen

Anzeichen *o* voorteken; aanwijzing, aankondiging; voorbode ⟨fig⟩; med symptoom

Anzeige *v* (~; -n) aankondiging; aanzegging; advertentie; aangifte; ~ *machen* mededeling, aangifte doen

anzeigen *zw* aanwijzen; (bij de politie) aangeven, aanbrengen, aanmelden; adverteren; handel aankondigen

Anzeiger *m* (-s; ~) techn aanwijzer; verklikker, aanbrenger; nieuws- en advertentieblad

anzetteln *zw*: *eine Verschwörung* ~ een samenzwering smeden

anziehen *st* I *overg* aantrekken; bekoren; aankleden; *die Zügel* ~ de teugels aanhalen; *eine Schraube* ~ een schroef aandraaien; *sich* ~ zich kleden; II *onoverg* stijgen, oplopen; de eerste zet doen; *der Markt zieht an* de markt wordt vaster

anziehend aantrekkelijk, aanlokkelijk, bekoorlijk

Anziehungskraft *v* aantrekkingskracht

anzischen *zw* I *onoverg* toesnellen, snel komen aanlopen; aanscheuren; II *overg* toesnauwen, toesissen

Anzug *m* aantocht, nadering; pak, kostuum; auto het optrekken; openingszet ⟨bordspel⟩; *im* ~ *sein* in aantocht, op til zijn

anzüglich stekelig, scherp; dubbelzinnig, schunnig; ~ *werden* hatelijk, stekelig worden

Anzüglichkeit *v* toespeling, stekeligheid

anzünden *zw* aansteken, ontsteken, (ergens) de brand in steken

anzweifeln *zw* in twijfel trekken

AOK *v* = *Allgemeine Ortskrankenkasse* plaatselijk ziekenfonds

apart bijzonder, apart; chic

Apfel *m* (-s; Äpfel) appel; *der* ~ *fällt nicht weit vom Stamm* de appel valt niet ver van de boom; ~ *im Schlafrock* appelbol

Apfelkuchen *m* appeltaart

Apfelmus *o* appelmoes

Apfelsine *v* sinaasappel

Apfelstrudel *m* Oostr soort appelgebak

Aphorismus *m* (~; -men) aforisme

Apostel *m* (-s; ~) apostel

Apostelgeschichte *v* Handelingen der Apostelen

apostolisch apostolisch

Apostroph ['-strof] *m* (-s; -e) apostrof, weglatingsteken

apostrophieren plechtig toespreken; benoemen; van commentaar voorzien

Apotheke *v* (~; -n) apotheek

Apotheker *m* (-s; ~) apotheker

Apparat ['-raat] *m* (-s; -e) apparaat, toestel; verzameling van hulpmiddelen; *Sie werden am* ~ *verlangt* er is telefoon voor u

Apparatur *v* (~; -en) apparatuur

Appartement ['-mã] *o* (-s; -s) appartement

Appell [-'pel] *m* (-s; -e) mil appèl; oproep, beroep

appellieren *zw* appèl aantekenen; *an jemands Mitleid* (4) ~ een beroep doen op iemands medelijden

Appendix *m* (~ & -es; -e & -izes) appendix, aanhangsel

Appetit [appe-'tiet] *m* (-(e)s) eetlust, trek; *guten* ~ smakelijk eten

appetitanregend eetlustopwekkend

Appetithappen *m*, **Appetithäppchen** *o* pikant hapje

appetitlich smakelijk, appetijtelijk

applaudieren (+ 3) *zw* applaudisseren

Apposition *v* (~; -en) gramm bijstelling

Appretur *v* appretuur

approbieren *zw vero*: *approbierter Arzt* officieel toegelaten arts

Aprikose *v* (~; -n) plantk abrikoos

April *m* (-s): *der* ~ april; ~! ~! 1 april!

Aprilscherz *m* aprilgrap

Aquädukt *m* (-s; -e) aquaduct

Aquarell *o* (-s; -e) aquarel

Äquator *m* (-s) equator

Äquivalent *o* (-(e)s; -e) equivalent

Ar *o* (-s; -e) are; argon; *100 a (Ar)* 100 are

Araber ['araber] *m* (-s; ~) Arabier; Arabisch paard

Arabien [-'rabi-en] *o* (-s) Arabië

Arbeit *v* (~; -en) arbeid, werk; werkstuk;

arbeiten

taak; *eine ~ schreiben* een proefwerk maken; *een werkstuk schrijven; ganze ~ leisten* prima werk leveren; *handgefertigte ~* handwerk; *ein schweres Stück ~* een moeilijk karwei; *erhabene ~* reliëfwerk; *öffentliche ~en* publieke werken; *sich an die ~ machen* aan 't werk gaan; *bei der ~* aan 't werk; *in ~* in bewerking; *wie die ~ so der Lohn* loon naar werken; *auf ~ gehen* uit werken gaan; *in ~ stehen* werk hebben

arbeiten *zw* werken ⟨ook v. hout; v. schip⟩; arbeiden; bewerken, maken; gisten; trainen; *im Akkord ~* bij 't stuk werken; *Hand in Hand ~* goed samenwerken; *einem in die Hände ~* goed met iem. samenwerken; *in die eigene Tasche ~* voor zijn eigen voordeel werken; *seine Brust arbeitete heftig* zijn borst ging heftig op en neer; *sich zuschanden ~* zich afbeulen; *keinen Schlag ~* geen steek uitvoeren; *~ was das Zeug hält* tegen de klippen op werken; *sich zu Tode ~* zich doodwerken; zich een ongeluk werken

Arbeiter *m* (-s; ~) werkman, arbeider; werker; *Arbeiter-und-Bauern-Staat* benaming voor de vroegere DDR

Arbeiterin *v* arbeidster, werkster; dierk werkbij

Arbeiterschaft *v* de (gezamenlijke) arbeiders, het personeel

Arbeitgeber *m* werkgever

Arbeitnehmer *m* werknemer

arbeitsam werkzaam, naarstig

Arbeitsamt *o* arbeidsbureau

Arbeitsbedingungen *mv* arbeidsvoorwaarden

Arbeitsbeschaffung *v* werkverschaffing

Arbeitsbeschaffungsmaßnahme zie ABM

Arbeitseinstellung *v* werkstaking; de houding tegenover 't werk

arbeitsfähig in staat tot werken

Arbeitsgruppe *v* werkgroep, team

Arbeitskraft *v* werk-, arbeidskracht ⟨ook als persoon⟩

Arbeitslager *o* werkkamp

Arbeitsleistung *v* arbeidsprestatie

arbeitslos werkloos

Arbeitslosenfürsorge *v*, **Arbeitslosenunterstützung** *v* werklozensteun, -uitkering

Arbeitslosengeld *o* werkloosheidsuitkering

Arbeitslosenversicherung *v* werkloosheidsverzekering

Arbeitslosigkeit *v* werkloosheid; *saisonmäßige ~* seizoenwerkloosheid

Arbeitsmarkt *m* arbeidsmarkt

Arbeitsstelle *v* betrekking, baan; ⟨v. werkster⟩ werkhuis

Arbeitsteilung *v* werkverdeling

arbeitsunfähig niet in staat te werken; arbeidsongeschikt

Arbeitsvermittlung *v* werkverschaffing; arbeidsbeurs; arbeidsbemiddeling

Arbeitsvertrag *m* arbeidscontract

Arbeitszeit *v* werktijd; *gleitende ~* variabele werktijden

Arbeitszeitverkürzung *v* arbeidstijdverkorting

archaisch archaïsch

Archaismus [-ça-'is-] *m* (~; -men) archaïsme

Archäologe *m* (-n; -n) archeoloog

archäologisch archeologisch, oudheidkundig

Arche *v* (~; -n) ark; *~ Noah(s) (Noä)* ark van Noach

Archipel [-'peel] *m* (-s; ~) archipel

Architekt *m* (-en; -en) architect

Architektur *v* (~; -en) bouwkunde, architectuur

Archiv [ar-'çief] *o* (-s; -e) archief

Archivar [arçi'waar] *m* (-s; -e) archivaris

ARD *v* = *Arbeitsgemeinschaft der öffentlichrechtlichen Rundfunkanstalten der Bundesrepublik Deutschland*

Areal *o* (-s; -e) areaal, gebied

Arena *v* arena

arg erg; kwaad, boos; moeilijk, zwaar; *völlig im ~en liegen* geheel verwaarloosd zijn

ärgerlich ergerlijk, irritant; geërgerd

ärgern *zw* ergeren; pesten; *sich zu Tode (schwarz) ~* zich doodergeren; *sich über die Fliege an der Wand ~* zich over elke kleinigheid ergeren

Ärgernis *o* (-ses; -se) ergernis, aanstoot

Arglist *v* arglist, arglistigheid

arglistig arglistig

arglos argeloos; onschuldig

Argument *o* (-(e)s; -e) argument

Argumentation *v* argumentatie

argumentieren *zw* argumenteren

Argwohn *m* argwaan, achterdocht

argwöhnen *zw* wantrouwen, verdenken; argwaan hebben over

argwöhnisch argwanend, achterdochtig

Arie ['a-ri-e] *v* (~; -n) *muz* aria

Aristokrat *m* (-en; -en) aristocraat

Aristokratie [-'tie] *v* (~) aristocratie

Arithmetik [-'metik] *v* (~) rekenkunde

arithmetisch ['me-tisch] rekenkundig

arm arm; beklagenswaardig; *~e Leute* armelui; *ein ~es Schwein* een arme drommel; *~es Würstchen* stakker; *~ dran sein* er ellendig aan toe zijn; *~ wie eine Kirchenmaus* arm als een kerkrat, als Job; *Arme und Bedürftige* armen en misdeelden

Arm *m* (-(e)s; -e) arm; steun; *mit verschränkten ~en* met de armen over elkaar; *einen langen ~ haben* verreikende invloed hebben; *einen auf den ~ nehmen* iem. te grazen nemen; *jmdm. in den ~ fallen* iem. dwarsbomen, hinderen iets te doen; *jmdm. in die ~e laufen* iem. tegen het lijf lopen; *jmdm. unter die ~e greifen* iem. uit de nood helpen

Armatur *v* (~; -en) bewapening, uitrusting, armatuur, bekleedsel

Armaturenbrett *o* dashboard, instrumentenbord

Armband *o* (-s; -bänder) armband

Armbinde *v* band om de arm

Armbrust *v* (~; -brüste) vero hand- of voetboog

Armee *v* (~; -n) leger

armieren zw bewapenen, uitrusten; bekleden
Armierung v (~; -en) bewapening ⟨v. beton⟩
Armierungseisen o betonijzer
Armlehne v armleuning ⟨v.e. stoel⟩
Armleuchter m kandelaber; gemeenz stommeling
ärmlich armelijk, schraal, behoeftig
Armloch o armsgat; gemeenz vent van niks
armselig armzalig
Armsessel m arm-, leun-, leuningstoel
Armut v (~) armoede, gebrek; ~ *macht schlau* armoede zoekt list
Armutszeugnis o bewijs van onvermogen; fig brevet van onvermogen; *ein* ~ *ausstellen* een brevet van onvermogen afgeven, zijn onvermogen tonen
Arom [a-'room] o (-s; -e), **Aroma** o (-s; -men) aroma
aromatisch welriekend, geurig, aromatisch
Arons(t)ab m, **Arons(s)wurzel** v plantk aronskelk
Arrangement [-ãzje'mã] o (-s; -s) arrangement ⟨ook muz⟩
arrangieren [-'zjie-] zw arrangeren ⟨ook muz⟩, regelen; *sich* ~ *mit* tot een akkoord (schikking) komen met
Arrest m (-s; -e) arrest; beslaglegging; *dinglicher* ~ conservatoir beslag; *mittlerer* ~ verzwaard arrest; *unter* ~ *stellen* in arrest stellen; *recht* ~ *nehmen* in beslag nemen
arretieren zw techn blokkeren, vastzetten
Arroganz v (~) arrogantie, aanmatiging
Arsch m (-es; Ärsche) gemeenz aars, achterste, kont, reet; klootzak; *du* ~! jij klootzak!; *leck mich am* ~! rot op!, lik m'n reet!; *jmdm. am* ~ *haben* iem. te pakken genomen hebben; *am* ~ *der Welt* aan het eind van de wereld; *einen kalten* ~ *kriegen* doodgaan
Arschbacke v gemeenz bil
Arschkriecher m gemeenz flikflooier, kruiper, gatlikker
Arschloch o aarsgat, anus; gemeenz klootzak, idioot
Arsen [-'zeen] o (-s) arsenicum, arseen
Arsenal o (-s; -e) arsenaal, tuighuis
Art v (~; -en) aard, soort ⟨ook biol⟩, manier, wijze, hoedanigheid; *Produkte aller* ~ allerlei producten; *daß es eine (seine)* ~ *hatte* dat 't een lust was; *das ist, hat keine* ~ dat past niet; *auf diese* ~ *und Weise* op deze manier; ~ *läßt nicht von Art* soort zoekt soort
arteigen [-eigen] eigen aan de soort
arten zw aarden, gelijken; gedijen; *gut geartet* goedaardig, welgemanierd; *nach einem* ~ naar iem. aarden
Artenschutz m biol bescherming van de soorten
Arterie [-'te-ri-e] v (~; -n) slagader, arterie
Arterienverkalkung v med ader-, vaatverkalking
artig lief, zoet ⟨van kind⟩; beleefd, galant
Artigkeit v (~; -en) liefheid, zoetheid; hoffelijkheid; compliment
Artikel m (-s; ~) artikel; gramm lidwoord;

einen ~ *führen* handel een artikel voeren, in de collectie hebben
Artikulation v (~; -en) articulatie
artikulieren zw articuleren; uitdrukken; *sich* ~ zijn mening zeggen
Artillerie v (~) artillerie
Artillerist m (-en; -en) artillerist
Artischocke v (~; -n) plantk artisjok
Artist m (-en; -en) artiest ⟨in circus, cabaret, variété⟩
Artung v (~) geaardheid
Arznei v (~; -en) artsenij, medicijn
Arzt m (-es; Ärzte) arts, dokter; *praktischer* ~ niet gespecialiseerd arts
Arzthelferin v doktersassistente
Ärztin v (~; -nen) ⟨vrouwelijk⟩ arts
ärztlich geneeskundig, medisch; *der* ~*e Beruf* het doktersberoep; ~*es Gutachten* doktersattest
As, nieuwe spelling: **Ass** o (Asses; Asse) [as] muz as; kaartsp aas; ace ⟨tennis⟩; fig kei, crack
Asche v (~) as; *Friede seiner* ~!
zijn as ruste in vrede!; *aus der* ~ *erstehen* uit de as verrijzen; *in* ~ *legen* in de as leggen
Aschenbahn v sp sintelbaan
Aschenbecher m asbakje
Aschenbrödel o assepoester
Aschenputtel o assepoester
Ascher m (-s; ~) asbakje
Aschermittwoch m Aswoensdag
äsen zw vreten, weiden
aseptisch aseptisch
Asiat m (-en; -en) Aziaat
asiatisch Aziatisch
Asien ['a-zi-en] o (-s) Azië
Askese v (~) ascese
Asket m (-en; -en) asceet
asketisch ascetisch
Aspekt m (-s; -e) aspect ⟨ook gramm⟩
Asphalt [as'falt] m (-s) asfalt
Assessor m (-s; -en) assessor, aankomend jurist of leraar; bijzitter
Assimilation v (~; -en) assimilatie ⟨ook taalk⟩
assimilieren zw assimileren
Assistent m (-en; -en) assistent
Assistenz v (~) assistentie
assistieren (+ 3) zw assisteren
Assoziation v (~; -en) associatie
assoziieren zw associëren
Ast m (-(e)s; Äste) tak, knoest, kwast; gemeenz rug; bochel; *auf dem absteigenden* ~ *sein* minder presteren, achteruit gaan
ästen takken vormen; *sich* ~ zich vertakken
Aster v (~; -n) plantk aster
Asthma o (-s) astma
Asthmatiker [-'ma-] m (-s; ~) astmalijder
ästig takkig, knoestig
astrein volledig zuiver, betrouwbaar; echt, onvervalst, van het zuiverste water
Asyl [-'zuul] o (-s; -e) asiel
Asylant m (-en; -en) asielzoeker, asielaanvrager
Asylbewerber m asielzoeker, asielaanvrager
asymmetrisch asymmetrisch
Atavismus o atavisme

Atem *m* (-s) adem; *außer ~* buiten adem; *mit verhaltenem ~* met ingehouden adem; *einen langen ~ haben* veel uithoudingsvermogen hebben; *jmdn. in ~ halten* iem. voortdurend bezighouden; *zu ~ kommen* op adem komen; *jmdm. den ~ verschlagen* iem. verstomd doen staan van verbazing
atemberaubend adembenemend
Atembeschwerden *mv* = *Atmungsbeschwerden*
atemlos buiten adem, amechtig
Atempause *v* adempauze ⟨ook fig⟩
Atemzug *m* ademhaling, -tocht; *in einem ~* in één adem
Atheismus *m* (~) atheïsme
atheistisch atheïstisch
Athen *o* (-s) Athene
ätherisch [-'te-] etherisch
Athlet *m* (-en; -en) atleet
Athletik [-'le-] *v* (~) atletiek
Atlantik [-'lan-] *m* (-s) Atlantische Oceaan
1 Atlas *m* (~ & -ses; -se & Atlanten) atlas
2 Atlas *m* (-ses; -se) atlas ⟨stof⟩
atmen *zw* ademhalen, ademen ⟨ook fig⟩
Atmosphäre *v* (~; -n) dampkring, atmosfeer ⟨ook: druk⟩; sfeer, stemming
Atmung *v* (~) ademhaling
Atmungsbeschwerden *mv* ademhalingsmoeilijkheden
Atoll *o* (-s; -e) atol
Atom *o* (-s; -e) atoom
Atomantrieb *m* kernaandrijving
atomar atomair; atoom-
Atombombe *v* kernbom
Atomkern *m* atoomkern
Atomkraftwerk *o* kerncentrale
Atommeiler *m* mil kernreactor
Atomsprengkopf *m* kernkop
Atomwaffe *v* kernwapen
Atomzeitalter *o* atoomtijdperk
atonal muz atonaal
Attacke *v* (~; -n) mil cavalerieaanval; fig aanval ⟨b.v. in pers⟩; med aanval ⟨v. ziekte⟩
attackieren *zw* aanvallen ⟨ook fig⟩
Attentat [-'taat] *o* (-s; -e) aanslag, attentaat
Attentäter *m* (-s; ~) aanslagpleger
attestieren *zw* attesteren, een bewijs geven van
Attraktion *v* (~; -en) attractie
attraktiv attractief
Attrappe *v* (~; -n) nabootsing, nepartikel; valkuil
Attribut *o* (-(e)s; -e) attribuut ⟨ook gramm⟩
atzen *zw* voe(de)ren ⟨roofvogels⟩
ätzen *zw* bijten, invreten, branden, etsen
ätzend bijtend, brandend, invretend; jeugdtaal vreselijk, verschrikkelijk, afgrijselijk
Atzung *v* (~) voeding; het voederen ⟨v. roofvogels⟩
Au *v* (~; -en) zie: *Aue*
au! au!; ~ *Backe!* verdorie!, oei!
auch ook; bovendien, daarnaast; *~ wenn er alt ist* ook al is hij oud; *nicht nur..., sondern ~* niet alleen..., maar ook
Audienz [-di-'ents] *v* (~; -en) audiëntie
Audimax *o* = *Auditorium maximum*
Auditorium *o* (-s; -ien) gehoor ⟨toehoorders⟩; collegezaal; *~ maximum* aula ⟨v. universiteit⟩
Aue *v* ⟨~; -n⟩ vochtig of waterrijk land, weide; ooi
Auerhahn *m* vogelk auerhaan
Auerochse *m* dierk oeros; wisent
1 auf (+ 3, 4) *voorz* op; *alle bis ~ einen* allen op één na; *~ einmal* opeens; *~ einem Auge blind* aan één oog blind; *~ jeden Fall* in elk geval; *aufs Geratewohl* op goed geluk, lukraak; *~ der Hand liegen* voor de hand liggen; *~s Land gehen* naar buiten gaan; *~ lateinisch* in 't Latijn; *~ die Post gehen* naar 't postkantoor gaan; *es hat nicht viel ~ sich* het heeft niet veel te betekenen; *~ diesem Wege* langs deze weg; *~ kurze Zeit* voor korte tijd; *es geht ~ 10 (Uhr)* het loopt naar tienen; *aufs bestimmteste* ten stelligste; *~ nächste Woche* tot volgende week

2 auf *bijw* op; naar boven; open; op⟨gestaan⟩; *~ und ab* op en neer; *das Auf und Ab des Lebens* voor- en tegenspoed van het leven; *~ und davon* er vandoor; *Augen ~!* goed uitkijken!; *die Tür steht ~ gemeenz* de deur staat open
aufarbeiten *zw* opwerken; bewerken, bijwerken; *den Rückstand ~* de achterstand inhalen
aufatmen *zw* opgelucht (ruimer) ademhalen, heradem en
aufbahren *zw* opbaren
Aufbau *m* (-s; -ten) bouw, 't opbouwen, structuur; opbouw; scheepv bovenbouw
aufbauen *zw* opbouwen, opzetten, oprichten; in elkaar zetten; steunen, promoten; *auf etwas ~* op iets gebaseerd zijn; *Waren ~* artikelen uitstallen; *sich ~* mil in de houding gaan staan; *sich aufbauen aus* samengesteld zijn uit; *sich vor jmdm. ~* zich voor iem. posteren
aufbäumen *zw*: *sich ~* steigeren; in verzet komen
aufbauschen *zw* doen opzwellen; fig overdrijven, opblazen; *sich ~* bol gaan staan
Aufbauschule *v* ± VWO ⟨voorbereidend wetenschappelijk onderwijs⟩
aufbegehren *zw* opspelen, zich verzetten
aufbehalten *st* ophouden
aufbeißen *st* openbijten
aufbekommen *st* openkrijgen; opkrijgen ⟨schoolwerk; eten⟩
aufbereiten *zw* klaarmaken; voorbereiden; verwerken; chem zuiveren, ⟨splijtstof⟩ opwerken; *Daten ~* gegevens verwerken; *Trinkwasser ~* drinkwater zuiveren
aufbersten *st* openbarsten
aufbessern *zw* verbeteren; verhogen ⟨salaris⟩; opknappen
aufbewahren *zw* bewaren
aufbieten *st* ontbieden, oproepen; *ein Brautpaar ~* de huwelijksgeboden afkondigen; *alles ~* alles in 't werk stellen, inzetten
Aufbietung *v* oproeping; aanwending, inzet; *mit, unter ~ aller Kräfte* met inzet van alle krachten
aufbinden *st* opbinden; *einem etwas ~* ie-

mand iets op de mouw spelden (wijsmaken)
aufblähen *zw* opblazen, doen opzwellen; *sich ~* gewichtig doen, dik doen, opscheppen
aufblasen *st* opblazen, oppompen; *sich ~* zich als belangrijk voordoen; *ein aufgeblasener Hund* een blaaskaak
aufblättern *zw* openslaan (boek)
aufbleiben *st* opblijven; openblijven
aufblenden *zw* oplichten; fotogr het diafragma openen
aufblicken *zw* opkijken, naar boven zien
aufblitzen *zw* opflikkeren, opflitsen
aufblühen *zw* ontluiken; opbloeien
aufbrauchen *zw* verbruiken, opgebruiken
aufbrausen *zw* opbruisen; fig opstuiven
aufbrechen *st* openbreken, opbreken; optrekken, vertrekken; ⟨wild⟩ ontweien, de ingewanden uithalen; ⟨grond⟩ scheuren, omploegen
aufbrennen *onr* ontbranden; opbranden; openbranden; *einem eins ~* op iem. losbranden
aufbringen *onr* opbrengen; bijeenbrengen; omhoogbrengen; op de been brengen; in zwang brengen; bedenken; openkrijgen; woedend maken; vero opvoeden; *Geduld ~* geduld opbrengen; *ein Gerücht ~* een gerucht in omloop brengen; *den Mut ~* moed vergaren; *ein Schloß ~* een slot openkrijgen; *Teilnahme/Verständnis ~* belangstelling/begrip opbrengen, tonen; *Zeugen ~* getuigen oproepen; *die aufgebrachte Masse* de woedende menigte
Aufbruch *m* het op(en)breken; aftocht, vertrek; *im allgemeiner ~ erfolgte* iedereen brak op, ging weg; *Zeit des ~s* tijd van diepgaande verandering, van kentering
Aufbruchsstimmung *v* onrust voor het vertrek; fig algemeen gevoel van verandering; *die Gäste waren in ~* de gasten maakten zich klaar voor vertrek
aufbrühen *zw* ⟨koffie, thee⟩ zetten
aufbrüllen *zw* gaan brullen, in gebrul uitbarsten
aufbrummen *zw*: *einem Strafe ~* gemeenz iemand straf opleggen
aufbügeln *zw* opstrijken, oppersen
aufbürden *zw* opladen, belasten met
aufbürsten *zw* opborstelen
aufdecken *zw* blootleggen; onthullen; openbaren; de tafel dekken; *seine Karten ~* fig zijn kaarten op tafel leggen
aufdonnern *zw*: *sich ~* zich opdirken
aufdrängen *zw* opdringen; *sich ~* zich opdringen, opdringerig zijn; *der Gedanke drängte sich mir auf* de gedachte drong zich aan mij op
aufdrehen *zw* opdraaien; open-, losdraaien; auto gas geven, zijn snelheid opvoeren; gemeenz vrolijk worden; sp aanvallend spelen
aufdringlich opdringerig, lastig
aufdrucken *zw* (drukwerk) opdrukken
aufdrücken *zw* opendrukken, opdrukken, drukken op
aufeinander op elkander, opeen

Aufeinanderfolge *v* opeenvolging
aufeinanderprallen, nieuwe spelling: **aufeinander prallen** *zw* (op elkaar) botsen
Aufenthalt *m* (-s; -e) verblijf; oponthoud; *~ haben* stoppen (trein)
Aufenthaltsbewilligung *v*, **Aufenthaltsgenehmigung** *v* verblijfsvergunning
Aufenthaltsort *m* verblijfplaats
Aufenthaltsraum *m* gemeenschappelijke ruimte
auferstehen *st* opstaan uit de dood, verrijzen
Auferstehung *v* opstanding; verrijzenis
auferwecken *zw* opwekken, tot leven wekken
aufessen *st* opeten
auffädeln *zw* aan(een)rijgen
auffahren *st* ⟨tegen iets⟩ opvaren, oprijden; voorrijden; ⟨kanon⟩ in stelling brengen; openvliegen; aanrukken; opvliegen, opstuiven; opschrikken; *grobes Geschütz ~* met grof geschut beginnen; *Sekt ~ lassen* champagne laten aanrukken; *auf ein Auto ~* tegen een auto oprijden
Auffahrt *v* oprit; het oprijden; weg omhoog, naar boven; Z-Duits hemelvaart, Hemelvaartsdag
Auffahrunfall *m* auto kop-staartbotsing
auffallen *st* opvallen, in 't oog vallen; openvallen; invallen
auffallend, auffällig opvallend, opmerkelijk
auffalten *zw* openvouwen
auffangen *st* opvangen; onderscheppen
auffassen *zw* opvatten, interpreteren; begrijpen
Auffassung *v* opvatting, begrip
Auffassungsgabe *v*, **Auffassungsvermögen** *o* begrips-, bevattingsvermogen; *eine leichte Auffassungsgabe besitzen, haben* vlug van begrip zijn
auffinden *st* ontdekken, vinden
auffischen *zw* opvissen; fig ontdekken
aufflackern *zw* opvlammen
auffliegen *st* opvliegen; openvliegen; in de lucht vliegen; *die Sache flog auf* de zaak werd ontdekt, de zaak mislukte; *die Verbrecherbande ist aufgeflogen* de misdadigersbende is opgerold
auffordern *zw* uitnodigen, oproepen, dringend verzoeken; sommeren
aufforsten *zw* bomen aanplanten; herbebossen; fig opknappen, verbeteren
auffressen *st* opvreten, verslinden; *die Arbeit frißt mich auf* het werk put mij geheel uit
auffrischen *zw* opfrissen; frisser worden, toenemen ⟨wind⟩
aufführen *zw* ⟨gebouw⟩ optrekken; ⟨toneelstuk⟩ opvoeren; opnoemen; handel op de balans brengen; *sich gut/unmöglich ~* zich goed/slecht gedragen
Aufführung *v* opvoering, voorstelling, vertoning; opsomming, lijst, opnoeming; gedrag; *zur ~ bringen* opvoeren
auffüllen *zw* vullen, aanvullen, bijvullen
Aufgabe *v* (~; -n) het opgeven; verzending;

aufgabeln

opgave, thema, vraagstuk; taak, werk; *seine ~n machen* zijn huiswerk maken; opheffing (v. zaak); *sich etwas zur ~ machen* zich iets tot taak stellen

aufgabeln *zw* oppikken, opdoen, op de kop tikken

Aufgabenbereich *m & o*, **Aufgabengebiet** *o* gebied van werkzaamheden, ressort

Aufgang *m* het opgaan; opgang, trap

aufgeben *st* opgeven; aangeven; verzenden; *den Geist ~* de geest geven; *sein Gepäck ~* zijn bagage aangeven; *ein Inserat ~* een advertentie plaatsen

aufgeblasen opgeblazen, verwaand

Aufgebot *o* groep met een bep. taak, delegatie; hoeveelheid (mensen, materieel); huwelijksaankondiging; oproep, oproeping ⟨bijv. van erfgenamen⟩; mil lichting; Zwits oproepingsbevel ⟨voor het leger⟩; *mit ~ aller Kräfte* met de grootste inspanning

aufgebracht vertoornd, boos

aufgedonnert opgedirkt

aufgedunsen opgezwollen, opgezet

aufgehen *st* op-, open-, losgaan; stijgen; rijzen ⟨v. deeg⟩, opkomen ⟨v.d. zon⟩; opengaan, doorbreken; opvliegen ⟨v. wild⟩; *die Rechnung geht auf* de rekening klopt; *~ wie ein Hefekloß (wie ein Pfannkuchen) gemeenz* papperig dik worden; trots worden; *einem ~* iemand duidelijk worden, tot iem. doordringen; *ihm geht ein Licht auf* hij begint 't te snappen, er gaat hem een licht op; *die Saat geht auf* het zaad komt op

aufgeilen *zw* (seksueel) prikkelen; *sich ~* zich opgeilen

aufgeklärt fig verlicht; *ein ~er Despot* een verlicht despoot

aufgekratzt opgekikkerd, opgewonden

Aufgeld *o* handel agio, opgeld; toeslag

aufgelegt opgelegd; *gut ~* in goed humeur; *zu etwas ~* voor iets in de stemming

aufgelockert losser geworden

aufgeräumt opgeruimd

aufgeregt opgewonden, druk; bewogen, onrustig

aufgeschlossen openstaand, open; openhartig, spraakzaam; *neuen Ideen ~* openstaand voor nieuwe ideeën

aufgeschmissen: *~sein* gemeenz zich opgelaten voelen

aufgeschwemmt opgezet ⟨v. gezicht enz.⟩

aufgeweckt vlug, pienter

aufgießen *st* opgieten, erop gieten

aufgreifen *st* oprapen; oppikken; oppakken

aufgrund (+ 2) op grond van

Aufguß nieuwe spelling: **Aufguss** *m* het opgieten; aftreksel

aufhaben *onr* open hebben; ophebben ⟨werk, eten⟩

aufhacken *zw* openhakken

aufhalsen *zw*: *einem ewas ~* iem. iets op de hals, op zijn dak schuiven

aufhalten *st* openhouden; ophouden, tegenhouden, stuiten, beletten; *sich irgendwo ~* zich ergens ophouden; *sich ~ über* zich opwinden over

aufhängen *zw* ophangen; *einem etwas ~* iemand iets aanpraten, aansmeren

Aufhänger *m* (ophang)lus; ophanghaak; uitgangspunt, aanleiding ⟨v. krantenartikel enz.⟩

Aufhängung *v* ophanging

aufhauen (haute auf, aufgehauen) *overg* openhakken; ⟨door een val⟩ openhalen

aufhäufen *zw* ophopen, opstapelen

aufheben *st* opheffen, afschaffen; bewaren; *gut aufgehoben* veilig geborgen; *eine Masche ~* een steek opnemen; *die Tafel ~* het diner beëindigen

Aufheben *o* (-s; ~): *viel ~s von einer Sache machen* veel ophef over iets maken

Aufhebung *v* opheffing; bewaring; oplichting, gevangenname; *~ der ehelichen Gemeinschaft* scheiding van tafel en bed

aufheitern *zw* ophelderen ⟨v. weer⟩; opbeuren, opvrolijken

aufhelfen *st*: *einem ~* iem. op-, op de been helpen, oprichten

aufhellen *zw* lichter maken, verhelderen, verlichten, fig flatteren; *sich ~* helderder worden; fig opgewekter worden

Aufhellung *v* opklaring ⟨weer⟩

aufhetzen *zw* ophitsen, opruien

aufheulen *zw* beginnen te loeien; in huilen uitbarsten

aufhöhen *zw* ophogen, verhogen

aufholen *zw* omhoog-, ophalen, inlopen; *jmd. ~* iem. inhalen; *das Segel ~* het zeil hijsen

aufhorchen *zw* (verbaasd) luisteren, de oren spitsen

aufhören *zw* ophouden; *da hört sich alles auf* dat loopt toch de spuigaten uit, dat doet de deur dicht

aufjauchzen, aufjubeln *zw* beginnen te jubelen; in gejuich uitbarsten

Aufkauf *m* opkoop, het opkopen

aufkaufen *zw* opkopen

aufkeimen *zw* ontkiemen, ontspruiten

aufklaffen *zw* gapen, wijd opengaan, wijd openstaan; *vor uns klaffte ein Abgrund auf* voor ons gaapte een afgrond

aufklappen *zw* openklappen, op(en)slaan

aufklaren *zw* opklaren ⟨weer⟩

aufklären *zw* ophelderen, inlichten; klaren; mil verkennen; *sich ~* opklaren ⟨weer⟩; opgehelderd worden

Aufklärer *m* rationalist; mil verkenner

Aufklärung *v* opheldering, voorlichting; mil verkenning; filos Verlichting

aufkleben *zw* opplakken

Aufklebezettel *m* plakbriefje

aufklopfen *zw* openkloppen; openkloppen

aufknacken *zw* kraken ⟨ook brandkast⟩

aufknöpfen *zw* losknopen, openmaken ⟨knoop⟩

aufknoten *zw* losknopen ⟨bijv. das⟩

aufknüpfen *zw* losknopen, -maken; opbinden ⟨haar⟩

aufkochen *zw* opkoken

aufkommen *st* opkomen, opgroeien; op gang komen; in gebruik (zwang) komen;

herstellen ⟨v. ziekte⟩; opdoemen ⟨schip⟩; sp ophalen; *für die Kosten* ~ voor de kosten opkomen; *nicht gegen einen* ~ niet tegen iem. op kunnen; *niemand neben sich* ~ *lassen* niemand naast zich dulden

Aufkommen *o* opkomst; opbrengst; *man zweifelt an seinem* ~ men twijfelt aan zijn herstel

aufkratzen *zw* openkrabben; fig opmonteren; *aufgekratzt* opgekikkerd

aufkreischen *zw* gaan krijsen, luid beginnen te schreeuwen

aufkrempeln *zw* omslaan ⟨mouw, rand⟩

aufkreuzen *zw* scheepv oplaveren; gemeenz komen opdagen, verschijnen

aufkriegen *zw* opkrijgen; openkrijgen

aufkündigen *zw* opzeggen ⟨alle bet.⟩

auflachen *zw* in lachen uitbarsten

aufladen *st* laden, opladen ⟨ook van batterijen⟩; op de hals schuiven, opzadelen met

Auflage *v* oplaag, druk; belasting; oplegsel, belegging; opgelegde voorwaarde, bevel, opdracht; *neue* ~ herdruk

auflandig scheepv aanlandig

auflassen *zw* laten openstaan; ⟨hoed⟩ oplaten; laten opblijven; laten opstijgen; opheffen; ⟨onroerend goed⟩ overdragen, leveren; ⟨zoom⟩ uitleggen

Auflassung *v* afstand, overdracht ⟨v. onroerend goed⟩; opheffing

auflauern *zw*: *einem* ~ op iemand loeren

Auflauf *m* oploop; ovenschotel; soufflé

auflaufen *st* oplopen; openlopen; rijzen ⟨van deeg⟩; scheepv stranden; *auf einer Sandbank* ~ op een zandbank lopen; *~des Wasser* opkomend getij

Auflaufform *v* vuurvaste schaal

aufleben *zw* herleven, opleven

auflecken *zw* oplikken

auflegen *zw* openleggen; opleggen ⟨ook scheepv⟩; drukken; ⟨kachel⟩ bijvullen; ophangen ⟨telefoon⟩; *wieder* ~ herdrukken ⟨boek⟩; *eine Anleihe zur Zeichnung* ~ de inschrijving op een lening openstellen; *eine neue Platte* ~ over iets anders gaan spreken; iets nieuws proberen; *Rot* ~ rouge gebruiken

auflehnen *zw* steunen op, leunen; *sich* ~ *gegen* zich verzetten, in opstand komen tegen

Auflehnung *v* verzet, opstand

auflesen *st* oplezen; inzamelen; oppikken

aufleuchten *zw* oplichten

aufliefern *zw* leveren, inleveren, ⟨op 't postkantoor⟩ afgeven

aufliegen *st* liggen op, steunen op, rusten op; ter inzage liggen ⟨krant, lijst⟩; oppliggen ⟨schip⟩; *sich* ~ zich doorliggen

auflisten *zw* opsommen, een lijst maken van

auflockern *zw* loswerken, losser maken; soepeler maken; verzwakken, verslappen; *sich* ~ losser worden

auflodern *zw*, **auflohen** *zw* oplaaien, hoog opvlammen

auflösbar oplosbaar; ontbindbaar

auflösen *zw* oplossen; losmaken; ⟨breuken⟩ herleiden; ontbinden, opheffen; handel liquideren; *sich* ~ zich oplossen; uiteengaan, uiteenvallen; *sich in Wohlgefallen* ~ vanzelf verdwijnen; *in Tränen aufgelöst* zwemmend in tranen

Auflösung *v* oplossing, ontbinding; handel liquidatie; het sterven

aufmachen *zw* openen, openmaken; opmaken; *den Mund* ~ zijn mond opendoen ⟨ook fig⟩; van zich afbijten, zijn zegje zeggen; *die Ohren* ~ goed luisteren, opletten; *sich* ~ zich opmaken, op weg gaan

Aufmachung *v* uitdossing; verpakking; opmaak; openmaking

Aufmarsch *m* opmars

aufmarschieren *zw* opmarcheren

aufmerken *zw* opletten, attent zijn

aufmerksam oplettend; galant; attent; *auf etwas* ~ *machen* op iets opmerkzaam ⟨attent⟩ maken, de aandacht vestigen op iets, iets onder de aandacht brengen; *auf sich* ~ *machen* de aandacht trekken

Aufmerksamkeit *v* ⟨~; -en⟩ opmerkzaamheid, aandacht, oplettendheid; attentie

aufmöbeln *zw* opfrissen; opkikkeren

aufmucken *zw* opspelen, tegenspreken; opkomen tegen

aufmuntern *zw* opvrolijken, opfleuren

aufmüpfig recalcitrant, weerbarstig

aufnähen *zw* opnaaien

Aufnahme *v* opneming; opname; foto; ontvangst; handel acceptatie; *die* ~ *eines Protokolls* het opmaken van een procesverbaal; *freundliche* ~ *finden* vriendelijk ontvangen worden

Aufnahmefähigkeit *v* opnemingsvermogen, ontvankelijkheid

Aufnahmeprüfung *v* toelatingsexamen

aufnehmen *st* opnemen ⟨ook foto⟩, oprapen; opmaken; aannemen; *die Arbeit* ~ het werk beginnen; *den Handschuh* ~ fig de handschoen opnemen; *den Kampf* ~ de strijd aanbinden; *die Kasse* ~ de kas opmaken; *eine Laufmasche* ~ een ladder ophalen; *ein Protokoll* ~ een proces-verbaal opmaken; *einen Pump* ~ een lening sluiten; *eine Urkunde* ~ een akte passeren, verlijden; *es mit einem* ~ 't tegen iem. opnemen, iem. evenaren; *etwas gut, schlecht, beifällig* ~ iets goed, slecht, met bijval ontvangen; *kartographisch* ~ in kaart brengen

Aufnehmer *m* dweil

aufnesteln *zw* losrijgen, -haken

aufnötigen *zw*: *einem etwas* ~ iem. iets opdringen

aufopfern *zw* opofferen

aufpacken *zw* oppakken, opladen; opkrassen; *einem etwas* ~ iem. ergens mee opzadelen

aufpassen *zw* oppassen; opletten; *höllisch* ~ deksels oppassen; ~ *wie ein Schießhund* op zijn qui-vive zijn, er als de kippen bij zijn

Aufpasser *m* oppas

aufpeitschen *zw* opzwepen ⟨ook fig⟩

aufpflanzen *zw* planten, oprichten; *mit aufgepflanztem Bajonett* met de bajonet op 't geweer; *sich* ~ zich posteren

aufpfropfen *zw* enten

aufplatzen zw openbarsten, openspringen
aufplustern zw ⟨veren⟩ opzetten; *sich ~* fig zich opblazen
aufpolieren zw oppoetsen; polijsten; fig verfraaien
aufprägen zw: *einer Sache seinen Stempel ~* op iets zijn stempel drukken
Aufprall m (+ *auf* + 4) botsing met, tegen
aufprallen zw (+ *auf* + 4) stuiten, botsen tegen
Aufpreis m hogere prijs, toeslag
aufprobieren zw oppassen ⟨hoed⟩
aufpumpen zw oppompen
aufputschen zw opstoken, -ruien; opdrijven; ⟨ook med⟩ opzwepen
Aufputschdroge v, **Aufputschmittel** o med stimulerend middel, pepmiddel, wekamine
aufputzen zw *sich ~*; zich optooien, opsmukken
aufquellen st opwellen; opzwellen, dijen
aufraffen zw opnemen; bijeenrapen; *sich ~* zich vermannen
aufragen zw oprijzen
aufrappeln zw: *sich ~* opkrabbelen, van de grond opstaan; zich vermannen
aufräumen zw opruimen; *mit etwas ~* een eind maken aan iets
aufrechnen zw optellen; handel verrekenen; in rekening brengen
aufrecht overeind, rechtop; flink, stoer, fier; rechtschapen, oprecht
aufrechterhalten st instandhouden, staande houden); handhaven
aufrecken zw opsteken; uit-, oprekken
aufreden zw aanpraten, wijsmaken
aufregen zw opwinden, in beweging, beroering brengen; opwekken; *sich ~* zich opwinden; *~d* opwindend, spannend; *nicht ~d* middelmatig, gewoon
Aufregung v opwinding, opgewondenheid
aufreiben st op(en)wrijven; slopen, uitputten, afmatten; mil vernietigen
aufreibend uitputtend, slopend; *~e Arbeit* slopend werk
aufreihen zw rijgen aan, aanrijgen; *sich ~* in een (de) rij gaan staan
aufreißen st openscheuren, -breken; openrukken, -rijten; opensperren; omhoogrukken; *den Mund, das Maul ~* gemeenz ⟨ook⟩ een grote mond opzetten; opscheppen, dik doen; *die Straße ~* de straat opbreken
aufreizen zw ophitsen; prikkelen
aufrichten zw oprichten; opbeuren (iem.)
aufrichtig oprecht, eerlijk, openhartig
aufriegeln zw ontgrendelen
Aufriß, nieuwe spelling: **Aufriss** m bouwk opstand, frontaanzicht ⟨van gebouw⟩; med ruptuur
aufritzen zw openrijten, -scheuren; schrammen
aufrollen zw oprollen; openrollen; *eine Frage ~* een kwestie opnieuw te berde brengen
aufrücken zw optrekken, oprukken; opschuiven; bevorderd worden; ⟨in wedstrijd⟩ komen opzetten

Aufruf m oproep, oproeping
aufrufen st oproepen; een beurt geven ⟨op school⟩
Aufruhr m (-s; -e) oproer; opschudding, tumult, beroering, bewogenheid
aufrühren zw roeren, omroeren; oprakelen; opwinden, in beroering brengen, ontroeren; *alte Geschichten ~* oude koeien uit de sloot halen
Aufrührer m oproerling, muiter
aufrührerisch oproerig; ophitsend
aufrunden zw naar boven afronden
aufrüsten zw monteren, ⟨steiger⟩; oprichten; mil zich sterker bewapenen
Aufrüstung v versterking van de bewapening; *moralische ~* morele herbewapening
aufrütteln zw wakker schudden ⟨ook fig⟩
aufs = *auf das* op het; *~ Land gehen* naar buiten gaan; *~ höchste* ten hoogste, ten zeerste; *~ neue* opnieuw
aufsagen zw opzeggen; afzeggen; *seine Lektion ~* zijn les opzeggen; *seinem Meister ~* zijn baas opzeggen
aufsammeln zw verzamelen, inzamelen
aufsässig weerspannig, weerbarstig
aufsatteln zw opzadelen
Aufsatz m opstel, artikel; bovenstuk, opzetstuk; vizier ⟨v. geweer⟩
aufsaugen st u. zw opzuigen; openzuigen
aufschauen zw opzien, opkijken
aufschaufeln zw opscheppen, opengraven
aufschäumen zw opbruisen; fig opstuiven, -vliegen
aufscheuchen zw opschrikken, opjagen
aufscheuern zw openwrijven, schaven ⟨huid⟩
aufschichten zw opstapelen
aufschieben st openschuiven; opschorten; verschuiven, uitstellen; *aufgeschoben ist nicht aufgehoben* wat in 't vat zit, verzuurt niet
aufschießen st omhoogschieten, opschieten; ⟨snel⟩ groeien
Aufschlag m opslag, het opslaan; handel opslag, toeslag; 't neervallen; om- of opgeslagen rand, revers; service ⟨tennis⟩; opslag ⟨onder bomen⟩
aufschlagen st I *overg* openslaan, opslaan; II *onoverg* tegen de grond slaan; serveren ⟨tennis⟩; opkomen ⟨van zaad⟩; *seine Zelte ~* zijn tenten opslaan
aufschließen st openen, open-, ontsluiten; verklaren, ophelderen, mil opsluiten; ⟨auto⟩ afstand verminderen; *das A~ des Bodens* het bouwrijp maken v.d. grond; *aufgeschlossen sein* (+ 3) openstaan voor
aufschlitzen zw splijten; opensnijden, -scheuren
aufschluchzen zw beginnen te snikken, in snikken uitbarsten
aufschlürfen zw opslurpen
Aufschluß, nieuwe spelling: **Aufschluss** m 't opensluiten; uitsluitsel, opheldering; ontginning, 't bouwrijp maken ⟨v. grond⟩
aufschlußreich, nieuwe spelling: **aufschlussreich** veel uitsluitsel gevend, interessant
aufschnallen zw ontgespen, losgespen;

vastgespen; vastmaken (met riemen)
aufschnappen zw opsnappen, ophappen; oppikken, opvangen; openspringen
aufschneiden st opensnijden; opsnijden, opscheppen, snoeven
Aufschneider m opsnijder, snoever, opschepper
Aufschneiderei v opsnijderij, snoeverij, opschepperij
aufschneiderisch opschepperig, snoevend, pochend
aufschnellen zw opspringen, opvliegen, opwippen
Aufschnitt m gesneden vlees of worst
aufschnüren zw losrijgen; openmaken (door 't touw los te maken); op iets vastsnoeren
aufschrauben zw opschroeven, op iets vastschroeven; los-, openschroeven
aufschrecken I st u. zw opschrikken, van schrik opspringen; **II** zw op doen schrikken
Aufschrei m kreet, gil
aufschreiben st opschrijven; *einem etwas ~* iem. iets voorschrijven ⟨recept⟩
aufschreien st plotseling beginnen te schreeuwen; 't uitgillen
Aufschrift v opschrift
Aufschub m uitstel, vertraging; opschorting
aufschürfen zw schrammen, openschaven
aufschürzen zw ⟨kleren⟩ opnemen
aufschütteln opschudden
aufschütten zw storten; ophogen; opstapelen, opstorten; bijstorten
aufschwatzen zw: *einem etwas ~* iemand iets aanpraten
aufschwellen I st opzwellen, rijzen; **II** zw doen opzwellen, doen uitdijen
aufschwemmen zw doen opzwellen, dik maken; *aufgeschwemmt* opgezet, opgezwollen, dik
aufschwingen st: *sich ~ op-*, uitvliegen; zich verheffen, zich opwerken, een hoge vlucht nemen; *sich zu etwas ~* zich tot iets zetten
Aufschwung v opzwaai; (hoge) vlucht, verheffing, opbloei, opleving; *~ der Produktion* verhoging v.d. productie; *einen mächtigen ~ nehmen* een hoge vlucht nemen
aufsehen st opzien, opkijken; toezien; *zu einem ~* fig naar iem. opzien
Aufsehen o het opzien; *~ erregen* opzien baren
aufsehenerregend, nieuwe spelling: **Aufsehen erregend** de aandacht trekkend, opzienbarend
Aufseher m opzichter, toezichthouder
aufsein, nieuwe spelling: **auf sein** op zijn; open zijn
aufsetzen zw opzetten, opstellen; ⟨schip⟩ op 't land zetten; ⟨hert⟩ nieuwe geweitakken krijgen; *eine Akte ⟨Urkunde⟩ ~* een akte opmaken; *eine Amtsmiene ~* een plechtig gezicht zetten; *einem einen Dämpfer ~* iem. intomen; *das setzt allem die Krone auf* dat is 't toppunt; *das Flugzeug setzt weich auf* het vliegtuig maakt een zachte landing; *sich ~* overeind gaan zitten

aufseufzen zw zuchten, een zucht slaken
Aufsicht v toezicht; kijk van bovenaf; ⟨m.b.t. bedrijf⟩ surséance; *die ~ führen, haben* toezicht houden; *unter ~ stellen* onder toezicht stellen
Aufsichtsbehörde v inspectie, toezicht, controle
Aufsichtsrat m raad van toezicht; raad van commissarissen; lid daarvan, commissaris
aufsitzen st opzitten, op iets zitten; vastzitten; opblijven; te paard stijgen, opstijgen; *jmdm. ~ erinlopen*
aufspalten zw (V.D. ook *aufgespalten*) openaplijten, splitsen; *sich ~ fig* zich opsplitsen
Aufspaltung v splitsing
aufspannen zw opspannen, spannen; *einen Regenschirm ~* een paraplu opsteken; *alle Segel ~* alle zeilen bijzetten
aufspeichern zw ophopen
aufsperren zw opensperren, -sluiten, -maken; *den Mund ~* met open mond (hoogst verbaasd) kijken;
aufspielen zw spelen, voorspelen; *zum Tanz ~* ter begeleiding voor het dansen spelen; *sich ~* dik doen; zich aanstellen
aufspießen zw spietsen; opprikken
aufsprengen zw doen openspringen; forceren
aufsprießen st ontspruiten, opkomen, ontluiken
aufspringen st opspringen; openspringen
aufspritzen zw opspatten
aufsprudeln zw opborrelen; opbruisen
aufspulen zw op de spoel wikkelen
aufspüren zw opsporen
aufstacheln zw ophitsen, opzetten
aufstampfen zw stampvoeten
Aufstand m opstand, oproer; opwinding
aufständig, aufständisch oproerig; *die Aufständischen* de opstandelingen
aufstauen zw opstuwen
aufstechen st opensteken, -prikken
aufstecken zw vast-, opsteken, -prikken, -spelden; sp opgeven; *einem ein Licht ~* iem. de ogen openen; *einen Plan ~* een plan opgeven
aufstehen st opstaan; openstaan; opvliegen ⟨wild⟩; in opstand komen; zich verheffen ⟨storm⟩; *mit dem linken Bein zuerst ~* met het verkeerde been uit bed stappen
aufsteigen st opstijgen, -stappen; opkomen, rijzen, oprijzen; sp promoveren; opwellen (v. tranen); *der Verdacht stieg (in) mir auf* de verdenking kwam bij mij op
Aufsteiger m sp promoverende ploeg
aufstellen zw opstellen, stellen, plaatsen; omhoogdoen; ⟨balans⟩ opmaken; *eine Behauptung ~* iets beweren; *Beweise ~* bewijzen bijbrengen, aanvoeren; *als Kandidaten ~* kandidaat stellen; *den Kragen ~* zijn kraag opzetten; *einen Rekord ~* een record vestigen; *einen Satz ~* een stelling poneren
Aufstellung v opstelling, rangschikking; het (op)stellen; tabel, specificatie; staat, lijst, opsomming; bewering; *~ nehmen* zich opstellen, positie kiezen

aufstemmen zw openbreken ⟨met beitel⟩; *den Arm ~ auf (+ 4)* met zijn arm steunen op

Aufstieg m het opstijgen, opstijging; het vooruitkomen, het opklimmen, promotie ⟨ook sp⟩; weg omhoog, opkomst, opbloei

Aufstiegschance v, **Aufstiegsmöglichkeit** v promotiekans

aufstöbern zw opjagen, opschommelen, -sporen

aufstocken zw: *ein Haus ~* een verdieping op een huis zetten; verhogen; *das Kapital ~* handel het kapitaal vergroten

aufstöhnen zw luid gaan zuchten, steunen

aufstören zw opjagen; in beroering brengen

aufstoßen st openstoten; stoten op; opvallen; scheepv aan de grond stoten; oprispen; *das wird ihm sauer ~!* gemeenz dat zal hem opbreken!

aufstreben zw omhoogstreven; omhoogrijzen

aufstreifen zw opstropen

Aufstrich m ophaal; muz opstreek; beleg ⟨op brood⟩

aufstülpen zw opslaan; opzetten; *aufgestülpte Nase* wipneus

aufstützen zw steunen op; *sich ~* zich steunend oprichten

aufsuchen zw opzoeken, bezoeken

auftakeln zw optakelen, optuigen; opdirken

Auftakt m inleiding, begin, opening; muz opmaat; letterk voorslag

auftauchen zw opduiken; boven water komen ⟨v. duikboot⟩; *eine Frage taucht auf* een vraag rijst

auftauen zw ontdooien ⟨ook fig⟩

aufteilen zw geheel verdelen

Auftrag m (-(e)s; Aufträge) opdracht, order; boodschap; laag ⟨verf⟩; *etwas in ~ geben* iets laten doen; *im ~ op* last, per order, p/o

auftragen st opdragen; ⟨eten⟩ opdoen; opleggen; ⟨v. kleding, stof⟩ dik maken, dik doen lijken; *dick ~* 't er dik opleggen, sterk overdrijven; *ein Kleid ~* een jurk afdragen

Auftraggeber m last-, opdrachtgever

Auftragsbestand m orderportefeuille

Auftragsbestätigung v handel orderbevestiging

auftragsgemäß volgens opdracht, order

auftreffen st iets treffen, op iets botsen

auftreiben st opdrijven; doen zwellen; opjagen; opsnorren, opscharrelen

auftrennen zw lostornen

auftreten st optreden; opentrappen; *leise ~* zachtjes lopen; *als Preisrichter ~* jureren

Auftrieb m stijgkracht; opwaartse druk; opbloei, opleving; opwaartse wind; het leiden v. vee naar de bergweiden

Auftritt m ⟨bij toneelstuk⟩ het opkomen; scène, toneel ⟨als onderdeel v.e. bedrijf⟩

auftrumpfen zw troef spelen; zijn wil doorzetten; *gegen einen ~* een grote mond opzetten; *mit etwas ~* over iets opscheppen

auftun onr opdoen; opendoen; gemeenz opsporen, leren kennen; op 't bord scheppen; *sich ~* zich openen, opengaan; zich vertonen, opdoemen

auftürmen zw opstapelen

aufwachen zw ontwaken, wakker worden

aufwachsen st opgroeien

aufwallen zw opkoken, opwellen, opbruisen; opstijgen ⟨v. damp⟩

Aufwallung v opwelling, plotselinge emotie

Aufwand m uitgaaf, kosten; praal, vertoon, luxe; *großer ~ von Material* grote inzet van materiaal; *großen ~ machen* veel vertoon (drukte) maken

Aufwandsentschädigung v representatiegeld

aufwärmen zw opwarmen; *alte Geschichten ~* oude koeien uit de sloot halen

aufwarten zw op de proppen komen met, komen aanzetten met

aufwärts opwaarts, omhoog; *es geht ~ mit ihm* hij gaat vooruit; *von 1 Mark ~* vanaf 1 Mark; *Kinder von 6 Jahren ~* kinderen vanaf 6 jaar

Aufwärtsbewegung v opwaartse beweging; stijging; ⟨beurs⟩ hausse

Aufwartung v bediening; hulp; werkster; bezoek; *einem seine ~ machen* zijn opwachting bij iem. maken

Aufwasch m afwas; *das ist ein ~* gemeenz dat gaat in één moeite door

aufwaschen st om-, afwassen; reinigen; *das ist ein A~* dat gaat in één moeite door

aufwecken zw wakker maken, wekken; *aufgeweckt* vlug, pienter

aufwehen zw openwaaien; opwaaien

aufweichen zw weken, week worden, doorweken; week maken

aufweisen st vertonen, aanwijzen; bogen op; *gute Zeugnisse aufzuweisen haben* goede getuigschriften kunnen tonen

aufwenden onr besteden; gebruiken; *alles ~* alle pogingen in 't werk stellen; *Kosten ~* kosten maken; *Mühe ~* zich moeite geven

aufwendig, nieuwe spelling ook: **aufwändig** duur, kostbaar; omslachtig

Aufwendung v gebruik, aanwending, besteding; kosten, uitgaven; *~en machen* kosten maken

aufwerfen st opwerpen, opgooien; aan de orde stellen; jonassen; *eine Frage ~* een vraag opwerpen, te berde (ter sprake) brengen; *sich zum Richter ~* zich als rechter opwerpen; *Zweifel ~* twijfel opperen

aufwerten zw handel revalueren, in waarde verhogen, opwaarderen

Aufwertung v handel revaluatie

aufwickeln zw oprollen, -wikkelen; afrollen, loswikkelen

Aufwiegelei v (~; -en) opruiing

aufwiegeln zw opruien, opstoken

aufwiegen st opwegen; *etwas mit Gold ~* tegen goud opwegen; *~ gegen (+ 4)* opwegen tegen

Aufwiegler m (-s; ~) opruier, opstoker, agitator

Aufwind m opwaartse wind, stijgwind; fig

opleving; ~ *haben* de wind mee hebben
aufwinden *st* opwinden, -wikkelen; ophijsen
aufwirbeln *zw* opdwarrelen; *Staub ~ fig* stof doen opwaaien
aufwischen *zw* opdweilen, -vegen
Aufwischlappen *m* dweil
Aufwuchs *m* 't opgroeien; jonge aanplant
aufwühlen *zw* omwroeten, omwoelen, loswoelen; in beroering brengen
aufzählen *zw* optellen, opsommen; voortellen
aufzäumen *zw* optomen, optuigen; *das Pferd beim Schwanze ~* het paard achter de wagen spannen
aufzehren *zw* op-, verteren, verbruiken
aufzeichnen *zw* op-, aantekenen, op schrift stellen; registreren; opnemen ⟨op video- of geluidsband⟩
aufzeigen *zw* aanwijzen, aantonen; *etwas aufzuzeigen haben* ⟨ook⟩ iets bezitten, iets kunnen tonen
aufziehen *st* opentrekken; optrekken; opkweken, opvoeden; opwinden ⟨horloge, klok⟩; opzetten, op touw zetten; ⟨v. onweer, mist⟩ komen opzetten; *einen ~* iemand pesten; *etwas geschickt ~* iets handig opzetten; *einen Betrieb ~* een bedrijf beginnen; *eine Saite ~* een snaar opzetten; *eine Spritze ~ med* een injectiespuit vullen
Aufzucht *v* het kweken, fokkerij, het opfokken
Aufzug *m* 't optrekken ⟨wacht⟩; optocht; kostuum, kledij; lift; bedrijf ⟨v. drama⟩; schering ⟨weven⟩
aufzwängen *zw*, **aufzwingen** *st* opleggen, opdringen, opdwingen
Augapfel *m* oogappel, -bal, -bol
Auge *o* (-s; -n) oog ⟨ook v. aardappel en dobbelsteen⟩; *das nackte ~* 't blote oog; *~ um Auge, Zahn um Zahn* oog om oog, tand om tand; *da blieb kein ~ trocken* iedereen kreeg tranen in de ogen; *ein ~ zudrücken* een oogje toedoen; *sehenden ~s* met open ogen; *ein ~ auf etwas haben* een oogje in 't zeil houden; *ein ~ auf einen werfen* een oogje op iem. hebben; *die ~n auf etwas werfen* iets in 't oog houden; *(große) ~n machen* grote ogen opzetten; *einem Mädchen schöne ~n machen* een meisje verliefd aankijken; *aus den ~n, aus dem Sinn* uit het oog, uit het hart; *nicht aus den ~n lassen* scherp in de gaten houden; *etwas im ~ haben* het oog op iets hebben; *in die ~n fallen* in 't oog vallen; *ins ~ fassen* op 't oog hebben; het oog laten vallen op; *vor ~n führen* voor ogen stellen; *vor ~n halten* onder ogen brengen; *vor den ~n der ganzen Welt* voor 't oog van de gehele wereld
äugeln *zw* lonken; plantk enten
äugen *zw* kijken, spieden, turen ⟨vooral v. wild⟩
Augenblick *m* blik; ogenblik; *im ~* op 't ogenblik
augenblicklich op dit ogenblik; ogenblikkelijk; *der ~e Vorrat* de thans aanwezige voorraad
augenblicks ogenblikkelijk
Augenbraue *v* wenkbrauw
augenfällig in 't oog vallend
Augenlid *o* ooglid
Augenmaß *m*: *er hat ein gutes ~* hij heeft een timmermansoog; *nach dem ~* op 't oog
Augenmerk *o* oogmerk, doel
Augenschein *m* klaarblijkelijkheid; het zelf zien; *in ~ nehmen* in ogenschouw nemen
augenscheinlich blijkbaar, klaarblijkelijk; opvallend, in 't oog lopend
Augenweide *v* lust voor 't oog, ogenlust
Augenwischerei *v* bedrog, nep, schone schijn
Augenzeuge *m* ooggetuige
August *m* (-(e)s): *der ~* ⟨maand⟩ augustus
Augustiner *m* (-s; -) augustijn
Auktion *v* (~; -en) veiling, auctie
Auktionator *m* (-s; -en) auctionair, vendumeester, afslager
Aula *v* (~; -len & -s) aula, gehoorzaal
Aureole *v* (~; -n) aureool, stralenkrans
1 aus *voorz* + 3 uit; *~ ihm wird nichts* van hem komt niets terecht; *~ Erfahrung* bij ondervinding; *~ diesem Grunde* om deze reden; *~ vollem Halse* luidkeels; *~ Mangel an* bij gebrek aan; *~ freien Stücken* eigener beweging; *~ Versehen* bij vergissing
2 aus *bijw* uit, gedaan, ten einde; *bei einem ~ und ein gehen* bij iem. geregeld over de vloer komen; *weder ~ noch ein wissen* geen raad meer weten; *ich habe es von mir ~ getan* ik heb het uit eigen beweging gedaan; *von mir ~ gemeenz* wat mij betreft
Aus *o* (~) *sp* buiten het veld; uitschakeling; *der Ball ist im ~* de bal is uit
ausarbeiten *zw* uitwerken
ausarten *zw* verbasteren, ontaarden; *~ in (+ 4)* ontaarden in; uitlopen op
ausatmen *zw* uitademen
ausbaden *zw*: *etwas ~ müssen* de gevolgen moeten dragen, 't gelag moeten betalen
ausbaggern *zw* uitbaggeren
ausbaldowern *zw* Barg uitvissen, aan de weet komen
Ausbau *m* het afbouwen, verbetering, voltooiing; uitbreiding, verdere ontwikkeling
ausbauen *zw* voltooien; uitbouwen, (systematisch) ontwikkelen
ausbaufähig voor ontwikkeling vatbaar
ausbedingen *st*: *sich etwas ~* iets bedingen
ausbeißen *st*: *sich die Zähne an einer Sache ~* zijn tanden op iets stuk bijten
ausbessern *zw* herstellen, repareren, verstellen
ausbeulen *zw* techn uitdeuken, rechtkloppen; *ausgebeult* uitpuilend ⟨van zakken⟩
Ausbeute *v* opbrengst, winst; rendement, resultaat
ausbeuteln *zw* ziften, builen; *einen ~ gemeenz* iem. plukken
ausbeuten *zw* exploiteren, uitputten; uitbuiten, misbruik maken van; gebruiken, benutten
ausbezahlen *zw* uitbetalen
ausbiegen *st* uitbuigen, naar buiten bui-

ausbieten

gen; uitwijken; (+ 3) ontwijken
ausbieten *st* aanbieden, met waren venten
ausbilden *zw* opleiden; beschaven, vormen, (volledig) ontwikkelen; *sich in einem Fach* ~ zich in een vak bekwamen
Ausbilder *m* opleider; mil instructeur
Ausbildung *v* opleiding, vorming, bekwaming; *fachliche* ~ vakopleiding; *in* ~ *bringen* in praktijk brengen
ausbitten *st*: *sich etwas* ~ iets met nadruk verzoeken; *das möchte ich mir auch ausgebeten haben!* dat had ik ook niet anders verwacht!
ausblasen *st* uitblazen; *einem das Lebenslicht* ~ iem. v.h. leven beroven
ausbleiben *st* uit-, wegblijven
ausblenden *zw* (film) langzaam doen verdwijnen
Ausblick *m* uitzicht, uitkijk; ~ *in die Zukunft* blik in de toekomst
ausbluten *zw* uitbloeden, doodbloeden
ausbomben *zw* platbombarderen, door bommen verwoesten; door een bombardement dakloos maken
ausbooten *zw* met boten aan land brengen; in de boten gaan; gemeenz aan de dijk zetten, uit zijn positie verdrijven
ausborgen *zw* uitlenen; *sich etwas* ~ iets van iem. lenen
ausbrechen *st* uitbreken (ook ontsnappen), uitbarsten, ontkomen; uitbraken
ausbreiten *zw* uitbreiden, uitspreiden; *sich* ~ zich uitbreiden, zich verspreiden; zich uitstrekken
ausbrennen *onr* uitbranden; uitgloeien; opbranden; *er is ausgebrannt* hij is op
ausbringen *onr* uitbrengen (ook scheepv); verklappen; *ein Hoch auf einen* ~ op iemands gezondheid drinken
Ausbruch *m* het uitbreken; uitbarsting; uitbraak; mil uitval; wijn van heel rijpe druiven
ausbrüten *zw* uitbroeden (ook fig)
ausbuchten *zw* een bocht naar buiten vormen
ausbuddeln *zw* uitgraven; (aardappelen) rooien
ausbügeln *zw* uitstrijken, glad strijken; fig weer in orde brengen, uit de weg ruimen
Ausbund *m* het beste in zijn soort, het puikje, model; toonbeeld; toppunt, wonder
ausbürgern *zw*: *einen* ~ iem. uit het staatsburgerschap ontzetten
ausbürsten *zw* uit-, afborstelen
ausbüxen *zw* gemeenz ervandoorgaan, hem smeren; mil deserteren
Ausdauer *v* uithoudingsvermogen, volharding, taaiheid
ausdauernd volhardend, met volharding; *eine ~e Pfanze* een overblijvende plant
ausdehnbar rekbaar
ausdehnen *zw* uitstrekken, -breiden, -rekken; *sich* ~ uitzetten, zich uitbreiden; zich uitstrekken; *ausgedehnt* uitgebreid
Ausdehnung *v* uitzetting, expansie; uitbreiding, uitstrekking; omvang, uitgestrektheid; afmeting, grootte
ausdenken *onr* uitdenken, verzinnen; *einen Gedanken* ~ een gedachte ten einde toe vervolgen; *nicht auszudenken!* onvoorstelbaar!; *sich etwas* ~ iets bedenken
ausdeuten *zw* uitleggen
ausdienen *zw* uitdienen (ook mil)
ausdörren *zw overg* uitdrogen, doen uitdrogen
ausdrehen *zw* uitdraaien, uitschakelen (licht, radio enz.)
Ausdruck *m* uitdrukking; gezegde; expressie; 't zich uitdrukken; comput print, uitdraai; einde van het drukken (v.e. boek); *kaufmännischer* ~ handelsterm; *das ist gar kein* ~ dat is veel te zwak uitgedrukt; *der Hoffnung* ~ *geben* uiting geven aan de verwachting; *zum* ~ *bringen* uiten, onder woorden brengen
ausdrucken *zw typ* geheel afdrukken; comput (uit)printen, afdrukken
ausdrücken *zw* uitdrukken; uitpersen
ausdrücklich uitdrukkelijk
ausdrucksvoll vol uitdrukking, expressief
Ausdrucksweise *v* manier van uitdrukken
ausdunsten, ausdünsten *zw* uitwasemen, -dampen, -zweten
auseinander uiteen, van elkaar
auseinandergehen, nieuwe spelling: **auseinander gehen** *onr zw* (uit) elkaar gaan, uiteengaan; uiteenlopen, verschillen; gemeenz dik worden
auseinandersetzen, nieuwe spelling: **auseinander setzen** *zw* uiteenzetten, verklaren; *sich mit einem (mit etwas)* ~ met iemand iets nader bespreken; zijn standpunt tegenover iets bepalen
Auseinandersetzung *v* uiteenzetting; twist, ruzie, conflict (ook mil); discussie; bepaling van standpunt; boedelscheiding; vermogensdeling
auserkoren uitverkoren
auserlesen *st* plechtig uitzoeken, uitkiezen; *eine ~e Sammlung* een uitgezochte verzameling
ausersehen *st*: *einen zu etwas* ~ iem. voor iets uitkiezen
auserwählen *zw* uitverkiezen; *die Auserwählte seines Herzens* de uitverkorene van zijn hart
ausessen *st* leeg eten
ausfädeln *zw overg* de draad uit de naald halen; *sich* ~ uit de naald gaan; auto uitvoegen, van rijstrook veranderen
ausfahren *st* uitrijden; een ritje maken; uitvaren; afrijden, tot het eind rijden; uitklappen, uitschuiven, uitsteken; *ein Baby* ~ met een baby gaan rijden (in kinderwagen); *ausgefahrene Krallen* uitgestoken klauwen; *Pakete* ~ pakketten thuisbezorgen
Ausfahrt *v* het uitrijden, het uitvaren; rijtoertje, (plezier)tocht(je); uitrit; afrit ⟨v. snelweg⟩
Ausfall *m* het uitvallen; het niet plaatsvinden; het ontbreken, het wegvallen; resultaat; tekort, verlies, deficit, vermindering; mil uitval
ausfallen *st* uitvallen; een uitval doen; aflopen

ausfallend, ausfällig agressief, hatelijk, beledigend
Ausfallstraße v uitvalsweg
ausfasern zw in rafels uiteenvallen
ausfechten st uitvechten
ausfeilen zw uit-, af-, bijvijlen; vervolmaken, verfijnen
ausfertigen zw vervaardigen, opstellen; *einen Kontrakt ~* een contract opmaken
Ausfertigung v 't opstellen, opmaken; exemplaar; *in siebenfacher ~* in zevenvoud
ausfindig: *~ machen* opsporen, vinden
ausfliegen st uitvliegen; *der Vogel war ausgeflogen* de vogel was gevlogen; *einen ~* iem. per vliegtuig overbrengen
ausfließen st uit-, wegvloeien
ausflippen zw gemeenz flippen; uit zijn bol gaan; buiten zichzelf raken; kwaad worden, gek worden
Ausflucht v (~; Ausflüchte) uitvlucht
Ausflug m uitstapje, excursie; het uitvliegen
Ausflügler m dagjesmens, deelnemer aan een excursie
Ausfluß, nieuwe spelling: **Ausfluss** m het wegstromen; het weggestroomde; monding; uitvloeisel; gevolg; med vloeiing, vloed
ausfolgen zw Oostr afgeven; overhandigen; *einem einen Paß ~* iem. een pas uitreiken
ausforschen zw uitvorsen, uitvragen; opsporen, vaststellen
ausfragen zw uitvragen, -horen
ausfransen zw uitrafelen
ausfressen st uitvreten; gemeenz *was hat er ausgefressen?* wat heeft hij uitgehaald?
Ausfuhr v (~) uitvoer, export
ausführbar uitvoerbaar, doenlijk
ausführen zw uitvoeren; uitvoerig uiteenzetten; *einen Hund ~* een hond uitlaten; *ein Mädchen ~* met een meisje uitgaan
ausführlich uitvoerig, breedvoerig
Ausführung v uitvoering; afwerking; uitwerking; uiteenzetting, betoog; *in ~ bringen* in praktijk brengen; *zur ~ gelangen* uitgevoerd worden; *zur ~ des Paragraphen...* ter voldoening aan artikel...
Ausfuhrverbot o uitvoerverbod, embargo
ausfüllen zw vullen, opvullen; vervullen, bekleden; *einen Fragebogen ~* een vragenlijst invullen
ausfüttern, ausfuttern zw voeren ⟨kledingstuk⟩; overvloedig voe(de)ren, vetmesten
Ausgabe v uitgaaf, uitgave; editie; het uitgeven; afgifte, uitdeling; handel uitgifte; comput output; *~ letzter Hand* laatste door de schrijver gecontroleerde uitgave
Ausgang m uitgang; afloop; uitgangspunt; *Ausgänge* haben brieven; uitgaven; *tödlicher ~* dodelijke afloop; *~ haben* uitgaansavond hebben
Ausgangssperre v uitgaansverbod, avondklok
ausgeben st uitgeven; handel emitteren; rondbrengen *eins (einen, eine Runde) ~* een rondje geven; *die Wäsche ~* de was het huis uit doen; *sich ~ für* zich voordoen als, zich uitgeven voor
Ausgeburt v wanproduct, misbaksel; *~ der Hölle* uitbraaksel v.d. hel; hels gebroed
ausgedient afgedankt
ausgefallen bijzonder, excentriek
ausgefuchst gemeenz uitgekookt, doorkneed
ausgeglichen in evenwicht; gecompenseerd, vereffend; fig evenwichtig, harmonisch
Ausgeglichenheit v evenwichtigheid
ausgehen st uitgaan; aflopen, eindigen; opraken; afkomstig zijn; *frei, ungestraft ~* er zonder straf afkomen; *groß ~* feestelijk uitgaan; *leer ~* met lege handen vertrekken; *die ein- und ausgehende Post* binnenkomende en uitgaande post; *~ auf (+ 4)* uitgaan op; eindigen op; *der Atem (die Puste) geht ihm aus* hij raakt buiten adem
ausgehungert uitgehongerd
Ausgehverbot o uitgaansverbod, avondklok
ausgekocht uitgekookt, doortrapt, geraffineerd; gehaaid
ausgelassen uitgelaten
ausgelatscht gemeenz versleten, afgetrapt ⟨v. schoenen⟩
ausgelaugt totaal op, doodmoe, futloos
ausgeleiert uitgesleten; uitgelubberd; techn dol
ausgelernt volleerd
ausgemacht uitgemaakt; beslist, echt
ausgenommen uitgezonderd
ausgepicht doortrapt, door de wol geverfd, scherp
ausgeprägt uitgesproken, geprononceerd
ausgerechnet uitgerekend, juist, net; *muß das ~ heute geschehen?* moet dat per se vandaag gebeuren?; *~ am Sonntag* net, juist op zondag
ausgeschlossen uitgesloten, ondenkbaar
ausgesprochen geprononceerd; *~ dumm* erg dom
ausgestalten zw vorm geven aan, organiseren; ontwikkelen
ausgewachsen volwassen, volgroeid; gemeenz stevig
ausgewogen uitgebalanceerd, evenwichtig, overdacht, redelijk
ausgezeichnet uitstekend, voortreffelijk
ausgiebig rijkelijk, overvloedig, uitvoerig, ruimschoots
ausgießen st uitgieten, -storten; *das Kind mit dem Bade ~* 't kind met het badwater weggooien
Ausgleich m ((e)s; -e) vergelijk; compromis; vereffening, compensatie; recht akkoord; sp gelijkmaker; sp handicap; *im ~ sein* in evenwicht zijn
ausgleichen st vereffenen, nivelleren, compenseren, het evenwicht herstellen; bijleggen; sp gelijkmaken; *sich ~ tegen elkaar opwegen; *eine Differenz ~* een geschil bijleggen; *den Schaden ~* de schade goedmaken; *eine Schuld ~* een schuld vereffenen
ausgleiten st uitglijden

ausgliedern

ausgliedern *zw* uit het geheel losmaken
ausgraben *st* uit-, opgraven; opdiepen
Ausgrabung *v* opgraving; het opdiepen
ausgreifen *st* uitslaan (v. armen, benen); *tüchtig ~* flink aanstappen; *weit ~d* veelomvattend, verreikend; *eine weit ~de Gebärde* een weids gebaar
ausgrenzen *zw* uitsluiten, buitensluiten, buiten beschouwing laten
ausgrübeln *zw* uitvorsen, uitpiekeren
Ausguck *m* (-(e)s; -e) scheepv uitkijk; *~ halten* uitkijken, op de uitkijk staan
ausgucken *zw* op de uitkijk staan, uitkijken
Ausguß, nieuwe spelling: **Ausguss** *m* gootsteen; tuit
aushaken *zw* uithaken, van de haak losmaken
aushalten *st* uithouden, volhouden; *den Vergleich ~* de vergelijking doorstaan; *das ist nicht zum A~* gemeenz dat is niet om uit te houden
aushandeln *zw* door onderhandelingen en wederzijdse concessies tot stand brengen
aushändigen *zw* overhandigen, ter hand stellen; afstaan
Aushang *m* affiche, bulletin; (openbare) bekendmaking
1 aushängen *st* uithangen; ter bezichtiging uitgestald zijn; *das Brautpaar hängt aus* het bruidspaar is ondertrouwd
2 aushängen *zw* uithangen, ten toon hangen; ophangen; aanplakken
Aushängeschild *o* uithangbord
ausharren *zw* volharren, volhouden
aushauchen *zw* uitademen; *den letzten Atem ~* de laatste adem uitblazen; *seinen Geist (die Seele) ~* de geest geven
aushauen *st* (V.T. ook: *haute*) (er-)uithouwen, uithakken
aushäusig *dial* I *bijw* uithuizig; niet thuis; uit, van huis; II *bn* buitenshuis plaatsvindend
ausheben *st* (er)uitnemen, uitlichten; uitgraven; oprollen; ontwrichten; *eine Bande ~* een bende oprollen; *ein Nest ~* een nest uithalen; *sich die Schulter ~* zijn schouder ontwrichten
Aushebung *v* 't uitnemen, uitlichting; razzia
aushecken *zw* uitbroeden; uitdenken, verzinnen; *Streiche ~* streken uithalen
ausheilen *zw overg & onoverg* volkomen genezen
aushelfen *st* helpen, invallen; *einem ~* iem. uit de nood helpen
Aushilfe *v* hulp, hulpmiddel; noodhulp; *zur ~ om* te helpen, als noodhulp
Aushilfskraft *v* noodhulp
aushilfsweise als noodhulp, als invaller; tijdelijk
aushöhlen *zw* uithollen
ausholen *zw* uithalen (voor een klap, worp); *weit ~* ver teruggaan (in het verleden); *zu Gegenmaßregeln ~* tegenmaatregelen nemen; *zum Sprung ~* een aanloop nemen om te springen; *weit ~de Schritte* grote passen
ausholzen *zw* dunnen, uitdunnen

aushorchen *zw* uithoren
aushülsen *zw* (uit)doppen, pellen
aushungern *zw* uithongeren
ausjäten *zw* (uit)wieden
auskämmen *zw* uitkammen (ook terrein enz.)
auskämpfen *zw* uitvechten; ophouden met vechten
auskehren *zw* uit-, schoonvegen; eruit vegen
auskeilen *zw* achteruittrappen (paard)
auskeimen *zw* uitkomen, ontkiemen
auskennen *onr: sich ~* op de hoogte zijn; de weg weten; *da kenn' sich einer aus!* word daar nu eens uit wijs!
auskernen *zw* ontpitten, doppen
ausklammern *zw* uitschakelen, terzijde laten; wisk buiten de haakjes brengen
Ausklang *m muz* slotakkoord; plechtig einde, afsluiting
auskleiden *zw* ontkleden; bekleden
ausklingen *st* uitklinken, wegsterven; langzaam ten einde gaan
ausklinken *zw* (wagon) loskoppelen; (bom) laten vallen; *die Tür klinkt aus* de deur springt open
ausklopfen *zw* uitkloppen; *einem den Pelz ~* gemeenz iemand op zijn donder geven
Ausklopfer *m* mattenklopper
ausklügeln *zw* uitpiekeren, uitdenken
auskneifen *st* uitknijpen (ook fig)
ausknipsen *zw* (licht) uitdoen, uitdraaien
ausknobeln *zw* door dobbelen beslissen; uitpiekeren, -knobelen
auskochen *zw* uitkoken, gaar koken; gemeenz bedenken; *ausgekocht* gaar; *fig zie: ausgekocht*
auskommen *st* uitkomen; uitbreken, ontsnappen; rondkomen; *mit einem ~ können* met iemand overweg kunnen
Auskommen *o: (s)ein gutes ~ haben* een goed bestaan hebben; *es ist kein ~ mit ihm* er is met hem niet om te gaan
auskömmlich dragelijk; *ein ~es Gehalt* een redelijk salaris
auskosten *zw* ten volle genieten; doorstaan
auskramen *zw* uitstallen, uitpakken; uitkramen, opdissen
auskratzen *zw* uitkrabben
auskriechen *st* uitkruipen; uitkomen, uit het ei komen
auskugeln *zw: sein Arm ist ausgekugelt* zijn arm is uit de kom geschoten
auskühlen *zw* helemaal afkoelen, koud worden
auskundschaften *zw* trachten te weten te komen; opsporen; verkennen
Auskunft *v* inlichting, opheldering; informatiebureau
Auskunftei *v* (~; -en), **Auskunftsbüro** *o* informatiebureau
auskuppeln *zw* auto ontkoppelen
auskurieren *zw overg* geheel genezen
auslachen *zw* uitlachen; ophouden met lachen
ausladen *st* ontladen, uitladen, lossen; gemeenz een uitnodiging terugnemen; *breit*

~ zich breed uitstrekken
ausladend uitspringend, uitstekend
Ausladeplatz *m*, **Ausladestelle** *v* losplaats
Ausladung *v* ontlading, uitlading; uitstekend (uitspringend) gedeelte
Auslage *v* uitstalling, etalage; verschot; ~*n* onkosten
auslagern *zw* elders opslaan; uit voorraad verkopen
Ausland *o* buitenland
Ausländer *m* vreemdeling, buitenlander
ausländerfeindlich vijandig tegenover vreemdelingen
Ausländerin *v* buitenlandse, vreemdelinge
ausländisch buitenlands, uitheems
auslassen *st* uitlaten, weglaten; smelten (boter); *sich ~ über etwas* (+ 4) zich uiten, uitlaten over; bilj missen; *seinen Ärger an einem ~* zijn ergenis op iem. afreageren; *kein Konzert ~* geen concert overslaan; *seine schlechte Laune an einem ~* iem. onder zijn slechte humeur doen lijden; *seinen Unwillen über etwas ~* zijn misnoegen over iets te kennen geven; *seine Wut an einem ~* zijn woede op iemand koelen
Auslassung *v* (veelal geringschattende) uitlating, uitspraak; weglating
Auslassungszeichen *o* weglatings-, afkappingsteken, apostrof
auslasten *zw* volledig belasten, beladen
Auslauf *m* uitloop, uitgang, uitweg; uitwatering; 't uitzeilen, afvaart
auslaufen *st* uitlopen, -zeilen; wegvloeien, lekken; leeg lopen; ten einde lopen, aflopen; verlopen (v. schroef); *auf etwas ~* op iets uitlopen
Ausläufer *m* uitspruitsel, loot; uitloper (van gebergte)
auslaugen *zw* uitlogen, fig uitputten; zie ook: *ausgelaugt*
Auslaut *m* slotklank, eind van een woord
auslauten *zw* eindigen; ~ *auf* (+ 4) uitgaan op
ausläuten *zw* uitluiden
ausleben *zw* uitleven; *sich ~* zich uitleven
auslecken *zw* uitlikken; leeg lopen (door een lek)
ausleeren *zw* legen, leeg maken; post lichten
auslegen *zw* uitleggen, interpreteren; uitspreiden; (artikelen) uitstallen, ter inzage leggen; (geld, kosten) voorschieten; bekleden, bedekken; *eine Angel ~* een hengel uitwerpen; *Minen ~* mijnen leggen; *mit Perlmutt ~* met paarlemoer inleggen
Ausleger *m* uitlegger; etaleur; inlegger (met paarlemoer enz.); techn kraanarm; outrigger, dolsteun (v. roeiboot)
Auslegung *v* uitlegging, interpretatie, verklaring; uitstalling; 't voorschieten
ausleiern *zw* uitslijten; zie ook: *ausgeleiert*
Ausleihe *v* uitlening, terleengeving; uitleenbureau
ausleihen *st* uitlenen
auslernen *zw* uitleren, de leertijd eindigen; *man lernt nie aus* men is nooit uitgeleerd
Auslese *v* schifting, keuze, keur; selectie, bloemlezing; wijn van uitgezochte druiven; *natürliche ~* natuurlijke teeltkeus
auslesen *st* uitlezen; uitkiezen
ausleuchten *zw* geheel tot in de hoeken verlichten; verhelderen
auslichten *zw* dunnen (bos)
ausliefern *zw* leveren, overleveren; afleveren, expediëren
Auslieferung *v* levering, uitlevering; aflevering, expeditie
Auslieferungsverfahren *o* uitleveringsprocedure
ausliegen *st* uitgestald zijn; ter lezing liggen; *zur Einsicht ~* ter inzage liggen
auslöffeln *zw* uitlepelen; *die Suppe ~ müssen, die man sich eingebrockt hat* oogsten, wat men gezaaid heeft
auslöhnen *zw* (de arbeiders) uitbetalen
auslöschen *zw* overg uitblussen; doorstrepen; uitwissen, wegvegen; *das Licht ~* het licht doven, uitdoen
auslosen *zw* uitloten, verloten, loten; door loting bepalen
auslösen *zw* inlossen, lossen; vero loskopen; vrijmaken; teweegbrengen; *einen Alarm ~* een alarm doen afgaan; *Empfindungen ~* gevoelens opwekken; *ein Gelächter ~* gelach verwekken; *Unbehagen ~* onbehagelijke stemming veroorzaken; *den Verschluß ~* fotogr de sluiter openen
Auslöser *m* ontspanner
Auslösung *v* inlossing; losmaking; het opwekken, teweegbrengen; het in werking stellen
ausloten *zw* scheepv peilen (ook fig)
auslüften *zw* luchten, ventileren; *sich ~* een luchtje scheppen
ausmachen *zw* uitmaken, uitdoen; afspreken, overeenkomen; vormen, zijn, uitmaken; rooien (aardappels enz.); opsporen, constateren; *Bohnen ~* bonen doppen; *das macht nichts aus* dat doet er niet toe; zie ook: *ausgemacht*
ausmahlen *zw* geheel malen; uitmalen
ausmalen *zw* beschilderen; beschrijven; *sich etwas in der Phantasie ~* zich iets in zijn fantasie precies voorstellen
Ausmarsch *m* af-, uitmars
ausmarschieren *zw* afmarcheren, uittrekken
Ausmaß *o* formaat, proportie, omvang, afmeting
ausmauern *zw* met metselwerk bekleden; volmetselen
ausmeißeln *zw* uitbeitelen
ausmergeln *zw* uitmergelen
ausmerzen *zw* uitroeien, vernietigen; verwijderen; schrappen
ausmessen *st* opmeten
ausmisten *zw* uitmesten; schoonmaken; *den Augiasstall ~* de Augiasstal reinigen
ausmünzen *zw*: *Gold ~* goud aanmunten; *eine Tatsache ~* ergens munt uit slaan
ausmustern *zw* uitsorteren, uitschiften; afkeuren, afdanken; mil afkeuren; *Waren ~* waren afkeuren
Ausnahme *v* uitzondering; *mit ~* (+ 2) uitgezonderd, met uitzondering van

Ausnahmefall *m* uitzonderingsgeval
Ausnahmezustand *m* mil uitzonderingstoestand; *den ~ verhängen* de uitzonderingstoestand afkondigen
ausnahmslos zonder uitzondering
ausnahmsweise bij wijze van uitzondering
ausnehmen *st* (er)uitnemen, uitlichten; uitzonderen: schoonmaken (vis, wild); uithalen (nest); gemeenz afzetten, oplichten; *das nimmt sich gut aus* dat maakt een goede indruk
ausnehmend bijzonder, buitengewoon
Ausnüchterung *v* ontnuchtering
ausnutzen, ausnützen *zw* gebruiken, profiteren van, exploiteren; *eine Arbeitskraft ~* een arbeidskracht exploiteren; *die Zeit ~* met zijn tijd woekeren, zijn tijd goed gebruiken
auspacken *zw* uitpakken (ook fig); ontpakken; vertellen, verraden, zijn mening zeggen; *ordentlich über einen ~* flink over iem. uitpakken
auspeitschen *zw* geselen, met de zweep afranselen
auspfeifen *st* uitfluiten
auspflanzen *zw* uitplanten, -zetten
ausplaudern *zw*, Oostr **ausplauschen** *zw* verklappen, rondvertellen; *sich ~* uitpraten; bijpraten
ausplündern *zw* leegplunderen; *einen völlig ~* iem. volledig uitschudden
auspolstern *zw* bekleden, capitonneren
ausposaunen *zw* uit-, rondbazuinen
auspowern *zw* uitzuigen, uitmergelen; *ausgepowert sein* moe, kapot zijn, erdoor zitten
ausprägen *zw* aanmunten, munten; duidelijk uitdrukken; *ein ausgeprägtes Gerechtigkeitsgefühl* een uitgesproken gevoel voor rechtvaardigheid
auspressen *zw* uitpersen (ook fig)
ausprobieren *zw* uitproberen, beproeven, in de praktijk onderzoeken
Auspuff *m* auto uitlaat
Auspufftopf *m* knalpot
auspumpen *zw* uit-, leegpompen; uitputten; *ausgepumpt* gemeenz uitgeput
auspunkten *zw* op punten overwinnen (boksen)
auspusten *zw* gemeenz uitblazen
ausputzen *zw* opschikken; schoonmaken, besnoeien; *einen ~* iemand uitveteren
Ausputzer *m* sp ausputzer, laatste man
ausquartieren *zw* iem. buitenshuis onderdak brengen; iem. eruit zetten
ausquetschen *zw* uitpersen; gemeenz uitvragen
ausradieren *zw* uitraderen, -gommen; wegvagen, totaal verwoesten (stad)
ausrangieren *zw* uitrangeren (ook v. persoon); afdanken, uitschakelen
ausrasten *zw* techn losspringen, losraken; gemeenz kwaad worden, over de rooie gaan
ausrauben, ausräubern *zw* leegroven; van alles beroven
ausräuchern *zw* uitroken
ausraufen *zw* uitplukken, -trekken; *sich die Haare ~* gemeenz uit zijn vel springen
ausräumen *zw* leegmaken, ontruimen; leegstelen; uit de weg ruimen; wegnemen; *Bedenken (Einwände) ~* bezwaren uit de weg ruimen
ausrechnen *zw* uitrekenen; zie ook: *ausgerechnet*
ausrecken *zw* uitrekken, -strekken
Ausrede *v* uitvlucht, voorwendsel; smoesje
ausreden *zw* uitspreken; *einem etwas ~* iem. iets uit het hoofd praten; *sich ~* zich eruit praten
ausreiben *st* uitwrijven
ausreichen *zw* toereikend zijn
ausreichend voldoende, toereikend
ausreifen *zw* rijpen, geheel rijp worden
Ausreise *v* uitreis, emigratie
ausreißen *st* uitscheuren, uittrekken; weglopen, ervandoor gaan; mil deserteren; sp ontsnappen, wegspringen (wielrennen); *sich ein Bein ~* gemeenz zich uitsloven; *sich kein Bein ~* zich niet dood werken
Ausreißer *m* (-s; ~) voortvluchtige, ontsnapte; sp vluchter, ontsnapte
ausreiten *st* uitrijden
ausrenken *zw* ontwrichten, uit het lid trekken
ausrichten *zw* mil richten; uitrichten, bereiken; organiseren; in orde brengen; betalen; inrichten; fig richten (op); *Grüße ~* groeten overbrengen; *eine Hochzeit ~* een bruiloft geven; *national ausgerichtet sein* nationaal ingesteld zijn; *sich ~ nach* zich richten naar
Ausrichtung *v* het richten; betaling; organisatie
Ausritt *m* het uitrijden; rit te paard
ausroden *zw* rooien; ontginnen
ausrollen *zw* uitrollen; tot stilstand komen; luchtv uitlopen; ontrollen
ausrotten *zw* uitroeien, verdelgen
ausrücken *zw* mil uitrukken; uitknijpen, er vandoor gaan; techn uitschakelen; *eine Zeile ~* een regel laten uitspringen
Ausruf *m* uitroep; bekendmaking
ausrufen *st* uitroepen, omroepen, afkondigen; *Zeitungen ~* kranten op straat te koop aanbieden
Ausrufer *m* omroeper
Ausrufezeichen, Ausrufungszeichen *o* uitroepteken
ausruhen *zw* uitrusten; *sich ~* uitrusten
ausrupfen *zw* uittrekken, -plukken
ausrüsten *zw* uitrusten
Ausrüstung *v* uitrusting, benodigdheden
ausrutschen *zw* uitglijden; slippen; een blunder maken; *einem rutscht die Hand aus* hij geeft een oorveeg
Ausrutscher *m* blunder; slip of the tongue; sp onverwachte nederlaag
Aussaat *v* 't uitzaaien; 't gezaaide; zaaizaad
aussäen *zw* uitzaaien
Aussage *v* uitspraak, getuigenis, verklaring; gramm gezegde; *auf seine ~ hin* op zijn verklaring
aussagen *zw* verklaren, getuigen
Aussagesatz *m* gramm mededelende zin

Aussatz *m* med melaatsheid, lepra
aussätzig melaats, lepreus
aussaugen *st, zw* uitzuigen
ausschachten *zw* uitgraven
Ausschachtungsarbeiten *v mv* graafwerk
ausschälen *zw* uitdoppen, -pellen ⟨ook med⟩; schillen, pellen
ausschalten *zw* uitschakelen; buiten werking stellen; handel verdringen
Ausschank *m* kroeg, café; buffet ⟨in café enz.⟩; proeflokaal, verkoop in 't klein ⟨van bier enz.⟩
ausscharren *zw* uitkrabben
Ausschau *v:* ~ *halten nach* uitkijken naar
ausschauen *zw* uitzien, uitkijken; eruitzien; *wie schaut's aus?* Z-Duits hoe gaat het ermee?
ausschaufeln *zw* uitgraven, opgraven
ausscheiden *st* **I** *overg* af-, uitscheiden-; uitstoten, -werpen; **II** *onoverg* uittreden, heengaan; wegvallen, uitvallen; *aus der Firma* ~ uit de firma treden; *in der Vorrunde* ~ *sp* in de voorronde uitvallen
Ausscheidung *v* het uittreden; het uitvallen; afscheiding; ~*en* uitwerpselen
ausschelten *st* uitschelden, een standje geven
ausschenken *zw* uitschenken; tappen
ausscheren *zw* de rij verlaten ⟨rijdende auto's enz.⟩; *nach links* ~ naar links uithalen; fig uittreden
ausschicken *zw* uitsturen, sturen
ausschießen *st* uitschieten; sorteren; ⟨wind⟩ uitschieten; *einen Preis* ~ om een prijs schieten
ausschiffen *zw* ontschepen
ausschimpfen *zw* uitschelden, een flink standje geven
ausschirren *zw* aftuigen, uitspannen
ausschlachten *zw* ⟨slachtvee⟩ schoonmaken, de ingewanden verwijderen; ⟨van iets⟩ profiteren, ⟨iets⟩ exploiteren, uitbuiten; *ein Auto* ~ gemeenz in onderdelen uit elkaar nemen
ausschlafen *st* uitslapen
Ausschlag *m* med uitslag; uitslag ⟨v. meetinstrument⟩; doorslag; *den* ~ *geben* de doorslag geven
ausschlagen *st* uitslaan; afslaan, weigeren; uitbotten; bekleden, behangen; *die Bäume schlagen aus* de bomen botten uit; *das Pferd schlägt aus* het paard trapt; *das schlägt dem Faß den Boden aus!* dat is 't toppunt, 't einde!
ausschlaggebend beslissend, doorslaggevend
ausschleifen *st* uitslijpen, wegslijpen
ausschließen *st* uit-, buitensluiten, uitzonderen; royeren; typ uitvullen
ausschließlich I *bn* & *bijw* uitsluitend, bij uitsluiting, exclusief; **II** *voorz* + 2 behalve, met uitsluiting van; ~ *Porto* zonder porto
Ausschließlichkeit *v* exclusiviteit
ausschlüpfen *zw* uitkomen ⟨uit ei enz.⟩
Ausschluß, nieuwe spelling: **Ausschluss** *m* uitsluiting, buitensluiting, uitzondering; wit ⟨in zetwerk⟩; *unter* ~ *der Öffentlichkeit* met gesloten deuren
ausschmieren *zw* besmeren; fig bedriegen
ausschmücken *zw* versieren; opsmukken
Ausschmückung *v* het versieren; versiering
ausschnaufen *zw* fig uitblazen; *sich* ~ uitrusten, op zijn verhaal komen
ausschneiden *st* uitsnijden; uitknippen; snoeien; *ein tief ausgeschnittenes Kleid* een laag uitgesneden jurk
Ausschnitt *m* uitsnijding; uitsnijdsel, uitknipsel; krantenknipsel; fragment; mil sector; decolleté, lage hals
ausschöpfen *zw* uitscheppen, putten; uitputten
ausschreiben *st* uitschrijven; voluit schrijven; schrijven; schriftelijk bekend maken; in 't politieblad vermelden; *eine Anleihe* ~ een lening uitschrijven; *einen Preis* ~ een prijs uitloven; *eine Stelle* ~ sollicitanten oproepen voor een betrekking; *Steuern* ~ belastingen opleggen; *eine Versammlung* ~ een vergadering convoceren
Ausschreibung *v* uitschrijving; bekendmaking; aanbesteding
ausschreien *st* uitschreeuwen, -roepen; bekend maken; venten
ausschreiten *st* met stappen uitmeten; *wacker, tüchtig* ~ flink aanstappen
Ausschreitung *v* overtreding, buitensporigheid, ongeregeldheid
ausschulen *zw* ⟨leerling⟩ van school nemen
Ausschuß, nieuwe spelling: **Ausschuss** *m* uitschot, afval, rommel; ⟨bij drukken⟩ misdruk; commissie, comité; plaats waar een kogel het lichaam verlaat; *geschäftsführender* ~ dagelijks bestuur
ausschütteln *zw* uitschudden
ausschütten *zw* uitschudden, -gieten, -storten; handel uitkeren; *sein Herz* ~ zijn hart uitstorten; *das Kind mit dem Bade* ~ 't kind met 't badwater weggooien; *sich vor Lachen* ~ stikken van 't lachen
Ausschüttung *v* handel uitkering ⟨v. dividend⟩
ausschwärmen *zw* uitzwermen ⟨bijen⟩; mil verspreiden, tiralleren
ausschwefelen *zw* uitzwavelen
ausschweifen *zw* afdwalen, uitweiden, geen maat houden; ~*d* buitensporig, mateloos, losbandig
Ausschweifung *v* buitensporigheid, uitspatting
ausschweigen *st*: *sich über etwas* ~ totaal over iets zwijgen
ausschwemmen *zw* uitspoelen
ausschwenken *zw* spoelen, uitspoelen; ⟨ook *onoverg*⟩ uitzwaaien, naar buiten draaien; auto de file verlaten
ausschwitzen *zw* uitzweten
aussehen *st* uitzien; uitkijken; eruitzien; ~ *nach* uitzien naar; *es sieht schlecht aus* 't ziet er somber uit; *spitz* ~ er smalletjes uitzien; *gut* ~ er goed uitzien; er aardig uitzien; ~ *wie das blühende Leben* er oergezond uitzien; ~ *wie das Leiden Christi* er vreselijk treurig uitzien
Aussehen *o* uiterlijk, voorkomen
aussein, nieuwe spelling: **aus sein** *onr* gemeenz uit zijn; afgelopen zijn; sp uit zijn,

over de zijlijn zijn
außen buiten, aan de buitenkant; *von ~* van buiten, uitwendig
Außenbezirk *m* buitenwijk
aussenden *unr, schw* uitzenden; *zw* RTV uitzenden, -stralen
Außendienst *m* buitendienst
Außenhandel *m* buitenlandse handel
Außenminister *m* minister van buitenlandse zaken
Außenpolitik [-'tik] *v* buitenlandse politiek
Außenseite *v* buitenkant, -zijde; uiterlijk
Außenseiter *m* buitenstaander, outsider
Außenstehende(r) *m* buitenstaander
Außenstürmer *m*: sp vleugelspeler, rechtsof linksbuiten
Außenwelt *v* buitenwereld
Außenwirtschaft *v* buitenlandse handel, handel met het buitenland
1 außer I *voorz* + *3* buiten, behalve, uitgezonderd; *~ acht lassen* niet in aanmerking nemen; *~ Atem* buiten adem; *~ Betrieb* buiten bedrijf; *~ Fassung sein* buiten zichzelf zijn; *~ Gefahr* buiten gevaar; *~ Kraft setzen* buiten werking stellen; *~ sich geraten* buiten zichzelf geraken **II** *voorz* + *2*: vero *~ Hauses* buitenshuis **III** *voorz* + *4*: *~ allen Zweifel setzen* alle twijfel over iets wegnemen
2 außer *voegw*: *~ daß* behalve dat; *~ wenn* tenzij; behalve als
äußer buitenste; uiterlijk, uitwendig; buitenlands; *~e Angelegenheiten* buitenlandse zaken
Außerachtlassung *v* verwaarlozing
außeramtlich buitenambtelijk, niet-officieel, particulier
außerdem boven-, buitendien, daarnaast
außerdienstlich buiten de dienst, particulier
außerehelich buitenechtelijk
außergewöhnlich buitengewoon, bijzonder
außerhalb I *bijw* buiten; buitenshuis; buiten de stad; *~ von Bonn* buiten Bonn; **II** *voorz* + *2* buiten; *~ des Hauses* buitenshuis
außerirdisch buitenaards
Außerkraftsetzung *v* buitenwerkingstelling
äußerlich uiterlijk, uitwendig, oppervlakkig
äußern *zw* uiten, te kennen geven; *sich ~* zich uiten, zich uitlaten; *Bedenken ~* bezwaren inbrengen, opperen, werpen; *sich näher ~* zich nader verklaren; *sich nicht ~* (ook) zich op de vlakte houden
außerordentlich [-'or-] buitengewoon
außerparlamentarisch buitenparlementair
außerplanmäßig buiten de dienstregeling
außerschulisch buiten schoolverband
äußerst uiterst; *aufs ~e erschrocken sein* ten zeerste verschrikt zijn; *aufs äußerste gefaßt sein* op 't ergste voorbereid zijn
außerstande, nieuwe spelling ook: *außer Stande*: *~ sein* niet in staat zijn
äußerstenfalls in het uiterste geval
Äußerung *v* (*~*; *-en*) uiting, gezegde

aussetzen *zw* **I** *overg* uitzetten, buiten (eruit) zetten; ⟨bedrag⟩ uittrekken; overslaan; schorsen; **II** *onoverg* ophouden; (+ 3) blootstellen aan; *mit der Arbeit ~* het werk tijdelijk staken; *ein Boot ~* een boot uitzetten; *die Dividende ~* het dividend overslaan; *ein Kind ~* een kind te vondeling leggen; *einen Preis ~* een prijs uitloven; *eine Strafe zur Bewährung ~* iem. tot een voorwaardelijke straf veroordelen; *etwas an einer Sache auszusetzen haben* iets op een zaak aan te merken hebben; **II** *onoverg*: *der Motor setzte aus* de motor viel uit; *die Musik setzt aus* de muziek houdt op; *ausgesetzte Schulden* uitgestelde schuld; *~des Fieber* intermitterende koorts
Aussetzung *v* uitzetting; uitloving; tevondelinglegging; hapering; recht opschorting
Aussicht *v* uitzicht; vooruitzicht, kans; *die ~ auf Erfolg* de kans van slagen; *etwas in ~ nehmen* iets op het oog hebben; ontwerpen; *in ~ stellen* in het vooruitzicht stellen
aussichtslos hopeloos, zonder vooruitzichten; *der Kampf war ~* de strijd was ongewonnen werk
aussichtsreich hoopvol, veelbelovend
Aussichtsturm *m* belvédère, uitkijktoren
aussieben *zw* uitziften
aussiedeln *zw* verdrijven, evacueren
Aussiedler *m* evacué
Aussiedlung *v* evacuatie
aussinnen *st* verzinnen, uitdenken
aussöhnen *zw* verzoenen; *sich ~* zich verzoenen
aussondern *zw* afscheiden, schiften
auspähen *zw* bespioneren; *~ nach* (scherp) uitkijken naar
ausspannen *zw* uitspannen; ontspanning nemen; *sich ~* zich ontspannen; *jmdm. die Freundin ~* gemeenz iemand zijn vriendin afpikken
Ausspannung *v* ontspanning
aussparen *zw* uitsparen, overslaan
ausspeien *st* uitspuwen
aussperren *zw* uitsluiten; buitensluiten
Aussperrung *v* uitsluiting, lock-out
ausspielen *zw* uitspelen; verloten; kaartsp uitkomen; *seine Karten (offen) ~* fig zijn kaarten op tafel leggen; *die letzte Karte (den letzten Trumpf) ~* fig zijn laatste troef uitspelen; *eine Machtsposition ~* een machtspositie uitbuiten; *seine Rolle ausgespielt haben* niets meer te zeggen hebben, alle invloed verloren hebben; *er hat ausgespielt* hij heeft afgedaan
ausspinnen *st* uitspinnen, uirtvoerig uitweiden over; volledig ontwikkelen ⟨een gedachte, plan⟩ *etwas ~* iets uitdenken
ausspionieren *zw* uitvissen
Aussprache *v* uitspraak; discussie; uiteenzetting, uitvoerig onderhoud; open gesprek
aussprechen *st* uitspreken; *einem sein Beileid ~* iem. condoleren; *seine Unzuständigkeit ~* zich onbevoegd verklaren; *sich ~* zijn hart uitstorten, 't uitpraten; *sich näher*

~ zich nader verklaren
aussprengen zw sproeien, rondsprenkelen ⟨water⟩; opblazen ⟨met dynamiet⟩
ausspringen st uitspringen, uitsteken; losspringen; *ein ~der Winkel* een uitspringende hoek
Ausspruch m uitspraak, uiting; vonnis
ausspucken zw (uit)spuwen, voor zich op de grond spuwen, uitbraken; slang bekennen; *der Computer spuckte die gewünschten Daten aus* de gewenste gegevens rolden uit de computer; *Geld ~* dokken, betalen
ausspülen zw uitspoelen
ausstaffieren zw uitrusten; inrichten; opdirken
Ausstand m werkstaking; Oostr, Z-Duits afscheidsfuif; *Ausstände* uitstaande gelden; *in den ~ treten* gaan staken, het werk neerleggen; *im ~ sein* in staking zijn
ausstatten zw uitrusten met, voorzien van; inrichten, stofferen, aankleden ⟨huis⟩, verzorgen
Ausstattung v uitrusting; aankleding, verzorging, montering ⟨v. revue bijv.⟩; stoffering, inrichting; outillage; uitzet
ausstechen st uitsteken; uitgraven; graveren; uitdrinken; uit het zadel lichten; de loef afsteken; kaartsp overtroeven; *einen Graben ~* een sloot graven; *Torf ~* turf steken; *einen bei einem ~* iem. uit iemands gunst verdringen
ausstecken zw markeren, met vlaggetjes afpalen ⟨slalom⟩; uitplanten, poten
ausstehen st uitstaan; verdragen; nog niet betaald zijn; *große Angst ~* grote angst doorstaan; *die Entscheidung steht noch aus* de beslissing laat nog op zich wachten; *die Sache ist noch nicht ausgestanden* de zaak is nog niet over; *nicht ~ können* iem. niet kunnen uitstaan
aussteigen st uitstappen; luchtv eruit springen ⟨met parachute⟩; eruit gaan; handel eruitgaan ⟨uit zaak⟩; ⟨effecten⟩ verkopen; op een alternatieve manier gaan leven; sp opgeven
ausstellen zw tentoonstellen, uitstallen, etaleren; schrijven, afgeven, uitreiken; in omloop brengen; *sich ein Armutszeugnis ~* slecht met iets voor de dag komen; *einem einen Freibrief ~* iem. de vrije hand laten
Aussteller m tentoonsteller, exposant; afgever; trekker ⟨van wissel⟩
Ausstellung v tentoonstelling; uitstalling; 't trekken ⟨v. wissel⟩; afgifte, uitreiking
Aussterbeetat [-be-ee'ta] m: *auf dem ~ stehen* gemeenz bestemd zijn om te verdwijnen
aussterben st uitsterven
Aussteuer v uitzet
aussteuern (+ 4) zw een uitzet geven; techn nauwkeurig afstellen
Aussteig m het uitklimmen; het uitstappen ⟨uit auto⟩
ausstopfen zw opvullen; ⟨dier⟩ opzetten
Ausstoß m productie, productiehoeveelheid
ausstoßen st uitstoten; uiten; opleveren, produceren
Ausstoßrohr o lanceerbuis ⟨voor torpedo's⟩
ausstrahlen zw uitstralen; RTV uitzenden
ausstrecken zw uitstrekken, uitsteken ⟨tong⟩; *seine Fühler (Fühlhörner) ~* zijn voelhorens uitsteken, het terrein verkennen
ausstreichen st uit-, gladstrijken; schrappen, doorhalen
ausstreuen zw uitzaaien, -strooien; *Gerüchte ~* geruchten uitstrooien
Ausstrich m med uitstrijkje
ausströmen zw I onoverg uitstromen; II overg verspreiden, afgeven, uitstralen
aussuchen zw uitzoeken; *ausgesucht schön* bijzonder mooi
Austausch m ruiling; uitwisseling; *~ von Gedanken* gedachtewisseling
austauschen zw ruilen, uitwisselen; verwisselen; *einen Blick des Einverständnisses ~* een blik van verstandhouding wisselen; *Gedanken ~* van gedachten wisselen; *sich mit einem über etwas ~* met iem. van gedachten wisselen over iets
austeilen zw uitdelen, verlenen, geven, toedienen; *Gnaden ~* gunstbewijzen verlenen; *die Sakramente ~* de sacramenten toedienen; *wer austeilt, muß auch einstecken* wie kaatst, moet de bal verwachten
Auster v (~, -n) dierk oester
austilgen zw verdelgen; delgen
austoben zw: (sich) ~ uitwoeden, uitrazen; zich moe spelen
austollen zw: sich ~ uitrazen; zich moe stoeien
Austrag m schikking, uitslag, beslissing; uitkomst; het plaatsvinden ⟨v.e. wedstrijd⟩
austragen st uitdragen, ten einde dragen; tot rijpheid brengen; rondbrengen; rondvertellen; beslissen, beslechten; sp houden, spelen, verrijden ⟨v.e. wedstrijd⟩; *Brot ~* brood bezorgen; *einen Kampf ~* een strijd beslissen; *die Meisterschaft ~* sp om het kampioenschap spelen
Austräger m besteller, bezorger
Austragung v beslissing, oplossing, regeling; sp het plaatsvinden
Australien [-'trali-en] o (-s) Australië
Australier [-'li-er] m (-s; ~) Australiër
australisch Australisch
austreiben st uitdrijven; verdrijven; plantk uitlopen, uitschieten; *einem etwas ~* iem. iets afleren; *einem die Mucken ~* gemeenz iem. zijn kuren afleren
austreten st I overg uittrappen; ⟨schoen⟩ uitlopen; *ausgetretene Wege* platgetreden paden; II onoverg uittreden; ontsnappen ⟨gas⟩, vrijkomen, tevoorschijn komen; mil in 't gelid treden; onderw naar de wc gaan; ⟨wild⟩ uit de dekking komen; *aus einem Verein ~* voor het lidmaatschap v.e. vereniging bedanken
austricksen zw ⟨iem.⟩ erin luizen; sp ⟨een tegenstander⟩ handig omspelen
austrinken st uit-, leegdrinken
Austritt m het uittreden, het verlaten; uitbouw

Austrittserklärung v opzegging van het lidmaatschap

austrocknen zw I *onoverg* uitdrogen; II *overg* drogen, droogmaken, -leggen

austrompeten zw gemeenz rondbazuinen

austüfteln zw uitpiekeren

ausüben zw uitoefenen, verrichten; *ein Amt ~* een ambt bekleden; *Gewalt ~* geweld plegen; *Wirkung ~* effect hebben (sorteren); *~d* praktiserend ⟨arts⟩; uitoefenend ⟨kunstenaar⟩

Ausübung v uitoefening

ausufern zw buiten de oevers treden; fig de perken te buiten gaan, ondraaglijk worden

Ausverkauf m uitverkoop

ausverkaufen zw uitverkopen

auswachsen st uitgroeien; ontkiemen; *sich ~ zu* uitgroeien tot; *das ist zum A~* gemeenz dat is om dol van te worden

Auswahl v 't kiezen; keuze, keur; bloemlezing, collectie

auswählen zw uitkiezen

Auswahlmannschaft v sp selectie

Auswahlspieler m sp geselecteerde speler

auswalzen zw techn pletten; gemeenz breed uitspinnen

Auswanderer m landverhuizer, emigrant

auswandern zw zijn land verlaten, emigreren

Auswanderung v emigratie

auswärtig buitenlands; (van) buiten de stad; *das Auswärtige Amt* ministerie van buitenlandse zaken

auswärts buitenwaarts; buiten; buitenshuis; buiten de stad

Auswärtsspiel o sp uitwedstrijd

auswaschen st (er)uitwassen; uitspoelen; ondermijnen; *sich ~* verbleken ⟨door de was⟩

auswechselbar verwisselbaar

auswechseln zw uitwisselen; verwisselen, vervangen; vernieuwen; *er war wie ausgewechselt* hij was als een blad aan een boom omgedraaid

Ausweg m uitweg; *gar keinen ~ sehen* er geen gat (meer) in zien

ausweglos zonder uitweg, hopeloos

ausweichen st uitwijken, opzij gaan; *jmdm. ~* iem. uit de weg gaan, ontlopen; *eine ~de Antwort* een ontwijkend antwoord

Ausweichstelle v uitwijkplaats

ausweiden zw ontweien ⟨wild⟩; schoonmaken ⟨vis⟩

ausweinen zw: *sich ~* uithuilen

Ausweis m bewijs, opgave, staat; legitimatie, identiteitsbewijs, pasje; *monatlicher ~* maandstaat; *~ der Bank* bankstaat

ausweisen st uitwijzen; *ausgewiesen werden* uitgewezen worden; *ein gut ausgewiesener Fachmann* een erkend vakman; *sich ~* zich legitimeren, zijn identiteit bewijzen; *sich als falsch ~* fout blijken

Ausweisung v uitzetting ⟨uit een land b.v.⟩, uitwijzing

ausweiten zw oprekken, wijder maken; vergroten, verruimen, uitbreiden; *sich ~* zich uitbreiden, verwijden

auswendig uitwendig, uiterlijk; *etwas ~ kennen, können, lernen, spielen* iets van buiten, uit 't hoofd kennen, leren, spelen

auswerfen st uitwerpen, -gooien; ⟨slijm⟩ opgeven; ⟨gracht⟩ uitgraven; ⟨gelden⟩ uittrekken

auswerten zw analyseren en evalueren; te gelde maken, exploiteren; *eine Erfindung ~* een uitvinding op de markt brengen, te gelde maken

Auswertung v gebruikmaking, gebruik, verwerking, exploitatie; analyse en beoordeling

auswetzen zw: *eine Scharte ~*, fig een fout weer goed maken, een schande uitwissen

auswiegen st afwegen

auswirken zw bewerken, uitwerken; *sich ~* zich ontwikkelen, tot zijn recht komen; *sich ungünstig ~* ongunstige gevolgen hebben

Auswirkung v uitwerking; uitvloeisel, gevolg; *~en des Krieges* gevolgen van de oorlog

auswischen zw uitwissen, uitwrijven, schoonmaken, stof afnemen; *einem eins ~* iem. een loer draaien, een streek leveren

auswringen st uitwringen

Auswuchs m uitwas ⟨ook fig⟩

auswuchten zw auto uitbalanceren, uitlijnen

Auswurf m het uitwerpen; uitschot; raming; opgegeven slijm, sputum; uitbraaksel; sp eerste worp; *der ~ der Menschheit* het uitvaagsel der mensheid

auswürfeln zw door dobbelen beslissen; dobbelen om

auswüten zw: *(sich) ~* uitwoeden, uitrazen

auszacken zw uittanden, van een tanding voorzien

auszahlen zw betalen, uitbetalen; *sich ~* de moeite lonen, waard zijn, renderen; de kosten goed maken

auszählen zw tellen, uittellen ⟨ook sp⟩

Auszahlung v uitbetaling, uitkering

auszehren zw uitmergelen, uitteren

Auszehrung v uittering, -putting; med tering, longtuberculose, tbc

auszeichnen zw uittekenen; onderscheiden; met onderscheiding behandelen; handel prijzen; *sich ~* zich onderscheiden, uitblinken

Auszeichnung v onderscheiding; huldiging; *mit ~ bestehen* met lof slagen

ausziehen st uittrekken; excerperen; uitkleden; verhuizen, wegtrekken; *bis aufs Hemd ~* tot op 't hemd uitkleden ⟨ook fig⟩; *sich ~* zich uitkleden

auszischen zw uitfluiten

Auszug m uittocht; uittreksel, extract, korte samenvatting; verhuizing; uitschuifbaar blad, schuiflade; afschrift ⟨v. giro-, bankrekening⟩

Auszugsmehl o bloem ⟨van meel⟩

auszugsweise in uittreksel

auszupfen zw uitplukken

authentisch [-'ten-] echt, authentiek

Auto o (-s; -s) auto

Autobahn v autosnelweg
Autobahndreieck o afsplitsing van de snelweg
Autobahnkreuz o kruising van twee snelwegen
Autobahnzubringer m toegangsweg naar de autosnelweg
Autobus m (-ses; -se) (auto)bus
Autofahrer m automobilist, autobestuurder
autofrei voor auto's verboden, autoloos
Automat m (-en; -en) automaat
automatisch automatisch
automatisieren zw automatiseren
Automobil o (-s; -e) automobiel
Autor ['autor, au'toren] m (-s; -en) auteur, schrijver
Autoreifen m autoband
Autorennen o autorace
autorisieren zw autoriseren, machtigen
autoritär autoritair
Autorität v (~; -en) autoriteit, gezag; iem. van gezag
Autorschaft v auteurschap
Autoschlange v file auto's
Autoschlosser m automonteur, -reparateur
Autostopp m: ~ machen, per ~ reisen liften
Autostunde v een uur met de auto
Autounfall m auto-ongeluk
Autoverleih m autoverhuur
Aval [-'wal] m (-s) aval, wisselborgtocht
avancieren zw avanceren, bevorderd worden
Aversion v aversie
Avis [a-'wi(s)] m & o (-es; -e) handel advies, bericht ⟨van verzending⟩
avisieren zw adviseren, advies geven; aankondigen, aanmelden; waarschuwen
Axiom [-'oom] o (-s; -e) axioma
Axt v (~; Äxte) bijl met lange steel; wie die ~ im Walde ontaktisch; bijzonder lomp
Azalee [a-tsa-'lee-e], **Azalie** [a-'tsa-li-e] v (~; -n) plantk azalea
Azetat o acetaat
Azubi m-v (~(s); -s) = Auszubildende(r) leerjongen, leermeisje
Azur [-'tsoer] m (-s) azuur, lazuur, hemelsblauw

B

babbeln *zw* gemeenz Nederd Zwits babbelen, kletsen; brabbelen
Baby [-'bee] *o* (-s; -s) baby
Babysitter *m* (-s; ~) babysit(ter)
Bacchanal [bacha-] *o* (-s; -e & -ien) bacchanaal, drinkgelag
Bach *m* (-(e)s; Bäche) beek
Bachforelle *v* gewone forel
Bachstelze *v* kwikstaart
back *scheepv* achteruit
Back *v* (~; -en) *scheepv* bak ⟨etensbak, -tafel; baksvolk; bovendek v.h. voorschip; logies v.h. scheepsvolk; bakboord⟩
Backblech *o* bakblik, -plaat
Backbord *o scheepv* bakboord
1 Backe *v* (~; -n) wang; bil; wang, zijstuk ⟨aan bankschroef, nijptang enz.⟩; neusijzer ⟨v. ski⟩; remschoen; *au ~ o wee*; fijn!
2 Backe *v* (~; -n), **Backen** *m* (-s; ~) achterdeel, bil ⟨v. paard⟩, zitvlak
backen (backte, buk; gebacken) *overg, onoverg* bakken; drogen ⟨fruit⟩; pakken, plakken ⟨v. sneeuw⟩; vriezen; *kleine Brötchen ~ lassen* het volmaakte bestaat niet; *ein neu (frisch) gebackener Doktor* gemeenz een nieuwbakken doctor
Backenbart *m* bakkebaard
Backenknochen *m* jukbeen
Backenzahn *m* kies
Bäcker *m* (-s; ~) bakker
Bäckerei *v* (~; -en) 't bakken; bakkerij; gebak, bakkerswaren
Bäckermeister *m* bakker ⟨eigenaar⟩, meester-bakker
Backpfeife *v* oorveeg
Backfisch *m* gebakken vis; bakvis ⟨meisje⟩
Backobst *o* gedroogd fruit
Backpfeife *v* oorveeg
Backpflaume *v* gedroogde pruim
Backpulver *o* bakpoeder
Backschaufel *v*, **Backschieber** *m*, **Backschießer** *m* bakkersschop
Backstein *m* baksteen
Backwaren *o* gebak
Backenzahn *m* kies
Bad *o* (-es; Bäder) bad; badkamer; badplaats
Badeanstalt *v* badinrichting
Badeanzug *m* badkostuum, -pak
Badehose *v* zwembroek
Badekabine *v* badhokje
baden *zw* baden, *~ gehen* een bad (duik) nemen; gemeenz pech hebben, mislukken; *(als Kind) zu heiß gebadet sein* gemeenz van lotje getikt zijn; *in Schweiß gebadet* badend in 't zweet
Badeort *m* hadplaats
Badetuch *o* badhanddoek
Badewanne *v* badkuip; gemeenz zijspanwagen
Badezeug *o* badgoed
Badezimmer *o* badkamer

badisch Badens; *das Badische* het Badense land
baff paf, perplex; gemeenz *er ist ganz ~* hij staat paf; sprakeloos
BAföG, Bafög = *Bundesausbildungsförderungsgesetz* Duitse wet op de studiefinanciering; studiebeurs; *ich bekomme ~* ik krijg een studiebeurs
Bagage [-'gazje] *v* (~; -n) bagage; mil tros; gemeenz tuig
Bagatelle *v* bagatel
bagatellisieren *zw* bagatelliseren; en bagatelle behandelen
Bagatellschaden *m* onbetekenende schade
Bagger *m* (-s; ~) baggermachine, -molen; graafwerktuig, excavateur, dragline
Baggerer *m* (-s; ~), **Baggerführer** *m* baggeraar; draglinemachinist
baggern *zw* baggeren; met een dragline uitgraven
Bahn *v* (~; -en) baan ⟨v. satelliet, v. stoffen⟩, strook; weg, rijstrook; spoorweg; spoor; tram; *sp* piste, wielerbaan; *~ frei!* uit de weg!; *an die (zur) ~ gehen* naar het station gaan; *auf die schiefe ~ kommen* op de verkeerde weg geraken; *jmdn. aus der ~ werfen* iem. uit zijn gewone doen brengen; *sich ~ brechen* zich een weg banen, ingang vinden
Bahnbeamte(r) *m* spoorwegambtenaar
bahnbrechend baanbrekend
Bahndamm *m* spoordijk, -baan
bahnen *zw* (weg)banen; openen; *sich einen Weg ~* zich een weg banen
Bahngeleise *o*, **Bahngleis** *o* spoor
Bahnhof *m* station; gemeenz plechtige of feestelijke ontvangst
Bahnhofsgaststätte *v* stationsrestauratie
Bahnhofshalle *v* stationshal
Bahnhofsvorstand *m*, **Bahnhofsvorsteher** *m* stationschef
Bahnlinie [-lini-e] *v* spoorlijn, tramlijn
Bahnschranke *v*, **Bahnschranken** *m Oostr* (spoor)boom ⟨bij spoorwegovergang⟩
Bahnsteig *m* perron
Bahnstrecke *v* traject, baanvak
Bahnstunde *v* een uur met de trein
Bahnübergang *m* spoorwegovergang; *beschrankter ~* bewaakte spoorwegovergang
Bahnwärter *m* baanwachter
Bahre *v* (~; -n) draag-, lijkbaar, berrie
Bahrtuch *o* lijkkleed
Bai *v* (~; -en) baai, bocht, inham
Baiser [bè-'zee] *m* (-s; ~) baiser, schuimgebakje
Baisse [bèsse] *v* (~) baisse; *auf die ~ spekulieren* à la baisse speculeren
Bajonett *o* (-s; -e) bajonet
Bajuware *m* (-n; -n) schertsend Beier
Bake *v* (~; -n) baak, jalon; scheepv baak; spoorw voorsein
Bakterie [bak-'te-ri-e] *v* (~; -n) bacterie
Bakteriologe *m* (-n; -n) bacterioloog
Balance *v* (~; -n) evenwicht, balans
balancieren *zw* balanceren, in balans zijn; de balans opmaken; doen balanceren; ba-

lanciert in evenwicht
bald weldra, spoedig, gauw; haast; bijna; ~ *hier*, ~ *da nu hier, dan daar*; ~ *hätte ich es vergessen* ik was het bijna vergeten; *möglichst* ~ zo spoedig mogelijk; *auf, bis* ~! tot gauw!; *wird's* ~? komt er nog wat van?
Baldachin ['bal-] *m* (-s; -e) baldakijn
Bälde *v*: *in* ~ binnenkort
baldig spoedig
baldigst, baldmöglichst zo spoedig mogelijk, zo snel mogelijk, ten spoedigste
Baldrian ['bal-] *m* plantk valeriaan
1 Balg *m* (-(e)s; Bälge) balg; buik; huid, vel (afgestroopt); schil ⟨v. vrucht⟩; *jmdm. den* ~ *abziehen* iem. het vel over de oren halen, iem. erg veel laten betalen
2 Balg *m* & *o* (-es; Bälge(r)) wurm, kind
balgen *zw. sich* ~ vechten, stoeien
Balgerei *v* (~; -en) vechtpartij, stoeipartij
Balkan ['balkaan] *m* (-s) Balkan
Balken *m* (-s; ~) balk; vette letter; *lügen daß die* ~ *biegen* liegen dat je zwart ziet, liegen dat je barst
Balkon [-'kon, -'kong] *m* (-s; -e & -s) balkon
Ball *m* (-s; Bälle) bal ⟨ook dansfeest⟩; kogel, bol; *am* ~ *bleiben* erbij blijven, niet weglopen
Ballade *v* (~; -n) ballade
balladenhaft, balladesk [-'desk] balladesk
Ballast *m* (-s) ballast
ballen *zw* ballen; *die Faust* ~ de vuist ballen; *sich* ~ zich samenpakken; pakken ⟨sneeuw⟩; *geballte Energie* geconcentreerde energie
Ballen *m* (-s; ~) baal, pak; bal ⟨v. hand, voet⟩; muis ⟨v. hand⟩; *Berliner* ~ Berliner bollen ⟨gebak⟩
ballenweise bij balen
Ballerei *v* (~; -en) gemeenz pafferij, schieterij
ballern *zw* bulderen, knallen
Ballett *o* (-s; -e) ballet
Ballettkorps *o* corps de ballet
Ballettmeister *m* balletmeester
Ballettänzerin, nieuwe spelling: **Ballett-tänzerin**, ook: **Ballett-Tänzerin** *v* balletdanseres
Ballhaus *o* kaatsbaan; danszaal; hist kaatsbaan
ballig bolvormig, bolstaand, rond
Ballkleid *o* baljapon
Ballon [-'lon, -'long] *m* (-s; -s) ballon; mandfles; *einen* ~ *haben* een rood hoofd hebben
Ballung *v* (~; -en) samenballing, verdichting; verkeersopstopping
Ballungsgebiet, Ballungsraum *o* dichtbevolkt gebied, agglomeratie
Balsam ['balzaam] *m* (-s; -e) balsem
balsamieren ook: balsemen
Balte *m* (-n; -n) Balt
Baltikum *o* (-s) de Baltische landen ⟨aan de Oostzee⟩
baltisch Baltisch; *das Baltische Meer* de Oostzee
Balz *v* (~) het balderen, baltsen; paartijd
balzen *zw* balderen, baltsen; liefdoen, lokken; muz zwoel zingen

Bambus *m* (~ & -ses; ~ & se) plantk bamboe
Bambusrohr *o* plantk bamboeriet, bamboestok
Bammel *m* hanger, breloque; ~ *haben* slang bang zijn
bammeln *zw* bungelen, beieren
banal banaal
Banalität *v* (~; -en) banaliteit
Banane *v* (~; -n) banaan
Banause [-'nau-] *m* (-n; -n) laag-bij-de-gronds, banaal mens ⟨zonder gevoel voor kunst⟩
1 Band *o* (-es; Bänder) band, lint; tape; *am laufenden* ~ aan de lopende band; fig voortdurend
2 Band *o* (-es; -e) band ⟨der vriendschap enz.⟩; boei; *in* ~*e schlagen* in de boeien slaan
3 Band *m* (-es; Bände) deel, boekdeel
4 Band [bend] *v* (~; -s) muz band
Bandage *v* (beschermend) verband; wielband
Bandaufnahme *v* bandopname
Bandbreite *v* telec bandbreedte; schommelingsmarge bij wisselkoersen
Bande *v* (~; -n) bende, troep; band ⟨v. biljart⟩
Bandenführer *m* bendehoofd, -leider
Banderole *v* (~; -n) banderol
bändigen *zw* temmen; aan banden leggen; beteugelen, beheersen
Bändiger *m* (-s; ~) temmer; beteugelaar
Bandit *m* (-en; -en) bandiet
Bandsäge *v* lintzaag
Bandwurm *m* lintworm
bange bang; beklemd; *mir ist angst und* ~ *zumute* ik ben het erg bang; ~ *Erwartung* angstige verwachting
bangen *zw* bang zijn, vrezen, bezorgd zijn; *er bangt um sein Leben* hij vreest voor zijn leven; *sich* ~ in bange zorg zijn; *sich* ~ *nach Z-Duits* verlangen naar
Bangigkeit *v* (~) bangheid
bänglich bevreesd, benauwd, vreesachtig
Banjo *m* (-s; -s) muz banjo
1 Bank *v* (~; Bänke) bank, zitbank; zandbank; wolkenbank; *durch die* ~ door de bank, in 't algemeen
2 Bank *v* (~; -en) bank, wisselbank; speelbank
Banker *m* (-s; ~) bankier; bankemployé in leidinggevende functie
Bankett *o* (-(e)s; -e) banket, feestmaal; berm, voetpad ⟨naast rijweg⟩; onderste deel van een fundament; ~ *nicht befahrbar* zachte berm
Bankette *v* (-; -n) berm
Bankgeschäft *o* bankiersfirma
Bankier [ban'kjee] *m* (-s; -s) bankier
Banknote *v* bankbiljet, -noot
bankrott bankroet, failliet; ~ *gehen* failliet gaan
Bankrott *m* (-s; -e) bankroet, faillissement; ~ *machen* failliet gaan
Bann *m* (-(e)s; -e) ban; kerkban; rechtsgebied; betovering, bekoring; *im* ~ *halten* in bedwang houden; *in seinen* ~ *schlagen*

bannen 52

betoveren, in zijn ban brengen
bannen zw bannen; verbannen; uitbannen; door toverkracht vasthouden (ook fig), boeien; *ein Bild auf die Platte* ~ iets op de fotografische plaat vastleggen; *gebannt sein* betoverd, geboeid zijn
Banner o (-s; ~) banier, vaandel, standaard
Bannerträger m banierdrager
Bannfluch m banvloek
Bannmeile v banmijl
bar contant, baar; zuiver; ontbloot, vrij van; *gegen* ~ à contant; ~ *aller Vernunft* zonder enig verstand
Bar v (~; -s) bar (café)
Bär m (-en; -en) dierk beer (ook mannetjeszwijn); gemeenz beer, schuld; techn stamper; hijsblok; *der Große, Kleine* ~ astron de Grote, Kleine Beer; *jmdm. einen* ~*en aufbinden* iem. iets op de mouw spelden
Baracke v (~; -n) barak; krot
Barbar [-'baar] m (-en; -en) barbaar
1 Barbarei v (~) barbaarsheid, wreedheid
2 Barbarei: *die* ~ Barbarije
barbarisch barbaars, wreed
bärbeißig bars, nijdig
Barbier (-s; -e) vero barbier
barbieren zw vero scheren
Bardame v buffetjuffrouw
Barde m (-n; -n) bard, Oudkeltisch zanger; gemeenz schertsend zanger, dichter
Bärenhunger m geweldige honger
bärenstark sterk als een beer, reuzesterk
Barett o (-s; -e) baret
barfuß bloots-, barrevoets
Bargeld o baar geld, contant geld
barhaupt barhäuptig blootshoofds
Barhocker m barkrukje
Bärin v (~; -nen) berin
Bariton m (-s; -e) muz bariton (stem, zanger)
Bark v (~; -en) scheepv bark
Barkasse [-'kas-se] v (~; -n) scheepv barkas
Barkauf m handel koop à contant
Barke v (~; -n) scheepv bootje
Bärlapp m plantk wolfsklauw
barmen zw N-Duits klagen, jammeren
barmherzig barmhartig
Barmittel mv handel contanten
barock barok; grillig
Barock o & m (-s) het (de) barok, de barokkunst, -tijd
Barometer o (-s; ~) barometer
Baron [-'roon] m (-s; -e) baron; ~ *von Habenichts* armoedzaaier
Baronesse v (~; -n) barones; freule (dochter v. baron)
Baronin [ba-'ro-nin] v (~; -nen) barones (vrouw v. baron)
Barras m (~) mil gemeenz kommiesbrood; militaire dienst; *beim* ~ *sein* onder dienst zijn
Barre v (~; -n) barrière; afsluitboom, metalen staaf; zandbank, ijsbank; recht balie
Barren m (-s; ~) turnen brug; baar (goud enz.)
Barriere v (~; -n) barrière
Barrikade v (~; -n) barricade; *auf die* ~*n gehen* (*steigen*) oproer maken, op de barricaden gaan
barrikadieren zw barricaderen
barsch bars, nors
Barsch m (-es; -e) baars
Barschaft v (~) gereed geld, contanten
Bart m (-es; Bärte) baard (ook v. sleutel); snor (v. dieren); *der* ~ *ist ab* gemeenz het is uit, er is niets meer aan te doen; *das hat einen* ~ dat is allang bekend
Barte v (~; -n) walvisbaard; brede bijl
Bartflechte v med baardschurft; plantk baardmos
bärtig gebaard, baardig
Bartnelke v plantk duizendschoon
Barzahlung v handel contante betaling
Basalt m (-s; -e) basalt
Basar [-'zaar] m (-s; -e) bazaar
1 Base v (~; -n) nicht (dochter v. oom of tante); Z-Duits tante
2 Base v (~; -n) chem base; basis
basieren zw: ~ *auf* (+ 3) berusten op, gebaseerd zijn op; baseren op; *sich* ~ *auf* (+ 4) zich baseren op
Basilika v (~; -ken) basilica, basiliek
Basis v (~; Basen) basis, grondslag
basisch chem basisch
Baske m (-n; -n) Bask
Baskenmütze v alpino
Baß, nieuwe spelling: **Bass** m (Basses; Bässe) muz bas (stem, zanger); contrabas; baspijp
Baßgeige, nieuwe spelling: **Bassgeige** v muz contrabas
Bassin [-'së] o bassin, bekken; *das flache* ~ 't ondiepe
Bassist [-'sist] m (en; -en) muz bas(zanger); contrabassist
Baßschlüssel, nieuwe spelling: **Bassschlüssel**, ook: **Bass-Schlüssel** m muz bassleutel
Bast m (-es; -e) bast, schors; raffia; bast, beharing (aan hertengewei)
Bastard m (-s; -e) bastaard, basterd
Bastei v (~; -en) mil bastion, bolwerk
Bastelei v (~; -en) knutselarij
basteln zw knutselen
Bastion [-i'oon] v (~; -en) bastion, bolwerk
Bastler m (-s; ~) knutselaar
Bataillon [-tal-'joon] o (-s; -e) bataljon
Batterie [-'rie] v (~; -n) mil & elektr batterij
Batzen m (-s; ~) duit (oude munt); gemeenz klomp, hoop; *ein schöner* ~ *Geld* een flinke duit
Bau m (-(e)s) bouw; aanleg; 't bouwen; verbouw; opbouw; lichaamsbouw; mil arrest-(lokaal); mv: *Bauten* gebouw, bouwwerk; mv: *Baue* hol (v. dier); *auf dem* ~ *arbeiten* in de bouw werken
Bauamt o Publieke Werken
Bauarbeiter m bouwvakker
Bauart v bouwwijze, constructie; bouwstijl
Bauch m (-(e)s; Bäuche) buik; *sich den* ~ *vollschlagen* schransen; *aus dem hohlen* ~ onvoorbereid; *auf den* ~ *fallen* de mist ingaan, mislukken
Bauchbinde v buikband; reclamebandje om boek; gemeenz sigarenbandje
Bauchfell o buikvlies
bauchig buikig

Bauchladen *m* voor de buik gedragen verkoopplateau
Bauchlage *v*: *in* ~ op de buik liggend
Bauchlandung *v* luchtv buiklanding
bäuchlings op de buik liggend
Bauchredner *m* buikspreker
Bauchschmerzen *mv* buikpijn
Bauchspeicheldrüse *v* med alvleesklier, pancreas
Bauchweh *o* buikpijn
bauen *zw* bouwen; opbouwen; graven, aanleggen; bebouwen; verbouwen (gewas); *auf einen* ~ (vast) op iem. bouwen; *sein Abitur* ~ eindexamen doen; *eine Acht* ~ een slag in 't wiel krijgen; *einen Acker* ~ een akker bebouwen; *sein Bett* ~ zijn bed opmaken; *Burgen* ~ kastelen bouwen ⟨op 't strand⟩; *Mist, Scheiße* ~ gemeenz iets verkeerd doen; *einen (Verkehrs)unfall* ~ een verkeersongeluk veroorzaken
1 Bauer *m* (-n (& -s); -n) boer, landbouwer, landman; pion ⟨schaakspel⟩; *die dümmsten* ~*n haben die größten Kartoffeln* 't geluk is met de dommen, de gekken krijgen de kaart
2 Bauer *o* (& *m*) (-s; ~) vogelkooi
Bäuerin *v* (~; -nen) boerin
bäuerlich van de boeren, landelijk, boers
Bauernfänger *m* kwartjesvinder
Bauerngut *o*, **Bauernhof** *m* boerderij, boerenhofstede
Bauernschaft *v* (~) de boeren, de boerenstand
baufällig bouwvallig
Baugelände *o* bouwterrein
Baugerüst *o* steiger, stelling
Baugewerbe *o* bouwvak, bouwnijverheid; het bouwbedrijf
Baugrube *v* bouwput
Bauherr *m* bouwheer, principaal
Baukasten *m* bouwdoos, blokkendoos
baulich architectonisch; de bouw betreffend
Baum *m* (-(e)s; Bäume) boom; kerstboom; afsluitboom; *der* ~ *der Erkenntnis* de boom der kennis van goed en kwaad; *Bäume ausreißen können* heel veel energie hebben; *um auf die Bäume zu klettern* om grijze haren van te krijgen
Baumeister *m* bouwmeester, architect
baumeln *zw* bungelen, slingeren, schommelen
bäumen *zw*: *sich* ~ steigeren; *sich* ~ *gegen* zich verzetten tegen
baumlang zo lang als een boom
Baumrinde *v* boombast, -schors
Baumschule *v* boomkwekerij
baumstark ijzersterk
Baumstock *m*, **Baumstrunk** *m*, **Baumstumpf** *m* boomstronk
Baumwolle *v* katoen
baumwollen katoenen, van katoen
Bauordnung *v* bouwverordening
Bauplatz *m* (stuk) bouwterrein; plaats waar gebouwd wordt
baupolizeilich: ~*e Vorschriften* voorschriften van bouw- en woningtoezicht
bäurisch boers, landelijk; lomp

Bausatz *m* bouwpakket
Bausch *m* (-es; Bäusche) pof; kussentje; opbolling; bos, bundel; *ein* ~ *Watte* een dot watten; *in* ~ *und Bogen* en bloc; globaal; bij de roes, voetstoots
bauschen *zw* opbollen, zwellen; *sich* ~ bol gaan staan
bauschig opbollend, bolstaand; opgezwollen
Bausparkasse *v* bouwspaarfonds, -kas
Baustelle *v* bouwterrein; wegwerkzaamheden; *Achtung* ~! werk in uitvoering!
Bauunternehmer *m* aannemer, bouwer
Bauxit *m* bauxiet
bauz! bons!; plof!; pats!
Bauzaun *m* schutting om bouwterrein
Bauzeichner *m* bouwkundig tekenaar
Bayer *m* (-; -n) Beier
bayerisch Beiers
Bayern *o* Beieren ⟨als staat⟩
bayrisch Beiers
Bazille *v* (~; -n) bacil
Bazillus *m* (~; Bazillen) bacil
beabsichtigen *zw* bedoelen, beogen
beachten *zw* letten op, achtslaan op
beachtenswert opmerkenswaardig, behartigenswaardig
Beachtung *v* oplettendheid, opmerkzaamheid, behartiging; inachtneming; *bei* ~ *der Vorschriften* bij het inachtnemen van de voorschriften; *men wordt opmerkzaam gemaakt op...*, ter attentie
beackern *zw* bewerken (grond); fig *ein Thema* ~ een onderwerp doorwerken; *einen* ~ gemeenz iem. bewerken
Beamte(r) *m* beambte; ambtenaar; *höherer* ~*r* hogere ambtenaar, hoofdambtenaar; *mittlerer* ~ beambte
Beamtenschaft *v* ambtenarenkorps, de ambtenaren
beamtet in overheidsdienst
Beamtin [-'am-] *v* (~; -nen) ambtenares
beängstigen *zw* beangstigen, angstig, ongerust maken
beanspruchen *zw* aanspraak maken op; eisen stellen aan; fig in beslag nemen; techn belasten
beanstanden, Oostr **beanständen** *zw* bezwaar maken tegen, aanmerking maken op, bekritiseren, afkeuren; wraken; reclameren
Beanstandung *v* (~; -en) verzet, protest; afkeuring; reclame, bezwaar
beantragen *zw* aanvragen ⟨vergunning, faillissement enz.⟩; (officieel) voorstellen; *die Eröffnung des Vergleichsverfahrens* ~ recht surseance van betaling aanvragen; *den Konkurs einer Firma* ~ recht faillissement v.e. firma aanvragen; *ein Schuldig* ~ recht schuldigverklaring vragen; *die Tagesordnung* ~ een motie van orde voorstellen
beantworten *zw* beantwoorden
bearbeiten *zw* bewerken (ook fig)
beargwöhnen *zw* argwaan hebben tegen
beaufsichtigen *zw* het toezicht hebben, passen op, surveilleren, controleren
beauftragen *zw* belasten, opdragen; *Beauftragter* gevolmachtigde; *der mit der*

Kabinettsbildung Beauftragte de kabinetsformateur

beaugenscheinigen *zw* in ogenschouw nemen

bebartet gebaard

bebauen *zw* bebouwen

beben *zw* beven, trillen, bibberen; *vor einem ~* voor iemand beven (uit vrees); *um einen ~* zich zorgen maken over iemand; *~ vor Kälte* bibberen van de kou

bebildern *zw* illustreren

Becher *m* (-s; ~) beker, drinkbeker; techn emmer

bechern *zw* pimpelen

Becken *o* (-s; ~) muz, anat, aardr bekken

bedachen *zw* van een dak voorzien

bedacht bedacht; bedachtzaam; *~ sein auf (+ 4)* bedacht zijn op

Bedacht *m* bedachtzaamheid, beraad; *mit ~* bedachtzaam, voorzichtig; *ohne ~* zonder na te denken; *voll ~* zeer voorzichtig; *auf etwas ~ nehmen* op iets letten, bedacht zijn

Bedächtigkeit *v*, **Bedachtsamkeit** *v* bedachtzaamheid, omzichtigheid, voorzichtigheid

Bedachung *v* overdekking; dakwerk, bekleding

bedanken *zw*: *sich ~* bedanken; *einen ~* Oostr, Z-Duits iem. bedanken; *dafür bedanke ich mich!* daar denk ik niet aan!; *ich bedanke mich plechtig* wel bedankt

Bedarf *m* (-s) behoefte; het benodigde; benodigdheden; de benodigde voorraad; *der ~ an Lebensmitteln* de behoefte aan levensmiddelen

Bedarfsartikel *m* gebruiksgoederen

Bedarfsfall *m*: *im ~* zo nodig

bedauerlich betreurenswaardig

bedauern *zw* betreuren, beklagen; *ich bedau(e)re sehr* het spijt mij zeer; *einen ~* medelijden hebben met iemand

Bedauern *o* (-s) spijt, medelijden

bedauernswert, **bedauernswürdig** plechtig betreurens-, beklagenswaardig

bedecken *zw* bedekken; dekken; Oostr (tekort) dekken

bedenken *onr* bedenken; *sich ~* zich bedenken; *ohne mich lange zu ~* zonder lang na te denken, te aarzelen; *sich eines Bessern ~* tot beter besluit komen

Bedenken *o* (-s; ~) bedenking, bezwaar; *~ hegen, tragen* twijfels, bedenkingen hebben

bedenkenlos zonder bezwaar te maken; zonder scrupules

bedenklich bedenkelijk, bezwaarlijk, twijfelachtig

Bedenkzeit *v* bedenktijd

bedeppert gemeenz beteuterd

Bedeutsamkeit *v* betekenis, belang

bedeutungslos onbetekenend

bedeutungsschwer, **bedeutungsvoll** veelbetekenend

bedienen *zw* bedienen; kaartsp (kleur) bekennen; *~ Sie sich* tast u toe; *sich eines Mittels ~* van een middel gebruik maken; *bedient sein* er genoeg van hebben; *werden Sie schon bedient?* wordt u al geholpen? (in winkel)

Bediente(r) *m* bediende, knecht, employé

Bedienung *v* bediening; bedienden, personeel; ambt; *zu Ihrer ~* te uwen nutte

Bedienungsanleitung *v* handleiding

bedingen I *st* bedingen, bepalen, als voorwaarde stellen; II *zw* vereisen, veronderstellen; *bedingt sein (durch etwas)* iets afhangen; *durch die Temperatur ~* van de temperatuur afhankelijk

bedingt beperkt, voorwaardelijk; afhankelijk; *nur ~ richtig* slechts onder bepaalde voorwaarden juist

Bedingtheit *v* (~; -en) afhankelijkheid, gebondenheid, beperktheid

Bedingung *v* (~; -en) voorwaarde, conditie, vereiste, eis; *zu vorteilhaften ~en* op voordelige (gunstige) voorwaarden

bedingungslos onvoorwaardelijk

bedrängen *zw* benauwen, kwellen, in 't nauw brengen; *in bedrängter Lage* in hachelijke positie

Bedrängnis *v* (~; -se), **Bedrängung** *v* (~; -en) nood, beklemming, benardheid

bedrohen *zw* bedreigen

bedrohlich dreigend, hachelijk

bedrucken *zw* bedrukken (papier, enz.)

bedrücken *zw* bedrukken; kwellen

bedrückt bedrukt, terneergeslagen

bedürfen *zw* behoeven; *einer Erklärung ~* verklaring behoeven; *keiner Erörterung ~* geen betoog behoeven

Bedürfnis *o* (-ses; -se) behoefte; vereiste; *~ nach Ruhe* behoefte aan rust; *ein kleines ~* vero een kleine boodschap

bedürftig behoeftig; on- of minvermogend

Bedürftigkeit *v* behoeftigheid, on- of minvermogendheid

bedusein *zw*: *sich ~* gemeenz zich bedrinken

Beefsteak ['bief-steek] *o* (-s; -s) biefstuk; *deutsches ~* Duitse biefstuk (gebraden gehakt)

beehren [be-'eeren] *zw* vereren; handel honoreren; *wir ~ uns* wij hebben de eer

beeiden *zw*, **beeidigen** *zw* beëdigen; onder ede verklaren, door een eed bevestigen

beeilen *zw*: *sich ~* zich haasten

beeindrucken *zw* indruk maken; *stark beeindruckt sein* sterk onder de indruk zijn

beeinflussen *zw* beïnvloeden

beeinträchtigen *zw* benadelen, afbreuk doen aan, beknotten

Beeinträchtigung *v* benadeling, afbreuk

beenden [-'end-], **beendigen** [-'end-] *zw* beëindigen, ten einde brengen, voltooien

beengen [-'engen] *zw* enger of nauwer maken; benauwen, beperken

beerben [be-'erben] *zw* beërven

beerdigen [-'erdigen] *zw* begraven, ter aarde bestellen

Beerdigung *v* begrafenis

Beerdigungsinstitut *o* begrafenisonderneming

Beere *v* (~; -n) plantk bes

Beet *o* (-(e)s; -e) bloembed, bloemperk

befähigen zw geschikt maken, bekwamen, in staat stellen; *befähigt* bevoegd; bekwaam; met aanleg
Befähigung v bekwaamheid, geschiktheid; aanleg
Befähigungsnachweis m proeve van bekwaamheid
befahrbar bevaarbaar, berijdbaar
befahren *st* (befuhr; befahren) bevaren, berijden; varen op; *eine Grube* ~ in een mijn afdalen; *eine Straße mit Schotter* ~ grind uitstrooien over een weg
Befall m plantk aantasting door ziekte
befallen *st* overvallen; aantasten
befangen *bn* bevooroordeeld, bevangen, vooringenomen; verlegen; *in einem Irrtum* ~ *sein* zich in een dwaling bevinden
Befangenheit v vooringenomenheid; bevooroordeeldheid; verlegenheid
befassen zw betasten; *ein Gericht mit etwas* ~ de beslissing aan een rechtbank overlaten; *sich mit etwas* ~ zich met iets bezighouden
befehden zw beoorlogen, bestrijden
Befehl m (-s; -e) bevel; commando; *auf höhern* ~ op bevel van hogerhand; *bis auf weitern* ~ tot nader order; *zu* ~*!* mil tot uw orders!
befehlen *st* (befahl; befohlen) bevelen, aanbevelen; *dienstlich* ~ gelasten
befehlerisch bevelend, gebiedend, commando-
befehligen zw mil aanvoeren, commanderen, het bevel voeren over
Befehlsgewalt v commando
Befehlshaber m bevelhebber, -voerder
Befehlsverweigerung v mil insubordinatie
befeinden zw: *einen* ~ iem. bestrijden; iem. vijandig gezind zijn
befestigen zw verstevigen; versterken; *befestigt* (beurs, markt) vaster
Befestigung v versteviging, versterking; handel ~ *des Marktes* het aantrekken van de markt
befeuchten zw bevochtigen
befeuern zw van brandstof voorzien; verwarmen; mil beschieten; fig aansporen; scheepv, luchtv van lichten voorzien
befinden *st* bevinden, vinden; *etwas als (für) richtig* ~ iets voor juist houden; *über etwas* ~ over iets beslissen, oordelen; *sich* ~ zich bevinden
Befinden o (-s) toestand; welzijn; gezondheidstoestand; oordeel; *nach meinem* ~ volgens mijn mening; *je nach* ~ naar bevind van zaken
befindlich zich bevindende, aanwezig
beflaggen zw met vlaggen versieren; scheepv pavoiseren
beflecken zw bevlekken
befleißen *st*, **befleißigen** zw: *sich* ~ *(+ 2)* zich toeleggen (op), streven (naar)
beflissen ijverig, druk bezig; gedienstig, strevend naar; met opzet; *sich* ~ *fühlen* zich gedwongen, genoopt voelen
Beflissenheit v ijver, vlijt
beflissentlich opzettelijk; ijverig

beflügeln zw bevleugelen; verhaasten, aansporen
befolgen zw opvolgen; *eine Methode* ~ een methode toepassen; *einen Rat* ~ een raad opvolgen
Befolgung v opvolging; toepassing
befördern zw bevorderen; transporteren, verzenden; *ins Jenseits* ~ gemeenz naar de andere wereld helpen; *nach dem Alter* ~ naar anciënniteit bevorderen; *per Schub (schubweise)* ~ op transport stellen; *zum Druck* ~ laten drukken
Beförderung v bevordering, promotie; verzending; vervoer, transport; aanmoediging
befrachten zw bevrachten; fig beladen
befragen zw ondervragen, (naar iets) vragen, vorsen; raadplegen, in de arm nemen; *sich* ~ informeren
Befragung v raadpleging
befreien zw bevrijden, verlossen; vrijstellen, dispensatie, ontheffing verlenen
Befreiung v bevrijding; vrijstelling; dispensatie, ontheffing
Befreiungskrieg m vrijheidsoorlog
befremden zw bevreemden, verwonderen
befremdend, befremdlich vreemd, zonderling, bevreemdend
befreunden zw: *sich mit einem* ~ vriendschap sluiten met iem.; fig zich vertrouwd maken met
befrieden zw pacificeren; omheinen
befriedigen zw bevredigen; omheinen; voldoen aan; ~*d* ook: voldoende; *ein Bedürfnis* ~ in een behoefte voorzien
Befriedigung v bevrediging; tevredenheid; *mit* ~ *feststellen* met voldoening vaststellen
Befriedung v (~) pacificatie, het brengen van vrede
befristen een termijn stellen aan; *sein Aufenthalt ist befristet* zijn verblijf is aan een termijn gebonden
befruchten zw bevruchten, vruchtbaar maken
befugen zw machtigen
Befugnis v (~; -se) bevoegdheid
befugt bevoegd, gerechtigd
befummeln zw aan iets pulken, betasten; gemeenz klaarspelen
Befund m bevinding; *ärztlicher* ~ diagnose; *ohne* ~ gezond, zonder gebreken
befürchten zw duchten, vrezen; *das Schlimmste* ~ ook: zijn hart vasthouden
Befürchtung v (~; -en) vrees
befürworten zw voorstaan, pleiten voor; *Interessen* ~ belangen bepleiten
Befürwortung v (~; -en) voorspraak, bepleiting; stimulering
begaben zw begiftigen, bedélen; *mit etwas begabt sein* ook: iets bezitten, van iets voorzien zijn
begabt begaafd, talentvol
Begabung v (~; -en) talent, gave, begaafdheid, aanleg; talentvol kunstenaar
begaffen zw aangapen, -staren
begatten zw: *sich* ~ paren
Begattung v (~; -en) paring

begaunern *zw* gemeenz bedriegen, oplichten

begeben *st* handel in omloop brengen; *eine Anleihe* ~ een lening uitgeven; *sich* ~ zich begeven; gebeuren; *es begab sich* het geschiedde; *sich an die Arbeit* ~ aan 't werk gaan

begegnen *zw* ontmoeten, tegemoetkomen, -treden; overkomen; bejegenen; 't hoofd bieden; *sich* ~ elkaar ontmoeten, tegemoetkomen; *diesem Wort begegnet man oft* dit woord komt vaak voor; *der Konkurrenz* ~ de concurrentie het hoofd bieden; *zwei Fälle sind mir begegnet* ik heb twee gevallen gevonden

Begegnung *v* (~; -en) ontmoeting (ook sp); bilj klossen; bejegening; contact, 't in aanraking komen; *freundliche* ~ vriendelijke bejegening; *die* ~ *mit neueren Strömungen* 't in aanraking komen met nieuwere stromingen

begehen *onr* begaan, plegen; vieren; *Selbstmord* ~ zelfmoord plegen

begehren *zw* begeren, verlangen

begehrenswert begerenswaardig

begehrlich begerig; Zwits begerenswaardig

Begehung *v* (~) 't begaan, belopen; 't plegen; viering; beklimming (v. berg)

begeifern *zw* bekwijlen, bezwadderen

begeistern *zw* bezielen, verrukken; inspireren; *begeistert* geestdriftig; enthousiast

Begeisterung *v* geestdrift, enthousiasme

Begierde *v* (~; -n) begeerte

begierig begerig; gulzig

begießen *st* begieten, besproeien; *etwas* ~ op iets drinken

Beginn *m* (-s) begin, aanvang; *bei (mit), seit, vor* ~ bij, sinds, voor 't begin

beginnen *st* (begann; begonnen) beginnen; *frisch begonnen, halb gewonnen* een goed begin is 't halve werk

beglaubigen *zw* legaliseren, waarmerken; *eine beglaubigte Abschrift* een gewaarmerkt afschrift; *eine beglaubigte Anekdote* een anekdote, waarvan de echtheid bewezen is; *einen Gesandten* ~ een gezant accrediteren

Beglaubigung *v* (~; -en) waarmerking, bevestiging, legalisering, echtheid

Beglaubigungsschreiben *o* geloofsbrief

begleichen *st* vereffenen, betalen, aanzuiveren

begleiten *zw* begeleiden (ook muz), vergezellen

Begleiter *m* (-s; ~) begeleider (ook muz)

Begleiterscheinung *v* begeleidend verschijnsel

Begleitschreiben *o* begeleidend schrijven

Begleitumstände *mv* bijkomende omstandigheden

Begleitung *v* (~; -en) geleide, begeleiding (ook muz)

beglotzen *zw* aanstaren, aangapen

beglücken *zw* gelukkig maken, verblijden

beglückwünschen *zw* gelukwensen, feliciteren

begnadet gezegend; begenadigd (kunstenaar)

Begnadigung *v* (~; -en) begenadiging, gratie(verlening)

Begnadigungsgesuch *o* verzoek om gratie

begnügen *zw*: *sich* ~ zich vergenoegen; *sich* ~ *mit* ook: genoegen nemen met

Begonie [-'goni-e] *v* (~; -n) plantk begonia

begönnern *zw*: *einen* ~ de beschermer spelen over iemand; iem. begunstigen

begraben *st* begraven; opgeven, laten varen; *das Kriegsbeil (die Streitaxt)* ~ de strijdbijl begraven

Begräbnis *o* (-ses; -se) begrafenis; vero graf, groeve; begraafplaats; grafkelder

begradigen *zw* recht maken, reguleren

begreifen *st* begrijpen, inzien; omvatten; *etwas in sich* ~ iets omvatten; *das begreife, wer will (kann)* voor wie het begrijpen kan

begreiflich begrijpelijk

begreiflicherweise begrijpelijkerwijs

begrenzen *zw* begrenzen; beperken

begrenzt beperkt, begrensd

Begriff *m* (-(e)s; -e) begrip, denkbeeld; *ist Ihnen das ein* ~? zegt u dat iets?; *im* ~ *sein, stehen* op het punt staan

begriffen bezig met; *im Bau* ~ in aanbouw

begrifflich theoretisch, abstract; als begrip, begrips-

begriffsstutzig langzaam, moeilijk van begrip

begründen *zw* oprichten, stichten; funderen, motiveren; ~ *auf (+ 4)* grondvesten op

Begründer *m* (-s; ~) grondvester; oprichter

Begründung *v* (~; -en) fundering, stichting; motivering, toelichting; memorie van toelichting

begrünen *zw* beplanten, van groen voorzien

begrüßen *zw* begroeten, verwelkomen; *das ist zu* ~ dat is toe te juichen

Begrüßung *v* (~; -en) begroeting, groet

begucken *zw* bekijken

begünstigen *zw* begunstigen

begutachten *zw*: *etwas* ~ een advies uitbrengen over, beoordelen

Begutachtung *v* beoordeling; advies; *zur* ~ voor advies

begütert gegoed, rijk

begütigen *zw* kalmeren, tot bedaren brengen

Beha [be'ha] *m* (-s; -s) beha, bustehouder

behäbig welgedaan; in goeden doen; welvarend; op zijn gemak, breed; ruim

behaftet behept

behagen *zw* behagen

Behagen *o* (-s) welbehagen, welgevallen

behaglich behaaglijk

behalten *st* behouden, bewaren, houden; onthouden; *ruhig Blut* ~ *(können)* kalm blijven; *einen kühlen (klaren) Kopf* ~ 't hoofd koel houden; *den Kopf oben* ~ 't hoofd boven water houden; *die Nerven* ~ rustig blijven, zich beheersen; *die Oberhand* ~ de baas blijven; *recht* ~ gelijk krijgen; *im Auge* ~ in 't oog houden; *im Gedächtnis* ~ onthouden; *für sich* ~ voor zich houden

Behälter m (-s; ~) reservoir, container, laadkist, tank, houder, vergaarbak, trommel, doos, kist, vat, koker
behämmern zw behameren; gemeenz fig einen ~ druk op iem. uitoefenen; *behämmert* suf
behandeln zw behandelen, bejegenen, bewerken
Behandlung v (~; -en) behandeling; *unter ärztlicher* ~ onder doktershanden
Behang m fruit aan de bomen; kerstboomversiering; hangoren ⟨hond⟩; afhangende haren ⟨dier⟩
behängen zw behangen, bekleden
beharren zw volharden; *auf seinem Standpunkt* ~ op zijn standpunt blijven staan; *auf seiner Meinung* ~ bij zijn mening blijven
beharrlich standvastig; volhardend; conservatief
Beharrung v 't op één plaats blijven; volharding, standvastigheid
behauchen zw beademen, bewasemen; *behauchte Laute* geaspireerde klanken
behauen st (behaute; behauen) behouwen, bewerken
behaupten zw beweren; staande houden, handhaven; fig *sich* ~ zich staande houden; zich handhaven; *behauptet handel* (van de beurs) prijshoudend
Behauptung v (~; -en) bewering; verdediging, handhaving
Behausung v (~; -en) huisvesting, woning, verblijf
beheben st opheffen ⟨conflict⟩; verhelpen ⟨gebrek⟩, uit de weg ruimen, opruimen; opnemen, afhalen ⟨geld⟩
beheizen zw verwarmen; een woning stoken
Behelf m (-(e)s; -e) uitvlucht, voorwendsel; noodhulp; hulpmiddel, redmiddel
behelfen st: *sich* ~ zich behelpen, zich weten te schikken, zich redden
behelfsmäßig voorlopig
behelligen zw hinderen, lastig vallen
behend(e), nieuwe spelling: **behänd(e)** behendig, vlug
beherbergen zw herbergen, huisvesten
beherrschen zw beheersen; *ich kann mich ~!* ik kom er heus niet aan, ik doe het heus niet
beherzigen zw ter harte nemen
beherzt moedig, dapper, kloekmoedig
behexen zw betoveren
behilflich behulpzaam, dienstvaardig
behindern zw hinderen, belemmeren
Behinderte(r) m gehandicapte, invalide
behorchen zw beluisteren, afluisteren; med bekloppen, ausculteren
Behörde v (~; -n) bevoegde macht, overheid, de autoriteiten; overheidsorgaan; *die bürgerlichen ~n* de civiele autoriteiten
Behördendeutsch v ambtelijke taal, stijve en formele taal
behördlich vanwege de overheid, officieel; *~e Kontrolle* controle van overheidswege
behördlicherseits van overheidswege
behüten zw behoeden, bewaren; *behüt' dich Gott!* vaarwel!
behutsam behoedzaam, voorzichtig
bei (+ 3) bij; ondanks; ~ *alledem* met dat al; ~ *guter Gesundheit* in goede gezondheid; ~ *Lebzeiten* tijdens 't leven; ~ *hellem Tage* bij daglicht, overdag; ~ *Wasser und Brot* op water en brood; ~ *weitem nicht* in de verste verte niet; *beim besten Willen nicht einsehen* met de beste wil niet kunnen begrijpen
beibehalten st erbij houden; behouden, handhaven
beibiegen st in orde brengen; *einem etwas* ~ gemeenz iem. iets aan zijn verstand brengen; *sich etwas* ~ zich iets aanschaffen, toe-eigenen
beibringen onr bijbrengen; toevoegen; leren, begrijpelijk maken; iem. aan 't verstand brengen; Z-Duits verschaffen; *ein Attest* ~ een attest overleggen; *Beweise* ~ bewijzen aanvoeren; *einem Verständnis* ~ iem. begrip bijbrengen; *ihm werde ich es schon* ~ gemeenz ik zal 't hem wel aan zijn verstand brengen
Beichte v (~; -n) biecht; *zur* ~ *gehen* te biecht gaan
beichten zw biechten, opbiechten; *dem Teufel* ~ bij de duivel te biecht gaan
Beichtstuhl m biechtstoel
beide beide, allebei; *~s ist gleich falsch* 't is allebei even verkeerd; *vierzig* ~ deuce ⟨tennis⟩
beiderlei beiderlei; ~ *Geschlechts* van beiderlei kunne
beiderseitig beider-, wederzijds, onderling
beiderseits van, aan weerskanten, beider-, wederzijds
beidseitig = **beiderseitig**
beieinander bijeen, bij elkander; *sie ist noch gut* ~ ze is nog goed bij verstand, ⟨ook⟩ ze is nog flink, gezond; *nicht alle* ~ *haben* niet goed bij zijn verstand zijn
Beifahrer m auto bijrijder
Beifall m (-s) bijval; ~ *auf offener Bühne (Szene)* open doekje; ~ *finden* instemming vinden; ~ *klatschen* applaudiseren
beifallen st: *einem* ~ iem. bijvallen, met iem. instemmen
beifällig met bijval; instemmend; goedkeurend; *etwas* ~ *aufnehmen* iets met bijval, met instemming ontvangen; *sich* ~ *äußern* zijn instemming, adhesie betuigen
Beifallsklatschen o applaus, handgeklap
beifügen zw bij-, toevoegen
Beifügung v bij-, toevoeging; gramm attribuut, bijvoeglijke bepaling
Beifügungssatz m gramm attributieve, bijvoeglijke bijzin
Beigabe v toegift, bijvoegsel, toevoegsel; archeol grafgift
beige ['beezje] beige
Beige v Z-Duits, Zwits hoop, stapel
beigeben st bijgeven, bijdoen; toevoegen; *klein* ~ zoete broodjes bakken, eieren voor zijn geld kiezen, toegeven
Beigeordnete(r) m wethouder
Beigeschmack m bijsmaak; smaakje
beigesellen zw bij-, toevoegen; *sich einem*

Beihilfe

~ zich bij iemand voegen
Beihilfe v handreiking; hulp, medeplichtigheid; toelage, subsidie; *staatliche* ~ rijkssubsidie; ~ *zum Mord* medeplichtigheid aan moord
Beiklang m bijklank
beikommen *st* bereiken, naderen; recht doen wedervaren; vat krijgen op, in zijn greep krijgen, overwinnen; *ihm ist nicht beizukommen* op hem is geen vat te krijgen; *sich etwas* ~ *lassen* iets in 't hoofd krijgen, op een gedachte komen
Beil o (-(e)s; -e) bijl
Beilage v bijlage; *Kalbfleisch mit* ~ kalfsvlees met toebehoren
beiläufig terloops, in 't voorbijgaan; Oostr ongeveer
beilegen zw bijleggen, toevoegen; insluiten (in brief); kwijten (schuld); *einer Sache (keinen) Wert* ~ (geen) waarde aan iets hechten; *einen Streit friedlich* ~ een twist op vreedzame wijze bijleggen
beifeibe nicht! gemeenz om de dooie dood niet!
Beileid o rouwbeklag, deelneming; *mein herzliches* ~ wel gecondoleerd
Beileidsbezeigung v betuiging van deelneming
beiliegend bij-, ingesloten
beim (= *bei dem*) bij de, bij het; ~ *Essen* bij het eten; ~ *Essen sein* aan het eten zijn; ~ *besten Willen* met de beste wil van de wereld
beimessen *st* toeschrijven, toekennen; *einer Sache Bedeutung, Glauben* ~ aan iets betekenis toekennen, geloof hechten
beimischen *zw* mengen onder, bijmengen
Bein o (-(e)s; -e) been; poot; *sich die ~e in den Bauch (Leib) stehen* een eeuwigheid moeten staan wachten; *die ~e in die Hand (unter die Arme) nehmen* hard lopen, zich haasten; *jmdm. etwas ans* ~ *binden* iem. met iets opzadelen; *auf die ~e bringen* op de been helpen, beter maken; *sich auf den ~en halten* zich op de been houden; *wieder auf die ~e kommen* er weer bovenop komen; *sich auf die ~e machen* er vandoor gaan; *jmdm. ~e machen* iemand wegjagen; iem. achter zijn broek aanzitten, iem. aansporen; *sich die ~e vertreten* de benen even strekken (na lang zitten); *sich ein (kein)* ~ *ausreißen* (niet al te) hard werken, zich (niet) overwerken; *jmdm. ein* ~ *stellen* iem. beentje lichten; *etwas hat ~e gekriegt* iets is verdwenen, gestolen; *alles was ~e hat* iedereen; *auf die ~e bringen* oprichten, organiseren
beinahe bijna, bijkans
Beinbruch m beenbreuk; *Hals- und ~!* iron het beste!, veel geluk!; *das ist doch kein ~!* dat is toch niet zo erg!
beinern benen, van been
beinhalten [be-'in-] *zw* tot inhoud hebben
Beinwell m & o, **Beinwurz** m plantk smeerwortel
beiordnen *zw* toevoegen; gramm nevenschikken
beipflichten *zw* toestemmen, goedkeuren;

toetreden; *einem* ~ iem. gelijk geven, met iem. instemmen
Beirat m (-(e)s; Beiräte) adviseur, adviescommissie, adviserend lichaam; raad van bijstand; *juristischer* ~ rechtskundig adviseur
beirren [be-'ir-] *zw* in de war, van de wijs brengen
beisammen tezamen, bij elkaar; ~ *haben* bij elkaar hebben; *seine Gedanken* ~ *haben* geconcentreerd denken; *seine fünf Sinne, den Verstand* ~ *haben* goed bij zijn verstand zijn; *nicht recht* ~ *sein* niet goed in orde zijn; niet goed wijs zijn
Beisammensein o bijeen- samenzijn; *geselliges* ~ gezelligheid, gezellige bijeenkomst
Beisatz m bijvoeging; gramm bijstelling
Beischlaf m bijslaap
beischließen *st* insluiten bij
Beischluß, nieuwe spelling: **Beischluss** m ingesloten stuk; 't insluiten; *unter* ~ *von...* met als bijlage...
Beisein o (-s) bijzijn, tegenwoordigheid; *im* ~ *von* in tegenwoordigheid van
beiseite terzijde; opzij; ~ *bringen* verdonkeremanen, achteroverdrukken; ~ *legen* opzij leggen, sparen; *etwas* ~ *schaffen* iets doen verdwijnen, uit de weg ruimen; *Scherz, Spaß* ~ alle gekheid op een stokje
beisetzen *zw* begraven, bijzetten 〈ook scheepv〉; bijvoegen, eraan toevoegen
beisitzen (+ 3) *st* als assessor zitten bij (examen); deelnemen aan, aanwezig zijn bij
Beispiel o voorbeeld; *sich an einem ein* ~ *nehmen* iem. tot voorbeeld nemen; *Zum* ~ (z.B.) bij voorbeeld; *mit gutem* ~ *vorangehen* het goede voorbeeld geven
beispielhaft voorbeeldig
beispiellos weergaloos, zonder voorbeeld, ongekend
beispielshalber bij wijze van voorbeeld
beispielsweise bijvoorbeeld, als voorbeeld
beispringen (+ 3) *st* bijspringen (helpen)
beißen *st* (biß; gebissen) bijten; steken; *es beißt mir auf der Zunge* het bijt op de tong; *bellende Hunde* ~ *nicht* blaffende honden bijten niet; *nichts zu* ~ *und zu brechen haben* niets te bikken hebben; *in den sauren Apfel* ~ door de zure appel heenbijten; *ins Gras* ~ in het zand bijten, sneuvelen, sterven; *die Farben* ~ *sich* gemeenz de kleuren vloeken
Beißkorb m muilkorf
Beistand m bijstand, hulp; subsidie; helper; Oostr getuige (bij huwelijk); *juristischer* ~ 〈ook〉 rechtskundig adviseur
beistehen (+ 3) *st* bijstaan, ondersteunen, helpen
beisteuern *zw*: ~ *zu* bijdragen aan; *seinen Obolus* ~ schertsend zijn centje bijdragen; een kleinigheid geven
beistimmen (+ 3) *zw* instemmen met; gelijk geven
Beistrich m komma
Beitrag m (-s; Beiträge) bijdrage, contributie
beitragen *st*: ~ *zu* bijdragen tot; onder-

steunen; medewerken aan; *sein Scherflein* ~ een steentje bijdragen; ook een duit in 't zakje doen
Beitragssatz *m* premievoet, -tarief, hoogte van de bijdrage
beitreiben *st* invorderen ⟨geld⟩; mil rekwireren, vorderen
Beitreibung *v* incassering, inning; mil rekwisitie, vordering, schatting
beitreten *st* bijtreden, toetreden; *einem* ~ iem. bijvallen; *einem Verein* ~ tot een vereniging toetreden
Beitritt *m* toetreding; *seinen* ~ *erklären* lid worden (van vereniging)
Beiwagen *m* zijspan; vero bijwagen ⟨v. tram⟩
Beiwerk *o* versiering; bijzaak; toetje; ~ *zum Nähen* fournituren
beiwohnen (+ 3) *zw* bijwonen
Beiwort *o* bijvoeglijk naamwoord
Beize *v* ⟨~; -n⟩ beits; valkenjacht
beizeiten bijtijds, tijdig
beizen *zw* beitsen; ontsmetten ⟨zaad⟩; looien; sausen ⟨tabak⟩; vero met valken jagen op; fig branden, invreten in, uitbijten
bejahen *zw* bevestigend, met ja beantwoorden; *das Leben* ~ het leven aandurven, aanvaarden, ja zeggen tegen het leven
Bejahung bevestiging, toestemming; ~ *des Lebens* aanvaarding, het aandurven van het leven
bejammernswert betreurens-, beklagenswaardig
bejubeln *zw* toejubelen
bekämpfen *zw* bestrijden, bevechten; *den innern Schweinehund* ~ gemeenz zijn slechte neigingen bestrijden, de oude Adam uitdrijven
bekannt bekend; *ein Bekannter, eine Bekannte* een kennis; *mit einem* ~ *machen* aan iem. voorstellen; ~ *sein wie ein bunter (scheckiger) Hund* als de bonte hond bekend zijn
bekanntermaßen zoals bekend is
Bekanntgabe *v* bekendmaking; publicatie
bekanntgeben *st* bekendmaken
bekanntlich zoals bekend is
bekanntmachen, nieuwe spelling: **bekannt machen** *zw* bekendmaken
Bekanntmachung *v* bekendmaking, kennisgeving, publicatie; openbaarmaking
Bekanntschaft *v* kennis; ~ *mit jmdm. (seine Bekanntschaft) machen* kennis met iem. maken; *er gehört nicht zu meiner* ~ hij hoort niet tot mijn kennissenkring
bekehren *zw* bekeren
bekennen *onr* bekennen, belijden; bevestigen; *Farbe* ~ kaartsp kleur bekennen (ook fig); *sich schuldig* ~ zich schuldig verklaren; *sich zu einem Glauben* ~ een geloof belijden; *sich offen zu etwas* ~ openlijk voor iets uitkomen
Bekennerbrief, Bekennerschreiben *m* brief waarin een persoon, een organisatie de verantwoordelijkheid voor een terroristische actie opeist
Bekenntnis *o* ⟨-ses; -se⟩ belijdenis; getuigenis, ontboezeming; Oostr ⟨ook⟩ belastingaangifte; *Helvetisches* ~ Oostr calvinisme; *das Augsburger* ~ de Augsburgse confessie; *das religiöse* ~ confessie, geloof, godsdienstige gezindte
Bekenntnisschule *v* confessionele school
beklagen *zw* beklagen
beklagenswert, beklagenswürdig plechtig beklagenswaardig
Beklagte(r) *m* gedaagde ⟨in civiel proces⟩
beklatschen *zw* kletsen over; met handgeklap toejuichen
bekleben *zw* beplakken
bekleckern *zw* bemorsen
bekleiden *zw* bekleden ⟨ook fig⟩; *ein Amt* ~ een ambt bekleden (uitoefenen)
Bekleidung *v* bekleding, kleding; confectie
beklemmen *zw* beklemmen, benauwen
Beklemmung *v* beklemming, benauwdheid
beklommen beklemd, benauwd, bedrukt
bekloppt gemeenz getikt, niet goed snik, gek
beknackt maf, mal, van Lotje getikt; ergerlijk, stom; *bist du* ~? ben je belazerd?
bekommen *zw* krijgen, ontvangen; bekomen, bevallen, goeddoen; ~ *Sie schon?* wordt u al geholpen? ⟨in winkels⟩; *das Klima bekommt ihm nicht* het klimaat bekomt hem niet goed; *wohl bekomm's!* wel bekome het u!; *etwas fertig* ~ iets klaar krijgen, klaarspelen; *etwas geschenkt* ~ iets cadeau (ten geschenke) krijgen
bekömmlich goed bekomend, gezond
beköstigen *zw* de kost geven; *sich* ~ zijn kost verdienen
Beköstigung *v* ⟨~⟩ kost, voeding, onderhoud; verstrekking van kost
bekräftigen *zw* bekrachtigen, bevestigen
Bekräftigung *v* bekrachtiging, bevestiging; recht bekrachtiging, homologatie
bekränzen *zw* bekransen
bekreuz(ig)en *zw*: *sich* ~ een kruis slaan; als de dood voor iets zijn, angst voor iets hebben
bekritteln *zw* bevitten, berispen, gispen, kritiseren
bekritzeln *zw* bekrassen
bekrönen *zw* bekronen
bekümmern *zw* bedroeven, *sich* ~ zich bekommeren, zich bekreunen
Bekümmernis *v* ⟨~; -se⟩ bekommering, kommer
bekunden *zw* laten blijken, tot uitdrukking brengen, getuigen (van); verklaren ⟨voor de rechtbank⟩; *Anteil* ~ *an* (+ 3) belangstelling tonen voor; *sein Beileid* ~ zijn deelneming betuigen, condoleren
Bekundung *v* verklaring, getuigenis; betuiging
belächeln (+ 4) *zw* (over iets) glimlachen
belachen (+ 4) *zw* lachen (om, over iets)
beladen *st* beladen
Belag *m* ⟨-s; Beläge⟩ belegging; overdekking; vloerbedekking; aanslag ⟨op de tong⟩; coating; beleg ⟨op brood⟩
belagern *zw* belegeren
Belagerung *v* belegering, beleg

belämmert gemeenz belabberd
Belang m (-s; -e) belang, gewicht; *in diesem ~ schrijft* in dit opzicht; *ohne ~* niet van belang, onbelangrijk; *von ~* van belang
belangen zw betreffen, betrekking hebben op; *einen gerichtlich, vor Gericht ~* iem. gerechtelijk vervolgen; *was mich belangt* vero wat mij betreft
belanglos zonder belang, niet van belang
Belanglosigkeit v (~; -en) kleinigheid, futiliteit, iets zonder betekenis
belassen st laten (blijven); *wir wollen es dabei ~* wij zullen het daarbij laten
belasten zw belasten, beladen; bezwaren; *einen ~ handel* iemand debiteren; *einen Angeklagten ~* verklaringen ten nadele van een verdachte afleggen; *dieses Wort ist belastet* dit woord heeft een luchtje; *erblich belastet* erfelijk belast
belästigen zw lastig vallen
Belästigung v hinder, last; 't hinderen, lastig vallen
Belastung 't belasten, belasting ⟨door gewicht⟩; debitering; recht beschuldiging; *außergewöhnliche ~en* buitengewone lasten (belasting); *berufliche ~* drukte op het werk; *erbliche ~* erfelijke belasting
Belastungszeuge m getuige à charge
belauben zw: *sich ~* bladeren krijgen; *belaubt* bebladerd
belauern zw beloeren, bespieden
belaufen st belopen, lopen over; *die Fenster sind ~* de ramen zijn beslagen; *eine ~e Straße* een drukke straat; *sich ~ auf* (+ 4) belopen, bedragen
belauschen zw beluisteren; bespieden
beleben zw verlevendigen; opwekken; doen opleven, activeren; *einen wieder ~* iem. bijbrengen; *neu ~* tot nieuw leven brengen; *sich ~* levendig(er) worden
belebt levendig, druk ⟨straten; handel⟩
Belebung v (~; -en) 't bijbrengen; verlevendiging; 't doen opleven; opleving
Belebungsversuche mv poging tot reanimatie
belecken zw belikken, likken aan; *nicht von (der) Kultur beleckt* zonder enige beschaving, enig gevoel voor cultuur
Beleg m (-s; -e) bewijsstuk, schriftelijk bewijs; bewijsplaats
belegen zw beleggen, leggen op; bespreken ⟨plaats⟩; dekken ⟨dier⟩; bewijzen, bewijs aanvoeren voor, illustreren; *alle Betten im Hotel waren belegt* alle bedden in 't hotel waren bezet; *eine Vorlesung ~* een college volgen; *den zweiten Platz ~* (wedstrijd) de tweede plaats bezetten; *eine Stadt mit Bomben ~* een stad met bommen bestoken, bombarderen; *mit Arrest ~* recht in beslag nemen; *etwas mit Beispielen, Beweisstücken ~* iets met voorbeelden, bewijzen staven; *ein belegtes Butterbrot* een belegde boterham
Belegschaft v het voltallige personeel, het hele personeelsbestand
belegt belegd; beslagen; *eine ~e Stimme* een hese stem
belehren zw onderrichten; op de hoogte brengen; wijzer maken; *einen eines Bessern ~* iem. beter inlichten (op de hoogte brengen)
Belehrung v onderrichting, inlichting; instructie; *zur ~* tot lering
Beleibtheit v zwaarlijvigheid, corpulentie
beleidigen zw beledigen; *auf den Tod beleidigt* dodelijk beledigd; *die beleidigte Leberwurst spielen* de gekrenkte spelen
beleihen zw belenen ⟨v. effecten enz.⟩
belemmert, nieuwe spelling: **belämmert** gemeenz belabberd; bedrogen
belesen bn belezen
beleuchten zw belichten, verlichten; *ein Thema von allen Seiten beleuchten* een onderwerp van alle kanten belichten
Beleuchtung v belichting, verlichting
beleumdet: *gut ~* een goede naam hebben; *übel ~* berucht, slecht bekend staand
belfern zw keffen
Belgien [-i-en] o (-s) België
Belgier ['bel-gi-er] m (-s; ~) Belg; Belgisch paard
belgisch Belgisch
belichten zw fotogr belichten; *historisch ~* historisch licht laten vallen op
belieben zw plechtig gelieven, believen, goeddunken; *wie es Ihnen beliebt* zoals u verkiest; *Sie ~ zu scherzen* u schertst; *Sie belieben?* U wenst?
Belieben o (-s) 't believen, goeddunken
beliebig naar goeddunken; *eine ~e Zahl* een willekeurig aantal
beliebt geliefd, graag gebruikt, gewild, gezocht; populair
Beliebtheit v 't geliefd zijn, populariteit
beliefern: *einem ~* iemand (iets) leveren
bellen zw blaffen; janken ⟨v. vos⟩; *bellender Husten* blafhoest
Belletristik [-'tris-] v fraaie letteren, belletrie
beloben zw, **belobigen** zw prijzen, loven
Belobigung v (~; -en) pluimpje, lof
belohnen zw belonen, vergelden
Belohnung v (~; -en) beloning
belüften zw ventileren
belügen zw: *einen ~* iem. voorliegen, voorjokken
belustigen zw vermaken, amuseren
Belustigung v (~; -en) vermaak, amusement
bemächtigen zw: *sich einer Sache ~* iets bemachtigen, zich van iets meester maken
bemäkeln zw bedillen, vitten op
bemalen zw beschilderen; *sich ~* schertsend zich opmaken
bemängeln zw aanmerkingen maken op; vitten op, betuttelen
Bemannung v (~; -en) bemanning
bemänteln zw vergoelijken
bemeistern zw bedwingen, beheersen, meester worden; *seinen Zorn ~* zijn woede onder controle krijgen *sich ~* zich bedwingen, zich beheersen; *sich einer Sache ~* zich van iets meester maken
bemerkbar bemerkbaar; *sich ~ machen* zich laten zien of horen, opvallen
bemerken zw bemerken, opmerken; zeg-

gen
bemerkenswert opmerkelijk
Bemerkung v (~; -en) opmerking
bemessen st meten, opmeten; *sich ~ nach* berekenen volgens; *meine Zeit ist knapp ~* ik heb maar weinig tijd
bemitleiden zw: *einen ~ met iem.* medelijden hebben
bemitleidenswert beklagenswaardig, zielig
bemittelt bemiddeld, gegoed
bemogeln zw gemeenz afzetten, bedriegen
bemoost met mos bedekt, bemost
bemühen zw lastig vallen; laten komen; *sich ~* moeite doen; *sich irgendwohin ~* zich ergens heen begeven; *sich ~ um* (ook) dingen naar; *sich um einen Verwundeten ~* een gewonde trachten te helpen; *bemüht sein* zijn best doen, actief zijn; *eifrigst bemüht sein* erg zijn best doen, zich veel moeite geven
Bemühen o (-s) moeite, zorg
Bemühung v (~; -en) moeite, inspanning
bemustern zw monsters (mee)sturen
bemuttern zw bemoederen
benachbart naburig, aangrenzend
benachrichtigen (+ 4 + von) zw verwittigen; in kennis stellen van
Benachrichtigung v verwittiging, kennisgeving
benachteiligen zw benadelen, achterstellen
benageln zw bespijkeren
benagen zw beknagen, beknabbelen, aanvreten
benebeln zw benevelen; *benebelt* gemeenz beneveld, dronken
benedeien zw benedijen, zegenen
Benediktiner m (-s; ~) benedictijn; benedictine
Benefiz [-'fiets] o (-s; -e) beneficevoorstelling, benefiet; prebende, leen
benehmen st ontnemen, afnemen; *sich ~* zich gedragen; *benimm dich!* gedraag je (netjes)!; *sich daneben ~* zich slecht gedragen
Benehmen o (-s) gedrag; *im ~ mit* in overleg met
beneiden zw benijden
beneidenswert benijdenswaardig
benennen onr betitelen, een naam geven; *einen als Kandidaten ~* iem. als kandidaat voorstellen
benetzen zw bevochtigen, nat maken
Bengel m (-s; ~ of gemeenz -s) bengel, lummel; kort stuk hout, knuppel; vero goedendag
Benimm m: *einen feinen ~ haben* gemeenz goede manieren hebben
benommen verdoofd, versuft, beneveld; *von der Kälte ~* door de koude bevangen
benoten (+ 4) zw een cijfer geven; beoordelen
benötigen zw nodig hebben
benutzen, benützen zw benutten, gebruiken, ten nutte maken, nut of voordeel hebben van; *Bild ~* fig in beelden spreken;

die Gelegenheit ~ van de gelegenheid gebruik maken
Benutzung, Benützung v gebruik
Benzin [-'tsien] o (-s) benzine
Benzinkanister m benzineblik
Benzinuhr v benzinemeter
beobachten zw waarnemen, gadeslaan; observeren; *eine Person, einen Patienten ~ lassen* iem., een patiënt laten observeren
Beobachter m (-s; ~) beschouwer, observeerder; ⟨ook luchtv⟩ waarnemer
Beobachtung v waarneming, inachtneming; opmerking; *zur ~* ter observatie
beordern (+ 4) zw bevel of last geven, sturen; *~ zu* ontbieden bij
bepflanzen zw beplanten
bepflastern zw bepleisteren (met pleisters); bestraten, plaveien; slang mil beschieten
bepinseln kladschilderen
bequatschen zw gemeenz bepraten, ompraten, overhalen; bespreken, kletsen over; *wir müssen die Sache noch ~* gemeenz we moeten die zaak nog bespreken
bequem bn gemakkelijk, gerieflijk; toegeeflijk; gemakzuchtig, op zijn gemak gesteld; *machen Sie es sich ~* maak het u gemakkelijk
bequemen zw: *sich ~* zich schikken; *endlich bequemte er sich, sich an uns zu wenden* eindelijk was hij zo goed (nam hij de moeite), zich tot ons te wenden
bequemlich gemakkelijk, gerieflijk; op zijn gemak gesteld, gemakzuchtig
Bequemlichkeit v gemak, gerieflijkheid; gemakzucht
bequemlichkeitshalber gemakshalve
berappen zw I overg berapen, grof bepleisteren ⟨v. muur⟩; II onoverg betalen, dokken, opbrengen; *wer soll das ~?* wie moet dat betalen?
beraten (+ 4) adviseren; raadplegen, beraadslagen met iem.; te rade gaan; *eine Maßnahme ~* een maatregel bespreken, erover beraadslagen; *sich ~* zich beraden; beraadslagen
beratend: *~er Ausschuß* een adviescommissie; *eine ~e Stimme* een raadgevende, adviserende stem
Berater m (-s; ~) raadgever, adviseur
beratschlagen zw beraadslagen
Beratung v (~; -en) beraadslaging, discussie; consult, consultatie; *das steht zur ~* dat is in discussie
berauben zw beroven
Beraubung v (~; -en) beroving, ontroving
berauschen zw dronken maken, bedwelmen; *sich ~* zich een roes drinken; *~d* bedwelmend
berechnen zw berekenen; *~d* berekenend
berechtigen zw recht geven tot
berechtigt gerechtigd; geautoriseerd; *ein ~er Grund* een geldige reden
Berechtigung v recht; gegrondheid; *das hat keine ~* dat is niet gerechtvaardigd
bereden zw bepraten; over iets spreken; door praten bederven; *sie wird sehr bere-*

Beredsamkeit 62

det men spreekt veel over haar; *sich mit einem* ~ *met iem.* overleggen
Beredsamkeit *v* welsprekendheid; welbespraaktheid
beredt welsprekend
beregnen *zw* besproeien
Bereich *m & o* bereik; gebied, domein; ressort; taak (van ambtenaren); *der zivile* ~ 't civiel ressort; *im* ~ *der Hauptstadt* binnen 't gebied van de hoofdstad; *das ist nicht mein* ~ dat is niet mijn domein, terrein
bereichern *zw* verrijken; *sich* ~ zich verrijken
bereifen *zw* van banden, hoepels voorzien; met rijp bedekken
Bereifung *v* banden (v. auto's enz.); hoepels (v. ton); rijp (v. bomen enz.)
bereinigen *zw* in 't reine brengen, in orde brengen, saneren; zuiveren (tekort); betalen, vereffenen; *sich* ~ zich oplossen, in orde komen
Bereinigung *v* (~; -en) betaling, vereffening; zuivering (tekort); bijlegging (conflict); regeling
bereisen *zw* bereizen
bereit gereed; bereid
1 bereiten *zw* bereiden, veroorzaken; klaarmaken; voorbereiden; *viel Schwierigkeiten* ~ veel moeilijkheden veroorzaken
2 bereiten *st* berijden (dier)
Bereiter *m* (-s; ~) berijder; stalmeester; bereider
bereitlegen *zw* klaarleggen
bereits reeds, al, bereids
Bereitschaft *v* (~; -en) gereedheid; 't bereid zijn, bereidwilligheid; vatbaarheid; gereedstaande reserve; mil alarmtoestand; *sich in* ~ *setzen* zich gereedmaken
Bereitschaftsdienst *m* dienst (dokter, politie); klantenservice; hulpdienst
bereitstellen *zw* gereedstellen, klaarzetten; ter beschikking stellen; verschaffen
bereitwillig bereidwillig
berenten *zw* een vaste toelage verlenen
bereuen *zw* berouw hebben over
Berg *m* (-(e)s; -e) berg; *über alle* ~*e sein* gevlogen, ontsnapt zijn; *über den* ~ *sein* het ergste te boven zijn; *die Haare standen ihm zu* ~*e* zijn haren rezen hem te berge; *mit etwas hinter dem* ~ *halten* iets verzwijgen, iets achterhouden
bergab bergafwaarts (ook *fig*); *es geht mit ihm* ~ *med* hij gaat achteruit; 't gaat bergaf met hem
bergan bergopwaarts
Bergarbeiter *m* mijnwerker
bergauf bergopwaarts; *mit ihm geht es* ~ het gaat beter met hem
Bergbahn *v* bergspoor
Bergbau *m* mijnbouw, het mijnwezen
bergen *st* (barg; geborgen) bergen, verbergen; in veiligheid brengen; *in sich* ~ bevatten
Berghalde *v* berghelling; stort (bij een mijn), mijnberg
bergig bergachtig, vol bergen
Berglehne *v*, **Bergleite** *v* berghelling
Bergmann *m* (-(e)s; Bergleute) mijnwerker
Bergpredigt *v* bijbel Bergrede
Bergsteiger *m* bergbeklimmer; mijnwerker
Bergung *v* (vooral scheepv) berging
Bergungsarbeiten *mv* bergingswerk
Bergwerk *o* mijn
Bericht *m* (-(e)s; -e) verslag, rapport; verhaal; reportage; handel bericht
berichten *zw* verslag uitbrengen, berichten, verhalen
Berichterstatter *m* verslaggever; pol rapporteur
Berichterstattung *v* verslag, verslaggeving
berichtigen *zw* verbeteren, corrigeren; (een fout) herstellen, in orde brengen, rectificeren
Berichtigung *v* verbetering, rectificatie, correctie; regeling, vereffening; 't in orde brengen
beriechen *st* ruiken aan; *sich* ~ fig schertsend voorzichtig contact zoeken
berieseln *zw* bevloeien, irrigeren; *sich von Radiomusik* ~ *lassen* voortdurend de radio laten spelen
Berieselung *v* bevloeiing, irrigatie
beringen *zw* ringen (v. vogels)
beritten bereden
Berlin *o* (-s) Berlijn
Berliner **I** *m* (-s; ~) Berlijner; Berliner bol; **II** *bn* Berlijns
berlinerisch Berlijns
Bernhardiner *m* (-s; ~) sint-bernardshond
Bernstein *m* barnsteen
bersten *st* (barst, borst; geborsten) barsten, splijten; *(bis) zum B*~ *voll* tot berstens toe vol
berüchtigt berucht
berücken *zw* betoveren, bekoren, verleiden; ~*d schön* betoverend schoon
berücksichtigen *zw* in aanmerking nemen, rekening houden met, acht slaan op
Berücksichtigung *v* 't in aanmerking nemen, 't letten op; ~ *meiner Interessen* inachtneming van mijn belangen; *unter*, *in* ~ *(+ 2)* met het oog op, rekening houdend met
Beruf *m* (-s; -e) beroep; *im* ~ *stehen* in een beroep werkzaam zijn; *von* ~ van beroep
1 berufen *bn* geroepen; competent, bevoegd, aangewezen; *von* ~*er Seite* van bevoegde zijde
2 berufen *st* beroepen; oproepen; Oostr in appel gaan; *berufen werden* een beroep (naar universiteit, predikantsplaats) krijgen; *sich* ~ *auf (+ 4)* zich beroepen op; *sich* ~ *fühlen* zich geroepen voelen
beruflich van 't beroep, beroeps..., als beroep; ~*e Pflichten* beroepsplichten; ~ *verhindert* door beroepsbezigheden verhinderd
Berufsausbildung *v* beroepsopleiding
Berufsberatung *v* beroepsvoorlichting; voorlichting bij beroepskeuze
Berufsgenossenschaft *v* officiële ongevallenverzekering (binnen een bedrijfstak)
Berufskrankheit *v* beroepsziekte
Berufsschule *v* vakschool
Berufssportler *m sp* beroepsspeler
berufstätig in een beroep werkzaam; ~*e*

Frauen werkende vrouwen
Berufsverkehr *m* spitsuur
Berufung *v* beroeping, roeping; recht beroep; uitnodiging, een professoraat te aanvaarden; *unter ~ auf (+ 4)* met een beroep op
Berufungsverfahren *o* recht behandeling in hoger beroep
beruhen *zw* berusten; *~ auf (+ 3)* berusten op; *etwas auf sich ~ lassen* iets laten rusten
beruhigen *zw overg* bedaren, kalmeren; *sich ~* kalmer, rustig worden
Beruhigung *v (~)* gerustelling, kalmering
Beruhigungsmittel *o* kalmerend middel
berühmt beroemd; vermaard ⟨ook spottend⟩; gemeenz *nicht (gerade) ~* niet veel bijzonders
Berühmtheit *v (~; -en)* beroemdheid ⟨ook persoon⟩
berühren *zw* (aan)raken; aanroeren, -doen; aantasten; *tief ~* diep treffen
Berührung *v (~; -en)* aanraking; contact
Berührungsangst *v* angst voor lichamelijke aanraking
Berührungspunkt *m* raakpunt
besabbeln, besabbern *zw* bekwijlen, kwijlen op
besäen *zw* bezaaien
besagen *zw* zeggen; *fig* uitdrukken, betekenen; *das hat viel zu ~* dat wil heel wat zeggen; *das besagt nichts, das will nichts ~* dat wil niets zeggen
besaiten *zw v* met snaren bespannen; *zart, fein besaitet* fijnbesnaard
besamen *zw* bevruchten
Besan *m (-s; -e)* scheepv bezaan
besänftigen *zw* kalmeren, sussen
Besatz *m (-es; Besätze)* garnering, rand
Besatzung *v* mil bezetting; scheepv bemanning
besaufen *st: sich ~* gemeenz zich bedrinken
beschädigen *zw* beschadigen
Beschädigung *v* beschadiging, letsel
1 beschaffen *zw* bezorgen; zorgen voor, verschaffen; aanschaffen; *Kapital ~* kapitaal fourneren
2 beschaffen *bn* gesteld; *wie ist es damit ~?* hoe staat het daarmee?
Beschaffenheit *v* gesteldheid, hoedanigheid; aard; *nach ~ der Umstände* naar (de aard der) omstandigheden
Beschaffung *v* 't zorgen voor; aanschaffing
beschäftigen *zw* werk geven, tewerkstellen, in dienst hebben; bezig houden; *viele Leute ~* veel mensen aan het werk hebben, in dienst hebben; *die Frage beschäftigt ihn sehr* dat vraagstuk houdt hem zeer bezig; *sich ~* zich bezig houden; bezig zijn
beschäftigt bezig; *er ist sehr ~* hij heeft 't erg druk; *Beschäftigter* ⟨ook⟩ werknemer
Beschäftigung *v (~; -en)* werk, baan; bezigheid; werkgelegenheid, tewerkstelling; *~ von Arbeitern* 't in dienst hebben v. arbeiders; *ohne ~ sein* zonder werk zitten
Beschäftigungstherapie *v* bezigheidstherapie

Beschäler *m (-s; ~)* dekhengst
beschämen *zw* beschamen; *beschämt* beschaamd
beschatten *zw* beschaduwen, -lommeren; *einen ~* iemand schaduwen ⟨recherche⟩
Beschau *v* keuring; onderzoek; schouw
beschauen *zw* keuren; (be)schouwen, bezichtigen
Beschauer *m* keurmeester; beschouwer
beschaulich bespiegelend, contemplatief, beschouwelijk; *ein ~es Dasein* een bespiegelend, kalm leven; *eine ~e Stunde* een uurtje van overpeinzing
Beschaulichkeit *v* contemplatie
Bescheid *m (-(e)s)* bescheid; bericht, antwoord; lastgeving; beslissing; *einem ~ geben, sagen* iem. antwoord geven; iem. op de hoogte brengen, waarschuwen; *einem ~ sagen* ⟨ook⟩ iem. da waarheid zeggen; *~ wissen* op de hoogte (erachter) zijn; (veel) weten van; *mit etwas ~ wissen* van iets verstand hebben; *bis auf weiteren ~* tot nader order; *durch schriftlichen ~* schriftelijk
1 bescheiden *st* ontbieden, bescheiden; inlichten; toebedelen; *etwas abschlägig ~* over iets afwijzend beschikken; *einen abschlägig ~* iem. afwijzen; *das ist mir nicht beschieden* dat is mij niet beschoren
2 bescheiden *bn* bescheiden, nederig
bescheinen *st* beschijnen, bestralen
bescheinigen *zw* schriftelijk verklaren, een bewijs geven van, attesteren
Bescheinigung *v* attest, officiële schriftelijke verklaring ⟨ook: geneeskundig⟩; ontvangbewijs
bescheißen *st* gemeenz bedriegen, voor de gek houden
beschenken *zw* beschenken; *einen mit etwas ~* iem. iets schenken
bescheren *zw* schenken ⟨vooral met Kerstmis⟩; ten deel vallen; *Kinder ~, Kindern etwas ~* aan kinderen kerstgeschenken geven; *mir wurde eine Freude beschert* mij viel een grote vreugde ten deel
Bescherung *v (~; -en)* geschenk(en); *die ~ der Kinder (zu Weihnachten)* 't geven van kerstgeschenken aan de kinderen; *da haben wir die ~* gemeenz daar heb je de poppen aan 't dansen; dat is wat moois!; *die ganze ~* de hele rommel; *das ist mir eine schöne ~ iron* dat is een mooie verrassing
bescheuert gemeenz gek
beschicken *zw* zenden naar; voorzien van; *eine Auktion ~* iets naar de veiling brengen; *eine Ausstellung ~* op een tentoonstelling inzenden; *sein Haus ~* zijn zaken in orde brengen, orde op zaken stellen; *den Landtag ~* afgevaardigden naar de landdag zenden; *den Markt ~* goederen enz. naar de markt zenden
beschießen *st* beschieten, schieten op
beschildern *zw* van bordjes, naamplaatjes, verkeersborden enz. voorzien
Beschilderung *v* bewijzering
beschimpfen *zw* uitschelden, beschimpen
beschirmen *zw* beschermen, behoeden; *eine beschirmte Lampe* een lamp met kap
Beschiß, nieuwe spelling: **Beschiss** *m (-es)*

beschissen gemeenz bedrog, afzetterij
beschissen gemeenz beroerd; bedrogen
Beschlag m (-(e)s; Beschläge) beslag; aanslag (van vocht)
beschlagen st beslaan; *(sich)* ~ beslaan (ruit enz.)
Beschlagnahme v inbeslagneming; aanhaling (door douane)
beschlagnahmen zw in beslag nemen
beschleichen st besluipen; bekruipen
beschleunigen zw bespoedigen; versnellen; auto optrekken; *beschleunigt* met spoed; *beschleunigte Bewegung* versnelde beweging; *beschleunigtes Gerichtsverfahren* kort geding
Beschleuniger m nat deeltjesversneller
Beschleunigung v bespoediging, verhaasting; nat versnelling; auto acceleratie, 't optrekken
beschließen st besluiten; afsluiten; *es ist beschlossene Sache* het staat vast
Beschluß, nieuwe spelling: **Beschluss** m besluit, beslissing; einde; slot; *durch ~ des Richters* volgens (door) rechterlijke beslissing; *unter seinem ~ haben* onder zijn berusting hebben
beschlußfähig, nieuwe spelling: **beschlussfähig** in staat, besluiten te nemen; *die Versammlung ist ~* het quorum is ter vergadering aanwezig
beschmieren zw besmeren
beschmutzen zw bevuilen, vuil maken; bezoedelen
beschneiden st besnijden; snoeien, besnoeien; kortwieken; *Hecken ~* heggen snoeien; *die Löhne ~* de lonen verminderen
Beschneidung v besnijdenis; besnoeiing
beschnobern, beschnüffeln, beschnuppern zw besnuffelen
beschönigen zw vergoelijken
beschränken zw beperken, bepalen; *sich ~ auf (+ 4)* zich bepalen, beperken tot
beschränkt beperkt, bekrompen; *geistig ~* bekrompen, dom
Beschränktheit v (~; -en) beperktheid, bekrompenheid, engheid
Beschränkung v beperking; voorbehoud
beschreiben st beschrijven; omschrijven
beschreien st beschreeuwen, schreeuwen over, van
beschreiten st beschrijden; bewandelen; (weg) opgaan; *den Beschwerdeweg ~* een officiële klacht indienen
beschriften zw van verklarend bijschrift, van opschriften, een adres voorzien
Beschriftung v verklarend bijschrift, opschrift
beschuldigen zw beschuldigen; *einen des Betrugs ~* iem. v. bedrog beschuldigen
Beschuldigte(r) m verdachte in strafproces
beschummeln, beschuppen, beschussen zw gemeenz beduvelen, besjoemelen
Beschuß, nieuwe spelling: **Beschuss** m mil beschieting; fig aanval; *unter ~ liegen, stehen, geraten* mil beschoten worden
beschütten zw (schuddend) bedekken, bestrooien; storten op; vullen

beschützen zw beschermen, behoeden
beschwatzen, beschwätzen zw bepraten, overreden
Beschwerde v (~; -n) bezwaar, ongemak; grief, klacht; *~n des Alters* gebreken van de ouderdom; *die ~n der Reise* de ongemakken van de reis; *~ einlegen, einreichen, führen* bezwaar aantekenen, een klacht indienen
Beschwerdebuch o klachtenboek
beschweren zw bezwaren; iets zwaars leggen op; *sich ~* zich beklagen
beschwerlich lastig, moeilijk; *einem ~ fallen, sein* iem. lastig vallen
Beschwerlichkeit v (~; -en) bezwaar; lastigheid
Beschwernis v (~; -se) bezwaar, grief; last, ongemak
beschwichtigen zw sussen, kalmeren, geruststellen; *das Gewissen ~* 't geweten in slaap sussen
beschwindeln zw bedriegen, afzetten; voorjokken
beschwingen zw bevleugelen; bezielen
beschwingt gevleugeld; zwierig, elegant; bezield, enthousiast
beschwipst gemeenz aangeschoten, dronken
beschwören st bezweren; smeken
Beschwörung v (~; -en) bezwering; smeekbede
beseelen zw bezielen
besegeln zw bezeilen, bevaren; van zeilen voorzien
besehen st bezien, bekijken; *bei Lichte (genau) ~* op de keper beschouwd; *den Schaden ~* de schade opnemen
beseitigen zw ter zijde schuiven; uit de weg ruimen; verwijderen, opruimen
beseligen zw gelukkig maken
Besen m (-s; ~) bezem; gemeenz kribbige vrouw, haaibaai; gemeenz slungel
besenrein bezemschoon
besessen bezeten
besetzen zw bezetten; omboorden; *besetzt* bezet; telec in gesprek
Besetzung v (~; -en) bezetting (ook toneelstuk)
besichtigen zw bezichtigen; inspecteren
besiedeln zw koloniseren; gaan wonen, zich vestigen in; *dünn besiedelt* dun bevolkt
Besied(e)lung v (~; -en) kolonisatie
besiegeln zw bezegelen
besiegen zw overg overwinnen
besingen st bezingen; *eine Platte ~* gezang op een grammofoonplaat laten opnemen
besinnen st: *sich ~* zich bezinnen, nadenken; zich herinneren, zich weer bewust worden van; *erst besinn's, dann beginn's* bezint eer gij begint; *sich auf etwas ~* zich iets herinneren, op iets komen; *sich eines Bessern ~* tot betere gedachten komen
besinnlich ernstig; met overleg, nadenkend; tot mijmeren geneigd; tot nadenken stemmend; contemplatief
Besinnung v (~) bezinning, nadenken; bewustzijn

besinnungslos bewusteloos; onbeheerst, buiten zichzelf
Besitz *m* (-es; -e) bezit; grondbezit; *im ~ sein* in 't bezit zijn; *sich in den ~ (+ 2) setzen* zich in 't bezit stellen van
Besitzanspruch *m* aanspraak ⟨op bezit⟩
besitzanzeigend: *~es Fürwort* bezittelijk voornaamwoord
besitzen *st* bezitten; zitten op; hebben; *vom Spielteufel besessen sein* aan 't spel verslaafd zijn
Besitzer *m* (-s; ~) bezitter
Besitzergreifung *v* inbezitneming
besitzlos zonder bezit, onvermogend
Besitztum *o* (-s; -tümer) bezitting, bezit
Besitzung *v* (~; -en) bezitting, grondbezit
besoffen gemeenz dronken, bezopen; *~ wie ein Schwein* stomdronken
bepohlen *zw* verzolen
besolden *zw* bezoldigen
Besoldung *v* (~; -en) soldij; bezoldiging, beloning, salariëring, loon, salaris
Besonderheit *v* (~; -en) bijzonderheid, eigenaardigheid, 't bijzondere
besonders vooral, bijzonder, in 't bijzonder, afzonderlijk; *nicht ~* niet erg (goed)
besonnen bezonnen, bedachtzaam
besorgen *zw* bezorgen, zorgen voor; in zorg zijn over, vrezen; kopen, aanschaffen; *dem werde ich es aber ~* hem zal ik 't inpeperen; *sich etwas ~* iets aanschaffen; <u>gemeenz</u> iets gappen
Besorgnis *v* (~; -se) bezorgdheid, zorg
besorgniserregend onrustbarend
besorgt bezorgd; *~ sein um* zich zorgen maken over
Besorgung *v* (~; -en) bezorging; zorg; *~en machen* boodschappen doen
bespannen *zw* bespannen
bespeien *st* bespuwen
bespicken *zw* larderen ⟨wild⟩; *bespickt mit* vol van, bezaaid met
bespitzeln *zw* bespioneren
bespötteln, bespotten *zw* spotten over, bespotten
besprechen *st* bespreken ⟨ook recenseren⟩; inspreken ⟨een bandje⟩; bezweren met toverformules
Besprechung *v* (~; -en) bespreking; recensie, boekbespreking; bezwering
besprengen *zw* besprenkelen, besproeien
bespritzen *zw* bespatten; bespuiten
bespucken *zw* bespuwen
besser beter; *~ ist — laten we het zekere maar voor het onzekere nemen; *es kommt noch ~* het wordt nog mooier; *das wäre noch ~!* <u>iron</u> wel ja, toe maar!; *um so ~!* des te beter!
bessern *zw* (ver)beteren, beter maken; herstellen; *sich ~* beter worden
Besserung *v* (~) verbetering; beterschap
Besserverdienende(r) *m-v* iem. met een hoger inkomen
Besserwisser *m* (-s; ~) betweter
best best; zeer goed; *der erste ~e* de eerste de beste; *sein B~es tun* zijn best doen; *am ~en* 't best; *aufs ~e* bijzonder goed; *zum ~en geben* ten beste geven; trakte-

---

ren op; *das Beste vom Besten* het neusje van de zalm
bestallen *zw* benoemen, aanstellen; *bestallt* officieel aangesteld
Bestallung *v* (~; -en) aanstelling, benoeming
Bestand *m* (-(e)s; Bestände) voorraad; inventaris, saldo; begroeiing; 't blijven bestaan, bestendigheid; <u>mil</u> aantal manschappen, effectief; <u>Z-Duits</u> <u>Oostr</u> pacht; *der eiserne ~* de ijzeren voorraad; <u>fig</u> vaste kern, het vaste repertoire
bestanden ⟨met bos⟩ begroeid
beständig bestendig, duurzaam, vast; *~ gegen* bestand tegen
Beständigkeit *v* bestendigheid; 't bestand zijn
Bestandsaufnahme *v* inventarisatie; opname van de situatie
Bestandteil *m* bestanddeel; (auto-)onderdeel
bestärken *zw* sterken, staven, bekrachtigen; stijven ⟨in overtuiging⟩
bestätigen *zw* bevestigen, bekrachtigen; goedkeuren; vaststellen; <u>handel</u> *den Empfang eines Briefes ~* de ontvangst v.e. brief bevestigen; *rechtskräftig ~* <u>recht</u> rechtskracht verlenen; *die Ausnahme bestätigt die Regel* uitzondering bevestigt de regel
Bestätigung *v* (~; -en) bevestiging; ontvangstbevestiging
bestatten *zw* ter aarde bestellen, begraven
Bestattung *v* (~; -en) begrafenis
Bestattungsinstitut *o*, **Bestattungsunternehmen** *o* begrafenisonderneming
bestäuben *zw* bestuiven, bestrooien, met stof bedekken; bestuiven, bevruchten
bestaunen *zw* verbaasd bekijken
bestechen *st* omkopen; inpalmen; bekoren; *sich ~ lassen* ⟨ook⟩ zich laten verblinden, bekoren, inpakken
bestechend bekorend, verleidelijk, aanlokkelijk; *in ~er Form* <u>sp</u> in grootse vorm
bestechlich omkoopbaar, te beïnvloeden
Bestechung *v* (~; -en) omkoping
Bestechungsgelder *mv* steekpenningen
Besteck *o* (-(e)s; -e) eetgerei, bestek (lepel, mes en vork); <u>scheepv</u> bestek; *ein chirurgisches ~* een stel chirurgische instrumenten
bestehen *st* bestaan; doormaken, de proef doorstaan, voldoen, slagen; stand houden; *ein Examen ~* voor een examen slagen; *die Probe ~* de proef doorstaan; *eine Prüfung ~* voor een examen slagen; *auf einer Forderung ~* aan een eis vasthouden; *auf seinem Recht ~* aan zijn recht vasthouden
Bestehen *o* (-s) bestaan; duur; 't doorstaan
bestehlen *st* bestelen
besteigen *st* bestijgen, beklimmen; instappen in
bestellen *zw* bestellen; ontbieden; in orde brengen; benoemen; *den Acker ~* de akker bewerken; *einem einen Gruß ~* iem. de groeten laten doen; *Grüße ~* groeten overbrengen; *Plätze ~* plaatsen bespreken; *die Saat ~* zaaien; *wie bestellt und nicht abgeholt* <u>gemeenz</u> teleurgesteld; *so*

Bestellung

ist es mit der (um die) Sache bestellt zo is het met die zaak gesteld

Bestellung *v* (~; -en) bestelling; bewerking, bebouwing ⟨van akkerland⟩; boodschap, opdracht; benoeming

bestenfalls in 't gunstigste geval; op z'n hoogst

bestens zeer goed; ten zeerste; zo goed mogelijk; *ich danke ~* wel bedankt; *er ist hier ~ bekannt* hij staat hier zeer goed bekend

besternt met sterren bedekt; gedecoreerd

besteuern *zw* belasten, belastingen opleggen, belasting heffen van

bestialisch beestachtig

Bestialität *v* (~; -n) bestialiteit, beestachtigheid

Bestie ['bes-tie] *v* (~; -n) beest, dier; ondier

bestimmbar te bepalen, definieerbaar; tot iets te bewegen

bestimmen *zw* bepalen; vaststellen, definiëren; determineren; bestemmen; beslissen, het voor het zeggen hebben; *eine Frist ~* een termijn stellen; *Pflanzen ~* planten determineren; *einen Preis ~* een prijs vaststellen; *~ über* beslissen over; *sich ~ lassen* zich laten beïnvloeden

bestimmt beslist, bepaald, vast; *~ richtig* beslist juist; *~er Artikel* bepalend (bepaald) lidwoord

Bestimmtheit *v* zekerheid; beslistheid

Bestimmung *v* bestemming, doel; het bepalen, het vaststellen, bepaling ⟨ook *gramm*⟩; verordening, voorschrift, regel; *die ~en unter §5* het bepaalde onder §5

Bestimmungsort *m* plaats van bestemming

Bestleistung *v sp* beste prestatie, record

bestmöglich zo goed mogelijk

bestrafen *zw* bestraffen, berispen

bestrahlen *zw* bestralen

bestreben *zw*: *sich ~* pogen, zich toeleggen, zich beijveren; *bestrebt sein* zijn best doen, streven naar

Bestreben *o*, **Bestrebung** *v* streven, poging

bestreichen *st* bestrijken (ook *mil*); besmeren

bestreitbar betwistbaar

bestreiten *st* bestrijden, betwisten; zorgen voor, betalen; *allein das Gespräch ~* alleen voor 't gesprek zorgen; *die Kosten ~* de kosten bestrijden; *die Unterhaltung ~* alleen voor 't amusement zorgen; *einem etwas ~* iem. iets betwisten

bestreuen *zw* bestrooien

bestricken *zw* verstrikken, in zijn netten vangen; betoveren; *~d* betoverend

bestücken *zw* uitrusten, voorzien van; bewapenen

bestürmen *zw* bestormen ⟨ook: overstelpen⟩

bestürzen *zw* ontstellen

bestürzt ontsteld, onthutst, ontdaan, verbouwereerd

Bestürzung *v* ontsteltenis

Bestzeit *v* recordtijd; beste tijd

Besuch *m* (-(e)s; -e) bezoek, visite; bezoeker; *einen ~ machen* een bezoek afleggen; *ein ~ in Paris* een bezoek aan Parijs; *der ~ der Schule* 't schoolbezoek, 't schoolgaan; *der ~ des Theaters* 't bezoeken van de schouwburg; *auf (zu) ~* op bezoek

besuchen *zw* bezoeken; *stark besucht* druk bezocht

Besucher *m* bezoeker

Besuchskarte *v* visite-, naamkaartje

besudeln *zw* bezoedelen, vuil maken

betagt bedaagd, oud

betasten *zw* betasten

betätigen *zw* in daden uiten; in gang zetten, in werking stellen; bedienen, hanteren, gebruiken; *die Bremse ~* de rem gebruiken, in werking stellen; *sich ~* deelnemen, werkzaam zijn, meewerken

Betätigung *v* werkzaamheid; 't in daden omzetten; 't in werking stellen

Betätigungsfeld *o* terrein van werkzaamheid

betäuben *zw* verdoven, bedwelmen

Betäubungsmittel *o* verdovend middel

beteiligen *zw*: *einen an dem Gewinn ~* iem. in de winst doen delen; *an, bei etw. beteiligt sein* in of aan iets deelnemen, geïnteresseerd zijn bij iets; *die Beteiligten* de betrokkenen, de belanghebbenden

Beteiligung *v* deelneming, deelname; betrokkenheid; meeleven; deelgerechtigdheid, participatie

beten *zw* bidden, zijn gebed doen

beteuern *zw* betuigen, plechtig verzekeren, onder ede bevestigen, bezweren

betexten *zw* van tekst voorzien

betiteln *zw* met titel aanspreken; van titel voorzien

betonen *zw* nadruk op iets leggen; accentueren

betonieren *zw* betonneren

Betonklotz *m* betonblok; lelijk gebouw van beton

Betonmischer *m*, **Betonmischmaschine** *v* betonmolen

betont geprononceerd, nadrukkelijk; *eine ~e Silbe* een beklemtoonde lettergreep

Betonung *v* (~; -en) klemtoon, accent, nadruk; accentuatie

betören *zw* verblinden, bekoren; verleiden

betr. 1 = *betreffend* (des)betreffend, betrokken; **2** = *betreffs* met betrekking tot; **3** *betrifft* betreft

Betracht *m* beschouwing; opzicht; *in ~ kommen* in aanmerking komen; *in ~ ziehen* in aanmerking nemen; *außer ~ lassen* buiten beschouwing laten

betrachten *zw* beschouwen, bekijken, overpeinzen

beträchtlich aanzienlijk; belangrijk

Betrachtung *v* (~; -en) beschouwing, overpeinzing; *bei näherer ~* ook: achteraf bekeken

Betrachtungsweise *v* benaderingswijze, optiek

Betrag *m* (-(e)s; Beträge) bedrag

betragen *st* belopen, bedragen; *sich ~* zich gedragen

Betragen *o* (-s) gedrag, handelwijze

betrauen zw: einen mit etwas ~ iem. iets toevertrouwen, opdragen
betrauern zw betreuren; rouw dragen over
beträufeln zw bedruipen, bedruppelen
Betreff m: in diesem ~ recht wat dit aangaat, in dit opzicht
betreffen st betreffen; treffen, overkomen; raken; aantreffen; der Betroffene de betrokkene, de belanghebbende; sehr betroffen sein zwaar getroffen zijn
betreiben zw onthutst, bedremmeld
betreiben bn onthutst, bedremmeld
betreiben bedrijven, verrichten, bewerkstelligen, uitoefenen; doen aan; doorzetten; eine Fabrik ~ een fabriek exploiteren; ein Geschäft ~ een zaak drijven; eine Wissenschaft ~ een wetenschap beoefenen; mit Dampf betrieben door stoom gedreven
Betreiben o uitoefening; 't drijven
1 betreten st betreden; Neuland ~ geheel nieuwe wegen inslaan; jemands Schwelle ~ bij iem. in huis komen
2 betreten bn onthutst, bedremmeld
betreuen zw verzorgen, zorgen voor; beschermen, behoeden
Betreuung v (~) zorg; ärztliche ~ geneeskundige verzorging; seelische ~ zielszorg
Betrieb m (-(e)s; -e) bedrijf, onderneming; fabriek; uitvoering, exploitatie; drukte, leven, gedoe; durchgehender ~ continubedrijf; landwirtschaftlicher ~ landbouw-, agrarisch bedrijf; außer ~ setzen buiten bedrijf stellen; in ~ setzen in werking stellen, in exploitatie nemen; in vollem ~ in volle werking; dort ist großer ~ gemeenz daar is 't een grote drukte, een dolle boel
betrieblich van het bedrijf, bedrijfs-
betriebsam bedrijvig, nijver
Betriebsamkeit v bedrijvigheid, handel activiteit
Betriebsangehörige(r) m personeelslid
Betriebsanleitung v gebruiksaanwijzing, handleiding
Betriebsarzt m bedrijfsarts
betriebseigen eigendom van de onderneming zijnde
betriebsfähig bedrijfsklaar
Betriebsführer m ondernemer, bedrijfshoofd; bedrijfsleider
Betriebskosten mv exploitatiekosten
Betriebsrat m bedrijfsraad
Betriebsunfall m bedrijfsongeval
Betriebswirt m, **Betriebswirtschaft(l)er** m bedrijfseconoom
Betriebswirtschaftslehre v bedrijfseconomie, -huishoudkunde
betrinken st: sich ~ zich bedrinken
betroffen getroffen, onthutst; ontsteld
betrüben zw bedroeven
betrüblich bedroevend
Betrübnis v (~; -se) droefenis, droefheid
Betrug m (-(e)s), **Betrügereien** bedrog
betrügen (betrog; betrogen) bedriegen
Betrügerei v (~; -en) bedriegerij, bedrog
betrügerisch bedrieglijk; ~er Bank(e)rott bedrieglijke bankbreuk
Betrugsmanöver o listige poging tot bedrog
betrunken dronken, beschonken; ~ wie eine (Strand)kanone gemeenz zo dronken als een kanon
Betschwester v kwezel
Bett o (-(e)s; -en) bed; bedding; sein ~ machen zijn bed opmaken; ans ~ gefesselt sein aan het bed gekluisterd zijn; in ein gemachtes ~ kommen zijn bedje gespreid vinden; ins, zu ~ gehen naar bed gaan; mit den Hühnern zu ~ gehen met de kippen op stok gaan
Bettag ['beet-] m biddag
Bettbezug m beddentijk, overtrek
Bettdecke v beddedeken, -sprei
Bettel m (-s) 't bedelen; vod, rommel; prullen
bettelarm doodarm, berooid
Bettelei v (~; -en) bedelarij, gebedel, bedelpartij
betteln zw bedelen
Bettelstab m: jmdm. an den ~ bringen iemand aan de bedelstaf brengen
betten zw neerleggen, neervlijen; in bed leggen; er ist nicht auf Rosen gebettet zijn weg gaat niet over rozen; zur letzten Ruhe ~ begraven, aan de schoot der aarde toevertrouwen; sich ~ gaan liggen
Bettgestell o ledikant
Betthupferl o gemeenz slaapmutsje (drank); snoepje voor 't naar bed gaan
bettlägerig bedlegerig
Bettler m (-s; ~) bedelaar
Bettnässer m bedplasser
Bettschieber m, **Bettschüssel** v ondersteek
Bettszene v bedscène, liefdesscène
Bettuch ['bet-], nieuwe spelling: **Betttuch**, ook: **Bett-Tuch** o laken, beddenlaken
Bettvorleger m beddenkleedje
Bettwäsche v, **Bettzeug** o beddengoed
betucht rijk, vermogend, welgesteld
betulich omslachtig vriendelijk, tegemoetkomend; gezellig, op zijn gemak; vero druk, bezig
betupfen zw aantippen; aanstippen, betten
beugbar gramm verbuigbaar, vervoegbaar
Beuge v (~; -n) bocht, kromming; buiging
beugen zw (naar beneden) buigen, krommen; gramm verbuigen; vervoegen; den Nacken ~ fig zich onderwerpen; das Recht ~ het recht verkrachten
Beugung v (~; -en) buiging; het buigen; gramm verbuiging, vervoeging
Beule v (~; -n) buil, knobbel, bult; deuk
beulig gedeukt, met deuken
beunruhigen [be-'oen-] zw verontrusten; sich ~ ongerust worden
beurkunden [be-'oer-] zw door oorkonden staven, documenteren; in een proces-verbaal vastleggen; een akte opmaken of; fig openbaren, tonen; etwas ~ een akte van iets opmaken
beurlauben [be-'oer-] zw verlof geven; schorsen, tijdelijk uit zijn functie ontheffen
beurteilen [be-'oer-] zw beoordelen
Beute v (~; -n) buit, prooi
Beutel m (-s; ~) beurs, buidel; buil; zak (v.

beuteln

biljart)
beuteln zw builen, zeven (meel); dooreenschudden; oplichten
Beutelschneider m zakkenroller; oplichter, afzetter
Beuteltier o dierk buideldier
Beutezug m rooftocht
bevölkern zw bevolken
Bevölkerung v (~; -en) bevolking
Bevölkerungsdichte v bevolkingsdichtheid
Bevölkerungszunahme v, **Bevölkerungszuwachs** m bevolkingsgroei
bevollmächtigen zw machtigen
Bevollmächtigte(r) m gemachtigde
bevor [-'foor] alvorens, voor(dat)
bevormunden zw onder voogdij hebben; de baas spelen over
Bevormundung v voogdijschap; fig bevoogding
bevorrecht(ig)en zw bevoorrechten
bevorrechtigt preferent; voorrang hebbend; *eine ~e Minderheit* een bevoorrechte minderheid
bevorstehen st aanstaande zijn, voor de deur staan
bevorzugen zw bevoorrechten, begunstigen; prefereren, voortrekken
bewachen zw bewaken
bewachsen st begroeien
bewaffnen zw bewapenen
Bewaffnung v bewapening
bewahren zw bewaren; behouden, beschermen, behoeden; *Haltung ~* zich beheersen, flink blijven; *einen kühlen Kopf ~* 't hoofd koel houden; *Ruhe ~* rustig blijven
bewähren zw bewijzen, staven; waarmaken; betrouwbaar blijken, nuttig blijken; *sich ~* proefondervindelijk goed blijken; goede diensten bewijzen; *das Mittel hat sich bewährt* het middel heeft voldaan, is goed gebleken
bewahrheiten zw: *sich ~* waar blijken
bewährt beproefd; ervaren
Bewährung v bewijs van deugdelijkheid; recht voorwaardelijke veroordeling; proeftijd; *verurteilt zu sechs Monaten mit ~* recht tot zes maanden voorwaardelijk veroordeeld
Bewährungsfrist v proeftijd van voorwaardelijk veroordeelde
Bewährungsprobe v proef om de deugdelijkheid van iem. of iets te onderzoeken
bewaldet met bos begroeid, bosrijk
bewältigen zw de baas worden, overmeesteren, aankunnen; oplossen, verwerken; afdoen; afleggen; *etwas ~* iets onder de knie krijgen; *eine Strecke ~* een afstand afleggen; *die Vergangenheit ~* het verleden verwerken
Bewältigung v overmeestering; het onder de knie krijgen; *die ~ eines Problems* de oplossing van een probleem
bewandert: *~ in* (+ 3) bedreven, ervaren, doorkneed, thuis in
bewandt gesteld; *so ~* zodanig
Bewandtnis v (~) gesteldheid, toedracht; *was hat es damit für eine ~?* hoe zit het daarmee?
bewässern zw besproeien, bevloeien
Bewässerung v irrigatie
Bewässerungsanlagen mv irrigatie-, bevloeiingswerken
bewegen I (bewegte; bewegt) bewegen, in beweging brengen; verzetten (grond); roeren, treffen; *sich ~* (zich) bewegen; *tief bewegt* diep bewogen, ontroerd; **II** (bewog; bewogen) overhalen, overreden; *ich bewog ihm zum Mitkommen* ik haalde hem over om mee te komen
Beweggrund m beweegreden
beweglich beweegbaar; beweeglijk
bewegt bewogen; stormachtig
Bewegung v (~; -en) beweging; aandoening, ontroering; *gleichförmige ~* nat eenparige beweging; *Himmel und Erde (Hölle), alle Hebel in ~ setzen* hemel en aarde bewegen
bewegungslos onbeweeglijk
bewehren zw (be)wapenen (ook techn)
beweinen zw bewenen, betreuren
Beweis m (-es; -e) bewijs; blijk; *etwas unter ~ stellen* iets bewijzen, aantonen
Beweisaufnahme v recht instructie (in strafzaak); getuigenverhoor in openbare zitting
beweisbar bewijsbaar
beweisen st bewijzen
Beweisführung v bewijsvoering
bewenden: *wir wollen es dabei (damit) ~ lassen* wij zullen het daarbij laten
Bewenden o: *dabei (damit) hat es sein ~* daarbij blijft het, daarmee is 't afgedaan
bewerben st: *sich ~ um* dingen, streven, solliciteren naar, moeite doen voor
Bewerber m (-s; ~) sollicitant; bewonderaar, vrijer; mededinger, kandidaat, aspirant
Bewerbung v (~; -en) sollicitatie
Bewerbungsschreiben o sollicitatiebrief
Bewerbungsunterlagen mv sollicitatiedossier, sollicitatiestukken
bewerfen st overstelpen; bepleisteren; *sich ~ naar elkaar gooien*
bewerkstelligen zw bewerkstelligen
bewerten zw de waarde van iets bepalen, waarderen, taxeren, schatten
Bewertung v taxatie; waardering, waardebepaling
bewilligen zw toestaan; *eine Frist ~* uitstel toestaan, verlenen; *Kredit, Rabatt, ein Stipendium ~* krediet, rabat, een studiebeurs verlenen
Bewilligung v toestemming, goedkeuring
bewillkommnen zw verwelkomen, welkom heten
bewirken zw bewerken, veroorzaken; tot stand brengen
bewirten zw onthalen, trakteren
bewirtschaften zw besturen, beheren; bewerken (grond); *bewirtschaftet* (v. waren) op de bon
Bewirtung v (~; -en) onthaal, traktatie
bewitzeln zw grappen maken over
bewohnbar bewoonbaar

bewohnen zw bewonen
bewölken: *sich* ~ betrekken, bewolken; *leicht bewölkt* licht bewolkt
Bewölkung v (~) bewolking
Bewuchs m begroeiing
bewundern zw bewonderen
bewundernswert, bewundernswürdig bewonderenswaardig
Bewunderung v bewondering
Bewurf m (-(e)s; Bewürfe) bepleistering, beraping
bewußt, nieuwe spelling: **bewusst** bewust; *sich einer Sache* ~ *sein* zich van iets bewust zijn; *sich etwas* ~ *machen* zich van iets bewust worden
bewußtlos, nieuwe spelling: **bewusstlos** bewusteloos
Bewußtlosigkeit, nieuwe spelling: **Bewusstlosigkeit** v bewusteloosheid
Bewußtsein, nieuwe spelling: **Bewusstsein** o bewustzijn, besef; *bei* ~ *sein* bij bewustzijn zijn; *etwas kommt einem zum* ~ iem. wordt zich van iets bewust; *mit* ~ ⟨ook⟩ welbewust
bezahlbar betaalbaar
bezahlen zw betalen, voldoen; *einen* ~ iem. betalen; *einem etwas* ~ iem. iets betalen; *die Zeche* ~ de vertering ('t gelag) betalen ⟨ook fig⟩; *aus der Hosen-, der Westentasche* ~ zo maar betalen; *das muß er mit dem Leben* ~ dat moet hij met de dood bekopen; *sich bezahlt machen* vrucht dragen, renderen; *bezahlt* verhandeld, gedaan ⟨in beursnotering⟩
bezähmen zw temmen, bedwingen
bezaubern zw betoveren; ~*d* betoverend
bezechen zw: *sich* ~ zich bedrinken; *bezecht* dronken; *bezecht wie eine Unke* gemeenz vet als modder, stomdronken
bezeichnen zw aanduiden, aangeven; omschrijven, kenmerken; karakteriseren; ~*d* karakteristiek, kenmerkend
bezeichnenderweise karakteristiek, merkwaardig genoeg
Bezeichnung v (~; -en) aanduiding, aanwijzing, beschrijving; benaming
bezeigen zw tonen; betonen; *Dank* ~ dank betuigen
bezeugen zw betuigen, getuigen; documenteren; *die Wahrheit* ~ getuigenis afleggen van de waarheid
Bezeugung v (~; -en) betuiging, getuigenis; bewijsplaats
bezichtigen zw: *einen eines Verbrechens* ~ iem. van iets beschuldigen, betichten
beziehbar te betrekken ⟨huis⟩
beziehen st betrekken; overtrekken; trekken ⟨wissel⟩; *ein Bett neu* ~ schone lakens en slopen geven; *ein Gehalt* ~ een salaris trekken, ontvangen; *eine Geige mit Saiten* ~ een viool met snaren bespannen; *eine Warteposition* ~ een afwachtende houding aannemen; *einen* ~ *handel* een wissel op iemand trekken; *sich* ~ betrekken ⟨lucht⟩; *sich auf etwas* ~ naar iets verwijzen; refereren aan iets
Bezieher m (-s; ~) betrekker; trekker ⟨v. wissel⟩; abonnee ⟨v. krant⟩

Beziehung v (~; -en) betrekking, relatie; *in dieser* ~ in dit opzicht
beziehungsweise onderscheidenlijk, respectievelijk; casu quo
Beziehungswort o gramm antecedent
beziffern zw becijferen; muz met cijfers aanduiden; *sich* ~ *auf* (+ 4) bedragen
Bezirk m (-(e)s; -e) district, wijk; rayon; gebied
Bezug m (-s; Bezüge) 't betrekken, ontvangen; aankoop; abonnement; bekleding; sloop, overtrek, hoes; besnaring ⟨v. viool⟩; *Bezüge* inkomsten, salaris; *in b~ auf* (+ 4), *mit* ~ *auf* (+ 4) met betrekking tot; ~ *haben auf* (+ 4) betrekking hebben op; ~ *nehmen auf* (+ 4) refereren aan, verwijzen naar
bezüglich (+ 2) met betrekking tot; betrekking hebbend op
Bezugnahme v betrekking, verwijzing; *unter* ~ *auf* (+ 4) onder verwijzing naar; ⟨ook⟩ gelet op
Bezugsbedingungen mv aankoop-, leveringsvoorwaarden
Bezugschein = *Bezugsschein*
Bezugsperson v psych persoon die voor iem. als voorbeeld en maatstaf dient
Bezugspreis m abonnementsprijs; inkoopsprijs
Bezugsquelle v bron, adres ⟨voor inkoop⟩
Bezugsschein m distributiebon; talon
bezuschussen subsidiëren
bezwecken zw bedoelen, beogen
bezweifeln zw betwijfelen
bezwingen st bedwingen, overwinnen; *einen Berggipfel* ~ een bergtop beklimmen
BGB = *Bürgerliches Gesetzbuch*
Bhf. = *Bahnhof*
bibbern zw bibberen; trillen ⟨v. schip⟩
Bibel v (~; -n) bijbel
Biber m (-s; ~) dierk bever ⟨ook bont⟩; slang lange baard
Bibliothek v (~; -en) bibliotheek
Bibliothekar [-'ka:r] m (-s; -e) bibliothecaris
Bibliothekarin v (~; -nen) bibliothecaresse
biblisch bijbels, schriftuurlijk
bieder braaf, rechtschapen; argeloos, trouwhartig; *in* ~*em Tone* op gemoedelijke toon
Biederkeit v (~) braafheid, rechtschapenheid; trouwhartigheid
Biedermann m (-s; -männer) braaf, rechtschapen man ⟨vaak iron⟩
Biedermeier o biedermeier(stijl, -tijd) (1815-50)
biegbar buigbaar; gramm verbuig-, vervoegbaar
biegen (bog; gebogen) buigen, krommen; gramm verbuigen, vervoegen; ~ *oder brechen* buigen of barsten; *auf Biegen oder Brechen* in elk geval, koste wat kost; *sich* ~ *vor Lachen* zich krom lachen
biegsam buigzaam, lenig, soepel
Biegung v (~; -en) buiging, bocht, kromming; gramm verbuiging, vervoeging
Biene v (~; -n) dierk bij, honingbij; slang luis; slang meisje, liefje; snol; *eine kesse* ~ gemeenz een vlot meisje

Bienenfleiß m noeste vlijt
Bienenhaus o, **Bienenkasten** m bijenkorf; bijenstal
Bienenstich m bijensteek; ⟨ook⟩ soort gebak
Bienenstock m bijenkorf
Bienenwabe v honigraat
Bienenwachs m bijenwas
Bienenzüchter m bijenhouder, iemker
Bier o (-(e)s; -e) bier; *das ist nicht mein* ~ dat is mijn zaak niet, dat gaat mij niets aan
Bierbaß, nieuwe spelling: **Bierbass** m gemeenz schertsend grog-, bromstem
Bierbauch m bierbuik
Bierdeckel m bierviltje
Bierleiche v gemeenz schertsend iem. die voor lijk ligt (stomdronken is)
Bierruhe v gemeenz onverstoorbare kalmte
1 Biest v biest
2 Biest o (-(e)s; -er) beest; kreng, achterbaks persoon, intrigant
bieten (bot; geboten) bieden; aanbieden ⟨bijv. arm⟩; tonen; *einen Anhalt für etwas* ~ een aanknopingspunt voor iets zijn; *einem Paroli* ~ iem. met gelijke munt betalen, van zich afbijten; *schach* ~ schaak zetten; *das lasse ich mir nicht* ~ dat laat ik mij niet welgevallen; ~ *auf* (+ 4) bieden op
bigott [bi-'got] bigot, kwezelachtig
Bigotterie v bigotterie
Bilanz v (~; -en) handel balans; *die* ~ *aufstellen, ziehen* de balans opmaken ⟨ook fig⟩
bilanzieren zw balanceren; in evenwicht brengen; handel de balans opmaken; *sich, einander* ~ tegen elkaar opwegen, elkaar opheffen
Bilanzprüfer m accountant
Bild o (-es; -er) beeld; foto; portret, afbeelding; voorstelling; figuur, gestalte; schilderij, plaat, prent; tafereel ⟨bijv. toneel⟩; zinnebeeld, figuur; vizioen; ~ *oder Wappen* kruis of munt; *ein* ~ *des Jammers bieten* een toonbeeld van ellende zijn; *ein* ~ *für die Götter* gemeenz schertsend een kostelijke aanblik; *im* ~*e sein* op de hoogte zijn; de kaart van 't land kennen
Bildband m platenboek
Bildbericht m geïllustreerd verslag
bilden zw vormen; opleiden, ontwikkelen; *Blasen* ~ bladderen; *gebildete Leute* beschaafde mensen; *sich ein Urteil über etwas* ~ zich een oordeel over iets vormen
bildend beeldend; vormend, beschavend; ~*e Künste* beeldende kunsten
Bilderbogen m kinderprent
Bilderbuch o prentenboek
Bilderrahmen m schilderijlijst
Bilderrätsel o rebus
Bildersprache v beeldspraak
Bilderstürmer m hist beeldenstormer; fig overtuigd bestrijder van ouderwetse ideeën
Bildfläche v beeldvlak; *von der* ~ *verschwinden* gemeenz fig van 't toneel verdwijnen
bildhaft beeldend, als een beeld

Bildhauer m beeldhouwer
bildhübsch beeldschoon
bildlich in beeld; zinnebeeldig, figuurlijk
Bildner m (-s; ~) beeldend kunstenaar; opvoeder
Bildnis o (-ses; -se) beeltenis; portret; beeldenaar; *im* ~ in beeld, in effigie
Bildröhre v beeldbuis
bildsam vormbaar, buigzaam; vatbaar voor ontwikkeling
Bildschirm m beeldscherm
bildschön beeldschoon
Bildung v (~; -en) gestalte, vorm, structuur; vorming, ontwikkeling; beschaving, cultuur
Bildungsanstalt v onderwijsinstelling
Bildungslücke v leemte in de ontwikkeling
Bildungsurlaub m studieverlof, educatief verlof
Bildungswesen o onderwijssysteem; ontwikkelingswerk
Bildwerfer m projectieapparaat
Bildzuschrift v brief met foto
Billard ['bil-jart] o (-s; -e) biljart; ~ *spielen* biljarten
Billett [bil-'jet] o (-s; -e & -s) Zwits, Oostr biljet, kaartje
Billiarde v (~; -n) biljard, duizend biljoen
billig billijk, rechtmatig; goedkoop
billigen zw goedkeuren, billijken
billigerweise billijkerwijze, redelijkerwijze
Billigkeit v billijkheid; goedkoopheid
Billigung v (~; -en) goedkeuring
Billion v (~; -en) biljoen (= miljoen maal miljoen); ⟨in België, Frankrijk, V.S., Rusland⟩ duizend miljoen
Bimbam: *(ach du) heiliger* ~ gemeenz grote goden!
Bimmel v (~; -n) klokje, bel
Bimmelbahn v gemeenz boemeltje ⟨trein⟩
bimmeln zw luiden, bellen, tjingelen
Bims m (-es; -e) puimsteen; slang poen
bimsen zw puimen; gemeenz afranselen; gemeenz drillen; oefenen
Bimsstein m puimsteen
Binde v (~; -n) band; verband, zwachtel; draagband, mitella; blinddoek; banddoek; schellen
binden (band; gebunden) binden, vastbinden; *die Krawatte* ~ de das strikken; *einem etwas auf die Nase* ~ iem. iets aan zijn neus hangen; *sich* ~ zich binden, zich vastleggen; trouwen
Binder m (-s; ~) binder; strikdas; Z-Duits, Oostr kuiper
Bindestrich m koppelteken
Bindewort o gramm voegwoord, conjunctie
Bindfaden m (bind)touw; bindgaren; *es regnet Bindfäden* het regent dat het giet
Bindung v (~; -en) binding ⟨ook van ski⟩; gebondenheid, band; verplichting
binnen voorz (+ 2 of 3) binnen; ~ *Jahresfrist* binnen een jaar; ~ *dreier Tage, drei Tagen* binnen drie dagen
Binnenschiffahrt, nieuwe spelling: **Binnenschifffahrt** v binnen(scheep)vaart
Binom o (-s; -e) binonium

Binse v (~; -n) plantk bies, pitrus; *in die ~n gehen* om zeep gaan; niet doorgaan
Binsenwahrheit, Binsenweisheit v waarheid als een koe
Biograph m (-en; -en) biograaf
Biographie [-'fie] v (~; -n) biografie
biographisch biografisch
Bioladen m natuurwinkel, reformwinkel
Biologe m (-n; -n) bioloog
Biologie [-'gie] v biologie
Biomüll m biologisch afbreekbaar afval, groente-, fruit- en tuinafval
Birke v (~; -n) plantk berk
birken berkenhouten
Birnbaum m plantk perenboom
Birne v (~; -n) peer; perenboom; gloeilamp; slang kop, test, raap; gemeenz *die ~ hinhalten* zijn nek voor iets uitsteken
1 bis voorz tot, tot aan, tot bij; *~ Seite 20* tot en met bladzijde 20; *alle ~ auf einen* allen op een na; *~ auf weiteres* tot nader order; *~ dahin* tot zover; tegen die tijd; *~ jetzt* tot nu toe; *~ wann ist es fertig?* tegen wanneer is het klaar?; *~ bald* tot later
2 bis voegw tot(dat), voor(dat); Oostr zodra; *es dauerte lange, ~ Hilfe kam* het duurde lang, voor er hulp kwam; *~ ich da bin, ist es zu spät* tegen de tijd, dat ik er ben, is het te laat
Bisam ['bie-] m (-s) muskus, bisam; bisambont
Bisamratte v dierk bisamrat
Bischof m (-s; Bischöfe) bisschop ⟨ook drank⟩
bischöflich bisschoppelijk
bisher tot dusverre, tot nu toe
bisherig: *der ~e Bürgermeister* de tot op heden fungerende burgemeester; *die ~en Nachrichten* de tot nu toe ontvangen berichten
Biskuit [-'kwiet] o (-s; -e) biscuit ⟨ook porselein⟩
bislang tot dusverre, tot nu toe
Bison ['biezon] m (-s; -s) dierk bizon
Biß, nieuwe spelling: **Biss** m (Bisses; Bisse) beet, hap
bißchen, nieuwe spelling: **bisschen:** *ein ~* een beetje; *ach du liebes ~!* lieve hemel!
Bißchen, nieuwe spelling: **Bisschen** o (-s; ~) beetje, hapje
Bissen m (-s; ~) beet, hap, mondvol; *ihm bleibt der ~ im Hals stecken* hij schrikt zich dood
bissig bijtend, bijtachtig; bits, vinnig; *ein ~er Hund* een kwaadaardige hond
Bissigkeit v (~; -en) bijtachtigheid; vinnigheid
Bistum o (-s; Bistümer) bisdom
bisweilen soms, somtijds
Bittbrief m smeekbrief
bitte alstublieft; tot uw dienst; ga uw gang; *~?* wat blieft u?, pardon?; *na ~!* zie je wel!; *wie ~?* pardon?, wat zei u, hoe bedoelt u?
Bitte v (~; -n) verzoek, vraag; bede
bitten (bat; gebeten) verzoeken, vragen; smeken; *aber ich bitte Sie!* maar nu vraag

ik u!; *einen zu Tisch ~* iem. ten eten vragen; *um Antwort wird gebeten, R.S.V.P.* verzoeke antwoord; *um Gehör (ein geneigtes Ohr) ~* plechtig gehoor vragen
Bittende(r) m verzoeker, smekeling; vrager
bitter bitter
bitterernst bitter ernstig
Bitterkeit v (~) bitterheid
bitterlich bitter; bitterachtig
Bitternis v bitterheid; onaangenaamheid
bittersüß bitterzoet; fig tegengestelde gevoelens opwekkend
Bittgang m processie, omgang; bedegang
Bittsteller m rekwestrant
Biwak o (-s; -e & -s) mil bivak
biwakieren zw biwakkeren
bizarr bizar, zonderling, grillig
Bizeps m (-es; -e) biceps
Blabla ['bla] o geklets, zinloos gepraat
blähen zw opblazen, opzetten, doen zwellen; winden veroorzaken; *sich ~* zich opblazen; *gebläht* gezwollen; bolstaand
Blähung v (~; -en) opzwelling; wind, scheet, winderigheid; *~en haben* last van winderigheid hebben
blamabel blamabel, beschamend
Blamage v blamage
blamieren zw blameren; *die ganze Innung ~* gemeenz schertsend de hele groep voor schut zetten
blank helder, blinkend; duidelijk; bloot; glimmend ⟨door slijtage⟩; Oostr zonder overjas; *eine ~e Dummheit* zuiver een stommiteit; *ein ~er Narr* een volslagen dwaas; *~er Unsinn* klinkklare onzin; *~e Waffen* blanke wapenen; *ganz ~ sein* gemeenz helemaal blut zijn
Blankett o (-s; -e) oningevuld, maar ondertekend papier, blancowissel
Blankoscheck m blancocheque
Blankvers m rijmloos vers v. vijf jamben
Blase v (~; -n) blaas; binnenbal ⟨v. voetbal⟩; blaar; bobbel; gemeenz blaag
Blasebalg m blaasbalg
blasen (blies; geblasen) blazen; waaien; gemeenz pijpen; *die Flöte ~* op de fluit blazen; *Trübsal ~* benauwd kijken; jeremiëren; *einem den Marsch ~* iem. zijn mening zeggen; een uitbrander geven; wegsturen; *in das gleiche, dasselbe Horn ~* 't roerend met iem. eens zijn
Bläser m (-s; ~) blazer ⟨ook muz⟩
blasiert geblaseerd, blasé
Blasphemie [-'mie] v (~) blasfemie, godslastering
Blasrohr o blaaspijp
blaß, nieuwe spelling: **blass** bleek; vaal; *eine blasse Erinnerung* een vage herinnering
Blässe v (~) bleekheid, bleke kleur
Bläßhuhn, nieuwe spelling: **Blässhuhn** o vogelk meerkoet
bläßlich, nieuwe spelling: **blässlich** bleekjes, een beetje bleek
Blatt o (-(e)s; Blätter) blad ⟨ook: krant⟩; kaartsp kaart, hand; blad, schouder ⟨v. wild⟩; *fliegendes ~* vliegend blad; *ein gutes ~* kaartsp een goede kaart; *das steht auf einem andern ~* dat is heel wat anders,

Blatter

een verhaal apart; *ein unbeschriebenes ~ fig* een onbeschreven blad; *kein ~ vor den Mund nehmen* geen blad voor de mond nemen; *vom ~ spielen* a vista, van 't blad spelen

Blatter *v* (~; -n) blaar, pok; *die ~n* de pokken

blätterig bladerig, schilferig; feuilleté (van deeg)

Blättermagen *m* boekmaag

blättern *zw* bladeren; schilferen; *Geld auf den Ladentisch ~ gemeenz* met afzonderlijke stukken papiergeld betalen

Blätterteig *m* blader-, feuilletédeeg

blau blauw; herald azuur; gekookt (forel, aal); gemeenz dom; gemeenz dronken; *~ wie ein Veilchen* gemeenz stomdronken; *~ und grün* bont en blauw; zie ook: *Blaue*

Blau *o* blauw; *sie ist in ~ gekleidet* ze is in 't blauw

blauäugig blauwogig

Blaubeere *v* plantk reg blauwe bosbes

Blaue *o* blauw; *das ~ vom Himmel herunterholen, -lügen, -reden, schwatzen, versprechen* liegen dat men zwart ziet; almaar door kletsen; de mooiste dingen beloven; *ins ~ fahren* zomaar ergens heen rijden

Bläue *v* (~) blauwheid; 't blauw; blauwsel

blauen *zw* blauw worden, blauw zien; een blauwe kleur geven; *einen Fisch ~* een vis met azijnwater overgieten

bläuen *zw* (de was) door het blauwsel halen; blauw maken

Blaufuchs *m* dierk blauwvos

Blauhelm *m* VN-soldaat, blauwhelm

Blaukraut *o* plantk Z-Duits rodekool

bläulich blauwachtig

Blaulicht *o* blauwe lamp ⟨v. politie- en brandweerauto⟩, zwaailicht

Bläuling *m* (-s; ~) dierk blauwtje

blaumachen *zw* gemeenz niet werken

Blaumeise *v* vogelk pimpelmees

Blaupause *v* blauwdruk

Blausäure *v* blauwzuur

Blech *o* (-es; -e) blik; techn ijzeren of stalen plaat; *das ~* muz het koper, de koperen blaasinstrumenten; *~ reden gemeenz* nonsens uitkramen

Blechbläser *m* muz koperblazer

Blechdose *v* blik(je), trommeltje

blechen *zw* gemeenz (op)dokken, over de brug komen

blechern blikken, van blik; *~ klingen* hol, hard klinken

blecken *zw* laten zien; plotseling zichtbaar worden

1 Blei *o* (-s; -e) lood; loodje, plombering; schietlood; *es liegt mir wie ~ in den Knochen* mijn benen zijn loodzwaar; *mit ~ an den Füßen (Sohlen)* met lood in de schoenen

2 Blei *m* (-(e)s; -e) visk blei

Bleibe *v* (~; -n) gemeenz kwartier, onderdak

bleiben (blieb; geblieben) blijven; overblijven; *einem nichts schuldig ~ fig* niets op zich laten zitten; in niets tekortschieten; *gute Freunde mit einem ~* iem. te vriend houden; *im Amt ~* aanblijven; *einem in Erinnerung, im Gedächtnis ~* iem. bijblijven; *das bleibt unter uns (in der Familie)* dat blijft onder ons; *~ Sie bitte am Apparat* blijft u even aan de lijn

bleibenlassen, nieuwe spelling: **bleiben lassen** *zw* achterwege laten, laten zitten

bleich bleek, vaal

Bleiche *v* (~; -n) bleekheid; bleek

bleichen *zw* bleken, verbleken; bleek worden; *Haare ~* haren blonderen; *einen Mohren ~* de Moriaan bleken (wassen), 't onmogelijke proberen

Bleichsucht *v* med bleekzucht

bleiern loden, van lood; loodzwaar

bleischwer loodzwaar

Bleistift *m* potlood

Bleistiftspitzer *m* puntenslijper

Blende *v* (~; -n) blende; mil blindering; oogklep; fotogr diafragma; loos venster; loze deur; bies, strook ⟨op jurk⟩; plantk boekweit

blenden *zw* blind maken; verblinden; blinderen; schijnen; afdekken

Blender *m* (-s; ~) gemeenz poseur; iets dat meer lijkt dan 't is, oogverblinder

Blendfenster *o* blind venster

Blendung *v* het blind maken; verblinding; blindering

Blesse *v* (~; -n) bles, witte vlek; bles ⟨paard, koe met bles⟩

Blessur *v* (~; -en) blessure

Blick *m* (-(e)s; -e) blik; uitzicht; *der böse ~* 't boze oog; *keinen ~ für etwas haben* geen oog voor iets hebben; *einen (guten) ~ für etwas haben* kijk op iets hebben; *Liebe auf den ersten ~* liefde op het eerste gezicht

Blickfang *m* blikvanger ⟨in etalage⟩

Blickfeld *o* gezichtsveld, -kring

Blickpunkt *m* oogpunt, gezichtspunt; fig standpunt

Blickwinkel *m* gezichtshoek; *unter diesem ~ betrachtet* vanuit dit gezichtspunt (oogpunt) beschouwd

blind blind; dof, mat ⟨v. ruit, spiegel⟩; loos; *~er Kauf* schijnkoop; *~er Alarm* loos alarm; *ein ~er Passagier* een verstekeling, blinde passagier; *~ schachspielen* blind schaken; *das sieht doch ein B~er (mit dem Krückstock)* dat ziet toch iedereen; *unter B~en ist der Einäugige König* in 't land der blinden is eenoog koning

Blinddarm *m* blindedarm

Blinddarmentzündung *v* med blindedarmontsteking

Blindekuh: *~ spielen* blindemannetje spelen

Blindenanstalt *v* blindeninstituut

Blindenhund *m* blindengeleidehond

Blindgänger *m* mil blindganger; fig mislukking; gemeenz lege fles; gemeenz fiasco

Blindheit *v* (~) blindheid; verblinding; *wie mit ~ geschlagen* met blindheid geslagen

Blindschleiche *v* dierk hazelworm

blinken *zw* blinken; de richtingaanwijzer aanzetten, richting aangeven; met licht-

signalen seinen
Blinker m (-s; ~) auto richtingaanwijzer, knipperlicht; blinkerd, metalen aas (bij het vissen)
blinkern zw knipogen; met een blinkerd (metalen aas) vissen
Blinkfeuer o flikkerlicht, lichtflits ⟨langer dan 2 sec., v. vuurtoren⟩
Blinkleuchte v auto richtingaanwijzer, knipperlicht
Blinklicht o knipperlicht
blinzeln zw knipogen; knipperen
Blitz m (-es; -e) bliksem; bliksemstraal, -flits; fotogr flitslicht; *potz ~!* drommels!; *wie ein geölter ~* gemeenz als de gesmeerde bliksem, bliksemsnel; *wie ein ~ aus heiteren Himmel* als een donderslag bij heldere hemel; *wie von ~ getroffen* als door de bliksem getroffen
Blitzableiter m bliksemafleider ⟨ook fig⟩
blitzartig bliksemsnel, als een bliksemstraal
Blitzbesuch m bliksembezoek
blitzblank schitterend blank; brandhelder
blitzen zw bliksemen, flikkeren, fonkelen, schitteren; met flitslicht fotograferen; *es blitzt* schertsend je vlagt
Blitzesschnelle v bliksemsnelheid
Blitzkrieg m bliksemoorlog
Blitzlicht o fotogr flitslicht
blitzsauber kraakhelder, keurig netjes; Z-Duits heel mooi
Blitzschlag m bliksemslag; inslaan v. de bliksem
Blitzstrahl m bliksemstraal, -flits, -schicht
Block m (-(e)s; Blöcke (huizen, schrijfblok gewoonlijk *Blocks*; pol beide vormen)) blok; groep ⟨bijv. leerlingen⟩; schuitje ⟨tin⟩; leest *erratisch ~ zwerfsteen; um den ~ gehen* een blokje omlopen
Blockade v blokkade
blocken zw spoorw blokkeren; sp stoppen, blokkeren
Blockflöte v muz blokfluit
blockfrei niet-gebonden ⟨van mogendheid⟩
blockieren zw blokkeren ⟨ook auto⟩; insluiten
Blockschrift v blokschrift
blöd(e) suf, stom; med zwakzinnig, fig dwaas, overdreven; *sei nicht so ~* doe niet stom
Blödelei v (~; -en) onzin, malligheid
blödeln zw idioot doen; kletsen
Blödian m (-s; -e) idioot, sufferd, oen
Blödmann m gemeenz stommeling, sufferd, oen
Blödsinn m onnozelheid, zwakheid van verstand; onzin; *höherer ~* klinkklare nonsens
blödsinnig zwak van verstand; idioot
blöken zw blaten; ⟨rund⟩ loeien
blond blond; *eine kühle B~e* Berl gemeenz een glas bier
blondieren zw blond maken, blonderen
Blondine v (~; -n) blondine
bloß bloot, naakt; enkel, alleen; ontbloot, bevrijd; toch, toch maar, nou toch maar; *der ~e Gedanke* alleen al de gedachte; *was habe ich ~ gesagt!* wat heb ik toch gezegd!; *wenn er ~ käme* als hij nou toch maar kwam
Blöße v (~; -n) blootheid, naaktheid; armoede; open plek in een bos; *sich eine ~ geben* zich bloot geven
bloßlegen zw blootleggen
bloßstellen zw blootstellen; compromitteren, blameren
blubbern zw Nederd borrelen; brabbelen, stamelen
Bluff m bluf, bedriegerij
bluffen (+ 4) zw overbluffen, voor de gek houden
blühen zw bloeien; *dir blüht noch etwas* jou staat nog wat te wachten; *blühender Unsinn* klinkklare nonsens
Blume v (~; -n) bloem; boeket ⟨v. wijn⟩; schuim ⟨v. bier⟩; punt v.d. staart ⟨jacht⟩; eerste slok ⟨van bier⟩; *etwas durch die ~n sagen* iets in bedekte termen zeggen
Blumenbeet o bloembed, -perk
Blumenkohl m bloemkool
Blumenstock m potbloem
Blumenstrauß m ruiker, boeket
Blumentopf m bloempot
Blumenzwiebel v bloembol
blümerant [-'rant] gemeenz duizelig; akelig, zwak
blumig gebloemd; bloemrijk; met boeket, fruitig ⟨v. wijn⟩; verbloemd
Bluse v (~; -n) damesblouse
Blut o (-es) bloed; ras; *~ und Boden* nat-soc Blut und Boden, ras en land; *blaues ~* fig blauw bloed; *ein junges ~* een jong meisje; *immer ruhig ~!* blijf kalm!; *heißes ~ haben* gauw driftig (opgewonden) worden; opvliegend zijn
1 blutarm ['bloet-arm] arm aan bloed
2 blutarm [bloet-'arm] doodarm
Blutbad o bloedbad
Blutdruck m bloeddruk; *erhöhter ~* verhoogde bloeddruk; *niedriger ~* lage bloeddruk
Blutdurst m bloeddorst
Blüte v (~; -n) bloesem, bloei; bloeiperiode; gemeenz type; puist; slang vals bankbiljet; *die ~ des Adels* de bloem van de adel; *in ~ stehen* in bloei staan
Blutegel m dierk bloedzuiger
bluten zw bloeden ⟨ook gemeenz betalen⟩; *~ wie eine gestochene Sau, wie ein Schwein* gemeenz bloeden als een rund; *mir blutet das Herz* mijn hart bloedt
Blütenstand m bloeiwijze
Blütenstaub m stuifmeel
blütenweiß hagel-, helderwit; pol niet gecompromitteerd
Blutverguß, nieuwe spelling: **Bluterguss** [-er-] m bloeduitstorting
Blütezeit v bloeitijd; bloeitijdperk
Blutgefäß o bloedvat
Blutgerinnsel o bloedstolsel
blutig bebloed, bloedig; *~er Ernst* bittere ernst
Blutkörperchen o bloedlichaampje
Blutkreislauf m bloedsomloop
blutleer bloedeloos; krachteloos

Blutprobe v bloedmonster; bloedproef
blutreinigend bloedzuiverend
blutrünstig bloedend, bloedig; bloederig
Blutsenkung v bloedbezinking
Blutspender m bloedgever, donor
Blutung v (~; -en) bloeding
blutunterlaufen met bloed belopen, bloeddoorlopen
Blutvergießen o bloedvergieten
BLZ = *Bankleitzahl* codenummer van een bank (op overschrijvingen enz.)
Bö v (~; -en) bui, windvlaag
Boa v (~; -s) dierk boa; boa (voor dames)
Bob m (-s; -s) bobslee
Bock m (-(e)s; Böcke) bok; schraag; stormram; heiblok; kantoorkruk; biljarten steun; *ein sturer ~* een stijfkop; *keinen ~ (auf etwas) haben* geen zin (in iets) hebben
bockbeinig stijf; weerbarstig
bocken zw bokken, steigeren; bokkig zijn, in opstand komen; auto met horten en stoten rijden
bockig bokkig
Bockshorn o bokshoorn; *jmdn. ins ~ jagen* iem. bang maken, in het nauw drijven
Bocksprung m bokkensprong; haasje-over
Bodden m (-s; ~) N-Duits strandmeer; ondiepe baai
Boden m (-s; Böden) bodem, vloer, basis; grond; terrein; zolder; *heimatlicher ~* geboortegrond; *festen ~ unter den Füßen haben* vaste grond onder de voeten hebben; *am ~ liegen* op de grond terneer liggen; *am ~ zerstört sein* (geestelijk) volledig kapot zijn; *auf dem ~ der Verfassung* op grond van de grondwet; *auf dem ~ der Tatsachen* op grond van de feiten; objectief bekeken; *auf eigenem ~* op eigen grond; *etwas aus dem ~ stampfen* iets uit de grond stampen; *auf guten ~ fallen* in goede aarde vallen; *mit doppeltem ~* dubbelhartig, -zinnig; *zu ~ gehen* neergaan, gevloerd worden ⟨boksen⟩; *zu ~ schlagen* tegen de grond slaan
Bodenbelag m vloerbedekking
Bodenbeschaffenheit v bodemgesteldheid
Bodenfrost m nachtvorst
Bodenhaftung v grip ⟨van de banden op het wegdek⟩, wegligging
bodenlos bodemloos; grondeloos; ongehoord, grenzeloos
Bodenpersonal o luchtv grondpersoneel
Bodenreform v hervorming van het grondbezit
Bodensatz m grondsop, droesem
Bodensee m Bodenmeer, meer van Konstanz
Bogen m (-s; Bogen, Bögen) boog; strijkstok; handboog; vel druks; *ein ~ Papier* vel(letje) papier; *den ~ heraushaben* erachter zijn; *einen großen ~ um etwas oder einen machen* met een grote boog om iets of iem. heenlopen; *einen ~ schlagen* om iets heen lopen; zie ook: *Bausch*
Bogenschütze m boogschutter
Boheme v (~) bohème
Bohle v (~; -n) dikke plank

Bohlenbelag m planken vloer
Böhme m (-n; -n) Bohemer
Böhmen o (-s) Bohemen
böhmisch Boheems; *das kommt mir ~ vor* dat vind ik merkwaardig; *das Böhmische* het Boheemse land
Bohne v (~; -n) plantk boon; *blaue ~ mil gemeenz* blauwe boon; *dicke, große ~* tuinboon; *nicht die Bohne* geen zier ⟨snars⟩
Bohnenstange v bonenstaak ⟨ook v. mens⟩
Bohnenstroh o bonenstro; *dumm wie ~* oliedom, zo dom als het achterend van een varken
Bohner m (-s; ~), **Bohnerbesen** m boender; parketwrijver
bohnern zw met was wrijven
Bohnerwachs o boenwas
bohren zw boren; peilen, diep indringen; zeuren, aandringen; *das Brett ~, wo es am dünnsten ist* 't zich niet moeilijk maken; *in den Grund ~* scheepv in de grond boren; *in der Nase ~* in de neus peuteren
Bohrer m (-s) boor; dierk houtworm
Bohrinsel v booreiland
Bohrloch o boorgat
Bohrung v (~; -en) boring; kaliber
böig scheepv buiig
Boje v (~; -n) scheepv boei, ankertou
Bollengewächs o plantk bolgewas
Böller m (-s; ~) mortier ⟨om te schieten⟩
böllern zw met een mortier schieten; ⟨vuurwerk⟩ laten knallen
Bollwerk o (-(e)s; -e) bolwerk
Bolschewismus m (~) bolsjewisme
Bolschewist m (-en; -en) bolsjewiek, -wist
Bolzen m (-s; ~) bout, pin, schroefbout; klinknagel; vero pijl
bolzen zw sp ruw en hard spelen, bikkelen; de bal wild weg trappen, zonder overleg spelen; vechten, slaan; de krachtpatser uithangen
Bombardement [-'mã] o (-s; -s) bombardement
bombardieren zw bombarderen; *einen mit Fragen, Vorwürfen ~* iem. met vragen, verwijten overstelpen, bombarderen
Bombast m (-es) bombast
bombastisch bombastisch
Bombe v (~; -n) bom; ⟨als afk. v. *Eisbombe*⟩ omhulsel met ijsvulling; dophoed; sp kanonschot, kanjer ⟨bij voetbal⟩; *~n und Granaten!* duizend bommen en granaten!; *die ~ ist geplatzt* de bom is gebarsten
Bombenerfolg m reuzensucces
bombenfest bomvrij; fig vast en zeker, als een paal boven water; *der Nagel sitzt ~* die spijker zit muurvast
Bombengeschäft o bijzonder voordelige zaak
Bombenmeldung v bommelding
bombensicher mil bomvrij; volkomen veilig; vast en zeker
Bomber m (-s) mil bommenwerper; gemeenz sp goalgetter
Bomberjacke v vliegeniersjack, bomberjack
bombig gemeenz reuze, knap
Bon [bong, boñ] m (-s; -s) bewijs, bon, aan-

koopbon, kassabon
Bonbon [bõ-'bõ, bong'bong] *m* & *o* (-s; -s) bonbon; zuurtje
Bonität *v* (~; -en) handel soliditeit; kwaliteit
Bonus *m* (~ & -ses; ~ & -se) handel bonus
Bonze *m* (-n; -n) bonze; *die ~n der Partei* de bonzen, de grote heren, de hoge omes van de partij
Boot *o* (-(e)s; -e) boot; *mit einem im gleichen ~ sitzen* fig in hetzelfde schuitje zitten als iemand anders
Bor *o* (-s) borium
1 Bord [bort] *m* (-(e)s; -e) boord, scheepsboord, rand; *an, von ~* aan, van boord ⟨ook luchtv⟩; *Mann über ~* man overboord
2 Bord [bort] *o* (-(e)s; -e) plank; Zwits rand
Bordell *o* (-(e)s; -e) bordeel
Bordfunker *m* marconist ⟨scheepv & luchtv⟩
Bordkante *v* trottoirrand
Bordschwelle *v*, **Bordstein** *m* trottoirrand
Borg *m* (-(e)s; -e) krediet; *auf ~* op krediet, op de pof
borgen *zw* borgen, lenen (aan en van iem.); op krediet geven
Borke *v* (~; -n) schors; roof ⟨op wond⟩
Born *m* (-(e)s; -e) plechtig bron, wel
borniert bekrompen, geborneerd
Börse *v* (~; -n) beurs ⟨ook v. effecten⟩
Börsenbericht *m* handel beursoverzicht
Börsenkrach *m* handel beurskrach, beurscatastrofe
Börsenzettel *m* handel koerslijst
Börsianer *m* (-s; ~) beursman, beursspeculant
Borste *v* (~; -n) borstel ⟨v. varken enz.⟩; stekel ⟨v. egel⟩; haar ⟨aan planten⟩
borstig borstelachtig, borstelig; kwaad, kattig
Borte *v* (~; -n) rand, boordsel, galon
bösartig boos-, kwaadaardig ⟨ook med⟩
Böschung *v* (~; -en) glooiing, talud, berm
böse boos, kwaad; erg, slecht; lelijk; *ein ~s Auge* een zeer oog; *der ~ Blick* het boze oog ⟨bijgeloof⟩; *ein ~s Kind* een stout kind; *~s Wetter* slecht weer; *~ Zeiten* gevaarlijke tijden; *das sieht ~ aus* dat ziet er kwaad, lelijk uit; *einem ~ sein* kwaad op iem. zijn; *im ~n auseinandergehen* boos uiteengaan; *wenn nicht im Guten, dann eben im B~* goedschiks of kwaadschiks
Bösewicht *m* (-(e)s; -e & -er) booswicht; schertsend kwajongen
boshaft boosaardig; ondeugend, hatelijk
Boshaftigkeit *v* (~; -en) boosaardigheid
Bosheit *v* (~; -en) boosaardigheid; slechtheid hatelijkheid
Bosniake *m* (-n; -n) Bosniër
Bosnien *o* (-s) Bosnië
Bosnier *m* (-s; ~) Bosniër
bosnisch Bosnisch
Boß, nieuwe spelling: **Boss** *m* (Bosses; Bosse) baas, chef
bosseln *zw* knutselen; boetseren; kegelen
bossieren *zw* boetseren; reliëfwerk maken; kegelen
böswillig kwaadwillig
Botanik [-'ta-] *v* (~) plantkunde, botanie

Botaniker [-'ta-] *m* (-s; ~) plantkundige, botanicus
botanisch plantkundig, botanisch
botanisieren *zw* botaniseren
Bote *m* (-n; -n) bode; voorbode; *die zwölf ~n Christi* de twaalf apostelen
Botengang *m* boodschap; *einen ~ machen, tun* een boodschap overbrengen
botmäßig (+ 3) onderdanig, gehoorzaam
Botschaft *v* (~; -en) boodschap; ambassade
Botschafter *m* (-s; ~) ambassadeur
Böttcher *m* (-s; ~) kuiper
Bottich *m* (-s; -e) tobbe, kuip
Bouillonwürfel *m* bouillonblokje
Bowle ['bo-le] *v* (~; -n) bowl ⟨kom en drank⟩
Box *v* (~; -en) box ⟨van paard of auto, op tentoonstelling⟩; Oostr brievenbus
boxen *zw* boksen
Boxer *m* (-s; ~) bokser ⟨ook hond⟩
Boxkampf *m* bokswedstrijd
Boykott *m* (-s; -e) boycot
boykottieren *zw* boycotten
brabbeln *zw* brabbelen; *vor sich hin ~* in zich zelf mompelen
brach [-aa-] braak
Brache *v* (~; -n) braak; braakland
Brachialgewalt *v* ruw geweld
brachliegen *st* braak liggen ⟨ook fig⟩
Brachmonat *m*, **Brachmond** *m* juni
Brachse *v* (~; -n), **Brachsen** *m* (-s; ~) visk brasem
Brachvogel *m*: *großer ~* vogelk wulp
Bracke *m* (-n; -n) dierk brak (jachthond), staande hond
Brackwasser *o* Nederd brak water
Bramarbas [-'mar-] *m* (~; -se) snoever
bramarbasieren *zw* snoeven
Branche *v* (~; -n) handel tak v. handel, branche
Brand *m* (-(e)s; Brände) brand; 't branden, gloed; brandend stuk hout; ingebrand merk; plantk korenbrand; roest; *kalter ~* med koudvuur; *einen tüchtigen ~ haben* gemeenz grote dorst hebben; *~ legen* brand stichten; *in ~ geraten, setzen (stecken)* in brand raken, steken; *in ~ stehen* in brand staan
Brandanschlag *m* aanslag waarbij brand wordt gesticht
Brandblase *v* brandblaar
branden *zw* breken, slaan ⟨golven⟩; woeden; *das ~de Leben der Großstadt* het woelige leven in een grote stad
Brandherd *m* brandhaard
brandig branderig ⟨v. koren, wond⟩
Brandmal *o* brandvlek; brandmerk
Brandmalerei *v* het brandschilderen
brandmarken *zw* brandmerken
brandneu gloednieuw
brandschatzen *zw* brandschatten
Brandstifter *m* brandstichter
Brandung *v* (~; -en) branding
Branntwein *m* brandewijn
1 Brasil *m* (-s; -es) Braziliaanse koffie, tabak
2 Brasil *v* (~) Braziliaanse sigaar
Brasilianer *m* (-s; ~) Braziliaan
brasilianisch Braziliaans
Brasilien [bra-'zie-li-en] *o* Brazilië

1 Brasse *m* (-n; -n), **Brassen** *m* (-s; ~) visk brasem

2 Brasse *v* (~; -n) scheepv bras

brassen *zw* scheepv ⟨zeilen⟩ brassen

braten ⟨briet; gebraten⟩ *overg & onoverg* braden, bakken; *auf dem Roste* ~ roosteren; *Gebratenes* gebakken of gebraden spijzen; *in der Sonne* ~ in de zon bakken

Braten *m* (-s; ~) gebraad; gebraden vlees; *ein fetter* ~ een buitenkansje; *den* ~ *riechen* lont ruiken, lucht krijgen van iets

Bratpfanne *v* braadpan

Bratröhre *v* braadoven ⟨in fornuis⟩

Bratrost *m* grill

Bratsche *v* (~; -n) muz altviool

Bratspieß *m* braadspit

Bräu *o* (-(e)s; -e & -s) Z-Duits, Oostr bierhuis; brouwsel, bier

Brauch *m* (-(e)s; Bräuche) gebruik, gewoonte; *österlicher* ~ paasgebruik; *nach altem* ~ naar oud gebruik

brauchbar bruikbaar, nuttig

Brauchtum *o* gebruiken ⟨v. volk⟩

Brauchwasser *o* water voor gebruik in industrie of landbouw

Braue *v* (~; -n) wenkbrauw

brauen *zw* brouwen; schertsend bereiden; *der Nebel braut* plechtig 't wordt mistig; *es braut sich etwas zusammen* er is wat op til

Brauerei *v* (~; -en) brouwerij

braun bruin; pol vero nationaalsocialistisch; *der B~e* bruin ⟨paard⟩

Bräune *v* (~) bruinheid; med angina; difterie

bräunen *zw* bruin maken, bruin worden ⟨ook door zon⟩; bruin braden; fruiten ⟨uitjes⟩

Braunkohle *v* bruinkool

bräunlich bruinachtig

Braunschweig *o* Brunswijk

Brause *v* (~; -n) stortbad, douche; broes; ⟨als afk. v. *Brauselimonade*⟩ gemeenz limonade gazeuse, prik

Brausebad *o* stortbad, douche

brausen *zw* bruisen; suizen; *sich* ~ douchen

Brausepulver *o* instantpoeder voor limonade; med bruispoeder

Braut *v* (~; Bräute) bruid; verloofde, meisje; gemeenz vriendin; ~ *Christi* non; ~ *in Haaren* plantk juffertje-in-'t-groen

Brautführer *m* bruidsjonker

Bräutigam *m* (-s; -e) bruidegom; verloofde; *der himmlische* ~ Christus

Brautjungfer *v* bruidsmeisje

Brautkleid *o* bruidsjapon

Brautleute *mv* verloofden, verloofd paar; bruidspaar

bräutlich van, als een bruid, bruids...; ~ *geschmückt* in bruidstooi

Brautpaar *o* verloofd paar; bruidspaar

brav braaf, eerlijk; flink; zoet ⟨v. kind⟩

Bravheit *v* (~) braafheid, rechtschapenheid; flinkheid; zoetheid ⟨v. kind⟩

Bravour *v* (~) bravoure; meesterschap

BRD = *Bundesrepublik Deutschland*

Brechbohne *v* plantk sperzie-, sla-, prinsessenboon

Brecheisen *o* breekijzer

brechen ⟨brach; gebrochen⟩ breken; overgeven, braken; verbreken, schenden; delven ⟨steengroeve⟩; plukken ⟨fruit⟩; *sich Bahn* ~ zich baan breken; *die Ehe* ~ echtbreken; *das Eis* ~ 't ijs breken ⟨ook fig⟩; *sich das Genick* ~ zijn nek breken; *einem das Genick (den Hals)* ~ iem. ruïneren; *das (sein) Schweigen* ~ het stilzwijgen verbreken; *den Widerstand* ~ het verzet breken; *nichts zu* ~ *und zu beißen haben* niets te bikken hebben; *mit einem* ~ met iem. breken; *etwas übers Knie* ~ iets vluchtig, met de Franse slag doen; *zum B~ voll* tot barstens toe vol; *Not bricht Eisen* nood breekt wet; *Bundesrecht bricht Landesrecht* federaal recht gaat boven regionaal recht

Brecher *m* (-s; ~) breker ⟨ook golf⟩

Brechmittel *o* braakmiddel

Brechreiz *m* neiging tot braken, onpasselijkheid

Brechstange *v* breekijzer

Brechung *v* (~; -en) breking ⟨ook van licht, van klanken⟩; het breken

Brei *m* (-s; -e) pap, brij; *um den heißen* ~ *herumreden* om de hete brij draaien; *einen zu* ~ *schlagen* slang iem. tot moes slaan

breit breed, plat, breedvoerig, wijdlopig; *das* ~*e Publikum* het grote publiek; *sich* ~ *machen* een grote plaats innemen; een grote rol spelen

breitbeinig wijdbeens

Breite *v* (~; -n) breedte, breedheid; breedvoerigheid; *die gemäßigten* ~*n* de gematigde zones; *40° nördlicher, südlicher* ~ 40° noorder-, zuiderbreedte; *in unsern* ~*n* in onze streken; *in die* ~ *gehen* in de breedte gaan; dik worden

breiten *zw* uitstrekken, uitbreiden; pletten

Breitengrad *m* breedtegraad

breitmachen, nieuwe spelling: **breit machen** *zw*: *sich* ~ veel ruimte innemen; fig zich op de voorgrond plaatsen, gewichtig doen

breitschlagen *st* overhalen, bepraten; gemeenz gappen; *sich* ~ *lassen* zich tot iets laten bewegen

breitschult(e)rig breedgeschouderd

Breitseite *v* langszijde; volle laag ⟨v. oorlogsschip⟩

breitspurig met breed spoor; verwaand, dikdoend

breittreten *st* plattrappen; banaliseren; vreselijk lang uitspinnen

Breitwand *v* breed filmdoek, cinemascoop

Bremsbelag *m* remvoering

Bremse *v* (~; -n) rem; dierk paardenvlieg, brems; neusklem; gemeenz oorveeg; molenvang

bremsen *zw* remmen

Bremser *m* (-s; ~) spoorw remmer

Bremsklotz *m* remblok

Bremslicht *o* auto stoplicht

Bremspedal *o* auto rempedaal

Bremsweg *m* remweg

brennbar brandbaar

brennen *onr overg & onoverg* branden; friseren, in de krul zetten ⟨v. haar⟩; bakken;

stoken ⟨v. alcohol⟩; brandmerken ⟨v. vee⟩; ~ *wie Zunder* branden als een lier; **Branntwein** ~ brandewijn stoken; *Ziegel* ~ stenen bakken; *es brennt* er is brand; fig je bent warm ⟨bij zoeken⟩; *wo brennt's denn?* waarom zo'n haast?; wat is er aan de hand?; ~ *auf etwas* op iets gebrand zijn; *es brennt ihm auf den Nägeln* 't nijpt, de toestand wordt voor hem kritiek; 't werk benauwt hem erg; *es brennt ihm auf der Zunge* 't brandt hem op de tong; *es brennt ihm unter den Sohlen* 't is hoog tijd voor hem om weg te gaan

brennend brandend; *eine ~e Frage* een brandende kwestie; *ein ~es Problem* een brandend, dringend actueel probleem; ~ *gern* bijzonder graag; ~ *nötig* hoognodig

Brenner *m* (-s; ~) brander; (steen)bakker; (jenever)stoker; aardr Brennerpas

Brennerei *v* (~;-en) (jenever)stokerij; (steen-) bakkerij

Brennessel, nieuwe spelling: **Brennnessel**, ook: **Brenn-Nessel** *v* plantk brandnetel; *sich in die ~n setzen* fig zich moeilijkheden op de hals halen

Brennholz *o* brandhout
Brennpunkt *m* brandpunt
Brennstoff *m* brandstof
Brennweite *v* brandpuntsafstand

brenzlich, brenzlig branderig; hachelijk, *ein~es Thema* een netelig onderwerp

Bresche *v* (~; -n) bres; *eine ~ schlagen* een bres slaan; *sich in die ~ werfen für* in de bres springen voor

Bretagne: *die ~* Bretagne
bretonisch Bretons

Brett *o* (-(e)s; -er) plank, deel; ski; bord, dambord; blad, blaadje ⟨voor kopjes⟩; *die ~er (die die Welt bedeuten - Schiller)* de planken, het toneel; *das Schwarze* ~ univ 't mededelingenbord; *am Schwarzen ~ aushängen* publiekelijk bekendmaken; *bei jmdm. einen Stein im* ~ *haben* bij iemand een wit voetje hebben; *ein ~ vor dem Kopf (den Augen) haben* traag van begrip zijn

Bretterbude *v* houten keet
Bretterzaun *m* schutting
Brettspiel *o* bordspel
Brevier *o* (-s; -e) brevier
Brezel ['bret-, 'breetsel] *v* (~; -n) krakeling
Bridge *o* (~) kaartsp bridge

Brief *m* (-(e)s; -e) brief; mapje ⟨met lucifers, naalden enz.⟩; handel laten, laatkoers; *ein blauer* ~ een ontslagbrief; een brief van schoolhoofd aan ouders; *eingeschriebener* ~ aangetekende brief; *jmdm.* ~ *und Siegel auf etwas geben* iem. iets verzekeren, op een briefje geven

Briefbeschwerer *m* pressepapier
Briefbogen *m* velletje postpapier
Briefkasten *m* brievenbus
Briefkopf *m* briefhoofd
brieflich schriftelijk; per brief
Briefmarke *v* postzegel
Briefpapier *o* postpapier
Brieftasche *v* brievetas; portefeuille
Brieftaube *v* vogelk postduif
Briefträger *m* brievenbesteller
Briefumschlag *m* envelop
Bries *o* (-es; -e), **Brieschen** [-çen] *o* (-s; ~) thymus, kalfszwezerik
Brigade *v* mil brigade; ⟨in de voormalige DDR⟩ werkploeg
Brigg *v* (~; -s) scheepv brik
Brikett *o* (-(e)s; -s, -e) briket
brillant *bn* briljant, fantastisch
Brillant [bril-'jant] *m* (-en; -en) briljant
Brille *v* (~; -n) bril ⟨ook v. wc⟩; *etwas durch eine rosa* ~ *sehen* iets al te rooskleurig (optimistisch) bekijken
Brillengestell *o* brilmontuur
brillieren *zw* schitteren, briljant zijn
Brimborium *o* (-s) koude drukte
bringen (brachte, conjunctief: brächte; gebracht) brengen, aanbrengen, presenteren; publiceren; *einen Artikel* ~ een artikel publiceren; *den Erweis* ~, *daß* het bewijs leveren dat; *gute Filme* ~ goede films vertonen; *das bringe ich nicht* dat kan ik niet; *was bringt das Haus monatlich?* wat brengt 't huis per maand op?; *hinter sich* ~ klaarspelen; *in Aufruhr* ~ in beroering brengen; *in die Ehe* ~ in het huwelijk inbrengen; *ins Haus* ~ thuisbezorgen; *nicht über sich* ~ niet over zijn hart kunnen verkrijgen; *um etwas* ~ van iets beroven; *zu einem guten Abschluß* ~ tot een goed einde brengen
Bringschuld *v* handel brengschuld
brisant brisant; *eine ~e Frage* een brandende, hoogstactuele vraag
Brisanz *v* (~) explosieve kracht; fig gevaarlijkheid
Brise *v* (~; -n) bries
Britannien [-ni-en] *o* (-s) Brittannië
Brite *m* (-n; -n) Brit
britisch Brits
bröckelig brokkelig
bröckeln *zw* verbrokkelen, kruimelen
brocken *zw* brokken, in stukken breken; Z-Duits, Oostr plukken; *Brot in die Suppe* ~ brood in de soep brokkelen
Brocken *m* (-s; ~) brok, stuk; aardr de Brocken (berg in het Harzgebergte); *ein dicker* ~ gemeenz een zwaarlijvige kerel; *ein fetter* ~ een voordelig zaakje; *ein harter* ~ gemeenz een moeilijk karwei; *ein paar* ~ *Englisch* een paar woorden (een mondje) Engels
bröcklig brokkelig
brodeln *zw* zieden, koken, pruttelen; Oostr talmen
Brodem *m* (-s; ~) damp, wasem
Brokat *m* (-s; -e) brokaat
Brokkoli ['brok-] *mv* plantk broccoli
Brom *o* (-s) broom
Brombeere ['brom-] *v* (~; -n) plantk braam(bes)
Brombeerstrauch *m* braamstruik
Bronchitis *v* (~) med bronchitis
Bronze ['brõ-se] *v* (~; -n) brons; bronzen beeld; bronzen medaille
bronzefarben bronskleurig
Bronzezeit *v* bronzen tijdperk, bronstijd
bronzieren *zw* bronzen
Brosame *v* (~; -n), **Brosam** *m* (-(e)s; -e)

broodkruimel
Brosche v (~; -n) broche
broschieren zw innaaien, brocheren (in de boekbinderij)
Broschüre v (~; -n) brochure
Brösel m, o (-s; ~), **Bröselein** o (-s; ~) kruimeltje; fig brok
bröseln zw (brood) kruimelen; pruttelen, borrelen
Brot o (-(e)s; -e) brood; boterham; *ein belegtes ~* een belegde boterham; *Pariser ~* Zwits stokbrood; *Tessiner ~* Zwits 4 kadetjes aan elkaar; *schwarzes ~* ± roggebrood; *ein hartes, saures ~* zwaar, inspannend werk; *sich sein ~ sauer verdienen* hard werken voor weinig loon; *überall sein ~ finden* overal werk vinden
Brotbelag m broodbeleg
Brötchen o (-s; ~) broodje, kadetje; *es geht weg wie frische ~* 't vliegt weg, 't gaat als warme broodjes over de toonbank; *kleinere ~ backen müssen* een toontje lager moeten zingen
Broterwerb m broodwinning
Brotkanten m kapje van brood
Brotkorb m broodmand, -korf
Brotkrume v kruim (v. brood); broodkruimel
brotlos brodeloos
Brotrinde v broodkorst
1 Bruch m (-(e)s; Brüche) breuk (ook med, geol, rekenk); 't breken; afval, rommel; steengroeve; vouw (in broek); inbraak; *eingeklemmter ~* med beklemde breuk; *gemeiner (gewöhnlicher) ~* rekenk gewone breuk; *kontinuierlicher ~* rekenk kettingbreuk; *periodischer ~* rekenk repeterende breuk; *~ machen* brokken (stukken) maken; *in die Brüche gehen* in duigen vallen, ten einde zijn; *zu ~ gehen* kapotgaan; *zu ~ fahren* total loss, in de soep rijden
2 Bruch [broech] m & o (-(e)s; Brüche & Brücher) broek-, drasland, laaggelegen land
Bruchbude v krot; armoedige kamer
bruchfest breukvrij, onbreekbaar
brüchig met barsten, scheuren; wrak, voos; onzeker; gebroken
Bruchrechnen o rekenen met breuken
Bruchteil breuk, deel; fractie; onderdeel
Bruchzahl v breukgetal
Brücke v (~; -n) brug (ook scheepv, turnen); steiger; lang en smal tapijtje; *die goldene ~ kruip-door, sluip-door; eine ~ schlagen* een brug slaan; *alle ~n hinter sich abbrechen* de schepen achter zich verbranden
Brückengeländer o brugleuning
Brückenkopf m bruggenhoofd (ook mil)
Bruder m (-s; Brüder) broeder (ook godsd), broer; gemeenz snuiter, kerel; *ein fauler ~* gemeenz een bedenkelijk heerschap; *ein ~ Leichtfuß (Liederlich)* een lichtmis; een losbol; *ein ~ Lustig* een vrolijke klant, een vrolijke Frans; *Brüder des gemeinsamen Lebens* Broeders van 't Gemene Leven; *unter Brüdern* onder ons, eerlijk gezegd
brüderlich broederlijk
Brüderschaft v broederschap

Brügge o Brugge
Brühe v (~; -n) nat, vocht; saus, jus, vleesnat, bouillon; geringsch brouwsel, pap; slappe koffie, slootwater; *in die ~ geraten* gemeenz in de knoei komen; *in der ~ sitzen* gemeenz in de penarie zitten
brühen zw broeien, met heet water begieten; zetten (koffie, thee)
brühheiß brandend (kokend) heet
brühwarm pas nieuw; fig heet van de naald; *etwas ~ erzählen* iets heet van de naald vertellen
Brüllaffe m brulaap; gemeenz luidspreker
brüllen zw brullen; loeien; bulderen; ronken, razen (v. motor); *das ist ja zum B~!* dat is om je dood te lachen!
Brummbär m, **Brummbart** m brombeer, knorrepot
brummeln zw pruttelen, een beetje brommen
brummen zw brommen (ook in de gevangenis), knorren; gemeenz schoolblijven; *der Kopf (der Schädel) brummt ihm* zijn hoofd loopt om; hij heeft een kater; *etwas in den Bart ~* in zich zelf mopperen (mompelen)
Brummer m (-s; ~) dierk bromvlieg; brompot; zware vrachtauto
brummig brommerig, knorrig
Brummkreisel m bromtol
Brummschädel m gemeenz kater
brünett bruinharig
Brunft v (~) bronst, bronsttijd (v. wild, vooral v. hert)
brunftig bronstig, loops
Brunnen m (-s; ~) put; wel, bron, fontein; bronwater, mineraalwater; *ein artesischer ~* een artesische put; *~ trinken* bronwater gebruiken
Brunst v (~; Brünste) brand; hartstocht(elijkheid), vuur; bronsttijd
brünstig vurig, innig (v. gebed); loops, bronstig; zinnelijk, wellustig
Brunstzeit v bronsttijd, paartijd
brüsk bruusk, bars, ruw
brüskieren zw bruskeren
Brüssel o Brussel
Brust v (~; Brüste) borst; boezem; *sich an die ~ schlagen* berouw tonen; *schwach auf der ~ sein* zwakke longen hebben; fig gemeenz geen geld hebben
brüsten zw: *sich ~* zich beroemen, pochen, een hoge borst opzetten
Brustfell o borstvlies
Brusthöhle v borstholte
Brustkrebs m med borstkanker
Brustschwimmen o schoolslag
Brusttasche v borstzak
Brüstung v (~; -en) borstwering; vensterkozijn
Brustwarze v tepel
Brut v (~; -en) broed(sel), kroost; het broeden; de jongen; schertsend kroost, kinderen; gemeenz gespuis; *in der ~ sein* aan het broeden zijn
brutal ruw, bruut
Brutalität v (~; -en) ruwheid, bruutheid
Brutapparat m broedmachine

brüten zw broeden; broeien, drukken; peinzen, piekeren; *Rache* ~ op wraak zinnen; *über etwas* ~ over iets piekeren
Brüter m (-s; ~) broedende vogel; *schneller* ~ snelle kweekreactor
Bruthitze v broeihitte
brütig, Oostr **brutig** broeds
Brutkasten m broedkastje, nestkastje; couveuse
Brutstätte v broedplaats, kweekplaats; fig broeinest
brutto brutto
Bruttoregistertonne v scheepv brutoregisterton
brutzeln zw pruttelen ⟨in de pan⟩, braden
Bub m (-en; -en) Z-Duits, Oostr, Zwits jongen; leerling
Bube m (-n; -n) jongen, knaap; vero deugniet, boef; kaartsp boer
Bubenstreich m kwajongensstreek; schelmstuk
Bubi o (-s; -s) jongetje, kereltje
Bubikopf m jongenskop, pagekopje ⟨haar⟩
bübisch schurkachtig, snood
Buch o (-(e)s; Bücher) boek; *das* ~ *der Bücher* de bijbel; *ein Herr, wie er im* ~*e steht* op en top een heer; *zu* ~*e schlagen* geld opbrengen, lonen; effect sorteren; *zu* ~ *stehen* te boek staan, geboekt staan; *reden wie ein* ~ zeer welbespraakt zijn; *ein* ~ *mit sieben Siegeln* fig een gesloten boek; *ein offenes* ~ *für jmdm. sein* een open boek zijn voor iem.
Buchbesprechung v boekbespreking, recensie
Buche v (~; -n) plantk beuk, beukenboom
Buchecker v (~; -n) beukennootje
Büchelchen o (-s; -s) boekje, boekske
1 **buchen, büchen** bn beuken, beukenhouten
2 **buchen** zw boeken; boekstaven
Buchenhain m beukenbos
Bücherei v (~; -en) boekerij, bibliotheek
Bücherregal [-'gaal] o boekenrek, -plank
Bücherrevisor [-re'wiezor] m accountant
Bücherschrank m boekenkast
Buchfink m vogelk vink, boekvink
Buchführung v boekhouding; *einfache* ~, *doppelte* ~ enkele, dubbele boekhouding
Buchhalter m boekhouder
Buchhaltung v boekhouding
Buchhändler m boekhandelaar, -verkoper
Buchhandlung v boekhandel, -winkel
Buchmesse v boekenbeurs
Buchprüfer m accountant
Buchse v (~; -n) naaf, buis; elektr stopcontact
Büchse v (~; -n) bus, blik; buks; broek; *vor die* ~*e bekommen* onder schot krijgen
Büchsenfleisch o vlees in blik
Büchsenöffner m blikopener
Buchstabe m (-n(s); -n) letter; *die vier* ~*n* achterwerk, biles, derrière; *dem* ~ *des Gesetzes gemäß* volgens de letter v.d. wet; *sich zu sehr an den* ~*n halten* zich te streng aan (de letter van) de voorschriften houden
buchstabengetreu letterlijk

buchstabieren zw spellen
buchstäblich letterlijk
Buchstütze v boekensteun
Bucht v (~; -en) bocht, inham; hok, afschutting; *die Deutsche* ~ de Duitse bocht (bij Helgoland)
Buchung v (~; -en) boeking; aanmelding
Buchweizen m (-s; ~) plantk boekweit
Buchweizengrütze v boekweitegort
Buchzeichen o bladwijzer, boekenlegger
1 **Buckel** m (-s; ~) bult, bochel; buil; heuveltje; gemeenz rug; *einen breiten* ~ *haben* veel kunnen verdragen; *etwas auf dem* ~ *haben* heel oud zijn; 't moeilijk hebben; *du kannst mir den* ~ *runterrutschen* je kunt me wat!; *den* ~ *hinhalten müssen* voor iets opdraaien; *etwas auf den* ~ *nehmen* de verantwoordelijkheid voor iets op zich nemen, iets op zich nemen
2 **Buckel** v (~; -n) knop, schildbeslag
buckelig gebocheld; bultig; met bulten
buckeln zw onderdanige buigingen maken; op de rug, op de schouder dragen; een hoge rug zetten ⟨v. kat⟩
bücken zw: *sich* ~ bukken
bucklig = *buckelig* | **Bückl(i)ing** m (-s; -e) bokking, gerookte haring
2 **Bückling** m (-s; -e) diepe buiging
Buddel v (~; -n) gemeenz fles
Buddelei v (~; -en) gegraaf; het rooien
buddeln zw graven, wroeten; *Kartoffeln* ~ aardappels rooien
Bude v (~; -n) kraam, kermistent; keet, barak; gemeenz studentenkamer, kast; woning; *die* ~ *auf den Kopf stellen* de boel op stelten zetten; *mir fällt die* ~ *auf den Kopf* ik krijg het benauwd, de muren komen op me af; *jmdm. die* ~ *einrennen* de deur platlopen bij iem.
Budget [bud-'zjee] o (-s; -s) budget, begroting
Büfett o (-(e)s; -e) buffet
Büffel m (-s; ~) dierk buffel ⟨ook fig⟩; gemeenz domkop
Büffelei v (~; -en) gezwoeg, geblok
büffeln zw blokken, zwoegen
Bug m (-(e)s; Büge, -e) boeg; schoft ⟨v. dier⟩
Bügel m (-s; ~) beugel; stijgbeugel; klerenhanger
Bügelbrett o strijkplank
Bügeleisen o strijkijzer, -bout
Bügelfalte v vouw ⟨v.e. broekspijp⟩
bügelfest strijkecht; stevig te paard zittend
bügelfrei no-iron, zelfstrijkend
bügeln zw strijken, gladstrijken; *über die Tonne gebügelt sein* slang kromme benen hebben
bugsieren zw scheepv boegseren, slepen; *einen nach Hause* ~ iem. naar huis manoeuvreren
Bugsierer m (-s; ~) sleepboot
buhlen zw minnen, vrijen; boeleren; dingen naar; *um die Gunst* ~ naar de gunst dingen
Buhne v (~; -n) krib ⟨in rivier⟩
Bühne v (~; -n) toneel; schouwburg; fig spreekgestoelte; stellage; Z-Duits zolder; *auf die* ~ *bringen* theat op de planken

brengen; *auf offener ~* bij open doek; *etwas über die ~ bringen* iets tot stand brengen, voor elkaar krijgen; *zur ~ gehen* aan 't toneel gaan
Bühnenbild o decor
Bühnenbildner m decorontwerper
Bühnendichter m toneelschrijver, -auteur, -dichter
Bühnenvertrieb m theateragentschap
Bukett o (-s; -e, -s) boeket; bouquet ⟨v. wijn⟩
Bulette v (~; -n) gebraden balletje gehakt; *immer 'ran an die ~n!* gemeenz nu aan 't werk!
Bulgare m (-n; -n) Bulgaar
Bulgarien [-'ga-ri-en] o Bulgarije
bulgarisch Bulgaars
Bullauge o scheepv patrijspoort, kajuitsvenster
Bulldogge v dierk buldog
Bulldozer m (-s; ~) bulldozer
1 Bulle m (-n; -n) dierk bul, stier; gemeenz oppasser, bewaker; mil, gemeenz hoge piet; pedel; gemeenz politieagent; *ein ~ von Kerl* gemeenz een bul van een vent
2 Bulle v (~; -n) RK, univ bul
Bullenbeißer m bulebak; buldog
Bullenhitze v zinderende hitte
bullern zw borrelen; bulderen, razen ⟨v. kachel⟩
Bulletin o (-s; -s) bulletin
Bumerang m (-s; -e) boemerang
Bummel m (-s; ~) gemeenz wandeling(-etje); kwast ⟨aan muts &⟩
Bummelei v (~) geboemel, gelanterfant; getreuzel
bummeln zw rondslenteren, wandelen; tijd verlummelen
Bummelstreik m langzaam-aan-actie
Bummelzug m boemeltrein, stoptrein
Bummler m (-s; ~) wandelaar; boemelaar; leegloper
Bums m (-es; -e) bons, stoot; gemeenz kroeg, dancing
bumsen zw bonzen, kloppen; gemeenz neuken
Bumslokal o verdachte kroeg of dancing
Buna m (~(s)) synthetische rubber
1 Bund m (-(e)s; Bünde) verbond; bond; band ⟨van broek⟩; *der Alte, der Neue ~* het Oude, het Nieuwe Verbond, het Oude, het Nieuwe Testament; *im ~e mit* verbonden, verenigd met
2 Bund o (-(e)s; -e) bundel, bosje, pak; *ein ~ Karotten, Spargel* een bos worteltjes, asperges
Bündel o (-s; ~) bundel, pakje; *ein ~ Elend* een hoopje ellende; *sie ist ein ~ Nerven* zij is één bonk zenuwen
bündeln zw bundelen
Bundesangestelltentarif m salarisschaal voor ambtenaren
Bundesausbildungsförderungsgesetz o (= Bafög) Duitse wet op de studiefinanciering
Bundesbahn v Duitse spoorwegen
Bundesgenosse m bondgenoot
Bundeskanzler m bondskanselier; Zwits staatshoofd
Bundesland o deelstaat van Duitsland of Oostenrijk; *die neuen Bundesländer* de voormalige DDR
Bundesliga v sp hoogste Duitse voetbaldivisie
Bundespost v Duitse posterijen
Bundespräsident m bondspresident
Bundesrat m Bondsraad; kabinet van Zwitserland; minister daaruit
Bundesregierung v Bondsregering
Bundesrepublik (Deutschland) v Bondsrepubliek (Duitsland), BRD
Bundesstaat m bondsstaat
Bundestag m Bondsdag
Bundestagsabgeordnete(r) m-v volksvertegenwoordiger, lid van de Bondsdag
Bundestagswahl v parlementsverkiezingen
Bundesverfassungsgericht o hoge rechterlijke instantie in Duitsland, die uitspraken doet in grondwettelijke aangelegenheden
Bundesversammlung v vergadering van vertegenwoordigers van de Bondsdag en van de *Landtage*, die de bondspresident kiest
Bundeswehr v Duitse leger
bundesweit in de hele Bondsrepubliek
bündig bondig; bindend; overtuigend, afdoend
Bündigkeit v bondigheid; bewijskracht; het bindend zijn
Bündner m (-s; ~) Graubündenaar
Bündnis o (-ses; -se) verbond, bondgenootschap
Bunker m (-s; ~) scheepv, mil bunker; slang gevangenis; arrest
bunkern zw scheepv bunkeren
Bunsenbrenner m bunsenbrander
bunt bont, veelkleurig; *ein ~er Abend* een gevarieerde, bonte avond ⟨muziek, dans, enz.⟩; *eine ~e Platte, ein ~er Teller* een bord met allerlei lekkers; *bekannt wie ein ~er Hund* bekend als de bonte hond
buntfarbig bont, veelkleurig
Buntstift m kleurpotlood
Bürde v (~; -n) last, zwaarte, vracht
Burg v (~; -en) burcht, kasteel, slot; beverhol; ⟨Oostr ook⟩ Burgtheater
Bürge m (-n; -n) borg
bürgen zw waarborgen, borg zijn; *für einen ~* voor iem. instaan; *für etwas ~* iets garanderen
Bürger m (-s; ~) burger
Bürgerinitiative v het optreden van (een) actiegroep(en)
Bürgerkrieg m burgeroorlog
bürgerlich burgerlijk; bourgeois; *die ~en Behörden* de civiele autoriteiten
Bürgermeister m burgemeester; wethouder ⟨in grote stad⟩; *~ und Beigeordnete* Burgemeester en Wethouders
Bürgerrecht o burgerrecht
Bürgerschaft v burgerij; parlement van een Hanzestad
Bürgersteig m (-s; -e) trottoir, voetpad
Bürgertum o burgerstand; burgerschap
Bürgschaft v (~; -en) borgtocht, borg,

waarborg
Burgund o (-s) Bourgondië
Burgunder m (-s; ~) Bourgondiër; bourgogne(wijn)
Burgverlies o onderaardse gevangenis
Burleske [-'les-] v (~; -n) burleske, klucht
Büro o (-s; -s) bureau, kantoor; administratie
Bürobedarf m, **Bürobedarfsartikel** mv kantoorbehoeften
Bürokrat m (-en; -en) bureaucraat
Bürokratie [-'tie] v bureaucratie
Bursch m (-en; -e(n)), **Bursche** m (-n; -n) knaap, jonge man; snuiter; corpslid; mil oppasser; *ein sauberer ~ gemeenz iron* een deugniet
Burschenschaft v (patriottische) studentenvereniging (na 1815)
burschikos [-'koos] studentikoos
Bürste v (~; -n) borstel
bürsten zw borstelen; reinigen; slang pimpelen; ranselen
Bürstenabzug m drukproef
Bürzel m (-s; ~) stuit; staart ⟨v. vogels, hert, das enz.⟩
Bus m (-ses; -se) ⟨als afk. v. *Autobus*⟩ bus
Busch m (-es; Büsche) kreupelbos, struikgewas, bosje; rimboe; bos, bundel; pluim; boeket; *mit etwas hinterm ~ halten* iets verzwijgen, achterhouden, geheim houden; *sich seitwärts in die Büsche schlagen* stilletjes verdwijnen
Büschel o (-s; ~) bos, bundel, pluim; kuif ⟨v. vogel⟩; tros
buschig bosachtig, vol struiken; *~e Brauen* ruige, zware wenkbrauwen
Buschmann m (-s; -männer) Bosjesman
Busen m (-s; ~) boezem, borst; golf, baai
Busenfreund m boezemvriend
Bussard ['boes-] m (-s; -e) vogelk buizerd
Buße v (~; -n) boete; boetedoening; Z-Duits geldboete

büßen zw boeten, boete doen; moeten bekopen; Zwits beboeten; *seinen Leichtsinn mit dem Tode ~* zijn lichtzinnigheid met de dood moeten bekopen
Büßer m (-s; ~) boeteling, boetvaardige
Buß- und Bettag m prot kerkelijke boetedag (in november)
Büste v (~; -n) buste
Büstenhalter m bustehouder
Butan o butaan
Butt m (-(e)s; -e), **Butte** v (~; -n) visk bot
Bütt v vat als spreekgestoelte ⟨carnaval⟩
Bütte v (~; -en) tobbe, kuip, balie; ook = *Bütt*
Büttel m (-s; ~) knechtje; vroeger gerechtsdienaar, beulsknecht
Bütten(papier) o geschept papier
Büttenredner m spreker bij 't carnaval
Butter v (~) boter; ⟨soms⟩ margarine; *~ auslassen* boter laten smelten; *wie ~ an der Sonne* als sneeuw voor de zon; *alles in ~* alles in orde; 't is voor de bakker; *mir fällt die ~ vom Brot* ik ben diep ontgoocheld; *sich nicht die ~ vom Brot nehmen lassen* zich de kaas niet van het brood laten eten
Butterbrot o boterham; *ein belegtes ~* een belegde boterham; *jmdm. etwas aufs ~ schmieren* iem. iets op zijn brood geven, iem iets verwijten
Butterdose v botervlootje
Buttermilch v karnemelk
buttern zw karnen; beboteren; *es buttert* 't loopt goed
Butterstulle v ⟨in Berlijn⟩ boterham
Büttner m (-s; ~) kuiper
Butze(n)mann m boeman, kobold, vogelverschrikker
Butzenscheibe v in lood gevat rond ruitje
byzantinisch Byzantijns; kruiperig
Byzanz [-'tsants] o Byzantium
bzw. = *beziehungsweise* respectievelijk

C

Café o (-s; -s) lunchroom
Camping o (-s) het kamperen
Campingplatz m kampeerterrein, camping
Cape [keep] o (-s; -s) cape
ccm = *Kubikzentimeter*
CD-Spieler m cd-speler
CDU = *Christlich Demokratische Union* (politieke partij)
Cellist [tschel'list] m (-en; -en) muz cellist
Cello ['tschel-lo] o (-s; Celli & -s) muz violoncel, cello
cf (als afk. v. *confer*) vergelijk
Chagrin [scha-'grē] *o* & *o* (-s), **Chagrinleder** o segrijnleer
Chamäleon o (-s; -s) kameleon
Champagner m (-s; ~) ⟨Franse⟩ champagne
Champignon m (-s; -s) champignon
Chance *v* (~; -n) kans, mogelijkheid
Chancengleichheit *v* gelijke kansen; *in der Bildung gilt* ~ *für alle* in het onderwijs gelden gelijke kansen voor iedereen
Chaos ['ka-os] o (~) chaos, baaierd
chaotisch [ka-'o-tisch] chaotisch, verward
Charakter m (-s), **Charaktere** [-'e-re] karakter; *mv* (ook) letters
charakterisieren *zw* karakteriseren, kenschetsen
Charakteristik [-'ris-] *v* (~; -en) karakterschets, karakteristiek
charakteristisch [-'ris-] karakteristiek
charakterlich wat karakter betreft
charakterlos karakterloos
Charakterzug m karaktertrek
Charge *v* (~; -n) ambt; mil rang, erepost; gegradueerde; theat gechargeerde bijrol; lading, vulling ⟨v.e. hoogoven⟩
chargieren *zw* chargeren (ook theat), overdrijven
charmant charmant, bekoorlijk
Charme m (-s) charme, bekoorlijkheid, aantrekkelijkheid
Charta [k-] *v* (~): *die* ~ *der Vereinten Nationen* het handvest der Verenigde Naties
chartern *zw* charteren, huren
Chauvinismus m chauvinisme
Chef m (-s; -s) chef, hoofd, patroon
Chefarzt m afdelingschef in een ziekenhuis; ⟨ook⟩ geneesheer-directeur
Chefetage *v* directieafdeling, directie-etage
Chefredakteur m hoofdredacteur
Chefsekretärin *v* directiesecretaresse
Chemie [çee-'mie] *v* (~) scheikunde, chemie
Chemiker ['çe-miker] m (-s; ~) scheikundige, chemicus
chemisch ['çe-misch] scheikundig, chemisch
Cherub m (-s; -im & -inen) cherub(ijn)
Chicorëe [sjiko'ree] *v* (~) plantk Brussels lof, witlof
Chiffre *v* (~; -n) geheim teken of cijfer; letter ⟨bijv. op advertenties⟩; monogram
chiffrieren *zw* in geheimschrift schrijven, coderen
Chile ['tsjiele] o (-s) Chili ⟨land⟩
China ['çiena, Oostr, Z-Duits 'kiena] o (-s) China
Chinese m (-n; -n) Chinees
chinesisch Chinees; *das ist für mich* ~ dat is voor mij volmaakt onbegrijpelijk
Chinin [çi-, Oostr, Z-Duits ki'nien] o (-s) kinine
Chip m (-s; -s) chip ⟨comput & zoutje⟩; fiche ⟨bij roulette⟩
Chirurg [-'roerç, -'roerk] m (-en; -en) chirurg
Chirurgie [-'gie] *v* (~) chirurgie, heelkunde
Chlor [kloor] o (-s) chloor
Chloroform [klo-] o (-s) chloroform
Cholera ['ko-le-ra] *v* (~) cholera
cholerisch [ko'lee-] cholerisch
Cholesterin o (-s) cholesterol
Cholesterinspiegel m cholesterolspiegel
Chor m (-s; Chöre) koor, zangkoor; ~ *der Engel* rei van engelen; *im* ~ gezamenlijk
Choral m (-s; -räle) koraal
Chorherr m RK kanunnik, koorheer
Chorist m (-en; -en) koorzanger
Christ m (-en; -en) christen; Christus
Christabend kerstavond (avond voor Kerstmis)
Christbaum m kerstboom
Christenheit *v* (~) christenheid
Christentum o christendom, christelijke leer
christianisieren *zw* kerstenen
Christkind o Christuskind, Kerstkindje; kerstgeschenk
christlich christelijk
Christmesse *v* mis op kerstavond, kerstmis
Christrose *v* plantk kerstroos
Christus m (2e nv. *Christi,* 3e nv. *Christo,* 4e nv. *Christum*) Christus; *nach (vor) Christus/ Christo; nach (vor) Christi Geburt* na (voor) Christus
Chrom [kroom] o (-s) chroom
Chromosom o (-s; -e) chromosoom
Chronik ['kro-nik] *v* (~; -en) kroniek
chronisch chronisch
Chronist m (-en; -en) kroniekschrijver
Chronologie [kro-] *v* chronologie
chronologisch chronologisch, tijdrekenkundig
Chronometer o chronometer
Chrysantheme [krizan'teme] *v* plantk chrysant(emum)
Clique [kliek] *v* (~; -n) kliek
Code = *Kode*
Computer m (-s; ~) computer
Container m (-s; ~) container
Couch [kautsj] *v* (~; -es) slaapbank
Couleur *v* pol, vaak iron kleur
Coup [koe] m (-s; -s) coup, staatsgreep; slag
Cousin [koe'zeng] m (-s; -s) neef (zoon v. oom of tante)
Creme [kreem] *v* (~; -s) crème; vla; het beste
Curry m & o (-s) kerrie

D

1 da *bijw van plaats of tijd* daar; toen; dan; ~ *und dort* daar ongeveer; *ist er schon* ~? is hij er al?; ~ *wären wir!* daar zijn we dan!; ~ *antwortete er* toen antwoordde hij; *und* ~ *sagt man noch* en dan zegt men nog; *es ist nichts mehr* ~ er is niets meer aanwezig; *von* ~ *an* van toen af(aan)
2 da *voegwoord* vero omdat, daar; toen; *ich ging fort,* ~ *es spät wurde* ik ging weg, omdat het laat werd
dabei daarbij; doende; *ich war gerade* ~ ik was juist bezig; *er bleibt* ~ hij blijft bij zijn mening, erbij; *es bleibt* ~ het blijft zo; *ich bin* ~ ik doe mee; *es ist nichts* ~ er steekt geen kwaad in
dabeisein, nieuwe spelling: **dabei sein** *onr* erbij zijn; op 't punt staan; *was ist denn schon dabei?* gemeenz wat hindert dat?
Dach *o* (-(e)s; Dächer) dak; autokap; slang kop; *eins aufs* ~ *bekommen* een standje krijgen; *einem eins aufs* ~ *geben* iem. een standje geven; *unter* ~ *und Fach sein* onder dak zijn; ⟨ook⟩ in kannen en kruiken zijn
Dachboden *m* zolder
Dachgepäckträger *m* auto imperiaal
Dachgeschoß, nieuwe spelling: **Dachgeschoss** *o* dakverdieping
Dachgesellschaft *v* handel holding-company
Dachpappe *v* dakvilt
Dachpfanne *v* (gegolfde) dakpan
Dachrinne *v* dakgoot
Dachs *m* (-es; -e) dierk das; dashond, taks; groentje, onervaren persoon; levendig, brutaal kind, rekel; slang kop, test; *ein frecher* ~ een brutale rekel; *ein junger* ~ een jonge spring-in-'t veld; *schlafen wie ein* ~ slapen als een marmot
Dachsbau *m* dassenhol
Dachschaden *m* defect a. h. dak; *er hat einen kleinen* ~ gemeenz hij is een beetje gek, van lotje getikt
Dachziegel *m* platte dakpan
Dackel *m* (-s; ~) dierk das(hond), taks
Dackelbeine *mv* korte, kromme benen
dadurch erdoorheen; daardoor; ~ *daß* doordat
dafür daarvoor; daartegenover; *ich bin* ~ ik ben er voor; *ich kann nicht(s)* ~ ik kan 't niet helpen, ik kan er niets aan doen
Dafürhalten *o*: *nach meinem* ~, *meinem* ~ *nach* volgens mijn mening
dafürkönnen *onr* zie: *dafür*
dagegen daartegen; ertegenaan; daarentegen; daarbij vergeleken; *ich habe nichts* ~ ik heb er niets tegen; *ich bin* ~ ik ben er tegen
dagegensetzen *zw* inbrengen tegen, zich verzetten tegen; *ich hatte nichts dagegenzusetzen* ik had er niets tegen in te brengen
daheim [da-'haim] thuis; in 't vaderland
daher [da-'heer] daarvandaan; voort; ['daheer] dus, derhalve, daarom, daardoor; ~, *weil* daardoor, dat
dahergelaufen geringsch vreemd, raar, verdacht; *ein* ~*er Kerl* een rare snuiter
daherkommen *st* eraan komen, aan komen stappen
daherreden *zw* erop los praten
dahin daarheen; voorbij, verloren, weg; kapot, stuk; dood, gestorven; *meine Ruhe ist* ~ mijn rust is weg; *bis* ~ tot zover; tegen die tijd; voor die tijd; ~ *ist es gekommen* zover is het gekomen; *sie einigten sich* ~, *daß...* ze werden het eens in die zin, dat...; ~ *sein* kapot, stuk zijn; dood zijn
dahinaus daarheen, die kant uit
dahineilen *zw* voort-, heensnellen
dahinfahren *st* wegrijden, heengaan
dahingeben *st* opofferen, op-, weggeven
dahingegen daarentegen
dahingehen *st* weggaan; sterven; in een bepaalde richting gaan; voorbijgaan; *meine Meinung geht dahin* mijn mening is de volgende, ik ben van mening; *eine* ~*de Meldung* een bericht, dat daarop neerkomt, dat...
dahinleben *zw* erop los leven
dahinrinrraffen *zw* wegrukken; *früh dahin gerafft werden* vroeg sterven
dahinsiechen *zw* wegkwijnen
dahinstehen *st*: *das steht noch dahin* dat is nog de vraag
dahinstellen *zw* ergens neerzetten; *das lasse ich dahingestellt* dat laat ik in het midden
dahinsterben *st* wegsterven
dahinten daarachter; achterin ⟨zonder nadere bepaling⟩
dahinter daar-, erachter (achter iets); *es steckt etwas* ~ daar schuilt iets achter; ~ *her sein* er achter heen zitten
dahinterklemmen, dahinterknien, nieuwe spelling: **dahinter klemmen, dahinter knien** *zw*: *sich* ~ gemeenz zich in iets vastbijten, zich sterk voor iets inzetten
dahinterkommen, nieuwe spelling: **dahinter kommen** *st* erachter komen
dahinterstecken, nieuwe spelling: **dahinter stecken** *zw* erachter zitten, schuilen
dahinvegetieren *zw* in de ellende leven, een uitzichtloos leven leiden, maar zo'n beetje vegeteren
Dahlie ['da-li-e] *v* (~; -n) plantk dahlia
Daktylus *m* (~; -en) dactylus (versvoet)
Dalles *m* (~) slang dalles, armoede; *den* ~ *haben, in* ~ *sein* geldgebrek hebben; ⟨ook⟩ kapot zijn, gebroken zijn
dalli: ~! vlug! vooruit! schiet op!
damalig toenmalig
damals toenmaals, toen; toentertijd
Damast *m* (-(e)s; -e) damast
Dame *v* (~; -n) dame; koningin ⟨bij schaak-, kaartspel⟩; dam ⟨bij damspel⟩; damspel; *die* ~ *des Hauses* de vrouw des huizes; ~ *auf Abruf* gemeenz, schertsend callgirl; ~ *von Welt* dame van de wereld; *meine alte* ~ gemeenz mijn moeder; ~ *spielen* dammen, dam spelen; *eine* ~ *bauen, machen,*

Damebrett

bekommen een dam halen
Damebrett o dambord
dämeln zw suffen; duizelig zijn
Damenbinde v maandverband
damenhaft damesachtig
Damenwahl v schrikkeldans
Damespiel o damspel
Damestein m damschijf
Damhirsch m dierk damhert
1 damit ['da-mit] *bijw* daarmee, ermee; ~ *warf er* daarmee gooide hij; *nur heraus* ~ [da-'mit] geef op, spreek op
2 damit ['da-mit] *voegwoord* opdat; *er sagte es mir,* ~ *ich ihm helfe* hij zei het mij, opdat ik hem hielp
dämlich *gemeenz* dom, stom, dwaas, suf
Damm m (-(e)s; Dämme) dam, dijk; rijweg; bilnaad; *wieder auf dem* ~ *sein* er weer bovenop zijn; *wieder auf den* ~ *bringen* er weer bovenop helpen
Dammbruch m dijkbreuk, -doorbraak
dämmen zw bedijken; isoleren; stuwen; *fig* stuiten, tegenhouden, bedwingen
dämmerhaft schemerachtig; vaag
dämmern zw schemeren; langzaam duidelijk, helder worden; soezen, dommelen; *der Morgen dämmert* de morgen breekt aan; *es dämmert mir* het begint mij te dagen; *eine ~de Ahnung* een vaag gevoel
Dämmerung v (~; -en) schemering
Dämmerzustand m toestand tussen waken en dromen, schemertoestand
Dämon m (-s; -en) demon
dämonisch demonisch
Dampf m (-(e)s; Dämpfe) stoom; damp, wasem; *gemeenz* roes; ~ *ablassen* stoom afblazen; ~ *draufhaben* vol gas rijden; *einem* ~ *machen* iem. achter zijn broek aanzitten, haasten (bij 't werk); ~ *hinter etwas machen (setzen)* iets verhaasten; *unter* ~ onder stoom; *der* ~ *ist raus* de druk is van de ketel; *ein Hans* ~ *in allen Gassen* iemand die van alles op de hoogte is
dampfen zw *onoverg* dampen, wasemen; stomen
dämpfen zw dempen, verdoven, stomen, smoren; ⟨spijzen⟩ stoven; *Kartoffeln, Gemüse* ~ aardappelen, groenten stoven
Dampfer m (-s; ~) stoomboot; *auf dem falschen* ~ *sein (sitzen)* gemeenz zich vergissen
Dämpfer m (-s; ~) demper; dompter; *muz* klankdemper, sourdine; *jmdm. einen* ~ *aufsetzen* iem. intomen
dampfig dampig, nevelig
dämpfig dampig, kortademig ⟨van paarden⟩
Dampfmaschine v stoommachine
Dampfschiff o stoomboot, -schip
Dämpfung v (~; -en) demping
Dampfwalze v stoomwals
danach daarna; daar-, ernaar; volgens dit, volgens deze; *er fragt nicht* ~ het interesseert hem niet; *es war auch* ~ 't was er ook naar; *er ist nicht der Mann* ~ hij is er niet de man naar; *mir ist nicht* ~ ik heb er geen zin in
Däne m (-n; -n) Deen

daneben daar-, ernaast; daarenboven; *gemeenz sehr* ~ erg ernaast, erg mis
danebenbenehmen *st: sich* ~ zich slecht gedragen
danebengeraten *st* mislukken
danebenhauen *st & zw* misslaan, ernaast zijn
Dänemark o (-s) Denemarken
daniederliegen *st* terneerliggen, ziek liggen; kwijnen; als lamgeslagen zijn
dänisch Deens
dank *voorz* + 3 *of* 2: ~ *eurem guten Willen* dankzij jullie goede wil
Dank m (-(e)s) dank, erkentelijkheid; *herzlichen* ~ hartelijk dank; *vielen* ~ dank u wel; *einem* ~ *wissen* iem. dankbaar zijn, iem. iets in dank afnemen; *mit bestem* ~ *zurück* in dank terug (retour)
Dankadresse v officiële dankbetuiging, dankbrief
dankbar dankbaar, erkentelijk
Dankbarkeit v dankbaarheid
danken (+ 3) zw danken, bedanken; terugroeten; *te danken hebben aan; danke* dank, dank u; *danke bestens, schön* dank u wel (zeer), hartelijk dank; *iron* ik heb er geen zin in, ik bedank er feestelijk voor; *danke ja* alstublieft; *einem etwas* ~ iem. dankbaar zijn voor iets, aan iemand iets te danken hebben; *niemand dankt es dir* niemand is je er dankbaar voor; *~d erhalten* in dank ontvangen
dankenswert dankenswaardig, dank waard; verdienstelijk
Dankesbrief m bedankbrief
Dankeschön o bedankje; *nicht einmal ein* ~ *bekommen* niet eens een bedankje krijgen
Danksagung v dankzegging
Dankschreiben o bedankbriefje
dann dan, alsdan; ~ *und wann* nu en dan, af en toe
dannen: *von* ~ daarvandaan; *von* ~ *gehen* weggaan
daran daar, daaraan; *es ist nichts* ~ er is niets van aan; er zit niets in; *wir waren übel* ~ wij waren er slecht aan toe; *ich bin* ~ ik ben aan de beurt; *ich war (nahe)* ~, *es zu tun* ik stond op 't punt, het te doen; *es liegt mir viel* ~ er is mij veel aan gelegen; zie ook: *dran(-)*
darankommen *st* aan de beurt komen
daransetzen *zw: alles* ~ alles op alles zetten, zich alle moeite geven
darauf daarop; ~ *gebe ich nicht viel* daar hecht ik niet aan; zie ook: *drauf(-)*
daraufhin met 't oog daarop
daraus daaruit; ~ *wird nichts* daar komt niets van terecht, niets van in; *ich kann nicht klug* ~ *werden* ik kan er niet uit wijs worden; *ich mache mir nichts* ~ ik geef er niets om; zie ook: *draus*
darben zw gebrek lijden
darbieten *st* aanbieden, -reiken; opvoeren, vertonen; *wenn sich eine Gelegenheit darbietet* bij voorkomende gelegenheid
Darbietung v (~; -en) aanbieding; vertoning, uitvoering; het vertoonde, manifes-

tatie
darbringen *onr* vero brengen, aanbieden, schenken; *Glückwünsche* ~ gelukwensen aanbieden; *eine Huldigung* ~ een huldiging ten deel doen vallen; *ein Opfer* ~ een offer brengen
Darbringung *v* aanbieding; het brengen; presentatie
darein daarin, erin; zie ook: *drein*
darin daarin, erin; zie ook: *drin*
darlegen *zw* uiteenzetten, bewijzen, betogen
Darlegung *v* (~; -en) aantoning; betoog, uiteenzetting
Darlehen *o* (-s; ~) lening, geleende som, voorschot
Darm *m* (-(e)s; Därme) darm
darreichen *zw* aanreiken, toesteken; aanbieden
darstellbar vertoonbaar, voor te stellen, te spelen, speelbaar; uit te beelden
darstellen *zw* vertonen; *theat* voorstellen, verbeelden; schilderen, uitbeelden, schetsen; betekenen, zijn; uiteenzetten; produceren; *eine Rolle* ~ *theat* een rol spelen; *graphisch* ~ grafisch voorstellen; *das stellt nichts dar* dat betekent niets; *~de Geometrie* beschrijvende meetkunde
Darsteller *m* (-s; ~) uitbeelder, acteur, speler; maker, schepper
Darstellung *v* (~; -en) voorstelling, uitbeelding, schildering; beschrijving; vertoning; *die* ~ *Christi* de opdracht van Jezus (in de Tempel); *graphische* ~ grafische voorstelling
dartun *onr* bewijzen, aantonen
darüber daarover; daarboven; er bovenuit; erboven; daarbij, daarmede; ~ *geht nichts* daar gaat niets boven; *er ist* ~ *eingeschlafen* hij is intussen, onder de bedrijven, in slaap gevallen; zie ook: *drüber*
darum daarover, deswege, om die reden; erom; *ich gäbe viel* ~ ik zou er veel voor over hebben; *er weiß* ~ hij weet er van; *ich bin* ~ *gekommen* ik heb 't verloren, ben het kwijt; *sei es so* ~ het zij zo; ~ *herum* daaromheen; zie ook: *drum*
darunter daaronder, eronder; daar beneden; *er tut es nicht* ~ hij doet het niet minder; zie ook: *drunter*
darunterfallen *st* eronder vallen, erdoor getroffen worden
das (onzijdige vorm bij *der*) het; dat; ~ *ist* ~ *Haus,* ~ *er meint* dat is het huis, dat hij bedoelt; *auch* ~ *noch* ook dat nog
dasein, nieuwe spelling: **da sein** *onr* er zijn, erbij zijn; *mit Ausreden* ~ praatjes, uitvluchten klaarhebben; *noch nie dagewesen* geheel nieuw, ongehoord, nog nooit vertoond
Dasein *o* (-s) bestaan, leven; aanwezigheid, zijn; *ins* ~ *treten* ter wereld komen
Daseinsberechtigung *v* recht van bestaan
daselbst aldaar
dasitzen *st* (ergens) zitten, terneerzitten; erbij zitten; ~ *wie ein Ölgötze* gemeenz er onnozel en passief bij zitten
dasjenige datgene; ~ *Buch, das er zeigte het boek, dat hij liet zien*
daß, nieuwe spelling: **dass** *voegw* dat; opdat; *ich weiß,* ~ *er kommt* ik weet, dat hij komt; *das erste Mal,* ~ de eerste keer, dat
dasselbe hetzelfde; hetzelve, het; ~ *Wetter wie gestern* hetzelfde weer als gisteren; *er suchte sein Auto; ohne* ~ *konnte er sein Ziel nicht erreichen* zonder die kon hij zijn doel niet bereiken
dastehen *onr* staan, daar staan; erbij staan; *gemeenz allein* ~ alleen op de wereld zijn; geen steun vinden ⟨bij stemming &⟩; *ganz groß* ~ groot succes gehad hebben; *wie stehe ich da?* gemeenz heb ik dat niet goed gedaan?; *als Betrüger* ~ een bedrieger blijken te zijn; *wie ein begossener Pudel* ~ er beteuterd bij staan; *wie vom Blitz getroffen* ~, *wie angewurzelt* ~ er bijstaan als door de bliksem getroffen, als aan de grond genageld
Daten *mv* gegevens, data
Datenautobahn *v* elektronische snelweg
Datenbank *v comput* databank
Datenschutz *m recht, pol* bescherming tegen misbruik van persoonlijke gegevens in computerbestanden, gegevensbescherming
Datenverarbeitung *v* verwerking van gegevens, informatieverwerking
Datenverarbeitungsanlage *v,* **Datenverarbeitungsmaschine** *v* computer
datieren *zw* dagtekenen, dateren
Dativ *m* (-s; -e) derde naamval, datief
Dativobjekt *o* gramm meewerkend of belanghebbend voorwerp
dato dato; *a* ~ van heden, na dato; *drei Monate* ~ 3 mnd. na dato; *bis* ~ tot heden
Datsche *v* datscha, klein buitenverblijf
Dattel *v* (~; -n) plantk dadel; slang oorveeg
Datum *o* (-s; Daten) datum; dagtekening, gegeven; *frischen, jüngern, neuesten* ~*s* van recente datum; ~ *des Poststempels* datum postmerk
Daube *v* (~; -n) duig
Dauer *v* (~) duur, duurzaamheid; *auf* ~ voor vast; *auf die* ~ op den duur; *keine* ~ *haben, nicht von langer* ~ *sein* niet duurzaam zijn
dauerhaft duurzaam, solide, stevig
Dauerhaftigkeit *v* duurzaamheid
Dauerlauf *m* duurloop
Dauermarsch *m* langeafstandsmars
1 dauern *zw* duren; blijven; *es kann nicht lange* ~ het kan niet lang duren
2 dauern *zw*: *er dauert mich* ik heb medelijden met hem, ik heb met hem te doen
dauernd blijvend, duurzaam; voortdurend
Dauerregen *m* aanhoudende regen
Dauerstellung *v* vaste aanstelling
Dauerauftrag *m* machtiging tot automatische afschrijving van periodieke betalingen
Dauerwelle *v* permanent ⟨haar⟩
Dauerzustand *m* permanente toestand
Daumen *m* (-s; ~) duim; *den* ~ *daraufhaben, in der Hand halten* spaarzaam zijn, goed op zijn geld passen; *auf etwas den* ~ *halten* iets vasthouden; *einem den* ~*en*

Däumling 86

halten voor iem. duimen; *über den ~* grof, ruwweg
Däumling *m* (-s; -e) Kleinduimpje; duim ⟨v. handschoen⟩
Daunen *mv* dons
Daus *o* (-es; -e & Däuser) kaartsp aas; twee ⟨in 't dobbelspel⟩
davon ervan, daarvan; waarvan; af, weg; *was habe ich ~!* wat heb ik daaraan, wat koop ik daarvoor!; *er war schon ~* hij was al weg
davonbleiben *zw* ⟨met zijn vingers⟩ afblijven van, niet aanraken
davongehen *onr* weggaan
davonkommen *st: glimpflich ~* er genadig afkomen; *übel ~* er slecht afkomen; *ungeschoren ~* er goed afkomen; *mit einem blauen Auge ~* er vrij goed afkomen; *mit heiler Haut ~* er heelhuids ⟨zonder kleerscheuren⟩ afkomen; *mit dem Leben ~* 't er levend afbrengen
davonlaufen *st* weglopen; *es war zum D~* 't was om erbij weg te lopen, niet uit te houden
davonmachen *zw: sich ~* weggaan, er tussenuit knijpen, zijn biezen pakken, maken dat men wegkomt, met de noorderzon vertrekken; sterven
davontragen *st* wegdragen, behouden; opdoen; *einen Schaden ~* nadeel van iets ondervinden, letsel oplopen; *den Sieg ~* de overwinning ⟨zege⟩ behalen; *eine Wunde ~* een wond oplopen, opdoen
davor er-, daarvoor
dazu daar-, ertoe, daarbij, -voor; *was sagen Sie ~?* wat zegt u ervan?; *es gehört Zeit ~* er is tijd voor nodig; *wir haben ja das Geld ~* gemeenz 't zit er immers wel aan; *ich bin nicht der Mann ~* ik ben er de man niet voor
dazugehören *zw* erbij behoren
dazukommen *st* erbij komen
dazumal toen; *anno ~* lang geleden
dazutun *onr* erbij doen
dazwischen daartussen
dazwischenfahren *st* fig tussenbeide komen, interrumperen
dazwischenkommen *st* ertussen komen
dazwischenreden *zw* in de rede vallen, interrumperen
dazwischenrufen *st* interrumperen
dazwischentreten *st* tussenbeide komen, interveniëren
DDR vroeger = *Deutsche Demokratische Republik*
Debatte *v* (~; -n) debat; *zur ~ stehen* aan de orde zijn, besproken worden; *etwas zur ~ stellen* iets in bespreking brengen
debattieren *zw* debatteren, redetwisten
debitieren *zw* verkopen, debiteren
Debitor ['de-] *m* (-s; -en) debiteur, schuldenaar
Debüt [de-'buu] *o* (-s; -s) debuut
debütieren *zw* debuteren
Dechant [de-'çant] *m* (-en; -en) RK deken
dechiffrieren *zw* ontcijferen, decoderen
Deck *o* (-(e)s; -e & Decks) scheepv dek; *alle Mann an ~* alle hens aan dek

Deckadresse *v* gefingeerd adres
Deckblatt *o* dekblad ⟨v. sigaar⟩
Decke *v* (~; -n) dekkleed, deken, dek; tafelkleedje; plafond, zoldering; band ⟨v. boek⟩; plaveisel; bovenblad ⟨v. viool⟩; huid ⟨v. wild⟩; buitenband; *an die ~ gehen* fig woedend, driftig worden; *sich nach der ~ strecken* de tering naar de nering zetten; *mit jmdm. unter einer ~ stecken* met iem. onder één hoedje spelen; *mir fällt die ~ auf den Kopf* de muren komen op me af
Deckel *m* (-s; ~) deksel; dop, kap; vuldop ⟨bij motor⟩; klep; ooglid; ⟨voor- of achterkant v.⟩ boekband; omslag; gemeenz dop ⟨hoed⟩; gemeenz standje; *jmdm. eins auf den ~ geben* iem. op zijn kop geven; *eins auf den ~ kriegen* iets op zijn brood krijgen
decken *zw* dekken ⟨ook sp⟩; bedekken, beschermen; overeenkomen, gelijkaardig zijn; bevruchten ⟨dieren⟩; *seinen Bedarf ~* de benodigde hoeveelheid inslaan, zijn behoefte dekken; *mein Bedarf ist gedeckt* ik heb er voldoende van; *die Flagge deckt die Ladung* de vlag dekt de lading; *den Tisch ~* de tafel dekken; *sich ~* zich dekken; elkaar dekken; overeenstemmen; congruent zijn
Deckenbeleuchtung *v* plafondverlichting
Deckenlampe *v*, **Deckenleuchte** *v* plafonnière
Deckmantel *m* dekmantel
Deckname *m* pseudoniem, schuilnaam
Deckung *v* (~; -en) mil, sp, handel, dierk dekking: bedekking, bescherming; *volle ~!* mil dekken!
deckungsgleich wisk congruent
dedizieren *zw* opdragen ⟨boek⟩
Deduktion *v* deductie
deduzieren *zw* deduceren
defekt defect, stuk
Defekt *m* (-(e)s; -e) defect; handel tekort
defensiv defensief
Defensive *v* defensief, verdediging
defilieren *zw* defileren
definieren *zw* definiëren
Definition *v* (~; -en) definitie
definitiv definitief
Defizit ['de-] *o* (-s; -e) deficit, tekort
Deflation *v* (~; -en) deflatie
Defloration *v* (~; -en) defloratie, ontmaagding
deftig gemeenz N-Duits ruw, stevig, flink; machtig ⟨v. spijzen⟩; *eine ~e Suppe* een zware, krachtige soep; *ein ~er Witz* een gepeperde mop
Degen *m* (-s; ~) degen; vero held
Degeneration *v* degeneratie, ontaarding
degenerieren *zw* degenereren, ontaarden
degradieren *zw* degraderen, verlagen
dehnbar rekbaar, uitzetbaar, elastisch
dehnen *zw* (uit)rekken, strekken; typ uitdrijven; *seine Worte ~* slepend spreken; *sich ~* lang duren; langer, wijder worden; zich uitrekken; zich uitzetten; zich uitstrekken
Dehnung *v* (~; -en) uitrekking, rekking
Deibel *m* (-s; ~) gemeenz duivel; *pfui ~* ver-

dorie; *es ist alles zum* ~ 't is alles naar de maan
Deich *m* (-(e)s; -e) dijk
deichen *zw* bedijken, dijken maken
Deichsel [-'] *v* (~; -n) dissel(boom)
deichseln *zw* bedisselen; gemeenz voor elkaar krijgen, regelen, ritselen
dein *bez vnw* jouw, uw; *die Deinen* je gezin, je familie; *pers vnw* van jou, van u; *dies ist mein, das ist* ~ dit is van mij, dat is van jou
deinerseits van jouw, uw kant
deinesgleichen jouws-, uwsgelijke(n)
deinethalben, deinetwegen om jou(wentwil), om u(wentwil)
deinetwillen: *um* ~ om jou(wentwil)
deinige *der, die, das* ~ de (het) jouwe, de (het) uwe; *du und die D~n* jij en je familie
Dekade *v* (~; -n) decade
dekadent decadent
Dekadenz *v* (~) decadentie, verval
Dekan [-'kaːn] *m* (-s; -e) decaan, faculteitsvoorzitter ⟨v. universiteit⟩; deken ⟨geestelijke⟩
Dekanat [-'naːt] *o* decanaat
Deklamation *v* declamatie
deklamieren *zw* declameren
deklarieren *zw* declareren, aangeven
deklassieren *zw* declasseren, in een lagere klasse onderbrengen; *sp* vernietigend verslaan
Deklination *v* (~; -en) gramm verbuiging, declinatie; afwijking ⟨v. magneetnaald⟩
deklinierbar gramm declineerbaar, verbuigbaar
deklinieren *zw* gramm verbuigen, declineren; afwijken ⟨v. magneetnaald⟩
Dekolleté, nieuwe spelling: **Dekolletee** *o* (-s; -s) decolleté
Dekoration *v* (~; -en) decoratie; toneeldecor(atie); ⟨toneel⟩ decors; *~en* ⟨ook⟩ toneeldecor
dekorativ decoratief
dekorieren *zw* decoreren; versieren; de etalage verzorgen
Dekret *o* (-(e)s; -e) decreet
dekretieren *zw* decreteren, voorschrijven
Delegation *v* (~; -en) delegatie
delegieren *zw* delegeren, afvaardigen; overdragen; *Delegierter des Aufsichtsrates* gedelegeerd commissaris
delikat delicaat
Delikatesse *v* delicatesse
Delinquent *m* (-en; -en) delinquent
delirieren *zw* ijlen, onzin uitslaan
delogieren [zj] *zw* Oostr uit de woning zetten
Delta *o* (-s; -s) delta
dem (derde naamval van *der, das*) de, het; aan de, aan het; dit, dat; die daar: *es ist an* ~ het is het geval; *wenn* ~ *so ist* als dat zo is; *der Herr,* ~ *ich es erzählte* de heer, aan wie ik het vertelde; *wie* ~ *auch sei* hoe het ook zij
Demagog(e) *m* (-(e)n; -(e)n) demagoog, volksmenner
Demagogie *v* demagogie
Demarkationslinie *v* demarcatielijn
demaskieren *zw* ontmaskeren
dementieren *zw* dementeren
dementsprechend daarmee overeenkomend, daaraan beantwoordend
demgegenüber daartegenover, daarentegen
demgemäß dienovereenkomstig
Demission *v* (~; -en) ontslag; *seine* ~ *nehmen, verlangen* zijn ontslag nemen
demissionieren *zw* aftreden, ontslag nemen
demnach dus, derhalve, bijgevolg
demnächst binnenkort; kort daarop
Demo *v* (~; -s) = *Demonstration* betoging, protestdemonstratie
demobilisieren *zw* demobiliseren
Demobilisierung *v,* **Demobilmachung** *v* demobilisatie
Demokratie [demo-kra'tie] *v* (~; -n) democratie; *gelenkte* ~ geleide democratie
demokratisch democratisch
demolieren *zw* vernielen, afbreken
Demonstration *v* (~; -en) demonstratie
demonstrativ demonstratief; gramm aanwijzend
demonstrieren *zw* demonstreren
demontieren *zw* demonteren, onttakelen; ontmantelen ⟨fabriek⟩
Demut *v* (~) dee-, ootmoed
demütig dee-, ootmoedig
demütigen *zw* deemoedigen, vernederen
Demütigung *v* (~; -en) deemoediging, vernedering
demzufolge dientengevolge; volgens dien, volgens wien, volgens hetwelk
dengeln *zw* ⟨de zeis⟩ haren
Denkart *v* denkwijze
denkbar denkbaar, voorstelbaar; ~ *schlecht* bijzonder, uiterst slecht
denken *onr* denken, menen; ~ *an* (+ 4), Oostr, Z-Duits ~ *auf* (+ 4) denken aan; *hin und her* ~ wikken en wegen; *der Mensch denkt, Gott lenkt* de mens wikt, God beschikt; ~ *Sie sich* stel u (je) voor; *sich sein Teil* ~ 't zijne ervan denken; *daran ist nicht im Traum zu* ~ dat is totaal uitgesloten; *denkste* gemeenz dat had je gedacht; *das gibt zu* ~ dat stemt tot nadenken; *das habe ich mir gleich gedacht* dat vermoedde ik al
Denker *m* (-s; ~) denker, filosoof
denkfaul traag in 't denken
Denkfehler *m* denkfout
Denkmal *o* (~; -mäler) gedenkteken, monument; belangrijk document of tekst
Denkmal(s)pflege *v,* **Denkmalschutz** *m* monumentenzorg
denkste! dat denk je maar!, je vergist je lelijk!
Denkweise *v* denkwijze
denkwürdig gedenkwaardig, merkwaardig
Denkzettel *m* memorandum; *einem einen* ~ *geben, verpassen* iemand een lesje, een afstraffing, op zijn gezicht geven
1 denn *voegw* want; *ich gehe fort,* ~ *es ist spät* ik ga weg, want het is laat
2 denn *bijw* dan; toch; *wann kommst du* ~?

dennoch

wanneer kom je toch?; *wie* ~ *auch* hoe dan ook; *es sei* ~ tenzij
dennoch toch, echter, nochtans, evenwel
Dentist *m* (-en; -en) dentist, tandheelkundige
Denunziant *m* (-en; -en) aanbrenger, verklikker
Denunziation *v* (~) het aanbrengen, het verklikken
denunzieren *zw* aanbrengen, verklikken
Deodorant *o* (-s; -e & -s) deodorant
Depesche *v* (~; -n) telegram
deplaciert misplaatst
Deponie *v* (~; -n) stortplaats voor industrieafval
deponieren *zw* in bewaring geven, toevertrouwen, deponeren; recht getuigen
deportieren *zw* deporteren
Depositenbank [-'zie-] *v* depositobank
Depot [-'po] *o* (-s; -s) depot; (tram)remise
Depp *m* (-s; -e) Z-Duits idioot, sukkel
deppert gemeenz gek, idioot
Depression *v* (~; -en) psych, meteor depressie; *wirtschaftliche* ~ malaise
depressiv depressief
deprimieren *zw* deprimeren
Deputat [-'taat] *o* (-s; -e) loon in natura
Deputierte(r) *m* afgevaardigde
der de; die; ~ *Mensch ist gut* de mens is goed; *der hat's getan* die heeft 't gedaan
derart zodanig, dusdanig, zo
derartig zulk, zodanig, zo
derb stevig, ruw, grof; *ein* ~*er Spaß* een ruwe, grove grap
Derbheit *v* (~; -en) ruwheid, stevigheid, grofheid
dereinst plechtig te eniger tijd, eens
dereinstig plechtig toekomstig, later
derenthalben, derentwegen, derentwillen om hunnent(harent)wil; terwille van hen; terwille van wie
derer van hen, van haar, dergenen; der; *das Geschlecht* ~ *von Kleist* het geslacht Von Kleist
dergestalt dusdanig, in dier voege
dergleichen dergelijk(e), zulk(e); vero zoals; *und was* ~ *mehr ist* en wat dies meer zij
Derivat *o* (-(e)s; -e) derivaat, afgeleid product
derjenige degene, hij; die; ~ *der (welcher)* gemeenz wie het gedaan heeft, wie verantwoordelijk is
dermaßen dermate, zodanig
derselbe dezelfde; dezelve, deze
derweil I *bijw* ondertussen; II *voegw* terwijl
derzeit nu; toenmaals
derzeitig tegenwoordig; toenmalig
des (tweede naamval van *der* of *das*) van de, van het
Desaster *o* (-s; ~) catastrofe, ongeluk
desavouieren *zw* desavoueren
Deserteur *m* (-s; -e) deserteur
desertieren *zw* deserteren
Desertion *v* (~; -en) desertie
desgleichen desgelijks, evenzo
deshalb daarom, derhalve, uit dien hoofde, deswege

Desinfektion *v* desinfectie, ontsmetting
Desinfektionsmittel *o* ontsmettingsmiddel
desinfizieren *zw* desinfecteren, ontsmetten
Desinteresse *o* gebrek aan belangstelling
desolat eenzaam; erg verwaarloosd
despektierlich oneerbiedig, zonder respect
Despot *m* (-en; -en) despoot, dwingeland
Despotie [des-po-'tie] *v* (~; -n) despotie, dwingelandij
Despotismus *m* (~) despotisme, dwingelandij
Dessert [des'ser] *o* (-s; -s) dessert
Destillat *o* (-s; -e) distillaat
destillieren *zw* stoken, distilleren
desto: ~ *besser* zoveel te, des te beter
deswegen derhalve; daarover, daaromtrent
Deszendenz [des-] *v* (~; -en) descendentie, afstamming; astron ondergang
Detail [-'taj] *o* (-s; -s) detail
detaillieren *zw* detailleren; in 't klein verkopen
Detektei *v* (~; -en) detectivebureau
Detektiv [-'tief] *m* (-s; -e) detective
Determinativpronomen *o* gramm bepalingaankondigend voornaamwoord
Detonation *v* (~; -en) detonatie (ook muz); ontploffing
detonieren *zw* ontploffen; uit de toon vallen; muz onzuiver spelen, zingen, detoneren
Deut *m*: *keinen, nicht einen* ~ geen cent, geen zier
deutbar uitlegbaar; *schwer* ~ moeilijk te begrijpen
Deutelei *v* (~; -en) spitsvondige uitlegging
deuteln *zw* spitsvondig uitleggen
deuten *zw* uitleggen, verklaren; ontraadselen; ~ *auf* wijzen op; *Träume* ~ dromen uitleggen
Deuter *m* (-s; ~) verklaarder, uitlegger; Oostr wenk
deutlich duidelijk
deutlichkeitshalber voor alle duidelijkheid
deutsch Duits; *der Deutsche* de Duitser; *ein Deutscher* een Duitser; *auf* ~ in het Duits; *auf gut* ~ in goed Duits; duidelijk gezegd
Deutsch *o* de Duitse taal; *gutes* ~ goed Duits; *sein* ~ zijn Duits; *er versteht* ~ hij verstaat Duits
Deutsche: *der, die* ~ de Duitser, de Duitse (vrouw of meisje)
Deutscher: *ein* ~ een Duitser
deutschfeindlich anti-Duits
deutschfreundlich pro-Duits, Duitsgezind
Deutschkenntnisse *mv* kennis v.h. Duits
Deutschland *o* (-s) Duitsland
Deutschlehrer *m* leraar in het Duits
deutschsprachig Duits sprekend; ~*e Filme* films in de Duitse taal
Deutschtum *o* (-s) de Duitsers; het Duitser zijn; de Duitse aard
Deutschtümelei *v* (~) Duits chauvinisme; dwepen, met al wat Duits is

Deutung v (~; -en) uitlegging, interpretatie, verklaring
Devise v (~; -n) devies, leus; ~n, mv handel deviezen
Devisenschiebung v, **Devisenschmuggel** m deviezensmokkel
devot [-'voot] devoot
Devotion v (~; -en) devotie
Dezember m (-s): der ~ december
Dezennium o (-s; -ien) decennium, tienjarig tijdperk, tiental jaren
dezent decent, welvoeglijk
Dezenz v (~) decentie, welvoeglijkheid
Dezernent m (-en; -en) afdelingschef (aan ministerie)
Dezibel o (-s; -s) decibel
Dezigramm o decigram
Dezimale v (~; -n) decimaal
Dezimeter o (-s; ~) decimeter
dezimieren zw decimeren, sterk dunnen
d.Gr. = der Große
d.h. = das heißt dat wil zeggen
Diabetiker [-'bee-] m (-s; ~) med diabeticus
diabolisch diabolisch, duivels
Diadem o (-s; -e) diadeem
Diagnose v (~; -n) med diagnose
diagnostizieren zw med diagnostiseren
Diagonale v (~; -n) diagonaal
Diakon [dia'koon] o & (-en; -e(n)) prot, RK diaken
Diakonat o (-s; -e) diaconaat
Diakonisse [-'nis] v (~; -n), **Diakonissin** v (~; -nen) diacones
Dialekt m (-(e)s; -e) dialect
Dialog m (-(e)s; -e) dialoog
Diamant m (-en; -en) diamant
diamanten diamanten, van diamant
Diät v (~; -en) dieet, leefregel; ~ essen, leben op dieet leven
Diäten mv vacatiegelden
Diätetik [-'tee-] v (~) voedingsleer
dich pers vnw (4de naamval van du) je, jou, u
dicht dicht; dik; vol; ~ an ~ dicht opeen; ~ am Wasser vlak bij 't water; ~ halten zich houden; gemeenz niets verraden; einem ~ auf den Fersen sein iem. vlak op de hielen zitten; etwas steht ~ bevor iets gaat spoedig gebeuren; nicht ganz ~ sein gemeenz niet geheel zindelijk zijn; gemeenz niet goed bij zijn verstand zijn
dichtbesiedelt dichtbevolkt
Dichte v (~) dichtheid, vastheid; geconcentreerdheid
dichten zw dichten, verzen maken; scheepv breeuwen, dichtmaken; all sein D~ und Trachten al zijn denken en streven
Dichter m (-s; ~) dichter, poëet; schrijver
dichterisch dichterlijk, poëtisch
Dichterling m (-s; -e) prulpoëet, poëtaster
dichthalten st dichthouden; de mond houden; nicht ~ (ook) lekken
Dichtung v (~; -en) dichtwerk; poëzie; literatuur; techn dichting, verpakking; die deutsche ~ De Duitse literatuur
dick dik, zwaar, grof; (bij dieren) zwanger; das ~e Ende kommt nach het eind zal de last dragen; 't ergste komt nog; ~e Freunde dikke vrienden; einen ~en Kopf haben stijfhoofdig zijn; hier ist ~e Luft gemeenz er heerst hier een gespannen sfeer; hier klopt iets niet; er hat es ~ hinter den Ohren gemeenz hij heeft ze achter de mouw; ~e Töne reden een groot woord hebben; ~e Tränen dikke tranen; ~es Wetter slecht zicht; durch ~ und dünn door dik en dun; ~ gehen drachtig zijn (van wild gezegd); er nicht so ~ haben het niet zo breed hebben; etwas ~ haben (kriegen) gemeenz van iets genoeg hebben (krijgen); mit etwas ~ tun met iets opscheppen
Dickbauch m gemeenz dikbuik, -zak
Dickdarm m dikke darm
Dicke v (~) dikte
dickfellig dikhuidig ⟨ook fig⟩
Dickicht o (-(e)s; -e) struikgewas, kreupelhout
Dickkopf m dikkop; stijfkop; dierk kikkervisje
dickköpfig dikhoofdig; stijfhoofdig
dickleibig zwaarlijvig; lijvig ⟨boek⟩
Dickschädel m hardhoofdig mens; stijfkop; ein ~ sein een harde kop hebben
dicktun onr drukte maken, opscheppen, dik doen
Dickwanst m dikbuik, -zak
Didaktik [-'dak-] v (~) didactiek
die de; die; ~ Dame de dame (of) die dame; ~ weiß es die weet het
Dieb m (-(e)s; -e) dief; wie ein ~ in der Nacht als een dief in de nacht
Dieberei v (~; -en) diefstal
Diebesgut o gestolen goed
diebessicher veilig voor diefstal
Diebin v (~; -nen) dievegge
diebisch diefachtig; schalks, verstolen; ~es Wesen s diefachtigheid; sich ~ freuen enorm blij zijn
Diebstahl m (-s; -stähle) diefstal; ~ in Gemeinschaft diefstal in vereniging; ~ im Rückfall diefstal door recidivist
diejenige degene, die; ~n, die das sagen zij, die dat zeggen
Diele v (~; -n) deel, dikke plank; deel, dorsvloer; plankenvloer; hall; portaal, vestibule; bar; dancing, danslokaal
dienen zw dienen ⟨ook mil⟩; als Vorbild ~ ten voorbeeld strekken; niemand kann zwei Herren ~ men kan geen twee meesters dienen; damit können wir Ihnen leider nicht ~ daaraan kunnen wij u helaas niet helpen; damit ist mir nicht gedient daarmee ben ik niet gediend
Diener m (-s; ~) dienaar, bediende, oppasser; buiging; stummer ~ bijzettafeltje
Dienerschaft v (~) dienstboden, personeel
dienlich dienstig, van dienst, nuttig; dem Zweck ~ voor het doel geschikt
Dienst m (-(e)s; -e) dienst, bediening, bijstand; ~ am Kunden service; ~ nach Vorschrift langzaam-aan-actie; ein Offizier außer ~ (a.D.) een gepensioneerd officier, officier b. d.; ~ tun mil dienst doen; bei ei-

nem in ~(en) stehen, in jemands ~en stehen bij iem. in dienst staan; in ~ stellen in dienst stellen; in jemands ~ treten bij iem. in dienst treden; was steht zu Ihren ~en? wat is er van uw dienst?

Dienstag m dinsdag
dienstäglich, dienstags dinsdags
Dienstalter m anciënniteit, aantal dienstjaren
Dienstantritt m indiensttreding
dienstbar dienstbaar
Dienstbote m dienstbode
dienstfrei vrij van dienst
Dienstgrad m rang
diensthabend dienstdoend; der D~e de officier, ambtenaar enz. van dienst
Dienstherr m chef, patroon
Dienstleistung v dienstverlening, -verrichting
dienstlich door dienst, voor dienst, tot de dienst behorende; ~er Befehl dienstorder, strikt bevel
Dienstmädchen o dienstmeisje
Dienststelle v instantie, bureau, orgaan
diensttauglich mil voor de dienst geschikt
dienstunfähig, dienstuntauglich niet voor de dienst geschikt; mil ~ erklärt werden afgekeurd worden
Dienstverhältnis o dienstbetrekking, -verband
Dienstverweigerer m mil dienstweigeraar
Dienstwagen m dienstauto, auto van de zaak
Dienstweg m: auf dem ~ langs hiërarchische weg
Dienstwohnung v dienstwoning ⟨v. ambtenaar⟩
dies (= dieses) dit; ~ und das het een en ander
diesbezüglich desbetreffend, hierop betrekking hebbend, hieromtrent
dieser (diese, dieses) deze (dit); ~ und jener deze en gene; da sagt mir ~ Kerl... daar zegt me die kerel...
diesfalls in dit geval
diesig heiig, nevelig
diesjährig van dit jaar
diesmal voor deze keer
diesmalig van deze keer
diesseitig aan deze kant; aards; ganz ~ sein geheel op 't aardse ingesteld zijn
diesseits: ~ des Flusses aan deze kant van de rivier
Diesseits o het aardse (leven)
Dietrich m (-(e)s; -e) loper ⟨sleutel⟩
diffamieren zw belasteren; einen ~ iems. reputatie bederven
Diffamierung v eerroof, laster
Differential, nieuwe spelling ook: **Differenzial** o wisk differentiaal; auto differentieel
Differenz v (~; -en) rekenk verschil; handel rest, tekort; geschil, onenigheid
differenzieren zw differentiëren
differieren zw plechtig verschillen; mit einem ~ met iem. v. mening verschillen
diffus diffuus
digital digitaal

Diktaphon, nieuwe spelling ook: **Diktafon** o (-s; -e) dictafoon
Diktat o (-s; -e) dictaat, dictee
Diktator m (-s; -en) dictator
diktatorisch dictatoriaal
Diktatur v (~; -en) dictatuur
diktieren zw dicteren; fig voorschrijven, opdwingen; den Frieden ~ de vrede dicteren, voorschrijven
Diktion v (~) dictie, wijze van spreken
Dilemma o (-s; -s & -ata) dilemma
Dilettant m (-en; -en) dilettant; ein blutiger ~ een volslagen dilettant
Dilettantismus m (~) dilettantisme
diluvial diluviaal
Diluvium o (-s) diluvium
Dimension v (~; -en) afmeting, dimensie; gebied, domein
Diminutiv o (-s; ~) gramm diminutief, verkleinwoord
Ding o (-(e)s; -e & ⟨enigszins geringsch & gemeenz:⟩ -er) ding, dingetje; persoontje, meisje, kind, zaak; zaakje, geslachtsdelen; aller guten ~e sind drei alle goede dingen bestaan in drieën; guter ~e sein opgeruimd zijn; krumme ~er machen oneerlijke trucs uithalen, iets onwettigs doen; kurzer ~e kortweg, zonder omhaal; unverrichteter ~e onverrichter zake; das geht nicht mit rechten ~en zu die zaak is niet pluis; über den ~en stehen boven de dingen verheven zijn; vor allen ~en vóór alles; gut ~ will Weile haben om iets goed te doen, is tijd nodig; das ist ja ein ~! asjemenou!
Dingelchen o (-s; ~) dingetje, kleinigheid; persoontje, kind
dingen ⟨dingte; gedingt, gedungen⟩ dingen; huren; afdingen
dingfest: einen ~ machen iem. arresteren
dinglich: ~er Arrest recht conservatoir beslag; der ~ Berechtigte de zakelijk gerechtigde; ~es Recht zakelijk recht
Dingwort o zelfstandig naamwoord
Dinkel m (-s) plantk, Z-Duits spelt
Dinosaurier m (-s; ~) dinosaurus
Diözese [-'tseze] v (~; -n) diocees, kerspel
Diphtong [dif'toŋ] m (-s; -e) tweeklank, diftong
diphthongieren zw diftongeren, tot een tweeklank worden of maken
Diplom o (-(e)s; -e) diploma, oorkonde, bul
Diplomarbeit v scriptie ter afsluiting van een studie
Diplomat m (-en; -en) diplomaat
Diplomatie [-'tie] v (~; -n) diplomatie; corps diplomatique
diplomatisch diplomatiek; ~er Abdruck diplomatische (letterlijke) afdruk
Diplomingenieur m ingenieur met diploma van een technische hogeschool
dippen zw scheepv: die Flagge ~ met de vlag salueren
dir pers. vnw. ⟨3de nv. v. du⟩ je, jou
direkt rechtstreeks, direct; onmiskenbaar, uitgesproken, bepaald; einen etwas ~ fragen iem. op de man af iets vragen; ~ daneben er vlak naast; das was ~ peinlich dat

was zelfs gênant
Direktflug *m* luchtv directe vlucht, nonstopvlucht
Direktion *v* (~; -en) leiding, directie, bestuur
Direktive *v* (~; -n) richtlijn
Direktor ['rek-] *m* (-s; -en) directeur; rector ⟨v. school⟩
Direktorin ['rek-] *v* (~; -nen) directrice, rectrice ⟨v. school⟩
Direktorium *o* (-s; -ien) handel directorium, directie v. e. groot lichaam
Direktsendung *v*, **Direktübertragung** *v* RTV life-uitzending
Dirigent *m* (-en; -en) leider, chef; afdelingschef op ministerie; muz dirigent
dirigieren dirigeren
Dirigismus *m* (~) geleide economie, dirigisme
Dirndl *o* (-s; ~) Z-Duits, Oostr meisje, boerenmeisje; dirndlkostuum
Dirne *v* (~; -n) deerntje, meisje; snol, prostituee
Diskette *v* (~; -n) comput diskette, floppydisk
Diskettenlaufwerk *o* comput diskdrive, diskettestation
Diskont *m* (-(e)s; -e) handel disconto
diskontieren *zw* handel disconteren
Diskothek *v* (~; -en) discotheek
diskreditieren *zw* in diskrediet brengen, een slechte naam bezorgen
Diskrepanz *v* discrepantie
Diskretion *v* (~) discretie
diskriminieren *zw* discrimineren
Diskus *m* (~; Disken & Diskusse) discus, werpschijf
Diskussion *v* (~; -en) discussie
diskutabel aannemelijk, bespreekbaar
diskutieren *zw*: *etwas* ~ over iets discussiëren
Dispens ['pens] *m* (-es; -e) dispensatie, vrijstelling
dispensieren *zw* dispenseren, vrijstellen
Disponent *m* (-en; -en) afdelingschef
disponieren *zw* beschikken, disponeren
Disposition *v* (~; -en) dispositie, beschikking; indeling; neiging, voorbeschiktheid; mil *zur* ~ *(z. D.)* ter beschikking, op non-actief
Dispositionskredit *m* krediet op lopende rekening
Disput *m* (-(e)s; -e) dispuut, twistgesprek
disputieren *zw* disputeren, redetwisten
Disqualifikation *v* diskwalificatie
disqualifizieren *zw* diskwalificeren
Dissertation *v* (~; -en) dissertatie, proefschrift
Dissonanz *v* (~; -en) dissonant, wanklank
Distanz *v* (~; -en) afstand
distanzieren *zw*: *sich* ~ *von* zich distantiëren van
Distel *v* (~; -n) plantk distel
Distelfink *m* vogelk putter
distinguiert gedistingeerd
Distinktion *v* (~) distinctie, deftigheid; Oostr, mil distinctief
Distrikt *m* (-s; -e) district

Disziplin *v* (~; -en) discipline, tucht, zelfbeheersing; wetenschap, vak; ~ *in den Knochen haben* een sterk gevoel voor discipline hebben
Disziplinarstrafe *v* disciplinaire straf
Disziplinarverfahren *o* disciplinair onderzoek
disziplinieren *zw* disciplineren
Diva *v* (~; -s & -ven) diva
divergieren *zw* divergeren
Dividend *m* (-en; -en) deeltal; teller
Dividende *v* (~; -n) dividend; ~*n ausschütten* dividend uitkeren
dividieren *zw* rekenk delen, verdelen
Division *v* (~; -en) rekenk 't delen; deling; mil divisie
Divisor ['-'wie-] *m* (-s & -en) rekenk deler; noemer
Diwan *m* (-s; -e) divan
d.J. = *dieses Jahres*; *der Jüngere*
d.M. = *dieses Monats*
d.O. = *der, das Obige, die Obigen*
doch toch, toch maar, echter, nochtans; immers; ja zeker; *nicht* ~ geenszins; hè nee, dat niet; *ich denke* ~ ik denk van wel; *war er* ~ *krank* hij was immers ziek
Docht *m* (-(e)s; -e) pit ⟨van kaars, lamp⟩; lont
Dock *o* (-(e)s; -e & -s) dok; *ein Schiff auf* ~ *legen* een schip dokken
Docke *v* (~; -n) knot ⟨garen, wol⟩; streng garen; bundel tabak; pop, marionet
docken *zw* I *overg* opwinden (v. garen enz); II *overg & onoverg* scheepv dokken ⟨schip⟩
Docker *m* (-s; ~) dokwerker
Dogge *v* (~; -n) dierk dog
Dogma *o* (-s; Dogmen) dogma
Dogmatik ['-'ma-] *v* (~) dogmatiek
Dogmatiker ['-'ma-] *m* (-s; ~) dogmaticus
Dohle *v* (~; -n) vogelk torenkraai, kauw; gemeenz zwarte hoed
Dohne *v* (~; -n) vogelstrik
doktern *zw* dokteren, als dokter optreden
Doktor *m* (-s; -en) doctor; dokter ⟨als aanspreekvorm⟩; ~ *der Medizin* doctor in de medicijnen; ~ *der Philologie* doctor in de letteren en wijsbegeerte; ~ *der Philosophie (Dr. phil.)* doctor in de filosofie; ~ *juris*, ~ *der Rechte (Dr. jur.)* doctor in de rechten; ~ *ehrenhalber (Dr. e.h., Dr. h.c.)* doctor honoris causa; ~ *agronomiae (Dr. agr.)* doctor in de landbouwwetenschappen; ~ *habilitatis (Dr. habil.)* doctor, die toegelaten wordt tot het privaatdocentschap; ~ *medicinae (Dr. med.)* doctor in de medicijnen; ~ *medicinae dentalis (Dr. med. dent.)* doctor in de tandheelkunde; ~ *medicinae veterinariae (Dr. med. vet.)* doctor in de diergeneeskunde; ~ *philosophiae naturalis (Dr. phil. nat.)* doctor in de natuurwetenschappen; ~ *rerum technicarum (Dr. rer. techn.)* doctor in de technische wetenschappen; ~ *theologiae (Dr. theol.)* doctor in de theologie; *seinen* ~ *machen* gemeenz promoveren
Doktorand *m* (-en; -en) promovendus
Doktorarbeit *v* dissertatie
Doktorprüfung *v* promotie
Doktorvater *m* gemeenz promotor ⟨aan

Doktrin

universiteit)
Doktrin [dok-'trien] v (~; -en) leer, doctrine
doktrinär doctrinair
Dokument o (-(e)s; -e) document
Dokumentarfilm m documentaire ⟨film⟩
dokumentarisch documentair
dokumentieren zw documenteren
Dolch m (-(e)s; -e) dolk; *einem den ~ auf die Brust setzen* iem. 't mes op de keel zetten ⟨ook fig⟩
Dolchstich m dolksteek
Dolde v (~; -n) bloemscherm
Dole v (~; -n) rioolgat
doll gemeenz, reg dolletjes; bar
Dollbord o scheepv dolboord
Dolle v (~; -n) dol ⟨v. roeiboot⟩
dolmetschen zw als tolk optreden; vertalen
Dolmetscher m (-s; ~) tolk
Dom m (-(e)s; -e) dom(kerk); koepeldak; *der Hamburger ~* de Hamburger kerstmarkt
Domäne v (~; -n) domein
Domherr m kanunnik, domheer
Dominante v (~; -n) dominant ⟨ook muz⟩
dominieren zw domineren; beheersen
Dominikaner m (-s; ~) dominikaan
1 Domino m (-s; -s) domino ⟨kostuum⟩
2 Domino o (-s; -s), **Dominospiel** o domino ⟨spel⟩
Domizil o (-s; -e) domicilie, woonplaats
Donau v (~) Donau
Donner m (-s; ~) het donderen; donder; gebulder; *~ und Doria!* wel verduiveld!
donnern zw donderen; bulderen
Donnerschlag m donderslag; *~!* verdorie!
Donnerstag m donderdag
donnerstäglich, donnerstags donderdags
Donnerwetter o donderbui, onweer; *~!, ~ noch einmal!* verdorie!, deksels!
doof gemeenz, N-Duits suf, stom; saai, vervelend
dopen zw doping geven; doping nemen
Doping o (-s; -s) doping
Doppel o (-s; ~) het dubbele; duplicaat, doublette; kopie; double, dubbelspel ⟨tennis⟩; *gemischtes ~ tennis* gemengd dubbel
Doppelbett o lits-jumeaux; tweepersoonsbed
Doppeldecker m luchtv tweedekker; dubbeldekker ⟨bus, trein⟩
doppeldeutig dubbelzinnig
Doppelehe v bigamie
Doppelflinte v dubbelloopsgeweer
Doppelgänger m (-s; ~) dubbelganger; vervuller van een dubbelrol
Doppelpunkt m dubbele punt
doppelseitig tweezijdig
doppelt dubbel, tweemaal; *~ und dreifach* driedubbel; *~ gemoppelt* dubbelop, twee keer hetzelfde; *das D~e* het dubbele; *~ sehen* dronken zijn
Doppelung v (~; -en) verdubbeling
Doppelzimmer o kamer met twee bedden, tweepersoonskamer
Dorf o (-(e)s; Dörfer) dorp; gemeenz stad; *ihm/für ihn sind es böhmische Dörfer* hij snapt er niets van
Dörfler m (-s; ~) dorpeling
Dorfleute mv dorpelingen
dörflich dorps
Dorn m (-(e)s; Dornen, techn Dorne, gemeenz Dörner) doorn; uitsteeksel; tong ⟨v. gesp⟩; opstap ⟨v. fiets⟩; *ein ~ im Auge* een doorn in 't oog
Dornbusch m doornstruik, -bos
Dornfortsatz m doornuitsteeksel ⟨v. wervel⟩
dornig doornig, doornachtig; *ein ~er Pfad* een weg vol moeilijkheden
Dornröschen o (-s) Doornroosje
dorren zw verdorren, verwelken
dörren zw drogen, doen drogen
Dörrgemüse o gedroogde groenten
Dörrobst [-oopst] o gedroogde vruchten
Dorsch m (-es; -e) visk dors
dort daar, aldaar, ginds; handel bij u, te uwent; *wer ~?* wie daar?, met wie spreek ik?; *er ist geizig bis ~ hinaus* hij is verschrikkelijk gierig
dorther van daar, daarvandaan
dorthin derwaarts, daarheen
dortig van die plaats; *unsre ~en Freunde* onze vrienden aldaar; *das ~e Schreiben* handel uw brief
Dose v (~; -n) doos, bus, blik; dosis; stopcontact
dösen zw suffen, soezen, dromerig voor zich uitkijken, dommelen
Dosenöffner m blikopener
dosieren zw doseren, de dosis bepalen
dösig sufferig, suf, slaperig, sloom
Döskopf m sufferd
Dotation v (~; -en) dotatie, schenking
dotieren zw doteren, honoreren, geld toestaan voor
Dotter m & o (-s; ~) dooier
Dotterblume v plantk dotterbloem
Dozent m (-en; -en) docent, leraar; docent met leeropdracht ⟨aan universiteit⟩
Dozentin v (-nen) docente
Dozentur v (~; -en) docentschap
dozieren zw doceren, onderwijzen
dpa, DPA = *Deutsche Presse-Agentur*
Dr. = *Doktor*
Drache m (-n; -n) draak ⟨ook fig⟩ visk pieterman
Drachen m (-s; ~) vlieger ⟨speelgoed⟩; schertsend, gemeenz feeks
Drachenflieger o sp deltavlieger
Drachensteigen o 't vliegeren
Drachme v (~; -n) drachme ⟨Griekse munt⟩; apothekersgewicht van ± 3,9 gram
Dragee [-'zjee] v & o (~; -s) dragee
Dragon m (-s) plantk dragon
Dragoner m (-s; ~) mil dragonder; *ein richtiger ~* een energiek vrouwspersoon
Draht m (-(e)s; Drähte) draad; leiding, lijn ⟨v. telefoon⟩; fut, energie; *auf ~ sein* gemeenz flink, kwiek, op dreef zijn; goed functioneren; *auf ~ bringen* op dreef helpen; *den ~ nach Washington nicht abreißen lassen* de (politieke) verbinding met Washington in stand houden; *ein heißer ~* een directe telefoonverbinding ⟨tussen twee regeringen⟩, hot line

Drahtfunk *m* draadomroep
Drahtgitter *o* hek van gevlochten ijzerdraad
drahtig gespierd, pezig; ruig, ruwharig
drahtlos draadloos; gemeenz zonder duiten
Drahtseil *o* ijzerdraad; gevlochten stalen kabel
Drahtseilbahn *v* kabelspoor; transportkabel
Drahtzaun *m* hek van ijzerdraad
Drahtzieher *m* draadtrekker; fig degene die aan de touwtjes trekt
Draisine *v* (~; -n) draisine
drakonisch draconisch
drall *bn* stevig en mollig, struis, ferm
Drall *m* (-(e)s; -e) draaiing, draaibeweging; trek (in vuurwapen); twist (van garen); gemeenz tik, sterke neiging
Drama *o* (-s; -men) toneelstuk; drama (ook fig)
Dramatiker [-'ma-] *m* (-s; ~) toneeldichter, dramaticus
dramatisch dramatisch
dramatisieren *zw* dramatiseren
Dramaturg [-'toerk] (-en; -en) dramaturg (letterkundig adviseur v.e. schouwburg)
Dramaturgie *v* dramaturgie
dran daaraan, eraan; ~ *glauben müssen* eraan moeten geloven; ~ *sein* aan de beurt zijn; *es muß doch etwas* ~ *sein* er moet toch iets in zitten; *da ist alles* ~ daar zit alles aan wat erbij hoort, met alles erop en eraan; *gut* ~ *sein* in goede doen zijn; *nahe* ~ *sein* er dichtbij zijn; op 't punt staan; *übel* ~ *sein* er slecht aan toe zijn; zie ook: *daran*
Drän *m* (-s; -s) draineerbuis, -kanaal; med drain
Dränage *v* drainage; 't draineren
dranbleiben *st* erbij blijven
Drang *m* (-(e)s) drang, aandrang
drängeln *zw* opdringen, dringen; *(sich)* ~ zich verdringen
drängen *zw* dringen, persen, duwen; aandringen, aansporen; aanvallend spelen, druk uitoefenen; *es drängt mich Ihnen zu sagen* ik voel mij gedrongen u te zeggen; ~ *auf* (+ *4*) aandringen op; *in die Defensive* ~ tot 't defensive dwingen; *Holland drängte stark sp* Holland drong sterk aan, kwam sterk opzetten; *sich* ~ elkaar verdringen
Drangsal *v* & *o* (~) & (-s; -e) tegenspoed, ellende
drangsalieren *zw* chicaneren, plagen
dränieren *zw* draineren
dranmachen *zw*: *sich* ~ aan de slag gaan, beginnen
dransetzen *zw*: *alles* ~ alles op alles zetten, zich alle moeite getroosten; *das Leben* ~ 't leven op 't spel zetten
drapieren *zw* draperen; met een stof behangen; *etwas wissenschaftlich* ~ aan iets een wetenschappelijk tintje geven
drastisch drastisch
drauf daarop; erop; ~ *und dran sein* op het punt zijn; ~!, ~ *los!* erop los!; *hinten* ~ *be-*

Drehwurm

kommen voor de broek krijgen; *etwas* ~ *haben* veel in z'n mars hebben; *ich hatte 140* ~ ik reed 140; zie ook: *darauf*
Draufgabe *v* toegift
Draufgänger *m* vechtjas, haantje-de-voorste
draufgängerisch driftig, vurig, agressief
draufgehen *st* erop los gaan; opgaan; *sein Wochengeld* ~ *lassen* zijn weekgeld uitgeven, erdoor jagen; *an Masern* ~ gemeenz aan de mazelen sterven
draufzahlen *zw* er bijleggen, toebetalen
draus daaruit; *ich mache mir nichts* ~ ik trek me er niets van aan, ik vind het niet erg, ik geef er niets om; *es wird nichts* ~ er komt niets van; zie ook: *daraus*
draußen buiten; in het buitenland; op zee; ~ *mil* aan het front, te velde; *du bist* ~ (spel) jij ligt eruit, jij bent af
drechseln *zw* draaien (met draaibank); fig precies maken; *Verse* ~ schertsend versjes in elkaar draaien
Drechsler *m* (-s; ~) draaier, kunstdraaier
Dreck *m* (-(e)s) vuil; rommel, troep; drek, poep; modder; ~ *am Stecken haben* gemeenz niet zuiver op de graat zijn; *im* ~ *stecken, sitzen* in de narigheid zitten; *jmdn. aus dem* ~ *ziehen* iemand uit de moeilijkheden helpen; *die Karre wieder aus dem* ~ *ziehen* iets weer op de rails, op het goede spoor zetten; *sich um jeden* ~ *kümmern müssen* zich met alles en nog wat bezig moeten houden; *das geht dich einen* ~ *an* dat gaat je geen donder aan
dreckig vuil, morsig, vies; gemeenz miserabel, beroerd
Dreckarbeit *v* vuil werk; *die Gastarbeiter machen die* ~ de gastarbeiders doen het vuile werk
Dreckspatz *m* vuilpoets
Dreh *m* (-(e)s; -e) draai; truc; *den (richtigen)* ~ *heraus (weg) haben (kriegen)* erachter zijn, komen; *auf (hinter) den richtigen* ~ *kommen* de goede methode vinden
Dreharbeiten *mv* filmopnamen
Drehbank *v* draaibank
drehbar draaibaar
Drehbleistift *m* vulpotlood
Drehbuch *o* draai-, regieboek (voor film)
drehen *zw* (om)draaien, keren; filmen, opnemen; *die Daumen* ~ duimen draaien, luieren; *ein Ding(s)* ~ slang een kraak zetten; *ein Ding* ~ iets geks doen; *einen durch den Wolf* ~ gemeenz iem. uitputten; streng verhoren; *die Fahne (den Mantel) nach dem Wind* ~ de huik naar de wind hangen; *sich* ~ *und wenden* fig zich in allerlei bochten wringen; *der Wind dreht sich* de wind draait; *sich im Kreise* ~ in een kringetje rondgaan; *sich* ~ *um* gaan over, handelen over
Dreher *m* (-s; ~) draaier (ook halswervel)
Drehkreuz *o* tourniquet, draaihek
Drehorgel *v* draaiorgel
Drehscheibe *v* draaischijf
Drehung *v* (~; -en) draai, draaiing; techn omwenteling; ~ *um 90°* kwartdraai, -slag
Drehwurm *m* dierk draaiworm; *den* ~ *ha-*

Drehzahl 94

ben (kriegen) gemeenz duizelig zijn (worden)
Drehzahl v techn toerental, aantal omwentelingen
Drehzähler m, **Drehzahlmesser** o techn toerenteller
drei drie; *je ~ und ~, zu ~en* drie aan drie; *nicht bis ~ zählen können* niet tot tien kunnen tellen
Dreieck o driehoek
dreieckig driehoekig
Dreieinigkeit v godsd Drieëenheid
Dreier m (-s; ~) hist driepfennigstuk; Oostr cijfer 3, de drie
dreifach drievoudig, -dubbel; *das D~e* het drievoud
Dreigroschenroman m stuiversroman
dreijährig driejarig
dreijährlich driejaarlijks
Dreikäsehoch [-'keeze-] m gemeenz dreumes, kleuter
Dreikönige mv, **Dreikönigsfest** o, **Dreikönigstag** [-'keu-] m Driekoningen
dreimal driemaal, -werf
dreimalig driemaal herhaald
dreimonatig driemaands
dreimonatlich driemaandelijks
drein- zie: *darein-*
dreingeben st op de koop toegeven; *sich ~* zich erin schikken
dreinreden zw ertussendoor praten; in de rede vallen, meepraten; *sich nirgends ~ lassen* niet toelaten dat iem. zich ermee bemoeit
Dreipunktgurt m driepuntsgordel
Dreirad o driewieler; bakfiets
dreiseitig driezijdig; van drie bladzijden
dreisilbig drielettergrepig
Dreispitz m steek (van galakleding)
Dreisprung m sp driesprong, hink-stapsprong
dreißig dertig; *die ~er Jahre* de jaren dertig
Dreißiger m (-s; ~) dertiger
dreist driest, brutaal
dreistellig met 3 cijfers, met 3 decimalen
Dreistigkeit v (~; -en) driestheid, brutaliteit
dreistöckig met drie verdiepingen
dreitägig driedaags
dreiviertel driekwart
Dreivierteltakt m muz driekwartsmaat
dreiwöchentlich driewekelijks
dreiwöchig drieweeks, van drie weken
Dreizack m (-(e)s) drietand
dreizehn dertien; *nun schlägt es ~* gemeenz wel heb ik van mijn leven!, nou breekt mijn klomp!
Dresche v (~; -n) dorsmachine; het dorsen; gemeenz slaag
dreschen (drosch, drasch; gedroschen) dorsen; gemeenz slaan, beuken; hard schieten, knallen; *Phrasen ~* gemeenz holle frases verkopen; *Skat ~* almaar skaatspelen; *leeres Stroh ~* monnikenwerk verrichten
Drescher m (-s; ~) dorser
Dreschflegel m dorsvlegel
Dreß, nieuwe spelling: **Dress** m (Oostr v)

(-es) kostuum, kleding
dressieren zw africhten, dresseren
Dressur v dressuur
dribbeln zw sp dribbelen
Drift v (~; -en) stroming, 't drijven
driften zw scheepv gaan drijven, op drift raken
Drill m (-(e)s) dril; het drillen, africhting
Drillbohrer m drilboor
drillen zw drillen
Drillich m (-s; -e) dril (grof linnen)
Drilling m (-s; -e) één v.e. drieling; drieloopsgeweer; *~e* drieling
drin erin, daarin; binnen; *~ sein* mogelijk zijn, erin zitten; *ganz ~ sein* er intensief mee bezig zijn; *das ist nicht ~* dat hebben we niet afgesproken; dat is niet mogelijk; zie ook: *darin*
Dr. Ing. = *Doktoringenieur*
dringen (drang; gedrungen) dringen; *~ auf* aandringen op; *sich gedrungen fühlen* zich gedrongen voelen
dringend dringend
dringlich dringend, urgent
Dringlichkeit v (~) urgentie, grote haast
Dringlichkeitsantrag m voorstel tot urgentverklaring
drinnen binnen, erbinnen
drittältest op twee na de oudste
dritt(e) derde; *zu dritt* met zijn drieën; *die ~e Wurzel* de derdemachtswortel; *der lachende D~e* de lachende derde; *der D~e im Bunde* de derde man
Drittel o (-s; ~) derde deel
dritteln zw in drieën delen
drittens ten derde
DRK = *Deutsches Rotes Kreuz*
droben plechtig boven, daarboven
Droge v (~; -n) bedwelmend, verdovend middel, drug; medicament; *harte ~n* harddrugs; *weiche ~n* softdrugs
Drogerie [-'rie] v drogisterij
Drogist m (-en; -en) drogist
Drohbrief m dreigbrief, brandbrief
drohen (+ 3) zw dreigen; *das Haus droht einzustürzen* het huis dreigt in te storten
Drohne v (-n; -n) dierk dar; *fig* nietsdoener, parasiet
dröhnen zw dreunen
Drohung v (~; -en) (be)dreiging, dreigement
drollig grappig, koddig, komiek
Dromedar [-'daar] o (-s; -e) dierk dromedaris
Drops mv zuurtjes
Droschke v (~; -n) huurrijtuig, vigilante; vero taxi
Drossel v (~; -n) vogelk lijster; luchtpijp ⟨v. wild⟩
drosseln zw de toevoer verminderen; beperken, besnoeien, doen afnemen; vero wurgen; *die Einfuhr ~* de invoer beperken; *den Motor ~* gas terugnemen
Drosselung v (~; -en) worging; techn smoring; afknijping, besnoeiing ⟨v. invoer enz.⟩
drüben ginds, ginder, aan de overkant; *nach ~ gehen* (ook) naar Amerika gaan; *einer von ~* iemand uit de (vroegere) DDR,

resp. uit de (vroegere) BRD
drüber erboven; erover, meer; *500 und ~ 500* en meer; zie ook: *darüber*
Druck *m* (-(e)s; -e) druk; drukking; nood; *und Verlag von* gedrukt en uitgegeven bij; *ein bißchen ~ dahinter setzen* er wat gang achter zetten; *im ~ (begriffen)* ter perse; *im ~ sein* ter perse zijn; gemeenz in de knoei zitten; gemeenz geen geld hebben; *in ~ geben* laten drukken; *in ~ geraten, kommen* onder druk komen te staan; *einen unter ~ setzen* druk op iem. uitoefenen
Druckbuchstabe *m* drukletter
Drückeberger *m* (-s; ~) bangerd; lijntrekker, uitknijper
drucken *zw* drukken (boek) enz.
drücken *zw* drukken; persen, duwen; kreuken; knellen; omlaagbrengen; *einem den Daumen ~* voor iem. duimen; *die Preise ~* de prijzen drukken; *einen Rekord ~* een record verbeteren; *die Schulbank ~* naar school gaan; *jeder weiß, wo ihn der Schuh drückt* iedereen weet, waar hem de schoen wringt; *sich ~* schuiven langs; uitknijpen, achteruitkrabbelen; zich onttrekken aan; *einen an die Wand ~* iem. opzij werken; *auf die Tränendrüse ~* gemeenz op medelijden speculeren; *auf die falsche Taste ~* een foutieve opmerking maken; *auf die Tube ~* auto vol gas geven; zich haasten; theat chargeren; *~d* drukkend, zwoel
Drucker *m* (-s; ~) (boek)drukker
Drücker *m* (-s; ~) drukker, knopje; deurklink; theat, gemeenz een claus, die op effect berekend is; trekker (van geweer); sleutel (zonder baard); *am ~ sitzen* beslissende invloed hebben; *auf den letzten ~* op 't laatste ogenblik
Druckerei *v* (~; -en) (boek)drukkerij
druckfähig persklaar; techn tegen druk bestand
Druckfehler *m* drukfout
druckfertig persklaar
Druckknopf *m* drukknop; drukknoop
Drucklegung *v* het in-druk-bezorgen
Druckluft *v* techn samengeperste lucht
Druckmittel *o* middel om druk, pressie uit te oefenen
druckreif persklaar
Drucksache *v* drukwerk(je), gedrukt stuk; *~n* drukwerk
Druckschrift *v* gedrukt geschrift, gedrukt stuk; *in ~* in drukletters
drucksen *zw* treuzelen, aarzelen
Druckstock *m* plaat, blok, cliché
Druckvorlage *v* kopij
drum daarom; eromheen; *ich gäbe viel ~* ik zou er veel voor over hebben; *es sei ~, sei es ~* het zij zo; *alles, was ~ und dran ist* alles, wat eraan vast zit; alles, wat erbij hoort; *das D~ und Dran* het bijwerk, de bijkomstigheden; zie ook: *darum*
drunten daarbeneden, daarginds
drunter daaronder; eronder; *alles geht ~ und drüber* alles loopt in 't honderd; 't is een pan; *das D~ und Drüber* de wirwar; zie ook: *darunter*
Drusch *m* (-es) het dorsen; 't gedorste
Drüse *v* (~; -n) klier
Dschungel *m* (-s; ~) jungle, rimboe
du jij, je, u; *~ meine Güte, grüne Neune, ~ liebe Zeit!* gemeenz wel allemachtig!; *auf ~ und ~ (per ~) stehen* elkaar tutoyeren, jijen en jouwen; *~ Halunke ~!* schurk die je bent!
Dualismus *m* (~) dualisme
Dübel *m* (-s; ~) houten pin, plug
Dublette *v* (~; -n) doublet, dubbele
ducken *zw* neerdrukken; *einen ~* fig iemand klein krijgen; *sich ~* wegduiken, bukken; in zijn schulp kruipen
Duckmäuser *m* (-s; ~) stiekemerd, schijnheilige
duckmäuserisch stiekem, schijnheilig
dudeln *zw* doedelen, op de doedelzak spelen; eentonige muziek maken, jengelen; murmelen; gemeenz (veel) drinken
Duell *o* (-s; -e) duel
Duellant *m* (-en; -en) duellist
Duett *o* (-(e)s; -e) duet
Duft *m* (-(e)s; Düfte) geur; waas; rijp
duft(e) gemeenz tof; *eine dufte Biene* een leuke meid
duften *zw onoverg* geuren, ruiken
duftig geurig; wazig: dun als een waas; *~e Blumen* geurende bloemen; *~e Sommerkleider* luchtige zomerkleren
Duftnote *v* specifieke geur, kenmerkende geur; *eine ~ von Moschus* een spoor van muskus
duhn gemeenz, N-Duits dronken; uitgeput
Dukaten *m* (-s; ~) dukaat
Duktus *m* (~) manier van schrijven, uitdrukken
dulden *zw* dulden, gedogen; lijden, ondergaan
duldsam verdraagzaam
Duldung *v* (~) het verdragen, het dulden; *religiöse ~* godsdienstige verdraagzaamheid, tolerantie
dumm dom; dwaas; onnozel, suf; *~ wie Bohnenstroh, wie die Sünde, dümmer als die Polizei erlaubt* oliedom; *~ im Kopf* suf, duizelig; *eine ~e Geschichte* een vervelende, lamme geschiedenis; *ein ~er Junge* een melkmuil; *~es Zeug* dwaasheid, onzin; *einem ~ kommen* brutaal worden; *ich bin immer der Dumme* ik ben altijd de sigaar; *die Sache wurde mir zu ~* ik kreeg er genoeg van; *die Dummen werden nicht alle* aan domme mensen geen gebrek
Dummbart *m* domkop
Dummerjan *m* (-s; -e) sufferd
Dummheit *v* (~; -en) domheid; dwaasheid; *keine ~en machen* geen dwaasheden uithalen
Dummkopf *m* stommerd, domoor
dümmlich onnozel
dumpf dof, muf, bedompt; *~e Gefühle* donkere, vage, onbewuste gevoelens
Dumpfheit *v* (~) dofheid; matheid; onbewust gevoel
dumpfig duf, bedompt
Dumping *o* (-s) handel dumping

Düne v (~; -n) duin
Dung m (-(e)s) mest
Düngemittel o bemestingsmiddel
düngen zw mesten, bemesten
Dünger m (-s; ~) mest
Düngung v (~; -en) 't mesten, bemesting
dunkel donker, duister; *eine dunkle Ahnung* een vaag voorgevoel, een vaag, intuïtief gevoel; *eine dunkle Erinnerung* een vage herinnering; *von dunkler Herkunft* van twijfelachtige afkomst; *ein Glas Dunkles* een glas donker bier; *im ~n sein über* in 't duister verkeren over; *im D~n ist gut munkeln* in 't duister is 't goed smoezen; *im ~n tappen* in het duister tasten
Dunkel o (-s) donker(heid), duisternis
Dünkel m (-s) verwaandheid, eigenwaan
dünkelhaft laatdunkend, verwaand
Dunkelheit v (~) donkerheid, duisternis
Dunkelkammer v fotogr donkere kamer
dunkeln zw donker worden, schemeren
Dunkelziffer v: *die ~ der Selbstmorde* het onbekende aantal zelfmoorden, het niet officieel geregistreerde aantal zelfmoorden
dünken zw dunken, menen; *mich, mir dünkt* mij dunkt
dünn dun, ijl, fijn; slap; *~ lächeln* witjes lachen; *sich ~(e) machen* gemeenz uitknijpen
Dünndarm m dunne darm
Dünne v (~) dunheid; fijnheid, tengerheid
dünn(e)machen zw: *sich ~* (onopvallend) verdwijnen, ertussenuit knijpen
Dunst m (-(e)s; Dünste) damp, wasem, uitwaseming; mussenhagel; *keinen (blassen) ~ haben von* gemeenz geen notie hebben van, geen kaas hebben gegeten van; *jmdm. blauen ~ vormachen* iemand een rad voor ogen draaien
dunsten zw dampen, uitwasemen
dünsten zw stoven
Dunstkreis m dampkring
Dunstobst [-oopst] o gestoofde vruchten
Dünung v (~) scheepv deining
Duo o (-s; -s) muz duo
Duplikat o (-s; -e) duplicaat
Duplizität v (~) dupliciteit
durch door, doorheen; door middel van; *drei Uhr ~* gemeenz over drieën; *der Bus ist schon ~* gemeenz de bus is al voorbij; *~ und ~* door en door, geheel en al, totaal; *~ Verfügung von* bij beschikking van; *~ Wochen (hindurch)* weken lang; *sie ist bei uns unten ~* gemeenz wij willen niks meer met haar te maken hebben, ze ligt eruit
'**durchackern** zw doorwerken
'**durcharbeiten** zw overg & onoverg doorwerken, doornemen, grondig bewerken; (langer) doorwerken; *ein gut durchgearbeiteter Körper* een getraind lichaam
durch'aus volstrekt; beslist; *es ist ~ möglich* het is zeer wel mogelijk
durch'backen zw door'bakken
'**durchbeißen** st doorbijten; *sich ~* zich door slaan
'**durchbekommen** st doorkrijgen; erdoorkrijgen

'**durchbetteln** zw: *sich ~* door bedelen in zijn levensonderhoud voorzien
'**durchbilden** zw goed ontwikkelen; doorwerken
'**durchblättern, durch'blättern** zw doorbladeren
'**durchbleuen**, nieuwe spelling: '**durchbläuen** zw afransen
Durchblick m doorkijk(je); fig overzicht; *den großen ~ haben* gemeenz alles begrijpen, intelligent zijn
'**durchblicken** zw erdoorkijken; de samenhang begrijpen; *etwas ~ lassen* iets laten doorschemeren
durch'bluten zw door'bloeden
'**durchbohren** zw 'doorboren
'**durchboxen** zw: *eine Sache ~* gemeenz een zaak erdoorheen weten te krijgen; *sich ~* zich erdoorheen slaan
1 '**durchbrechen** st 'door-, stukbreken
2 **durch'brechen** st door'breken; *alle Schranken ~* alle perken te buiten gaan
'**durchbrennen** zw doorbranden; gemeenz ervandoor gaan; weglopen; doorslaan
'**durchbringen** onr erdoorbrengen; ⟨zijn geld⟩ erdoorlappen; *einen Kranken ~* een zieke erdoorhalen; *sich ~* er komen, zijn brood verdienen
'**Durchbruch** m doorbreking, doorbraak; *zum ~ kommen* doorbreken, uitbarsten; *der ~ der Milchzähne* het doorkomen van de melktanden
durch'denken onr: *die Sache ~* de zaak grondig overdenken
'**durchdrehen** zw doordraaien ⟨groente⟩; gek worden; *durchgedreht* gek; bekaf
durch'dringen st 'doordringen; *mit einer Forderung ~* eis vervuld krijgen; *mit einer Meinung ~* een mening ingang doen vinden
'**durchdrücken** zw doordrukken; *Gesetze ~* wetten er door weten te krijgen
durchein'ander dooreen, doorelkaar; *~ sein* in de war zijn, confuus zijn
Durchein'ander o verwarring, mengeling, chaos
durchein'anderbringen, nieuwe spelling: **durcheinander bringen**: *alles ~* alles doorelkaarhalen, in de war brengen, verwisselen
durchein'anderreden, nieuwe spelling: **durcheinander reden** zw door elkaar praten
1 '**durchfahren** st (er)doorvaren, (er-)doorrijden
2 **durch'fahren**: *ein Schrecken durchfuhr ihn* een schrik voer hem door de leden
Durchfahrt v doorvaart, -rit, -tocht; inrit
Durchfall m diarree; theat echec, fiasco; zakken ⟨voor examen⟩
'**durchfallen** zw ⟨ergens⟩ door vallen; druipen, zakken ⟨bij examen⟩; fiasco maken; *mit Pauken und Trompeten ~* zakken als een baksteen
'**durchfechten** st strijdend doorzetten; *sich ~* zich (strijdend) erdoor slaan
'**durchfinden** st: *sich ~* zijn weg vinden
1 '**durchfliegen** st door iets vliegen; ge-

meenz zakken ⟨voor examen⟩
2 'durch'fliegen *st* door'vliegen; ⟨boek⟩ 'doorvliegen
durch'fluten *zw* doorstromen
'durchformen *zw*: *ein durchgeformter Stil* een doorwerkte stijl
durch'forschen *zw* onderzoeken, doorvorsen; *ein Gebiet* ~ een gebied afzoeken
durch'forsten *zw* uitdunnen ⟨bos⟩
'durchfragen *zw* rondvragen; *sich zu einem* ~ vragend zijn weg naar iem. vinden
durch'froren *bn* verkleumd
'Durchfuhr *v* doorvoer, transito
'durchführen *zw* doorvoeren; uitvoeren, geven; ten uitvoer leggen; *ein Tennisturnier* ~ een tenniswedstrijd houden
Durchführung *v* uitvoering ⟨v. wet⟩; het uitvoeren
durch'furchen *zw* door'klieven; door'ploegen; voren, rimpels maken
Durchgabe *v* het doorgeven
'durchgeben *zw*, *durch*'mustern *zw* nazien, doorzien, controleren
Durchgang *m* doorgang, -tocht
durchgängig geregeld, (over het) algemeen, doorgaans
Durchgangsverkehr *m* doorgaand verkeer; doorvoerhandel
durchgehen *onr* doorgaan, erdoor gaan; doornemen; ervan doorgaan; uit de band springen; op hol slaan; ontrouw worden; *heimlich* ~ met de noorderzon vertrekken; *etwas Punkt für Punkt* ~ iets punt voor punt doornemen; *mit etwas* ~ ermee doorgaan; *seine Frau ist ihm durchgegangen* zijn vrouw is er (met een ander) vandoor; *sein Temperament ist mit ihm durchgegangen* hij heeft zich niet kunnen beheersen; *etwas* ~ *lassen* iets door de vingers zien, laten passeren; ~*de Straßenzüge* hoofdverbindingswegen
durchgehend(s) geregeld, algemeen, zonder onderbreking, altijd
durch'geistigt vergeestelijkt
'durchgreifen *st* erdoor grijpen; spijkers met koppen slaan, doortasten, flink aanpakken; ~*de Maßnahmen* doortastende maatregelen
'durchhalten *st* doorzetten, volhouden; uithouden
'durchhauen, durch'hauen I *st* doorhouwen, -hakken, -klieven; II *zw* afranselen, -rossen; *sich* ~ zich erdoorheen slaan; *den (gordischen) Knoten* ~ de (gordiaanse) knoop doorhakken
'durchhecheln *zw* doorhalen, over de hekel halen
'durchheizen *zw* in 't hele huis stoken
'durchhelfen *st* erdoor helpen; *sich* ~ zich redden
'durchkämmen *zw* uitkammen, grondig doorzoeken
'durchkämpfen *zw* uitvechten; *sich* ~ zich erdoor slaan
'durchkommen *st* erdoor komen, doorkomen; *nur kümmerlich* ~ met moeite rondkomen
'durchkosten *zw* geheel proeven; geheel doormaken
durch'kreuzen *zw* door'kruisen

Durchlaß, nieuwe spelling: **Durchlass** *m* doorlating, opening; doorlaat; zeef; doorslag, vergiettest; gootsteen
'durchlaufen *st* door-, stuklopen
Durchlauferhitzer *m* geiser
durch'leben *zw* door'leven
'durchlesen *st* doorlezen
durch'leuchten *zw* doorlichten ⟨patiënt⟩
'durchliegen *st*: *sich* ~ doorliggen ⟨v. zieken⟩
durch'lochen *zw* doorboren; perforeren
durch'löchern *zw* doorboren
'durchlügen *st*: *sich* ~ zich eruit liegen, zich er met leugens doorheen slaan
'durchmachen *zw* doormaken; ⟨cursus &⟩ door'lopen
1 'durchmessen *st* doormeten
2 durch'messen *st* afleggen ⟨afstand⟩
'Durchmesser *m* middellijn, diameter
'durchmustern, durch'mustern *zw* nazien, doorzien, controleren
durch'näßt, nieuwe spelling: **durch'nässt** door-, kletsnat
'durchnehmen *st* doorgaan; *ein Kapittel* ~ een hoofdstuk behandelen, doornemen
'durchpausen *zw* doortrekken, calqueren ⟨tekening &⟩
'durchpeitschen *zw* erdoor jagen; afranselen; *ein Gesetz* ~ een wet erdoorheen jagen
'durchplumpsen *zw* gemeenz zakken ⟨examen⟩
'durchprügeln *zw* afrossen, -ranselen
durch'queren *zw* dwars oversteken; *Afrika* ~ dwars door Afrika trekken
'durchrasseln *zw* gemeenz zakken ⟨examen⟩
Durchreiche *v* ⟨~; -n⟩ doorgeef-, dienluik
Durchreise *v* doorreis, -tocht
1 'durchreisen *zw onoverg* erdoor(heen) reizen
2 durch'reisen *zw overg* erdoor reizen, door'reizen
'durchreißen *st overg* & *onoverg* doorscheuren; *einen* ~ iem. erdoor halen
durch'rieseln *zw* kabbelen door, druppelen door; *es durchrieselt mich kalt* de koude rillingen lopen me over de rug
'durchringen *st*: *sich zu etwas* ~ na innerlijke strijd een besluit tot iets nemen
'durchrütteln *zw* dooreenschudden
durchs (= *durch das*) door het
'durchsacken *zw* luchtv hoogte verliezen
Durchsage *v* mededeling, (omroep)bericht
'durchsagen *zw* doorzeggen, -geven
durch'schauen *zw* door'zien, hoogte krijgen van
durch'schauern *zw* door'huiveren
'durchscheinen *st* erdoorheen schijnen
'durchscheinend doorschijnend
durch'schießen *st* doorschieten ⟨boek⟩
'durchschimmern *zw* doorschemeren
Durchschlag *m* typ & techn doorslag; kopie; opening; drevel; steekbeitel; vergiettest
1 'durchschlagen *st* doorslaan, in tweeën slaan; doorzijgen; laxerend werken; *sich* ~ zich erdoor slaan, zich bedruipen; ~ *auf*

durchschlagen

doorwerken in, gevolgen hebben voor *dieses Argument schlägt nicht durch* dit is geen doorslaggevend argument; *in dem Jungen ist der Großvater durchgeschlagen* die jongen lijkt erg op zijn grootvader
2 **durch'schlagen** er doorheen slaan, doorboren
'**durchschlagend** doorslaand, afdoend; ~*e Bedenken* overwegende bezwaren; *ein* ~*er Erfolg* een doorslaand succes
'**durchschlängeln** zw: *sich* ~ zich erdoor kronkelen
'**durchschleichen** *st* erdoor sluipen
'**durchschleppen** zw erdoorheen slepen (ook fig)
'**durchschleusen** zw scheepv schutten; fig (na grondig onderzoek) doorlaten
Durchschlupf *m* sluipgaatje
'**durchschlüpfen** zw doorglippen, ontsnappen
1 '**durchschneiden** *st* doorsnijden
2 **durch'schneiden** *st* door'snijden, dwars door iets heen gaan
Durchschnitt *m* doorsnede, doorsnijding; profiel; gemiddelde; *im* ~ gemiddeld, in doorsnee; *über dem* ~ boven de middelmaat
durchschnittlich I *bijw* gemiddeld, in doorsnee; II *bn* gemiddeld; middelmatig
'**durchschreiben** *st* een doorslag maken
'**durchschütteln** zw doorschudden; door elkaar schudden
durch'schwärmen zw: *ein Gebäude* ~ in groepjes door een gebouw zwermen; *eine Nacht* ~ een nacht doorfuiven
durch'schwitzen zw doorzweten
'**durchsehen** *st* erdoor(heen) zien, -kijken; *Schularbeiten* ~ schoolwerk nakijken
'**durchseihen** zw zeven, filtreren
'**durchsetzen** zw doorzetten; *seinen Dickschädel (seinen Kopf)* ~ zijn zin doorzetten; *sich* ~ zijn zin weten te krijgen, het weten te winnen, slagen; *diese Auffassungen werden sich sicher* ~ deze opvattingen zullen zeker ingang vinden
durch'seuchen zw verpesten
Durchsicht *v* 't doorzien, inzage; doorkijk
'**durchsichtig** doorzichtig (ook fig)
'**durchsickern** zw doorsijpelen; fig uitlekken, langzaam bekend worden
'**durchsieben** zw 'doorzeven, door een zeef doen
'**durchsprechen** *st*: *einen Plan* ~ een plan doorspreken
'**durchstechen** *st* steken door; vero bedriegen
'**durchstehen** *onr* doorstaan
durch'stöbern zw doorsnuffelen
1 '**durchstoßen** *st* 'doorstoten (ook mil); *die Schallmauer* ~ de geluidsbarrière doorbreken
2 **durch'stoßen** *st* door'breken
'**durchstreichen** *st* doorschrappen, -strepen, -halen
'**durchstreifen** zw zwerven door, door-'zwerven
durch'suchen zw door'zoeken
'**durchtränken** zw drenken, door'trekken

'**durchtreten** *st*: *das Gaspedal* ~ auto het gaspedaal tot op de plank indrukken
durch'trieben doortrapt, geslepen
durch'wachen zw door'waken
durch'wachsen *bn* doorgroeid; ~*er Speck* doorregen spek; *es geht mir* ~ gemeenz het gaat me zozo
'**durchwalken, durch'walken** zw gemeenz afranselen
durch'wandern zw (te voet) doortrekken
durch'waten doorwaden
durchweg [-weç, -wek], Oostr, Zwits **durchwegs** geregeld, algemeen; gladweg
'**durchweichen, durch'weichen** zw doorweken
'**durchwinden** *st*: *sich* ~ zich (ergens) door heenwerken, -wringen
durch'wühlen zw doorwroeten, -woelen, -zoeken
'**durchzeichnen** zw overtrekken, calqueren
1 '**durchziehen** *st* doortrekken; erdoor trekken, erdoor halen
2 **durch'ziehen** *st* door'snijden; trekken, lopen door
durch'zucken zw doorschieten, doorschokken, doortrillen; *der Gedanke durchzuckte ihn* de gedachte schoot hem plotseling te binnen
Durchzug *m* doortocht; trekkanaal (v. schoorsteen); *im* ~ *sitzen* op de tocht zitten
'**durchzwängen** zw door iets heen persen
dürfen *onr* mogen, verlof hebben; behoeven; *wenn ich bitten darf* als ik u mag verzoeken; *dürfte ich Sie bitten?* zou ik u mogen verzoeken?; *da dürften Sie sich irren* daar vergist u zich waarschijnlijk; *das darf nicht sein* dat mag niet; *was darf es sein?* (in winkel) kan ik u helpen?, waarmee kan ik u van dienst zijn?
dürftig behoeftig; mager, schraal, karig, armzalig; *ein* ~*er Beweis* een gebrekkig bewijs; ~*e Nahrung* schraal voedsel; ~ *gekleidet* armoedig gekleed
Dürftigkeit *v* (~) behoeftigheid, armoede; schraalheid, armzaligheid
dürr dor, schraal, mager; *in (mit)* ~*en Worten* met nuchtere woorden
Dürre *v* (~) dorheid, droogte; schraalheid; magerheid
Durst *m* (-es) dorst, dorstigheid; ~ *auf Bier* dorst naar bier; *einen (eins) über den* ~ *nehmen* schertsend te diep in 't glaasje kijken
dursten zw dorst lijden
dürsten zw dorst hebben; *nach Ruhm* ~ begerig zijn naar roem; *mich dürstet* ik heb dorst; plechtig mij dorst
durstig dorstig, begerig
Dusche *v* (~; -n) douche, stortbad
duschen zw een douche nemen, douchen
Düse *v* (~; -n) konisch buisje, sproeier, straalpijp
Dusel *m* (-s) roes; slaapdronkenheid; *im* ~ in aangeschoten toestand; in de soes; ~ *haben* boffen
duselig soezig, dommelig; aangeschoten
duseln zw soezen, dommelen
Düsenantrieb *m* straalaandrijving

Düsenflugzeug *o* straalvliegtuig
Düsenjäger *m* luchtv straaljager
Dussel *m* (-s; ~) dromer, sufferd
dusselig suf, dromerig
duster Nederd duister
Dutt *m* (-es; -e) dot, haarknoet
Dutzend *o* (-s; -e) dozijn; *~e von Beispielen* dozijnen (tientallen) voorbeelden; *davon gehen zwölf auf ein ~* zo gaan er twaalf (dertien) in het dozijn, dat is niets bijzonders
Dutzendware *v* alledaagse waar
dutzendweise bij het dozijn, bij dozijnen

Duzbruder *m* intieme vriend
duzen *zw* jijen en jouwen, tutoyeren
Duzfreund *m* intieme vriend
Dynamik [-'na-] *v* dynamica, bewegingsleer; dynamiek, kracht
dynamisch dynamisch
Dynamit [-'miet] *o* (-s) dynamiet
Dynamo [-'na-] *m* (-s; -s) dynamo
Dynastie *v* (~; -n) dynastie
dynastisch dynastiek
Dysenterie *v* med dysenterie
D-zug *m* D-trein

E

Ebbe v (~) eb, ebbe; *es ist ~ in meinem Geldbeutel* ik ben platzak
1 eben bn effen, vlak; *zu ebner Erde wohnen* gelijkvloers wonen
2 eben bijw juist; net, pas, precies; nu eenmaal; *~ habe ich ihn noch gesehen* zo net heb ik hem nog gezien; *~ heute* juist vandaag; *das ist es ~* dat is het 'm juist; *es ist ~ so* het is nu eenmaal zo; *dann ~ nicht!* dan maar niet!; *nicht ~ schön* niet bepaald mooi; *ja ~* ja zeker
Ebenbild o evenbeeld
ebenbürtig van gelijke afkomst; gelijkwaardig
ebenda aldaar; terzelfder plaatse
Ebene ['e-bene] v (~; -n) vlakte; plat vlak; niveau; *geneigte (schiefe) ~* hellend vlak; *auf höchster ~* op het hoogste niveau; *auf die schiefe ~ geraten* fig aan lager wal raken
ebenerdig gelijkvloers
ebenfalls eveneens, insgelijks, ook
Ebenholz o ebbehout
ebenmäßig gelijkmatig, regelmatig
ebenso evenzo, even; *~ oft* even vaak
Eber m (-s; ~) dierk beer, mannetjeszwijn
Eberesche v (~; -n) plantk lijsterbes
ebnen zw effenen; *einem die Bahn, den Weg ~* iem. de weg effenen
Ebnung v (~; -en) effening, gelijkmaking
Echo ['e-çoo] o (-s; -s) echo; *kein ~ finden* geen weerklank vinden
echoen zw echoën, weerklinken
Echse v (~; -n) dierk hagedisachtig dier
echt echt; waar; typisch; zuiver
Echtheit v (~) echtheid
Eck o (-(e)s; -e) Zuidd, Oostr hoek; sp hoek van het doel
Ecke v (~; -n) hoek, hoekpunt; sp hoekschop, corner; gemeenz eind; *eine ganze ~* een heel eind; *an allen ~n (und Enden)* overal; *in allen ~n und Winkeln* in alle hoekjes en gaatjes; *gleich um die ~* vlakbij; *einen um die ~ bringen* iem. om zeep helpen; *um die ~ gehen* fig 't hoekje om gaan; *ein Neffe um drei ~n* een achterachterneef
Ecker v (~; -n) beukennootje; *~n* kaartsp klaveren
eckig hoekig, kantig; onbeholpen; stug
Eckpfeiler m hoekpilaar; fig hoeksteen
Eckstein m hoeksteen; kaartsp ruiten
Eckstoß m sp corner, hoekschop
Eckzahn m hoektand
edel edel
Edelfrau v hist gehuwde adellijke dame
Edelfräulein o hist ongehuwde adellijke dame, freule
Edelmut m edelmoedigheid
edelmütig edelmoedig
Edelstein m edelsteen
Edeltanne v plantk zilverspar, witte spar
Edelwild o rood wild, herten
edieren zw uitgeven
Edikt o (-es; -e) edict
EDV = *elektronische Datenverarbeitung* elektronische gegevensverwerking
EEG = *Elektroenzephalogramm*
Efeu ['e-foi] m & o (-s) plantk klimop
Effeff o: *aus dem ~* op zijn duimpje, tot in de puntjes
Effekt m (-(e)s; -e) effect; resultaat
Effekten mv effecten, waardepapieren
Effektenbörse v effectenbeurs
effektiv effectief, werkelijk; nuttig
Effektivbestand m feitelijke voorraad; effectieve sterkte
egal onverschillig; gelijk; *das ist mir ganz ~* dat kan mij niets schelen
egalisieren zw egaliseren, gelijk maken
Egel m (-s; ~) dierk bloedzuiger
Egge v (~; -n) eg(ge); zelfkant
Egoismus m (~) egoïsme, zelfzucht
Egoist m (-en; -en) egoïst
eh(e) eer, voordat, voor, alvorens; *wie eh und je* zoals altijd al
Ehe v (~; -n) huwelijk; *in wilder ~* vero in concubinaat; *eine zerrüttete ~* een kapot huwelijk; *eine gescheiterte ~* een mislukt huwelijk
ehebrechen (brach die Ehe; hat die Ehe gebrochen) vero, plechtig echtbreken, overspel plegen
ehebrecherisch overspelig
Ehebruch m overspel, echtbreuk
Ehebund m plechtig echtverbintenis
ehedem eertijds, weleer, voorheen
Ehefrau v echtgenote, eega
Ehegatte m plechtig echtgenoot, eega
Ehegattin v plechtig echtgenote
Eheleute mv echtelieden, echtgenoten
ehelich echtelijk, huwelijks; wettig
ehelos echteloos, ongehuwd
ehemalig vroeger
ehemals weleer, eertijds
Ehemann m echtgenoot, getrouwd man
Ehepaar o echtpaar
Ehepartner(in) m(v) huwelijkspartner
eher eerder, liever; *je ~, desto besser* hoe eerder, hoe beter (liever)
Ehering m trouwring
ehern metalen, bronzen; plechtig hard, meedogenloos; onveranderlijk; *ein ~er Wille* een onbuigzame wil; *~e Hochzeit* platina bruiloft; *das ~e Lohngesetz* de ijzeren loonwet; *die ~e Schlange* bijbel de koperen slang
Ehescheidung v echtscheiding
Eheschließung v huwelijksvoltrekking
Ehestand m echtelijke staat; *in den ~ treten* in het huwelijk treden
ehestens ten vroegste; Oostr zo snel mogelijk
Ehevertrag m huwelijkscontract, huwelijkse voorwaarden
ehrbar eerzaam, eerbaar
Ehre v (~) eer; *seine ~ darein setzen* plechtig er een eer in stellen; *jmdm. ~ machen* iem. tot eer strekken; *~, wem ~ gebührt* ere wie ere toekomt; *auf ~ (und Gewissen)* op mijn woord; *in (allen) ~n* in (alle) eer

en deugd; *der Pfarrer in (allen)* ~*n* van de dominee geen kwaad!; *etwas in* ~ *halten* in ere houden; *zu* ~*n des Königs* ter ere van de koning; *wieder zu* ~*n bringen* in zijn (haar) eer herstellen
ehren *zw* eren, eerbiedigen, achten
Ehrenamtlich honorair, als ereambt
Ehrendoktor *m* eredoctor
ehrenhaft volgens de eer, eervol; *ein* ~*er Mann* een man van eer
ehrenhalber eershalve; honoris causa
Ehrenmal *o* monument, gedenkteken
Ehrenmann *m* man van eer, gentleman
Ehrenrechte *mv*: *die bürgerlichen* ~ burgerlijke en politieke rechten
ehrenrührig beledigend
Ehrensache *v* zaak van eer
Ehrensalut *m*, **Ehrensalve** *v* mil saluutschoten
ehrenwert braaf, eerlijk
Ehrenwort *o* erewoord, woord van eer; *sein (großes)* ~ *geben* zijn erewoord geven
ehrenwörtlich: ~*e Erklärung* verklaring op erewoord
ehrerbietig plechtig eerbiedig
ehrfürchtig, ehrfurchtsvoll eerbiedig, onderdanig, ootmoedig
Ehrgefühl *o* eergevoel
Ehrgeiz *m* eerzucht
ehrgeizig eerzuchtig, -gierig
ehrlich eerlijk; *eine* ~*e Haut* een eerlijke, brave kerel
ehrlos eerloos
Ehrung *v* (~; -en) eerbewijs, eerbetoon
ehrwürdig eerwaardig, eerbiedwaardig
Ei *o* (-(e)s; -er) ei; *verlorene* ~*er* gepocheerde eieren; ~*er schlagen* eieren klutsen; *das* ~ *will klüger sein als die Henne* de jeugd wil het altijd beter weten; *sich ähnlich sehen wie ein* ~ *dem andern* op elkaar lijken als twee druppels water; *wie ein rohes* ~ *behandeln* uiterst voorzichtig behandelen; *wie auf* ~*ern gehen* als op eieren lopen; *ach, du dickes* ~! jeminee!, o jee!
Eibe *v* (~; -n) plantk taxus
Eibisch *m* (-es; -e): plantk heemst
Eichamt *o* (-s) ijkkantoor
Eiche *v* (~; -n) plantk eik; eikehout
Eichel *v* (~; -n) eikel; kaartsp klaveren
Eichelhäher *m* vogelk Vlaamse gaai, meerkol
1 eichen *bn* eiken, eikehouten
2 eichen *zw* ijken; peilen; *auf etwas geeicht sein* voor iets zeer geschikt zijn
Eichhörnchen *o*, **Eichkatze** *v*, **Eichkätzchen** *o* dierk eekhoorntje
Eid *m* (-(e)s; -e) eed; *etwas auf seinen* ~ *nehmen* een eed op iets doen; *unter* ~ onder ede
eidbrüchig meinedig
Eidechse *v* (~; -n) dierk hagedis
Eidesstatt: *an* ~ in plaats v.e. eed
eidesstattlich in plaats van een eed
Eidgenossenschaft *v* eedgenootschap; *die Schweizerische* ~ de Confederatio Helvetica, Zwitserland
eidgenössisch eedgenootschappelijk, Zwitsers

eidlich bij ede, met een eed; *etwas* ~ *erhärten* iets onder ede bevestigen
Eidotter *m* & *o* ei(er)dooier
Eierbecher *m* eierdopje
Eierkuchen *m* eier-, pannekoek; typ pastei
eiern *zw* slingeren (v. wiel)
Eierschale *v* eierdop; eierschaal
Eifer *m* (-s) ijver; levendigheid; drift, vuur; *in* ~ *geraten* driftig worden, in vuur raken
Eiferer *m* (-s; ~) ijveraar
eifern *zw* ijveren, zich inzetten, ageren
Eifersucht *v* jaloezie
Eifersüchtelei *v* (~; -en) kleingeestige jaloezie
eifersüchtig jaloers
eiförmig eirond, ovaal
eifrig druk, vurig, heftig
Eigelb *o* (-(e)s; ~) eigeel, eidooier
eigen eigen; eigenaardig, bijzonder; *sein* ~*stes Wesen* zijn diepste aard; *einem etwas zu* ~ *geben* iem. iets ten geschenke geven; *etwas sein* ~ *nennen* iets tot zijn bezit rekenen; *sich etwas zu* ~ *machen* zich iets eigen maken
Eigenart *v* aard, natuur, individualiteit; eigenaardigheid
eigenartig ongewoon, raar, vreemd, merkwaardig
eigenartigerweise merkwaardigerwijze
Eigenbrötler *m* zonderling
eigenhändig eigenhandig
Eigenheit *v* (~; -en) eigenaardigheid
eigenmächtig eigenmachtig, -gerechtig
Eigennutz *m* eigenbaat, -belang
eigennützig egoïstisch
eigens opzettelijk, in 't bijzonder, speciaal
Eigenschaft *v* (~; -en) eigenschap, hoedanigheid
Eigenschaftswort *o* bijvoeglijk naamwoord
Eigensinn *m* eigenzinnigheid
eigensinnig eigenzinnig, koppig, eigengereid
eigenständig op zichzelf staand; van eigen bodem; ~*e Kultur* eigen cultuur
eigentlich eigenlijk
Eigentor *o* sp goal in eigen doel
Eigentum *o* (-s; -tümer) eigendom; *öffentliches* ~ publiek eigendom
Eigentümer *m* (-s; ~) eigenaar
eigentümlich eigenaardig; zonderling; eigen
Eigentümlichkeit *v* (~; -en) eigenaardigheid
Eigentumswohnung *v* koopflat, eigen woning
eigenwillig eigenwillig, eigenzinnig
eignen *zw* eigen zijn; toebehoren; *sich* ~ geschikt zijn, geëigend zijn; *geeignet* geschikt
Eignung *v* (~; -en) geschiktheid
Eignungsprüfung *v* geschiktheidsonderzoek, psychotechnisch onderzoek
Eilbote *m* koerier, ijlbode; boodschappenjongen; *durch* ~*n* per expresse
Eilbrief *m* expresbrief
Eile *v* (~) spoed, haast; *die Sache hat keine* ~ er is geen haast bij de zaak; *in aller*

eilen

(größter) ~ overhaast; *in fliegender* ~ in vliegende haast

eilen *zw* zich haasten; spoeden; *sich* ~ zich haasten; *eilt!* spoed!, dringend!; *es eilt* er is haast bij; *es eilt mir nicht damit* ik heb er geen haast mee; *eile mit Weile* haast u langzaam

eilends haastig, spoedig, ijlings
eilig spoedig; haastig; *ich habe es* ~ ik heb haast; *eine ~e Arbeit* haastwerk
Eilsendung *v* expreszending
Eilzug *m* sneltrein
Eimer *m* (-s; ~) emmer; gemeenz *im* ~ naar de maan

1 ein *telw* één; *sein* ~ *und alles* zijn alles; *sie sind eines Alters* zij zijn van dezelfde leeftijd; ~ *für allemal* eens voor al; *in ~em fort* onafgebroken; aan één stuk door

2 ein *lidwoord;* voorn woord een; iemand; *das ist ~er* dat is me d'r een; *der kan ~em leid tun* die is zielig; *die ~en behaupten ja, andere aber nein* sommigen beweren van wel, anderen van niet; *unser~er* iemand als wij; ~ *Neues* iets nieuws; *zum ~en, zum andern* aan de ene kant, aan de andere kant

3 ein *bijw:* er *wußte nicht* ~ *noch aus* hij wist geen raad

einachsig eenassig
einander elkander, elkaar
einarbeiten *zw* inwerken; Oostr inhalen
einarmig eenarmig
einäschern *zw* in de as leggen; cremeren, verassen
Einäscherung *v* (~; -en) verassing, crematie; het in-de-as-leggen (van stad enz.)
einatmen *zw* inademen
einäugig eenogig
Einbahnstraße *v* straat met eenrichtingsverkeer
einbalsamieren *zw* balsemen
Einband *m,* **Einbanddecke** *v* band (v.e. boek), boekband
Einbau *m* het inbouwen; inschakeling
einbauen *zw* inbouwen; opnemen; *eingebaut* (ook) inpandig
einbehalten *st* inhouden ⟨salaris⟩; innemen ⟨b.v. rijbewijs⟩; vasthouden ⟨door politie⟩
einberufen *st* bijeenroepen; ⟨ook mil⟩ oproepen
einbetten *zw* te bed leggen; bedden in; techn verzinken, inlaten
Einbettzimmer *o* eenpersoonskamer
einbeulen *zw* indeuken
einbeziehen *st* betrekken in
einbiegen *st* naar binnen buigen; *in eine Straße* ~ een straat inslaan
einbilden *zw* inbeelden; inpraten; *sich* ~ zich verbeelden, zich inbeelden; *sich etwas* ~ *auf (+ 4)* zich laten voorstaan op, een hoge dunk hebben van; *was bildest du dir ein?* wat verbeeld je je wel?
Einbildung *v* inbeelding, verbeelding
Einbildungskraft *v* verbeeldingskracht, fantasie
einbinden *st* inbinden; ~ *in (+ 4)* binden in
einblasen *st* inblazen, ingeven; voorzeggen

einblenden inschakelen, ⟨in film⟩ invoegen, inlassen; *sich* ~ RTV in de uitzending komen
einbleuen *zw* erin ranselen; gemeenz, fig iem. iets aan zijn verstand brengen
Einblick *m* blik, kijkje; *einen* ~ *in (+ 4) haben* kijk op iets hebben
einbrechen *st* inbreken; binnendringen; instorten, inzakken; *die Dämmerung bricht ein* de schemering valt; *auf dem Eis* ~ door het ijs zakken
Einbrecher *m* inbreker
einbrennen *onr* inbranden; ⟨van meel⟩ fruiten
einbringen *onr* opbrengen; binnenbrengen; opleveren; *einen Antrag* ~ een voorstel, motie indienen; *die Ernte* ~ de oogst binnenhalen; *Gewinn* ~ winst opleveren; *das Eingebrachte* de inbreng
einbrocken *zw* inbrokke(le)n; *was man sich eingebrockt hat, muß man auch auslöffeln* wie zijn billen brandt, moet op de blaren zitten; *sich etwas* ~ zich iets op de hals halen
Einbruch *m* inbraak; inbreuk; 't binnendringen; doorzakken ⟨door ijs⟩; instorting; *der* ~ *der Kälte* 't invallen v.d. koude; *vor* ~ *der Nacht* voor 't vallen v.d. avond
Einbruchsdiebstahl *m* diefstal met braak
einbruchssicher inbraakvrij
einbuchten *zw* gemeenz gevangenzetten
Einbuchtung *v* inham, bocht; deuk
einbuddeln *zw: sich* ~ Noordd zich ingraven ⟨ook mil⟩
einbürgern *zw* naturaliseren; *sich* ~ inburgeren; in gebruik komen
Einbuße *v* verlies
einbüßen *zw* inboeten, verliezen
eindämmen *zw* indijken; inperken
eindampfen *zw* indrogen; indampen
eindecken *zw* toedekken; inslaan; *sich mit Kartoffeln* ~ een voorraad aardappelen inslaan; *mit Arbeit eingedeckt sein* dik in 't werk zitten
Eindecker *m* luchtv eendekker
eindeichen *zw* indijken
eindeutig ondubbelzinnig
eindeutschen *zw* verduitsen
eindicken *zw* indikken
eindosen *zw* inblikken
eindrängen *zw* indringen, -duwen; *sich* ~ zich indringen
eindrehen *zw* indraaien; inwikkelen
eindringen *st* in-, binnendringen
eindringlich doordringend; nadrukkelijk
Eindringling *m* (-s; -e) indringer, indringster
Eindruck *m* (-s; -drücke) indruk; impressie
eindrücken *zw* indrukken, -duwen
eindrucksvoll indrukwekkend
einduseln *zw* insoezen, indommelen
einebnen *zw* vlak maken, egaliseren
Einehe *v* monogamie
eineiig eeneiig
eineinhalb anderhalf
einengen *zw* insluiten, in het nauw brengen; be-, inperken; benauwen
Einengung *v* insluiting, benauwing

einer een, de een; iemand; *unser* ~ iem. als wij; *was soll* ~ *dazu sagen?* wat moet een mens daarvan zeggen?
Einer *m* (-s; ~) één, cijfer een; getal 1 t/m 9; skiff, eenpersoonskano; eenpersoonsvliegtuig
einerlei enerlei, hetzelfde; *es ist mir* ~ het is mij onverschillig
Einerlei *o* (-s) eentonigheid; *immer das ewige* ~ altijd 't zelfde
einerseits enerzijds, aan de ene kant
einfach eenvoudig, simpel; enkelvoudig; *ganz (sehr)* ~ doodeenvoudig; *Den Haag* ~*e Fahrt* enkeltje Den Haag; ~ *gelogen* eenvoudigweg gelogen
Einfachheit *v* (~) eenvoud
einfädeln *zw* in de naald steken; fig op touw zetten; *sich* ~ auto invoegen
einfahren *st* invaren, inrijden; africhten; *die Ernte* ~ de oogst binnenhalen; *in die Grube* ~ in de mijn afdalen; *sich* ~ tot gewoonte worden
Einfahrt *v* (~; -en) het binnenvaren of -rijden; invaart, inrit; afdaling (in mijn); *keine* ~ verboden inrit; *der Zug hat keine* ~ het inrijsein staat op rood
Einfall *m* inval; 't invallen; 't neerstrijken
einfallen *st* invallen, instorten; binnenvallen; neerstrijken (eenden); *die Dunkelheit fällt ein* de duisternis valt; *das fällt mir nicht im Traum ein* geen haar op mijn hoofd, dat eraan denkt; *was fällt Ihnen ein!* wat een idee; hoe komt u erbij!
einfallsreich ingenieus
Einfalt *v* onnozelheid; *o heilige* ~! gemeenz wat een onnozelheid!
einfältig onnozel, simpel
Einfältigkeit *v* onnozelheid, sulligheid
Einfaltspinsel *m* domkop, sul, onnozele hals
Einfamilienhaus *o* ééngezinswoning
einfangen *st* (op)vangen, insluiten, grijpen; inpalmen
einfärben *zw* kleuren (ook fig), verven
einfassen *zw* omlijsten, in een lijst zetten; zetten in; invatten, boorden, zomen
Einfassung *v* lijst, zoom, boordsel
einfetten *zw* invetten
einfeuchten *zw* invochten (was)
einfinden *st: sich* ~ verschijnen, opduiken, aankomen
einfliegen *st* invliegen (ook van luchtv); *in ein Land* ~ een land binnenvliegen; per vliegtuig een land binnenbrengen
einfließen *st* invloeien, -stromen; *ein Wort* ~ *lassen* een woord laten vallen
einflößen *zw* ingieten; (voorzichtig) te drinken geven, toedienen; *Abscheu, Respekt* ~ afschuw, respect inboezemen; *Mut* ~ moed geven
Einflug *m* het invliegen; het binnenvliegen
Einflugschneise *v* luchtv aanvliegroute, -baan
Einfluß *m* (-flusses; -flüsse) invloed; het invloeien
Einflußbereich *m* invloedssfeer
Einflußnahme *v* beïnvloeding
einflußreich invloedrijk
einflüstern *zw* influisteren, -blazen
einfordern *zw* invorderen
einförmig eentonig; eenvormig
einfressen *st* invreten; fig slikken; *sich* ~ binnendringen
einfrieden *zw* plechtig omheinen
einfrieren *st* invriezen; bevriezen; *Preise* ~ prijzen bevriezen; *eingefrorenes Gemüse* diepvriesgroente; *eingefrorene Kredite* handel bevroren kredieten; *Verhandlungen* ~ onderhandelingen laten doodlopen
einfügen *zw* invoegen, inzetten, inbouwen; bijvoegen; insluiten
einfühlen *zw: sich* ~ zich inleven, meevoelen
einfühlsam meevoelend
Einfühlung *v* het aanvoelen, het zich-inleven
Einfuhr *v* (~; -en) invoer
Einfuhrbewilligung *v* handel consent, invoervergunning
einführen *zw* introduceren; inleiden; techn invoeren *ein gut eingeführter Vertreter* een goed ingevoerd vertegenwoordiger
Einfuhrsperre *v* invoerverbod
Einführung *v* invoering; inleiding, introductie
Einfuhrzoll *m* invoerrecht
einfüllen *zw* vullen, inscheppen
Eingabe *v* verzoekschrift, adres; comput input, invoer
Eingabetaste *v* comput entertoets
Eingang *m* (-(e)s; Eingänge) ingang; toegang; het binnenkomen; invoer; begin, inleiding; *Eingänge* ingekomen brieven, post, inkomsten, gelden; ~ *des Auftrags* ontvangst van de order
eingängig begrijpelijk, wat er goed ingaat
eingangs (+ 2) in de aanhef (van)
eingeben *st* ingeven, indienen; inblazen; comput invoeren
eingebeult (in)gedeukt
eingebildet ingebeeld, verwaand
eingeboren ingeschapen; aangeboren; inheems; godsd eniggeboren
Eingeborene(r) *m, v* inboorling
Eingebung *v* ingeving
eingedenk (+ 2) indachtig
eingefleischt geïncarneerd, vlees geworden; echt, verstokt; *ein* ~*er Junggeselle* een verstokte vrijgezel; *ein* ~*es Vorurteil* een ingekankerd vooroordeel
eingehen *st* in-, binnengaan; binnenkomen; krimpen; sterven; sp zwaar verliezen, de boot ingaan; *die Pflanze geht ein* de plant sterft af; *eine Ehe* ~ een huwelijk aangaan; *eine Wette, ein Risiko, einen Tausch, eine Verbindlichkeit, einen Vertrag* ~ een weddenschap, een risico, een ruil, een verbintenis aangaan, een contract sluiten; *in den ewigen Frieden* ~ de eeuwige rust vinden
eingehend grondig, nauwkeurig, intensief
Eingemachte(s) *o* inmaak, compote; *jetzt geht es ans* ~ nu wordt het ernst
eingemeinden *zw* inlijven (in gemeente)
eingesessen ingezeten, gevestigd
Eingeständnis *o* bekentenis

eingestehen *onr* bekennen
Eingeweide *o* (-s; ~) ingewanden; fig binnenste
Eingeweihte(r) *m-v* ingewijde, insider
eingewöhnen *zw*: *sich* ~ wennen
eingezogen teruggetrokken
eingießen *st* ingieten; inschenken
eingleisig met enkel spoor
eingliedern (+ 3) *zw* indelen bij
eingraben *st* ingraven; ingraveren; planten; inprenten
eingreifen *st* ingrijpen; techn pakken, inklinken
Eingriff *m* ingreep ⟨ook mil⟩; het ingrijpen; inbreuk
einhaken *zw* inhaken; fig interrumperen; gemeenz *sich* ~ iem. (elkaar) een arm geven
Einhalt *m*: *einer Sache* ~ *gebieten* iets doen ophouden
einhalten *st* in-, binnen-, ophouden; nakomen; tegenhouden; *Diät* ~ dieet houden; *einen Kurs* ~ scheepv een koers aanhouden; *die Spielregeln* ~ zich aan de spelregels houden; *eine Frist, einen Termin* ~ zich aan een termijn houden; *seine Verpflichtungen* ~ zijn verplichtingen nakomen; *mit Sprechen* ~ ophouden te spreken
Einhaltung *v* inhouding; nakoming; het stopzetten
einhandeln *zw* inkopen; door ruiling verkrijgen; *sich etwas* ~ fig zich iets op de hals halen
einhändigen *zw* ter hand stellen, overhandigen
einhängen *zw* inhangen; de telefoon op de haak leggen; *sich bei einem* ~ gemeenz iem. een arm geven
einhauchen *zw* inademen, -blazen
einheften *zw* innaaien; *in einen Ordner* ~ in een briefordner opbergen
eingehen *zw* omheinen
einheimisch inheems, binnenlands; *E~e* inwoners
einheimsen *zw* binnenlaten, -brengen; gemeenz inpikken; *einen Rüffel* ~ een standje incasseren; *Vorteile* ~ er voordeel uitslaan
Einheit *v* (~; -en) eenheid
einheitlich in geheel vormend, eenheids-; *nicht* ~ verdeeld; *nach* ~*em Muster* volgens standaardmodel; *nach* ~*em Plan* volgens een uniform plan
Einheitlichkeit *v* (~) uniformiteit
einheizen *zw* stoken, de kachel aanmaken; *einem (tüchtig)* ~ iem. op de kast jagen, 't lastig maken
einhellig eensgezind, eenstemmig
einhergehen *onr* voortstappen; ~ *mit* verbonden zijn met, gepaard gaan met
einholen *zw* in-, binnenhalen; boodschappen doen; *Auskunft* ~ inlichtingen winnen; *Erlaubnis* ~ toestemming vragen; *Rat* ~ raad, advies inwinnen; *einen Verlust* ~ weer goedmaken
Einholung *v* het in-, binnenhalen; inwinnen; het boodschappen doen; *die* ~ *der Fahne* het neerhalen van de vlag

einhüllen *zw* inhullen, inwikkelen
einig eensgezind; ~ *sein mit einem* 't met iem. eens zijn; *wir sind uns* ~ wij zijn het eens
einigeln *zw*: *sich* ~ zich oprollen als een egel; mil een egelstelling vormen ⟨bij omsingeling⟩; fig zich van de wereld afsluiten
einigemal enige malen
einigen *zw* verenigen; *sich* ~ het eens worden
einigermaßen enigszins, redelijk
einiggehen *onr*: ~ *mit* 't eens zijn met
Einigkeit *v* (~) eensgezindheid, eendracht
Einigung *v* (~; -en) overeenstemming; eenwording, eenmaking
Einigungsvertrag *m* pol verdrag tussen de Bondsrepubliek en de voormalige DDR over de hereniging van Duitsland, verenigingsverdrag
einimpfen *zw* inenten; inprenten
einjagen *zw*: *einem Angst, einen Schreck* ~ angst, schrik aanjagen
einjährig eenjarig ⟨ook v. plant⟩
einkalkulieren *zw* rekening houden met
einkapseln *zw* inkapselen
einkassieren *zw* incasseren; inpikken, opstrijken ⟨vaak iron⟩
Einkauf *m* inkoop
einkaufen *zw* inkopen, inslaan; *sich* ~ zich inkopen
Einkäufer *m* inkoper
Einkaufsbummel *m* het winkelen
Einkaufstasche *v* boodschappentas
Einkehr *v* (~) inkeer; nachtverblijf, onderdak; het aanleggen ⟨bij restaurant &⟩
einkehren *zw* (+ *in* + 3) even stoppen, aanleggen (bij); zijn intrede doen; *in einem Gasthaus* ~ even stoppen bij een restaurant
einkeilen *zw* auto klem rijden
einkellern *zw* inkelderen, in de kelder opslaan
einkerben *zw* inkerven, inkepen
einkerkern *zw* gevangen zetten, inkerkeren
einkesseln *zw* omsingelen ⟨v. wild & mil⟩
einklagen *zw*: *eine Schuld* ~ een schuld opeisen
einklammern *zw* tussen haakjes zetten
Einklang *m* muz unisono; overeenstemming, harmonie; *in* ~ *bringen* tot overeenstemming brengen; *in* ~ *stehen mit* overeenstemmen met
einkleben *zw* inplakken, inlijmen
einkleiden *zw* inkleden; in de kleren steken
einklemmen *zw* inklemmen, inpersen; med *ein eingeklemmter Bruch* een beklemde breuk
einkochen *zw* inkoken; inmaken
einkommen *st* inkomen, binnenkomen; indienen; aanvragen; solliciteren
Einkommen *o* (-s; ~) inkomsten; inkomen
einkommensschwach met een laag inkomen
einkommensstark met een hoog inkomen
einkratzen *zw* inkrassen
einkreisen *zw* omsingelen, insluiten

Einkünfte *mv* inkomsten
einladen *st* inladen; uitnodigen; *ich lade Sie ein* ⟨ook⟩ ik trakteer; *zum Tee ~ op de thee vragen*
einladend aanlokkelijk
Einladung *v* (~; -en) inlading; uitnodiging
Einlage *v* (~; -n) het inleggen; inleg, inbreng; bijlage; deposito; ingelegd voorwerp; steunzool; intermezzo; binnengoed
einlagern *zw* opslaan ⟨van goederen⟩
Einlaß *m* toegang; ingang; *kein ~* verboden toegang
einlassen *st* inlaten, binnenlaten; invoeren; techn verzinken; *das Badewasser ~* het bad laten vollopen; *sich ~ auf (+ 4)* ingaan op
Einlassung *v* binnenlating, inlating; recht tegenwering, verweer, verklaring
Einlauf *m* het binnenkomen, -lopen; ingekomen stuk; darmspoeling, klysma, lavement; sp aankomst
einlaufen *st* inlopen, inkomen; binnenkomen; krimpen; *das Bad läuft ein* het bad loopt vol; *das Papier läuft ein* het papier vloeit; *einem die Bude ~* bij iem. de deur plat lopen; *~de Klagen* binnenkomende klachten; *in den Ehehafen ~* in 't huwelijksbootje stappen
einläuten *zw* inluiden; theat het begin van de voorstelling aankondigen
einleben *zw*; *sich ~* zich inleven
Einlegearbeit *v* ingelegd werk, inlegwerk
einlegen *zw* inleggen, -zetten, -voegen; *Berufung ~* in hoger beroep gaan; *Beschwerde ~* zijn beklag indienen; *Protest, Revision, Verwahrung, Widerspruch ~* protest aantekenen; *ein Veto ~* een veto uitspreken; *ein gutes Wort für einen ~* een goed woord voor iemand doen
Einlegesohle *v* inlegzool
einleiten *zw* inleiden; beginnen; *eine Klage ~* een aanklacht indienen; *ein Strafverfahren ~* een strafproces aanspannen; *eine Untersuchung ~* een onderzoek beginnen, instellen
Einleitung *v* (~; -en) inleiding; het inleiden
einlenken *zw* bijdraaien, toegeven
einleuchten *zw*; *es leuchtet mir ein* het is mij (volkomen) duidelijk
einleuchtend overtuigend, helder, plausibel
einliefern *zw* inleveren; binnenbrengen ⟨in gevangenis, ziekenhuis enz.⟩
Einlieferungsschein *m* reçu
einliegend ingesloten, inliggend
einlochen *zw* gemeenz in de bak zetten; sp de bal in een hole slaan
einlösbar inwisselbaar
einlösen *zw* inlossen; verzilveren; *ein Versprechen ~* een belofte nakomen; *einen Wechsel ~* handel een wissel honoreren
einlullen *zw* I *overg* in slaap sussen, wiegen; doen inslapen; II *onoverg* scheepv gaan liggen ⟨v.d. wind⟩
einmachen *zw* inmaken, inleggen, konfijten
Einmachglas *o* inmaakglas
1 'einmal éénmaal, eens; ten eerste; *~ und nie wieder* eens en nooit meer; *~..., zum andern...* ten eerste..., ten tweede...; *auf ~* eensklaps, opeens; *alle auf ~* allen tegelijk
2 ein'mal eens, op een keer; *nicht ~* niet eens; *es war ~* er was eens; *es ist nun ~ zu spät* het is nu eenmaal te laat
Einmaleins *o* (~; ~) tafel van vermenigvuldiging
einmalig voor één keer; uniek; fig kostelijk
Einmaligkeit *v* uniekheid; het unieke
Einmarsch *m* intocht; het binnenrukken
einmarschieren *zw* inmarcheren, binnenrukken
einmauern *zw* inmetselen
einmieten *zw*; *sich ~* kamers huren
einmischen *zw* inmengen; *sich ~ in (+ 4)* zich mengen in, bemoeien met
einmonatig van één maand, eenmaands
einmonatlich (één)maandelijks
einmotten *zw* tegen mot behandelen; scheepv in de mottenballen leggen
einmumme(l)n *zw*: *warm ~* warmpjes inpakken, instoppen
einmünden *zw* uitmonden, uitlopen
einmütig eensgezind, eenstemmig
einnähen *zw* innaaien; innemen, nauwer maken
Einnahme *v* (~; -n) inneming; nuttigen; ontvangst
Einnahmequelle *v* bron van inkomsten
einnebeln *zw* mil in een rookscherm hullen; *oben war alles eingenebelt* boven was alles in de mist
einnehmen *st* innemen; ontvangen, incasseren, beuren; in beslag nemen; omvatten; eten, gebruiken; *einen für sich ~* iem. voor zich innemen; *eingenommen von* ingenomen met
einnehmend innemend
Einnehmer *m* (-s; ~) ontvanger ⟨belasting⟩
einnicken *zw* indutten, -dommelen
einnisten *zw*: *sich ~* nestelen ⟨vogels⟩; fig zich (in)nestelen
Einöde *v* (~; -n) eenzame streek, woestijn, woestenij
einölen *zw* oliën
einordnen *zw* rangschikken, invoegen; voorsorteren ⟨verkeer⟩
einpacken *zw* inpakken; *der kann ~ gemeenz* die kan zich wel opbergen, inpakken; *damit kannst du ~* dat lukt je toch niet
einparken *zw* inparkeren
einpassen *zw* inpassen
einpauken *zw* instampen, -pompen ⟨kennis⟩
einpennen *zw* gemeenz in slaap vallen, indommelen
einpferchen *zw* in een kleine ruimte opsluiten; *eingepfercht* opeengehoopt
einpflanzen *zw* planten; med implanteren
einpflocken, einpflöcken *zw* vastpinnen
einplanen *zw* in de planning opnemen
einpökeln *zw* inpekelen, -zouten
einprägen *zw* instempelen; fig inprenten
einprägsam goed te onthouden, pakkend
einprasseln *zw*: *~ auf* als een stortvloed neerkomen op

einpressen zw in-, samenpersen
einpuppen zw: sich ~ zich verpoppen
einquartieren zw mil inkwartieren
einquetschen zw inpersen
einrahmen zw inlijsten, encadreren; fig schertsend tussen zich in nemen
einrammen zw inheien
einräumen zw inruimen; opbergen; vrijmaken; toestaan, toegeven; *einem einen Kredit* ~ iem. een krediet verlenen
Einräumungssatz m gramm toegevende zin
Einraumwohnung v ééankamerwoning
einrechnen zw meerekenen; *den Rückweg (mit) eingerechnet* de terugweg inbegrepen
Einrede v tegenspraak, -werping, protest
einreden zw: *einem etwas* ~ iem. iets aanpraten, wijsmaken; *auf einen* ~ druk tegen iem. praten, iem. trachten over te halen
einreiben st inwrijven
einreichen zw indienen, inleveren; *einen Antrag* ~ pol een motie indienen; *eine Klage* ~ een klacht indienen; *seine Entlassung* ~ ontslag nemen
einreihen zw indelen, in de rij plaatsen, op zijn plaats zetten; inschakelen; *sich* ~ *in (+ 4)* zich aansluiten aan
einreihig in één rij
Einreise v 't binnenreizen (in een staat)
Einreisebewilligung v, **Einreiseerlaubnis** v visum
einreisen zw (officieel een staat) binnenreizen
einreißen st I overg inscheuren; slopen, afbreken; II onoverg insluipen, in zwang komen, ontstaan
einrenken zw med zetten; *eine Sache wieder* ~ een zaak weer in orde brengen
einrennen onr binnenrennen; *offene Türen* ~ een open deur intrappen; *einem die Bude* ~ bij iem. de deur platlopen; *sich den Schädel* ~ zich een gat in 't hoofd stoten; fig zijn hoofd stoten
einrichten zw inrichten, schikken, regelen; med zetten; *ich komme, wenn ich es* ~ *kann* ik kom, als ik het kan schikken; *sich* ~ *müssen* moeten versoberen; *sich auf etwas* ~ zich op iets voorbereiden
Einrichtung v (~; -en) inrichting, regeling, installatie, het zetten; *soziale ~en* sociale instellingen
einritzen zw inkrassen
einrollen zw inrollen; spoorw binnenrijden
einrosten zw inroesten
einrücken zw in-, binnenrukken; mil opkomen; inspringen (zetsel, typewerk)
einrühren zw inroeren, vermengen; *Teig* ~ deeg beslaan
eins één; enerlei; één ding; ~ *a* gemeenz prima; *es ist mir alles* ~ het maakt mij allemaal niets uit; ~ *ist sicher* één ding is zeker; ~ *werden* het eens worden met iem.; *halb* ~ half een; *mit* ~ opeens
Eins v (~; -en) één; *eine* ~ *schreiben* een tien halen; *eine* ~ *werfen* één gooien (bij dobbelen)

Einsaat v het inzaaien; zaaigoed
einsacken zw in een zak (zakken) doen; gemeenz in de zak steken; (geld) opstrijken
einsäen zw inzaaien
einsalzen zw inzouten
einsam eenzaam; eenzaam gelegen
Einsamkeit v (~; -en) eenzaamheid
einsammeln zw in-, opzamelen
einsargen zw kisten
Einsatz m tussenzetsel; inzet (ook spel, muz); inleg; het inzetten (ook mil); *zum* ~ *kommen* mil ingezet worden; *unter persönlichem* ~ met inzet van eigen persoon
einsaugen st, zw inzuigen, opslorpen; *mit der Muttermilch eingesogen* met de paplepel ingegeven
einschachteln zw in dozen doen; invoegen, in elkaar schuiven; *sich* ~ zich van anderen afsluiten
einschalten zw invoegen, inlassen, inschakelen; (licht) aandoen; *sich* ~ *in (+ 4)* gaan deelnemen aan
Einschaltquote v RTV luister-, kijkdichtheid
einschärfen zw inscherpen; op 't hart drukken
einscharren zw begraven, onder de grond stoppen
einschätzen zw (in)schatten, beoordelen; taxeren
einschenken zw inschenken; *einem reinen Wein* ~ iem. precies de waarheid zeggen
einscheren zw zich (tussen twee rijdende auto's, twee varende boten) invoegen; auto insteken
einschicken zw inzenden
einschieben st inschuiven, inlassen
Einschiebsel o tussenvoegsel
einschießen st inschieten (ook sp); 't begin v.e. feest door schieten aangeven; handel storten; *sich* ~ mil inschieten
einschiffen zw inschepen
einschl. = *einschließlich*
einschlafen st inslapen (ook: sterven); slapen (v. lichaamsdeel); ophouden
einschläfern zw doen inslapen, pijnloos doden; verdoven, narcotiseren; fig in slaap sussen; ~*d* slaapverwekkend
Einschlag m inslag; het inslaan; het kappen (v. bomen); handel rabat
einschlagen st inslaan; omslaan, vouwen; overladen; inpakken (in papier); kaften (boek); toeslaan (bij voorstel, koop); succes hebben, aanslaan; *einem den Schädel* ~ iem. de hersenpan inslaan; *auf einen* ~ op iem. los timmeren
einschlägig daartoe behorend, desbetreffend; ~ *vorbestraft* voor hetzelfde vroeger veroordeeld; *die* ~*en Bestimmungen* de geldende bepalingen; *die* ~*e Literatur* de betreffende literatuur
einschleichen zw: *sich* ~ binnensluipen
einschleifen st inslijpen
einschleppen zw naar binnen slepen; binnensmokkelen; *eine Seuche* ~ een besmettelijke ziekte overbrengen
einschleusen zw naar binnen loodsen (ook fig)

einschließen *st* in-, op-, omsluiten; omsingelen; *mit eingeschlossen* mede inbegrepen

einschließlich I *voorz + 2 of 3* met inbegrip van; inclusief; II *bijw: bis heute* ~ tot en met vandaag

einschlummern *zw* insluimeren

Einschluß *m* insluiting; ingesloten brief; *mit* ~ *von* daaronder begrepen, inclusief

einschmeicheln *zw: sich* ~ een wit voetje halen

einschmeißen *st* insmijten, ingooien

einschmelzen *st* smelten, versmelten

einschmuggeln *zw* binnensmokkelen

einschnappen *zw* dichtslaan; ⟨v. mes enz.⟩ toeklappen, -springen; beledigd worden

einschneiden *st* insnijden; inknippen

einschneidend diepgaand, ingrijpend

einschneien *zw* insneeuwen

Einschnitt *m* (-(e)s; -e) insnijding; cesuur

einschnüren *zw* inrijgen, insnoeren

einschränken *zw* beperken, beknotten; inkrimpen; *sich* ~ zich bekrimpen, bezuinigen

Einschränkung *v* beperking, restrictie, voorbehoud; bezuiniging

Einschreibebrief *m* aangetekende brief

einschreiben *st* inschrijven; post aantekenen, aangetekend; *per E*~ per aangetekende brief

einschreiten *st* tussenbeide komen, optreden

einschrumpeln, einschrumpfen *zw* verschrompelen, ineenschrompelen

Einschub *m* inlassing; inlas

einschüchtern *zw* bang maken, intimideren

einschulen *zw* op school plaatsen, doen

Einschuß *m* (-schusses; -schüsse) storting; plaats van inslag ⟨v. kogel⟩; toevoeging; sp schot op het doel; *ein leichter* ~ *von Ironie* een spoortje ironie

einschütten *zw* ingieten, instorten

einschwärzen *zw* binnensmokkelen, tersluiks invoeren

einschwenken *zw* binnen-, indraaien, inzwenken; bijdraaien

einsegnen *zw* inzegenen; prot bevestigen; RK zegenen

Einsegnung *v* inzegening, aanneming

einsehen *st* inzien ⟨ook fig⟩; binnenkijken

Einsehen *o* inzicht; *ein* ~ *haben* naar rede luisteren, billijk zijn

einseifen *zw* inzepen; wassen, met sneeuw inwrijven

einseitig eenzijdig; van één zijde; *~e Kopfschmerzen* schele hoofdpijn

einsenden *onr* inzenden; sp doelpunten

Einsendung *v* inzending; ingezonden stuk

einsenken *zw* neerlaten, laten dalen

einsetzen *zw* I *overg* inzetten; bepalen; beginnen; aanstellen, benoemen; herstellen (in rechten); plantk poten; *alle Kräfte* ~ alle krachten in 't werk stellen; *sein Leben* ~ zijn leven op het spel zetten; *sich für etwas* ~ ergens de schouders onder zetten, voor iets vechten; *sich* ~ *(für jemand)* voor iemand opkomen; *zum Erben* ~ tot erfgenaam maken; II *onoverg* beginnen; *die Kälte setzt ein* de kou valt in

Einsicht *v* inzage; inzicht, verstand; ~ *in etwas nehmen* iets in-, doorzien; *nach* ~ *der Akten* gezien de stukken

einsichtig vol inzicht, verstandig

Einsichtnahme *v* (~) inzage

einsickern *zw* binnensijpelen, -siepelen

Einsiedelei *v* (~; -en) kluizenaarswoning, hermitage

Einsiedler *m* kluizenaar

einsilbig éénlettergrepig; kortaf, stil; weinig spraakzaam

einsinken *st* inzakken, -zinken, -vallen

Einsitzer *m* éénpersoonsvoertuig, -boot enz.

einsitzig met één zitplaats

einspannen *zw* in-, voorspannen; erbij halen, aan 't werk zetten; *einen für sich* ~ gemeenz iem. voor zijn wagentje spannen; *das Papier* ~ het papier in de schrijfmachine doen

Einspänner *m* (-s; ~) wagen met één paard

einspännig met één paard bespannen; ~ *fahren* met een wagen of of rijtuig met één paard rijden

einsparen *zw* besparen, bezuinigen

Einsparung *v* bezuiniging, besparing

einspeichern *zw* handel opslaan; comput gegevens opslaan

einspeisen *zw* invoeren; toevoeren; *Daten in den Computer* ~ gegevens in de computer invoeren

einsperren *zw* opsluiten; recht insluiten

einspielen *zw* inspelen; opbrengen; opnemen, een opname maken van; *eine Million* ~ een miljoen opbrengen ⟨film⟩; *sich* ~ zich inspelen; sp zich opwarmen; zich geleidelijk inwerken; op gang komen; inburgeren

einspinnen *st fig* boeien; gemeenz inrekenen; *sich* ~ zich inspinnen; fig zich terugtrekken

Einsprache *v* Oostr, Zwits = *Einspruch*

einsprechen *st* inspreken; *einen Text* ~ een tekst op band inspreken

einsprengen *zw* invochten ⟨was⟩; besproeien ⟨grond, gras⟩

einspringen *st* inspringen; invallen

Einspritzdüse *v* techn sproeier

einspritzen *zw* inspuiten, injecteren, een injectie geven

Einspritzer *m* (-s; ~), **Einspritzmotor** *m* techn injectiemotor

Einspritzung *v* (~; -en) inspuiting, injectie

Einspruch *m* tegenspraak, verzet; ~ *erheben* protest aantekenen; ~ *einlegen* recht verzet aantekenen, in beroep gaan

einspurig spoorw éénsporig

einst eens; eertijds; in een verre toekomst, ooit; ~ *und jetzt* vroeger en nu

einstampfen *zw* instampen; *Bücher* ~ *lassen* boeken naar de papiermolen brengen

Einstand *m* ambtsaanvaarding; infunctietreding, opneming in een groep; installatiefeest; deuce ⟨tennis⟩; eerste wedstrijd v.e. speler, v.e. ploeg; leger ⟨v. wild⟩

einstauben *zw* stoffig worden

einstecken zw insteken; in de zak steken, incasseren; *etwas ~ müssen* iets (onaangenaams) moeten slikken; *einen Brief ~* posten; *eine Schlappe, Niederlage ~* een nederlaag lijden; *einen Tadel ~* een standje krijgen

einstehen st instaan; borg staan; *für einen ~* ⟨ook⟩ voor iem. opkomen; voor iem. de gevolgen dragen

einstehlen st: *sich ~* binnensluipen

einsteigen st instappen; binnenklimmen; gaan meedoen, deelnemen; sp hard inkomen; *in den Markt ~* op de markt komen

einstellen zw inzetten, plaatsen; staken, stopzetten; techn afstellen, stellen, instellen (lens, radio); in dienst nemen, tewerkstellen; Zwits schorsen; *die Arbeit, Zahlungen ~* het werk, de betalingen staken; *Arbeitskräfte ~* werkkrachten in dienst nemen, aanstellen; *einen Rekord ~* sp een record evenaren; *ein Verfahren ~* recht een zaak seponeren; *die Zahlungen ~* de betalingen staken; *national eingestellt sein* op nationaal standpunt staan; *sich ~* verschijnen, komen; zich vertonen; optreden; *sich ~ auf (+ 4)* zich instellen op

einstellig: *~e Zahl* getal van één cijfer

Einstellung v instelling; Zwits schorsing; afstelling (lens, radio); plaatsing, aanstelling, indienstneming; ononderbroken scène (in een film); instelling; recht opheffing; *~ zum Leben* levenshouding

einstemmen zw inbeitelen; *die Arme ~* de armen in de zij zetten

Einstich m steek (in iets); med punctie

Einstieg m ingang (tram enz.); toegang; toegankelijkheid

einstig vroeger

einstimmen zw instemmen; muz invallen; meezingen; *~ auf* ontvankelijk maken voor; *auf einander eingestimmt sein* op elkaar ingesteld, afgestemd zijn

einstimmig eenstemmig, met algemene stemmen

Einstimmigkeit v eenstemmigheid, unanimiteit

Einstimmung v in-, toestemming

einstmals plechtig, vero eens, eertijds

einstöckig: *ein ~es Haus* een gelijkvloers huis

einstoßen st instoten, stukstoten; *sich den Kopf ~* fig zich 't hoofd breken

einstreichen st bestrijken; opstrijken ⟨winst⟩

einstreuen zw instrooien; fig in-, tussenvoegen

einströmen zw binnen-, instromen

einstudieren zw instuderen

einstufen zw indelen, classificeren

Einsturz m instorting; 't instorten

einstürzen zw instorten

einstweilen ondertussen, voorlopig

einstweilig: *~e Verfügung* recht beslissing bij voorraad

eintägig eendaags, van één dag

Eintagsfliege v dierk eendagsvlieg ⟨ook fig⟩

eintauchen zw indopen, indompelen

Eintausch m (in)ruil

eintauschen zw: *~ gegen* inruilen tegen

einteilen zw indelen

eintönig eentonig, eenvormig, monotoon

Eintopf m maaltijdsoep

Eintracht v (~) eendracht

einträchtig eendrachtig

Eintrag m (-(e)s; Einträge) 't ingeschrevene, notitie, aantekening

eintragen st inschrijven, boeken; opleveren; *dies trägt nicht viel ein* dit brengt niet veel op; *eine eingetragene Schutzmarke* handel gedeponeerd handelsmerk; *sich ~ in (+ 4)* zijn naam (handtekening) zetten in

einträglich winstgevend, voordelig

Eintragung v (~; -en) het ingeschrevene, inschrift; inschrijving, boeking

einträngen zw doortrekken; *ich werde es ihm ⟨gehörig⟩ ~* ik zal 't hem inpeperen

einträufeln zw indruppelen, langzaam toedienen

eintreffen st aankomen; uitkomen, gebeuren

eintreibbar invorderbaar, te innen

eintreiben st binnen-, indrijven, inslaan; innen

eintreten st in-, binnentreden; instappen; lid worden; plotseling optreden, gebeuren; *die Tür ~* de deur intrappen; *auf etwas ~* op (naar) iets trappen, naar iets schoppen; Zwits nader op iets ingaan; *für einen ~* 't voor iemand opnemen; *für seine eigenen Rechte ~* zijn eigen standje verdedigen

eintrichtern zw door een trechter ingieten; inpompen

Eintritt m (-(e)s; -e) intrede, begin; toegang, entree; indiensttreding

Eintrittskarte v toegangskaart, entreebiljet, plaatsbewijs

eintrocknen zw onoverg indrogen

eintunken zw indopen

einüben zw instuderen, oefenen

Einundalles o: *sein ~* zijn grootste schat

einverleiben zw inlijven; annexeren; schertsend tot zich nemen

Einvernehmen o (-s) verstandhouding, overeenstemming; *in beiderseitigem ~* met wederzijds goedvinden; *mit einem im ~ sein* 't met iem. eens zijn

einverstanden akkoord; *mit etwas ~ sein* met iets akkoord gaan; *~!* oké!, akkoord!

Einverständnis o verstandhouding; goedkeuring; *im ~ mit* in overleg met; *mit einem im ~ sein* 't met iem. eens zijn

1 einwachsen st ingroeien

2 einwachsen zw in de was zetten

Einwand m (-(e)s; -wände) tegenwerping, bezwaar

Einwanderer m (-s; ~) immigrant

einwandern zw immigreren

Einwanderung v (~; -en) immigratie, landverhuizing

einwandfrei onberispelijk, correct; onweerlegbaar, overtuigend; *ein ~er Zeuge* een betrouwbare getuige

einwärts binnenwaarts, naar binnen

einweben schw u. st (er)inweven; fig erin

voegen
einwechseln *zw* omwisselen (geld), wisselen
einwecken *zw* wecken ⟨v. groente⟩, inmaken
Einwegverpackung *v* wegwerpverpakking
einweichen *zw* (laten) (in)weken
einweihen *zw* inwijden
einweisen *st* toewijzen, indelen; wegwijs maken, instrueren; bevestigen ⟨nieuwe dominee⟩; med doorverwijzen
Einweisung *v* inauguratie; toewijzing, plaatsing; het instrueren, instructie; bevestiging, med doorverwijzing
einwenden *onr* inwerpen (tegen), tegenwerpen; *etwas ~* bezwaren opperen
Einwendung *v* tegenwerping
einwerfen *st* inwerpen, ingooien ⟨ook sp⟩; tegenwerpen, in 't midden, naar voren brengen
einwickeln *zw* inwikkelen; inpakken; inbakeren; gemeenz in de luren leggen
1 einwiegen *st* afwegen
2 einwiegen *zw* in slaap wiegen
einwilligen *zw* inwilligen; *in eine Sache ~* iets toestaan
Einwilligung *v* (~; -en) inwilliging, toestemming
einwirken *zw*: *~ auf (+ 4)* inwerken op
Einwohner *m* (-s; ~) inwoner, bewoner
Einwohnermeldeamt *o* bureau van het bevolkingsregister
Einwohnerschaft *v* de inwoners
Einwurf *m* (-(e)s; -würfe) 't inwerpen; tegenwerping; gleuf ⟨v. brievenbus⟩; sp ingooi, het ingooien
einwurzeln *zw* inwortelen
Einzahl *v* (~) enkelvoud
einzahlen *zw* betalen, storten; *voll ~* volstorten
Einzahlung *v* betaling, storting
Einzahlungsschein *m* stortingsbiljet
einzäunen *zw* omheinen
einzeichnen *zw* inschrijven, aangeven ⟨op kaart⟩
einzeilig ééhregelig
Einzelfall *m* afzonderlijk geval; op zichzelf staand geval
Einzelgänger *m* (-s; ~) individualist, (zonderlinge) eenling; dierk solitair
Einzelhaft *v* eenzame opsluiting, celstraf
Einzelheit *v* (~; -en) bijzonderheid, detail
einzeln enkel, afzonderlijk, een voor een; *der ~e ist machtlos* op je eentje sta je machteloos; *im ~en* in bijzonderheden; *bis ins ~e gehen* tot in details gaan
Einzelperson *v* particulier, afzonderlijk persoon
Einzelpreis *m* detailprijs, prijs per stuk
Einzelteil *o* onderdeel
Einzelverkauf *m* detailverkoop
Einzelzimmer *o* éénpersoonskamer
einziehen *st* in-, binnentrekken, inhalen; inademen; inwinnen; recht in beslag nemen; verbeurd verklaren; mil oproepen; innen; inspringen ⟨v.e. regel⟩; intrekken ⟨zalf &⟩; *Erkundigungen ~* inlichtingen inwinnen; *Gelder ~* gelden invorderen; *den Schwanz ~* fig toegeven; *die Segel ~* de zeilen binnenhalen; *gerichtlich ~* verbeurd verklaren
einzig enig; *ein ~es Mal* één enkele keer; *~ in seiner Kunst* uniek in zijn kunst; *~ und allein* enkel en alleen; *~ dies* alleen dit
einzigartig enig in zijn soort, uniek
Einzug *m* intocht; het betrekken ⟨v. woning⟩
Einzugsbereich *m & o*, **Einzugsgebiet** *o* stroomgebied; verzorgingsgebied, regio
Einzugsermächtigung *o* handel machtiging tot (automatische) inning
einzwängen *zw* inwringen, -persen, -proppen; fig beperken
Eis *o* (-es; -e) ijs; ijsje; *~ am Stiel* ijslolly; *aufs ~ führen* op een dwaalspoor brengen
Eisbahn *v* ijsbaan
Eisbär *m* dierk ijsbeer
Eisbein *o* varkenspootje; kluif; heupbeen ⟨v. wild⟩; *~e* koude voeten
Eisbude *v* ijskraampje
Eischnee *m* geklopt eiwit
Eisdiele *v* ijssalon
Eisen *o* (-s; ~) ijzer; val ⟨voor dieren⟩; ijzeren voorwerp; *ein heißes ~* fig een heet hangijzer, een moeilijke kwestie; *mehrere ~ im Feuer haben* meer pijlen op zijn boog hebben; *etwas zum alten ~ werfen* iets afdanken; *zum alten ~ gehören* afgedankt zijn
Eisenbahn *v* (~; -en) trein; gemeenz *es ist die höchste ~* 't is hoog tijd
Eisenbahner *m* (-s; ~) spoorbeambte
Eisenbahnlinie [-ni-e] *v* spoorlijn
Eisenblech *o* plaatijzer, ijzeren plaat
eisenhaltig ijzerhoudend
Eisenhütte *v* ijzersmelterij
eisern ijzeren; van ijzer; hardnekkig, onverstoorbaar; vast en zeker; *die ~e Hochzeit* briljanten bruiloft (65 jaar); *der E~e Kanzler* Bismarck; *die ~e Ration* mil het noodrantsoen; *der ~e Vorhang* brandscherm; *der E~e Vorhang* fig het ijzeren gordijn; *mit ~er Miene* met een stalen gezicht
Eisgang *m* ijsgang, kruien ⟨v. ijs⟩
eisig ijskoud, ijzig
eiskalt ijskoud (ook fig)
Eiskunstlauf *m* kunstrijden op de schaats
Eisläufer *m* schaatser
Eismann *m* ijscoman
Eisscholle *v* ijsschots, -schol
Eisschrank *m* ijskast; koelkast
Eiszapfen *m* ijspegel
eitel ijdel; vero, plechtig nietig; *~ Sonnenschein* een en al verrukking
Eitelkeit *v* (~) ijdelheid; nietigheid
Eiter *m* (-s) etter, pus
Eiterbeule *v* med etterbuil
eiterig etterend, etterig
eitern *zw* etteren
Eiweiß *o* (-es; -e) eiwit
1 Ekel *m* (-s) walging, tegenzin; afkeer; *~ vor (+ 3)* afkeer van
2 Ekel *o* (-s; ~) scheldwoord kwal
ekeln *zw*: *sich ~* walgen, een afschuw hebben; *mich, mir ekelt vor (+ 3)* ik walg van

Eklat [e'kla] *m* (-s; -s) éclat, opzien; schandaal
eklatant eclatant, opzienbarend
Eklektiker *m* (-s; ~) eclecticus
eklig walgelijk, vies; naar, beroerd; *~ werden* vervelend worden; *~ teuer* gemeenz bar duur
Eklipse *v* (~; -n) astron eclips, verduistering
Ekliptik [-'klip-] *v* (~) astron ecliptica
Ekstase *v* (~; -n) extase, verrukking
ekstatisch extatisch, verrukt
Ekzem [-'tseem] *o* (-s) med eczeem
Elaborat *o* (-s; -e) knoei-, maakwerk
Elan *m* (-s) elan
elastisch elastisch; soepel
Elastizität *v* (~) elasticiteit, veerkracht
Elch *m* (-(e)s; -e) dierk eland; *ich dachte, mich knutscht ein ~* ik was stomverbaasd
Elefant *m* (-en; -en) dierk olifant; *wie ein ~ im Porzellanladen* bijzonder lomp/onhandig
elegant elegant
Eleganz *v* (~) elegantie, bevalligheid, zwier
Elegie [ele-'gie] *v* (~; -n) elegie; treurdicht
elektrifizieren zw elektrificeren
Elektriker [-'lek-] *m* (-s; ~) electricien
elektrisch elektrisch; *die E~e* de tram
elektrisieren zw elektriseren
Elektrizität *v* (~) elektriciteit
Elektrizitätswerk *o* elektrische centrale
Elektroenzephalogramm *o* (-s; -e) elektro-encefalogram (eeg)
Elektroherd *m* elektrisch fornuis
Elektron [-'lektron] *o* (-s; -tronen) [-'tronen] elektron
Elektronik *v* elektronica
Element *o* (-(e)s; -e) element; *in seinem ~ sein* in zijn element zijn
elementar elementair, fundamenteel; primitief
Elementarschule *v* basisschool
Elementarunterricht *m* elementair onderwijs, basisonderwijs
elend, elendig ellendig, miserabel, rampspoedig; *Elende(r)* ellendeling; ongelukkige
Elend *o* (-s) ellende; *es ist ein ~ mit ihm* gemeenz je hebt altijd gedonder met hem; *das graue (heulende) ~* diepe ellende
Elendsquartier *o* krot(woning)
Elendsviertel *o* krottenwijk
elf telw elf
1 Elf *m* (-en; -en), **Elfe** *v* (~; -n) elf, luchtgeest
2 Elf *v* (~) elf; sp elftal
Elfenbein *o* ivoor
elfenbeinern ivoren, van ivoor
elfenhaft als een elf, een fee
Elfmeter *m* penalty, strafschop
Elite *v* elite
Elixier [-'ksier] *o* (-s; -e) elixer
Ellbogen *m* (-s; ~) elleboog; *~ haben* fig zijn ellebogen gebruiken, met de ellebogen werken
Ellbogenfreiheit *v* bewegingsvrijheid, ruimte
Elle *v* (~; -n) el; ellepijp
Ellipse *v* wisk, taalk ellips

elliptisch elliptisch
Eloquenz *v* eloquentie, welbespraaktheid
Elsaß: *das ~* de Elzas
Elster *v* (~; -n) ekster; *eine diebische ~* een dievegge
elterlich ouderlijk
Eltern *mv* ouders; *nicht von schlechten ~* gemeenz niet gek
Elternhaus *o* ouderlijk huis
elternlos ouderloos
Elternschaft *v* de (gezamenlijke) ouders; oudercommissie (van school)
Elternteil *o*: *ein ~* een v.d. ouders
Email *o* (~; -s), **Emaille** *v* (~; -n) email
Emanze *v* (~; -n) geringsch geëmancipeerde vrouw
Emanzipation *v* (~) emancipatie, vrijmaking
emanzipieren zw emanciperen
Emblem *o* (-s; -e) embleem
Embolie *v* (~; -n) med embolie
Embryo *m o* (-s; -s) Oostr embryo
embryonal embryonaal
emeritiert emeritus; *~er Professor* oud-hoogleraar
Emigration [-tsi'oon] *v* (~) emigratie; *die innere ~* terugtrekking in zichzelf; hist protesthouding van kunstenaars en intellectuelen die tijdens de nazi-tijd in Duitsland bleven
Eminenz [-'nents] *v* (~; -en) eminentie
Emission [-si'oon] *v* (~; -en) uitgifte, emissie
emotional, emotionell emotioneel
Empfang *m* (-(e)s; -fänge) ontvangst; receptie (ook in hotel); *in ~ nehmen* in ontvangst nemen
empfangen (empfing; empfangen) ontvangen; concipiëren
Empfänger *m* (-s; ~) ontvanger; ontvangtoestel
empfänglich (für) ontvankelijk, vatbaar, gevoelig (voor)
Empfängnis *v* (~; -se) ontvangenis, conceptie; *unbefleckte ~* RK onbevlekte ontvangenis
Empfängnisverhütung *v* anticonceptie, geboorteregeling
Empfangsbescheinigung *v* reçu, bewijs van ontvangst
Empfangsdame *v* receptioniste
Empfangszimmer *o* ontvangkamer, salon
empfehlen (empfahl; empfohlen) aanbevelen; *~ Sie mich Ihrer Frau Mutter* plechtig de groeten aan uw moeder; *sich ~* zich aanbevelen, aanbevelenswaardig zijn; afscheid nemen, weggaan; *ich empfehle mich* plechtig ik heb de eer u te groeten
empfehlenswert aanbevelenswaardig
Empfehlung *v* (~; -en) aanbeveling; groet, compliment; *mit besten ~en* plechtig met beleefde groeten
Empfindelei *v* (~; -en) overdreven gevoeligheid, sentimentaliteit
empfinden (empfand; empfunden) voelen; gewaar worden, ervaren, opvatten
Empfinden *o* (-s) gevoel, voelen
empfindlich (gegen) gevoelig (voor);

lichtgeraakt, prikkelbaar; *ein ~er Verlust* een aanzienlijk (gevoelig) verlies
Empfindlichkeit *v* gevoeligheid (ook van toestellen); lichtgeraaktheid, prikkelbaarheid
empfindsam fijngevoelig
Empfindsamkeit *v* fijngevoeligheid
Empfindung *v* (~; -en) gevoel; gewaarwording
empfindungslos gevoelloos
Empiriker *m* empirist
empor [-'poor] omhoog, naar boven
emporarbeiten *zw: sich ~* zich omhoog-, opwerken
emporbringen *zw* omhoogbrengen
Empore [-'po-] *v* (~; -n) galerij (vooral in kerk)
empören *zw* verontwaardigen, woedend maken; *sich ~* in opstand komen; boos worden, in woede ontsteken
empörend stuitend, weerzinwekkend, schandelijk
Empörer *m* (-s; ~) oproermaker, muiter, rebel
empörerisch oproerig
emporkommen *st* omhoogkomen, opkomen; fortuin maken, carrière maken
Emporkömmling *m* (-s; -e) parvenu
emporragen *zw* oprijzen; *~ über* (+ 4) uitsteken boven
emporrichten *zw* oprichten, opheffen
emporschnellen *zw* omhoogvliegen, opveren
emporschwingen *st: sich ~* zich verheffen (ook fig)
emporsehen *st* omhoogzien, -kijken
empört woedend, (diep) verontwaardigd
emportreiben *st* omhoogdrijven; opdrijven (prijzen)
Empörung *v* (~; -en) oproer, opstand; verontwaardiging, woede
emsig naarstig, vlijtig; druk
Emsigkeit *v* (~; -en) naarstigheid, vlijt
Ende *o* (-s; -n) einde; eindje; eind (afstand); vero doel; scheepv eind touw; dierk tak; *das ~ vom Lied* 't eind van 't liedje; *ein ~ machen* (doen) ophouden; *ein ~ mit Schrecken* een verschrikkelijk einde; *ein böses ~ nehmen* slecht aflopen; *das dicke ~ kommt noch* het is nog niet afgelopen; *letzten ~s* op slot van zaken; *Klagen und kein ~* eindeloos geklaag; *am ~* ten laatste; tenslotte; uiteindelijk; misschien, soms; *am ~ hat er recht* misschien heeft hij wel gelijk; *am ~ sein* op, uitgeput zijn; *mit seiner Geduld am ~ sein* geen geduld meer hebben; *gegen ~* tegen 't eind; *zu ~ aan* 't eind; op; *es geht mit ihm zu ~* het loopt met hem af; *mit seinem Latein am ~ sein* ten einde raad zijn; *zu ~ gehen* ten einde lopen
Endeffekt *m im ~* ten slotte, uiteindelijk
enden *zw* eindigen; aflopen, sterven; *~ auf* (+ 4) taalk uitgaan op
Endergebnis ['ent-] *o* eindresultaat, -stand
endgültig voorgoed, beslissend, definitief; *~ entscheiden* (ook) in hoogste ressort beslissen; *~e Fassung* eindredactie

Endivie [en'die-vi-e] *v* (~), plantk andijvie
endlich *bijw* I eindelijk; uiteindelijk; II *bn* eindig
Endlichkeit *v* (~) eindigheid, vergankelijkheid
endlos eindeloos; *~es Band* techn riem zonder eind
Endlospapier *o* doorlopend papier
Endspiel *o* eindspel (bij schaken, dammen); sp finale
Endung *v* (~; -en) taalk uitgang
Energie [e-ner-'gie] *v* (~; -n) energie; arbeidsvermogen; werkkracht
energisch [-'ner-] energiek, flink
eng eng, nauw; benauwd; bekrompen; strak (kleding); *~erer Ausschuß* klein comité; dagelijks bestuur; *die ~eren Freunde* de betere vrienden; *in die ~ere Wahl kommen* in herstemming komen
Engagement [ã-'mã] *o* engagement; handel verbintenis; aanstelling
engbefreundet, nieuwe spelling: **eng befreundet** goed bevriend
Enge *v* (~; -n) engte, nauwte
Engel *m* (-s; ~) engel; *der gelbe ~* gemeenz de Duitse Wegenwacht
Engelsgeduld *v* engelengeduld
England *o* Engeland
Engländer *m* (-s; ~) Engelsman; techn Engelse sleutel
Engländerin *v* (~; -nen) Engelse
englisch Engels; vero engelachtig
engmaschig met kleine mazen
Engpaß, nieuwe spelling: **Engpass** *m* pas, bergengte; knelpunt; bottleneck; wegvernauwing
engstirnig bekrompen; kleinzielig
Enkel *m* (-s; ~) kleinzoon, -kind; afstammeling
Enkelin [-'in] *v* (~; -nen) kleindochter, afstammelinge
Enkelkind *o* kleinkind
Enklave *v* (~; -n) enclave
enorm enorm
entarten *zw* ontaarden, verbasteren
entäußern *zw: sich eines Dinges ~* zich v. iets ontdoen, iets opgeven
entbehren *zw* missen, ontberen
entbehrlich ontbeerlijk, te ontberen, onnodig
Entbehrung *v* (~; -en) ontbering
entbinden *st* verlossen; ontbinden, losmaken; med verlossen; *einen seines Versprechens (von seinem Versprechen) ~* plechtig iem. van zijn belofte ontslaan; *entbunden werden* een kind ter wereld brengen
Entbindung *v* (~; -en) verlossing; bevalling
Entbindungsanstalt *v,* **Entbindungsheim** *o* kraaminrichting, -kliniek
entblättern *zw* ontbladeren; fig ontkleden
entblöden *zw: sich nicht ~* plechtig, geringsch durven, zich verstouten; zich niet schamen
entblößen *zw* ontbloten; plechtig beroven; *aller Mittel entblößt* geheel zonder geld
entbrennen *onr* ontbranden, vlam vatten
entdecken *zw* ontdekken; onthullen, openbaren

Entdeckung v ⟨~; -en⟩ ontdekking, onthulling
Ente v ⟨~; -n⟩ eend, eendvogel; *das ist eine ~* dat is een verzinsel, een canard; *kalte ~* bowl; *eine lahme ~* een slome duikelaar
entehren zw onteren
enteignen zw onteigenen
enteilen [ent-] zw ontvluchten
enteisen zw overg ontdooien; van ijs bevrijden
Entenbraten m gebraden eend
Entengrün o, **Entengrütze** v plantk eendekroos
enterben [-'erben] zw onterven
Enterhaken m enterhaak
Enterich ['ent-] m ⟨-s; -e⟩ vogelk woerd
entern zw enteren
entfachen zw ontsteken, doen ontvlammen; fig doen ontstaan, tevoorschijn roepen
entfahren (+ 3) st ontsnappen, ontglippen
entfallen st ontvallen; wegvallen; uit de hand vallen; *est ist mir ~* ik ben het vergeten; *auf jeden ~ zehn Mark* iedereen krijgt tien Mark
entfalten zw ontvouwen, -plooien; *eine Initiative ~* een initiatief ontplooien; *ein Talent ~* een talent ontwikkelen
Entfaltung v ontplooiing, ontwikkeling
entfärben zw van kleur ontdoen; *sich ~* v. kleur verschieten, bleek worden
entfernen zw verwijderen; *sich ~* zich verwijderen, weggaan
entfernt verwijderd; *nicht im entferntesten* op verre na niet, niet in 't minst; *ich bin weit davon ~* ik ben er verre van
Entfernung v ⟨~; -en⟩ verwijdering; afstand; *in einiger ~* op een zekere afstand
Entfernungsmesser m afstandsmeter
entfesseln zw ontkluisteren; ontketenen, doen losbarsten; *einen Streit ~* een twist doen ontstaan; *entfesselte Leidenschaften* tomeloze hartstochten
entfetten zw ontvetten
entflammen zw (doen) ontvlammen
entfliegen st plechtig wegvliegen
entfliehen (+ 3) st ontvluchten; fig vlieden; *die Zeit entflieht* de tijd vergaat
entfremden zw: *sich (von) jmdm. ~* van iem. vervreemden; *eine Wohnung ~* een woning aan haar bestemming onttrekken; *dem ursprünglichen Zweck entfremdet* aan het oorspronkelijke doel onttrokken
Entfremdung v vervreemding
entfrosten zw ontdooien; tegen de vorst beschermen
Entfroster m ontdooiapparaat
entführen zw ontvoeren, schaken, kidnappen; *ein Flugzeug ~* een vliegtuig kapen
entgegen (+ 3) tegen, tegemoet; *allen Erwartungen ~* tegen alle verwachtingen; *der Sonne ~!* op naar de zon! *~ dem Verbot* in strijd met het verbod; *das ist seinem Wunsch ~* dat gaat tegen zijn wens in
entgegenarbeiten (+ 3) zw tegenwerken
entgegenbringen (+ 3) onr toedragen, schenken, tonen, ⟨gevoelens, houdingen⟩
entgegeneilen (+ 3) zw tegemoetsnellen
entgegengehen (+ 3) onr tegemoetgaan, -lopen
entgegengesetzt tegenovergesteld
entgegenhalten (+ 3) st voorhouden, tegen ... inbrengen
entgegenhandeln (+ 3) zw tegenwerken, handelen tegen
Entgegenkommen o tegemoetkoming
entgegenkommen (+ 3) st tegemoetkomen ⟨ook fig⟩; *ein ~des Auto* een tegenligger
Entgegennahme v inontvangstneming
entgegennehmen st in ontvangst nemen
entgegensehen (+ 3) st tegemoetzien; *Vaterfreuden ~* schertsend spoedig vader worden
entgegensetzen zw tegenoverstellen; recht opwerpen tegen; *Schwierigkeiten ~* moeilijkheden in de weg leggen
entgegenstehen (+ 3) st daartegenoverstaan; in de weg staan; in strijd zijn met
entgegentreten (+ 3) st tegemoettreden, optreden tegen
entgegenwirken (+ 3) zw ingaan tegen, tegenwerken
entgegnen zw antwoorden, inbrengen tegen
Entgegnung v ⟨~; -en⟩ antwoord
entgehen (+ 3) onr ontgaan, ontwijken, ontsnappen; langs iem. heen gaan
entgeistert verwezen, onthutst; *einen völlig ~ ansehen* iemand onthutst aankijken
Entgelt o beloning, vergoeding
entgelten st ontgelden; vergoeden; *einen etwas ~ lassen* iem. voor iets laten boeten
entgeltlich tegen betaling
entgiften zw: *etwas ~* het vergif eruithalen; *die Atmosphäre ~* fig de atmosfeer zuiveren
entgleisen zw ontsporen; 't spoor bijster raken, zich vergissen; mislukken
Entgleisung v ⟨~; -en⟩ derailllement, ontsporing ⟨ook fig⟩; vergissing
entgleiten st ontglijden, -glippen
entgräten zw ontgraten, fileren
enthaaren zw ontharen, epileren
enthalten st bevatten, behelzen, inhouden; *sich ~* (+ 2) zich onthouden van; *in etwas ~ sein* in iets aanwezig zijn; in iets inbegrepen zijn
enthaltsam onthoudend, matig
Enthaltsamkeit v ⟨~⟩ onthouding; geheelonthouding
Enthaltung v onthouding ⟨ook van stem⟩
enthärten zw ontharden ⟨water⟩
enthaupten zw onthoofden
enthäuten zw villen
entheben st plechtig ontheffen, ontslaan
entheiligen zw veronthelligen, ontwijden
entholzen zw ontbossen
enthüllen zw onthullen ⟨ook fig⟩
enthülsen zw doppen, pellen
Enthusiasmus [en-] m ⟨~⟩ geestdrift, enthousiasme
entjungfern zw ontmaagden
entkalken zw ontkalken
entkeimen zw ontkiemen; kiemvrij maken
entkernen zw ontpitten

entkleiden zw ontkleden, ontdoen; beroven
entknoten zw losknopen
entkommen st ontkomen, ontsnappen
entkorken zw ontkurken
entkräften zw krachteloos maken, verzwakken; weerleggen, ontzenuwen
entladen st ont-, uitladen; *sich ~* zich ontladen, losbarsten
entlang (+ 3 of 4) langs; *die Straße ~* langs de weg
entlarven zw ontmaskeren
entlassen st ontslaan (ook uit school, gevangenis, ziekenhuis); afdanken; vrijlaten, laten gaan; *~ werden* ontslag krijgen
Entlassung v ontslag (ook uit school, gevangenis, ziekenhuis)
entlasten zw ontlasten; dechargeren; handel crediteren; *einen Angeklagten ~* ten gunste v. een beklaagde getuigen; *~d recht* verzachtend
Entlastung v bevrijding van last; ontspanning; decharge; creditering
Entlastungszeuge m getuige à decharge
Entlastungszug m spoorw extratrein
entlauben zw ontbladeren
entlaufen (+ 3) st ontlopen, weglopen
entlausen zw ontluizen
entledigen zw plechtig ontdoen van; *sich seines Auftrags ~* zich van zijn opdracht kwijten
entleeren zw ledigen, leegmaken
entlegen verafgelegen, ver verwijderd; vergezocht
entlehnen zw fig ontlenen
entleiben zw plechtig doden
entleihen st lenen
entloben zw: *sich ~* de verloving verbreken
entlocken zw ontlokken
entlohnen zw, **entlöhnen** zw: *einen ~* iem. betalen, het loon uitbetalen
entlüften zw ventileren, ontluchten
entmachten zw, **entmächtigen** zw van de macht beroven, uit de macht ontzetten
entmannen zw ontmannen, lubben, castreren
entmenscht onmenselijk, ontaard
entmilitarisieren zw demilitariseren
entminen zw mil vrijmaken van mijnen
entmündigen zw onder curatele stellen
entmutigen zw ontmoedigen
Entnahme v het afnemen (o.a. v. bloed); handel het lichten ⟨uit depot⟩; het kopen; traite, wissel
entnazifizieren zw denazificeren
entnehmen st ontnemen; af-, uitnemen; ontlenen; opmaken uit; handel trekken op
entnerven zw ontzenuwen; *~d zenuwslopend; entnervt* ten einde raad
entölen [ent-] zw van olie reinigen, bevrijden
entpflichten zw van zijn plicht ontheffen, emeritaat verlenen
entpuppen zw: *sich ~* zich ontpoppen
entquellen st ontspringen
entrahmen zw ont-, afromen
entraten st ontberen, het stellen zonder
enträtseln zw ontraadselen

entrechten zw van zijn rechten beroven
entreißen st ontrukken
entrichten zw betalen; *seinen Obolus ~* fig zijn steentje bijdragen
entriegeln zw ontgrendelen
entringen (+ 3) st ontworstelen
entrinnen (+ 3) st ontkomen aan
entrücken (+ 3) zw losmaken van, onttrekken aan; *der Welt entrückt sein* los van de wereld zijn
entrümpeln zw van rommel ontdoen
entrüsten zw kwaad, verontwaardigd maken; *sich ~* verontwaardigd worden, zich kwaad maken
entrüstet diep verontwaardigd, toornig
Entrüstung v verontwaardiging, toorn
entsagen (+ 3) zw verloochenen, resigneren, berusten; *seinem Glauben ~* zijn geloof verzaken; *der Welt ~* afstand doen van de wereld
Entsagung v (*~*) 't afstand doen, afzwering, verzaking
entsalzen zw ontzilten
Entsatz m mil ontzet; de ontzettende troepen
entschädigen zw schadeloosstellen
entschärfen zw milder, minder scherp, minder gevaarlijk maken; *eine Bombe ~* een bom onschadelijk maken
Entscheid m (-(e)s; -e) beslissing
entscheiden st beslissen (over), besluiten; de doorslag geven; *sich für etwas ~* tot iets besluiten
entscheidend beslissend, doorslaggevend
Entscheidung v beslissing; arrest ⟨v.d. Hoge Raad⟩; *das steht zur ~* dat moet beslist worden
Entscheidungskampf m, **Entscheidungsspiel** o sp beslissingswedstrijd
entschieden beslist; ongetwijfeld, bepaald
Entschiedenheit v (*~*) beslistheid
entschlacken zw med ontslakken
entschlafen st insluimeren; ontslapen, sterven
entschlagen st: *sich ~* (+ 2) plechtig zich ontdoen van
entschleiern zw ontsluieren
entschließen st besluiten, vast besloten zijn; *sich ~* beslissen
Entschließung v (*~;* -en) besluit; pol resolutie
entschlossen vastberaden, kloekmoedig, vastbesloten, resoluut
Entschlossenheit v (*~;* -en) vastberadenheid, beslistheid
entschlummern zw insluimeren
entschlüpfen (+ 3) zw ontsnappen, ontglippen; ontvallen ⟨v. woord⟩; *dem Ei ~* uitkomen ⟨uit 't ei⟩
Entschluß, nieuwe spelling: **Entschluss** m besluit; *aus eigenem (freiem) ~* uit vrije wil; *zu keinem ~ kommen* niet kunnen besluiten
entschlüsseln zw ontcijferen, -raadselen
Entschlußfähigkeit, nieuwe spelling: **Entschlussfähigkeit** v; **Entschlußfreudigkeit**, nieuwe spelling: **Entschlussfreudigkeit** v; **Entschlußkraft**, nieuwe spel-

entschuldbar — 114

ling: **Entschlusskraft** v besluitvaardigheid
entschuldbar te verontschuldigen, vergeeflijk
entschulden zw van schulden bevrijden
entschuldigen zw verontschuldigen; ~ Sie! pardon!; sich ~ zich verontschuldigen
entschweben zw wegzweven
entschwefeln zw ontzwavelen
entschwinden (+ 3) st verdwijnen
entseelt ontzield, dood
entsenden onr af-, uitzenden
entsetzen zw ontzetten; sich ~ zich ontzetten, verschrikken
Entsetzen o (-s) ontzetting, schrik
entsetzlich ontzettend, verschrikkelijk
Entsetzlichkeit v ontzetting, afgrijselijkheid
entsetzt ontzet, geheel ontsteld
entseuchen zw ontsmetten, desinfecteren
entsichern zw uit de rust zetten (revolver); entsichert klaar om te schieten
entsinnen st: sich ~ (+ 2) zich herinneren
entsorgen zw afvalstoffen verwijderen
entspannen zw ontspannen; sich ~ (ook) uitrusten, relaxen
Entspannung v ontspanning (ook pol)
entspinnen st: sich ~ zich ontspinnen, zich ontwikkelen
entsprechen st voldoen; beantwoorden aan; gevolg geven
entsprechend I bn (daaraan) beantwoordend, overeenkomend met, passend, adequaat; op overeenkomstige wijze; II voorz (+ 3) volgens; dem Geschmack ~ overeenkomstig de smaak; Ihrem Wunsche ~ volgens uw wens; sich ~ benehmen het ernaar maken
Entsprechung v het (ergens aan) beantwoordende, overeenkomstige, adequate; die deutsche ~ dieses Wortes het overeenkomstige Duitse woord
entsprießen st ontspruiten
entspringen st ontspringen; fig voortkomen; ontlopen, ontsnappen
entstaatlichen zw denationaliseren
entstammen (+ 3) zw stammen uit; afkomstig zijn van
entstauben, entstäuben zw van stof bevrijden, stofvrij maken; fig moderniseren
entstehen onr ontstaan
Entstehung v (~) 't ontstaan, wording
entsteigen st opstijgen uit; uitstappen
entsteinen zw ontpitten
entstellen zw misvormen, ontsieren; verdraaien; onkenbaar maken
Entstellung v (~; -en) misvorming, ontsiering, verdraaiing
entstören zw ontstoren, de storing(en) opheffen
entströmen (+ 3) zw stromen uit
entsühnen van schuld, zonde bevrijden
entsumpfen zw droogleggen
enttarnen zw ontmaskeren, -hullen
enttäuschen zw teleurstellen, tegenvallen
Enttäuschung v (~; -en) ontgoocheling, ontnuchtering, teleurstelling, desillusie
entthronen zw onttronen (ook fig)

enttrümmern zw van puin ontdoen
entvölkern zw ontvolken
entwachsen (+ 3) st ontgroeien aan
entwaffnen zw ontwapenen
entwalden zw ontbossen
entwarnen zw afblazen (v. alarm), het signaal 'veilig' geven
Entwarnung v, **Entwarnungssignal** o het signaal 'veilig' (na alarm)
entwässern zw ont-, afwateren, spuien
entweder: ~... oder of... of
entweichen st ontwijken, ontsnappen
entweihen zw ontwijden
entwenden onr afhandig maken, ontvreemden
Entwendung v ontvreemding
entwerfen st ontwerpen, schetsen
entwerten zw waardeloos maken of worden; afstempelen (postzegels, vervoersbewijzen enz.); ontwaarden, depreciëren (geld)
Entwerter m stempelautomaat (in tram enz.)
Entwertung v waardevermindering, -verlies; afstempeling (v. postzegels); ontwaarding, depreciatie (geld)
entwickeln zw ontwikkelen; ontvouwen
Entwickler m ontwikkelaar (ook fotogr)
Entwick(e)lung v (~; -en) ontwikkeling; ontknoping
Entwicklungsland o ontwikkelingsland
entwinden (+ 3) st ontwringen; sich ~ (ook) zich onttrekken aan
entwirren zw ontwarren
entwischen zw ontslippen, -snappen
entwöhnen zw ont-, afwennen
entwölken zw: sich ~ plechtig opklaren, helder worden
entwürdigen zw verlagen, vernederen
Entwurf m ontwerp, schets
entwurzeln zw ontwortelen (ook fig)
entzaubern zw aan de betovering onttrekken
entziehen st onttrekken; intrekken (ook) rijbewijs; einem das Sorgerecht ~ iem. uit de ouderlijke macht ontzetten; sich ~ (+ 3) (ook) zich vrijmaken van; das entzieht sich meiner Kenntnis dat is mij onbekend
Entziehungskur v ontwenningskuur
entziffern zw ontcijferen
entzücken zw verrukken, bekoren, strelen; in verrukking brengen; entzückt verrukt, opgetogen
Entzücken o opgetogenheid, verrukking
entzückend bn schattig
Entzückung v verrukking, vervoering
Entzug m het onttrekken, ontnemen; het ontwennen
entzündbar ontvlambaar
entzünden zw ontsteken (ook med), ontbranden; in vuur zetten; sich ~ ontvlammen
Entzündung v (~; -en) ontsteking, ontvlamming
entzwei aan stukken, stuk, kapot
entzweibrechen st stuk-, middendoorbreken
entzweien zw: sich ~ ruzie krijgen

entzweischlagen *st* stukslaan
Enzian ['entsi-aan] *m* (-s) plantk gentiaan; sterke drank van gentiaanwortels
Enzyklika [-'tsu-] *v* (~; -ken) encycliek
Enzyklopädie [-'die] *v* (~; ~n) encyclopedie
Epigone *m* (-n; -n) epigoon
Epigramm *o* (-s; -e) epigram, puntdicht
Epik ['epiek] *v* (~) epiek, verhalende dichtkunst
Epiker ['epieker] *m* (-s; ~) episch dichter
Epilepsie [-'zie] *v* med epilepsie
Epilog *m* (-s; -e) epiloog, narede
episch verhalend, episch
Episkopat *m* & *o* (-s) episcopaat; college van bisschoppen
Episode *v* (~; -n) episode
episodenhaft, episodisch episodisch
Epistel *v* (~; -n) epistel, (zend)brief
epochal [-'chaal] opzienbarend, een nieuwe periode inluidend
Epoche *v* (~; -n) tijdperk; ~ *machen* opgang maken
epochemachend = *epochal*
Epos *o* (~; Epen) epos, heldendicht
Equipe [e'kiep] (~; -n) sp equipe, ploeg, team
er hij; *wenn ich* ~ *wäre* als ik hem was
erachten *zw* geloven, menen; ~ *als, für* houden voor
Erachten *o* mening; *meines* ~*s* mijns inziens (m.i.), naar mijn mening
erarbeiten *zw* door werken of studie bereiken
Erbanlage ['erp-] *v* erfelijke aanleg
erbarmen *zw*: *sich* ~ (+ 2, + *über*) zich erbarmen; zich ontfermen
Erbarmen *o* (-s) ontferming, erbarming; *zum* ~ *schlecht* erbarmelijk slecht
erbarmenswert erbarmelijk, deerniswekkend
erbärmlich erbarmelijk, ellendig, rampzalig; slecht; *erbärmlicher Hunger* schreeuwende honger
erbarmungslos meedogenloos
erbauen *zw* bouwen, opbouwen, stichten; *sich* ~ *an* (+ *3*) genieten van; *wenig erbaut von* niet erg blij met
Erbauer *m* (-s; ~) bouwer, stichter
erbaulich stichtelijk, verheffend
Erbauung *v* (~) stichting, verheffing
Erbauungsbuch *o*, **Erbauungsschrift** *v* stichtelijk boek, geschrift
1 Erbe *m* (-n; -n) erfgenaam; *Erben mv* ⟨ook⟩ erven
2 Erbe *o* (-s) erfenis, erfdeel
erbeben *zw* beven, sidderen; trillen
erben *zw* erven, overerven
erbeten *zw* afsmeken
erbetteln *zw* bij elkaar bedelen
erbeuten *zw* buit maken
Erbfolge *v* erfopvolging, successie
Erbgut *o* erfgoed; biol erfelijke eigenschappen
erbieten *st*: *sich* ~ zich aanbieden
Erbin *v* (~; -nen) erfgename
erbitten *st* afsmeken; verzoeken
erbittern *zw* vertoornen, boos maken; *erbittert* boos; verbitterd

Erbkrankheit *v* erfelijke ziekte
erblassen *zw* verbleken
Erblasser ['erp-] *m* (-s; ~) erflater
erbleichen I (erbleichte; erbleicht) verbleken; II (erblich; erblichen) sterven
erblich ['erp-] erfelijk
erblicken *zw* zien; *das Licht der Welt* ~ het levenslicht aanschouwen
erblinden *zw* blind worden
erblos ['erp-] zonder erfgenamen; zonder nalatenschap
erblühen *zw*: op-, ontbloeien
Erbmasse ['erp-] *v* boedel; erfelijke factoren
erbosen *zw* boos maken; *sich* ~ toornig, boos worden
erbötig plechtig geneigd; bereidwillig
erbrechen *st* openbreken; uitbraken; *einen Brief* ~ een brief openen; *(sich)* ~ braken
erbringen *onr* (op)leveren, opbrengen
Erbschaden *m* erfelijk lichaamsgebrek, erfelijke ziekte
Erbschaft *v* (~; -en) erfenis
Erbse *v* (~; -n) plantk erwt
Erbsensuppe *v* erwtensoep
Erbstück *o* erfstuk
Erbsünde *v* erfzonde
Erbteil *o* & *m* erfdeel
Erdarbeiten ['eert-] *mv* grondwerk
Erdball *m* aardbol, globe
Erdbeben *o* aardbeving
Erdbeere *v* plantk aardbei
Erdboden *m* aardbodem; *dem* ~ *gleich machen* met de grond gelijk maken
Erde *v* (~; -n) aarde; grond; *gebrannte* ~ gebakken aarde, terracotta; *verbrannte* ~ verschroeide aarde; *auf blanker* ~ zomaar op de grond; *auf* ~ *n* op aarde; *einen unter die* ~ *bringen* iem. het graf inhelpen; *zu ebner* ~ gelijkvloers
erden *zw* elektr aarden
Erdenbürger *m* aardbewoner
erdenken [er-] *onr* verzinnen, uitdenken
erdenklich [-'denk-] denkbaar, mogelijk
Erdgas *o* aardgas
Erdgeschoß, nieuwe spelling: **Erdgeschoss** *o* benedenverdieping, parterre; *im* ~ gelijkvloers
erdichten [er-] *zw* verzinnen, fingeren
Erdichtung *v* verdichtsel
erdig aarde bevattend, aardachtig
Erdkruste *v* aardkorst
Erdkugel *v* aardbol, globe
Erdkunde *v* aardrijkskunde
Erdnuß, nieuwe spelling: **Erdnuss** *v* plantk apenoot, pinda
Erdöl ['eert-] *o* aardolie, petroleum
erdolchen [er-] *zw* met een dolk doodsteken
Erdreich *o* aarde, grond, aardrijk
erdreisten [er-] *zw*: *sich* ~ zich verstouten
erdröhnen [er-] *zw* dreunen, weerklinken
erdrosseln *zw* worgen, wurgen
erdrücken *zw* plat-, dooddrukken; ~*de Beweise* overstelpende bewijzen; ~*de Mehrheit* verpletterende meerderheid
Erdrutsch ['eert-] *m* aardverschuiving
Erdsatellit *m* (-en; -en) aardsatelliet

Erdscholle *v* aardkluit
Erdteil *m* werelddeel
erdulden *zw* dulden, verdragen, lijden
Erdung *v* (~; -en) <u>elektr</u> het aarden, aardverbinding
ereifern *zw: sich* ~ zich opwinden, zich driftig maken
Ereiferung *v* drift, opgewondenheid
ereignen *zw: sich* ~ gebeuren
Ereignis *o* (-ses; -se) gebeurtenis; evenement; *ein freudiges* ~ een blijde gebeurtenis (geboorte)
ereignisreich: *ein* ~*er Tag* een dag waarop veel gebeurde
ereilen *zw* in-, achterhalen; *es hat ihn ereilt* hij is erbij
Eremit *m* (-en; -en) kluizenaar, heremiet
ererben [-'er-] *zw* door erfenis verkrijgen
1 erfahren *st* ondervinden, ervaren, horen; *Besserung* ~ *durch* baat vinden bij
2 erfahren *bn* ervaren, bedreven
Erfahrung *v* (~; -en) ondervinding, ervaring; *in* ~ *bringen* achter iets komen
Erfahrungsaustausch *m* uitwisseling van ervaring(en)
erfahrungsgemäß, erfahrungsmäßig volgens de ervaring, empirisch
erfassen *zw* (vast-, aan-, be-)grijpen; ontdekken; registreren, in een lijst opnemen; *etwas innerlich* ~ iets aanvoelen; *etwas statistisch* ~ een statistiek van iets opmaken
erfechten *st* bevechten, behalen (overwinning)
erfinden *st* uitvinden, ontdekken; verzinnen; bevinden; *das ist (frei) erfunden* dat is verzonnen, uit de lucht gegrepen
Erfinder *m* (-s; ~) uitvinder
erfinderisch vindingrijk, vernuftig
Erfindung *v* (~; -en) uitvinding, ontdekking; verzinsel, verdichtsel, bedenksel
erflehen *zw* afsmeken
Erfolg *m* (-(e)s; -e) succes; gevolg, uitslag, resultaat, afloop
erfolgen *zw* plaatsvinden, gebeuren
erfolglos zonder resultaat
erfolgreich succesvol
erfolgversprechend veelbelovend
erforderlich vereist, noodzakelijk
erforderlichenfalls zo nodig
erfordern *zw* vereisen
Erfordernis *o* (-ses; -se) vereiste
erforschen *zw* na-, uit-, doorvorsen, exploreren; onderzoeken
erfragen *zw* door vragen te weten komen
erfreuen *zw* verheugen, verblijden; *sich* ~ *an (+ 3)* zich verheugen in, genieten van; *sich* ~ *(+ 2)* (populariteit, een goede gezondheid) genieten
erfreulich verheugend, verblijdend; *eine* ~*e Nachricht* een heugelijk bericht
erfreulicherweise *bijw* gelukkig
erfrieren *st* bevriezen, dood vriezen
erfrischen *zw* verversen, verfrissen
Erfrischung *v* (~; -en) verkwikking, opfrissing
Erfrischungsraum *m* foyer (in schouwburg), lunchroom (in warenhuis)

erfüllen *zw* (ver)vullen, volbrengen; *sich* ~ uitkomen, in vervulling gaan
Erfüllung *v* vervulling; <u>handel</u> afwikkeling, levering; betaling
Erfüllungsort *m* <u>handel</u> plaats van levering of betaling
ergänzen *zw* aanvullen; bijvullen, volledig maken, voltallig maken, bijwerken; *sich* ~ elkaar aanvullen
Ergänzung *v* aanvulling, bijvulling; bijvoegsel, supplement, volledigmaking; <u>gramm</u> voorwerp, object
ergattern *zw* te pakken krijgen, op de kop tikken, inpikken, in de wacht slepen
ergaunern *zw* bijeengappen, op arglistige wijze verkrijgen
1 ergeben *st* overgeven; opleveren, tot resultaat hebben; *sich* ~ zich overgeven; blijken, volgen (uit); zich voordoen; *sich* ~ *in (+ 4)* zich schikken in
2 ergeben *bn* trouw, toegewijd, dienstwillig, onderdanig; berustend, gelaten
Ergebenheit *v* toegenegenheid; onderdanigheid; berusting
Ergebnis *o* (-ses; -se) uitslag, resultaat; uitkomst
ergebnislos zonder succes, vruchteloos
Ergebung *v* gelatenheid, berusting
ergehen *onr* geschieden; *es ist ihm schlecht ergangen* het is hem slecht gegaan; *Gnade vor Recht* ~ *lassen* genade voor recht laten gelden; *etwas über sich* ~ *lassen* iets over zich laten heengaan, iets dulden; *sich* ~ *in* zich te buiten gaan aan, zwelgen in; *sich* ~ *über*, uitweiden over
ergiebig overvloedig, vruchtbaar, veel opleverend
ergießen *st* uitvloeien, overstromen, uitstorten; *sich* ~ *in* uitmonden in
erglänzen *zw* (beginnen te) schitteren
erglühen *zw* ontgloeien, <u>fig</u> in vuur geraken
ergötzen *zw: sich* ~ *an (+ 3)* genieten van
Ergötzen *o* (-s) vermaak
ergötzlich vermakelijk, amusant
ergrauen *zw* grijs worden, grijzen
ergreifen *st* (aan)grijpen (ook fig), pakken, vatten; (op)nemen; *jeden Anlaß* ~ iedere aanleiding aangrijpen; *einen Beruf* ~ een beroep kiezen; *Besitz* ~ bezit nemen; *die Defensive* ~ tot 't defensief overgaan; *die Feder* ~ de pen opnemen; *die Flucht* ~ op de vlucht gaan; *die Gelegenheit* ~ de gelegenheid aangrijpen, te baat nemen; *die Initiative* ~ het initiatief nemen; *die Macht* ~ de macht aan zich trekken; *eine Maßnahme* ~ een maatregel treffen; *jemands Partei* ~ partij voor iemand kiezen; *das Steuer* ~ het stuur in handen nemen; *die Waffen* ~ naar de wapens grijpen; *das Wort* ~ het woord nemen
ergreifend aangrijpend, roerend
ergriffen aangedaan, ontroerd
Ergriffenheit *v* aandoening, ontroering
ergrimmen *zw* verbolgen, boos maken/ worden
ergründen *zw* doorgronden, peilen, opmaken

Erguß, nieuwe spelling: **Erguss** *m* (-gusses; -güsse) uitstorting; ontboezeming
erhaben verheven, groots; *halb ~ bas-reliëf; über ...~* boven ... verheven
Erhalt *m* ontvangst
erhalten *st* (ver)krijgen, ontvangen; bewaren, in stand houden; *Auftrieb ~* omhoog gaan; nieuwe energie opdoen; *Betrag (dankend) ~* handel voldaan, in dank ontvangen; *sich jemands Freundschaft ~* iem. te vriend houden, iems. vriend blijven; *Wert ~* handel waarde genoten; *am Leben ~* in leven houden; *gut ~* goed bewaard, goed geconserveerd
erhaltenswert waard om behouden te blijven
Erhalter *m* (-s; ~) kostwinner
erhältlich verkrijgbaar, te verkrijgen
Erhaltung *v* behoud, onderhoud; het verkrijgen; ontvangst; instandhouding; *~ der Energie* behoud van arbeidsvermogen
erhandeln *zw* kopen, verwerven
erhängen *zw: sich ~* zich ophangen
erhärten *zw* hard worden; hard maken; bevestigen, staven; *eine These ~* een stelling bewijzen
erhaschen *zw* vatten, betrappen, te pakken krijgen; opvangen ⟨blik, woord⟩
erheben *st* (ver)heffen; innen; aanheffen; Oostr officieel vaststellen; *eine Anklage ~* een beschuldiging inbrengen; *Anspruch ~ auf* aanspraak maken op; *Beschwerde ~ gegen* een klacht indienen tegen; *Einspruch ~* recht verzet aantekenen; *Einwände ~* bedenkingen opperen; *eine Klage ~* recht een rechtsvordering, een eis instellen; *Steuern ~* belastingen heffen; *Widerspruch ~* protest aantekenen, protesteren; *in den Adelsstand ~* in de adelstand verheffen; *sich ~* zich verheffen; *Bedenken ~ sich* er rijzen bezwaren; *ein Sturm erhebt sich* een storm steekt op; *mit erhobener Stimme* met stemverheffing
erhebend zielsverheffend
erheblich aanzienlijk, belangrijk, aanmerkelijk, van belang
Erhebung *v* op-, verheffing; heffing ⟨v. belasting⟩; inning; opstand; heuvel, berg, hoogte; *~en machen* (officiële) inlichtingen inwinnen
erheiraten *zw* door huwelijk verwerven
erheischen *zw* vereisen, vorderen
erheitern *zw* opvrolijken; *sich ~* vrolijk worden; opklaren
Erheiterung *v* opvrolijking, opbeuring
erhellen *zw* verhelderen, -lichten, duidelijk maken; *sich ~* lichter worden; opklaren (ook fig)
erhitzen *zw* verhitten; opzwepen; *sich ~* zich verhitten, zich opwinden
erhoffen *zw* (vurig) hopen
erhöhen *zw* verhogen, ophogen; *Fahrt ~* snelheid vermeerderen
Erhöhung *v* verhoging; hoogte; elevatie
Erhöhungszeichen *o* muz verhogingsteken, kruis
erholen *zw: sich ~* be-, bijkomen, opknappen, op zijn verhaal komen, zich ontspannen, herstellen; *die Kurse ~ sich* de koersen stijgen weer
erholsam ontspannend
Erholung *v* herstel, recreatie
Erholungsgebiet *o* recreatiegebied
Erholungsheim *o* sanatorium; rusthuis
erhören *zw* verhoren; *eine Bitte ~* aan een verzoek voldoen
erinnerlich plechtig in herinnering
erinnern (*an + 4*) *zw* herinneren (aan); vermanen; *sich ~ (+ 2, an + 4,* Oostr *auf + 4)* zich herinneren
Erinnerung *v* (~; -en) herinnering; geheugen; recht beklag; *ohne ~* zonder geuite bezwaren
erjagen *zw* vangen; bejagen, bereiken
erkalten *zw* koud worden; bekoelen; verflauwen
erkälten *zw: sich ~* verkouden worden, kouvatten
Erkältung verkoudheid
erkämpfen *zw* bevechten, behalen, veroveren
erkaufen *zw* (aan-, vrij-, om)kopen
erkennbar kenbaar, te onderscheiden
erkennen *onr* inzien; herkennen, onderscheiden; vinden, ontdekken; recht veroordelen; *zu ~ geben* te kennen geven
erkenntlich erkentelijk, dankbaar
Erkenntnis *v* (~; -se) inzicht, besef; weten, kennis; *in ~ dieser Lage* gezien deze toestand
Erker *m* (-s; ~) erker
erklärbar verklaarbaar
erklären *zw* verklaren, uitleggen; *sich besiegt ~* zich gewonnen geven; *für untauglich, dienstunfähig ~* afkeuren; *~ zu benoemen tot; seinen Austritt ~* als lid bedanken; *seinen Beitritt ~* toetreden, lid worden; *seinen Rücktritt ~* ontslag nemen; *für ungültig ~* van onwaarde verklaren; *sich für zahlungsunfähig ~* zich failliet verklaren; *erklärt* officieel, verklaard
erklärlich verklaarbaar
Erklärung *v* verklaring; aangifte ⟨v. belasting⟩; *eidesstattliche ~* plechtige verklaring ⟨i.p.v. eed⟩
erklecklich belangrijk, aanzienlijk
erklettern *zw*, **erklimmen** *st* beklimmen
erklingen *st* klinken, opklinken
erklügeln *zw* uitpiekeren, verzinnen
erkoren uitverkoren
erkranken *zw* ziek worden
Erkrankung *v* 't ziek worden; ziekte
erkühnen *zw: sich ~* zich verstouten
erkunden *zw* uitvorsen, verkennen
erkundigen *zw: sich ~* informeren
Erkundigung *v* inlichting, informatie
Erkundung *v* onderzoek, verkenning
erlahmen *zw* mat worden, verflauwen
erlangen *zw* verkrijgen, behalen; *Rechtskraft ~* recht in kracht van gewijsde gaan
Erlaß, nieuwe spelling: **Erlass** *m* (-lasses; -lasse; Oostr -lässe) decreet, besluit; uitvaardiging; kwijtschelding
erlassen *zw* decreteren; kwijtschelden; *einen Befehl, eine Verfügung ~* een bevel, beschikking uitvaardigen; *eine Strafe ~*

gratie verlenen
erlauben *zw* veroorloven; goedvinden; ~ *Sie pardon*, neem mij niet kwalijk; *sich* ~ de vrijheid nemen; *mehr als die Polizei erlaubt* gemeenz schertsend te veel
Erlaubnis *v* (~; -se) toestemming, permissie, verlof
Erlaubnisschein *m* schriftelijke toestemming, vergunning
erlaucht plechtig doorluchtig; verheven, voornaam
erlauschen *zw* opvangen (bij luisteren)
erläutern *zw* verklaren; *~de, erläuterte Ausgabe* uitgave met commentaar
Erläuterung *v* verklaring, commentaar
Erle *v* (~; -n) plantk els, elzenboom
erleben *zw* beleven, ondervinden; doorleven, -voelen; meemaken; *erlebte Wirklichkeit* doorleefde werkelijkheid; *hat man so etwas erlebt!* heb je daar van terug?; *dann kannst du was (dein blaues Wunder)* ~ gemeenz daar wacht je wat!; *wir werden es ja* ~ we zullen het wel zien
Erlebnis o belevenis
Erlebnis o belevenis, avontuur; evenement
erledigen *zw* afdoen, -maken, -handelen; voorzien in; uit de weg ruimen, vernietigen; vervullen; *einen Auftrag* ~ zich van een opdracht kwijten; *Besorgungen* ~ boodschappen doen; *er ist erledigt* (ook) met hem is 't gedaan; hij is doodop; *das ist erledigt* dat is afgedaan, voor elkaar; *sich von selbst erledigen* vanzelf wegvallen
Erledigung *v* afdoening, afmaking; opheffing; *in ~ Ihres Schreibens* plechtig in antwoord op, ter afdoening van uw brief
erlegen *zw* neerschieten, doden; betalen, neertellen
erleichtern *zw* verlichten, vergemakkelijken; slang bestelen; *sich das Herz* ~ zijn hart luchten; *erleichtert sein* opgelucht zijn
Erleichterung *v* verlichting; opluchting; vergemakkelijking, faciliteit
erleiden *st* lijden, ondergaan; *einen Rückfall* ~ med weer instorten
erlernbar leerbaar
erlernen *zw* leren, aanleren
erlesen *st* lezen (uit); bijeenlezen; *~e Früchte* uitgezochte vruchten
erleuchten *zw* verlichten; *erleuchtet sein* de geest krijgen
Erleuchtung *v* verlichting, openbaring
erliegen *st* bezwijken, het onderspit delven; *einer Krankheit* ~ aan een ziekte sterven, bezwijken; *zum E~ kommen* tot stilstand komen
erlisten *zw* door list verkrijgen
Erlkönig *m* elfenkoning
erlogen gelogen, verzonnen
Erlös *m* (-es; -e) opbrengst (in geld)
erlöschen *st* (erlosch; erloschen) uitgaan, uitdoven, (uit)sterven, verdwijnen; aflopen, expireren, vervallen, ophouden; ophouden te bestaan (zaak), onleesbaar worden (schrift); *mit ~der Stimme* met nauwelijks hoorbare stem
erlösen *zw* verlossen, bevrijden, redden; in-

nen; ontvangen; *sie ist erlöst* ⟨ook⟩ zij is gestorven
Erlöser *m* (-s; ~) verlosser; Heiland
Erlösung *v* (~; -en) verlossing, bevrijding
erluchsen *zw* schertsend listig te weten komen
ermächtigen *zw* machtigen
ermahnen *zw* vermanen, waarschuwen
ermangeln *zw* ontbreken; *einer Sache (2)* ~ iets niet hebben, missen
Ermangelung *v* gebrek; *in* ~ *eines Bessern* bij gebrek aan beter
ermannen *zw: sich* ~ zich vermannen
ermäßigen *zw* matigen, verminderen; *zu ermäßigter Gebühr* tegen verminderd tarief
Ermäßigung *v* matiging, vermindering, reductie (v. prijs)
ermatten *zw* I *onoverg* verzwakken; II *overg* uitputten, afmatten
ermessen *st* uitmeten; peilen; beoordelen; *den Verlust* ~ het verlies peilen
Ermessen *o* (-s) oordeel, mening; *nach menschlichem* ~ naar menselijk oordeel; *in Ihr* ~ *stellen* aan uw goedvinden (prudentie) overlaten
Ermessensfrage *v* vraag, naar eigen oordeel te beantwoorden, persoonlijke kwestie
ermitteln *zw* vaststellen, vinden, berekenen; ontdekken; *den Täter* ~ de dader opsporen
Ermittlung *v* vaststelling; opsporing; onderzoek
Ermittlungsverfahren *o* gerechtelijk vooronderzoek
ermöglichen *zw* mogelijk maken
ermorden *zw* vermoorden
ermüden *zw* moe maken; moe worden
Ermüdung *v* vermoeidheid, afmatting
ermuntern *zw* opmonteren; opwekken, aanmoedigen; *sich* ~ wakker worden; zich activeren
Ermunterung *v* opmontering; aanmoediging
ermutigen *zw* aan-, bemoedigen
ernähren *zw* voeden, onderhouden; *sich* ~ zijn brood verdienen; *seine Familie* ~ zijn gezin onderhouden
Ernährer *m* kostwinner, verzorger
Ernährung *v* voeding
ernennen *onr* benoemen
erneut I *bn* hernieuwd; II *bijw* opnieuw
erniedrigen *zw* vernederen; verlagen
Erniedrigungszeichen *o muz* verlagingsteken, mol
ernst ernstig; ~ *nehmen* ernstig opvatten, serieus nemen
Ernst *m* (-(e)s) ernst; *bitterer* ~ bittere ernst; *schertsend tierischer* ~ overdreven ernst; *das ist nicht Ihr* ~ dat meent u niet; *nun wird's* ~ nu wordt 't menens; *allen ~es* in alle ernst; *mit etwas* ~ *machen* ernst met iets maken
Ernstfall *m*: *im* ~ in geval van nood
ernsthaft ernstig; *ein ~er Wunsch* een ernstig bedoelde wens
Ernte *v* (~; -n) oogst

ernten *zw* (in)oogsten; *Applaus ~* applaus krijgen
ernüchtern *zw* ontnuchteren
Eroberer *m* (-s; ~) veroveraar
erobern *zw* veroveren
eröffnen *zw* openen; mededelen, openbaren; *sich ~* zich openbaren; *sich einem ~* voor iem. zijn hart openleggen; *das Verfahren ist eröffnet* recht er is rechtsingang verleend
Eröffnung *v* opening (ook schaak); openbaring; mededeling, verklaring
erörtern *zw* uiteenzetten, verklaren; bediscussiëren, bespreken
Erörterung *v* uiteenzetting; bespreking; betoog; *zur ~ stellen* ter discussie stellen
Erosion *v* (~) erosie
Erpel *m* (-s; ~) vogelk woerd, mannetjeseend
erpicht: *~ auf (+ 4)* verzot op
erpressen *zw* afpersen, afdreigen, chanteren
erproben *zw* op de proef stellen, proberen, beproeven; keuren; *erprobte Treue* beproefde trouw
erquicken ['kwie-] *zw* verkwikken, laven
erquicklich verkwikkend, verfrissend
Erquickung *v* verkwikking, verfrissing
erraten *zw* raden
errechnen *zw* uitrekenen
erregbar prikkelbaar; gevoelig
erregen *zw* opwinden; veroorzaken; prikkelen; verwekken, doen ontstaan; *Abscheu ~* afschuw inboezemen; *Anstoß ~* aanstoot geven; *Ärgernis ~* ergernis veroorzaken; *Aufsehen ~* opzien baren; *Staunen ~* verbazing opwekken
Erreger *m* med verwekker; ziektekiem
erregt opgewonden, geagiteerd
Erregung *v* opwinding, opgewondenheid; verwekking (v. ziekten); prikkeling
erreichbar bereik-, haalbaar
erreichen *zw* bereiken; verkrijgen; *den Gipfel (Höhepunkt) ~* ook: ten top stijgen; *bei einem etwas ~* ook: van iem. iets gedaan krijgen
erretten *zw* redden, behouden
Errettung *v* redding, verlossing, behoud
errichten *zw* oprichten, stichten, instellen; opstellen
Errichtung *v* oprichting, stichting, (op-)stelling
erringen *st* met moeite verkrijgen; behalen, bevechten ⟨v. overwinning enz.⟩, veroveren
erröten *zw* blozen, een kleur krijgen, schaamrood worden
Errungenschaft *v*: *~en* verworvenheden, resultaten, aanwinsten; recht tijdens het huwelijk verkregen goed
Ersatz *m* surrogaat, vervang(ings)middel; vervanging, vergoeding, schadeloosstelling; reserve, aanvulling; mil aanvullingstroepen
Ersatzleistung *v* schadeloosstelling
Ersatzreifen *m* auto reserveband
Ersatzteil *o* reserve(onder)deel
ersatzweise als vergoeding, ter vervan-

ging, subsidiair
ersaufen *st onoverg* verdrinken, -zuipen; onderlopen ⟨v. land⟩
ersäufen *zw overg* verdrinken, -zuipen; *sein Leid ~* zijn verdriet verdrinken
erschaffen *st* scheppen, voortbrengen
erschallen (-schallte, -scholl; -schallt, -schollen) klinken, weerklinken
erschau(d)ern *zw* rillen
erscheinen *st* verschijnen; (toe)schijnen; *es erscheint mir ratsam* het lijkt mij verstandig; *auf der Bildfläche ~* tevoorschijn (voor de dag) komen; aan 't licht treden
Erscheinung *v* verschijning; verschijnsel; visioen; godsd Driekoningen; *in ~ treten* zich vertonen, verschijnen
erschießen *st* neerschieten; fusilleren; *sich ~* zich voor de kop schieten
Erschießung *v* het doodschieten, fusilleren; *Tod durch ~* dood door de kogel
erschlaffen *zw* verslappen, verzwakken
erschlagen *st* doden, verslaan; neervellen; *wie ~ sein* doodop, uitgeput, kapot zijn
erschleichen *st* op arglistige wijze verkrijgen
erschließen *st* ontsluiten ⟨ook v. gebied⟩, openen, exploreren; bouwrijp maken; gevolgtrekkingen maken, concluderen, afleiden; reconstrueren; *ein erschlossene Form* taalk een gereconstrueerde vorm
erschöpfen *zw* uitputten; leeg scheppen; *die Arbeit erschöpft sich darin* het werk omvat alleen dat; *etwas ~d behandeln* iets volledig behandelen
Erschöpfung *v* uitputting
erschrecken I *onoverg* (erschrak; erschrocken) schrikken, verschrikt worden; *sich zu Tode ~* zich dood schrikken; II *overg* (erschreckte; erschreckt) verschrikken, doen schrikken
erschreckend schrikbarend
erschüttern *zw* schokken, doen schudden; aantasten, doen wankelen; aangedaan zijn door; schenden ⟨ook v. vertrouwen⟩; *die Nachricht hat ihn erschüttert* hij is geschokt door het nieuws
erschütternd schokkend
Erschütterung *v* schudding, schok, het schokken; *mit ~* geschokt, ontroerd
erschweren *zw* verzwaren, bemoeilijken; *~de Umstände* verzwarende omstandigheden; *~d hinzukommen* als extra moeilijkheid erbij komen
Erschwernis *v* (~; -se), **Erschwerung** *v* extra moeilijkheid
erschwindeln *zw* door bedrog, zwendel verkrijgen, bijeenzwendelen
erschwingen *st* betalen, opbrengen
erschwinglich betaalbaar
ersehen *st* zien; opmaken (uit); *daraus läßt sich ~, daß...* daaruit kan worden opgemaakt dat...
ersehnen *zw* sterk verlangen naar; *ersehntes Glück* langverwacht geluk
ersetzbar vervangbaar
ersetzen *zw* vergoeden, vervangen; opkomen voor
ersichtlich: *daraus ist ~* daaruit blijkt

ersinnen *st* verzinnen, uitdenken
erspähen *zw* bespeuren, ontwaren
ersparen *zw* (be)sparen, uitsparen; <u>fig</u> besparen
Ersparnis *I v* (~; -se) besparing, uitsparing; *II v & o* spaargeld; *~se mv* spaargeld, -potje
Ersparung *v* (-en) besparing; spaargeld; uitsparing, <u>taalk</u> ellips
erspießen *st* ontspruiten; baten
ersprießlich voordelig, nuttig
erspüren *zw* plechtig voelen, bespeuren; op 't spoor komen
erst I *bn* eerst; *das ~e Hotel am Ort* het beste hotel ter plaatse; *am ~en* het eerst; *am E~en* op de eerste v.d. maand; *fürs E~e* vooreerst; *zum E~en* ten eerste; *der ~beste* de eerste de beste; *II bijw* eerst, pas; het eerst; *eben ~* zonet; *jetzt tue ich es ~ recht* nu doe ik 't juist
erstarken *zw* sterk(er) worden
erstarren *zw* verstijven, verkleumen
erstarrt verstijfd, verstard, verstomd; *eine ~e Form* <u>taalk</u> een relict uit een vroegere taalperiode
erstatten *zw* vergoeden, terugbetalen, restitueren; *Anzeige ~* een klacht indienen, aangifte doen; *Auslagen ~* onkosten vergoeden; *eine Aussage ~* een getuigenis afleggen; *Bericht, Meldung ~* rapporteren, verslag uitbrengen; *Dank ~* dank betuigen; *ein Gutachten ~* een advies uitbrengen
Erstaufführung *v* première
erstaunen *zw* zich verbazen; verbazen, verbaasd doen staan
Erstaunen *o* verbazing; *in ~ versetzen* verbaasd doen staan
erstaunenswert verbazingwekkend
erstaunlich verbazend, verbazingwekkend
erstechen *st* doodsteken
erstehen *onr* ontstaan; verrijzen ⟨uit de dood⟩; ⟨met veel moeite⟩ kopen, (weten te) bemachtigen
ersteigen *st* beklimmen
ersteigern *zw* op een veiling kopen
erstellen *zw* oprichten, bouwen; opstellen, neerzetten; *ein Projekt ~* een plan opstellen
erstens ten eerste
ersterben *st* plechtig (be-, weg-)sterven; *das Wort erstarb ihm auf den Lippen* de woorden bleven hem in de keel steken
ersticken *zw I overg* smoren, verstikken; *etwas im Keim ~* iets in de kiem smoren; *II onoverg* stikken; *ein ersticktes Gelächter* een onderdrukt gelach; *mit erstickter Stimme* met gesmoorde stem
erstklassig uitstekend, opperbest
Erstling *m* eersteling (ook v. kind); primeur
erstmalig voor de eerste keer (voorkomend)
erstmals voor de eerste keer
erstrahlen *st* stralen
erstreben *zw* streven naar; verkrijgen
erstrebenswert waard, om na te streven
erstrecken *zw: sich ~* zich uitstrekken, zich uitbreiden
erstreiten *st* bevechten, behalen

Ersttagsstempel *m* <u>post</u> eerstedagsstempel
erstunken: *das ist ~ und erlogen* gemeenz dat is een gemene leugen
erstürmen *zw* <u>mil</u> stormenderhand veroveren
ersuchen *zw* (officieel) verzoeken
Ersuchen *o* (-s; ~) (officieel) verzoek
ertappen *zw* betrappen; *auf frischer Tat ~* op heterdaad betrappen
erteilen *zw* verstrekken, geven; *einem eine Abfuhr ~* iem. afpoeieren; *einem Entlastung, eine Genehmigung, Prokura ~* iem. decharge, een vergunning, procuratie verlenen; *einem eine Lehre, eine Lektion ~* iem. een lesje leren; *einem ein Lob ~* iem. een pluimpje geven; *einem Rat, einen Rüffel ~* iem. raad, een standje geven
ertönen *zw* klinken, weerklinken
Ertrag *m* (-s; -träge) oogst; opbrengst, bedrag; *reiner ~* netto opbrengst
ertragbar te dragen, draaglijk
ertragen *st* verdragen, dulden; opleveren, opbrengen
erträglich te dragen, draaglijk
ertragreich winstgevend, productief
ertragsfähig productief, winstgevend, rendabel
ertränken *zw overg* verdrinken; *sich ~* zich verdrinken
erträumen *zw: sich etwas ~* zich iets in zijn droom wensen
ertrinken *st onoverg* verdrinken; *Ertrinkende(r)* drenkeling
ertrotzen *zw* afpersen, afdwingen
ertrunken verdronken; *Ertrunkene(r)* drenkeling; verdronkene
ertüchtigen *zw* flink maken
erübrigen *zw* overhouden, besparen; vrijmaken; *das erübrigt sich* dat is overbodig; *Zeit für jmdm. ~* tijd voor iem. vrijmaken
eruieren [-'ieren] *zw* uitvinden, ontdekken, achterhalen, <u>Oostr</u> opsperen
erwachen *zw* ontwaken; *aus der Narkose ~* uit de narcose bijkomen
1 erwachsen *st* opgroeien; voortspruiten, -komen
2 erwachsen *bn* volwassen
Erwachsene(r) *m & v* volwassene
erwägen *st* (erwog; erwogen) overwegen
Erwägung *v* overweging, overlegging, beraad; *in ~ der Kosten* met het oog op de kosten; *in ~ ziehen* in overweging nemen; *in der ~, daß...* overwegende, dat
erwählen *zw* uitkiezen, kiezen; *den besseren Teil ~* het goede deel kiezen
erwähnen *zw* gewagen; (even) noemen, aanroeren, aanstippen, terloops vertellen; vermelden
erwähnenswert vermeldenswaard
erwähnt vermeld, gemeld, bedoeld
Erwähnung *v* vermelding
erwärmen *zw* verwarmen; opwarmen (ook <u>fig</u>); *sich für jemand ~* voor iemand warmlopen
erwarten *zw* verwachten, afwachten; te wachten staan
Erwarten *o* verwachting; *wider alles ~* te-

gen alle verwachting in
Erwartung *v* afwachting; verwachting; hooggespannte ~en hooggespannen verwachtingen; *in ~ eines Bessern* op hoop van beter
erwartungsgemäß volgens verwachting
erwartungsvoll vol verwachting, hoopvol
erwecken *zw* opwekken, wekken; *den Anschein ~* de schijn wekken
Erweckung *v* het wekken, opwekking
erwehren *zw: sich ~* zich verweren; *sich des Lachens nicht ~ können* plechtig zijn lachen niet kunnen onderdrukken; *sich des Verdachts nicht ~ können* de verdenking niet van zich kunnen afzetten
erweichen *zw* week maken; overhalen
Erweis *m* (-es; -e) bewijs
erweisen *st* bewijzen; *einem Achtung ~* achting voor iem. hebben; *einem einen Dienst, die letzte Ehre, eine Gunst ~* iem. een dienst, de laatste eer, een gunst bewijzen; *sich ~ (als)* blijken; *sich einem gefällig ~* zich voor iem. vriendelijk betonen
erweitern *zw* verwijden; vergroten, uitbreiden; *einen Bruch ~* rekenk een breuk vergroten; *seinen Horizont ~* zijn horizon verruimen; *sich ~* zich uitbreiden; *eine erweiterte Auflage* een vermeerderde druk
Erweiterung *v* uitbreiding; verwijding
erweiterungsfähig voor uitbreiding vatbaar
Erwerb *m* (-s) het verwerven, verkrijgen; aankoop, verdienste, winst; kostwinning
erwerben *st* verwerven; verdienen, kopen; *(käuflich) ~* kopen
erwerbsfähig in staat zijn brood te verdienen
Erwerbsleben *o* bedrijfsleven
erwerbslos werkloos, zonder middelen van bestaan
Erwerbslosigkeit *v* werkloosheid
Erwerbsquelle *v* middel van bestaan, bron van inkomsten
erwerbstätig: werkend
Erwerbung *v* verwerving, verkrijging; aanwinst ⟨v. museum enz.⟩
erwidern *zw* antwoorden; beantwoorden; *nichts zu ~ wissen* met de mond vol tanden staan
Erwiderung *v* antwoord; *in ~ Ihres Schreibens* in antwoord op uw brief
erwiesenermaßen zoals bewezen is
erwirken *zw* verkrijgen; *einem etwas ~* iets voor iem. gedaan weten te krijgen
erwirtschaften *zw* meer eruithalen dan verwacht wordt
erwischen *zw* betrappen, te pakken krijgen; snappen; oplopen; gemeenz *ihn hat's erwischt* heeft 't te pakken, heeft een ongeluk gehad; *den Zug ~* de trein nog net halen
erwünscht wenselijk, gewenst
erwürgen *zw* wurgen
Erz *o* (-es; -e) erts; brons
erzählen *zw* vertellen, -halen; *Märchen ~* gemeenz (ook) smoesjes verkopen; *mir kannst du viel ~* gemeenz ik geloof er niets van; *dem werd' ich was ~* die zal ik

't wel aan zijn verstand brengen; *das kannst du deiner Großmutter ~* gemeenz maak dat de kat wijs
erzählenswert waard om te vertellen, om verteld te worden
Erzähler *m* verteller, -haler
Erzählung *v* verhaal, vertelsel
Erzbischof *m* aartsbisschop
erzdumm aartsdom
erzeigen *zw* plechtig betonen, bewijzen; *sich dankbar ~* zich dankbaar tonen
erzeugen *zw* telen, voortbrengen, produceren; verwekken, veroorzaken; *Energie ~* energie opwekken
Erzeuger *m* verwekker, vader; Oostr voortbrenger, producent
Erzeugnis *o* voortbrengsel, product; *landwirtschaftliche ~se* landbouwproducten
Erzeugung *v* teling, verwekking; fabricage, productie
erzfaul aartslui
Erzfeind *m* aartsvijand
Erzgrube *v* ertsgroeve
Erzherzog *m* aartshertog
erziehen *st* opvoeden
Erzieher *m* opvoeder; leraar
Erzieherin *v* opvoedster; kleuter-, jeugdleidster
erzieherisch opvoedkundig, pedagogisch
Erziehung *v* opvoeding
Erziehungsanstalt *v* opvoedingsgesticht
erziehungsberechtigt gerechtigd tot de opvoeding v. kinderen
Erziehungsgeld *o* toelage voor ouders die niet werken of hun werk tijdelijk opgeven teneinde de kinderen op te voeden
Erziehungsheim *o* opvoedingsgesticht
Erziehungsurlaub *m* onbetaald verlof voor ouders van jonge kinderen
erzielen *zw* nastreven; verkrijgen; maken; *Erfolge ~* successen behalen, effect sorteren
erzürnen *zw* vertoornen, boos maken; *(sich) ~* boos worden
erzwingen *st* afpersen, afdwingen
es het; er; *~ brennt* er is brand; *~ zieht* het tocht; *~ ist spät* er is laat; *~ gibt* er is, er zijn; *~ kommen Gäste* er komen gasten; *ich bin ~ leid* ik heb er genoeg van; *ich habe ~ satt* ik heb er genoeg van; *~ wurde gesungen* er werd gezongen
Esche *v* (~; -n) plantk es; essenhout
Esel *m* (-s; ~) dierk ezel
Eselei *v* (~; -en) stommiteit, dwaasheid
Eskalation *v* (~; -en) escalatie
Eskorte *v* (~; -n) escorte
Espe *v* (~; -n) plantk esp, ratelpopulier, ratelaar
Essay [e-'see] *m* & *o*, (-s; -s) essay
Essayist *m* (-en; -en) essayist
eßbar, nieuwe spelling: **essbar** eetbaar
Esse *v* (~; -n) reg schoorsteen; smidshaard; gemeenz kachelpijp (hoge hoed)
essen *st* (aß, gegessen) eten; *Reistafel ~* rijsttafelen; *~ wie ein Scheunendrescher* gemeenz eten als een wolf; *zu Abend (Z-Duits zu Nacht) ~* 't avondeten gebruiken, souperen; *zu Mittag ~* 't middagmaal

gebruiken; *fertig ~ afeten*; *es wird nichts so heiß gegessen, wie es gekocht wird* 't zal zo'n vaart wel lopen; *mit ihm ist nicht gut Kirschen ~* fig met hem is 't kwaad kersen eten; *er hat die Weisheit mit Löffeln gefressen* hij heeft de wijsheid in pacht; *sich satt ~* zich vol eten

Essen o (-s) het eten, spijs; (warme) maaltijd; diner, banket; *beim ~ sein* aan tafel zitten

Essenz [-'sents] v (~; -en) essence, sterk aftreksel; kern, wezen, essentie

Esser m (-s; ~) eter; *ein starker ~* een groot eter

Eßgeschirr nieuwe spelling: **Essgeschirr** o tafel-, eetservies

Eßgewohnheit nieuwe spelling: **Essgewohnheit** v eetgewoonte

Essig m (-s; -e) azijn; *zu ~ werden* verzuren; *damit ist es ~ gemeenz* daarmee is het mis

Essiggurke v augurkje

Eßzimmer, nieuwe spelling: **Esszimmer** o eetkamer

Estland o (-s) Estland

Estländer m (-s; ~) Est

estländisch, estnisch Estisch

Estrich m (-s; -e) cementen (lemen) vloer; Zwits zolder

etablieren zw vestigen; *sich ~* zich vestigen; zich een plaats verschaffen

Etage v (~; -n) verdieping, etage

Etagenwohnung v flat, etagewoning

Etappe v (~; -n) mil etappe ⟨ook fig⟩

Etat [ee-'ta] m (-s; -s) begroting; sterkte; Zwits ledenlijst

etepetete gemeenz overdreven netjes

Ethik ['e-] v ethiek, ethica

Ethiker m (-s; ~) ethicus

Ethnographie v etnografie

Ethos o (~) ethos

Etikett o (-(e)s) etiket

Etikette v (-n) etiquette; Oostr, Zwits ⟨ook⟩ etiket

etikettieren zw etiketteren

Etüde v (~; -n) muz etude

Etui [e'twie] o (-s; -s) etui; brillendoos; sigarettenkoker

etwa ongeveer, plusminus, circa, omtrent; misschien, soms; bijvoorbeeld; *wissen Sie es ~?* weet u het soms?; *diese Woche, ~ Montag* deze week, bijv. maandag; *in ~* enigszins, ongeveer

etwaig [-'wa-ig] mogelijk, eventueel

etwas iets; *doch nicht ~* toch niet een beetje; *ein gewisses E~* een zeker iets

EU *Europäische Union* EU, Europese Unie

euch *pers vnw* (= 3e of 4e nv. van *ihr*) jullie

Eule v (~; -n) uil; ragebol; uiltje ⟨vlinder⟩

Eunuch m (-en; -en) eunuch

Euphemismus (~; -men) eufemisme

Euratom = *Europäische Atomgemeinschaft* Euratom

eurerseits van jullie kant, uwerzijds

euresgleichen uwsgelijke

euretwillen: *um ~* ter wille van jullie

eurige (de, het) uwe

Europa o (-s) Europa

Europäer m (-s; ~) Europeaan; Europees denkende

europäisch Europees

Euter o (-s; ~) uier

E.V., e.V. = *eingetragener Verein* officieel geregistreerde vereniging; *einstweilige Verfügung* recht beslissing bij voorraad

evakuieren [-koe'ie-] zw evacueren

Evakuierung v (~; -en) evacuatie

evangelisch protestants; evangelisch

Evangelium o (-s; -ien) evangelie; *~ nach Matthäus, nach Markus, nach Lukas, nach Johannes* Evangelie van Mattheus, Marcus, Lucas, Johannes

eventuell eventueel

ewig eeuwig; *auf ~* voor eeuwig; *~ und drei Tage* schertsend eindeloos; *ich habe ihn ~ nicht gesehen* ik heb hem in geen tijden gezien

Ewigkeit v (~; -en) eeuwigheid; *gemeenz eine (halbe) ~* heel lang, eindeloos; *(bis) in alle ~* voor altijd

Examen o (-s; *~* & -mina) examen; *ein ~ machen* een examen doen, afleggen

Examinand m (-en; -en) examinandus

examinieren zw examineren; onderzoeken

exekutieren zw executeren; Oostr: *einen ~* beslagleggen op iemands bezit

Exekution v (~; -en) executie ⟨ook recht⟩; Oostr ⟨ook⟩ beslaglegging

Exekutive v (~; -n), **Exekutivgewalt** [-'tief-] v uitvoerende macht, executieve; Oostr ⟨ook⟩ politie

Exempel [ek'sem-] o (-s; ~) voorbeeld; stichtelijk verhaal; *ein ~ statuieren* een voorbeeld stellen; *die Probe aufs ~* de proef op de som

Exemplar o (-s; -e) exemplaar

exemplarisch voorbeeldig; tot voorbeeld strekkend

exerzieren zw exerceren; proberen; toepassen; doornemen

exhumieren zw opgraven ⟨v. lijk⟩

Exil [ek'ziel] o (-s; -e) ballingschap

existent bestaande

Existenz [ek-sis-'tenz] v (~; -en) bestaan, leven, existentie; kostwinning; *eine dunkle ~* een duistere figuur; *gescheiterte ~en* mislukkelingen, maatschappelijke schipbreukelingen

existenzfähig levensvatbaar

Existenzminimum o bestaansminimum

existieren zw bestaan

exklusive met uitsluiting van, exclusief

Exkommunikation v excommunicatie

exkommunizieren excommuniceren

Exkurs m (-es; -e) afdwaling; uitweiding, excursie

exmatrikulieren zw stud uitschrijven

Exot(e) m (-(e)n; -(e)n) vreemdeling, buitenlander ⟨ook plant, dier; effect⟩

expedieren zw expediëren, verzenden

Expedition v (~; -en) expeditie; verzending; bureau ⟨v.e. blad⟩

Experte m (-n; -n) expert

explodieren zw exploderen, ontploffen

explorieren zw exploreren, onderzoeken

Explosion v (~; -en) explosie, ontploffing

Exponent m (-en; -en) exponent; drager ⟨v.

partij of richting)
exponieren *zw* verklaren; blootstellen; belichten; *an exponierter Stelle* op een aan gevaren onderhevige (of: in 't oog vallende) plaats; in verantwoordelijke positie
Export *m* (-(e)s; -e) uitvoer, export
exportieren *zw* exporteren
Expositur *v* filiaal; <u>Oostr</u> <u>onderw</u> dependance
Expreß, nieuwe spelling: **Express** *m* (-presses), **Expreßzug**, nieuwe spelling: **Expresszug** *m* (-züge) sneltrein
extern extern; uitwonend; *~er Handel* buitenlandse handel
extra extra, bijzonder
Extrablatt *o* extra-editie
extrahieren *zw* extraheren; een uittreksel maken van, uittrekken

Extrakt *m* extract ⟨uittreksel⟩
Extravaganz *v* (~; -en) buitensporigheid, extravagantie
Extrawurst *v*: bijzondere behandeling
extrem [-'treem] extreem
Extrem *o* (-s; -e) 't uiterste, extreme; *von einem ~ ins andere fallen* van het ene uiterste in het andere vervallen
Extremfall *m* extreem geval
Extremität *v* (~; -en) uiteinde, uiterste, einde; *~en mv* extremiteiten, ledematen
exquisit uitgelezen, voortreffelijk, exquis
Exzellenz *v* (~; -en) excellentie
exzerpieren *zw* excerperen, een uittreksel maken van, uittrekken
Exzerpt *o* (-s; -e) excerpt, uittreksel
Exzeß, nieuwe spelling: **Exzess** *m* (-zesses; -zesse) buitensporigheid, exces

F

Fabel v ⟨~; -n⟩ fabel ⟨ook: verloop v.e. verhaal⟩
fabelhaft fabelachtig; prachtig, schitterend; gemeenz klasse, te gek
fabeln zw fantaseren
Fabrik v ⟨~; -en⟩ fabriek
Fabrikanlagen mv fabrieksgebouwen en -terreinen
Fabrikat o fabrikaat
Fabrikation v fabricage, -catie
fabrizieren zw ⟨vaak schertsend⟩ fabriceren, vervaardigen, in elkaar zetten
fabulieren zw dichten, fantaseren; ⟨levendig⟩ vertellen
Facette v ⟨~; -n⟩ facet ⟨niet fig⟩
facettieren zw met facetten slijpen, facetteren
Fach o ⟨-(e)s; Fächer⟩ vak; *das schlägt nicht in mein* ~ daar heb ik geen verstand van; *vom* ~ *sein* vakman zijn
Facharzt m med specialist; ~ *für Herzkrankheiten* hartspecialist, cardioloog; ~ *für innere Krankheiten* internist; ~ *für Lungenkrankheiten* longarts
Fachausdruck m vakterm, technische term
Fachbereich m & o vakgebied
fächeln zw waaieren, toewuiven
Fächer m ⟨-s; ~⟩ waaier
fächern zw waaieren; *sich* ~ ⟨ook⟩ zich differentiëren, uiteenvallen (in)
fachgemäß vakkundig
Fachgeschäft o speciale zaak
Fachkraft v specialist
fachkundig vakkundig
fachlich van 't vak, vak...
Fachmann m ⟨-s; -leute⟩ vakman, -kundige; *da staunt der* ~, *der Laie wundert sich* daar sta je stomverbaasd van
fachmännisch vak-, deskundig
Fachschaft v ⟨~; -en⟩ vakgroep, -vereniging
Fachschule v vakschool
fachsimpeln zw gemeenz geringsch ⟨alsmaar⟩ over het vak praten
Fachwerk o vakwerk ⟨bij huis-, brugbouw⟩
Fachwissen o vakkennis
Fackel v ⟨~; -n⟩ fakkel, toorts
fackeln zw flikkeren; signalen geven met fakkels; *nicht lange* ~ niet dralen
Fackelzug m fakkeloptocht
fad(e) flauw, vervelend, smakeloos
fädeln zw rijgen; rafelen
Faden m ⟨-s; Fäden⟩ draad; straaltje; *die Fäden ziehen* de hechtingen verwijderen; *der* ~ *des Gesprächs* de draad van een gesprek; *an einem ⟨dünnen, seidenen⟩* ~ fig aan een zijden draadje; *der rote* ~ fig de rode draad
Fadennudeln mv vermicelli
fadenscheinig: ~*e Gründe* armzalige redenen, gezochte argumenten; *ein* ~*er Vorwand* een doorzichtig voorwendsel
Fadheit v ⟨~; -en⟩ flauwheid; smakeloosheid, vervelendheid

Fading ['fee-] o ⟨-s⟩ radio fading, sluiereffect
Fagott o ⟨-(e)s; -e⟩ muz fagot
Fähe v ⟨~; -n⟩ dierk teef; wijfjesvos, -das, -marter, -wezel, -bunzing; Siberisch eekhoorentje; pels daarvan
fähig bekwaam, in staat; fit; *ein* ~*er Kopf* een knappe kop; *keines Wortes* ~ niet in staat een woord uit te brengen; *zu allem* ~ tot alles (alle kwaads) in staat
Fähigkeit v ⟨~; -en⟩ bekwaamheid, geschiktheid, talent; ~*en haben* ⟨ook⟩ kwaliteiten, capaciteiten hebben
fahl vaal, vaalbleek
Fähnchen o ⟨-s; ~⟩ vaantje, vlaggetje; niemendalletje ⟨jurk⟩ *sein* ~ *nach dem Wind hängen* de huik naar de wind hangen
fahnden zw vervolgen; speuren; *nach einem* ~ iemand opsporen ⟨door politie⟩
Fahndung v ⟨~; -en⟩ opsporing, het speuren
Fahne v ⟨~; -n⟩ vaan, vaandel; vlag; lap; flard ⟨v. wolk, mist⟩; pluim, staart ⟨v. haas, hond, eekhoren⟩; typ slip; gemeenz kegel; *mit fliegenden* ~*n* met vliegende vaandels
Fahnenabzug m typ slip
Fahnenflucht v mil desertie
Fahnenschwingen o vendelzwaaien
Fahnenstange v vlaggenstok
Fähnrich m ⟨-s; -e⟩ mil vaandrig
Fahrausweis m vervoersbewijs
Fahrbahn v rijweg, rijbaan
fahrbar bevaar-, berijdbaar; verplaatsbaar; ~*er Untersatz* schertsend auto
Fähre v ⟨~; -n⟩ ⟨overzet⟩veer; veerpont
fahren (fuhr; gefahren) **I** *onoverg* rijden, varen, afvaren ⟨v. schip⟩; afdalen ⟨in mijn⟩ ⟨met de hand⟩ gaan door, gaan over, strijken; *ich fahre morgen* ik vertrek morgen, ik ga morgen op reis; *zweigleisig* ~ slang het met twee partijen tegelijk houden; *der Gedanke fährt ihm durch den Kopf* de gedachte schiet hem door het hoofd; *was ist in dich ge*~? wat bezielt je?; *in die Kleider* ~ de kleren aanschieten; *es fährt einem in die Knochen* de schrik slaat iem. in de benen; *ich bin damit immer gut ge*~ ik heb er nooit spijt van gehad; **II** *overg* rijden ⟨een voertuig besturen⟩; vervoeren, transporteren; bedienen, doen draaien ⟨v. machine⟩; rijden op ⟨brandstof⟩; *einen* ~ *lassen* gemeenz een wind laten; *bleifrei* ~ op loodvrije benzine rijden
Fahrer m ⟨-s; ~⟩ wagenbestuurder; rijder; chauffeur
Fahrerflucht v doorrijden ⟨na auto-ongeluk⟩
Fahrerlaubnis rijbevoegdheid
Fahrgast m passagier
Fahrgeld o voerloon, reisgeld, tramgeld
Fahrgeschwindigkeit v rijsnelheid ⟨v. trein, enz.⟩, vaarsnelheid ⟨v. schip⟩
Fahrgestell o auto onderstel, chassis; luchtv landingsgestel; schertsend gemeenz benen
fahrig ongedurig, onrustig, nerveus
Fahrkarte v ⟨~; -n⟩ tram-, bus- of treinkaartje
fahrlässig nonchalant, onachtzaam; ~*e*

Tötung het veroorzaken van dood door schuld
Fahrlässigkeit *v* onachtzaamheid
Fahrlehrer *m* rij-instructeur
Fährmann *m* (-s; -leute) veerman
Fahrnis *recht v* (~) roerend goed, inboedel
Fahrplan *m* spoorboekje, dienstregeling
fahrplanmäßig volgens de dienstregeling; ~ *eintreffen* op tijd aankomen
Fahrpreis *m* (-s; -e) vrachtprijs, -tarief; prijs van een vervoersbewijs
Fahrprüfung *v* rijexamen, het afrijden
Fahrrad *o* fiets, rijwiel
Fahrrinne *v* vaargeul
Fahrschein *m* = *Fahrkarte*
Fahrschule *v* autorijschool
Fahrstraße *v* rijweg; vaarweg
Fahrstuhl *m* lift; rolstoel
Fahrt *v* (~; -en) rit, reis; tocht; vaart; ingang van een mijn of hol; ~ *ins Blaue* tocht met onbekende bestemming; ~ *ins Grüne* tocht de natuur in; *auf hoher* ~ op hoge zee; *gute* ~ goeie reis; *in* ~ *bringen* op gang brengen; *in* ~ *kommen* op dreef komen; opgewonden worden
Fährte *v* (~; -n) spoor (v. wild)
Fahrtenschreiber *m* tachograaf
Fahrtrichtung *v*: *in der* ~ vooruitrijdend
Fahrwerk *o* rijmechanisme; <u>luchtv</u> landingsgestel
Fahrzeug *o* vaartuig, voertuig
Fäkalien [-li-en] *mv* fecaliën, uitwerpselen
faktisch inderdaad, werkelijk, in feite
Faktor *m* (-s; -en) factor
Faktum *o* (-s; -ten) feit
Faktur(a) *v* (~; -ren) <u>vero handel</u> factuur, rekening
fakturieren <u>handel</u> factureren
Fakultät *v* (~; -en) faculteit
falb isabelkleurig (v. paard)
Falke *m* (-n; -n) <u>vogelk</u> valk
Falkenbeize *v* valkenjacht
Falkner *m* (-s; ~) valkenier
Fall *m* (-(e)s; Fälle) val; waterval; geval; naamval; *ein klarer* ~ volstrekt duidelijk; *der zweite* ~ de tweede naamval, genitief; *nicht mein* ~ ⟨ook⟩ dat is niets voor mij; *der* ~ *Maier* het proces Maier; *gesetzt den* ~ stel; *auf jeden* ~ in ieder geval; *für alle Fälle* voor alle zekerheid; *zu* ~ *bringen* ten val brengen; doen mislukken
Falle *v* (~; -n) val, strik; val (v. gordijn); deurklink; <u>gemeenz</u> mandje ⟨ook: bed⟩; *einem eine* ~ *stellen* iem. in een valstrik lokken; *in die* ~ *gehen* in de val lopen
fallen (fiel; gefallen) vallen, verminderen, zakken; sterven (v. dier); sneuvelen; *das Barometer fällt* de barometer daalt; *die Grenzen sind ge~* de grenzen zijn opgeheven; *durchs Examen* ~ zakken; *in den Schoß* ~ in de schoot vallen; *ins Wasser* ~ ⟨ook⟩ niet doorgaan; *die Erbschaft fällt an ihn* de erfenis valt hem ten deel; *~de Reihe* afdalende reeks
fällen *zw* vellen, doden, neerslaan; *eine Entscheidung* ~ een beslissing treffen; *ein Lot* ~ een loodlijn neerlaten; *ein Urteil* ~ een oordeel uitspreken; <u>recht</u> een vonnis vellen
Fallgrube *v* valkuil
fallieren *zw* failliet, bankroet gaan
fällig vervallende; opeisbaar; moetende gebeuren; ~ *werden* vervallen; *das morgen ~e Schiff* het schip dat morgen moet aankomen; *die Arbeit, die Zahlung ist morgen* ~ het werk moet morgen af, de betaling moet morgen gebeuren; *das war längst* ~ dat moest allang gedaan worden; *er ist* ~ het is met hem gedaan
Fälligkeit *v* (~) vervaltijd; 't vervallen ⟨v. wissels e.d.⟩; opeisbaarheid ⟨v. vordering⟩
Fälligkeitstag *m* vervaldag; dag van vermoedelijke aankomst
Fallobst [-oopst] *o* (-(e)s) afgewaaide vruchten
falls ingeval, indien
Fallschirm *m* valscherm, parachute
Fallschirmjäger *m*, **Fallschirmspringer** *m* <u>mil</u> parachutist
Fallstrick *m* valstrik (ook <u>fig</u>)
Falltür *v* (~; -en) valdeur, -luik
fallweise van geval tot geval; <u>Oostr</u> zo nu en dan
falsch vals; verkeerd, fout; *~er Alarm* loos alarm; ~ *verbunden* <u>telec</u> verkeerd aangesloten (ook <u>fig</u>); *an den Falschen geraten* aan het verkeerde adres zijn
Falsch *m*: *es ist kein* ~ *an ihm* er steekt geen kwaad in hem; *ohne* ~ oprecht; ~ *verbunden* verkeerd verbonden
Falscheid [-eid] *m* valse eed, meineed
fälschen *zw* vervalsen
Fälscher *m* (-s; ~) vervalser
Falschgeld *o* vals geld
Falschheit *v* (~; -en) valsheid, verkeerdheid
fälschlich valselijk
fälschlicherweise valselijk
Falschmeldung *v* onjuist bericht
Falschmünzer *m* valse munter
Fälschung *v* (~; -en) vervalsing, falsificatie; 't vervalsen
fälschungssicher beschermd tegen namaken, fraudebestendig
Falsett *o*, **Falsettstimme** *v* <u>muz</u> falset
falsifizieren *zw* vervalsen; weerleggen ⟨v. een uitspraak⟩, falsifiëren
Faltblatt *o* vouwblad, (reclame)folder
Faltboot *o* opvouwbare boot
Falte *v* (~; -n) vouw, plooi, rimpel
fälteln *zw* plooien (in overhemd)
falten *zw* (verl. deelw. ook *gefalten*) vouwen, plooien, rimpelen
Falter *m* (-s; -) <u>dierk</u> vlinder
faltig vol vouwen, vol plooien; gerimpeld
Falz *m* (-es; -e) vouw; kerf, keep; scharnier
falzen *zw* vouwen; groeven; afschaven
familiär familiair; familie-
Familiarität *v* familiariteit
Familie [fa-'mie-li-e] *v* (~; -n) huisgezin, gezin; familie
Familienangehöriger *m* familie-, gezinslid
Familienanschluß, nieuwe spelling: **Familienanschluss** *m* aansluiting bij het gezin; *mit* ~ met huiselijk verkeer
Familienfürsorge *v* gezinszorg
Familienkreis *m* huiselijke kring, familie-

kring
Familienplanung *v* geboorteregeling
Familienvater *m* huisvader, gezinshoofd
Familienzuwachs *m* gezinsvermeerdering
famos [-'moos] fameus; puik; leuk
Fanal [-'naal] *o* (-s; -e) vuursignaal, vlammend teken; waarschuwend teken
Fanatiker [-'na-] *m* (-s; ~) dweper, fanaticus
fanatisch [-'na-] dweepziek, fanatiek
Fanatismus *m* (~) fanatisme
Fanfare *v* (~; -n) fanfare
Fang *m* (-s), (Fänge) het vangen; vangst, buit; slagtand; klauw ⟨v. vogel⟩
fangen (fing; gefangen) vangen, vatten, grijpen; *Feuer* ~ vuur vatten; *Fliegen* ~ vliegen vangen; nutteloos werk doen; *das Wild* ~ ⟨ook⟩ aangeschoten wild de genadeslag geven; *sich* ~ tot rust komen; *sich in seinen eignen Worten* ~ zich vastpraten
Fänger *m* (-s), (~) vanger, jager; hartsvanger; slagtand
Fangfrage *v* strikvraag
Fant *m* (-s; -e) kwast, fat
Farbbild *o* kleurenfoto
Farbe *v* (~; -n) kleur; verf
färben *zw* verven, kleuren ⟨ook fig⟩, tinten; *in der Wolle gefärbt* door de wol geverfd; echt, onveranderlijk
farbenblind kleurenblind
Färber *m* (-s; ~) textielverver
Färberei *v* (~; -en) ververij ⟨v. stoffen⟩
Farbfernsehen *o* kleurentelevisie
Farbfilm *m* kleurenfilm
Farbfoto *o v*), **Farbfotografie** *v* kleurenfoto
farbig, Oostr **färbig** kleurig, kleurrijk, gekleurd in kleuren; met/van donkere huidkleur; *ein Farbiger, eine Farbige* een kleurling(e); *~e Kreide* kleurkrijt
farblos kleurloos; vaal
Farbstich *m* gekleurde gravure; zweem v.e. kleur
Farbstift *m* kleurpotlood
Farbton *m* kleurnuance; tint
Färbung *v* (~; -en) kleuring, kleur; *von neutraler* ~ van neutrale tint
Farce *v* (~; -n) klucht; vulsel ⟨v. pasteitjes⟩
Farm *v* (~; -en) farm, boerderij
Farn *m* (-(e)s; -e), **Farnkraut** *o* plantk varen
Färse *v* (~; -n) dierk vaars
Fasan [-'zaan] *m* (-s; -e) vogelk fazant
Fasanerie [-'rie] *v* (~; -n) fazantenpark
Faschine *v* (~; -n) bundel rijshout
Fasching *m* (-s; -e) Z-Duits carnaval
Faschismus *m* (~) fascisme
Faschist *m* (-en; -en) fascist
Faselei *v* (~; -en) gebeuzel, geklets, kletspraat; malligheid
Faselhans *m* kletskous
faseln *zw* bazelen; werpen ⟨v. jongen⟩
Faser *v* (~; -n) vezel, draad ⟨ook: synthetische vezel⟩; *mit allen ~n seines Herzens* met zijn ganse hart
faserig vezelig, vezelachtig
fasern *zw* uitrafelen
Faserplatte *v* board, vezelplaat
Faß, nieuwe spelling: **Fass** *o* (Fasses; Fässer) vat, ton; drum; *ein ~ ohne Boden* fig een

bodemloos vat; *das schlägt dem ~ den Boden aus* dat is 't toppunt; *das bringt das ~ zum Überlaufen* dat is de druppel die de emmer doet overlopen
Fassade *v* (~; -n) voorgevel; gemeenz facie; *alles nur* ~ allemaal maar schijn
Fassadenkletterer *m* gemeenz geveltoerist
faßbar, nieuwe spelling: **fassbar** te vatten, begrijpelijk; tastbaar, grijpbaar
fassen *zw* (be-, om-)vatten, vangen, (be-, aan-)grijpen, pakken; inzetten, vatten ⟨v. edelsteen⟩; inkleden, redigeren ⟨v. brief enz.⟩; *einen Be-, Entschluß, Vorsatz* ~ een besluit nemen; *Essen* ~ mil eten halen; *Mut* ~ moed scheppen; *einen Plan* ~ een plan maken; *die Schraube faßt nicht* de schroef pakt niet; *Vertrauen zu einem* ~ vertrouwen in iem. krijgen; *sich* ~ bedaren, kalm worden; *sich kurz* ~ zich beknopt uitdrukken; *sich auf etwas gefaßt machen* zich op iets (kwaads) voorbereiden
faßlich, nieuwe spelling: **fasslich** bevattelijk, begrijpelijk
Fasson [-'sõ, 'song] *v* (~; -s) manier, fatsoen; model (mode); *aus der* ~ *geraten* uit de vorm komen; *jeder nach seiner* ~ gemeenz elk op zijn manier
Fassung *v* (~; -en) bedaardheid, kalmte; zetting, invatting; vorm, inkleding, redactie, versie ⟨v. tekst⟩; zetting ⟨v. edelsteen⟩; montuur ⟨v. bril⟩; elektr fitting; *aus der* ~ *geraten* van streek (van zijn stuk) raken
fassungslos in de war, onbeheerst, buiten zich zelf, overstuur; van zijn stuk
Fassungsvermögen *o* volume, inhoud ⟨v. tank bijv.⟩
fast bijna, schier
fasten *zw* vasten
Fastenzeit *v* vasten, vastentijd
Fastnacht *v* vastenavond, carnaval
Fasttag *m* vastendag
faszinieren *zw* fascineren, betoveren; *~d* fascinerend, boeiend
fatal fataal, noodlottig; gemeenz onaangenaam, beroerd
Fatalismus *m* (~) fatalisme
Fatalist *m* (-en; -en) fatalist
Fatzke *m* (-n; -n) gemeenz kwast, kwibus
fauchen *zw* blazen ⟨v.e. kat &⟩
faul rot, bedorven; rottend; lui, traag, loom; gemeenz bedenkelijk, beroerd; *stinkend ~, ~ wie die Sünde* aartslui; *es ist da etwas* ~ er is daar iets niet in orde; *~e Ausreden* flauwe uitvluchten; *sich auf die ~e Haut legen* 't er lui van nemen; *ein ~er Hund* gemeenz een aartsluilak; *~e Redensarten* smoesjes; *ein ~er Wechsel* een ongedekte wissel; *ein ~er Witz* een flauwe mop; *nicht* ~ ⟨ook⟩ vlug, snel
Fäule *v* (~) bederf, verrotting, het rot
faulen *zw* verrotten, bederven
faulenzen *zw* luilakken
Faulenzer *m* (-s; ~) luiaard, leegloper; luie stoel; Oostr blad papier met liniëring
Faulenzerei *v* (~) geluier
Faulheit *v* (~) luiheid
faulig, fäulig rottend, bedorven

Fäulnis v (~) verrotting, bederf ⟨ook moreel⟩; vuur ⟨in 't hout⟩; *in ~ übergehen* verrotten
Faulpelz m (~; -e) luiaard, luilak
Faultier o dierk luiaard, ai; gemeenz luilak
Faust v (~; Fäuste) vuist; *auf eigene ~* op eigen houtje; *eine ~ in der Tasche machen* in stilte de vuist ballen
Fäustchen o (-s; ~) vuistje; *sich ins ~ lachen* in zijn vuistje lachen
faustdick dik als een vuist; *eine ~e Lüge* een plompe leugen; *etwas ~ auftragen* het er dik opleggen; *es ~ hinter den Ohren haben* ze lelijk achter de mouw hebben
fausten zw sp (weg)stompen
Fausthandschuh m want
Fäustling m (-s; -e) want ⟨handschoen⟩
Faustregel v vuist-, grondregel
Favoris mv bakkebaarden
favorisieren zw begunstigen; sp tot favoriet maken (kiezen)
Favorit m (-en; -en) favoriet, gunsteling; sp *als winnaar gedoodverfde*
Fax o (~; -(e)) fax(bericht); faxapparaat
faxen zw faxen, per fax sturen
Faxen mv grimassen; flauwe grappen
Fazit ['fa-] o (-s; -e & -s) som, bedrag, uitkomst; *das ~ ziehen* 't resultaat vaststellen; de hoofdsom opmaken
Februar ['fe-] m (-s): *der ~* februari
fechten st (focht; gefochten) vechten; schermen; *mit den Händen ~* gesticuleren, gebaren maken
Feder v (~; -n) veer, pluim; pen; borstel ⟨v. wild zwijn⟩; springveer; ⟨als afk. v. *Saufeder*⟩ jachtspies; *die ~ in* ⟨ook⟩ bed; *die ~ führen* belast zijn met de correspondentie; *~n lassen* een veer laten, er bekaaid vanaf komen
Federball m shuttle; badminton
Federbusch m verbos, pluim; vogelkuif
federführend met de correspondentie belast en daartoe bevoegd; toonaangevend
Federhalter m pennenhouder
federleicht zo licht als een veertje
Federlesen o: *nicht viel ~s machen* niet veel omslag (complimenten) maken, korte metten maken
federn I onoverg ruien; veren, elastisch zijn; **II** overg plukken (v. vogel); met veren vullen; van vering voorzien; *sich ~* ruien
federnd verend, elastisch
Federstrich m pennenstreek
Federung v (~) vering, 't veren; 't ruien
Federvieh o pluimvee, gevogelte; schertsend pennenlikkers
Fee v (~; -n) fee
feenhaft ['fe-en-] toverachtig, feeëriek
Fegefeuer o vagevuur
fegen zw vegen ⟨ook v. hert⟩; schoonmaken; voortjagen, -stuiven; zijn gewei afstoten ⟨bok⟩; *einen Brunnen ~* een put schoonmaken
Feger m (-s; ~) veger
Fehde v (~; -n) vijandschap, vete; strijd; *~ ansagen* strijd aanzeggen
fehl: *~ am Platz* misplaatst

Fehl m: *ohne ~* plechtig zonder enige fout, volmaakt
Fehlanzeige v fig melding dat iets ontbreekt, onmogelijk is; verkeerde, valse melding; *~!* 'Had je gedacht!'
fehlbar feilbaar; Zwits in overtreding
Fehlbetrag m tekort, deficit
Fehldruck m misdruk
fehlen zw ontbreken, missen, schelen; zich vergissen; *was fehlt dir?* wat scheelt je?; *er fehlt mir* ik mis hem; *das Fehlte gerade noch* dat ontbrak er nog aan; *es an nichts ~ lassen* 't aan niets laten ontbreken; *weit gefehlt* glad mis
Fehlentscheid m, **Fehlentscheidung** v foutieve beslissing
Fehler m (-s; ~) fout, feil; gebrek, misslag; *einen ~ machen* een fout begaan
fehlerfrei zonder gebreken, zonder fout, onberispelijk, feilloos
fehlerhaft fout, foutief
fehlerlos zonder fout, onberispelijk, feilloos
Fehlerquelle v bron van fouten
Fehlgeburt v miskraam
fehlgehen zw verkeerd lopen; mislopen; zich vergissen, dwalen
Fehlgriff m misgreep, misslag
Fehlkauf m miskoop, strop
Fehlkonstruktion v foutieve constructie
Fehlleistung v mislukking; wanprestatie
fehlschlagen st mislaan; mislukken, mislopen
Fehlschluß, nieuwe spelling: **Fehlschluss** m verkeerde gevolgtrekking; valse redenering, drogrede
Fehlstart m sp valse start
Fehltritt m misstap ⟨ook fig⟩; dwaling
Fehlurteil o verkeerd vonnis of oordeel
Fehlzündung v overslaan ⟨v. motor⟩; fig verspilde moeite
Feier v (~; -n) viering, plechtigheid; feest, fuif
Feierabend m einde v. 't werk; rusttijd na het werk; *~ machen* ophouden met 't werk; *für uns ist es ~* gemeenz ⟨ook⟩ voor ons is 't afgelopen
feierlich plechtig; feestelijk; *schon nicht mehr ~* gemeenz niet mooi meer
Feierlichkeit v (~; -en) plechtigheid
feiern zw vieren, huldigen; feestvieren; *krank ~* zich ziek melden; zich ziek houden; *eine gefeierte Schönheit* een gevierde schoonheid; *man muß die Feste ~, wie sie fallen* men moet de dingen nemen, zoals ze zijn
Feierstunde v herdenkingsplechtigheid
Feiertag m feestdag, rustdag; *gesetzlicher ~* algemeen erkende feestdag
feig(e) laf, lafhartig
Feige v (~; -n) vijg
Feigling m (-s; -e) lafaard
feil veil, te koop
feilbieten st te koop aanbieden; rondventen
Feile v (~; -n) vijl
feilen zw vijlen
feilschen zw afdingen, marchanderen, pin-

fein fijn, voornaam; ~*!* fijn!; enig!; *ein ~er Kerl* een fijne kerel; *die ~en Leute* de chique mensen; *die ~e Wäsche* de fijne was; *~ lächeln* fijntjes glimlachen; *~ heraus sein* goed af zijn; *seid ~ artig* wees heel zoet
Feinbäckerei *v* banketbakkerij
feind vijandig; *einem ~ sein* iem. vijandig gezind zijn
Feind *m* (-(e)s; -e) vijand; *der böse ~* de duivel
feindlich vijandelijk; vijandig
Feindschaft *v* vijandschap
feindselig vijandig
Feindseligkeit *v* (~; -en) vijandigheid, vijandelijkheid
feinfühlig fijngevoelig
Feinheit *v* (~; -en) fijnheid; finesse
Feinkost *v* delicatessen
Feinschmecker *m* (-s; ~) fijnproever
feinsinnig fijn, fijngevoeld, -gevoelig
feist (Z-Duits; elders ongunstig) vet, zwaarlijvig, dik
feixen *zw* grijnzen, grinniken
Felchen ['fel-] *m* (-s; ~) visk meerzalm
Feld *o* (-(e)s; -er) veld; akker; veld, ruit (op schaak-, dambord); gebied; sp peloton, grote groep, veld; *das ist ein zu weites ~* dat voert te ver; *auf freiem ~* in de open lucht; *aus dem ~ schlagen* uit 't veld slaan; *Argumente ins ~ führen* argumenten aanvoeren, te berde brengen; *zu ~e ziehen* mil te velde trekken
feldein [felt-] het veld in
Feldhuhn *o* vogelk patrijs
Feldlazarett *o* mil veldhospitaal
Feldstecher *m* (-s; ~) veldkijker
Feldzug *m* veldtocht
Felge *v* (~; -n) velg; turnen zwaai
Fell *o* (-(e)s; -e) vel, huid; vlies; vacht; *jmdm. das ~ über die Ohren ziehen* iem. 't vel over de oren halen; *ein dickes ~ haben* gemeenz een dikke (harde) huid hebben
Fels *m* (-en; -en) rots; rotsgesteente
Felsen *m* (-s; ~) rots; rotsgesteente
felsenfest rotsvast, onwrikbaar
Felsenvorsprung *m* vooruitspringende rots
felsig rotsachtig, rotsig; vol rotsen
feminin vrouwelijk; verwijfd
Femininum *o* (-s; Feminina) vrouwelijk geslacht, woord
Feministin *v* (~; -nen) feministe
Fenchel *m* (-s; ~) plantk venkel
Fenn *o* (-s; -e) veen
Fenster *o* (-s; ~) venster, raam; *aus dem ~ sprechen* ⟨ook⟩ tevergeefs, zonder resultaat spreken; *weg vom ~ sein* niet meer meetellen
Fensterbank *v*, **Fensterbord** *o*, **Fensterbrett** *o* vensterbank
Fensterladen *m* vensterblind, -luik
Fensterleder *o* zeemleren lap
Fensterplatz *m* spoorw plaats aan 't raam
Fensterputzer *m* glazenwasser
Fensterrahmen *m* raamkozijn
Fensterscheibe vensterruit

Ferienwohnung *v* vakantiehuisje, bungalow (in een bungalowpark)
Ferkel *o* (-s; ~) dierk big; gemeenz smeerlap
Ferkelei *v* (~; -en) vuiligheid, smeerlapperij
ferkeln *zw* biggen werpen, biggen; morsen, vuil doen; vuilbekken
fern ver, verre, afgelegen; *~ der Stadt* scheepv ver van de stad; *es liegt mir ~* het ligt mij verre; *das sei ~ von mir* daaraan denk ik in 't geheel niet
fernab ver weg
Fernamt *o* telefoonkantoor voor intercommunale verbindingen
Fernbahnhof *m* station voor intercity-treinen in een grote stad
fernbleiben *st* wegblijven; *einer Sache ~* zich buiten een zaak houden
Ferne *v* (~; -n) verte, afstand, verschiet; *aus der ~* van verre; *in weiter ~* op grote afstand; in 't verre verschiet
ferner verder, voorts, vervolgens
fernerhin voortaan
Fernfahrer *m* vrachtwagenchauffeur voor lange afstanden
Ferngespräch *o* interlokaal telefoongesprek
ferngesteuert op afstand bestuurd
Fernglas *o* verrekijker
fernhalten, nieuwe spelling: **fern halten** (+ 3) *st* verre houden van; afweren
Fernlicht *o* auto groot licht
fernmündlich telefonisch
Fernost *m* het Verre Oosten
Fernrohr *o* verrekijker
Fernruf *m* telefoon; telefoon(nummer); interlokaal telefoontje
Fernschreiben *o* telexbericht
fernschriftlich per telex
Fernsehapparat *m* televisietoestel
fernsehen *st* naar de televisie kijken
Fernsehen *o* televisie
Fernseher *m* televisie(toestel)
Fernsehsendung *v* televisie-uitzending
Fernsehübertragung *v* televisie-uitzending
Fernsicht *v* vergezicht
fernsichtig vèrziend
Fernsprechapparat *m* telefoontoestel
Fernsprecher *m* telefoon
Fernsteuerung *v* draadloze besturing; afstandsbediening
Fernstudium *o* schriftelijk onderwijs
Fernverkehr *m* interlokaal, internationaal (telefoon)verkeer
Fernweh *o* verlangen naar verre landen
Fernzug *m* langeafstandstrein; internationale trein
Ferse *v* (~; -n) hiel, hak; *die ~n zeigen* zijn hielen lichten; *einen auf den ~n haben* achtervolgd worden; *einem (dicht) auf den ~n sein* iem. op de hielen zitten
Fersengeld *o*: *~ geben* de benen, de vlucht nemen
fertig gereed, klaar; rijp; bekwaam; vaardig; *ein ~er Anzug* een confectiepak; *~ mit den Nerven* gemeenz op van de zenu-

wen; ~ *sein* op zijn, uitgeput zijn; slang stomdronken zijn; *mit einem* ~ *werden* iem. klein krijgen; *mit etwas* ~ *werden* iets aankunnen; over iets heen komen; *mit dem Leben* ~ *sein* met het leven afgedaan hebben

fertigbringen, nieuwe spelling: **fertig bringen** *st* klaarspelen; over zijn hart krijgen

fertigen *zw* vervaardigen, produceren

Fertighaus *o* geprefabriceerd huis

Fertigkeit *v* (~; -en) vaardigheid, vlugheid, handigheid

fertigmachen, nieuwe spelling: **fertig machen** *zw* klaarmaken; slang afranselen; afsnauwen; *sich* ~ zich aankleden

Fertigprodukt *o* afgewerkt product

fertigstellen, nieuwe spelling: **fertig stellen** *zw* voltooien, gereedmaken

Fertigteil *o* geprefabriceerd onderdeel

Fertigungskosten *mv* productiekosten

Fertigungsplanung *v* productieplanning

Fertigungsstraße *v* productielijn

1 Fes *m* (~ & -ses; ~ & -se) fez

2 Fes *o* (~; ~) muz fes

fesch chic, vlot; Oostr aardig, lief; *ein* ~*es Hütchen* een leuk hoedje

Fessel *v* (~; -n) boei, kluister, keten; koot ⟨v. paardenbeen⟩; onderbeen; *weiße* ~ sokje ⟨v. paard⟩; *eine* ~ *am Bein* een blok aan 't been; *in* ~*n schlagen* in de boeien slaan

Fesselballon *m* kabelballon

fesseln *zw* boeien, kluisteren; vasthouden; *die Aufmerksamkeit* ~ de aandacht boeien; *ans Bett gefesselt* aan 't bed gekluisterd

fesselnd boeiend

fest vast, stijf, hard; sterk, standvastig, stevig; *eine* ~*e Stadt* vero een versterkte stad; ~ *bleiben* standvastig blijven

Fest *o* (-es; -e) feest; *es ist mir ein* ~ iron ik vind 't heerlijk

Festakt *m* feestelijke plechtigheid

festangestellt, nieuwe spelling: **fest angestellt** vast aangesteld

Festausschuß nieuwe spelling: **Festausschuss** *m* feestcommissie

Festessen *o* feestmaal, banket

festhalten *st*: *sich* ~ zich vasthouden; ~ *an* (+ 3) vasthouden aan, niet loslaten; *im Bild* ~ in een foto vastleggen

festigen *zw* consolideren, vast, sterk maken; *den Charakter* ~ het karakter stalen; *sich* ~ sterker worden

Festigkeit *v* (~) vastheid, sterkte, stevigheid; standvastigheid

Festigung *v* (~) versteviging, consolidatie, stabilisatie; staling, versterking

Festland *o* vasteland

festländisch vastelands, continentaal

festlegen *zw* vastleggen; *sich auf eine Sache* ~ zich tot iets verplichten

festlich feestelijk

Festlichkeit *v* (~; -en) feestelijkheid; fuif

festmachen *zw* vastmaken; gevangennemen; vastleggen; *ein Geschäft* ~ een zaak definitief afsluiten; scheepv aanleggen

Festmeter *o* kubieke meter ⟨v. hout⟩

festnageln *zw* vastspijkeren; vastleggen; aan de kaak stellen; ⟨iem.⟩ ophouden met een gesprek; *einen auf eine Äußerung* ~ iem. aan een bepaalde uitspraak houden; *wie festgenagelt dastehen* als aan de grond genageld staan

Festnahme *v* (~; -n) arrestatie

festnehmen *st* arresteren; *einen vorläufig* ~ iem. in voorlopige hechtenis nemen

Festschrift *v* gedenkboek, feestbundel

festsetzen *zw* vaststellen, bepalen; vastzetten; *sich* ~ vast gaan zitten, zich afzetten

Festsetzung *v* (~; -en) vaststelling, bepaling

Festspiel *o* feestelijke uitvoering; ~*e mv* festival

feststehen *onr* vaststaan

feststellen *zw* vaststellen, constateren; *jemands Personalien* ~ iems. identiteit vaststellen

Feststellung *v* (~; -en) vaststelling, constatering; *eine* ~ *machen* iets constateren

Festtag *m* feestdag

festtäglich op, van een feestdag; zondags

festumrissen, nieuwe spelling: **fest umrissen** vastomlijnd

Festung *v* (~; -en) vesting

festverzinslich handel met vaste rente

Festzug *m* feeststoet, (feestelijke) optocht

fett vet; voordelig; slang dronken; *das macht den Kohl auch nicht* ~ dat zet geen zoden aan de dijk

Fett *o* (-(e)s; -e) vet; *er hat sein* ~ *weg* hij heeft zijn portie te pakken; *im* ~ *sitzen* gemeenz 't goed hebben; *jmdm.* ~ *geben* iem. zijn vet geven

fetten *zw* met vet insmeren; vet afgeven

fettig vethoudend; vettig

Fettnäpfchen: *ins* ~ *treten* iem. op de tenen trappen, tegen 't zere been trappen

Fettpolster *o* vetlaag, speklaag

fetzen *zw* scheuren

Fetzen *m* (-s; ~) vod, lor; lap(je), papiersnipper; Oostr stofdoek; Oostr, gemeenz roes; *ein* ~ *Papier* een vodje papier; ~ *eines Gesprächs* flarden van een gesprek

fetzig jeugdtaal te gek, steengoed; ~*e Musik* swingende muziek

feucht vochtig; *ein* ~*er Abend* een avond waarop veel gedronken wordt; ~*e Stelle* vochtplek

Feuchte *v* (~) vochtigheid, vocht

feuchtfröhlich uitgelaten ⟨door alcohol⟩

Feuchtigkeit *v* (~) vochtigheid, vochtgehalte

feuchtkalt kil

feuchtwarm vochtig warm, zwoel

feudal [-'daal] feodaal; gemeenz oerchic, deftig, ~*e Rechte* feodale, heerlijke rechten

Feuer *o* (-s; ~) vuur; brand; ~! brand!; ~ *fangen* vlamvatten; *haben Sie 'mal* ~? hebt u een vuurtje?; ~ *und Flamme für etwas sein* voor iets in vuur en vlam staan; *am* ~ *sitzen* bij 't vuur zitten;

Feuer *unter* ~ *nehmen* onder vuur nemen; *zwischen zwei* ~ *geraten* tussen twee vuren raken; *mit* ~ *und Schwert* te vuur en

Feueranzünder 130

te zwaard; *jmdm.* ~ *unter dem Hintern machen* gemeenz iem. 't vuur aan de schenen leggen
Feueranzünder *m* gasaansteker (voor gasfornuis); vuurmaker
feuerbeständig vuurvast
Feuerbestattung *v* lijkverbranding, crematie
Feuereifer *m* grote ijver
Feuereinstellung *v* mil staakt-het-vuren
feuerfest vuurvast; gehard; onbrandbaar
feuergefährlich brandgevaarlijk
Feuerleiter *v* brandladder
Feuerlöscher *m*, **Feuerlöschgerät** *o* brandblusser, blusapparaat
Feuermelder *m* brandmelder
feuern *zw* vuren, schieten; vonken geven; stoken; gemeenz smijten, gooien; gemeenz ontslaan, eruitgooien; *einem eine* ~ gemeenz iem. een oorvijg geven
Feuerprobe *v* vuurproef
Feuersbrunst *v* grote brand
Feuerschiff *o* (-s; -e) lichtschip
Feuerschutz *m* mil vuurdekking
feuersicher vuurvast; brandvrij
Feuerspritze *v* brandspuit
Feuerstätte *v*, **Feuerstelle** *v* vuur-, stookplaats, haardstee; plaats van de brand
Feuerung *v* (~; -en) het stoken; brandstof; *die* ~ *löschen* de vuren doven
Feuerversicherung *v* brandverzekering
Feuerwaffe *v* vuurwapen
Feuerwehr *v* brandweer
Feuerwerk *o* vuurwerk
Feuerzeug *o* aansteker; vuurslag
feurig vurig, met vuur
Fez = ¹*Fes*
1 ff, FF *o* = *Effeff*
2 ff muz *fortissimo*; *aus dem* ~ tot in detail
Fiaker *m* (-s; ~) Oostr vigelante; huurrijtuig
Fiasko *o* (-s; -s) fiasco
Fibel *v* (~; -n) eerste leesboek; elementair leerboek
Fiber *v* (~; -n) (spier)vezel; fiber ⟨stof⟩
Fichte *v* (~; -n) plantk spar, fijne spar
fichten *bn* vurenhouten, vuren
Fichtenholz *o* vurenhout
Fick *m* (-s; -e) plat neukpartij
ficken *zw* plat neuken
fidel [-'deel] gemeenz fideel, jolig, opgeruimd
Fieber *o* (-s; ~) koorts; *hohes* ~ hoge (heftige) koorts
fieberfrei koortsvrij
fieberhaft koortsig; koortsachtig
fiebern *zw* koorts hebben, trillen
fiebersenkend koortsverdrijvend
Fieberthermometer *o* koortsthermometer
fieb(e)rig koortsig; koortsachtig
Fiedel *v* (~; -n) vero of schertsend jammerhout, viool
Fiedelbogen *m* muz strijkstok
fiedeln *zw* muz fiedelen, op de viool spelen
fieren *zw* scheepv vieren ⟨v. touw⟩
fies gemeen; walgelijk; afstotelijk
Figur *v* (~; -en) figuur ⟨v & o⟩; beeldje; schaakstuk; gedaante, gestalte, indruk; *eine gute* ~ *machen* een goed figuur maken; *eine traurige* ~ *abgeben* een treurig figuur slaan
figurieren *zw* figureren; als figurant optreden
figürlich figuurlijk, oneigenlijk
Fiktion *v* (~; -en) fictie, verdichtsel
Filet [fi'lé] *o* (-s; -s) filet, lendenstuk
Filiale *v* (~; -n), **Filialegeschäft** *o* filiaal
Filialleiter *m* filiaalchef
Film *m* (-s; -e) film
filmen *zw* voor de film opnemen, filmen; voor de film spelen
Filmfestspiele *mv* filmfestival
filmisch als film; film-, filmisch
Filmriß, nieuwe spelling: **Filmriss** *m*: *einen* ~ *haben* gemeenz een blackout hebben
Filmstar *m* filmster
Filmvorführung *v* filmvertoning
Filmzensur *v* filmcensuur, filmkeuring
Filter *m* & *o* (-s; ~) filter
filtern *zw* filtreren
Filz *m* (-es; -e) vilt; vilthoed; dichte verwarde haar- of vezelmassa; bierviltje
filzen *zw* doorzoeken, fouilleren
filzig viltachtig
Fimmel *m* (-s; ~) tic
Finale *o* (-s; -s) muz slotdeel; sp finale
Finanzamt *o* belastingdienst
Finanzen *mv* geldmiddelen, financiën
finanziell financieel
finanzieren *zw* financieren
Finanzmann *m* financier
Finanzverwaltung *v* financiële administratie
finassieren *zw* listen gebruiken
Findelkind *o* vondeling
finden *st* (fand; gefunden) vinden; *reißenden Absatz* ~ vlug van de hand gaan; *jeder Topf findet seinen Deckel* er is geen pot zo scheef, of er past een deksel op; *kein Echo, keinen Widerhall* ~ geen weerklank vinden; *Gefallen* ~ *an* (+ 3) behagen in iets scheppen; *Gehör* ~ gehoor krijgen, vinden; *ein Haar in der Suppe* ~ fig iets aan te merken hebben; *jeder findet seinen Meister* er is altijd baas boven baas; *Mittel und Wege* ~ raad weten; *ein geneigtes Ohr* ~ een welwillend gehoor vinden; *auf etwas keinen Reim* ~ ergens geen chocola van kunnen maken; *keinen Schlaf* ~ de slaap niet kunnen vatten; *zu einem* ~ de weg tot iem. vinden; *sich* ~ elkaar vinden; *sich in etwas* ~ in iets berusten, zich in iets schikken; *das wird sich* ~ dat zal wel in orde komen, wel loslopen; *zu sich* ~ tot zichzelf komen
Finderlohn *m* vindersloon
findig vindingrijk, snugger, schrander
Findling *m* (-s; -e) vondeling(e); zwerfsteen
Finger *m* (-s; ~) vinger; *kleiner* ~ pink; *lange* ~ *haben* lange vingers hebben; *die* ~ *von etwas lassen* erafblijven; *einem eins auf die* ~ *geben* iem. op de vingers tikken; *einem auf die* ~ *sehen* iem. op de vingers kijken; *die* ~ *auf etwas legen* op een misstand wijzen, de vinger op iets leggen
Fingerabdruck *m* (-s; -drücke) vingerafdruk

fingerfertig vingervlug
Fingerhut *m* vingerhoed; *roter ~ plantk* vingerhoedskruid, digitalis; *das geht in einen ~ gemeenz* dat is bijna niets
fingern *zw* opvissen; *~ an (+ 3)* bevingeren, betasten; *plat* vingeren
Fingerspitze *v* vingertop
Fingerspitzengefühl o bijzondere intuïtie, fingerspitzengefühl
Fingerzeig *m* vingerwijzing
fingieren *zw* fingeren, verzinnen; *handel der fingierte Gewinn* de imaginaire winst
Fink *m* (-en; -en) *vogelk* vink
1 Finne *m* (~; -n) Fin
2 Finne *v* (~; -n) vin; spitse kant van een hamer
finnisch Fins
Finnland o (-s) Finland
finster duister, donker; somber; obscuur; *ein ~es Lokal* een beruchte kroeg; *im Finstern* in de duisternis
Finsterling *m* (-s; -e) duisterling, obscurant
Finsternis *v* (~; -se) duisternis
Finte *v* (~; -n) list, truc, foefje; verdichtsel; schijnstoot (bij schermen)
Firlefanz *m* (-es; -e) malligheid, gekheid; snuisterij; kwibus
firm ferm, flink; vast, zeker
Firma *v* (~; -men) firma
firmen *zw* RK het vormsel toedienen
Firmeninhaber *m* firmant
firmieren *zw handel* als firmanaam hebben; ondertekenen met firmanaam; *~ als* (ook) gelden voor
Firmling *m* (-s; -e) RK vormeling
Firmung *v* (~; -en) RK vormsel
Firn *m* (-s; -e) eeuwige sneeuw; sneeuw v.h. vorige jaar; sneeuwveld
Firnis *m* (-ses; -se) vernis; *fig* vernisje
firnissen *zw* vernissen
Firnschnee *m* eeuwige sneeuw
First *m* (-es; -e) vorst, nok (v. dak); bergkam
Fis o (~; ~) *muz* fis
Fisch *m* (-es; -e) vis; *typ* verkeerde letter; *weder ~ noch Fleisch* vlees noch vis; *ein dikker ~ gemeenz* een zware jongen; *kleine ~e gemeenz* onbelangrijke dingen
Fischdampfer *m* stoomtrawler
fischen *zw* vissen; *im Trüben ~ fig* in troebel water vissen
Fischer *m* (-s; ~) visser
Fischerei *v* visserij
Fischfang *m* visvangst
Fischmilch *v* hom
Fischreiher *m vogelk* blauwe reiger
Fischreuse *v* fuik
Fischstäbchen o visstick
Fischzucht *v* visteelt
Fisimatenten *mv. keine ~!* geen smoesjes!
fiskalisch fiscaal
Fistel *v* (~; -n), **Fistelgeschwür** o fistel
fisteln *zw* met kopstem spreken
Fistelstimme *v* kop-, falsetstem
Fittich *m* (-s; -e) vleugel, wiek; *jmdn. unter seine ~e nehmen* iemand onder zijn hoede nemen
fix fiks, flink; vlug, handig, kwiek; vast, vaststaand; *mach' ~!* schiet op!; *~ und fertig kant en klaar* ⟨ding⟩; helemaal op ⟨persoon⟩; *ein ~es Gehalt* vast salaris; *eine ~e Idee* een idee-fixe; *ein ~er Kerl* een kwieke kerel; *~e Kosten handel* vaste kosten; *Kauf auf ~e Lieferung handel* koop op termijn
Fixer *m* (-s; ~) iem. die à la baisse speculeert; junk
Fixgeschäft o *handel* termijnaffaire (op beurs)
fixieren *zw fotogr* fixeren; vaststellen; vastleggen; strak aankijken, aanstaren, fixeren
Fixstern *m* vaste ster
Fixum o (-s; -xa) vast bedrag; vast salaris
FKK = *Freikörperkultur* nudisme
FKK-strand *m* naaktstrand
flach vlak; effen, plat ⟨ook bord⟩; laag ⟨oever⟩; ondiep ⟨water⟩; oppervlakkig ⟨mens⟩; *auf dem ~en Lande* op 't platteland; *~ fallen* niet doorgaan
Fläche *v* (~; -n) vlak, (opper)vlakte; palm ⟨v. de hand⟩; plat
Flachheit *v* vlakheid, platheid; onbeduidend-, oppervlakkigheid
flächig vlak
Flachland o vlak land
Flachs *m* (-s) *plantk* vlas; *gemeenz* onzin
flachsen *zw* opscheppen; grapjes maken; onzin praten
flacken *plechtig* **flackern** *zw* flakkeren, flikkeren, opvlammen
Fladen *m* (-s; ~) Z-Duits, Zwits vlaai ⟨gebak⟩; koeiendrek, -vlaai
Flagge *v* (~; -n) *scheepv* vlag; *die ~ setzen scheepv* de vlag hijsen
flaggen *zw scheepv* vlaggen, de vlag uitsteken; *Vollmast ~* de vlag in top hebben
Flaggschiff o vlaggenschip
Flak *v* (~) (als afk. v. *Flugzeugabwehrkanone*) (stuk) luchtdoelgeschut
Flame *m* (-n; -n) Vlaming
flämisch Vlaams
Flamme *v* (~; -n) vlam ⟨ook fig⟩; *in ~n stehen* in vlam staan
flammen *zw* vlammen; branden ⟨ook fig⟩
Flammenmeer o vlammenzee
Flandern o (-s) Vlaanderen
flandrisch Vlaams
Flanell *m* flanel
Flanke *v* (~; -n) flank, zijde; *voetbal* voorzet; *turnen* flanksprong
flanken *zw turnen* een flanksprong doen; *voetbal* voorzetten
flankieren *zw* flankeren
Flappe *v* (~; -n) hanglip; *gemeenz* smoel, facie
Flaps *m* (-es; -e) lummel, vlegel
flapsig lomp
Flasche *v* (~; -n) fles; takelblok; *gemeenz* sukkel; *auf ~n füllen, ziehen* bottelen
Flaschenhals *m* flessenhals
Flaschenzug *m* katrol, takel
flatterhaft onzeker, onbestendig; lichtzinnig, wispelturig
flatterig wuft, wispelturig; onrustig ⟨pols⟩
flattern *zw* fladderen, zweven, wapperen; ongeregeld slaan ⟨v. hart⟩; onbestendig zijn; trillen
flau flauw, zwak, slap, mat; windstil; ver-

Flaue schaald; *das Geschäft ist* ~ de zaken gaan slecht; *mir ist* ~ ik ben flauw v.d. honger

Flaue, Flauheit v (~) handel slapte in zaken, flauwe stemming

Flaum m (-s; -e) dons, donshaar; lichte baardgroei

Flaumacher m (-s; ~) defaitist; (aan de beurs) baissier

Flaus(ch) m (-s; -e) duffel (stof), duffelse jas

flauschig wollig, zacht

Flausen mv onzin, flauwekul; ~ *machen* praatjes verkopen; *er hat nur* ~ *im Kopf* hij zit vol met gekke ideeën

Flaute v (~; -n) scheepv windstilte; handel flauwe stemming

Fläz m (-es; -e) vlegel, vlerk

fläzen zw: *sich* ~ ongegeneerd liggen, rondhangen

Flechse v (~; -n) pees

Flechte v (~; -n) vlecht, haarvlecht; plantk korstmos; med chronische huiduitslag

flechten (flocht; geflochten) vlechten

Fleck m (-(e)s; -e) plaats, plek; vlek; lap, stuk; schort; achterlap (v. schoen); *auf dem rechten* ~ op de juiste plaats; *vom* ~ *weg* op staande voet; *nicht vom* ~ *kommen* niet opschieten

Flecken m (-s; ~) plek, vlek (ook: groot dorp), gehucht

flecken zw (be)vlekken; lappen

Fleckfieber o med vlektyfus

fleckig vlekkerig, gevlekt; morsig

fleddern zw slang beroven ⟨v. lijken⟩

Fledermaus v dierk vleermuis

Flegel m (-s; ~) dorsvlegel; vlegel, lomperd

Flegelei v (~; -en) vlegelachtigheid

flegelhaft lomp, onbeschoft, vlegelachtig

flegeln zw: *sich* ~ lomp gaan zitten

flehen zw smeken, bidden; *um etwas* ~ om iets smeken

flehentlich smekend, dringend

Fleisch o (-es) vlees; *sein eigen* ~ *und Blut* zijn eigen vlees en bloed; *vom* ~ *fallen* mager worden

Fleischbrühe v vleesnat, bouillon

Fleischer m (-s; ~) slager, vleeshouwer

Fleischerei v (~; -en) vleeshouwerij; slagerij

Fleischeslust v zinnelijke lust

fleischig vlezig

fleischlich zinnelijk

Fleischwolf m vleesmolen

Fleiß m (-es) vlijt, ijver; *mit* ~ (ook) met opzet; *ohne* ~ *kein Preis* zonder vlijt bereikt men niets

fleißig vlijtig, ijverig

flektieren zw gramm verbuigen, vervoegen

flennen zw huilen, drenzen ⟨v. kind⟩

fletschen zw: *die Zähne* ~ de tanden laten zien

flexibel flexibel, buigzaam; gramm verbuig-, vervoegbaar

Flexion v (~; -en) gramm verbuiging, vervoeging

Flickarbeit v reparatie-, verstelwerk

flicken zw lappen, repareren, verstellen; *Reifen* ~ banden plakken; *einem etwas am Zeuge* ~ iemand een loer draaien

Flicken m (-s; ~) lap

Flickwerk o lapwerk; knoeiwerk

Flickwort o stopwoord

Flickzeug o naaigereedschap; voor reparaties benodigd materiaal

Flieder m (-s) plantk sering; reg ook vlier; *spanischer* ~ sering

Fliege v (~; -n) dierk vlieg; snorretje; vlinderdas; ~*n fangen* nutteloos werk doen; *zwei* ~*n mit einer Klappe* twee vliegen in één klap

fliegen zw I *onoverg* vliegen; eruit vliegen, ontslagen worden; onrustig gaan, snel gaan ⟨v. pols, hartslag⟩; *daß die Fetzen n* ~ dat de stukken eraf vliegen; *es fliegen Späne gemeenz* er is ruzie, er wordt geknokt; *auf einen* ~ op iem. vallen; *ihr Puls fliegt* haar pols gaat heel snel; II *overg* vliegen, een vliegtuig besturen; per vliegtuig afleggen; per vliegtuig transporteren

Fliegenklappe v, **Fliegenklatsche** v vliegenklap, -mepper

Fliegenpilz m plantk vliegezwam

Flieger m (-s; ~) vlieger ⟨ook zeil⟩; sprinter, wielrenner ⟨op korte baan⟩; *Rijnlands* roeiboot

Fliegeralarm m luchtalarm

Fliegerangriff m luchtaanval

fliehen st (floh; geflohen) vluchten, mijden, schuwen; *eine* ~*de Stirn* een naar achteren gebogen voorhoofd

Fliehkraft v middelpuntvliedende kracht

Fliese v (~; -n) tegel ⟨v. muur, wand⟩, plavuis

fliesen zw tegels leggen, zetten

Fließband o lopende band

fließen st (floß; geflossen) stromen, vloeien

fließend vloeiend; ~*e Grenzen* vloeiende grenzen; ~*e Währung* zwevende valuta; ~*es Wasser* stromend water

Fließpapier o vloeipapier

Flimmer m (-s; ~) glans, flikkering; lovertje, schilfertje; geol glimmer

Flimmerkasten m, **Flimmerkiste** v gemeenz kijkkast, televisie

flimmern zw glinsteren, schitteren; *es flimmert mir vor den Augen* het schemert me voor de ogen

flink vlug, behendig, rap; ~ *wie ein Wiesel* vlug als water; ~ *zu Fuß* vlug ter been

Flinkheit v (~; -en) vlugheid, rapheid

Flinte v (~; -n) geweer, jachtbuks; vuursteen; *die* ~ *ins Korn werfen* het bijltje erbij neergooien

flirren zw flikkeren; trillen

Flittchen o (-s; ~) gemeenz snol

Flitter m (-s; ~) lovertje; opschik

Flittergold o klatergoud

Flitterkram m snuisterijen, prullenboel, opschik

flittern zw gemeenz op de huwelijksreis zijn

Flitterwochen mv wittebroodsweken

Flitzbogen m pijl en boog ⟨kinderspeelgoed⟩

flitzen zw flitsen, schieten, vliegen

Flitzer m (-s; ~) snelle kleine auto

Flocke v (~; -n) vlok
flockig vlokachtig; vlokkig
Floh m (-es; Flöhe) dierk vlo; *Flöhe* slang geld; *einem einen ~ ins Ohr setzen* gemeenz iems. achterdocht opwekken, iem. onrustig maken
flöhen zw vlooien; gemeenz plukken
Flor m (-s; -e) floers; bloei; rouwband; *im ~ sein* in bloei zijn, bloeien; *in vollem ~e* in volle fleur
Florenz o Florence
Florett o (-(e)s; -e) floret
florieren zw floreren, bloeien
Florist m (-en; -en) bloemist; plantenkenner
Floskel v (~; -n) frase
Floß [floos] o (-es; Flöße) vlot
Flosse v (~; -n) vin; zwemvlies; gemeenz poot
flößen zw vlotten ⟨v. hout⟩; laten drijven; met een drijfnet vissen
Flöte v (~; -n) muz fluit; fluitglas
flöten zw muz op de fluit spelen; kwelen; ⟨ook: muz N-Duits⟩ fluiten; *~ gegangen sein* kwijt zijn
flötengehen, nieuwe spelling: **flöten gehen** st gemeenz verloren gaan
Flötenton m fluittoon
flott vlot, vrij; vlug; chic; kranig; losjes, jolig; *ein ~es Kleid* een vlotte jurk; *mach' ein bißchen ~!* gemeenz schiet een beetje op!; *wieder ~ sein* scheepv weer vlot zijn
Flotte v (~; -n) vloot
Flottenverband m vlootformatie
Flöz [fleuts] o (-es; -e) laag, bedding ⟨v. erts, steenkool⟩
Fluch m (-(e)s; Flüche) vloek; vervloeking
fluchen zw vloeken; *~, daß die Wände wackeln, wie ein Landsknecht* vloeken als een ketter
Flucht v (~; -en) vlucht; zwerm; rooilijn; slagpen; sprong ⟨v. wild⟩; rij ⟨vensters, kamers⟩; *die ~ ergreifen* op de vlucht slaan; *jmdn. in die ~ schlagen* iem. op de vlucht jagen; *die ~ nach vorn antreten* de aanval kiezen, zich niet in de verdediging laten drukken; *die Räder stehen in richtiger ~* de wielen sporen goed
fluchtartig overhaast; vluchtend
flüchten zw redden, bergen, vluchten; *sich ~ vluchten*, zich in veiligheid brengen
flüchtig vluchtend, voortvluchtig; vluchtig, onbestendig, vergankelijk; *~ werden* ervandoor gaan, vluchten
Flüchtigkeit v (~; -en) vluchtigheid; overhaasting; onbestendigheid
Flüchtling m (-s; -e) vluchteling(e)
Fluchtlinie [-ni-e] v rooilijn, richtingslijn
Fluchtversuch m vluchtpoging
Flug m (-(e)s; Flüge) vlucht, vliegtocht; zwerm ⟨vogels⟩; *wie im ~* vliegensvlug
Flugbahn v kogelbaan
Flugblatt o vlugschrift, pamflet, strooibiljet
Flügel m (-s; ~) vleugel; wiek, roede ⟨v. molen⟩; spatbord; muz vleugel; *~ schlagen* klapwieken
flügellahm vleugellam
Flügelmutter v techn vleugelmoer
Flügelstürmer m sp vleugelspeler

Fluggast m luchtv passagier, luchtreiziger
flügge in staat om uit te vliegen; fig rijp, zelfstandig; *~ werden* uitvliegen
Fluggesellschaft v luchtvaartmaatschappij
Flughafen m luchthaven, vliegveld
Fluglinie [-li-ni-e] v kogelbaan; lucht(verkeers)lijn
Flugplan m luchtdienstregeling
Flugplatz m vliegveld
flugs fluks, dadelijk
Flugsand m stuifzand
Flugschein m luchtv vliegbiljet, passagebiljet
Flugschrift v vlugschrift
Flugsicherung(sdienst) v(m) vliegveiligheidsdienst
Flugstunde v vlieguur; uur vliegens
Flugverkehr m luchtverkeer
Flugwesen o het vliegen, vliegerij
Flugzeug o vliegtuig
Flugzeugführer m luchtv gezagvoerder, piloot
Flugzeughalle v hangar, vliegtuigloods
Flugzeugträger m vliegdekschip
Fluidum o fluïdum
fluktuieren zw schommelen, fluctueren
Flunder v (~; -n), m (-s; ~) visk bot
Flunkerei v (~; -en) opschepperij, grootspraak
Flunkerer m (-s; ~) opschepper, pocher
flunkern zw opscheppen, pochen, grootspreken
Flunsch m (-es; -e) gemeenz ontevreden gezicht
Fluor o fluor
1 Flur m (-s; -e) vestibule, hal; gang
2 Flur v (~; -en) veld, land, beemd
Flurbereinigung v ruilverkaveling
Flurbuch o kadaster
Fluß, nieuwe spelling: **Fluss** m (Flusses; Flüsse) rivier; gang; vloeiing, het vloeien; *der ~ der Erzählung* de gang van het verhaal; *~ der Rede* woordenvloed; *das Gespräch in ~ bringen* het gesprek op gang brengen; *in ~ kommen* vloeibaar worden; fig op gang komen
Flußbett, nieuwe spelling: **Flussbett** o rivierbedding
flüssig vloeibaar, vloeiend, vlot; soepel; handel liquide; *~er Brennstoff* vloeibare brandstof; *~es Geld* baargeld, vlottende middelen; *ein ~er Geldmarkt* een ruime geldmarkt; *~ sein* over geld beschikken; *~ Deutsch reden* vloeiend Duits spreken; *~ geschrieben* vlotgeschreven; *~ werden* smelten, vloeibaar worden
Flüssiggas o vloeibaar gas
Flüssigkeit v (~; -en) vloeistof; vloeibaarheid; vlotheid ⟨bij 't spreken⟩; handel liquiditeit
Flußpferd, nieuwe spelling: **Flusspferd** o dierk nijlpaard
flüstern zw fluisteren; ritselen; *einem was ~* gemeenz iem. duidelijk zijn mening zeggen
Flut v (~; -en) vloed; watermassa; *die ~en de baren*, golven, wateren; *eine ~ von Licht* een zee van licht

fluten zw stromen, wassen, rijzen; *einen Tank ~* een tank vol water laten lopen
Flutkatastrophe v overstromingsramp
Flutlicht o floodlight
flutschen zw reg goed verlopen; glippen
Flutwelle v vloedgolf
Fock v (~; -en), **Focke** v (~; -n) scheepv fok, fokzeil
Föderation v (~; -en) federatie
fohlen zw een veulen werpen
Fohlen o (-s; ~) dierk veulen
Föhn m (-(e)s; -e) föhn
Föhre v (~; -n) plantk, Z-Duits, Oostr grove den
Fokus m (~; ~) brandpunt; fig haard
Folge v (~; -n) gevolg, uitwerking; serie, reeks; *~ leisten* gevolg geven; *zur ~ haben* ten gevolge hebben
folgen zw volgen, op-, navolgen; *wie folgt* als volgt; *er hat gefolgt* hij heeft gehoorzaamd; *er ist mir gefolgt* hij is mij gevolgd; *ein Schaf folgt dem andern* als er één schaap over de dam is, volgen er meer; *dem Worte (den Worten) die Tat ~ lassen* de daad bij 't woord voegen
folgend volgend; *der Folgende* wie volgt; *folgendes* het volgende
folgern zw een gevolgtrekking maken, op-, maken, concluderen
Folgerung v (~; -en) gevolgtrekking; *~en ziehen* conclusies trekken
Folgezeit v volgende tijd, toekomst; *in der ~* daarna, in 't vervolg
folglich dus, bijgevolg
folgsam volgzaam, gezeglijk, gedwee
Foliant m (-en; -en) foliant
Folie ['fo-li-e] v (~; -n) foelie (v. spiegel); achtergrond; folie; *als (zur) ~ dienen, eine gute ~ abgeben* reliëf geven, als voorwendsel of achtergrond dienen
Folter v (~; -n) pijnbank; foltering, marteling; *einen auf die ~ spannen* iem. op de pijnbank leggen; fig iems. nieuwsgierigheid lange tijd niet bevredigen
foltern zw pijnigen, folteren
Folterqual v folterpijn
Fön, nieuwe spelling: **Föhn** m (-(e)s; -e) föhn, haardroger
Fond [fõ] m (-s; -s) achtergrond; auto de achterzitplaatsen
Fonds [fõ] m (~; ~) fonds; *öffentliche ~* openbare fondsen
fönen, nieuwe spelling: **föhnen** zw met de föhn drogen
Fontäne v (~; -n) fontein
foppen zw foppen
forcieren zw forceren, (af)dwingen
Förde v (~; -n) Nederd (smalle lange) inham
Förderband o transportband
Förderer m (-s; ~) bevorderaar, begunstiger
förderlich bevorderlijk, nuttig; behulpzaam; voordelig; *das ist der Gesundheit (3) nicht ~* dat is niet goed voor de gezondheid
fordern zw vorderen, eisen; vragen; *einen ~* iem. uitdagen ⟨tot duel⟩; *vor Gericht ~* voor de rechtbank dagen; *in die Schranken ~* uitdagen

fördern zw bevorderen, ondersteunen; vooruithelpen; delven; vervoeren; *zutage ~* mijnbouw delven; fig aan het licht brengen
Förderturm m mijnbouw schachttoren
Forderung v (~; -en) eis, vordering; uitdaging; *bevorrechtigte ~* recht preferente vordering; *eine ~ an einen stellen* iem. een eis stellen
Förderung v (~; -en) steun, bevordering, begunstiging; mijnbouw productie; transport
Förderungsgebiet o ontwikkelings-, stimuleringsgebied
Före v geschiktheid om te skiën ⟨v. sneeuw⟩
Forelle v (~; -n) visk forel
Forke v (~; -n) vork, hooivork
Form v (~; -en) vorm; *die ~ wahren* zich aan de vorm houden; *in ~ (+ 2)* in de vorm van; *ganz groß in ~ (in blendender, großer ~) sein* uitstekend in vorm zijn, in topvorm zijn
formal [-'maal] formeel
Formalismus m (~; -men) formalisme
Formalität v (~; -en) formaliteit
Format o (-s; -e) formaat; *ein Schauspieler von ~* een toneelspeler van betekenis, van formaat
Formation v (~; -en) formatie ⟨ook: mil, geol⟩
Formblatt o formulier, model
Formel ['for-mel] v (~; -n) formule; *eine dichterische ~* een vaste poëtische vorm; *etwas auf eine einfache ~ bringen* iets kort formuleren
formelhaft met veel formaliteiten; traditioneel; *ein ~er Ausdruck* een staande uitdrukking
formell vormelijk, naar de vorm; formeel
formen zw vormen, vorm geven (aan), modelleren
Formenlehre v gramm vormleer, morfologie
Formfehler m vormfout, fout tegen de vorm
formgerecht in de goede vorm
Formgestaltung v vormgeving
formgewandt in keurige vorm; goed gesteld
formieren zw formeren
förmlich in de vorm, vormelijk; formeel; regelrecht; *~ unmöglich* gewoonweg onmogelijk
Förmlichkeit v (~; -en) plichtpleging, formaliteit, vormelijkheid
formlos vormeloos; ongemanierd; ongedwongen
formschön mooi van vorm
Formular o (-s; -e) formulier, voorschrift
formulieren zw formuleren
Formung v (~; -en) het vormen; vormgeving
forsch fors, krachtig; kranig, vlot; *~ anpacken* fors aanpakken
forschen zw vorsen, speuren, (wetenschappelijk) onderzoeken
Forscher m (-s; ~) onderzoeker

Forschung *v* (~; -en) navorsing, (wetenschappelijk) onderzoek, research; speurwerk; *die neuere* ~ de onderzoekingen van de laatste tijd, recent (wetenschappelijk) onderzoek
Forst *m* (-es; -e(n)) (economisch geëxploiteerd) bos, woud
forsten *zw* als bos exploiteren
Förster *m* (-s; ~) houtvester, boswachter
Försterei *v* (~; -en) houtvesterswoning; bureau v.d. houtvester
Forstverwaltung *v* bosbeheer
Forstwirtschaft *v* bosbedrijf
fort voort, heen, weg; *und so* ~ en zo voort; ~ *mit Ihnen!* maak dat je wegkomt, scheer je weg!; *in einem* ~ aan één stuk door
fortab, **fortan** voortaan, in 't vervolg
fortbegeben *st: sich* ~ weggaan, vertrekken
Fortbestand *m* het voortbestaan
fortbestehen *st* voortbestaan, blijven bestaan
fortbewegen *zw* voortbewegen; *sich* ~ verdergaan
fortbilden *zw* verder ontwikkelen, verder beschaven
Fortbildung *v* voortzetting; verdere ontwikkeling; nascholing
fortbleiben *st* wegblijven
fortbringen *onr* wegbrengen; voorthelpen; *sich* ~ *gemeenz* zijn brood verdienen; zich door 't leven slaan
Fortdauer *v* 't voortduren
fortdauern *zw* voortduren, aanhouden
fortfahren *zw* wegrijden, -varen; door-, voortgaan
Fortfall *m* het wegvallen, ophouden
fortfallen *st* ophouden (te bestaan), vervallen, wegvallen
fortführen *zw* wegvoeren; voortzetten
Fortgang *m* het weggaan; voortgang, loop, voortduring; *bei seinem* ~ toen hij wegging; ~ *nehmen* vooruitgaan; doorgaan
fortgehen *st* weg-, heengaan, *fig* voortgaan, voortgezet worden; aanhouden
fortgeschritten *bn* in gevorderde staat; geavanceerd; *in ~em Alter* op gevorderde leeftijd; *ein ~er Schüler* een gevorderde leerling; *~e Ideen haben* vooruitstrevende ideeën hebben; *ein Sprachkurs für Fortgeschrittene* een taalcursus voor gevorderden
fortgesetzt aanhoudend, voortdurend
forthelfen *st* verder helpen; *sich* ~ zich weten te helpen; zich vooruitbewegen
forthin voortaan
fortkommen *st* wegkomen, ontkomen; vooruitkomen, slagen; ⟨v. plant⟩ gedijen
Fortkommen *o* het vooruitkomen; het wegraken; *sein* ~ *finden* vooruitkomen in de wereld; zijn brood verdienen
fortlassen *st* weglaten; laten gaan
fortmachen *zw: sich* ~ zich wegpakken, maken, dat men weg komt
fortmüssen *onr* wegmoeten, verder moeten
fortnehmen *st* wegnemen
fortpacken *zw* wegpakken; *sich* ~ ge-meenz zich wegpakken, zich wegscheren
fortpflanzen *zw* voortplanten
forträumen *zw* wegruimen
fortreißen *st* meeslepen, -sleuren
fortrücken *zw* wegschuiven; weggaan
Fortsatz *m* verlengsel, aangroeisel, uitsteeksel
fortschaffen *zw* wegdoen, -brengen
fortscheren *zw: sich* ~ zich wegscheren
fortscheuchen *zw* weg-, verjagen
fortschicken *zw* wegsturen
fortschleichen *st: sich* ~ wegsluipen
fortschleppen *zw* voort-, wegslepen
fortschreiten *st* voortgaan, -schrijden; vorderingen maken
Fortschritt *m* vordering, voort-, vooruitgang
fortschrittlich vooruitstrevend; modern
fortschwemmen *zw* wegspoelen
fortsehnen *zw: sich* ~ ernaar snakken, weg te komen; wegverlangen
fortsetzen *zw* voortzetten, vervolgen
Fortsetzung *v* vervolg, voortzetting; ~ *folgt* wordt vervolgd
fortstehlen *st: sich* ~ wegsluipen, ervandoorgaan
forttragen *st* wegdragen
forttreiben *st* voortdrijven, wegdrijven; *fig* doorgaan met
fortwährend voortdurend, onophoudelijk
fortwälzen *zw* voort-, wentelen, -rollen
fortwerfen *st* wegwerpen, -gooien
fortziehen *st* voort-, wegtrekken; verhuizen, wegtrekken
Forum *o* (-s; Foren & Fora) forum, symposion, panel
Fossil *o* (-s; -ien) fossiel, verstening
Foto *o*, *Zwits v* (-s; -s) foto
Fotoapparat *m* fototoestel
fotogen [-'geen] fotogeniek
Fotografie *v* (~; -n) foto(grafie)
fotografieren *zw* fotograferen; *mit Blitzlicht* ~ flitsen
Fotze(n) *v plat* kut; hoer; rotwijf; *Oostr* mond, bek
Foul *o* (-s; -s) *sp* overtreding
Fracht *v* (~; -en) vracht; lading
Frachtbrief *m* vrachtbrief
Frachter *m* (-s; ~) *scheepv* vrachtboot
Frachtschein *m* vrachtbrief
Frack *m* (-s; -s & Fräcke) rok ⟨v. heren⟩
Frage *v* (~; -n) vraag; kwestie, vraagstuk, probleem; *das ist die* ~ dat is de vraag; *das ist gar keine* ~ dat spreekt vanzelf; *eine* ~ *der Zeit* een kwestie van tijd; *das ist keine* ~, *das steht außer* ~ dat is vast en zeker; *in* ~ *kommen* in aanmerking komen; *das kommt nicht in* ~! daar is geen kwestie van!, daar komt niets van in!; *das steht in* ~ dat is de vraag; het staat nog te bezien; *alles wird dadurch in* ~ *gestellt* alles komt daardoor op losse schroeven te staan; *ohne* ~ zonder twijfel
Fragebogen *m* vragenlijst
fragen *zw* vragen; *einen um Erlaubnis, Rat* ~ iem. om toestemming, raad vragen; *einem Löcher in den Bauch* ~ iem. 't hemd

van 't lijf vragen; *einen nach dem Weg ~ iem.* naar de weg vragen; *ich frage mich, ob... ik* vraag mij af, of...; *es fragt sich* het is de vraag; *du bist nicht gefragt* houd je mond; *dieser Artikel ist stark gefragt* er is veel vraag naar dit artikel

Fragerei *v* (~; -en) gevraag
Fragesatz *m* vragende zin
Fragestellung *v* de inkleding van de vraag, probleemstelling
Fragestunde *v* pol vraaguurtje
Fragezeichen *o* vraagteken; *wie ein ~ dastehen* gemeenz met een kromme rug staan
fraglich twijfelachtig; *es ist ~* het is de vraag; *das ~e Buch* het bewuste, bedoelde boek
fraglos zonder twijfel
fragwürdig twijfelachtig, bedenkelijk, onzeker, kwestieus, problematiek, dubieus
Fraktion *v* (~; -en) fractie, breuk, deel v.e. geheel; pol fractie
Fraktur *v* (~; -en) med breuk; typ fractuurschrift, gotisch schrift; *mit jmdm. ~ reden* iem. vierkant de waarheid zeggen
Frakturschrift *v* (~; -en) fractuurschrift, gotisch schrift
frank vrij; *~ und frei* frank en vrij, open en eerlijk
Frankatur *v* (~; -en) frankering
Franke *m* (-n; -n) Frank ⟨lid v. de Frankische stam; bewoner van Frankenland⟩
Franken *m* (-s; ~) Zwits frank ⟨munt⟩
Frankfurt *o* Frankfort; *~ am Main (a. M.), ~ an der Oder (a. O.)* Frankfort aan de Main, Frankfort aan de Oder
Frankfurter *v* (~; ~) Frankforter worstje
frankieren *zw* frankeren
fränkisch Frankisch
franko franco, vrachtvrij
Frankreich *o* (-s) Frankrijk
Franse *v* (~; -n) rafel; *~n* (ook) franje
fransen *zw* van franje voorzien; uitrafelen
fransig met franje, uitgerafeld; *sich den Mund ~ reden* zich de blaren op de mond praten, tevergeefs praten
Franziskaner *m* (-s; ~) franciscaan
Franzmann *m* gemeenz Fransoos, Fransman
Franzose *m* (-n; -n) Fransman; techn Franse sleutel; dierk kakkerlak
Französin *v* (~; -nen) Française
französisch Frans; *auf ~* in het Frans; *sich ~ empfehlen* er stilletjes tussenuit knijpen
frappieren *zw* frapperen ⟨ook van drank⟩; *~d* frappant
Fräse *v* (~; -n) techn frees; grondboormachine
fräsen *zw* techn frezen
Fräser *m* (-s; ~) techn freesboor; frezer
Fraß *m* (-es; -e) het vreten, voer; ⟨slecht⟩ eten; aanvreting ⟨door insecten enz.⟩; *den Geiern zum ~* tot prooi voor de gieren
fraternisieren *zw* zich verbroederen
Fratz *m* (-es; -e & -en) rakker, nest, blaag; kwibus; *ein süßer ~* een lief snoetje
Fratze *v* (~; -n) frats, grimas, karikatuur; tronie, smoel; dwaze inval; *~n schneiden*

lelijke gezichten trekken
fratzenhaft verwrongen, verdraaid
Frau *v* (~; -en) vrouw; mevrouw; juffrouw; *~ Müller* mevrouw Müller; *die ~ Doktor* vrouw met doctorstitel; vero de vrouw van een doctor
Frauchen *o* (-s; ~) vrouwtje ⟨bazin v.e. hond enz.⟩
Frauenarzt *m* vrouwenarts, gynaecoloog
frauenhaft vrouwelijk, als een vrouw
Frauenzimmer *o* geringsch vrouwspersoon; *was will das ~?* wat wil dat mens?
Fräulein *o* (-s; ~ & -s) jongedame, juffrouw; serveerster
fraulich vrouwelijk
frech brutaal, vermetel, onbeschaamd; *eine ~e Zunge* een brutale bek ⟨mond⟩
Frechdachs *m* brutale rakker
Frechheit *v* (~; -en) brutaliteit, onbeschaamdheid
Fregatte *v* (~; -n) scheepv fregat; *eine alte (aufgetakelte) ~* gemeenz, schertsend een oud ⟨opgedirkt⟩ fregat ⟨vrouwmens⟩
frei vrij, franco ⟨van brieven⟩; handel *~ Bahn(hof), ~ Haus, ~ Bau* franco op 't bouwwerk; *~ Fahrt* spoorw & fig weg vrij; *~ an Bord, ~ Schiff* franco boord; *~ nach Schnauze* gemeenz naar eigen goeddunken; ongeveer; *~e Fahrt* scheepv wilde vaart; *~es Geleit* vrijgeleide; *eine ~e Stelle* een vacante betrekking; *~e Wohnung* vrije inwoning; *ins F~e gehen* naar buiten, in de frisse lucht gaan; *im Freien* in de open lucht; *im F~en gewachsenes Gemüse* groente van de koude grond; *~ stehen* vrijstaan ⟨v. huis⟩; *~ werden* vrijkomen; vacant komen
Freibad *o* openluchtzwembad
freiberuflich: *~ tätig sein* in een vrij beroep werkzaam zijn; *ein ~er Journalist* een freelance journalist
Freibetrag *m* belastingvrij bedrag
Freibeuter *m* vrijbuiter, zeeschuimer ⟨ook fig⟩
Freibier *o* gratis bier, vrij bier
freibleibend handel vrijblijvend
Freibrief *m* vrijbrief
Freidenker *m* vrijdenker
freien *zw* vero trouwen; uithuwelijken; *~ um ein Mädchen* om de hand van een meisje vragen
Freier *m* (-s; ~) vrijer, minnaar; gemeenz kerel, vent
Freiersfüße *mv*: *auf ~n gehen* schertsend trouwplannen hebben, een vrouw zoeken
Freiexemplar *o* presentexemplaar
Freifrau *v* barones ⟨vrouw v.e. *Freiherr*⟩
Freigabe *v* 't vrijlaten, vrijlating
freigeben *st* vrijlaten, toelaten; vrijgeven; vrij geven
freigebig vrijgevig, mild
Freigeist *m* vrijdenker
freigiebig vrijgevig
Freihafen *m* handel vrij-, entrepothaven
freihalten *st* vrijhouden, trakteren; reserveren; scheepv afhouden; *sich den Rücken ~* voor rugdekking zorgen
Freihandel *m* vrijhandel

freihändig uit de vrije hand; ondershands
Freiheit v ⟨~; -en⟩ vrijheid; vrijstelling; privilege; vrijdom; asiel; ~ *über alles* vrijheid blijheid
freiheitlich vrijheids..., liberaal; op vrijheid gericht
Freiheitsberaubung v vrijheidsberoving
Freiherr m baron
Freiin v ⟨~; -nen⟩ barones, baronesse ⟨dochter v.e. *Freiherr*⟩
Freikarte v vrijkaart
Freiland o de koude grond
freilassen st vrijlaten, in vrijheid stellen
Freilauf m vrijloop; freewheel; ~ *radeln* freewheelen
freilegen zw bloot-, openleggen
freilich wel zeker; weliswaar; echter; *ist das richtig? ~!* is dat juist? zeker!; *Sie werden ~ recht haben, aber...* u zult wel gelijk hebben, maar...
Freilichtbühne v openluchttheater
Freilichtmuseum o openluchtmuseum
Freiluftmuseum o openluchtmuseum
freimachen zw vrijmaken, bevrijden; handel inklaren; frankeren ⟨v. brief⟩; *sich ~* een deel van 't lichaam ontbloten ⟨bij arts⟩
Freimarke v postzegel
Freimaurer m vrijmetselaar
Freimut m vrijmoedigheid
freimütig vrijmoedig
Freischärler m lid v.e. vrijkorps
freisprechen st vrijspreken; *Lehrlinge ~* ⟨ook⟩ leerlingen (in een ambacht) meedelen, dat hun leertijd beëindigd is
Freistaat m vrijstaat, republiek
freistehen (+ 3) st vrijstaan
freistellen zw overlaten, de keus laten, vrijlaten; ~ *von* vrijstellen van
Freistoß m vrije schop ⟨bij voetbal⟩
Freitag m vrijdag
freitäglich, freitags vrijdags
Freitisch m vero gratis maaltijd
Freitod m vrijwillige dood, zelfmoord
Freitreppe v buitentrap, bordes
Freiwild o niet beschermd wild; fig persoon op wie gejaagd kan worden
freiwillig vrijwillig
Freizeichen o telec kiestoon
Freizeit v vrije tijd
freizügig met vrijheid van beweging of vestiging; *eine ~e Moral* een vrije (libertijnse) moraal
fremd vreemd, uitlands; *Ernst war ihr ~* zij kende geen ernst; *einander ~ geworden sein* van elkaar vervreemd zijn; *unter ~em Namen* onder een andere naam; *ein Fremder* een (de) vreemdeling
Fremdarbeiter m buitenlands arbeider
fremdartig vreemdsoortig, ongewoon, zonderling
Fremde v ⟨~⟩ vreemde, vreemd land, vreemde landen; vreemdelinge; *in der ~* in den vreemde
Fremdenlegion v mil vreemdelingenlegioen
Fremdenverkehr m vreemdelingenverkeer
Fremdenzimmer o logeerkamer; kamer voor toeristen

fremdgehen onr gemeenz overspel plegen, een slippertje maken
Fremdheit v het vreemd-zijn, vreemdheid
Fremdkörper m vreemd lichaam ⟨voorwerp, element⟩
fremdländisch buitenlands, uitheems, exotisch
Fremdling m ⟨-s; -e⟩ vreemdeling, buitenlander; onbekende; onbedrevene
Fremdsprache v vreemde taal
fremdsprachig: ~*e Texte* teksten in een vreemde taal
fremdsprachlich: *der ~e Unterricht* het onderwijs in vreemde talen
Fremdwort o vreemd woord
frenetisch [-'ne-] razend, onstuimig ⟨speciaal van bijval⟩
frequentieren zw (vaak) bezoeken
Frequenz v ⟨~; -en⟩ frequentie, aantal bezoekers
Fressalien [-'salie-en] mv gemeenz eetwaren
fressen ⟨fraß; gefressen⟩ vreten ⟨ook v. dier⟩; ~ *wie ein Scheunendrescher* gemeenz eten als een wolf; *Vogel, friß oder stirb* doe wat je gezegd wordt; *das hat wohl die Katze ge~?* dat heeft zeker pootjes gekregen?; *in der Not frißt der Teufel Fliegen* bij gebrek aan brood eet men korstjes van pasteien; *ich freß einen Besen, wenn...* gemeenz ik kan een boon als...; *das frißt ihm am Herzen* dat knaagt aan zijn hart; *er hat die Weisheit mit Löffeln ge~* hij heeft de wijsheid in pacht; *einen zum F~ gern haben* erg op iem. gesteld zijn; *etwas ge~ haben* ⟨ook⟩ iets hebben begrepen
Fressen o ⟨-s⟩ voer, veevoeder, voeder, eten; *ein (gefundenes) ~* een buitenkansje
Fresser m ⟨-s; ~⟩ vraat, gulzigaard; *unnützer ~* doodeter ⟨mens, paard⟩
Frett n ⟨-(e)s; -e⟩ dierk fret; fretzaag
Frettchen o ⟨-s; ~⟩ dierk fret
Freude v ⟨~; -n⟩ vreugde, pret, plezier; *seine helle ~ an etwas haben* groot plezier in iets hebben; *mit ~n* met veel plezier, gaarne; *aus Spaß an der ~* alleen voor het plezier; *einem eine ~ machen* iem. een plezier doen
Freudenhaus o bordeel
Freudenmädchen o prostituee, lichtekooi
freudestrahlend stralend van vreugde
freudig vrolijk, blijmoedig, blij; *ein ~es Ereignis* een blijde gebeurtenis ⟨speciaal: geboorte⟩
freudlos vreugdeloos, treurig, somber
freuen zw verheugen; *es freut mich* het verheugt me; *sich ~* zich verheugen; *sich heimlich ~* ⟨ook⟩ binnenpret hebben; *sich ~ an* (+ 3) zich verheugen in, over; *sich ~ auf* (+ 4) zich verheugen op; *sich ~ über* (+ 4) zich verheugen over; *sich seines Lebens ~ plechtig* zijn leven genieten
freund: *einem ~ sein* iem. vriendschappelijk gezind zijn
Freund m ⟨-(e)s; -e⟩ vriend; begunstiger ⟨v. vereniging enz.⟩; *gut ~ mit einem sein* goede maatjes zijn; *unter ~en* onder

Freundesdienst 138

vrienden; ~e *in der Not, tausend auf ein Lot* in de nood leert men zijn vrienden kennen; *was kostet das unter ~en?* zit er geen vriendenprijsje in?; ~ *Hein* vriend Hein, magere Hein, de Dood

Freundesdienst *m* vriendendienst

Freundeskreis *m* vriendenkring

Freundin *v* (~; -nen) vriendin; vriendinnetje

freundlich vriendelijk; ~ *gegen, zu* vriendelijk voor; *die Stimmung blieb ~* de stemming bleef welwillend ⟨op de beurs⟩

Freundschaft *v* (~; -en) vriendschap; vriendenkring

freundschaftlich vriendschappelijk

Frevel *m* (-s; ~) misdaad

frevelhaft misdadig; zondig, goddeloos

freveln *zw* misdoen, zondigen

Freveltat *v* euvel-, misdaad

Frevler *m* (-s; ~) misdadiger

frevlerisch misdadig

Friede (-ns), **Frieden** *m* (-s) vrede; *der Versailler ~* de vrede van Versailles; *dem ~n nicht trauen* er niet gerust op zijn, het zaakje niet vertrouwen; *keinen ~n geben* niet ophouden met plagen, zeuren enz.; *in ~n lassen* met rust laten

Friedensbruch *m* vredebreuk

Friedensschluß, nieuwe spelling: **Friedensschluss** *m* 't sluiten van de vrede

Friedensstifter *m* vredestichter

friedfertig vredelievend, vreedzaam

Friedhof *m* kerkhof

friedlich vredig

frieren (fror; gefroren) vriezen; bibberen, rillen; *stark ~* hard vriezen; *ich friere, mich friert* ik heb 't koud; *mir ~ die Hände* ik heb ijskoude handen; *es friert Stein und Bein* 't vriest dat 't kraakt; *~ wie ein junger Hund* gemeenz bibberen als een juffershondje

Fries *m* (-es; -e) fries, rand, lijst

Friese *m* (-n; -n) Fries

Friesin ['frie-] *v* (~; -nen) Friezin, Friese vrouw

friesisch, friesländisch Fries

Frikadelle *v* (~; -n) frikadel, gehaktballetje

Frikassee *o* (-s; -s) vleesragout

Friktion *v* (~; -en) frictie, wrijving ⟨ook fig⟩

frisch fris; vers; ~ *rasiert* pas geschoren; ~ *vom Faß* zo uit 't vat; ~ *wie der Fisch im Wasser* fris als een hoentje

Frische *v* (~; -n) frisheid; versheid

Frischei *v* vers ei

frischgebacken, nieuwe spelling: **frisch gebacken** vers; schertsend pas getrouwd; pas gepromoveerd; pas in functie

Frischling *m* (-s; -e) dierk jong wild zwijn; aankomeling

Frischluft *v* verse, frisse lucht

Friseur *m* (-s; -e) kapper

Friseuse *v* (~; -n) kapster

frisieren *zw* kappen, friseren; flatteren, bijwerken, bijschaven; vervalsen ⟨v. balans⟩; opvoeren ⟨v. motor⟩

Frisör = *Friseur*

Frist *v* (~; -en) vastgestelde tijd, termijn; uitstel; *zu jeder ~ te* allen tijde; *ohne ~ ent-*

lassen zonder opzeggingstermijn, op staande voet ontslaan; ~ *geben* ⟨ook⟩ krediet geven

fristen *zw* uitstel verlenen; *sein Leben ~* zijn leven rekken, voortleven

Fristenlösung, Fristenregelung *v* abortuswetgeving waarbij binnen een bepaalde termijn abortus gepleegd mag worden

fristgemäß, fristgerecht op tijd, binnen de gestelde termijn

fristlos: ~ *entlassen* zonder opzeggingstermijn, op staande voet ontslaan

Frisur [-'zoer] *v* (~; -en) kapsel, frisuur

-fritze gemeenz achtervoegsel ter karakterisering van een persoon: *Fernsehfritze m* iem. uit de tv-wereld; *Werbefritze m* reclamejongen

frivol frivool

Frivolität *v* (~; -en) frivoliteit; lichtzinnige opmerking; dubbelzinnigheid

froh blij, blijmoedig, verheugd; *die ~e Botschaft* de blijde boodschap, 't evangelie; *~en Mutes sein* welgemoed zijn; *seines Lebens nicht ~ werden* plechtig geen plezier in zijn leven hebben

frohgelaunt blijgestemd

frohgemut blij te moede; blijhartig, vrolijk

fröhlich vrolijk

frohlocken [-'lokken] *zw* juichen, jubelen

Frohsinn *m* blijmoedigheid

fromm vroom, godvruchtig; mak, goedig, gedwee; vero rechtschapen; ~*er Betrug* vroom bedrog; *ein ~es Pferd* een mak paard; *ein ~er Wunsch* een vrome wens

Frömmelei *v* (~) kwezelarij

frömmeln *zw* de vrome uithangen, kwezelen

Frömmigkeit *v* (~) vroomheid

Frömmler *m* (-s; ~) schijnheilige, kwezel

Frondienst *m* herendienst

frönen *zw* plechtig zich volledig overgeven aan; *dem Mammon ~* verzot zijn op 't aardse slijk

Front *v* (~; -en) mil front; voorgevel; *vor die ~ kommen* fig voor 't front komen; ~ *gegen einen machen* iem. aanvallen; ~ *gegen etwas machen* zich heftig tegen iets verzetten

frontal frontaal

frontdienstfähig mil geschikt voor dienst aan 't front

Frontscheibe *v* auto voorruit

Frosch *m* (-es; Frösche) dierk kikvors, kikker; gemeenz gymnasiast; nieuweling, groentje; voetzoeker; scheepv klamp, kikker; *ein aufgeblasener ~* gemeenz een verwaande kerel; *ein ~ im Halse* een kikker in de keel; *sei kein ~!* wees vlot, doe mee!

Froschmann *m*, (-s; -männer) kikvorsman

Frost *m* (-es) vorst, koude; huivering

frösteln *zw* huiveren van de kou; zacht vriezen

frostig huiverig; onverschillig, koel, koud

Frostschutzmittel *o* antivries

Frostwetter *o* vriezend weer, winterweer

Frottee *o & m* ((-s); -s) badstof

frottieren *zw* wrijven

Frucht *v* (~; Früchte) vrucht, ooft; vero

graan, koren; vrucht, resultaat, uitwerking; *reiche Früchte tragen* rijkelijk vrucht dragen
Fruchtansatz *m* vruchtzetting
fruchtbar vruchtbaar, winstgevend
Fruchtbonbon *m* & *o* zuurtje
Früchtchen *o* (-s; ~) vruchtje; gemeenz zoontje; deugniet; *ein nettes (sauberes)* ~ iron een lieverdje
fruchten *zw* baten, nut aanbrengen
fruchtlos vruchteloos, vergeefs
Fruchtpresse *v* vruchtenpers
Fruchtsaft *m* vruchtensap, limonadesiroop
frugal [-'gaal] frugaal, sober
früh vroeg, vroegtijdig: *von frühester Jugend an* van de prilste jeugd af; *heute* ~ vanmorgen vroeg; *morgen* ~ morgen vroeg; ~ *am Morgen* vroeg in de morgen; ~*(er) oder spät(er)* vroeg of laat, te eniger tijd; *von* ~ *bis spät* van vroeg tot laat
frühauf: *von* ~ van jongs af aan
Frühaufsteher *m* iem. die gewoonlijk vroeg opstaat
Frühe *v* (~) vroegte; eerste tijd; *in der* ~, *in aller* ~ heel in de vroegte, voor dag en dauw
früher vroeger
frühestens op zijn vroegst
Frühgeburt *v* ontijdige geboorte; te vroeg geboren kind
Frühjahr *o* voorjaar, lente
Frühling *m* (-s; -e) voorjaar, lente
Frühlingsrolle *v* loempia
frühreif vroegrijp, voorlijk
Frühschicht *v* ochtendploeg, eerste ploeg
Frühschoppen *m* drankje 's ochtends
Frühsport *m* ochtendgymnastiek
Frühstück *o* ontbijt; *das zweite* ~ lunch, koffiedrinken
frühstücken *zw* ontbijten
Frühzeit *v* eerste periode
frühzeitig vroegtijdig, vroeg
frustrieren *zw* frustreren
Fuchs *m* (-es; Füchse) dierk vos (ook paard); pels; roodharige; bilj beest, stoot die toevallig raak is; *ein (schlauer)* ~ fig een slimme vos; *wo sich Hase und* ~ *gute Nacht sagen* op een verlaten, eenzame plek
Fuchsbau *o* vossenhol
fuchsen *zw* dol maken; pesten; plagen; *es fuchst mich* 't zit me dwars; *sich* ~ *über* zich ergeren over; *einen Ball* ~ bilj een beest maken
Fuchsie [-si-e] *v* (~; -sien) plantk fuchsia, foksia
fuchsig rossig; dol; listig; spinnijdig
Füchsin *v* (~; -nen) dierk wijfjesvos
Fuchsschwanz *m* vossenstaart; plantk amarant
fuchs(teufels)wild spinnijdig, woedend, dol v. woede
Fuchtel *v* (~; -n) degen met brede kling; Oostr xantippe; *einen unter die* ~ *bringen* iem. tot gehoorzaamheid dwingen; *unter der* ~ *stehen* onder de plak zitten
fuchteln *zw* met 't plat v.d. degen slaan; *mit den Händen* ~ gesticuleren
fuchtig kwaad, dol, wild, spinnijdig

Fuder *o* (-s; ~) wagenvol, vracht, voer; groot wijnvat ⟨800-1000 l⟩
fuderweise bij wagenvrachten; bij vaten vol ⟨wijn⟩; fig in grote hoeveelheid
Fug *m*: *mit* ~ *und Recht* terecht, met recht
Fuge *v* (~; -n) voeg; sponning; muz fuga; *aus allen* ~*n gehen* misgaan, in wanorde geraken, gestoord zijn
fugen *zw* voegen ⟨bij metselen⟩; verbinden ⟨bij timmeren⟩
fügen *zw* voegen, passen, schikken; *sich* ~ *(+ 3)* zich voegen (richten) naar; *sich* ~ *in (+ 4)* zich schikken in; *es fügt sich, daß* het treft goed, dat; *wie es sich gerade fügt* zoals 't uitkomt, past
fügsam gedwee, meegaand
Fügung *v* (~; -en) (be)schikking, samenloop van omstandigheden
fühlbar voelbaar, tastbaar, gevoelig; *sich* ~ *machen* zich doen gevoelen
fühlen *zw* voelen; gevoelen; *einem den Puls* ~ iem. polsen; *einem auf den Zahn* ~ iem. aan de tand voelen; *sich* ~ zich voelen; *sich beflissen* ~ zich gedwongen (genoopt) voelen; *sich berufen* ~ zich geroepen voelen; *sich gedrängt* ~ zich gedwongen voelen; *sich verletzt* ~ zich beledigd, gekwetst voelen
Fühler *m* voeler, voelspriet, -draad
Fühlung *v* (~; -en) voeling, aansluiting; contact; *mit einem* ~ *nehmen* contact met iem. opnemen
Fühlungnahme *v* 't voeling, contact zoeken
Fuhre *v* (~; -n) voer, wagenvracht, karrenvracht; transport
führen *zw* (aan)voeren; leiden, brengen; de leiding hebben, commanderen; rondleiden ⟨in museum⟩; *Buch* ~ boekhouden; *einem den Haushalt* ~ voor iem. 't huishouden doen; *einen erbitterten Kampf* ~ *gegen* een verbitterde strijd voeren tegen; *Krieg* ~ oorlog voeren; *ein flottes Leben* ~ een jolig leventje leiden; *den Nachweis* ~ 't bewijs leveren; *Regie* ~ de regie voeren; *es würde zu weit* ~ 't zou te ver voeren; *zu keinem Ergebnis* ~ geen resultaat opleveren; *sich* ~ zich gedragen
führend leidend, vooraanstaand; handel *die* ~*e Marke* het meestgevraagde merk; *die* ~*e Partei* de leidende partij
Führer *m* (-s; ~) gids ⟨ook geschrift⟩; leider; nat-soc *der* ~ de Führer ⟨Adolf Hitler⟩
Führerhaus *o* auto stuurcabine
Führerschaft *v* leiding, bestuur, bevel, leiderschap; de leiders; de gidsen
Führerschein *m* rijbewijs ⟨v. auto enz.⟩; vliegbrevet
Führerscheinentzug *m* intrekking v.h. rijbewijs
Führung *v* (~; -en) leiding, 't leiden; bestuur, beheer; rondleiding; gedrag; *die* ~ *der Korrespondenz* het voeren, het bijhouden van de correspondentie; *die* ~ *haben, in* ~ *liegen, sein* sp leiden, de leiding hebben; *wegen guter* ~ wegens goed gedrag
Führungsstab *m* mil legerleiding
Führungszeugnis *o* bewijs van goed zede-

Fuhrunternehmen o transportbedrijf
Fuhrwerk o voertuig; kar
Fülle v (~) volheid, menigte; overvloed, weelde; gevuldheid, gezetheid; Oostr vulling ⟨v. pastei⟩; *in die ~ gehen* corpulent worden; *in Hülle und ~* in overvloed
füllen zw vullen; *Wein auf Flaschen ~* wijn bottelen; *gefüllt* dubbel ⟨v. bloem⟩; *Kinderhand ist bald gefüllt* een kinderhand is gauw gevuld; *sich ~* vol worden; vollopen
Füllen o (-s; ~) dierk veulen
Füller m (-s; ~), **Füllfeder** v vulpen
füllig gevuld; mollig, corpulent, gezet
Füllsel o opvulsel
Füllung v (~; -en) vulling, vulsel; paneel
Füllwort o partikel, onverbuigbaar woordje; stopwoord
fummeln zw wriemelen, peuteren; sp dribbelen
Fund m (-(e)s; -e) vondst
Fundament o (-s; -e) grondslag, fundament; fundering
fundamental fundamenteel, grondig
Fundamentalismus m fundamentalisme
Fundamt o, **Fundbüro** o bureau v. gevonden voorwerpen
Fundgrube v fig rijke bron, goudmijn
fundieren zw funderen, stichten; *fundierte Schuld* gefundeerde schuld; *fundiertes Wissen* grondige kennis
fündig rijk, voordelig, veel opleverend ⟨erts⟩; *~ werden* vinden ⟨v. olie enz.⟩; fig ⟨iets⟩ ontdekken
Fundort m, **Fundplatz** m vindplaats
Fundsache v gevonden voorwerp
Fundstätte v, **Fundstelle** v vindplaats
Fundus m (~; ~) fonds, grondslag; voorraad; theat requisietenvoorraad
fünf vijf; *alle ~ gerade sein lassen* iets door de vingers zien, 't niet zo nauw nemen; *wir sind zu ~t* we zijn met z'n vijven; *nicht bis ~ zählen können* niet tot tien kunnen tellen
Fünfeck o vijfhoek
Fünfer m (-s; ~) vijf, cijfer vijf; vijf juiste getallen bij het lottospel
Fünfprozentklausel v vijfprocentclausule, kiesdrempel in Duitsland: bepaling dat een politieke partij die minder dan 5% van de stemmen behaalt, geen vertegenwoordigers in de Bondsdag krijgt
Fünftel o, Zwits m (-s; ~) vijfde (deel)
fünftens ten vijfde
fünfzig vijftig; *die ~er Jahre* de jaren vijftig
Fünfziger m (-s; ~) vijftiger; 50-pfennigstuk; biljet van 50 mark; *ein falscher ~* gemeenz een onbetrouwbaar mens
fungieren zw fungeren, dienst doen
Fungizid o (-s; -e) schimmeldodend middel
Funk m (-s) omroep, radio, draadloze telegrafie
Funkanlage v radiozendinstallatie
Funkbild o radiofoto
Funke, (-ns; -n) m vonk; *ein ~ Ehrgefühl* een spoortje eergevoel
funkeln zw fonkelen, flikkeren; schitteren, tintelen
funkel(nagel)neu splinternieuw
funken zw vonken; draadloos per radio doorgeven, seinen; gemeenz werken, goed lopen, goed functioneren; mil schieten, vuren; *es hat gefunkt* 't is goed gegaan; er is ruzie geweest; ze zijn verliefd geworden, ze zijn op elkaar gevallen
Funkgerät o radiozendtoestel
Funkhaus o omroepstudio, omroepgebouw
Funkspruch m radiobericht, radiogram; *durch ~ berichten* draadloos seinen
Funkstation v, radiostation
Funktion v (~; -en) functie, ambt, bediening
Funktionär m (-s; -e) functionaris, ambtenaar
funktionell functioneel
funktionieren zw functioneren, werken
Funkturm m radiomast, -toren
Funsel v, **Funze(l)** v (~; -n) slechtbrandende olielamp
für voorz voor, ten behoeve van; *Schritt ~ Schritt* stap voor stap; *~ immer* voor altijd; *~s erste* vooreerst, voorlopig; *Jahr ~ Jahr* jaar in, jaar uit; *~ nichts und wieder nichts* helemaal voor niets; *~ sich betrachtet* op zich zelf beschouwd; *das hat etwas ~ sich* daar is iets voor te zeggen; *an und ~ sich* op zich
Fürbitte v voorspraak; *bei einem ~ einlegen für* bij iem. een goed woord doen voor
Furche v (~; -n) voor, vore; groef, rimpel (in de huid)
furchen zw voren maken in; fronsen; door'snijden; *eine gefurchte Stirn* een gefronst voorhoofd
furchig rimpelig
Furcht v (~) vrees, bangheid, schroom; *mit ~ und Zittern* met angst en beven
furchtbar vreselijk, verschrikkelijk, erg
fürchten zw vrezen; *ich fürchte für (um) sein Leben* ik vrees voor zijn leven; *sich vor dem Tod ~* bang zijn voor de dood; *er sieht zum F~ aus* hij ziet er angstwekkend uit
fürchterlich vreselijk, verschrikkelijk
furchterregend, **furchtgebietend** vreesaanjagend
furchtlos onbevreesd, onbeschroomd
furchtsam vreesachtig
füreinander voor elkaar
Furie ['foe-ri-e] v (~; -n) furie; razernij
fürliebnehmen, nieuwe spelling: **fürlieb nehmen** st: *mit etwas ~* iets voor lief nemen, met iets genoegen nemen
Furnier o (-s; -e) fineer
furnieren zw fineren
fürs (= *für das*) voor het; *~ erste* voorlopig
Fürsorge v (~; -n) zorg; steun(verlening); *soziale ~* sociale zorg; maatschappelijk werk; *~ für etwas treffen* zorg voor iets dragen
Fürsorgeamt o instelling voor maatschappelijke dienstverlening
Fürsorger m (-s; ~) maatschappelijk werker
fürsorglich zorgend, zorgzaam, vol zorg; uit voorzorg

Fürsprache v (~) voorspraak
Fürsprecher m voorspraak, helper, pleitbezorger; Zwits advocaat
Fürst m (-en; -en) vorst; ~ *Bismarck* prins Bismarck
Fürstin v (~; -nen) vorstin; ~ *Bismarck* prinses Bismarck
fürstlich vorstelijk ⟨ook fig⟩
Fürstlichkeiten mv vorstelijke personen
Furt v (~; -en) doorwaadbare plaats, voorde
Furunkel [-'roen-] m, o, (-s; ~) steenpuist, furunkel
fürwahr voorwaar, zeker
Fürwort o gramm voornaamwoord
Furz m (-es; Fürze) plat (hoorbare) wind, scheet; gemeenz kleinigheid; *einen* ~ *im Kopf haben* gemeenz onzinnige dingen in 't hoofd hebben; *aus einem* ~ *einen Donnerschlag machen* gemeenz van een mug een olifant maken
furzen zw een wind laten
Fusel m (-s; ~) foezel, slechte brandewijn
füsilieren zw fusilleren, doodschieten
Fusion [-zi-'oon] v (~; -en) handel fusie, samensmelting
fusionieren zw handel een fusie aangaan
Fuß m (-es; Füße) voet; poot; Oostr ⟨ook⟩ been; *leichten* ~*es* gemakkelijk, op zijn gemak; *festen* ~ *fassen* vaste voet krijgen; *Füße bekommen haben* verdwenen zijn; *sich die Füße in den Bauch stehen* gemeenz eindeloos lang moeten staan; *sich die Füße vertreten* even de benen strekken; *auf Freiers Füßen gehen* op vrijersvoeten zijn, op zoek zijn naar een vrouw; *auf freien* ~ *setzen* op vrije voeten stellen; *auf eigenen Füßen stehen* op eigen benen staan; *mit einem auf gespanntem* ~ *stehen* met iem. op gespannen voet staan; *einem auf die Füße treten* iem. op zijn tenen (teentjes) trappen; *etwas mit Füßen treten* iets met voeten treden; *jmdm. etwas vor* *die Füße werfen* iem. iets voor de voeten werpen; *zu* ~ *gehen* te voet gaan; *gut zu* ~ *sein* goed ter been zijn
Fußball m voetbal; ~ *spielen* voetballen
Fußballer o (-s; ~) voetballer
Fußballmannschaft v voetbalploeg, elftal
Fußboden m vloer
Fußbodenbelag m vloerbedekking
Fussel m & v (~ & -s; ~ & -n) haartje, pluisje
fusselig met haartjes, pluisjes
fusseln zw pluizen
fußen zw. ~ *auf* (+ 3) steunen, rusten, baseren op
Fußende [-en-de] o voeteneind
Fußgänger m voetganger
Fußleiste v plint
Füßling m (-s; -e) anklet; voet v. kous
Fußmatte v deurmat
Fußnote v voetnoot
Fußpflege v pedicure, voetverzorging
Fußsohle v voetzool
Fußstapfe v voetstap, voetspoor; *in jemands* ~*n treten* in iemands voetspoor treden
Fußtritt m schop, trap; step, opstap
Fußvolk o voetvolk
Fußwanderung v voettocht
Fußweg m voetpad
futsch gemeenz,
futschikato schertsend weg, naar de maan, verdwenen
Futter o (-s; ~) voer, voeder, voedsel; voering
Futteral o (-s; -e) foedraal, overtrek, koker
futtern zw gemeenz eten, bikken; opeten
füttern zw voeren ⟨ook van kleding⟩
Futternapf m, **Futternäpfchen** o voer-, zaadbakje
Futterneid m broodnijd
Fütterung v (~; -en) het voeren; voering, bekleding

G

Gabe v (~; -n) gift, gave, geschenk; talent; dosis; Zwits prijs, winst, winnend lot
Gabel v (~; -n) vork ⟨ook van fiets, enz.; schaken⟩; haak ⟨bijv. van telefoon⟩; gaffel, lamoen
gabelig gevorkt
gabeln: zw: *sich ~* zich vertakken
Gabelstapler m vorkheftruck
Gabelung v (~; -en) splitsing; aftakking, vertakking
Gabentisch m tafel met geschenken ⟨speciaal kerstgeschenken⟩, cadeautafel
gackeln zw kletsen; ⟨ook:⟩ = *gackern*
gackern, gacksen zw kakelen; kwaken; kletsen; krijsen ⟨v. meeuw⟩; *über ungelegte Eier ~* gemeenz dingen bespreken die nog niet aan de orde zijn
Gaffel v (~; -n) scheepv gaffel
gaffen zw met open mond kijken
Gage v, (~; -n) gage, honorarium
gähnen zw geeuwen, gapen; *ein ~der Abgrund* een gapende afgrond
Gala v (~) galakleding
Galan [ga-'laan] m (-s; -e) vero & iron minnaar, galant, vereerder
galant galant, hoffelijk
Galanterie v (~; -n) galanterie
Galeere v (~; -n) scheepv galei
Galeone v = *Galione*
Galerie [-'rie] v (~; -n) galerij; passage ⟨met winkels⟩; iron reeks, aantal; *für die ~ spielen* op het publiek spelen
Galgen m (-s; ~) galg ⟨ook van camera, microfoon, enz.⟩; *jmdn. an den ~ bringen* iem. aan de galg brengen
Galgenfrist v uitstel van executie, kort uitstel
Galgenstrick, Galgenvogel m galgenbrok
Galion o (-s; -e) galjoen ⟨uitbouw aan schip⟩; scheg
Galione v (~; -n) scheepv galjoen
Galionsfigur v scheg-, boegbeeld
gälisch Gaelisch
Gallapfel m galnoot, -appel
Galle v (~) gal ⟨ook plantk⟩; galnoot; *mir läuft die ~ über, mir steigt die ~ hoch* de gal loopt mij over, ik word kwaad
galle(n)bitter bitter als gal
Gallenstein m galsteen
Gallert ['gal-] o (-(e)s; -e), **Gallerte** [-'lerte] v (~; -n) gelei, dril, gelatine
gallertartig ['gal-] geleiachtig
gallig galachtig; gallig, zwartgallig, bitter
Galopp m (-s; -s & -s) galop; *im ~* fig snel, vluchtig, overhaast; *in ~ bringen* tot haast aanzetten
galoppieren zw galopperen; zich razend snel ontwikkelen
Galosche [-'lo-] v (~; -n) overschoen
Gamasche [ga-'ma-sche] v (~; -n) slobkous; *~n sokken* ⟨v. paard⟩; *~ haben vor etwas* vero, gemeenz voor iets vrezen
Gambe v (~; -n) muz viola da gamba

gammelig gemeenz bedorven; aangestoken ⟨fruit⟩
gammeln zw liederlijk leven; zonder geld rondzwerven
Gammler m zwerver
Gang m (-(e)s; Gänge) gang ⟨ook in huis, v. diner⟩; wandeling; boodschap; auto versnelling; scheepv slag ⟨bij het laveren⟩; techn spoed ⟨v. schroef⟩; inning ⟨bij cricket⟩; muz passage; loopje, manier van lopen; mijngang, ertsader; *der erste, zweite, dritte ~* ⟨v. auto⟩ le, 2e, 3e versnelling; *im ~e sein* aan de gang zijn, gaande zijn; *in ~ bringen, halten, kommen* op gang brengen, houden, komen; *alles geht seinen ~* alles gaat z'n gangetje
gang, gäng: *~ und gäbe* in zwang, algemeen gebruikelijk
Gangart v (~; -en) gang, wijze van gaan
gangbar gangbaar; begaanbaar; veel gekocht, courant
Gängelband o leiband; *einen am ~ führen* iem. aan de leiband laten lopen
gängeln zw aan de leiband leiden; bevoogden
gängig gangbaar; vlug; vlot; lopend; goed verkoopbaar
Gangschaltung v techn schakeling; *ein Fahrrad mit ~* een fiets met versnellingen
Ganove m (-n; -n) gemeenz gannef
Gans v (~; Gänse) vogelk gans; gemeenz, geringsch *blöde ~* domme gans, dom wicht
Gänseblümchen o, **Gänseblume** v plantk madeliefje; *Gänseblume* ook: margriet, ganzebloem
Gänsebraten m gebraden gans
Gänsefüßchen mv aanhalingstekens
Gänsehaut v kippenvel ⟨rilling⟩; *mir lief eine ~ über den Rücken* ik rilde, huiverde
Gänsemarsch m: *im ~* achter elkaar, in de ganzenpas, -mars
Ganser m (-s; ~), **Gänserich** m (-s; -e) vogelk gent, mannetjesgans, ganzerik, gander
ganz gans, heel, gaaf; geheel en al, heel, zeer; *~ und gar, voll und ~* geheel en al; *ein ~er Kerl* een flinke kerel; *ich bin ~ Ohr* ik ben geheel oor; *~ gewiß* zeer zeker; *~ Groß* heel groot; *~ ordentlich* tamelijk behoorlijk; *~ ausgezeichnet* voortreffelijk; *~ schön* behoorlijk, aardig, tamelijk; *der Sohn ist ~ der Vater* de zoon lijkt precies op zijn vader; *~ gleich wohin* totaal onverschillig waarheen; *das Ganze* het geheel; *nichts Ganzes und nichts Halbes* vlees noch vis; *aufs Ganze gehen* recht op zijn doel afgaan; *im ~en, im großen und ~en* over 't geheel, over 't algemeen; *es geht ums G~e* 't gaat erom, alles staat op 't spel
Gänze v (~) geheel, totaliteit; *zur ~* Oostr geheel en al
Ganzheit v (~; -en) geheel, samenhang; totaliteit
ganzheitlich in zijn totaliteit, als geheel
ganzjährig het hele jaar door
gänzlich ganselijk, volkomen, geheel en al
ganzseitig v.e. hele bladzijde

ganztägig voor de hele dag
Ganztagsarbeit v volledige baan
1 gar bn gaar, toebereid
2 gar bijw (ge)heel, zeer, zelfs; Z-Duits, Oostr op, ten einde; ~ *nicht* in 't geheel niet; ~ *zu sehr* al te zeer; ~ *schön* heel mooi; ~ *viele* zeer velen; *oder* ~ of zelfs; *ganz und* ~ geheel en al
Garage [ga'razje] v (~; -n) garage
Garantie [-'tie] v (~; -n) garantie; *unter* ~ beslist
Garantiefrist v garantietermijn
garantieren zw garanderen, waarborgen
Garantieschein [-'tie] m garantiebewijs
Garaus [gar'aus] m: *einem den* ~ *machen* gemeenz iem. van kant maken
Garbe v (~;-n) garve, korenschoof; mil (vuur-)bundel
Garderobe v (~; -n) garderobe; kleedkamer ⟨v. artiest⟩
Garderobenmarke v nummer van de garderobe, vestiairereçu
Garderobenständer m kapstok
Gardine v (~; -n) gordijn; vitrage; *hinter schwedischen ~n* achter de tralies
Gardinenpredigt v bedsermoen
Gardinenstange v gordijnroede
garen zw gaar maken, gaar laten worden
gären (*in eigenlijke zin:* gor; gegoren; *in figuurlijke zin:* gärte; gegärt) gisten; woelen; *es gärte im Lande* het gistte in 't land; *gut gegorenes Bier* goed gegist bier
Garküche v gaarkeuken
Garn o (-(e)s; -e) garen; net; *ins* ~ *gehen* in de valstrik lopen
Garnele v (~; -n) garnaal
garnieren zw garneren; fig opsmukken
Garnison v (~; -en) mil garnizoen
Garnitur v (~; -en) garnituur, stel; ameublement; uniform; *zweite* ~ fig tweederangskrachten; theat tweede bezetting
Garnrolle v, **Garnspule** v klosje garen; garenklos
garstig vuil, morsig, lelijk; garstig; ondeugend
Gärtchen o (-s; ~) tuintje
Garten m (-s; Gärten) tuin, hof; *der* ~ *Eden* de hof van Eden; *quer durch den* ~ ⟨m.b.t. soep⟩ van allerlei groenten, bont van samenstelling; *zoologischer* ~ dierentuin
Gartenanlage v tuinaanleg; plantsoen
Gartenbau m tuinbouw
Gartenkolonie v complex volkstuinen
Gartenkresse v plantk tuinkers
Gartenlaube v prieel; als woning bruikbaar huisje op een volkstuin
Gartenzwerg m tuinkabouter; gemeenz domkop, vent van niets
Gärtner m (-s; ~) tuinman, hovenier; tuinder, tuinier; tuinbaas
Gärtnerei v (~; -en) het tuinieren; bloemisterij, tuiniersbedrijf, bloemkwekerij, hoveniersbedrijf
gärtnerisch tuin-
gärtnern zw tuinieren
Gärung v (~;) gisting ⟨ook fig⟩
Gas o (-es; -e) gas; ~ *geben* auto gas geven; *das* ~ *wegnehmen* auto 't gas wegnemen

Gasbrenner m gasbrander
Gashahn m gaskraan
Gashebel m auto gaspedaal
Gasheizung v gasverwarming
Gasherd m gashaard, -fornuis
Gaskocher m gaskomfoor, -stel
Gasmaske v gasmasker
Gasometer [-'me-] m gashouder
Gasse v (~; -n) steeg, straat(je); weg, doorgang, opening; *blinde* ~ slop; *auf der* ~ Oostr buitenshuis; *über die* ~ *verkaufen* op straat verkopen
Gassenbube m straatjongen
Gassenhauer m straatdeuntje
Gassi: ~ *gehen* de hond uitlaten
1 Gast m (-(e)s; Gäste) gast; logé(e); vreemdeling; *bei jmdm. zu* ~ *sein* te gast zijn bij iem.; *jmdn. zu* ~ *haben* iem. op bezoek hebben
2 Gast m (-(e)s; -en) scheepv gast, matroos
Gastarbeiter m gastarbeider
Gästebuch o gastenboek
Gästezimmer o logeerkamer
gastfreundlich gastvrij, hartelijk, gul
Gastfreundschaft v gastvrijheid
Gastgeber m gastheer
Gasthaus o logement, herberg
Gasthof m hotel
gastieren zw theat gasteren, een gastrol vervullen; als gastdocent optreden
gastlich gastvrij
Gastronom m (-en; -en) gastronoom
Gastronomie v (~) gastronomie
Gastspiel o theat gastvoorstelling; sp uitwedstrijd
Gaststätte v restaurant, café, horecabedrijf
Gaststube v gelagkamer
Gastwirt m herbergier, waard
Gastwirtschaft v herberg, logement
Gastzimmer o logeerkamer; hotelkamer
Gasuhr v gasmeter
Gatte m (-n; -n) echtgenoot, man
Gatter o (-s; ~) houten hek; wildpark
Gattin v (~; -nen) echtgenote, gade
Gattung v (~; -en) soort, geslacht; letterk genre; plantk klasse
Gau m (-(e)s; -e) hist, ook nat-soc gouw, gewest
GAU m (-s; -s) = *größter anzunehmender Unfall* zwaarste ongeval dat in een kerncentrale voorstelbaar is; fig de grootste catastrofe die zich kan voordoen
Gauchheil o plantk guichelheil
Gaudi Oostr Z-Duits o & v (-s), **Gaudium** o (-s) pret, plezier
Gaukelbild o hersenschim, begoocheling
Gaukelei v (~; -en) goochelarij; begoocheling; gespeel, gedartel
gaukeln zw goochelen, kunsten maken; spelen, dartelen
Gaukelspiel o = *Gaukelei*
Gaukler m (-s; ~) goochelaar, kunstenmaker
Gaul m (-(e)s; Gäule) dierk paard, werkpaard; schertsend peerd; boerenpaard, knol; *einem geschenkten* ~ *schau' nicht ins Maul* men moet een gegeven paard niet in de bek kijken; *das bringt den stärksten* ~

um gemeenz dat is niet uit te houden
Gauleiter *m* nat-soc gouwleider
Gaumen *m* (-s; ~) gehemelte; *für einen verwöhnten ~* voor een fijnproever
Gauner *m* (-s; ~) gauwdief, gannef; gemeenz rakker
Gaunerbande *v* boevenbende
gaunerhaft, gaunerisch schurk-, diefachtig
gaunern *zw* bedriegen, gappen
Gaze [ga'ze] *v* (~; -n) gaas
Gazelle *v* (~; -n) dierk gazel(le)
Geächtete(r) *m* uitgebannene; vogelvrijverklaarde
Geächze *o* (-s) gesteun
geartet geaard, van aard
Geäst *o* (-(e)s) takken
Gebäck *o* (-s; -e) baksel; gebak
Gebälk *o* (-s) de balken, het gebinte
Gebärde *v* (~; -n) gebaar; houding
gebärden *zw*: *sich ~* zich gedragen, zich aanstellen
Gebärdensprache *v* gebarentaal
Gebaren *o* (-s) ⟨vaak geringsch⟩ gedrag, manier van doen, handelwijze
gebären (gebar; geboren) baren, ter wereld brengen, voortbrengen; kalven ⟨v. koe⟩; *zu etwas geboren sein* voor iets geboren zijn; *geboren am 19. November* geboren op 19 november
Gebärmutter *v* baarmoeder
Gebäude *o* (-s; ~) gebouw; bouwwerk; samenstel, constructie ⟨ook fig⟩
gebefreudig gul, goedgeefs
Gebein *o* (-(e)s; -e) gebeente, beenderen
Gebelfer *o* (-s) gekef ⟨ook fig⟩
Gebell *o* (-s) geblaf
geben (gab; gegeben) I *overg & onoverg* geven, schenken, verlenen; de rol spelen van; ⟨bij het rekenen⟩ maken, zijn; *zwei plus zwei gibt vier* twee plus twee is vier; *ich werde es dir ~!* ik zal je krijgen!; *dem werde ich es ~* gemeenz die zal ik zijn portie geven; *keinen Laut von sich ~* geen kik ~; *etwas auf sich ~* zichzelf respecteren, van zijn eigenwaarde overtuigd zijn; *darauf gebe ich nichts* daar geef ik niets om, dat kan me niet schelen; II *wederk* zich geven; zich schikken; zich gedragen; terechtkomen; *es wird sich schon ~* het zal wel terechtkomen; *sich geschlagen ~* zich gewonnen geven; *sich zufrieden ~ mit* genoegen nemen met; *sich zu erkennen ~* zeggen wie men is, laten merken wat men wil; III *onpersoonlijk ww*: *es gibt* er is, er zijn *das gibt es doch nicht!* hoe bestaat het!, dat kan toch niet!; *wo gibt's denn so was!* heb je ooit zoiets meegemaakt?; *da gibt's nichts* daar is niets tegen in te brengen, dat staat vast; *was gibt's?* wat is er?; *was gibts es zum essen?* wat eten we?; *es gibt heute noch Regen* er komt vandaag nog regen; *es gibt... zu kaufen* er is... te koop
Geber *m* (-s; ~) techn verdeler, omvormer; seinsleutel
Gebet ['beet] *m* (-(e)s; -e) gebed; *ins ~ nehmen* verhoren, onderhanden nemen

Gebettel *o* (-s) gebedel
Gebiet *o* (-(e)s; -e) gebied
gebieten *st* (gebot; geboten) plechtig gebieden, bevelen; *über* ⟨ook⟩ beschikken over; 't bevel voeren over; *einer Sache (Ein-)halt ~* iets doen ophouden, aan iets een eind maken
gebieterisch gebiedend, dringend, imperatief; *ein ~er Ton* een toon van gezag
Gebilde *o* (-s; ~) voortbrengsel, product, schepping, maaksel; figuur, compositie; geheel, complex; *ein geschichtliches ~* een historische formatie
gebildet beschaafd, ontwikkeld
Gebimmel *o* (-s) gelui, gebeier
Gebinde *o* (-s; ~) bundel, bos; kluwen; bouwk kapspant; Oostr vat, fust
Gebirge *o* (-s; ~) gebergte
gebirgig bergachtig, rijk aan bergen
Gebirgler *m* (-s; ~) bergbewoner
Gebirgsstock *m* bergmassief, berggroep
Gebirgszug *m* bergketen
Gebiß, nieuwe spelling: **Gebiss** *o* (-bisses, -bisse) gebit
Gebläse *o* (-s; ~) blaastoestel; ventilator; aanjager
Geblüt *o* (-(e)s) vero bloed, afstamming
geboren geboren; *ein ~er Franzose* een Fransman van geboorte; *Frau Müller, ~e Meyer* mevrouw Müller-Meyer; *zu etwas ~* voor iets geboren
Gebot *o* (-(e)s; -e) gebod, bevel; bod; inschrijving; *zu ~e stehen* ten dienste staan; *das ~ der Stunde* de eis ('t gebod) van 't ogenblik
Gebratene(s) *o* gebraad, gebraden spijzen
Gebräu *o* (-s; -e) brouwsel
Gebrauch *m* (-s; Gebräuche) gebruik, gewoonte; *außer ~ setzen* buiten gebruik stellen; *in (im) ~ haben, sein* in gebruik hebben, zijn; *in ~ nehmen* in gebruik nemen; *von etwas ~ machen* van iets gebruik maken ⟨ook fig⟩
gebrauchen *zw* gebruiken
gebräuchlich gebruikelijk
Gebrauchsanleitung *v*, **Gebrauchsanweisung** *v* gebruiksaanwijzing
Gebrauchtwagen *m* tweedehandsauto
Gebrauchtwaren *mv* tweedehandsgoederen, -artikelen
gebrechen *st* plechtig ontbreken; *es gebricht ihm an Mut* het ontbreekt hem aan moed
Gebrechen *o* (-s; ~) plechtig (lichaams-)gebrek; *die ~ des Alters* de gebreken van de ouderdom
gebrechlich zwak, wankel, wrak; broos
Gebrodel *o* (-s) gepruttel, geborrel ⟨v. vloeistoffen⟩
Gebrüder *mv* gebroeders
Gebrüll *o* (-s), **Gebrülle** *o* (-s) gebrul, geloei
Gebühr *v* (~; -en) betamelijkheid; recht, leges; loon; tarief; *~en rechten, kosten; nach ~ passend*; *über ~* te veel, overdreven; *zu ermäßigter ~* tegen verminderd tarief
gebühren *zw* I *onoverg* plechtig betamen, toekomen; *ihm gebührt die Palme* hij is de beste; II *wederk*: *sich ~* (be)horen;

wie es sich gebührt zoals het hoort
gebührend passend; *etwas ~ hervorheben* iets naar behoren doen uitkomen
gebührenfrei vrij van kosten
gebührenpflichtig aan rechten onderhevig
gebührlich behoorlijk
Geburt v (~; -en) geboorte; fig ontstaan; afkomst; *eine schwere ~* fig gemeenz een moeilijk karwei; *von ~ ein Deutscher* een geboren Duitser; *vor und nach Christi ~* vóór en na Christus
Geburtenbeschränkung v geboortebeperking
Geburtenkontrolle v, **Geburtenregelung** v geboorteregeling, -beperking
Geburtenrückgang m geboortedaling
gebürtig geboortig, afkomstig; *aus Köln ~* Keulenaar van geboorte
Geburtsanzeige v geboorteaangifte; geboorteadvertentie
Geburtshelfer m verloskundige
Geburtshilfe v verloskundige hulp
Geburtsort m geboorteplaats
Geburtstag m verjaar-, geboortedag
Geburtstagskind o schertsend jarige
Geburtsurkunde v geboorteakte
Geburtswehen mv barensweeën
Gebüsch o (-s; -e) kreupelhout, struikgewas
Geck m (-en; -en) fat, dandy; reg gek, nar; carnavalsvierder
geckenhaft kwasterig, fatterig
Gedächtnis o (-ses; -se) (na)gedachtenis, herinnering; geheugen; *ein ~ wie ein Sieb* een geheugen als een garnaal; *zum ~ der Toten* ter herdenking van de doden
Gedächtnisfeier v herdenkingsplechtigheid
Gedächtnislücke v leemte in 't geheugen
Gedächtnisschwund m geheugenverlies
Gedächtnisstütze v geheugensteun(tje)
Gedanke m (-ns; -n) gedachte, denkbeeld; *kein ~!* geen kwestie van; *der bloße ~ macht ihn schon wütend* alleen al het idee maakt hem woedend; *sich ~n über etwas machen* zich zorgen over iets maken; *jmdn. auf andere ~n bringen* iem. tot andere gedachten brengen; *in ~n sein* in gedachten zijn, niet opletten; *sich mit dem ~n tragen* het plan hebben om, met een idee rondlopen om; *mit dem ~n spielen* overwegen, met het idee spelen
Gedankenaustausch m gedachtewisseling
Gedankenblitz m gelukkige, plotseling invallende gedachte
Gedankengang m gedachtegang
Gedankengut o complex van gedachten (denkbeelden)
gedankenlos gedachteloos
Gedankensprung m gedachtesprong
Gedankenstrich m gedachtestreep
gedanklich als gedachte, van de gedachte, gedachte-; abstract; *~er Inhalt* ideeëninhoud
Gedärm o (-es; -e) ingewanden
Gedeck o (-s; -e) tafelgoed; couvert; menu; *das trockene ~* 't couvert zonder wijn
Gedeih m: *auf ~ und Verderb* in voor- en tegenspoed, door dik en dun
gedeihen st (gedieh; gediehen) gedijen; zich ontwikkelen; vorderen, opgroeien, tieren; *weit gediehen* vergevorderd
Gedeihen o (-s) voorspoed, 't gedijen
gedeihlich plechtig voordelig, nuttig; voorspoedig; *ein ~es Ende* een goed einde; *~e Zusammenarbeit* vruchtbare samenwerking
gedenken onr denken, menen; (+ 2) gedenken, herinneren; *was ~ Sie zu tun?* wat denkt u te doen?; *gedenke meiner* plechtig gedenk mij, denk aan mij
Gedenken o (-s) gedachtenis; herinnering
Gedenkminute v minuut stilte
Gedenkstätte v herdenkingsplaats
Gedenktafel v gedenktafel
Gedicht o (-(e)s; -e) gedicht
Gedichtband m gedichtenbundel
gediegen gedegen; massief; grondig, stevig, degelijk; *~es Gold* gedegen goud; *~e Kenntnisse* degelijke kennis; *das ist ~* gemeenz, iron die is goed, dat is merkwaardig
Gedränge o (-s) gedrang; scrimmage ⟨bij voetbal⟩; scrum ⟨bij rugby⟩; *ins ~ kommen* in het nauw komen
gedrängt dicht opeen, gedrongen; *~ voll* propvol
gedrückt gedrukt, neerslachtig
gedrungen (ineen)gedrongen, breed, kort; bondig *eine ~e gestalt* een gedrongen gestalte
Geduld v (~) geduld, lijdzaamheid; *mir reißt die ~* ik verlies mijn geduld; *mit ~ und Zeit kommt man weit*, gemeenz *mit ~ und Spucke fängt man eine Mucke* geduld overwint alles
gedulden zw: *sich ~* geduld hebben, wachten
geduldig geduldig, lijdzaam
Geduldsfaden m: *ihm reißt der ~* hij verliest zijn geduld
gedunsen opgezwollen, opgezet
geehrt geëerd, geacht
geeignet geschikt; gepast
Geest v (~; -en) **Geestland** o geestgrond
Gefahr v (~; -en) gevaar; handel risico; *es besteht die ~, daß er kommt* het gevaar bestaat dat hij komt; *sich einer ~ aussetzen* zich blootstellen aan een gevaar; *auf die ~ hin* op gevaar af; *auf Ihre ~* handel voor uw risico; *außer ~* buiten gevaar; *Versicherung gegen jede ~* all-riskverzekering
gefährden zw in gevaar brengen; bedreigen; *gefährdet sein* gevaar lopen
Gefährdung v (~) bedreiging, 't in-gevaar-brengen
gefährlich gevaarlijk
gefahrlos ongevaarlijk
Gefährt o (-(e)s; -e) ⟨vaak plechtig of iron⟩ voertuig, rijtuig
Gefährte m (-n; -n) kameraad; reisgezel
Gefälle o (-(e)s; -(e)) verval ⟨v.e. rivier⟩; hoogte-, niveauverschil; 't hellen, stijging, daling, verhang; *das soziale ~* de sociale verschillen
gefallen st bevallen, aanstaan, in de smaak

Gefallen vallen; *wie es Gott gefällt* zoals het God behaagt; *sich etwas ~ lassen* zich iets laten welgevallen; *das lasse ich mir nicht ~* dat accepteer ik niet

1 Gefallen *m* (-s; ~) genoegen, plezier; *nach ~* naar welbehagen; *jmdm. einen ~ tun* iem. een plezier doen; *jmdn. um einen ~ bitten* iem. om een dienst, een vriendelijkheid vragen; *jmdm. zu ~* om iem. een plezier te doen

2 Gefallen *o* behagen; *~ finden an jmdm., an etwas (3)* iem., iets goed, prettig vinden

gefällig aangenaam, vriendelijk; dienstig, voorkomend, welgevallig; galant; sierlijk; *Bier gefällig?* wie wenst er bier?; *Zigarre ~?* wil je een sigaar?; *sonst noch etwas ~?* iron wenst u anders nog iets?

Gefälligkeit *v* (~; -en) gediensigheid, vriendelijkheid, dienst, attentie

gefälligst: *kommen Sie ~ mit* komt u alstublieft mee

Gefallsucht *v* kokketterie, behaagzucht

gefallsüchtig behaagziek, koket

gefälscht vervalst, vals

gefangen gevangen; *ein Gefangener* een gevangene

Gefangenenaufseher *m* gevangenbewaarder

Gefangenenlager *o* gevangen(en)kamp

Gefangenschaft *v* gevangenschap

Gefängnis *o* (-ses; -se) gevangenis; hechtenis

Gefängnisstrafe *v* gevangenisstraf, recht hechtenis

Gefasel *o* (-s) geleuter, gebazel, geraaskal

Gefäß [-'fees] *o* (-es; -e) vat, stuk vaatwerk, bak(je); bloedvat; gevest ⟨v. degen⟩; *~e mv* vaatwerk

gefaßt, nieuwe spelling: **gefasst** bedaard, kalm, beheerst; *sich auf etwas ~ machen* zich op iets voorbereiden, z'n borst natmaken; *auf etwas ~ sein* op iets voorbereid zijn

Gefaßtheit, nieuwe spelling: **Gefasstheit** *v* kalmte, bedaardheid

Gefecht *o* gevecht, strijd; *jmdn. außer ~ setzen* iem. buiten gevecht stellen; *ins ~ führen* als argument aanvoeren

gefechtsbereit, **gefechtsklar** gevechtsklaar

Gefechtsstand *m* mil commandopost

gefeit: *~ gegen* door toverkracht beschermd, immuun, gevrijwaard voor

Gefieder *o* (-s) gevederte

gefiedert gevederd

Gefilde *o* (-s; ~) dichterlijk veld, landschap, landstreek; *die elysäischen ~* de Elyzese velden

Geflecht *o* (-es; -e) vlechtwerk; netwerk

Geflenne *o* (-s) gehuil, gegrien, gedrens

Geflimmer *o* (-s) geschitter, gefonkel

geflissentlich opzettelijk

Geflügel *o* (-s) gevogelte, pluimvee

Geflunker *o* (-s) snoeverij, pocherij; opschepperij

Geflüster *o* (-s) gefluister

Gefolge *o* (-s; ~) gevolg; aanhang; *etwas im ~ haben* iets na zich slepen, veroorzaken

Gefolgschaft *v* (~; -en) aanhangers; het hele personeel

gefragt gevraagd, gezocht

gefräßig gulzig

Gefreite(r) *m* soldaat 1e klasse

Gefrieranlage *v*, **Gefrierapparat** *m* diepvriesinstallatie

gefrieren *st* bevriezen

Gefrierfleisch *o* diepvriesvlees

Gefrierpunkt *m* vriespunt; *die Stimmung war unter dem ~* fig de stemming was tot nul gezonken

Gefriertruhe *v* diepvrieskast

Gefüge *o* (-s; ~) samenstel, structuur, bouw

gefügig plooibaar, meegaand, gedwee, soepel; *sich einen ~ machen* iem. naar zijn hand zetten

Gefühl *o* (-(e)s; -e) gevoel; gevoelen; *mit gemischten ~en* met gemengde gevoelens; *etwas im ~ haben* iets aanvoelen

gefühlig gevoelvol, sentimenteel

gefühllos gevoelloos ⟨ook fig⟩, ongevoelig

gefühlsbetont met veel gevoel

Gefühlsduselei *v* ziekelijke gevoeligheid, zwelgen in gevoel, sentimentaliteit

gefühlsmäßig op 't gevoel af, intuïtief

Gefühlssache *v* gevoelszaak, een kwestie van gevoel

gefühlvoll gevoelvol, gevoelig, roerend

Gefummel *o* (-s) gefrunnik, gewriemel

gefurcht gegroefd; doorgroefd; gefronst

gefüttert gevoerd ⟨v. kleren⟩

Gegacker *o* (-s) gekakel, gekwaak

gegeben aangewezen, (meest) geschikt

gegebenenfalls eventueel, casu quo, al dan niet, als het geval zich voordoet

Gegebenheit *v* (~; -en) omstandigheid, feit, feitelijkheid

gegen tegen, jegens; *~ Abend* tegen de avond; *~ Barzahlung, ~ bar handel* tegen contante betaling, à contant; *~ Süden fliegen* naar 't zuiden vliegen; *sage nichts ~ meine Nachbarin* zeg niets ten nadele van mijn buurvrouw; *~ seinen Vater ist er ein Zwerg* bij zijn vader vergeleken is hij een dwerg

Gegenangriff *m* mil tegenaanval

Gegend *v* (~; -en) streek, buurt; omstreken; *gemeenz landschap; die ganze ~* de hele buurt; *durch die ~ fahren* voor zijn plezier rijden; *in die ~ hinein* gemeenz in 't wilde weg; *in der ~ etwa* ongeveer, om en nabij

Gegendienst *m* wederdienst; *zu ~en bereit* tot wederdienst bereid

gegeneinander tegen, tegenover elkaar

Gegenfrage *v* wedervraag, tegenvraag

Gegengewicht *o* contragewicht; tegenwicht

Gegenleistung *v* wederdienst, contraprestatie

Gegenliebe *v* wederliefde; *keine ~ finden* ⟨ook⟩ geen bijval vinden

Gegenrede *v* repliek, antwoord

Gegensatz *m* tegenstelling, contrast

gegensätzlich tegen(over)gesteld, contrasterend

Gegenseite *v* keerzijde, tegenoverstaande bladzijde; tegenpartij

gegenseitig wederzijds, wederkerig; onderling

Gegenstand *m* voorwerp, ding; onderwerp, thema; Oostr leervak

gegenständlich concreet, tastbaar, zakelijk, reëel

gegenstandslos zonder inhoud, doelloos, ongegrond; ongemotiveerd; *eine Beschwerde wird* ~ een bezwaar vervalt

Gegenstimme *v* stem tegen; muz tegenstem

Gegenstück *o* pendant; tegenhanger

Gegenteil *o* tegendeel; *das gerade* ~ juist het tegenovergestelde; *im* ~ in tegendeel

gegenteilig tegengesteld, tegenovergesteld; ~*er Meinung sein* van tegenovergestelde mening zijn

gegenüber tegenover; ~ *dem Rathaus, dem Rathaus* ~ tegenover het raadhuis; *seinem Vater* ~ *ist er klein* vergeleken bij zijn vader is hij klein

Gegenüber *o* (-s; ~) vis-à-vis

gegenüberstehen (+ 3) *st* tegenover iets staan; *großen Schwierigkeiten* ~ voor grote moeilijkheden staan

gegenüberstellen (+ 3) *zw* tegenoverstellen; *einem einen* ~ iem. met een ander confronteren

Gegenüberstellung *v* confrontatie

Gegenverkehr *m* verkeer in tegenovergestelde richting; tegenliggers

Gegenwart *v* (~) tegenwoordigheid; 't heden; aanwezigheid; tegenwoordige tijd; gramm tegenwoordige tijd; *in* ~ (+ 2), *in* ~ *von* in tegenwoordigheid van

gegenwärtig tegenwoordig; aanwezig; actueel; op het ogenblik; *das ist mir nicht mehr* ~ dat staat mij niet meer voor de geest; *sich etwas* ~ *halten* zich iets bewust zijn

Gegenwert *m* tegenwaarde

Gegenwirkung *v* reactie; tegenactie

gegenzeichnen *zw* contrasigneren, medeondertekenen

Gegenzug *m* tegenzet; trein in tegengestelde richting

gegliedert geleed; onderverdeeld

Gegner *m* (-s; ~) tegenstander; mil vijand

gegnerisch van de tegenpartij; oppositioneel; *die* ~*e Partei* de tegenpartij; *die* ~*e Presse* de oppositiepers

Gegnerschaft *v* de tegenstanders; oppositie; tegenkanting, vijandige houding

Gegröle *o* (-(e)s) gebulk, geblèr, geloei

Gehabe *o* (-s) gedoe, aanstellerij

gehaben *zw: sich* ~ zich gedragen; *gehabt euch wohl!* vero, nog iron vaarwel! 't ga jullie goed!

Gehackte(s) *o* gehakt vlees, gehakt

Gehader *o* (-s) getwist

1 Gehalt *m* (-(e)s; -e) allooi, gehalte; waarde; *der* ~ *eines Werkes* de diepere inhoud (hoofdgedachte) v.e. werk

2 Gehalt *o* (-(e)s; Gehälter) salaris

gehalten beheerst; gehouden, verplicht; *ich bin* ~, *das zu tun* ik ben gehouden, dat te doen; *Kurs knapp* ~ handel koers nauwelijks prijshoudend

gehaltlos onbeduidend, zonder geestelijke inhoud; weinig voedzaam

Gehaltsaufbesserung *v* salarisverhoging

Gehaltsempfänger *m* gesalarieerde

Gehaltsstufe *v* salarisgroep, -klasse

gehaltvoll waardevol, degelijk, pittig

Gehänge *o* (-s; ~) hangertje, oorhanger, breloque; guirlande; ophanginrichting; koppeltuig ⟨v. valscherm⟩; oren ⟨v. jachthond⟩; Oostr helling

geharnischt geharnast; fig krachtig, energiek

gehässig hatelijk

Gehäuse *o* (-s; ~) koker, omhulsel; doos, kas, kast; schede, huisje ⟨v. slak⟩; klokhuis; mil huis ⟨v. kraan, enz.⟩; body ⟨v. fototoestel⟩; sp doel

gehbehindert: ~ *sein* moeilijk lopen

Gehege *o* (-s; ~) afrastering; omheind gebied, perk, omheining; *einem ins* ~ *kommen* iem. in de weg komen, in iems. vaarwater komen; duiven schieten

geheim geheim, verborgen; geheimzinnig; *im* ~*en* in 't geheim

Geheimbericht *m* geheim rapport

Geheimdienst *m* geheime dienst

geheimhalten, nieuwe spelling: **geheim halten** *st* geheim houden

Geheimnis *o* (-ses, -se) geheim; *ein offenes* ~ een publiek geheim

Geheimniskrämer *m* iem. die geheimzinnig doet

geheimnisvoll geheimzinnig

Geheimpolizei *v* geheime politie

Geheiß *o* (-es; -e) last, bevel, order; *auf* ~ (+ 2) plechtig op bevel van

gehen *onr* (ging; gegangen) gaan, lopen; afleggen; weggaan; rijzen; functioneren, in gang zijn; *es geht ein Gerücht* er loopt een gerucht; *es geht flott* 't loopt gesmeerd; *es geht schief* 't gaat mis; *das geht ins Geld*; dat hakt er in, dat loopt in de papieren; *das geht zu weit* dat gaat te ver; *den Teig 20 Minuten* ~ *lassen* het deeg 20 minuten laten rijzen; *seiner Wege* ~ zijn eigen weg kiezen; *krumme Wege* ~ oneerlijk te werk gaan; *unten durch* ~ afgaan; *an die Luft* ~ een luchtje scheppen; *es geht auf 12* 't loopt naar 12; *das geht auf mich* dat doelt op mij; *es geht auf Ihr Konto* fig het komt voor uw rekening; *auf die Nerven* ~ op de zenuwen werken; *auf den Strich* ~ tippelen; *auf allen vieren* ~ op handen en voeten lopen; *in die Falle* ~ in de val lopen; *in Konkurs* ~ failliet gaan; *in sich* ~ tot inkeer, inzicht komen; *miteinander* ~ gemeenz met elkaar gaan ⟨v. paar⟩; *mit einem Mädchen* ~ scharrelen; *wenn es nach mir ginge* als ze het mij vraagt; *das Fenster geht nach der Straße* het venster kijkt uit op straat; *es geht ihm über alles* het gaat hem boven alles; *über Leichen* ~ over lijken gaan; *es geht ihm nichts über Musik* muziek is voor hem alles; *es geht ihm um Geld* het is hem om geld te doen; *von der Hand* ~ van de hand gaan; *vor sich* ~ gebeuren; *zu Ende* (*zur Neige*) ~ ten einde lopen; *es geht mit ihm zu Ende* ook: hij loopt op zijn laatste be-

nen; *mit sich zu Rate* ~ met zichzelf te rade gaan; *etwas mit sich* ~ *lassen* iets jatten; *es geht sich da so schön* 't is daar zo heerlijk lopen; *geh, mach schon* vooruit, toe maar
Gehen *o* (-s) 't gaan, 't lopen; 't rijzen ⟨v. deeg⟩; *im* ~ onder 't lopen
Gehenk *o* (-(e)s; -e) degenriem, koppel
gehenlassen, nieuwe spelling: **gehen lassen** *st* met rust laten; *sich* ~ zich laten gaan; slordig zijn
Geher *m* *sp* snelwandelaar
gehetzt gejaagd
geheuer zeker, veilig; *es ist hier nicht* ~ 't is hier niet pluis; *da ist mir nicht* ~ daar voel ik me niet op mijn gemak; *die Sache ist mir nicht* ~ ik vertrouw die zaak niet
Gehilfe *m* (-n; -n) bediende, hulp; assistent
Gehilfin *v* (~; -nen) helpster, hulp
Gehirn *o* (-s; -e) hersenen, brein; *elektronisches* ~ elektronisch brein
Gehirnerschütterung *v* hersenschudding
Gehirnhautentzündung *v* hersenvliesontsteking, meningitis
Gehirnwäsche *v* hersenspoeling
gehoben verheven, plechtig; exquis; beter, hoger; *sich durch etwas* ~ *fühlen* zich door iets geëerd gevoelen; *eine* ~*e Position* een hoge positie; ~*e Rede* hogere taal; ~*er Stil* verheven stijl; *eine* ~*e Stimmung* een zeer opgewekte stemming
Gehöft *o* (-(e)s; -e) hofstede; boerenplaats
Gehölz *o* (-es; -e) klein bos, bosje
Gehör *o* (-s) gehoor; audiëntie; *einer Sache* ~ *geben* aan iets gehoor geven; *nach dem* ~ *spielen* op 't gehoor spelen; *etwas zu* ~ *bringen* iets ten gehore brengen
gehorchen *zw* gehoorzamen; Oostr voldoen aan, in overeenstemming zijn met
gehören *zw* (toe)behoren; *einem* ~ ⟨ook⟩ iemands geliefde zijn; *das gehört nicht hierher* dat behoort hier niet bij; *der Kranke gehört ins Bett* de zieke behoort in zijn bed te liggen; ~ *zu* behoren tot; *dazu gehört Mut* daar hoort moed toe; *auf einen groben Klotz gehört ein grober Keil* hard tegen hard; *zum alten Eisen* ~ gemeenz niet meer in de running zijn; *dazu* ~ *immer noch zwei* dat alleen als ik 't goedvind; *sich* ~ behoren, passen, betamen
gehörig behorend; passend; flink; *das ihm* ~*e Haus* het hem toebehorende huis; *am* ~*en Ort,* ~*en Orts* ter plaatse waar 't behoort; *einen* ~ *verhauen* iem. flink afranselen; *seine Pflichten* ~ *wahrnehmen* zijn plichten behoorlijk waarnemen
Gehörn *o* (-s) horens
gehörnt gehoornd, met horens; *ein Gehörnter* een hoorndrager, een bedrogen man
gehorsam gehoorzaam; ~*er Diener* dienstwillige dienaar; *danke* ~*st!* eerbiedige dank; ⟨of *gemeenz*⟩ dank je feestelijk!
Gehorsam *m* (-s) gehoorzaamheid
Gehrock *m* geklede jas
Gehsteig *m* trottoir
Gehweg *m* trottoir, wandelweg
Geier *m* (-s; ~) *vogelk* gier; *der* ~*!* wat duivel!; *hol dich der* ~*!* de duivel hale je!

Geifer *m* (-s) kwijl, zever; venijn, woede
geifern *zw* kwijlen; venijn spuwen
Geige *v* (~; -n) *muz* viool; *die erste* ~ *spielen* de eerste viool spelen ⟨ook fig⟩
geigen *zw muz* viool spelen; gonzen ⟨v. insecten⟩; *es jmdm.* ~ gemeenz iem. de mantel uitvegen, de waarheid zeggen; *ich werde dir was* ~ ik denk er niet aan
Geigenbogen *m* strijkstok
Geiger *m* (-s; ~) *muz* violist, vioolspeler
Geigerzähler *m* geigerteller
geil wulps; welig ⟨v. planten⟩; gemeenz, jeugdtaal tof, gaaf, te gek, leuk; *ich finde das ganz geil* ik vind dat te gek
Geisel *m* (-s; ~); *v* (~; -n) gijzelaar, gijzelaarster, gegijzelde
Geiselnahme *v* gijzeling
Geiser *m* (-s; ~) geiser ⟨spuitende bron⟩
Geiß *v* (~; -en) dierk, Z-Duits Oostr Zwits geit; ree-, gemsgeit
Geißel *v* (~; -n) Z-Duits gesel; *fig* plaag; Z-Duits zweep
geißeln *zw* geselen
Geist *m* (-s; -er) geest, verstand; spook; vernuft, esprit; *ein dienstbarer* ~ een gedienstige geest; *alle guten* ~*er!* gemeenz heremijntijd!; *der Heilige* ~ de Heilige Geest; *der* ~ *der Zeit* de geest des tijds; *im* ~*e* in de geest, in de gedachten; *von allen guten Geistern verlassen sein* zijn gezonde verstand verloren hebben
geisterhaft spookachtig, als een geest
geistern *zw* spoken, rondspoken
geistesabwesend verstrooid, afwezig
geistesgestört geestelijk gestoord
geisteskrank geestesziek, krankzinnig
Geistesverfassung *v* geestesgesteldheid
geistig geestelijk ⟨niet kerkelijk⟩; verstandelijk, intellectueel; geestrijk, alkoholisch; ~*e Arbeit* geestelijk werk, denkwerk; ~*e Armut* armoede v. geest; ~*e Getränke* geestrijke vochten, spiritualiën; ~*e Nahrung* voedsel voor de geest; ~ *beschränkt* beperkt van geest; ~ *rege, regsam* levendig van geest
Geistigkeit *v* geest, geestelijke cultuur; intellectualiteit, vergeestelijking; geestesgesteldheid
geistlich geestelijk ⟨kerkelijk⟩; ~ *und weltlich* geestelijk en wereldlijk; ~*e Musik* gewijde muziek
Geistliche(r) *m* geestelijke
Geistlichkeit *v* (~) geestelijkheid
geistlos geesteloos, leeg, zonder inhoud
geistreich geestig, vol esprit, fijn; intelligent, vernuftig
geistvoll geestig
Geiz *m* (-es) gierigheid; plantk loot
geizen *zw* gierig zijn; *nicht* ~ gul zijn
Geizhals *m*, **Geizhammel** *m* gierigaard, vrek
geizig gierig
Geizkragen *m* gierigaard, vrek
Gejauchze *o* (-s) gejuich, vreugdekreet
Gejohle *o* (-s) gejoel
Gekeife *o* (-s) geraas, gekijf
Gekicher *o* (-s) gegiechel
Geklapper *o* geklepper ⟨v. ooievaar &⟩; lee-

res ~ prietpraat, praatjes voor de vaak
Geklimper o (-s) getingel (op piano)
Geklingel o (-s) gebel, gerammel, geklink
Geklirr o (-s) gekletter, gerammel, gerinkel ⟨v. wapenen⟩, geklink ⟨v. glazen⟩
Geknatter o (-s) geknetter, gekraak
Geknister o (-s) geknetter, (zacht) gekraak, geritsel
gekonnt kundig, knap; *eine ~e Arbeit* een knap stuk werk
Gekreisch(e) o (-(e)s) gekrijs
Gekritzel o (-s) gekrabbel, kriebelschrift
Gekröse o (-s) darmscheel; ingewanden ⟨v. kalf, lam⟩
gekünstelt gekunsteld, gemaakt, onnatuurlijk
Gelaber o (-s) gezever, geklets
Gelächter o (-s) geschater, gelach; *einen (sich) zum ~ machen* iem. (zichzelf) belachelijk maken; *ein homerisches ~* een homerisch gelach
geladen gemeenz woedend, geladen
Gelage o (-s) drinkgelag; feestmaal
gelähmt verlamd
Gelände o (-s; ~) terrein
geländegängig auto geschikt voor ongebaand terrein; *~er Wagen* terreinwagen
Geländelauf m sp veldloop, cross-country
Geländer o (-s; ~) leuning, borstwering
gelangen zw geraken, (aan)komen; *ans Ruder ~* aan 't bewind komen; *in den Besitz ~* in 't bezit komen; *zum Abschluß ~* zijn beslag krijgen; *zur Erkenntnis ~* tot 't inzicht komen; *zur Kenntnis ~* ter kennis komen; *zur Macht ~* aan de macht komen
gelangweilt verveeld, vol verveling
gelassen kalm, beheerst
Gelassenheit v kalmte, beheerstheid
geläufig vlug, vlot, gemakkelijk; gebruikelijk; *ein ~er Ausdruck* een algemeen gebruikelijke uitdrukking; *eine ~e Hand* een lopende hand (bij 't schrijven); *eine ~e Zunge* een radde tong; *~ sprechen* vlot spreken; *das ist mir ~* dat is mij bekend
Geläufigkeit v vlugheid, gemakkelijkheid; gebruikelijkheid, bekendheid; muz vingervlugheid
gelaunt: *gut, schlecht ~* in een goed, slecht humeur, goed, slecht gehumeurd
gelb geel; *~ (und grün) vor Neid* geel van nijd; *das G~* het geel; *das Gelbe vom Ei* de eidooier
gelblich geelachtig
Gelbsucht v med geelzucht
Geld o (-es; -er) geld; 'bieden' (in beursnotering); *bares ~* contant, gereed geld; *großes ~* groot geld; *kleines ~* klein geld; *hinausgeworfenes ~* weggegooid geld; *~ und Gut* hebben en houden; *~ wie Heu (Dreck)* geld als water; *jmdm. das ~ aus der Tasche ziehen* iem. geld uit de zak kloppen; *bei ~e sein* goed bij kas zijn; *nicht für ~ und gute Worte* voor geen geld; *zu ~ kommen* rijk worden; *zu seinem ~ kommen* aan zijn geld komen; *zu ~e machen* te gelde maken
Geldanlage v geldbelegging
Geldbeutel m geldzak, geldbuidel; reg portemonnee; *einen vollen ~ haben* veel geld hebben
Geldeinwurf m sleuf ⟨v. automaat⟩
Geldentwertung v inflatie, geldontwaarding
Geldgeber m geldgever, -schieter
geldgierig geldzuchtig
geldlich financieel, gelds-, geldelijk
Geldmangel m geldschaarste, -gebrek
Geldschein m bankbiljet
Geldschrank m brandkast
Geldstrafe v geldboete
Geldwert m geldswaarde
geleckt overdreven netjes
Gelee [zje'lee] o & v (-s; -s) gelei; gelatine
Gelege o (-s; ~) legsel, nest eieren
gelegen passend; *zu ~er Zeit* te gelegenertijd; *es kommt mir ~* het komt mij gelegen; *es ist mir viel daran ~* er is mij veel aan gelegen
Gelegenheit v (~; -en) gelegenheid; gesteldheid; koopje; *~ macht Diebe* de gelegenheid maakt de dief; *bei ~* bij gelegenheid
Gelegenheitsarbeit v los werk; klusje, karweitje
Gelegenheitskauf m (gelegenheids-)koopje
gelegentlich bij gelegenheid, soms, af en toe; *wir sehen uns nur ~* we zien elkaar maar af en toe; *~ der Ausstellung* plechtig ter gelegenheid van de tentoonstelling
gelehrig, gelehrsam leerzaam, goedleers
Gelehrsamkeit v geleerdheid
gelehrt geleerd
Gelehrte(r) m geleerde
Gelehrtheit v Zwits geleerdheid
Geleier o (-s) gedreun, geneurie; *immer das alte ~* steeds het oude liedje
Geleise o (-s; ~) spoor; *es läuft wie auf ~n* het loopt als op rolletjes; *im alten ~* in de oude sleur; *ins ~ bringen* fig op 't goede spoor brengen; zie verder *Gleis*(-)
Geleit o (-s) geleide, escorte; bescherming, dekking; scheepv konvooi; *freies ~* vrijgeleide; *einem das ~ geben* iem. uitgeleide doen, iem. begeleiden; *jmdm. das letzte ~ geben* iemand naar zijn laatste rustplaats begeleiden
geleiten zw geleiden, vergezellen; beschermen, dekken, konvooieren
Geleitschiff o scheepv escortevaartuig
Geleitzug m scheepv konvooi
Gelenk o (-(e)s; -e) gewricht; pols; techn koppeling; scharnier
gelenkig buigzaam, lenig, soepel
Gelenkwelle v auto cardanas
gelernt geschoold; vakkundig
Gelichter o (-s) gespuis, canaille; soort
gelingen st (gelang; gelungen) gelukken; slagen; *ein gelungener Witz* een goeie mop; *das ist gelungen* dat is gelukt; gemeenz die is goed; *auf gutes G~!* op de goede uitslag!
gell schel, schril
gellen zw gillen, schel klinken; snerpen; *ein ~des Gelächter* een schel lachen; *ein ~der Schrei* een gil

geloben zw toezeggen, plechtig beloven; *das Gelobte Land* het beloofde land

Gelöbnis o (-ses; -se) gelofte

gelt? Z-Duits zeg!, niet waar?; *Sie kommen auch, ~?* u komt ook, niet waar?

gelten st gelden, aangaan; in aanzien staan, meetellen; kosten; waard zijn; doorgaan voor; slaan op, doelen op, bedoeld zijn voor; *das gilt mir* dat betreft mij; *es gilt, hier gilt's* nu komt het er op aan; *er gilt als dumm* hij gaat door voor dom; *etwas ~ lassen* iets laten gelden; *da gilt kein Leugnen* daar helpt geen ontkennen; *für etwas ~* voor iets doorgaan; *als gelte es sein Leben* alsof zijn leven ervan afhing; *der Anschlag galt dem Präsidenten* de aanslag was gericht op de president

geltend geldend; *die ~en Bestimmungen* de bestaande bepalingen; *Ansprüche ~ machen* aanspraken doen gelden

Geltung v (~; -en) waarde; betekenis ⟨v. woord⟩; geldigheid; *~ haben* geldig zijn; *dem Gesetze ~ verschaffen* de wet doen eerbiedigen; *in ~ sein* geldig zijn; in gebruik zijn; *in ~ setzen* geldigheid doen verkrijgen; *zur ~ bringen* doen gelden; doen uitkomen; *zur ~ kommen* zich doen gelden, zich uiten; goed uitkomen

Geltungsbedürfnis o behoefte om zich te doen gelden

Geltungsbereich m geldigheidsgebied

Geltungsdrang m, **Geltungssucht** v geldingsdrang

Gelübde o (-s; ~) gelofte

gelungen gelukt, geslaagd; typisch, leuk, komiek; *das ist ~* dat is gelukt; gemeenz die is goed; *ein ~er Kerl* een origineel type

Gelüst(e) o (-(e)s; -(e)) plechtig begeerte, belustheid; *fleischliche ~* zinnelijke lusten

gelüsten zw plechtig belust zijn, begeren; *mich gelüstet nach etwas* ik begeer iets

gemach langzaam, bedaard; langzamerhand; zacht wat!

Gemach o (-s; Gemächer & ~e) kamer, vertrek

gemächlich bedaard, kalm; op zijn gemak; muz andante; *ganz ~ op zijn dooie gemak* ⟨akkertje⟩

Gemächlichkeit v (~) kalmte, bedaardheid, gezapigheid, comfort

Gemächt o vero maaksel; schepsel; iron mannelijk geslachtsorgaan, zaakje

Gemahl m (-s; -e) plechtig, ook iron gemaal, man, echtgenoot; *Ihr Herr ~* uw man

Gemahlin v (~; -nen) gemalin, eega, echtgenote; *Ihre Frau ~* uw vrouw

gemahnen zw herinneren, doen denken

Gemälde o (-s; ~) schilderij, doek; tafereel, beeld

Gemarkung v (~; -en) grens; mark, gemeentegrond, -gebied

1 gemäß (+ 3) voorz volgens, in overeenstemming met; overeenkomstig; *~ § 15* volgens § 15; *seinem Stande ~* overeenkomstig zijn stand

2 gemäß bn passend, adequaat; *eine ihm ~e Belohnung* een voor hem passende beloning

gemäßigt gematigd

Gemäuer o (-s; ~) muurwerk; ruïne

Gemecker o (-s) geblaat; gemeenz gemopper, gekanker

gemein gemeen, slecht; gemeen, gewoon, alledaags; gemeenschappelijk; algemeen; *~e Brüche* gewone breuken; *der ~e Mann* de gewone man; de goegemeente; *etwas mit einem ~ haben* iets met iem. gemeen hebben; *sich ~ machen* zich encanailleren

Gemeinbesitz m gemeenschappelijk bezit

Gemeinde v (~; -n) gemeente; de aanhangers, vereerders ⟨v. kunstenaar enz.⟩

Gemeinderat m gemeenteraad

Gemeindeschwester v wijkverpleegster

Gemeindevorsteher m hoofd der gemeente, burgemeester

gemeingefährlich gevaarlijk voor het algemeen, voor iedereen gevaarlijk

gemeingültig algemeen geldig

Gemeingut o gemeenschappelijk bezit

Gemeinheit v (~; -en) gemeenheid, laagheid; gemene streek

gemeinhin gewoonlijk, in 't algemeen

Gemeinnutz m algemeen nut; *~ geht vor Eigennutz* het algemeen belang gaat voor 't persoonlijke

gemeinnützig van algemeen nut; tot nut van 't algemeen; *für ~e Zwecke* voor het algemeen belang

Gemeinplatz m gemeenplaats

gemeinsam gemeenschappelijk; *~e Sache machen* gemene zaak maken (met anderen)

Gemeinschaft v gemeenschap; *in häuslicher ~* in gezinsverband

gemeinschaftlich gemeenschappelijk

Gemeinschaftsraum m ontspanningszaal

Gemeinschaftsschule v gemengd confesionele school

gemeinverständlich voor iedereen te begrijpen

Gemeinwesen o publiekrechtelijk lichaam; gemeente, gewest

Gemeinwohl o algemeen welzijn

Gemenge o (-s) mengsel; mengelmoes, wirwar

gemessen afgemeten; bedaard, waardig; passend; *~er Befehl* strikt bevel

Gemetzel o (-s) bloedbad, slachting

Gemisch o (-es; -e) mengsel, mengeling; auto mengsel van benzine en olie

gemischt gemengd, gemêleerd

Gemischtwarenhandlung v vero kruidenierszaak

Gemme v (~; -n) gesneden steen, camee

Gemse, nieuwe spelling: **Gämse** v (~; -n) dierk gems

Gemunkel o (-s) gemompel; gefluister, geklets

Gemurmel o (-s) gemompel, geprevel

Gemurr(e) o (-s) gemor, geknor

Gemüse o (-s) groente; vruchten ⟨in bowl⟩; schertsend blommen; gemeenz onzin; *junges ~* gemeenz jonge mensen, tieners; *kleines ~* klein grut

Gemüsegarten m moestuin; *quer durch den ~* ⟨v. soep⟩ met allerlei groenten

Gemüsehändler *m* groentehandelaar, -boer
gemustert ⟨v. stoffen⟩ met een patroontje
Gemüt *o* (-(e)s; -er) gemoed, hart; *einfache* ~*er* ⟨ook iron⟩ eenvoudige zielen; *das schlägt jmdm. aufs* ~ dat is deprimerend; *einem etwas zu* ~*e führen* iem. iets onder ogen brengen; *sich etwas zu* ~*e führen* iets ter harte nemen; gemeenz iets gebruiken, verorberen
gemütlich gezellig, prettig
Gemütlichkeit *v* (~) gezelligheid, prettigheid; *da hört die* ~ *auf* dat gaat te ver
gemütlos hardvochtig, hard
Gemütsart *v* inborst, gemoedsgesteldheid, -toestand
Gemütsruhe *v* gemoedsrust; *in aller* ~ op zijn dooie gemak
gemütvoll gevoelvol; hartelijk
gen [gèn] plechtig, vero naar; ~ *Himmel* ten hemel; ~ *Süden* naar 't zuiden
Gen [geen] *o* (-s; -e) gen, erfelijkheidsfactor
genäschig snoepachtig
genau precies, nauwkeurig, stipt, strikt; *aufs Haar* ~ op een haar, op de kop af; *peinlich* ~ uiterst precies; *der* ~ *e Mann* de geknipte man; *der* ~*e Preis* de naaste, juiste prijs; *mit* ~*er Not* ternauwernood, nauwelijks; *es mit etwas (nicht so)* ~ *nehmen* iets (niet zo) nauw nemen
Genauigkeit *v* (~) nauwkeurig-, stiptheid
Gendarm [zjà'darm] *m* (-en; -en) ⟨Oostr, elders vero of iron⟩ gendarme, plattelandspolitieagent
genehm: *wenn es Ihnen* ~ *ist* plechtig als u het goed vindt
genehmigen zw goedkeuren, toestaan, vergunnen, inwilligen; gemeenz tot zich nemen; zich gunnen; *das Protokoll* ~ de notulen goedkeuren; *sich einen* ~ gemeenz er eentje pakken
Genehmigung *v* (~; -en) officiële goedkeuring, vergunning
geneigt hellend; goedgunstig, welwillend; geneigd, bereid tot; *der* ~*e Leser* de vriendelijke lezer; *jmdm.* ~ *sein* iem. goedgezind zijn; ~ *sein, etwas zu tun* genegen zijn om iets te doen
General *m* (-s; -räle & -rale) generaal
Generaldirektor *m* directeur-generaal
generalisieren zw generaliseren
Generalität *v* (~) vero algemeenheid; mil generaliteit
Generalprobe *v* generale repetitie
Generalsekretär *m* secretaris-generaal
Generalstaatsanwalt *m* procureur-generaal
Generalstab *m* mil generale staf
Generalstreik *m* algemene staking
generalüberholen zw geheel reviseren
Generalversammlung *v* algemene vergadering
Generation *v* (~; -en) generatie
Generator *m* (-s; -en) techn generator
generell algemeen, algemeen geldend, alles omvattend
generös edelmoedig, genereus
genesen *st* (genas; genesen) genezen, herstellen, beter worden; *Genesende(r)* herstellende
Genesung *v* (~; -en) genezing, beterschap
Genesungsheim *o* sanatorium
Genetik [-'ne-] *v* (~) genetica, erfelijkheidsleer
genetisch genetisch
Genf *o* Genève
Genfer *m* (-s; ~) inwoner v. Genève
Genfer See *m* Meer van Genève
genial geniaal
Genialität *v* (~) genialiteit, genialisch
Genick *o* (-s; -e) nek; *einem (sich) das* ~ *brechen* iem., zich te gronde richten; *einem im* ~ *sitzen* iem. op zijn nek zitten
Genickschuß, nieuwe spelling: **Genickschuss** *m* schot in de nek
Genickstarre *v med* nekkramp
Genie [zje'nie] *o* (-s; -s) genie; geniale geest; Oostr, Zwits, mil genie
genieren [zje-] zw generen, hinderen; *sich* ~ zich generen
genierlich gênant; zich generend
genießbar genietbaar, bruikbaar, eetbaar; *nicht* ~ fig onuitstaanbaar
genießen *st* (genoß; genossen) genieten; nuttigen; *hohes Ansehen* ~ in hoog aanzien staan; *wir hatten noch nichts genossen* wij hadden nog niets genuttigd
Genießerisch *v* med genotzuchtig
Genitiv ['ge-] *m* (-s; -e) genitief, tweede naamval
Genius ['ge-] *m* (~; Genien) ['ge-ni-en] genius, beschermengel; genie
Genörgel *o* (-s) gebrom, gemopper
Genosse *m* (-n; -n) pol kameraad, partijgenoot (in de voormalige DDR); vero maat, makker
Genossenschaft *v* (~; -en) coöperatieve vereniging, coöperatie; *eingetragene* ~ coöperatieve vereniging; *landwirtschaftliche* ~ landbouwcoöperatie
genossenschaftlich coöperatief
Genre ['zjā-] *o* (-s; -s) genre
genuesisch Genuees
genug genoeg; ~ *des Guten* genoeg van 't goede; *sich selbst* ~ *sein* genoeg aan zichzelf hebben; *von etwas* ~ *haben* van iets genoeg hebben; *etwas* ~ *sein lassen* ergens mee ophouden
Genüge *v* (~) voldoening; tevredenheid; *seiner Pflicht* ~ *leisten, tun* aan zijn plicht voldoen, zijn plicht nakomen; *zur* ~ *bekannt* voldoende bekend; *einer Sache geschieht* ~ aan iets wordt voldaan
genügen zw voldoende zijn; ~ (+ 3) voldoen aan; *einer Pflicht* ~ aan een plicht voldoen, een plicht nakomen
genügend voldoende
genügsam sober, bescheiden, gauw tevreden
Genügsamkeit *v* (~) bescheidenheid, matigheid, soberheid
genugtun (+ 3) *onr* voldoen, voldoening geven; *sich nicht* ~ *können* niet genoeg krijgen van
Genugtuung *v* (~; -en) voldoening, satisfactie, genoegdoening
genuin [gee-noe-'ien] aangeboren, echt

Genuß, nieuwe spelling: **Genuss** *m* (Genusses; Genüsse) genot, genieting, gebruik, eten, nuttiging; winst; *in den ~ von etwas kommen* in 't genot van iets komen

genüßlich, nieuwe spelling: **genüsslich** genoegelijk, behaaglijk

Genußmittel, nieuwe spelling: **Genussmittel** *o* genotmiddel

Geograph, nieuwe spelling ook: **Geograf** *m* (-en; -en) geograaf, aardrijkskundige

Geographie [-'fie], nieuwe spelling ook: **Geografie** *v* (~) geografie, aardrijkskunde

Geologe *m* (-n; -n) geoloog

Geologie [-'gie] *v* (~) geologie, aardkunde

Geometer *m* (-s; ~) landmeter

Geometrie [-'trie] *v* (~) meetkunde; *darstellende ~* beschrijvende meetkunde

geometrisch meetkundig

Gepäck *o* (-(e)s; -e) bagage; mil bepakking

Gepäckaufbewahrung *v* bagagedepot

Gepäckaufgabe *v* bagageloket, -bureau

Gepäckschein *m* bagagereçu, -biljet

Gepäckschließfach *o* bagagekluis, -safeloket

Gepäckträger *m* kruier, witkiel; bagagedrager ⟨v. fiets⟩

Gepard *m* (-s; -e) jachtluipaard

gepfeffert gepeperd ⟨ook fig⟩

Gepfeife *o* (-s) gefluit, gepiep

gepflegt verzorgd, goed onderhouden; beschaafd, met standing

Gepflogenheit *v* (~; -en) gewoonte

Gepfusch(e) *o* (-(e)s) geknoei

Geplänkel *o* (-s) mil schermutseling; fig gekibbel, kleinzielig geruzie

Geplapper *o* (-s) gesnap, gepraat

Geplätscher *o* (-s) geplas

Geplauder *o* (-s) gepraat, gebabbel

Gepolter *o* (-s) getier, geraas, lawaai

Gepräge *o* (-s) stempel ⟨op munt⟩; cachet, karakter, eigenheid; *einer Sache ein besonderes ~ geben* een apart karakter aan iets geven

Gepränge *o* (-s) pronk, praal, staatsie

Geprassel *o* (-s) gekraak, geraas; gekletter ⟨v. regen⟩

Gequassel *o* (-s), *o* (-s) gezwam, geklets

Ger *m* (-(e)s; -e) werpspies, speer

1 gerade *bn* recht; rechtop; even ⟨v. getal⟩; rechtstreeks; oprecht, open, eerlijk; *~ Linie* rechte lijn; *~r Winkel* rechte hoek; *fünf ~ sein lassen* het niet zo nauw nemen, niet te streng zijn

2 gerade *bijw* juist; nauwelijks, maar net, op het nippertje; even, snel; *~ genug* juist (precies) genoeg; *nicht ~ häufig* niet bepaald vaak; *~ recht* juist (net) goed; *warum ~ ich?* waarom juist ik?; *das ~ Gegenteil* precies het tegenovergestelde; *bring doch mal ~ das Buch* breng dat boek eens even

Gerade *v* wisk rechte; sp recht stuk van een baan; rechte stoot ⟨bij boksen⟩

geradeaus rechtuit; ronduit, openhartig

geradebiegen, nieuwe spelling: **gerade biegen** rechtbuigen; fig weer in orde brengen, goedmaken

geradehalten, nieuwe spelling: **gerade halten** *st* rechtop houden

geradeheraus ronduit, openhartig

geradeso net (juist) zo

geradestehen, nieuwe spelling: **gerade stehen** *st*: *für einen ~* voor iem. instaan; verantwoordelijk zijn, verantwoording afleggen voor

geradezu rechtstreeks, bepaald; ronduit; *~ unmöglich* gewoonweg onmogelijk

Geradheit *v* (~) rechtheid; oprechtheid; rechtschapenheid

geradlinig rechtlijnig; open, ronduit

gerammelt: *~ voll* propvol, afgestampt vol

Gerangel *o* geharrewar, ruzie, geschermutsel

Geranie [-nie] *v* plantk geranium

Geraschel *o* (~; -s) geritsel

Gerassel *o* (-s) geratel, geroffel

Gerät *o* (-s; -e) gereedschap; toestel, apparaat; huisraad, gerei; *landwirtschaftliche ~e* landbouwgereedschappen

geraten *st* (geriet; geraten) (ge)raken, komen, terechtkomen; uitvallen; lukken; *gut ~* (ge)lukken, terechtkomen; *etwas groß ~* wat groot uitvallen; *auf etwas ~* op iets stoten, iets tegenkomen; *nach dem Vater ~* naar zijn vader aarden; *in Wut ~* in woede ontsteken, woedend worden

Geräteturnen *o* toestelturnen, -gymnastiek

Geratewohl *o*: *aufs ~* op goed geluk, lukraak

Gerätschaften *mv* gereedschap

Geraufe *o* (-s) vechtpartij

geraum: *~e Zeit* geruime tijd

geräumig ruim, groot

Geraun(e) *o* (-s) gefluister, gemompel

Geräusch *o* (-es; -e) geruis, het ruisen; gedruis, geluid; jacht hart, long, nieren en lever

geräuschlos geruisloos

geräuschvoll luidruchtig, druk

Geräusper *o* (-s) 't schrapen v.d. keel

gerben *zw* looien; *einem das Fell (die Haut, das Leder) ~* gemeenz iem. afrossen, -ranselen

Gerber *m* (-s; ~) leerlooier

gerecht rechtvaardig; gerechtvaardigd; billijk; passend; *allen Anforderungen ~ werden* aan alle eisen voldoen; *einer Sache ~ werden* aan een zaak recht laten wedervaren

Gerechtigkeit *v* (~; -en) rechtvaardigheid, gerechtigheid, billijkheid; *einem ~ widerfahren (zuteil werden) lassen* iem. recht doen wedervaren

Gerede *o* (-s) gerucht, praatje; gesprek; *hohles ~* lege (holle) praatjes; *es geht das ~* er loopt een gerucht; *ins ~ bringen, kommen* in opspraak brengen, komen; *im ~ stehen* over de tong gaan

gereichen *zw* verstrekken, dienen; *zur Ehre ~* tot eer strekken; *zum Schaden ~* schadelijk zijn; *zur Zierde ~* een sieraad zijn, tot sieraad strekken

gereizt geprikkeld, getergd, geïrriteerd

Gereiztheit v irritatie, geprikkeldheid
Geriatrie [-'trie] v (~) geriatrie
Gericht o (-s; -e) gerecht (maal); gerecht ⟨rechtbank⟩; *das Jüngste ~* het laatste oordeel; *~ halten über einen* rechtspreken over iem.; *mit einem hart, scharf, streng ins ~ gehen* iem. vreselijk onder handen nemen; *zu ~ sitzen* over iem. rechtspreken
gerichtlich gerechtelijk; *~ und außer~* in en buiten rechte; *~e Vertretung* vertegenwoordiging in rechten; *auf ~em Wege* langs gerechtelijke weg
Gerichtsakten *mv* gerechtelijke stukken (dossiers)
Gerichtsbarkeit v (~) recht competentie; uitoefening van de rechterlijke macht
Gerichtshof *m* gerechtshof
Gerichtskanzlei v griffie
Gerichtsmedizin v forensische geneeskunde
Gerichtsstand *m* plaats waar de bevoegde rechterlijke instantie gevestigd is
Gerichtstermin *m* (termijn v.) rechtszitting
Gerichtsverfahren o proces, rechtsgeding; *beschleunigtes ~* kort geding
Gerichtsverhandlung v rechtszitting
Gerichtsvollzieher *m* deurwaarder
Gerichtsweg *m*: *auf dem ~* langs gerechtelijke weg
gerieben sluw, geraffineerd, doorgewinterd
gerieren *zw*: *sich ~ als* schrijft zich gedragen (handelen, optreden) als
Geriesel o (-s) geruis, gekabbel; gedruppel
gerillt gegroefd
gering gering, schraal, laag; onaanzienlijk, minst; *kein G~erer als* niemand minder dan; *nicht im ~sten* (niet) in het minste; *nicht das G~ste tun* in het geheel niets doen
geringachten *zw* geringschatten
geringelt gekruld; rondom gestreept
geringfügig onbeduidend, gering, nietig
geringschätzen, nieuwe spelling: **gering schätzen** *zw* geringschatten, minachten
geringschätzig geringschattend, minachtend
Gerinne o (-s; ~) geul; stroompje; goot, waterloop
gerinnen *st* stollen, stremmen; *geronnenes Blut* geronnen bloed; *geronnene Milch* dikke melk
Gerinnsel o (-s; ~) stolsel; stremsel; stroompje
Gerippe o (-s; ~) geraamte, karkas; frame, schema, ontwerp
gerippt geribd
gerissen uitgeslapen, geslepen, sluw, gewiekst
Germane *m* (-n; -n) Germaan
germanisch Germaans
Germanismus *m* (~; -men) taalk germanisme
Germanist *m* (-en; -en) germanist, beoefenaar van de Germaanse taal- en letterkunde, van de Duitse taal- en letterkunde
gern(e) gaarne; gewillig; *aber ~!* graag!; *herzlich (von Herzen) ~* zeer gaarne; *für sein Leben ~* dolgraag; *einen ~ haben* veel met iem. ophebben, iem. graag mogen; *der kann mich ~ haben* gemeenz die kan ophoepelen, me gestolen worden; *ich hätte ~ ein Kilo Äpfel* een kilo appelen graag
Gernegroß *m* (~; -e) wijsneus
Geröchel o gerochel
Geröll o (-(e)s; -s) losse stenen, rolstenen
Gerste v (~) plantk gerst
Gerstengraupen *mv* gepelde gerst, gort
Gerstengrütze v grutten
Gerstenkorn o gerstekorrel; strontje, zweertje op het oog
Gerstensaft *m* plechtig of schertsend gerstenat, bier
Gerte v (~; -n) teen, gard, twijg; rijzweep
Geruch *m* (-s; Gerüche) reuk, geur; *ein schlechter ~* een vieze lucht; *in einen schlechten (übeln) ~ kommen* een slechte naam krijgen; *in einem schlechten ~ stehen* een slechte naam hebben; *im ~ der Heiligkeit stehen* in een reuk van heiligheid staan
geruchlos reukloos, zonder reuk
Gerücht o (-(e)s; -e) gerucht
gerücht(e)weise bij geruchte
geruhen *zw* believen, zich verwaardigen; *vero Seine Majestät haben geruht* het heeft Zijne Majesteit behaagd
Gerumpel o (-s) gehots, gestommel
Gerümpel o (-s) oude rommel
Gerüst o (-(e)s; -e) stelling, steiger, tribune; stellage, geraamte (v. latten enz.); schavot; ontwerp
Gerüttel o (-s) geschud, geschok
gesammelt beheerst, rustig, geconcentreerd
gesamt geheel, totaal; *die ~e Familie* het gehele gezin; *die ~e Konkurrenz* de gezamenlijke concurrentie
Gesamtausgabe v volledige uitgaaf
Gesamtbetrag *m* totaal bedrag
gesamtdeutsch wat tot 't gehele Duitse cultuurgebied behoort
Gesamteindruck *m* totale indruk
Gesamtheit v (~) het geheel, het algemeen; totaal
Gesamtschule v scholengemeenschap
Gesamtwert *m* totale waarde
Gesamtzahl v, **Gesamtziffer** v totaal aantal
Gesandte(r) *m* gezant
Gesandtschaft v (~; -en) gezantschap
Gesang *m* (-(e)s; Gesänge) zang, gezang
Gesangbuch o gezangboek; *das falsche ~ haben* schertsend van een ander geloof zijn; *bei ihnen stimmt das ~ nicht* schertsend ze zijn niet van hetzelfde geloof
Gesangsstimme v muz zangstem; zangpartij
Gesangstunde v zangles
Gesang(s)verein *m* zangvereniging
Gesäß o (-es; -e) zitvlak, achterste
Gesaufe o (-s) gezuip
Gesause o (-s) gesuis, geruis
Gesäusel o (-s) gesuizel, gemurmel
Geschädigte(r) *m* benadeelde
Geschäft o (-(e)s; -e) zaak; onderneming,

geschäftig

winkel, kantoor, bedrijf; het zaken doen; werk, bezigheid, taak; ~ *ist* ~ zaken zijn zaken; *ein* ~ *für Kurzwaren* een zaak in manufacturen; *das* ~ *mit dem Ausland* de handel met het buitenland; ~*e machen* zaken doen; *ein kleines* ~ *machen* gemeenz een kleine boodschap doen; *ins* ~ *gehen* naar de zaak gaan; *mit einem ins* ~ *kommen* met iem. tot zaken komen

geschäftig werkzaam, druk, bedrijvig, bezig

geschäftlich zaken betreffende, zaken...; *einen* ~ *sprechen* iem. voor zaken spreken; *in* ~*en Angelegenheiten* voor zaken

Geschäftsabschluß, nieuwe spelling: **Geschäftsabschluss** *m* transactie, handelsovereenkomst

Geschäftsbericht *m* jaarverslag

geschäftsführend de leiding van de zaak hebbend; ~*er Ausschuß* dagelijks bestuur; ~*er Gesellschafter* beherend vennoot

Geschäftsführer *m* bedrijfsleider; chef; gerant; *erster* ~ *eines Vereins* 1e secretaris v.e. vereniging

Geschäftsführung *v* bedrijfsleiding, directie; wijze van werken; beheer

Geschäftshaus *o* winkelhuis; kantoorgebouw, handelshuis

Geschäftsjahr *o* boekjaar

Geschäftslage *v* toestand in zaken; *Haus in bester* ~ huis op zeer goede winkelstand

Geschäftsmann *m* (-s; -leute) zakenman

Geschäftsordnung *v* reglement (v. orde)

Geschäftsschluß, nieuwe spelling: **Geschäftsschluss** *m* winkel-, kantoorsluiting, sluitingstijd

Geschäftsstelle *v* kantoor, bureau

Geschäftsstunden *mv* kantooruren

Geschäftsträger *m* zaakgelastigde

geschäftstüchtig bekwaam in zaken

Geschäftsverbindung *v* zakenrelatie; *mit einem in* ~ *treten* zaken doen met iem.

Geschäftsverkehr *m* handelsverkeer

Geschaukel *o* (-s) geschommel

gescheckt bont, gevlekt (v. paard, koe)

geschehen (geschah; geschehen) gebeuren, geschieden; overkomen; ~ *ist* ~ gedane zaken nemen geen keer; *es* ~ *noch Zeichen und Wunder* de wonderen zijn de wereld nog niet uit; *gern* ~*!* niet te danken, tot uw dienst; *dir geschieht gerade (ganz) recht* je krijgt juist wat je verdient, je hebt je verdiende loon; net goed; *sie ließ es* ~ (ook) zij liet (hem, haar, hen) begaan; *es ist um ihn* ~ het is met hem gedaan

Geschehnis *o* (-ses; -se) gebeurtenis

gescheit verstandig, intelligent, schrander, pienter; *nicht* ~ niet wijs; *aus etwas nicht* ~ *werden* er niet wijs uit worden

Geschenk *o* (-s; -e) geschenk, gift, cadeau

Geschichte *v* (~; -n) geschiedenis; verhaal(tje); (liefdes)affaire; *immer die alte* ~*!* altijd 't oude liedje!; *Alte, Mittlere, Neue* ~ oude, middeleeuwse, moderne geschiedenis (als wetenschap) geschiedenis van de ; *alte* ~*n* oud nieuws; *die ganze* ~ alles bij elkaar; *da haben wir die* ~*!* daar heb je 't gedonder, 't gegooi in de glazen!; *das ist (aber) eine nette (schöne)* ~*!* dat is me wat moois!; *machen Sie keine* ~*n* haal geen dwaasheden uit; maak geen gekheid

geschichtlich historisch, geschiedkundig

Geschichtsbuch *o* geschiedenisboek

Geschick *o* (-s; -e) behendigheid, handigheid; lot, noodlot, lotgeval; *ein gütiges* ~ een gelukkig gesternte; *er hat kein* ~ *dazu* hij heeft er geen slag van; *ins* ~ *bringen* in orde brengen

geschicklich handig, behendig

Geschicklichkeit *v* behendigheid; handigheid

geschickt bekwaam, kundig, knap, handig; *ein* ~*er Arzt* een bekwaam dokter

Geschiebe *o* (-s) geschuif; bergpuin, los gesteente; bezinksel

geschieden gescheiden; *eine* ~*e Frau* een gescheiden vrouw; *wir sind* ~*e Leute* 't is uit tussen ons; *von Tisch und Bett* ~ van tafel en bed gescheiden

Geschirr *o* (-s; -e) gerei; tuig, paardentuig; paard en wagen; gereedschap; vaatwerk; servies; kamerpot; weefgetouw

Geschirrschrank *m* glazenkast

Geschirrspülautomat *m*, **Geschirrspülmaschine** *v* afwasmachine

Geschirrtuch *o* afdroogdoek

Geschlecht *o* (-s; -er) geslacht; generatie; deftige familie

geschlechtlich geslachtelijk, seksueel

Geschlechtswort *o* lidwoord

Geschlinge *o* (-s) vlechtwerk, guirlande; afval (v. geslachte dieren)

geschlossen gesloten; in gesloten formatie; tezamen, en bloc, met zijn allen; ~ *für etwas stimmen* met algemene stemmen aannemen; *in* ~*er Gesellschaft* in besloten kring; *in* ~*er Ortschaft* binnen de bebouwde kom

Geschlossenheit *v* (aaneen)geslotenheid, vastheid

Geschmack *m* (-s; Geschmäcke) smaak; *die Geschmäcke(r) sind verschieden* smaken verschillen; *an etwas* ~ *finden* iets goed, leuk vinden, iets waarderen; *auf den* ~ *kommen* er de smaak van beetkrijgen; *für meinen* ~ naar mijn smaak

geschmacklos smakeloos, flauw, laf

Geschmack(s)sache *v* kwestie van smaak

Geschmacksrichtung *v* smaak; *Eis in den* ~*en Vanille, Schokolade und Mokka* ijs in de smaken vanille, chocola en mokka

geschmackvoll smaakvol

Geschmatze *o* (-s) gesmak, gezoen

Geschmeide *o* (-s; ~) kleinood, sieraad; smeedwerk (v.d. goudsmid)

geschmeidig buigzaam, lenig, fig soepel, meegaand

Geschmeiß *o* (-es) gesmijt; uitwerpselen van roofvogels; gespuis, ontuig

Geschmetter *o* geschal

Geschmier(e) *o* (-(e)s) gesmeer, gemors, geklad, geknoei; werk v.e. prulschrijver

geschniegelt: ~ *(und gebügelt)* keurig, in de puntjes gekleed, om door een ringetje te halen

Geschöpf *o* (-es; -e) schepsel, wezen; creatuur; schepping; *ein hirnloses* ~ een kip zonder kop; *ein reizendes* ~ een bekoorlijk wezentje

Geschoß, nieuwe spelling: **Geschoss** *o* (-schosses; -schosse) woonlaag; verdieping, etage; projectiel, werptuig

geschraubt opgeschroefd, aanstellerig, gekunsteld

Geschrei *o* (-s) geschreeuw, geroep, gegil, gebalk; *viel* ~ *und wenig Wolle* veel geschreeuw en weinig wol; *viel* ~ *um etwas machen* gemeenz veel kouwe drukte over iets maken

geschult geschoold, geoefend

Geschütz *o* (-es; -e) mil kanon, stuk geschut; *schweres* ~ *auffahren* fig grof geschut inzetten

Geschwader *o* (-s; ~) mil smaldeel, eskader; eskader ⟨vliegtuigen⟩; zwerm ⟨vogels⟩

Geschwafel *o* (-s) gewauwel, geleuter

geschwänzt met staart; *ein* ~*er Buchstabe* een staartletter

Geschwätz *o* (-es) gezwets, geklets, geleuter

geschwätzig praatziek, babbelachtig

geschweift gewelfd, gebogen; uitgeschulpt; gestaart; *schön* ~*e Lippen* mooi gewelfde lippen

geschweige: *das geht nicht in einer Woche,* ~ *denn in einem Tag* dat gaat niet in een week, laat staan in (om niet te spreken van) een dag

geschwind vlug, gezwind, snel

Geschwindigkeit *v* (~; -en) snelheid; versnelling; *in (aller) de* ~ inderhaast; *mit affenartiger* ~ gemeenz bliksemsnel

Geschwirr *o* (-s) gegons; gefluit, gesjilp

Geschwister *mv* broer(s) en zuster(s)

geschwisterlich als (van) broers en zusters

geschwollen gezwollen, hoogdravend; opgeblazen; *es* ~ *geben* dikdoen, opscheppen

geschworen: *ein* ~*er Feind* een gezworen vijand

Geschwor(e)ne(r) *m* recht lid van een jury

Geschwulst *v* (~; Geschwülste) gezwel

geschwungen gewelfd, gebogen; ~*e Buchstaben* krulletters

Geschwür *o* (-s; -e) zweer, verzwering

Gesell(e) *m* (-(e)n; -(e)n) knecht, kameraad; knaap; gediplomeerd handwerker in dienst v.e. baas; *ein lustiger* ~ een vrolijke kerel, klant

gesellen *zw* (bij)voegen; *sich zu einem* ~ zich bij iem. voegen; *gleich und gleich gesellt sich gern* soort zoekt soort

Gesellenprüfung *v* examen aan het eind van een vakopleiding

gesellig sociaal, sociabel, in troepen levend; gezellig, aangenaam; ~ *lebende Vögel* in troepen levende vogels; *ein* ~*es Beisammensein* een gezellige bijeenkomst; ~*es Leben* gezelligheid; ~*e Manieren* goede omgangsvormen; *ein* ~*er Mensch* iem. die van gezelligheid houdt, gezellig iem.; ~*e Veranstaltung* gezellig avondje, festiviteit, partijtje

Geselligkeit *v* (~) gezellig verkeer, omgang; gezelligheid

Gesellschaft *v* (~; -en) gezelschap; genootschap; handel vennootschap; maatschappij, samenleving; partij; iron troep; *die feine (vornehme)* ~ de voorname (deftige) kringen; *die gute* ~ de betere kringen; *eine literarische* ~ een literair genootschap; *stille* ~ stille vennootschap; *jmdm.* ~ *leisten* iem. gezelschap houden; ~ *mit beschränkter Haftung* vennootschap met beperkte aansprakelijkheid; *zur* ~ *mittrinken* voor de gezelligheid meedrinken

Gesellschafter *m* (-s; ~) makker, gezel, kameraad; handel vennoot, associé, firmant; mannelijke prostitué; *ein guter* ~ een aangenaam mens in gezelschap; *ein stiller* ~ handel een stille vennoot

Gesellschafterin *v* (~; -nen) gezelschapsdame; handel firmante; *eine gute* ~ *sein* aangenaam in gezelschap zijn

gesellschaftlich maatschappelijk; beschaafd, hoffelijk; mondain; gezellig; *ein* ~*es Ereignis* een mondaine gebeurtenis; *eine* ~*e Veranstaltung* een gezellige avond, feestavond; ~*e Verpflichtungen* maatschappelijke verplichtingen; *in* ~*em Ton* op conversatietoon

Gesellschaftsanzug *m* avondtoilet, avondkleding

Gesellschaftsordnung *v* maatschappelijke orde

Gesellschaftsraum *m* conversatiezaal, salon, ontvangkamer

Gesellschaftswissenschaft *v* sociologie, maatschappijleer

Gesetz *o* (-es; -e) wet; vero strofe; *durch das* ~ bij de wet; *das* ~ *über die Ehescheidung* wet op de echtscheiding, echtscheidingswet; *das* ~ *von Angebot und Nachfrage* de wet van vraag en aanbod

Gesetzbuch *o* wetboek; *Bürgerliches* ~ burgerlijk wetboek

Gesetzentwurf *m* wetsontwerp

gesetzgebend: *die* ~*e Gewalt* de wetgevende macht

Gesetzgebung *v* wetgeving

gesetzlich wettig, wettelijk; handel ~ *geschützt* wettelijk gedeponeerd; *auf* ~*em Wege* langs wettelijke weg

Gesetzlichkeit *v* (~; -en) wettigheid, wettelijkheid

gesetzlos wetteloos

gesetzmäßig wettelijk; wettig; wetmatig

1 gesetzt: ~ *den Fall* gesteld 't geval

2 gesetzt bezadigd, bedaard, bezonken; ~*es Wesen* bezadigdheid

gesetzwidrig in strijd met de wet

Geseufze *o* (-s) gezucht

gesichert verzekerd, vaststaand; veilig, beschut; gedekt; *ein* ~*es Einkommen* een vast inkomen; ~*e Forderungen* handel gedekte vorderingen; *das ist nicht* ~ dat is niet zeker, staat niet vast

1 Gesicht *o* (-(e)s; -er) gelaat, aangezicht; gezicht, ogen; *das* ~ *unserer Zeit* de fysionomie v. onze tijd; ~ *bekommen* een ander aanzien krijgen; *ein langes (schiefes, saures)* ~, *ein schiefes* ~, *ein* ~ *wie 3 (7,*

14) Tage Regenwetter machen een lang gezicht (een gezicht als een oorwurm) trekken; *das ~ wahren* zijn gezicht redden; *jmdm. ins ~ lügen* schaamteloos tegen iem. liegen; *jmdm. etwas ins ~ sagen* iem. iets recht in zijn gezicht zeggen; *ins ~ schlagen* (ook) een slag in 't gezicht zijn; *etwas zu ~ bekommen* iets onder ogen krijgen

2 Gesicht o (-(e)s; -e) visioen, droomgezicht, verschijning

Gesichtsausdruck m gelaatsuitdrukking

Gesichtskreis m gezichtseinder, kim, horizon; gezichtskring

Gesichtszug m gelaatstrek

Gesims o (-es; -e) lijst, kroonlijst; vensterbank; rand; richel, schoorsteenmantel

Gesinde o (-s; ~) personeel

Gesindel o (-s) gespuis; *lichtscheues ~* volkje, dat 't daglicht schuwt; *luftiges ~* lichtzinnig gespuis

gesinnt gezind; *einem gut (übel) ~ sein* iem. een goed (kwaad) hart toedragen

Gesinnung v (~; -en) gezindheid, overtuiging

Gesinnungsfreund m, **Gesinnungsgenosse** m geestverwant, gelijkgezinde

gesinnungslos zonder vaste overtuiging

Gesinnungswandel m, **Gesinnungswechsel** m verandering v. gezindheid, v. opvatting

gesittet beschaafd, geciviliseerd, welgemanierd; *~e Kinder* goed opgevoede kinderen; *~e Völker* cultuurvolken

Gesittung v (~; -en) beschaving, cultuur; welgemanierdheid

Gesöff o (-s) brouwsel, bocht

gesondert afzonderlijk, separaat

Gespann o (-s; -e) span (paarden, ossen)

gespannt gespannen; benieuwd; *ich bin sehr ~ auf den Ablauf der Sache* ik ben zeer benieuwd naar de afloop van de zaak; *auf ~em Fuß* op gespannen voet

Gespenst o (-(e)s; -er) spook, -verschijning; *~er sehen* <u>gemeenz</u> onnodige vrees koesteren, spoken zien

gespensterhaft spookachtig

gespenstern zw rondspoken

Gespensterschiff o spookschip

gespenstig, gespenstisch spookachtig

Gespiele m (-n; -n) spelkameraad, -makker

Gespinst o (-s; -e) spinsel, weefsel; bedenksel; spint

Gespons I m (-es; -e) <u>plechtig</u> of <u>iron</u> verloofde; echtgenoot; II o (-es; -e) <u>plechtig</u> of <u>iron</u> verloofde, meisje; vrouw, echtgenote

Gespött o (-(e)s; -e) <u>plechtig</u>; *zum ~ der Leute dienen, werden* 't mikpunt van spot (v.d. anderen) zijn, worden

Gespräch o (-(e)s; -e) gesprek, onderhoud; *ein ~ nach Paris* een gesprek met Parijs; *das ~ auf etwas bringen* iets ter sprake brengen; *im ~ sein* onderwerp van gesprek zijn; *ins ~ kommen mit* tot een, in gesprek komen met; *zum ~ der Stadt werden* overal het onderwerp van gesprek zijn

gesprächig spraakzaam

Gesprächspartner m gespreksgenoot

Gesprächsthema o onderwerp van gesprek

gespreizt wijdbeens; hoogdravend, bombastisch, aanstellerig

gesprenkelt gespikkeld, gevlekt

Gespür o (-s) instinct, fijn gevoel; *ein (feines) ~ für etwas haben* feeling, een fijne neus voor iets hebben

Gestade o (-s; ~) <u>plechtig</u> oever, strand, kust

gestaffelt trapsgewijze opklimmend; *~ stehen* echelonsgewijs opgesteld zijn; *~e Steuern* progressieve belastingen

Gestalt v (~; -en) gestalte, figuur; persoonlijkheid; vorm, voorkomen; personage (in roman, toneelstuk enz.); *eine herkulische ~* een herculesgestalte; *feste ~ annehmen* vaste vorm aannemen; *einer Sache ~ geben* aan iets gestalte geven; *in ~ eines Polizisten* in de figuur van een politieagent

gestalten zw vormen, vorm geven; *ein Hotel modern ~* een hotel modern inrichten; *die Sache gestaltet sich schwierig* de zaak wordt erg moeilijk; *bei so gestalteten Sachen* nu de zaken zo staan

Gestalter m (-s; ~) vormgever, ontwerper

gestaltlos vormloos

Gestaltung v (~; -en) vormgeving; vorm, gedaante; ontwikkeling

Gestaltungsgabe v, **Gestaltungskraft** v plastisch vermogen, vormgevend talent

Gestammel o (-s) gestamel

gestanden bn behoorlijk, degelijk, ervaren; *~e Männer* mannen met een positie

geständig: *~ sein* bekennen

Geständnis o (-ses; -se) bekentenis

Gestank m (-(e)s) stank

Gestapo [-'sta-] v nat-soc (als afk. v. *Geheime Staatspolizei*) geheime staatspolitie

gestatten zw toestaan, toelaten, gedogen, vergunnen, veroorloven; *sich ~ de* vrijheid nemen; *~ Sie!* sta mij toe; pardon!

Geste ['ges-te] v (~; -n) geste, gebaar; *ausladende ~n* brede gebaren

gesteckt: *~ voll* propvol

gestehen st bekennen, erkennen; *offen gestanden* eerlijk gezegd; *sich ~* ook: zich ervan bewust worden

Gestehungskosten mv <u>handel</u> produktiekosten

Gestein o (-s; -e) gesteente

Gestell o (-(e)s; -e) onderstuk, stellage, boekenrek, ledikant; chassis (v. auto); frame, geraamte; montuur (v. bril); sleuf, bosweg; *ein langes ~* <u>gemeenz</u>, <u>schertsend</u> een bonenstaak

Gestellung v (~; -en) beschikbaarstelling

gestern gisteren; *~ abend* gisterenavond; *~ morgen* gisterenmorgen, -ochtend; *~ nachmittag* gisterenmiddag; *~ nacht* gisterennacht; *er ist nicht von ~* hij is niet van gisteren

Gestichel o (-s) hatelijkheden, speldenprikken

gestiefelt gelaarsd, met laarzen; met onderaan witte poten ⟨kat⟩; *~ und gespornt* gelaarsd en gespoord

gestielt gesteeld

gestikulieren zw gesticuleren, gebaren
Gestirn o (-s; -e) ster; sterrenbeeld; hemellichaam; *ein unglückliches* ~ een ongelukkig gesternte
gestirnt gesternd, met sterren bezaaid
Gestöber o (-s) jachtsneeuw
gestochen gestoken; gegraveerd; ~ *scharfe Bilder* uiterst scherpe opnamen
Gestolper o (-s) gestruikel, gestrompel
Gestotter o (-s) gestotter, gestamel; gemeenz het afbetalen
Gestrampel o (-s) (voet)getrappel
Gesträuch o (-s; -e) struikgewas
gestreift gestreept (v. stoffen)
gestrichen: ~ *voll* tot de rand vol
gestrig van gisteren; fig ouderwets; *der* ~*e Tag* gisteren, de dag van gisteren
Gestrüpp o (-s; -e) kreupelhout, struikgewas
Gestühl o (-s; -e) gestoelte
Gestümper o (-s) geknoei, knoeiwerk
gestunken: *das ist* ~ *und gelogen* gemeenz dat is een vuile leugen
Gestüt o (-s; -e) stoeterij
Gesuch o (-(e)s; -e) verzoek, rek(w)est, verzoekschrift
gesucht gezocht ⟨ook: onnatuurlijk⟩; gevraagd; *dieser Artikel ist stark* ~ er is veel vraag naar dit artikel
Gesudel o (-s) geknoei
Gesumm(e) o (-(e)s) gegons, gezoem
gesund gezond; *nicht ganz* ~ gemeenz lichtelijk gek; ~ *und munter* geheel hersteld, helemaal de oude; *einen* ~ *schreiben* med iem. gezond verklaren
Gesundbrunnen m geneeskrachtige bron
gesunden zw gezond worden ⟨ook fig⟩
Gesundheit v (~; -en) gezondheid; *auf Ihre* ~*!* op uw gezondheid, proost; *bei guter* ~ in goede gezondheid
gesundheitlich hygiënisch, gezondheids-; *es geht mir* ~ *gut* het gaat mij, wat de gezondheid betreft, goed
Gesundheitsamt o, **Gesundheitsbehörde** v gezondheidsdienst, GG en GD
Gesundheitspflege v gezondheidszorg
gesundheitsschädlich schadelijk voor de gezondheid
gesundschreiben st med gezond verklaren
Gesundung v (~; -en) genezing, herstel
Getäfel, Zwits **Getäfer** o (-s) beschot, lambrisering
Getändel o (-s) gespeel, gescherts, gedartel
Getier o (-s) gedierte, dieren; dier
Getose, **Getöse** o (-s) getier, geraas, gebulder, lawaai
getragen gedragen, rustig ⟨ook muz⟩
Getrampel o (-s) getrappel, gestommel
Getränk o (-s; -e) drank; *starke* ~*e* sterke drank, alcoholica
Getränkekarte v lijst van dranken
Getratsch(e) ['traat-], **Geträtsche** o (-s) geleuter, geklets
getrauen zw: *sich* ~ wagen, durven
Getreide o (-s) graan, koren
Getreidespeicher m koren-, graanzolder, -pakhuis
Getrenntschreibung v het los van elkaar schrijven
getreu bn (ge)trouw; *seinem Vorsatz* ~ trouw aan zijn voornemen
getreulich bijw getrouwelijk, getrouw
Getriebe o (-s) gedoe, drukte; techn drijfwerk, transmissie; auto versnellingsbak; transmissie ⟨v. motorfiets⟩; *Sand im* ~ *haben* fig niet meer vlot lopen
getrost getroost; gerust
Getue o (-s) gedoe, aanstellerij, (kouwe) drukte
Getümmel o (-s) drukte, gewoel; gedrang, menigte
Getuschel o (-s) gefluister, gesmoes
geübt geoefend, bedreven
Gevatter m (-s; -n) peetoom; doopvader, peter; vriend, kameraad; buurman; baas; ~ *Hein* vriend Hein, de dood
geviert in vier delen verdeeld, met vieren
Gewächs o (-es; -e) gewas; med gezwel; *ein 89er* ~ een wijn van 1989; *eigenes* ~ eigen teelt; *ein klägliches* ~ gemeenz een zielig product; *ein komisches* ~ gemeenz, schertsend een merkwaardig mensenkind (exemplaar)
gewachsen gegroeid, opgewassen; *einer Sache* ~ *sein* tegen iets opgewassen zijn
Gewächshaus o broeikas
gewagt gewaagd, bedenkelijk; aanstootgevend
gewahr: ~ *werden* (+ 2 of 4) gewaarworden, waarnemen, bespeuren
Gewähr v (~) waarborg, borg, garantie; *ohne* ~ zonder garantie, onder voorbehoud
gewahren zw gewaar worden, bespeuren, zien
gewähren zw toestaan, inwilligen, geven, verschaffen, opleveren; *Aufschub* ~ uitstel verlenen; *eine Bitte* ~ een verzoek toestaan; *Kredit* ~ krediet verlenen; *Nachlaß* ~ korting geven; *Obdach* ~ onderdak verschaffen; *Schutz* ~ bescherming verlenen; *eine Zuflucht* ~ een toevluchtbieden; *einen* ~ *lassen* iem. laten begaan, zijn gang laten gaan
gewährleisten zw borg blijven, instaan voor, garanderen
Gewährleistung v borgstelling, garantie
Gewahrsam m (-s; -e) (verzekerde) bewaring; *in* ~ *bringen, haben, nehmen* in bewaring stellen, hebben, nemen
Gewährsmann m (-s; -männer, -leute) zegsman; borg
Gewährung v (~; -en) inwilliging, vergunning, het toestaan; overgave
Gewalt v (~; -en) geweld; macht; *elterliche* ~ ouderlijke macht; *gesetzgebende, ausführende (ausübende), richterliche* ~ wetgevende, uitvoerende, rechterlijke macht; *höhere* ~ force majeure, overmacht; *sich* ~ *antun* zelfmoord (trachten te) plegen; *einem Mädchen* ~ *antun* een meisje verkrachten; *der Wahrheit* ~ *antun* de waarheid vervalsen; ~ *anwenden* geweld gebruiken; *sich in der* ~ *haben* zichzelf in de hand hebben, zich beheersen; *seine Stimme in der* ~ *haben* zijn stem beheersen; *in jemands* ~ *stehen* in iemands macht zijn

Gewaltakt *m* gewelddaad, daad van geweld

Gewaltanwendung *v*: *mit* ~ met gebruik van geweld, met de sterke arm

Gewaltherrschaft *v* dwingelandij, despotisme

gewaltig geweldig, hevig

Gewaltmaßnahme *v* dwangmaatregel

gewaltsam gewelddadig, met geweld

Gewalttäter *m* gewelddadig mens

gewalttätig gewelddadig

Gewand *o* (-(e)s; Gewänder & -e) gewaad, kostuum; fig kleed

gewandt behendig, vlug, handig, gevat; vlot, bedreven; ~*e Umgangsformen* gemakkelijke omgangvormen

Gewandtheit *v* behendigheid, vlugheid, bedrevenheid, gevatheid; gemak

gewärtig: *einer Sache (2)* ~ *sein* iets verwachten

gewärtigen *zw*: *etwas zu* ~ *haben* iets te verwachten hebben, iets te wachten staan

Gewäsch *o* (-es) geklets, geleuter

Gewässer *o* (-s) zee, meer, rivier, beek; ~ *mv* wateren; *in den deutschen* ~*n* in de Duitse wateren

Gewebe *o* (-s; ~) weefsel (ook fig), web; *ein* ~ *von Lügen* een web (samenstel) van leugens

Gewehr *o* (-s; -e) geweer; slagtand; *an die* ~*e!* mil in 't geweer!

Gewehrkolben *m* geweerkolf

Geweih *o* (-(s); -e) gewei

Gewerbe *o* (-s; ~) nijverheid, ambacht, bedrijf, nering; *ein* ~ *treiben* een ambacht, bedrijf uitoefenen; *das horizontale* ~ de prostitutie

Gewerbeaufsicht *v* arbeidsinspectie

Gewerbeberechtigung *v* bedrijfsvergunning

Gewerbeschein *m* bewijs van vakbekwaamheid

Gewerbeschule *v* school voor lager huishoud- en nijverheidsonderwijs, lagere technische school

Gewerbesteuer *v* bedrijfsbelasting

gewerblich industrieel, ambachtelijk; ~*e Arbeiter* industrie-arbeiders; *die* ~*e Wirtschaft* het bedrijfsleven; ~ *tätig sein* in de industrie werkzaam zijn

gewerbsmäßig beroeps-; *etwas* ~ *betreiben* iets als beroep uitoefenen

Gewerkschaft *v* (~; -en) vakvereniging; mijnbouwonderneming

Gewerkschaft(l)er *m*, **Gewerkschaftsmitglied** *o* vakverenigingslid

Gewicht *o* (-(e)s; -e) gewicht; belang; Z-Duits gewei; *großes* ~ *haben* zeer belangrijk zijn, veel gewicht in de schaal leggen; *großes* ~ *auf etwas legen* groot gewicht aan iets hechten; *ins* ~ *fallen* meetellen, van invloed zijn; *nach* ~ bij 't gewicht

Gewichtheben *o* sp gewichtheffen

gewichtig zwaar, zwaarwegend; ~*e Worte* woorden van gewicht

gewieft gemeenz slim, gewiekst

Gewieher *o* (-s) gehinnik; gegier ⟨van het lachen⟩

gewillt geneigd; gezind; *ich bin nicht* ~... ik ben niet geneigd, niet van zins...

Gewimmel *o* (-s) gewemel, gekrioel

Gewimmer *o* (-s) gekerm, geween, gejank

Gewinde *o* (-s; ~) schroefdraad, krans; guirlande; klos; techn *flaches* ~ vierkante schroefdraad

Gewinn *m* (-s; -e) winst; nut, voordeel; prijs ⟨bij loterij⟩; ~ *abwerfen* winst opleveren; *ein Buch mit* ~ *lesen* een boek lezen met nut voor zich zelf, zo lezen dat men er nut van heeft

Gewinnanteil *m* aandeel in de winst, winstaandeel

Gewinnausschüttung *v* winstuitkering

Gewinnbeteiligung *v* aandeel in de winst

gewinnbringend winstgevend

Gewinnchance *v* winstkans

gewinnen (gewann, gewonnen) winnen; bereiken; *dadurch hat der Garten sehr gewonnen* daardoor is de tuin veel mooier geworden; *damit ist wenig gewonnen* daarmee is weinig bereikt; ~ *schlagen aus etwas* winst slaan uit iets; *Boden* ~ veld winnen; *Einblick* ~ *in (+ 4)* op iets kijk krijgen; *den Eindruck* ~ de indruk krijgen; *Fachleute* ~ vaklieden aanwerven; *Kohlen* ~ kolen winnen, delven; *Raum* ~ veld winnen; *einen Vorsprung vor einem* ~ iem. een eind voor komen; *das Weite* ~ 't vrije veld, 't ruwe sop bereiken; ervandoorgaan; *einen lieb* ~ iem. lief krijgen; *an Höhe* ~ luchtv hoogte winnen; *einen für sich* ~ iem. voor zich innemen; *wie gewonnen, so zerronnen* zo gewonnen, zo geronnen

gewinnend innemend; innemend

Gewinner *m* (-s; ~) winner, winnaar

Gewinnrealisierung *v*, **Gewinnrealisation** *v* handel winstneming

Gewinnspanne *v* winstmarge

Gewinnsucht *v* winstbejag

Gewinnung *v* (~) winning ⟨ook v. erts⟩, het behalen, aanwinning ⟨v. land⟩

Gewinnzahl *v* winnend getal ⟨in loterij, lotto⟩

Gewinsel *o* (-s) gekerm, gehuil, gejank

Gewirr(e) *o* (-s; ~) wirwar, chaos, verwarring; warboel

Gewisper *o* (-s) gefluister

gewiß, nieuwe spelling: **gewiss** gewis, vast, zeker; *seiner Sache* ~ *sein* zeker van zijn zaak zijn; *ein gewisser Herr M.* een zekere heer M.; *ein gewisse Ähnlichkeit* een zekere gelijkenis

Gewissen *o* (-s; ~) geweten; *etwas auf dem* ~ *haben* iets op zijn geweten hebben; *es auf sein* ~ *nehmen* de verantwoordelijkheid ervoor op zich nemen; *jmdm. ins* ~ *reden* op iem. inpraten; *nach bestem* ~ zo goed, zo eerlijk mogelijk; *ein gutes* ~ *ist ein sanftes Ruhekissen* een goed geweten is een zacht oorkussen

gewissenhaft nauwgezet, consciëntieus, stipt

gewissenlos gewetenloos

Gewissensbisse *mv* gewetenswroeging

Gewissensfrage *v* gewetenskwestie

gewissermaßen enigszins, enigermate, om zo te zeggen, in zekere zin
Gewißheit, nieuwe spelling: **Gewissheit** v ⟨~; -en⟩ zekerheid, vastheid
gewißlich, nieuwe spelling: **gewisslich** zekerlijk, zeker
Gewitter o ⟨-s; ~⟩ onweer, donderbui
gewitterig onweerachtig
gewittern zw onweren; _fig_ dreigen, spoken
Gewitterwolke v donder-, onweerswolk
gewittrig onweerachtig
gewitzigt: _durch Erfahrung_ ~ door ervaring wijs geworden
gewitzt gewiekst, slim; _durch die Erfahrung_ ~ door ervaring wijsgemaakt, wijsgeworden
Gewoge o ⟨-s⟩ het golven, op- en neergaan
gewogen genegen, vriendelijk; gunstig gezind
Gewogenheit v ⟨~⟩ genegenheid, gunst, vriendelijkheid
gewöhnen zw wennen; _sich_ ~ _an_ (+ 4) (zich) wennen aan; _gewöhnt sein an_ (+ 4) gewend zijn aan
Gewohnheit v ⟨~; -en⟩ gewoonte; _nach alter_ ~ oudergewoonte; _eine üble_ ~ een slechte gewoonte
Gewohnheitsmensch m _schertsend_ gewoontedier
gewöhnlich gewoonlijk; gewoon, ordinair; _für_ ~ in de regel, gewoonlijk
Gewöhnlichkeit v gewoonheid
gewohnt gewoon; gewend; _das bin ich nicht_ ~ dat ben ik niet gewoon, gewend; _zur ~en Stunde_ op 't gewone uur
gewöhnt (+ an + 4 & + 4) gewoon; gewend
gewohntermaßen volgens gewoonte
Gewöhnung v ⟨~⟩ het wennen, gewenning, het aanwennen
Gewölbe o ⟨-s; ~⟩ gewelf; _Z-Duits_ magazijn, winkel
gewölbt gewelfd
Gewölk o ⟨-s⟩ wolken
Gewölle o ⟨-s⟩ braakselprop ⟨v. roofvogel⟩
Gewühl o ⟨-s⟩ gewoel, gedrang
gewunden gewonden, kronkelig, gewrongen
gewürfelt geruit, met vakken
Gewürm o ⟨-s⟩ kruipend gedierte
Gewürz o ⟨-es; -e⟩ specerij, kruiderij
Gewürznelken _mv_ kruidnagelen
gezackt getand, puntig
Gezänk o ⟨-(e)s⟩ krakeel, getwist, gehakketak
Gezappel o ⟨-s⟩ gespartel
Gezeit v ⟨~; -en⟩ getij; _die ~en_ eb en vloed
Gezerr(e) o ⟨-(e)s⟩ getrek, heen en weer geruk
Gezeter o ⟨-(e)s⟩ geschreeuw, getier
gezielt ⟨op het doel⟩ gericht; _~e Fragen_ doelgerichte vragen; _~e Maßnahmen_ passende maatregelen
geziert gemaakt, aanstellerig
Geziertheit v gemaaktheid, aanstellerij
Gezischel o ⟨-s⟩ gesis; gefluister
Gezücht o ⟨-es⟩ gebroed
Gezwitscher o ⟨-s⟩ gekweel, gekwinkeleer

gezwungen gedwongen; gemaakt, stijf
Gicht v ⟨~⟩ jicht
Gickel(hahn) m _vogelk_ haan
gicksen zw overslaan ⟨v. stem, v. blaasinstrument⟩; _bijl_ ketsen
Giebel m ⟨-s; ~⟩ (driehoekig stuk van de) gevel onder zadeldak; puntgevel; _gemeenz_, schertsend grote neus
Gier v ⟨~⟩ begerigheid; gulzigheid, gretigheid
gieren zw hunkeren; _scheepv_ slingeren; _nach Geld_ ~ op geld azen
gierig gretig, begerig, verlangend; gulzig
Gießbach m stortbeek
gießen st ⟨goß; gegossen⟩ gieten; uitstorten; _Öl auf die Wogen_ ~ olie op de golven gieten; _Öl ins Feuer_ ~ olie op 't vuur gooien; _es gießt, es gießt in Strömen_ het giet, stortregent, regent dat 't giet
Gießerei v ⟨~; -en⟩ gieterij
Gießkanne v gieter
Gift o ⟨-(e)s; -e⟩ gif, vergif, venijn; _auf etwas_ ~ _nehmen können_ ergens gif op kunnen innemen
giften zw zijn gal spuwen; _sich_ ~ giftig, spinnijdig worden, zich ergeren
giftig vergiftig, venijnig; giftig
Giftküche v plaats waar valse of lasterlijke geruchten bedacht worden, roddelfabriek
Giftmüll m giftig afval
Giftpflanze v vergiftige plant
Giftpilz m _plantk_ giftige paddestoel; venijnig mens
Giftschlange v gifslang
Gigolo ['zjie-] m ⟨-s; -s⟩ gigolo
gilben zw _plechtig_ geel worden
Gilde v ⟨~; -n⟩ gilde; beroepsorganisatie
Gimpel m ⟨-s; ~⟩ _vogelk_ goudvink; onnozele hals
Ginster m ⟨-s⟩ _plantk_ brem; _englischer_ ~ stekelbrem
Gipfel m ⟨-s; ~⟩ top; toppunt; _pol_ topbijeenkomst, topontmoeting; _das ist der_ ~ _(der Frechheit)!_ dat is 't toppunt!
Gipfelkonferenz v topconferentie
gipfeln zw het toppunt bereiken, culmineren; zijn hoogtepunt hebben
Gipfelpunkt m toppunt
Gipfeltreffen o topconferentie
Gips m ⟨-s; -e⟩ gips, pleister; _gemeenz_ geld, duiten; ~ _im Kopf haben gemeenz_ oliedom zijn
Gipsabdruck m gipsafdruk
gipsen zw gipsen, pleisteren, stukadoren
Gipser m ⟨-s; ~⟩ stukadoor
gipsern bn gipsen
Giraffe v ⟨~; -n⟩ _dierk_ giraf(fe)
girieren [zji'rieren] gireren; endosseren
Girlande v ⟨~; -n⟩ guirlande, bloemslinger
Giro ['zjie-ro] o ⟨-s; -s⟩ giro; endossement ⟨v. wissel⟩
Girokonto ['zjie-] o _handel_ girorekening
girren zw kirren ⟨v. duiven⟩
Gischt m ⟨-s; -e⟩ schuim
Gitarre v ⟨~; -n⟩ _muz_ gitaar
Gitarrenspieler m, **Gitarrist** m ⟨-en; -en⟩ gitaarspeler, gitarist
Gitter o ⟨-s; ~⟩ tralie(werk), hek; _elektr_ roos-

Gitterfenster

ter; *hinter ~n* gemeenz achter de tralies
Gitterfenster o tralieraam
Gitterstab m spijl
Gitterzaun m traliehek
glacieren = glasieren
Glanz m (-es) glans, luister; *mit ~* met glans; schitterend, uitstekend ⟨ook iron⟩; *mit ~ und Gloria* met veel bombarie (drukte)
glänzen zw glanzen; blinken, schitteren, uitblinken, opvallen; glimmen ⟨v. neus, kledingstof⟩; *durch Abwesenheit ~* schitteren door afwezigheid; *mit seinem Wissen ~* uitblinken door kennis
glänzend schitterend, blinkend; voortreffelijk; *ein ~er Sieg* een schitterende overwinning
Glanzleistung v schitterende prestatie
glanzlos glansloos; *ein ~es Fest* een saai feest
Glanzstück o pronkstuk
Glas o (-es; Gläser) glas, drinkglas; kijker; pot ⟨met jam enz.⟩; toneelkijker; *zwei ~ Wein* twee glazen wijn; *ein ~ über den Durst* een glaasje te veel; *du bist nicht aus ~* je staat me in 't licht; *unter ~* achter glas
Glasauge o glazen oog
Glaser m (-s; ~) glazenmaker; *dein Vater ist wohl ~?* je staat me in 't licht, ik kan niet door je heen kijken
Glaserkitt m stopverf
gläsern als glas, glazen; dun, hoog ⟨v. stem⟩; *ein ~er Blick* een glazige blik
Glasfaser v, **Glasfiber** v glasvezel, glasfiber
Glashaus o glazen huis; broeikas; *wer im ~ sitzt, soll nicht mit Steinen werfen* wie boter op zijn hoofd heeft, moet uit de zon blijven; wie in een glazen huis woont, moet niet met stenen gooien
glasieren zw glaceren
glasig glasachtig; glazig ⟨blik, aardappel⟩
Glasperle v kraal
Glasscheibe v glazen schijf; glasruit
Glasschrank m glazenkast
Glastür v glazen deur
Glasur [-'zoer] v (~; -en) verglaassel, glazuur
glatt glad, effen; glibberig; vlot; gladweg, gewoonweg, totaal; *eine ~e Dummheit* een stommiteit; *eine ~e Erfindung* een volslagen verzinsel; *ein ~es Geschäft machen* vlot zaken doen; *eine ~e Landung* een vlotte landing; *eine ~e Lüge* een botte leugen; *eine ~e Zunge* een gladde tong; *~ ungenügend* ronduit onvoldoende; *etwas ~ vergessen* iets glad vergeten; *einem etwas ~ ins Gesicht sagen* iem. iets recht in zijn gezicht zeggen; *~ sein* geen schulden hebben
Glätte v (~) gladheid, glibberigheid ⟨ook fig⟩
Glatteis o ijzel; *aufs ~ führen* fig op glad ijs, op gevaarlijk terrein brengen
Glatteisgefahr v gevaar voor ijzel
glätten zw gladmaken, -strijken ⟨v. haren⟩; polijsten; kalanderen; strijken ⟨v. wasgoed⟩; *sich ~* glad worden; fig rustig worden, bedaren
glattgehen, nieuwe spelling: **glatt gehen**

zw gemakkelijk gaan, zonder problemen verlopen, prima verlopen
glattmachen zw 1 nieuwe spelling: **glatt machen** gladmaken; 2 gemeenz, handel vereffenen
glattweg gladweg, ronduit
glattzüngig glad van tong
Glatze v (~; -n) kale kruin, kaal hoofd; gemeenz grammofoonplaat
Glatzkopf m kaal hoofd, kaalkop
glatzköpfig kaal(hoofdig)
Glaube(n) m (-(n)s) geloof; *ich bin des Glaubens* 't is mijn overtuiging; *seines Glaubens van zijn geloof; im ~, daß...* in de veronderstelling dat...; *in bösem ~* te kwader trouw; *in gutem ~, guten Glaubens* in goed geloof, te goeder trouw
glauben zw geloven, vertrouwen; menen; *einem ~* iem. geloven; *etwas ~* iets geloven; *an Gespenster ~* aan spoken geloven; *das glaubt dir kein Pferd* gemeenz dat gelooft niemand; *das will ich ~* dat zou ik menen; *das ist doch nicht zu ~* dat is toch niet te geloven; *das kannst du mir ~* dat kun je van mij aannemen; *ich glaube mich im Recht* ik meen in mijn recht te staan; *dran ~ müssen* eraan moeten geloven; *gaan ~ verloren ~* verloren wanen; *wer's glaubt, wird selig (zahlt 'nen Taler)* een gek die dat gelooft; maak dat een ander wijs
Glaubensbekenntnis o geloofsbelijdenis
glaubhaft geloofwaardig
gläubig gelovig; *der Gläubige* de gelovige; *ein Gläubiger* een gelovige
Gläubiger m (-s; ~) schuldeiser, crediteur; *bevorzugter ~* preferente schuldeiser
glaublich: *kaum ~* nauwelijks te geloven
glaubwürdig geloofwaardig
gleich I bn gelijk, dezelfde, hetzelfde; effen; onverschillig, om het even; *~ groß* even groot; *es ist mir ~* het is mij om 't even; *von ~ zu ~* op voet van gelijkheid; *ein Gleiches* hetzelfde; *Gleiches mit Gleichem vergelten* oog om oog, tand om tand; *etwas ins ~e bringen* iets in orde brengen; *das kommt aufs ~e hinaus* dat komt op hetzelfde neer; *ganz ~, was du machst* het doet er niet toe wat je doet; **II** voorz + 3: *~ einem Ball* als een bal, gelijk een bal; **III** bijw dadelijk, meteen; ineens, tegelijk; ook weer, toch weer; maar liefst; *~ um die Ecke* vlak om de hoek; *ich komme ~* ik kom dadelijk; *sie kauft ~ zwei Stück* zij koopt twee stuks ineens; *~ 20 Mann sind gekommen* maar liefst twintig man zijn gekomen; *wie heißt der doch ~?* hoe heet hij ook weer?; *wo war das ~?* waar was dat ook weer? *bis ~!* tot straks!; **IV** voegw vero hoewel, ook al; *wenn er ~ alt ist* ook al is hij oud
gleichalt(e)rig van gelijke leeftijd
gleichartig gelijksoortig, -slachtig
gleichbedeutend (mit) van dezelfde betekenis als, synoniem
gleichberechtigt gelijkgerechtigd
Gleichberechtigung v gelijkgerechtigdheid

gleichbleibend onveranderlijk
gleichen (glich; geglichen): *einem (aufs Haar)* ~ (sprekend) op iem. lijken
gleichergestalt, gleichermaßen eveneens, desgelijks, gelijkerwijze
gleichfalls eveneens, desgelijks, insgelijks
gleichförmig gelijkvormig; ~ *beschleunigt, verzögert* eenparig versneld, vertraagd
gleichgeschlechtlich van hetzelfde geslacht; homoseksueel
gleichgesinnt gelijkgezind
Gleichgewicht o (-s; -e) evenwicht; ~ *der Mächte* machtsevenwicht
gleichgültig (gegen), Oostr **gleichgiltig** onverschillig (voor, tegen); onbelangrijk
Gleichheit v (~) gelijkheid, identiteit
Gleichklang m gelijkluidendheid ⟨ook muz⟩; muz akkoord
gleichkommen (+ 3) st gelijkstaan met, evenaren
gleichlautend, nieuwe spelling: **gleich lautend** gelijkluidend, eensluidend; ~e *Abschrift* afschrift conform
gleichmachen (+ 3) zvn gelijk maken aan, nivelleren; *dem Erdboden* ~ met de grond gelijkmaken
gleichmäßig gelijk-, regelmatig
Gleichmut m gelijkmoedigheid, beheerstheid, bedaardheid
gleichmütig bedaard, gelijkmoedig, beheerst, doodgemoedereerd
gleichnamig gelijknamig ⟨ook rekenk⟩
Gleichnis o (-ses; -se) gelijkenis, zinnebeeldig verhaal, parabel
gleichsam als het ware
gleichschalten zw gelijkschakelen ⟨ook pol⟩
Gleichschritt m: *im* ~ in de maat, in de pas; *im* ~ *marsch!* voorwaarts mars!
gleichsehen (+ 3) st (ge)lijken op; *das sieht ihm gleich* dat kun je van hem verwachten
gleichseitig wisk gelijkzijdig
Gleichstand m sp gelijke stand; deuce ⟨bij tennis⟩
Gleichstrom m elektr gelijkstroom
gleichtun onr: *es einem* ~ iem. evenaren, met iem. wedijveren
Gleichung v (~; -en) wisk vergelijking; *quadratische, kubische* ~ wisk vierkants-, dermachtsvergelijking
gleichviel onverschillig, om 't even
gleichwertig gelijkwaardig
gleichwohl evenwel, nochtans, toch
gleichzeitig gelijktijdig, tegelijk
gleichziehen st: ~ *mit* evenaren; sp op gelijke hoogte komen, dezelfde plaats op de ranglijst innemen
Gleis o (-es; -e) spoor ⟨v. rails enz.⟩; *auf ein falsches (totes)* ~ *geraten (kommen)* fig op een vals (dood) spoor komen; *aus dem* ~ *kommen, werfen, bringen* uit de sleur komen
gleißen zw glanzen, glinsteren, glimmen; ~*d* schoonschijnend; glanzend; huichelachtig
gleiten (glitt; geglitten) glijden; slippen; ~*de Löhne* glijdende loonschaal (naar verhouding van het indexcijfer); *ins* G~ *kommen* uitglijden, slippen; ~*de Arbeitszeit* glijdende werktijden
Gletscher m (-s; ~) gletsjer
Glied o (-(e)s; -er) lid, gelid; geleding; schakel; *die Glieder* de ledematen, leden; *das männliche* ~ de penis; *der Schrecken fuhr mir in die* ~*er* de schrik sloeg mij om 't hart
Gliederarmband o schakelarmband
Gliederbau m lichaamsbouw
gliedern zw geleden; onderverdelen; rangschikken, verdelen, indelen; *sich* ~ geleed zijn; onderverdeeld zijn; gerangschikt worden
Gliederpuppe v ledenpop
Gliederung v (~; -en) geleding; onder-, indeling; rangschikking; constructie
Gliedmaßen mv ledematen
glimmen schw & st zwak gloeien; smeulen
Glimmer m (-s) glimmer, mica; zwakke glans
Glimmstengel, nieuwe spelling: **Glimmstängel** m gemeenz, schertsend sigaar, sigaret
glimpflich schappelijk, matig goed, redelijk; ~ *abgehen* tamelijk goed verlopen; ~ *davonkommen* er genadig, schappelijk, nog goed afkomen
Glitschbahn v, **Glitsche** v (~; -n) glijbaan
glitschen zw sullen, glijden
glitschig glad, glibberig; week, klef; fig glad
glitzern zw glinsteren
global de wereld omvattend; globaal
Globus m (- & -ses; -ben & -busse) globe
Glocke v (~; -n) klok, luiklok, bel; plantk klokje; glazen bol; stolp, koepel; dophoed; *etwas an die große* ~ *hängen* iets aan de grote klok hangen; *wissen, was die* ~ *geschlagen hat* op de hoogte zijn, weten hoe laat het is
Glockenblume v plantk klokjesbloem, campanula
Glockenrock m klokrok
Glockenschlag m klokslag; ~ *acht (Uhr)* klokslag acht (uur); *mit dem* ~, *auf den* ~ op de klok af
Glockenspiel o klokkenspel
glockig klokvormig, klokkend ⟨rok⟩
Glöckner m (-s; ~) klokkenist; klok(ken)luider; beiaardier
Glorie [-ri-e] v (~; -n) heerlijkheid, glorie
Glorienschein m nimbus, stralenkrans
glorifizieren zw verheerlijken
Glossar [-'saar] o (-s; -e) glossarium, woordenlijst
Glosse v (~; -n) glos(se), kanttekening; spottende opmerking; ~*n zu etwas machen* kritische opmerkingen over iets maken
glossieren zw van kanttekeningen voorzien; glossen over iets maken
Glotze v (~; -n) gemeenz tv, buis
glotzen zw grote ogen opzetten; dom kijken
Glück o (-s; Glücksfälle) geluk, fortuin; *mehr* ~ *als Verstand* meer geluk dan wijsheid; ~ *ab* luchtv goede aankomst; ~ *auf!* goeden-

dag! ⟨bij mijnwerkers⟩; *damit hast du bei ihm kein* ~ dat krijg je nooit van hem gedaan; *sein* ~ *machen* succes hebben; *auf gut* ~ op goed geluk; *von* ~ *sagen können* van geluk kunnen spreken; *zum* ~ gelukkig
Glucke *v* (~; -n) vogelk klokhen, kloek
glucken *zw* klokken; ⟨in huis⟩ hokken
glücken gelukken
glückhaft fortuinlijk, gelukkig
Gluckhenne *v* vogelk klokhen, kloek
glücklich *bn* gelukkig, voorspoedig
glücklicherweise *bijw* gelukkig, gelukkigerwijze
glückselig gelukzalig
glucksen *zw* klokken; kakelen; onderdrukt lachen
Glücksfall *m* gelukje, gelukkig toeval
Glückspilz *m* gelukskind, -vogel
Glücksrad *o* rad van avontuur (van fortuin)
Glücksritter *m* gelukzoeker, avonturier
Glückssache *v* geluk(je)
Glücksspiel *o* kansspel
Glückssträhne *v*: *in einer* ~ *sein, seine* ~ *haben* boffen, een goede dag hebben
glückstrahlend stralend van geluk
Glückwunsch *m* gelukwens, felicitatie; *herzlichen* ~ *zum Geburtstag* hartelijk gefeliciteerd met je verjaardag
Glühbirne *v* gloeilamp
glühen *zw* gloeien
Glühwein *m* Glühwein, bisschop(wijn)
Glukose *v* glucose, druivensuiker
Glut *v* (~; -en) gloed
glutrot gloeiend rood
GmbH = *Gesellschaft mit beschränkter Haftung*
Gnade *v* (~; -n) genade; *zu* ~*n kommen* in genade aangenomen worden; ~ *vor Recht ergehen lassen* genade voor recht doen gelden
gnaden *zw*: *dann gnade dir Gott!* dan zij God je genadig!
Gnadenfrist *v* uitstel v. executie
Gnadengesuch *o* verzoek om gratie
Gnadenstoß *m* genadeslag, -stoot
gnädig genadig, goedgunstig ⟨vaak iron⟩; *die* ~*e Frau,* gemeenz *die Gnädige* mevrouw; *das* ~*e Fräulein* plechtig of schertsend de freule; de juffrouw; ~*es Fräulein* plechtig of schertsend freule; juffrouw ⟨bij het aanspreken⟩
gnatzig N-Duits knorrig
Gnatzkopf *m* brombeer, mopperaar
Gnom *m* (-en; -en) aardmannetje, gnoom
gnomenhaft dwergachtig
Gold *o* (-(e)s) goud; ~ *in der Kehle haben* een prachtige stem hebben
Goldammer *v* vogelk geelgors
Goldbarren *m* staaf goud
golden *bn* gouden, gulden, van goud; heerlijk; ~*e Stunden* heerlijke uren; ~*e Worte* gulden woorden; *es ist nicht alles* ~, *was glänzt* het is niet alles goud wat er blinkt
goldfarben, goldfarbig *bn* goudkleurig
Goldfisch *m* visk goudvis; fig meisje met veel geld
Goldgrube *v* goudmijn; goudmijntje, melkkoetje
goldig gouden, goudkleurig, gulden; allerliefst, bekoorlijk
Goldlack *m* plantk muurbloem
Goldregen *m* goudregen; plantk goudenregen
Goldschmied *m* goudsmid
Goldschnitt *m*: *mit* ~ verguld op snee
Goldwaage *v* goudschaaltje; *seine Worte auf die* ~ *legen* zijn woorden op een goudschaaltje wegen
Goldwährung *v* handel gouden standaard
1 Golf *m* (-(e)s; -e) golf, bocht, inham
2 Golf *o* (-s) golf(spel)
Golfstrom *m* Golfstroom
Gondel *v* (~; -n) gondel, schuitje; schertsend plompe schoen
gondeln *zw* gondelen, varen; gemeenz trekken, zwerven
Gong *m* & *o* (-s; -s) gong
Gongschlag *m* gongslag
gönnen *zw* gunnen ⟨ook iron⟩; *einem das Salz in der Suppe, das Schwarze unter dem Nagel nicht* ~ gemeenz iem. het licht in de ogen niet gunnen; *sich etwas* ~ zich iets gunnen, veroorloven
Gönner *m* (-s; ~) begunstiger, beschermer
gönnerhaft neerbuigend, beschermend
Gönnerschaft *v* protectie
Gör *o* (-(e)s; -e(n)) N-Duits rakker, wicht, blaag
Göre *v* (~; -n) wicht, meisje; rakker
Gosse *v* (~; -n) ⟨straat⟩goot; dakgoot, regenpijp; *jmdn. aus der* ~ *ziehen* fig iem. uit de goot oprapen; *jmdn. durch die* ~ *ziehen* iem. door het slijk halen
Gote *m* (-n; -n) Goot ⟨volksstam⟩
Gotik *v* gotiek
gotisch Gotisch; gotisch ⟨stijl⟩
Gott *m* (-es; Götter) God, god; ~ *sei Dank!* goddank!; *ach du lieber* ~!, *großer* ~! heremijntijd!; *um* ~*es willen!* in godsnaam!; ~ *mit uns!* God zij met ons!; *weiß* ~ bij God; ~ *und die Welt* jan en alleman; *Götter in weiß* geringsch artsen; *ein Leben wie* ~ *in Frankreich* een leven als God in Frankrijk; een behaaglijk leven
gottergeben ['gott-] ootmoedig, gelaten
Gottesacker *m* plechtig dodenakker, kerkhof
Gottesdienst *m* godsdienstoefening, eredienst
gottesfürchtig godvruchtig, godvrezend
Gotteshaus *o* godshuis, kerk
Gottheit *v* (~; -en) godheid
Göttin *v* (~; -nen) godin
göttlich goddelijk ⟨ook fig⟩
gottlob goddank, godlof
gottlos goddeloos; *der Rest ist für die Gottlosen, den Gottlosen die Neige* het grondsop is voor de goddelozen
gottverlassen van God verlaten, vervloekt; troosteloos eenzaam
Götze *m* (-n; -n) afgod
Grab *o* (-(e)s; Gräber) graf, grafkuil; *ein feuchtes* ~ een zeemansgraf; *ein Geheimnis mit ins* ~ *nehmen* een geheim met zich

meenemen in het graf; *ins ~ sinken* ten grave dalen; *über das ~ hinaus* tot aan gene zijde van het graf; *zu ~e tragen* ten grave brengen ⟨ook fig, bijv. van hoop⟩; *er ist verschwiegen wie das ~* hij kan zwijgen als het graf; *sich sein eigenes ~ schaufeln* zijn eigen graf graven

grabbeln zw grabbelen

graben (grub; gegraben) graven, spitten, delven; graveren, griffen fig; *einem eine Grube ~* iem. een kuil graven; *wer andern eine Grube gräbt, fällt selbst hinein* wie een kuil graaft voor een ander, valt er zelf in

Graben m (-s; Gräben) sloot; gracht; greppel; reg dal; mil loopgraaf

Grabenkrieg m loopgravenoorlog

Grabesstille v doodse stilte

Grabgewölbe o grafgewelf

Grabhügel m grafheuvel

Grabmal o (-s; -e) grafmonument

Grabstätte v graf, grafstede

Grabstein m grafsteen, -zerk

Grabung v (~; -en) het graven; opgraving; afgraving

Grad m (-es; -e) graad, trap; *bis zu einem gewissen ~* in zekere mate

grade (= *gerade*) gemeenz juist; recht; ronduit

Gradmesser m (-s; ~) graadmeter

graduell [-'el] trapsgewijze, gradueel

Graf m (-en; -en) graaf

Gräfin v (~; -nen) gravin

gräflich grafelijk

Grafschaft v (~; -en) graafschap

Gral m (-s) graal

gram: *einem ~ sein* plechtig boos, vertoornd op iem. zijn

Gram m (-s) plechtig hartzeer, kommer, verdriet

grämen zw plechtig verdrieten; *sich ~ tobben,* verdriet hebben; *sich zu Tode ~* zich doodkniezen

grämlich plechtig tobberig, verdrietig, zuur

Gramm o (-s) gram; *5 ~* 5 gram

Grammatik [-'ma-] v (~; -en) spraakkunst, grammatica

grammatikalisch grammaticaal

grammatisch grammaticaal

Grammophon, nieuwe spelling: **Grammofon** o (Zwits m) (-s; -e) grammofoon

gramvoll verdrietig, tobberig

1 Granat m (-(e)s; -e & -en) granaat ⟨edelsteen⟩

2 Granat m (-(e)s; -e) garnaal

Granate v (~; -n) mil granaat; Oostr, gemeenz keihard schot ⟨bij voetbal⟩

Granatsplitter m granaatscherf

Granit [-'niet] m (-s; -e) graniet

Granne v (~; -n) baard ⟨v. aar⟩; snorhaar ⟨v. dier⟩

grantig nijdassig, vinnig, mopperig

Grapefruit ['greep-] v (~; -s) grapefruit

Graphik ['gra-] v (~) grafische kunst; grafisch kunstwerk; grafische voorstelling

Graphiker m graficus, grafisch kunstenaar

graphisch grafisch

grapschen, grapsen zw grabbelen, graaien; slang gappen

Gras o (-es; Gräser) gras; gemeenz marihuana; *ins ~ beißen* in het stof ⟨zand⟩ bijten ⟨= sterven⟩; *über die Sache ist längst ~ gewachsen* die zaak is allang in het vergeetboek geraakt; *das ~ wachsen hören* het gras horen groeien, zichzelf erg slim vinden

grasen zw grazen, weiden; gemeenz *~ nach* afzoeken naar

Grashalm m grashalm, -spriet

Grashüpfer m grashopper ⟨kleine sprinkhaan⟩

grasig grazig, vol gras; grasachtig

grassieren zw med heersen, woeden

gräßlich, nieuwe spelling: **grässlich** vreselijk, akelig, gruwelijk

Grat m (-(e)s; -e) braam ⟨aan mes⟩; scherpe bergkam; hoek van een zadeldak

Gräte v (~; -n) graat

Gratifikation v gratificatie, bonus

grätig vol graten

Grätsche v (~; -n) spreidsprong

grätschen zw turnen de benen spreiden, met gespreide benen springen

Gratulation v het gelukwensen, feliciteren; felicitatie

gratulieren zw: *einem ~ zu* iem. gelukwensen, feliciteren met; *du kannst dir ~* gemeenz je kunt van geluk spreken

Gratwanderung v wandeling over bergkammen; fig gevaarlijke onderneming, dans op het slappe koord

grau grauw, grijs; handel *~er Kurs* niet-officiële koers; *~ in ~ malen* alles even grauw schilderen, somber afschilderen

grauen zw gruwen, ijzen; grijs worden; aanbreken ⟨v.d. dag⟩, schemeren; *der Tag graut* de dag breekt aan; *sich ~ vor (+ 3)* gruwen, ijzen, huiveren van; *mir (mich) graut vor dir* ik huiver voor je

Grauen o (-s) afgrijzen, huivering, ontzetting

grauenerregend, grauenhaft, grauenvoll huiveringwekkend, afgrijselijk

grauhaarig grijsharig

graulen zw: *es grault mir, ich graule mich* ik griezel

graulich griezelig, angstig

graumeliert [grau-] peper- en zoutkleurig

Graupe v (~; -n) gepelde gerstkorrel; hagelkorrel; *große ~n im Kopf haben* gemeenz vol onuitvoerbare plannen zitten

Graupel v (~; -n) kleine hagelkorrel

graupeln zw fijn hagelen

Graupelschauer m hagelbui

Graus m (-es) vero schrik, huivering, ontzetting; verschrikkelijke gebeurtenis, verschrikking; *es ist ein ~ mit ihm* het is met hem een verschrikking

grausam wreed

grausen zw huiveren, ijzen; *mir (mich) graust* ik huiver

Grausen o (-s) huivering, afgrijzen

grausenerregend huiveringwekkend

grausig afgrijselijk, gruwelijk; bar

gravieren zw graveren; belasten

Gravitation v (~) gravitatie, aantrekkings-, zwaartekracht
gravitätisch (komisch) deftig, parmantig
Grazie ['gra-tsi-e] v (~; -n) gratie, bevalligheid; *die ~n de Gratiën*
grazil [-'tsiel] teer, graciel, tenger
graziös gracieus
Greif m (-(e)s & -en; -e(n)) vogelk griffioen
greifbar tastbaar; disponibel; leverbaar; *~e Ergebnisse* tastbare resultaten
greifen (griff; gegriffen) grijpen, vatten, pakken; tasten, vastnemen, vastpakken; *zu hoch ~* te hoge eisen stellen; *die Zahl ist nicht zu hoch gegriffen* 't aantal is niet te hoog geraamd; *schlecht ~* slecht pakken; *einen ~* fig muz met iem. afrekenen; *einen Akkord ~* muz een akkoord aanslaan, grijpen; veld winnen; *das ist zu hoch gegriffen* dat is te hoog gegrepen, dat is te moeilijk; *ans Herz ~* aangrijpen; *sich an den Kopf ~* naar zijn hoofd grijpen; *aus dem Leben gegriffen* uit 't leven gegrepen; *aus der Luft gegriffen* uit de lucht gegrepen; *die Gelegenheit beim Schopfe ~* de gelegenheid aangrijpen; *in den Beutel ~* in de tas tasten; *ins Leere (in die Luft) ~* geen vat op iets krijgen; *nach etwas ~* naar iets grijpen; iets in gebruik nemen; *um sich ~* om zich heen grijpen; zich uitbreiden; *einem unter die Arme ~* iem. helpen, bijstaan; *zur Feder ~* naar de pen grijpen, in de pen klimmen; *zu den Waffen ~* naar de wapens grijpen; *zum G~ nah* heel gemakkelijk te pakken
Greifer m (-s; ~) grijper
greinen zw grienen; brommen
greis oud en eerwaardig
Greis m (-es; -e) grijsaard
Greisenalter o (-s) hoge ouderdom
greisenhaft ouwelijk, als (v.) een grijsaard, seniel
Greisin v (~; -nen) oude vrouw
grell schel, opzichtig; doordringend, schril
Gremium o (-s; -mien) comité, commissie
Grenze v (~; -n) grens; *die grüne ~* de groene (niet aangegeven) grens; *einer Sache ~n setzen (stecken)* aan een zaak paal en perk stellen
grenzen zw: *~ an (+ 4)* grenzen aan
grenzenlos onbegrensd, grenzeloos
Grenzer m (-s; ~) douaneambtenaar; grensbewoner; grenswacht(er)
Grenzfall m grensgeval
Grenzgänger m arbeider, die over de grens werkt, pendelaar
Grenzschutz m grensbewaking, -wacht
Grenzübergang m grenspost; het passeren van de grens
grenzüberschreitend grensoverschrijdend; *~e Kriminalität* grensoverschrijdende criminaliteit
Grenzverkehr m grensverkeer
Gretchenfrage v vraag naar godsdienstige gezindheid, naar wereldbeschouwing; fig gewetensvraag, netelige vraag (naar de vraag van Gretchen in Goethes *Faust*: '*Nun sag, wie hast du's mit der Religion?*' Zeg mij, hoe zit het met je godsdienstige overtuiging?)
Greuel, nieuwe spelling: **Gräuel** m (-s; ~) gruwel; monster; *es ist mir ein ~* ik vind 't afschuwelijk
Greuelmärchen, nieuwe spelling: **Gräuelmärchen** o verzonnen gruwelijk verhaal
Greueltat, nieuwe spelling: **Gräueltat** v gruweldaad
greulich, nieuwe spelling: **gräulich** afschuwelijk, gruwelijk
Griebe v (~; -n) kaantje; uitslag, herpes
Grieche m (-n; -n) Griek
Griechenland o (-s) Griekenland
Griechentum o Hellenisme, Griekse cultuur
griechisch Grieks, Helleens
Griesgram m (-s; -e) knorrepot
Grieß m (-es) gries(meel); gruis, graveel
Griff m (-(e)s; -e) greep, handgreep; handvat, steel, knop, gevest, hengsel; hals (v. gitaar, viool); *~e handgrepen*; *ein ~ in die Wundertüte* gemeenz een tegenvaller, een strop; *einen guten ~ tun* een goede greep (keus) doen; *etwas in den ~ bekommen* iets leren beheersen, vat op iets krijgen; *etwas im ~ haben* de slag van iets beet hebben; *mit ~en und Kniffen* met allerlei listen en kneepjes
griffbereit bij de hand, voor 't grijpen
Griffel m (-s; ~) griffel, schrijfstift; etsnaald; plantk stijl
griffig disponibel; handig; pakkend; *ein ~er Ausdruck* een gangbare uitdrukking; *~er Fels* rots, waarop men goed houvast heeft; *~es Mehl* Oostr grofgemalen meel; *~er Reifen* autoband die goed pakt
Griffnähe v: *in ~* voor 't grijpen
Grill m (-s; -s) grill
Grille v (~; -n) dierk krekel; luim, gril, nuk
grillen zw grilleren
Grillenfänger m zwaarmoedig mens, zwartkijker
grillenhaft grillig, wonderlijk, eigenzinnig
grillieren zw grilleren
Grimasse v (~; -n) grimas, lelijk gezicht
Grimm m (-(e)s) vero, plechtig woede, grimmigheid
grimmig grimmig
Grind m (-(e)s; -e) schurft, hoofdzeer; korst (op wond)
grinsen zw grijnzen; *das G~* het grijnzen, de grijns
Grippe v (~) griep
Grips m gemeenz verstand, hersens; *~ haben* snugger zijn
grob grof, lomp, onbeschoft; groot, ernstig; ongeveer; *grobe Fahrlässigkeit* grove nalatigheid; *~ gerechnet, genommen* grofweg, ongeveer
Grobheit v (~; -en) grofheid, onbeschoftheid
grobknochig schonkig, grofgebouwd
grobkörnig grofkorrelig
gröblich grof, ernstig
grobschlächtig grof, lomp
Grog m (-s; -s) grog, groje, grokje
grölen zw schreeuwen, loeien, brullen
Groll m (-s) wrok

grollen zw rollen ⟨v. donder⟩; grommen; *einem* ~ wrok koesteren jegens iemand, mokken; boos zijn op iem.
Grönland o (-s) Groenland
Grönländer m (-s; ~) Groenlander; kajak
1 Gros o (-ses; -se) gros ⟨144 stuks⟩
2 Gros [groo] o (~; ~) mil gros, hoofdmacht; meerderheid
Groschen m (-s; ~) Groschen ⟨10 Pf.-stuk⟩; Oostr 1/100 Schilling; *meine paar* ~ die paar centen, die ik heb; *bei ihm ist der* ~ *gefallen* hij heeft het eindelijk door
groß (größer, größt) groot; grandioos, voornaam; veel, bijzonder; *ganz* ~ uitstekend; ~ *und klein* groot en klein; *einen* ~ *ansehen* iemand verwonderd, met grote ogen aanzien; ~ *und breit erzählen* uitvoerig, breeduit vertellen; ~ *machen* een grote boodschap doen; *ein Wort* ~ *schreiben* een woord met hoofdletter schrijven; *was gibt es da noch* ~ *zu erklären?* wat moet daar nou nog verklaard worden?; *im* ~ *einkaufen* in 't groot inkopen; *im* ~*en und ganzen* over 't algemeen; ~ *im kommen* sterk in opkomst
großartig groots, grandioos; prachtig, grootscheeps; met breed gebaar; kolossaal, royaal; dikdoend; *sie ist* ~ zij is kranig; *das ist ja* ~*!* die is goed! dat is prachtig!; *eine* ~*e Idee* een prachtidee, een reuzenidee; *das schmeckt* ~ dat smaakt heerlijk
Großaufnahme v fotogr close-up
Großbetrieb m grootbedrijf; grote bedrijvigheid, grote drukte
Großbritannien o (-s) Groot-Brittannië
Großbuchstabe m hoofdletter
Größe v (~; -n) grootheid ⟨ook v. persoon⟩; grootte; maat; *eine unbekannte* ~ een onbekende grootheid
Großeltern mv grootouders
Großenkel m achterkleinkind
Größenordnung v orde van grootte
großenteils groten-, goeddeels
Größenwahn m grootheidswaanzin
Großfahndung v opsporing op grote schaal
Großfeuer o uitslaande brand
Großhandel m groot-, engroshandel
Großhändler m groothandelaar
Großhandlung v groothandel, engroszaak, grossierderij
großherzig grootmoedig
Großhirn o de grote hersenen
Grossist m (-en; -en) grossier
großjährig meerderjarig
großkotzig pralend, aanmatigend, rijk
Großmacht v grote mogendheid
Großmaul o opschepper
Großmut v groot-, edelmoedigheid
großmütig groot-, edelmoedig
Großmutter v grootmoeder
Großneffe m achterneef
Großnichte v achternicht
Großoheim m, **Großonkel** m oudoom
Großraum m grote ruimte; aardr groot gebied
Großraumbüro o grote kantoorruimte, kantoortuin
Großrechenanlage v, **Großrechner** m comput mainframe
Großrein(e)machen o grote schoonmaak
Großschnauze v schreeuwer, praler; wie een grote bek kan opzetten
Großschreibung v het schrijven v.e. woord met een hoofdletter
großsprecherisch blufferig, opschepperig, dikdoend
großspurig aanmatigend
Großstadt v officieel stad met meer dan 100000 inwoners; grote stad
Großstädter m grotestadsmens
großstädtisch van een grote plaats; grootsteeds, urbaan
Großtante v oudtante
Großteil m grootste deel
größtenteils voor het grootste deel
größtmöglich zo groot mogelijk
Großtuer m opschepper, snoever
Großtuerei v grootdoenerij, pocherij, opschepperij
großtun: (*sich*) ~ pochen, opscheppen
großväterlich grootvaderlijk
großziehen st grootbrengen, opvoeden; opfokken; doen groeien
großzügig groots, breedopgezet; grootscheeps; breed v. opvatting, ruimdenkend, onbekrompen, royaal
grotesk grotesk, wonderlijk
Groteske v groteske
Grotte v (~; -n) grot
Grübchen o (-s; ~) kuiltje ⟨ook in wang⟩
Grube v (~; -n) mijn, kuil; graf, groeve; hol, holte
Grübelei v (~; -en) gepieker, getob
grübeln zw peinzen, tobben, piekeren; peuteren
Grubenlampe v mijnlamp
Grübler m (-s; ~) tobber, piekeraar, peinzer
grüblerisch peinzend, tobberig, piekerend
Gruft v (~; Grüfte) groeve, grafgewelf; familiegraf
Grufti m jeugdtaal aanduiding voor bejaarde persoon
grummeln zw N-Duits rommelen, brommen
grün groen, vers; onrijp; genegen; ~ *und blau* bont en blauw; *sich* ~ *und blau ärgern* zich groen en geel ergeren; *er ist mir nicht* ~ hij heeft het niet op mij begrepen, kan mij niet uitstaan; *ins G*~*e gehen* de natuur ingaan
Grün o (-(e)s) het groen; kaartsp schoppen; green ⟨bij golfspel⟩; *bei* ~ *über die Straße gehen* bij groen licht de straat oversteken; *eine Dame in* ~ een dame in 't groen; *dasselbe in* ~ gemeenz praktisch hetzelfde
Grund m (-(e)s; Gründe) grond, bodem; zandbank; ondergrond; reden, motief; *der* ~ *des Meeres* het diepst van de zee; *eigner* ~ *und Boden* eigen grond; *das hat so seine Gründe* daar is alle reden voor; *den* ~ *legen zu* de grondslag leggen voor; *auf* ~ *geraten* scheepv aan de grond raken ⟨ook fig⟩; *einer Sache auf den* ~ *gehen, kommen* een zaak grondig onderzoeken; *auf*

~ *einer Anzeige* op grond van een aangifte; *aus diesem* ~ om deze reden; *im* ~*e (genommen)* in feite; *im* ~*e seines Herzens* in 't diepst van zijn hart; *von* ~ *auf (aus)* totaal, door en door, grondig
Grundbedingung *v* hoofdvoorwaarde
Grundbegriff *m* grondbegrip
Grundbesitz *m* grondbezit, -eigendom
Grundbuch *o* handel kadastrale legger
Grundbuchamt *o* kadaster
grundehrlich door en door eerlijk
gründen zw I *overg* stichten, grondvesten, oprichten; *eine Familie* ~ een gezin stichten; *eine Handelsgesellschaft* ~ een vennootschap oprichten; *einen eigenen Hausstand (Herd)* ~ een eigen huishouden opzetten; *sich* ~ *auf (+ 4)* steunen, berusten op; II *onoverg + auf (+ 3), + in (+ 3)* berusten op, een grondslag vinden, baseren (grondvesten) op; *stille Wasser* ~ *tief* stille wateren hebben diepe gronden
Gründer *m* (-s; ~) stichter, grondvester, oprichter
Gründeraktie [-tsi-e] *v* handel oprichtersaandeel, -bewijs
grundfalsch door en door verkeerd, helemaal fout
Grundfeste *v* grondslag, fundament
Grundform *v* grondvorm; gramm onbepaalde wijs
Grundgebühr *v* vastrecht
Grundgesetz *o* basiswet, hoofdwet 〈in natuur, wetenschap〉; grondwet
grundieren zw grondverven, grond(er)en, in de grondverf zetten; de achtergrond vormen voor, doen uitkomen
Grundkapital *o* handel beginkapitaal
Grundlage *v* (~; -n) grondslag, fundament, basis; *das Gerücht entbehrt jeder* ~ 't gerucht is op niets gebaseerd
grundlegend fundamenteel
gründlich grondig, secuur, degelijk; *etwas* ~ *ausrotten* iets radikaal uitroeien
Gründlichkeit *v* (~) grondigheid
Gründling *m* (-s; -e) visk grondel(ing)
grundlos grondeloos 〈v. weg〉; ongegrond
Gründonnerstag *m* Witte Donderdag
Grundrechte *mv* grondrechten
Grundriß, nieuwe spelling: **Grundriss** *m* plattegrond, horizontale doorsnede; projectie op een horizontaal vlak; fig schets, overzicht; *im* ~ in hoofdtrekken
Grundsatz *m* grondbeginsel, principe
Grundsatzerklärung *v* beginselverklaring
grundsätzlich in beginsel, principieel
Grundschule *v* (4-jarige) basisschool
Grundstein *m* grondsteen, eerste steen; *den* ~ *für etwas legen* fig de basis voor iets vormen
Grundsteuer *v* grondbelasting
Grundstock *m* grondkapitaal; begin, grondslag, kern; 't eerst noodzakelijke
Grundstoff *m* grondstof; chem element
Grundstück *o* stuk grond, perceel; bouwterrein
Grundstudium *o* ± kandidaatsstudie
Gründung *v* (~; -en) stichting, oprichting, grondlegging; bouwk 't funderen, fundering
grundverschieden in de grond verschillend, totaal anders
Grundzug *m* grondtrek
grünen zw groen worden
Grünfutter *o* groen voer; gemeenz groente
Grünkohl *m* plantk groene kool
grünlich groenachtig
Grünling *m* (-s; -e) vogelk groenling, groenvink; melkmuil
Grünschnabel *m* melkmuil
Grünspan *m* kopergroen
Grünstreifen *m* groene strook, groenstrook; strook groen; middenberm
grunzen zw grommen, knorren
Grünzeug *o* verse groente; gemeenz onrijpe jongelui
Gruppe *v* (~; -n) groep; *in* ~*n* 〈ook〉 in groepsverband
Gruppenbild *o* groepsportret 〈schilderij, foto〉
Gruppenführer *m* groepsleider; mil groepscommandant
gruppenweise groepsgewijze
gruppieren zw groeperen
Grus *m* (-es) gruis; gruiskool
Gruselfilm *m* griezelfilm
gruselig griezelig
Gruselmärchen *o* griezelverhaal
gruseln zw griezelen; *mir, mich gruselt* ik griezel, ik huiver; *sich* ~ griezelen, huiveren
Gruß *m* (-es; Grüße) groet, begroeting; *mit freundlichen* ~*en* met vriendelijke groet 〈als gebruikelijke slotformule voor formele brieven〉
grüßen zw groeten; *grüß Gott* Z-Duits, Oostr, Zwits goedendag; *sie läßt schön* ~ u moet de groeten van haar hebben; *grüß dich!* hallo!, dag!
Grütze *v* (~) grutten; gortenpap; *rote* ~ watergruwel
gucken zw kijken, zien; *guck mal!* kijk eens hier!, moet je kijken!; *er wird schon* ~! gemeenz hij zal wel opkijken!; *einem auf die Finger* ~ iem. goed in 't oog houden; *dumm aus der Wäsche* ~ gemeenz verbijsterd zijn; *in den Eimer (den Mond, die Röhre)* ~ gemeenz 't nakijken hebben; *zu tief ins Glas* ~ gemeenz te diep in 't glaasje kijken; *einem in die Karten* ~ iem. in de kaart kijken
Gucker *m* (-s; ~) kijker 〈mens, voorwerp〉
Guckfenster *o* kijkraam, kijkgat
Gugelhopf, **Gugelhupf** *m* Z-Duits, Oostr, Zwits tulband 〈gebak〉
Gulasch *o & m* (-es) Z-Duits, Oostr, Zwits goulash; ~ *aus einem machen* gemeenz iem. tot moes slaan
Gulaschkanone *v* (~; -n) mil, gemeenz, schertsend keukenwagen
gülden dichterlijk gulden, gouden
Gülle *v* (~; -n) aalt, gier
Gully *m & o* (-s; -s) reg rioolput
gültig geldig, wettig; deugdelijk, van blijvende waarde
Gültigkeitsdauer *v* geldigheidsduur
1 Gummi *o & m* (-s; ~(s)) gummi; rubber;

gom ⟨op postzegel⟩
2 Gummi m ⟨-s; -s⟩ vlakgom, gummetje; condoom
Gummiarabikum [-'ra-] o Arabische gom
Gummibaum m plantk ficus
gummieren zw gommen
Gummihandschuh m rubberhandschoen
Gummiknüppel m wapenstok
Gummiparagraph m rekbaar wetsartikel
Gummireifen m rubberband
Gummistiefel m rubberlaars
Gummizelle v gecapitonneerde cel ⟨voor krankzinnigen⟩
Gummizug m ⟨stuk⟩ elastiek
Gundelrebe v, **Gundermann** m plantk hondsdraf
Gunst v ⟨~; Gunstbezeigungen⟩ gunst; *zu jemands ~en* ten gunste van iem.
Gunstbezeigung v gunstbetoon
günstig gunstig
Günstling m ⟨-s; -e⟩ gunsteling, favoriet
Günstlingswirtschaft v 't voortrekken van favorieten
Gurgel v ⟨~; -n⟩ keel, strot, gorgel; *jmdm. die ~ zuschnüren, zudrehen* iem. ruïneren, te gronde richten
gurgeln zw gorgelen; met zware stem zingen; *einen ~ gemeenz* een glas drinken
Gurke v ⟨~; -n⟩ plantk komkommer, augurk; gemeenz kokkerd, neus; lul; *alte ~ gemeenz* slechte auto; *kleine ~* plantk augurk; *eine komische ~ gemeenz* een vreemde figuur; *saure ~* augurk in 't zuur
Gurkensalat m komkommersla
gurren zw kirren ⟨v. duiven⟩
Gurt m ⟨-(e)s; -e⟩, **Gurt(e)** v ⟨~; -n⟩ gordel, riem, buikriem, veiligheidsgordel; *sich in die ~e legen* flink aanpakken
Gürtel m ⟨-s; ~⟩ gordel; ceintuur; step-in
Gürtellinie v gordel; taille; *ein Schlag unter die ~* een slag onder de gordel
Gürtelreifen m auto radiaalband
gürten zw gorden, aangorden; *sich ~* zich aangorden, zich gereed maken
GUS [gee-oe-es] v ⟨~⟩ = *Gemeinschaft unabhängiger Staaten* GOS (Gemenebest van Onafhankelijke Staten)
Guß, nieuwe spelling: **Guss** m ⟨Gusses; Güsse⟩ 't gieten; gietsel; glazuur ⟨op gebak⟩; stortbui; *aus einem ~* uit één stuk; fig ⟨ook⟩ uitstekend
Gußeisen, nieuwe spelling: **Gusseisen** o gietijzer
Gußregen, nieuwe spelling: **Gussregen** m stortregen
Gußstahl, nieuwe spelling: **Gussstahl**, ook: **Guss-Stahl** m gietstaal
Gusto m smaak, zin; *nach eigenem ~* naar eigen smaak
gut goed; schon *~* goed, goed; *alles Gute!* het beste!; *mach's ~* het beste ⟨als afscheidsgroet⟩; *~en Appetit!* smakelijk eten!; *~ die Hälfte* ruim de helft; *~ Platz für zwei* ruim plaats voor twee; *~ und gern*

vast en zeker; *das ist alles ~ und schön, aber* alles goed en wel, maar; *~ daran sein* er goed aan toe zijn; *ihm ist nicht ~* hij is misselijk; *lassen wir das ~ sein* laat ons er niet meer over spreken; laat maar; *im G~en oder im Bösen* goedschiks of kwaadschiks; *des G~n zuviel* teveel van 't goede; *es hat sein g~s* 't heeft zijn goede kanten; *im ~en regeln* goedschiks regelen; *einem etwas im ~en sagen* iem. iets vriendschappelijk zeggen; *das fängt ja ~ an* dat begint fraai; *das trifft sich ~* dat komt mooi uit
Gut o ⟨-(e)s; Güter⟩ goed; bezit; landgoed, hoeve; *bewegliches, fahrendes ~* roerende goederen; *liegendes ~* onroerende goederen; *stehendes und laufendes ~* scheepv staand en lopend want
Gutachten o ⟨-s; ~⟩ rapport, certificaat; (pre)advies; *ärztliches ~* doktersattest; *ein ~ einholen, anfordern, bestellen* een advies inwinnen, (aan)vragen; *ein ~ vorlegen* een advies uitbrengen
Gutachter m ⟨-s; ~⟩ (pre)adviseur
gutartig goedaardig ⟨ook med⟩
Gutdünken o ⟨-s⟩: *nach ~* naar uw goedvinden
Güte v ⟨~⟩ goedheid, kwaliteit; deugdelijkheid, kwaliteit; soliditeit; *(ach) du meine ~* lieve deugd
Gutenachtkuß, nieuwe spelling: **Gutenachtkuss** m nachtzoen
Güterbahnhof m goederenstation
Gütergemeinschaft v gemeenschap v. goederen
Gütertrennung v: *in ~ leben* op huwelijkse voorwaarden getrouwd zijn
Güterwagen m goederenwagen
Güterzug m goederentrein
Gütezeichen o kwaliteitsmerk
gutgläubig goedgelovig; te goeder trouw
Guthaben o tegoed
gutheißen st goedkeuren
gutherzig goedhartig
gütig vriendelijk, welwillend; *der ~e Gott* de goede God
gütlich: *ein ~er Austrag, Vergleich* een minnelijke schikking, onderhands akkoord; *einem ~ zureden* met iem. gemoedelijk praten; *sich an etwas ~ tun* zich aan iets te goed doen
gutmachen zw goedmaken, ongedaan maken, zich erkentelijk tonen, revancheren; sp inlopen; uitlopen, een voorsprong nemen; *sich Geld ~* geld verduisteren
gutmütig goedig
gutnachbarlich als goede buren
Gutsbesitzer m landheer
Gutschein m bon
gutschreiben st: *einem einen Betrag ~* iem. voor een bedrag crediteren
Gutschrift v handel 't crediteren; creditering; bijboeking; *eine ~ auf ein Konto* de creditering v.e. rekening
Gutshof m landgoed
Gutsverwalter m rentmeester ⟨v. landgoed⟩

gutwillig gewillig; goedschiks; ~ *oder gezwungen* goed- of kwaadschiks
Gymnasiallehrer *m*, Z-Duits, Oostr **Gymnasialprofessor** *m* leraar aan een gymnasium
Gymnasium *o* (-s; Gymnasien) school voor vwo; *humanistisches* ~ gymnasium
Gymnastik [-'nas-] *v* (~) gymnastiek

H

Haag *m* 's-Gravenhage, Den Haag
Haar *o* (-(e)s; -e) haar; *offene ~e* loshangend haar; *an ihm ist kein gutes ~* er deugt niets aan hem; *kein gutes ~ an einem lassen* geen spaan van iem. heel laten; *~e lassen* een veer laten; *die ~e steigen ihm zu Berge* de haren rijzen hem te berge; *ein ~ in der Suppe finden* een klein bezwaar tegen iets hebben; *~e auf den Zähnen haben* haar op zijn tanden hebben; *sich in den ~en liegen* elkaar in de haren zitten; *um ein ~* op een haar(tje) na; *um kein ~ besser* geen haar(tje) beter
Haarbreit *o:* (*um*) *kein ~* geen duimbreed, helemaal niet
Haarbüschel *o* bosje haar; haarlok
haaren *zw* de haren verliezen; scherpen ⟨v. zeis⟩; *sich ~* verharen
Haaresbreite *v: um ~* bijna; *nicht um ~* geen duimbreed, helemaal niet
Haarfarbe *v* haarkleur; haarverf
haargenau zeer precies, tot op een haar
haarig behaard, harig; ruig
haarklein haarfijn
Haarnadelkurve *v* haarspeldbocht
Haarriß, nieuwe spelling: **Haarriss** *m* haarscheurtje
haarscharf haarscherp; vlijmscherp; zeer precies
Haarschleife *v* haarstrik, -lint
Haarspalterei *v* haarkloverij, muggenzifterij, gemeenz mierenneukerij
Haarsträhne *v* pluk haar, sliert
haarsträubend: *ein ~er Anblick* een aanblik waarbij je de haren te berge rijzen
Haarwuchs *m* haargroei; haardos
Habe *v* (~) have, goed, bezit; *bewegliche, fahrende ~* roerend goed; *unbewegliche, liegende ~* onroerend goed
haben *onr hulpw*; *habe dir die Ehre Oostr* goedendag; *da ~ wir's!* daar heb je 't gedonder; *wie gehabt* zoals vroeger; *wir ~'s ja!* gemeenz, iron we hebben immers geld genoeg!, we kunnen 't missen!; *noch zu ~ sein* nog te koop zijn; ongetrouwd zijn; *wer hat, der hat* graag of niet; *das können Sie ~* gemeenz dat kunt u krijgen; *einen gern ~* veel van iemand houden; *du kannst mich gern ~!* gemeenz, iron je kunt de pot op (met …); *es schwer ~* het moeilijk hebben; *dafür war er nicht zu ~* daar was hij niet voor te vinden; *überall zu ~* overal verkrijgbaar; *damit hat es nichts auf sich* dat heeft niets te betekenen; *das hat viel für sich* daar valt veel voor te zeggen; *etwas gegen einen ~* tegen iem. iets hebben; *er hat es in sich* hij is niet de eerste de beste; *das hat es in sich* dat valt niet mee; *etwas, es mit einem ~* het met iem. houden; *mit einem scharrelen; es mit einem ~ iets,* wat hebben met; *er hat es mit dem Magen* hij heeft 't aan de maag; *einen zum besten ~* iem. voor de gek houden; *sich ~* zich aanstellen; *damit hat es sich* dat is alles, daarmee uit; *haste was kannste gemeenz* haastje-repje
Haben *o* (-s; ~) handel credit
Habenichts *m* (~; -e) arme sloeber, armoedzaaier
Habgier *v* hebzucht
habgierig hebzuchtig
habhaft: *eines Dinges ~ werden* iets machtig worden, in handen krijgen; *eines Menschen ~ werden* iemand te pakken krijgen
Habicht *m* (-s; -e) vogelk havik
Habichtsnase *v* haviksneus
Habilitation *v* verkrijging van het recht om aan een universiteit te doceren
habilitieren *zw* univ: *sich ~* de *Habilitation* verwerven
Habitus ['ha-] *m* (~) habitus, gewoonte, houding, manier van doen
Habsucht *v* (~) hebzucht
habsüchtig hebzuchtig
Hachse *v* (~; -n) schenkel ⟨v. slachtvee⟩; gemeenz been, poot
Hackbrett *o* hakbord; muz hakkebord
Hacke *v* (~; -n) houweel, hak; schoffel; hiel; hak ⟨v. schoen⟩; *sich die ~n nach etwas ablaufen* zich voor iets het vuur uit de sloffen lopen, zich de benen uit het lijf lopen
hacken *zw* hakken, houwen; pikken ⟨v.e. kip⟩; *aufs Klavier ~* op de piano rammen; zie ook: *herumhacken*
Hacken *m* (-s; ~) hak, hiel
Hackepeter *m* gemeenz gehakt
Hackfleisch *o* gehakt; *~ aus einem machen* iem. tot moes slaan
Hackklotz *m* hakblok
Hackordnung *v* pikorde ⟨ook fig⟩
Häcksel *m & o* (-s) haksel
Hader *m* (-s) strijd, twist, onmin
hadern *zw* twisten, kijven; *mit einem ~* tegen iem. mokken, twisten met iem.; *mit Gott ~* in opstand komen tegen God
Hadernpapier *o* (hoogwaardig) papier, gemaakt van linnen- en katoenlompen
1 Hafen *m* (-s; Häfen) haven
2 Hafen *m* (-s; Häfen) Z-Duits, Oostr (gebakken) pot; tol; *~ schlagen* tollen
Hafenanlagen *mv* haveninstallaties
Hafenarbeiter *m* bootwerker, havenarbeider
Hafeneinfahrt *v* havenmond
Hafengebühr *v* havengeld
Hafer *m* (-s) plantk haver; *jmdn sticht der ~* iem. is (te) overmoedig
Haferflocken *mv* havervlokken, -mout
Haff *o* (-es; -e & -s) strandmeer, haf; waddenzee
Haft *v* (~) hechtenis; *in ~ nehmen* in hechtenis nemen
Haftanstalt *v* huis van bewaring
haftbar verantwoordelijk, aansprakelijk; *~ machen* aansprakelijk stellen
Haftbefehl *m* bevel tot inhechtenisneming
haften *zw* kleven, blijven zitten, blijven hangen; *~ für* borg staan, instaan voor; *persönlich (solidarisch) ~* persoonlijk (gemeenschappelijk) aansprakelijk zijn
haftenbleiben, nieuwe spelling: **haften**

bleiben *st* vast blijven zitten, blijven kleven; *im Gedächtnis* ~ in 't geheugen blijven
Häftling *m* (-s; -e) arrestant
Haftpflicht *v* (~) aansprakelijkheid tegenover derden
haftpflichtig aansprakelijk
Haftpflichtversicherung *v* W.A.-verzekering
Haftschale *v* contactlens
Haftung *v* (~; -en) verantwoordelijkheid; contact
Hag *m* (-(e)s; -e) plechtig haag, heg; bos
Hagebuche *v* plantk haagbeuk
Hagebutte *v* plantk rozenbottel
Hagel *m* (-s) hagel ⟨ook schroot & fig⟩
Hagelkorn *o* hagelkorrel
hageln *zw* hagelen ⟨ook fig⟩; *es hagelt Taubeneier* er komen grote hagelkorrels naar beneden
Hagelschauer *m* hagelbui, -jacht
Hagelschlag *m* hevige hagelbui
hager pezig, schraal, lang en mager
Häher *m* (-s; ~) vogelk meerkol, Vlaamse gaai
Hahn *m* (-(e)s; Hähne) vogelk haan; mannetjesvogel; haan ⟨v. geweer enz.⟩; kraan ⟨v. gas enz.⟩; *der ~ im Korb* de enige man (in een groep vrouwen); *herumstolzieren wie ein ~ auf dem Mist* trots rondstappen; *einem den roten ~ aufs Dach setzen* iems. huis in brand steken; *es wird kein ~ danach krähen* er zal geen haan naar kraaien
Hahnenfuß *m* hanenvoet; plantk ranonkel, boterbloem, hanenvoet
Hahnenkamm *m* hanenkam ⟨ook plantk⟩; plantk ratelaar
Hahnenschrei *m* hanengekraai
Hahnrei *m* (-(e)s; -e) kapoen; hoorndrager, bedrogen echtgenoot
Hai *m* (-(e)s; -e) visk haai ⟨ook fig⟩
Haifisch *m* visk haai
Hain *m* (-(e)s; -e) plechtig bos(je), woud; *der Göttinger ~* de Göttinger dichterbond (1771)
Hainbuche *v* plantk haagbeuk
Häkelarbeit *v* haakwerk(je)
Häkelei *v* (~; -en) haakwerk; *~en* fig plagerij
häkeln *zw* haken; toehaken; blijven haken; *sich mit einem ~* iem. plagen, bevitten
Häkelnadel *v* haakpen
Haken *m* (-s; ~) haak; kram; hoekstoot ⟨bij boksen⟩; *das ist der ~* dat is de moeilijkheid; *die Sache hat einen ~* er zit een kink in de kabel; *einen ~ schlagen* een scherpe bocht maken (bijv. weg); opeens een zijsprong maken (bijv. haas)
Hakenkreuz *o* hakenkruis
Hakennase *v* haak-, haviks-, arendsneus
halb half; ten halve; *~ ... ~ ...* ten dele, half... half ...; gelijk op; *~ und ~* zo goed als; half om half; *das ist ~ so schlimm* dat is helemaal niet erg; *das ist halb so wild* gemeenz dat is niet zo erg; *keine ~en Sachen machen* geen half werk leveren; *nichts Halbes und nichts Ganzes* geen vlees en geen vis

halbamtlich officieus, semi-officieel
Halbbruder *m* halfbroeder, -broer
halber wegens, om; *der Gesundheit ~* om de gezondheid; *Geschäfte ~* om zaken
Halberzeugnis *o*, **Halbfabrikat** *o*, **Halbfertigprodukt** *o* halffabrikaat
Halbheit *v* (~; -en) halfslachtigheid
halbieren *zw* halveren; *die H~de* wisk bissectrice
Halbinsel *v* schiereiland
halbjährlich halfjaarlijks
Halbkreis *m* halve cirkel
Halbkugel halve bol; aardr halfrond
halblang halflang; *jetzt mach aber mal ~!* gemeenz overdrijf niet zo!
halbmast halfstok; *auf ~* halfmast
Halbmond *m* halve maan
Halbschlaf *m*: *im ~* tussen waken en slapen
Halbschuh *m* lage schoen
Halbschwester *v* halfzuster
halbstündig van een half uur, halfuurs
halbstündlich om 't halve uur
halbtags halve dagen
Halbtagsarbeit *v*, **Halbtagsbeschäftigung** *v* werk voor halve dagen
Halbwaise *v* halve wees
halbwegs halfweg, halverwege; min of meer; ten dele; enigszins
Halbzeit *v* sp halve speeltijd; rust, halftime
Halde *v* (~; -n) helling; kolenstapel (bij mijn); slakken, afval van erts
Hälfte *v* (~; -n) helft; *seine bessere ~* zijn betere helft, zijn wederhelft, zijn vrouw; *um die ~ kleiner* half zo groot; *zur ~* voor de helft
1 Halfter *o* (-s; ~) halster, toom
2 Halfter *v* (~; -n) pistoolholster
halftern *zw* de halster aandoen, halsteren
Hall *m* (-(e)s; -e) galm, echo, klank
Halle *v* (~; -n) hal, zaal; loods; hall, portaal, stationsoverkapping
hallen *zw* galmen, klinken, schallen
Hallenbad *o* overdekt zwembad, binnenbad
Hallenhandball *m* zaalhandbal
Hallig *v* (~; -en) waddeneiland
hallo hallo; *ein großes H~* een groot kabaal, een grote opschudding
Halm *m* (-(e)s; -e) halm, grasje; rietje ⟨voor limonade⟩
Halo *m* halo
Hals *m* (-es; Hälse) hals; keel, nek; *~ über Kopf* hals over kop; *~ geben* blaffen ⟨v. jachthond⟩; *ein steifer ~* een stijve nek; *sich einem an den ~ werfen* iem. om de hals vallen; fig iem. lastig vallen, in 't nauw brengen; *einen auf dem ~ haben* iemand op zijn dak hebben; *einen langen ~ machen* nieuwsgierig kijken; *aus vollem ~e* luidkeels; *bis über den ~ in Schulden* tot over zijn nek in de schuld
Halsabschneider *m* woekeraar, bloedzuiger
Halsband *o* halsband; halssnoer
halsbrechend, halsbrecherisch gevaarlijk, halsbrekend
Halsentzündung *v* med keelontsteking
Hals-Nasen-Ohren-Arzt *m* keel-, neus- en

oorarts
halsstarrig halsstarrig
Hals-und-Beinbruch! veel succes!
1 halt! halt, stop!
2 halt Z-Duits nu eenmaal, eens, toch ⟨als stopwoord dikwijls onvertaalbaar⟩; *es ist ~ zu spät* 't is nu eenmaal te laat; *gehen Sie ~ auch mit!* gaat u toch ook mee!; *dann ~ nicht!* dan maar niet!; *komm ~ mal zu uns!* kom toch eens bij ons!; *sei ~ nicht so ungeduldig!* wees toch niet zo ongeduldig!
Halt *m* (-(e)s; -e) houvast, (steun)punt, vastigheid; *einen ~ finden* een steun vinden; *keinen ~ haben* geen ruggengraat hebben
haltbar houdbaar, solide; verdedigbaar; vast, duurzaam
Haltbarkeitsdatum *o* uiterste gebruiksdatum
Haltegriff *m* greep; handel
halten (hielt; gehalten) houden; halt houden, stoppen; *Abstand ~* afstand, distantie bewaren; *die Bank ~* de bank houden; *sich den Bauch ~ vor Lachen* de buik vasthouden van 't lachen; *Diät ~* dieet houden; *einen gut ~* iem. goed behandelen; *einen knapp ~* iem. kort houden; *Kurse knapp ge~* koersen nauwelijks prijshoudend; *es immer so ~* 't altijd zo doen; *einen frei ~* iem. vrijhouden; *an sich ~* zich inhouden; *sich am Geländer ~* zich aan de leuning vasthouden; *sich an das Gesetz ~* zich aan de wet houden; *auf sich ~* zichzelf respecteren; *auf etwas ~* op iets gesteld zijn; *es mit beiden Parteien ~* beide partijen te vriend houden; *was ~ Sie davon?* wat denkt u ervan?; *davon nichts ~* daarvoor niets voelen; *nicht viel von einem ~ haben* iem. niet hoog hebben zitten; *sich ~* zich vasthouden, zich staande houden; lang goed blijven ⟨v. bloemen &⟩; *sich nicht ~ können vor Lachen* zijn lachen niet kunnen inhouden
Halter *m* (-s; ~) houder; standaard; greep; Oostr herder
Halterung *v* (~; -en) houder, steunfoedraal
Halte *v* halte; stopplaats
Haltestelle *v* halte; stopplaats
Halteverbot *o* stopverbod
haltlos onstandvastig, onbeheerst; *~e Behauptungen* geheel ongegronde beweringen; *~es Gerede* losse praatjes; *ein ~er Mensch* een onevenwichtig, slap man
Haltlosigkeit *v* (~; -en) onbestendigheid; slapheid, gebrek aan houvast
haltmachen, nieuwe spelling: **Halt machen** *zw* halt houden; fig *vor niemand ~* voor niemand uit de weg gaan (terugschrikken)
Haltung *v* (~; -en) houding; gedrag; vastheid, zelfbeheersing; handel stemming; *sich eine ~ geben* zich een houding geven; *~ annehmen* mil in de houding gaan staan; *geistige ~* geestelijke houding; *mit ~* met waardigheid
Halunke [-'loen-] *m* (-n; -n) boef, schavuit
hämisch boosaardig, vals; vol leedvermaak
Hammel *m* (-s; ~ & Hämmel) dierk hamel; fig, gemeenz ezel; rekruut; domoor
Hammelbraten *m* gebraden schapenvlees
Hammelfleisch *o* schapenvlees
Hammer *m* (-s; Hämmer) hamer; muz hamertje; grove fout, blunder; *das ist ein ~!* dat is geweldig, fantastisch!; dat is ongelofelijk, ongehoord!; *einen ~ haben* fig een tik van de molen hebben, gestoord zijn; *etwas unter den ~ bringen* fig iets onder de hamer brengen; *unter den ~ kommen* onder de hamer komen; *zwischen ~ und Amboß geraten* in moeilijkheden raken, lelijk klem komen te zitten
hämmern *zw* hameren; pletten
Hampelmann *m* ledenpop, hanswort; fig slappeling, kerel zonder ruggengraat
hampeln *zw* wiebelen, schommelen, spartelen, bungelen
Hamster *m* (-s; ~) dierk hamster; hamsteraar; vrek
Hamsterer *m* (-s; ~) hamsteraar
hamstern *zw* oppotten; hamsteren
Hand *v* (~; Hände) hand; *~!* hands ⟨bij voetbal⟩; *~ aufs Herz!* zeg me de waarheid!; *zweiter ~* uit de tweede hand; *Hände weg!* afblijven!; *die öffentliche ~* de openbare kas, de rijksmiddelen; *das hat ~ und Fuß* dat zit goed in elkaar; *das hat weder ~ noch Fuß* dat lijkt nergens naar; *freie ~ haben* de vrije hand hebben; *eine hohle ~ haben* omkoopbaar zijn; *eine lockere ~ haben* losse handjes hebben; *eine offene ~ haben* vrijgevig, gul zijn; *alle Hände voll zu tun haben* handen vol werk hebben; *an ~ von* aan de hand van; *an der ~ haben* gemeenz tot zijn beschikking hebben; *Waren an der ~ haben* handel waren in handen hebben; *einem zur ~ gehen* iem. helpen; *an die ~ nehmen* ter hand nemen; *es liegt auf der ~* 't ligt voor de hand; *aus freier ~* uit 't hoofd ⟨bijv. tekenen⟩; met de hand; onderhands ⟨bijv. verkopen⟩; *aus der ~ geben* uit handen geven; *von der ~ in den Mund* van de hand in de tand; *in festen Händen* schertsend onder de pannen, bezet; *Güter in toter ~* goederen in de dode hand; *in die, zur ~ nehmen* ter hand nemen; *in die unrechten Hände geraten* in verkeerde handen vallen; *mit etwas ~ in ~ gehen* met iets gepaard gaan, hand in hand gaan; *mit milder ~* met milde hand, gul; *unter der ~* onderhands; *von ~* met de hand; *von langer ~* lang tevoren; langzaam; *vor der ~* voorshands; *zu Händen (z.H., z.Hd.) Herrn Z.* ter attentie van (t.a.v.) de heer Z.; *zur ~ sein* bij de hand, beschikbaar zijn
Handarbeit *v* handenarbeid; handwerk(je)
Handball *m* sp handbal
Handbesen *m* stoffer
Handbremse *v* handrem
Händedruck *m* handdruk
Händeklatschen *o* handgeklap, applaus
Handel *m* (~s) handel; kwestie, affaire; transactie; *interner ~* binnenlandse handel; *~ und Gewerbe* handel en nijverheid; *~ und Wandel* doen en laten, handel en verkeer; *~ mit (in) Kaffee* handel in koffie

handeln zw handelen; verhandelen; afdingen; *es handelt sich um* het gaat om; het betreft
Handelsabkommen o handelsovereenkomst, -akkoord, -traktaat
handelseinig, handelseins: ~ *werden* handel het eens worden
Handelsflotte v koopvaardijvloot
Handelsgesellschaft v handelmaatschappij; *offene* ~ handelsvennootschap onder firma
Handelsgesetzbuch o wetboek van koophandel
Handelskammer v kamer van koophandel
Handelsniederlassung v factorij
Handelsspanne v handel handelsmarge
Handelssperre v blokkade
handelsüblich in de handel gebruikelijk, (volgens) usance
Handfeger m stoffer
Handfertigkeit v handvaardigheid
handfest potig, stevig; *ein ~er Beweis* een tastbaar bewijs
Handfeuerwaffe v handvuurwapen
Handfläche v handpalm
Handgeld o handgeld (bij 't aangaan v.e. overeenkomst)
Handgelenk o (-s; -e) pols; *ein lockeres (loses)* ~ *haben* er gauw op los slaan; *aus dem* ~ *machen, schütteln, tun* uit de mouw schudden
handgemalt met de hand geschilderd
handgemein: ~ *werden* handgemeen worden
Handgemenge o handgemeen, vechtpartij
handgeschrieben met de hand geschreven
handgewebt met de hand geweven; *~er Stoff* handweefstof
Handgranate v mil handgranaat
handgreiflich voor de hand liggend, evident; handtastelijk; *~e Fehler* tastbare, evidente fouten
Handgriff m handvat(sel), handgreep; kunstgreep
Handhabe v fig mogelijkheid, aanleiding, houvast, reden, aanknopingspunt; *damit bietet er mir eine* ~ *einzugreifen* daarmee biedt hij mij een mogelijkheid om in te grijpen
handhaben zw hanteren, behandelen, gebruiken; toepassen, uitoefenen
Handicap, Handikap o (-s; -s) handicap (ook sp)
Handkuß, nieuwe spelling: **Handkuss** m handkus; *mit* ~ schertsend gaarne
Handlanger m opperman; helper; geringsch handlanger
Händler m (-s; ~) handelaar; koopman; (speciaal ook) kruidenier
handlich handig, gemakkelijk te hanteren
Handlung v (~; -en) handeling, daad; zaak, handelszaak; *aufsteigende* ~ theat stijgende handeling
handlungsfähig recht handelingsbekwaam
Handlungsfreiheit v vrijheid tot handelen
Handlungsweise v handelwijze
Handreichung v handreiking, hulp

Handrücken m rug van de hand
Handschelle v handboei
Handschlag m handslag; *durch (mit)* ~ met (op) handslag; *mit* ~ met een (krachtige) handdruk
Handschrift v handschrift, ⟨ook⟩ manuscript; gemeenz oorveeg; *eine schöne* ~ *haben* een mooie hand van schrijven hebben
handschriftlich in manuscript, in handschrift
Handschuh m handschoen
Handschuhfach o handschoenenvakje
Handspiel o sp hands
Handstand m turnen handstand
Handstreich m mil coup-de-main, verrassende manoeuvre, overval, overrompeling
Handteller m handpalm
Handtuch o handdoek; *das* ~ *werfen* de handdoek in de ring gooien (bij boksen); fig 't opgeven
Handumdrehen o: *im* ~ in een ommezien
Handwerk o ambacht; *neunerlei* ~, *achtzehnerlei Unglück* twaalf ambachten en dertien ongelukken; *einem das* ~ *legen* een eind maken aan iems. praktijken; *einem ins* ~ *pfuschen* onder iems. duiven schieten, iem. als beunhaas concurrentie aandoen
Handwerker m handwerker, handwerks-, ambachtsman
handwerklich ambachtelijk, handwerks..., ambachts...
Handwerkszeug o gereedschap
Handzettel m strooibiljet
Hanf m (-es) plantk hennep; mil kuch, brood
hänfen, hanfen hennepen, van hennep
Hänfling m (-s; -e) vogelk kneu
Hang m (-es; Hänge) (berg)helling; (ziekelijke) neiging, hang; turnen hang; *ein* ~ *zur Verschwendung* een (onweerstaanbare) neiging tot verspilling
Hängebrücke v hangbrug
hangeln zw zich aan de handen (aan ladder of touw) hangend voortbewegen
Hängematte v hangmat
hängen, reg **hangen** I (hing; gehangen) onoverg hangen, gehangen zijn; hellen, overhangen, overhellen; *ihm hängt der Magen in der Kniekehle* gemeenz hij is uitgehongerd; *die Trauben* ~ *einem zu hoch* gemeenz de druiven zijn zuur; *die Schachpartie hängt* de schaakpartij is afgebroken; *der Himmel hängt ihm voller Geigen* hij is in de zevende hemel; *in den Seilen* ~ in de touwen hangen; *an Mutters Schürze (Rockzipfel)* ~ bij moeders pappot blijven; *an jemands Lippen* ~ aan iems. lippen hangen; *es hängt an einem seidenen Faden* 't hangt aan een zijden draad; *woran hängt's denn noch?* gemeenz waarop hangt het?, wat is er nog mis?; *an einem, einer Sache* ~ aan iem., iets gehecht zijn; *mit Hangen und Bangen* in angstige spanning; *mit Hängen und Würgen* met hangen en wurgen; II zw, dial st, overg (op-)hangen, doen hangen; *etwas an die große Glocke* ~ iets aan de grote klok hangen;

seinen Beruf an den Nagel ~ zijn beroep opgeven; *sein Herz an etwas* ~ op iets gesteld raken; *den Mantel nach dem Winde* ~ de huik naar de wind hangen
hängenbleiben, nieuwe spelling: **hängen bleiben** *st* blijven hangen, blijven steken, blijven haken, blijven kleven; blijven wonen; gemeenz blijven plakken, onnodig lang blijven; onderw blijven zitten
Hängepflanze *v* hangplant
Hängeschrank *m* hangend kastje
Hängeweide *v* treurwilg
Hans *m*: *Meister* ~ de beul; *der blanke* ~ de Noordzee als het stormt; ~ *Dampf in allen Gassen* haantje de voorste; ~ *im Glück* geluksvogel; *was Hänschen nicht lernt, lernt* ~ *nimmermehr* wat Jantje niet leert, zal Jan niet kennen
Hansdampf *m* iem. die denkt overal van op de hoogte te zijn; ~ *in allen Gassen* haantje de voorste
Hanse Hanze
Hanseat *m* (-en; -en) Hanzeaat
hänseln *zw* plagen, pesten
Hanswurst *m* (-es; -e, schertsend -würste) hanswurst; clown
Hantel *v* (~; -n) sp halter
hantieren *zw* bezig zijn, rondscharrelen; ~ *mit* bezig zijn met, hanteren
hapern *zw*: *es hapert an* (+ 3) het ontbreekt aan
Häppchen *o* (-s; ~) hapje, kleinigheid
Happen *m* (-s; ~) hap, brok; hapje; *ein fetter* ~ een voordelig zaakje
happig gulzig, happig; gemeenz bar, erg, onbescheiden; groot; *das ist ganz schön* ~ dat is tamelijk erg, dat is niet niks; ~*e Preise* gepeperde prijzen
Harfe *v* (~; -n) muz harp; soort zeef; Z-Duits droogstander voor hooi en graan; *die* ~ *schlagen* (op de) harp spelen
Harfenist *m* (-en; -en), **Harfenspieler** *m* (-s; ~) muz harpist, harpspeler
Harke *v* (~; -n) N-Duits hark; *einem zeigen, was eine* ~ *ist* iem. op z'n nummer zetten, de les lezen
Harlekin [-'kien] *m* (-s; -e) hanswurst, harlekijn
Harm *m* (-(e)s) smart, verdriet, kommer
härmen *zw*: *sich* ~ zich aftobben; hartzeer, verdriet hebben
harmlos naïef, onbezorgd; tevreden, zonder bijgedachten; onschuldig, argeloos, onschadelijk, ongevaarlijk; *ein* ~*es Schlafmittel* een ongevaarlijk slaapmiddel; *den H*~*en spielen* doen of men van de prins geen kwaad weet
Harmonika [-'mo-] *v* (~; -s & -ken) muz harmonica
Harn *m* (-(e)s) urine
harnen *zw* wateren, urineren
Harnisch *m* (-es; -e) harnas; *in* ~ *bringen* in het harnas jagen, woedend maken; *in* ~ *geraten* woedend worden; *in* ~ *sein* woedend zijn
harntreibend diuretisch; het urineren bevorderend
harren (+ 2) *zw* (ongeduldig) wachten, ver-beiden
harsch ruw, scherp, onvriendelijk; hard; verhard ⟨v. sneeuw⟩
Harsch *m* (-es) verharde sneeuw
hart hard; streng; onmeedogend; vlakbij; ~ *auf* ~ hard tegen hard; ~ *(im Nehmen) sein* sp veel kunnen incasseren; ~*e Arbeit* zwaar werk; *ein* ~*es Herz haben* geen medelijden kennen; *eine* ~*e Währung* een harde valuta; ~*es Wasser* hard water; ~ *am Wind (segeln)* krap bij de wind
Härte *v* (~; -n) hardheid; weerstandsvermogen; hardvochtigheid, strengheid; krasse overgang
Härtefall *m* schrijnend geval; geval waarbij de regels niet al te strikt moeten worden toegepast
härten *zw* harden ⟨v. metalen⟩
Hartgeld *o* muntgeld
hartgesotten hardgekookt; *ein* ~*er Sünder* een verstokt zondaar
hartherzig hardvochtig, onmeedogend
hartnäckig hardnekkig
Hartung *m* (-s) vero louwmaand, januari
Hartwurst *v* harde worst
1 Harz (Harzes): *der* ~ de Harz (gebergte)
2 Harz *o* (-es; -e) hars
harzen *zw* hars uitscheiden, inzamelen; Zwits moeilijk zijn
Harzer *m* (-s; ~) bewoner van de Harz; ~ *(käse)* Harzer kaas
harzig harsachtig; harsig
Hasardspiel [-'zart-] *o* hazardspel
Hasch *o* hasj
Haschee *o* (Haschees) hachee
haschen *zw* vangen, pakken; ~ *nach* grijpen naar; *nach Beifall* ~ op applaus uit zijn
Häschen [-çen] *o* (-s; ~) haasje; *ein armes* ~ een arm schaap
Haschisch *o* hasjiesj
Hase *m* (-n; -n) dierk haas; *alter* ~ gemeenz man van ervaring; *falscher* ~ schertsend gehakt; *da liegt der* ~ *im Pfeffer* daar zit 'm de kneep; *wissen, wie der* ~ *läuft* op de hoogte zijn, weten hoe de vork in de steel zit; *dort sagen* ~ *und Fuchs sich gute Nacht* daar is het eind van de wereld
Hasel *v* (~; -n) plantk hazelaar; visk serpeling
Haselnuß, nieuwe spelling: **Haselnuss** *v* hazelnoot; plantk hazelaar
Hasenbraten *m* gebraden haas
Hasenfuß *m* hazenpoot; bangerd
Hasenpanier *o*: *das* ~ *ergreifen* het hazenpad kiezen
Hasenpfeffer *m* hazenpeper
Hasenscharte *v* med hazenlip
Haspel *v* (~; -n), *m* (-s; ~) haspel; garenwinder
haspeln *zw* winden, opwinden; haastig spreken
Haß, nieuwe spelling: **Hass** *m* (Hasses) haat; ~ *auf einen haben* haat tegen iem. koesteren
hassen *zw* haten; *jmdn. bis in den Tod* ~ iem. dodelijk haten
hassenswert om te haten
haßerfüllt, nieuwe spelling: **hasserfüllt**

vol van haat
häßlich, nieuwe spelling: **hässlich** lelijk; onaardig, onvriendelijk; ~*es Wetter* lelijk weer; ~ *wie die Nacht (Sünde)* foeilelijk; ~ *zu einem sein* lelijk tegen iem. zijn
Hast *v* (~) (driftige) haast, gejaagdheid
hasten *zw* haasten, jagen; *haste (= 'hast du') was kannste* gemeenz zo vlug mogelijk, haastje-repje
hastig gejaagd, haastig
Hätschelkind *o* troetelkind
hätscheln *zw* (ver)troetelen
Hatz *v* (~; -en) drijf-, parforcejacht (vooral op wilde zwijnen en beren); gejaagdheid, drukte; fig luidruchtig vermaak
Hau *m* (-(e)s; -e) houw; geveld hout; *einen ~ haben* gemeenz dom, beperkt zijn; *~e kriegen* slaag krijgen
Haube *v* (~; -n) kap, huif, muts; theemuts; valhelm; motorkap; kuif; *einem eins auf die ~ geben* iem. een pak slaag geven; *unter die ~ bringen* aan de man brengen ⟨v. meisje⟩; *unter die ~ kommen* trouwen
Haubenlerche *v* vogelk kuifleeuwerik
Haubitze [-'bitse] *v* (~; -n) mil houwitser; *voll wie eine ~* gemeenz stomdronken
Hauch *m* (-(e)s; -e) adem, ademtocht; zuchtje, vleugje; waas; *den letzten ~ von sich geben* de laatste adem uitblazen; *ein ~ von Romantik* een waas van romantiek; *kein ~ von Liebe* geen zweem van liefde; *um einen ~ dunkler* een spoortje (tikkeltje) donkerder
hauchdünn flinterdun, ragfijn (bijv. kous)
hauchen *zw* ademen; fluisteren, nauwelijks hoorbaar spelen; *gehaucht* taalk geaspireerd
Haudegen *m* houwdegen, vechtersbaas; ijzervreter
1 Haue *v* (~; -n) houweel
2 Haue *mv.* ~*e kriegen* slaag krijgen
hauen (hieb, haute = sloeg; gehauen) houwen, hakken, kappen; slaan; maaien; vellen; *einem die Hucke voll ~* gemeenz iem. op zijn huid geven; *Stufen ~* treden uithakken (in ijs); *das Geld auf den Kopf ~* 't geld erdoorjagen; *sich aufs Ohr ~* gemeenz gaan maffen; *(mächtig) auf die Pauke ~* gemeenz drukte maken, opscheppen; de bloemetjes buitenzetten; *auf den Tisch ~* gemeenz krachtig optreden; *in dieselbe Kerbe ~* één lijn trekken; op hetzelfde aambeeld slaan; *in die Pfanne ~* in de pan hakken; een loer draaien; *übers Ohr ~* bedriegen, oplichten; *über die Stränge ~* uit de band springen, zich te buiten gaan; *sich ~* vechten
Hauer *m* (-s; ~) maaier; (volleerd) mijnwerker; dierk slagtand van wild zwijn, houwer; Oostr, Z-Duits wijnbouwer
Haufen *m* (-s; -(n)) hoop, stapel, menigte; *in hellen Haufen* in grote troepen; *über den Haufen fahren* omverrijden; *einen über den ~ schießen* iem. overhoop schieten; *etwas über den ~ werfen* iets grondig veranderen; opgeven
häufeln *zw* op hoopjes leggen ⟨bijv. geld⟩; aanaarden

häufen *zw* ophopen, opstapelen; *sich ~* zich ophopen, zich vermeerderen
haufenweise bij hopen; in menigte, talrijk
häufig I *bn* veel voorkomend; **II** *bijw* dikwijls, vaak; *das ist ~* dat komt vaak voor; *ein ~er Gast sein* herhaaldelijk te gast zijn
Häufigkeit *v* (~) frequentie, 't veelvuldig voorkomen
Haupt *o* (-(e)s; Häupter) hoofd; *ein bemoostes ~* een ouderejaars student; *entblößten ~es* blootshoofds; *erhobenen ~es* met fier opgeheven hoofd; *gesenkten ~es* met gebogen hoofd, schuldbewust; *gekrönte Häupter* gekroonde hoofden; *zu Häupten* aan 't hoofdeinde; *einem zu Häupten* boven iems. hoofd; *einem eins aufs ~ geben* iem. een standje geven; *aufs ~ schlagen* verslaan
hauptamtlich als hoofdberoep
Hauptbahnhof *m* centraal station
Hauptbuch *o* handel grootboek
Hauptdarsteller *m* theat hoofdrolspeler
Hauptfach *o* hoofdvak
Hauptgeschäft *o* hoofdkantoor
Hauptgeschäftsstraße *v* belangrijke winkelstraat
Hauptgewinn *m* hoofdprijs (in loterij)
Haupthahn *m* hoofdkraan
Häuptling *m* (-s; -e) opperhoofd, hoofdman
häuptlings met 't hoofd vooruit
Hauptmann *m* (-(e)s; -leute) mil kapitein; hoofdman
Hauptpost *v*, **Hauptpostamt** *o* hoofdpostkantoor
Hauptsache *v* hoofdzaak, -schotel; *in der, zur ~* in hoofdzaak
hauptsächlich hoofdzakelijk
Hauptsatz *m* taalk hoofdzin; filos hoofdstelling
Hauptschule *v* ± lbo/mavo
Hauptstadt *v* hoofdstad
Hauptverkehrsstraße *v* hoofdverkeersweg
Hauptverkehrszeit *v* spitsuur
Hauptversammlung *v* handel algemene vergadering; aandeelhoudersvergadering
Hauptwort *o* zelfstandig naamwoord
hauruck! haal op!
Haus *o* (-es; Häuser) huis, woonhuis; firma, zaak; hotel; schouwburg; geslacht; hok ⟨v. hond enz.⟩; *~ und Herd* huis en haard; *~ und Hof* huis en erf; *hallo, altes ~!* hallo, ouwe jongen!; *ein führendes ~* een eersteklas zaak, hotel; *das Hohe ~* 't parlement; *ein öffentliches ~* een bordeel; *sein ~ bestellen* voor een reis (voor de dood) orde op zaken stellen; *ein offenes ~ haben* zeer gastvrij zijn; *aus gutem ~e* van goeden huize, goede familie; *außer ~ geben* de deur uit doen; *außer ~* buitenshuis; *ins ~ bekommen* thuis krijgen; *ins ~ kommen* in huis, over de vloer komen; *ins ~ stehen* te wachten staan; op komst zijn; *nach ~e kommen* thuiskomen; *von ~e, von ~ aus* van huis uit; *von ~ zu ~* van huis tot huis; *zu ~e sein* thuis zijn
Hausarbeit(en) *v (mv)* werk in de huishouding; huiswerk

Hausaufgaben *mv* (school)huiswerk
hausbacken in huis gebakken, zelfgebakken; huisbakken, bekrompen, alledaags
Hausbesetzer *m* kraker
Hausbesitzer *m* huiseigenaar
Häuschen *o* (-s; ~) huisje; wc; *aus dem ~ bringen* overstuur maken; *ganz aus dem ~ sein* geheel buiten zich zelf zijn, overstuur zijn
hausen *zw* huizen, wonen; slecht wonen; woeden, vernielen; Zwits, Z-Duits (zuinig, goed) huishouden; leven of geweld maken, woeden
Hausen *m* (-s; ~) visk steur
Hausflur *m* hall, vestibule; gang
Hausfrau *v* huisvrouw; Z-Duits ook hospita; huiseigenares
Hausfriedensbruch *m* recht huisvredebreuk
Haushalt *m* huishouding; begroting
haushalten, nieuwe spelling ook: **Haus halten** *st* huishouden; *mit etwas ~* zuinig met iets zijn
Haushälterin *v* (~; -nen) huishoudster
haushälterisch zuinig
Haushaltung *v* (~; -en) huishouding
Hausherr *m* huisheer; huisvader; Oostr huiseigenaar
haushoch huizenhoog; *ein haushoher Sieg* sp een daverende overwinning; *einem ~ überlegen sein* iem. verre de baas zijn
hausieren *zw* venten, leuren; *mit etwas ~ (gehen)* met iets venten, leuren; fig met iets te koop lopen
Hausierer *m* (-s; ~) venter, marskramer; leurder
häuslich huiselijk, huishoudelijk
Häuslichkeit *v* (~; -en) huiselijkheid; huiselijke omgeving
Hausmannskost *v* burgerpot, dagelijkse pot
Hausmeister *m* concierge, huisbewaarder; slotvoogd; Zwits huiseigenaar
Hausordnung *v* regel van het huis, huisreglement; huishoudelijk reglement
Hausputz *m* grote schoonmaak
Hausschuh *m* pantoffel, slof
Hausse ['hoosse] *v* (~; -n) hausse, stijging v. effectenkoersen
Haussegen *m* zegenspreuk boven de huisdeur; *bei ihm hängt der ~ schief* bij hem thuis is er ruzie
Hausstand *m* huishouding
Haussuchung *v* huiszoeking
Haustier *o* huisdier
Haustür *v* huis-, voordeur
Hauswirt *m* huisbaas; hoofd van her gezin
Hauswirtschaftsschule *v* huishoudschool
Haut *v* (~; Häute) huid; vel; vlies; velletje (op melk); *eine ehrliche ~* een eerlijke kerel, brave ziel; *eine gute ~* een braaf mens; *~ und Knochen* vel over been; *auf der faulen ~ liegen* luieren; *sich auf die faule ~ legen* gaan luieren; *aus der ~ fahren* uit zijn vel springen; *niemand kann aus seiner ~ heraus* niemand kan zijn aard veranderen; *ihm ist nicht wohl in seiner ~* hij voelt zich er(gens) niet prettig bij; *mit heiler ~ heelhuids*; *mit ~ und Haar* met huid en haar; *einem (tief) unter die ~ gehen* iem. (diep) raken

Hautabschürfung *v* schaafwond, ontvelling
häuten *zw* villen; *sich ~* vervellen
Hautfarbe *v* huidskleur
hautnah vlak onder de huid; zeer plastisch, direct; sp op de man
Hautpflege *v* huidverzorging
Häutung *v* (~; -en) 't vervellen
Havarie [-waa-'rie] *v* (~; -n) averij; Oostr ⟨ook⟩ autoschade; *große, gemeinschaftliche ~ averij-grosse*; *besondere, partikulare ~ averijparticulier*
havariert met averij; *~ sein* averij hebben
H-Bombe = *Wasserstoffbombe*
Hebamme ['heep-am-me] *v* vroedvrouw, verloskundige
Hebebühne *v* hefbrug (in garage)
Hebekran *m* hijskraan
Hebel *m* (-s; ~) hefboom, handel, hendel; *alle ~ in Bewegung setzen* fig alle middelen aanwenden, hemel en aarde bewegen; *am längern ~ sitzen* fig aan het langste end trekken
Hebelarm *m* hefboomarm
heben (hob, zelden: hub; gehoben) heffen, tillen; (op)lichten; verheffen, omhoogbrengen, bevorderen, verbeteren; wisk elimineren; *einen ~* gemeenz er eentje pakken; *den Finger ~* de vinger opsteken; *das Glas ~* het glas heffen; *einen Schatz, ein Schiff ~* een schat, een schip lichten; *einen ~ gemeenz* er eentje nemen; *die Stimme ~* de stem verheffen; *auf die Schultern ~* op de schouders nemen; *die Tür aus den Angeln ~* de deur uit de hengsels tillen; *die Welt aus den Angeln ~* de wereld op haar kop zetten; *aus dem Sattel ~* uit 't zadel tillen; fig overwinnen; *aus der Taufe ~* ten doop houden; *bei dem Anblick hob es ihn* toen hij het zag, moest hij bijna overgeven; *sich ~* stijgen; beter worden, vooruitgaan
Heber *m* (-s; ~) hevel; hefboom
Hebräer *m* (-s; ~) Hebreeër
hebräisch Hebreeuws
Hebung *v* (~; -en) lichting, heffing ⟨ook v. vers⟩; het (op)heffen; bevordering, verheffing; *~ des Bodens* bodemverheffing; *~ der Kaufkraft* vergroting der koopkracht; *~ des Lebensstandards* verhoging van de levensstandaard; *die ~ eines Schatzes* het lichten v.e. schat; *zur ~ des Wohlstands* tot bevordering van de welvaart
hecheln *zw* hekelen, berispen; spottend over iets spreken; hijgen, schuimbekken ⟨v. hond, paard⟩
hechtgrau blauwgrijs
Heck *o* (-(e)s; -s & -e) scheepv hek, achtersteven, -schip
Heckantrieb *m* auto achter(wiel)aandrijving
Hecke *v* (~; -n) haag, heg, heining; worp ⟨v. kleine zoogdieren⟩; broedtijd; broedplaats; broedsel; kooi
Heckenrose *v* plantk hondsroos

Heckenschere v tuinschaar, heggenschaar
Heer o (-es; -e) leger; heer; krijgsheer
Heerführer m legeraanvoerder
Hefe v (~) gist; droesem, bezinksel; *die ~ des Volkes* heffe des volks
Hefeteig m gistdeeg
Heft o (-es; -e) schrift, cahier; brochure, nummer, aflevering; hecht, steel; gevest; typ tien vel; *das ~ in Händen (in der Hand) haben* het heft in handen hebben, de baas zijn; *das ~ ergreifen, in die Hand nehmen* het roer in handen nemen; *das ~ aus der Hand geben* het heft uit handen geven; *einem das ~ aus der Hand nehmen* iem. het heft uit handen nemen
heften zw hechten, rijgen, vestigen, richten; innaaien ⟨v. boek⟩, brocheren; *den Blick auf etwas ~* de blik op iets richten; *sich an jemands Sohlen ~* iem. als een schaduw volgen
Hefter m & o (-s; ~) ordner; nietmachine
Heftfaden m rijg-, hechtdraad
heftig hevig; heftig, driftig
Heftklammer v nietje, paperclip
Heftpflaster o hechtpleister
Heftzweck m, **Heftzwecke** v punaise
Heftzwirn m rijgdraad
Hege v (~) verzorging, koestering, bescherming; jonge aanplant; *~ und Pflege* zorgvuldige verzorging
hegen zw omheinen; bevatten; verzorgen; vertroetelen; *Achtung, Argwohn, Bedenken, Haß, Hoffnung, Liebe, Verdacht, einen Wunsch, Zweifel ~* achting, argwaan, bezwaren, haat, hoop, liefde, verdenking, een wens, twijfel koesteren; *Wild ~* voor 't wild zorgen; *~ und pflegen* koesteren, goed verzorgen
Hehl o: *ohne ~ sprechen* vrijuit spreken; *kein(en) ~ aus etwas machen* geen geheim van iets maken
hehlen zw helen; achterhouden, verbergen; bemantelen
Hehler m (-s; ~) heler; *der ~ ist schlimmer als der Stehler* de heler is zo goed als de steler
Hehlerei v (~; -en) heling
hehr verheven, hoog, groots
1 Heide m (-n; -n) heiden
2 Heide v (~; -n) heide
Heidekraut o plantk struikheide, erica
Heidelbeere v plantk blauwe bosbes
Heidenangst ['haiden-] v doodsangst
Heidenarbeit v heidens werk
Heidengeld o massa geld, slordige duit
Heidenspaß m gemeenz reuzenpret, -lol
Heidentum o heidendom
Heideröschen [-reus-ç-] o, **Heideröslein** o wilde roos
Heidin v (~; -nen) heidin
heidnisch heidens
heikel, heiklig kieskeurig; netelig, hachelijk, precair; Oostr gevoelig; *ein ~er Stoff* een moeilijk te hanteren stof
heil heel, onbeschadigd, ongedeerd, intact; genezen
Heil o (-(e)s) heil; *viel ~ und Segen* veel heil en zegen

Heiland m (-s) Heiland, Verlosser
Heilanstalt v herstellingsoord, sanatorium, (zenuw)inrichting
Heilbad o geneeskrachtig bad; badplaats
heilbar te genezen
Heilbutt m visk heilbot
heilen zw genezen ⟨overg & onoverg⟩; helen, beter maken
heilfroh dolblij
heilig heilig
Heiligabend m kerstavond ⟨= avond voor Kerstmis⟩
heiligen zw heiligen; heilig houden; *der Zweck heiligt die Mittel* het doel heiligt de middelen
Heiligenschein m stralenkrans, aureool
Heilige(r) m-v heilige; *ein komischer, seltsamer, wunderlicher Heiliger* een rare snaak
Heiligkeit v (~) heiligheid; *Seine ~ Zijne Heiligheid* ⟨titel van de paus⟩
heiligsprechen, nieuwe spelling: **heilig sprechen** st heilig verklaren
Heiligtum o heiligdom
heilkräftig geneeskrachtig
Heilkunde v geneeskunde
heillos heilloos; enorm; wanhopig; *eine ~e Verwirrung* een hopeloze verwarring
Heilmittel o geneesmiddel
Heilpflanze v geneeskrachtige plant
Heilpraktiker(in) m(v) natuurgeneeskundige
Heilquelle v geneeskrachtige bron
heilsam heilzaam
Heilsarmee v Leger des Heils
Heilsbotschaft v godsd blijde boodschap, evangelie; fig verblijdend bericht
Heilung v (~; -en) heling, genezing
heim naar huis
Heim o (-s; -e) woonplaats, thuis; tehuis, gesticht, asiel; clubhuis
Heimarbeit v huisindustrie
Heimat v (~; -en) geboortestreek; geboorteplaats; thuis; land van oorsprong; geboorteland
Heimatforscher m iem. die de geschiedenis van de eigen streek onderzoekt, heemkundige
Heimathafen m scheepv thuishaven
Heimatkunde v heemkunde, kennis v. eigen streek en volk
Heimatland o geboorteland, vaderland
heimatlich vaderlands, tot de geboortestreek behorend; aan de geboortegrond herinnerend; *ein ~es Gefühl* een gevoel alsof men thuis is; *das ~e Tal* het dal waar men geboren is
heimatlos zwervend; zonder vaderland
Heimatort m woonplaats, domicilie; geboorteplaats
Heimatvertriebener m ontheemde
Heimchen o (-s; ~) dierk huiskrekel; fig geringsch huissloof; *ein ~ am Herd* een echte huismus, een saai mens
Heimcomputer m homecomputer
heimelig gezellig, huiselijk, knus
heimfahren st naar huis rijden of varen
Heimfahrt v (~; -en) thuisreis, terugreis

Heimgang *m* terugkeer, thuiskomst; dood, heengaan
heimgehen *st* naar huis gaan; *(vorzeitig)* ~ *(te vroeg)* sterven
heimisch tot het huis, de woning of woonplaats behorend, vaderlands, inheems; ~*er Handel* binnenlandse handel; ~*e Tiere* inheemse dieren; *sich irgendwo* ~ *fühlen* zich ergens thuisvoelen; ~ *werden* zich thuis gaan voelen
Heimkehr *v* terug-, thuiskomst
heimkehren *zw* huiswaarts keren
Heimkehrer *m* huiswaartskerende; repatriant
Heimkind *o* kind uit een tehuis
heimkommen *st* thuiskomen
heimlich heimelijk, geheimzinnig; stiekem, stilletjes
Heimlichkeit *v* (~; -en) geheim, heimelijkheid
Heimlichtuer *m* stiekemerd
Heimlichtuerei *v* stiekem gedoe
heimlichtun *st* geheimzinnig, stiekem doen
Heimreise *v* terugreis, reis naar huis; thuisreis
Heimspiel *o* sp thuiswedstrijd
heimsuchen *zw* teisteren, kwellen, bezoeken; *schertsend* in zijn huis opzoeken, lastig vallen
Heimsuchung *v* (~; -en) teistering, bezoeking; Z-Duits huiszoeking; *Mariä* ~ godsd Onze-Lieve-Vrouwe-Visitatie (2 juli)
Heimtücke *v* valsheid, geniepigheid
heimtückisch boosaardig, vals, stiekem, gemeen, achterbaks; verraderlijk ⟨ziekte⟩
heimwärts naar huis, huiswaarts
Heimweg *m* terugweg; *sich auf den* ~ *machen* zich op weg naar huis begeven
Heimweh *o* heimwee
Heimwerker *m* (-s; ~) doe-het-zelver
heimzahlen *zw*: *einem etwas (mit gleicher Münze, mit Zins und Zinseszinsen)* ~ iem. iets betaald zetten
heimzu gemeenz naar huis, huiswaarts
Heinzelmännchen *o* kabouter
Heirat *v* (~; -en) huwelijk
heiraten *zw* huwen, trouwen; *Geld* ~ met iem. trouwen die veel geld heeft; *mit dem Handschuh (per Prokuration)* ~ met de handschoen trouwen; *nach England* ~ met een Engelsman, een Engelse trouwen en in Engeland gaan wonen; *zum zweitenmal (wieder)* ~ hertrouwen
Heiratsantrag *m* huwelijksaanzoek
Heiratsanzeige *v* huwelijksaankondiging; huwelijksadvertentie
heiratsfähig huwbaar
Heiratsschwindler *m* huwelijkszwendelaar
Heiratsurkunde *v* trouwakte
heischen *zw* eisen, begeren; vragen; *Respekt* ~ eerbied afdwingen
heiser hees, schor
heiß heet, warm; hevig, vurig; hitsig; loops ⟨v. hond⟩; *glühend* ~ gloeiend heet, bloedheet; *ein* ~*es Bad* een warm bad; *ein* ~*er Wunsch* een vurige wens; *die* ~*e Stirn* het verhitte voorhoofd; ~*es Wasser* warm water; *mir wurde* ~ het bloed steeg mij naar 't hoofd; *mir wurde* ~ *und kalt* de rillingen liepen me over de rug; ~ *laufen* techn warm lopen; *einem die Hölle* ~ *machen* iem. het vuur na aan de schenen leggen
heißblütig warmbloedig; driftig
1 **heißen** (hieß; geheißen) heten, noemen; gebieden, bevelen; betekenen; *ich will Emil (Hans, Meier)* ~, *wenn...* ik mag doodvallen als..., mijn kop eraf als...; *das heißt* dat wil zeggen; *was soll das* ~? wat moet dat betekenen?; *es heißt, daß...* er wordt beweerd, dat...; *da heißt es eingreifen* daar moet worden ingegrepen; *das will viel* ~ dat zegt veel; *wie heißt das auf englisch* hoe heet dat in 't Engels; *einen willkommen* ~ iem. welkom heten
2 **heißen** *zw* scheepv, N-Duits hijsen
Heißhunger *m* geeuwhonger; vraatzucht, gulzigheid, begeerte
heißhungrig uitgehongerd, begerig
Heißsporn *m* (-s; -e) heethoofd
heiter helder, klaar; blij, opgeruimd, opgewekt; harmonisch; gemeenz aangeschoten; *das kann* ~ *werden* iron dat kan leuk worden; *ein* ~*er Himmel* een heldere hemel (lucht); ~*e Ruhe* blijde rust
Heiterkeit *v* (~) helderheid; blijheid, opgeruimdheid; *allgemeine* ~ hilariteit
heizen *zw* stoken, verwarmen; warmte afgeven; gemeenz scheuren ⟨met een auto⟩
Heizer *m* (-s; ~) stoker
Heizkörper *m* verwarmingselement; radiator
Heizmaterial *o* brandstof, stookmateriaal
Heizöl *o* stookolie
Heizsonne *v* straalkachel
Heizung *v* (~; -en) het stoken; verwarming
Hektar *o*, Zwits *m* (-s; -(e)) hectare; *30* ~ 30 hectare
hektisch tuberculeus; opgewonden; koortsachtig
Hektoliter *o* & *m*, Zwits *m* hectoliter, mud
Held *m* (-en; -en) held; *der* ~ *des Tages* de held van de dag; *kein* ~ *im Rechnen* geen bolleboos in rekenen
heldenhaft heldhaftig
Heldenstück *o*, **Heldentat** *v* heldendaad
Heldentod *m* heldendood; *den* ~ *sterben* sneuvelen
Heldin *v* (~; -nen) heldin
helfen (half; geholfen) helpen; *ich kann mir nicht* ~ ⟨ook⟩ ik kan niet anders; ik blijf bij mijn mening; *hier hilft kein Bitten und kein Flehen* hier helpt geen lievemoederen aan; *es hilft nichts* er zit niets anders op; *einem auf die Beine* ~ iem. op de been helpen; iem. er bovenop helpen; *einem auf die Sprünge* ~ iem. op weg helpen; *einem aus der Patsche (über den Berg)* ~ iem. over een moeilijkheid heen helpen; *ich werde dir* ~ ⟨ook⟩ ik zal je krijgen; *sich zu* ~ *wissen* zich weten te behelpen
Helfer *m* (-s; ~) helper
Helfershelfer *m* (-s; ~) beulsknecht; handlanger
Helikopter *m* (-s; ~) helikopter, hefschroef-

hell

vliegtuig

hell helder; klaar, licht; verstandig; *ein Helles* een glas licht bier; *~e Freude* levendige vreugde; *er ist ein ~er Kopf* hij is verstandig; *eine ~e Lache* een heldere lach; *~er Unsinn* klinkklare onzin; *~e Verzweiflung* diepe wanhoop; *~er Wahnsinn* volslagen waanzin; *in ~en Scharen* in grote scharen; *in ~er Wut* woedend, ziedend; *mit ~em Jubel* met luid gejubel

hellauf luid; *~ begeistert* laaiend enthousiast

hellblau licht-, helderblauw

helle gemeenz, Berl slim; *sei ~!* pas op, wees op je hoede! wees verstandig!

1 Helle *v* (~) helder-, klaarheid

2 Helle o: *das ~, ein ~s* een glas licht bier

Heller *m* (-s; ~) oude Oostenrijkse en Duitse munt; nu 1/100 kroon in Tsjechië en Slowakije; fig duit; penning; *ich besitze keinen roten (lumpigen) ~* ik heb geen rode cent meer; *keinen ~ für sein Leben geben* niets voor zijn leven geven; *keinen roten ~ wert sein* geen rode cent waard zijn; *auf ~ und Pfennig, bis auf den letzten ~* tot op de laatste cent

hellfarbig lichtkleurig, -gekleurd

hellhörig gehorig; met een scherp gehoor; *~ werden* fig scherp gaan opletten; achterdochtig worden

hellicht, nieuwe spelling: **helllicht**, ook: **hell-licht** *am ~en Tage* op klaarlichte dag

Helligkeit *v* (~) klaar-, helderheid

Helling *v* (~; -en), **Helling** *m* (-s; -e) (scheeps-)helling

hellrot licht-, helderrood

Hellseher, *m*, **Hellseherin** *v* helderziende

hellsichtig scherpziend, met een scherpe, vooruitziende blik

hellwach klaar wakker; pienter

Helm *m* (-(e)s; -e) helm; ⟨ook plantk⟩; koepel ⟨v. toren⟩; steel ⟨v. bijl enz.⟩

Hemd o (-(e)s; -en) hemd; *das ~ ist mir näher als der Rock* 't hemd is nader dan de rok; *bis aufs ~* tot op 't hemd

hemdsärmelig in hemdsmouwen; op zijn gemak, ongegeneerd

hemmen *zw* tegenhouden, stuiten; dwarsbomen, beletten, belemmeren; fig remmen, hinderen; *den Schritt ~* de pas inhouden; *sich gehemmt fühlen* zich innerlijk geremd voelen

Hemmnis o (-ses, -se) hindernis, beletsel

Hemmschuh *m* remschoen

Hemmschwelle *v* psych drempel, hindernis, remming

Hemmung *v* (~; -en) stuiting, stremming; remming; echappement ⟨v. uurwerk⟩; *innere ~* geremdheid; *nur keine ~en!* gemeenz kom op!, erop af!

hemmungslos onbeheerst, ongeremd, ongebreideld

Hengst *m* (-es; -e) dierk hengst

Henkel *m* (-s; ~) hengsel, handvat, oor; lus ⟨v. jas⟩

Henkelkorb *m* hengselmandje

henken *zw* hangen, ophangen

Henker *m* (-s; ~) beul; *zum ~!* drommels!

Henkersfrist *v* uitstel van executie

Henne *v* (~; -n) vogelk hen, kip; *fette ~* plantk vetkruid, sedum

her hier, hierheen, herwaarts; *es ist einen Monat ~* het is een maand geleden; *nicht weit ~ sein* niet veel te betekenen hebben; *hinter einem ~ sein* iem. vervolgen, achternazitten; iem. nalopen; *von alters ~* van oudsher; *von See ~* van zee uit; *~ damit* geef hier; *~ zu mir* kom hier

herab, herab- af, naar beneden, omlaag, neer; *von oben ~* van bovenaf; hoogmoedig

herabblicken *zw* omlaag kijken; *~ auf* fig neerzien op

herablassen *st* neerlaten; *sich ~* zich laten zakken; zich verwaardigen; *sich zu einem ~* neerbuigend jegens iem. zijn

herablassend uit de hoogte, neerbuigend, hautain

herabsehen *st* omlaagkijken; *an einem ~* iem. van top tot teen bekijken; *auf einen ~* op iem. neerzien

herabsetzen *zw* afzetten; verlagen, verminderen; kleineren; *in ~der Weise* discriminerend, kleinerend; *zu herabgesetzten Preisen* tegen verminderde prijzen

herabsinken *st* afdalen, zakken; slinken; vallen ⟨v.d. duisternis⟩, aanbreken ⟨v.d. nacht⟩

heran(-) nader, naderbij, dichterbij

heranbilden *zw* opkweken; vormen, opleiden

heranfahren *st* I *onoverg* aan komen rijden of varen; II *overg* rijdend of varend brengen

herangehen *onr* naderbijgaan, er dichter naar toe gaan; ⟨iets⟩ aanpakken, ⟨met iets⟩ beginnen; *an eine Sache ~* een zaak aanpakken; *an seine Vorräte ~* zijn voorraden aantasten

herankommen *st* naderen; aan de beurt komen; *an einen ~* iem. bereiken, benaderen; *alles an sich ~ lassen* alles tot zich laten komen, passief zijn

heranmachen *zw*: *sich an einen ~* iem. trachten te (be)naderen; *sich an eine Aufgabe ~* een taak aanvatten

herannehmen *st*: *einen hart ~* iem. flink aanpakken

heranreichen *zw* reiken tot; *nicht an einen ~* niet bij iem. vergeleken kunnen worden

herantragen *st* aandragen; *eine Bitte an einen ~* zich met een verzoek tot iem. wenden

herantrauen *zw*: *sich ~* zich naderbij wagen

herantreten *st* (be)naderen; nader treden; *etwas tritt an einen heran* iem. komt voor iets te staan; *an eine Sache ~* zich aan een zaak wagen, een zaak aanvatten; *mit einer Bitte an einen ~* iem. iets verzoeken

heranwachsen *st* opgroeien

heranziehen *st* erbij, naderbij halen; aantrekken ⟨v. mensen⟩; *den Arzt ~* de dokter raadplegen; *Beispiele ~* voorbeelden aanhalen; *zur Steuer herangezogen werden* in de belasting vallen; *einen zu den Kosten* *mit* ~ *iem.* aan de kosten laten meebetalen

herauf(-) omhoog, opwaarts, naar boven

heraufbeschwören *st* bezweren, tevoorschijn roepen, oproepen; veroorzaken

heraufsetzen *zw* erop zetten; verhogen ⟨v. prijs, kapitaal⟩

heraufziehen *st* omhoog-, optrekken, ophalen; komen opzetten ⟨v. onweer⟩; aanbreken ⟨v.d. dag⟩

heraus eruit, naar buiten; ~ *damit!* voor de dag er mee!; ~ *mit der Sprache* spreek op!; *er ist fein* ~ hij is uit de knoei; *Brust 'raus!* borst vooruit; *Wache* ~*!* mil in 't geweer!; *die Zunge* ~*!* steek je tong uit!; *von innen* ~ fig van binnen uit; *'raus oder 'rein!* gemeenz erin of eruit!

herausarbeiten *zw* uitwerken

herausbekommen *st* eruit krijgen; *ein Geheimnis* ~ een geheim te weten komen; *Geld* ~ (wissel)geld terugkrijgen; *eine Inschrift* ~ een inscriptie ontcijferen

herausfahren *st* I *onoverg* naar buiten rijden of varen, naar buiten stuiven; II *overg* naar buiten rijden, varen; *aus dem Bett* ~ uit 't bed springen; *das Wort ist mir herausgefahren* 't woord is mij ontsnapt, ontvallen

herausfinden *st* ontdekken; vinden; te weten komen, (er)achter komen; *(sich)* ~ een uitweg vinden; zich erdoor helpen

herausfordern *zw* terugeisen; uitdagen, provoceren; uitlokken; ~*d* uitdagend

Herausgabe *v* 't uitgeven ⟨v. boek door geleerde, Zwits door uitgever⟩; teruggave, afgifte

herausgeben *st* uitleveren; teruggeven (bij wisselen); aangeven; uitgeven ⟨v. boek door geleerde, Zwits door uitgever⟩; bewerken

Herausgeber *m* bewerker v.e. uitgave; redacteur ⟨v. tijdschrift of tekst⟩; (zelden) uitgever

herausgehen *st* naar buiten gaan, eruit gaan; *aus sich* ~ zich laten gaan

heraushaben *onr: es, den Bogen (Dreh, die Kurve, die Masche, den Trick)* ~ erachter zijn, de kneep, 't kunstje kennen

heraushauen *st* eruit hakken, met geweld bevrijden

herausheben *st* (er)uit lichten; *sich* ~ opvallen

herausholen *zw* (er)uit halen; te weten komen; verdienen; sp *das Letzte* ~ alles op alles zetten

heraushören *zw* herkennen; beluisteren; eruit opmaken

herauskommen *st* uitkomen ⟨ook kaartsp, v. boek⟩; naar buiten komen; *ganz groß* ~ veel succes hebben; *dabei kommt nichts heraus* dat levert niets op; *das kommt auf eins heraus* dat komt op 't zelfde neer; *mit dem Einsatz* ~ het ingezette bedrag terugwinnen; *aus dem Erstaunen nicht* ~ een en al verbazing zijn; *aus dem Lachen nicht* ~ niet kunnen ophouden met lachen; *mit dem Großen Los* ~ de honderdduizend krijgen

herauskristallisieren *zw* uitkristalliseren; fig de hoofdzaken eruit halen; *sich* ~ (eindelijk) duidelijk worden

herausmachen *zw: sich* ~ zich goed, voorspoedig ontwikkelen

herauspauken *zw: einen* ~ iem. uit moeilijkheden redden

herausquellen *st* eruit stromen, vloeien

herausragen *zw* uitsteken, vooruitsteken

herausreden *zw: sich* ~ zich eruit praten

herausreißen *st* uitrukken, uitscheuren; *einen* ~ iem. eruit halen, uit de nood redden; *sich kein Bein* ~ geen moeite doen

herausrücken *zw* voor de dag komen; opdokken; *rücke nur heraus mit der Sprache!* voor de dag er mee!, spreek op!

herausschlagen *st* eruit slaan; eruit halen; *Gewinn aus einer Sache* ~ ergens winst uit slaan

herausspringen *st* eruit springen; opleveren (bijv. winst)

herausstecken *zw* uitsteken ⟨ook v. vlag⟩

herausstellen *zw* naar buiten zetten, plaatsen; naar voren brengen; *sich* ~ blijken; *sich als eine Lüge* ~ een leugen blijken te zijn

herausstrecken *zw* uitsteken (bijv. tong)

herausstreichen *st* eruit schrappen; opkammen; in de hoogte steken; ophef maken (van iets)

heraustreten *st* naar buiten treden; uitpuilen

herauswerfen *st* eruit, naar buiten gooien; *herausgeworfenes Geld* weggegooid geld

herausziehen *st* eruit trekken, eruit halen; *Waren aus dem Markt* ~ waren uit de markt nemen

herb wrang, bitter; guur; fris, iets zuur ⟨v. wijn⟩; ongenaakbaar, afwijzend; *ein* ~*er Charakter* een stug, gesloten karakter; ~*es Leid* bitter, schrijnend leed; ~*e Linien* strenge lijnen; *ein* ~*es Mädchen* een gesloten (ongenaakbaar) meisje

herbei(-) hierheen, erheen, naderbij

herbeieilen *zw* toesnellen

herbeiführen *zw* aanbrengen; veroorzaken

herbeilassen *st: sich* ~ *etwas zu tun* zo welwillend zijn iets te doen, zich verwaardigen iets te doen

herbeilaufen *st* toesnellen, -lopen

herbeirufen *st* te hulp roepen, laten roepen

herbeischaffen *zw* doen komen, verschaffen, bezorgen; aanvoeren, aanbrengen

herbeisehnen (+ 4) *zw* snakken naar, vol verlangen uitzien naar

herbeiwünschen *zw* naderbij wensen; *etwas* ~ wensen, dat iets gebeurt

herbeiziehen *st* bijhalen, erbij halen, erbij trekken; naderbij halen, trekken; *etwas an (bei, mit) den Haaren* ~ iets met de haren erbij trekken

herbekommen *st* hier krijgen; vandaan krijgen

Herberge *v* (~; -n) herberg, logement; onderdak

herbergen *zw* herbergen, onderdak geven

Herbergsvater *m* vader v. jeugdherberg
herbestellen *zw* ontbieden, bestellen
herbitten *st* verzoeken te komen, bij zich nodigen
herbringen *onr* hierheen brengen, aanbrengen
Herbst *m* (-es; -e) herfst, najaar
herbste(l)n *zw* langzaam herfst worden
herbsten *zw* oogsten (vooral druiven)
herbstlich herfstachtig
Herd *m* (-s; -e) haard (ook med); haardstee; fornuis; brandpunt; vinkenbaan; *der häusliche ~* de huiselijke haard; *der ~ der Unruhen* 't centrum der onlusten; *eigner ~ ist Goldes wert* eigen haard is goud waard
Herdbuch *o* stamboek (v. dieren)
Herde *v* (~; -n) kudde; fig troep, schare
Herdentier *o* kuddedier (ook fig)
herein(-) (naar) binnen; *herein!* binnen!
hereinbrechen *st* binnendringen; beginnen, aanbreken, losbarsten; *der Abend (die Nacht) brach herein* de avond viel, daalde, de nacht viel; *das Schicksal brach über ihn herein* het noodlot trof hem
hereinfallen *st* erin vallen; erin lopen
hereinkommen *st* binnenkomen; RTV doorkomen
hereinlegen *zw* erin laten lopen, in de luren leggen
hereinplatzen *zw* gemeenz onverwacht binnenvallen
herfahren *st* komen aanrijden (aanvaren); hierheen rijden (varen); *über einen ~* iem. afsnauwen; *mit Vorwürfen über einen ~* iem. met verwijten overladen
herfallen *st: über einen ~* iem. op 't lijf vallen, overvallen, tot mikpunt nemen, onder handen nemen; iem. met verwijten overstelpen; *über einen Kuchen ~* op een koek aanvallen
hergeben *st* aanreiken; aan de hand doen; overgeven, teruggeven; *gib her!* geef hier, geef op!; *nichts ~* niets opleveren; *der Wagen hat mächtig ~ müssen* uit de auto is alles gehaald, wat kan; *reiten, was die Pferde ~ können* uit de paarden halen, wat eruit te halen valt; *sich für (zu) etwas ~* zich tot iets lenen
hergebracht gebruikelijk, traditioneel
hergehen *st: hinter einem ~* achter iem. aanlopen; *da geht es heiß (hoch, lustig) her* daar gaat het warm (vrolijk) toe; *über einen ~* iem. scherp kritiseren, 't laten ontgelden
hergehören *zw* erbij horen, thuishoren bij; *das gehört hier absloot nicht her* dat hoort hier absoluut niet thuis
herhalten *st* toereiken; uithouden; *~ müssen* het moeten ontgelden, op zijn dak krijgen, ervoor moeten opkomen, het gelag moeten betalen
herholen *zw* hier halen, erbij halen; *das ist weit hergeholt* dat is ver gezocht
herhören *zw* luisteren
Hering *m* (-s; -e) visk haring (ook v. tent); *ein magerer ~* een magere sprinkhaan; *(zusammengepreßt) sitzen wie die ~e (in der Tonne)* als haringen in een ton

Heringsschwarm *m* school haringen
herkommen *st* vandaan komen, afkomstig zijn, afstammen; uitgegaan zijn van
herkömmlich gebruikelijk, traditioneel
Herkunft *v* (~) komst; oorsprong, af-, herkomst; taalk etymologie; *niedriger ~ von lage komaf*
herlaufen *st* aan komen lopen, toesnellen; *hergelaufen* van de straat opgeraapt, van bedenkelijk allooi; *ein hergelaufener Kerl* een vagebond
herleiten *zw* hierheen geleiden; afleiden; *sich ~ von* afstammen van, afkomstig zijn van
hermachen *zw: etwas ~* een goede indruk maken; *(viel, wenig) ~ von* ophef maken van; *viel von sich ~* veel reclame over zichzelf maken; *sich über einen ~* iem. aanvallen; *sich über etwas ~* met iets beginnen, op iets aanvallen
1 Hermelin [-'lien] *o* (-s; -e) dierk hermelijn
2 Hermelin [-'lien] *m* (-s; -e) hermelijn(bont)
hernach vervolgens, daarna, later
hernehmen *st* vandaan halen, verkrijgen; *(sich) einen derb ~* iem. flink aanpakken
Heroin [-ro-'ien] *o* (-s) heroïne
Heroine *v* (~; -n) theat actrice voor vrouwelijke heldenrollen
heroisch [-'ro-isch] heroïek, heldhaftig
Herold ['he-] *m* (-s; -e) heraut
Heros *m* (~; Heroen) [-'ro-en] heros, held; halfgod
herplappern *zw* opdreunen, aframmelen
Herr *m* (-n; -en) heer, meester, baas; vorst; heerser; *Ihr ~ Vater* uw vader; *~ Schulze* de heer, meneer Schulze; (als aanspreekvorm) meneer (Schulze); *~ Baron* baron; *~ des Hauses* heer des huizes; *alter ~* oud-lid v. studentencorps, sportvereniging; *mein alter ~* gemeenz mijn ouwe heer; *wie der ~, so der Knecht (das Gescherr)* zo heer, zo knecht; *sein eigner ~ sein* zijn eigen baas zijn; *~ im eignen Hause* baas in eigen huis; *einer Sache ~ werden* iets meester worden; *~ der Lage sein* de situatie beheersen; *nicht mehr ~ über sich selbst sein* zichzelf niet meer in zijn macht hebben; *die ~en der Schöpfung* gemeenz schertsend mannen; *aus aller ~en Länder* van overal, uit alle delen van de wereld
Herrchen *o* (-s; ~) heertje; baasje (v. hond)
Herreise *v* reis hierheen
herrenlos zonder heer of dienst; onbeheerd
Herrensitz *m* slot, kasteel; landhuis; *im ~ reiten* op een herenzadel rijden
Herrgott *m* God, onze lieve Heer; kruisbeeld, crucifix; gemeenz *~ noch mal!* allemachtig!
Herrgottsfrühe *v: in aller ~* heel vroeg
herrichten *zw* in orde brengen, klaarmaken; *sich ~* zich klaarmaken; (v. dames) toilet maken; zich opmaken
Herrin *v* (~; -nen) meesteres, vrouw, gebiedster
herrisch heerszuchtig, bazig, meesterachtig, gebiedend

herrjeh [-'jee], **herrjemine** ['jemienee] heremijntijd, god bewaar me
herrlich heerlijk; prachtig
Herrschaft v (~; -en) heerschappij, macht; heer of vrouw des huizes; *~en plechtig dames en heren; wünschen die ~en etwas zu trinken?* willen de dames en heren iets drinken?; *~!* gemeenz mijn hemel!; *alte ~en* gemeenz schertsend ouders; *die ~ über ein Auto* de macht over een auto
herrschaftlich voornaam, heren-; *ein ~er Diener* heersknecht; *ein ~es Haus* een herenhuis, een deftig huis
herrschen zw heersen
Herrscher m (-s; ~) heerser, gebieder
Herrschsucht v heerszucht
herrschsüchtig heerszuchtig, bazig
herrühren zw afkomstig zijn, vandaankomen
hersagen zw opzeggen, opnoemen; *an den Fingern ~ können* op zijn duimpje kennen; *auswendig, aus dem Kopf ~* uit 't hoofd opzeggen
hersehen st hierheen kijken
hersein, nieuwe spelling: **her sein** onr: *hinter einem ~* iem. achternazitten; iem. nalopen
herstammen zw afkomstig zijn
herstellen ['heer-] zw hier neerzetten; tot stand brengen, maken; fabriceren, vervaardigen; *eine Verbindung ~* een relatie aanknopen; een verbinding tot stand brengen; *herstellt!* mil herstel!
Hersteller ['heer-] m (-s; ~) vervaardiger, producent, fabrikant
Herstellung v het tot stand brengen, vervaardiging, bereiding, fabricage
Herstellungskosten mv productiekosten
Herstellungspreis m kostprijs
herüber herwaarts, hierheen
herüberkommen st (hierheen) komen, overkomen
herüberreichen zw over-, aanreiken, aangeven
herum rond, rondom; *hier ~* hier in de buurt, hier dichtbij; *um die 25 ~* ongeveer 25; *um acht ~* omstreeks acht uur; *anders ~* andersom; *die Reihe ~* de rij rond
herumdoktern zw: *an etwas ~* aan iets knoeien, prutsen, dokteren
herumdrehen zw rond-, omdraaien; *sich im Grabe ~* zich in zijn graf omdraaien; *sich im Kreise ~* rondtollen
herumdrucksen zw niets willen zeggen, eromheen draaien
herumfahren st rondtrekken, -rijden; zich met een ruk omdraaien; *mit den Händen ~* met de handen in 't rond zwaaien
herumfingern zw (zitten te) friemelen, prutsen
herumfragen zw rondvragen
herumfuchteln zw (met de armen) in 't rond zwaaien
herumführen zw rondleiden; *einen an (bei) der Nase ~* iem. bij de neus hebben
herumfummeln zw = herumfingern
herumgehen onr rond-, omgaan, in omloop zijn; heersen (v.e. ziekte); voorbij-

gaan; *das geht mir im Kopf herum* dat kan ik niet uit mijn gedachten zetten; *die Ferien sind schnell herumgegangen* de vakantie is snel voorbijgegaan
herumhacken zw rondhakken; *auf einem ~* op iem. zitten te hakken, veel kritiek op iem. hebben
herumirren zw ronddwalen, -zwalken
herumkommandieren zw erop los commanderen
herumkommen st: *um etwas ~* zich aan iets kunnen onttrekken, iets kunnen vermijden; *weit herumgekommen sein* overal geweest zijn, veel gereisd hebben
herumlaufen st omlopen; rondlopen; *mit Scheuklappen ~* oogkleppen ophebben
herumliegen st rondslingeren; *~ lassen* laten rondslingeren
herumlümmeln zw, **herumlungern** zw rondhangen
herummurksen zw, **herumpfuschen** zw zitten te knoeien, te prutsen
herumposaunen zw rondbazuinen
herumquälen zw: *sich ~ mit* zwoegen op, zijn hoofd breken over
herumreden zw kletsen; *um die Sache (den heißen Brei) ~* om de zaak heen praten, niet ter zake komen
herumreichen zw van hand tot hand doen gaan, rondreiken, -dienen; gemeenz aan iedereen voorstellen
herumreiten st rondrijden; *~ auf* (+ 3) steeds terugkomen op
herumscharwenzeln zw: *um jmd. ~* om iem. heendraaien (om in het gevlei te komen)
herumschlagen st omslaan, omvouwen; *sich ~ mit* bakkeleien, 't aan de stok hebben met
herumschlängeln zw: *sich ~* zich slingerend om; *sich um eine Sache ~* iets handig vermijden, uit de weg gaan
herumschleppen zw met zich meeslepen, -dragen
herumsitzen st lummelen; zitten te niksen, rondhangen; *in Wirtshäusern ~* in cafés, kroegen rondhangen
herumsprechen st: *sich ~* de ronde doen (v. nieuwtje, gerucht)
herumstehen st om iets heenstaan; rondhangen
herumstreiten st: *sich ~* kibbelen
herumtragen st met zich meedragen, rondbrengen; rondvertellen
herumtreiben st ronddrijven; *sich ~* rondzwerven
Herumtreiber m zwerver; vagebond
herumwerfen st omwerpen, in 't rond werpen; snel omdraaien; *das Steuer ~* (ook) een andere koers inslaan; *sich im Bett ~* op zijn andere zijde gaan liggen
herumziehen st omheentrekken; rondtrekken
herunter naar beneden, omlaag, af, neer; *die Maske ~!* het masker af!; *ganz ~ sein* er beroerd aan toe zijn; *mit den Nerven ~* op van de zenuwen
herunterbringen onr naar beneden bren-

heruntergehen 182

gen; doorslikken, door de keel (kunnen) krijgen ⟨v. voedsel⟩; ruïneren

heruntergehen opr naar beneden gaan, dalen; *die Straße ~* de straat af-, uitlopen; *mit dem Preise ~* de prijs verminderen

herunterhauen st neerhouwen; *einem eine ~* iem. een oorvijg geven

herunterholen zw naar beneden halen; luchtv neerschieten, neerhalen; *das Blaue vom Himmel ~* 't onmogelijke proberen; *sich einen ~* zich aftrekken

herunterkommen st naar beneden komen; in verval, aan lager wal raken; *die Straße ~* de straat aflopen; *er ist durch seine Krankheit sehr heruntergekommen* hij is door zijn ziekte erg afgetakeld

herunterleiern zw opdreunen, afdraaien

heruntermachen zw kapittelen; slecht maken; afkammen

herunterputzen zw kapittelen

herunterschlingen st schrokken, naar binnen werken

herunterschlucken zw doorslikken

herunterschrauben zw omlaagdraaien ⟨v.e. vlam⟩; *seine Ansprüche ~* zijn eisen verminderen

heruntersein onr achterop zijn ⟨ook handel⟩; *mit den Nerven ~* op van de zenuwen zijn

herunterwirtschaften zw ruïneren, economisch kapotmaken

hervor tevoorschijn, naar voren

hervorblicken zw achter, onder iets uitkijken; zichtbaar zijn

hervorbrechen st tevoorschijn komen; uitbreken

hervorbringen onr voortbrengen; doen ontstaan, teweegbrengen; scheppen; tevoorschijn brengen; *kein Wort ~ können* geen woord kunnen uitbrengen

hervorgehen st tevoorschijn komen, voortkomen; *~ aus* voortkomen uit, volgen uit; *aus dem Kampf ~* overwinnaar zijn

hervorheben st doen uitkomen; de nadruk leggen op

hervorkommen st tevoorschijn komen

hervorragen zw uitsteken, uitmunten

hervorragend vooruitstekend; voortreffelijk, uitnemend, vooraanstaand, eminent

hervorrufen st tevoorschijn roepen; doen ontstaan, theat terugroepen

hervorstechen st uitsteken; uitblinken; *~d* opvallend

hervortreten st tevoorschijn komen, naar voren komen, aan de dag treden; uitkomen; uitpuilen ⟨v. oog⟩

hervortun onr: *sich ~* zich onderscheiden

Herweg m weg herwaarts, hierheen

Herz o (-ens; -en) hart; kaartsp harten; *Tränendes ~* plantk druipende hartjes; *ein goldenes ~, ein ~ aus Gold* een hart van goud; *ein weiches ~* een klein hartje; *leichten ~ens* zonder bezwaar; *schweren ~ens* met bezwaard hart; *sein ~ in die Hand nehmen* moed vergaren, zich vermannen; *einem das ~ schwer machen* iem. verdriet doen; *~en zehn* kaartsp hartentien; *sie sind ein ~ und eine Seele* zij zijn twee handen op een buik; *das ~ fällt ihm in die Hosen(tasche)* de moed zinkt hem in de schoenen; *sich ein ~ fassen* moed vatten; *ein ~ haben für* iets overhebben voor; *das ~ lacht ihm im Leibe* hij is dolblij; *das ~ auf der Zunge haben* zijn hart op de tong hebben liggen; *nicht das ~ haben zu* niet 't hart hebben om; *seinem ~en Luft machen* z'n hart luchten; *ans ~ legen* op 't hart binden, drukken; *am ~en liegen* na aan het hart liggen; *etwas auf dem ~en haben* iets op zijn hart hebben; *mit blutendem ~en* met een bloedend hart; *mit halbem ~en* niet van harte; *mir ist schwer ums ~* ik heb verdriet, zorg; *ich kann es nicht übers ~ bringen* ik kan het niet over mijn hart verkrijgen; *von ganzem ~en* van ganser harte; *von ~en gern* volgaarne; *zu ~en gehen* diepe indruk maken; *aan 't hart gaan; zu ~en nehmen* ter harte nemen; *wes das ~ voll ist, des geht der Mund über* waar 't hart vol van is, loopt de mond van over

Herzchen o lieveling, schatje

Herzeleid o hartenleed, hartzeer

herzen zw aan 't hart drukken, liefkozen; *sich ~* elkaar liefkozen, vrijen

Herzensangst v doodsangst

herzensgut door en door goed

Herzensgüte v innerlijke goedheid

Herzenslust v hartelust; *nach ~* naar hartelust

Herzenssache v zaak v.h. hart

Herzenswunsch m hartenwens

herzerfreuend hartverblijdend

herzerschütternd hartroerend

Herzfehler m hartgebrek

herzhaft dapper, kloekmoedig, flink; hartig

herziehen st hierheen trekken; *über einen ~* aanvallen doen op iem., zich over iem. vrolijk maken; iem. over de hekel halen

herzig lief, schattig

Herzinfarkt m (-(e)s; -e) med hartinfarct

Herzklopfen o hartkloppingen

Herzleiden o hartkwaal

herzlich hartelijk; zeer, bar; *~ einfach* doodeenvoudig; *~ gern* zeer graag, van ganser harte; *~ wenig* bar weinig; *~es Beileid* innige deelneming

herzlos harteloos, ongevoelig

Herzog m (-s; -zöge) hertog

Herzogin ['her-] v (~; -nen) hertogin

Herzogtum o (-s; -tümer) hertogdom

Herzschlag m hartslag; hartverlamming

Herzschrittmacher m pacemaker

herzu er bij, naderbij

Hesse m (-n; -n) Hes, inwoner van Hessen

Hetze v (~) jacht, lange of grote jacht, drijfjacht; haast, gejaagdheid, drukte; ophitsing, campagne; hetze; *die ~ des Alltags* de drukte van alledag

hetzen zw aan-, ophitsen; stoken ⟨tegen iem.⟩; achternazitten, opjagen; jagen, rennen, jassteren; *zu Tode ~* doodjagen; doodjakkeren; fig op de spits drijven, te ver doorvoeren; *sich ~* zich haasten, zich afjakkeren; *hetz' doch nicht immer so!* doe toch niet altijd zo gejaagd!

Hetzer m (-s; ~) ophitser, stoker

Hetzerei v (~; -en) ophitserij; gejaag, gejakker
hetzerisch opruiend
Hetzjagd v lange jacht; vervolging; gejaag, gejakker
Heu o (-(e)s) hooi; *Geld wie ~* geld als water
Heuboden m, **Heubühne** v Zwits hooizolder
Heuchelei v (~; -en) huichelarij
heucheln zw huichelen
Heuchler m (-s; ~) huichelaar
heuchlerisch geveinsd, huichelachtig
heuen zw hooien
heuer dit jaar
1 **Heuer** m (-s; ~) hooier
2 **Heuer** v (~; -en) scheepv gage
heuern zw N-Duits matrozen aanmonsteren; huren
Heuernte [-ernte] v hooioogst
Heufeim m, **Heufeime** v, **Heufeimen** m hooimijt
Heulboje v scheepv brulboei; fig, gemeenz huilebalk
heulen zw huilen; tekeergaan; loeien, gieren; gemeenz huilen, wenen; *H~ und Zähneknaschen* bijbel wening en knersing der tanden; *es ist zum H~* 't is om te huilen; *~ wie ein Schloßhund* gemeenz erbarmelijk huilen; *mit den Wölfen ~* huilen met de wolven in 't bos
Heulpeter m, **Heulsuse** v huilebalk
heurig van dit jaar; v.d. tegenwoordige tijd; *~er Wein* wijn van de laatste oogst
Heuschnupfen m hooikoorts
Heuschober m hooimijt, -berg
Heuschrecke v dierk sprinkhaan
heute heden, vandaag; heden ten dage; *~ oder morgen* vandaag of morgen, binnenkort; *lieber ~ als morgen* liever vandaag dan morgen; *von ~ auf morgen* van vandaag op morgen, zo opeens; *das H~* de tegenwoordige tijd, het heden; *von ~ ~* modern, eigentijds
heutig van tegenwoordig, huidig; hedendaags; *der ~e Tag* de dag van heden
heutzutage tegenwoordig, heden ten dage
Hexe v (~; -n) heks
hexen zw heksen; *nicht ~ können* niet kunnen toveren (heksen)
Hexenkessel m heksenketel ⟨ook fig⟩
Hexenmeister m duivelskunstenaar, heksenmeester
Hexenschuß, nieuwe spelling: **Hexenschuss** m med spit in de rug
Hexerei v (~; -en) hekserij, toverij; heksenwerk
hie hier; *~ und da* hier en daar; af en toe
Hieb m (-es; -e) houw, slag; *der ~ sitzt* die steek zit, die toespeling is raak; *~e bekommen* een pak slaag krijgen; *auf den ersten ~* bij de eerste keer, in één keer; *~ het lukte in één keer; auf einen ~ sein Glas leeren* zijn glas in één teug leegdrinken
hiebfest: *hieb- und stichfest* onkwetsbaar; fig niet te weerleggen, steekhoudend

hier hier, alhier; *~!* present!; *~ herum* hier in de buurt; *~ und da* hier en daar; af en toe; *~ Müller* ⟨bij telefoongesprek⟩ u spreekt met Müller; *~ bei Müller* u spreekt met het huis van Müller; *die Sache steht mir bis ~* de zaak hangt me de keel uit
hierauf hierop; daarna
hieraus hieruit
hierbei hiernevens, -bij
hierdurch hierdoor
hierfür hiervoor
hiergegen daartegen, hiertegen
hierher hierheen, hier; *bis ~* tot hier toe, tot nu toe
hierherum hieromheen; hier in de buurt
hierhin hier naar toe, hierheen
hiermit hiermede, hiermee
hiernach hierna, dan
hierzulande, nieuwe spelling ook: **hier zu Lande** hier te lande
hiesig van deze plaats, alhier; *~es Bier, Hiesiges* bier dat op de plaats zelf gebrouwen is; *ein Hiesiger* iem. van hier; *am ~en Platze* te dezer plaatse
hieven zw scheepv hieuwen, ophijsen; *den Anker ~* 't anker lichten
Hilfe v (~; -n) hulp ⟨ook persoon⟩; steun; *~ für* hulp aan; *zu ~!* te hulp!; *die Erste ~* eerste hulp ⟨bij ongelukken⟩, EHBO; *einen Kurs in Erster ~ absolvieren* een EHBO-cursus volgen
Hilfeleistung v bijstand, hulpverlening, assistentie
Hilferuf m, **Hilfeschrei** m hulpkreet, -geroep
Hilfestellung v sp hulp bij het turnen; *~ leisten* fig steun verlenen
hilflos hulpeloos; onbeholpen
hilfreich hulpvaardig, behulpzaam
Hilfsarbeiter m los werkman, ongeschoold arbeider
hilfsbedürftig hulpbehoevend
hilfsbereit bereid om te helpen, hulpvaardig
Hilfskraft v hulpkracht
Hilfsmittel o hulpmiddel
Hilfsschule v school voor buitengewoon onderwijs, BLO-school
Hilfsverb o gramm hulpwerkwoord
Himbeere v plantk framboos
Himbeersaft m frambozensap, -stroop
Himmel m (-s; ~) hemel ⟨ook v. ledikant⟩; *ach du lieber ~!* hemeltje!; *och hemel!; ~ und Erde* hete bliksem ⟨= stampot van aardappels met appels⟩; *~ und Erde (~ und Hölle) in Bewegung setzen* hemel en aarde bewegen; *aus allen ~n fallen* stomverbaasd zijn; *aus heiterem ~* gemeenz geheel onverwachts; *gen ~ fahren* ten hemel varen; *unter freiem ~* in de open lucht; *im siebenten ~ sein* in de zevende hemel zijn; *einen in den ~ heben* iem. de hemel in prijzen, iem. uitbundig prijzen; *vom ~ fallen* plotseling verschijnen; *es schreit zum ~* het is hemelschreiend
Himmelbett o hemelbed
himmelblau hemelsblauw, azuur
Himmelfahrt v hemelvaart; Hemelvaarts-

dag; *Mariä ~* RK Maria Hemelvaart, Maria-ten-hemel-opneming (15 augustus)
himmelhoch: *~ jauchzend* uitbundig vrolijk; *einen ~ preisen* iem. uitbundig prijzen, iem. in de hoogte steken
Himmelreich o hemelrijk
Himmelskörper m hemellichaam
Himmelszelt o uitspansel, zwerk
himmelwärts hemelwaarts
himmelweit hemelsbreed; *~ entfernt* heel ver weg; *ein ~er Unterschied* een hemelsbreed verschil
himmlisch hemels; goddelijk; *die H~en Heerscharen* de hemelse heerscharen; *ein ~e Geduld* een eindeloos geduld, een engelengeduld
hin heen, weg, verloren; *er ist ~* hij is dood; *ganz ~ (und weg) sein* helemaal onder de indruk, weg zijn; *mein Geld ist ~* mijn geld is naar de maan; *es ist noch lange ~* het duurt nog lang; *... ~ oder her gemeenz ...* meer of minder; *~ und her überlegen* wikken en wegen; *~ und her (zurück)* heen en weer (terug); *nach außen ~* uiterlijk; *zum Herbst ~* tegen het najaar; *~ und wieder* af en toe, nu en dan; *auf die Gefahr ~* op het gevaar af; *auf seinen Rat ~* op zijn advies, op zijn raad afgaande; *das H~ und Her* gepraat over en weer; woordenwisseling, verwarring
hinab omlaag, naar beneden
hinan plechtig omhoog, naar boven, opwaarts
hinarbeiten zw: *auf etwas (+ 4) ~* iets trachten te bereiken, op iets aanwerken
hinauf omhoog, opwaarts
hinaufarbeiten zw: *sich ~* zich opwerken, zich omhoog werken
hinaufgehen onr naar boven gaan, omhooggaan, stijgen, rijzen; *die Treppe ~* de trap opgaan
hinaus naarbuiten, eruit; *~ mit dir!* eruit, jij!; *und darüber ~!* en verder!; *über etwas ~ boven* iets uit; *über etwas ~ sein* boven iets verheven zijn; groter, langer zijn dan iets; *auf Jahre ~* (nog) voor jaren; *übers Grab ~* tot in de dood; *zum Fenster ~* het raam uit; *nach der Straße ~ wohnen* aan de straatkant wonen
hinausekeln zw gemeenz wegpesten
hinausführen zw naar buiten voeren (leiden); *~ über* verder brengen dan (door)
hinausgehen onr naar buiten gaan, uitgaan; *~ über* uitgaan boven, overtreffen; *auf die Straße ~* (ook) naar de straat leiden, op de straat uitkijken
hinauskommen st: *auf eins (aufs gleiche) ~* op 't zelfde neerkomen; *über die Anfänge nicht ~* niet verder komen dan 't begin
hinauslaufen st naar buiten lopen; *es läuft darauf hinaus* 't leidt daartoe, 't loopt erop uit
hinausposaunen zw uitbazuinen
hinausragen zw: *über einen ~* boven iem. uit steken
hinausschaffen zw naar buiten brengen, verwijderen
hinausschmeißen st eruit gooien; gemeenz eruit trappen
hinauswollen onr: *höher ~* hogerop willen
hinausziehen st naar buiten trekken; rekken; *sich ~* gerekt worden; lang duren
hinauszögern zw uitstellen
hinbekommen st klaarkrijgen, tot stand brengen
Hinblick m blik; *im ~ auf* met het oog op
hinbringen onr erheen brengen; doorbrengen
hindenken onr: *an iets denken; wo denken Sie hin?* wat denkt u wel?; *zu einem ~ sterk* aan iem. denken
hinderlich hinderlijk, storend
hindern zw verhinderen, hinderen, belemmeren; *einen am Schreiben ~* iem. bij 't schrijven hinderen, iem. 't schrijven verhinderen
Hindernis o (-ses; -e) hindernis, -paal, obstakel; *einem ~se in den Weg legen* iem. moeilijkheden maken
Hinderung v (~; -en) verhindering
hindeuten zw: *auf eine Sache ~* op iets wijzen
hindösen zw: *vor sich ~* zitten te suffen
Hindu m hindoe
hindurch (er)doorheen; *Jahre ~* jaren achtereen
hindurcharbeiten zw: *sich ~* zich erdoorheen werken; *sich durch ein Buch ~* een boek doorwerken
hinein naarbinnen, erin
hineindenken onr: *sich ~* zich indenken
hineinfinden st: *sich ~ in* zich in iets schikken
hineinfressen st: *etwas (sein Leid) in sich ~* iets verslinden; iets verkroppen
hineinhorchen zw: *in sich ~* naar een stem in zijn binnenste luisteren
hineininterpretieren zw een interpretatie aan een tekst geven die niet door die tekst zelf wordt verantwoord
hineinknien zw: *sich ~ in (+ 4) gemeenz* zich geheel inleven in, zich grondig verdiepen in
hineinlegen zw inleggen, leggen in
hineinpfuschen zw stuntelig tussenbeide komen, zich stuntelig mengen in; *ich lasse mir nicht in meine Arbeit ~* niemand moet zich met mijn werk bemoeien
hineinreden zw: *in einen ~* iem. trachten te overtuigen, op iem. inpraten; *in eine Sache ~* zich met iets bemoeien; *sich von einem ~ lassen* toelaten dat iem. zich met zijn zaken bemoeit
hinfahren st erheen rijden, varen, reizen; *über etwas ~* over iets heen strijken
Hinfahrt v heenreis, heenrit, -vaart
hinfallen st neervallen
hinfällig vergankelijk, broos, wrak, bouwvallig; wankel (gezondheid); ongegrond (bezwaar, bewering); *~ werden* wegvallen, vervallen
hinfort plechtig van nu af, voortaan
Hingabe v (~) het weggeven; overgave, toewijding
hingeben st weg-, overgeven; *sein Leben ~* zijn leven opofferen; *sein Letztes ~* zijn laatste geld geven, offeren; *sich ~* zich

opofferen; zich (over)geven, zich wijden aan; zich geven; *sich der Hoffnung* ~ de hoop koesteren; *sich keiner Täuschung* ~ zich geen illusies maken

Hingebung *v* (~) overgave, toewijding

hingegen daarentegen

hingehen *onr* heengaan; heengaan, sterven; *wir wollen es* ~ *lassen* wij zullen het laten passeren, door de vingers zien; *das mag noch* ~ dat kan ermee door

hingehören *zw* (ergens) horen

hingerissen: ~ *sein* verrukt, in de ban zijn

hinhalten *st* aanreiken, voorhouden; vertragen; *ein* ~*des Gefecht* een vertragend gevecht; *einen* ~ iem. met beloften paaien, aan de praat, aan 't lijntje houden; *den Buckel* ~ de gevolgen dragen; *den Kopf für einen* ~ *müssen* voor iems. schuld moeten opdraaien

hinhauen *st* slaan, neerslaan; zich haasten; succes hebben, functioneren; *gemeenz* kloppen, in orde zijn; neersmijten; neerpennen; *das haut hin* dat is goed zo, dat is in orde; *lang* ~ languit vallen; *sich* ~ *gemeenz* gaan liggen, gaan maffen; *Oostr* zich inspannen; *5 Liter hauen hin* 5 liter zijn oké, genoeg

hinhorchen *zw*, **hinhören** *zw* luisteren (naar iets)

Hinkebein *o*, **Hinkefuß** *m schertsend* hinkepoot

hinken *zw* hinken; *dieser Vergleich hinkt* deze vergelijking gaat mank

hinkommen *st* (ergens) heenkomen; terechtkomen; *wo kämen wir hin, wenn...* waar zou 't op uitlopen, als...

hinkriegen *zw* voor elkaar krijgen, klaarspelen

hinlänglich toereikend, voldoende

hinlegen *zw* neerleggen; *sich* ~ gaan liggen; *einen Walzer* ~ *gemeenz* met elan (virtuositeit) uitvoeren

hinmachen *zw* kapotmaken; *slang* vermoorden; *mach hinin!* schiet op!

hinnehmen *st* weg-, medenemen; aannemen, aanvaarden; voor lief nemen, zich laten welgevallen; *etwas kritiklos* ~ ⟨ook⟩ iets voor zoete koek slikken

hinneigen *zw*: ~ *zu* neigen tot, overhellen naar

hinreichen *zw* aan-, toereiken; toereikend (voldoende) zijn

hinreichend voldoende

Hinreise *v* heenreis

hinreißen *st fig* meeslepen; *sich zu etwas* ~ *lassen* ⟨ook⟩ zich tot iets laten bewegen; zie ook *hingerissen*

hinrichten *zw* terechtstellen, executeren

hinsagen *zw* zeggen zonder erbij na te denken, zomaar zeggen; *das war nur so hingesagt* ik zeg maar wat

hinschreiben *st* op-, neerschrijven; erheen schrijven

hinsehen *st* ⟨ergens⟩ heenzien; *bei näherem H*~ bij nadere beschouwing

hinsetzen *zw* weg-, neerzetten; *sich* ~ gaan zitten

Hinsicht *v* (~; -en) opzicht; *in dieser* ~ in dit opzicht

hinsichtlich *voorz* + *2* met betrekking tot, ten aanzien van

Hinspiel *o sp* uitwedstrijd

hinstellen *zw* ⟨ergens⟩ neerzetten; *als Vorbild* ~ ten voorbeeld stellen; *etwas als unbedeutend* ~ iets als onbetekenend voorstellen; *sich* ~ *als* zich voordoen als, pretenderen te zijn

hinstrecken *zw* aan-, toereiken; uitstrekken; neervellen; *sich* ~ zich uitstrekken, gaan liggen

hintansetzen *zw* achterstellen, veronachtzamen; op de achtergrond plaatsen

hinten achter, achteraan; *von* ~ van achteren; ~ *und vorn* achter en voor; overal (en nergens); *von* ~ *bis vorn* helemaal; *sich* ~ *und vorn bedienen lassen* zich laten verwennen; *nicht wissen wo* ~ *und vorn ist* helemaal de kluts kwijt zijn

hintenherum achterom, door een achterdeurtje; stilletjes, in 't geheim; op de zwarte markt; *von* ~ van de achterwacht

hintenüber achterover

1 hinter *voorz* achter; *das habe ich* ~ *mir* dat heb ik achter de rug; ~ *einem her sein* iem. achternazitten; iem. nalopen; *hinter etwas her sein* ergens achteraanzitten; *etwas* ~ *sich bringen* iets klaarspelen, afmaken; afleggen

2 hinter *bn* achter-, achterste; *die* ~*e Seite* de achterkant

Hinterachse *v* achteras

Hinterbacke *v* bil

Hinterbein *o* achterbeen; *sich auf die* ~*e stellen* steigeren; zich verzetten; op zijn achterste benen gaan staan

Hinterbliebene(r) [-'blie-] *m-v* nabestaande, achtergeblevene

Hinterbliebenenbezüge *mv*, **Hinterbliebenenrente** *v* weduwen- en wezenpensioen, AWW

hinterbringen [-'bring-] *onr* melden; aanbrengen, verklikken

hinterdrein achterna, achteraf; dan, daarna

hintereinander achter elkaar, aaneen

Hintergedanke *m* bijgedachte, -bedoeling

1 hintergehen (-, h. gegangen) naar achteren gaan

2 hinter'gehen [-'ge-en] *onr* misleiden, bedriegen

Hintergrund *m* achtergrond; *die Hintergründe eines Beschlusses* de diepere beweegredenen v.e. besluit; *auf diesem* ~ voor deze achtergrond; *im* ~ op de achtergrond; *in den* ~ *treten* op de achtergrond raken, aan betekenis verliezen

hintergründig met diepere achtergrond; geheimzinnig, ondoorgrondelijk; achterbaks

Hintergrundmusik *v* achtergrondmuziek

Hinterhalt *m* hinderlaag; reserve

hinterhältig achterbaks; stiekem

Hinterhand *v paardensport*, *kaartsp* achterhand; *in der* ~ *sitzen kaartsp* op de achterhand zitten

Hinterhaus *o* achterhuis

1 hinter'her achterna
2 'hinterher naderhand, later, achteraf
hinterherhinken zw, **hinterherkleckern** zw gemeenz te laat komen; de laatste zijn, binnen komen kakken
Hinterkopf m achterhoofd; *etwas im ~ behalten* gemeenz iets in gedachten houden
Hinterland o achterland
hinterlassen [-'lassen] st achterlaten; nalaten; *die Hinterlassenen* de nagelaten betrekkingen
Hinterlassenschaft v (~; -en) nalatenschap
hinterlegen [-'le-] zw neerleggen, in bewaring geven; deponeren, storten; *Kaution ~* cautie, borg stellen
Hinterlegung v deponering, consignatie
Hinterlist v arglist, bedrog, streek
hinterlistig arglistig, bedriegelijk
Hintermann m achterste man, man achter een andere; volgende op de ranglijst; man op de achtergrond; handel tweede endossant
Hintern m (-s) achterste
Hinterrad o achterwiel
Hinterreifen m achterband ⟨v. fiets enz.⟩
hinterrücks van achteren, achter iemands rug, in 't geheim
Hintersinn m bijgedachten
hintersinnig N-Duits diepzinnig; zwaarmoedig; Zwits zwakzinnig, krankzinnig
Hinterteil I m & o achterdeel; II o gemeenz achterwerk
Hintertreffen o mil achterhoede; *ins ~ geraten (kommen)* achteruitgaan, afzakken, in 't nadeel komen
hintertreiben [-'trei-] st stilletjes verijdelen, beletten, dwarsbomen
Hintertreppenroman m stuivers-, keukenmeidenroman
Hintertür v achterdeur; *durch die ~* clandestien, in 't geheim; *sich ein Hintertürchen offen halten* een slag om de arm houden
Hinterwäldler m provinciaal, heikneuter
hinterziehen [-'zie-] st ontduiken ⟨v. belasting⟩
hinüber overheen, erover, erheen; *~, herüber* over en weer
hinübergehen onr naar de overkant gaan, overlopen; sterven
hinübergreifen st overgrijpen; overslaan op
hinübersein onr bedorven, dood, kapot, dronken zijn
hinübersetzen zw overg & onoverg overzetten
hinüberwechseln zw overgaan op ander gebied ⟨speciaal v. wild; ook naar een andere faculteit, andere betrekking⟩
hinunter naar beneden, omlaag
hinuntergehen onr naar beneden gaan, afdalen ⟨bijv. v. berg⟩; *die Straße ~* de straat uitlopen
hinunterschlucken zw (door)slikken; *seinen Ärger ~* zijn ergernis verkroppen; *seine Tränen ~* zijn tranen inslikken
hinunterwürgen zw naar binnen werken, met moeite doorslikken ⟨v. brood⟩

hinwärts (er)heen
hinweg [-'wek, -'weç] heen; *über etwas ~ sein* over iets heen zijn, iets overwonnen hebben; *~ (mit dir)!* plechtig weg (jij)!
hinweggehen onr: *über etwas ~* iets onvermeld laten, overslaan; er geen woorden aan vuilmaken
hinwegkommen st heen-, wegkomen; *~ über fig* over iets heen komen
hinwegsehen st wegzien; *über etwas ~* iets negeren; iets door de vingers zien
hinwegsetzen zw heenspringen; *sich über etwas ~* zich over iets heenzetten, over iets heen stappen
hinwegtäuschen zw: *einen über etwas ~* iem. iets doen vergeten, blind maken voor iets; *sich über etwas ~* ⟨ook⟩ zich illusies maken over
Hinweis m (-es; -e) aanwijzing, verwijzing; *unter ~ auf (+ 4)* met verwijzing naar
hinweisen st heenwijzen, wijzen op; *einen auf etwas ~* iem. op iets attent maken
hinwerfen st erheenwerpen, -gooien; weg-, neerwerpen, -gooien; laten ontvallen ⟨v.e. woord⟩; neerpennen; *den ganzen Kram (Laden) ~* alles erbij neergooien, 't opgeven; *sich ~* zich laten vallen; *sich vor einem hinwerfen* voor iem. op de knieën vallen, zich aan iems. voeten werpen; *eine hingeworfene Bemerkung* een terloopse opmerking
hinwirken zw: *darauf ~* het erop aansturen
Hinz m Henk, Hendrik; *(jeder) ~ und Kunz* Jan, Piet en Klaas; Jan en Alleman
hinziehen st wegtrekken; ergens heen trekken; op de lange baan schuiven; *sich ~* zich uitstrekken; aanhouden, lang duren
hinzu erbij; erheen, daarheen
hinzufügen zw (er)bij-, toevoegen
hinzukommen st erbij komen
hinzutun onr erbij doen, bijvoegen; *ohne sein H~* zonder zijn toedoen
hinzuziehen st erbij halen, raadplegen
Hiobsbotschaft v, **Hiobsnachricht** v jobstijding
Hippe v (~; -n) kap-, snoeimes; zeis; oublie; Middeld geit
Hirn o (-(e)s) hersenen
Hirngespinst o hersenschim
hirnlos hersenloos; dom
hirnrissig krankzinnig, idioot
hirnverbrannt, hirnverbrüht krankzinnig, dwaas, gek
Hirsch m (-s; -e) hert; scheldwoord rund, sufferd; *ein alter Hirsch in seinem Fach sein* een ouwe rot in het vak zijn
Hirschfänger m jachtmes, hartsvanger
Hirschkuh v hinde
Hirse v (~) plantk gierst
Hirte m (-n; -n) plechtig, godsd herder; geestelijke; *der gute ~* de goede Herder ⟨speciaal: Christus⟩
Hirtenbrief m RK mandement
Hirtin v (~; -nen) herderin
hissen zw hijsen, ophijsen; *die Fahne (Flagge) ~* de vlag hijsen
Historiker [-'to-] m (-s; ~) geschiedkundige,

historicus
historisch historisch, geschiedkundig
Hitze v (~) hitte; drift, vuur, toorn; koorts; *fliegende ~ med* koortsrilling; *in der ~ des Gefechts* in de hitte van de strijd; *in der ersten ~* in een eerste opwelling; *in ~ geraten* kwaad worden, opgewonden raken
hitzefrei: *~ bekommen* vrij krijgen wegens te grote warmte
Hitzewelle v hittegolf
hitzig driftig, heftig, heetgebakerd; heethoofdig; hitsig; vurig; loops
Hitzkopf m heethoofd
hitzköpfig heethoofdig, -gebakerd
Hitzschlag m *med* zonnesteek
Hiwi gemeenz = *Hilfswilliger* vrijwillige hulpkracht
H-Milch = *haltbare Milch* houdbare melk
HNO-Arzt = *Hals-Nasen-Ohren-Arzt*
Hobel m (-s; ~) schaaf
hobeln zw schaven; fatsoeneren; beschaven; *wo gehobelt wird, da fallen Späne* waar gehakt wordt, vallen spaanders
hoch hoog, verheven; *vier Mann ~* vier man sterk; *~ zu Roß* te paard; *drei Treppen ~* driehoog; *ein hoher Siebziger* iem. van diep in de zeventig; *drei ~ zwei* drie kwadraat; *a ~ n* wisk a tot de nde; *das ist mir zu ~ fig* daar kan ik niet bij, dat is te hooggegrepen voor mij
1 Hoch o (-s; -s) hoera; *ein (dreifaches) ~ auf einen ausbringen* op iem. toasten, op iems. gezondheid drinken
2 Hoch o (~; -s) meteor hogedrukgebied
hochachten zw hoogachten
Hochachtung v (~) hoogachting; *mit vorzüglicher ~* met de meeste hoogachting; *allerhand ~!* gemeenz alle respect!
hochachtungsvoll met de meeste hoogachting, hoogachtend
hochaktuell uiterst actueel
Hochaltar [-'taar] m hoogaltaar
Hochamt o RK hoogmis
hocharbeiten zw: *sich ~* zich omhoogwerken
Hochbahn v viaductspoorweg
Hochbau m bovengrondse werken; hoge bebouwing, hoogbouw
hochbegabt zeer begaafd
hochbeinig met lange benen (poten)
Hochbetrieb m gemeenz grote drukte
hochbringen onr omhoogbrengen, tot bloei brengen; opkweken, opvoeden
Hochburg v hooggelegen burcht; bolwerk, centrum; broeinest
hochdeutsch Hoogduits
Hochdruck m nat, meteor hoge druk; typ hoogdruk; med hoge bloeddruk; *mit, unter ~ arbeiten* onder hoge druk, intensief werken
Hochebene ['hooch-ee-be-ne] v hoogvlakte
hochempfindlich zeer gevoelig
hocherfreut zeer verheugd
hochfahren st omhooggrijden; fig opvliegen, opschrikken
hochfahrend aanmatigend, uit de hoogte, arrogant; op hoge toon
hochfein piekfijn, eerste klas

Hochgebirge o hooggebergte
Hochgefühl o blij, verheven gevoel
hochgehen st omhooggaan, opgaan; in de lucht vliegen; woedend worden, in verontwaardiging ontsteken; gearresteerd worden, opgerold worden; *da geht einem der Hut hoch* dat is te bar; dat gaat te ver; *die Wände ~* uit je vel springen; *die Bande ging hoch* de bende werd opgerold
Hochgenuß, nieuwe spelling: **Hochgenuss** m groot genot
hochgeschätzt zeer gewaardeerd
hochgesteckt vermetel, stoutmoedig
hochgestochen verwaand, ijdel; veeleisend; snobistisch; hoogdravend
hochgewachsen lang, rijzig
Hochglanz m fotogr hoogglans; *etwas auf ~ bringen* iets grondig reinigen
hochhalten st hoogschatten, hooghouden; omhooghouden; *die Fahne ~ fig* het vaandel hooghouden
Hochhaus o wolkenkrabber, torenhuis
hochheben st optillen, omhoogheffen
hochherzig edel, edeldenkend, nobel
hochinteressant bijzonder interessant
hochkommen st omhoog-, opkomen (ook sociaal); tot bloei komen; *wenn es hochkommt* gemeenz als 't veel is, hoogstens; *es kommt mir hoch* ik word misselijk
Hochkonjunktur v hoogconjunctuur
hochkrempeln zw opstropen (v. mouwen)
Hochland o hoogland; *die Schottischen ~e, das Schottische ~* de Schotse Hooglanden
Hochleistung v topprestatie
Hochmoor o hoogveen
Hochmut m hoogmoed; *~ kommt vor dem Fall* hoogmoed komt voor de val
hochmütig hoogmoedig, -hartig
hochnäsig uit de hoogte, arrogant
hochnehmen st te pakken nemen, koeioneren; voor de gek houden; te veel rekenen, afpersen; omhoogheffen; gemeenz arresteren, oprollen; mil drillen; *den Rock ~* de rok opnemen
Hochofen m hoogoven
hochqualifiziert zeer vakkundig, eersteklas-
hochragend hoog oprijzend
hochrot fel-, vuurrood
Hochruf m hoerageroep, hoera
Hochsaison [-'sè'zõ] v hoogseizoen
hochschätzen zw hoogachten, -schatten
Hochschulabschluß, nieuwe spelling: **Hochschulabschluss** m: *mit ~* academisch gevormd
Hochschule v hogeschool, universiteit, academie
Hochschulreife v bevoegdheid tot academische studie
Hochseefischerei v visserij in open zee
Hochsommer m 't hartje van de zomer
Hochspannung v hoogspanning (ook fig)
hochspielen zw in de publiciteit brengen, overdrijven; uitbuiten
Hochsprache v 't algemeen beschaafd Duits, Nederlands etc., de standaardtaal
Hochsprung m het hoogspringen
höchst hoogst; *am ~en* het hoogst; *aufs ~e*

bijzonder hoog
Hochstapler *m* gentleman-oplichter, flessentrekker
Höchstbetrag *m* maximumbedrag
höchstens ten hoogste, op zijn hoogst
Höchstfall *m: im ~* hoogstens, op zijn hoogst, maximaal
Höchstgeschwindigkeit *v* maximumsnelheid
Höchstleistung *v* maximumprestatie, maximumvermogen ⟨v. machine⟩; record
Höchstmaß *o* maximum ⟨m.b.t. straf, boete⟩
Hochstraße *v* verhoogde straat of weg
höchstwahrscheinlich hoogstwaarschijnlijk
Höchstwert *m* maximale waarde
Hochtour *v* bergtocht; *auf ~en laufen* op volle toeren lopen
hochtrabend hoogdravend
Hochverrat *m* hoogverraad
Hochwald *m* hoogopgaand woud
Hochwasser *o* hoogwater ⟨ook van broekspijpen⟩
hochwertig van hoge waarde; prima
Hochwild *o* grof ⟨edel⟩ wild
Hochwürden *v* prot weleerwaarde ⟨titel van een bisschop⟩; RK zeereerwaarde ⟨titel van geestelijke⟩
1 Hochzeit *v* ['hoch-] bruiloft; *grüne ~* trouwfeest, bruiloft; *kupferne ~* feest op de 7de trouwdag; *silberne, goldene, diamantene (steinerne), eiserne ~* zilveren, gouden, diamanten, 65-jarige bruiloft; *~ machen* trouwen, bruiloft vieren; *auf allen ~en tanzen* fig overal bij willen zijn; *auf der falschen ~ tanzen* fig op het verkeerde paard gewed hebben
2 Hochzeit *v* ['hooch-] bloeitijd, hoogtijdagen
Hochzeitsfeier *v*, **Hochzeitsfest** *m* bruiloft
Hochzeitskleid *o* bruidsjapon
Hochzeitsreise *v* huwelijksreis
Hochzeitstag *m* trouwdag
Hocke *v* (~; -n) hoop garven, schoven; hurkhouding; diepe kniebuiging; hurksprong; *in die ~ gehen* neerhurken
hocken *zw* hurken; ineengedoken zitten; aan hopen zetten; op de rug nemen; *auf seinem Geld ~* op zijn geld zitten; *über den Büchern ~* met zijn neus in de boeken zitten; *in der Stube, hinterm Ofen, zu Hause ~* altijd thuis zitten, een huismus zijn
Hocker *m* (-s; ~) plakker ⟨in herberg⟩; hurker; krukje, barkrukje, laag stoeltje, pianokruk
Höcker *m* (-s; ~) bochel, bult; knobbel
Hockey ['ho-ki] *o* (-s) hockey
Hockeyschläger *m* hockeystick
Hof *m* (-(e)s; Höfe) hof; binnenplaats; boerderij, erf; halo, kring ⟨om zon of maan of op foto⟩; *bei ~(e)* aan 't hof; *ein Mädchen den ~ machen* een meisje 't hof maken
Hofdame *v* hofdame
Hoffart ['hof-] *v* hovaardij, hovaardigheid, hoogmoed; arrogantie; *stinkende ~* plantk afrikaantje
hoffärtig ['hoferti̜ç] hovaardig

hoffen *zw: ~ auf (+ 4)* hopen op, verwachten; *das will ich nicht ~* ik hoop van niet; *es steht zu ~* 't is te hopen; *H~ und Harren macht manchen zum Narren* menigeen wacht vergeefs op wat hij hoopt; *zwischen H~ und Bangen* tussen hoop en vrees
hoffentlich hopelijk
Hoffnung *v* (~; -en) hoop, verwachting; *leere ~* ijdele hoop; *einem ~ machen* bij iem. een verwachting wekken; iem. aan het lijntje houden; *sich ~ auf etwas machen* iets hopen, verwachten
hoffnungslos hopeloos, wanhopig
Hoffnungsschimmer *m* sprankje hoop
hoffnungsvoll vol hoop; veelbelovend, hoopgevend
Hofhund *m* waak-, hofhond
hofieren (+ 4) *zw* het hof maken, vleien; vrijhouden
höfisch hoofs, ridderlijk
höflich beleefd, hoffelijk, wellevend
Höflichkeit *v* beleefd-, hoffelijkheid
Höflichkeitsform *v* gramm beleefdheidsvorm
Hoflieferant *m* hofleverancier
Hofstaat *m* hofhouding, gevolg; schertsend groep bewonderaars
Höhe *v* (~; -n) hoogte, hoogtepunt; wisk hoogtelijn; *Ehre sei Gott in der ~* ere zij God in den hoge; *das ist die ~!* dat is het toppunt!; *auf halber ~* halverhoogte; *auf der ~ sein* gezond zijn; op de hoogte zijn; *nicht (ganz) auf der ~ sein* niet lekker, niet bij zijn; niet 100% zijn; *ein Betrag in ~ von* een bedrag (ter hoogte) van; *in voller ~* geheel; *in die ~ bringen* gezond maken ⟨ook handel⟩; *in die ~ fahren* opspringen; *in die ~ gehen* rijzen ⟨v. deeg⟩
Hoheit *v* (~; -en) hoogheid; verhevenheid; soevereiniteit; *Seine Königliche ~* Zijne Koninklijke Hoogheid
Hoheitsgewässer *mv* territoriale wateren
hoheitsvoll statig, majestueus
Hoheitszeichen *o* nationaliteitsembleem
Hohelied ['ho-eliet, ho-e'liet] *o* bijbel Hooglied
Höhenangst *v* hoogtevrees
Höhenlage *v* hoogteligging
Höhensonne *v* hoogtezon
Höhenunterschied *m* hoogteverschil
Höhenzug *m* heuvelkem, -rug
Höhepunkt *m* hoogtepunt, -ste punt
höher hoger; *~e Beamte* hoofdambtenaren; *~e Gewalt* overmacht; *~e Mathematik* hogere wiskunde; *eine ~e Schule* een school voor voortgezet onderwijs ⟨bijv. Mavo, Havo, Atheneum, Gymnasium⟩; *die ~en Stände* de hogere standen
hohl hol; met losse steken ⟨bij naaiwerk⟩
hohläugig hologig
Höhle *v* (~; -n) hol, holte, kuil; grot; krot; *die ~ des Löwen* fig 't hol v.d. leeuw
Hohlheit *v* (~) hol-, leegheid
Hohlkopf *m* leeghoofd
Hohlmaß *o* inhoudsmaat
Hohlraum *m* holle ruimte, holte
Hohlsaum *m* open zoom
Hohlspiegel *m* holle spiegel

Höhlung v (~; -en) uitholling, holte
Hohn m (-es) hoon; *das ist ja der reinste ~!* dat is absurd, dat is te gek voor woorden
höhnen zw honen
Hohngelächter o hoongelach
höhnisch honend
Höker m (-s; ~) koopman aan een stalletje, venter
hökern zw kleinhandel drijven, venten, aan een stalletje verkopen
hold plechtig vero vriendelijk, toegenegen; lieftallig; *das Glück war ihm ~* de fortuin was hem goed gezind, diende hem; *jmdm. ~ sein* plechtig iem. graag mogen
holen zw halen; *da ist nichts mehr zu ~* daar is niets meer te verdienen; *Atem, Luft ~* lucht happen, inademen; *der Kuckuck (Teufel) soll dich ~!, hol dich der Teufel!* gemeenz loop naar de duivel; *sich eine Abfuhr ~* de kous op de kop krijgen, afgepoeierd worden; *sich eine Absage ~* een weigering krijgen; *sich kalte Füße ~* gemeenz geen succes hebben; *sich einen Korb ~* door een meisje afgewezen worden; *sich bei einem Rat(s) ~* iems. raad inwinnen; *sich einen Schnupfen ~* een verkoudheid opdoen
Holland o (-s) Holland, Nederland
Holländer m (-s; ~) Hollander, Nederlander; scheepv Nederlands schip; Hollandse sigaar; Hollandse kaas; melkboer; bovenkruier (= bep. type windmolen); hollander (= maalbak voor papierlompen); vliegende hollander
holländisch Hollands, Nederlands; *ins H~e gehen* naar Nederland gaan
Hölle v (~; -n) hel; vero warm hoekje achter de kachel; *die grüne ~* 't oerwoud; *die ~ auf Erden* de hel op aarde; *die ~ ist los* het is hondenweer; er is een hels lawaai; *einem die ~ heiß machen* iem. het vuur aan de schenen leggen; *zur ~ fahren* ter helle varen; *einem das Leben zur ~ machen* iems. leven tot een hel maken
Höllenangst v doodsangst
Höllenlärm m hels lawaai
Höllenqual v helse kwelling
höllisch hels; *~ interessant* drommels interessant; *~ aufpassen* gemeenz dondersgoed opletten, op zijn quivive zijn
1 Holm m (-(e)s; -e) hoofdbalk (ook luchtv); boom (v. ladder); steel (v. bijl, hamer enz.), stuurstok (v. roer); turnen boom (v. brug)
2 Holm m (-(e)s; -e) riviereiland, hoogte; N-Duits (scheeps)werf
Holocaust m holocaust
holperig = holprig
holpern zw strompelen; hobbelen, schokken; *er holpert noch beim Lesen* hij hakkelt nog bij het lezen
holprig oneffen, hobbelig; stuntelig, onhandig; hakkelend
Holschuld v haalschuld
holterdiepolter, holterpolter [-'pol-] holderdebolder, hals over kop
Holunder [ho-'loen-der] m (-s; ~) plantk vlier
Holz o (-es; Hölzer) hout; bos; *aus anderem, gutem ~ geschnitzt sein* uit ander, 't goede hout gesneden zijn; *ich bin doch nicht aus ~* ik ben toch niet van steen; *gut ~!* succes! (bij het kegelen); *viel ~ vor der Hütte haben* een weelderige boezem hebben, veel hout voor de deur hebben
Holzbündel o takkenbos
holzen zw hout hakken; hout verzamelen; besnoeien; langs een tak lopen; gemeenz afransen, vechten; slordig werken; theat 't er dik opleggen; muz veel fouten maken; sp, gemeenz ruw spelen, bikkelen; *sich ~* met elkaar vechten
Holzer m (-s; ~) houthakker; sp, gemeenz ruwe speler
Holzerei v (~; -en) vecht-, kloppartij
hölzern houten, van hout; stijf, houterig
Holzfäller m houthakker
Holzhammer m houten hamer; *mit dem ~* fig met de botte bijl
Holzhammermethode v schertsend de botte bijl
holzig houtachtig, van hout; met hout begroeid
Holzklotz m houtblok
Holzkohle v houtskool
Holzkopf m gemeenz domkop
Holzscheit o houtblok (voor de kachel)
Holzschnitt m houtsnede
Holzschuh m klomp
Holztäfelung v houten betimmering
Holzverkleidung v (~; -en) houten betimmering
Holzweg m bosweg (voor houtafvoer), doodlopende weg; *auf dem ~ sein* fig 't bij het verkeerde eind hebben, 't mis hebben; *auf den ~ geraten* 't spoor bijster raken
Holzwolle v houtwol
Holzwurm m dierk houtworm; schertsend timmerman, meubelmaker
Homöopathie v (~) homeopathie
Honig m (-s) honing; *einem ~ ums Maul (um den Bart) schmieren* gemeenz iem. honing om de mond smeren, iem. paaien
Honorar [-'raar] o (-s; -e) honorarium
Honoratioren [-raatsi-'o-ren] mv notabelen
honorieren zw betalen, honoreren; handel *eine Tratte (einen Wechsel) ~* een wissel accepteren; *eine Unterschrift ~* een handtekening gestand doen, honoreren; *einen Vorschlag ~* op een voorstel ingaan
Hopfen m (-s) plantk hop; *bei ihm ist ~ und Malz verloren* gemeenz bij hem is 't boter aan de galg gesmeerd
hoppeln zw huppelen, hobbelen
hoppnehmen st gemeenz in hechtenis nemen, te pakken krijgen
hops gemeenz naar de maan, kapot, verloren; *~ gehen* verloren gaan, kapot gaan; er tussenuit knijpen; doodgaan
Hops m (-s; -e) sprong
hopsen zw huppelen, springen, hopsen
Hopser m (-s; ~) sprong; huppeldans
Hörapparat m hoortoestel, gehoorapparaat
hörbar hoorbaar
horchen zw: *~ auf (+ 4)* ingespannen luisteren naar

Horcher *m* (-s; ~) luisteraar; luistervink; *der ~ an der Wand hört seine eigene Schand* die luistert aan de wand, verneemt zijn eigen schande
Horchposten *m* mil luisterpost
Horde *v* (~; -n) horde, bende, troep
hören *zw* horen; luisteren; *~ auf* (+ 4) luisteren naar; gehoorzamen; *(die) Beichte ~* de biecht afnemen; *Geschichte ~* college over geschiedenis lopen; *Kolleg ~* college lopen; *beide Parteien ~* hoor en wederhoor toepassen; *das läßt sich ~* dat klinkt aannemelijk, redelijk; *wer nicht ~ will, muß fühlen* wie niet horen wil, moet voelen
Hörensagen *o*: *vom ~* van horen zeggen, bij geruchte
Hörer *m* (-s; ~) hoorder, hospitant; toehoorder; luisteraar; hoorn ⟨v. telefoon⟩
Hörerschaft *v* (~; -en) toehoorders, auditorium
Hörfolge *v* reeks radiouitzendingen met hetzelfde onderwerp, serieluisterspel
Hörgerät *o* = *Hörapparat*
hörig afhankelijk; hist horig; *einem ~ sein* volledig afhankelijk van iem. zijn
Hörigkeit *v* (~; -en) horigheid, slaafse afhankelijkheid
Horizont [-'tsont] *m* (-es; -e) horizon, gezichtseinder; *östlicher, westlicher ~* ooster-, westerkim; *das geht über meinen ~* dat gaat mijn begrip te boven, gaat boven mijn pet
horizontal [-'taal] horizontaal, waterpas
Horizontale *v* (~; -n) horizontale lijn
Hormon [-'moon] *o* (-s; -e) hormoon
1 Horn *o* (-(e)s; Hörner) hoorn ⟨ook muz⟩; sneeuwtop; *ins gleiche ~ tuten (blasen)* het eens zijn
2 Horn *o* (-(e)s) ⟨stofnaam⟩ hoorn
Hornbrille *v* hoornen bril
Hörnchen *o* (-s; ~) horentje; halvemaantje ⟨= bep. type broodje⟩
hörnern hoornen, van hoorn
Hornhaut *v* hoornvlies ⟨v. oog⟩; hoornachtige huid, eelt
Hornisse *v* (~; -n) dierk hoornaar, hoorntje
Hornist *m* (-en; -en) mil, muz hoornblazer, hoornist
Hornochse *m* gemeenz rund, stommeling
Hornung *m* (-s) vero sprokkelmaand, februari
Hornvieh *o* hoornvee; gemeenz rund, stommeling
Horoskop *o* (-s; -e) horoscoop; *einem das ~ stellen* iemands horoscoop trekken
horrend [-'rent] afschuwelijk; verschrikkelijk; *~e Preise* ontzettend hoge prijzen
Horror *m* (-s) afgrijzen; *~ vor* (+ 3) afschuw van
Hörsaal *m* collegezaal
Hörspiel *o* hoorspel
Horst *m* (-(e)s; -e) boomgroep; roofvogelnest, horst; mil vliegveld
horsten *zw* nestelen ⟨v. roofvogels⟩
Hort *m* (-(e)s; -e) toeverlaat; toevluchtsoord; kinderdagverblijf; bolwerk; letterk schat; *ein ~ der Freiheit* een bolwerk van vrijheid

horten *zw* oppotten, hamsteren
Hörweite *v* gehoorsafstand, bereik van de stem, gehoor, sfeer; *außer, in ~* buiten, binnen gehoorsafstand
Hose *v* (~; -n) broek; windhoos, waterhoos; pootveren, broek ⟨v. sommige vogels⟩; *das ist Jacke wie ~* dat is lood om oud ijzer, één pot nat; *sich auf die ~n setzen* hard aan 't werk gaan; *in die ~n gehen* gemeenz mislukken; *in die ~n machen* 't in zijn broek doen; *die ~n (gestrichen) voll haben* het in de broek doen van angst
Hosen *mv* broek
Hosenbein *o* broekspijp
Hosenboden *m* zitvlak; *den ~ vollkriegen* een pak voor de broek krijgen; *sich auf den ~ setzen* hard aan 't werk gaan
Hosenmatz *m* broekenman, dreumes
Hosenscheißer plat schijterd, schijtlaars
Hosenschlitz *m* gulp
Hosentasche *v* broekzak
Hosenträger *mv* bretels
Hospital *o* (-s; -täler) hospitaal
hospitieren *zw* hospiteren, toehoren
Hospiz [-'piets] *o* (-es; -e) hospitium; herberg; ⟨christelijk⟩ tehuis of hotel
Hostie ['hos-ti-e] *v* (~; -n) hostie
Hotel *o* (-s; -s) hotel
Hotelbesitzer *m* hotelhouder, hotelier
Hub *m* (-es; -e) 't opheffen, -tillen; slag ⟨v. pompzuiger⟩; vloedhoogte
Hubbrücke *v* hefbrug
hüben aan deze kant; *~ und drüben* aan deze en aan gene zijde, hier en ginds; overal
Hubraum *m* cilinderinhoud
hübsch knap, mooi; aardig, hups; netjes; *ein ~es Sümmchen* een aardig sommetje; *nur immer ~ langsam* vooral langzaam; *das werde ich ~ bleiben lassen* dat zal ik wel mooi (uit mijn hoofd) laten; *sich ~ machen* toilet maken; *~ brav* zoet
Hubschrauber *m* luchtv hefschroefvliegtuig, helikopter
Hubstapler *m* heftruck
Hucke *v* (~; -n) dial op de rug gedragen last, rugmand; gemeenz rug; *jmdm die ~ voll hauen* iem. afranselen
huckepack op de rug; *etwas ~ nehmen* iets op zijn rug nemen
Huckepackverkehr *m* vervoer van beladen voertuigen per spoor
Hudelarbeit *v*, **Hudelei** *v* (~; -en) knoeiwerk, slordig werk
hudeln *zw* met de Franse slag doen; Zwits luieren, lanterfanten, knoeien; Z-Duits plagen
Huf *m* (-es; -e) hoef
Hufbeschlag *m* hoefbeslag
Hufeisen *o* hoefijzer
Huflattich *m* plantk klein hoefblad
Hufschmied *m* hoefsmid
Hüftbein *o* heupbeen
Hüfte *v* (~; -n) heup
Huftier *o* hoefdier
Hüftweite *v* heupomvang
Hügel *m* (-s; ~) heuvel
hügelig heuvelachtig

Hugenotte *m* (-n; -n) hugenoot
Huhn *o* (-(e)s; Hühner) vogelk kip, hoen; jacht patrijs; fig gemeenz mens, figuur, meid; *ein ahnungsloses ~* een onnozele dwaas; *ein dummes ~* een domme gans; *ein verrücktes ~* een gekke meid; *ein ~ ohne Kopf* een kip zonder kop; *ein blindes ~ findet auch ein Korn* ook een domoor komt wel eens aan zijn trekken; *mit den Hühnern zu Bett gehen* met de kippen op stok gaan; *da lachen ja die Hühner!* laat me niet lachen!; *wie Hühner auf der Stange sitzen* bot bovenop elkaar zitten
Hühnchen *o* (-s; ~) hoentje, kippetje
Hühnerauge *o* eksteroog; *einem auf die ~n treten* iem. kwetsen
Hühnerbrühe *v* kippenbouillon
Hühnerzucht *v* hoenderteelt
hui gauw, spoedig; *im Hui, in einem Hui* in een wip; *außen ~, innen pfui* van buiten mooi, van binnen rot
huldigen (+ 3) zw vero, plechtig huldigen; *dem Alkohol ~* iron aan de alcohol verslaafd zijn; *einer Ansicht ~* een mening toegedaan zijn
Huldigung *v* (~; -en) huldiging, hulde
Hülle *v* (~; -n) omhulsel, bekleedsel; hoes; *die irdische (sterbliche) ~* 't stoffelijk overschot, de stoffelijke resten; *in ~ und Fülle* in overvloed
hüllen zw hullen; bekleden; *sich in (Still)schweigen ~* zwijgen, het zwijgen ertoe doen
Hülse *v* (~; -n) huls, dop; plantk peul, bolster
human [-'maan] humaan, menslievend
Humanismus *m* (~) humanisme
humanistisch humanistisch
humanitär humanitair
Humanität *v* (~) humaniteit, menselijkheid; menslievendheid
Humbug *m* (-s) humbug, onzin; opschepperij
Hummel *v* (~; -n) dierk hommel; *eine wilde ~* wildebras, een wilde meid; *~n im Hintern haben* ongedurig zijn, geen zitvlees hebben
Hummer *m* (-s; ~) visk (zee)kreeft
Humor [-'moor] *m* (-s) humor; *keinen ~ haben* geen zin voor humor hebben
humorig met humor
humoristisch, humorvoll humoristisch, vol humor
humpeln zw hinken, strompelen
Humpen *m* (-s; ~) bokaal (= bep. grote drinkbeker)
Hund *m* (-(e)s; -e) dierk hond ⟨ook fig⟩; kerel; ijzeren kacheltje; wagentje ⟨v. kolenvervoer in mijnen⟩; lage slee ⟨v. houtvervoer⟩; *ein armer ~* een arme drommel; *ein dicker ~* gemeenz een grote blunder; een erge brutaliteit; *ein fauler ~* gemeenz een aartsluilak; *fliegender ~* dierk vliegende hond, kalong; *ein gemeiner ~* gemeenz een gemene bliksem; *ein scharfer ~* een waakse hond; *auf den ~ bringen* te gronde richten; *auf den ~ kommen* aan lager wal raken, op zwart zaad komen; *vor die ~e gehen* naar de haaien gaan; *du ~!* jij schoft!
Hundearbeit *v* hondenbaantje
hundeelend [-e-lent] allerellendigst
Hundehütte *v* hondenhok
Hundekälte *v* barre kou
Hundemarke *v* hondenpenning
hundemüde moe als een hond, doodop
hundert honderd; fig heel veel; *~ auf ein Lot* dertien in 't dozijn; *einige h~* enige honderden; *auf ~ kommen, sein gemeenz* woedend worden, zijn; *einen auf ~ bringen* iem. kwaad maken
Hundert *v* ('t getal) honderd; *~e von Menschen* honderden mensen; *zu ~en* bij honderden; *zehn vom ~* tien procent
Hunderter *m* (-s; ~) honderdtal; bankbiljet van 100 Mark, Schilling enz.
Hundertjahrfeier *v* eeuwfeest
hundertprozentig honderdprocents; *~ hinter einem stehen* voor honderd procent achter iem. staan
Hundertsatz *m* percentage; *im ~* in percenten
hundertste honderdste; *vom Hundertsten ins Tausendste kommen* van de hak op de tak springen; over koetjes en kalfjes praten
Hundertstel *o* (-s; ~) honderdste, één honderdste
Hundeschlitten *m* hondenslee
Hundezwinger *m* kennel
Hündin *v* (~; -nen) dierk teef, wijfjeshond
hündisch honds; slaafs; bar
hundsgemein ingemeen
hundsmiserabel allerbelabberdst, hondsberoerd
Hundstage *mv* hondsdagen
Hüne *m* (-n; -n) reus
Hünengrab *o* hun(n)ebed
hünenhaft reusachtig, fors
Hunger *m* (-s) honger; *bärenmäßiger ~* honger als een wolf; *~ auf etwas haben* trek in iets hebben
Hungerlohn *m* hongerloon
hungern zw hongeren, honger lijden; *er hungert* hij lijdt honger; *ihn hungert, es hungert ihn* plechtig hij lijdt honger; *ihn hungert nach* hij verlangt (vurig) naar
Hungersnot *v* hongersnood
Hungerstreik *m* hongerstaking
hungrig hongerig; *~ wie ein Wolf* hongerig als een wolf
Hupe *v* (~; -n) claxon, toeter
hupen zw auto toeteren, signaal geven, claxonneren
hüpfen, Z-Duits, Oostr hupfen zw huppelen, huppen, (op)springen; *das Herz hüpft ihm vor Freude* hij is buiten zichzelf van vreugde; *das ist gehupft wie gesprungen* dat is lood om oud ijzer, één pot nat
Hürde *v* (~; -n) tenen horde; schaapskooi; sp horde; *etwas über die letzte ~ bringen* met iets de laatste moeilijkheid overwinnen
Hürdenlauf *m* sp hordenloop
Hure *v* (~; -n) hoer
Hurrapatriotismus *m* overdreven patriot-

tisme
Husar *m* (-en; -en) mil huzaar
husch snel, ijlings, gezwind; stil; ~-~! vlug!
huschen *zw* voortglippen, -glijden
hüsteln *zw* kuchen
husten *zw* hoesten; *darauf huste ich gemeenz* daar heb ik maling aan; *ich hust' dir was!* gemeenz ik zal je!; *ich werde ihm etwas ~ dat kan* hij net denken; *die Flöhe ~ hören* zich verbeelden alles te weten
Husten *m* (-s) hoest
Hustenanfall *m* hoestbui
1 Hut *m* (-(e)s; Hüte) hoed; *ein alter ~ gemeenz* ouwe koek; *~ ab davor!* daarvoor neem ik mijn hoed af; *seinen ~ nehmen* aftreden, weggaan; *den ~ vor einem ziehen* zijn hoed voor iem. afnemen ⟨ook *fig*⟩; *das kannst du dir an den ~ stecken!* dat mag je houden!, dat hoef ik niet!; *eins auf den ~ bekommen* op zijn kop krijgen; *die Parteien unter einen ~ bringen* de partijen tot overeenstemming brengen
2 Hut *v* (~) hoede, bescherming; *auf der ~ sein (vor + 3)* op zijn hoede zijn (voor); *in seine ~ nehmen* onder zijn hoede nemen
hüten *zw* hoeden, oppassen; *das Bett ~* (ziek) in bed blijven; *ein Geheimnis ~* een geheim bewaren; *das Haus ~* (ziek) in huis blijven; *einen Sack Flöhe ~* gemeenz iets onmogelijks ondernemen; *das Vieh ~* 't vee hoeden; *das Zimmer ~* de kamer houden; *seine Zunge ~* niet te veel zeggen, zijn tong in bedwang houden; *sich ~ (vor + 3)* zich wachten, oppassen (voor); *ich werde mich (schwer) ~, das zu tun* ik zal er wel voor oppassen, dat te doen
Hüter *m* (-s; ~) hoeder, bewaker, beschermer; *sp* doelman, keeper
Hutschnur *v* hoedenband, -lint; *das geht mir über die ~!* gemeenz dat gaat me te ver!
Hütte *v* (~; -n) hut; berghut; smelterij, hoogoven; glasfabriek; scheepv hut v.d. commandant op 't achterdek; ⟨honden-⟩ hok
Hüttenwerk *o* ijzersmelterij, hoogovenbedrijf
hutzelig gerimpeld, verschrompeld
hutzlig = *hutzelig*
Hyäne [hu-'ee-] *v* (~; -n) dierk hyena
Hyazinthe *v* (~; -n) plantk hyacint
hybrid(isch) hybridisch, tweeslachtig
Hydrant *m* (-en; -en) hydrant, brandkraan
hydrieren *zw* chem hydreren
Hygiene [hu-gi-'ee-ne] *v* (~) hygiëne
hygienisch hygiënisch
Hymne *v* (~; -n), **Hymnus** *m* (~; -nen) hymne, lofzang; ⟨als verk. v. *Nationalhymne*⟩ volkslied
Hyperbel [-'per-bel] *v* (~; -n) wisk, letterk hyperbool
Hypnose *v* (~; -n) hypnose
Hypochonder *m* (-s; ~) hypochonder
hypotaktisch taalk onderschikkend
Hypothek *v* (~; -en) hypotheek; *erststellige ~* eerste hypotheek; *in erster, zweiter ~* op eerste, tweede hypotheek; *eine ~ auf etwas aufnehmen* een hypotheek op iets nemen
hypothekarisch hypothecair
Hypothekenbank *v* (~; -en) hypotheekbank
Hypothese *v* (~; -n) hypothese
hypothetisch hypothetisch, ondersteld

I

i.A. = *im Auftrag* namens ⟨bij ondertekening v.e. brief⟩
iahen ['ie-a-, ie-'a-] *zw* balken ⟨v. ezel⟩
Ibis *m* (-ses; -se) ibis
ich ik; *das liebe Ich* het egoisme; *mein zweites, andres Ich* mijn andere ik; *immer ~ ich* ben altijd de klos
ichbezogen op 't eigen ik gericht, egocentrisch
Ichsucht *v* egoisme, ikzucht
ideal ideaal, volkomen; ideëel, niet-werkelijk, denkbeeldig, gedacht
Ideal *o* (-s; -e) ideaal
idealisieren *zw* idealiseren
Idealismus *m* (~) idealisme
Idee *v* (~; -n) idee, denkbeeld; *keine ~* uitgesloten, helemaal niet; *eine ~ Salz* een snufje zout; *eine ~ nach rechts* een klein beetje naar rechts; *eine fixe ~* een ideefixe; *keine (nicht die geringste) ~ von etwas haben* geen notie, voorstelling van iets hebben; *für eine ~ eintreten* een idee verdedigen
ideell [i-de-'el] ideëel, gedacht
identifizieren *zw* identificeren, vereenzelvigen
identisch identiek
Identität *v* (~; -en) identiteit
Ideologie *v* (~; -n) ideologie
Idiom *o* (-s; -e) idioom, taaleigen
Idiot *m* (-en; -en) idioot
idiotensicher foolproof
idiotisch idioot
Idol ['dool] *o* (-s; -e) idool, afgod ⟨ook fig⟩
Idyll ['ly-l] *o* (-s; -e) idylle
Igel *m* (-s; ~) dierk egel, fig nijdas, bloedzuiger; gebak in de vorm van een egel
Ignoranz *v* (~) ignorantie, onwetendheid
ignorieren *zw* ignoreren, negeren, iets niet willen weten, iemand niet willen kennen, iemand links laten liggen
ihm *pers vnw* ⟨3e nv. v. *er*⟩ (aan) hem
ihn *pers vnw* ⟨4e nv. v. *er*⟩ hem
ihnen *pers vnw* ⟨3e nv. v.d. 3e pers. mv.⟩ aan hen, hun
1 ihr *bez vnw* ⟨1e en 4e nv. vr. enk. & mv.⟩ hun, haar; *das ist ~ Haus* dat is haar, hun huis; *~ altes Haus ist abgebrannt* haar, hun oude huis is afgebrand; *man hat ~ neues Fahrrad geklaut* men heeft haar nieuwe fiets gestolen
2 ihr *pers vnw* ⟨3e nv. vr. enk.⟩ (aan) haar; ⟨1e nv. mv.⟩ jullie, gij; *sage es ~* zeg 't haar; *~ habt recht* jullie hebben gelijk
Ihr *bez vnw* uw; *~ Haus* uw huis
ihrerseits harerzijds; hunnerzijds
ihresgleichen haarsgelijke(n)
ihrethalben, ihretwegen, um ihretwillen om hunnentwil, om harentwil
ihrig *das ~e* 't hunne, 't hare; *die ~en* hun, haar gezin
Ikone *v* (~; -n) iko(o)n
illegal illegaal, onwettig
illuminieren *zw* illumineren; verluchten ⟨v. handschrift⟩; *illuminiert* gemeenz tipsy
Illusion [-'zioon] *v* (~; -en) illusie, zinsbedrog, begoocheling; tovertruc
illusorisch illusoir, bedriegelijk; nutteloos
illustrieren *zw* illustreren; fig verduidelijken, verklaren
Iltis ['iel-] *m* (-ses; -se) dierk bunzing; slang smeris
im (= *in dem*) in de, in het; *~ Entstehen* in wording; *~ Garten* in de tuin; *im nachhinein* Oostr achteraf; *~ voraus, im vorhinein* Oostr van tevoren; bij voorbaat; *im Alter von 60 Jahren* op de leeftijd van 60 jaar
imaginär imaginair, denkbeeldig
Imbiß, nieuwe spelling: **Imbiss** *m* lichte tussenmaaltijd, hapje; Zwits middagmaal; cafetaria
Imitation *v* (~; -en) imitatie
Immatrikulation *v* stud inschrijving ⟨op universiteit, hogeschool⟩; Zwits registratie v.e. voertuig
immatrikulieren *zw* stud inschrijven ⟨op universiteit, hogeschool⟩; Zwits registreren v.e. voertuig
Imme *v* (~; -n) dierk, plechtig bij, honingbij
immer immer, altijd, steeds, al, telkens; *~ älter* steeds ouder; *~ wenn...* telkens als...; *~ zwei Stufen auf einmal* steeds twee treden tegelijk; *was ~* wat ook, wat niet al; *wie ~* als altijd; hoe dan ook; *wo ~ du bist* waar je ook bent; *auf ~, für ~* voor altijd
immerdar altijd, steeds; *auf ~* voor altijd
immerfort aldoor, gestadig, voortdurend
Immergrün *o* plantk maagdenpalm
immergrün plantk groenblijvend
immerhin toch wel, in elk geval; toch nog, altijd nog; tenminste; *das könnten Sie ~ versuchen* dat zou u in elk geval kunnen proberen; *es ist nicht viel, aber ~* het is niet veel, maar toch
immerwährend altijddurend, gedurig
immerzu gedurig, almaar door; onophoudelijk; vooruit maar!
immigrieren *zw* immigreren
Immobilien [-'bie-li-en] *mv* onroerende goederen
Immortelle *v* plantk immortelle, strobloem
immun [-'moen] immuun, onvatbaar, ongevoelig
Immunität *v* (~; -en) immuniteit, onvatbaarheid; pol onschendbaarheid
Imperativ *m* (-s; -e) gramm imperatief, gebiedende wijs; morele eis
Imperfekt *o*, (-s; -e), **Imperfektum** *o* (-s; -ta) gramm imperfect, onvoltooid verleden tijd
impfen *zw* plantk enten; med inenten, vaccineren
Impfling *m* (-s; -e) med kind dat ingeënt wordt; entrijs
Impfschein *m* vaccinatiebewijs, pokkenbriefje
Impfstoff *m* vaccin
Impfung *v* (~; -en) inenting, vaccinatie
implizieren *zw* impliceren
Imponderabilien *mv* imponderabilia, on-

imponieren

weegbare zaken; *fig* niet nauwkeurig te bepalen, maar wel meespelende factoren
imponieren (+ 3) *zw* imponeren, ontzag inboezemen
Import *m* (-s; -e) invoer, import
Importe *v* (~; -n) ingevoerde goederen
Impotenz *v* (~) impotentie ⟨ook *med*⟩; onmacht
Impressionismus *m* (~) impressionisme
Improvisation *v* (~; -en) improvisatie
Impuls *m* (-s; -e) impuls
impulsiv impulsief
imstande, nieuwe spelling: **im Stande**: ~ *sein* in staat zijn; *er ist ~ und schreibt mir beleidigende Briefe* hij presteert 't, mij beledigende brieven te schrijven
1 in *voorz* in; naar; over; *in Englisch* in 't Engels; *~s Ausland reisen* naar het buitenland reizen; *ins Konzert, Theater, Kino gehen* naar 't concert, de schouwburg, de bioscoop gaan; ~ *vierzehn Tagen* over veertien dagen; ~ *dieser Weise* op deze manier; *100 km* ~ *der Stunde* 100 km per uur; *handeln* ~ *Textilien* handelen in textiel; *Eröffnung* ~ *Kürze* binnenkort geopend; *das hat's* ~ *sich* dat is erg zwaar ⟨verbazend moeilijk⟩; *der hat's* ~ *sich!* dat is me er een!, dat is een kwajel; *dieser Schnaps hat's* ~ *sich* die borrel is koppig
2 in *bijw*: *das ist* ~ *bei der Jugend* dat is in bij de jeugd
inaktiv niet-actief, non-actief
Inangriffnahme *v* (~) aanvatting, het aanpakken
Inanspruchnahme *v* (~) gebruikmaking; *techn* belasting
Inbegriff *m* samenvatting; toonbeeld; 't wezenlijke, 't prototype; inbegrip
inbegriffen (+ 4) inbegrepen, inclusief, met inbegrip van
Inbetriebnahme *v* inbedrijfneming
Inbrunst *v* (~) vurigheid, hartelijkheid, innigheid, vuur
inbrünstig vurig, innig
indem I *voegw* doordat; terwijl; **II** *bijw* vero intussen
Inder *m* (-s; ~) Indiër
indes, indessen I *bijw* intussen, ondertussen; evenwel; **II** *voegw* terwijl ⟨daarentegen⟩
Indianer *m* (-s; ~) Indiaan
indianisch Indiaans
Indienststellung *v* indienststelling; aanstelling in dienstverband
indigniert verontwaardigd
Indikativ *m* (-s; -e) *gramm* indicatief, aantonende wijs
indirekt indirect, middellijk, niet rechtstreeks
indisch Indisch; Indiaas
indiskret indiscreet, onbescheiden
Indiskretion *v* (~; -en) indiscretie, onbescheidenheid
indiskutabel indiscutabel; niet in aanmerking komend, onmogelijk
indisponiert niet goed gedisponeerd
individualisieren *zw* individualiseren, op zichzelf beschouwen

194

individuell individueel, op zich zelf, afzonderlijk
Individuum *o* (-s; Individuen) [-'wie-doe] individu
Indiz *o* (-es; -ien), **Indizium** *o* (-s; -ien) indicie, indicatie, kenteken, aanwijzing
Indizienbeweis [-'di-tsi-en-] *m* *recht* bewijs op aanwijzingen, indirect bewijs
indoeuropäisch, indogermanisch Indoeuropees, Indogermaans
Indonesien ['ne-zi-en] *o* (-s) Indonesië
Indonesier [-zi-er] *m* (-s; ~) Indonesiër
indonesisch indonesisch
Indossament [-'ment] *o* (-es; -e) endossement
Indossant *m* (-en; -en) endossant
Indossat *m* (-en; -en), **Indossatar** [-'taar] *m* (-s; -e) geëndosseerde
indossieren *zw* endosseren
Induktion *v* (~; -en) *elektr* inductie
induktiv *elektr, filos* inductief
Industrialisierung *v* industrialisatie
Industrie *v* (~; -n) nijverheid, industrie
Industriegewerkschaft *v* industrie(vak)bond
industriell [-tri-'el] industrieel
Industriezweig *m* tak van industrie
ineinander in elkander, in elkaar, ineen
infam infaam, onbeschaamd, schandelijk, afschuwelijk
Infanterie *v* (~) *mil* infanterie
infantil infantiel, kinderlijk
Infarkt *m* (-(e)s; -e) *med* infarct
Infektion *v* (~; -en) infectie, besmetting
infektiös infectieus
infernal(isch) infernaal, duivels
Infinitiv *m* (-s; -e) *gramm* infinitief, onbepaalde wijs
infizieren *zw* infecteren, besmetten
Inflation *v* (~; -en) inflatie
inflationär, inflationistisch, inflatorisch inflatoir
infolge (+ 2) tengevolge van
infolgedessen dientengevolge
Information *v* informatie
informieren *zw* informeren, op de hoogte brengen; *sich* ~ zich op de hoogte stellen
Ingenieur [-'zje-] *m* (-s; -e) ingenieur ⟨= afgestudeerde hts'er, niet-universitair⟩
ingeniös ingenieus, vernuftig, vindingrijk
Ingwer *m* (-s; ~) gember
Inhaber *m* (-s; ~) bezitter, eigenaar, firmant; houder ⟨v. kaart, v. record⟩; bekleder ⟨v.e. ambt⟩; ~ *dieses* brenger, houder dezes; ~ *des Eisernen Kreuzes* drager v.h. ijzeren kruis
Inhaberaktie [-tsi-e] *v* aandeel aan toonder
inhaftieren *zw* in hechtenis nemen
inhalieren *zw* inhaleren; *gemeenz* drinken
Inhalt *m* (-s; -e) inhoud
inhaltlich volgens de inhoud, wat de inhoud betreft, inhoudelijk
Inhaltsangabe *v* inhoudsopgave
inhaltsleer, inhaltslos zonder inhoud, leeg; waardeloos
inhaltsreich, inhaltsschwer rijk aan inhoud, betekenisvol
Inhaltsverzeichnis *o* inhoudsopgave

inhärent [-'rent] inherent, daarin aanwezig, tot het wezen behorend
Initiale v (~; -n) initiaal, beginletter
Initiative v (~; -n) initiatief
Initiator m (-s; -toren) initiatiefnemer
Injektion v (~; -en) injectie, inspuiting
Injektionsspritze v injectiespuit
injizieren zw inspuiten, injiciëren
Inklination v (~; -en) <u>astron</u>, <u>nat</u>, inclinatie; fig neiging
inklusive inclusief, ingesloten
Inkonsequenz v inconsequentie
inkorrekt incorrect, onnauwkeurig, verkeerd
Inkrafttreten o inwerkingtreding
inkriminieren zw incrimineren, beschuldigen
Inkunabel v (~; -n) incunabel, wiegendruk
Inland o binnenland; im ~ (ook) binnen het rijk, hier te lande
Inlaut m: im ~ stehen taalk (v. klank) niet aan 't begin van woord of lettergreep en niet aan 't eind van 't woord staan
Inlett o (-s; -e) N-Duits overtrek v. veren bed, beddentijk
inliegend inliggend, ingesloten
inmitten (+ 2) te midden van
innehaben onr bezitten; bekleden; inhouden, bevatten; kennen, beheersen
innehalten st I onoverg ophouden; II overg in acht nemen, zich houden aan (bijv. termijn, bepalingen)
innen (van) binnen, in; nach ~ naar binnen; von ~ van binnen; nach ~ gucken, sich von ~ besehen, betrachten gemeenz piekeren, tobben; slapen
Innenarchitektur v (~) binnenhuisarchitectuur
Innenausstattung v woninginrichting
Inneneinrichtung v woninginrichting
Innenleben o innerlijk leven, gemoedsleven
Innenministerium o ministerie van binnenlandse zaken
Innenpolitik v binnenlandse politiek
Innenraum m binnenruimte; binnenkamer; interieur
Innenseite v binnenkant
Innenstadt v binnenstad
Innereien mv dierlijke ingewanden
innerhalb (+ 2, + 3) binnen; van binnen; ~ einer Stunde binnen een uur; ~ (von) 4 Tagen binnen 4 dagen
innerlich inwendig, innerlijk; voor inwendig gebruik; ~st in de diepste grond van zijn hart
innewerden (+ 2) st tot het inzicht komen (van), beseffen; einer Sache ~ zich van iets bewust worden
innewohnen (+ 3) zw zich bevinden in; fig schuilen in, aanwezig zijn in; ~d ⟨ook⟩ inherent
innig(lich) innig
Innung v (~; -en) vakvereniging ⟨v. ambachtslieden⟩, patroonsvereniging
ins ⟨= in das⟩ in het, in de; er geht ~ Haus hij gaat het huis in; zie ook: in
Insasse m (-n; -n) bewoner; inzittende ⟨bijv. passagier⟩
Insassin v (~; -nen) bewoonster; inzittende vrouwelijke passagier
insbesondere speciaal, inzonderheid
Inschrift v inscriptie
Insekt o (-(e)s; -en) insect
Insektizid o (-s; -e) insecticide
Insel v (~; -n) eiland; vluchtheuvel; die Grüne ~ Ierland
Inserat [-'raat] o (-s; -e) advertentie, annonce
Inseratenteil m advertentiepagina's
Inserent [-'rent] m (-en; -en) adverteerder
inserieren zw adverteren
insgeheim heimelijk, in 't geheim
insgesamt in 't geheel, in totaal
Insignien [-'zig-ni-en] mv insigniën; eretekens
Inskription v <u>stud</u>, <u>Oostr</u> inschrijving
insonderheit, insonders inzonderheid, vooral
insoweit inzover(re), voorzover
Inspektion v (~; -en) inspectie, onderzoek
Inspektor [-'spek-] m (-s; -en) inspecteur; rentmeester; opzichter op groot landgoed
Inspiration v (~; -en) inspiratie; ingeving, bezieling
inspirieren zw inspireren, bezielen
inspizieren zw inspecteren
installieren zw installeren; ⟨in ambt⟩ bevestigen
Instandhaltung v instandhouding, onderhoud
inständig ernstig, dringend, instantelijk
Instandsetzen o, **Instandsetzung** v, <u>Zwits</u> **Instandstellen** o, <u>Zwits</u> **Instandstellung** v reparatie, herstelling
Instanz v (~; -en) instantie; in erster ~ in eerste aanleg
Instanzenweg m weg ⟨van een besluit, aanvraag, eis enz.⟩ langs de verschillende instanties
Instanzenzug m overgang van een rechtszaak naar een hogere rechtbank
instinktiv, instinktmäßig instinctief, instinctmatig
Institut o (-s; -e) instituut, instelling; ~ für Meinungsforschung instituut voor opinieonderzoek
Institution v instelling, institutie
instruieren zw instrueren, onderrichten
Instruktion v (~; -en) order, last, instructie
instruktiv instructief, leerrijk
Instrument o (-s; -e) instrument; akte
instrumental muz instrumentaal
Insulaner m (-s; ~) eilander, eilandbewoner
inszenieren zw <u>theat</u>, <u>RTV</u> ensceneren
intakt intact
Integration v (~; -en) integratie
integrieren zw integreren
Intellekt m (-(e)s; -e) intellect, verstand
intellektuell intellectueel, verstandelijk
Intellektuelle (de) intellectuelen; intelligentsia
intelligent intelligent
Intelligenz v (~; -en) intelligentie, schranderheid; de intellectuelen; intelligentsia
Intelligenzbestie v, **Intelligenzler** m (-s; ~) uiterst intelligent persoon; <u>geringsch</u> iemand die met zijn intelligentie te koop

loopt
Intelligenzquote v, **Intelligenzquotient** m intelligentiequotiënt, IQ
Intendant m (-en; -en) theat, RTV, mil intendant
Intendanz v (~; -en) intendance, dienst op kantoor v. een intendant
Intensität v (~; -en) intensiteit
intensiv intensief, krachtig
intensivieren zw intensiveren
Intensivstation v afdeling intensive care (in ziekenhuis)
interessant interessant, belangwekkend
Interesse [-'es-] o (-s; -n) belang; belangstelling; interesse; ~ *an* (+ 3) belang bij; ~ *für* belangstelling voor
interesselos zonder belangstelling, ongeïnteresseerd, onverschillig
Interessenbereich m & o, **Interessengebiet** o belangensfeer, gebied van invloed; sfeer v. belangstelling
Interessent [-'sent] m (-en; -en) belanghebbende; belangstellende
interessieren zw interesseren
Interjektion v (~; -en) gramm tussenwerpsel
interkontinental intercontinentaal
intern intern, inwendig, innerlijk, inwonend
internieren zw interneren
interpolieren zw interpoleren, inlassen
Interpretation v (~; -en) interpretatie, vertolking
intervenieren zw interveniëren, tussenbeide komen
Intervention v interventie
Interview [inter-'vjoe] o (-s; -s) interview
intim intiem, vertrouwelijk
intolerant intolerant, onverdraagzaam
intransitiv gramm intransitief, onovergankelijk
Intrige v (~; -n) intrige; verwikkeling ⟨v. toneelstuk⟩
intrigieren zw intrigeren
Introduktion v (~; -en) muz introductie
Intuition v (~; -en) intuïtie, ingeving
intuitiv [-toe-i-'tief] bij intuïtie, intuïtief
intus: *einen* ~ *haben* gemeenz dronken zijn; *etwas* ~ *haben* binnen hebben, ophebben; begrepen hebben
in-und-auswendig van binnen en van buiten, grondig
Invalide m (-n; -n) invalide
Invalidenrente v invaliditeitsrente
Invalidenrentner m (-s; ~) iem. die invaliditeitsrente trekt
Invalidität v (~) invaliditeit
Invasion v (~; -en) invasie, vijandelijke inval
Inventar [-'taar] o (-s; -e) inventaris; boedelbeschrijving
inventarisieren zw inventariseren
Inventur [-'toer] v (~; -en) inventarisatie
Inversion v (~; -en) omkering, inversie ⟨ook gramm⟩
Investitionsgüter mv kapitaalgoederen, investeringsgoederen
Investmentgesellschaft [-'west-] v handel beleggingsmaatschappij
inwendig inwendig, aan de binnenkant
inwiefern in hoever(re)
Inzest m (-es; -e) incest
Inzucht v (~) inteelt
inzwischen ondertussen, intussen
irden aarden, van aarde; *ein* ~*er Topf* een aarden pot
irdisch aards
Ire m (-n; -n) Ier
irgend ergens; ~ *etwas* iets ⟨wat dan ook⟩; ~ *jemand* de een of ander; *wenn es* ~ *möglich ist* als het enigszins mogelijk is
irgendein(er), -e, -es de een of ander; wie ook
irgendwann te eniger tijd
irgendwas het een of ander
irgendwie op de een of andere manier, op enigerlei wijze; enigszins
irgendwo ergens, waar ook
irgendwoher van de een of andere plaats
irgendwohin ergens heen, waarheen ook; schertsend naar de wc
Irin [-'ie-] v (~; -nen) Ierse, Ierse vrouw
irisch Iers
Irland o (-s) Ierland
Ironie [-'nie] v ironie
ironisch ironisch
irre geesteszjek, gestoord, krankzinnig; verward, onzeker; merkwaardig, geweldig, fantastisch, te gek; ~ *im Kopf* verward; krankzinnig; *eine* ~ *Geschwindigkeit, ein* ~*er Preis* een krankzinnige snelheid, prijs; *ein Irrer* een krankzinnige, een gek; *ein* ~*r Typ* een merkwaardige vent; *der arme Irre* iron de stakker; *das ist* ~*!* dat is geweldig!
Irre v: *in die* ~ *führen* (*leiten*) op een dwaalweg leiden; misleiden; *in die* ~ *gehen* verdwalen, zich vergissen
irreal irreëel, niet werkelijk
irreführen zw misleiden, op een dwaalspoor brengen
irregehen onr op de verkeerde weg raken; zich vergissen; *Sie gehen irre in der Annahme, daß*... u vergist zich als u veronderstelt dat...
irregulär irregulier, onregelmatig
irremachen zw op een dwaalspoor leiden; van de wijs brengen
irren zw dwalen, zich vergissen; in de war brengen; *sich* ~ zich vergissen, dwalen
Irrenanstalt v krankzinnigengesticht, psychiatrische inrichting
Irrfahrt v zwerf-, dwaaltocht
Irrgarten m doolhof, dwaaltuin
irrig verkeerd, onjuist
irritieren zw irriteren
Irrlehre v dwaalleer
Irrlicht o dwaallicht
Irrsinn m waanzin, dwaasheid
irrsinnig krankzinnig
Irrtum m (-s; -tümer) dwaling, vergissing; *ein grober* ~ een ernstige vergissing; *im* ~ *sein* zich vergissen
irrtümlich verkeerd, bij vergissing gedaan
irrtümlicherweise verkeerdelijk, bij vergissing
Islam [-'laam] m (-s) islam

islamisch, islamitisch islamitisch, mohammedaans
Island *o* IJsland
Isländer *m* (-s; ~) IJslander
isländisch IJslands
Isolation *v* isolatie, isolering
Isolierband *o* isolatietape
isolieren *zw* isoleren, afzonderen
Israëli *m* (-s; -s) Israëli, Israëliër
Israëlit *m* (-en; -en) Israëliet
Italien [-li-en] *o* (-s) Italië
Italiener [ita-li-'ener] *m* (-s; ~) Italiaan
Italienerin *v* (~; -nen) Italiaanse
italienisch Italiaans
I-Tüpfelchen, nieuwe spelling: **i-Tüpfelchen** *o* puntje op de i; *bis aufs (zum)* ~ tot in de puntjes, uiterst precies

J

ja ja; immers, toch; vooral; *ich glaube ~* ik geloof van wel; *das ist ~ unverschämt!* maar dat is onbeschaamd; *wir werden ~ sehen* we zullen 't wel zien; *Sie wissen ~* u weet immers, toch; *bedenken Sie ~* bedenk vooral; *sein Ja und Amen zu etwas geben*, gemeenz *zu etwas ~ und amen sagen* zijn instemming met iets betuigen; *~ und nein sagen* iets in 't midden laten; *na ~!* nou ja!
Jacht *v* (~; -en) scheepv jacht, zeiljacht
Jacke *v* (~; -n) (colbert)jasje; *eine alte ~* gemeenz niets nieuws; *die ~ voll kriegen* een pak slaag krijgen; *das ist ~ wie Hose* dat is lood om oud ijzer; *aus der ~ gehen* uit zijn vel springen
Jagd *v* (~; -en) jacht, het jagen; *hohe ~* jacht op groot (edel) wild; *niedere ~* jacht op klein wild; *auf die ~ gehen* op jacht gaan
Jagdbomber *m* mil jachtbommenwerper
Jagdflieger *m* mil jachtvlieger, -vliegtuig
Jagdflinte *v* jachtgeweer, -buks
Jagdrevier *o* jachtterrein, -gebied
Jagdschein *m* jachtakte
Jagdschutz *m* bescherming van 't wild; mil bescherming door jachtvliegtuigen
Jagdtasche *v* weitas
jagen *zw* jagen, vervolgen, achternazitten, jacht maken op; hard rijden; hard lopen, rennen; *Köpfe ~* koppensnellen; *mit Spinat kannst du mich ~* schertsend met spinazie kun je me 't bos in jagen; *auf einander ~* snel op elkaar volgen; *ins Bockshorn ~* bang maken; *in ~dem Tempo* in razend tempo
Jäger *m* (-s; ~) jager (ook mil, luchtv)
jäh steil; plotseling, onverhoeds
jählings eensklaps, plotseling, onverhoeds
Jahr *o* (-(e)s; -e) jaar; *die sechziger ~e* de jaren '60; *die ~e der Vernunft* de jaren des onderscheids; *auf ~ und Tag* de juiste datum; *auf ~ und Tag* de juiste datum; *auf ~e hinaus* voor een hele tijd; *~ für ~* jaar na (op) jaar; *in die ~e kommen* oud worden; *in den besten ~en* in de bloei van zijn leven, op rijpe leeftijd; *in mittlern ~en* op middelbare leeftijd; *mit den ~en* langzamerhand; *mit 20 ~en* op zijn 20ste jaar; *nach ~ und Tag* na lange tijd, na jaar en dag; *seit ~ und Tag* sinds jaar en dag; *Kinder über (unter) 10 ~e* kinderen boven (onder) de 10
jahraus, jahrein jaar in, jaar uit
jahrelang jarenlang
jähren *zw: sich ~* een jaar geleden zijn; *sein Geburtstag jährt sich heute zum vierzigsten Male* hij viert vandaag zijn veertigste verjaardag
Jahresabschluß, nieuwe spelling: **Jahresabschluss** *m* eind v.h. jaar; balans
Jahresbericht *m* jaarverslag
Jahresbezüge *mv* jaarsalaris
Jahresdurchschnitt *m* jaargemiddelde
Jahresfrist *v* jaartermijn; *binnen ~, in ~* binnen een jaar (tijd)
Jahresring *m* jaarring ⟨in hout⟩
Jahrestag *m* jaarlijkse herdenkings-, feestdag, dies ⟨v. vereniging⟩
Jahresumsatz *m* jaaromzet
Jahreswechsel *m*, **Jahreswende** *v* jaarwisseling
Jahreszahl *v* jaartal
Jahreszeit *v* jaargetijde; tijd van 't jaar
Jahrgang *m* jaargang; jaar ⟨= leerlingen, studenten van hetzelfde jaar⟩; mil lichting; (wijn)jaar; *~ 1970* lichting der in 1970 geborenen (in Nederland: lichting 1989)
Jahrhundert *o* eeuw
Jahrhundertwende *v* eeuwwisseling
jährlich jaarlijks
Jahrmarkt *m* jaarmarkt, kermis
Jahrtausend *o* (-s; -e) periode van duizend jaar, millennium
Jahrzehnt *o* (-s; -e) periode van tien jaar, decennium
Jähzorn *m* opvliegendheid, drift
jähzornig opvliegend, driftig
Jakobiner [-'bie-] *m* (-s; ~) jacobijn
Jammer *m* (-s) ellende, hartzeer, smart; *es ist ein ~* 't is ellendig, treurig; *es wäre ein ~* 't zou zonde zijn
Jammerbild *o* deerniswekkende aanblik
Jammerlappen *m* gemeenz stuk onbenul, vent van niks
jämmerlich jammerlijk, deerlijk, erbarmelijk, armzalig
jammern *zw* jammeren; *es jammert mich* plechtig het bedroeft mij; *er jammert mich* plechtig ik heb met hem te doen
jammerschade vreselijk jammer, doodzonde
jammervoll jammerlijk, ellendig
Januar *m* (-s): *der ~* januari
Japan ['ja-] *o* (-s) Japan
Japaner *m* (-s; ~) Japanner
Japanerin *v* (~; -nen) Japanse
japanisch Japans
Jasmin [-'mien] *m* (-s) plantk jasmijn; *falscher ~* boerenjasmijn
jäten *zw* wieden
Jauche *v* (~) aalt, gier
jauchzen *zw* juichen, jubelen
Jauchzer *m* (-s; ~) juichkreet, vreugdekreet
jaulen *zw* janken ⟨v. hond⟩
Jause *v* (~; -n) Oostr namiddagkoffie met gebak
jawohl jawel
Jawort *o* (-s; -e) jawoord
Jazzband [-bend] *v*, **Jazzorchester** *o* jazzband
je ooit; per; *wenn das ~ geschieht* als dat ooit gebeurt; *100 Mark ~ Zentner* 100 mark per centenaar; *~ länger ~ lieber* hoe langer hoe liever; *~ und ~* steeds; telkens weer; *auf ~ drei Mann* op elke drie man; *~ nach den Umständen, ~ nachdem* al naargelang de omstandigheden
jedenfalls in ieder geval, in alle geval
jeder, jede, jedes ieder, elk; enig; *jeder Vater* elke vader; *jedes Kind* elk kind; *jeden zweiten Tag* om de andere dag; *jedes drit-*

te Jahr om de drie jaar; *ohne jeden Zweifel* zonder enige twijfel
jederlei van allerlei soort
jedermann iedereen
jederzeit immer, altijd
jedesmal, nieuwe spelling: **jedes Mal** elke keer, telkens
jedoch echter, toch, nietttemin
jeglicher ieder, elkeen
jeher [-'heer]: *von* ~ van oudsher
jemals ooit
jemand iemand
jener, jene, jenes gene, gindse, die, dat; ~ *sagte* (ook:) de ander zeide
jenseitig aan de overzijde gelegen
jenseits aan gene (de andere) zijde; ~ *des Rheines, vom Rheine* aan de andere kant van de Rijn; ~ *von Gut und Böse* boven het goede en het kwade verheven, zonder rekening te houden met de moraal
Jenseits *o* (~; ~) hiernamaals, de andere wereld
Jesuit [-'iet] *m* (-en; -en) jezuïet (ook <u>fig</u>)
jetzig tegenwoordig, van nu
jetzt nu, thans, tegenwoordig; *von* ~ *an* van nu af aan
jeweilen telkens
jeweilig eventueel; *nach den ~en Umständen* naar de omstandigheden v.h. ogenblik, telkens naar de omstandigheden
jeweils telkens, telkenmale
Joch *o* (-(e)s; -e) juk; span (trekossen); inzinking in bergrug; *ein schweres* ~ een zware last, een zwaar lot
Jochbein *o* jukbeen
Jockei ['dzjoki] *m* (-s; -s) jockey
Jod *o* (-(e)s) jodium
jodeln *zw* <u>Beiers, Zwits, Oostr</u> jodelen
Jodler *m* (-s; ~) jodelaar; jodelroep
Joga *m* yoga
Joghurt, nieuwe spelling ook: **Jogurt** *m & o* (-s) yoghurt
Johannisbeere *v* <u>plantk</u> aalbes
johlen *zw* joelen
Joker *m* (-s; ~) <u>kaartsp</u> joker
Jolle *v* (~; -n) <u>scheepv</u> jol
Joppe *v* (~; -n) korte overjas, jekker
Jot [jot] *o* (~; ~) de letter j
Journal *o* (-s; -e) dagboek; tijdschrift, krant, journaal (ook <u>handel</u>)
Journalist *m* (-en; -en) journalist
Journalistin *v* (~; -nen) journaliste
jovial joviaal, vrolijk, opgeruimd
jr. = *junior*
Jubel *m* (-s) gejuich, gejubel
Jubelgeschrei *o* gejubel
Jubeljahr *o* jubeljaar; *alle ~e einmal* <u>gemeenz</u> hoogst zelden, bijna nooit
jubeln *zw* jubelen; fuiven
Jubilar [-'laar] *m* (-s; -e) jubilaris
Jubiläum *o* (-s; Jubiläen) jubileum; jubilee
jubilieren *zw* jubileren; jubelen, kwinkeleren
juchhe!, juchhei! hoera!, hoezee!
Juchten *m* (-s), **Juchtenleder** *o* juchtleer
juchzen *zw* juichen, jubelen
jucken *zw* jeuken; krabben; *es juckt mich* ik heb jeuk; *sich* ~ zich krabben; *die Haut juckt mir* mijn huid jeukt; *das juckt mich nicht* dat kan me niet schelen; *es juckt mich nach Afrika zu reisen* ik heb veel zin op reis te gaan naar Afrika; *es juckt mir in den Fingern* mijn vingers jeuken
Jude *m* (-n; -n) jood; *der Ewige* ~ de wandelende jood
Jüdin *v* (~; -nen) jodin
jüdisch joods
Jugend *v* (~; -en) jeugd; *eine schwere* ~ een moeilijke jeugd; *seit früher* ~ sinds zijn (haar) prille jeugd; *von* ~ *an (auf)* van jongs af aan
Jugendalter *o* jeugdige leeftijd, jeugd
Jugendamt *o* bureau voor jeugdzorg
jugendfrei toegankelijk voor alle leeftijden (films)
Jugendfreund *m* jeugdvriend
Jugendherberge *v* jeugdherberg
jugendlich jeugdig; *Jugendliche* jongeren, jeugdige personen; *~er Liebhaber* jeune premier
Jugendrichter *m* kinderrechter
Jugoslawe *m* (-n; -n) Joegoslaaf
Jugoslawien *o* (-s) Joegoslavië
jugoslawisch Joegoslavisch
Juli *m* (-s): *der* ~ juli
jung jong; ~ *und alt* jong en oud; *von* ~ *auf* van jongs af aan; *ein Junges* een jong ⟨v.e. dier⟩; *~er Mann* jongeman; *~es Volk* jongelui; ~ *verheiratet* pas getrouwd
1 Junge *m* (-n; -n) jongen; <u>kaartsp</u> boer; *Jung(en)s mv* <u>gemeenz</u> jongens; *blaue ~n (Jungs)* <u>gemeenz</u> matrozen; *ein grüner* ~ een groentje; *ein schwerer* ~ een gevaarlijke misdadiger
2 Junge *o* (-n; -n) jong; *ein ~s* een jong
jungen *zw* jongen werpen, jongen
jungenhaft jongensachtig, kinderachtig
Jünger *m* (-s; ~) discipel, apostel; leerling, volgeling
Jungfer *v* (~; -n) <u>vero, schertsend</u> maagd; kamenier; *eine alte* ~ een oude vrijster; *nackte* ~ <u>plantk</u> herfsttijloos; ~ *im Grünen (im Busch)* <u>plantk</u> juffertje-in-'t-groen
Jungfernfahrt *v* maidentrip
Jungfernhäutchen *o* maagdenvlies
Jungfrau *v* maagd
jungfräulich maagdelijk
Junggesell(e) *m* (-(e)n; -(e)n) vrijgezel
Junggesellin *v* vrijgezellin
Jüngling *m* (-s; -e) jongeling, jongeman
jüngst jongst; laatst; nieuwst; *sie ist nicht mehr die J~s* zij is niet meer zo erg jong; *in ~er Zeit* onlangs
Juni *m* (-s): *der* ~ juni
Junior *m* (-s; -en) junior (ook <u>sp</u>); <u>schertsend</u> jongste
Junker *m* (-s; ~) jonker; landjonker, agrariër; <u>mil</u> voor de officiersopleiding bestemde soldaat
1 Jura *m* (-(s)) Jura ⟨gebergte⟩
2 Jura *mv* rechten, rechtswetenschap
Jurist *m* (-en; -en) jurist, rechtsgeleerde; student in de rechten
juristisch juridisch, rechtskundig, -geleerd
Jury [zju'rie, 'joerie] *v* (~; -s) jury
just juist, net

Justiz [-'tiets] *v* (~) justitie
Justizbehörde *v* rechterlijke macht
Justizirrtum *m* gerechtelijke dwaling
Justizvollzugsanstalt *v* strafinrichting
Juwel [-'weel] *o* (-s; -en) juweel
Juwelier [-'lier] *m* (-s; -e) juwelier

Jux *m* (-s; -e) grap, lol, gein, gekheid; *etwas aus* ~ *tun* iets voor de grap, voor de gein doen
juxen *zw* pret maken, lol hebben, grappen uithalen

K

Kabarett [-'ret, Oostr -'ree] o (-s; -e & -s) cabaret; draaiend, in vakjes ingedeeld presenteerblad
Kabarettier [-'tjee] m (-s; -s), **Kabarettist** m (-en; -en) cabaretier
kabbeln zw scheepv kabbelen, klotsen; *sich ~ kibbelen*
Kabel o (-s; ~) kabel; telec kabel (voor radio en tv); *ein ~ verlegen* een kabel leggen
Kabelfernsehen o kabeltelevisie
Kabeljau ['ka-] m (-s; -e & -s) visk kabeljauw
Kabine v (~; -n) kajuit, hut; pashokje; hokje (v. zwembad); luchtv stuurhut, cockpit; sp kleedkamer; telefooncel; *einen Spieler vorzeitig in die ~ schicken* een speler van het veld sturen
Kabinett o (-s; -e) kabinet, regering; kwaliteitslabel voor Duitse wijnen
Kabinettskrise v kabinetscrisis
Kabrio o ((-s); -s) = *Kabriolett*
Kabriolett ['-let, Oostr -'lee] o (-s; -e) cabriolet
Kachel v (~; -n) (verglaasde) tegel
kacheln zw met tegels bekleden
Kachelofen m met tegels beklede kachel
Kacke v kak; *so eine ~!* gemeenz wat een gedoel; *dann ist die ~ am dampfen* gemeenz dan is er stront aan de knikker, dan zitten we in de penarie
Kadaver [-'da-] m (-s; ~) kadaver
Kadavergehorsam m blinde gehoorzaamheid
Kadenz [-'dents] v (~; -en) cadans, verseinde; muz cadens, toonval
Kader m (Zwits o) (-s; ~) kader (ook mil)
Kadett m (-en; -en) mil cadet; scheepv adelborst; gemeenz rakker
Kadi m (-s; -s) kadi; gemeenz rechter; *einen vor den ~ bringen (schleppen)* iem. voor de rechter slepen
Käfer m (-s; ~) tor, kever, schallebijter; gemeenz mooi jong meisje
1 Kaff m, o (-es) N-Duits kaf; rommel; onzin, gekletst
2 Kaff o (-s; -s & -e) gemeenz gat (dorp); negorij
Kaffee ['kaffee, Z-Duits, Oostr ka'fee] m (-s; -s) koffie; namiddagkoffie; *~ verkehrt* koffie verkeerd; *kalter ~* waardeloos; allang bekend; *~ machen, kochen, aufbrühen* koffie zetten
Kaffeebohne v koffieboon
Kaffeedecke v tafelkleedje speciaal voor de namiddagkoffie
Kaffeegeschirr o koffieservies
Kaffeegesellschaft v koffievisite
Kaffeegrund m koffiedik
Kaffeeklatsch m kletspraatjes; gemeenz koffievisite
Kaffeelöffel m (grote) theelepel, koffielepel
Kaffeemaschine v koffiezetapparaat
Kaffeesahne v koffieroom
Kaffeesatz m koffiedik
Kaffeetasse v koffiekopje
Kaffein [-e-'ien] o = *Koffein*
Käfig m (-s; -e) kooi
kahl kaal; *ein ~er Felsen* een naakte rots; *~e Wände* lege, kale muren
Kahlkopf m kale kop; gemeenz kaalkop
kahlköpfig kaalhoofdig
Kahlschlag m kaalslag; schertsend kale kop
Kahn m (-s; Kähne) roeiboot; gemeenz schuit, (ook) grote schoen; aak; luchtv kist; slang bed, mandje; *5 Tage ~* 5 dagen arrest
Kahnfahrt v roei-, boottochtje
Kai m (-s; -e & -s) kade, kaai
Kaiser m (-s; ~) keizer
Kaiserin v (~; -nen) keizerin
Kaiserkrone v keizerskroon (ook plantk)
kaiserlich keizerlijk; *~-königlich* hist wat betrekking heeft op de dubbelmonarchie Oostenrijk-Hongarije
Kaiserschnitt m med keizersnede
Kaisertum o (-s) keizerschap, keizerlijke waardigheid
Kaiserwetter o prachtig weer
Kajüte v (~; -n) scheepv kajuit, hut
Kakadu ['ka-] m (-s; -s) vogelk kaketoe
Kakao [ka'kau] m (-s; -s) cacao; *jmdn. durch den ~ ziehen* gemeenz iem. in de maling nemen, de draak met iem. steken
Kakaopulver o cacaopoeder
Kakerlak m (-s & -en; -en) dierk kakkerlak; gemeenz albino
Kaktee v (~; -n), **Kaktus** m (~; -se & Kakteen) plantk cactus
Kalamität v (~; -en) ramp, onheil; zware schade aan de gewassen (door storm, hagel e.d.)
Kalauer ['ka-] m (-s; ~) flauwe mop, woordspeling
Kalb o (-(e)s; Kälber) kalf; kalfsvlees; *das Goldene ~* het gouden Kalf
kalben zw kalven; afkalven (v. gletsjer)
Kalbfleisch o kalfsvlees; *gehacktes ~* kalfsgehakt; *geschnetzeltes ~* kalfspoelet
Kalbsbraten m gebraden kalfsvlees
Kalbshaxe v kalfsschenkel
Kalbskopf m kalfskop; uilskuiken
Kalbsmilch v kalfszwezerik
Kalender m (-s; ~) kalender
Kalesche v (~; -n) kales, reiskoets
Kalfakter [-'fak-] m (-s; ~), **Kalfaktor** m (-s; -en) manusje van alles, factotum; vleier; leegloper; verklikker, aanbrenger; gangloper (in gevangenis)
kalfatern zw scheepv kalfateren
Kali o (-s) kali, bijtende potas
Kaliber o (-s; ~) kaliber; soort, slag; *ein besonderes ~* een opmerkelijk mens; *größten ~s* van de grootste omvang
Kalif [-'lief] m (-en; -en) kalief
Kalk m (-(e)s) kalk; *gebrannter ~* gebrande kalk; *(un)gelöschter ~* (on)gebluste kalk; *leise rieselt der ~* schertsend hij/zij is aan het dementeren
kalken zw witten
kalkhaltig kalkhoudend
kalkig kalkachtig

Kalkül m & o (-s; -e) calculatie, berekening
kalkulieren zw uitrekenen, calculeren
Kalorie [-'rie] v (~; -n) calorie
kalorienarm caloriearm, met weinig calorieën
kalt koud; koel; koelbloedig; ongeïnteresseerd; *weder ~ noch warm* onverschillig; *das läßt mich völlig ~* dat is mij totaal onverschillig; *wie eine Hundeschnauze* ijskoud, onverschillig; *eine ~e Dusche* een koude douche, een grote ontnuchtering; *das ist doch ~er Kaffee* dat is oude koek
kaltbleiben st gemeenz zich niet opwinden; geen gevoel tonen
Kaltblüter m koudbloedig dier
kaltblütig koudbloedig; fig koelbloedig, in koelen bloede
Kälte v (~) kou(de); fig koelheid; *bittere ~* bittere kou
kältebeständig tegen koude bestand
Kälteeinbruch m inval van koude, koudegolf
Kältewelle v koudegolf
Kaltfront v koufront
kaltherzig koel, onverschillig
kaltlassen st onverschillig laten, niet interesseren
Kaltluft v koude lucht
kaltmachen zw slang mollen, afmaken
Kaltschale v koude vruchtensoep (= bier of wijn met krenten, geraspt brood en suiker)
kaltschnäuzig koud, ongevoelig; brutaal
kaltstellen zw gemeenz aan de dijk zetten, uitschakelen, onschadelijk maken
Kaltverpflegung v ± lunchpakket
Kamel o (-s; -e) dierk kameel; gemeenz domkop, uil
Kamelie v (~; -n) plantk camelia
Kamera v (~; -s) camera, foto-, filmtoestel
Kamerad m (-en; -en) kameraad; gemeenz kerel, man
Kameradschaft v (~; -en) kameraadschap; kameraadschappelijkheid; groep vrienden
kameradschaftlich kameraadschappelijk
Kamille v (~) plantk kamille
Kamin [ka-'mien] m & Zwits o (-s; -e) schoorsteen; haard; (in berg) cheminée (= nauwe rotsspleet, bergkloof); *(offener) ~* open haard
Kaminfeger m schoorsteenveger
Kaminfeuer o haardvuur
Kamm m (-(e)s; Kämme) kam (ook v. dier, berg, golf); *ihm schwillt der ~* hij wordt woedend; hij wordt trots; *da liegt der ~ neben der Butter* gemeenz daar heerst grote wanorde, daar is 't een rotzooi; *alles über einen ~ scheren* alles over één kam scheren
kämmen zw kammen
Kammer v (~; -n) slaapkamer; zolderkamer; zijkamertje; kamer (recht, v. hart, volksvertegenwoordiging, wapen, beroepsvereniging); scheepv hut; schutkolk; mil rustkamer
Kammerdiener m kamerdienaar
Kämmerer m (-s; -) hist thesaurier, financieel beheerder van een stad
Kammgarn o kamgaren

Kämpe m (-n; -n) schertsend, iron kampioen, strijder, held
Kampf m (-(e)s; Kämpfe) strijd, gevecht; *~ bis aufs Messer (auf Leben und Tod)* strijd op leven en dood; *der ~ ums Dasein* de strijd om het bestaan; *einer Sache, jmdm. den ~ ansagen* aankondigen dat men tegen iets of iem. actie zal ondernemen
Kampfansage v fig oorlogsverklaring
Kampfanzug m mil gevechtstenue
Kampfbahn v wedstrijdbaan
kampfbereit strijdvaardig, -haftig
kämpfen zw vechten, strijden, kampen, een strijd leveren; *auf Tod und Leben ~* op leven en dood vechten; *~ bis zum Umfallen* vechten tot je er bij neervalt
Kampfer m (-s) kamfer
1 **Kämpfer** m (-s; ~) strijder; vechtersbaas, voorvechter; *alter ~* oud-strijder ⟨ook pol⟩; gemeenz oude getrouwe
2 **Kämpfer** m (-s; ~) bouwk kussenblok ⟨v.e. brug⟩; aanzet, dekstuk ⟨v.e. zuil⟩
kämpferisch strijdbaar, agressief; *eine gute ~e Leistung* een wedstrijd met veel inzet
kampferprobt ervaren in de strijd, 't gevecht
kampffähig strijdvaardig
Kampfflugzeug o gevechtsvliegtuig
Kampfgericht o sp jury
Kampfgetümmel o, **Kampfgewühl** o strijdgewoel
Kampfhahn m fig kemphaan
kampflos zonder strijd
Kampfplatz m strijdperk; slagveld
Kampfrichter m sp kamprechter, referee
kampfunfähig niet in staat te vechten; *~ machen* buiten gevecht stellen
kampieren zw kamperen, legeren
Kanada o (-s) Canada
Kanadier [-'nadi-er] m (-s; ~) Canadees; Canadese kano; Oostr beklede stoel
kanadisch Canadees
Kanal m (-s; Kanäle) kanaal ⟨ook RTV⟩; gracht; riool; *der ~* het Kanaal; *den ~ voll haben* gemeenz stomdronken zijn; 't zat hebben
Kanalisation v kanalisatie; riolering
kanalisieren zw kanaliseren; rioleren; in goede banen leiden; bevaarbaar maken
Kanapee o (-s; -s) canapé
Kanarienvogel m vogelk kanarie(vogel)
Kandare [-'da-] v (~; -n) (ge)bitstang; *einen an der ~ haben* gemeenz iem. in toom (onder controle) houden
Kandelaber m (-s; ~) kandelaber
Kandidat m (-en; -en) kandidaat
Kandidatur v (~; -en) kandidatuur
kandidieren zw kandidaat zijn; zich kandidaat stellen
Kandis ['kan-] m (~), **Kandiszucker** m kandij
Känguruh, nieuwe spelling: **Känguru** o (-s; -s) dierk kangoeroe
Kaninchen o (-s; ~) dierk konijn
Kaninchenbau m konijnenhol
Kaninchenstall m konijnenhok
Kanister m (-s; ~) kanister, benzineblik

Kanne v (~; -n) kan; kroes, pot; stud *in die ~!* uitdrinken!
Kannibale m (-n; -n) kannibaal, menseneter; monster, onmens
kannibalisch kannibaals; kolossaal
Kanon ['ka-non] m (-s; -s) canon, regel, richtsnoer; norm van de verhoudingen (in de kunst); RK onveranderlijk deel die mis; lijst van heiligen; godsd authentieke boeken in de bijbel; muz canon; *mit ~en auf (nach) Spatzen schießen* met een kanon op een mug schieten, te heftig reageren
Kanone v (~; -n) kanon; slang revolver, pistool; *eine große ~* sp een kei, kraan, beroemdheid; *unter aller ~* beneden alle peil; *mit ~n auf Spatzen schießen* met een kanon op een mug schieten
Kanonenboot o scheepv kanonneerboot
Kanonendonner m kanongebulder
Kanonenfutter o kanonnenvlees
Kanonenofen m kolom-, kanon-, potkachel
Kanonier m (-s; -e) mil kanonnier
Kante v (~; -n) kant, rand, boord, zijde; korst (v. brood); wisk ribbe; *~n* mv kant (stof); *auf der hohen ~ haben* gespaard hebben; *Geld auf die hohe ~ legen* geld overleggen, sparen, een potje maken; *an allen Ecken und ~n* overal, op elk gebied
kanten zw kantig maken; van kanten voorzien; op zijn kant zetten, kantelen
Kanten m (-s; ~) kapje (v. brood); stuk brood
kantig kantig, hoekig
Kantine v (~; -n) kantine
Kanton [-'toon] kanton
Kantor ['kan-] m (-s; -en) cantor, voorzanger
Kanu ['kanoe, ka'noe] o (-s; -s) scheepv kano
Kanute m (-n; -n) kanovaarder
Kanzel v (~; -n) (kerk)stoel, kansel; univ leerstoel; vooruitspringend plateau (in de bergen); jacht kansel, hoge zit; zitplaats, uitkijkpost (in militair luchtv); cockpit; *etwas von der ~ herab verkündigen* iets van bovenaf verkondigen
Kanzlei v (~; -en) kanselarij, griffie; bureau; secretarie; kantoor (v. advocaat)
Kanzler m (-s; ~) kanselier (= premier van de federale regering in Duitsland); univ bestuurder; *der Eiserne ~* de IJzeren Kanselier: Bismarck; *diese Partei stellt den ~* de kanselier komt uit de rangen van deze partij
Kap [kap] o (-s; -s) kaap; *~ der guten Hoffnung* Kaap de Goede Hoop
Kapazität v (~; -en) capaciteit; uiterst bekwame persoon
Kapee: *schwer von ~ sein* gemeenz langzaam van begrip zijn
Kapelle v (~; -n) (kerk)kapel; muz muziekkapel, strijkje, orkestje
Kapellmeister m kapelmeester
1 Kaper v (~; ~) kaper, vrijbuiter, kaapvaarder
2 Kaper v (~; -n) plantk kapper(tje)
kapern zw kapen, wegkapen
kapieren zw snappen, vatten
Kapital o (-s; -ien & -e) kapitaal; *geistiges ~* geestelijk bezit; *totes ~* dood kapitaal; *~ aus etwas schlagen* munt uit iets slaan
Kapitäl o (-s; -e) kapiteel (v.e. zuil)
Kapitalanlage v geldbelegging
Kapitalfehler m kapitale fout
Kapitalismus m (~) kapitalisme
kapitalkräftig kapitaalkrachtig
Kapitalverbrechen o zware misdaad, halsmisdaad
Kapitän m (-s; -e) kapitein; luchtv eerste piloot; sp aanvoerder, captain; *~e der Landstraße* schertsend chauffeurs van vrachtwagencombinaties
Kapitänleutnant (zur See) m luitenant ter zee 2de klasse
Kapitel o (-s; ~) kapittel (ook RK); hoofdstuk; *ein ganz anderes ~, ein ~ für sich* een heel andere zaak; *ein dunkles ~* een duistere zaak, een duistere periode; *ein trauriges ~* een treurige geschiedenis; *um auf ein anderes ~ zu kommen* om 't over iets anders te hebben
Kapitell o (-s; -e) = **Kapitäl**
Kapitulation v (~; -en) mil capitulatie
kapitulieren zw capituleren, zich overgeven; mil bijtekenen
Kaplan m (-s; Kapläne) kapelaan
Kapo ['ka-] m (-s; -s) voorman (in strafkamp)
Kappe v (~; -n) kap, pet, kalot; capuchon; punt van schoen; dop (v. vulpen); kap (= bovendeel v. mijnstut); *jmdm. etwas auf die ~ geben* iem. op zijn kop geven; *etwas auf seine eigene ~ nehmen* iets voor eigen rekening nemen, de verantwoording voor iets dragen
kappen zw kappen (ook v. anker), toppen; slang pakken, arresteren
Käppi o (-s; -s) mil kepie
Kapriole v (~; -n) capriool, luchtsprong; dwaasheid
Kapsel v (~; -n) doos, koker, capsule; dop; kap; zaaddoosje
kaputt kapot, stuk; dood, doodop; gemeenz verloederd, aan lager wal; handel failliet; *ein ~er Typ* iem. die aan lager wal is geraakt, een verloederd mens; *ich bin völlig ~* ik ben totaal uitgeput
kaputtgehen onr kapot-, stukgaan; fig te gronde, failliet gaan
kaputtlachen zw: *sich ~* zich kapot (een ongeluk) lachen
kaputtmachen zw kapot-, stukmaken; fig te gronde richten, kapotmaken; *sich ~* zich uitputten
Kapuze [-'poe-] v (~; -n) kap, capuchon
Kapuziner m (-s; ~) capucijnermonnik; Oostr koffie met weinig melk
Kapuzinerkresse v plantk Oost-Indische kers
Karabiner m (-s; ~) mil karabijn; musketonhaak
Karaffe v (~; -n) karaf
Karat o (-s; -e) karaat
Karawane v (~; -n) karavaan
Karawanserei v (~; -en) karavanserai
Karbol [-'bool] m carbol
Karbonade v (~; -n) karbonade
Karbunkel m (-s; ~) geol karbonkel; med

karbonkel, negenoog
Kardanwelle v techn cardanas
Kardinal m (-s; -näle) kardinaal; bisschopwijn ⟨v. witte wijn⟩
Kardinalfehler m kardinale fout
Kardinalfrage v belangrijkste vraag
Kardinalpunkt m voornaamste punt
Karenzzeit v wachttijd ⟨bij verzekering, ziekte enz.⟩
Karfreitag m Goede Vrijdag
Karfunkel m (-s; ~) = *Karbunkel*
karg karig, schraal, schriel
Kargadeur, Kargador m (-s; -e) cargadoor, scheepsbevrachter
kargen zw sparen, zuinig zijn; *mit Lob ~* spaarzaam, zuinig zijn met lof
Kargheit v (~; -en) karigheid, schrielheid, zuinigheid
kärglich karig, armoedig
Kargo m (-s; -s) cargo, scheepslading
Karies [-rie-es] v med cariës
Karikatur v (~; -en) karikatuur
karikieren zw een karikatuur maken van
Karkasse v (~; -n) karkas, geraamte
Karmesin [-'zien] o (-s) karmozijn
Karneval [-wal] m (-s; -e) carnaval
Karnickel o (-s; ~) gemeenz konijn; zondebok
Kärnten o (-s) Karinthië
Karo o (-s; -s) ruit; kaartsp ruiten; *~ einfach (trocken)* gemeenz droog brood
Karomuster o geruit patroon ⟨voor stof⟩
Karosse v (~; -n) karos
Karosserie v (~; -n) carosserie, koetswerk
Karotte v (~; -n) plantk worteltje
Karpfen m (-s; ~) visk karper
Karre v (~; -n) kar(retje); gemeenz fiets, oude auto; zie ook: *Karren*
karren zw kruien, karren; gemeenz rijden
Karren m (-s; ~) kar; vrachtkar; *jetzt läuft der ~ richtig* nu loopt de zaak goed; *den ~ (die Karre) in den Dreck fahren* de boel grondig bederven, goed in de war sturen; *für jmdn. den ~ (die Karre) aus dem Dreck ziehen* voor iem. iets ⟨moeilijks, onaangenaams⟩ doen, de kastanjes uit het vuur halen; *jmdm. vor seinen ~ spannen* iem. voor zijn karretje spannen
Karriere v (~; -n) carrière, loopbaan
Karst m (-(e)s; -e) houweel, hak; kalkgebergte; Karstgebergte
Kartäuser m (-s; ~) kartuizer(monnik)
Karte v (~; -n) kaart; kaartje, visitekaartje; briefkaart; spijskaart; toegangs-, spoorkaartje; *~n spielen* kaarten; *alle ~n in der Hand haben* alle troeven in handen hebben; *nach der ~* à la carte; *die grüne ~* auto de groene kaart; *wissen, wie die ~n fallen* weten hoe de zaak zal lopen; *alles auf eine ~ setzen* alles op één kaart zetten; *jmdm. in die ~n gucken* in iems. kaarten kijken; *mit gezinkten ~n spielen* vals spelen
Kartei v (~; -en) kaartsysteem; kaartenbak
Karteikarte v systeemkaart
Karteikasten m kaartenbak ⟨v. kaartsysteem⟩
Kartell o (-s; -e) handel kartel; pol tijdelijk verbond; verbond van studentenverenigingen
Kartenhaus o kaartenhuis ⟨ook fig⟩; scheepv kaartenkamer
Kartenlegerin v kaartlegster
Kartenspiel o kaartspel
Kartoffel [-'tof-] v (~; -n) aardappel; gemeenz gat ⟨in kous⟩; gemeenz zakhorloge
Kartoffelkäfer m coloradokever
Kartoffelkloß m, **Kartoffelknödel** m aardappelballetje
Kartoffelpuffer m aardappelpannenkoekje
Kartoffelpüree o aardappelpuree
Kartoffelsalat m aardappelsla
Karton [-'to, -'tong; Z-Duits, Oostr -'toon] m (-s; -e & -s) karton ⟨ook tekening voor glasschildering enz.⟩; karton(nen doos)
kartonieren zw kartonneren
Kartothek v (~; -en) kartoteek, kaartsysteem
Kartusche v (~; -n) cartouche; mil kardoes
Karussell [-'sel] o (-s; -e) carrousel, draaimolen; *mit einem ~ fahren* gemeenz iem. flink onder handen nemen
Karwoche v stille week voor Pasen
Kaschemme [-'sjem-] v (~; -n) slang kroeg
kaschieren zw verbergen; lamineren ⟨v. boek⟩
Käse m (-s; ~) kaas; gemeenz onzin, geklets; *das ist doch alles ~!* dat is allemaal larie, niets waard; *so ein ~!* zo'n onzin, dom geklets!
Käsebrot o boterham ⟨broodje⟩ met kaas
Käseglocke v kaasstolp; gemeenz ronde, stijve herenhoed
Kasein [kaa-zee-'ien] o (-s) caseïne
Kasematte v (~; -n) mil kazemat
käsen zw kaas maken; stollen, stremmen
Käserei v (~; -en) kaasmakerij
Kaserne v (~; -n) kazerne
Kasernenhof m binnenplaats v.d. kazerne
käseweiß doodsbleek
käsig kaasachtig; doodsbleek; gemeenz beroerd
Kasino o (-s; -s) casino; officierensociëteit
Kasperletheater o poppenkast
kaspern zw dwaas praten
Kassation v (~; -en) recht cassatie, vernietiging, tenietdoening; ontslag uit de dienst
Kasse v (~; -n) kas; kassa, kasregister, fonds; ziekenfonds; *gegen, per ~* à contant; *die ~ führen* de kas houden; *die ~ machen* de kas opmaken; *volle ~ machen* veel geld in 't laatje brengen; *gut bei ~ sein* goed bij kas zijn; *das reißt ein gewaltiges Loch in die ~* daarvoor moeten we diep in de buidel tasten; *jmdn. zur ~ bitten* iem. doen betalen, laten dokken; *einen Griff in die Kasse tun* een greep in de kassa doen, geld achteroverdrukken
Kassenabschluß, nieuwe spelling: **Kassenabschluss** m 't opmaken van de kas
Kassenarzt m fondsdokter
Kassenbestand m kassaldo, -positie
Kassenbon m kassabon
Kassenpatient m fondspatiënt

Kassensturz *m* opmaking, telling v.d. kas
Kassenzettel *m* kassabon
Kassette *v* (~; -n & -s) cassette, geldkistje; muz, fotogr cassette
Kassettenrekorder *m* cassetterecorder
Kassiber [-'sie-] *m* (-s; ~) slang geheime brief
kassieren zw incasseren, in ontvangst nemen ⟨ook fig⟩; casseren, vernietigen ⟨v. vonnis⟩; intrekken ⟨v. rijbewijs⟩; uit de dienst ontslaan; schertsend arresteren
Kassierer *m* (-s; ~) kassier; penningmeester
Kastanie [-'tani-e] *v* (~; -n) kastanje; *für einen die ~n aus dem Feuer holen* voor iem. de kastanjes uit het vuur halen
Kästchen *o* (-s; ~) kastje, kistje, bakje; vierkantje op rekenpapier
Kaste *v* (~; -n) kaste, stand
kasteien zw kastijden
Kastell *o* (-s; -e) Romeins fort; kasteel ⟨ook op oorlogsschip⟩; burcht
Kastellan [-'laan] *m* (-s; -e) hist slotvoogd
Kasten *m* (-s; ~) kast; kist, bak(je), krat; doos, koker; hok; aak; ⟨als afk. v. *Briefkasten*⟩ brievenbus; (viool)kist; lade; sp doel, goal; Z-Duits, Oostr, Zwits ⟨ook⟩ kast; groot en lelijk gebouw; uitstalkast; inkassing ⟨v. juweel⟩; gemeenz, geringsch televisietoestel; fototoestel; *nicht viel (nichts, nicht alles) auf dem ~ haben* gemeenz niet goed bij verstand zijn, niet veel weten; *etwas auf dem ~ haben* iets in zijn mars hebben
kastrieren zw castreren, ontmannen; fig zuiveren
Kasus *m* (~; ~) casus, naamval; geval; rechtszaak
Katalog [-'loog] *m* (-s; -e) catalogus
Katapult [-'poelt] *m* & *o* (-s; -e) katapult
Kataster *m* & *o* (-s; ~), **Katasteramt** *o* kadaster
katastrophal catastrofaal, noodlottig, rampzalig
Katechet [-'çeet] *m* (-en; -en) catecheet, catechiseermeester
Katechismus *m* (~; -men) catechismus
Kategorie [-'rie] *v* (~; -n) categorie, afdeling, klasse
kategorisch [-'go-] categorisch, beslist
Kater *m* (-s; ~) kater ⟨ook lichamelijk en psychisch⟩; *der Gestiefelte ~* de Gelaarsde Kat; *einen ~ haben* een kater hebben
Kathedrale *v* (~; -n) kathedraal
Kathete [ka-'te-te] *v* (~; -n) wisk rechthoekszijde
Katholik *m* (-en; -en) katholiek
katholisch [-'to-] katholiek, rooms
Katholizismus *m* (~) katholicisme
Katz = *Katze*; *~(e) und Maus miteinander spielen* kat en muis met iem. spelen; iem. aan 't lijntje houden; *das ist für die ~ dat* is verloren moeite, vergeefs
katzbuckeln zw strijkages maken, flikflooien
Kätzchen *o* (-s; ~) katje ⟨ook plantk⟩; poesje
Katze *v* (~; -n) kat ⟨ook v. vrouw enz.⟩; katachtig dier ⟨zoals leeuw enz.⟩; geldriem; jong paard; *eine fesche ~* gemeenz een vlotte deern; *die ~ aus dem Sack lassen* een geheim verklappen; laten merken wat men wil; *bei Nacht sind alle ~n grau* in de nacht zijn alle katjes grauw
Katzenauge *o* kat(ten)oog ⟨ook edelgesteente⟩; reflector ⟨v. fiets enz.⟩; plantk kleine dovenetel
Katzenjammer *m* katterigheid, kater; gedrukte stemming
Katzenkopf *m* oorvijg, korte, krachtige slag op het hoofd; kinderhoofdje, kassei
Katzenmusik *v* kattenmuziek; ketelmuziek
Katzensprung *m es ist nur ein ~* het is maar een kippeneindje
Katzenwäsche *v* 't zich vluchtig wassen
Kauderwelsch *o* (~) koeterwaals, brabbeltaal
kauderwelschen zw koeterwalen, koeteren, krompraten, -spreken
kauen zw kauwen; *die Worte ~* met moeite en langzaam spreken; *an den Nägeln ~* nagelbijten; *an einer Sache lange zu ~ haben* grote moeite met iets hebben
kauern zw hurken; *sich ~* op zijn hurken gaan zitten
Kauf *m* (-(e)s; Käufe) koop, aankoop; *etwas in ~ nehmen* iets op de koop toe nemen; *ein ~ auf Raten* een koop op krediet, op afbetaling; *ein ~ auf, zur Probe* een koop op proef; *von einem ~ zurücktreten* van een koop afzien
kaufen zw kopen; omkopen; *eine Katze im Sack ~* een kat in de zak kopen; *etwas aus zweiter Hand ~* iets tweedehands kopen; *auf Kredit ~* op krediet kopen; *auf Pump ~* op de pof kopen; *auf Ab-, Raten-, Teilzahlung* op afbetaling kopen; *unter der Hand ~* uit de hand kopen; *was kaufe ich mir dafür?* wat heb ik daaraan?
Käufer *m* (-s; ~) koper
Kaufhalle *v* supermarkt
Kaufhaus *o*, **Kaufhof** *m* warenhuis
Kaufkraft *v* koopkracht
käuflich koopbaar, te koop; omkoopbaar; *~ erwerben* door koop verkrijgen, (aan-) kopen
kauflustig koopgraag, -lustig; *Kauflustige* gegadigden
Kaufmann *m* (-s; -leute) koopman; Middeld kruidenier; *er ist ~* hij zit in de handel
kaufmännisch op koopmanswijze, commercieel, handels...; *~es geschick haben* koopmanstalent hebben
Kaufsumme *v* koopsom, prijs
Kaufvertrag *m* koopcontract, -akte
Kaugummi *m* kauwgum
Kaulquappe *v* dierk kikkervisje
kaum nauwelijks, bijna niet, pas; *er wird es ~ wissen* hij zal het wel niet weten; *das ist ~ richtig* dat is waarschijnlijk onjuist; ⟨beleefd voor⟩ dat lijkt naar niets; *ich glaube ~* ik zou 't niet denken; *~ jemals* haast nooit
kausal causaal, oorzakelijk
Kausalnexus *m*, **Kausalzusammenhang** *m* oorzakelijk verband
kaustisch bijtend ⟨ook van spot⟩
Kautabak *m* pruimtabak
Kaution *v* (~; -en) borgstelling, -tocht, cau-

tie; waarborg ⟨m.b.t. huur⟩; ~ *stellen* cautie (zekerheid) stellen; *gegen* ~ op zekerheid

Kautschuk *m* & *o* (-s) rubber; elastiek

Kauz *m* (-es; Käuze) vogelk steenuil; *ein komischer* ~ een rare snuiter

Kavalier [ka-wa-'lier] *m* (-s; -e) cavalier, man van de wereld; heer; galant man, vero, iron begeleider v. dame, tafelheer, danseur; ~ *am Steuer* heer in 't verkeer

Kavaliersdelikt *o* niet onterend, onbelangrijk delict

Kavallerie *v* (~) mil cavalerie

Kaviar ['ka-wiaar] *m* (-s) kaviaar

keck stoutmoedig, vermetel; brutaal; dartel, bij de hand, vlot, kittig

Keckheit *v* (~; -e) vermetelheid; brutaalheid, brutaliteit; kwiekheid

Kegel *m* (-s; ~) kegel, conus; spil; onecht kind; ~ *spielen* kegelen

Kegelbahn *v* kegelbaan

Kegelkugel *v* kegelbal

kegeln zw kegelen

Kegelstumpf *m* wisk afgeknotte kegel

Kegler *m* (-s; ~) kegelaar

Kehle *v* (~; -n) keel; groef ⟨v. zuil⟩; *aus voller* ~ luidkeels, uit volle borst; *eine trockene* ~ *haben* gemeenz dorst hebben, een droge keel hebben; *es geht ihm an die* ~ hij zit zwaar in de moeilijkheden; *jmdm. das Messer an die* ~ *setzen* iem. het mes op de keel zetten; *etwas bleibt einem in der* ~ *stecken* iets blijft iem. in de keel steken; *das hat sie in die falsche* ~ *bekommen* dat is haar in 't verkeerde keelgat geschoten

Kehlkopf *m* strottenhoofd

Kehllaut *m* taalk keelklank

Kehraus *m* (~) laatste dans, besluit, slot; ~ *machen* een slot maken; opruiming houden

Kehrblech *o* (veeg)blik

Kehre *v* (~; -n) keer, wending; winding; scherpe bocht, serpentine ⟨v.e. weg⟩

kehren zw keren, wenden, omwenden; vegen, keren; *kehrt!* mil rechtsomkeert!; *neue Besen* ~ *gut* nieuwe bezems vegen schoon; *einem den Rücken* ~ iem. de rug toedraaien; *vor der eigenen Tür* ~ zich om zijn eigen zaken bekommeren; *in sich gekehrt* in zich zelf gekeerd; *etwas zum besten* ~ iets ten goede keren

Kehricht *m* & *o* (-s) veegsel, vuilnis

Kehrreim *m* refrein

Kehrseite *v* keerzijde, rugkant

kehrtmachen zw rechtsomkeert maken

Kehrtwendung *v* beweging in omgekeerde richting, omdraaiing

keifen zw kijven, twisten

Keil *m* (-(e)s; -e) wig, spie; klink ⟨in kledingstuk⟩; peluw

keilen zw ⟨met wig⟩ splijten; dringen, zich schuiven (tussen); vechten; gemeenz lijmen; stud fleuren; achteruitslaan; *sich* ~ gemeenz vechten

Keiler *m* (-s; ~) dierk mannelijk wild zwijn

Keilerei *v* (~; -en) vechtpartij

Keilhose *v* skibroek met spits toelopende pijpen

Keilkissen *o*, **Keilpolster** *o* peluw

Keilriemen *m* techn V-snaar, V-riem

Keilschrift *v* spijkerschrift

Keim *m* (-(e)s; -e) kiem

keimen zw kiemen, spruiten; fig ontspruiten, ontstaan

keimfähig kiemkrachtig

keimfrei kiemvrij; gemeenz niet aanstotelijk

kein (keine; kein) geen; ~(*r*) niemand; *in* ~*er Weise* op generlei wijze

keinerlei generlei, generhande

keinesfalls in geen geval, volstrekt niet

keineswegs geenszins, volstrekt niet, op generlei wijze

keinmal geen enkele maal

Keks *m* & *o* (-es & ~; -e & ~) koekje, biscuit; slang hoofd; *das geht mir langsam auf den* ~ gemeenz ik krijg er langzamaan genoeg van

Kelch *m* (-(e)s; -e) kelk ⟨ook plantk⟩; Oostr kool

Kelle *v* (~; -n) troffel; schep-, pollepel; spoorw spiegelei; bord waarmee politie stopteken geeft

Keller *m* (-s; ~) kelder

Kellerassel *v* dierk pissebed

Kellerei *v* (~; -en) bottelarij; wijnkelder; wijnhandel

Kellergeschoß, nieuwe spelling: **Kellergeschoss** *o* kelderverdieping

Kellermeister *m* keldermeester, bottelier

Kellner *m* (-s; ~) kelner, bediende

Kellnerin *v* (-nen) serveerster

Kelte *v* (-n; -n) Kelt

Kelter *v* (~; -n) wijnpers

keltern zw druiven, wijn persen

kennen (kannte; gekannt) kennen; *näher* ~ van nabij kennen; ~ *an* (+ 3) herkennen aan; *auswendig* ~ van buiten kennen; ~ *wie seine Hosentasche* (*seine eigene Tasche*) op een prik kennen; *da kenne ich nichts* dan stoor ik me aan niets; *da kennst du mich schlecht!* daar vergis je je lelijk in me!; *seine Pappenheimer* ~ gemeenz zijn pappenheimers kennen; weten wat voor vlees men in de kuip heeft; *die Platte* ~ gemeenz weten, wat men wil zeggen; *keine Rücksicht* ~ onbarmhartig zijn, met niets rekening houden; *vom Sehen* (*Angesicht*) ~ van gezicht kennen; *einen dem Namen nach* ~ iem. van naam kennen

kennenlernen, nieuwe spelling: **kennen lernen** zw: *etwas, jmdn.* ~ iets, iem. leren kennen

Kenner *m* (-s; ~) kenner

Kennerblick *m* kennersblik

Kennermiene *v* kennersblik

kenntlich kenbaar; waarneembaar

Kenntnis *v* (~; -se) kennis, kunde; *fachliche* ~*se* vakkennis; *seine* ~ *des Spanischen, seine* ~ *im Spanischen* zijn kennis van het Spaans; *einen von etwas in* ~ *setzen* iemand van iets in kennis stellen; *zur* ~ *bringen* ter kennis brengen; *zur* ~ *nehmen* kennis (nota) nemen van; iets voor kennisgeving aannemen

Kenntnisnahme v kennisneming; *zur ~ om er kennis van te nemen*
Kennwort o kenspreuk, motto ⟨bij o.a. advertentie⟩, parool
Kennzahl v telec netnummer, kengetal; nummer, letter ⟨bij advertentie⟩
Kennzeichen o kenmerk; auto kenteken, nummerbord
kennzeichnen zw kenmerken, kenbaar maken; *~d* karakteristiek
Kennziffer v = *Kennzahl*
kentern zw scheepv kenteren, kapseizen, omslaan
Keramik [-'ra-] v (~) ceramiek, pottenbakkerswerk
Kerbe v (~; -n) keep, kerf; *in dieselbe ~ hauen, schlagen* één lijn trekken, hetzelfde zeggen ⟨met de bedoeling een ander schade te berokkenen⟩
Kerbel m (-s; ~), **Kerbelkraut** o plantk kervel; pijpkruid
kerben zw kerven
Kerbholz o kerfstok; *etwas auf dem ~ haben* iets op zijn kerfstok hebben
Kerker m (-s; ~) kerker; Oostr hist gevangenisstraf
Kerkermeister m hist gevangenbewaarder
Kerl m (-(e)s; -e & -s) kerel; snuiter, vent; *ein ganzer ~* een kranige vent; *ein guter ~* een beste kerel, een lief meisje; *ein netter ~* ⟨ook⟩ een aardige meid
Kern m (-es; -e) pit, kern; merg; dinkel, spelt ⟨= bep. soort grove tarwe⟩; atoomkern, kernhout; *des Pudels ~* de kern van de zaak; *der harte ~* de harde kern ⟨v.e. misdadige organisatie⟩
Kernfach o hoofd-, kernvak
Kernfrage v kernvraagstuk, -probleem; hamvraag
Kernfusion v kernfusie
Kerngehäuse o klokhuis
kerngesund kerngezond
kernig kernachtig, krachtig; pittig, degelijk; vol pitten
Kernkraft v kernenergie
Kernkraftwerk o kernenergiecentrale
Kernobst o pit-, steenvruchten
Kernphysik v atoom-, kernfysica
Kernpunkt m kernpunt
Kernreaktor m kernreactor
Kernseife v huishoudzeep, kernzeep
Kernspaltung v kernsplijting
Kernverschmelzung v nat kernfusie
Kernwaffe v atoom-, kernwapen
Kernwaffenversuch m kernproef
Kerze v (~; -n) kaars; elektr bougie; sp, gemeenz hoge trap, kaarsrecht omhoog geschoten bal, raket; kaars, bloeiwijze van kastanje e.d.; *turnen die ~ machen* de schouderstand maken
kerzengerade kaarsrecht
Kerzenlicht o, **Kerzenschein** m kaarslicht
Kescher m (-s; ~) schepnet; vlindernet
keß, nieuwe spelling: **kess** gemeenz vlot, kranig, tof, flink, leuk; brutaal, zonder veel respect, frank; modieus, vlot; *ein kesses Hütchen* een vlot hoedje
Kessel m (-s; ~) ketel, kom; keteldal; kring ⟨bij klopjacht⟩; mil omsingeling
Kesseljagd v klopjacht
Kesseltreiben o klopjacht, razzia; fig heftige campagne
Kesselwagen m tankwagen
Kette v (~; -n) ketting; halsketting ⟨als sieraad⟩, snoer; schering; keten, reeks, aaneenschakeling; file; groep van drie vliegtuigen; kordon; vlucht vogels; *in ~n schlagen* ketenen, boeien; *an die ~ legen* aan de ketting leggen
ketten zw ketenen, boeien
Kettenbrief m kettingbrief
Kettenhund m kettinghond
Kettenraucher m kettingroker
Kettenreaktion v kettingreactie
Ketzer m (-s; ~) ketter
Ketzerei v (~; -en) ketterij
ketzerisch ketters, onrechtzinnig
keuchen zw hijgen, puffen, zwaar ademen; hijgend, naar lucht snakkend spreken
Keuchhusten m kinkhoest
Keule v (~; -n) knots; dijbeen, bout; achterpoot; ⟨als afk. v. *Froschkeule*⟩ kikkerbilletje; *die chemische ~* gebruik van traangas e.d. door de politie
keusch kuis
kichern zw giechelen, grinniken
kicken zw sp trappen
Kickstarter m (-s; ~) trapstarter; startpedaal
Kiebitz m (-es; e) kievit; gemeenz hoofd, kop; gemeenz, kaartsp ⟨vaak geringsch⟩ nieuwsgierig toekijker
kiebitzen zw kaartsp toekijken (en zich er vaak mee bemoeien)
1 Kiefer m (-s; ~) kaak
2 Kiefer v (~; -n) plantk den; *gemeine ~* grove den
kiefern bn van grenenhout
Kiefernholz o grenen-, dennenhout
Kieker m (-s; ~) gemeenz kijker; *einen auf dem ~ haben* de pik op iem. hebben
Kiel m (-es; -e) kiel v. schip; pennenschacht; plechtig schip; *etwas auf ~ legen* met iets beginnen
kielholen zw scheepv kielhalen
Kielwasser o scheepv kielzog, -water; scheepv zog; *in jmds. ~ segeln, schwimmen* in iems. kielzog varen
Kieme v (~; -n) kieuw
Kien m (-(e)s) harsachtig hout, naaldhout; *auf dem ~ sein* Berl gemeenz scherp opletten
Kienapfel m denne-, pijnappel
Kienholz o grenenhout, harsachtig hout
Kienspan m kienspaan
Kiepe v (~; -n) rugmand
Kies m (-es; -e) kiezel, grind; kies, pyriet; slang *~ haben* duiten hebben
Kiesel m (-s; ~) kiezelsteen
Kieselsäure v kiezelzuur
Kieselstein m kiezelsteen
Kiesgrube v grindgroeve
kiffen zw hasj of marihuana roken
Kikeriki o (-s) gekraai, kukeleku
killen zw slang af-, doodmaken
Kilo o (-s; ~(-s)), **Kilogramm** o kilo(gram)

Kilometer o & m kilometer
Kilometerstein m kilometerpaaltje
kilometerweit kilometers ver
Kimm v (~) horizon, kim, gezichtseinder
Kimme v (~; -n) mil vizierkeep; gemeenz bilnaad
Kind o (-(e)s; -er) kind; ~*er, das wird schön!* jongens, dat wordt mooi!; *er ist ein Berliner* ~ hij is in Berlijn geboren; *ein großes* ~ fig een groot kind; *liebes* ~ kindlief; *mit* ~ *und Kegel rausschmeißen* met hebben en houden, met het hele gezin eruitgooien; *sich lieb* ~ *bei einem machen* een wit voetje bij iem. weten te krijgen; *lieb* ~ *bei einem sein* bij iem. goed in de pas staan; *das* ~ *beim rechten Namen nennen* fig het kind bij zijn naam noemen, zeggen waar 't op staat; *aus* ~*ern werden Leute* kleine kinderen worden groot; *das ist nichts für kleine* ~*er* fig dat gaat jullie helemaal niet aan; ~ *an (auf) an* van jongs af aan; *das* ~ *mit dem Bade ausschütten* het kind met het badwater weggooien; *Eltern haften für ihre* ~*er* ouders zijn aansprakelijk voor hun kinderen; *jmdn. an Kindes Statt annehmen* iem. adopteren
Kindbett o kraambed
Kindbettfieber o med kraamvrouwenkoorts
Kinderei v (~; -en) kinderachtigheid; kinderachtige streek; kinderachtig gedoe, kinderwerk
Kinderermäßigung v kinderaftrek
Kindergarten m kleuterschool
Kindergärtnerin v peuterleidster; kleuteronderwijzeres, -leidster
Kinderheim o kindertehuis
Kinderhort m kinderdagverblijf
Kinderkrankheit v med kinderziekte (ook fig); besmettelijke ziekte
Kinderkriegen o: *das ist zum* ~ dat is om je dood te ergeren
Kinderkrippe v crèche
Kinderlähmung v med kinderverlamming, polio(myelitis)
kinderleicht doodgemakkelijk
kinderlieb lief voor kinderen
Kinderschreck m boeman
Kinderschuh m kinderschoen; *die* ~*e ausgetreten haben, sich die* ~*e abgelaufen haben* aan de kinderschoenen ontwassen zijn
Kinderschwester v kinderverpleegster, -verzorgster
Kinderspiel o kinderspel; *das ist (k)ein* ~ dat is (g)een kleinigheid
Kinderstube v vero kinderkamer; *er hat eine gute* ~ *gehabt* hij is goed opgevoed, heeft goede manieren
Kindertagesstätte v kinderbewaarplaats, crèche
Kinderzulage v kinderbijslag
Kindesalter o kinderleeftijd
Kindesbeine: *von* ~*n an* van kindsbeen af
kindhaft kinderlijk, als (een) kind
Kindheit v (~) kinderjaren
kindisch kinderachtig, kinds; kinderlijk
kindlich kinderlijk

Kindskopf m onnozel mens, blaag
Kinn o (-(e)s; -e) kin
Kinnbacke v, **Kinnbacken** m kaak, kinnebak
Kinnbart m kinbaard
Kinnhaken m hoekslag op de kin ⟨bij boksen⟩
Kinnlade v kaak, kinnebak
Kino o (-s; -s) gemeenz bioscoop; *ins* ~ *gehen* naar de bioscoop gaan
Kintopp m & o (-s; -s & -töppe) gemeenz geringsch bioscoop, bios
Kiosk m (-s; -e) kiosk
Kippe v (~; -n) schommel; wip, balans; rand; afvalplaats; peukje, eindje ⟨v. sigaar, sigaret⟩; buiteling ⟨om de rekstok⟩; *auf* ~ *gehen,* ~ *machen* gelijk op delen; *auf der* ~ *stehen* op de wip staan; wankel staan
kippeln zw wankelen; wiebelen
kippen zw **I** onoverg vallen, wankel staan, omvallen, omkippen, -kieperen, dompen; overslaan ⟨v. stem⟩; *aus den Latschen (Pantinen)* ~ gemeenz flauw vallen, bijna de zelfbeheersing verliezen; **II** overg kantelen, omkiep(er)en; doen mislukken; drinken; *einen* ~ gemeenz een borrel drinken
Kipper m (-s; ~) kipkar, kipwagen; wipbrug; techn tip, kolentip; handel, vero geldsnoeier
kipplig, wankel
Kirche v (~; -n) kerk; geloofsgemeenschap; gemeenz eredienst; *die* ~ *im Dorf lassen* de kerk in 't midden laten, niet te ver gaan
Kirchenälteste(r) m ouderling
Kirchendiener m koster; kerkdienaar
Kirchenjahr o kerkelijk jaar
Kirchenlicht o vero kerklicht, groot godgeleerde; *er ist kein großes* ~ hij is geen licht
Kirchenmaus v kerkmuis; *arm wie eine* ~ zo arm als een kerkrat
Kirchenrat m kerkenraad; lid v.d. kerkenraad
Kirchenschiff o schip v.e. kerk
Kirchenstaat m Kerkelijke Staat
Kirchensteuer v kerkelijke belasting
Kirchenvater m kerkvader
Kirchhof m kerkhof ⟨bij kerk⟩
kirchlich kerkelijk; kerkelijk gezind, kerks
Kirchturm m kerktoren
Kirmes v (~; -sen) kermis
kirre mak, tam, gedwee; onderworpen; ~ *werden* gemeenz toegeven
kirren zw tam, gedwee maken; lokken
Kirsch m (-es; -e) kirsch, kersenbrandewijn
Kirschbaum m plantk kersenboom
Kirsche v (~; -n) kers
Kirschkern m kersenpit
Kirschwasser o kirsch, kersenbrandewijn
Kissen o (-s; ~) kussen; kussentje
Kissenbezug m, **Kissenüberzug** m kussensloop
Kiste v (~; -n) kist, kistje; gemeenz kist, vliegtuig, auto, wagen, bed; sp, gemeenz goal, doelpunt; mil, gemeenz arrest, petoet; kont, gat; aangelegenheid, geschiedenis; *eine faule* ~ gemeenz een bedenkelijk zaakje; *eine schwierige* ~ een moeilijke zaak

kistenweise in een kist verpakt, per kist; in grote hoeveelheden
Kitsch *m* (-es) kitsch, namaakkunst, sentimentele rommel; prulwerk, clichéwerk
kitschig voddig, zonder innerlijke waarde, sentimenteel, smakeloos
Kitt *m* (-es; -e) kit, mastiek; stopverf; gemeenz duiten; *der ganze* ~ de hele rommel
Kittchen *o* (-s; ~) nor, bak, gevangenis; *er muß ins* ~ hij moet de bak in
Kittel *m* (-s; ~) kiel, blouse; linnen overtrek
kitten *zw* kitten, lijmen ⟨ook fig⟩
Kitz *o* (-es; -e) **dierk** reekalf, jong van gems, geit
Kitzel *m* (-s; ~) kitteling, jeuk; lust, begeerte
kitzeln *zw* kietelen; prikkelen, strelen; *den Gaumen* ~ het verhemelte strelen
Kitzler *m* (-s; ~) kietelaar; kittelaar, clitoris
kitzlig kittelachtig; netelig, gevaarlijk, hachelijk; prikkelbaar; ~ *sein* niet tegen kietelen kunnen
Klabautermann *m* scheepv scheepskabouter
Kladde *v* (~; -n) kladboek, -schrift; klad
kladderadatsch bons, plof, klets; *der große K*~ het grote spektakel, de (het) debacle, het schandaal
klaffen *zw* openstaan; opensplijten; gapen; *eine K~ Wunde* een gapende wond
kläffen *zw* blaffen, keffen
Klafter *v, o, m* (~; -n) vadem ⟨= 1,88 m⟩
klaftern *zw* in stapels zetten ⟨v. hout⟩
klagbar verklaagbaar, in rechten aan te klagen; ~ *werden* een aanklacht indienen
Klage *v* (~; -n) klacht, beklag; eis; rechtsvordering; *einer* ~ *stattgeben* een eis ontvankelijk verklaren; *eine* ~ *auf Schadensersatz* een eis tot schadevergoeding; *über etwas* ~ *führen* klagen over iets, een eis indienen, formuleren
Klageerhebung *v* recht klacht, aanklacht, indiening van een eis
Klagelied *o* klaaglied
klagen *zw* klagen, zijn klacht inbrengen; recht een eis doen ⟨in rechten⟩; schreeuwen ⟨v. hert⟩; *einem sein Leid, seine Not* ~ iem. zijn leed, zijn nood klagen; *auf Schadensersatz* ~ een eis tot schadeloosstelling indienen; *laut* ~ ook: steen en been klagen; ~ *um* klagen over
Kläger *m* (-s; ~) recht klager, eiser
Klageschrift *v* aanklacht
kläglich klagelijk, deerlijk, zielig
klaglos zonder klacht
klamm klam, vochtig ⟨v. handen⟩; verkleumd; blut, slecht bij kas
Klamm *v* (~; -en) Z-Duits kloof
Klammer *v* (~; -n) klem, klamp, spang; med klemmetje, wondhaakje; med tandbeugel; nietje; klauw, knijper, haakje; tang ⟨m.b.t. zinsconstructie⟩; *runde, spitze, viereckige* ~*n* ronde, haakvormige, vierkante haakjes; *zwischen* ~*n* tussen haakjes; ~ *auf,* ~ *zu* haakjes openen, haakjes sluiten
klammern *zw* klemmen; *eine Wunde* ~ de klemmetjes in een wond zetten; *sich* ~ *an*

(+ 4) zich vastklampen aan; *sich an einen Strohhalm* ~ zich aan een strohalm vastklampen
klammheimlich zeer in 't geheim
Klamotte [-'mot-] *v* (~; -n) gemeenz oude kist; klucht; ~*n* brokken; puin; spullen ⟨meestal kleren⟩
Klang *m* (-(e)s; Klänge) klank, geluid, galm; *unter den Klängen der Nationalhymne* tijdens het spelen van het volkslied
Klangfarbe *v* timbre, klankkleur
Klangkörper *m* klankkast; luidspreker; plechtig orkest
klanglos met stille trom
klangvoll klankrijk
Klappbett *o* opklapbed
Klappe *v* (~; -n) klap, klep; flap ⟨v. boek⟩; plantk klapvlies, zaadhulsel; gemeenz bed; mond, muil; *eine freche (große)* ~ *haben* een brutale mond hebben; *halt die* ~*! hou je bek!*
klappen *zw* klappen; kloppen; lukken; *einen* ~ gemeenz iem. snappen, pakken; *die Sache (der Laden) hat geklappt* de zaak is in orde; *etwas zum K~ bringen (kriegen)* iets voor elkaar krijgen
Klapper *v* (~; -n) ratel; klep, gemeenz bek; klepper, castagnette; rammelaar; plantk ratelaar
klapperdürr broodmager, mager als een talhout
klappern *zw* klapperen, klepperen, rammelen; *mit den Augen* ~ schertsend koket de ogen opslaan; *(mit den Zähnen)* ~ klappertanden
Klapperschlange *v* dierk ratelslang
Klapperstorch *m* vogelk ooievaar
Klappfahrrad *o* opvouwbare fiets, vouwfiets
Klappfenster *o* tuimelraam
klapprig wrak; rammelend, krakerig
Klappsessel *m*, **Klappsitz** *m*, **Klappstuhl** *m* klap-, vouwstoel
Klaps *m* (-s; -e) klap, slag; *einen* ~ *haben* een klap van de molenwiek hebben gehad, gek zijn
klapsen *zw* een tik geven, een klopje geven
Klapsmühle *v* gemeenz gekkenhuis; sanatorium
klar klaar, helder; duidelijk; scheepv klaar, vrij, gereed; ~*! natuurlijk!;* ~ *wie Kloßbrühe* gemeenz helder als koffiedik, iron glashelder; *einem etwas* ~ *machen* iemand iets duidelijk maken; *sich über etwas im* ~*en sein* iets helder inzien; *ich bin mir nicht* ~ ik ben in twijfel; *nicht ganz* ~ *im Kopf sein* niet helder in 't hoofd zijn
Kläranlage *v* waterzuiveringsinstallatie
klären *zw* zuiveren, louteren, klaren; ophelderen, verhelderen; *sich* ~ duidelijk worden
Klarheit *v* (~) klaarheid, helderheid
Klarinette *v* (~; -n) muz klarinet
klarlegen *zw* duidelijk maken, opheldren
klarmachen *zw* duidelijk maken, opheldren; scheepv klaar maken; *einem den Standpunkt* ~ ⟨ook⟩ iem. op zijn nummer zetten
klarstellen *zw* duidelijk maken, ophelde-

ren
Klartext *m* niet-gecodeerde tekst; fig duidelijke bewoordingen
Klärung *v* (~) opheldering, verduidelijking
Klasse *v* (~; -n) klasse; klas, leerjaar, groep; categorie; stand; *erster* ~ *prima; das ist* ~*!* prima, kolossaall!; *eine Fahrkarte zweiter* ~ een tweedeklas kaartje; *ein Rennfahrer von* ~ een eersteklas renner
Klassenarbeit *v* werk in de klas; schriftelijk werk, proefwerk
Klassenjustiz [-'tiets] *v* klassenjustitie
Klassenkamerad *m* klasgenoot
Klassenkampf *m* klassenstrijd
Klassenlehrer *m*, **Klassenleiter** *m* klasleraar
Klassensprecher *m* klassenvertegenwoordiger
Klassenunterricht *m* klassikaal onderwijs
Klassenzimmer *o* school-, klaslokaal, klas
Klassifikation *v* classificatie
klassifizieren *zw* classificeren, klasseren
Klassik ['klas-] *v* (~) klassieke periode, kunst, letterkunde, muziek; *die deutsche* ~ de Duitse klassieke letterkunde
Klassiker ['klas-siker] *m* (-s; ~) klassiek schrijver; *mv* klassieken
klassisch klassiek; fig volmaakt, voorbeeldig; iron merkwaardig, klassiek
Klassizismus *m* (~; -men) classicisme
klatsch! klets! pats!
Klatsch *m* (-es; -e) klap; gebabbel, geklets, geroddel; ~ *und Tratsch* geklets
Klatschbase *v* roddelaarster, kletskous
Klatsche *v* (~; -n) vliegenmepper; kletskous; (op school) overgeschreven werk
klatschen *zw* kletsen, praten, roddelen; klikken; klotsen (v.d. zee); kletsen, slaan; kletteren (v.d. regen); *(Beifall)* ~ applaudisseren; *in die Hände* ~ in zijn handen klappen; *einem eine* ~ gemeenz iem. een draai om zijn oren geven
Klatscherei *v* (~; -en) geklets, gebabbel, achterklap; kletspraatjes, geroddel
Klatschmaul *o* roddelaarster, kletskous
Klatschmohn *m* plantk klaproos
klatschnaß, nieuwe spelling: **klatschnass** kletsnat
Klatschtante *v* roddelaarster, kletskous
klauben *zw* pulken, plukken; ziften; *Bohnen* ~ bonen uitzoeken; *Holz* ~ hout sprokkelen; *Kartoffeln* ~ aardappelen rooien; *die Rosinen aus dem Kuchen* ~ 't beste voor zichzelf nemen
Klaue *v* (~; -n) klauw, gespleten hoef (v. koe enz.); gemeenz hand; *eine schreckliche* ~ *haben* hanenpoten schrijven; *einem in die* ~*n geraten* in iems. klauwen vallen
klauen *zw* gemeenz gappen, achteroverdrukken
Klause *v* (~; -n) kluizenaarshut, hermitage, cel; stulp; rustige kleine woning; nauwe bergpas
Klausel ['klauzel] *v* (~; -n) clausule
Klausner *m* (-s; ~) kluizenaar
Klausur [-'zoer] *v* (~; -en) afgeslotenheid; afgesloten deel v. klooster; ook: *Klausurarbeit*

Klausurarbeit *v* onder toezicht gemaakt (examen)werk, proefwerk
Klavier [-'wier] *o* (-s; -e) muz piano; ~ *spielen* pianospelen; *bei ihm kann man* ~ *auf den Rippen spielen* gemeenz hij is broodmager; *wo steht das Klavier?* schertsend waar is de brand? (als reactie op de vraag om even te komen helpen)
Klavierspieler *m*, **Klavierspielerin** *v* pianist(e)
Klavierstunde *v* pianoles
kleben *zw* (vast)kleven, plakken; ~ *bleiben* zie: *klebenbleiben; einen Reifen* ~ een fietsband repareren; *Tüten* ~ zakjes plakken; *einem eine* ~ gemeenz iem. een oorvijg verkopen; *an seinem Posten* ~ op zijn stoel blijven plakken
klebenbleiben, nieuwe spelling: **kleben bleiben** *st* blijven plakken (v. gast); onderw blijven zitten
Kleber *m* (-s; ~) plakker (ook fig); vogelk boomklever
Klebestreifen *m* plakband
klebrig kleverig, lijmachtig; plakkerig
Klebstoff *m* plakmiddel, kleefstof
kleckern *zw* morsen, kladden, kliederen; moeizaam voortgaan; *nicht* ~, *sondern klotzen!* niet met kleine hoeveelheden, sommen enz., maar in het groot
Klecks *m* (-es; -e) vlek, smet, klad, kledder
klecksen *zw* kladden, vlakken, knoeien
Klee *m* (-s) plantk klaver
Kleeblatt *o* klaverblad (ook in het wegennet); *vierblättriges* ~ klavertjevier
Klei *m* (-(e)s) Nederd kleiaarde, klei
Kleid *o* (-(e)s; -er) kleed; japon, jurk; ~*er machen Leute* de kleren maken de man
kleiden *zw* kleden; *das kleidet dich gut (nicht)* dat staat je goed (niet); *(in) Grau gekleidet* in 't grijs gekleed; *in Worte* ~ in woorden inkleden
Kleiderablage *v* garderobe, vestiaire; kapstok
Kleiderbügel *m* klerenhanger
Kleiderbürste *v* kleerborstel, -schuier
Kleiderschrank *m* kleer-, hangkast; gemeenz potige kerel
Kleiderständer *m* kapstok; gemeenz broodmager iemand; fat
kleidsam net, goed kledend
Kleidung *v* (~; -en) kleding, kleren, kledij
Kleidungsstück *o* kledingstuk
Kleie *v* (~) zemelen
kleiig kleiachtig, kleihoudend; zemelig
klein klein; vero fijn; onvermogend, gering; *ganz* ~ *und häßlich werden* meegaand, gedwee worden; ~, *aber fein*, ~ *aber oho!* klein, maar voortreffelijk; *ein Kleines* een kleinigheid; een kleintje, een baby; *du K~es* zeg, kleintje; *bis ins* ~*ste* tot in de kleinste bijzonderheden; *um ein* ~*es plechtig* bijna, een beetje; *von* ~ *auf* van jongs af aan, van klein af aan; ~ *anfangen* onderaan beginnen; ~ *beigeben* toegeven, een toontje lager zingen; ~ *haben* klein (in kleingeld) hebben; ~ *machen* een kleine boodschap doen; *sich* ~ *machen* in zijn schulp kruipen

Kleinaktionär *m* kleine aandeelhouder
Kleinarbeit *v* klein werk; peuterwerk, minutieus werk
Kleinbauer *m* kleine boer
Kleinbetrieb *m* klein bedrijf
Kleinbuchstabe *m* kleine letter
Kleinbus *m* minibus
Kleingeld *o* klein geld, pasgeld; *das nötige ~ haben* geld genoeg hebben
kleingläubig kleingelovig
Kleinhandel *m* detailhandel
Kleinigkeit *v* (~; -en) kleinigheid, beuzelachtigheid, habbekrats
kleinkariert 1 kleingeruit; 2 nieuwe spelling: **klein kariert** fig kleingeestig, bekrompen
Kleinkind *o* kind van 3-6 jaar
Kleinkram *m* klein gedoe, rommel; peuterwerk
kleinkriegen *zw* klein krijgen, kapot krijgen; uitgeven (v. geld); wisselen (v. groot geld), klein maken; gemeenz begrijpen, snappen; *nicht kleinzukriegen* niet klein te krijgen, niet te onderwerpen; *sich nicht ~ lassen* zich niet laten ontmoedigen of onderwerpen
Kleinkunstbühne *v* cabaret
kleinlaut verlegen, schuchter, bedeesd, benepen, beteuterd, onder een hoedje te vangen
kleinlich kleingeestig, bekrompen, krenterig
kleinmachen, nieuwe spelling: **klein machen** *zw* klein maken; *eine Erbschaft ~* een erfenis erdoorjagen; *einen Geldschein ~* een bankbiljet klein maken
kleinmütig kleinmoedig, klein-, blohartig, bang
Kleinod *o* (-s; -e & -ien) kleinood
Kleinrentner *m* kleine rentenier, iem. die van een kleine toelage of rente leeft
Kleinstadt *v* kleine stad (met 5000 à 20000 inwoners)
kleinstädtisch kleinsteeds
Kleinvieh *o* kleinvee
Kleinwagen *m* kleine auto, mini-auto
Kleister *m* (-s) stijfselpap, plaksel; rommel; pap
kleistern *zw* plakken (met stijfsel); smeren, insmeren; *einem eine ~* iem. een oorveeg geven
Klemme *v* (~; -n) klem, nijptang; *in die ~ kommen* in de knoei komen, in het nauw komen, platzak raken; *in der ~ sitzen* in de klem, de knoei zitten
klemmen *zw* klemmen, knellen; slang gappen; *sich hinter etwas, jmdn. ~* achter iets, iem. aanzitten
Klempner *m* (-s; ~) blikslager, loodgieter
Klepper *m* (-s; ~) oud en mager paard
Kleriker ['kle-] *m* (-s; ~) geestelijke, clericus
Kletterei *v* (~) geklauter, klimpartij
Klettereisen *o* klimspoor, klimijzer
Kletterer *m* (-s; ~) klauteraar, bergbeklimmer
Klettergerüst *o* klimtoestel
klettern *zw* klauteren, klimmen; *es ist um auf die Palme zu ~* gemeenz 't is om uit je

klopfen

vel te springen
Kletterpflanze *v* klimplant
Klientel [kli-en-'teel] *v* (~; -en) clièntele
Klima ['klie-ma] *o* (-s; Klimas & Klimate) klimaat (ook fig); fig atmosfeer
Klimaanlage *v* airconditioning
Klimax *v* (~; -en) climax
Klimazone *v* klimaatgordel
Klimbim [-'biem] *m & o* rommel, prullaria; onzin, prietpraat; drukte, gedoe; *der ganze ~* gemeenz de hele kouwe drukte; 't hele spektakel, 't hele gedoe; fuif
klimmen (klomm, klimmte; geklommen, geklimmt) plechtig klimmen
Klimperkasten *m* rammelkast, oude piano
klimpern *zw* kletteren, rammelen; slecht piano spelen, tjingelen; *sich nicht an den (die) Wimpern ~ lassen* gemeenz zich niets laten aanleunen
Klinge *v* (~; -n) kling, lemmet, sabel; kling(-e), smal dal; *eine scharfe ~ führen* een scherpe toon hebben; *jmdn. über die ~ springen lassen* iem. over de kling jagen
Klingel *v* (~; -n) bel, schel
Klingelbeutel *m* kerkenzakje
klingeln *zw* klingelen, rinkelen; schellen, bellen; *das Telephon klingelt* de telefoon gaat; *es klingelt* er wordt gebeld; *es klingelt bei ihm* hij snapt het, hij heeft het door
Klingelzug *m* schelkoord, bel
klingen (klang; geklungen) klinken; *die Ohren ~ mir* mijn oren tuiten; *leere Fässer ~ hohl* holle vaten klinken 't hardst; *das klingt ja alles sehr schön!* dat is alles goed en wel!
Klinik ['klieniek] *v* (~; -en) kliniek
Klinke *v* (~; -n) (deur)klink; *jmdm. die ~ in die Hand drücken* iem. de deur wijzen
Klinker *m* (-s; ~) klinker (steen)
klipp: *~ und klar* heel duidelijk; ronduit
Klippe *v* (~; -n) klip, steenrots
klirren *zw* rinkelen, rammelen; *mit den Waffen ~* met de sabel kletteren; *bei ~dem Frost* als het vriest, dat het kraakt
Klischee *o* (-s; -s) cliché (ook fig)
Klistier *o* (-s; -e) klisteer, lavement
Klitsche *v* (~; -n) gemeenz (armelijk) landgoed, dorp, kleine bezitting; gehucht, negorij, gat; rommelige winkel
klitschig klef, drassig
klitschnaß, nieuwe spelling: **klitschnass** kletsnat
klitzeklein piepklein
Klo *o* (-s; -s) (als afk. v. *Klosett*) wc
Kloake *v* (~; -n) cloaca; riool
klobig onbehouwen, plomp, lomp
klönen *zw* N-Duits kletsen
Klöpfel *m* (-s; ~) klopper; klosje; klepel
klopfen *zw* kloppen, slaan; *es klopft (an der Tür)* er wordt (aan de deur) geklopt; *Skat ~ kaartsp* skaat spelen; *auf den Busch ~* op struiken slaan om 't wild op te jagen; gemeenz 't terrein verkennen, poolshoogte nemen; *einen weich ~* iem. murw maken; *einem (eins) auf die Finger ~* iem. op de vingers tikken; *der Motor klopft* de motor klopt; *einen Nagel in die Wand ~* een spij-

Klopfer ker in de muur slaan

Klopfer m (-s; ~) klopper, deurklopper

Klöppel m (-s; ~) klos (bij kantklossen); klepel (v. kerkklok)

klöppeln zw kantklossen; op de grond tikken (met stok)

Klops m (-es; -e) balletje gehakt; *Königsberger ~e* gehaktbal met kappertjessaus

Klosett o (-s; -e & -s) wc

Kloß [kloos] m (-es; Klöße) klomp, kluit; balletje (v. vlees, deeg enz.); *einen ~ im Halse haben* een brok in de keel hebben

Kloster o (-s; Klöster) klooster

Klosterbruder m kloosterbroeder

klösterlich kloosterachtig, klooster-

Klosterschwester v kloosterzuster

Klotz m (-es; Klötze) klos, blok; stijve klaas; *einen ~ am Bein haben* een blok aan 't been hebben

klotzig grof, plomp, zwaar, bot; massief; gemeenz erg, veel, bar; *~e Preise* schandelijk hoge prijzen; *das hat ein ~es Geld gekostet* dat heeft een hoop geld gekost

Klub m (-s; -s) club; sociëteit

Klubsessel m clubfauteuil

1 Kluft v (~; Klüfte) vero kloof; scherpe tegenstelling; *die ~ zwischen Arm und Reich* de kloof tussen arm en rijk

2 Kluft v (~; -en) gemeenz kostuum; uniform; kloffie; *in feiner ~* fijn gekloft, keurig in de spullen

klug verstandig, schrander; knap ⟨op school⟩; *er ist nicht ~* hij is niet wijs; *du bist wohl nicht recht ~!* je bent niet goed wijs!; *aus etwas nicht ~ werden* uit iets niet wijs worden, er geen touw aan vast kunnen knopen; *durch Schaden wird man ~* door schade en schande wordt men wijs; *der Klügere (Klügste) sein* de wijste partij kiezen

Klügelei v (~; -en) vitterij, haarkloverij

klügeln zw vitten, haarkloven

Klugheit v schranderheid, verstandigheid

Klugredner m, slang **Klugscheißer** m, **Klugschnacker** m, **Klugschwätzer** m mooiprater; betweter

klumpen zw: *(sich) ~* klonteren

Klumpen m (-s; ~) klomp; hoop; klonter

Klumpfuß m horrelvoet

klumpig klonterig

Klüngel m (-s; ~) kliek, coterie; tros ⟨druiven, bessen⟩

Klunker m (-s; ~) & v, (~; -n) kwast ⟨v. uniform⟩; weeftouet; balletje; klompje; grote edelsteen, diamant

knabbern zw knabbelen, knagen; *nichts mehr zu ~ haben* niets meer te eten hebben; *an etwas lange zu ~ haben* heel veel zorg voor, veel moeite met iets hebben

Knabe m (-n; -n) vero jongen, knaap; gemeenz snuiter, kerel, vent; *alter ~!* ouwe lul!

Knabenalter o jongensleeftijd

knabenhaft jongensachtig; puëriel

knacken zw knakken, kraken ⟨v. noten &⟩; gekraak maken; slang kraken ⟨v. brandkast⟩; *eine harte Nuß ~* een grote moeilijkheid overwinnen; *einen Code ~* een code kraken; *Autos ~* auto's openbreken, stelen

Knacker m (-s; ~) duitendief, gierigaard; gemeenz knakworst; slang inbreker; kras op een grammofoonplaat; notenkraker; *ein alter ~* een oud baasje, ouwe knar

knackig gemeenz ⟨krakend⟩ vers, fris; attractief, sexy; voortreffelijk, uitstekend, vlot; *~es Gemüse* verse groenten; *~e Mädchen* sexy meisjes; *~ geschrieben* vlot geschreven

Knacks m (-es; -e) krak; knak, knauw, barst; *einen ~ bekommen* een knauw krijgen; *einen ~ haben* gek zijn

Knackwurst v knakworst

Knall m (-(e)s; -e) knal, slag, klap; *(auf) ~ und Fall* plotseling, op stel en sprong, op staande voet; *der hat einen ~* gemeenz die is niet wijs

knallen zw knallen; mil schieten; *über den Haufen ~* overhoop schieten; *einem eine ~* gemeenz iem. een oorveeg, slag geven; *es hat geknallt* gemeenz er is ruzie geweest; *jmdm. etwas vor die Füße ~* iem. iets voor de voeten gooien; *die Sonne knallt* de zon brandt; *die Farben knallen in die Augen* de kleuren zijn te schel, zijn oogverblindend

Knallfrosch m voetzoeker

knallig bar, kras, kolossaal; *~e Farben* felle kleuren; *ein ~er Film* een knalfilm, een reuzenfilm

knapp krap, nauw; schaars, karig, bekrompen; beknopt; *nicht zu ~* rijkelijk, flink; *es ist ein ~er Sieg* 't is op 't kantje gewonnen; *in einer ~en Stunde* in een klein uur; *in ~en Worten* beknopt, kort (gezegd); *mit ~er Not* ternauwernood, amper; *~ auskommen* nauwelijks rondkomen; *einen ~ halten* iemand kort houden; *~ 14 Jahre alt* nauwelijks 14 jaar oud; *~ bei Kasse sein* er krap bij zitten; *~ vor dem Examen* vlak voor 't examen; *Geld hat er und nicht zu ~!* geld heeft hij en niet zo zuinig ook, geen klein beetje!

Knappe m (-n; -n) schildknaap; mijnwerkersgezel; molenaarsknecht

Knappheit v schaarste, krapheid

Knappschaft v (~; -en) vakvereniging van mijnwerkers

knapsen zw beknibbelen, sparen

Knarre v (~; -n) ratel; mil spuit (= geweer); slang pistool

knarren zw kraken, knarsen; *eine ~de Stimme* een kraakstem

Knast m (-es; -e) knoest; kapje v. brood; slang gevangenisstraf; bajes, bak, lik; *~ schieben* in de bak zitten

Knastbruder m bajesklant

Knaster m (-s; ~) knaster, tabak; brompot; *alter ~* gemeenz ouwe vent

knastern zw brommen, mopperen; een pijpje roken

knattern zw knetteren

Knäuel m & o (-s; ~) kluwen

Knauf m (-(e)s; Knäufe) knop; kapiteel

Knauser m (-s; ~) gierigaard, vrek

knauserig gierig, krenterig

knausern zw krenterig, gierig zijn
knautschen zw I *overg & onoverg* kreukelen; II *onoverg* mopperen, drenzen; trainen
Knautschzone v auto kreukelzone
Knebel m (-s; ~) knevel, mondprop; dwarshoutje; langwerpige knoop
Knebelbart m knevel, snor
knebeln zw een prop in de mond steken; binden
Knecht m (-(e)s; -e) knecht; slaaf; (boeren-)knecht; ~ *Ruprecht* Zwarte Piet
knechten zw knechten, onderdrukken
Knechtschaft v (~) dienstbaarheid, slavernij
kneifen (kniff; gekniffen) knijpen, klemmen; *gemeenz* terugkrabbelen; ~ *vor* + 3 hem knijpen voor
Kneifer m (-s; ~) lorgnet, knijpbril; bangerd
Kneifzange v nijptang
Kneipe v (~; -n) kroeg, café, herberg; kroegavond, -jool
kneipen zw knijpen; in de kroeg zitten, drinken, fuiven
Kneiperei v (~; -en) drinkpartij, fuif
kneten zw kneden; masseren
Knick m (-(e)s; -e) knak, knik, bocht; ezelsoor, plooi; *einen ~ im Radar haben gemeenz* niet goed wijs zijn; *einen ~ in der Linse, in der Optik haben* scheel kijken
knicken zw vouwen, knikken, knakken; barsten; *geknickt sein* geknakt zijn; verdrietig zijn
Knickerei v (~; -en) krenterigheid
knickern zw gierig zijn, schrapen
Knicks m (-es; -e) neiging; lichte buiging (speciaal v. jong meisje)
knicksen zw nijgen (v. meisje)
Knie o (-s; ~) knie; kniebocht (in weg, buis); *ausgebeulte ~ haben* knieën in de broek hebben; *in die ~ gehen* door de knieën gaan, toegeven; *weich in den ~n werden* door de knieën gaan; *übers ~ legen* over de knie nemen, een pak slaag geven; *etwas übers ~ brechen* iets forceren
Kniebeuge v kniebuiging; *in die ~ gehen* hurken
Kniefall m knieval
kniefällig knielend, op de knieën
Kniekehle v knieholte
knien ['knien, 'knie-en] zw knielen; *sich in die Arbeit ~* hard aan het werk gaan
Kniescheibe v knieschijf
Kniestrumpf m kniekous
Kniff m (-(e)s; -e) kneep; deuk (in hoed); vouw; list, truc; *~e und Pfiffe* listen en streken; *den ~ raushaben* weten hoe iets werkt
kniffen zw vouwen
Knilch m (-s; -e) vervelende vent
knipsen zw knippen (v. kaartjes); kieken, fotograferen; wegschieten (v. propje enz.)
Knirps m (-es; -e) dreumes, peuter; klein ventje; opvouwbare paraplu
knirschen zw knarsen; kraken; *mit den Zähnen ~* knarsetanden
knistern zw knetteren; ritselen; *es knistert im Gebälk gemeenz* er komt een ongeluk, de voortekenen zijn slecht
Knittelvers m knuppelvers, knittelvers (= onregelmatig vers met gepaard rijm)
Knitter m (-s; ~) kreuk, verkeerde plooi
knitterfest, knitterfrei kreukvrij
knitterig verfrommeld, gekreukt, gerimpeld
knittern zw knetteren; kreuken
knobeln zw dobbelen; *an einem Problem ~* over een probleem piekeren
Knoblauch m plantk knoflook
Knöchel m (-s; ~) enkel; knokkel
Knochen m (-s; ~) been, bot; kluif(je), knook; kerel; *ein alter ~ gemeenz* een oud baasje; *alte ~ gemeenz* oud gestel; *ein harter ~* een moeilijk karwei; *bis auf (in) die ~* door en door, in merg en been; *das geht an die ~* dat maakt je kapot
Knochenbruch m beenbreuk, fractuur
knochendürr broodmager
Knochengerüst o geraamte, skelet
Knochenmark o beendermerg
knochentrocken kurkdroog
knöchern benen, van been; fig verkalkt, droog
knochig benig, knokig
Knödel m (-s; ~) Z-Duits, Oostr balletje v. meel of vlees; *einen ~ im Hals haben* een brok in de keel hebben
Knolle v (~; -n), **Knollen** m (-s; ~) knol; knobbel; schertsend dikke neus
Knollensellerie v plantk knolselderij
knollig knolvormig; vol knobbels, plomp
Knopf m (-(e)s; Knöpfe) knoop, knop, kop; klein dik kereltje; *ein wunderlicher ~* een rare klant; *Knöpfe auf den Augen (in den Ohren) haben* iets niet willen zien (horen)
knöpfen zw knopen (met knoopsgaten)
knorke gemeenz fijn, chic
Knorpel m (-s; ~) kraakbeen
knorrig knoestig, knoestachtig
Knospe v (~; -n) knop (aan plant)
knospen zw ontluiken, in knop schieten, uitbotten
Knoten m (-s; ~) knoop (in touw, das, zakdoek); knobbel (ook med); knoest; wrong; moeilijkheid; dot; intrige; *da sitzt der ~* daar zit hem de knoop; *sechs ~ scheepv* zes knopen; *einen ~ ins Taschentuch machen* een knoop in z'n zakdoek leggen
Knotenpunkt m knooppunt
knotig knoestig; onbehouwen, lomp
knuddeln zw gemeenz knuffelen
knuffen zw stompen, stoten, knijpen
knüllen zw frommelen, knoeien, verkreukelen
Knüller m attractie, succesnummer, sensatie
knüpfen zw knopen, aanknopen; *sich ~* aangeknoopt worden, verbonden worden
Knüppel m (-s; ~) knuppel; rondhout; lang broodje; luchtv stuurknuppel; auto versnellingspook; *der ~ liegt beim Hunde* de gevolgen zijn duidelijk; *jmdm. einen ~ zwischen die Beine werfen* iem. een spaak in het wiel steken, iem. in de wielen rijden
knüppeldick bar, heel erg; dronken; *es ~ haben gemeenz* er grondig genoeg van

hebben; *es* ~ *hinter den Ohren haben* gemeenz ze lelijk achter de mouw hebben; *es kommt* ~ het komt onverwacht
Knüppelschaltung *v* auto vloerschakeling
knurren *zw* knorren, brommen; *der Magen knurrt* de maag rammelt
knurrig knorrig, brommerig
knusp(e)rig bros, knappend, knapperig, krokant; ~ *aussehen* er appetijtelijk uitzien
knuspern *zw* knabbelen
Knute *v* (~; -n) knoet; fig tirannie
knutschen *zw* zoenen
koal(is)ieren *zw* een coalitie aangaan
Koalition *v* (~; -en) coalitie
Koch *m* (-(e)s; Köche) kok
Kochbuch *o* kookboek
kochen *zw* koken; *es kocht in ihm, er kocht vor Wut* hij kookt van woede; *auf Sparflamme* ~ uiterst gereserveerd zijn; *es wird da auch mit Wasser gekocht* men kan daar ook geen wonderen doen
Kocher *m* (-s; ~) kooktoestel; (melk)koker
Köcher *m* (-s; ~) pijlkoker
Kochgeschirr *o* kookgerei; mil eetketel, gamel
Kochherd *m* (keuken)fornuis, kookkachel
Köchin *v* (~; -nen) keukenmeid, kookster, kokkin
Kochsalz *o* keukenzout
Kochtopf *m* kookpot, -pan
Kode *m* (-s; -s) code
Köder *m* (-s; ~) aas, lokaas, -middel, -spijs
ködern *zw* aanlokken; fig voor iets winnen
Koexistenz *v* coëxistentie
Koffein [-'ien] *o* (-s) cafeïne
koffeinfrei cafeïnevrij
koffeinhaltig cafeïne bevattend
Koffer *m* (-s; ~) koffer; *aus dem* ~ *leben* veel onderweg zijn
Kofferradio *o* draagbare radio
Kofferraum *m* auto bagage-, kofferruimte
Kognak ['konjak] *m* (-s; -s) cognac; cognacje
1 Kohl *m* (-s) plantk kool (groente); Oostr (ook) savooiekool; slang onzin, leugen, gezeur; *aufgewärmter* ~ *weiße* ~ waterkracht; *wie auf glühenden* ~*n sitzen* op hete kolen zitten oude koek; *seinen* ~ *anbauen* teruggetrokken leven; *das macht den* ~ *nicht fett* dat zet geen zoden aan de dijk; *mach keinen* ~! geen onzin!
2 Kohl *m* (-(e)s) onzin, geklets
Kohldampf *m* gemeenz honger
Kohle *v* (~; -n) kool, steenkool; kooltje vuur; gemeenz geld;
kohlen *zw* tot kolen branden; met kool tekenen; scheepv kolen innemen; gemeenz kletsen, kool verkopen
Kohlenbecken *o* kolenbekken; vero komfoor, kolenpan
Kohlenbergwerk *o* kolenmijn
Kohleneimer *m* kolenkit
Kohlenförderung *v* steenkolenproductie
Kohlengrube *v* kolenmijn
Kohlenhalde *v* kolenstapel ⟨bij mijn⟩
Kohlensäure *v* koolzuur
Kohlenstoff *m* koolstof

Kohlepapier *o* carbonpapier
Köhler *m* (-s; ~) kolenbrander; visk koolvis
Kohlezeichnung *v* houtskooltekening
Kohlkopf *m* plantk krop kool, kool
Kohlmeise *v* vogelk koolmees
kohlrabenschwarz pikzwart
Kohlrabi [-'ra-] *m* (~) plantk koolrabi; koolraap boven de grond
kohlschwarz pikzwart
Kohlweißling *m* koolwitje ⟨vlinder⟩
Koje *v* (~; -n) scheepv kooi, slaapplaats; stand ⟨op tentoonstelling⟩; pashokje; *sich in die* ~ *legen* gemeenz naar zijn nest gaan
Kokain [ko-ka-'ien] *o* cocaïne
kokeln *zw* met vuur spelen
Kokerei *v* (~; -en) cokesoven; cokeswinning
kokett koket, behaagziek
kokettieren *zw* koketteren
Kokon [ko-'kõ, Oostr -'koon] *m* (-s) (-s) cocon
Koks [kooks] *m* cokes; gemeenz geld; bolhoed; onzin; slang cocaïne
Kolben *m* (-s; ~) kolf; zuiger ⟨v. machine⟩; distilleerkolf; gemeenz dikke neus
Kolbenhub *m*, **Kolbenschlag** *m*, **Kolbenschub** *m* zuigerslag
Kolibri ['ko-] *m* (-s; -s) vogelk kolibrie
Kolik ['ko-, -'liek] *v* (~; -en) koliek
Kolkrabe *m* vogelk raaf
Kollaborateur *m*, (-s; -e) collaborateur
Kollaps *m* (-es; -e) collaps
Kolleg *o* (-s; -s) univ college; = *Kollegium*
Kollege *m* (-n; -n) collega, confrère
kollegial(isch) collegiaal
Kollegin *v* (~; -nen) vrouwelijke collega
Kollegium *o* (-s; -ien) college, collegium; de gezamenlijke docenten
Kollekte *v* (~; -n) collecte
Kollektion *v* (~; -en) collectie, verzameling
kollektiv collectief, gemeenschappelijk
Kollektiv *o* (-s; -e) verzamelnaam; collectief; ⟨in de voormalige DDR⟩ werk-, productiegroep
1 Koller *m* (-s) kolder ⟨= bep. paardenziekte⟩; aanval van razernij
2 Koller *o* (-s; ~) schouderstuk; wambuis
kollerig razend; prikkelbaar
kollidieren *zw* botsen; *mit dem Gesetz* ~ in strijd komen met de wet
Kollision *v* (~; -en) botsing
Kollo *o* (-s; -s & Kolli) handel stuk vrachtgoed
Köln *o* (-s) Keulen
Kolonie [-'nie] *v* (~; -n) kolonie; tuindorp
Kolonne *v* (~; -en) colonne; groep arbeiders; kolom ⟨in boek, tijdschrift⟩; file; *fünfte* ~ vijfde colonne; ~ *fahren* (in een) file rijden; *in geschlossener* ~ in gesloten colonne
Koloß, nieuwe spelling: **Koloss** *m* (-losses; -losse) kolos(sus)
kolossal, **kolossalisch** kolossaal
Kolumne *v* (~; -n) column
Kombi *m* (-s; -s) auto stationcar
Kombination *v* (~; -en) combinatie, verbinding
kombinieren *zw* combineren, verbinden
Kombüse *v* (~; -n) scheepv kombuis

Komet *m* (-en; -en) komeet, staartster
Komfort [kom-'foor] *m* comfort, gemak
Komik ['ko-] *v* (~) komische kracht; het komische
Komiker ['ko-] *m* (-s; ~) komiek
komisch komiek, komisch, gek, eigenaardig
Komitee *o* (-s; -s) comité
Komma *o* (-s; -ta) komma; rekenk decimaalteken
Kommandant *m* (-en; -en) mil commandant
Kommandantur *v* (~; -en) mil bureau van de stadscommandant
Kommandeur *m* (-s; -e) commandeur; commandant ⟨v. bataljon en hoger⟩
kommandieren *zw* commanderen, bevelen, aanvoeren; detacheren
Kommanditgesellschaft [-'diet-] *v* handel commanditaire vennootschap
Kommanditist *m* (-en; -en) Zwits handel commanditair, stille vennoot
Kommando *o* (-s; -s) commando, bevel; commando, afdeling
Kommandobrücke *v* scheepv commandobrug
kommen (kam; gekommen) komen; gebeuren, voorkomen, verschijnen; kosten; klaarkomen; *wer zuerst kommt, mahlt zuerst* wie 't eerst komt, 't eerst maalt; *einem ~* iem. met een pak slaag bedreigen; *einem anders ~* iem. anders aanpakken; *es kommt noch besser* 't wordt nog gekker; *einem frech ~* een brutale mond tegen iem. opzetten; *zu kurz ~* tekortkomen; *du kommst mir gerade recht* je komt wel op 't juiste moment ⟨meestal iron⟩; *das kommt ihm teuer zu stehen* dat komt hem duur te staan; *wie kommt er nur darauf?* hoe komt hij erop, hoe komt dat in zijn hoofd (brein) op?; *nichts auf einen ~ lassen* geen kwaad van iem. willen horen; *darauf läßt er nichts ~* daar wil hij geen kwaad van horen; *hinter etwas ~* achter iets komen, iets ontdekken; *in die dreißig ~* tegen de dertig lopen; *um sein Geld ~* zijn geld verliezen; *wie kommt er dazu?* hoe komt hij erbij?; *zu nichts ~* tot niets komen; *zu sich ~* bijkomen; *wie komme ich dazu?* ⟨ook⟩ waarom moet ik dat doen?; *das kommt auf 500 Mark* dat kost 500 Mark
Kommentar *m* (-s; -e) commentaar, uitleg
kommentieren [-'tie-] *zw* commentaar, uitleg geven bij, commentariëren
kommerziell [-tsi'el] commercieel
Kommilitone [-'to-] *m* (-n; -n) stud kameraad, medestudent
Kommiß, nieuwe spelling: **Kommiss** *m* (~) mil dienst; *beim ~* onder dienst
Kommissar *m* (-s; -e) commissaris; gecommitteerde
Kommission *v* (~; -en) commissie ⟨ook handel⟩; opdracht; boodschap; *in ~ geben* handel in commissie geven
Kommissionär *m* (-s; -e) commissionair
Kommissionsgebühr *v* handel commissieloon
Kommode *v* commode

kommunal communaal, gemeentelijk
Kommunalabgabe *v*, **Kommunalsteuer** *v* gemeentebelasting
Kommunalwahlen *mv* gemeenteraadsverkiezingen
Kommune *v* (~; -n) commune; gemeenschap; Commune ⟨van Parijs, 1871⟩
Kommunikation *v* (~; -en) gemeenschap, communicatie, mededeling, kennisgeving
Kommunion *v* (~; -en) RK communie
Kommunismus *m* (~) communisme
kommunizieren *zw* ⟨ook RK⟩ communiceren
Komödiant *m* (-en; -en) komediant, toneelspeler
Komödie [ko-'meu-di-e] *v* (~; -n) blijspel, komedie; *~ spielen* komediespelen ⟨ook fig⟩
Kompagnon *m* compagnon
kompakt compact, dicht ineengedrongen
Kompanie [-'nie] *v* (~; -n) mil compagnie
Komparativ *m* (-s; -e) gramm comparatief, vergrotende trap
Komparse *m* (-n; -n) theat, film figurant
Kompaß, nieuwe spelling: **Kompass** [-'kom-] *m* (-passes; -passe) kompas
kompatibel compatibel, verenigbaar
Kompendium *o* (-s; -dien) handboek, compendium
Kompensation *v* (~; -en) compensatie, vergoeding, vereffening
kompensieren *zw* compenseren
kompetent competent, bevoegd
Kompetenz *v* (~; -en) competentie, bevoegdheid
Komplementär *m* (-s; -e) handel beherend vennoot
Komplementärfarbe *v* complementaire kleur
Komplet [-'plè] *o* (~ & -s; -s) complet ⟨= kostuum met mantel⟩
komplett compleet; Oostr ⟨ook⟩ vol; *~ verrückt* gemeenz totaal gek
komplettieren *zw* completeren, aanvullen
Komplex *m* (-es; -e) complex ⟨ook psychisch⟩; samenhangend geheel
Kompliment *o* (-(e)s; -e) compliment; *nach ~en fischen* naar complimentjes vissen
Komplott *o* (-s; -e) complot
komponieren *zw* componeren
Komponist *m* (-en; -en) muz componist
Kompost *m* (-s; -e) compost
Kompott *o* (-s; -e) compote
Kompresse *v* (~; -n) kompres
Kompression *v* (~; -en) compressie, samenpersing
komprimieren *zw* comprimeren, samenpersen
Kompromiß, nieuwe spelling: **Kompromiss** *m* & *o* (-misses; -misse) compromis, minnelijke schikking
kompromißbereit, nieuwe spelling: **kompromissbereit** bereid tot een compromis
kompromittieren *zw* compromitteren, aan de kaak stellen
Komtur [kom-'toer] *m* (-s; -e) commandeur van een orde
kondensieren *zw* condenseren

Kondensmilch v gecondenseerde melk
Kondition v (~; -en) voorwaarde, conditie; sp conditie
Konditionalsatz m voorwaardelijke bijzin
Konditor [-'die-] m (-s; -en) banketbakker
Kondolenz v (~; -en) condoleantie, rouwbeklag
kondolieren (+ 3) zw condoleren
Konfekt o (-s; -e) suikergoed, lekkers
Konfektion v confectie; confectiekleding
Konferenz v (~; -en) conferentie; leraarsvergadering
konferieren zw confereren, beraadslagen
Konfession v (~; -en) confessie, belijdenis, geloofsbelijdenis
konfessionell confessioneel
Konfessionsschule v confessionele school
Konfirmand [-'mant] m (-en; -en) prot aannemeling; catechisant
Konfirmandenunterricht m prot catechisatie
Konfirmandin v (~; -nen) prot catechisante
Konfirmation v (~; -en) prot aanneming, bevestiging, confirmatie
konfirmieren zw prot aannemen, bevestigen
Konfiskation v (~; -en) confiscatie, verbeurdverklaring
konfiszieren zw confisqueren, verbeurd verklaren
Konflikt m (-s; -e) conflict, botsing; in ~ geraten mit in conflict komen met
Konföderation o (~; -en) confederatie, bond
konform conform; ~ mit overeenstemmend met; ~ gehen mit akkoord gaan met
Konfrontation v (~; -en) confrontatie
konfrontieren (+ 3 of + mit) zw confronteren (met)
konfus verward; confuus
Konfusion v (~; -en) confusie, verwarring
Kongreß, nieuwe spelling: **Kongress** m (-gresses; -gresse) congres
Kongruenz ['ents] v (~; -en) congruentie ⟨ook wisk⟩; overeenstemming
kongruieren zw.: ~ mit overeenstemmen met; wisk congruent zijn met
Konifere v plantk conifeer
König m (-s; -e) koning; kaartsp heer
Königin v (~; -nen) koningin; kaartsp vrouw; dame ⟨bij schaakspel⟩
Königinmutter v koningin-moeder
königlich koninklijk; kostelijk
Königreich o koninkrijk
Königsadler m koningsadelaar
Königssitz m residentie
königstreu trouw aan de koning, koningsgezind
Königtum o (-s) koningschap
Konjugation v (~; -en) gramm conjugatie, vervoeging
konjugieren zw gramm vervoegen
Konjunktion v (~; -en) gramm voegwoord, conjunctie; astron conjunctie, stand van planeten
Konjunktiv m (-s; -e) gramm aanvoegende wijs, conjunctief

Konjunktur v (~; -en) handel conjunctuur
konkav concaaf, holrond
konkret [-'kreet] concreet
Konkubinat o (-s) concubinaat
Konkurrent m (-en; -en) concurrent
Konkurrenz v (~; -en) concurrentie; concurrenten, concurrerende bedrijven of landen; concours, wedstrijd; einem ~ machen met iem. concurreren
konkurrenzfähig in staat tot concurreren
Konkurrenzkampf m concurrentiestrijd
konkurrieren zw concurreren, wedijveren, mededingen
Konkurs m (-es; -e) faillissement, bankroet; in ~ geraten, ~ machen failliet gaan
Konkursmasse v failliete boedel
Konkursverfahren o faillissementsprocedure
Konkursverwalter m curator ⟨in faillissement⟩
können onr kunnen; er kann mehrere Sprachen hij kent verscheidene talen; auswendig ~ van buiten kennen; etwas wie am Schnürchen ~ iets op zijn duimpje kennen; du kannst mir was gemeenz ik heb er genoeg van; ich kann nichts dafür ik kan er niets aan doen; mit einem (gut) ~ met iem. kunnen opschieten; mir kann keiner ik ben bang voor niemand, laat ze maar opkomen; gemeenz ik weet 't beter; das Buch ist sehr gekonnt het boek verraadt een zeer goede techniek, is zeer goed geschreven; Deutsch, Englisch ~ Duits, Engels kennen
Können o (-s) kunnen, bekwaamheid; sein ganzes ~ zeigen tonen, wat men kan
Könner m (-s; ~) bekwaam man, iemand, die wat kan
Konnex m (-es; -e) connectie, verbinding, samenhang
Konnexion v (~; -en) (invloedrijke) connectie
Konsekration v (-en) consecratie
Konsens [-'sens] m (-es; -e) consent, vergunning; toestemming ⟨voor huwelijk⟩
Konsequenz v (~; -en) consequentie
Konservenbüchse v, **Konservendose** v conservenblikje, blikje
konservieren zw conserveren
Konsignation v (~; -en) handel consignatie
konsignieren zw consigneren
Konsonant m (-en; -en) consonant, medeklinker
konstatieren zw constateren
Konstellation v constellatie
konsterniert verbouwereerd, uit 't veld geslagen
Konstitution v (~; -en) constitutie, grondwet; constitutie ⟨= lichaamsgesteldheid⟩
konstruieren zw construeren
Konstrukteur m (-s; -e) constructeur
Konstruktion v (~; -en) constructie
Konsul m (-s; -n) consul
Konsulat o (-s; -e) consulaat
Konsultation v (~; -en) consultatie, raadpleging; med consult
konsultieren zw consulteren, raadplegen

Konsum [-'zoem] *m* (-s) consumptie, verbruik; gemeenz verbruiksvereniging, -coöperatie
Konsument *m* (-en; -en) consument, verbruiker, afnemer
konsumieren *zw* consumeren, verbruiken
Kontakt *m* (-s; -e) contact, aanraking; ~ *mit, zu* contact met
kontaktfreudig op contact met anderen gesteld, gemakkelijk aanspreekbaar
Kontaktlinse *v* contactlens
Konteradmiral *m* scheepv schout-bij-nacht
Konterbande *v* (~) contrabande
Konterfei *o* (-(e)s; -e) konterfeitsel
kontern *zw* opponeren, ertegen inbrengen, repliceren, in de oppositie zijn; tegenmaatregelen nemen; weerleggen; een tegenstoot, -aanval doen; sp counteren
Konterrevolution *v* contrarevolutie
Kontext *m* (-(e)s; -e) context, samenhang; inhoud
Kontinent *m* (-s; -e) continent, vasteland
kontingentieren *zw* contingenteren, bepaalde hoeveelheden vaststellen
kontinuierlich continu, voortdurend
Konto *o* (-s; -ten) handel conto, rekening; *das geht auf sein* ~ fig het komt op zijn rekening, 't is voor zijn verantwoordelijkheid; *etwas auf dem* ~ *haben* iets op zijn geweten hebben
Kontoauszug *m* dagafschrift
Kontoinhaber *m* handel rekeninghouder
Kontorist *m* (-en; -en) kantoorbediende
Kontrabaß, nieuwe spelling: **Kontrabass** *m* muz contrabas
Kontrahent *m* (-en; -en) contractant; tegenpartij, -stander
kontrahieren *zw* contracteren
Kontrakt *m* (-(e)s; -e) contract
konträr tegengesteld
Kontrast *m* (-(e)s; -e) contrast
kontrastieren *zw* contrasteren
Kontrolle *v* (~; -n) controle, toezicht
kontrollieren *zw* controleren
Kontur [kon-'toer] *v* (~; -en) contour, omtrek, omlijning
Konvention *v* (~; -en) conventie, overeenkomst, gebruik; *die Berner (Genfer)* ~ de conventie van Bern (Genève)
konventionell conventioneel, gebruikelijk, overeengekomen
Konversation *v* (~; -en) conversatie; ~ *machen* converseren
Konversationslexikon *o* encyclopedie
konversieren *zw* converseren
Konversion *v* (~; -en) overgang tot een ander geloof; bekering; handel conversie ⟨v. lening⟩
konvertieren *zw* tot een ander geloof overgaan, zich bekeren; handel converteren
Konvertit [-'tiet] *m* (-en; -en) bekeerling, convertiet
Konvoi, Konvoy *m* (-s; -s) scheepv konvooi
Konzentrationsfähigkeit *v* concentratievermogen
Konzentrationslager *o* concentratiekamp

konzentrieren *zw* concentreren
konzentrisch concentrisch
Konzept *o* (-(e)s; -e) ontwerp, schets, concept; *aus dem* ~ *bringen* van zijn stuk, in de war brengen; *aus dem* ~ *geraten, kommen* van de wijs, in de war raken
Konzeption *v* (~; -en) bevruchting; conceptie ⟨ook scheppende gedachte⟩
Konzeptpapier *o* kladpapier
Konzern [-'tsern] *m* (-(e)s; -e) handel concern, belangengroep
Konzert *o* (-(e)s; -e) concert
konzertieren *zw* muz concerteren, een concert geven; op elkaar afstemmen, samenwerken; *konzertiert* pol op elkaar afgestemd
Konzession *v* (~; -en) concessie; vergunning ⟨voor vervoer enz.⟩
Konzil *o* (-s; -e & Konzilien) concilie
konzipieren *zw* concipiëren, opstellen; ontvangen
Kooperation [ko-o-] *v* (~; -en) samenwerking, coöperatie
kooperieren *zw* coöpereren, samenwerken
Koordination [ko-or-] *v* (~; -en) coördinatie; gramm nevenschikking
Kopf *m* (-(e)s; Köpfe) hoofd, kop, titel, opschrift; leider, aanvoerder; begin, beginstuk, eerste deel; kop, bovenstuk ⟨v. naald of lucifer⟩; kropsla, kool; *je* ~ per hoofd; ~ *oder Zahl* kruis of munt; ~ *hoch!* kop op!, houd moed!, 't hoofd omhoog!; *ein heller, kluger* ~ een pientere kop; *ich weiß nicht, wo mir der* ~ *steht* mijn hoofd loopt om; *etwas im* ~ *haben* een goed verstand hebben; *einen dicken* ~ *haben* stijfhoofdig, koppig zijn; zorgen hebben; *einen klaren* ~ *haben* helder inzicht hebben; *einen schweren* ~ *haben* een kater, zorgen hebben; *mir brummt der* ~ ik heb een zwaar hoofd; ~ *und Kragen riskieren* alles op het spel zetten; *nicht wissen, wo einem der* ~ *steht* niet weten hoe je het hebt; *den* ~ *hinhalten müssen* de verantwoordelijkheid dragen; *den* ~ *über Wasser halten* 't hoofd boven water houden ⟨ook fig⟩; *jmdm. etwas an den* ~ *werfen* iem. iets naar het hoofd slingeren; *sich an den* ~ *fassen* zich naar het hoofd grijpen; *nicht auf den* ~ *gefallen sein* niet van gisteren zijn; *etwas auf den* ~ *stellen* iets op zijn kop zetten; *wenn du dich auch auf den* ~ *stellst* al ga je op je kop staan; *jmdm. auf dem* ~ *herum tanzen* iem. voor de gek houden; *das Haus auf den* ~ *stellen* 't hele huis in opschudding brengen; *aus dem* ~ uit het hoofd; *sich etwas aus dem* ~ *schlagen* zich iets uit 't hoofd zetten; *sich etwas durch den* ~ *gehen lassen* over iets nadenken; *mit dem* ~ *durch die Wand wollen* met alle geweld zijn zin doordrijven; *sich etwas in den* ~ *setzen* zich iets in zijn hoofd halen, koppig vasthouden aan iets; *von* ~ *bis Fuß* van top tot teen; *jmdm. vor den* ~ *stoßen* iem. voor het hoofd stoten; *der Erfolg steigt ihm zu* ~ het succes stijgt hem naar het hoofd; *jmdm. den* ~ *verdrehen* iem. het hoofd op hol jagen; *sich den*

Kopfarbeiter

~ *zerbrechen* zich suf piekeren
Kopfarbeiter *m* hoofdarbeider
Kopfbedeckung *v* hoofddeksel
Köpfchen *o* hoofdje, kopje; *mit* ~ met verstand; ~ *haben* een goed verstand hebben; ~ *muß man haben!* je moet slim zijn!
köpfen *zw* onthoofden; toppen, knotten; koppen ⟨bij voetbal⟩; *ein Ei* ~ het kapje van een ei afslaan
Kopfende [-en-de] *o* hoofdeind
Kopfgeld *o* recht beloning, premie ⟨voor 't vinden v.e. gezocht persoon⟩; zeker bedrag uitgekeerd per persoon
Kopfhörer *m* koptelefoon
Kopfjäger *m* koppensneller
Kopfkissen *o* hoofdkussen
kopflos zonder hoofd; onbezonnen, onbesuisd; verward, overstuur; *einen* ~ *machen* iem. het hoofd doen verliezen, overstuur maken
Kopfnicken *o* hoofdknik, knikje
Kopfrechnen *o* het uit 't hoofd rekenen
Kopfsalat *m* plantk kropsla
kopfscheu schichtig, kopschuw ⟨ook fig⟩
Kopfschmerz *m* (meestal *mv*: -en) hoofdpijn; *sich keine* ~*en machen* zich geen zorgen maken, zich 't hoofd niet breken
Kopfschmuck *m* hoofdsieraad
Kopfschuß, nieuwe spelling: **Kopfschuss** *m* schot door (in) het hoofd
Kopfschütteln *o* hoofdschudden
Kopfschutz *m* hoofdbescherming
Kopfsprung *m* duiksprong
kopfstehen, nieuwe spelling: **Kopf stehen** *onr* op zijn hoofd (de kop) staan; fig totaal in de war zijn; *das ganze Haus steht kopf* het hele huis is in rep en roer
Kopfsteinpflaster *o* kinderhoofdjes, kasseien
Kopfstimme *v* kopstem
Kopfstoß *m* kopstoot; kopbal ⟨bij voetbal⟩
Kopfstütze *v* hoofdsteun
Kopftuch *o* hoofddoek
kopfüber voorover; fig hals over kop
Kopfweh *o* hoofdpijn
Kopfweide *v* plantk knotwilg
Kopfzerbrechen(s) *o* hoofdbreken; *sich viel* ~ *machen* veel kopzorg hebben
Kopie [ko-'pie, Oostr 'kopi-e] *v* (~; -n) kopie, afschrift; fotogr afdruk
kopieren *zw* kopiëren; nadoen; *Bilder* ~ foto's afdrukken
Kopierer *m* (-s; ~), **Kopiergerät** *o* kopieerapparaat
1 Koppel *v* (Oostr *o*) (~; -n) koppel, omheind veld; troep ⟨paarden, honden⟩
2 Koppel *o* (-s; ~) (sabel)koppel
koppeln *zw* koppelen
Kopplung *v* (~; -en) koppeling, het gekoppeld zijn
Koralle *v* (~; -n) koraal
Koralleninsel *v* koraaleiland
Korb *m* (-(e)s; Körbe) mand, ben, korf; afwijzing, bedankje; riet, teen ⟨stof⟩; liftkooi; groep, categorie; *einen* ~ *bekommen* (*erhalten*) een blauwtje lopen, afgewezen worden; *einem einen* ~ *geben* iemand afwijzen

Korbball *m* sp korfbal
Korbflasche *v* mandfles
Kordel *v* (~; -n) touwtje, koord
Korinthe *v* (~; -n) krent
Kork *m* (-(e)s; -e) kurk; dobber
korken *bn* kurken, van kurk
Korkenzieher *m* kurkentrekker
Kormoran [-'raan] *m* (-s; -e) vogelk aalscholver
1 Korn *o* (-(e)s; Körner) korrel; koren, graan; Oostr rogge; korenbrandewijn; korrel, vizier ⟨v. geweer, *mv*: -e⟩; ⟨v. munt⟩ fijnheid, gehalte; (gekorrelde) oppervlakte van materiaal; fotogr korrel; structuur van gesteente; *etwas, jmdn. aufs* ~ *nehmen* iets, iem. op de korrel nemen
2 Korn *m* graanbrandewijn
Kornähre *v* korenaar
Kornblume *v* plantk korenbloem
Körnchen *o* (-s; ~) korreltje, greintje; *ein* ~ *Salz* een korreltje zout; *kein* ~ *Wahrheit* geen ziertje waarheid
körnen *zw* korrelen; korrels zetten; ruw maken; jacht lokken
Kornett *o* (-s; -e) muz cornet-à-pistons, posthoorn
körnig korrelig; gekorreld
Kornkammer *v* graanschuur ⟨ook fig⟩
Kornspeicher *m* korenzolder
Körper *m* (-s; ~) lichaam ⟨ook wisk⟩; voorwerp; ~ *haben* vol zijn ⟨v. wijn⟩
Körperbau *m* lichaamsbouw
körperbehindert gehandicapt, invalide
Körperfülle *v* gezetheid
Körperhaltung *v* lichaamshouding
körperlich lichamelijk, stoffelijk; *jmdm.* ~ *unterlegen sein* lichamelijk de mindere van iem. zijn; ~*e Liebe* seksuele gemeenschap; *ein* ~*er Eid* een persoonlijke eed
Körperpflege *v* lichaamsverzorging
Körperschaft *v* corporatie, genootschap; rechtspersoonlijkheid bezittend lichaam; *beratende* ~*en* adviserende lichamen; ~ *des öffentlichen Rechts* publiekrechtelijk lichaam
Körperschaftssteuer *v* belasting op 'Körperschaften', o.a. vennootschapsbelasting
Körperstrafe *v* lijfstraf
Körperverletzung *v* 't toebrengen van lichamelijk letsel
1 Korps [koor] *o* (~; ~) stud corps; mil korps; *diplomatisches* ~ corps diplomatique
2 Korps *v* typ korps
Korpulenz *v* corpulentie
korrekt correct, nauwkeurig, juist
Korrektur [-'toer] *v* (~; -en) verbetering, correctie; drukproef
Korrespondent *m* (-en; -en) correspondent
Korrespondenz *v* (~; -en) correspondentie, briefwisseling; relatie, betrekking
korrespondieren *zw* corresponderen
Korridor *m* (-s; -e) corridor, doorgang; gang
korrigieren *zw* corrigeren, verbeteren
korrumpieren *zw* corrumperen, bederven; omkopen
korrupt corrupt, bedorven
Korruption *v* (~) corruptie, omkoopbaarheid

Korsar [-'zaar] *m* ⟨-en; -en⟩ scheepv zeerover
Korsett o ⟨-(e)s; -e & -s⟩ korset
Korvette *v* ⟨~; -n⟩ scheepv korvet
Korvettenkapitän *m* scheepv luitenant-ter-zee 1ste klasse
Kosak *m* ⟨-en; -en⟩ kozak
koscher koosjer, zuiver; *nicht ~* gemeenz niet pluis
kosen *zw* minnekozen; vrijen; keuvelen
Kosename *m* koosnaam(pje)
Kosmetik *v* cosmetiek ⟨= schoonheidsverzorging⟩
Kosmetikerin *v* ⟨~; -nen⟩ schoonheidsspecialiste
Kosmetiktasche *v* toilettas
Kost *v* ⟨~⟩ kost, onderhoud, voedsel; *fade ~* flauwe kost; *geistige ~* geestelijk voedsel; *schmale ~* schrale kost; *~ und Logis (Quartier)* kost en inwoning; *in ~ nehmen, sein* in de kost nemen, zijn
kostbar kostbaar; kostelijk
Kostbarkeit *v* kostbaarheid
kosten *zw* kosten; proeven; *es koste, was es wolle* het koste, wat het kost; *es kostet ihn (ihm) den Hals (Kopf und Kragen)* 't kost hem 't leven; *es wird ihm nicht gleich den Hals (Kopf) ~* fig 't zal hem niet de kop kosten, zo erg zal 't voor hem niet worden; *das kostet eine Stange Geld* dat kost een aardige duit, een hoop geld; *das kostet nicht die Welt* dat is niet zo duur; *er hat sich das Fest etwas ~ lassen* hij heeft voor 't feest wat overgehad; *von der Torte ~* van de taart proeven
Kosten *mv* onkosten, kosten; *auf ~ anderer* ten koste van anderen; *es geht auf meine ~* het is voor mijn rekening, op mijn kosten; *auf seine ~ kommen* krijgen wat men wil; verdienen aan; waar voor zijn geld krijgen; zich goed amuseren
Kostenanschlag *m* handel = *Kostenvoranschlag* kostenraming, begroting
Kostenaufwand *m* (on)kosten, uitgaven
Kosteneinsparung *v,* **Kostendämpfung** *v* kostenbesparing
kostenfrei kosteloos, zonder kosten, gratis; franco
kostenlos kosteloos
kostenpflichtig tegen betaling; *~ verurteilen* in de kosten veroordelen
Kostenüberschlag *m* ruwe schatting, eerste schatting v.d. kosten
Kostenvoranschlag *m* kostenraming
Kostgeld *o* kostgeld
köstlich kostelijk
Kostprobe *v* proefje, voorproefje, hapje
kostspielig duur, kostbaar
Kostüm *o* ⟨-s; -e⟩ kostuum; mantelpakje
Kot *m* ⟨-(e)s⟩ slijk, modder; uitwerpselen, poep
Kotau *m*: *vor einem seinen ~ machen* eerbiedig voor iem. buigen; voor iem. kruipen
Kotelett *o* ⟨-s; -e & -s⟩ kotelet, karbonade
Koteletten *mv* bakkebaarden
Köter *m* ⟨-s; ~⟩ rothond, mormel
Kotflügel *m* spatscherm, -bord
kotig vuil, morsig, slijkerig
1 Kotze *v* ⟨~; -n⟩ Z-Duits, Oostr grove wollen mantel, wollen overgooier
2 Kotze *v* gemeenz braaksel; *die ~ kriegen van iets* kotsen
kotzen *zw* kotsen, braken; *große Töne ~* gemeenz opscheppen, pralen; *~ wie ein Reiher* vreselijk braken; *das ist zum K~* gemeenz dat is walgelijk, om te kotsen
Krabbe *v* ⟨~; -n⟩ dierk krab; garnaal; gemeenz rakker, kleine aap; *eine hübsche kleine ~* gemeenz een aardig meisje; *eine muntere ~* gemeenz een vrolijk, levendig meisje
krabbeln *zw* krabben, krauwen; voortkruipen; kietelen; jeuken
Krach *m* ⟨-s; -e⟩ gekraak, krak; spektakel, keet, herrie; krach, bankroet; *~ haben* ruzie hebben; *~ machen, schlagen* herrie schoppen, spektakel maken
krachen *zw* kraken, gekraak maken; smakken, knallen; *in allen Fugen ~* in alle voegen kraken; *sich ~* ruzie hebben
Krachlederne *v* ⟨~; -n⟩ Beiers korte leren broek
Krachmacher *m* herrieschopper
krächzen *zw* krassen ⟨v. raaf⟩; krijsen, knarsen ⟨v. deur⟩; knallen ⟨v. schot⟩
Krad *o* ⟨-s; Kräder⟩ ⟨als afk. v. *Kraftrad*⟩ motorfiets ⟨vooral mil⟩
Kraft *v* ⟨~; Kräfte⟩ kracht, sterkte; potentieel; werkkracht, expert; belangrijk persoon; werking, effect; *mit vereinten Kräften* met vereende krachten; *nach (besten) Kräften* naar vermogen; *zu Kräften kommen* op krachten komen; *das geht über meine ~* dat gaat mijn krachten te boven; *außer ~ sein, setzen, treten* buiten werking zijn, stellen, treden; *in ~ treten, sein, gesetzt werden, bleiben* in werking treden, zijn, blijven
Kraftanstrengung *v* ⟨~; -en⟩ krachtsinspanning
Kraftaufwand *m* krachtsontplooiing
Kraftausdruck *m* krachtterm
Kraftbrühe *v* bouillon, vleesnat
Kräfteverhältnis *o* krachtsverhouding
Kraftfahrer *m* autorijder, chauffeur
Kraftfahrzeug *o* motorrijtuig, auto
Kraftfahrzeugbrief *m* eigendomsbewijs voor een auto, autopapieren
Kraftfahrzeugsteuer *v* motorrijtuigenbelasting
kräftig krachtig, sterk, stevig; krachtdadig; schuin, plat ⟨v. mop⟩
kräftigen *zw* sterken, versterken
Kräftigung *v* ⟨~; -en⟩ versterking
kraftlos krachteloos; ongeldig; *~ machen* ⟨ook⟩ ontkrachten
Kraftprobe *v* krachtproef
Kraftprotz *m* gemeenz krachtpatser
Kraftrad *o* motorrijwiel, -fiets
Kraftstoff *m* motorbrandstof
kraftstrotzend potig, fors
Kraftverkehr *m* gemotoriseerd verkeer
kraftvoll vol kracht, krachtig
Kraftwagen *m* auto(mobiel)
Kraftwerk *o* elektrische centrale, krachtcentrale
Kragen *m* ⟨-s; ~⟩, Zwits, Z-Duits, Oostr ⟨ook⟩

Krägen kraag; boord; hals; schuim op 't bier; *einen an* ~ *fassen* iem. in zijn kraag pakken; *einem an den* ~ *gehen* energiek tegen iem. optreden; *das geht ihm an den* ~, *das kann ihm den* ~ *kosten* dat kan hem zijn hals kosten; *beim* ~ *nehmen* bij zijn kraag (lurven) pakken, onderhanden nemen; *ihm platzt der* ~ hij krijgt er genoeg van, hij springt uit zijn vel
Kragennummer v halswijdte
Krähe v (~; -n) kraai
krähen zw kraaien; *danach kräht kein Hahn* er kraait geen haan naar
Krähenauge o kraaienoog; plantk braaknoot; eksteroog, likdoorn
krakeelen zw herrie maken
Kralle v (~; -n) klauw; *die* ~*n zeigen* zijn tanden laten zien; *etwas in die* ~*n bekommen, kriegen* iets te pakken krijgen
krallen zw slaan met klauwen, krabben; slang stelen; *einen* ~ iem. pakken; *sich* ~ *an (+ 4)* zich vastklemmen aan
Kram m (-s) kraam, kleinhandel; boel, gedoe; rommel, prullen; *der ganze* ~ de hele rommel, boel, gemeenz reutemeteut; *der gelehrte* ~ het geleerde gedoe; *das paßt mir nicht in den* ~ dat komt niet in mijn kraam van pas
kramen zw snuffelen, zoeken, scharrelen; kleinhandel drijven; Zwits op de kermis kopen; *nach etwas* ~ naar iets zoeken
Krämer m (-s; ~) kruidenier, (mars)kramer, winkelier; bekrompen mens
Krämergeist m kruideniersgeest, bekrompenheid
krämerhaft kruideniersachtig; kleinzielig
Krämerseele v bekrompen mens, 'kruidenier'
Kramladen m winkeltje
Krampe v (~; -n), **Krampen** m (-s; ~) kram, haak; klamp; gemeenz knol, paard
Krampf m (-(e)s; Krämpfe) kramp; stuip; gemeenz overdreven gedoe; rommel, nonsens
Krampfader v spatader, aderspat
krampfen zw krampachtig samentrekken, ineenkrimpen; slang gappen; Zwits hard werken; *nach dem Gelde* ~ krampachtig voor geld werken
krampfhaft krampachtig; gemeenz erg
Kran m (-(e)s; Kräne) techn kraan
Kranfahrer m, **Kranführer** m kraanmachinist, -drijver
Kranich m (-s; -e) vogelk kraanvogel
krank ziek; zeer; jacht aangeschoten; *bist du* ~?, *du bist wohl* ~? (ook gemeenz) ben je niet wijs?; *du machst mich* ~ ik word ziek van je
kränkeln zw sukkelen, ziekelijk zijn
kranken zw: ~ *an (+ 3)* lijden aan
kränken zw krenken, beledigen; *einen in seiner Ehre* ~ iemands eer kwetsen; *die gekränkte Unschuld* de vermoorde onschuld
Krankenanstalt v ziekenhuis
Krankenhaus o ziekenhuis, hospitaal
Krankenkasse v, Oostr **Krankenkassa** v ziekenfonds
Krankenlager o ziekbed

Krankenpflege v ziekenverpleging
Krankenpfleger m, **Krankenpflegerin** v (zieken)verpleger, verpleegster
Krankenschwester v (zieken)verpleegster
Krankenversicherung v ziekteverzekering
Krankenwagen m ziekenauto
krankhaft ziekelijk
Krankheit v (~; -en) ziekte
Krankheitsbild o ziektebeeld
Krankheitserreger m ziekteverwekker
krankheitshalber wegens ziekte
kranklachen zw: *sich* ~ zich kapot lachen
kränklich ziekelijk, sukkelend
krankschreiben st ziek verklaren (door arts)
Kränkung v (~; -en) krenking
Kranz m (-es; Kränze) krans, kroon; kring, ring; kroonlijst
kränzen zw kransen, bekransen
Kranzniederlegung m kranslegging
Krapfen m (-s; ~) Berliner bol, beignet
kraß, nieuwe spelling: **krass** kras; *ein krasser Anfänger* een absolute beginner; *ein krasser Laie* een absolute leek
Krater m (-s; ~) krater
Kratzbürste v kattig meisje
kratzbürstig kattig, kribbig
Krätze v (~; -n) schurft (bij mensen); afkrabsel, afval; Z-Duits rugkorf
kratzen zw krabben; kaarden, kammen (v. wol); krassen (op viool); *es kratzt mich nicht* 't raakt me niet; *die Kurve* ~ auto, gemeenz door de bocht scheuren; fig uitknijpen
Kratzer m (-s; ~) krab, kras, schram; krabber, krasser
Kratzfuß m onderdanige buiging
krätzig schurftig; kriebelig
krauen zw krauwen; krabben; kriebelen
kraulen zw crawlen (= bep. manier van zwemmen); krauwen
kraus kroes, kroezig, krullend, gekruld; verkreukeld; verward, vreemd, raar, zonderling; *ein* ~*es Gesicht machen* een stuurs gezicht trekken
Krause v (~; -n) jabot, geplooide halskraag; krul(haar)
kräuseln zw overg krullen; rimpelen, fronsen; *die Lippen* ~ een pruimenmondje trekken; *sich* ~ kroezen (v. haar); kringelen (v. rook); rimpelen (v. water)
Krauseminze v plantk kruizemunt
krausen zw krullen, fronsen; optrekken (v.d. neus)
Kraushaar o kroes-, krulhaar
Krauskopf m kroeskop, krullenbol
Kraut o (-(e)s; Kräuter) plantk kruid; groente; Z-Duits, Oostr kool; gemeenz tabak; ~ *und Lot* kruit en lood; *wie* ~ *und Rüben* alles door elkaar; *dagegen ist kein* ~ *gewachsen* daar is geen kruid tegen gewassen *ins* ~ *schießen* woekeren, snel groeien
Krawall [-'val] m (-s; -e) relletje, opstootje; spektakel; ~ *schlagen* herrie schoppen
Krawatte v (~; -n) das
Krawattennadel v dasspeld
kraxeln zw Z-Duits, gemeenz klauteren (in de bergen)

Kraxler m (-s; ~) gemeenz klauteraar, bergbeklimmer
Kreatur v (~; -en) schepsel, het geschapene, mens en dier, creatuur; *eine ~ des Chefs* een willoos werktuig van de baas
Krebs [kreeps] m (-es; -e) dierk, astron kreeft; med kanker; snoek (bij 't roeien); aan de uitgever teruggestuurd boek
krebsartig kankerachtig; kreeftachtig
krebsen zw kreeften vangen; moeizaam klauteren of voortkrabbelen; zich moeite geven; achteruitgaan; rondscharrelen; anderen exploiteren; Zwits terugkrabbelen
krebserregend, krebserzeugend, nieuwe spelling: **Krebs erregend, Krebs erzeugend** kankerverwekkend
Krebsgeschwulst v kankergezwel
krebsrot zo rood als een kreeft
Kredenz [-'dents] v (~; -en) dressoir; buffet; credenstafel
kredenzen zw aanbieden, opdissen, serveren, voorzetten; uitproeven
1 Kredit [-'diet] m (-s; -e) handel krediet; *angezeigter ~* aangekondigd krediet; *eingefrorener ~* bevroren krediet; *offener ~* blanco krediet; *jmdm. einen ~ geben, bewähren* iem. een krediet toestaan; *auf ~* op krediet, afbetaling; *~ haben (bei jmdm.)* in goed aanzien staan (bij iem.)
2 Kredit ['kre-] o (-s; -e) handel credit; *etwas in das ~ bringen* iets op de creditzijde boeken
kreditfähig kredietwaardig
kreditieren zw crediteren
Kreditkauf m koop op krediet
Kreditor ['kre-] m (-s; -en) crediteur, schuldeiser
kreditwürdig kredietwaardig
Kreide v (~; -n) krijt; *in der ~ stehen* in 't krijt staan; *immer tiefer in die ~e geraten* steeds meer schulden krijgen
kreideweiß krijtwit; zo wit als een doek
kreidig krijtachtig; krijtwit
kreieren [kree-'ieren] zw creëren
Kreis m (-es; -e) kring; cirkel; district, ± kanton; vereniging, club; domein, gebied, sfeer; bevolkingslaag; groep, aantal, geheel; *die bessern ~e* de betere kringen; *im kleinen (vertrauten) ~e* en petit comité; *im ~e der Familie* in de huiselijke kring; *weite ~e der Bevölkerung* brede lagen van de bevolking; *im ~ gehen* in een kringetje lopen
kreischen zw krijsen, gillen; knarsen; sissen
Kreisel m (-s; ~) drijftol; gyroscoop; *~ spielen* tollen
kreiseln zw tollen; draaien
kreisen zw cirkelen, ronddraaien; rondlopen, -gaan, circuleren; zich in een kring bewegen; *etwas ~ lassen* iets laten rondgaan; *seine Gedanken ~ um einen Punkt* hij denkt maar aan één ding
kreisförmig kringvormig; cirkelvormig
Kreislauf m kringloop; cirkelgang; bloedsomloop
kreisrund cirkelrond
Kreissäge v cirkelzaag; schertsend vlakke ronde strohoed

kreißen zw baren, in barensnood zijn
Kreißsaal m verloskamer
Kreisstadt v hoofdstad v.e. district
Kreisverkehr m rondgaand verkeer
Krem v (~; -s), ook: m (-s; -s) crème; schoensmeer; *die ~ der Gesellschaft* de upper ten, de crème de la crème
Kremation v (~; -en) crematie
Krematorium o (-s; -ien) crematorium
Kreml m (-s) Kremlin
Krempe v (~; -n) rand (v. hoed)
Krempel m (-s) rommel, boel
krempeln zw opslaan, omslaan (v. rand)
krepieren zw barsten, springen (v. bom); creperen
Krepp m (-s; -s & -e) krip, crêpe; rouwfloers
Kresse v (~; -n) plantk kruidkers, tuinkers; Oost-Indische kers; visk grondeling
Krethi und Plethi Jan en alleman, Jan Rap en zijn maat
kreuz: *~ und quer* kriskas, in alle richtingen
Kreuz o (-es; -e) kruis (ook muz); kaartsp klaveren; *ein ~ schlagen* RK een kruis slaan; *das Eiserne ~* het IJzeren Kruis; *das Rote ~* het Rode Kruis; *übers ~* over en weer, kruisgewijs; *mit einem sein ~ haben* zorgen over iem. hebben; *mit einem übers ~ stehen* met iem. op gespannen voet staan; *jmdn. aufs ~ legen* iem. bedriegen
Kreuzbein o heiligbeen
Kreuzblütler mv plantk kruisbloemigen, cruciferen
kreuzbrav inbraaf, oerbraaf
kreuzen zw kruisen; de weg oversteken; scheepv laveren; *sich ~* zich bekruisigen; elkaar kruisen
Kreuzer m (-s; ~) scheepv kruiser
Kreuzfahrer m kruisvaarder
Kreuzfahrt v kruistocht; bedevaart; scheepv cruise
Kreuzfeuer o mil kruisvuur; *im ~ stehen* in het middelpunt (van kritiek) staan
kreuzfidel erg jolig, vrolijk
Kreuzgang m kruisgang; RK om(me)gang
kreuzigen zw kruisigen
Kreuzigung v (~; -en) kruisiging
kreuzlahm lam in de lendenen; uitgeput (met pijn in de lendenen)
Kreuzotter v dierk adder
Kreuzritter m kruisridder
Kreuzung v (~; -en) kruising; kruispunt; *höhengleiche ~* gelijkvloerse kruising
Kreuzverhör o kruisverhoor
Kreuzweg m kruisweg (ook RK)
kreuzweise kruiselings, kruisgewijs
Kreuzworträtsel o kruiswoordraadsel
Kreuzzug m kruistocht, -vaart
Kribbe v (~; -n) krib (in rivier)
kribbelig knorrig, wrevelig, geprikkeld; kriebelig; *~ werden* (ook) de kriebels krijgen
kribbeln zw krioelen, wemelen; krieuwelen, jeuken; *es kribbelt mir in den Fingern* mijn vingers jeuken (ook fig); *das K~* de kriebels
kriechen (kroch; gekrochen) kruipen; *einem in den Hintern (in den Arsch) ~* gemeenz iem. naar de mond praten, iem.

Kriecher

vleien (met 't oog op eigen voordeel); *unter die Decke ~ gemeenz* gaan maffen, in 't nest kruipen; *zu Kreuze ~* zoete broodjes bakken, met hangende pootjes komen; *auf allen vieren ~* op handen en voeten kruipen

Kriecher *m* (-s; ~) kruiper; kruiperig mens

kriecherisch kruiperig

Kriechgewächs *o*, **Kriechpflanze** *v* kruipplant

Kriechtier *o* dierk kruipend dier, reptiel

Krieg *m* (-(e)s; -e) oorlog; *jmdm. den ~ ansagen* iem. de oorlog verklaren

kriegen *zw* oorlog voeren; krijgen; pakken; *das werden wir schon ~* (ook) dat zullen we wel klaarspelen; *sich ~* elkaar krijgen; *Beine ~ gemeenz* gestolen worden; *sein Fett ~* zijn portie (straf), de volle laag krijgen; *kalte Füße ~* bang worden, grote angst krijgen; *Kinder ~* kinderen krijgen; *einen klein ~* iem. kleinkrijgen; *die Krätze ~ gemeenz* zich ergeren; *die Kurve ~* iets met moeite halen, tot stand brengen; *etwas leid ~* ergens genoeg van krijgen; *ein paar ~* een paar klappen, oorvijgen krijgen; *einen Rippenstoß ~* een por krijgen (ook fig); *einen heillosen Schrecken ~* zich doodschrikken; *von etwas Wind ~* ergens lucht van krijgen; *die Wut ~* woedend worden; *Zustände ~* 't op de zenuwen krijgen; *zuviel ~* er genoeg van krijgen; *einen am (beim) Wickel (beim Krips) ~* iem. bij zijn kraag, in zijn lurven pakken; *eins aufs Dach, auf den Deckel, auf die Nuß ~ gemeenz* slaag, op zijn kop krijgen; *eins hinter die Ohren ~* een oorveeg krijgen; *etwas in den falschen Hals (Rachen) ~* iets in 't verkeerde keelgat krijgen; *sich in die Wolle ~ gemeenz* ruzie krijgen; *es mit der Angst ~* benauwd (bang) worden

Krieger *m* (-s; ~) strijder, krijger, soldaat, krijgsman; *ein müder ~* vermoeid man van wie geen initiatieven kunnen worden verwacht; *ein kalter ~* voorstander van de harde lijn in de Koude Oorlog; ± havik

Kriegerdenkmal *o* gedenkteken voor de gevallen strijders, oorlogsmonument

kriegerisch krijgshaftig, oorlogszuchtig; militair, oorlogs-

Kriegsausbruch *m* uitbreken v.d. oorlog

Kriegsbeil *o* strijdbijl

Kriegsdienstverweigerer *m* mil dienstweigeraar

Kriegsentschädigung *v* oorlogsschadevergoeding, herstelbetaling

Kriegserklärung *v* oorlogsverklaring

Kriegsfall *m*: *im ~* in geval van oorlog

Kriegsfuß *m*: *mit einem auf (dem) ~ stehen* met iem. op voet van oorlog staan

Kriegsgefangene(r) *m* krijgsgevangene

Kriegsgericht *o* krijgsraad

Kriegslist *v* krijgslist

Kriegsopfer *o* oorlogsslachtoffer

Kriegspfad *m*: *auf dem ~ sein* op het oorlogspad zijn

Kriegsschauplatz *m* oorlogsterrein, -toneel

Kriegsschiff *o* oorlogsschip, -bodem

Kriegsstand *m*, **Kriegsstärke** *v* oorlogssterkte

Kriegsverbrecher *m* oorlogsmisdadiger

Kriegszustand *m* staat van oorlog

Krimi *m* (-(s); -(s)) gemeenz detective-, misdaadroman, -film

Kriminalbeamte(r) *m*, gemeenz **Kriminaler** *m* (-s; ~) rechercheur

Kriminalität *v* (~) criminaliteit, misdadigheid

Kriminalpolizei *v* recherche

Kriminalpolizist *m* rechercheur

Kriminalroman *m* detective-, misdaadroman

kriminell crimineel

Krimskrams *m* (~) rommel; nonsens

Kringel *m* (-s; ~) kringetje; krakeling

kringeln *zw* kringetjes maken; kronkelen; *zum ~ sein* om je krom te lachen; *sich vor Lachen ~* zich krom lachen

Kripo *v* = *Kriminalpolizei*

Krippe *v* (~; -n) krib, kribbe (= bedje, wieg); crèche, kinderbewaarplaats; rivierkrib; ruif

Krippenspiel *o* kerstspel

Krise *v* (~; -n) crisis (ook med)

kriseln *zw*: *es kriselt* er zit een crisis in de lucht

krisenanfällig, **krisenempfindlich** gevoelig voor een crisis

krisenfest tegen de crisis bestand

1 Kristall *m* kristal ⟨gekristalliseerde stof⟩

2 Kristall *o* kristal ⟨glaswerk⟩

kristallen kristallen, van kristal

kristallisieren *zw* kristalliseren

Kritik [-'tiek] *v* (~; -en) kritiek; recensie; literaire kritiek; *unter aller ~* beneden alle peil

Kritiker ['kri-] *m* (-s; ~) criticus; kritisch beoordelaar

kritiklos kritiekloos, zonder kritiek

kritisch kritisch; netelig, moeilijk, gevaarlijk, kritiek; prikkelbaar, boos

kritisieren *zw* kritiseren

Krittelei *v* (~; -en) vitterij, muggenzifterij

kritteln *zw* twisten, kibbelen; haarkloven, vitten

Kritzelei *v* (~; -en) gekrabbel

kritzeln *zw* krabbelen (in schrift)

Kroate *m* (-n; -n) Kroaat

Kroatien *o* (-s) Kroatië

kroatisch Kroaat

Krokette *v* (~; -n) kroket (= bep. rolvormige snack)

Krokodil *o* (-s; -e) dierk krokodil

Krokodilstränen *mv* krokodillentranen

Krokus *m* (~; ~ & -se) plantk krokus

Krone *v* (~; -n) kroon ⟨ook van kies, gewei⟩; kroon ⟨munt⟩; kruin, top ⟨v. boom⟩; gemeenz hoofd, bol; getand wieltje; kroonluchter; kroon v. gewei; *einen in der ~ haben* gemeenz een borrel ophebben; *jmdm. in die ~ fahren* gemeenz iem. voor het hoofd stoten

krönen *zw* kronen; bekronen

Kronerbe *m* erfgenaam van de kroon

Kronleuchter *m* lichtkroon, kroonluchter

Kronprinz *m* kroonprins

Kronprinzessin *v* kroonprinses

Krönung *v* (~; -en) kroning; bekroning; *die*

~ *des Abends* de bekroning v.d. avond
Kronzeuge *m*, **Kronzeugin** *v* kroongetuige
Kropf *m* (-(e)s; Kröpfe) med krop, kropgezwel, struma
kröpfen zw mesten, pillen ⟨v. vogels⟩; kroppen, vreten ⟨v. roofvogels⟩
kropfig aan een krop (struma) lijdend; in de groei achtergebleven
Kroppzeug *o* klein goed; gespuis; klein grut ⟨= kinderen⟩
Krösus *m* (~; -se) Croesus; rijkaard
Kröte *v* (~; -n) dierk pad; klein meisje, wicht; vervelend mens, loeder; centen, duiten; *eine ~ schlucken* iets onaangenaams stilzwijgend aanvaarden, slikken
Krücke *v* (~; -n) kruk; handvatsel; haak ⟨v. stok, paraplu⟩, steun; gemeenz kruk, mislukkeling; *an einer ~ gehen* met een kruk lopen
Krug *m* (-(e)s; Krüge) kruik, pot ⟨voor bier⟩; karaf; N-Duits dorpscafé; *der ~ geht solange zum Brunnen, bis er bricht* de kruik gaat zo lang te water tot zij breekt
Krüger *m* (-s; ~), **Krugwirt** *m* N-Duits waard, kroegbaas
Krume *v* (~; -n) kruim ⟨v. brood⟩; teelaarde
Krümel *m* (-s; ~) kruimel; klein kind
krümeln zw kruimelen
krumm krom; gemeenz onoorbaar, bedenkelijk; *etwas ~ nehmen* iets kwalijk nemen
krümmen zw krommen; buigen; *einem kein Haar ~* iem. geen haar krenken; *sich ~* zich krommen, zich buigen; zich kronkelen ⟨v. rivier⟩; *sich ~ und winden* zich in allerlei bochten wringen ⟨om de waarheid te verbergen⟩; *sich vor Lachen ~* zich krom lachen; *sich vor Schmerzen ~* krimpen van de pijn
krummliegen, nieuwe spelling: **krumm liegen** *st* kromliggen ⟨ook fig⟩
krummnehmen, nieuwe spelling: **krumm nehmen** *st* kwalijk nemen
Krümmung *v* (~; -en) kromming, bocht; verkromming
Krupp *m* (-s) med kroep
Kruppe *v* (~; -n) kruis, achterdeel ⟨v. paard, ezel⟩
Krüppel *m* (-s; ~) invalide
Kruste *v* (~; -n) korst, roof
krustig korstig
Kruzifix ['kroe-] *o* (-es; -e) crucifix, kruisbeeld
Krypta *v* (~; -ten) crypte
Kübel *m* (-s; ~) kuip, tobbe, bak, teil; gemeenz beer-, kiebelton; *es gießt (wie) mit, aus, in ~n* de regen komt met bakken uit de hemel
Kübelwagen *m* tankwagen; mil jeep
Kubikwurzel *v* derdemachts-, kubiekwortel
kubisch kubiek, kubisch, kubusvormig; derdemachts-
Kubus *m* (~; ~ & Kuben) kubus; wisk derde macht
Küche *v* (~; -n) keuken; *kalte ~* koude gerechten; *in Teufels ~ bringen* in een afschuwelijke situatie brengen; *in Teufels ~ geraten* in de aap gelogeerd zijn, in grote moeilijkheden komen
Kuchen *m* (-s; ~) cake, tulband, taart; koek ⟨ook v. metaal enz.⟩; *englischer ~* cake
Küchenabfälle *mv* keukenafval
Küchenbord *o*, **Küchenbrett** *o* keukenplank
Küchenbulle *m* gemeenz, mil kok
Küchenfee *v* keukenprinses
Kuchenform *v* tulband-, cakevorm
Küchenherd *m* keukenfornuis
Küchenlatein *o* potjeslatijn
Kuckuck *m* (-s; -e) vogelk koekoek; drommel; zegel van de deurwaarder; *zum ~ (noch einmal)!* drommels, bliksems; *das weiß der ~* Joost mag het weten; *da ist der ~ los* daar is heel wat gaande
Kuckucksei *o* koekoeksei; fig twijfelachtig cadeau; ondergeschoven kind
Kuddelmuddel *m & o* (-s) warboel
Kufe *v* (~; -n) kuip; glij-ijzer van slee
Küfer *m* (-s; ~) keldermeester, bottelier; kuiper
Kugel *v* (~; -n) kogel; bol, bal; globe
Kugelabschnitt *m* bolsegment
Kugelfang *m* kogelvanger
kugelfest kogelvrij, tegen kogels bestand
kugelig kogel-, bolrond
Kugellager *o* techn kogellager
kugeln zw kogelen, rollen, ballen; knikkeren; balloteren; *sich ~* kopjebuitelen; *sich ~ vor Lachen* zich dood lachen; zich bescheuren van 't lachen; *es ist zum K~* 't is om je dood te lachen
kugelrund kogel-, bolrond
Kugelschreiber *m* ballpoint
kugelsicher = **kugelfest**
Kugelstoßen *o* kogelstoten, -slingeren
Kuh *v* (~; Kühe) koe; *melkende ~* fig melkkoetje
Kuhfladen *m* koeienvlaai
Kuhhandel *m* koehandel ⟨ook pol⟩
Kuhhaut *v* koeienhuid; *das geht auf keine ~* gemeenz dat is ongehoord, daar is 't eind van weg
kühl koel; kil; *es wird ~* het wordt fris; *mir wird ~* ik krijg 't koud; *es läßt mich ~* 't raakt me niet
Kühlanlage *v* koelinstallatie
Kuhle *v* (~; -n) N-Duits kuil
Kühle *v* (~) koelte, koelheid
kühlen zw koelen, verkoelen
Kühler *m* (-s; ~) koeler; auto radiateur
Kühlmittel *o* koelvloeistof
Kühlraum *m* koelruimte, -kamer
Kühlschrank *m* koelkast
Kühltruhe *v* diepvrieskist
Kühlung *v* (~) koelte, verkoeling; techn koeling
Kuhmilch *v* koemelk
kühn koen, stout, stoutmoedig; gewaagd; *in meinen ~sten Träumen* in mijn stoutste dromen
Kühnheit *v* (~) koen-, dapperheid
Kuhstall *m* koeienstal
kujonieren zw pesten, plagen; koeioneren, op de kop zitten
Küken *o* (-s; ~) vogelk kuiken ⟨ook fig⟩
kulant coulant, vlug, vlot

Kulanz

Kulanz v (~) coulantie, vlotheid, welwillendheid
1 Kuli m (-s; -s) koelie (ook fig)
2 Kuli = Tintenkuli
kulinarisch culinair; ~e *Genüsse* tafelgeneugten
Kulisse v (~; -n) coulisse; fig achtergrond; handel bij-, buitenbeurs, coulisse; *hinter den ~n* in 't geheim; *hinter die ~ sehen* fig achter de coulissen kijken
kullern zw rollen; laten rollen; *mit den Augen ~* met de ogen rollen
Kulminationspunkt m culminatie-, toppunt
kulminieren zw culmineren
Kult m (-(e)s; -e) cultus, verering, eredienst
kultisch cultisch, tot de eredienst behorend
kultivieren zw cultiveren, kweken, veredelen; verzorgen; *kultiviert* beschaafd
Kultstätte v plaats van godsverering
Kultur v (~; -en) cultuur; beschaving; aanplanting, culture; aankweking
Kulturabkommen o cultureel akkoord (verdrag)
kulturell cultureel
Kulturgeschichte v cultuurgeschiedenis
Kulturstufe v trap van beschaving
Kultus m (~; Kulte) cultus, eredienst
Kümmel m (-s; ~) komijn, kummel (ook drank); plantk karwij
Kummer m (-s; ~) verdriet, kommer; narigheid
kümmerlich armoedig; armetierig, armzalig
Kümmerling m (-s; -e) stakkerd, ziekelijk, in de ontwikkeling achtergebleven mens, dier of plant; hert e.d. met slecht ontwikkeld gewei
kümmern zw bekommeren, aangaan; kwijnen, verkommeren; aangeschoten of ziek zijn (v. wild); *das kümmert mich nicht* dat kan mij niet schelen; *sich ~ um* zich bekommeren om; *kümmere dich um deine eigenen Sachen!* bemoei je met je eigen zaken!; *sich um jeden Dreck ~* gemeenz zich met iedere kleinigheid bemoeien
Kümmernis v (~; -se) plechtig kommer, zorg
kummervoll kommervol, vol kommer
Kumpan [-'paan] m (-s; -e) makker, spitsbroeder, bentgenoot
Kumpel m (-s; ~ & -s) kompel, mijnwerker; kameraad
kumulieren zw cumuleren
Kumulus m (~; -li & -se), **Kumuluswolke** v cumuluswolk
kündbar handel opzegbaar; *täglich ~es Geld* handel direct opvorderbare gelden
1 Kunde m (-n; -n) klant, consument; slang reizend handwerksgezel, landloper; gemeenz snuiter, kerel, vent; *ein dufter ~* slang een jongen van de vlakte; *ein fauler ~* een slechte klant, een onbetrouwbaar heerschap; *der Dienst am ~n* service
2 Kunde v (~) plechtig bericht, boodschap
3 Kunde v Oostr cliëntele, klantenkring
Kundendienst m (klanten)service
Kundenkreis m cliëntele, klantenkring, klanten
Kundenstamm m de vaste cliëntele, vaste klanten
kundgeben st bekendmaken, te kennen geven, uiten, demonstreren
Kundgebung v (~; -en) bekendmaking; uiting, demonstratie; betoging, meeting
kundig kundig, vaardig, bekwaam; *fremder Sprachen ~* plechtig met vreemde talen bekend
kündigen zw opzeggen; ontslag nemen; ontslaan; *einem (Oostr einen) ~* iem. ontslaan; iem. de huur opzeggen; *einem das Abonnement, die Miete, den Dienst ~* iem. 't abonnement, de huur, de dienst opzeggen; *einen Vertrag ~* een contract opzeggen; *jmdm. die Freundschaft ~* de vriendschap met iem. verbreken; *ihm wurde gekündigt* hij werd ontslagen; *zum 1.Januar ~* per 1 januari ontslag nemen
Kündigung v (~; -en) opzegging, ontslag
Kündigungsfrist v opzeggingstermijn
Kündigungsschreiben o ontslagbrief
Kundin ['koen-] v (~; -nen) vrouwelijke klant, cliënte
Kundmachung v (~; -en) plechtig afkondiging, kennisgeving
Kundschaft v (~) klantenkring, klandizie, cliëntele, praktijk; mil verkenning
Kundschafter m (-s; ~) mil verkenner
kundtun onr plechtig bekendmaken, uiten; *Kindesmund tut Wahrheit kund* kinderen en gekken zeggen de waarheid
künftig aanstaande, toekomstig; voortaan
kungeln zw konkelen; knoeien; ruilen
Kunst v (~; Künste) kunst; het kunnen, het weten; kundigheid; *brotlose ~* kunst, waarmee geen droog brood te verdienen is; *schwarze ~* zwarte kunst; boekdrukken; *alle Künste spielen lassen* al 't mogelijke doen om iem. voor zich te winnen; *das ist ~!* daar is niets aan!; *was macht die ~?* gemeenz hoe gaat 't?
Kunstausstellung v kunsttentoonstelling
Kunstdünger m kunstmest
kunstfertig kunstvaardig, bedreven, handig
Kunstgegenstand m kunstvoorwerp
kunstgemäß, kunstgerecht in overeenstemming met de regelen der kunst, vakkundig
Kunstgeschichte v kunstgeschiedenis
kunstgeschichtlich kunsthistorisch
Kunstgewerbe o kunstnijverheid, -handwerk
Kunstgriff m kunstgreep, truc
Künstler m (-s; ~) kunstenaar, artiest
künstlerisch artistiek, kunstzinnig, kunstenaars-..., van de kunstenaar; *~er Wert* artistieke waarde
Künstlername m artiestennaam
künstlich kunstig, kunstmatig; onnatuurlijk, gekunsteld, artificieel; *~e Atmung* kunstmatige ademhaling; *ein ~es Bein* een kunstbeen; *~e Ernährung* kunstvoeding, kunstmatige voeding; *~es Gebiß* kunstgebit; *~er Horizont* luchtv kunstmatige horizon; *~es Licht* kunstlicht; *~e Niere* kunst-

nier
kunstliebend kunstlievend
Kunstmaler *m* kunstschilder
kunstreich kunstig
Kunstsammlung *v* kunstverzameling
Kunstschatz *m* kunstschat
Kunstseide *v* kunstzijde
kunstsinnig kunstzinnig
Kunststück *o* kunststuk; acrobatische oefening; ~*!* ook een kunst!; *das ist kein ~ dat is geen kunst*
Kunstverständnis *o* begrip voor kunst
kunstvoll kunstig
Kunstwerk *o* kunstwerk
kunterbunt kakelbont, zeer gevarieerd; alles door elkaar, verward
Kupfer *o* (-s) koper; kopergeld; kopergravure; *reines ~* roodkoper
Kupferdraht *m* koperdraad
kupferfarben, kupferfarbig koperkleurig
kupfern koperen, van koper
Kupferschmied *m* koperslager
Kupferstecher *m* (koper)graveur, plaatsnijder
Kupferstich *m* kopergravure
kupieren *zw* couperen ⟨ook staart⟩, afsnijden; voorkomen; snoeien; *einen Migräneanfall ~* med een aanval van migraine couperen
Kupon [-'pong, -'põ] *m* (-s; -s) coupon, strook, bon; stuk stof; coupon ⟨v. obligatie⟩
Kuppe *v* (~; -n) ronde bergtop, duintop, kop ⟨v. lucifer⟩; top ⟨v. boom, v. vinger⟩
Kuppel *v* (~; -n) koepel, koepeldak
Kuppeldach *o* koepeldak
kuppeln *zw* koppelen
Kupplerin *v* (~; -nen) koppelaarster
Kupplung *v* (~; -en) auto koppeling
Kur *v* (~; -en) kuur, genezing; *eine ~ machen kuren; einen in der ~ haben* iem. in behandeling hebben; *einen in die ~ nehmen* gemeenz iem. zijn mening zeggen, terechtwijzen
Kür *v* (~; -en) sp vrij nummer
Kuratel [-'teel] *v* (~) curatele; *unter ~ stellen* onder curatele stellen
Kurator [-'ra-] *m* (-s; -en) curator; voogd; Oostr ⟨ook⟩ bewindvoerder
Kuratorium *o* (-s; -ien) curatorium, college van curatoren
Kurbel *v* (~; -n) techn zwengel; krukas, trapas, crank; auto aanzetslinger
Kurbelgehäuse *o* techn krukashuis, carter, krukaskamer
kurbeln *zw* draaien; filmen, opnemen
Kurbelwelle *v* techn krukas
Kürbis *m* (-ses; -se) plantk pompoen, kalebas; gemeenz raap, kersenpit, kop
Kurfürst *m* keurvorst
Kurgast *m* badgast in een kuuroord
Kurhaus *o* badhotel; kurhaus
Kurie ['koe-ri-e] *v* (~; -n) RK curie
Kurier [-'rier] *m* (-s; -e) koerier, ijlbode
kurieren *zw* genezen (= beter maken)
kurios [-'oos] curieus, zonderling
Kuriosität *v* (~; -en) curiositeit, merkwaardigheid
Kurort *m* badplaats, kuuroord

Kurpfuscher *m* kwakzalver
Kurrentschrift [-'rent-] *v* lopend schrift; Oostr ⟨ook⟩ Duits schrift
Kurs *m* (-es; -e) koers; cursus; wisselkoers; sp wielerwedstrijd, koers; richting, politieke lijn; renbaan; *~ nehmen auf (+ 4)* koers zetten naar; *außer ~ setzen* uit omloop nemen; *in ~ setzen* in omloop brengen; *hoch im ~ stehen* hoog aangeschreven staan; *einen anderen ~ einschlagen* een andere richting inslaan
Kursbuch *o* spoorboek(je)
kursieren *zw* circuleren, in omloop zijn
kursorisch doorlopend, achter elkaar; beknopt; oppervlakkig; snel
Kurssteigerung *v*, **Kurssteigung** *v* koersstijging
Kurssturz *m* sterke koersdaling
Kursus *m* (~; Kurse) cursus, leergang
Kurswechsel *m* koersverandering
Kurswert *m* koerswaarde
Kurszettel *m* (-s; ~) koerslijst
Kurtaxe *v* belasting geheven in een kuuroord
Kurve *v* (~; -n) curve, bocht; kromme; ronding; *in die ~ gehen* de bocht ingaan; *die ~ kratzen* snel en ongemerkt verdwijnen; *die ~ kriegen* iets (toch nog) gedaan krijgen
kurven *zw* in bochten rijden; *~ um* cirkelen, rondrijden om
kurvenreich, kurvig bochtig
kurz kort; kortom; *~ und bündig* kort en bondig; *~ und gut* kort en goed; *~ und schmerzlos* zonder moeite; *~ und kräftig* kort en krachtig; in 't kort; *seit ~em* sedert kort; *über ~ oder lang* vroeg of laat; *vor ~em* kort geleden, recentelijk; *um einen Kopf kürzer machen* een kopje kleiner maken; *den kürzeren ziehen* het kortste eind trekken; *es ~ machen* het kort houden
Kurzarbeit *v* opgelegde werktijdverkorting ⟨wegens gebrek aan werk⟩
kurzatmig kortademig; kort durend
Kürze *v* (~; -n) kortheid; *in ~* binnenkort
Kurze(r) *m* gemeenz kortsluiting; gemeenz borreltje
Kürzel *o* afkorting
kürzen *zw* korten, verkorten, afkorten; verkleinen, verminderen; couperen; *einen Bruch ~* rekenk een breuk vereenvoudigen
kurzerhand kortweg, zonder aarzeling
Kurzfassung *v* verkorte versie
Kurzform *v* verkorte vorm
kurzfristig handel kortlopend, op korte termijn
kurzgefaßt, nieuwe spelling: **kurz gefasst** beknopt
Kurzgeschichte *v* kort verhaal, short story
kurzlebig kort levend; van korte duur
kürzlich *bijw* kort geleden, onlangs
Kurzschluß, nieuwe spelling: **Kurzschluss** *m* elektr kortsluiting
Kurzschrift *v* stenografie; *in ~* stenografisch
kurzsichtig bijziende, kortzichtig; ge-

meenz kippig
Kurzstreckenläufer m, **Kurzstreckler** m (-s; ~) sp korte-afstandloper, sprinter
kurzum kortom
Kürzung v (~; -en) verkorting, vermindering
Kurzwaren mv garen en band, fournituren
kurzweg kortweg
kurzweilig grappig, aardig
Kurzwelle v radio korte golf
kuschelig knus, gezellig; mollig, week
kuscheln zw: sich ~ zich vlijen
kuschen zw; (sich) ~ zich koest houden; toegeven
Kusine v (~; -n) nicht (= dochter van oom of tante)
Kuß, nieuwe spelling: **Kuss** m (-sses; Küsse) kus, zoen
küssen zw kussen, zoenen; sich (mit einem) ~ elkaar kussen; küß die Hand Oostr goedendag
Kußhand, nieuwe spelling: **Kusshand** v kushand; gemeenz mit ~ dolgraag
Küste v (~; -n) kust
Küstengewässer mv territoriale wateren
Küstenschiffahrt, nieuwe spelling: **Küstenschifffahrt** v kustvaart
Küstenstreifen m kuststrook
Küster m (-s; ~) koster
Küsterei v (~; -en) kosterij, kostershuis
Kustode m (-n), **Kustos** m (~; Kustoden) custos, bewaarder; conservator; typ custode
Kutsche v (~; -n) koets, rijtuig; schertsend oude auto
Kutscher m (-s; ~) koetsier; slang borrel
kutschieren zw rijden, mennen
Kutte v (~; -n) monnikspij; habijt
Kutter m (-s; ~) scheepv kotter
Kuvert [koe'vèer] o couvert, envelop

L

Lab o (-es; -e) leb, stremsel
labbern zw lebberen; scheepv slap hangen, labberen ⟨v. zeil⟩
laben zw laven, verkwikken, verversen
labern zw voortdurend kletsen
labil labiel, wankel
Labor [-'boor] o (-s; -s) lab ⟨= laboratorium⟩
Laborant m (-en; -en) laborant
Laboratorium o (-s; Laboratorien) laboratorium
laborieren zw: ~ an (+ 3) laboreren, lijden aan; werken aan
Labsal o, Oostr ook: v (-s; -e) plechtig lafenis
Labung v (~; -en) plechtig laving, verkwikking
Lachanfall m lachbui
Lache v (~; -n) plas, poel; gelach; *eine freche* ~ *haben* een brutaal lachje hebben
lächeln zw glimlachen; *fein* ~ fijntjes glimlachen
lachen zw lachen; om iets lachen; *süßsauer* ~ lachen als een boer die kiespijn heeft; *Tränen* ~ tranen lachen; *ihm lachte das Herz* zijn hart sprong op van vreugde; *das wäre gelacht!* dat zou toch al te gek wezen!; *daß ich nicht lache* laat me niet lachen; *du hast gut* ~ lach jij maar, jou raakt 't niet; *da* ~ *ja die Hühner* dat is al te gek, te gek om los te lopen; *sich krank (halbtot, schief, krumm und bucklig, einen Ast, die Hucke voll)* ~ zich krom ⟨naar, slap, een aap, een bult, een kriek, een ongeluk, een rotje⟩ lachen; *sich in den Bart (ins Fäustchen)* ~ in zijn vuistje lachen; *einem ins Gesicht* ~ iem. in zijn gezicht uitlachen
Lacher m (-s; ~) lacher; *die* ~ *auf seiner Seite haben* de lachers op zijn hand hebben
lächerlich belachelijk; *etwas L~es* een lachertje; *etwas ins L~e ziehen* iets belachelijk maken
Lachgas o lachgas
lachhaft belachelijk
Lachkrampf m slappe lach
Lachmöwe v kok-, kapmeeuw
Lachs m (-es; -e) zalm
Lachsalve v lachsalvo
Lachsschinken m lichtgepekelde ham
Lack m (-(e)s; -e) lak; *fertig ist der* ~ gemeenz klaar is Kees; *da ist der* ~ *ab* het nieuwe is er af
Lackaffe m gemeenz fat, dandy
Lackel m (-s; ~) Z-Duits, Oostr lummel, vlegel
lacken zw lakken; fig verlakken
Lackfarbe v lakverf
lackieren zw lakken; bedriegen, bedonderen; *der Lackierte sein* de sigaar zijn
Lackleder o lakleer
lackmeiern zw fig verlakken
Lackmus o lakmoes
Lade v (~; -n) lade; kist
Ladebühne v goederenperron; laadbrug
Ladefläche v laadvloer
Ladegewicht o laadvermogen, -capaciteit
1 laden ⟨lud; geladen⟩ laden, vullen, inladen; *scharf* ~ met scherp laden; *der hat (schwer) ge*~ gemeenz die heeft 'm om; *sich etwas auf den Hals* ~ zich iets op de hals halen; *ge*~ *sein* woedend zijn; *schief ge*~ dronken
2 laden ⟨lud, vero ladete; geladen⟩ uitnodigen; *vor Gericht* ~ dagvaarden; *vor geladenem Publikum* voor genodigden
Laden m (-s; Läden) winkel; vensterluik; sp goal; *ein müder* ~ gemeenz een futloze zaak, een langzaam werkend bedrijf; *ein schicker* ~ gemeenz een chique tent; *im falschen* ~ gemeenz aan 't verkeerde kantoor; *den* ~ *in Schwung bringen* gemeenz de boel op stelten zetten; *den* ~ *schmeißen* er de brui aan geven
Ladenbesitzer m winkelier
Ladendiebstahl m winkeldiefstal
Ladenhüter m winkeldochter, onverkoopbaar artikel
Ladenschluß, nieuwe spelling: **Ladenschluss** m winkelsluiting
Ladentheke v, **Ladentisch** m toonbank; balie; *unterm* ~ van onder de toonbank
Ladeplatz m losplaats, laadplaats, aanlegplaats
Laderampe v goederenperron; oprit
Laderaum m laadruimte
lädieren zw kwetsen, beschadigen; aantasten, havenen, laederen
Ladung v (~; -en) lading ⟨ook mil⟩; recht dagvaarding; *geballte* ~ mil aantal aan elkaar gebonden handgranaten; schertsend een hele hoop werk, heleboel, massa; *die volle* ~ bekommen de volle lading krijgen
Lafette [-'fet-] v (~; -n) mil affuit
Laffe m (-n; -n) ijdele man
Lage v (~; -n) toestand, stand; positie ⟨ook muz⟩; muz register; ligging, houding; laag; mil salvo, laag; zwemslag; wijnhelling; *200 m* ~ *n* 200 m wisselslag; *eine mißliche* ~ een netelige positie; *die volle* ~ de volle laag; *eine* ~ *Bier* een rondje bier; ~ *nach der See* met uitzicht op zee; *in der* ~ *sein* in staat zijn, in de gelegenheid zijn; *ein Haus in bester* ~ een huis op zeer goede stand; *versetze dich mal in meine* ~ denk je mijn positie eens in; *nach* ~ *der Verhältnisse* al naar de omstandigheden
Lagebericht o verslag over de toestand ⟨ook mil⟩
lagenweise laagsgewijze, bij lagen
Lageplan m situatietekening, -schets
Lager o (-s; ~) mil kamp, legerplaats; rustplaats, bed; magazijn, pakhuis, depot, voorraad; techn kogellager; laag; laag erts; thallus; *auf* ~ *haben* handel in voorraad hebben; fig in petto hebben; iets in zijn mars hebben; *im andern* ~ *stehen* aan de andere kant staan, tot de tegenstanders behoren
Lagerbestand m magazijnvoorraad; inventaris
Lagerfeuer o kampvuur

Lagergebühr *v* opslagkosten
Lagerhaus *o* magazijn, pakhuis, veem
Lagerist *m* (-en; -en) magazijnbeheerder, -bediende
lagern *zw* legeren; kamperen; opslaan; in het magazijn liggen, opgeslagen liggen; leggen, in een bepaalde houding brengen; *kühl* ~ koel bewaren; *sich* ~ zich neerleggen, komen te liggen
Lagerplatz *m* mil legerplaats; lig-, opslagplaats, plaats om te kamperen
Lagerraum *m* opslagruimte
Lagerstätte *v* geol vindplaats
Lagerung *v* (~; -en) legering; opslag ⟨v. waren⟩; ligging; afzetting ⟨v. zand enz.⟩
Lagerverwalter *m* magazijnbeheerder, -meester
lahm kreupel, hinkend; lam; lamlendig; uitgeput; *eine* ~*e Ausrede* een zwak excuus; *ein* ~*er Protest* een slap protest; *ein* ~*er Witz* een flauwe mop; ~ *gehen* hinken
Lahmarsch ['laam-] *m* slang zwakkeling; luilak
lahmen *zw* kreupel zijn; verlamd zijn; hinken, mank gaan ⟨ook fig⟩; *auf dem rechten Fuß* ~ hinken met de rechtervoet
lähmen *zw* verlammen; *wie belähmt stehen bleiben* als aan de grond genageld blijven staan
lahmlegen *zw* verlammen ⟨v. bijv. handel⟩; lamleggen; stremmen ⟨v. verkeer⟩
Lähmung *v* (~; -en) verlamming
Lahn(e) *v* Beiers, Oostr, Zwits lawine
Laib *m* (-es; -e) ⟨groot, rond⟩ brood; *ein* ~ *Käse* een grote ronde kaas
Laich *m* (-es; -e) viskuit
laichen *zw* kuit schieten; paaien
Laie *m* (-n; -n) leek; oningewijde; nieuweling; *da staunt der* ~, *und der Fachmann wundert sich* dat houd je niet voor mogelijk
Laienbruder *m* RK lekenbroeder
Laienbühne *v* amateurtoneel, lekentoneel
laienhaft als een leek, leken-; dilettantisch
Lakai *m* (-en; -en) lakei
Lake *v* (~; -n) pekel
Laken *o* (-s; ~) N-Duits (bedden-, bad-)laken
lakonisch laconiek, kort en bondig
Lakritze *v* (~; -n) drop
Lakrizenstange *v* dropstaaf
lala [la'la]: *so* ~ tamelijk, niet al te best
lallen *zw* stamelen; eerste geluiden maken ⟨v. kind⟩; praten met dubbelslaande tong
Lama *o* (-s; -s) lama
Lamelle *v* (~; -n) lamel(le), dun plaatje
lamentieren *zw* lamenteren, jammeren
Lamento [-'men-] *o* (-s; -s) gelamenteer, misbaar
Lametta [-'met-] *v* & *o* (~; -tten) engelenhaar, metalen plaatjes ⟨als kerstboomversiering⟩; gemeenz rij ridderordes; opvallende distinctieven
Lamm *o* (-(e)s; Lämmer) lam; lamsvel, lamsvacht
lammen *zw* lammeren werpen, lammeren
Lämmergeier *m* lammergier
Lämmerwölkchen *o* schapenwolkje

Lammfell *o* lamsvacht
Lammfleisch *o* lamsvlees
lammfromm zo mak als een lammetje
Lammsgeduld *v*: *mit* ~ zo geduldig als een lam
Lampe *v* (~; -n) lamp; *einen auf die* ~ *gießen* een borrel drinken; *einen auf der* ~ *haben* gemeenz aangeschoten zijn
Lampenfieber *o* plankenkoorts
Lampenschirm *m* lampenkap
Lampion [lampi-'ö, -pi-'ong] *m* & *o* (-s; -s) lampion
Lamprete *v* (~; -n) visk lamprei, prik
lancieren *zw* lanceren ⟨ook fig⟩
Land *o* (-(e)s; Länder) ⟨dichterlijk en voor een geheel⟩ land; *die Länder* de deelstaten van Duitsland; *das Gelobte* ~ het Beloofde Land; *das* ~, *wo Milch und Honig fließt* 't land van melk en honing; *an* ~ *bringen* aan land, aan de wal, op 't droge brengen; *an* ~ *gehen* aan land gaan; *an* ~ *ziehen* fig binnenhalen, in de wacht slepen; *auf dem* ~*e buiten; das Leben auf dem* ~*e* het buitenleven; *auf trockenem* ~ op 't droge; *aufs* ~ *gehen* naar buiten gaan (in de zomer); *aus aller Herren Länder(n)* uit alle (denkbare) landen; *außer* ~*es buitenslands; ins* ~ *gehen* voorbijgaan, verstrijken, verlopen; *wieder im* ~*e sein* weer teruggekeerd zijn; *über* ~ *gehen* (ook) een voettocht maken; *wieder* ~ *sehen* het weer zien zitten, weer hoop krijgen; *andere Länder, andere Sitten* andere landen, andere zeden
Landarbeiter *m* landarbeider
Landarzt *m* plattelandsgeneesheer
Landauer *m* (-s; ~) landauer
Landebahn *v* luchtv landingsbaan
landein(wärts) landinwaarts
Landeklappe *v* luchtv landingsklep
landen *zw* landen; terechtkomen; aan land brengen; *im Graben* ~ in de sloot terechtkomen; *einen (großen) Coup* ~ een (grote) slag slaan; *einen Sieg* ~ sp een overwinning behalen; *bei einem nicht* ~ *können* gemeenz bij iem. niets bereiken
Landenge *v* landengte
Landeplatz *m* landingsplaats
Länderkampf *m* landenwedstrijd
Länderspiel *o*, **Ländertreffen** *o* landen-, interlandwedstrijd
Landesgrenze *v* landsgrens
Landesherr *m* landsheer
Landeshoheit *v* soevereiniteit
Landesinnere(s) *o* binnenland
Landesmeister *m* landskampioen
Landesregierung *v* bestuur van een deelstaat v.d. Bondsrepubliek
Landessprache *v* landstaal, taal v.e. land
landesüblich in een land gebruikelijk
Landesvater *m* soeverein
Landesverrat *m* landverraad
landesweit in 't gehele land
Landfahrer *m* landloper, vagebond, zwerver
Landflucht *v* trek naar de stad
landfremd: ~ *sein* niet uit het land, vreemd in 't land zijn

Landgericht o arrondissementsrechtbank
Landgewinnung v landaanwinning
Landgut o landgoed
Landhaus o landhuis, villa
Landkarte v landkaart
Landkreis m district
landläufig gangbaar, algemeen gebruikelijk
Landleben o landleven
ländlich landelijk; ~ *sittlich* 's lands wijs, 's lands eer
Landrat m landraad (= bestuurshoofd v.e. district); Oostr minister in een deelstaat
Landratte v gemeenz landrot
Landschaft v (~; -en) landschap, -streek; schildering v.e. landschap; fig omstandigheden, situatie; *das paßt nicht in die* ~ dat hoort hier niet thuis; *die politische* ~ het politieke toneel; *durch die* ~ *fahren* maar wat rondrijden
Landschafter m landschapschilder
landschaftlich van 't landschap, landschaps-; gewestelijk
Landschaftsschutzgebiet o beschermd natuurgebied
Landser m (-s; ~) gemeenz soldaat
Landsitz m buitenplaats, landgoed
Landsknecht m mil lan(d)sknecht
Landsmann m (-s; -leute) landsman, landgenoot
Landstraße v straatweg, grote weg
Landstreicher m landloper, zwerver
Landstreitkräfte mv mil landmacht
Landstrich m landstreek
Landtag m volksvertegenwoordiging van een deelstaat
Landung v (~; -en) landing
Landungsbrücke v landingssteiger; scheepv landingsbrug, loopplank
landwärts landwaarts, naar 't land
Landweg m weg over land
Landwirt m landbouwer; grondbezitter, agrariër, herenboer; herbergier op het land
Landwirtschaft v landbouw; landbouwbedrijf
landwirtschaftlich tot de landbouw behorende, landbouwkundig; *ein* ~*er Betrieb* een agrarisch bedrijf
Landzunge v landtong
lang lang; *den Morgen* ~ de hele morgen; *seit* ~*em* sedert lange tijd, sinds lang; *seit längerem* sedert vrij lange tijd; ~ *und breit, des* ~*en und breiten, ein* ~*es und breites reden* lang en breed, uitvoerig over iets praten; ~ *(hinschlagen)* languit, in zijn volle lengte (vallen)
langärmelig met lange mouwen
langatmig langdradig, -durig
lange lang, lange tijd; gemeenz allang; *noch* ~ *nicht* helemaal niet; *noch* ~ *nicht genug* nog lang niet genoeg; *es nicht mehr* ~ *machen* 't niet lang meer maken
Länge v (~; -n) lengte (ook sp); lange maat, klinker, lettergreep; langdradig gedeelte; *20 Grad östlicher (westlicher)* ~ 20 graden ooster- (wester-)lengte; *auf die* ~ op de duur, uiteindelijk; *der* ~ *nach* languit; *sich*

in die ~ *ziehen* lang duren, langer duren dan verwacht, voortslepen
längelang in volle lengte, languit
langen zw aangeven, reiken; tasten; toereikend zijn; *einem eine (Ohrfeige)* ~ gemeenz iem. een draai om de oren geven; *es langt (hinten und vorn) nicht* 't is niet genoeg; *es langt mir, mir langt's* ik heb er genoeg van; *in die Tasche* ~ in zijn zak grijpen; *einem kräftig in die Tasche* ~ iem. iets uit de zak kloppen
Längenmaß o lengtemaat
länger langer; ~*e Zeit* vrij lange tijd, tamelijk lang; *seit* ~*em* sedert geruime tijd
Langeweile v verveling
Langfinger m gemeenz, schertsend gannef, dief
langfristig langdurig; handel langlopend
langjährig langjarig
Langlauf m Langlauf (= lange, smalle ski)
langlebig langlevend
langlegen zw: *sich* ~ gaan liggen, naar bed gaan
länglich langwerpig; vrij lang
Langmut v (~) lankmoedigheid
langmütig lankmoedig, goedertieren, geduldig
längs I *voegw* (+ 2, 3) langs; II *bijw* in de lengte
Längsachse v lengteas
langsam langzaam; ~ *aber sicher* langzaam maar zeker
Langschläfer m langslaper
Langspielplatte v muz langspeelplaat, elpee
Längsschnitt m lengtedoorsnede
längst allang, reeds lang, sedert lang; ~ *nicht* gemeenz allang niet
längstens op zijn langst, uiterlijk
Langstreckenlauf m langeafstandsloop
langweilen zw vervelen; *sich* ~ zich vervelen; *sich zu Tode* ~ zich doodvervelen
langweilig vervelend, saai; Oostr traag, over tijd; *zum Sterben* ~ doodvervelend
langwierig langdurig en moeilijk, moeizaam
Lanze v (~; -n) lans, speer; *eine* ~ *für jmdn. brechen* een lans voor iem. breken
Lanzette v (~; -n) lancet
lapidar [-'daar] lapidair, beknopt en kernachtig
Lappalie [-'pali-e] v (~; -n) prul, vod; kleinigheid
Läppchen o (-s; ~) lapje; lel, oorlelletje
Lappen m (-s; ~) lap, vod; blad (v. riem); kwab (v. long of hersenen); lel (v. haan); gemeenz *ein blauer* ~ een briefje van 100 Mark; *durch die* ~ *gehen* ontsnappen
läppern zw lebberen, slurpen; *sich* ~ langzaam vermeerderen, zich ophopen; *das läppert sich (zusammen)* langzaam maar zeker tikt het toch aan
lappig gemeenz slap; onbelangrijk, gering
läppisch flauw, laf, kinderachtig, ridicuul, onnozel
Lärche v (~; -n) lorkenboom, lariks
Larifari o (-s; -s) larie, onzin, flauwekul; snipperwerk

Lärm *m* (-s) lawaai, spektakel, rumoer; *viel ~ um nichts* veel drukte om niets, veel geschreeuw en weinig wol; *~ schlagen* alarm slaan; luidruchtig protesteren, ophef maken
Lärmbelästigung *v* geluidshinder
lärmen *zw* lawaai, rumoer, alarm maken
Lärmschutz *m* bescherming tegen lawaai
Larve *v* (~; -n) larve; masker; (afschuwelijk) gezicht
lasch slap, laks
Lasche *v* (~; -n) klep; lipje; las, ingezet stuk, verbindingsstuk; tong (aan schoen)
laschen *zw* aaneenlassen (door verbindingsstuk), aanzetten, voegen
Laserdrucker *m* laserprinter
lassen (ließ; gelassen) (los)laten, toelaten, toestaan; overlaten; doen, veroorzaken; *das muß man ihm ~* dat moet men toegeven; *laß das sein!* laat dat!; *laß das gut sein* laat (dat) maar (rusten); *das läßt sich denken* dat spreekt van zelf; *laß es dir gut gehen!* het ga je goed!; *ich lasse bitten* plechtig laat meneer (mevrouw) binnen; *etwas bleiben ~* iets uit zijn hoofd laten, achterwege laten; *einen nicht zu Worte kommen ~* iem. niet aan 't woord laten komen
lässig nonchalant; traag, achteloos, loom
läßlich, nieuwe spelling: **lässlich** verschoonbaar; meegaand; niet fel; *~e Sünde* kleine vergeeflijke zonde
Lasso *m & o* (-s; -s) lasso, vangstrik
Last *v* (~; -en) last, zwaarte, vracht; *~en handel* schulden, financiële verplichtingen; *Sie haben die ~ davon* N-Duits u hebt er de last van; *seine (liebe) ~ haben mit* veel zorg hebben over; *einem etwas zur ~ legen* iem. iets ten laste leggen; *jmdm. zur ~ fallen* iem. tot last zijn; op iems. kosten leven; *das geht zu ~en der Gemeinde* dat valt de gemeente ten laste
Lastauto *o* vrachtauto
lasten *zw* wegen, zwaar zijn; zwaar drukken, bezwaren (vooral financieel); *~ auf (+ 3)* lasten, drukken op
Lastenaufzug *m* goederenlift
Lastenausgleich *m* evenredige verdeling van de lasten
lastenfrei vrij v. lasten, onbelast
1 Laster *m* (-s; ~) vrachtauto
2 Laster *o* (-s; ~) ondeugd, zonde, slechtheid; *ein langes ~ gemeenz* een lange slungel
Lästerer *m* (-s) lasteraar, kwaadspreker
lasterhaft verdorven, slecht, onzedelijk
Lasterleben *o* schandelijke leefwijze
lästerlich lasterlijk
Lästermaul *o* lastertong, lasteraar, kwaadspreker
lästern *zw* lasteren; *gemeenz* roddelen
Lästerung *v* (~; -en) lastering, laster
lästig lastig, onaangenaam; *einem ~ werden* iem. lastig vallen
Lastkahn *m* aak, sleepaak
Lastkraftwagen *m* vrachtauto
Lastschiff *o* vrachtschip
Lastschriftanzeige *v*, **Lastschriftzettel** *m handel* debetnota

Lasttier *o* lastdier
Lastwagen *m* vrachtwagen; vrachtauto
Lastzug *m* vrachtwagencombinatie
lasziv [-'tsief] wulps
Latein *o* (-s) Latijn; *am Ende seines ~s sein, mit seinem ~ am Ende sein* niet meer weten wat te zeggen, te doen
Lateinamerika *o* Latijns-Amerika
lateinisch Latijns
latent latent, verborgen
Laterne *v* (~; -n) lantaarn; *das kannst du mit der ~ suchen* dat moet je met een lantaartje zoeken, dat zal je niet zo snel vinden
Laternenpfahl *m* lantaarnpaal
Latrine *v* (~; -n) latrine
1 Latsche [-aa-] *v* slof, pantoffel; uitgelopen schoen
2 Latsche [-aa-] *v* (~; -n) berg-, kruipden
latschen [-aa-] *zw* sloffen; *einem ein paar ~* iem. een oorveeg geven
latschig [-aa-] sloffend
Latte *v* (~; -n) lat (ook *sp*); <u>mil</u>, <u>slang</u> lat, sabel; grote schuld; straflijst; *gemeenz* vinger, tengel; <u>luchtv</u>, <u>gemeenz</u> schroef; ski; *eine lange ~ gemeenz* een lange magere vent; grote schuld; een lange lijst, heel wat; *etwas auf der ~ haben* een schuld hebben; *sie nicht alle auf der ~ haben gemeenz* ze niet alle vijf bij elkaar hebben
Lattenkiste *v* krat (als verpakking)
Lattenverschlag *m* latten beschot, afgeschutte ruimte; krat
Lattenzaun *m* hek van latten
Lattich *m* (-s) *plantk* latuw
Latz *m* (-es; Lätze) lijfje (v. kledingstuk); slabbetje; broekklep; *jmdm. eins vor den ~ knallen* iem. een opdoffer verkopen; iem. scherp terechtwijzen
Lätzchen *o* (-s; ~) slabbetje
Latzhose *v* salopette, tuinbroek
lau lauw; laks, koel, onverschillig; <u>slang</u> gratis
Laub *o* (-es) *plantk* loof
Laube *v* (~; -n) prieel; huisje in volkstuintje; tuinhuisje; (winkel)galerij, portiek, arcade; *fertig ist die ~ gemeenz* klaar is Kees
Laubengang *m* berceau, pergola; arcade
Laubenkolonie [-'nie] *v* volkstuincomplex
Laubfrosch *m* groene boomkikvors
Laubholz *o* loofhout, loofbomen
laubig bebladerd, schaduwrijk
Laubsäge *v* figuurzaag
Laubwald *m* loofbos
Laubwerk *o* loofwerk
Lauch *m* (-es) *plantk* look
Lauer *v* (~) loer; *auf der ~ liegen* op de loer liggen; *sich auf die ~ legen* op de loer gaan liggen
lauern *zw* loeren; *gemeenz* traag zijn; *kaartsp* zijn goede kaarten vasthouden
Lauf *m* (-(e)s; Läufe) loop, gang; *sp* serie, manche, loopwedstrijd; (bij wielerwedstrijd) rit; (bij cricket) run; loop (v. geweer); loper (= poot van wild); *muz* loopje; *der ~ der Welt* 's werelds loop; *in vollem ~* in volle vaart; *alles geht seinen gewohnten ~* alles gaat zijn gewone gang, gewoon; *im ~e*

der Woche in de loop van de week; *einer Sache ihren (freien)* ~ *lassen* iets de vrije loop laten; *seinen Tränen den freien* ~ *lassen* zijn tranen de vrije loop laten; *der Zunge den freien* ~ *lassen* vrijuit spreken; *seinen* ~ *nehmen* zijn gewone gang gaan
Laufbahn v hardloopbaan, sintelbaan; loopbaan
Laufbrücke v vonder, loopbrug
Laufbursche m loopjongen
laufen (lief; gelaufen) I *onoverg* (hard-) lopen; lekken, druipen; (v. machine enz.) aanstaan, lopen, draaien; bezig zijn, plaats vinden; geldig zijn, van kracht zijn; ⟨goed, slecht⟩ verkopen; *so läuft der Hase* zo is 't bedoeld, die kant gaat 't uit; *auf Grund* ~ scheepv aan de grond lopen, stranden; *auf vollen Touren (Hochtouren)* ~ op volle toeren draaien; *einem in die Arme* ~ iem. tegen 't lijf lopen; *ihm ist eine Laus über die Leber ge*~ hij is in een slecht humeur (een rot humeur); *mit der Kirche ums Dorf* ~ gemeenz een grote omweg maken; *vom Stapel* ~ scheepv van stapel lopen; *die Sache is ge*~ de zaak is voorbij, afgelopen, voltrokken; *der Antrag läuft* de aanvraag is ingediend; *der Vertrag läuft von 1. Januar bis zum 31. Dezember* het contract is geldig van de 1e januari tot de 31e december; *die Ermittlungen laufen noch* het onderzoek loopt nog, is nog niet afgesloten; *der Film läuft schon seit Wochen* de film draait al weken; *dieser Artikel läuft sehr gut* dit artikel wordt goed verkocht; II *overg* lopen, rijden; *Gefahr* ~ gevaar (kans) lopen; *Probe* ~ proeflopen; *einen Rekord* ~ een record lopen; *Schlittschuh* ~ *ein Rennen* ~ een wedstrijd lopen; schaatsenrijden; *Spießbruten* ~ spitsroeden lopen; *Sturm* ~ stormlopen ⟨ook fig⟩; III *wederk: sich heiß* ~ *warm lopen* ⟨v. machine⟩; *sich halb tot* ~ zich een ongeluk lopen; *es läuft sich hier angenehm* het is hier prettig lopen
laufend lopend; doorlopend, geregeld; duurzaam; *die* ~*en Ausgaben* de lopende uitgaven; *das* ~ *Meter* de strekkende meter; *der* ~*e Monat* de lopende maand; ~*e Rechnung* lopende rekening, rekeningcourant; *auf dem* ~*en sein* op de hoogte zijn; *jmdn. auf dem* ~*en halten* iem. op de hoogte houden
laufenlassen, nieuwe spelling: **laufen lassen** *st* laten lopen, opgeven; *die Karre einfach* ~ de zaak op haar beloop laten
Läufer m (-s; ~) hardloper; loper; sp middenspeler, -velder; raadsheer, loper ⟨bij schaakspel⟩; scheepv dik touw, loper; mil, scheepv ordonnans
Lauffeuer o: *wie ein* ~ als een lopend vuurtje
Lauffläche v loopvlak
Laufgitter o (baby)box
Laufgraben m mil verbindingsloopgraaf
läufig loops ⟨v. dieren⟩
Laufmasche v ladder ⟨in kous⟩
Laufpaß, nieuwe spelling: **Laufpass** m ontslag, paspoort; *einem den* ~ *geben* 't met iem. uitmaken, iem. de bons geven

Laufschritt m sp, mil looppas
Laufsteg m loopplank, -brug, plankier ⟨ook bij modeshow⟩
Laufzeit v bronsttijd; looptijd ⟨v. wissel, film⟩
Lauge v (~; -n) loog
laugen zw logen
Lauheit v (~; -en) lauwheid; laksheid, koelheid
Laune v (~; -n) luim, humeur; kuur, gril; *die* ~*n des Schicksals* de nukken, grillen van het lot; ~*n haben* humeurig zijn; kuren hebben; *(bei) guter, schlechter* ~ *sein* goed, slecht gehumeurd zijn
launenhaft, launenvoll humeurig, nukkig, grillig
launig luimig, grappig, amusant
launisch nukkig, eigenzinnig, grillig, humeurig
Laus v (~; Läuse) luis; *einem eine* ~ *in den Pelz setzen* bij iem. ergernis wekken, het iem. moeilijk maken
Lausbub m (-en; -en) kwajongen, aap v.e. jongen
Lauschangriff m afluistercampagne, het systematisch afluisteren van privégesprekken
lauschen zw luisteren, toehoren; afluisteren; ~ *auf (+ 4)* scherp luisteren naar, heel aandachtig toehoren
Lauscher m (-s; ~) luisteraar, luistervink; lepel, oor ⟨v. wild⟩; *der* ~ *an der Wand hört seine eigene Schand* wie luistert aan de wand, hoort zijn eigen schand
lauschig verborgen, intiem, knus, gezellig
Lausebengel, Lausejunge m gemeenz kwajongens
lausen zw luizen, luizen vangen; plukken, plunderen; gemeenz fouilleren; *mich laust der Affe* gemeenz ik sta paf; *ich wurde beim Poker mächtig gelaust* ik werd bij het pokeren aardig geplukt
lausig luizig; beroerd, min
laut luid, luidkeels, luidruchtig; ~ *denken* hardop denken; ~ *lesen* hardop lezen; ~ *werden* bekend worden; geluid geven, blaffen ⟨v. jachthond⟩; *Rufe wurden* ~ men hoorde luid roepen
Laut m (-(e)s; -e) geluid, klank; ~ *geben* geluid geven ⟨door jachthond⟩; *keinen* ~ *von sich geben* geen kik geven
Lautbildung v klankvorming, articulatie
Laute v (~; -n) muz luit; *die* ~ *schlagen* op de luit spelen
lauten zw I *onoverg* luiden, behelzen; *das Urteil lautet auf drei Monate Gefängnis* het vonnis luidt drie maanden hechtenis; *diese Aktien lauten auf Namen (auf den Vorzeiger)* deze aandelen staan op naam (luiden aan toonder); II *overg* taalk uitspreken
läuten zw luiden ⟨v. klok enz.⟩; Z-Duits, Oostr aanbellen; *es läutet* de kerkklokken luiden; Z-Duits, Oostr er wordt gebeld; *dem Portier* ~ de portier schellen, bellen; *Sturm* ~ storm luiden; *von etwas* ~ *hören* een gerucht opvangen
lauter louter, zuiver; enkel; *ein* ~*er Charak*-

Lauterkeit

ter een rechtschapen karakter; *aus ~ Liebe* alleen uit liefde; *vor ~ Angst* louter uit angst
Lauterkeit *v* louter-, zuiverheid
läutern *zw* louteren, zuiveren
Läuterung *v* (~; -en) loutering, zuivering; raffinering
lauthals luid, luidkeels
lautlich wat de klank betreft, in klank; klank-; *~e Form* klankvorm; *der ~e Unterschied* het klankverschil
lautlos geluidloos, stil; *~e Stille* doodse stilte
lautmalend klanknabootsend
Lautschrift *v* fonetisch schrift, klankschrift
Lautsprecher *m* luidspreker
lautstark luid
Lautstärke *v* geluidssterkte
lauwarm lauw
lavieren *zw* *scheepv* laveren ⟨ook *fig*⟩
Lawine *v* (~; -n) lawine ⟨ook *fig*⟩
lawinenartig als een lawine, lawineachtig
lax slap, laks
Laxiermittel *o* laxeermiddel
Lazarett *o* (-s; -e) *mil* militair hospitaal, lazaret
Lazarettschiff *o* *scheepv* hospitaalschip
Lebehoch *o* hoera; lang zal hij leven
Lebemann *m* fuifnummer, pretmaker
leben leven; leven voor, zich wijden aan; wonen; *er lebe hoch!* lang zal hij leven!; *es lebe die Freiheit!* leve de vrijheid; *~ und ~ lassen* leven en laten leven; *einen hoch ~ lassen* op iemands gezondheid drinken; *auf großem Fuß ~* op grote voet leven; *aus dem Koffer ~* voortdurend op reis zijn; *drei Meilen hinter dem Mond ~* van niets weten; *in wilder Ehe ~* *gemeenz* ongehuwd samenwonen; *in der Emigration ~* als emigrant leven; *von der Hand in den Mund ~* van de hand in de tand leven; *in Saus und Braus ~* als vrolijk Fransje leven; *im vollen ~* in overvloed leven; *in den Tag hinein ~* er maar op los leven; *von Liebe und Luft ~* van de lucht leven, geen behoeften hebben; *~ wie (der liebe) Gott in Frankreich* leven als God in Frankrijk; *wie Hund und Katze ~* leven als kat en hond
Leben *o* (-s; ~) leven; *das nackte ~* 't vege lijf; *einem das ~ schwer machen* iem. 't leven zuur maken; *~ in die Bude bringen* *gemeenz* leven in de brouwerij brengen; *am ~ sein* in leven zijn; *auf ~ und Tod* op leven en dood; *für sein ~ gern* dolgraag; *nie im ~!* nooit van mijn leven!; *mit dem ~ davonkommen* het er levend vanaf brengen; *jmdm. nach dem ~ trachten* iem. naar het leven staan; *ums ~ bringen* om 't leven brengen, ombrengen; *zum ~ zu wenig, zum Sterben zu viel* uiterst karig; *sich das ~ nehmen* de hand aan zichzelf slaan; *sich durchs ~ schlagen* zich door 't leven slaan
lebend levend ⟨ook van taal⟩
lebendig [-'ben-] levend; *Zwits* levendig; *einen ~ (bei ~em Leibe) begraben* iem. levend begraven
Lebendigkeit [-'ben-] *v* (~) levendigheid
Lebensabend *m* levensavond, oude dag

Lebensabschnitt *m* levensperiode
Lebensalter *o* leeftijd
Lebensart *v* leefwijze; wellevendheid, savoir-vivre
Lebensaufgabe *v* levenstaak
Lebensdauer *v* levensduur; *auf ~* voor het leven
lebensfähig levensvatbaar
lebensfroh levenslustig
Lebensführung *v* levenswandel
Lebensgefahr *v* levensgevaar
Lebensgefährte *m* levensgezel
Lebensgefährtin *v* levensgezellin
Lebensgeister *mv* levensgeesten
Lebenshaltung *v* levenshouding; levensstandaard; levensonderhoud
Lebenshaltungskosten *mv* kosten van levensonderhoud
Lebenslage *v* levensomstandigheden
lebenslang, lebenslänglich levenslang, voor 't leven
Lebensmittel *o mv* levensmiddelen
lebensmüde levensmoe
lebensnah dicht bij de werkelijkheid staand
lebensnotwendig van vitaal belang
Lebensraum *m* leefruimte
Lebensstandard *m* levensstandaard
Lebensunterhalt *m* levensonderhoud
Lebenswandel *m* levenswandel
Lebensweise *v* leefwijze
lebenswichtig van vitaal belang
Lebenszeichen *o* teken van leven, levensteken
Lebenszeit *v* leeftijd; levensduur; *auf ~* voor het leven, voor altijd, levenslang
Lebensziel *o*, **Lebenszweck** *m* levensdoel
Leber *v* (~; -n) lever; *das frißt mir an der ~* dat vreet aan me; *es mit der ~ haben* aan een leverkwaal lijden; *frisch von der ~* vrijuit, recht voor zijn raap; *sich etwas von der ~ reden* zijn hart luchten
Leberkrankheit *v*, **Leberleiden** *o* leverziekte, -aandoening
Leberpastete *v* leverpastei
Lebertran *m* levertraan
Leberwurst *v* leverworst; *die beleidigte (gekränkte) ~ spielen* *gemeenz* op zijn teentjes getrapt zijn
Lebewesen *o* levend wezen, schepsel
Lebewohl *o* plechtig vaarwel, afscheid
lebhaft levendig, druk
Lebkuchen *m* taai-taai, peperkoek
leblos levenloos; *handel* zonder zaken, stil
Lebtag *m*: *mein ~ (meine ~e) nicht* nog nooit van mijn leven
Lebzeiten *mv*: *bei (zu) ~* gedurende 't leven, bij (zijn) leven
lechzen *zw*: *~ nach* hevig verlangen, snakken naar; *nach Blut ~* naar bloedige wraak snakken
leck *scheepv* lek; *~ werden* lek slaan
Leck *o* (-s; -e) *scheepv* lek
Leckage [-'a:ʒə] *v* (~; -n) lekkage
1 lecken *zw* likken; *sich alle zehn Finger nach etwas ~* *fig* zijn vingers aflikken bij de gedachte aan iets, belust zijn op iets; *geleckt* *fig* overdreven netjes, glad; *leck*

mich doch am Arsch! gemeenz krijg de klere!, rot op!
2 lecken zw lekken; lek zijn
lecker lekker, delicieus; kieskeurig; keurig netjes
Leckerbissen m lekker hapje, lekkernij
Leckerei v (~; -en) lekkernij, lekkertje
Leckermaul o lekkerbek
Leder o (-s) leer; zeemleren lap; sp (voet-)bal; *am ~ bleiben* gemeenz aan de bal blijven; *einem ans ~ wollen* gemeenz iem. willen aanvallen
Lederhose v leren broek
Lederjacke v leren jas
ledern leren, van leer; taai; gemeenz vervelend, saai
ledig open, vrij; vacant; ongebruikt; ongehuwd; *ein ~es Kind* Z-Duits, vero een kind van een ongehuwde moeder; *im ~en Stande* in ongehuwde staat; *der Sorgen ~ pflegen* vrij van zorgen
lediglich alleen, enkel, slechts
Lee v (~) scheepv lij, lijzijde
leer ledig, leeg; uitgeput; zonder inhoud
Leere v (~) ledigheid, leegte, ijdelheid; *eine gähnende ~* een gapende leegte
leeren ledigen, ruimen; *den Briefkasten ~* de (brieven)bus lichten; *sich ~* leeglopen, leeg worden
Leergut o verpakking, emballage
Leerlauf m vrijloopstand (v. motorfiets); techn leegloop, 't onbelast lopen, nullast (v. machine); fig onproductief werk
leerstehend, nieuwe spelling: **leer stehend** leegstaand
Leertaste v spatietoets (v. schrijfmachine)
Leerung v (~; -en) lediging; lichting (v. brievenbus)
Leerzimmer o ongemeubileerde kamer
Lefze v (~; -n) lip (v. dier)
legal legaal, wettig
1 Legat m (-en; -en) legaat, gezant v.d. paus
2 Legat o (-(e)s; -e) legaat
Legation v (~; -en) gezantschap, legatie
Legationsrat m legatie-, gezantschapsraad
Legebatterie v legbatterij
legen zw leggen; *Erbsen ~* erwten zaaien; *Feuer ~* brand stichten; *einem das Handwerk ~* een eind maken aan iems. praktijken; *Karten ~* de kaart leggen; *Kartoffeln ~* aardappels poten; *großen Wert ~ auf* hoge prijs stellen op; *einem etwas ans Herz ~* iets op 't hart drukken; *an den Tag ~* aan de dag leggen; *einen Plan auf Eis ~* een plan in de ijskast leggen; *etwas auf die hohe Kante (die Seite) ~* geld overleggen, sparen; *einen aufs Kreuz ~* iem. bedriegen; *auf Stapel ~* scheepv & fig op stapel zetten; *einem die Worte in den Mund ~* iem. de woorden in de mond leggen; *die Hände in den Schoß ~* de handen in de schoot leggen, de handjes laten neerzitten; *etwas zu den Akten ~* iets bij de stukken voegen; *einem etwas zur Last ~* iem. iets ten laste leggen; *sich ~* gaan liggen; naar bed gaan; *sich schlafen ~*, *sich aufs Ohr ~* gaan slapen, naar bed gaan
legendär, legendarisch legendarisch

Legende v (~; -n) legende, vroom verhaal; bijschrift; randschrift; legende ⟨= verklaring van tekens op kaart enz.⟩
legendenhaft legendarisch
leger (-'zjee) ongedwongen, gemakkelijk
legieren zw le'geren, door smelten vermengen
Legierung v (~; -en) le'gering, mengsel, alliage
Legion [-gi'oon] v (~; -en) mil legioen; legio; *ihre Zahl ist ~* hun aantal is legio
Legionär m (-s; -e) mil legioensoldaat
Legislative v (~) wetgevende macht; wetgevend lichaam
Legislatur [-'toer] v (~; -en) wetgeving
Legislaturperiode v zittingsperiode
legitim legitiem, wettig
Legitimation v (~; -en) legitimatie; wettiging ⟨v. kind⟩
legitimieren zw: *sich ~* zich legitimeren
Lehen o (-s; ~) leen
Lehm m (-(e)s; -e) leem; klei
Lehmboden m leemgrond
lehmig leemachtig
Lehne v (~; -n) leuning; Z-Duits, Oost berghelling; Noorse esdoorn
lehnen zw leunen, steunen; *die Fahne lehnt an der Wand* de vlag staat tegen de muur geleund; *ich lehne mich an (gegen) die Wand* ik leun tegen de muur
Lehnsessel m leunstoel
Lehnsherr m leenheer
Lehnsmann m leenman
Lehnstuhl m leunstoel
Lehnwort o leenwoord
Lehramt o betrekking als onderwijzer, leraar
Lehranstalt v onderwijsinstelling
Lehrbefähigung v, **Lehrbefugnis** v onderwijsbevoegdheid
Lehrbuch o leerboek
Lehre v (~; -n) les; leer, leerstuk; techn controle-instrument; *(bei einem) in die ~ gehen* in de leer gaan, schoolgaan; *einen in die ~ geben* iem. in de leer doen; *eine ~ aus etwas ziehen* zijn lesje uit iets leren
lehren zw leren, onderwijzen, doceren; een leer verkondigen; *ich werde dich ~!* ik zal je wel leren!; *den werde ich ~, so zu handeln* die zal ik 't wel afleren
Lehrer m (-s; ~) onderwijzer, docent; leraar; leermeester
Lehrerin v (~; -nen) onderwijzeres, docente; lerares; leermeesteres
Lehrerkonferenz v leraarsvergadering
Lehrerschaft v de gezamenlijke docenten, leraarskorps; onderwijswereld
Lehrgang m cursus, leergang
Lehrgeld o fig leergeld
lehrhaft didactisch
Lehrherr m baas, patroon
Lehrkörper m onderwijzend personeel, docentenkorps
Lehrling m (-s; -e) leerjongen, leerling, jongste bediende (in vak)
lehrreich leerzaam, -rijk
Lehrsatz m leerstelling, stelling, eigenschap; *der pythagoreische ~* wisk de stel-

Lehrstelle

ling van Pythagoras
Lehrstelle *v* plaats als leerling (in een bedrijf)
Lehrstuhl *m* leerstoel
1 Lei *v* (~; -en) rots, leisteenrots
2 Lei [lee-i] (*mv van Leu*) lei (Roemeense munt)
Leib *m* (-(e)s; -er) lijf, leven, lichaam; buik; bouwk schacht, zuil; *am eignen ~e* aan den lijve; *gesund an ~ und Seele* naar lichaam en ziel gezond; *bei ~e nicht* volstrekt niet, om de dood niet; *mit ~ und Seele* met lichaam en ziel; *zu ~ gehen, rücken* te lijf gaan; *sich jmdn. vom ~e halten* zich iem. van het lijf houden; *das ist mir auf den ~ geschnitten* dat is me op het lijf geschreven
Leibarzt *m* lijfarts
leiben *zw: wie er leibt und lebt* sprekend gelijkend
Leibeserzieher *m* gymnastiekleraar
Leibesvisitation *v* onderzoek a. d. lijve, visitatie, fouillering
Leibgericht *o* lievelingsgerecht, -eten
leibhaftig I *bn* in levende lijve; **II** *bijw* warempel, waarachtig; *der L~e* de duivel in eigen persoon
leiblich lijfelijk, lichamelijk, stoffelijk; in levende lijve; *~e Brüder* volle broers; *der ~e Sohn* de (bloed)eigen zoon
Leibspeise *v* = *Leibgericht*
Leibwache *v* lijfwacht
Leibwächter *m* lijfwacht (persoon)
Leibwäsche *v* onder-, lijfgoed
Leich *v* Oostr begrafenis
Leiche *v* (~; -n) lijk; Z-Duits begrafenis; *nur über meine ~* gemeenz niet dan over mijn lijk; *über ~n gehen* over lijken gaan
Leichenbegängnis *o* plechtig begrafenis, uitvaart
Leichenbestatter *m* lijkbezorger
Leichenbestattung *v* plechtig teraardebestelling
Leichenbittermiene *v* begrafenisgezicht
leichenblaß, nieuwe spelling: **leichenblass** lijk-, doodsbleek, bleek als een lijk
Leichenfledderer *m* lijkberover
Leichenhalle *v*, **Leichenhaus** *o* mortuarium
Leichenschauhaus *o* lijkenhuis
Leichenschmaus *m* begrafenismaal
Leichentuch *o* lijkkleed, -wade
Leichenzug *m* lijkstoet
Leichnam *m* (-s; -e) lijk
leicht licht, gemakkelijk; luchtig; lichtzinnig; *~en Herzens* luchthartig, onbezorgd; *einen um ein paar Mark ~er machen* iron iem. een paar mark afhandig maken, van een paar mark afhelpen; *das ist mir ein ~es* dat is voor mij heel gemakkelijk
Leichtathlet *m* atleet
Leichtathletik *v* atletiek
Leichter *m* (-s; ~) scheepv lichter
leichtfallen, nieuwe spelling: **leicht fallen** *st* licht vallen, gemakkelijk zijn
leichtfertig lichtvaardig
Leichtfuß *m* losbol
leichtfüßig vlug ter been, snel; vluchtig

234

leichtgläubig lichtgelovig
Leichtigkeit *v* (~) gemakkelijkheid, gemak; lichtheid; lichte zwier; *das ist ihm eine ~* dat is gemakkelijk voor hem te doen
leichtlebig luchthartig
Leichtmetall *o* licht metaal
leichtnehmen, nieuwe spelling: **leicht nehmen** *st* licht opvatten
Leichtsinn *m* lichtzinnigheid
leichtsinnig lichtzinnig
leid: *ich bin es ~, es ist mir ~* ik heb er genoeg van; ik heb er spijt van; *es tut mir ~* het spijt me, sorry, het is jammer (maar)...; *er tut mir ~* ik heb met hem te doen; *es kann einem wirklich ~ tun...* het doet je echt wat...
Leid *o* (-es) leed; Zwits begrafenis; *geteiltes ~ ist halbes ~* gedeelde smart is halve smart; *jmdm. sein ~ klagen* zijn beklag doen bij iem.; *jmdm. ein ~ zufügen, tun* iem. leed berokkenen, aandoen
Leideform *v* gramm lijdende vorm, passieve vorm
leiden (litt; gelitten) lijden, dulden; toelaten; leed, schade ondervinden; *ich kann ihn (auf den Tod) nicht ~* ik kan hem niet uitstaan; *ich kann (mag) es nicht ~, daß...* ik kan er niet tegen dat...; *keine Ausnahme ~* geen uitzondering toelaten; *Schiffbruch ~* schipbreuk lijden; *Schmerzen ~* pijn lijden
Leiden *o* (-s; ~) lijden; ziekte, kwaal; *ein langes ~* gemeenz een lang end, een lange slungel
Leidenschaft *v* (~; -en) hartstocht; hobby
leidenschaftlich hartstochtelijk
Leidensweg *m* lijdensweg
leider helaas; *~ Gottes* helaas
leidig naar, treurig, vervelend
leidlich tamelijk, passabel, zozo, lala; *es ist ein ~er Schüler* hij is een matig leerling
leidtragend leed-, rouwdragend; *die L~en* de slachtoffers, de gedupeerden
leidvoll droevig, smartelijk
Leidwesen *o* leedwezen, spijt
Leier *v* (~; -n) muz lier; gemeenz draaistang, zwengel; *es ist immer die alte (gleiche) ~* het is altijd hetzelfde liedje
Leierkasten *m* muz draaiorgeltje
leiern *zw* op de lier ('t draaiorgel) spelen; draaien; ophalen; opdreunen
Leihamt *o* bank van lening, lommerd
Leihbibliothek *v*, **Leihbücherei** *v* leesbibliotheek, -inrichting
leihen (lieh; geliehen) lenen, uitlenen; *einem ein geneigtes (offenes, williges, sein) Ohr ~* iem. 't oor lenen
Leihgabe *v* bruikleen
Leihgebühr *v* huurprijs; leesgeld
Leihhaus *o* pandjeshuis, lommerd
Leihwagen *m* huurauto
leihweise te leen, als lening
Leim *m* (-(e)s; -e) lijm; *einem auf den ~ gehen* zich door iem. laten beetnemen
leimen *zw* lijmen; gemeenz *einen ~* iem. lijmen, vangen, erin laten lopen
leimig lijmachtig, kleverig, lijmerig
Lein *m* (-(e)s; -e) plantk vlas

Leine v (~; -n) lijn, koord; (honden)riem; *eine lange* ~ een zachte behandeling; *einen an der* ~ *haben* iem. aan het lijntje hebben; *einen an der* ~ *halten, an die* ~ *legen, nehmen* iem. streng behandelen; *zieh* ~*!* donder op!

leinen *bn* linnen, van linnen

Leinen o (-s; ~) linnen; wasgoed

Leinöl o lijnolie

Leinsamen *m* plantk lijnzaad

Leinwand v (~) lijnwaad, linnen; het witte doek ⟨= film⟩

leis = *leise*

leise zacht, zachtjes; fijn, licht; *eine* ~ *Ahnung* een flauw vermoeden; *ein* ~*r Duft* een fijne, zachte geur; ~ *Scheu* lichte schroom; ~*r Schlaf* lichte slaap; *nicht die* ~*ste Veranlassung* niet de geringste aanleiding

Leisetreter *m* stiekemerd, gluiper

Leiste v (~; -n) rand, lijst, boord; zelfkant; lies; smalle band; talon ⟨m.b.t. coupon⟩

leisten *zw* verrichten, doen, volbrengen, presteren; *das kann ich mir nicht* ~ dat kan Bruin niet trekken; *einen Beitrag* ~ *zu* tot iets bijdragen; *einen Dienst* ~ een dienst bewijzen; *gute Dienste* ~ goede diensten verrichten; *Ersatz* ~ schadeloos stellen; *Folge* ~ gevolg geven aan; *Gehorsam* ~ gehoorzamen; *einem Gesellschaft* ~ iem. gezelschap houden; *Gewähr* ~ borg zijn, instaan; *einem Hilfe* ~ iem. helpen, hulp verlenen; *Kaution* ~ borg (garant) staan, cautie stellen; *Rechtsbeistand* ~ iem. in rechten bijstaan; *eine Unterschrift* ~ ondertekenen; *Widerstand* ~ tegenstand bieden; *eine Zahlung* ~ een betaling doen; *Zins* ~ cijns, rente betalen; *sich etwas* ~ zich iets (meest financieel) veroorloven

Leisten *m* (-s; ~) leest; *alles über einen* ~ *schlagen* alles over één kam scheren

Leistengegend v liesstreek

Leistung v (~; -en) verrichting, werk; prestatie; betaling, uitkering; bewijs, betoon; techn capaciteit, vermogen; *denkerische* ~ bewonderenswaardige denkarbeid; *ungenügende* ~*en in der Schule* onvoldoende prestaties op school; *die* ~ *des Mittelalters* wat de middeleeuwen gepresteerd hebben

Leistungsabfall *m* vermindering van prestatie

leistungsfähig in staat veel te presteren, capabel

Leistungsfähigkeit v prestatievermogen

Leistungsgesellschaft v prestatiemaatschappij

Leistungsort *m* handel plaats van levering

leistungsschwach zwak in prestaties, weinig productief

Leistungssport *m* op prestaties gerichte sportbeoefening

leistungsstark met grote capaciteit

Leistungsvermögen o prestatievermogen

Leitartikel *m* hoofdartikel ⟨v. krant⟩

Leitbild o beheersende voorstelling; ideaal, voorbeeld

leiten *zw* leiden, voeren, besturen; nat geleiden; verdergeven, doorgeven; *Wasser auf jemands Mühle* ~ iem. een voordeel bezorgen; *etwas in die Wege* ~ iets op touw zetten, de eerste stoot geven tot iets

1 Leiter *m* (-s; ~) leider, bestuurder; nat geleider; hoofdartikel

2 Leiter v (~; -n) ladder, leer; *die* ~ *des Erfolgs, des Ruhms* de ladder van het succes, van de roem

Leitfaden *m* leidraad

Leitgeb *m* (-en; -en), **Leitgeber** *m* waard

Leitgedanke *m* leidende gedachte

Leithammel *m* kuddeleider ⟨v. schapen⟩, leider; volksmenner, demagoog

Leitmotiv o leidmotief, hoofdmotief

Leitplanke *m* middenbermbeveiliging, vang-, dwangrail

Leitsatz *m* leidende gedachte; stelling

Leitspruch *m* motto, zinspreuk

Leitung v (~; -en) leiding, directie; bestuur; nat geleiding; *lange* ~, *kurzer Draht* traag van begrip; *eine lange* ~ *haben* gemeenz traag van begrip zijn, traag reageren

Leitungskader *m*, **Leitungskollektiv** o ⟨in de voormalige DDR⟩ kader van leidende figuren

Leitungswasser o leidingwater

Leitwerk o oeverbevestiging; luchtv staartvlakken

Lektion v (~; -en) les; fig lesje

Lektor *m* (-s; -en) docent in praktische vakken, vooral in talen, op een instelling voor hoger onderwijs; lector, beoordelaar van manuscripten (op een uitgeverij)

Lektüre v (~) lectuur

Lende v (~; -n) lende; vlees van de lende

Lendenbraten *m* lendenstuk, nierstuk

lendenlahm lendenlam; lamlendig, zwak; impotent

Lendenschurz *m* schaamgordel

lenkbar bestuurbaar; gedwee, meegaand

lenken *zw* leiden, wenden, besturen; in een bepaalde richting doen gaan; manipuleren, controleren; *der Mensch denkt, Gott lenkt* de mens wikt, God beschikt; *die Aufmerksamkeit auf etwas* ~ de aandacht op iets vestigen; *das Gespräch auf etwas anderes* ~ aan het gesprek een andere wending geven; *etwas zum Guten* ~ iets ten goede keren; *staatlich gelenkt* door de staat gecontroleerd

Lenker *m* (-s; ~) leider, bestuurder; chauffeur; auto stuur

Lenkrad o auto stuurrad, -wiel

Lenkradschaltung v auto stuurschakeling

Lenkstange v stuur ⟨v. fiets⟩

Lenkung v (~; -en) leiding, besturing; stuurinrichting, -installatie

Lenz *m* (-es; -e) plechtig lente; *zwanzig* ~*e schertsend* twintig jaar ⟨oud⟩; *einen schönen* ~ *haben, schieben*; *sich einen schönen* ~ *machen* gemeenz 't ervan nemen, op zijn gemak leven

lenzen *zw* plechtig lente worden; scheepv lenzen; scheepv lens, leeg pompen

Leopard [-'part] *m* (-en; -en) dierk luipaard

leprakrank, lepros, leprös lepreus, melaats

Lerche v ⟨~; -n⟩ vogelk leeuwerik
lernbegierig leergierig
lernen zw leren; *mancher lernt es nie (und auch dann nicht)* menigeen begrijpt er nooit iets van; *was Hänschen nicht lernt, lernt Hans nimmer mehr* wat Jantje niet leert, zal Jan niet kennen; *Schlosser ~* voor bankwerker leren
lernfaul laks in 't leren
Lernschwester v leerling-verpleegster
Lesart v lezing, variant
lesbar leesbaar ⟨meestal: wat de inhoud betreft⟩
Lesbierin v ⟨~; -nen⟩ lesbienne
lesbisch lesbisch
Lese v ⟨~; -n⟩ oogst; wijnoogst; bloemlezing; *~ halten* oogsten
Lesebuch o leesboek
lesen (las; gelesen) lezen; bijeenzamelen; college geven; *Erbsen ~* erwten lezen; *eine Korrektur ~* een drukproef corrigeren; *einem die Leviten, den Text ~* iem. kapittelen, iem. de les lezen; *die Messe ~* RK de mis lezen; *das Buch liest sich angenehm* het boek is aangenaam om te lezen; *Prof. Meyer liest heute nicht* prof. Meyer geeft vandaag geen college
lesenswert lezenswaardig
Lesepult o lessenaar, lezenaar
Leser m (-s; ~) lezer; oogster; *der geneigte ~* de welwillende lezer
Leserkreis m lezerskring
leserlich leesbaar ⟨m.b.t. het schrift⟩
Leserschaft v ⟨~; -en⟩ lezend publiek, de lezers
Lesezirkel m leesgezelschap, -kring
Lesung v ⟨~; -en⟩ het lezen; lezing ⟨van wetsontwerp⟩; voorlezing, voordracht ⟨v. gedichten of proza⟩
letal [-'taal] dodelijk, letaal
Lette m (-n; -n) Let
Letten m (-s) leem
Letter v ⟨~; -n⟩ typ (gedrukte) letter, drukletter
lettisch Lets
Lettland o (-s) Letland
letzt laatst; uiterst; *am ~en* het laatst; *bis ins ~e* kennen door en door kennen; *bis zum ~en* tot 't (bittere) einde; *es geht ums Letzte* 't gaat om 't allerbelangrijkste; *~en Endes* tenslotte; *die ~e Neuheit* het nieuwste snufje; *der ~e Schrei* de laatste mode; *der ~e Wille* de uiterste wilsbeschikking; *in ~er Stunde* te elfder ure; *in ~er Zeit* in de laatste tijd
Letzt: *zu guter ~* ten langen leste
letztendlich ten laatste
letztens ten laatste
letztere(r) de laatste ⟨van twee⟩; laatstgenoemde
letzthin laatst, onlangs; tenslotte
letztjährig van het laatste jaar
letztlich laatst, laatstelijk; tenslotte
letztwillig bij testament, testamentair
1 Leu m (-en; -en) plechtig leeuw
2 Leu m ⟨~; Lei⟩ lei ⟨= Roemeense munt⟩
Leuchtboje v scheepv lichtboei
Leuchtbuchstabe m lichtende letter, neonletter
Leuchte v ⟨~; -n⟩ lantaren; lamp, licht ⟨ook v. mens⟩; *keine große ~ sein* geen licht zijn; *eine ~ der Wissenschaft* een licht der wetenschap
leuchten zw lichten, stralen, blinken; schitteren; *einem ~* iem. bijlichten; *sein Licht, seine Weisheit ~ lassen* zijn licht laten schijnen, zijn wijsheid luchten; *ein ~des Beispiel* een lichtend voorbeeld
Leuchter m (-s; ~) luchter; kandelaar
Leuchtfarbe v lichtgevende verf
Leuchtfeuer o vuurbaak; kustvuur
Leuchtkäfer m dierk glimworm, lichtkever
Leuchtpistole v lichtpistool
Leuchtrakete v lichtraket, lichtende vuurpijl
Leuchtreklame v lichtreclame
Leuchtschiff o vuurschip
Leuchtschrift v ⟨tekst v.⟩ lichtreclame
Leuchtturm m vuurtoren
leugnen zw loochenen, ontkennen; *ich kann nicht ~, daß es mir gut geht* ik geef toe dat het mij niet slecht gaat
Leumund m (-s) roep, reputatie, naam en faam; gerucht, gepraat
Leumundszeugnis o bewijs van goed gedrag
Leutchen mv gemeenz luitjes
Leute mv lieden, mensen; personeel; mil manschappen; *kleine ~* kleine burgers; *~ vom Bau* mensen van 't vak, deskundigen; *aus Kindern werden ~* kinderen worden groot; *unter die ~ bringen* ⟨ook⟩ rondstrooien; *unter die ~ kommen* onder de mensen komen; bekend worden
leutescheu mensenschuw; eenkennig
Leuteschinder m beul, slavendrijver, uitbuiter
Leutnant m (-s; -e & -s) mil (tweede) luitenant; *~ der Reserve* reserveluitenant
leutselig minzaam, vriendelijk, amicaal, welwillend
Levante [-'wan-] v ⟨~⟩ de Levant
Levit [-'wiet] m (-en; -en) leviet
lexikalisch lexikaal
Lexikon o (-s; -ka) lexicon, woordenboek; *ein wandelndes ~* een wandelend woordenboek
Liane v ⟨~; -n⟩ liaan
Libelle v ⟨~; -n⟩ dierk libel; techn waterpas
liberal liberaal, vrijzinnig; mild
Liberalismus m ⟨~⟩ liberalisme
licht helder; licht; stralend; dun, doorzichtig; binnenwerks; *~e Augenblicke haben* heldere ogenblikken hebben; *~e Höhe* bouwk hoogte binnenwerks; doorrijhoogte; *eine ~e Stelle im Wald* een open plek in het bos; *~e Weite* breedte binnenwerks; doorrijbreedte
Licht o (-(e)s; -er) licht, hemellicht; licht, lantaarn; oog ⟨v. wild⟩; slang snot; kaars ⟨in deze betekenis mv: Lichte⟩; *ein großes ~* fig een groot licht, een knappe kop; *einem grünes ~ geben* iem. toestaan iets te doen; *mit aufgeblendetem ~ auto* met groot licht; *~ machen* het licht aandoen; *ein gutes (schlechtes) ~ auf etwas, jmdn. werfen*

in een goed (slecht) daglicht plaatsen; *jmdn. hinters ~ führen* iem. om de tuin leiden; *etwas ins rechte ~ rücken, stellen* iets in het juiste daglicht plaatsen; *in ein schiefes ~ geraten* in een kwaad daglicht komen te staan; *ans ~ kommen, treten* aan het licht komen; *da gehen die ~er aus* daar gaat het (economisch) slecht
lichtbeständig lichtecht
Lichtbild *o* (pas)foto; lichtbeeld, dia
Lichtblick *m*: *der einzige ~* fig het enige lichtpunt
lichtempfindlich lichtgevoelig
lichten *zw* helder, licht maken; dunnen ⟨v. woud⟩; *den Anker ~* het anker lichten; wegvaren; *die Reihen ~* de gelederen dunnen; *sich ~* helder worden, opklaren; dunner worden
lichterloh lichterlaaie
Lichthof *m* binnenplaats; lichtkoker; vide; fotogr lichtkring, halo
Lichthupe *v* auto lichtsignaal
Lichtmaschine *v* dynamo
Lichtpause *v* blauwdruk
Lichtpunkt *m* lichtpunt (ook fig)
Lichtquelle *v* lichtbron; lichtpunt
lichtscheu lichtschuw
Lichtung *v* (~; -en) open plek (in 't bos)
Lid *o* (-(e)s; -er) ooglid
Lidschatten *m* oogschaduw
lieb lief, aardig, liefelijk; zoet; *~er Freund* beste vriend, vriendlief; *es wäre mir ~* het zou mij aangenaam zijn; *den ~en langen Tag* de godganse(lijke) dag; *ach, du ~er Gott!* lieve hemel!; *fürs ~e Geld* om het lieve geld; *mein ~er, meine ~e* mijn beste; *sei so ~, und mach das* wees zo lief om dat te doen
liebäugeln *zw* lonken, een lonkje toewerpen, knipogen; *mit etwas ~* een oogje op iets hebben, naar iets lonken; met iets koketteren
Liebchen *o* (-s; ~) liefje, meisje, geliefde
Liebe *v* (~) liefde; geliefde; *~ auf den ersten Blick* liefde op 't eerste gezicht; *zu* liefde voor; *mit (viel) Liebe* met veel aandacht, liefde
liebebedürftig behoefte hebbend aan liefde, naar liefde snakkend
Liebelei *v* (~; -en) amourette, flirt, vrijage, minnarij
lieben *zw* liefhebben, beminnen, houden van; *~d gern* heel graag
liebenswert beminnelijk
liebenswürdig erg vriendelijk, aardig
liebenswürdigerweise uit vriendelijkheid
lieber liever
Liebesabenteuer *o*, **Liebesaffäre** *v* liefdesavontuur
Liebesbrief *m* minne-, liefdesbrief
Liebesdienst *m* liefdedienst
Liebeserklärung *v* liefdesverklaring
Liebesgabe *v* liefdegave, geschenkzending
Liebesgedicht *o* minnedicht
Liebeskummer *m* liefdesverdriet
Liebesmüh *v*: *verlorne ~* vergeefse moeite
Liebespaar *o* verliefd paar
liebevoll liefderijk, liefdevol

liebgewinnen *st* lief krijgen, liefde opvatten voor
liebhaben, nieuwe spelling: **lieb haben** *onr = lieben*
Liebhaber *m* liefhebber; minnaar, aanbidder; amateur; dilettant; kenner; theat *jugendlicher ~* jeune premier, jeugdig minnaar
Liebhaberei *v* liefhebberij, hobby
Liebhaberwert *m* waarde die een liefhebber aan iets toekent; schertsend wat de gek ervoor geeft
liebkosen *zw* liefkozen
Liebkosung *v* (~; -en) liefkozing
lieblich liefelijk, lieftallig
Liebling *m* (-s; -e) lieveling, lieverd, liefste
Lieblingsessen *o*, **Lieblingsgericht** *o*, **Lieblingsspeise** *v* lievelingsgerecht, -kost(je), lijfkost
lieblos liefdeloos, hardvochtig, ongevoelig; *~ gesagt* onvriendelijk uitgedrukt
Liebreiz *m* bekoring, bekoorlijkheid, lieftalligheid
Liebschaft *v* (~; -en) liefdesbetrekking, verhouding
Liebste *v* (-(n); -n) geliefde, liefje
Liebste(r) *m* geliefde, vriend
Lied *o* (-(e)s; -er) lied; *(immer) das alte (gleiche, selbe) ~* (steeds) 't zelfde liedje
Liederjan *m* (-s; -e) liederlijke kerel
liederlich liederlijk, losbandig; slordig, achteloos; gemeenz beroerd
Lieferant *m* (-en; -en) leverancier
lieferbar leverbaar, te leveren
Lieferer *m* (-s; ~) leverancier
Lieferfrist *v* leveringstijd
liefern *zw* leveren; *er ist geliefert* hij is geleverd, erbij; *Beweise ~* bewijzen leveren; *eine Partie Schach ~* een schaakpartijtje spelen; *eine Schlacht ~* slag leveren; *einen ans Messer ~* iem. overleveren; *ins Haus ~* thuisbezorgen
Lieferschein *m* afleveringsbewijs, reçu
Lieferung *v* (~; -en) leverantie, levering; aflevering; *~ frei Haus* gratis bezorging aan huis
Lieferungsbedingungen *mv* leveringsvoorwaarden
Lieferungszeit *v* levertijd
Lieferwagen *m* bestelwagen, bestelauto
Lieferzeit *v* levertijd
Liege *v* chaise-longue, couch, rustbed
liegen (lag; gelegen) liggen, gelegen zijn; *links ~ lassen* links laten liggen; *es liegt nahe* 't ligt voor de hand; *es liegt anders* 't ligt anders; *Sie ~ richtig* u hebt 't bij 't rechte eind; *es liegt mir nicht* het is niets voor mij; *die Dinge ~ einfach* 't is met die dingen eenvoudig gesteld; *daran liegt mir nichts* daaraan is mij niets gelegen; *es liegt mir daran, daß…* ik vind 't van belang, ben erop gesteld dat…; *es liegt an ihm* 't ligt aan hem, 't is zijn schuld; *einem auf dem Hals ~* iem. op zijn nek zitten; *auf der faulen Haut ~* een lui leventje leiden; *auf derselben Linie ~* in dezelfde lijn liggen; *es liegt mir auf der Zunge* 't ligt op 't puntje van mijn tong; *das liegt bei ihm* dat hangt

van hem af; *sich in den Haaren* ~ elkaar in de haren zitten; *es liegt in der Luft* 't zit in de lucht; *einem immer (beständig) in den Ohren* ~ iem. steeds aan het hoofd zeuren; *in den Windeln* ~ fig in 't prille begin zijn; ~*des Gut* onroerend goed; *in Führung* ~ aan de leiding gaan

liegenbleiben, nieuwe spelling: **liegen bleiben** *st* blijven liggen, blijven steken
Liegenschaften *mv* onroerende goederen
Liegeplatz *m* scheepv ligplaats
Liegesitz *m* auto slaapstoel; spoorw couchette
Liegewagen *m* spoorw ligwagen
Liegewiese *v* ligweide, zonneweide
Lieschen [s-ç] *o* (-s) Lize, Liesje; *fleißiges* ~ plantk vlijtig Liesje, waterbalsemien, doorbloeiende begonia
1 Liese *v* (~; -n) nauwe kloof ⟨in bergen⟩
2 Liese *v* (~; -n) meid, wicht; *eine dumme* ~ een domme gans
Lift *m* (-(e)s; -e & -s) lift
Liftboy *m*, **Liftführer** *m*, **Liftjunge** *m* liftjongen
Liga *v* (~; -s) liga
liieren *zw* liëren, verbinden
Likör *m* (-s; -e) likeur; likeurtje
lila lila; gemeenz zozo, lala
Lilie ['lie-li-e] *v* (~; -n) plantk lelie
Liliputaner *m*, **Lilliputer** *m* (-s; ~) lilliputter
Limit ['lie-] *o* (-(e)s; -e) limiet
limitieren *zw* limiteren, begrenzen
Limone *v* (~; -n) plantk citroen
Limousine *v* (~; -n) limousine
lind(e) zacht, zoel; aangenaam; Zwits gaar
Linde *v* (~; -n) plantk linde
lindern *zw* verzachten, lenigen, kalmeren
Linderung *v* leniging, verzachting
Lindwurm *m* dierk draak
Lineal *o* (-s; -e) lineaal
linear [-'aar] lineair, lijnvormig
Linie ['lie-ni-e] *v* (~; -n) linie; streep, lijn; equator, evenaar; mil linietroepen; (tram-, bus)lijn; *absteigende (fallende), gerade, (auf)steigende* ~ neergaande (dalende), rechte, opgaande (stijgende) lijn ⟨ook bijv. stamboom⟩; *gestrichelte* ~ stippellijn; *die schlanke* ~ de slanke lijn; *auf der ganzen* ~ over de hele lijn; *einen auf* ~ *bringen* iem. in het rechte spoor, in 't gareel brengen; *in* ~*!* mil aantreden!; *in erster* ~ in de eerste plaats; *in gerader* ~ in rechte lijn
Linienbus *m* lijnbus ⟨= bus die een lijndienst onderhoudt⟩
Liniennetz *o* verkeersnet; net van lijnen
Linienpapier *o* gelinieerd, gelijnd papier
Linienrichter *m* sp grens-, lijnrechter
linientreu pol trouw aan de lijn van de partij
link linker; links ⟨ook pol⟩; slang link, gevaarlijk; *die* ~*e Hand* de linkerhand; ~*er Hand* links; *die* ~*e Seite* linkerkant; ⟨ook⟩ de verkeerde kant ⟨v.e. stof⟩; de linkse partijen, linkerzij
Linke *v* (-n; -n) linkerhand; pol linkerzijde; mil linkervleugel; stoot met de linkerhand ⟨bij boksen⟩; *zur* ~*n* aan de linkerhand, -kant, -zijde; *einem zur L*~*n, an seiner L*~*n gehen* aan iemands linkerzijde, links van iem. lopen
linkisch onhandig, links
links links; *nach* ~ linksaf, naar links; ~ *von mir* links van mij; ~ *bügeln, waschen* binnenstebuiten strijken, wassen; *etwas* ~ *liegen lassen* iets links laten liggen; *nicht mehr wissen, was links und was rechts ist* de kluts kwijt zijn, niet meer weten wat voor of achter is
Linksabbieger *m* linksafslaande auto, fietser enz.
Linkshänder *m* linkshandige
Linolschnitt [-'nool-] *m* linoleumsnede
Linse *v* (~; -n) plantk linze; lensglas, lens
linsen *zw* gemeenz loeren
Linsengericht *o* linzenmaal, schotel linzen
Lippe *v* (~; -n) lip, mond, manier v. spreken; *an jmds.* ~*n hängen* aan iems. lippen hangen; *etwas kommt einem nicht über die* ~*n* iets niet over zijn lippen krijgen; *ein Wort nicht über die* ~*n bringen* een woord niet over de lippen (kunnen) krijgen; *etwas auf den* ~*n haben* iets op de tong hebben liggen
Lippenbekenntnis *o* niet gemeende bekentenis
Lippenstift *m* lippenstift
liquid [-'kwiet] liquide ⟨ook handel⟩, vloeibaar
Liquidation *v* (~; -en) liquidatie; declaratie ⟨v. arts, advocaat, notaris⟩; *in* ~ *treten* handel tot liquidatie overgaan
liquidieren *zw* handel liquideren; opruimen, uit de weg ruimen; declareren
lispeln *zw* lispelen, slissen
List *v* (~; -en) list, listigheid; *mit* ~ *und Tücke* met veel handigheid en overtuigingskracht
Liste *v* (~; -n) lijst, rol, register, staat
listig listig, slim
Lit. = *Literatur*
Litanei *v* (~; -en) litanie; klaagzang; *die alte* ~ 't oude liedje
Litauen *o* (-s) Litouwen
Litauer *m* (-s; ~) Litouwer
litauisch Litouws
Liter *o* & *m*, Oostr & Zwits *m* (-s; ~) liter
literarisch letterkundig, literair
Literat *m* (-en; -en) literator, schrijver ⟨vaak ongunstig⟩, scribent
Literatur *v* (~; -en) literatuur, letterkunde; *die schöne* ~ de fraaie letteren, belletrie
literweise bij de liter, met liters
Litfaßsäule *v* aanplak-, reclamezuil
Litze *v* (~; -n) lis, galon; liskoord, draad
Live-Sendung *v* RTV live-uitzending
Livree *v* (~; -n) livrei
Lizenz *v* (~; -en) licentie, vergunning; vliegbrevet; *eine* ~ *zum Gelddrucken* een vergunning die veel winst zal opleveren
Lizenzinhaber *m*, **Lizenznehmer** *m* licentiehouder
Lkw, LKW = *Lastkraftwagen*
Lob *o* (-es; Lobsprüche) lof
loben *zw* loven, prijzen; *das lob' ich mir* dat bevalt me, dat vind ik uitstekend; *einen*

über den grünen Klee ~ iem. ophemelen, hemelhoog prijzen; *man soll den Tag nicht vor dem Abend* ~ men moet de dag niet voor de avond prijzen
lobenswert prijzens-, lofwaardig
Lobgesang *m* lofzang
Lobhudelei *v* (~; -en) pluimstrijkerij, flikflooierij
löblich loffelijk, prijzenswaardig
Loblied *o* loflied, -zang; *ein* ~ *auf jmdn., etwas anstimmen* de loftrompet steken over iem. of iets
lobpreisen (lobpreist & lobpries; gelobpreist & lobgepriesen) prijzen, loven
Lobspruch *m* loftuiting, lofrede
Loch *o* (-(e)s; Löcher) gat ⟨ook: plaatsje⟩; hole ⟨v. golfterrein⟩; krot; hol ⟨v. vos⟩; gevangenis, bajes, bak; *die Rechnung hat ein* ~ er klopt iets niet met de rekening; *aus dem letzten* ~ *pfeifen* ten einde raad zijn; *ein* ~ *in die Luft gucken* staren; *Löcher in die Luft schießen* missen; *jmdm. ein* ~ *(Löcher) in den Bauch reden* iem. de oren van het hoofd kletsen
lochen *zw* doorboren, perforeren; ponsen; knippen ⟨v. kaartje⟩
Locher *m* (-s; ~) perforator; ponstypist(e)
löcherig vol gaten, doorboord
Lochkarte *v* ponskaart
Lochsäge *v* schrobzaag
Locke *v* (~; -n) lok, krul
1 locken *zw* lokken, aanlokken, bekoren; *es lockt mich sehr, es zu tun* 't trekt mij erg 't te doen
2 locken *zw* I *overg* krullen ⟨v. haar⟩; II *onoverg: sich* ~ krullen
Lockenkopf *m* krullenbol
locker los; luchtig; losbandig, lichtvaardig
lockerlassen: *nicht* ~ niet loslaten; fig 't niet opgeven, geen krimp geven
lockern *zw* losser maken, losmaken; verzachten; *sich* ~ los worden, los gaan; *seine Züge lockerten sich* zijn gelaatstrekken ontspanden zich
Lockerung *v* (~; -en) 't losmaken, losser maken
lockig krullend, gekruld
Lockruf *m* lokroep
Lockspeise *v* lokspijs, -aas
Lockspitzel *m* agent-provocateur; politiespion
Lockung *v* (~; -en) verlokking
Lockvogel *m* lokvogel ⟨ook fig⟩
Lodenmantel *m* loden mantel, loden jas
lodern *zw* vlammen, branden, laaien; *~de Begeisterung* laaiende geestdrift
Löffel *m* (-s; ~) lepel ⟨ook v. haas enz.⟩; *etwas hinter die* ~ *bekommen* op zijn kop krijgen; *sich etwas hinter die* ~ *schreiben* een lesje leren
löffeln *zw* (op)lepelen; gemeenz begrijpen, snappen
löffelweise met lepels, bij lepelsvol
Löffler *m* (-s; ~) vogelk lepelaar
Log [lok] *o* (-s) scheepv log
Logarithmus *m* (~; -rithmen) logaritme
Logbuch *o* scheepv logboek
Loge ['lo-zje] *v* (~; -n) loge; portiershokje

Logenbruder *m* vrijmetselaar
logieren [-'zjie-] *zw* logeren
Logiergast *m* logé
Logik ['lo-] *v* (~) logica
Logis [lo-'zjie] *o* (~; ~) verblijfplaats, logies; scheepv (matrozen)logies
Logopädie *v* logopedie
Lohe *v* (~; -n) plechtig laaiende gloed; run ⟨om te looien⟩; *in heller* ~ in lichte laaie
lohen *zw* oplaaien, opvlammen; looien
Lohgerber *m* looier
Lohn *m* (-(e)s; Löhne) loon, beloning; *seinen* ~ *bekommen* zijn portie krijgen, krijgen wat hem toekomt
Lohnabbau *m* loonsverlaging
Lohnaufbesserung *v* loonsverhoging
Lohnausfall *m* loonderving
Lohnempfänger *m* loontrekkende, -trekker
lohnen *zw* lonen; belonen; *es lohnt sich kaum, es zu tun* 't trekt mij erg 't te doen, *es lohnt kaum die Mühe* 't is bijna niet de moeite waard; *Gott wird es dir* ~ God zal het je lonen
lohnenswert de moeite waard
Lohnerhöhung *v* loonsverhoging
Lohnforderung *v* looneis
Lohnsenkung *v* loonsvermindering
Lohnsteuer *v* loonbelasting
Lohnsteuerkarte *v* kaart met persoonlijke gegevens voor de berekening van de inkomstenbelasting
Lohnstreifen *m* loonstrookje
Lohntüte *v* loonzakje
Löhnung *v* (~; -en) loon; mil soldij
Lok [lok] *v* = *Lokomotive*
lokal [-'kaal] plaatselijk, lokaal; *Lokales* plaatselijk nieuws
Lokal [-'kaal] *o* (-s; -e) zaal, kamer; plaats; gemeenz café, tent
Lokalbahn *v* lokaalspoorweg
lokalisieren *zw* lokaliseren
Lokalität *v* (~; -en) lokaliteit, plaats, vertrek
Lokalteil *m* plaatselijk nieuws ⟨in de krant⟩
Lokaltermin *m* recht rechtzitting op de plaats van het misdrijf, plaatsopneming
Lokführer *m* (trein)machinist
Lokomotive *v* (~; -n) locomotief
Lokomotivführer *m* (trein)machinist
Lokus *m* (~; & Lokusse) plaats; gemeenz zekere plaats, wc
Lombard *m* & *o* belening; lommerd
lombardieren *zw* belenen ⟨v. effecten⟩; verpanden
Lombardsatz *m* beleningstarief, bankdisconto
London *o* (-s) Londen
Lorbeer *m* (-s; -en) plantk laurier; lauwer
Lorbeerkranz *m* lauwerkrans
Lore *v* (~) lorrie
los los; bevrijd, kwijt, vrij, ontslagen; *los!* vooruit!; af!; *nur* ~*!* vooruit maar, vooruit ermee!; *nur darauf* ~ ⟨ook⟩ in 't wilde weg; *etwas* ~ *haben* iets kunnen, handig zijn met iets; *jetzt geht's* ~ nu begint het; *was ist hier* ~*?* wat is hier aan de hand?; *was ist* ~ *mit dir?* wat scheelt eraan?; *dort ist etwas* ~ daar is iets gebeurd; daar is grote

Los

drukte; *daar is iets te doen; daar is 't een vrolijke boel; mit ihm ist nicht viel ~* hij is niet veel bijzonders, er zit niet veel bij; *ich bin mein Geld ~* ik ben mijn geld kwijt

Los o (-es; -e) lot; loterijbriefje; perceel (bij aanbesteding enz.); *das ~ ziehen* loten; *das große ~* de hoofdprijs in de loterij

lösbar los te maken; oplosbaar

losbinden *st* losmaken, -binden

losbrechen *st* losbreken, -maken; *ein Gewitter bricht los* een onweer barst los

Löschblatt o vloeiblad, -papier

löschen *zw* lessen; blussen; delgen, uitwissen, royeren, schrappen; afvloeien; lossen; <u>comput</u> deleten, gegevens verwijderen; *den Durst ~* de dorst lessen; *eine Firma ~* een firma in 't handelsregister doorhalen; *eine Hypothek ~* een hypotheek doorhalen; *Kalk ~* kalk blussen; *ein Schiff ~* scheepv een schip lossen; *ein Tonband ~* een geluidsband uitwissen; *daten ~* gegevens deleten

Löscher *m* (-s; ~) brandblusser, blusapparaat; vloeirol, -blok, inktvloeier

Löschkalk *m* gebluste kalk

Löschpapier o inktvloei

Löschung *v* (~; -en) blussing; lessing; delging, schrapping; het lossen

lose I *bn* los, onverpakt; schelms, ondeugend, loos, wispelturig, losbandig, ongeregeld; II *bijw* losjes; ~s *Gesindel* rondlopend gespuis; *ein ~s Mädchen* een luchthartig meisje; *einen ~n Mund haben* los in de mond zijn; ~ *Reden führen* brutaal, oneerbiedig praten; ~ *Streiche* ondeugende streken

Loseblattausgabe *v* losbladige uitgaaf

Lösegeld o losprijs, -geld

losen *zw* loten; <u>Z-Duits</u>, <u>Oostr</u>, <u>Zwits</u> luisteren

lösen *zw* los- of vrijmaken; oplossen; verbreken, ontbinden, lossen, afvuren; *eine Aufgabe ~* een taak volbrengen, een moeilijkheid de baas worden; *ein Billett (eine (Fahr)Karte) ~* een kaartje kopen; *eine Gleichung ~ wisk* een vergelijking oplossen; *einen Knoten ~* een knoop ontwarren; *ein Problem, Rätsel ~* een probleem, raadsel oplossen; *einen Schuß ~* een schot lossen; *eine Verlobung ~* een verloving verbreken; *einen Vertrag ~* een contract verbreken; *sich ~* zich losmaken, zich bevrijden; losraken; opgelost worden

losfahren wegvaren, -rijden; *auf einen ~* op iem. toevliegen

losgehen *st* losgaan; erop uitgaan; beginnen; ontploffen; *drauf ~* erop uit-, losgaan

loshaben *onr: etwas ~* iets kunnen, iets snappen

loskaufen *zw* los-, vrijkopen

loskommen *st* <u>luchtv</u> loskomen v.d. grond; wegraken; *naar iem. toekomen*; loskomen van

loskriegen *zw* loskrijgen, vrij krijgen

loslassen *st* los-, vrijlaten; <u>gemeenz</u> *eine Rede ~* een speech afsteken; *einen Spruch ~* een kreet slaken

loslaufen *st* weglopen, -rennen

loslegen *zw* beginnen (met vaart), losbarsten; van wal steken

löslich oplosbaar, op te lossen; loslatend

loslösen *zw* losmaken; afweken (v. postzegel)

losmachen *zw* losmaken, bevrijden

losplatzen *zw* losbarsten

losreißen *st* losscheuren, -rukken

lossagen *zw* afzien, afstand doen; *sich ~ von* breken met

losschießen *st* afschieten; beginnen; losbarsten; <u>fig</u> van wal steken

losschlagen *st* los slaan; (goedkoop) verkopen; *drauf ~* erop losslaan; *Vorräte ~* voorraden van de hand doen

lossprechen *st*: ~ *von* vrijspreken van

1 Losung *v* (~; -en) leus, parool, wachtwoord

2 Losung *v* uitwerpselen (v. wild)

3 Losung <u>Oostr</u> opbrengst

Lösung *v* (~; -en) oplossing; ontbinding (v. contract); het kopen (v. kaartje); ontknoping

Lösungsmittel o oplosmiddel

Lösungswort o leus, wachtwoord

Losverfahren o loting

loswerden *onr* kwijt raken

losziehen *st* lostrekken; erop uittrekken, weggaan; *über einen ~* op iem. afgeven, kwaad van iem. spreken

Lot o (-(e)s; -e) lood (gewicht); dieplood; schietlood; soldeersel; *wisk* loodlijn; *im ~ sein* loodrecht staan; <u>fig</u> in orde zijn; *ins (rechte) ~ bringen* in 't reine brengen; *ins ~ kommen* in orde komen

loten *zw* loden; scheepv peilen

löten *zw* solderen

Lötkolben *m* soldeerbout; <u>gemeenz, schertsend</u> drankneus

Lötlampe *v* soldeerlamp

lotrecht loodrecht

Lotse *m* (-n; -n) scheepv loods

lotsen *zw* scheepv loodsen; <u>fig</u> meetronen

lotterhaft losbandig, lichtzinnig; slonzig

Lotterie [-'rie] *v* (~; -n) loterij

lotterig slordig, losbandig, slonzig

Lotterleben o losbandig leven

lottern *zw* boemelen; liederlijk leven; luilakken

Lötung *v* (~; -en) 't solderen

Lötzinn o soldeersel, soldeer

Löwe *m* (-n; -n) leeuw; *gut gebrüllt, ~!* goed gezegd, treffende opmerking!

Löwenanteil *m* leeuwendeel

Löwenbändiger *m* leeuwentemmer

Löwenmaul o leeuwenbek; <u>plantk</u> leeuwenbekje

Löwenzahn *m* <u>plantk</u> paardebloem; leeuwentand

Löwin *v* (~; -nen) <u>dierk</u> leeuwin

loyal loyaal, getrouw, oprecht, wettig

Luchs *m* (-es; -e) <u>dierk</u> los, lynx; *aufpassen wie ein ~* heel scherp opletten

luchsen *zw* scherp, gespannen kijken

Lücke *v* (~; -n) gaping, leemte; gat; bes; *einen ~ reißen* een gat slaan

Lückenbüßer *m* bladvulling; invaller

lückenhaft met leemten; onvolmaakt, ge-

brekkig, onvolledig
lückenlos aaneensluitend, zonder leemten, sluitend als een bus; ~ *vollständig* absoluut volledig
Luder *o* (-s; ~) gemeenz loeder, karonje; kreng; kadaver; *ein armes* ~ een arme stakker; *ein dummes* ~ een dom schepsel; *ein faules* ~ een lui kreng; *ein kleines* ~ een klein mirakel, een krengetje
Luft *v* (~; Lüfte) lucht; *dicke* ~! onraad!, gevaar!; *die* ~ *ist rein* er is geen gevaar, we kunnen rustig gaan; *er ist* ~ *für mich* hij is lucht voor mij; *es gibt* ~ er komt ruimte; *wieder* ~ *bekommen* fig 't beter krijgen; ~ *machen (schaffen)* opruimen; *seinem Herzen, seinem Zorn* ~ *machen* zijn hart, zijn woede luchten; *in die* ~ *gehen* woedend worden, opspringen van kwaadheid; *das liegt in der* ~ dat hangt (zit) in de lucht; *da ist die* ~ *raus* daar zit niets meer in, daar zit geen spanning meer in; *mir blieb die* ~ *weg* ik stond compleet paf; *die* ~ *anhalten* de adem inhouden; *halt die* ~ *an* hou op met praten; wees stil; *an die* ~ *setzen* de deur uit zetten; *das ist aus der* ~ *gegriffen* dat is uit de lucht gegrepen; *das hängt (noch) in der* ~ dat staat nog niet vast; *jmdn., einen in der* ~ *zerreißen* iem. afkraken, vernietigend bekritiseren; *nach* ~ *schnappen* naar lucht happen
Luftabwehr *v* mil luchtafweer
Luftangriff *m* mil luchtaanval
Luftballon [-long] *m* luchtballon
Luftbild *o* luchtfoto
Luftblase *v* luchtbel
Lüftchen *o* (-s; ~) zuchtje, koeltje
Luftdruck *m* luchtdruk; bandspanning
lüften *zw* luchten, ventileren; lichten, oplichten (v. hoed, v. klep); opensnijden (v. wild); *ein Geheimnis* ~ een geheim openbaren, ontsluieren; *den Schleier* ~ iets onthullen; *sein Visier* ~ fig zich bekendmaken; *den Vorhang* ~ 't gordijn ophalen
Lüfter *m* (-s; ~) ventilator
Luftfahrt *v* luchtvaart
Luftgewehr *o* luchtbuks
Luftheizung *v* hete-luchtverwarming
luftig luchtig, ruim; licht, etherisch; ijl, hersenschimmig
Luftikus *m* (~; -se) gemeenz windbuil, fantast
Luftkampf *m* mil luchtgevecht
Luftkissen *o* luchtkussen
Luftkissenfahrzeug *o* hovercraft, luchtkussenboot
luftleer luchtledig
Luftlinie [-ni-e] *v* luchtlijn; hemelsbreedte
Luftloch *o* valwind, luchtgat
Luftmatratze *v* luchtbed
Luftraum *m* luchtruim
Luftröhre *v* luchtpijp
Luftschloß, nieuwe spelling: **Luftschloss** *o* luchtkasteel
Luftschutz *m* mil luchtbescherming
Luftschutzkeller *m*, **Luftschutzraum** *m* schuilkelder
Luftspiegelung *v* luchtspiegeling
Lüftung *v* (~; -en) ventilatie, het luchten;

het lichten, oplichten; ontsluiering; het opensnijden (v. wild)
Luftverschmutzung *v* luchtvervuiling
Luftwaffe *v* mil luchtwapen, -macht
Luftwechsel *m* verandering van lucht
Luftweg *m* luchtweg; *auf dem* ~*e* per vliegtuig
Luftzug *m* tocht, het tochten
Lug *m*: ~ *und Trug* leugen en bedrog
Lüge *v* (~; -n) leugen; ~*n haben kurze Beine* al is de leugen nog zo snel, de waarheid achterhaalt haar wel
lügen (log; gelogen) liegen, jokken; *faustdick, wie gedruckt, das Blaue vom Himmel herunter* ~, ~ *daß sich die Balken biegen* liegen alsof 't gedrukt staat, tegen de klippen op, dat je barst, dat je zwart ziet; *einem den Buckel (die Hucke) voll* ~ iem. allerlei leugens op de mouw spelden
Lügendetektor *m* leugendetector
lügenhaft leugenachtig
Lügenmaul *o* leugenaar, liegbeest
Lügner *m* (-s; ~) leugenaar; duivel
Lügnerin *v* (~; -nen) leugenaarster
lügnerisch leugenachtig, vals
Luke *v* (~; -n) luik
lukrativ lucratief, winstgevend
Lulatsch ['loe-laatsj] *m* (-es; -e) gemeenz lange lummel
lullen *zw* sussen, in slaap wiegen
Lümmel *m* (-s; ~) lummel, vlegel
Lümmelei *v* (~; -en) vlegelachtigheid
lümmelhaft lummelachtig, plomp, grof
lümmeln *zw: (sich)* ~ lummelachtig doen, rondhangen, rondlummelen
Lump *m* (-en; -en) schooier; proleet; ploert, mispunt
lumpen *zw* met minachting behandelen; boemelen, fuiven; *sich nicht* ~ *lassen* royaal zijn, zich niet laten lompen
Lumpen *m* (-s; ~) lomp, vod, lap
Lumpengesindel *o* gespuis, rapaille
Lumpenhändler *m* vodden-, lompenkoopman
Lumpenpack *o* gespuis, rapaille
Lumpensammler *m* voddenraper; gemeenz de laatste tram of bus
Lumperei *v* (~; -en) schooiersstreek; wissewasje, kleinigheid
lumpig voddig, prullig, armzalig, ellendig
Lunge *v* (~; -n) long
Lungenentzündung *v* longontsteking
Lungenheilanstalt *v*, **Lungenstätte** *v* sanatorium voor longlijders
lungenkrank aan een longziekte lijdend
lungern *zw* rondhangen, slenteren
Lunte *v* (~; -n) lont; jacht vossen-, marterstaart
Lupe *v* (~; -n) loep; *das kannst du mit der* ~ *suchen* dat is met een lantaarntje te zoeken; *unter die* ~ *nehmen* onder de loep nemen (ook fig)
lupenrein loepzuiver; fig & pol zuiver, geheel betrouwbaar
lüpfen *zw*, **lupfen** *zw* Z-Duits (even) oplichten, -tillen
Lurch *m* (-es; -e) dierk amfibie
Lust *v* (~; Lüste) lust, plezier; genot, wellust;

Lustbarkeit

~ *an etwas (+ 3) haben* plezier in iets hebben; *keine ~ zu etwas haben* geen zin in iets hebben; *es ist eine ~ zu leben* 't is een lust om te leven; *mit ~ und Liebe* met groot genoegen; *nach ~ und Laune* naar hartelust; *die ~ an etwas verlieren* het plezier in iets verliezen

Lustbarkeit *v* (~; -en) vermakelijkheid, amusement

Lüster *m* (-s; ~), Oostr **Luster** *m* (-s; ~) luster, lichtkroon; luister, pracht; luster ⟨stof⟩

lüstern begerig; wellustig, zinnelijk, geil; ~ *nach* begerig naar, belust op

Lustgarten *m* lusthof

lustig vrolijk, lustig; humoristisch; *sich über einen ~ machen* zich over iemand vrolijk maken; *das kann ja ~ werden!* dat wordt me wat moois!

Lüstling *m* (-s; -e) wellusteling

lustlos ⟨ook handel⟩ lusteloos

Lustmord *m* lustmoord

Lustschloß, nieuwe spelling: **Lustschloss** *o* lustslot

Lustseuche *v* vero syfilis

Lustspiel *o* blijspel

Lutheraner *m* (-s; ~) lutheraan

lutherisch luthers; *die ~e Kirche* de Lutherse kerk; *~e Schriften* geschriften van Luther

lutschen *zw* zuigen; opzuigen

Lutscher *m* (-s; ~) lolly; (zuig)speen

Lutschtablette *v* zuigtablet

Lüttich *o* (-s) Luik

Luv *v* (~) scheepv loef

luven *zw* scheepv loeven

Luxemburg *o* (-s) Luxemburg

Luxemburger *m* (-s; ~) Luxemburger

luxemburgisch Luxemburgs

luxuriös luxueus, weelderig

Luxus *m* (~) luxe, pracht, weelde

Luxusdampfer *m* luxepassagiersschip

Lyra *v* (~; -ren) muz lyra

Lyrik ['lu-rik] *v* (~) lyriek

Lyriker ['lu-] *m* (-s; ~) lyricus, lyrisch dichter

Lyzeum [-'tsee-] *o* (-s; -zeen) vero middelbare school voor meisjes

M

Maar *o* (-(e)s; -e) kratermeer
Maas *v* (~) Maas
Maat *m* (-(e)s; -e & -en) <u>scheepv</u> bootsman
Machart ['mach-] *v* maaksel; makelij
Mache *v* (~) gedoe, aanstellerij; knoeiwerk, humbug; machinaties; *alles nur* ~, *reine* ~ bedrog; *etwas in der* ~ *haben* iets onderhanden hebben, met iets bezig zijn; *einen in die* ~ *nehmen* iem. onderhanden nemen
machen *zw* maken, vervaardigen; verrichten; doen; <u>gemeenz</u> zijn behoefte doen; *nun mach schon!* schiet eens een beetje op!, maak voort!; ~ *wir!* dat doen we!; *es nicht mehr lange* ~ 't niet lang meer maken, gauw doodgaan; *Kaffee* ~ koffie zetten; *einen alle* ~ <u>gemeenz</u> iem. afmaken; *auf etwas aufmerksam* ~ op iets attent maken, de aandacht op iets vestigen; *es sich bequem* ~ 't zich gemakkelijk maken; *etwas geltend* ~ iets in 't midden brengen; *einem den Standpunkt klar* ~ iem. zeggen waar 't op staat; *sich lustig* ~ *über* zich vrolijk maken over, de spot drijven met; *sich nichts aus einem (etwas)* ~ zich van iem. (iets) niets aantrekken; *unter dem macht er es nicht* hij doet 't niet voor minder; *sich etwas zur Regel* ~ zich iets tot regel stellen; *was macht es?* wat doet het er toe?; *was macht deine Mutter?* hoe gaat 't met je moeder?; *es so* ~ het zo doen; *das macht nichts* dat doet er niets toe; *da ist nichts zu* ~ daar is niets aan te doen; *(das) wird gemacht* dat komt in orde; *lassen Sie mich nur* ~ laat mij maar begaan; *das macht sich hübsch* dat ziet er aardig uit; *er macht sich* hij gaat vooruit, hij maakt vorderingen; *das Kleid macht sich gut* de japon staat goed; *die Sache macht sich* het gaat goed, het komt terecht; *sich davon* ~ ervandoor gaan; *das wird sich* ~ *lassen* dat komt in orde; *was, wieviel macht das?* hoeveel kost het?
Machenschaften *mv* machinaties, manoeuvres, kuiperijen
Macher *m* drijvende kracht, initiatiefnemer
Macherlohn *m* maak-, arbeidsloon
Macho *m* (-s; -s) macho
Macht *v* (~; Mächte) macht; kracht, gezag; mogendheid; *die westeuropäischen Mächte* de West-Europese mogendheden; *aus eigner* ~ op eigen gezag; *mit aller* ~ uit alle macht; *die* ~ *der Gewohnheit* de macht der gewoonte
Machtbefugnis *v* bevoegdheid
Machtbereich *m* & *o* machtssfeer
Machtergreifung *v* greep naar de macht, machtsovername
mächtig machtig (ook van eten); vermogend; kolossaal, groot, geweldig; flink, erg; *fremde Augen sind* ~ vreemde ogen dwingen; *ein* ~*er Bau* een imposant bouwwerk; *einer Sache* ~ *sein* iets machtig zijn, beheersen; *seiner selbst nicht* ~ *sein* zichzelf niet meester zijn; ~ *teuer* bar duur; ~ *voll* erg vol
machtlos machteloos
Machtwort *o* machtwoord
Machwerk *o* knoei-, maakwerk
Macke *v* fout, defect; *eine* ~ *haben* <u>gemeenz</u> niet goed wijs zijn
Mädchen *o* (-s; ~) meisje; dienstmeisje; *ein altes (spätes)* ~ een oude vrijster; ~ *für alles* dienstmeisje alleen; <u>schertsend</u> duvelstoejager
mädchenhaft meisjesachtig
Made *v* (~; -n) <u>dierk</u> made; *wie die* ~ *im Speck* in luilekkerland
Mädel, Z-Duits Madel *o* (-s; & -s) meisje
madig vol maden; <u>gemeenz</u> beroerd; *einen* ~ *machen* <u>gemeenz</u> iem. zwartmaken
Madonna *v* (~; Madonnen) de Heilige Maagd Maria, Madonna
Magazin [-'tsien] *o* (-s; -e) magazijn, pakhuis; magazine
Magd *v* (~; Mägde) (dienst)meid ⟨op de boerderij⟩
Magen *m* (-s; ~ & Mägen) maag; *es liegt mir schwer im* ~ het zit me dwars
Magengrube *v* maagholte
Magenverstimmung *v* <u>schertsend</u> indigestie
mager mager, schraal; <u>typ</u> petit; ~ *wie eine Bohnenstange* mager als een lat, een bonenstaak
Magermilch *v* onder-, taptemelk
Magie [ma-'gie] *v* (~) toverkunst, magie
Magier ['ma-gi-ër] *m* (-s; ~) magiër, priester; oosterse wijze
magisch toverachtig, magisch
Magister *m* (-s; ~) magister ⟨= laagste academische graad en titel⟩
Magistrat [-'straat] **I** *m* (-s; -e) magistraat, overheid, college v. Burgemeester en Wethouders; **II** <u>Zwits</u> *m* (-en; -en) overheidspersoon
Magnat *m* (-en; -en) magnaat
Magnet *m* (-en & -s; -en & -e) magneet
Magnetband *o* geluids-, magneetband
Magnetfeld *o* magnetisch veld
magnetisieren *zw* magnetiseren
Magnolie [-'no-] *v* <u>plantk</u> magnolia
Mahagoni(holz) ['-go-] *o* mahoniehout
Mahd *v* (~; -en) het maaien; het gemaaide; <u>Oostr, Zwits</u> ook: bergwei
Mähdrescher *m* maaidorser, combine
mähen *zw* maaien
Mäher *m* (-s; ~) maaier
Mahl *o* (-(e)s; -e & Mähler) maaltijd, maal
mahlen (mahlte; gemahlen) malen; *Gottes Mühlen* ~ *langsam* Gods molens malen langzaam; *wer zuerst kommt, mahlt zuerst* wie 't eerst komt, 't eerst maalt
mählich geleidelijk, langzamerhand
Mahlzeit *v* maaltijd; *gesegnete* ~*!* ⟨ook⟩ ~*!* eet smakelijk; goede middag; *pros(i)t* ~ *!* <u>iron</u> vooruit maar, toe maar!
Mähne *v* (~; -n) manen ⟨v.e. paard enz., <u>schertsend</u> ook v. mens⟩
mahnen *zw* manen, herinneren, vermanen
Mahnmal *o* gedenkteken

Mahnung v (~; -en) aanmaning, waarschuwing
Mahnwache v stille protestdemonstratie
Mahr m (-(e)s; -e) nachtmerrie
Mähre v (~; -n) oud paard, oude knol
Mähren o (-s) Moravië
mährisch Moravisch
Mai m (-s): *der* ~ mei
Maid v (~) plechtig jonkvrouw, maagd; meisje
Maiglöckchen o lelietje-van-dalen
Mailand o (-s) Milaan
mailändisch Milanees
Mais m (-es; -e) plantk maïs
Maiskolben m plantk maïskolf
Majestät [ma-jes-'teet] v (~; -en) majesteit; *Ew.* ~ Uwe Majesteit
majestätisch majestueus, statig, deftig
Majestätsbeleidigung v, **Majestätsverbrechen** o majesteitsschennis
Major ['joor] m (-s; -e) mil majoor
Majoran [-'raan] m (-s) plantk marjolein
majorisieren zw in getal overtreffen; overstemmen
Majorität v (~; -en) majoriteit, meerderheid (v. stemmen)
Majuskel ['joes-] v (~; -n) hoofdletter
makaber macaber
Makedonien o (-s) Macedonië
Makedonier m (-s; ~) Macedoniër
makedonisch Macedonisch
Makel m (-s; ~) vlek, smet
Mäkelei v (~; -en) gevit, gekanker
mäkelig vitterig, lastig; kieskeurig
makellos vlekkeloos, onberispelijk
mäkeln zw berispen, vitten; ~ *an* (+ 3) vitten op
Makler m (-s; ~) makelaar; *ein ehrlicher* ~ ⟨ook⟩ een onbaatzuchtige tussenpersoon
Makrele v (~; -n) visk makreel
1 mal (= *einmal*); ~ *so*, ~ *so* nu eens zo, dan weer zo; *komm* ~ *her* kom eens hier
2 mal maal; *zweimal drei* tweemaal drie
1 Mal o (-(e)s; -(-e)) maal, keer; *manches (liebe)* ~ menigmaal; *mit einem* ~e plotseling, opeens; *für* ~ telkens weer
2 Mal o (-(e)s; -e & Mäler) vlek; teken; honk; gedenkteken; *ein blaues* ~ een blauwe plek
Malaria v malaria
malen zw schilderen; afschilderen; *in schwarzen Farben* ~ somber voorstellen; *in Öl* ~ met olieverf schilderen; *wie gemalt* bijzonder fraai; *einem etwas an die Wand* ~ iem. iets waarschuwend voor ogen houden; *man soll den Teufel nicht an die Wand* ~ men moet geen slapende honden wakker maken; *auf Holz* ~ op paneel schilderen
Maler m (-s; ~) schilder; kunstschilder
Malerei v (~; -en) schilderkunst; -werk
Malerin v (-nen) schilderes
malerisch schilderachtig; *seine* ~e *Entwicklung* zijn ontwikkeling als schilder
Malheur [ma-'leur] o (-s; -e) malheur, ongeluk(je)
maliziös malicieus, boosaardig
malnehmen *st* wisk vermenigvuldigen

malochen zw slang zwoegen, sloven
Malve v (~; -n) plantk malve, kaasjeskruid
malvenfarbig mauve ⟨kleur⟩
Malz o (-s; -e) mout
Malzeichen o rekenk maal-, vermenigvuldigingsteken
Mammut o (-s; -e & -s) mammoet
mampfen zw met volle mond kauwen, smikkelen, schrokken
Mamsell v (~; -en & -s) huishoudster; juffrouw; *kalte (warme)* ~ buffetjuffrouw voor koude (warme) spijzen
1 man men; ~ *sagt* men zegt; ~ *kann nie wissen* je kunt 't nooit weten
2 man N-Duits maar; *gemeenz tu es man* doe 't maar; ~ *tau!* N-Duits vooruit maar!
managen ['mennedzjen] zw tot stand brengen, bemiddelen, managen
Manager m (-s; ~) manager
manch- zie: *mancher*
manchenorts op menige plaats
mancher, manchere, mancheres menig, menigeen; ~*e sagen es sommigen zeggen het; ~*es Schöne* heel wat moois
mancherlei veler-, menigerlei
mancherorts op diverse plaatsen, hier en daar
manchmal soms, af en toe
Mandant [-'dant] m (-en; -en) volmachtgever, principaal, cliënt
Mandantin [-'dan-] v (~; -nen) cliënte
Mandarine v (~; -n) plantk mandarijntje
Mandat [-'daat] o (-s; -e) mandaat, opdracht ⟨ook pol⟩; lastgeving; plaats in de volksvertegenwoordiging
Mandatar [-'taar] m (-s; -e) mandataris; gevolmachtigde; Oostr afgevaardigde
1 Mandel v (~; -n) amandel ⟨ook: klier⟩
2 Mandel v (~; -(n)) hoop van 15 (of 16) schoven
Mangel m (-s; Mängel) armoede; gebrek; gemis; ~ *haben an* (+ 3) gebrek lijden aan; *aus* ~ *an Geld* uit geldgebrek; *einen in die* ~ *nehmen* iem. te grazen nemen, toetakelen
mangelfrei zonder gebreken
mangelhaft gebrekkig; onvolmaakt
Mangelkrankheit v med deficiëntieziekte
1 mangeln zw ontbreken; *es mangelt ihm an Geld* het ontbreekt hem aan geld
2 mangeln zw mangelen
Mängelrüge v handel klacht, reclame
mangels (+ 2) bij gebrek aan; *Protest* ~ *Annahme* handel protest bij non-acceptatie ⟨v. wissel⟩; ~ *Beweises* bij gebrek aan bewijs
Mangelware v schaars artikel
Mangold m (-(e)s; -e) plantk eetbare bladeren v.e. soort biet
Manie [-'nie] v (~; -n) manie, rage
Manier v (~; -en) manier, wijze; stijl, soort stijl; gekunstelde stijl; ~*en* manieren
manieriert [ma-ni-'riert] gemaniëreerd, gekunsteld, onnatuurlijk
manierlich netjes, beleefd, welgemanierd
manifest duidelijk
Manifest o (-es; -e) manifest; scheepv manifest, ladinglijst

manifestieren zw manifesteren; *sich ~* zich manifesteren, zichtbaar (duidelijk) worden, aan 't licht treden
Maniküre v (~; -n) manicure ⟨ook persoon⟩
manikűren zw manicuren
Manipulation v manipulatie, ongeoorloofde beïnvloeding, knoeierij
manipulieren zw manipuleren; in een bepaalde richting drijven; knoeien met
Manko o (-s; -s) tekort, manco
Mann m (-(e)s; Männer) man; echtgenoot; *hundert ~* honderd man; *drei ~ hoch* met zijn drieën; *alle ~ an Deck* alle hens aan dek; *ein ~ ein Wort* een man een man, een woord een woord; *seinen ~ stehen* zijn man(netje) staan; *ein ganzer ~* een flinke vent; *ein gemachter ~* iem. die binnen is; *ein junger ~* een jongmens, jongeman; *der kleine ~* de kleine man ⟨ook sociaal⟩; *letzter ~* sp auspützer, libero; *mein lieber ~!* tjonge jonge!; beste kerel (wat doe je nu?); *ein toter ~* fig een man zonder invloed, iem. die zijn kapitaal verloren heeft; *ein ~ der Feder* een schrijver, literator; *der ~ auf der Straße* de man in de straat; *ein ~ der Tat* een man van de daad, een energieke man; *ein ~ von Charakter* een karaktervol mens; *ein ~ von Stand* een persoon van aanzien, iem. van stand; *ein ~ von Welt* een man van de wereld; *wie ein ~* als één man, allen tegelijk; *~s genug* mans genoeg; *~ für ~* man voor man; *mit ~ und Maus* met man en muis; *etwas an den Mann bringen* iets aan de man brengen, verkopen; *an de man helpen*
mannbar manbaar, huwbaar
Männchen o (-s; ~) mannetje ⟨ook v. dieren⟩; *~ machen* op gaan zitten ⟨v. hond⟩; mil salueren
Männersache v mannenwerk
Männertreu v mannentrouw; plantk ereprijs
Mannesalter o mannelijke leeftijd; *im besten ~* in de kracht van zijn leven
mannhaft manhaftig, manmoedig
mannigfach menigvuldig
mannigfaltig op velerlei wijze, veelsoortig, vol variatie
männlich mannelijk; moedig
Mannloch o mansgat
Mannsbild o manspersoon
Mannschaft v (~; -en) manschappen, bemanning; sp ploeg, elftal
Mannschaftsführer m ploegleider
mannshoch manshoog
mannstoll manziek; *~e Frau* mannengek, nymfomane
Mannweib o manwijf
Manöver o (-s; ~) mil, scheepv manoeuvre
manövrieren zw manoeuvreren
manövrierfähig in staat te manoeuvreren
Mansarde [-'zar-] v (~; -n) zolderwoning; -kamer
Mansardenzimmer o zolderkamer
Mansch m (-es; -e) hutspot, brij; slecht weer; moddersneeuw
manschen zw rondwroeten, -knoeien, -roeren; kliederen, morsen

Manschette v (~; -n) manchet; *~n slang* handboeien; *~n haben vor (+ 3)* bang, benauwd zijn voor
Mantel m (-s; Mäntel) mantel; jas, overjas, mantel ⟨v. effecten⟩; buitenband; singel ⟨in bos⟩
Mantsch m (-es; -e) = *Mansch*
mantschen zw = *manschen*
manuell [-'el] met de hand; *~es Können* handvaardigheid
Manufakturwaren mv vero manufacturen
Manuskript o (-s; -e) manuscript; typ kopij
Mappe v (~; -n) map; portefeuille
Mär v (~; -en) mare, verhaal; tijding
Märchen o (-s; ~) sprookje
märchenhaft sprookjesachtig; fabelachtig; ongelooflijk mooi
Marder m (-s; ~) dierk marter; Barg dief
Märe v (~; -n) = *Mär*
Margerite v (~; -n) plantk margriet
Marginalien [-'nali-en] mv kanttekeningen
Marienbild o Mariabeeld
Marienkäfer m dierk lieveheersbeestje
Marille v (~; -n) Z-Duits, Oostr abrikoos
Marine v (~; -n) marine, zeemacht; zeestuk
Marinesoldat m marinier
Marionette v (~; -n) marionet
maritim maritiem
1 Mark v (~; -en) mark, grens, grensprovincie; *die ~* de Mark Brandenburg
2 Mark o (-(e)s) merg, pit; moes ⟨v. vruchten⟩; kracht; *durch ~ und Bein* door merg en been; *~ in den Knochen haben* pittig zijn, sterk zijn
markant opvallend, markant
Marke v (~; -n) kenmerk, teken; distributiebon; fabrieksmerk; wasmerk; penning; fiche ⟨bij spel⟩; sp record; postzegel; *eine komische ~* gemeenz een vreemde vogel; *eine tolle ~* een gekke vent; *eine ~ für sich* een originele vent
Markenartikel m, **Markenfabrikat** o handel merkartikel
markerschütternd hartverscheurend, door merg en been gaand
markieren zw merken; aanduiden; spelen, uithangen; simuleren; markeren ⟨bij zang⟩; *den großen (starken) Mann ~* de sterke man uithangen; *den wilden Mann ~* zich wild aanstellen; *Schritt ~* mil pas op de plaats maken; *ein Tor ~* een doelpunt maken; *Wege ~* wegen aangeven, aanduiden
Markierung v aanduiding
markig pittig, kernachtig, krachtig
märkisch Brandenburgs
Markise v (~; -n) markies (= opvouwbaar zonnescherm boven raam of deur)
Markknochen m mergpijp
Markstein m grenssteen; mijlpaal ⟨ook fig⟩
Markt m (-(e)s; Märkte) markt, marktplaats; marktplein; *der Gemeinsame ~* de Gemeenschappelijke Markt, Euromarkt; *der Binnen ~* de binnenlandse markt; *der Schwarzmarkt* de zwarte markt
Marktforschung v marktonderzoek
marktgängig handel goed verkoopbaar, gewild, courant; *~er Preis* marktprijs
Marktlage v marktpositie

Marktplatz m marktplein
marktschreierisch schreeuwerig
Marktstand m marktkraam, -stalletje
Marktwirtschaft v: *freie* ~ vrije markteconomie
Marmel v (~; -n) knikker
Marmelade v (~; -n) jam; marmelade
Marmeladendose v, **Marmeladenglas** o jampot
Marmor ['marmor, -moor] m (-s; -e) marmer
marmorieren zw marmeren
marmorn marmeren, van marmer
Marmorplatte v, **Marmortafel** v marmeren plaat
marode [-'ro-] gemeenz afgemat, doodop, ziek
Marodeur m (-s; -e) plunderaar
marodieren zw plunderen
Marone, Z-Duits, Oostr **Maroni** v (~; -n) eetbare kastanje
Marotte v (~; -n) gril, liefhebberij
Mars m (-es; -e) scheepv mars, mastkorf
1 Marsch m (-es; Märsche) mars, tocht ⟨ook v. oorlogsschepen⟩; muz mars; *auf dem* ~ *sein* in opmars, onderweg zijn; *Truppen in* ~ *setzen* troepen laten oprukken; *sich in* ~ *setzen* gemeenz op weg gaan; *m~!, m~!* voorwaarts!
2 Marsch v (~; -en) mars, marsland, kleipolder
Marschall m (-s; Marschälle) maarschalk
marschieren zw marcheren, oprukken, in actie komen
Marschroute v marsroute; *mit gebundener* ~ fig niet vrij in (zijn) beslissingen
Marstall m vorstelijke paardenstal
Marter v (~; -n) marteling
martern zw martelen
martialisch martiaal
Martinshorn v sirene op politieauto
Märtyrer ['mer-tu-rer] m (-s; ~) martelaar
Märtyrertum o, **Märtyrium** o (-s; -ien) martelaarschap
Marxismus m (~) marxisme
März m (-(e)s): *der* ~ maart
Marzipan [-'paan] m (-s; -e) marsepein
Masche v (~; -n) maas ⟨v. net⟩; (brei)steek; ladder ⟨in kous⟩; truc, foefje; Oostr (vlinder-) das, strikje; *die richtige, tolle* ~ de beste methode; *die* ~ *des Gesetzes* de mazen v.d. wet
maschig met mazen
Maschine v (~; -n) machine ⟨ook schrijf-, naaimachine, vliegtuig enz.⟩; gemeenz zwaarlijvig iemand
maschinell machinaal
Maschinengewehr o mil mitrailleur, machinegeweer
Maschinenpistole v mil automatisch pistool, machinepistool
Maschinenraum m machinekamer
Maschinenschlosser m machinebankwerker
Maschinist m (-en; -en) machinist; scheepsmachinist
Maser v (~; -n) vlam ⟨in hout⟩
Maserholz o gevlamd hout
masern zw aderen; aderen vormen

Masern mv med mazelen
Maske v (~; -n) masker; gemaskerde
Maskenball m gemaskerd bal, bal masqué
Maskenbildner m film, theat grimeur
Maskenzug m optocht v. gemaskerden, maskerade
maskieren zw maskeren; mas'keren
1 Maß v (~; -(e)) Z-Duits, Oostr, Zwits: *eine* ~ *Bier* een literpot bier
2 Maß o (-es; -e) maat; harmonie; ~ *nehmen* de maat nemen; *ein volles (gerütteltes, gerüttelt)* ~ een volle maat; *ein Mann des* ~*es* een beheerst, een gematigd man; *das* ~ *ist voll* de maat is vol, mijn geduld is uitgeput; *ein hohes* ~ *an Geduld* een hoge mate van geduld; *in hohem (reichem)* ~*e* in hoge (ruime) mate; *alles mit* ~ alles met mate; *nach* ~ naar maat; *über alle* ~*en, über alles* ~ *hinaus* bovenmatig
Massaker o (-s; ~) bloedbad, moordpartij
massakrieren zw vermoorden, afmaken
Maßarbeit v maatwerk ⟨v. kleding, meubels enz.⟩
Masse v (~; -n) massa; boedel ⟨v. faillissement⟩; *eine große* ~ een heleboel; *in* ~*n* in massa
Massenaufgebot o massale mobilisatie
Massenerzeugung v, **Massenfertigung** v massaproductie
massenhaft in massa's, bij massa's
Massenmedien mv massamedia
massenweise in, bij massa's
maßfertigen op maat maken
Maßgabe v evenredigheid, maatstaf; *nach* ~ naar de mate van, naar gelang van; op voet van; *nach* ~ *der Vorschriften* overeenkomstig de voorschriften
maßgebend, maßgeblich beslissend, regelend, toonaangevend, maatgevend; ~ *an etwas (3) mitwirken* op belangrijke (of beslissende) wijze aan iets meewerken
maßgeschneidert op maat, aangemeten
maßhalten, nieuwe spelling: **Maß halten** zw maat houden
massieren zw masseren; massaal gebruiken ⟨bijv. artillerie⟩; *sich* ~ zich verenigen, zich concentreren
massig massaal, zwaar; gemeenz heel veel, een massa
mäßig matig, sober; middelmatig
mäßigen zw matigen, kalmeren; *sich* ~ zich matigen, inbinden
Mäßigkeit v (~) matigheid
Mäßigung v (~; -en) matiging, gematigdheid
massiv massief, zwaar; gemeenz grof, agressief
Maßkrug m bierpul
maßlos mateloos; ~*e Übertreibung* schromelijke overdrijving; *sein* ~*es Wesen* zijn onbeheerste aard
Maßlosigkeit v (~; -en) mateloosheid, onbeheerstheid
Maßnahme v maatregel; *erhaltende* ~ conservatoire maatregelen; ~*n ergreifen, treffen* maatregelen nemen, treffen
Maßregel v voorschrift, instructie
maßregeln zw de wet voorschrijven; rin-

geloren, (administratief) straffen
Maßschneider *m* maatkleermaker
Maßstab *m* maatstaf; maatstok; liniaal; schaal ⟨v. kaart⟩; *im ~ 1 : 1000* op schaal van 1 : 1000; *in großem ~* op grote schaal
maßvoll gematigd, beheerst, harmonisch, in goede verhoudingen, goed geproportioneerd
1 Mast *m* (-es; -e(n)) mast; mastboom
2 Mast *v* (~) mesting, 't vetmesten
Mastdarm *m* endeldarm
mästen *zw* vet mesten
masturbieren *zw* masturberen
Material *o* (-s; -ien) materiaal, materieel
Materialismus *m* (~) materialisme
Materie [ma-'te-ri-e] *v* (~; -n) materie, grondstof, stof; onderwerp
materiell [-i-'el] materieel, stoffelijk; *~ eingestellt* sterk op 't materiële gericht
Mathematik ['-tiek] *v* (~) wiskunde, mathematica
mathematisch wiskundig, mathematisch
Matjeshering *m* maatjesharing
Matratze *v* (~; -n) matras
Mätresse *v* (~; -n) maîtresse, minnares
Matrikel ['-trie-] *v* (~; -n) univ register van inschrijving; lijst v. parochianen; Oostr bevolkingsregister
Matrize *v* (~; -n) matrijs; stencil
Matrose *m* (-n; -n) matroos
Matsch *m* (-es; -e) gemors; natte sneeuw, smurrie; kaartsp verlies
matschen *zw* plassen, met water knoeien, in de smurrie spelen
matschig vuil, modderig; kledderig, sliknat, beurs, overrijp
matt mat, krachteloos, laf; flauw ⟨ook handel⟩; (schaak)mat; *~ setzen* mat zetten ⟨ook fig⟩
Matte *v* (~; -n) mat; alpenweide; *auf der ~ bleiben* zakelijk, nuchter blijven, met beide benen op de grond blijven ⟨fig⟩; *auf die ~ legen* gemeenz overwinnen, vloeren
Mattglas *o* matglas
Mattheit *v* (~; -en) matheid, lusteloosheid
mattieren *zw* mat, dof maken, matteren
Mattigkeit *v* (~) matheid
Maturitätsexamen *o*, **Maturitätsprüfung** *v* Zwits eindexamen
Matz *m* (-es; Mätze) kereltje
Mätzchen *o* (-s; ~) smoesjes, uitvluchten; *~ machen* grimassen, grapjes, geintjes maken; zich aanstellen
Mauer *v* (~; -n) muur, buitenmuur
Mauerblümchen *o* muurbloempje
Mauerkelle *v* troffel
mauern *zw* metselen; gemeenz aarzelen, angst hebben; sp verdedigend spelen
Mauerschwalbe *v*, **Mauersegler** *m* vogelk gierzwaluw
Mauerwerk *o* metselwerk
Maul *o* (-(e)s; Mäuler) muil, snuit, bek; gemeenz & Z-Duits mond; *die bösen Mäuler* de kwade tongen; *ein böses, gottloses, grobes, ungewaschenes ~ haben* gemeenz lelijke dingen zeggen; *ein freches, loses ~ haben* een brutale mond opzetten; *ein großes (das große) ~ haben* het hoogste woord hebben; een grote mond opzetten; *nicht auf das ~ gefallen sein* niet op zijn mondje gevallen zijn; *jmdm. übers ~ fahren* iem. de mond snoeren
maulen *zw* mokken, mopperen
Maulesel *m* dierk muilezel
maulfaul zwijgzaam, weinig geneigd tot spreken
Maulheld *m* praatjesmaker, opschepper
Maulkorb *m* muilkorf, muilband
Maulsperre *v* med klem, tetanus; fig gemeenz spreekverbod
Maul- und Klauenseuche *v* med mond- en klauwzeer
Maulwurf *m* dierk mol
Maulwurfshaufen *m*, **Maulwurfshügel** *m* molshoop
Maure *m* (-n; -n) Moor ⟨uit Noord-Afrika of Spanje⟩
Maurer *m* (-s; ~) metselaar; gemeenz voorzichtige kaartspeler
Maurerkelle *v* troffel
Maus *v* (~; Mäuse) muis ⟨ook van hand⟩; *Mäuse* slang geld, marken; *die weißen Mäuse* gemeenz de verkeerspolitie; *wie eine gebadete ~* kletsnat; *kleine ~!* snoes!, schat!
mauscheln *zw* joods spreken; sjacheren; bedriegen; kaartsp miezemausen
Mäuschen *o* (-s; ~) muisje ⟨ook: aardappel⟩; snoes, schat; weduwnaarsbeentje; med gewrichtsmuis
mäuschenstill muis-, doodstil
Mäusebussard *m* vogelk buizerd
Mäusemelken *o*: *es ist zum ~* 't is om uit je vel te springen
mausen *zw* muizen, muizen vangen; ruien; gemeenz kapen, gappen, ontfutselen; *die Katze läßt das M~ nicht* een vos verliest wel zijn haren, maar niet zijn streken
mausern *zw*: *(sich) ~* ruien, in de rui zijn; *sich ~* fig in zijn voordeel veranderen; fig pol van politieke mening veranderen; *sich ~ zu* veranderen in
mausetot morsdood, zo dood als een pier
mausgrau muisgrijs
mausig: *sich ~ machen* praats hebben, gewichtig doen
Maut *v* (~; -en) Oostr tol
maximal maximaal, grootst, hoogst; hoogstens
Maxime *v* (~; -n) stelregel; spreuk
Mazedo- = **Makedo-**
Mäzen ['-tseen] *m* (-s; -e) mecenas
Mechanik [mee-'ça-niek] *m* (~) mechanica, werktuigkunde; mechaniek
Mechaniker [mee-'ça-nie-ker] *m* (-s; ~) mechanicus, werktuigkundige, monteur
mechanisch mechanisch, machinaal, werktuigelijk
mechanisieren *zw* mechaniseren ⟨ook mil⟩
Mechanismus *m* (~; -men) mechanisme
Meckerer *m* (-s; ~), **Meckerfritze** *m* gemeenz kankeraar, mopperaar; gemeenz kankerpit
meckern *zw* blaten ⟨v. geit⟩; blèren; gemeenz kankeren, mopperen, vitten, morren

Medikament o (-(e)s; -e) medicament, geneesmiddel
meditieren zw mediteren
Medium o (-s; -ien) medium; tussenpersoon
Medizin v (~; -en) medicijn, geneesmiddel; stud geneeskunde, medicijnen(studie); *gerichtliche, innere* ~ forensische, interne geneeskunde
Mediziner m (-s; ~) medisch student; medicus
medizinisch geneeskundig, medisch
Medizinmann m (mv -männer) medicijnman
Meer o (-(e)s; -e) zee
Meerbusen m zeeboezem, golf; *Bottnischer* ~ Botnische Golf
Meerenge v zee-engte, -straat
Meeresbucht v inham ⟨v.d. zee⟩, baai
Meeresgrund m zeebodem
Meeresspiegel m zeespiegel
Meerrettich m plantk mierikswortel
Meerschweinchen o dierk cavia
Megaphon, nieuwe spelling ook: **Megafon** o (-s; -e) megafoon
Mehl o (-(e)s; -e) meel
mehlig meelachtig; melig
Mehlschwalbe v vogelk huiszwaluw
Mehlschwitze v bloemsaus
Mehltau m meeldauw
mehr meer; *immer* ~ hoe langer hoe meer, steeds maar meer; ~ *oder weniger* min of meer; ~ *und* ~ steeds meer, langzamerhand; *das ist ein Grund* ~ dat is een reden te meer
Mehr o (-s) meerderheid; extra; overschot
Mehrarbeit v overwerk
Mehraufwand m, **Mehraufwendung** v hogere uitgave(n)
Mehrbedarf m grotere behoefte
mehrdeutig voor verschillende uitleggingen vatbaar
Mehreinnahme v hogere ontvangst
mehren zw overg vermeerderen; *sich* ~ vermeerderen, meer worden
mehrere verscheiden(e)
mehrerlei velerlei
mehrfach meervoudig; vaker
Mehrheit v (~; -en) meerderheid
mehrheitlich in meerderheid, in de meeste gevallen, grotendeels
Mehrkosten mv extrakosten, bijkomende kosten
mehrmalig bn herhaald
mehrmals bijw meermalen, -maals
Mehrpreis m hogere prijs
mehrsilbig meerlettergrepig
mehrstimmig muz meerstemmig
Mehrung v (~; -en) vermeerdering, vergroting
Mehrwegflasche v fles met statiegeld
Mehrwert m meerwaarde, overwaarde
Mehrwertsteuer v belasting toegevoegde waarde, BTW
Mehrzahl v meervoud; meerderheid; merendeel
Mehrzweckgerät o apparaat voor verschillende doeleinden
meiden onr mijden, vermijden, ontwijken

Meierei v (~; -en), **Meierhof** m pachthoeve
Meile v (~; -n) mijl; *englische* ~ Engelse mijl
Meilenstein m mijlsteen, stenen mijlpaal; fig mijlpaal
Meiler m (-s; ~) kolenmeiler
1 mein bez vnw mijn; ~*es Wissens* bij mijn weten
2 mein pers vnw ⟨2e naamval⟩ mijner, mij; *gedenke* ~*(er)* gedenk mijner; *das ist* ~ dat is van mij
Meineid m meineed
meineidig meinedig
meinen zw menen, van gevoelen zijn; vinden; denken; bedoelen; *das will ich* ~ daarvan ben ik overtuigd; *was* ~ *Sie dazu?* wat is uw mening daarover?; wat denkt u ervan?; *wie* ~ *Sie?* wat bedoelt u?, hoe bedoelt u?; *damit sind Sie gemeint* dat heeft betrekking op u
meinerseits van mijn kant, ik voor mij
meinesgleichen iemand als ik
meinethalben, meinetwegen, um meinetwillen mijnenthalve, om mijnentwil, wat mij betreft; voor mijn part
meinige: *ihr Mann und der* ~ haar man en de mijne; *das Meinige* het mijne; *die Meinigen* de mijnen
Meinung v (~; -en) mening, gevoelen; idee; *meiner* ~ *nach* volgens mijn mening; *ganz meiner* ~ ik ben 't helemaal met u eens; *die öffentliche* ~ de openbare mening, de publieke opinie; *der* ~ *sein* van mening zijn; *einer (gleicher)* ~ *sein* 't eens zijn; *anderer* ~ *sein* een andere mening aanhangen
Meinungsäußerung v uitlating, meningsuiting
Meinungsaustausch m gedachtewisseling
Meinungsbildung v opinie-, meningsvorming
Meinungsforschung v opinieonderzoek
Meinungsfreiheit v vrijheid van meningsuiting
Meinungsumfrage v opinieonderzoek
Meinungsverschiedenheit v verschil van mening, ruzie
Meise v (~; -n) vogelk mees; *eine* ~ *haben* gemeenz niet goed snik zijn
Meißel m (-s; ~) beitel
meißeln zw beitelen
meist meest; meestal; *am* ~*en* het meest
meistbietend: ~ *verkaufen* aan de hoogste bieder verkopen
meistens, meistenteils meestal, meestentijds
Meister m (-s; ~) baas; meester; sp kampioen; ~ *Lampe* de haas; ~ *Langbein* de ooievaar; ~ *Peltz* de beer; *einer Sache* ~ *werden* vero iets de baas worden; *seinen* ~ *machen* examen als meester (in ambacht) afleggen; *es ist noch kein* ~ *vom Himmel gefallen* niemand wordt als meester geboren
meisterhaft meesterlijk, volmaakt
Meisterin v (~; -nen) meesteres; vrouw van de baas; kampioene
meisterlich meesterlijk
meistern zw beheersen, meester zijn over,

onder de knie krijgen; *Schwierigkeiten* ~ moeilijkheden de baas worden, onder de knie krijgen
Meisterprüfung v examen voor het vakdiploma van meester ⟨in een handwerk⟩
Meisterschaft v meesterschap; sp kampioenschap
Meisterstück o proefstuk, meesterstuk
Meisterwerk o meesterwerk
melancholisch [-'ko-] melancholiek, zwaarmoedig
Melasse v melasse
Meldeamt o bevolkingsbureau; burgerlijke stand
melden zw melden, gewagen; berichten; mil rapporteren; aandienen ⟨v. bezoek⟩; *Feuer* ~ brandalarm maken; *sich* ~ zich melden, zich aanmelden; ⟨op school⟩ de vinger opsteken; zich laten horen ⟨v. wild, hond⟩; *sich zur Stelle* ~ zich present melden; *sich nicht* ~ telec geen gehoor geven; *sich krank* ~ bericht van ziekte sturen, zich ziek melden; *sich zum Wort (zu Worte)* ~ het woord vragen; *nichts zu* ~ *haben* niets te zeggen hebben
Meldepflicht v aanmeldingsverplichting
Meldestelle v aanmeldingsbureau; bevolkingsregister
Meldung v (~; -en) melding, aanmelding; rapport; bericht
melieren zw meleren, mengen; kaartsp schudden, wassen; *meliert* meerkleurig ⟨v. stof⟩
melken (melkte, vero molk; gemelkt, gemolken) melken; fig, gemeenz afpersen, uitzuigen; *den Bock* ~ gemeenz iets onmogelijks proberen
melodiös melodieus, welluidend
melodisch melodieus, welluidend; met betrekking tot de melodie
Melone v (~; -n) plantk meloen; dophoed; gemeenz kop; bol
Meltau m plantk meeldauw
Memme v (~; -n) lafaard, lafbek; oud wijf
memmenhaft laf, lafhartig
Memoiren [mee-'mwa-ren] mv memoires, gedenkschriften
memorieren zw memoriseren, van buiten leren
Menge v (~; -n) menigte; hoop, hoeveelheid, kwantiteit; wisk verzameling; *jede* ~ zoveel, als u maar wilt; *eine (ganze)* ~ een heleboel; *in rauhen* ~*n* in massa
mengen zw mengen, vermengen; *sich in alles* ~ zich met alles bemoeien
mengenmäßig in, naar de hoeveelheid, kwantitatief
Mennige m (-(e)s) menie
Mensa v (~; -sen) mensa
1 Mensch m (-en; -en) mens; man, kerel; ~ *Meier!* gemeenz verduiveld; *der innere* ~ gemeenz eten en drinken; *der mittelalterliche* ~ ⟨ook⟩ de middeleeuwer; *eine Seele von* ~ een braaf mens
2 Mensch o (-es; -er) gemeenz mens ⟨gewoonlijk: vrouw⟩
Menschenaffe m dierk mensaap
Menschenalter o mensenleeftijd; generatie
Menschenfeind m mensenhater
menschenfeindlich mensenhatend
Menschenfresser m menseneter
menschenfreundlich menslievend, welwillend, humaan
Menschengedenken o: *seit* ~ sinds mensenheugenis
Menschengestalt v mensengestalte, -gedaante
Menschenkenntnis v mensenkennis
menschenleer verlaten
Menschenmenge v mensenmassa
menschenmöglich ter wereld mogelijk, godsmogelijk
Menschenrechte mv rechten van de mens, mensenrechten
Menschenschlag m slag mensen
Menschenseele v mensenziel; *keine* ~ *war da* er was geen sterveling
Menschenskind o: ~*!* mensenkinderen!, lieve hemel!, heremijntijd!
Menschentum o (-(e)s) het menszijn; menselijke aard
menschenunwürdig mensonterend
Menschenverstand m menselijk verstand; *der gesunde* ~ 't gezonde verstand
Menschheit v mensdom; mensheid
menschlich menselijk, als mens
Menschwerdung v (~) menswording
menstruieren zw menstrueren
Mensur [-'zoer] v (~; -en) studentenduel; afstand bij het duel; muz mensuur
Mentalität v (~) mentaliteit
Mentor ['men-] m (-s; -en) mentor, leidsman
Menü o (-s; -s) menu ⟨met spijzen⟩
Mergel m mergel
Meridian [-di'aan] m (-s; -e) meridiaan, middaglijn
merkbar merkbaar; bemerkbaar
Merkblatt o gedrukt papier met toelichtingen
merken zw merken, gewaar worden, bespeuren; *etwas* ~ ⟨ook⟩ nattigheid voelen; ~, *wie der Hase läuft* iets door hebben; *sich etwas* ~ zich iets inprenten, iets onthouden; *wohl gemerkt* en wel, let wel
merklich merkbaar; aanzienlijk, belangrijk
Merkmal o (-s; -e) kenmerk, -teken
merkwürdig merkwaardig, opvallend
meschugge slang mesjokke, niet goed snik
Mesner, Zwits **Mesmer**, nieuwe spelling ook: **Messner** m (-s; ~) koster
Meßband, nieuwe spelling: **Messband** o meetband, -lint
meßbar, nieuwe spelling: **messbar** meetbaar
Meßbecher, nieuwe spelling: **Messbecher** m maatbeker
Meßbuch, nieuwe spelling: **Messbuch** o RK misboek, missaal
Meßdiener, nieuwe spelling: **Messdiener** m misdienaar
Messe v (~; -n) RK mis; jaarmarkt; jaarbeurs; scheepv, mil mess-room ⟨= eetzaal⟩
messen (maß; gemessen) meten; *Temperatur* ~ temperatuur opnemen; *mit zweierlei Maß* ~ met twee maten meten; *sich mit*

einem ~ zich met iemand meten; *gemessen* ⟨ook⟩ afgemeten
1 Messer *m* (-s; ~) meter, opmeter
2 Messer *o* (-s; ~) mes; ~ *mit Wellenschliff* kartelmes; *einem das ~ auf die Brust setzen* fig iem. 't mes op de keel zetten
Messerbänkchen *o* messenlegger
Messergriff *m*, **Messerheft** *o* heft v.e. mes
Messerspitze *v* punt van een mes, mespunt
Messerstecherei *v* steekpartij, messengevecht
Messerstich *m* messteek
Messestand *m* stand op de jaarbeurs
Meßgewand, nieuwe spelling: **Messgewand** *o* misgewaad
messianisch Messiaans
Messing *o* (-s) messing, geelkoper
Meßstab, nieuwe spelling: **Messstab**, ook: **Mess-Stab** *m* maat-, meetstok
Messung *v* (~; -en) meting, 't meten
Metall *o* (-s; -e) metaal
Metallarbeiter *m* metaalbewerker
metallen *bn* metalen, van metaal
Metaller *m* (-s; ~) metaalbewerker
metallisch metaalachtig, metalliek
Metapher ['-ta-] *v* (~; -n) metafoor
metaphorisch metaforisch, overdrachtelijk, figuurlijk
Meteor *m* (-s; -e) meteoor
Meteorit *m* (-s; -e) meteoriet
Meter *o* (gemeenz & Zwits ook *m*) (-s; ~) meter
Metermaß *o* centimeter ⟨om te meten⟩, meetstok
Meterware *v* goed dat per meter wordt verkocht
Methode *v* (~; -n) methode
Methodik ['-to-] *v* methodiek
Metrik ['me-triek] *v* (~) metriek, leer van de versbouw; muz leer der maatsoorten
metrisch metrisch; metriek
Metropole *v* (~; -n) metropool
Metrum *o* (-s; Metren & Metra) metrum, versmaat; muz maat
Mette *v* (~; -n) RK metten
Mettwurst *v* metworst
Metzelei *v* (-; -en) bloedbad, slachting
Metzger *m* (-s; ~) Z-Duits, W-Duits, Zwits slager, vleeshouwer
Metzgerei *v* (~; -en) slagerij
Meuchelmord *m* sluipmoord
Meuchelmörder *m* sluipmoordenaar
meucheln *zw* heimelijk vermoorden
meuchlerisch, meuchlings verraderlijk
Meute *v* (~; -n) koppel jachthonden, meute; fig bende, horde, troep
Meuterei *v* (~; -en) muiterij
Meuterer *m* (~; -en) muiter, muiteling
meutern *zw* muiten, in opstand komen
Mexikaner ['ka-] *m* (-s; ~) Mexicaan
miauen *zw* miauwen
mich ⟨4de naamval van *ich*⟩ mij
Michel *m* Michiel; *der deutsche ~* de brave Duitse burger
Mieder *o* (-s; ~) (keurs)lijfje, bustehouder, beha
Mief *m* (-(e)s) gemeenz muffe lucht
miefen *zw* muf ruiken, stinken

Miene *v* (~; -n) gelaatsuitdrukking, trek, gelaatstrek; ~ *machen* aanstalten maken; *gute ~ zum bösen Spiel machen* zich groot houden; *mit eiserner ~* met een stalen gezicht, ijskoud; *mit freundlicher ~* met een vriendelijk gezicht
Mienenspiel *o* gelaatsuitdrukking
mies slang beroerd, lelijk, arm; *einem etwas ~ machen* iem. iets tegen maken
Miesepeter *m* mopperaar, kankeraar
miesepet(e)rig zuur
Miesling *m* (-s; ~) beroerling, beroerde kerel
Miesmacher *m* gemeenz kankeraar
Miesmuschel *v* eetbare mossel
Mietauto *o* huurauto
Miete *v* (~; -n) huur; huurprijs, huurloon; *kalte, warme ~* huur zonder, met verwarming
2 Miete *v* (~; -n) mijt, stapel ⟨hooi enz.⟩
3 Miete *v* (~; -n) dierk mijt
mieten *zw* huren
Mieter *m* (-s; ~) huurder
Mieterschutz *m* huurbescherming
Mietshaus *o* huis dat in gedeelten verhuurd wordt
Mietvertrag *m* huurcontract
Mietwagen *m* huurauto
Mietwohnung *v* huurhuis
Miez(e) *v* (~; -(e)n) Marietje, Miesje; slang mokkel; dierk poes
Miezekatze *v* poes
Migräne *v* (~; -n) migraine
Migration *v* migratie
Mikrofon *o* (-s; -e) microfoon
Mikrophon *o* (-s; -e) microfoon
Mikroskop *o* (-s; -e) microscoop
Mikrowellenherd *m* magnetron
Milan ['-laan] *m* (-s; -e): *roter ~* vogelk wouw; *schwarzer ~* zwarte wouw, milaan
Milbe *v* (~; -n) dierk mijt
Milch *v* (~) melk; hom ⟨v. vis⟩; ⟨als afk. v. *Kalbsmilch*⟩ zwezerik; *blaue, entrahmte, gestandene (gestockte) ~* taptemelk, afgeroomde, dikke melk
Milchbart *m* melkmuil
Milchdrüse *v* melkklier
milchig melkachtig; melkwit
Milchkanne *v* melkkan, -bus
Milchkuh *v* dierk melkkoe; fig melkkoetje
Milchpulver *o* melkpoeder, poedermelk
Milchschorf *m* med dauwworm
Milchstraße *v* astron melkweg
Milchwirtschaft *v* zuivelbedrijf; melkvoorziening
Milchzahn *m* melktand, -kies
mild(e) zacht, mild; pol gematigd; mals ⟨m.b.t. regen⟩
Milde *v* (~) zacht-, goedaardigheid
mildern *zw* verzachten, matigen, lenigen
Milderungsgrund *m* verzachtende omstandigheid
mildherzig, mildtätig milddadig, mild, vrijgevig
Milieu *o* (-s; -s) milieu
1 Militär *m* (-s; -s) hogere officier
2 Militär *o* (-s) leger, soldaten; krijgswezen; *zum ~ gehen* onder dienst gaan

Militärdienst *m* militaire dienst
Militärgericht *o* krijgsraad
militärisch militair
Militarismus *m* (~) militarisme
militaristisch militaristisch
Militärpolizei *v* mil militaire politie, marechaussee
Militärverwaltung *v* militaire administratie
Miliz ['-liets] *v* (~; -en) mil militie
Millennium *o* (-s; -ien) millennium
Milliardär *m* (-s; -e) miljardair
Milliarde *v* (~; -n) miljard
Millimeter ['-mee-] *o* millimeter
Million *v* (~; -en) miljoen
Millionär *m* (-s; -e) miljonair
millionenschwer superrijk
Milz *v* (~; -en) milt
Milzbrand *m* med miltvuur
Mime *m* (-n; -n) schertsend toneelspeler
mimen *zw* spelen, toneelspelen, nadoen
Mimik ['mie-] *v* (~) mimiek, vermogen om door gezichtsveranderingen en gebaren emoties uit te drukken
Mimose *v* plantk mimosa; fig overgevoelig iem.
mimosenhaft overgevoelig
minder minder; minder goed; *nicht ~ even groot*
minderbemittelt minvermogend; *geistig ~* gemeenz zwakbegaafd, dom
Minderbetrag *m* tekort, deficit
Mindereinnahme *v* geringere ontvangst
Minderheit *v* (~; -en) minderheid
minderjährig minderjarig
mindern *zw overg* minderen (ook bij breien); verminderen
minderwertig minderwaardig; *geistig ~* achterlijk; *eine ~e Wohnung* een krot(woning)
Minderwertigkeitskomplex *m* minderwaardigheidscomplex
Minderzahl *v* minderheid
mindest minst, geringst, kleinst; *nicht im ~en* niet in het minst, helemaal niet; *zum ~en* voor het minst, tenminste
Mindestalter *o* minimumleeftijd
mindestens tenminste; minstens
Mindestmaß *o* minimum
Mindestzahl *v* minimumaantal
Mine *v* (~; -n) mijn (ook mil); stift (v. potlood enz.)
Minenfeld *o* mijnenveld
Minensuchboot *o*, **Minensucher** *m* scheepv mijnenveger
Mineral *o* (-s; -e & -ien) mineraal
mineralisch mineraal, delfstoffelijk
Mineralöl *o* minerale olie, aardolie
Mineralwasser *o* mineraalwater; bronwater
Miniatur *v* (~; -en) miniatuur
minieren *zw* mil mijngangen graven
Minister *m* (-s; ~) minister; *Außenminister* minister v. buitenlandse zaken; *~ des Innern, Innenminister* minister van binnenlandse zaken; *~ für soziale Angelegenheiten* minister v. sociale zaken; *~ ohne Fachbezeichnung (Geschäftsbereich)* minister zonder portefeuille
Ministerialbeamter ambtenaar aan een ministerie
Ministerialdirektor *m* directeur-generaal
Ministerialrat *m* ± referendaris
ministeriell ministerieel
Ministerium *o* (-s; -ien) ministerie; *~ für Finanzen* ministerie van financiën; *~ für Landwirtschaft* ministerie van landbouw
Ministerpräsident *m* minister-president ⟨v.e. Duitse deelstaat⟩; premier, eerste minister
Ministerrat *m* ministerraad
Ministrant *m* (-en; -en) RK misdienaar
Minna *v* (~): *die grüne ~* gemeenz de gevangeniswagen, dievenwagen; *einen zur ~ machen* iem. flink onderhanden nemen
Minnesang *m* minnezang
Minorität *v* (~; -en) minderheid
Minuend ['-ent] *m* (-en; -en) rekenk aftrektal
minus minus, min; *das Minus* het minus, tekort; nadeel; ~ *machen* met verlies werken
Minuskel ['-noes-] *v* (~; -n) kleine letter
Minuszeichen *o* minteken
Minute *v* (~; -n) minuut (= ook: oorkonde); *fünf ~n vor zwölf, in letzter ~* op 't nippertje; *auf die ~* op de minuut af, precies op tijd
Minutenzeiger *m* minuutwijzer, grote wijzer
minuziös minutieus, nauwkeurig, tot in alle bijzonderheden
Minze *v* (~) plantk kruizemunt
mir ⟨3de naamval van *ich*⟩ mij; *~ nichts, dir nichts* zomaar; zonder zich om iemand of iets te bekommeren, plompverloren; *wie du ~, so ich dir* leer om leer
Mischbrot *o* rogge-tarwebrood
Mischehe *v* gemengd huwelijk (v. ras of godsdienst)
mischen *zw* mengen; vermengen; kaartsp *(die Karten) ~* de kaarten schudden; *die Karten gut ~* fig de zaak goed op poten zetten, ensceneren
Mischling *m* (-s; -e) kleurling, halfbloed; mens v. gemengd ras; plantk bastaard
Mischmasch *m* (-s; -e) mengelmoes, rommeltje
Mischung *v* (~; -en) menging, mengsel; mengeling; mengelmoes; melange
Misere ['-ze-] *v* (~; -n) misère, ellende
Misogyn ['-guun] *m* (-en & -s; -en & -e) vrouwenhater
Mispel *v* (~; -n) plantk mispel
mißachten, nieuwe spelling: **missachten** *zw* minachten, minachten; *mißachtet* geminacht
Mißbehagen, nieuwe spelling: **Missbehagen** *o* misnoegen
Mißbildung, nieuwe spelling: **Missbildung** *v* misvorming
mißbilligen, nieuwe spelling: **missbilligen** *zw* afkeuren, misprijzen
Mißbrauch, nieuwe spelling: **Missbrauch** *m* misbruik
mißbrauchen, nieuwe spelling: **missbrauchen** *zw* misbruiken

mißbräuchlich, nieuwe spelling: **missbräuchlich** ongerechtigd, onbevoegd
mißdeuten nieuwe spelling: **missdeuten** zw verkeerd opvatten, misduiden
missen zw missen, ontberen; *etwas nicht ~ können, wollen* iets niet kunnen, willen missen
Mißerfolg, nieuwe spelling: **Misserfolg** m mislukking, fiasco
Mißernte, nieuwe spelling: **Missernte** v misoogst
Missetat v misdaad
Missetäter m misdadiger
mißfallen, nieuwe spelling: **missfallen** st mishagen, onaangenaam zijn, hinderen
Mißfallen, nieuwe spelling: **Missfallen** o (-s) misnoegen, tegenzin; ontevredenheid
mißfällig, nieuwe spelling: **missfällig** onbehagelijk, onwelgevallig, onaangenaam
Mißgeburt, nieuwe spelling: **Missgeburt** v misgeboorte, wangedrocht, misbaksel
mißgelaunt, nieuwe spelling: **missgelaunt** slechtgehumeurd
Mißgeschick, nieuwe spelling: **Missgeschick** o tegenspoed, pech
mißgestaltet, nieuwe spelling: **missgestaltet** wanstaltig
mißgestimmt, nieuwe spelling: **missgestimmt** ontstemd, uit (zijn) humeur
mißglücken, nieuwe spelling: **missglücken** zw mislukken
mißgönnen, nieuwe spelling: **missgönnen** zw misgunnen
Mißgriff, nieuwe spelling: **Missgriff** m misgreep, -slag, dwaling
Mißgunst, nieuwe spelling: **Missgunst** v af-, wangunst
mißhandeln, nieuwe spelling: **misshandeln** zw mishandelen
Mißhandlung, nieuwe spelling: **Misshandlung** v mishandeling
Mißhelligkeit, nieuwe spelling: **Misshelligkeit** v onenigheid, ruzie
Mission v (~; -en) (ook RK) missie; prot zending; *ausländische ~en* missies, diplomatieke vertegenwoordigers van andere staten; *in besonderer ~* met speciale missie, met speciale opdracht
Missionar, Oostr **Missionär** m (-s; -e) RK missionaris; prot zendeling
Mißklang, nieuwe spelling: **Missklang** m wanklank, wangeluid
Mißkredit, nieuwe spelling: **Misskredit** m diskrediet
mißlaunig, nieuwe spelling: **misslaunig** slecht gehumeurd, slecht geluimd
mißlich, nieuwe spelling: **misslich** onzeker, gevaarlijk, hachelijk
mißliebig, nieuwe spelling: **missliebig** onbemind; impopulair; *~ (+ 3)* impopulair bij, weinig bemind bij
mißlingen, nieuwe spelling: **misslingen** st mislukken, -lopen
Mißmut, nieuwe spelling: **Missmut** m mismoedigheid, ontstemdheid
mißmutig, nieuwe spelling: **missmutig** mismoedig, ontstemd

mißraten, nieuwe spelling: **missraten** zw mislukken, slecht uitvallen; *ein ~es Kind* een bedorven kind
Mißstand, nieuwe spelling: **Missstand**, ook: **Miss-Stand** m wantoestand; misstand
Mißstimmung, nieuwe spelling: **Missstimmung**, ook: **Miss-Stimmung** v ontstemming
Mißton, nieuwe spelling: **Misston** m wanklank
mißtrauen, nieuwe spelling: **misstrauen** (+ 3) zw wantrouwen
Mißtrauen, nieuwe spelling: **Misstrauen** o (-s) wantrouwen
Mißtrauensantrag, nieuwe spelling: **Misstrauensantrag** m motie v. wantrouwen
mißtrauisch, nieuwe spelling: **misstrauisch** wantrouwig, -trouwend
Mißvergnügen, nieuwe spelling: **Missvergnügen** o misnoegen
mißvergnügt, nieuwe spelling: **missvergnügt** misnoegd, ontevreden
Mißverhältnis, nieuwe spelling: **Missverhältnis** o wanverhouding
mißverständlich, nieuwe spelling: **missverständlich** aanleiding gevend tot misverstand
Mißverständnis, nieuwe spelling: **Missverständnis** o misverstand, misvatting
mißverstehen, nieuwe spelling: **missverstehen** onr verkeerd verstaan of begrijpen
Mißwirtschaft, nieuwe spelling: **Misswirtschaft** v wanbeheer, -beleid
Mist m (-es) mest; rommel, snert; gezwam; scheepv mist; Oostr (ook) vuilnis; *so ein ~!* wat een onzin; *~ reden* gemeenz onzin kletsen; *das ist nicht auf seinem ~ gewachsen* dat is niet alles eigen werk; *~ bauen* fouten begaan; *verdammter ~!* verdorie!
Mistel v (~; -n) plantk maretak, vogellijm, mistel
misten zw mesten; scheepv misten
Mistfink m smeerlap, viezerik
Mistgabel v mestvork, -gaffel
Misthaufen m mesthoop, -vaalt
Mistkerl m gemeenz schoft
Mistvieh o gemeenz schoft, rotvent
Mistwetter o rotweer
1 mit voorz (+ 3) met; *~ dreißig Jahren* op 30-jarige leeftijd; *er hat es ~ dem Magen* hij heeft het aan de maag; *~ einem Male* ineens; *~ der Minute* per minuut; *~ Recht* terecht; *~ einem Wort* in één woord
2 mit bijw mede, ook; *ich bin ~ dabei* ik ben van de partij, ik doe mee; *das ist ~ das Schönste, was es gibt* dat is één van de mooiste dingen, die er zijn; *da kann ich nicht ~* daar kan ik niet bij
mitarbeiten zw meewerken
Mitarbeiter m medewerker
mitbekommen st meekrijgen; als bruidsschat krijgen; begrijpen
Mitbesitzer m mede-eigenaar
mitbestimmen zw mede bepalen; *~d sein* mede van invloed zijn, gewicht in de schaal leggen
Mitbestimmung v inspraak, medezeggen-

schap
Mitbewerber *m* mededinger, concurrent
mitbringen *onr* mee-, inbrengen
Mitbringsel *o* (-s; ~) cadeautje, kleinigheid die men meebrengt
Miteigentümer *m* mede-eigenaar
miteinander met elkander, tezamen
mitempfinden *st* meevoelen, -leven
miterleben *zw* meeleven
Mitesser *m* mee-eter, vetpuistje; <u>schertsend</u> tafelgenoot
mitfahren *st* meerijden, -varen
mitführen *zw* meevoeren, -dragen, bij zich hebben
Mitgefühl *o* medegevoel, sympathie
mitgehen *onr* meegaan
Mitgift *v* bruidsschat, huwelijksgift
Mitglied *o* lid (v.e. vereniging); ~ *des Obersten Gerichtshofs* ± raadsheer in de Hoge Raad
Mitgliedsbeitrag *m* contributie
Mitgliedschaft *v* (~) lidmaatschap
Mitgliedsland *o* lidstaat
mithaben *onr* bij zich hebben
mithalten *st* meedoen; deelnemen
mithelfen *st* meehelpen
Mithilfe *v* steun, medewerking; *tätige* ~ daadwerkelijke steun
mithin bijgevolg, derhalve, dus
mithören *zw* mee-, afluisteren; toevallig horen
Mitinhaber *m* <u>handel</u> compagnon, mede-eigenaar, firmant
mitkommen *st* meekomen; *nicht* ~ 't niet begrijpen; 't niet bij kunnen houden
mitlaufen *st* meelopen; *etwas* ~ *lassen* en passant, naast ander werk afhandelen; <u>gemeenz</u> iets achteroverdrukken, inpikken, gappen
Mitläufer *m* meeloper ⟨ook <u>fig</u>⟩
Mitlaut *m* <u>gramm</u> medeklinker
Mitleid *o* medelijden, mededogen
Mitleidenschaft *v* gemeenschappelijk lijden; *einen (etwas) in* ~ *ziehen* iem. meeslepen, iets beschadigen
mitleidig medelijdend, meewarig
mitmachen *zw* meemaken, -doen; doormaken; *nicht mehr lange* ~ niet meer lang meedoen, functioneren, gauw ophouden; *nicht* ~ ⟨ook⟩ 't laten afweten
Mitmensch *m* mede-, evenmens
mitnehmen *st* meenemen; *etwas* ~ ⟨ook⟩ iets opsteken; aanpakken; <u>med</u> aantasten; *mitgenommen* aangegrepen; gehavend; *das können wir zugleich* ~ ⟨ook⟩ dat kunnen we er tegelijk bij doen; *die Krankheit hat ihn sehr mitgenommen* de ziekte heeft hem erg aangepakt
mitnichten [-'niç-] geenszins, volstrekt niet
Mitra *v* (~; Mitren) mijter
mitreden *zw* meepraten; *auch ein Wörtchen (ein gewichtiges Wort) mitzureden haben* er ook iets in te zeggen hebben; veel in de melk te brokken hebben
mitreißen *st* meeslepen ⟨ook <u>fig</u>⟩; meesleuren
mitsamt (+ 3) samen met, benevens
Mitschuld *v* medeplichtigheid
mitschuldig medeplichtig, -schuldig
Mitschüler *m* medeleerling
mitspielen *zw* meespelen; mede oorzaak zijn; *einem (übel)* ~ iem. lelijk te pakken nemen
Mitsprache *v* inspraak
Mitspracherecht *o* medezeggenschap, inspraak
mitsprechen *st* meepraten, -spreken; *auch* ~ ook in aanmerking komen, meetellen
1 Mittag *m* middag, midden v.d. dag; zuiden; <u>Zwits</u>, <u>W-Duits</u> (na)middag; *heute mittag* vandaag tegen twaalven; ⟨ook⟩ vanmiddag; *gegen* ~ tegen de middag; *gen* ~ <u>plechtig</u> naar het zuiden
2 Mittag *o* <u>Z-Duits</u> middageten
Mittagessen *o* middagmaal, -eten
mittäglich elke middag
mittags tegen twaalven
Mittagsschlaf *m*, **Mittagsschläfchen** *o* middagslaapje, -dutje
Mittagszeit *v* middaguur; twaalf uur
Mittäter *m* medeplichtige
Mittäterschaft *v* medeplichtigheid
Mitte *v* (~) midden, centrum; <u>vero</u> taille; <u>wisk</u> gemiddelde; *die goldene, richtige* ~ *halten* de gulden middenweg bewandelen; ~ *Januar* half (midden) januari; ~ *Sechzig* rondom de vijfenzestig jaar, midden zestig
mitteilen *zw* me(d)edelen; *sich* ~ zich uiten, zijn hart uitstorten; *sich einem* ~ iem. in vertrouwen nemen
mitteilsam mededeelzaam
Mitteilung *v* mededeling
Mittel *o* (-s; ~) middel; nat middenstof; gemiddelde; <u>med</u> middel; *mv* (geld)middelen; *das arithmetische (geometrische)* ~ de rekenkundig (meetkundig) middelevenredige
Mittelalter *o* middeleeuwen; *das ausgehende* ~ de late middeleeuwen
mittelalterlich middeleeuws
mittelbar indirect, middellijk; ~ *oder unmittelbar* direct of indirect
Mittelding *o* iets dat het midden houdt tussen twee andere zaken of begrippen
Mittelfinger *m* middelvinger
mittelgroß van middelbare grootte, middelgroot
Mittelklasse *v* middenklasse
Mittellinie *v* <u>sp</u> middenlinie; <u>wisk</u> zwaartelijn
mittellos zonder middelen
Mittelmaß *o* middelmaat
mittelmäßig middelmatig
Mittelmeer *o* Middellandse Zee
Mittelpunkt *m* middelpunt
mittels *voorz* (+ 2) door middel van
Mittelschule *v* ± mavo/havo; <u>Oostr</u>, <u>Zwits</u> middelbare school
mittelschwer middelmatig zwaar; middelzwaar ⟨v. sigaren⟩
Mittelsmann *m*, **Mittelsperson** *v* bemiddelaar, tussenpersoon
Mittelstand *m* middenstand
Mittelstreckenrakete *v* raket voor de middellange afstand

Mittelstreckenläufer *m* hardloper op middellange afstanden
Mittelstreifen *m* middelste strook ⟨v.d. weg⟩, middenberm
Mittelstufe *v* 4e, 5e en 6e klas van een school van 9 klassen
Mittelstürmer *m* sp mid(den)voor
Mittelweg *m* middenweg; *der goldene* ~ de gulden middenweg
Mittelwelle *v* radio middengolf
Mittelwert *m* gemiddelde waarde
Mittelwort *o* gramm deelwoord, participium
mitten midden; ~ *entzwei* middendoor
mittendrin middenin, ermee bezig
mittendurch middendoor
Mitternacht *v* middernacht
mittler middelste; middelbaar; middelsoort, middelzwaar; gemiddeld; middelmatig; ~*(e)n Alters* v. middelbare leeftijd; ~*er Betrieb* middelgroot bedrijf; ~*e Temperatur* gemiddelde temperatuur; *von* ~*er Größe* van middelbare grootte
Mittler *m* (-s; ~) middelaar; bemiddelaar
mittlerweile inmiddels, ondertussen
Mittsommer *m* midzomer, St.-Jan ⟨24 juni⟩
Mittvierziger(in) *m(v)* iem. van midden in de veertig
Mittwoch *m* (-s) woensdag
mittwochs woensdags
mitunter nu en dan, af en toe
mitunterschreiben *st* medeondertekenen
mitverantwortlich medeverantwoordelijk, -aansprakelijk
mitwirken *zw* meewerken
Mitwisser *m* medeweter, deelgenoot
mitzählen *zw* meetellen
mitziehen *st* meetrekken
mixen *zw* mixen ⟨v. drank, muziek enz.⟩
Mixer *m* (-s; ~) mixer ⟨voor voedsel, geluid enz.⟩
Mob [mop] *m* (-s) gepeupel
Möbel *o* (-s; ~) meubel, meubelstuk, stuk huisraad; schertsend lastig, moeilijk te behandelen voorwerp
Möbelwagen *m* meubel-, verhuiswagen
mobil beweeglijk, roerend, mobiel
Mobiliar [-'liaar] *o* (-s) meubilair
Mobilien [mo'bie-li-en] *mv* roerende goederen, huisraad
mobilmachen *zw* mobiliseren
Mobilmachung *v* (~; -en) mil mobilisatie
möblieren *zw* stofferen, meubileren
modal gramm modaal
Modalität *v* (~; -en) modaliteit
Mode *v* (~;-n) mode; *aus der* ~ *kommen* uit de mode raken
Modeartikel *m* modeartikel
Modefimmel *m* verzotheid op mode
Model ['mo-] *m* (-s; ~) vorm, maat, patroon
Modell *o* (-s; -e) model ⟨ook v. schilder⟩; vorm, patroon; maquette ⟨v. gebouw⟩; ~ *sitzen, stehen* poseren
modellieren *zw* modelleren, boetseren
modeln *zw* modelleren, vormen, fatsoeneren
Modenarr *m* modegek
Modengeschäft *o*, **Modenhaus** *o* modezaak
Modenschau *v* modeshow
Moder *m* (-s) stof, molm, verrotting; modder, slijk; *nach* ~ *riechen* duf, bedompt ruiken
Moderator *m* moderator; RTV presentator, begeleider en inleider v.e. uitzending
moderieren *zw* matigen, beperken; RTV een uitzending begeleiden
moderig vermolmd; verrot, rottend; vunzig, muf; modderig, slijkig, rottig
modern ['modern] *zw* verrotten, vermolmen, vergaan
modern [mo-'dern] modern, bijdetijds
Moderne *v* moderne tijd; moderne kunst
modernisieren *zw* moderniseren
Modeschöpferin *v* modeontwerpster
modifizieren *zw* modificeren, wijzigen; verzachten, beperken
modisch modieus, nieuwerwets
Modistin [-'dis-] *v* (~; -nen) modiste
Modulation *v* (~; -en) muz modulatie, stembuiging
modulieren *zw* moduleren
Modus *m* (~; -di) wijze, manier; gramm wijze, modus
Mofa *o* (-s; -s) lichte bromfiets; snorfiets
Mogelei *v* (~; -en) bedriegerij; onderw gespiek
mogeln *zw* gemeenz bedriegen, vals spelen, knoeien; smokkelen, onderw spieken
mögen *onr* zin, lust hebben; lusten, houden van, blieven; kunnen lijden; *ich mag keine Suppe* ik heb geen trek in, houd niet van soep; *es mag sein* het is mogelijk; het kan zijn; *mag er auch alt sein, ...* al is hij ook oud, ...; ~ *sie reden!* laat ze maar praten!; *Sie* ~ *recht haben* u kunt wel gelijk hebben; *das möchte ich kaufen* dat zou ik graag willen kopen; *Sie möchten hereinkommen* of u binnen wilt komen
möglich mogelijk; *nicht* ~*!* heus?, werkelijk!; *wenn* ~ zo mogelijk; *alles M*~*e tun* alles in 't werk stellen
möglicherweise mogelijkerwijs, mogelijk, wellicht
Möglichkeit *v* (~; -en) mogelijkheid, kans; *keine* ~ *sehen* er geen kans toe zien
Möglichkeitsform *v* gramm conjunctief, aanvoegende wijs
möglichst zo mogelijk; ~ *bald* zo spoedig mogelijk; *sein möglichstes tun* zijn uiterste best doen, alles in 't werk stellen
Mohammedaner *m* (-s; ~) mohammedaan
Mohn *m* (-(e)s; -e), **Mohnblume** *v* plantk maankop, slaapbol; maanzaad; klaproos, papaver
Mohnkuchen *m* maanzaadkoek
Mohr *m* (-en; -en) gemeenz Moor, Moriaan, neger
Möhre *v* (~; -n) peen, wortel
Mohrrübe *v* plantk peen(tje), wortel(tje)
mokant [-'kant] spottend
mokieren *zw: sich* ~ *über* (+ 4) spotten over, zich vrolijk maken over
Mokka *m* (-s; -s) mokka; kleintje koffie
Molch *m* (-(e)s; -e) dierk salamander
Moldau *v* Moldavië

Mole v (~; -n) pier; strekdam
Molekül o (-s; -e) molecule
Molke v (~; -n), **Molken** m (-s; ~) hui, wei
Molkerei v (~; -en) zuivelfabriek; zuivelbedrijf
Molkereiprodukte mv zuivelproducten
1 Moll m (-(e)s; -e & -s) molton
2 Moll o (~) muz mol
mollig mollig, zacht; aangenaam; *es ist hier ~ warm* het is hier lekker warm
Molluske [-'loes-] v (~; -n) dierk weekdier
1 Moment m (-(e)s; -e) ogenblik, moment; *~ mal!* één ogenblik!; *im ~* op dit ogenblik; dadelijk; *jeden ~* dadelijk
2 Moment o (-(e)s; -e) beweeggrond, factor
momentan momenteel, op dit ogenblik
Momentaufnahme v momentopname
Monarch m (-en; -en) monarch
Monat m (-(e)s; -e) maand
monatlich maandelijks
Monatsanfang m begin v.d. maand
Monatserste(r) m eerste v.d. maand
Monatsgehalt o maandsalaris; *dreizehntes ~* dertiende maand salaris
Monatsheft o maandblad
Monatsrate v maandelijkse termijn
Mönch m (-(e)s; -e) monnik; vogelk zwartkop; typ slecht gedrukt vel
mönchisch monnikachtig, van een monnik, als een monnik, monniks-
Mönchskutte v monnikspij
Mond m (-(e)s; -e) maan; gemeenz kaal hoofd; *einen auf den ~ schießen wollen* iem. naar de Mokerhei wensen
mondän mondain, werelds
Mondfinsternis v maansverduistering, maaneclips
Mondlandefähre v maansloep
Mondschein m maneschijn; *du kannst mir mal im ~ begegnen!* gemeenz loop naar de maan!
mondsüchtig maanziek
monetär monetair
Moneten mv gemeenz geld, duiten, poen
Mongolei: *die ~* Mongolië
mongolisch Mongools
monieren zw manen; berispen; bezwaar maken tegen, aanmerkingen maken op
Monokel [-'no-] o (-s; ~) monocle, oogglas
Monopol o (-s; -e) monopolie
monoton monotoon, eentonig
Monstranz v (~; -en) RK monstrans, sacramentshuisje
monströs monsterachtig, monstrueus, gedrochtelijk
Monstrum o (-s; Monstra) monster; wangedrocht, wanschapen figuur
Monsun(wind) [-'zoen] m (-s; -e) moesson, passaatwind
Montag m maandag; *blauen ~ machen* een baaldag hebben
Montage v (~; -n) montage
montäglich, **montags** maandags
Montanunion v Europese Gemeenschap van Kolen en Staal, EGKS
Monteur m (-s; -e) monteur
montieren zw monteren, ineenzetten; zetten ⟨v. edelstenen⟩

Montur [-'toer] v (~; -en) uitmonstering, uniform, dienstkleding
Moor o (-(e)s; -e) veen; drassige grond
Moorbad o modderbad; badplaats voor modderbaden
moorig veenachtig
1 Moos o (-es; -e & Möser) Z-Duits, Oostr, Zwits moeras-, broekland, laagveen
2 Moos o (-es; -e) plantk mos; *~ ansetzen* gemeenz oud worden
moosig mosachtig, met mos bedekt; Z-Duits veenachtig, moerassig
Moped ['mopet] o (-s; -s) lichte motor
mopsen zw slang wegnemen, gappen; *sich ~* zich vervelen, zich ergeren
mopsfidel ['-deel] gemeenz erg opgewekt
Moral v (~) moraal, zedekunde, zedenleer; *die ~ von der Geschichte* de morele les uit een verhaal; *~ mit doppeltem Boden* dubbele moraal
moralisch moreel; zedelijk; *einen M~en haben* een morele kater, gewetenswroeging hebben
moralisieren zw moraliseren
Moralität v (~; -en) moraliteit, zedelijkheid; moraliteit ⟨ook zinnenspel⟩
Moralpredigt v zedenpreek
Morast [-'rast] m (-es; -e & -räste) moeras
morastig moerassig, drassig
morbid morbide
Morchel v (~; -n) plantk morille ⟨= bep. eetbare paddestoel⟩
Mord m (-(e)s; -e & Mordtaten) moord; *~ an (+ 3)* moord op; *es gibt ~ und Totschlag* gemeenz daar komt moord en doodslag, hevige ruzie van
Mordanschlag m moordaanslag
morden zw moorden; vermoorden
Mörder m (-s; ~) moordenaar
Mördergrube v moordhol, -kuil; *aus seinem Herzen keine ~ machen* van zijn hart geen moordkuil maken
mörderisch moordend, moorddadig; *ein ~es Tempo* een moorddadig tempo
Mordfall m moordzaak
mordio! moord!; zie ook: Zeter
Mordsgaudi o (-s) reuzenlol
Mordshunger m gemeenz geweldige honger
Mordskälte v bittere kou(de)
Mordskerl m gemeenz moordvent
mordsmäßig geweldig, reusachtig
Mordsspaß m reuzenpret
mordverdächtig verdacht van moord
Mordversuch m poging tot moord
Mordwaffe v moordwapen
morgen morgen; *~ abend* morgenavond; *~ früh* morgen vroeg; *~ nachmittag* morgenmiddag; *~ nacht* morgennacht; *~ vormittag* morgenochtend
Morgen m (-s; ~) morgen, ochtend; morgen ⟨soort landmaat⟩; *guten ~* goedemorgen; *am ~* 's morgens, 's ochtends; *gegen ~* tegen de ochtend; *vom ~ bis zum Abend* van 's morgens tot 's avonds
Morgenandacht v morgengebed; morgenwijding, vroegdienst
Morgendämmerung v morgenschemering

morgendlich van de morgen, van 's morgens, morgen-; oosters; ~ *leuchtend* in de ochtendglans
Morgengrauen o morgenschemering
Morgenmuffel *m* iem. met een ochtendhumeur
Morgenrot o, **Morgenröte** v morgenrood, ochtendgloren
morgens 's morgens, 's ochtends; *von ~ bis abends* van vroeg tot laat
Morgenstern *m* morgenster ⟨= planeet Venus⟩; mil hist goedendag
Morgenstunde v morgenstond, -uur; *~ hat Gold im Munde* de morgenstond heeft goud in de mond
Morgenzeitung v ochtendblad
morgig: *der ~e Tag* de dag van morgen
Morphin o (-(e)s), **Morphium** o (-s) morfine
morsch vermolmd; voos; wrak
morsen *zw* met 't morsealfabet seinen
Mörser *m* (-s; ~) vijzel; mil mortier
Mortalität v (~) mortaliteit, sterftecijfer
Mörtel *m* (-s; ~) mortel, metselkalk
Mörtelkelle v troffel
Mosaik [-'iek] o (-s; -e) mozaïek
Moschee [mo'sjee] v (~; -n) moskee
Moschus ['mosjoes] *m* (~) muskus
1 Mosel v (~) Moezel
2 Mosel *m* (-s), **Moselwein** *m* moezelwijn
mosern *zw* kankeren
Moskito *m* (-s; -s) dierk muskiet
Moskitonetz o klamboe, muskietengaas
Most *m* (-es; -e) most, (ongegist) vruchtensap; halfgegiste jonge wijn
Motel [-'tel] o (-s; -s) motel
Motionär *m* (-s; -e) Zwits indiener van een motie
Motiv o (-s; -e) motief (ook muz, kunst, literatuur)
motivieren *zw* motiveren; *motiviert* gemotiveerd, met redenen omkleed
Motor ['motor; gemeenz mo'toor] *m* (-s; -en) motor
Motorhaube v motorkap
motorisieren *zw* motoriseren; *sich ~ schertsend* een auto kopen
Motorrad [vaak mo'tooraat] o motorrijwiel, -fiets, motor
Motorroller *m* scooter
Motorschaden *m* motordefect
Motte v (~; -n) dierk mot; gemeenz vrolijk en wuft meisje; *die ~n haben* gemeenz aan tbc lijden
mottenecht, **mottenfest** motvrij
Mottenkugel v mottenbal(letje)
Motto o (-s; -s) motto
Möwe v (~; -n) vogelk meeuw
Mucke v (~; -n) gril, kuur; *seine ~n (~n im Kopf) haben* grillig zijn; schertsend niet goed functioneren
Mücke v (~; -n) dierk mug; *aus einer ~ einen Elefanten machen* van een mug een olifant maken
Muckefuck *m* surrogaatkoffie; gemeenz slappe koffie
mucken *zw* brommen, protesteren; *ohne M~* zonder een kik te geven
Mückenstich *m* muggenbeet, -steek

Mucker *m* (-s; ~) gemeenz geringsch gluiperd, stiekemerd; reg kankeraar, brompot
Mucks *m* (-es; -e) kik; *keinen ~ machen* geen kik geven
mucksen *zw*: = mucken
mucksmäuschenstill, **mucksstill** doodstil, muisstil, zonder te kikken
müde moe(de), vermoeid; decadent; *einer Sache ~ sein* iets zat zijn
Müdigkeit v (~) moeheid
1 Muff *m* (-(e)s; -e) (dames)mof
2 Muff *m* (-(e)s) muffe lucht
Muffe v (~; -n) techn mof, verbindingsstuk
Muffel *m* (-s; ~) korte snuit; nors mens, mopperpot; moeflon
muffelig onvriendelijk, nors
muffeln *zw* mummelen; muf ruiken; mopperen
muffig muf, duf; nors
Mühe v (~; -n) moeite, last; *nicht der ~ wert* niet de moeite waard; *mit Müh' und Not* met hangen en wurgen; *seine ~ mit einem haben* moeilijkheden met iem. hebben; *sich ~ geben* moeite doen, zich moeite getroosten
mühelos gemakkelijk, zonder enige moeite, moeiteloos
muhen *zw* loeien
mühen: *zw sich ~* zich moeite geven, getroosten
mühevoll moeilijk, lastig, moeitevol
Mühle v (~; -n) molen; molenspel; *die ~ der Verwaltung* de bureaucratie
Mühlenflügel *m* molenwiek
Mühlstein *m* molensteen
Mühsal v (~; -e) moeite, zorg, last, verdriet
mühsam, **mühselig** moeizaam, lastig; moeitevol
Mulatte *m* (-n; -n) mulat
Mulde v (~; -n) bak, trog; kom, inzinking; duinpan
Muli o (-s; -s) Z-Duits, Oostr muildier
Mull *m* (-s; -s) neteldoek, mousseline; verbandgaas; Nederd humus, aarde
Müll *m* (-s) vuilnis, veegsel; mul, bladaarde
Müllabfuhr v vuilnisafvoer, vuilnisophaaldienst
Müllabladeplatz *m* vuilnisbelt, vuilstortplaats
Mullbinde v zwachtel met verbandgaas
Mülldeponie v vuilstortplaats; het storten van afval
Mülleimer *m* vuilnisemmer
Müller *m* (-s; ~) molenaar, mulder
Müllkippe v illegale vuilstortplaats
Müllsack *m* vuilniszak
Müllschlucker *m* vuilniskoker, vuilstortkoker
Mülltonne v vuilnisvat
Mulm *m* (-(e)s) molm
mulmig vermolmd; gemeenz beroerd, bedenkelijk, rot
Multiplikand *m* (-en; -en) rekenk vermenigvuldigtal
Multiplikation v (~; -en) rekenk vermenigvuldiging
Multiplikator *m* (-s; -en) rekenk vermenigvuldiger

multiplizieren zw multiciperen, vermenigvuldigen

Mumie ['moe-mi-e] v (~; -n) mummie

mumifizieren zw mummificeren

Mumm m: ~ haben gemeenz fut hebben

Mummelgreis m tandeloze grijsaard

mummeln, mümmeln zw mompelen, mummelen; knabbelen

Mummenschanz m vermomming; carnavalsmaskerade

Mumpitz m (-es) onzin, nonsens, geklets, flauwekul

Mumps m (~) med bof

Mund m: (-es; -e & Münder; ook: Münde) mond; *den ~ halten* zijn mond houden; *einen großen ~ haben* een grote mond hebben; *in aller (Leute, der Leute) ~ sein* bij iedereen over de tong gaan; *nicht auf den ~ gefallen sein* niet op zijn mondje gevallen zijn; *einem nach dem ~ reden* iem. naar de mond praten; *einem über den ~ fahren* iem. afsnauwen, 't zwijgen opleggen; *von ~ zu ~* van mond tot mond

Mundart v streektaal, dialect

mundartlich dialectisch

Mündel o (-s; ~) pupil ⟨v. voogd⟩

mündelsicher: *~e Papiere* zeer solide, zeer veilige effecten

munden (+ 3) zw smaken, monden

münden zw uitlopen, uitkomen, uitmonden

mundfaul traag in 't spreken, weinig spraakzaam; laconiek; *nicht ~ sein* niet op zijn (haar) mondje gevallen zijn

mundgerecht naar iemands smaak, smakelijk; *einem etwas ~ machen* iets voor iem. aantrekkelijk maken

Mundharmonika v mondharmonica

mündig mondig, meerderjarig

mündlich mondeling

Mundstück o mondstuk

mundtot: *einen ~ machen* iem. de mond snoeren

Mündung v (~; -en) monding, mondgat, mond; mondstuk (v. revolver)

Mundwerk o gemeenz mond; *ein böses ~ haben* veel roddelen, kwaadspreken; *ein flinkes, gutes, lockeres ~ haben* zijn mond kunnen roeren, rap van tong zijn, goed van de tongriem gesneden zijn; *ein freches ~ haben* een brutale mond opzetten; *ein großes ~ haben* een grote mond hebben

Mundwinkel m mondhoek

Mund-zu-Mund-Beatmung v mond-op-mond-beademing

Munition v (~) mil munitie; slang geld

Munitionslager o mil munitiedepot

munkeln zw mompelen; fluisteren; *es wird gemunkelt* er gaan praatjes, er wordt gefluisterd; *im Dunkeln ist gut ~* in 't duister is 't goed smoezen

Münster o (-s; ~) domkerk

munter opgewekt, monter, vrolijk; gezond; wakker; *~ wie der Fisch im Wasser* fris als een hoentje

Munterkeit v (~) opgewektheid, vrolijkheid

Münzamt o, **Münzanstalt** v munt(gebouw)

Münze v (~; -n) munt ⟨zowel gemunt geld als muntgebouw⟩; muntstuk; plantk munt; *bare ~ baar geld; für bare ~ nehmen* voor zoete koek slikken

münzen zw geld slaan, munten; *gemünzt auf* (+ 4) fig gemunt op

Münzfernsprecher m munttelefoon

Muräne v (~; -n) visk zeeaal, moeraal

mürbe murw, zacht, mals; broos, wrak, zwak, voos; gedwee; *~s Backwerk* bros gebak; *~s Fleisch* mals, bestorven vlees; *~s Gemäuer* verweerd muurwerk; *einen ~ machen* iem. klein krijgen, gedwee maken

Mürbeteig m zandtaartdeeg

Murkel m (-s; ~) gemeenz kleine, baby

Murks m (-es) gemeenz rommel; grut; klein gedoe

murksen zw gemeenz knoeien, prutsen

Murmel v (~; -n) knikker

murmeln zw mompelen; murmelen; knikkeren

Murmeltier o dierk marmot

murren zw knorren, morren, mopperen

mürrisch knorrig, gemelijk, nors, korzelig

Murrkopf m knorrepot

Mus o (-es; -e) moes, pap, brij; *zu ~ schlagen* tot moes (mosterd) slaan

Muschel v (~; -n) dierk mossel; schelp; hoorn ⟨v. telefoon⟩; bak ⟨v. wc⟩

Muschelschale v (mossel)schelp

Muschi v (~; -s) gemeenz kut, kutje, spleetje

Muse v (~; -n) muze; *die heitere (leichte) ~* de lichte muze

museal [-ze'aal] van een museum, museums...

Museum o, (-s; Museen) museum

museumsreif schertsend rijp voor het museum, totaal verouderd

Musik [-'ziek] v (~) muziek; *~ im Blut (im Leibe) haben* bijzonder muzikaal zijn; *es liegt ~ darin* er zit muziek in

Musikalien [-li-en] mv muziekstukken, (blad)muziek

Musikalienhandlung v muziekhandel, -winkel

musikalisch muzikaal

Musikant m (-en; -en) muzikant

Musikantenknochen m weduwnaarsbotje, telefoonbotje

Musiker ['moe-] m (-s; ~) musicus

Musikhochschule v conservatorium

musisch artistiek, aan de kunst gewijd, kunstzinnig

musizieren zw musiceren

Muskat m (-s) nootmuskaat

Muskateller m (-s; ~) muskaatwijn

Muskatnuß, nieuwe spelling: **Muskatnuss** v muskaatnoot, nootmuskaat

Muskel m (-s; -n) spier

Muskelkater m spierpijn

Muskelprotz m gemeenz krachtpatser

Muskelriß, nieuwe spelling: **Muskelriss** m; **Muskelruptur** v spierscheuring

Muskete v (~; -n) mil vero musket, vuurroer

Muskulatur v musculatuur, spierstelsel

muskulös gespierd

Muß, nieuwe spelling: **Muss** o (~) het moeten; dwang; *es ist ein* ~ het is noodzakelijk

Muße v (~) vrije tijd; *in (aller)* ~ op zijn gemak

Musselin [-'lien] m (-s; -e) mousseline

müssen (mußte, gemußt) moeten; behoeven; *er muß mal gemeenz* hij moet even naar de wc; *es muß sein* het moet gebeuren

Mußestunde v vrij uurtje

müßig ledig, werkeloos; doelloos; ongebruikt; ijdel, tevergeefs; ~ *gehen* leeglopen; ~*e Fragen* overbodige vragen; ~*es Geschwätz* nutteloos gepraat; *ein* ~*er Mensch* een leegloper; *es ist* ~, *darüber zu reden* het is nutteloos, daarover te spreken

Müßiggang m lediggang; ~ *ist aller Laster Anfang* ledigheid is des duivels oorkussen

Müßiggänger m leegloper

Muster o (-s; ~) monster, staal, patroon, dessin; voorbeeld, model; ~ *ohne Wert* monster zonder waarde; *nach* ~ volgens patroon; *nach berühmten* ~*n* in navolging van beroemde voorbeelden; fig zoals gebruikelijk

Musterbeispiel o toonbeeld

Musterbetrieb m modelbedrijf

Musterbuch o stalenboek

mustergültig voorbeeldig

Musterknabe m voorbeeldige jongen

mustern zw monsteren; scheepv aanmonsteren; mil inspecteren; keuren; nauwkeurig opnemen, doorzien; *gemusterte Stoffe* stoffen met een patroontje

Musterprozeß, nieuwe spelling: **Musterprozess** m proefproces

Musterschüler m voorbeeldige leerling

Musterung v (~; -en) keuring; inspectie; patroon, dessin; mil keuring

Mut m (-(e)s) moed; *guten* ~*es* goedsmoeds, welgemoed; *einem* ~ *machen* iem. moed inspreken, een hart onder de riem steken; *das gibt einem wieder* ~ dat geeft de burger weer moed

Mutation v (~; -en) stemwisseling; biol mutatie, sprongvariatie

mutieren zw de baard in de keel krijgen; biol muteren

mutig moedig, dapper

mutlos moedeloos

mutmaßen zw vermoeden, gissen

mutmaßlich vermoedelijk, denkelijk

Mutmaßung v (~; -en) vermoeden, gissing

1 Mutter v (~; Mütter) moeder; *wie bei* ~*n* zoals bij moeder thuis

2 Mutter v (~; -n) techn (schroef)moer

Mütterberatungsstelle v consultatiebureau voor zuigelingenzorg

Muttergottes v moeder Gods, Maria

Mutterleib moederschoot

mütterlich moederlijk

mütterlicherseits van moeders kant (zijde)

Muttermal o moedervlek

Muttermilch v moedermelk

Mutterschaft v (~) moederschap

mutterseelenallein moederzielalleen

Muttersöhnchen o moederszoontje

Muttersprache v moedertaal

Mutterstelle v: *bei jmdm.* ~ *vertreten* een tweede moeder voor iem. zijn

Muttertag m moederdag

Mutti v (-s) moesje, mammie, mams

Mutwille m overmoed, dartelheid, ondeugendheid; baldadigheid; *mit* ~*n tun* opzettelijk doen

mutwillig overmoedig, baldadig; ondeugend, dartel; Zwits moedwillig

Mütze v (~; -n) pet; muts; mil kepi, militaire pet; kalotje; netmaag ⟨v. koe⟩; *eins auf die* ~ *bekommen* een standje krijgen; *nach seiner* ~ naar zijn zin

Myriade [mu-] v (~; -n) myriade, tienduizendtal; reuzenaantal

Myrrhe, nieuwe spelling ook: **Myrre** [Mu-] v (~; -n) mirre

Myrte [muur-] v (~; -n) plantk mirt(e)

mysteriös mysterieus, geheimzinnig

Mysterium [mu-] o (-s; Mysterien) mysterie, geheime leer, geheim; mysteriespel

Mystifikation v (~; -en) mystificatie, fopperij

mystifizieren zw mystificeren, foppen, voor de gek houden

Mystik ['mus-tik] v (~) mystiek

Mystiker ['muus-tiker] m (-s; ~) mysticus

mystisch mystiek, mystisch

mythisch mythisch

Mythologie [-'gie] v (~; -n) mythologie

Mythus, Mythos ['mu-] m (~; -then) mythe

N

na *nou; nu, welnu;* ~, *was hälst du davon?* en, wat vind je ervan?; ~ *gut, schön* nou goed, oké; ~ *und?* nou en?, en wat dan nog?
Nabe *v* ⟨~; -n⟩ naaf
Nabel *m* ⟨-s; ~⟩ navel; middelpunt; *der* ~ *der Welt* het centrum v.d. wereld
Nabelschnur *v*, **Nabelstrang** *m* navelstreng
1 nach *bijw* achterna; ~ *wie vor* evenals vroeger, nog altijd; voor en na; ~ *und* ~ langzamerhand; bij stukjes en beetjes
2 nach (+ 3) *voorz* na; naar, volgens; ~ *dem Essen* na het eten; ~ *dem Gefühl* op 't gevoel (af); ~ *Hause kommen* thuiskomen; *meiner Meinung* ~ naar mijn mening; *der Reihe* ~ op de rij af; *der Sage* ~ volgens de sage; *dem Namen* ~ *kennen* van naam kennen; ~ *der Mode gekleidet* volgens de mode gekleed; *etwas* ~ *Größe, Alter, Format* ordnen iets op grootte, leeftijd, formaat rangschikken
nachäffen *zw* na-apen, nadoen
nachahmen *zw:* ~ + 4 nabootsen, nadoen; nastreven
nachahmenswert navolgingswaardig
Nachahmung *v* ⟨~; -en⟩ nabootsing, imitatie, kopie, namaak(sel), -volging
nacharbeiten *zw* inhalen (v. verzuimde tijd enz.); namaken; bijwerken
Nachbar *m* ⟨-s & -n; -n⟩ buur, buurman; *bei* ~*s gemeenz* bij de buren
Nachbardorf *o* naburig dorp
Nachbarhaus *o* naburig huis, belendend perceel
Nachbarin *v* ⟨~; -nen⟩ buurvrouw
Nachbarland *o* buurland
nachbarlich naburig, als buren
Nachbarort *m* naburige plaats
Nachbarschaft *v* ⟨~⟩ buurt; buren; nabijheid, samengang
Nachbarsleute *mv* buren
Nachbeben *o* naschok(ken) (bij aardbeving)
nachbereiten *zw* later klaarmaken; onderw resultaten of conclusies vaststellen
nachbessern *zw* de laatste verbeteringen aanbrengen, retoucheren; bijwerken
nachbeten *zw* nabidden; napraten
nachbilden *zw* reproduceren, namaken
Nachbildung *v* nabootsing, kopie
nachbleiben *st* achter-, nablijven; schoolblijven
nachblicken *zw* nakijken
Nachblüte *v* nabloei
nachbohren *zw* nog eens op dezelfde plaats boren, fig doorzeuren, niet loslaten
nachbringen *onr* nabrengen, achteraanbrengen
nachdatieren *zw* postdateren
nachdem nadat; daar, omdat, aangezien; *je* ~ al naar(mate); al naar 't uitkomt
nachdenken *onr* overwegen, overdenken
nachdenklich nadenkend, peinzend; ~*e Worte* ernstige woorden
1 Nachdruck *m* nadruk, klem; klemtoon; ~ *auf etwas legen* iets beklemtonen
2 Nachdruck *m* ⟨-s; -drucke⟩ nadruk, nagedrukt werk; het nadrukken
nachdrucken *zw* nadrukken ⟨v. boeken⟩
nachdrücklich nadrukkelijk, ernstig; met klem
nacheifern (+ 3) *zw* naijveren, nastreven
nacheilen (+ 3) *zw* (achter)nasnellen, -stuiven
nacheinander na elkaar
nachempfinden *st* na-, meevoelen
Nachen *m* ⟨-s; ~⟩ schuitje, roeiboot
nacherzählen *zw* navertellen
Nachfahr *m* ⟨-s & -en; -en⟩ nazaat; epigoon
nachfahren (+ 3) *st* narijden, -varen
nachfeiern *zw* navieren; later vieren
Nachfolge *v* opvolging; navolging; *jmds.* ~ *antreten* iem. opvolgen
nachfolgen (+ 3) *zw* volgen, achternagaan; opvolgen; navolgen
Nachfolger *m* opvolger; *W. Müller Nachf.* Erven W. Müller
nachfordern *zw* navorderen
Nachforderung *v* navordering, -heffing
nachforschen (+ 3) *zw* navorsen, -speuren
Nachfrage *v* navraag, vraag; aanvraag; *auf* ~ op aanvraag
nachfragen *zw* navraag doen, navragen
nachfühlen *zw* meevoelen met, navoelen
nachfüllen *zw* bijvullen, opnieuw vullen
nachgeben *st* toegeven; toegeven; meegeven, losgaan; dalen, zakken ⟨v. prijzen⟩; minder worden; mil wijken; *die Kurse geben nach* de koersen zakken, dalen langzaam; *einer Laune* ~ toegeven aan een gril; *einem an Fleiß nichts* ~ in ijver niet voor iem. onderdoen
Nachgebühr *v* post strafport
Nachgeburt *v* nageboorte
nachgehen *onr* nagaan, (ver)volgen; uitoefenen, nalopen; bezighouden, niet loslaten; *seiner Arbeit* ~ zijn werk doen, verrichten; *einem Gedanken* ~ zich met een gedachte bezighouden; *einem Problem* ~ een probleem trachten op te lossen; *seine Uhr geht nach* zijn horloge loopt achter; *seine Worte gingen mir noch lange nach* zijn woorden bleven me nog lang bij, lieten me niet los
nachgeordnet ondergeschikt; *einem* ~ *sein* onder iem. ressorteren
nachgerade allengs, langzamerhand; ten slotte
nachgiebig meegevend; buigzaam, meegaand; soepel
nachgießen *st* bijgieten, -schenken
nachgrübeln *zw* nadenken; ~ *über* (+ 4) nadenken over, overpeinzen
nachgucken *zw* nakijken
Nachhall *m* nagalm, weerklank, echo; fig gevolg, effect
nachhallen *zw* naklinken; fig gevolgen hebben, beklijven
nachhaltig blijvend, aanhoudend, duurzaam

nachhängen

nachhängen (hing nach; nachgehangen) volgen; zich op iets toeleggen, zich aan iets overgeven; onderw achterop, ten achter zijn; *seinen Gedanken* ~ zich aan zijn gedachten overgeven, zijn gedachten de vrije loop laten; *in Mathe* ~ met wiskunde achterop zijn

Nachhauseweg *m* weg naar huis

nachhelfen (+ 3) *st* helpen, begunstigen; een handje helpen

nachher straks, naderhand, later, daarna; *bis* ~ tot straks

Nachhilfestunde *v* bijles

nachhinein, nieuwe spelling: **Nachhinein**: *im* ~ Oostr, Zwits achteraf, naderhand

nachhinken *zw* achteraanhinken; fig achteraankomen; *der politischen Entwicklung* ~ achter de politieke ontwikkeling aanhinken

Nachholbedarf *m* achterstand, tekort

nachholen *zw* achteraf (laten) halen; achteraf meedelen; inhalen, bijwerken; *das Versäumte* ~ zijn schade inhalen

Nachhut *v* (~; -en) mil achterhoede

nachjagen (+ 3) *zw* najagen; nazetten

Nachklang *m* naklank, nagalm; fig effect, gevolg

nachklingen *st* naklinken

Nachkomme *m* (-n; -n) nakomeling, afstammeling; *die* ~*n* de nakomelingschap

nachkommen (+ 3) *st* nakomen, volgen; voldoen aan; opvolgen, gehoorzamen; *(ich) komme nach!* ik volg, (ik zal) op je gezondheid (drinken)!; *einem Versprechen* ~ een belofte nakomen; *das dicke Ende kommt nach* 't eind zal de last dragen, de laatste loodjes wegen 't zwaarst

Nachkommenschaft *v* (~; -en) nakomelingschap, nageslacht

Nachkömmling *m* nakomeling(e); nakomertje

Nachkriegszeit *v* naoorlogse tijd, naoorlogstijd

Nachlaß, nieuwe spelling: **Nachlass** *m* (-lasses; -lasse & -lässe) nalatenschap; verslapping; vermindering; handel reductie, korting; *(poetisch)* ~ letterk nagelaten werken

nachlassen *st* minder worden, verminderen; nalaten; korting geven; kwijtschelden; *sein Eifer läßt nach* zijn ijver vermindert, verslapt; *der Leim läßt nach* de lijm laat los; *der Regen läßt nach* de regen wordt minder; *etwas vom Preise* ~ iets van de prijs laten vallen; *die nachgelassenen Werke* de nagelaten werken

Nachlassenschaft *v* (~; -en) erfenis, nalatenschap

nachlässig achteloos, nonchalant, slordig, nalatig

Nachlaßpfleger, nieuwe spelling: **Nachlasspfleger** *m* executeur-testamentair

nachlaufen (+ 3) *st* nalopen

nachleben overleven; *einem Menschen* ~ iem. in zijn leven navolgen; *wir N~de(n)* wij later levenden

nachlegen *zw* bij-, toevoegen; aanvullen, erbij doen v. brandstof

Nachlese *v* nalezing, -oogst, -gewas

nachlesen *st* na-, overlezen, opnieuw lezen; naoogsten, nazoeken

nachliefern *zw* naleveren

nachlösen *zw* spoorw na het vertrek een kaartje kopen, in de trein bijbetalen

nachmachen *zw* namaken

nachmalig later

Nachmittag *m* namiddag, middag; *ein angebrochener, angerissener* ~ gemeenz, schertsend laat op de avond

nachmittags des namiddags, 's middags

Nachnahme *v* (~; -n) rembours; *gegen* ~ onder rembours

Nachname *m* achternaam

nachplappern *zw* napraten

Nachporto *o* strafport

nachprüfbar controleerbaar

nachprüfen *zw* controleren, toetsen

Nachprüfung *v* controle, verificatie; herexamen

nachrechnen *zw* na-, overrekenen

Nachrede *v* slotwoord, narede, -woord; praatjes achteraf; *üble* ~ achterklap; lelijke praatjes

nachreden (+ 3) *zw* napraten; *einem Böses* ~ kwaad van iem. spreken

nachreichen *zw* naserveren, nog eens serveren; later indienen, na een vastgesteld tijdstip afgeven

nachreisen *zw* nareizen, achternareizen

Nachricht *v* (~; -en) (nieuws)bericht, tijding, nieuws; ~*en* TV journaal; *vermischte* ~*en* gemengd nieuws

Nachrichtenagentur *v*, **Nachrichtenbüro** *o* persbureau, nieuwsagentschap

Nachrichtendienst *m* mil inlichtingen-, spionagedienst; nieuwsdienst; persbureau, nieuwsagentschap

nachrichtlich het nieuws, de nieuwsberichten betreffend

nachrücken *zw* opschuiven, vooruit komen, promoveren; mil (+ 3) narukken; iems. plaats innemen

Nachruf *m* het naroepen; naam en faam, nagedachtenis; in memoriam, herdenkingswoorden, necrologie

Nachruhm *m* blijvende roem (ook na de dood)

nachsagen *zw* nazeggen; *einem* ~ *daß...* v. iem. zeggen, dat...; *einem Böses* ~ kwaad spreken van iem.

Nachsaison *v* naseizoen

Nachsatz *m* gramm nazin

Nachschau *v* nabeschouwing; ~ *halten* nazien, -kijken

nachschauen *zw* nakijken, -zien

nachschicken *zw* nasturen, -zenden

nachschlagen *st* na-, opslaan; *einem* ~ naar iem. aarden

Nachschlagewerk *o* naslagwerk

nachschleichen (+ 3) *st* nasluipen

nachschleppen *zw* achter zich aan slepen

Nachschlüssel *m* valse sleutel; tweede sleutel

nachschreiben *st* na-, afschrijven; *eine Vorlesung* ~ aantekeningen maken v.e. col-

lege
Nachschrift v naschrift, postscriptum, dictaat
Nachschub m mil aanvoer v. voorraden ⟨ter aanvulling⟩, etappedienst
nachsehen st nazien, -kijken; *einem etwas ~* iets bij iem. door de vingers zien
Nachsehen o (-s) het nakijken; *das ~ haben* ernaar kunnen fluiten, achter 't net vissen, aan iems. neus voorbijgaan
nachsenden onr nasturen
nachsetzen zw achteraanzetten; achterstellen; *einem Flüchtling ~* een vluchteling achtervolgen, achternazitten
Nachsicht v (~) toegevendheid, clementie
nachsichtig, nachsichtsvoll toegevend, toegeeflijk, clement
Nachsilbe v gramm achtervoegsel, suffix
nachsinnen st nadenken, overpeinzen
nachsitzen st na-, schoolblijven
Nachsommer m nazomer
Nachsorge v med nazorg
Nachspeise v toespijs, toetje
Nachspiel o naspel; sp verlengd spel
nachsprechen st naspreken, -zeggen
nachspüren (+ 3) zw naspeuren, -vorsen
1 nächst (+ 3) voorz naast; onmiddellijk na; vlakbij
2 nächst bn volgend, naast; *die ~en Schritte* de eerstvolgende stappen; *die ~en Verwandten* de naaste verwanten; *der, die, das nächste beste* de (het) eerste de (het) beste; *der liebe N~e* de medemens(en); *fürs ~e* (in) de eerstkomende tijd, voorlopig
nächstbest *der, die, das ~e* de (het) op één na beste; *de (het) eerste de (het) beste*
nachstehen onr achterstaan
nachstehend navolgend
nachsteigen (+ 3) zw naklimmen
nachstellen zw verderop plaatsen; achteruitzetten ⟨v. klok⟩; gramm aan 't eind ⟨v.d. zin⟩ plaatsen; (+ 3) vervolgen, jagen op, achternazitten, -zetten: *einem Mädchen ~* werk van een meisje maken, achter een meisje aanzitten
Nächstenliebe v naastenliefde
nächstens weldra, binnenkort, eerstdaags
nächstliegend het meest voor de hand liggend, dichtstbijliggend, naastgelegen
nachstreben (+ 3) zw nastreven
nachstürzen zw nastorten, -gieten; naderhand instorten of vallen; *einem ~* iemand narennen: iem. achternavallen
nachsuchen zw nazoeken; solliciteren naar iets; officieel aanvragen; *um eine Konzession ~* een concessie aanvragen; *um ein Moratorium ~* recht surseance van betaling aanvragen
Nacht v (~; Nächte) nacht; duisternis; Z-Duits avond; *gute ~* goedenacht!; *dann gute ~!* iron dan weet ik 't wel!; *heute ~, diese ~* vannacht; *bei ~* in de nacht, 's nachts; *bei ~ und Nebel* heimelijk: bij nacht en ontij; *in der ~, des ~s* 's nachts; *mitten in der ~, in später (tiefster) ~* in 't holst van de nacht, bij nacht en ontij; *über ~* gedurende de nacht; plotseling, onverwachts; *die ~ über, über ~* de gehele nacht; *zur ~* 's nachts; in de nacht; *die ~ zum Tag machen* de nacht doorgaan, -werken; *sich eine ~ um die Ohren schlagen* nachtbraken; *häßlich wie die ~* zo lelijk als de nacht, verschrikkelijk lelijk
Nachtdienst m nachtdienst
Nachteil m nadeel; *von ~ sein* nadelig, schadelijk zijn; *jmdm. gegenüber im ~ sein* tegenover iem. in het nadeel zijn
nachteilig nadelig, schadelijk
nächtelang nachten lang
Nachteule v nachtbraker
Nachtfalter m dierk nachtvlinder
Nachtfrost m nachtvorst
Nachthemd o nachthemd
Nachtigall v (~; -en) vogelk nachtegaal; *~, ich höre dich trapsen* gemeenz N-Duits ik merk wel, wat je wilt
nächtigen zw overnachten
Nachtisch m nagerecht, dessert, toetje
nächtlich nachtelijk; 's nachts; somber
Nachtlokal o nachtkroeg, -club
Nachtrag m (-(e)s; -träge) aanvulling, supplement, aanhangsel
nachtragen st nadragen, achterna dragen; achteraf bijvoegen; *einem etwas ~* over iets boos op iem. blijven
nachtragend, nachträgerisch haatdragend; wrok koesterend
nachträglich achteraf, later nog, achterna plaatsvindend
nachtrauern (+ 3) zw treuren over
Nachtruhe v nachtrust
nachts 's nachts
Nachtschicht v nachtploeg; nachtdienst
nachtschlafend: *bei (zu) ~er Zeit* in 't holst van de nacht
Nachtschwärmer m nachtbraker, -pit, boemelaar
Nachtstunde v nachtelijk uur
nachtsüber gedurende de nacht
Nachttisch m nachttafeltje
Nachttopf m po, pot
nachtun onr: *es einem ~* iem. iets nadoen, nabootsen
Nachtwache v nachtwacht; nachtwake
Nachtwächter m nachtwacht; gemeenz slaperig mens
Nachtwandler m slaapwandelaar
Nachtzeit v: *zur ~* in de nacht
Nachtzeug o nachtgewaad, -goed
Nachtzug m nachttrein
Nachwehen mv naweeën ⟨ook med⟩; rampspoedige gevolgen
nachweinen (+ 3) zw treuren om, betreuren; *einem keine Träne ~* geen traan om iem. laten
Nachweis m (-es; -e) bewijs; het aantonen; *der ~ der Unschuld* het bewijs v. onschuld
nachweisbar te bewijzen, be-, aanwijsbaar
nachweisen st nawijzen; aanwijzen, -tonen, noemen; bewijzen
nachweislich aanwijsbaar; bewijsbaar
Nachwelt v nageslacht
nachwerfen st: *einem etwas ~* iem. iets nagooien
nachwirken zw voortwerken, nawerken

Nachwort o nawoord; naschrift
Nachwuchs m kroost, kinderen; jongeren, jongere generatie; jonge dieren; *akademischer* ~ jonge academici
nachzahlen zw achteraf betalen, nabetalen
nachzählen zw natellen
nachzeichnen zw natekenen
nachziehen st natrekken; aanschroeven; (bij schaak-, damspel) een soortgelijke tegenzet doen; het voorbeeld volgen; *einem* ~ *iem.* volgen; *den einen Fuß* ~ met zijn ene been trekken
Nachzug m achterhoede; volgtrein
Nachzügler m achterblijver; nakomer; nakomertje (= kind dat vele jaren na zijn broer(s), zus(sen) geboren is); mil marodeur
Nackedei m (-s; -e & -s) naakt kindje; naakte persoon
Nacken m (-s; ~) nek; *einem auf dem (im)* ~ *sitzen* iem. in 't nauw brengen, iem. achtervolgen; *einen im* ~ *haben* achternagezeten worden; *den* ~ *steifhalten* de poot, het been stijfhouden, niet toegeven; *jmdm. den* ~ *beugen* iem. doen buigen
Nackenschlag m nekslag, slag van achteren; fig ontgoocheling, tegen-, nekslag
nackig naakt
nackt naakt, bloot; kaal; *mit* ~*em Auge* met 't blote oog; ~*e Jungfer* v plantk herfsttijloos; *die* ~*e Tatsache* het naakte feit; *ums* ~*e Überleben kämpfen* voor het vege lijf vechten
Nacktheit v (~) naaktheid
Nadel v (~; -n) naald; (als afk. v. *Stecknadel*) speld; broche; dasspeld; *wie auf* ~*n sitzen* op hete kolen zitten; *an der* ~ *hängen* aan drugs verslaafd zijn
Nadelarbeit v handwerken, naaldwerk
Nadelbaum m naaldboom
Nadelholz o naaldhout; *Nadelhölzer* naaldbomen, coniferen
Nadelkissen o speldenkussen
Nadelkopf m speldenknop, -kop
Nadelspitze v naald-, speldenpunt
Nadelstich m naaldeprik; speldenprik (ook fig)
Nadelwald m naaldbos
Nagel m (-s; Nägel) spijker, nagel; *Nägel mit Köpfen machen* spijkers met koppen slaan; *ein* ~ *zu meinem Sarg* een nagel aan mijn doodkist; *etwas an den* ~ *hängen* met iets ophouden; *das brennt mir unter den Nägeln* dat is heel dringend; *sich etwas unter den* ~ *reißen* zich iets toe-eigenen
Nagelbürste v nagelborstel
Nagelfeile v nagelvijl
nageln zw spijkeren; kloppen (v. dieselmotoren)
nagelneu fonkel-, splinternieuw
Nagelprobe v: *die* ~ *machen* een glas tot de laatste druppel leeg drinken, fig een beslissende proef volbrengen
Nagelschere v nagelschaar
nagen zw knagen; *am Hungertuch* ~ honger lijden; *nichts zu* ~ *und beißen haben* honger moeten lijden
Nager m (-s; ~), **Nagetier** o knaagdier, knager
Näharbeit v naaiwerk
Nahaufnahme v opname van dichtbij, close-up
nahe I bn na, nabijgelegen, -zijnd, naburig, dichtbij zijnde, nabij; II bijw nabij, dichtbij; *zum Greifen* ~ bijna tastbaar aanwezig; ~ *Verwandtschaft* nauwe bloedverwantschap; *in* ~*r Zukunft* in de naaste toekomst; in afzienbare tijd, spoedig; ~ *der Grenze* nabij de grens; *den Tränen* ~ op 't punt in tranen uit te barsten; *es geht mir* ~ 't gaat mij aan 't hart, 't doet mij verdriet; ~ *daran sein* op 't punt staan; *von* ~ *und fern* van heinde en ver; *der Verzweiflung* ~ *sein* de wanhoop nabij zijn; *jmdm. zu* ~ *treten* iem. beledigen, kwetsen
Nähe v (~; -n) nabijheid; *aus der* ~ van nabij; *in greifbarer (nächster)* ~ in de onmiddellijke nabijheid; *von beklemmender* ~ van benauwende directheid
nahebei vlakbij
nahebringen, nieuwe spelling: **nahe bringen** (+ 3) onr: *einem etwas* ~ iem. vertrouwd maken met, nader brengen tot
nahegehen, nieuwe spelling: **nahe gehen** (+ 3) onr aangrijpen, aan het hart gaan
nahekommen, nieuwe spelling: **nahe kommen** (+ 3) st nabijkomen; gelijken op; vertrouwelijk worden met
nahelegen, nieuwe spelling: **nahe legen** (+ 3) zw in overweging geven, suggereren, in de mond geven, aannemelijk maken
naheliegen, nieuwe spelling: **nahe liegen** st voor de hand liggen, te verwachten zijn
naheliegend, nieuwe spelling: **nahe liegend** nabijgelegen; voor de hand liggend
nahen (+ 3) zw plechtig naderen; *sich* ~ naderen
nähen zw naaien; *doppelt genäht hält besser* beter te veel dan te weinig
näher nader, dichterbij; *Näheres bei...* te bevragen bij...; *bis auf Näheres* tot nader order
näherbringen, nieuwe spelling: **näher bringen** (+ 3) onr duidelijk, ermee vertrouwd maken
Naherholungsgebiet o recreatiegebied in de buurt
Näherin v (~; -nen) naaister
näherkommen, nieuwe spelling: **näher kommen** (+ 3) st meer vertrouwd worden met
näherliegen, nieuwe spelling: **näher liegen** st voor de hand liggen
nähern zw naderbij brengen; *sich* ~ (+ 3) naderen
nähertreten, nieuwe spelling: **näher treten** st dichterbij komen; *einer Sache* ~ een zaak aanvatten, op iets ingaan
Näherung v (~) nadering; benadering
Näherungswert m benaderingswaarde
nahestehen, nieuwe spelling: **nahe stehen** (+ 3) onr in nauwe betrekking staan tot
nahetreten, nieuwe spelling: **nahe treten** st: *einem* ~ in verbinding komen met iem., bevriend raken met iem.

nahezu zo goed als geheel, nagenoeg
Nähgarn o naaigaren
Nahkampf m mil handgemeen, gevecht van man tegen man; gemeenz schertsend danspartij
Nähkasten m naaidoos
Nähmaschine v naaimachine
Nähnadel v naald
Nährboden m voedingsbodem
nähren zw voeden; zogen; *einen Wunsch ~* een wens koesteren; *sich ~ von, mit* zich voeden met
nahrhaft voedzaam
Nährstoff m voedingsstof
Nahrung v (~) voedsel, kost; levensonderhoud; kostwinning; *Gerüchten, Hoffnung, der Kritik, dem Verdacht ~ geben* voedsel geven aan geruchten, hoop, de kritiek, de verdenking
Nahrungsmangel m gebrek aan voedsel
Nahrungsmittel mv levensmiddelen
Nährwert m voedingswaarde
Naht v (~; Nähte) naad; slang een heleboel; *aus allen Nähten platzen* gemeenz te dik worden
Nahverkehr m buurtverkeer
Nähzeug o naaigereedschap
naiv naïef
Naivität v (~; -en) naïveteit, onschuld
Name m (-ns; -n) naam; *wie war doch gleich der ~?* hoe heet u ook weer?; *Mein ~ ist Hase, ich weiß von nichts* mijn naam is Haas (= ik weet van niets); *sich einen ~n machen* naam maken; *auf den ~n* (+ 2) ten name van; *in Gottes ~n* in Godsnaam; vooruit dan maar; *etwas beim ~ nennen* iets bij de naam noemen; *mit ~n und Zunamen* met naam en toenaam; *ein Mann mit ~n X* een man genaamd X
namenlos zonder naam, naamloos; nameloos, onnoemelijk
namens genaamd; (+ 2) namens, uit naam van
Namensaktie [-tsi-e] v handel aandeel op naam
Namensschild o naambordje
Namensvetter m naamgenoot
Namenszeichen o paraaf
namentlich I *bijw* vooral, in 't bijzonder; voornamelijk; met name; bij naam; II *bn* met de naam; *~e Abstimmung* hoofdelijke stemming
Namenverzeichnis o naamlijst
namhaft bekend, vermaard; aanzienlijk, noemenswaard; *ein ~er Künstler* een kunstenaar van naam
nämlich I *bijw* te weten, namelijk; II *bn* zelfde; *das N~e* hetzelfde
Namur [-'my:r] o (-s) Namen
nanu? hé?, wat?, nou?
Napalm o napalm
Napf m (-(e)s; Näpfe) nap, houten bak, kom
Napfkuchen m tulband
napoleonisch Napoleontisch
Narbe v (~; -n) litteken; nerf ⟨v. leer⟩; plantk stempel
narbig vol littekens; gegreineerd ⟨v. leer⟩
Narkose v (~; -n) narcose

narkotisieren zw narcotiseren
Narr m (-en; -en) nar; dwaas, gek; Rijnlands carnavalvierder; *einen zum ~en haben, halten* iem. voor de gek houden, de draak met iem. steken; *einen ~en an jmdm. gefressen haben* iem. dolgraag mogen
narren zw voor de gek houden
narrensicher foolproof, tegen verkeerd gebruik bestand
Narretei v (~; -en), **Narrheit** v (~; -en) zot-, dwaasheid, zotternij
Närrin v (~; -nen) gekkin, zottin; Rijnlands carnavalvierster
närrisch zot, dwaas, dol; zonderling, snaaks; *~ auf* verzot op; *sich ~ freuen* zich kolossaal verheugen
Narzisse v (~; -n) plantk narcis
Narzißmus, nieuwe spelling: **Narzissmus** m (~) narcisme
nasal nasaal, neus...
Nasal m (-s; -e) taalk nasaal, neusklank
nasalieren zw door de neus spreken
Nasallaut m taalk nasaal, neusklank
naschen zw snoepen
Nascher, Näscher m (-s; ~) snoeper
Näscherei v (~; -en) gesnoep; snoeperij, snoepgoed
naschhaft graag snoepend
Naschkatze v gemeenz snoepster
Nase v (~; -n) neus; gemeenz standje; visk sneep, neusvis; ⟨v. honden⟩ reukzin; afdruipende verfdruppel, druiper; ⟨v. wijn⟩ geur; *immer der ~ nach* steeds de neus achterna; *pro ~* per persoon; *seine ~ paßt mir nicht* zijn gezicht staat me niet aan; *die ~ gestrichen voll haben* iets zat zijn; *die ~ vorn haben* winnen, de eerste zijn; *sich an die eigene ~ fassen* de hand in eigen boezem steken; *jmdn. an der ~ herumführen* iem. voor de gek houden; *auf die ~ fallen* mislukken; *jmdm. etwas nicht gerade auf die ~ binden* iets niet aan iems. neus hangen; *einem eins auf die ~ geben* gemeenz iem. een oplawaai geven; *die Kinder tanzen ihr auf der ~ herum* de kinderen luisteren niet naar haar; *jmdm. etwas aus der ~ ziehen* iem. een geheim ontfutselen; *er sieht nicht über seine ~ hinaus* hij kijkt niet verder dan zijn neus lang is; *jmdm. etwas unter die ~ reiben* iem. iets onder de neus wrijven; *die ~ rümpfen (über etwas)* de neus ophalen (voor iets)
naselang: *alle ~* ieder ogenblik
näseln zw door de neus spreken; *der Klang ist ~d* de klank is nasaal; *~der Laut* neusgeluid
Nasenbein o neusbeen
Nasenbluten o neusbloeding
Nasenloch o neusgat
Nasenspitze v punt van de neus
Nasenstüber m knip voor de neus; standje
naseweis wijsneuzig; parmantig
nasführen zw beetnemen
Nashorn o dierk neushoorn
naß, nieuwe spelling: **nass** (*nässer, nasser; nässest, nassest*) nat, vochtig; slang platzak; *~ bis auf die Knochen* doornat; *~ machen* 't in zijn bed (broek) doen

Nassauer *m* (-s; ~) inwoner van Nassau; gemeenz klaploper, parasiet; hevige regenbui

nassauern *zw* gemeenz klaplopen, gratis meeprofiteren

Nässe *v* (~) vochtigheid, natheid

nässen *zw* bevochtigen ⟨v. dieren⟩; wateren; regenen; vocht afscheiden; *die Wäsche* ~ de was invochten

naßkalt, nieuwe spelling: **nasskalt** kil, waterkoud

Nation [-tsi-'oon] *v* (~; -en) natie, volk; *die Vereinten ~en* de Verenigde Naties

Nationalfeiertag *m* nationale feestdag

Nationalgefühl *o* vaderlandsliefde

Nationalhymne *v* volkslied

Nationalismus *m* nationalisme

Nationalität *v* (~; -en) nationaliteit; volkskarakter, -aard

Nationalmannschaft *v* sp nationale ploeg

Nationalökonomie *v* economie, staathuishoudkunde

Nationalsozialismus *m* nationaal-socialisme

Natrium *o* (-s) natrium

Natter *v* (~; -n) slang van de familie der Colubridae ⟨o.a. ringslang, gladde slang⟩; adder

Natternbrut *v*, **Natterngezücht** *o* addergebroed

Natur *v* (~; -en) natuur; wezen; inborst, aard, staat, lichaamsgesteldheid; *es liegt in der ~ der Sache, daß...* uiteraard...; *das ist mir zur zweiten ~ geworden* dat heb ik me helemaal eigen gemaakt

Naturalbezüge *mv*, **Naturaleinkünfte** *mv* inkomsten in natura

Naturalien [-li-en] *mv* voortbrengselen, vruchten v.e. land; natuurwetenschappelijke curiosa

Naturalienkabinett *o*, **Naturaliensammlung** *v* kabinet v. natuurlijke historie

naturalisieren *zw* naturaliseren

Naturalismus *m* (~) kunst, letterk naturalisme

Naturallohn *m* loon in natura

Naturbühne *v* openluchttheater

Naturell *o* (-s; -e) aard, karakter, natuurlijke geaardheid, natuur

Naturereignis *o*, **Naturerscheinung** *v* natuurverschijnsel

Naturforscher *m* natuuronderzoeker, -vorser

Naturfreund *m* natuurvriend

naturgemäß overeenkomstig de natuur, volgens de aard; natuurlijk

Naturgesetz *o* natuurwet

naturgetreu natuurgetrouw, getrouw naar de natuur

natürlich natuurlijk ⟨ook getal, toonladder⟩; natuurlijk, buitenechtelijk ⟨v. kind⟩

Naturschutz *m* natuurbescherming, -behoud

Naturschutzgebiet *o* natuurreservaat

naturwidrig tegennatuurlijk

Naturwissenschaft *v* natuurwetenschap

Naturwissenschaftler *m* beoefenaar van de natuurwetenschappen

Nautik ['nau-] *v* (~) scheepv zeevaartkunde, nautiek

Navigation *v* (~) scheepv, luchtv navigatie, stuurmanskunst

Nazi *m* (-s; -s) nazi, nationaal-socialist

Nazismus *m* nationaal-socialisme, nazisme

Neapel [ne'a-] *o* Napels

Neapolitaner *m* Napolitaan; Oostr gevulde wafel

Nebel *m* (-s; ~) nevel, mist; *ausfallen wegen ~(s)* schertsend onverwacht niet plaatsvinden

Nebelbank *v* mistbank

nebelgrau grauw als nevel

nebelhaft onduidelijk, vaag

Nebelhorn *o* misthoren

nebelig nevelig, mistig, vaag

nebeln *zw* misten; nevelig worden; versproeien

neben *voorz* + 3, 4 naast, nevens; bij; *sie saß ~ mir, er setzte sich ~ mich* zij zat naast mij, hij ging naast mij zitten

Nebenabsicht *v* bijbedoeling, -oogmerk

Nebenamt *o* bijbetrekking, -baantje; *im ~* als bijbaan

nebenan er-, daar-, hiernaast

Nebenausgaben *mv* (bijkomende) kleinere uitgaven

Nebenausgang *m* zijuitgang, zijdeur

Nebenbedeutung *v* bijbetekenis

nebenbei ernaast, bovendien; in 't voorbijgaan; *~ gesagt* terloops opgemerkt

Nebenberuf *m* bijbetrekking, bijbaantje

Nebenbuhler *m* medeminnaar; mededinger

nebeneinander naast elkaar

Nebeneinander *o* 't naast elkaar aanwezig zijn

Nebeneinkünfte *mv*, **Nebeneinnahme** *v* bijverdienste, neveninkomsten

Nebenfach *o* bijvak

Nebenfluß, nieuwe spelling: **Nebenfluss** *m* zijrivier

Nebengebäude *o* bijgebouw

Nebengeräusch *o* bijgeluid

Nebengeschäft *o* ondergeschikte bezigheid, bijzaak; filiaal

Nebengleis *o* zijspoor; *auf dem ~ stehen* opzij geschoven zijn

nebenher ernaast; daarbij; terloops; *ganz ~ sagte er...* terloops, langs zijn neus weg zei hij...

Nebenkosten *mv* bijkomende kosten, nevenkosten

Nebenmann *m* neven-, buurman, wie naast iem. staat

Nebenproduct *o* bij-, nevenproduct

Nebenrolle *v* bijrol; *eine ~ spielen* fig van ondergeschikt belang zijn

Nebensache *v* bijzaak

nebensächlich van ondergeschikt belang, bijkomstig

Nebensatz *m* gramm bijzin

Nebenstelle *v* bijkantoor, filiaal; bijbetrekking

Nebenstraße *v* zijstraat, naburige straat

Nebenverdienst *m* bijverdienste

Nebenwirkung *v* bijwerking

Nebenzimmer o zijkamer, aangrenzende kamer
Nebenzweck m bijbedoeling
Nebenzweig m zijtak ⟨ook fig⟩
neblig nevelig, mistig; vaag
nebulos, nebulös nevelig; vaag; verward
necken zw plagen, voor de gek houden; *sich* ~ elkaar plagen, stoeien
Neckerei v (~; -en) plagerij
neckisch plagend, schalks; speels, guitig; bekoorlijk
Neffe m (~; -n) neef (= zoon v. broer of zus)
Negation v (~; -en) ontkenning, negatie
Negativ o (-s; -e) fotogr negatief
Neger m (-s; ~) neger
Negerin ['ne-] v (~; -nen) negerin
negieren zw ne'geren, ontkennen
nehmen st (nahm; genommen) nemen, ontnemen; opvatten; incasseren (bij boksen); *wie man es nimmt* al naar men het opvat; *woher ~ und nicht stehlen?* gemeenz waar haal ik 't geld vandaan?; *das lasse ich mir nicht ~* dat laat ik mij niet ontgaan; daar blijf ik bij; *das Abendmahl ~* aan 't avondmaal deelnemen; *an einem ein Beispiel ~* iem. tot voorbeeld nemen; *etwas weniger (nicht so) genau ~* 't minder (niet zo) nauw nemen; *etwas leicht (schwer) ~* iets gemakkelijk (zwaar) opvatten; *etwas wichtig ~* iets belangrijk vinden; *an sich ~* tot zich nemen; zich toe-eigenen; *auf sich ~* voor zijn rekening nemen; *zu sich ~* gebruiken, nuttigen
Nehmer m (-s; ~) nemer; koper
Nehrung v (~; -en) landtong, schoorwal
Neid m (-(e)s) nijd, afgunst; *der blasse ~* de pure, bittere nijd; *vor ~ erblassen* groen worden van nijd
neiden zw: *einem etwas ~* iem. om iets benijden, iem. iets misgunnen
Neider m (-s; ~) benijder
Neidhammel m afgunstig mens
neidisch jaloers, afgunstig
neidlos zonder afgunst, royaal
Neidnagel m nij(d)nagel, stroopnagel
Neige v (~; -n) overschot, bezinksel, rest ⟨v. dranken in glas⟩; neiging, helling; *auf die ~ gehen* opraken, ten einde lopen; in verval komen; *bis zur ~* tot op de bodem; *zur ~ gehen* ten einde lopen, aflopen, ondergaan ⟨v. zon⟩
neigen zw buigen; ~ *zu* geneigd zijn; *sich ~* (over)hellen, neigen; ten einde lopen; zie ook: *geneigt*
Neigung v (~; -en) helling; het hellen; neiging, tendens; genegenheid; ~ *zu* voorliefde, voorkeur voor
nein nee; ~ *sowas!, aber ~* nee maar!
Nelke v (~; -n) plantk anjelier, anjer; kruidnagel
nennbar noembaar
Nennbetrag m nominaal bedrag
nennen st noemen; vermelden; heten, betitelen; *beim richtigen Namen ~* fig open over iets spreken, zeggen waar 't op staat; *die Dinge (das Kind) beim richtigen Namen (mit Namen) ~* fig 't kind bij zijn naam noemen; *in einem Atem(zug) ~* in één adem noemen; *sich ~* zich noemen, heten
nennenswert noemenswaard(ig)
Nenner m (-s; ~) rekenk noemer; *auf einen (gemeinsamen) ~ bringen* onder één hoofd samenvatten, onder één noemer brengen; *auf den einfachsten ~ bringen* zo eenvoudig mogelijk samenvatten; *auf einen ~ kommen* tot dezelfde overtuiging (mening) komen
Nennung v (~; -en) het noemen; sp aanmelding, inschrijving
Nennwert m nominale waarde
Neonröhre v neonbuis
Nepotismus m (~) nepotisme
neppen zw slang bedriegen, neppen, afzetten
Nerv m (-s & -en; -en) zenuw; nerf (in blad); gemeenz lef; *den ~ haben* lef, moed hebben; *starke ~en haben* sterke zenuwen hebben; *mit den ~ am Ende sein* op van de zenuwen zijn; *~en haben wie Drahtseile* stalen zenuwen hebben; *einem auf die ~en gehen, fallen* op iems. zenuwen werken, iem. irriteren; *mit den ~en herunter* op van de zenuwen; *der hat vielleicht ~en!* die heeft lef! die durft!
Nervenarzt m zenuwarts
nervenaufreibend zenuwslopend
Nervenbündel o fig zenuwknoop, -pees
Nervenkitzel m zenuwprikkeling
nervenkrank zenuwziek
Nervenkrieg m zenuwenoorlog
Nervenleiden o med zenuwziekte, -aandoening
Nervensystem o zenuwstelsel
Nervenzusammenbruch m med zenuwcrisis, -inzinking
nervig gespierd, sterk, krachtig
nervös ['-'weus] nerveus, zenuwachtig
Nervosität v (~) nervositeit
Nerz m (-es; -e) dierk nerts; nertsbont
Nessel v (~; -n) plantk brandnetel; *sich in die ~n setzen* zich in de nesten werken
Nesselausschlag m, **Nesselfieber** o, **Nesselsucht** v med netelroos, galbulten
Nest o (-es; -er) nest ⟨ook: bed; negorij⟩; *turnen* zwaantje; dot; verwarde boel; *ins ~* naar bed; *das eigene ~ beschmutzen* fig zijn eigen nest bevuilen
nesteln zw nestelen, vastrijgen; *an (+ 3) etwas ~* aan iets morrelen, peuteren
Nesthäkchen o jongste kind, benjamin
Nestling m (-s; -e) vogelk nesteling, nestvogel
nett aardig; leuk; *ein ~er Mensch* een aardige kerel, sympathiek mens; *~es Wetter* iron lief weertje; *ganz ~* heel aardig; *das kann ja ~ werden* gemeenz, iron dat belooft veel; *sei so ~* wees zo goed; *eine ~e Summe* een mooie som
Nettigkeit v aardigheid; netheid, zindelijkheid
netto netto, zuiver
Netz o (-es; -e) net; *ins ~ gehen* in de val lopen, erin lopen
netzen zw nat maken, bevochtigen; weken; *mit Wasser ~* met water besproeien
Netzhaut v netvlies ⟨v.h. oog⟩

Netzwerk o netwerk
neu nieuw; onbekend; recent, modern; *von ~em, aufs ~e, auf ein Neues* opnieuw; *das ist mir ~, ein N~es* dat is nieuw voor mij, iets nieuws, daar heb ik nog nooit van gehoord; *seit ~estem* sinds kort
Neuankömmling *m* pas aangekomene
neuartig nieuw, modern
Neuauflage *v* herdruk, -uitgave
Neubau *m* huis in aanbouw, nieuwgebouwd huis; herbouw, nieuwe opbouw; nieuw gedeelte (v. oud huis)
Neubildung v taalk neologisme; med woekering
neuerdings in de laatste tijd, onlangs; Oostr opnieuw
Neuerer *m* (-s; ~) vernieuwer, invoerder van nieuwigheden; nieuwlichter
neuerlich I *bn* opnieuw ingevoerd, v. onlangs; **II** *bijw* onlangs, opnieuw
Neuerung *v* (~; -en) nieuwigheid, verandering, hervorming
neuestens in de allerlaatste tijd, laatstelijk
neugebacken nieuwbakken; gemeenz, schertsend pas benoemd, pas getrouwd
neugeboren herboren; pasgeboren; *das N~e* pasgeboren kind, borelingske
Neugestaltung *v* hervorming, reorganisatie, vernieuwing
Neugier *v*, **Neugierde** *v* (~) nieuwsgierigheid; ~ *auf* (+ 4) nieuwsgierigheid naar
neugierig nieuwsgierig; ~ *auf* (+ 4) nieuwsgierig naar; *da bin ich aber* ~ daar ben ik benieuwd naar
Neuheit *v* (~; -en) het nieuwe, nieuwheid; nieuwtje, nouveauté, iets nieuws
Neuigkeit *v* (~; -en) nieuwtje, nieuws
Neujahr o nieuwjaar; *prosit ~!* gelukkig nieuwjaar!
Neuland o nieuw land; fig onbekend gebied; *das ist ~ für mich* dat is nieuw voor mij
neulich onlangs, kortelings, laatst, recentelijk
Neuling *m* (-s; -e) nieuweling, nieuwkomer
neumodisch nieuwerwets
Neumond o nieuwe maan
neun negen; *wir waren zu ~t* we waren met z'n negenen
Neunauge o visk prik, lamprei
neunmalgescheit, neunmalklug, neunmalweise al te wijs, waanwijs
Neuntel o (-s; ~) een negende deel
neuntens ten negende
neunzehn negentien
neunzig negentig; *auf ~ sein* gemeenz woedend zijn; *die ~er Jahre* de jaren negentig
Neunziger *m* (-s; ~) negentiger
Neuordnung *v* nieuwe rangschikking; reorganisatie
neurotisch neurotisch
Neuschnee *m* vers gevallen sneeuw
Neutöner *m* nieuwlichter ⟨in literatuur enz.⟩
neutral neutraal, onzijdig
Neutralität *v* (~; -en) neutraliteit, onzijdigheid

Neutrum o (-s; Neutren & Neutra) gramm neutrum, onzijdig geslacht; onzijdig woord
neuvermählt, nieuwe spelling: **neu vermählt** pasgehuwd
Neuwahl *v* nieuwe verkiezing
neuwertig als nieuw
Neuzeit *v* nieuwe tijd ⟨na de middeleeuwen⟩
neuzeitlich modern, van de laatste tijd
nicht niet; ~? nietwaar?; ~ *doch!* asjeblieft niet!; *zu ~e machen, werden* tenietdoen, tenietgaan; ~, *daß ich wüßte* daar weet ik niets van
Nichtachtung *v* geringschatting, terzijde-, achterstelling; ook = *Nichtbeachtung*
Nichtangriffspakt *m*, **Nichtangriffsvertrag** *m* niet-aanvalsverdrag
Nichtbeachtung *v* het niet letten ⟨op iets⟩; het niet opvolgen, niet nakomen
Nichte *v* (~; -n) nicht, nichtje ⟨= dochter van broer of zus⟩
Nichteinmischung *v* non-interventie
Nichterfüllung *v* niet-nakoming, -leving; ~ *des Vertrags* ⟨ook⟩ wanprestatie
nichtig nietig, ongeldig; nietswaardig, geheel onbetekenend, futiel
Nichtigkeit *v* (~; -en) ongeldigheid; nietswaardig, onbetekenend iets, futiliteit
Nichtraucher *m* niet-roker; *für* ~ verboden te roken
nichts niets; ~ *da* daar is geen sprake van; ~ *für ungut!* niet boos zijn!; *mir* ~, *dir* ~ van het ene moment op het andere; zomaar; *für* ~ *und wieder (aber)* ~ voor niemendal, zonder enige reden; ~ *weniger als* niets minder dan, volstrekt niet; *wie* ~ bliksemsnel
Nichts o het niets, niemendalletje; kleinigheid; *vor dem* ~ *stehen* voor de totale ondergang staan
nichtsahnend, nieuwe spelling: **nichts ahnend** nietsvermoedend, argeloos
nichtsdestominder, nichtsdestoweniger niettemin, toch
Nichtsnutz *m* (-es; -e) nietsnut
nichtssagend, nieuwe spelling: **nichts sagend** nietszeggend, onbeduidend
Nichtstuer *m* nietsdoener, leegloper
Nichtstun o: *süßes (wohliges)* ~ zalig nietsdoen, dolce far niente
nichtswürdig niets-, onwaardig, schandelijk
nichtzutreffend niet passend, niet betrekking hebbend op
1 Nickel *m* (-s; ~) stijfkop, vlegel
2 Nickel o (-s) nikkel
nicken *zw* knikken; dutten; de nekslag geven ⟨v. wild⟩
nie nooit, nimmer; ~ *und nimmer* nooit ofte nimmer
nieder laag, lager; gering, klein, gemeen; neder, neer; ~*e Jagd* jacht op klein wild, korte jacht; ~ *mit dem Verräter* weg met de verrader!
niederbeugen *zw*: *sich* ~ omlaag buigen, naar beneden buigen; zich bukken

niederbrennen *onr overg & onoverg* afbranden, geheel verbranden
niederdeutsch Nederduits
niederdrücken *zw* omlaag-, neerdrukken, omlaag-, neerduwen; neerslachtig maken
Niedergang *m* ondergang; (af)daling; verval, inzinking; het westen; scheepv trap
niedergehen *onr* ondergaan, omlaag-, neergaan, naar beneden gaan, dalen
niedergeschlagen terneergeslagen, neerslachtig, moedeloos
niederhauen *st* neerhouwen, -slaan
niederholen *zw* neerhalen; scheepv strijken
Niederholz *o* kreupelhout
niederkämpfen *zw* ten onder brengen, eronder krijgen; overwinnen; bedwingen
niederknien *zw* neerknielen
Niederkunft *v* (~) plechtig bevalling
Niederlage *v* nederlaag; handel magazijn, depot; *zollfreie* ~ entrepot
Niederlande *mv. die* ~ Nederland
Niederländer *m* (-s; ~) Nederlander
niederländisch Nederlands
Niederlandistik *v* neerlandistiek
niederlassen *st* neerlaten; laten zakken; *sich* ~ zich vestigen; neerstrijken (v. vogel); *sich häuslich* ~ het zich gemakkelijk maken
Niederlassung *v* (~; -en) vestiging; filiaal; nederzetting, kolonie
niederlegen *zw* neerleggen; slechten, afbreken; *die Arbeit* ~ staken; *die Waffen* ~ de wapens neerleggen; *sich* ~ gaan liggen, naar bed gaan
niedermachen *zw* afmaken, doden
niedermetzeln *zw* neersabelen, afslachten
niederreißen *st* slopen, slechten, afbreken, omverwerpen, tegen de grond werpen; *~de Kritik* afbrekende kritiek
niederringen *st* onderwerpen, onder de knie krijgen, bedwingen
Niedersachsen *o* (-s) Neder-Saksen
niederschießen *st* I *overg* neerschieten; II *onoverg* neerstorten
Niederschlag *m* neerslag (ook chem), regen, precipitaat; het neerslaan, knock-out (bij boksen)
niederschlagen *st* I *overg* neerslaan, -vellen, terneerslaan; neerslachtig maken; II *onoverg* neervallen; *einen Aufstand* ~ een opstand onderdrukken; *Schmerzen* ~ pijn verzachten; *ein Verfahren* ~ een rechtszaak stoppen; *den Widerstand* ~ de tegenstand breken
Niederschlagung *v* (~) 't neerslaan; recht staking v. vervolging
niederschmettern *zw overg* neersmakken; fig totaal terneerslaan; *~d* fig hoogst teleurstellend, verpletterend
niederschreien *st* overschreeuwen, door geschreeuw het spreken beletten
Niederschrift *v* het neerschrijven; het opgeschrevene; verslag, notulen; proces-verbaal, protocol
niedersetzen *zw* neerzetten; *sich* ~ gaan zitten
niedersinken *st* neerdalen, -zakken; neerzijgen, -zinken
niederstechen *st* neersteken
niederstoßen *st* omverstoten; neerstoten (met wapen)
niederstrecken *zw* neerleggen; doden
niederstürzen *zw* neerstorten, -vallen
Niedertracht *v* (~) laag-, gemeenheid
niederträchtig laag, gemeen; schandalig; *~ kalt* bar (gemeen) koud
Niederträchtigkeit *v* (~; -en) gemeen-, laagheid
niedertreten *st* neertrappen; aftrappen
Niederung *v* (~; -en) laagte, vlakte, laag land, lage grond
Niederwald *m* hakhout
niederwerfen *st* neergooien; overwinnen, onderdrukken; dempen; *einen Aufruhr* ~ plechtig een oproer dempen; *einen Aufstand, einen Streik* ~ een staking neerslaan, onderdrukken; *sich* ~ zich op de grond laten vallen
Niederwild *o* klein wild
niederzwingen *st* terneerslaan
niedlich lief, aardig, snoeperig
Niednagel *m* nij(d)nagel, stroopnagel
niedrig laag; gemeen; gering; *etwas ~er hängen* (ook) iets aan de kaak stellen; *~er Herkunft* van lage komaf, van nederige afkomst
Niedrigwasser *o* laagwater
niemals nooit, nimmer
niemand niemand
Niemandsland *o* niemandsland
Niere *v* (~; -n) nier; *das geht mir an die ~n* dat treft me diep; *einem an die ~n gehen* iem. erg in 't nauw brengen
Nierenbecken *o* nierbekken
Nierenstein *m* niersteen
nieseln *zw* motregenen
Nieselregen *m*, **Nieselwetter** *o* motregen
niesen *zw* niezen
Niespulver *o* niespoeder
Nießbrauch *m* vruchtgebruik
Nieswurz *v* plantk nieskruid
Niet *m* (-(e)s; -e), **Nietbolzen** *m* klinknagel
Niete *v* (~; -n) niet (in de loterij); nul, mislukkeling; mislukking; flop; klinknagel
nieten *zw* techn (vast)klinken; hechten
Nietenhose *v* spijkerbroek, blue jeans
Nihilismus *m* (~) nihilisme
Nikolaus *m* Sint-Nicolaas, Sinterklaas
Nikotin [-'tien] *o* (-s) nicotine
Nil *m* (-s) Nijl
Nilpferd *o* dierk nijlpaard
nimmer nimmer, nooit; Oostr, Z-Duits niet meer, niet langer
Nimmerleinstag *m*: *am (Sankt)* ~ op, met sint-juttemis, nooit
Nimmersatt *m* (~ & -(e)s; -e) vreetzak
Nimmerwiedersehen *o*: *auf* ~ om nooit weer te zien, voor altijd
nippen *zw* nippen, even proeven, met kleine teugen drinken; een dutje doen
Nippes *mv* snuisterijen
Nippflut *v* scheepv doodtij, dood getij
Nippsachen *mv* snuisterijen
nirgend nergens
nirgends, nirgendwo nergens

Nische v ⟨~; -n⟩ nis; box ⟨in café⟩; portiek ⟨v. huis⟩
nisten zw nestelen
Nistkasten m nestkastje
Niveau ['-wo] o ⟨-s; -s⟩ niveau; peil; ~ haben op hoog peil staan
niveaulos zonder niveau, middelmatig
niveauvoll op hoog niveau staande
nivellieren [-wel-] zw nivelleren, waterpas maken
Nix m ⟨-es; -e⟩ watergeest, nikker
Nixblume v plantk waterlelie
Nixe v ⟨~; -n⟩ waternimf
nobel nobel, edel; gemeenz chic, royaal, deftig
Nobelpreisträger m Nobelprijswinnaar
noch nog; noch; ~ und nochmals (~ einmal) voortdurend; ~ und ~ (nöcher) in groten getale; heel veel; weder ... ~ noch ... noch; wie heißt du ~? hoe heet je ook weer?
nochmalig herhaald, tweede
nochmals nogmaals, nog eens
Nocken m ⟨-s; ~⟩ techn nok
Nockenwelle v techn nokkenas
Nomade m ⟨-n; -n⟩ nomade
nomadisieren zw een nomadenleven leiden, rondzwerven
Nominativ m ⟨-s; -e⟩ gramm nominatief, eerste naamval
nominell nominaal
nominieren zw noemen; benoemen; kandidaat stellen, nomineren
Nonne v ⟨~; -n⟩ non; dierk nonvlinder
Nonnenkloster o nonnenklooster
Noppe v ⟨~; -n⟩ nop ⟨in weefsel⟩
Nord m ⟨-(e)s⟩ noord(en), noordenwind; aus ~ und Süd van overal
Nordatlantikpakt m Noord-Atlantische Verdragsorganisatie, NAVO
Norden m ⟨-s⟩ noorden; gegen (gen) ~ naar het noorden
nordisch Noords, Noord-Europees; Scandinavisch; die ~ Rasse het Noordse ras
Nordländer m ⟨-s; ~⟩ noorderling
nördlich noordelijk; ~ (+ 2), ~ von ten noorden van
Nordlicht o noorderlicht
Nordost m ⟨-(e)s; -e⟩ noordoosten(wind)
Nordosten m ⟨-(s)⟩ noordoosten
nordöstlich noordoostelijk
Nordpol m noordpool
Nordrhein-Westfalen o ⟨-s⟩ Noordrijn-Westfalen
Nordsee v Noordzee
Nordwest m ⟨-(e)s; -e⟩ noordwesten(wind)
Nordwesten m ⟨-s⟩ noordwesten
nordwestlich noordwestelijk
Nordwind m noordenwind
Nörgelei v ⟨~; -en⟩ gemopper, gepruttel, gevit
nörgeln zw mopperen, pruttelen, vitten, kankeren
Nörgler m ⟨-s; ~⟩ mopperaar, kankeraar, mopperpot, lastpak
Norm v ⟨~; -en⟩ norm, regel, voorschrift, richtsnoer; typ verkorte titel, signatuur
normal normaal; ganz ~ doodgewoon
normalerweise normaal, normaliter

Normalfall m het normale geval, het normale; im ~ gewoonlijk
normalisieren zw normaliseren
Normalverbraucher m doorsneeconsument ⟨vaak schertsend⟩; Otto ~ Jan met de pet, Jan Modaal
normen, normieren zw normen vaststellen voor
normgemäß, normgerecht aan de norm beantwoordend, genormaliseerd
Norwegen o ⟨-s⟩ Noorwegen
Norweger m ⟨-s; ~⟩ Noor
norwegisch Noors
Nostalgie v nostalgie
Not v ⟨~; Nöte⟩ nood, gebrek, ramp; in ~ und Tod onder alle omstandigheden; mit genauer, mit knapper ~ ternauwernood; von Nöten sein nodig zijn; zur ~ desnoods; wenn ~ am Mann ist als de nood aan de man komt; seine liebe ~ haben mit veel te stellen (de grootste moeite) hebben met; es tut not (+ 3) 't is nodig; aus der ~ eine Tugend machen van de nood een deugd maken
Notar [-'taar] m ⟨-s; -e⟩ notaris
notariell [-ri-'el] notarieel
Notarzt m dienstdoende arts, waarnemend arts; arts op een ambulance
Notarztwagen m ambulance met dienstdoende arts
Notausgang m nooduitgang
Notbehelf m noodhulp
Notbremse v noodrem
Notdurft v ⟨~⟩ natuurlijke behoefte; seine ~ verrichten plechtig zijn behoefte doen; kleine, große ~ kleine, grote boodschap
notdürftig behoeftig; schraal; armelijk; ternauwernood, zo goed en kwaad als 't gaat (ging)
Note v ⟨~; -n⟩ muz noot; bankbiljet; diplomatieke nota; onderw aantekening, cijfer; ~ Eins tien; eine besondere ~ een bijzonder cachet; eine gute ~ een goed cijfer
Noten mv muziek; nach ~ grondig, behoorlijk, totaal; es geht wie nach ~ 't gaat van een leien dakje
Notenbank v circulatiebank
Notenpapier o muziekpapier
Notenständer m muziekstandaard
Notfall m geval van nood, noodgeval; im ~ zo nodig
notfalls zonodig, in geval van nood
Notflagge v scheepv noodvlag
notgedrungen noodgedwongen, door de nood gedrongen
Notgroschen m appeltje voor de dorst
Nothelfer m noodhelper ⟨ook RK⟩; helper in de nood; sp invaller
Nothilfe v noodhulp, ondersteuning
notieren zw aantekenen, noteren; in aanmerking komen; handel een koers hebben
Notierung v notering ⟨ook handel⟩
nötig nodig, noodzakelijk; Z-Duits, Oostr arm, in nood; das N~e veranlassen het nodige laten doen; du hast es gerade ~, das zu sagen! iron vooral jij moet dat zeggen!
nötigen zw dwingen, noodzaken; dringend uitnodigen; opdringen; sich genötigt se-

hen zich genoodzaakt zien
nötigenfalls zo nodig
Nötigung *v* (~) ongeoorloofde dwang; dringend verzoek
Notiz *v* (~; -en) notitie, kort bericht; aanmerking, aantekening; beurssnotering; ~ *nehmen von* nota nemen van
Notlage *v* noodsituatie, bedreigende situatie
notlanden *zw* een noodlanding maken
Notlandung *v* noodlanding
notleidend, nieuwe spelling: **Not leidend** noodlijdend
Notlösung *v* noodoplossing
Notlüge *v* leugentje om bestwil
notorisch [-'to-] notoir, algemeen bekend, berucht
Notruf *m* noodkreet; noodsignaal; telec alarmnummer; telefoongesprek daarmee
Notrufsäule *v* praatpaal
Notsignal *o* scheepv S.O.S.-sein, noodsignaal
Notstand *m* hachelijke situatie; noodtoestand; *im* ~ in nood
Notstandsgebiet *o* rampgebied
Notwehr *v* noodweer (= zelfverdediging)
notwendig noodzakelijk, onontbeerlijk
notwendigerweise noodzakelijkerwijs
Notwendigkeit *v* (~; -en) noodzaak, noodzakelijkheid
Notzeichen *o* noodsein, -signaal
Notzucht *v* recht verkrachting
notzüchtigen *zw* schofferen, verkrachten
Nougat ['noegat, -ga] *m* & *o* bep. bonbonvulling
Novelle [-'wel-] *v* (~; -n) novelle
November *m* (-s): *der* ~ november
Novität *v* (~; -en) noviteit, nieuwigheid
Novize *m* (-n; -n); *v* (~; -n) RK novice
Nu *m* & *o*: *im* ~, *in einem* ~ in een oogwenk, terstond
nuancieren *zw* nuanceren, schakeren; *nuanciert* genuanceerd
nüchtern nuchter
Nuckel *m* (-s; ~) fopspeen
nuckeln *zw* zuigen, sabbelen
Nuckelpinne *v* gemeenz rammelkast ⟨oude auto⟩
Nudel *v* (~; -n) meelbal, deegbal; *Nudeln* vermicelli, macaroni; *eine dicke* ~ gemeenz een dikke tante; *eine freche* ~ gemeenz een brutaaltje; *eine ulkige* ~ gemeenz een grappig type
Nudelholz *o* deegroller
nudeln *zw* pillen, met meelballetjes (vet-)mesten; overvoeren
Nudelsuppe *v* vermicellisoep
Nudist *m* (-en; -en) nudist
nuklear [-'aar] nucleair
null nul, niets; ~ *und nichtig* van nul en gener waarde; *etwas für* ~ *und nichtig erklären* iets voor onbestaand, ongeldig verklaren
Null *v* (~; -en) nul; gemeenz vent van niks; *in* ~ *Komma nichts* in heel korte tijd; *eine absolute (glatte, große, reine)* ~ een volslagen nul; *gleich* ~ *sein* nihil zijn; *unter* ~ *sinken* beneden 't vriespunt dalen

Nullpunkt *m* nulpunt
Nulpe *v* (~; -n) domkop, nul, man van niets
Numerale *o* (-s; -lien & -lia) gramm telwoord
numerieren, nieuwe spelling: **nummerieren** *zw* nummeren, numeroteren; *eine numerierte Ausgabe* een beperkte, genummerde oplage
numerisch [-'me-] numeriek; *in* ~*er Folge* volgens het getal; ~ *überlegen* in aantal sterker
Nummer *v* (~; -n) nummer; cijfer; maat, grootte; plat nummertje, wip; *eine* ~ *für sich* een origineel iemand; *eine dufte* ~ slang een toffe jongen; ~ *Sicher* gemeenz de nor, de bak; *auf* ~ *Sicher gehen* het zekere voor het onzekere nemen; *eine* ~, *einige* ~*n zu groß sein für jmdn.* iems. capaciteiten te boven gaan
Nummernscheibe *v* telec kiesschijf
Nummernschild *o* auto nummerbord
nun I *bijw* nu, tegenwoordig; II *tsw* nu; welnu; nou; ~ *gerade!* juist nu!; ~ *und nimmer- (mehr)* nu niet en nooit; *so ist das* ~ *(einmal)* zo is dat nu eenmaal; ~, *wie geht's?* welnu, hoe gaat het?; ~, ~! nou, nou!
nunmehr nu; thans, voortaan
nur slechts, maar; alleen, toch; ~ *weiter* ga maar verder; ~ *zu* vooruit maar; ~ *nicht weinen* vooral niet huilen; *was hat er* ~? wat heeft hij toch?; *er schlug, daß es* ~ *so klatschte* hij sloeg, dat het kletste vanjewelste
nuscheln *zw* neuzelen, onduidelijk (door de neus) spreken
Nuß, nieuwe spelling: **Nuss** *v* (~; Nüsse) noot (vrucht); slang kop, test; *eine harte* ~ een moeilijk geval; *eine taube, dumme* ~ een sufferd; *in einer* ~ in een notendop; *Nüsse knacken* noten kraken; raadsels oplossen; *jmdm. eins auf die* ~ *geben* iem. op zijn kop geven
Nußbaum, nieuwe spelling: **Nussbaum** *m* notenboom
Nußknacker, nieuwe spelling: **Nussknacker** *m* notenkraker; *ein alter* ~ een oude vent
Nußschale, nieuwe spelling: **Nussschale**, ook: **Nuss-Schale** *v* notendop ⟨ook scheepv⟩
Nüstern *mv* neusgaten ⟨meestal v. dieren⟩
Nut *v* (~; -en), **Nute** *v* (~; -n) sleuf; keep, sponning, groeve; ~ *und Feder* messing en groef
nuten *zw* van groeven, voegen voorzien
Nutte *v* (~; -n) gemeenz hoer, snol
Nutzanwendung *v* toepassing, nuttig gebruik; moraal
nutzbar nuttig, productief
nutzbringend voordeel opleverend, nuttig
nütze: *zu nichts* ~ tot niets nut, nergens toe nut
Nutzeffekt *m* techn nuttig effect
Nutzen *m* (-s; ~) nut; opbrengst; winst, voordeel; ~ *und Lasten* baten en lasten; ~ *ziehen aus* profiteren van; *zum gemeinen* ~ tot nut van 't algemeen; *wer den* ~ *hat, hat auch den Schaden* niet alleen de lus-

ten, maar ook de lasten
nutzen, ⟨Z-Duits, Oostr ook⟩ **nützen** *zw* nuttig zijn, baten, helpen; gebruiken, benutten; *den Augenblick* ~ van het ogenblik gebruik maken; *eine Chance* ~ een kans benutten; *nütze den Tag* pluk de dag
Nutzfahrzeug *o* bedrijfs-, vrachtauto, autobus
Nutzgarten *m* moestuin
Nutzholz *o* timmer-, werkhout
Nutzlast *v* techn nuttige last
Nutzleistung *v* techn nuttig effect

nützlich nuttig, dienstig, voordelig
nutzlos nutteloos, onnut
Nutznießer *m* (-s; ~) vruchtgebruiker; profiteerder, wie het voordeel van iets heeft
Nutzung *v* (~) nuttig gebruik, exploitatie, opbrengst; ~ *des Waldes* exploitatie van het bos
Nutzvieh *o* melk- en slachtvee
Nylon *o* (-s; -s) nylon; nylon(kous)
Nymphe *v* (~; -n) dierk larve; med kleine schaamlip

O

1 ob *voegw* of, al; *ich zweifle, ~ ...,* ik betwijfel, of ...; *und ~!* nou, en of!
2 ob (+2, 3) *voorz vero* over, boven, wegens; *Österreich ~ der Enns* Oostenrijk over de Enns; *Rothenburg ~ der Tauber* Rothenburg aan de Tauber
Obacht *v* (~) zorg, oplettendheid, acht; *~ geben* opletten; *~!* opgepast!
Obdach *o* huisvesting, onderdak
obdachlos zonder thuis; dakloos
Obdachlosenasyl *o* tehuis voor daklozen
Obduktion *v* (~; -en) obductie, sectie
obduzieren *zw* obduceren, sectie verrichten
oben boven ⟨ook m.b.t. hiërarchie⟩; in 't hoofd; *von ~ herab* uit de hoogte; *von ~ bis unten* van top tot teen; *~ ohne* topless; *ein Befehl von ~* een bevel van hoger hand; *weiter ~* ⟨ook⟩ verder stroomopwaarts; *die Sache steht mir bis ~* ik heb er schoon genoeg van
obenan bovenaan
obenauf bovenop; *~ sein* er bovenop zijn; 't heertje zijn; *immer ~* altijd goedgemutst
obendrauf er bovenop; *einem eins ~ geben* iem. een klap, een standje geven
obendrein bovendien
obenerwähnt, obengenannt, nieuwe spelling: **oben erwähnt, oben genannt** bovengemeld, -vermeld, -genoemd
obenhin oppervlakkig, vluchtig; *bis ~* tot boven aan toe
obenhinaus: *~ sein* heftig zijn; *~ wollen* hogerop willen
ober opper, boven; hoger; *die ~e Donau* de bovenloop van de Donau; *die ~en Stockwerke* de bovenste verdiepingen; *die ~en Zehntausend* de upper ten, de aristocratie; zie ook: **oberst**
Ober *m* (-s; ~) oberkelner, ober; vrouw ⟨in het Duitse kaartspel⟩
Oberarm *m* bovenarm
Oberarzt *m* chef-de-clinique
Oberbefehlshaber *m* mil opperbevelhebber
Oberbekleidung *v* bovenkleding
Oberbett *o* dekbed
Oberbürgermeister *m* burgemeester ⟨v. grote stad⟩;
Oberdeck *o* scheepv opperdek; imperiaal ⟨v. autobus⟩
Oberfläche *v* oppervlakte, oppervlak
oberflächlich oppervlakkig; aan de oppervlakte
Obergefreite(r) *m* mil korporaal
Obergeschoß, nieuwe spelling: **Obergeschoss** *o* bovenverdieping; *erstes ~* eerste verdieping
oberhalb (+2, soms + 3) *voorz* boven; *der Rhein ~ Köln* de Rijn boven Keulen
Oberhand *v* bovenhand; overhand, voorrang; *die ~ haben* de overhand hebben
Oberhaupt *o* hoofd ⟨v. kerk, staat enz.⟩
Oberhaus *o* bovendeel v. huis; pol Hogerhuis
Oberhemd *o* overhemd
Oberhoheit *v* soevereiniteit
Oberin *v* (~; -nen) overste ⟨v. klooster⟩; directrice ⟨v. ziekenhuis⟩
oberirdisch bovengronds
Oberkellner *m* oberkelner, ober
Oberkiefer *m* bovenkaak
Oberklasse *v*: *die ~n* de hogere klassen
Oberkommando *o* mil oppercommando
Oberkörper *m* bovenlijf
Oberland *o* hoog-, bergland; land bovenstrooms
Oberlandesgericht *o* gerechtshof
Oberlauf *m* bovenloop
Oberleitung *v* hoofdbestuur, -leiding; opperste leiding; elektr bovengrondse leiding ⟨v. trein, tram⟩
Oberleutnant *m* mil eerste luitenant
Oberlicht *o* bovenlicht
Oberlippe *v* bovenlip
Oberprima *v* hoogste klas van de Duitse middelbare school
Obers *o* (~) Oostr (zoete) room
Oberschenkel *m* dij(been)
Oberschicht *v* bovenlaag
Oberschule *v* middelbare school, gymnasium
Oberschwester *v* hoofdverpleegster, -zuster
oberst opperst, bovenst; *zu ~* bovenop; bovenaan; *der O~ste Gerichtshof* ± de Hoge Raad; *das O~e zu unterst kehren* alles op zijn kop zetten, onderstboven keren
Oberst *m* (-en; -en) mil kolonel
Oberstaatsanwalt *m* procureur-generaal
Oberstleutnant *m* mil luitenant-kolonel, overste
Oberstübchen *o*: *er ist nicht ganz richtig im ~* er is iets mis in zijn bovenkamer
Oberstudiendirektor *m* directeur van een middelbare school
Oberstufe *v* hogere klassen ⟨v. onderwijsinrichtingen⟩
Oberwasser *o* water van bovenstrooms; *~ haben* in 't voordeel zijn; *~ bekommen* weer in een betere positie komen, er weer bovenop komen
Oberweite *v* bovenwijdte, boezemomvang
obgleich ofschoon, hoewel ⟨ook splitsbaar (plechtig): *ob er gleich sagte ...*⟩
Obhut *v* hoede, toezicht, bescherming; *in, unter der ~* (+ 2) onder hoede van
obig bovenstaand
Objekt [op'jekt] *o* (-(e)s; -e) voorwerp; object; Oostr gebouw; ⟨in de voormalige DDR⟩ staatsinstelling; handel handelsobject; gramm voorwerp
objektiv objectief
Oblate [-'bla-] *v* (~; -n) ouwel; oblie, oublie
obliegen ['op- & -'lie-] *st* zich (op iets) toeleggen; verplicht, verschuldigd zijn; ressorteren onder; onder de zorgen, de bevoegdheid vallen van; als taak opgedragen zijn aan; *die Pflichten, die uns ~* plechtig de plichten, die tot onze taak behoren; *die Sache obliegt dem Ministerium für...* plech-

Obliegenheit tig de zaak ressorteert onder het departement van...

Obliegenheit v 〈~; -en〉 verplichting, plicht

obligat verplicht, obligaat; gebruikelijk, erbij horend; muz mit ~er Flöte met erbij horende fluitpartij

Obligation v 〈~; -en〉 obligatie

obligatorisch verplicht, obligatoir

Obligo [-'blie-] o 〈-s; -s〉 handel verplichting, verantwoordelijkheid, obligo; ohne ~ zonder garantie, verplichting

Obmann m 〈-s; -männer & -leute〉 scheidsrechter, arbiter; voorzitter, hoofd, leider

oboe [o-'bo-e] v 〈~; -n〉 muz hobo

Oboer m 〈-s; ~〉, **Oboist** [o-bo-'iest] m 〈-en; -en〉 muz hoboïst

Obolus ['o-] m 〈~; ~ & -se〉 geldstukje; fig kleine bijdrage

Obrigkeit v 〈~; -en〉 overheid

obrigkeitlich van overheidswege

obschon ofschoon, schoon, hoewel

obsiegen ['op-, -'sie-] zw: ~ über vero, plechtig zegevieren over, overwinnen, winnen van

obskur obscuur, donker, onbekend

obsolet [-'leet] verouderd

Obst [oopst] o 〈-es〉 fruit, vruchten

Obstbau m fruitteelt

Obstbaum m vrucht-, fruitboom

Obstgarten m boomgaard

obstinat obstinaat, halsstarrig

Obstkuchen m vruchtentaart

Obstmesser o fruitmesje

Obstruktion v 〈~; -en〉 obstructie, verstopping; obstructie, dwarsdrijverij

obszön [-'stseun] obsceen, onzedelijk

Obus m 〈-ses; -se〉 trolleybus

obwohl, obzwar hoewel, ofschoon

Ochs(e) m 〈-(e)n; -(e)n〉 dierk os; fig ezel, domoor; wie der ~ vorm Berg totaal in de war, radeloos

ochsen zw blokken (bij 't studeren)

Ochsenauge o ossenoog; Z-Duits schertsend spiegelei; koekoek, rond (dak-)venster; scheepv patrijspoort; plantk valse kamille; gele kamille; margriet

Ochsentour v gemeenz moeizame carrière (v. ambtenaar); moeilijk karwei

Ochsenziemer m bullepees

ochsig dom, bot, lomp; bar

Ocker m & o 〈-s〉 oker

ockergelb bn okergeel

öde kaal; onbewoond, verlaten; dor, vervelend, saai; ~s Geschwätz flauw geklets; ein ~r Kerl een saaie piet

Öde v 〈~; -n〉 woestenij; kaalheid, eenzaamheid, verveling; verlatenheid

Odem m 〈-s〉 plechtig adem; der ~ Gottes Gods adem

oder of; ~ aber (auch) of wel

Ödland o woeste grond

Ofen m 〈-s; Öfen〉 kachel; oven; jetzt ist der ~ aus gemeenz de zaak is mislukt, het is voorbij; hinter dem ~ hocken thuis blijven zitten; ein heißer ~ een stoere brommer

ofenfrisch vers uit de oven, ovenvers

Ofenrohr o kachelpijp; ook fig hoge hoed

Ofenröhre v oventje achter in de kachel; kachelpijp (= hoge hoed)

Ofenschirm m vuur-, haardscherm

offen open; ontvankelijk; oprecht; onopgelost, nog niet beslist; niet verpakt; ein ~er Brief een open brief; een openbare brief; ~e Handelsgesellschaft vennootschap onder firma; ~er Kredit handel blanco krediet; das ~e Meer de open zee; ~e Rücklagen handel zichtbare reserves; eine ~e Stelle een vacante plaats, een vacature; auf ~er Straße op de openbare weg; ~ heraus gesagt, ~ gestanden ronduit gezegd; ~er Wein wijn van het vat (niet in flessen); die Antwort ist ~ de vraag is nog niet beantwoord; auf ~er Strecke buiten de bebouwde kom

offenbar I bn blijkbaar, duidelijk; **II** bijw klaarblijkelijk

offenbaren zw openbaren; sich einem ~ zijn hart voor iem. blootleggen

Offenbarung v 〈~; -en〉 openbaring

offenhalten, nieuwe spelling: **offen halten** st openhouden; eine Hintertür ~ een achterdeurtje openhouden

Offenheit v 〈~; -en〉 open-, openhartigheid

offenherzig openhartig; gemeenz diep gedecolleteerd

offenkundig duidelijk, algemeen bekend; klaarblijkelijk

offenlassen, nieuwe spelling: **offen lassen** st open laten; onbeslist laten

offenlegen, nieuwe spelling: **offen legen** zw openleggen; zur Einsicht ~ ter inzage leggen

offensichtlich duidelijk, klaarblijkelijk

offensiv offensief, aanvallend

Offensive v 〈~〉 mil offensief

offenstehen, nieuwe spelling: **offen stehen** onr openstaan

öffentlich publiek; ~e Hand openbare middelen; ~es Haus bordeel; die ~e Meinung de openbare (publieke) opinie; ~e Ordnung openbare orde; ~es Recht publiek recht; ~e Straße openbare weg; der ~e Unterricht het openbaar onderwijs; ~e Verkehrsmittel openbaar vervoer

Öffentlichkeit v 〈~〉 openbaarheid, publiciteit; publieke opinie; die deutsche ~ de publieke opinie in Duitsland; an die ~ treten in de openbaarheid treden

Öffentlichkeitsarbeit v public relations

öffentlich-rechtlich publiekrechtelijk; die Ö~en de openbare (niet particuliere) omroepen (= ARD en ZDF)

offerieren zw offreren, aanbieden

Offert o Oostr 〈-s; -e〉, **Offerte** v 〈~; -n〉 offerte, aanbieding

offiziell [-tsi-'el] ambtelijk, officieel; O~e officials

Offizier m 〈-s; -e〉 mil officier; ~ vom Dienst officier van de week

Offiziersanwärter m aspirant-officier

Offizierskasino o officierensociëteit, officiersmess

offiziös officieus

öffnen zw openen, ontsluiten; opendoen (v. deur); einem die Augen ~ fig iem. de ogen openen; sich ~ opengaan, ontluiken

⟨v. bloem⟩
Öffner *m* (-s; ~) opener
Öffnung *v* (~; -en) opening, gat, scheur
oft (*öfter, am öftesten*) dikwijls, vaak
öfter vrij vaak, menigmaal; *des ~n* herhaaldelijk, vrij vaak, meermalen
öfters vrij vaak; menigmaal
oftmalig dikwijls herhaald
oftmals dikwijls, vaak
Oheim *m* (-s; -e) vero oom
1 Ohm *o* (-(e)s) aam, 150 liter
2 Ohm *o* (-(s); -e) elektr ohm
ohne (+ 4) voorz zonder, buiten, behalve; *~ meine Schuld* buiten mijn schuld; *~ mich* zonder mij (speciaal over de herbewapening); *~ weiteres* zomaar; *das ist nicht ganz ~* daar valt iets voor te zeggen; dat is moeilijker dan men denkt; *er ist nicht ~* (*gar nicht so ~*) hij heeft wat in zijn mars; hij is niet zo onschuldig als hij er uitziet; *der Junge ist nicht ~* hij is me er eentje; *der Wein ist nicht ~* de wijn is koppig; *~ MwSt.* exclusief BTW
ohnegleichen zonder weerga
ohnehin toch al; toch; zonder dat
Ohnmacht *v* (~; -en) flauwte, bewusteloosheid, bezwijming; onmacht, machteloosheid; *in ~ fallen* flauw vallen; *aus einer ~ in die andere fallen* van de ene verrassing in de andere vallen
ohnmächtig bewusteloos; machteloos; *~ werden* flauw (in zwijm) vallen, bewusteloos worden, van zijn stokje vallen
Ohr *o* (-(e)s; -en) oor; *ganz ~ sein* een en al oor zijn; *~en wie ein Luchs* scherpe oren; *lange ~en machen* de oren spitsen; *ein offenes ~ für etwas haben* een open oor voor iets hebben; *die ~en bei etwas haben* iets horen, wat niet gehoord mag worden; *es faustdick hinter den ~en haben* ze achter de ellebogen hebben; *allerhand um die ~en haben* allerlei te doen hebben; *zu ~en kommen* ter ore komen; *ganz ~ sein* een en al oor zijn; *halt die ~en steif!* houd de moed erin!; *die ~en steifhalten* voet bij stuk houden; *seinen ~en nicht trauen* zijn oren niet geloven; *schreib dir das hinter die ~en!* knoop dat in je oren!; *einem eins hinter die ~en geben* iem. een draai om zijn oren geven; *jmdm. in den ~en liegen* iem. de oren van zijn kop zeuren; *zum einen ~ hinein, zum anderen wieder hinaus* het ene oor in, het andere oor weer uit
Öhr *o* (-(e)s; -e) hengsel; handvat; oog ⟨v. naald, schaar⟩
Ohrenarzt *m* oorarts
ohrenbetäubend oorverdovend
Ohrenklingen *o*, **Ohrensausen** *o* getuit in de oren
Ohrenschmaus *m* genot voor het oor
Ohrenzeuge *m* oorgetuige
Ohrfeige *v* oorvijg, -veeg; *eine gesalzene ~* een geduchte oorvijg
ohrfeigen *zw*: *einen ~* iem. oorvijgen toedienen
Ohrläppchen *o* oorlel
Ohrmuschel *v* oorschelp
Ohrring *m* oorring; oorbel

Ohrwurm *m* dierk oorwurm; gemeenz muz succesnummer; vleier, verklikker
Ökologie *v* ecologie
Ökonom [-'noom] *m* (-en; -en) econoom; landhuishoudkundige, landgoedbeheerder; landbouwer; hoofd v.d. huishouding
Ökonomie [-'mie] *v* (~; -n) economie; zuinigheid; vero landbouwbedrijf
ökonomisch economisch; huishoudelijk, zuinig
Oktanzahl *v* octaangetal
1 Oktav *o* (-s; -s) octavo, 8°
2 Oktav *v* Oostr = Oktave
Oktave *v* (~; -n) muz octaaf
Oktober *m* (-s): *der ~* oktober
oktroyieren *zw* opdringen, opleggen
okulieren *zw* oculeren
Ökumene *v* (~) oecumene
Okzident *m* (-(e)s) westen, avondland
Öl *o* (-(e)s; -e) olie; petroleum; *~ ins Feuer* fig olie op 't vuur; *~ auf die Wogen gießen* olie op de golven gieten
Ölbaum *m* olijf(boom)
Ölbild *o* olieverfschilderij
ölen *zw* smeren, oliën; gemeenz zuipen
Ölfarbe *v* olieverf
Ölgemälde *o* olieverfschilderij
Ölgesellschaft *v* oliemaatschappij
Ölheizung *v* oliestook
ölig olieachtig, vettig; zalvend
Oligarchie [-'çie] *v* (~; -n) oligarchie
Olive *v* (~; -n) olijf
Olivenöl *o* olijfolie
Ölleitung *v* olieleiding
Ölmalerei *v* het schilderen in olieverf
Ölraffinerie [-'rie] *v* olieraffinaderij
Öltanker *m* olietanker
Ölung *v* (~; -en) het oliën; zalving; *Letzte ~* RK laatste oliesel
Ölvorkommen *o* olieveld, -vindplaats
Olymp *m* (-s) Olympus; gemeenz engelenbak; leraarskamer
Olympiade *v* (~; -n) olympiade
Olympiamannschaft *v* olympische ploeg
Olympiasieger *m* overwinnaar bij de Olympische Spelen
olympiaverdächtig *sp* in aanmerking komend voor de olympische ploeg, heel goed presterend
Olympier [-pi-er] *m* (-s; ~) bewoner v.d. Olympus, Zeus; fig waardig, hoogbegaafd mens
Olympisch olympisch
Ölzeug *o* oliekleding ⟨v. zeeman bijv.⟩
Ölzweig *m* olijftak
Oma *v* (-s; -s) oma, grootmoeder; spottend oude vrouw
Omelett *o* (-s; -e), Oostr, Zwits **Omelette** *v* (~; -n) omelet
Omen *o* (-s; Omina) omen, voorteken; *ein böses ~* een slecht voorteken
ominös omineus, onheilspellend
Omnibus *m* (-ses; -se) omnibus
Onanie *v* onanie
ondulieren *zw* onduleren, golvend maken ⟨v. haar⟩
Onkel *m* (-s; ~) oom ⟨ook: bekende, niet-familielid⟩; gemeenz minnaar; *lieber ~ lie-*

ve oom, oomlief; *über den (großen)* ~ gehen gemeenz met naar binnen gerichte voeten lopen
Onkelehe *v* het samenwonen van een weduwe (om haar pensioen niet te verliezen)
Opa *m* (-s; -s) opa, grootvader; oude man
opak ondoorzichtig
Oper *v* (~; -n) opera; operagebouw; *rede keine* ~*n gemeenz* praat geen onzin
Operateur *m* (-s; -e) med chirurg; filmoperateur
Operation *v* (~; -en) operatie; wisk bewerking
operativ operatief
Operette *v* (~; -n) muz operette
operieren *zw* opereren ⟨ook med⟩; te werk gaan
Opernglas *o*, **Operngucker** *m* toneelkijker
Opernhaus *o* opera(gebouw)
Opernsänger *m* operazanger
Opfer *o* (-s; ~) offer, offerande
opfern *zw* offeren; *sich* ~ zich opofferen
Opferstock *m* offerblok
Opferung *v* (~; -en) offering, opoffering
Opferwille *m* offervaardigheid
Opium *o* (-s) opium
Opiumhöhle *v* opiumkit
Opiumraucher *m* opiumschuiver
Opponent *m* (-en; -en) opponent, tegenstander
opponieren *zw* opponeren
opportun opportuun, overeenkomstig de omstandigheden
Opportunismus *m* (~) opportunisme
Opposition *v* (~; -en) pol oppositie; ~ *machen* oppositie voeren
oppositionell oppositioneel; tot de oppositie behorende
optieren *zw*: ~ *für* opteren voor
Optiker ['op-] *m* (-s; ~) opticien
optimieren *zw* zo goed mogelijk maken
Optimismus *m* (~) optimisme
Option *v* (~; -en) optie, recht van voorkeur (keuze) ⟨ook handel⟩
Opus *o* (~; Opera) werk, opus
Orakel *o* (-s; ~) orakel; *das Delphische* ~ 't orakel van Delphi
orakeln *zw* orakelen, in orakeltaal spreken; fig in raadselachtige bewoordingen spreken
oral oraal
orange oranje
1 Orange [o-'rā-zje] *v* (~; -n) plantk sinaasappel; oranjeappel
2 Orange *o* oranje
Orangeade *v* orangeade
orangenfarben, orangenfarbig oranjekleurig, oranje
Orchester [or'kes-, Oostr or'çes-] *o* (-s; ~) muz orkest
orchestrieren *zw* orkestreren; fig in elkaar zetten
Orchidee *v* (~; -n) plantk orchidee
Orden *m* (-s; ~) (geestelijke) orde; ridderorde; onderscheiding; ereteken; *der Deutsche* ~ de Duitse Orde
Ordensband *o* ordelint, -band
Ordensbruder *m* RK orde(s)broeder; monnik
Ordensschwester *v* non
ordentlich ['or-] *adj* ordelijk, ordentelijk, fatsoenlijk, knap, net; *ein* ~*es Mädchen* een oppassend meisje; ~*er Professor* gewoon hoogleraar; ~ *wütend* echt woedend; *es einem* ~ *geben* iem. er behoorlijk van langs geven
Order *v* (~; -n) order, bevel, last; *an die* ~ (+ 2) handel aan de order van; *bis auf weitere* ~ tot nader order
ordern *zw* bestellen
Ordinale *o* (~; Ordinalia), **Ordinalzahl** *v* gramm rangtelwoord
ordinär ordinair, gewoon; gering, min
Ordinariat *o* (-s; -e) gewoon hoogleraarschap; RK ordinariaat
Ordinarius *m* (~; Ordinarien) gewoon hoogleraar; Oostr onderw klasleraar; RK ordinarius
Ordinate *v* (~; -n), **Ordinatenachse** *v* wisk ordinaat, y-as
Ordination *v* (~; -en) RK ordinatie, priesterwijding; prot bevestiging; med voorschrift; med praktijk; Oostr med praktijkruimte, spreekkamer
ordinieren *zw* RK wijden, ordineren; prot bevestigen; med praktijk doen, spreekuur houden
ordnen *zw* ordenen, schikken, regelen; *seine Angelegenheiten* ~ orde op zaken stellen; *nach dem Abc* ~ alfabetiseren; *geordnete Verhältnisse* rust en orde
Ordner *m* (-s; ~) regelaar, rangschikker; ordebewaarder, commissaris van orde; handel opbergmap, ordner
Ordnung *v* (~; -en) orde ⟨ook biol⟩; ordening, rangschikking; verordening, beschikking; volgorde; *alphabetische* ~ alfabetische volgorde; *Straße erster* ~ *und zweiter* ~ hoofd-, voorrangsweg (primaire weg) en secondaire weg; *aus seiner* ~ *bringen* in de war brengen; *geht in* ~! gemeenz is, komt in orde!; *der ist in* ~! die is oké!
Ordnungsdienst *m* ordedienst
ordnungsgemäß behoorlijk, regelmatig, ordelijk; overeenkomstig de orde, geordend; *ein* ~*er Paß* een geldige pas
ordnungshalber ter wille van de goede orde, voor de goede orde
ordnungsliebend ordelievend
Ordnungspolizei *v* geüniformeerde politie
Ordnungsstrafe *v* reglementaire boete; disciplinaire straf
ordnungswidrig in strijd met de voorschriften
Ordnungszahl *v* gramm rangtelwoord
Ordonnanz *v* (~; -en) mil ordonnans
Organ *o* (-s; -e) orgaan ⟨ook krant, stem⟩; zintuig; werktuig; *kein* ~ *haben für* geen gevoel hebben voor
Organisation *v* (~; -en) organisatie
organisch organiek, organisch
organisieren *zw* organiseren; gemeenz gappen
Organismus *m* (~; -men) organisme; gestel
Organist *m* (-en; -en) organist
Organspender *m* orgaandonor

Orgel v (~; -n) muz orgel
orgeln zw op het orgel spelen, orgelen; schreeuwen v.h. hert in de bronsttijd
Orgelpfeife v orgelpijp; *wie die ~n gemeenz* op een rij van klein naar groot
Orgie ['or-gi-e] v (~; -n) orgie, wild feest
Orient [o-ri-'ent] m (-s) oriënt, het oosten; *der Mittlere ~* het Midden-Oosten; *der Vordere ~* het Nabije Oosten
Orientale [o-ri-en-] m (-n; -n) oosterling
orientalisch oosters
orientieren zw oriënteren; *sich ~* zich oriënteren; *orientiert sein an (+ 3)* zich richten op
Orientierung v oriëntering
original origineel, oorspronkelijk; echt; RTV live, rechtstreeks
Original o (-s; -e) origineel, oorspronkelijk stuk; origineel type, zonderling
Originalausgabe v originele (eerste) uitgaaf
Originalfassung v originele versie ⟨bijv. v. film⟩
Originalität v (~; -en) originaliteit, oorspronkelijkheid
Originalverpackung v originele verpakking
originell origineel, oorspronkelijk; komisch
Orkan m (-s; -e) orkaan
Orkus m (~) orcus, onderwereld; *jmdn. in den ~ befördern* iem. uit de weg ruimen
Ornament o (-(e)s; -e) ornament, versiersel
ornamental ornamenteel
Ornat m ornaat
Ort m (-(e)s; -e) plaats; oord, streek; *~ und Tag des Todes* plaats en dag van overlijden; *gehörigen ~(e)s* te(r) bevoegder plaatse; *geometrische Örter* wisk meetkundige plaatsen; *höheren ~(e)s* bij een hogere instantie; van hogerhand; *an ~ und Stelle* ter plaatse, te(r) bestemder plaatse; *am angeführten ~ (a.a.O.)* te aangehaalde plaatse; *am hiesigen ~* te dezer plaatse; *an einem dritten ~* elders, buitenshuis; *am unrechten ~* misplaatst
Örtchen o (-s; ~) wc
orten zw luchtv, scheepv plaats bepalen van; zich oriënteren, aantreffen
orthodox orthodox, rechtzinnig
Orthodoxie [-'ksie] v (~) orthodoxie, rechtzinnigheid
Orthographie [-'fie], nieuwe spelling ook: **Orthografie** v (~; -n) orthografie, spelling
Orthopäde m (-n; -n) orthopedist
örtlich plaatselijk; *Ö~es* plaatselijk nieuws
Örtlichkeit v (~; -en) plaats, dorp
ortsansässig ter plaatse wonend
Ortsbehörde v plaatselijk bestuur
Ortsbestimmung v plaats-, positiebepaling
Ortschaft v (~; -en) klein dorp, gehucht; *geschlossene ~* bebouwde kom
ortsfest op vaste plaats staand; *~e Motoren* stationaire motoren
ortsfremd niet uit de plaats zelf, ter plaatse onbekend
Ortsgespräch o telec lokaal gesprek; gesprek van de dag
Ortskenntnis v bekendheid met de plaats
ortskundig met de plaats bekend
Ortsname m plaatsnaam
Ortsnetzkennzahl v telec netnummer
Ortssinn m oriëntatievermogen
ortsüblich ter plaatse gebruikelijk
Ortsverkehr m lokaal verkeer
Ortswechsel m verandering van plaats, van woonplaats
Ortszeit v plaatselijke tijd
Ortung v (~; -en) plaatsbepaling, oriëntering
Öse v (~; -n) oog ⟨v. naald, schaar, haak⟩; lusje, oogje
Ossi m (-s; -s) geringsch door West-Duitsers gebezigde benaming voor een inwoner van de voormalige DDR
Ost [ost] m (-(e)s) oost, oosten; plechtig oostenwind; *~ und West* oost en west
Osten [ost-] m (-s) oosten; *der Mittlere ~* het Midden-Oosten; *der Nahe und der Ferne ~* het Nabije en het Verre Oosten
Osterei o paasei
Osterfest o paasfeest, Pasen
Osterglocke v plantk gele narcis; wildemanskruid
Osterhase m paashaas
österlich ['eust-] tot Pasen behorende; paas-;
Ostern ['oostern] o & mv Pasen; *wenn ~ und Pfingsten auf einen Tag fallen* met sint-juttemis
Österreich ['eus-] o Oostenrijk
Österreicher m (-s; ~) Oostenrijker
österreichisch Oostenrijks
Ostersonntag m eerste Paasdag
Ostflüchtling m ['ost-] hist vluchteling(e) uit Oost-Duitsland of Oost-Europa
Ostfront v mil oostelijk front ⟨vooral in de Tweede Wereldoorlog⟩
östlich oostelijk; ten oosten; *~ von Bonn* oostelijk van Bonn
Ostmark ['ost-] v Oostenrijk ⟨1938-1945⟩; mark ⟨munt⟩ in de voormalige DDR
Ostsee v Oostzee
Ostwind m oostenwind
Ostzone de voormalige DDR
1 Otter m (-s; ~) dierk otter
2 Otter v (~; -n) dierk adder
Otterngezücht o addergebroed
oval ovaal, eirond
Oval [-'waal] o (-s; -e) ovaal
Ovation v (~; -en) ovatie
Ozean ['o-tsee-aan] m (-s; -e) oceaan; *Stiller ~* Stille Oceaan
Ozeandampfer m scheepv oceaanstomer
ozeanisch van de oceaan, oceaan-
Ozon [o-'tsoon] o & m (-s) ozon
Ozonloch o gat in de ozonlaag

P

paar paar, enige; *ein ~ Tage* een paar dagen; *vor ein ~ Tagen* een paar dagen geleden
Paar o (-(e)s; -e) (bijeenhorend) paar; *ein ~ Schuhe* een paar schoenen
paaren zw paren; *sich ~* zich paren, verbinden, verenigen
paarig gepaard; bijeenbehorend
paarmal: *ein ~* een paar maal, enige malen; *alle ~* nu en dan
Paarung v paring; sp loting; chem verbinding
Paarungszeit v paartijd
paarweise paarsgewijze, bij paren
Pacht v (~; -en) pacht, landhuur; *in ~ nehmen* pachten
pachten zw huren, pachten; *die Weisheit gepachtet haben* de wijsheid in pacht hebben; *etwas für sich gepachtet haben* schertsend beslag op iets leggen
Pächter m (-s; ~) pachter
Pachtzins m huur, pacht, pachtpenningen, -som
1 Pack m (-(e)s; Packe & Päcke) pak, bundel; last; *100 ~ Tabak* 100 pakken tabak
2 Pack o (-(e)s) gespuis, janhagel, grauw
Päckchen o (-s; ~) pakje (ook post)
Packeis o pakijs
packen zw (vast-, in)pakken, grijpen; aangrijpen, boeien; halen, erin slagen; *die Koffer ~* zijn koffers pakken, voorgoed weggaan; *einen bei seiner Ehre ~* op iems. eer werken; *den Stier bei den Hörnern ~* de koe bij de horens vatten; *einen beim Kragen ~* iem. bij zijn kladden pakken; *einen in Watte ~* zeer voorzichtig met iem. omgaan
Packen m (-s; ~) pak, bundel
packend pakkend, spannend, boeiend
Packer m (-s; ~) emballeur, inpakker
Packesel m pakezel (ook fig)
Packpapier o pakpapier
Packung v (~; -en) verpakking; bepakking (ook mil); inpakking; pakje; techn pakking
Packwagen m bagagewagen
Pädagoge m (-n; -n) pedagoog, opvoedkundige
pädagogisch pedagogisch; *~e Hochschule* pedagogische hogeschool
Paddel o (~; -s) paddel, peddel
Paddelboot o kano
paddeln zw pagaaien, peddelen
1 paff tsw paf, knal
2 paff bn = baff
paffen zw paffen, roken
Page ['pazje] m (-n; -n) page, edelknaap; chasseur (in hotel)
Pagenfrisur v, **Pagenkopf** m, **Pagenschnitt** m pagekopje
paginieren zw pagineren
Paket [-'keet] o (-(e)s; -e) pakket
Pakt m (-(e)s; -e(n)) verdrag, contract, pact
paktieren zw een verdrag, een contract sluiten; heulen, gemene zaak maken
Palais [pa-'lè] o (~; ~) (klein) paleis
Palast m (-es; -läste) paleis
Palastrevolution v paleisrevolutie
Palatal(laut) m taalk palatale klank
Palatschinke [-'sji-] v (~; -n) Oostr flensje
Palaver o (-s; ~) palaver, lang en nutteloos gesprek
palavern zw ouwehoeren
Palette v (~; -n) (schilders)palet; *die ganze ~* alle mogelijke soorten en variëteiten
Palisade v (~; -n) mil palissade, staketsel
Palme v (~; -n) plantk palm; fig overwinning; *einen auf die ~ bringen, jagen* iem. boos maken, iem. op stang jagen
Palmsonntag m Palmzondag, Palmpasen
Pampe v (~; -n) brij, pap
Pampelmuse v pompelmoes, grapefruit
Pamphlet [-'fleet] o (-(e)s; -e) pamflet, schotschrift
pampig brijachtig; brutaal, boos
Pamps m (-es) brij, pap
Paneel o (-s; -e) paneel
Panflöte v panfluit
Panier o (-s; -e) banier
panieren zw paneren
Paniermehl o paneermeel
Panik ['pa-nik] v (~) paniek, verwarring
panikartig paniekachtig, paniekerig
panisch panisch, paniekerig
Pankreas m (~; -kreaten) alvleesklier, pancreas
Panne v (~; -n) auto pech; fig storing, pech, ernstige fout
Panorama o (-s; -ramen) panorama, vergezicht
panschen zw roeren, mengen; knoeien; *Wein ~* wijn aanlengen, verdunnen
Panscher m (-s; ~) knoeier, vervalser
Panther, nieuwe spelling ook: **Panter** m (-s; ~) panter
Pantine v (~; -n) klompschoen
Pantoffel m (-s; ~ & -n) pantoffel, muiltje; *unterm ~ stehen* onder de pantoffel zitten
Pantoffelheld m pantoffelheld
Pantolette v (-n; -n) zomerschoen
Pantomime v pantomime
pantschen zw = panschen
Panzer m (-s; ~) pantser; mil tank
Panzerabwehr v antitankwapen
Panzerfaust v mil pantservuist, bazooka
panzern zw pantseren
Panzerschrank m brandkast, safe
Panzerung v (~; -en) bepantsering; pantser(bekleding)
Panzerwagen m pantserauto, -wagen
Päonie [-'oni-e] v (~; -n) plantk pioenroos
Papagei m (-en & -s; -en) papegaai
Papier o (-s; -e) papier; handel effect; *~e* (ook) wps, legitimatiebewijs, identiteitsbewijs, fondsen; *geschöpftes ~* geschept papier; *langes ~* handel langzichtwissel; *zu ~ bringen* op papier zetten
papierdeutsch ambtelijk Duits
papieren bn papieren, van papier
Papiergeld o papiergeld
Papierkorb m papier-, prullenmand
Papierkram m fig papierwinkel

Papierkrieg m administratieve rompslomp, stortvloed aan formulieren, brieven
Papierschlange v serpentine
Pappband m kartonnen band
Pappdeckel m (stuk) karton, bordpapier
Pappe v (~; -n) karton, bordpapier; *das ist nicht von ~ gemeenz* dat is niet mis
Pappel v (~; -n) plantk populier, peppel
pappen zw plakken, blijven hangen
Pappenheimer mv: *ich kenne meine ~* ik ken mijn pappenheimers
Pappenstiel m: kleinigheid
papperlapapp! gemeenz onzin!; stil!
pappig brijachtig
Pappschachtel v kartonnen doos
Paprika m (-s; -s) paprika
Papst m (-es; Päpste) paus
päpstlich pauselijk; *~er als der Papst* gemeenz roomser dan de paus
Papsttum o (-(e)s) pausdom; pausschap
Parabel [-'ra-] v (~; -n) parabel, gelijkenis; wisk parabool
parabolisch parabolisch; als gelijkenis
Parade v (~; -n) mil parade; sp afweer
Paradeanzug m mil groot tenue
Paradebeispiel o schoolvoorbeeld
Paradeschritt m mil paradepas
paradieren zw paraderen
Paradies o (-es; -e) paradijs; theat gemeenz engelenbak
Paradiesapfel m plantk tomaat; paradijsappel
paradiesisch van het paradijs; paradijsachtig, paradijselijk
Paradiesvogel m paradijsvogel
paradox paradoxaal, wonderlijk
Paradox o (~) (-es; -e), **Paradoxon** [-'ra-] o (-s; -xa) paradox
Paraffin [-'fien] o (-s; -e) paraffine
Paragraph m (-en; -en) paragraaf; recht artikel
parallel [-leel] parallel, evenwijdig; *~* (+ 3 of + *zu*) evenwijdig (met)
Parallele [-lele] v (~; -n) parallel; evenwijdige lijn; vergelijking; *eine ~ ziehen* een vergelijking maken
Parallelismus m (~) parallellisme
Parallelogramm o (-s; -e) parallellogram
paralysieren zw paralyseren, verlammen
Parasit m (-en; -en) parasiet; klaploper
parat paraat, vlug, willig, bereid
Pärchen o (-s; ~) paartje (ook v. dieren)
pardauz! pats!, pardoes!
Parenthese v (~; -n) parenthese, inlassing; *in ~* tussen haakjes
Parfüm [-'fuum] o (-s; -e & -s) parfum
Parfümerie v (~; -n) parfumerie
parfümieren zw parfumeren
pari handel pari, gelijk; *(al) ~* (op) pari; *zu ~ tegen* parikoers
parieren zw pareren, afweren; gehoorzamen; *ein Pferd ~* een paard tot staan brengen
Paris [-'ries] o (~) Parijs
1 Pariser m (-s; ~) Parijzenaar; gemeenz kapotje, condoom
2 Pariser bn (van, uit) Parijs
Parität v (~) pariteit

paritätisch paritair, door een gelijk aantal vertegenwoordigd, gelijkgerechtigd
Park m (-(e)s; -e & -s) park (in alle betekenissen); parkeerplaats
Parkanlagen mv plantsoen
parken zw auto parkeren
Parkett o (-(e)s; -e) parket(vloer); theat stalles en parket; effectenhoek (op beurs); *einen aufs ~ legen* gemeenz elegant dansen
Parkett(fuß)boden m parketvloer
parkettieren zw parket leggen
Parkgebühr v parkeergeld
Parkhaus o parkeergarage
Parkleuchte v, **Parklicht** o parkeerlicht
Parklücke v vrije parkeerplaats
Parkplatz m parkeerterrein; -plaats
Parkscheibe v parkeerschijf
Parkstudium o parkeerstudie
Parkuhr v parkeermeter
Parkverbot o parkeerverbod
Parkwächter m parkeerwacht; parkwachter
Parkwärter m parkeerwacht
Parlament o (-(e)s; -e) parlement
Parlamentär m (-s; -e) parlementair, onderhandelaar
Parlamentarier m (-s; -e) parlementariër, parlementslid
parlamentarisch parlementair
Parodie [-'die] v (~; -dien) parodie
parodieren zw parodiëren
Parole v (~; -n) leus, parool
Part m & o (-(e)s; -e) aandeel, part, portie; theat rol
Partei v (~; -en) pol, recht partij; familie, huurder(s) (in huurhuis); *~ ergreifen* partij kiezen
Parteibonze m (partij)bonze, kopstuk v. partij
parteiisch partijdig
parteilich in 't belang van de partij; aan de partij gebonden: partijdig
Parteilichkeit partijdigheid
Parteimitglied o partijlid
Parteitag m partijcongres
Parteiung v (~; -en) onenigheid, verdeeldheid, partijschap
Parterre o (-s; -s) parterre (in schouwburg); sierval; parterre (bloemperk); parterre, gelijkvloerse verdieping
Partie v (~; -n) partij (deel, hoeveelheid, theat rol, spel); partijtje; manche (bij bridge); uitstapje, tochtje; *eine reiche ~ machen* een goede partij trouwen; *eine ~ Waren* handel een partij goederen; *mit von der ~ sein* mee van de partij zijn
partiell [tsi-'el] partieel, gedeeltelijk
Partikel v (~; -n) deeltje; partikel; gramm partikel, onverbuigbaar rededeel
Partisan m (-s & -en; -en) partizaan, guerrillastrijder
Partitur v (~; -en) muz partituur
Partizip o (-s; -e & -ien) gramm participium, deelwoord; *erstes, zweites ~* tegenwoordig, verleden deelwoord
partizipieren zw participeren
Partizipium o (-s; Partizipien & Partizipia) gramm deelwoord

Partner *m* partner, deelgenoot, compagnon

Partnerschaft *v* deelgenootschap; jumelage ⟨v. steden, universiteiten enz.⟩

Partnertausch *m* partnerruil

Parze *v* (~; -n) schikgodin

Parzelle *v* (~; -n) perceel ⟨= stuk grond, bos⟩

parzellieren *zw* verdelen; verkavelen, bij percelen verkopen

Pasch *m* (-es; -e & Päsche) dubbele ⟨bij domino⟩; doublet ⟨in 't dobbelspel⟩

Pascha *m* (-s; -s) pasja

paschen *zw* smokkelen; dobbelen; 't ervan nemen

Paspel *m* (-s; ~), *v* (~; -n) galon, bies

Paß, nieuwe spelling: **Pass** *m* (Passes; Pässe) pas ⟨in bergen⟩; pas(poort); sp pass; konijnenpaadje; telgang

passabel passabel, behoorlijk, redelijk

Passage *v* passage ⟨ook muz⟩, tekststuk; doorgang, overtocht

Passagier *m* (-s; -e) passagier; *blinder* ~ verstekeling, blinde passagier

Passant *m* (-en; -en) passant, voorbijganger; doortrekkend reiziger

Paßbild, nieuwe spelling: **Passbild** *o* pasfoto

passen *zw* I *onoverg* passen; de goede maat hebben; in aanmerking komen, geschikt zijn; kaartsp passen; sp passen, een pass geven; II *overg* pasklaar maken, (af-) passen; *das paßt mir nicht* daar moet ik niets van hebben; *das paßt wie die Faust aufs Auge* dat slaat als een tang op een varken; ~ *zu* passen bij

passend juist, passend, van pas, oorbaar; gepast ⟨geld⟩; *in* ~*er Weise* op gepaste wijze; *haben Sie es* ~*?* kunt u 't passen? ⟨geld⟩; ~ *zu* passend bij

Paßgang, nieuwe spelling: **Passgang** *m* tel-, pasgang

Paßhöhe, nieuwe spelling: **Passhöhe** *v* hoogste punt v.e. bergpas

passieren *zw* passeren, doorgaan, voorbijgaan; gebeuren, plaatsvinden, passeren

Passierschein *m* doorlaatpasje, grenspasseerbewijs; geleibiljet; coupe-file

Passion [-si'oon] *v* (~; -en) passie, hartstocht; het lijden van Christus, passie

passioniert gepassioneerd, hartstochtelijk

Passionsspiel *o* passiespel

passiv passief, lijzaam, lijdelijk; gramm *die* ~*e Form* de lijdende vorm; ~*er Widerstand* lijdelijk verzet

Passiv *o* (-s) gramm lijdende vorm

Passiva, Passiven *mv* handel schulden, passiva

Passivität *v* passiviteit

Paßkontrolle, nieuwe spelling: **Passkontrolle** *v* pascontrole

Paßstelle, nieuwe spelling: **Passstelle**, ook: **Pass-Stelle** *v* paspoortenbureau

Paßstraße, nieuwe spelling: **Passstraße**, ook: **Pass-Straße** *v* weg over een bergpas

Passus *m* (~; ~) passage, plaats ⟨in tekst⟩, passus

Pasta, Paste *v* (~; Pasten) pasta

1 Pastell *m* (-s; -e) pastelstift, -krijt

2 Pastell *o* (-(e)s; -e) pastel(tekening)

Pastete *v* (~; -n) pastei

Pastor ['pas-tor, soms pas-'toor] *m* (-s; -en) (-e; -töre) pastoor; ⟨N-Duits ook⟩ predikant, dominee

pastoral pastoraal, herderlijk, op 't landleven betrekking hebbend

Pastorin ['pas- of -'to-] *v* (~; -nen) domineesvrouw; predikante

Pate *m* (-n; -n) peet, peetoom; *bei etwas* ~ *stehen* aan de grondslag van iets liggen

Patenkind *o* petekind

Patenschaft *v* peetschap

patent patent; *ein* ~*es Haus, ein* ~*er Kerl* gemeenz een patente kerel

Patent *o* (-(e)s; -e) octrooi, patent; mil akte v. aanstelling; Zwits vergunning

Patentamt *o* octrooiraad

patentieren *zw* patenteren, octrooieren; *patentiert werden* octrooi verkrijgen

Patentinhaber *m* octrooi-, patenthouder

Pater *m* (-s; Patres) pater

1 Paternoster *o* (-s; ~) paternoster, het onzevader

2 Paternoster *o* (-s; ~), **Paternosteraufzug** *m* techn paternosterlift

pathologisch pathologisch; ~*er Anatom* patholoog-anatoom

Pathos *o* (~) pathos, gezwollenheid

Patient [-tsi'ent] *m* (-en; -en) patiënt, zieke

Patin *v* (~; -nen) peettante, meter

Patriarch *m* (-en; -en) patriarch

patriarchalisch patriarchaal, aartsvaderlijk

Patriot [-'oot] *m* (-en; -en) patriot, vaderlander

patriotisch patriottisch, vaderlandslievend

Patrize *v* (~; -n) patrijs, reliëfstempel

Patrizier [-'trie-tsi-er] *m* (-s; ~) patriciër

Patron *m* (-s; -e) patroon, beschermheer, -heilige; sponsor; stichter v.e. kerk; gemeenz kerel

Patrone *v* (~; -n) mil patroon; patroon v. inkt, film enz.; model

Patronengurt *m* mil patroongordel

patsch! pats!

Patsche *v* (~; -n) hand; klapper; modder; *in der* ~ gemeenz in de knoei

patschen *zw* klappen; slaan

Patschhändchen *o* handje

patschnaß, nieuwe spelling: **patschnass** kletsnat

patt pat ⟨bij schaken en fig⟩

Patte *v* (~; -n) patje aan kledingstuk; overslag ⟨op zak⟩

patzen *zw* knoeien, kladden

Patzer *m* (-s; ~) fout, flater; oen

patzig poenig, opgeblazen, opschepperig; onvriendelijk, afwijzend

Paukant *m* (-en; -en) stud duellist

Pauke *v* (~; -n) muz pauk, keteltrom; standje; *die* ~*e schlagen* op de pauken slaan; *auf die* ~ *hauen* uitbundig vieren; *mit* ~*n und Trompeten durchfallen* iron grandioos zakken

pauken *zw* op de pauken slaan; ransel en; blokken, stampen; stud schermen

Pauker *m* (-s; ~) muz paukenist; jeugdtaal leraar

Pausbacke v bolle, rode wang, appelwang
pausbackig, pausbäckig met bolle wangen
pauschal alles bij elkaar gerekend; globaal
Pauschale o (-s) vast bedrag, bedrag ineens, all-inprijs
pauschalieren zw bedrag ineens vaststellen; globaal berekenen, een gemiddelde nemen
Pauschalpreis m vaste, voorafbepaalde prijs; som ineens
Pauschalreise v reis met alle kosten inbegrepen
1 Pause v (~; -n) pauze, tussenpoos; muz rust(teken)
2 Pause v (~; -n) overtrektekening
pausen zw overtrekken, -tekenen
Pausenbrot o twaalfuurtje, boterhammen
pausenlos zonder pauze, ononderbroken, non-stop
pausieren zw pauzeren
Pauspapier o calqueerpapier
Pavian ['pa-wian] m (-s; -e) baviaan
Pavillon [-'joon, -'jõ] m (-s; -s) paviljoen; tent
Pazifik [-'tsi-] m (-s) de Stille Oceaan
Pech o (-(e)s; -e) pek; pech, ongeluk
Pechsträhne v tijd van aanhoudende pech
Pechvogel m ongeluks-, pechvogel
Pedal o (-s; -e) pedaal
Pedant m (-en; -en) Pietje Precies, kleingeestig, pietluttig mens
pedantisch kleingeestig, pietluttig, overdreven precies
Peddigrohr o pitriet (voor meubels)
Pedell m (-s; -e) univ pedel; onderw conciërge
Pegel m (-s; ~) peil
Pegelstand m waterstand, peilhoogte
peilen zw peilen; ~ nach gemeenz kijken naar; über den Daumen ~ grof, ruwweg schatten
Peilung v peiling
Pein v (~) pijn, smart
peinigen zw pijnigen, folteren, kwellen
peinlich pijnlijk, onaangenaam; ~ genau minutieus, zeer nauwgezet; ~ sauber keurig netjes
Peinlichkeit v (~; -en) pijnlijkheid; nauwgezetheid
Peitsche v (~; -n) zweep
peitschen zw met een zweep slaan, geselen; opzwepen
Peitschenhieb m zweepslag
Pekinese m (-n; -n), **Pekinghündchen** o pekinees
pekuniär geldelijk, pecuniair
Pelerine v (~; -n) pelerine, korte schoudermantel
Pelle v (~; -n) dun vlies, schil, vel ⟨v. worst enz.⟩; einen auf der ~ haben gemeenz iem. op zijn dak hebben; einem auf der ~ liegen iem. op 't dak liggen; jmdm. auf die ~ rücken te nabij komen
pellen zw pellen; schillen; wie aus dem Ei gepellt om door een ringetje te halen
Pellkartoffel v in de schil gekookte aardappel
Pelz m (-es; -e) pels, vacht, bont, huid, vel; bontjas, -mantel, -kraag; einem auf dem ~ sitzen 't iem. lastig maken
Pelzbesatz m bontrand
pelzen zw villen ⟨v. pelsdieren⟩; plantk enten
pelzig harig, bont-, pelsachtig; ruw en droog
Pelzkragen m bontkraag
Pelztier o pelsdier
Pendel o (-s; ~) slinger; pendel
Pendelbetrieb m, **Pendeldienst** m pendeldienst
pendeln zw slingeren; forenzen, pendelen
Penderluhr v slingeruurwerk; pendule
Pendelverkehr m pendeldienst, -verkeer
Pendelzug m trein die een pendeldienst onderhoudt
Pendler m (-s; ~) forens, pendelaar
penetrant penetrant, doordringend
penibel penibel, uiterst precies
Pennal [-'naal] o (-s; -e) vero, Oostr pennenkoker
Pennäler m (-s; ~) gemeenz gymnasiast
Pennbruder m gemeenz landloper
Penne v (~; -n) slang kroeg; goedkoop logement; scholierentaal school
pennen zw gemeenz maffen, pitten
Penner m (-s; ~) gemeenz slaapkop; landloper
Pension [pã'zjoon, Oostr, Zwits pen-] v (~; -en) pension; pensioen; in ~ gehen met pensioen gaan; halbe ~ de helft v.d. overnachtingsprijs
Pensionär m (-s; -e) kostschoolleerling; gepensioneerde ambtenaar
Pensionat o (-(e)s; -e) vero kostschool
pensionieren zw pensioneren
pensionsberechtigt recht hebbend op pensioen
Pensum m (-s; Pensen & Pensa) pensum, taak
Pep m (~(s)) gemeenz pep, kracht, elan
peppig met veel elan, energiek, krachtig, vlot
per (+ 4) per, bij; ~ Adresse per adres, p.a.; ~ Anhalter liftend; ~ Eilboten post per expresse; ~ Kasse, cassa à contant; ~ Nachnahme onder rembours; ~ sofort terstond; ~ du mit einem sein iemand tutoyeren
perfekt perfect, volmaakt, uitmuntend; volleerd; der Kauf ist ~ de koop is afgesloten
Perfekt o (-(e)s) gramm voltooid tegenwoordige tijd
Perfektionismus m perfectionisme
perfid(e) perfide
Perfidie [-'die] v perfidie
perforieren zw perforeren, doorboren
Pergament o (-(e)s; -e) perkament
pergamenten bn van perkament
Periode v (~; -n) periode, tijdvak; menstruatie
periodisch periodiek; ~e Druckschriften periodieken
Periodizität v periodiciteit
peripher perifeer; fig onbelangrijk
Peripherie [-'rie] v (~; -n) periferie, omtrek
Perle v (~; -n) parel; druppel; luchtblaasje;

schertsend werkster
perlen zw parelen, tintelen
Perlenhalsband o, **Perlenkette** v, **Perlenkollier** o parelsnoer, -collier
Perlhuhn o parelhoen
Perlmutt o (-s), **Perlmutter** v (~) parel-, paarlemoer
Permanenz v (~) permanentie, bestendigheid; in ~ permanent
perniziös pernicieus (ook med), verderfelijk, schadelijk
Perpendikel [perpen'dikel] m & o (-s; ~) slinger
Perser m (-s; ~) Pers; pers, Perzisch tapijt
Perserteppich m pers, Perzisch tapijt
Persianer m (-s; ~) persianerbont, Perzisch lam
Persien [-zi-en] o (-s) Perzië
Person v (~; -en) persoon; gemeenz mens, vrouwspersoon; juristische ~ rechtspersoon; in (höchst eigener) ~ in (hoogsteigen) persoon, persoonlijk, zelve; etwas in einer ~ sein verschillende functies, ambten verenigen
Personal o (-s; -e) personeel
Personalabbau m personeelsvermindering
Personalausweis m persoons-, identiteitsbewijs
Personalbeschreibung v signalement
Personalbestand m het (in dienst zijnd) personeel
Personaleinsparung v personeelsinkrimping
Personalien mv personalia
Personalmangel m personeelsgebrek, -tekort
Personalpronomen o gramm persoonlijk voornaamwoord
Personalunion v personele unie
personell wat 't personeel betreft; psych persoonlijk
Personenaufzug m personenlift
Personenbeförderung v personen-, reizigersvervoer
Personenkult m persoonsverheerlijking
Personenname m persoonsnaam
Personenschaden m lichamelijk letsel
Personenstand m burgerlijke staat
Personenstandsregister o register van de burgerlijke stand
Personenwagen m personenauto; spoorw passagiersrijtuig
Personenzug m personentrein; stop-, boemeltrein
Personifikation v (~; -en) personificatie
personifizieren zw personifiëren, verpersoonlijken
persönlich persoonlijk
Persönlichkeit v persoonlijkheid
Perspektiv o (-s; -e) (kleine) verrekijker
Perspektive v (~; -n) perspectief; vergezicht, verschiet
perspektivisch perspectivisch
Perücke v (~; -n) pruik
pervers [-'wers] pervers, verdorven
Perversität v (~; -en) perversiteit, perversheid
pervertieren zw ontaarden; pervers maken

Pessimismus m (~) pessimisme
Pest v (~) pest; wie die ~ verschrikkelijk hard
Pestilenz v (~; -en) pestilentie
Peter m Peter, Pieter, Piet; schwarzer ~ spielen kaartsp zwartepieten; jmdm. den scharzen ~ zuschieben iem. de zwartepiet toespelen
Petersilie [-li-e] v (~) plantk peterselie
Peterwagen m patrouillewagen van de politie; dievenwagen
Petition v (~; -en) petitie, verzoekschrift
Petroleum o (-s) petroleum
Petroleumkocher m petroleum(toe)stel
Petschaft o (-(e)s; -e) stempel, lakcachet
Petunie [-'tuni-e] v (~) plantk petunia
Petz m (-es; -e): Meister ~ Bruin de beer, bruintje
Petze v (~; -n) dierk teef; berin; ⟨op school⟩ verklikker, klikspaan
petzen zw ⟨op school⟩ klikken, verraden
Petzer m (-s; ~) ⟨op school⟩ verklikker, klikspaan
Pfad m (-es; -e) pad; auf ausgetretenen ~en wandeln gemeenplaatsen verkopen
Pfadfinder m padvinder
pfadlos ongebaand; onbegaanbaar
Pfaffe m (-n; -n) geringsch paap, priester
Pfaffenhut m, **Pfaffenhütchen** o plantk kardinaalsmuts
pfäffisch paaps
Pfahl m (-(e)s; Pfähle) paal, staak
Pfahlbau m (-s; -ten) paalwoning
pfählen zw afpalen, afschutten; aan een paal binden; spietsen ⟨op scherpe paal⟩
Pfahlgründung v paalwerk, paalfundering
Pfahlzaun m palissade, staketsel
Pfalz v (~; -en) vero palts; hist paleis van de Duitse keizers; die ~ de Palts
1 **Pfälzer** m (-s; ~) Paltser
2 **Pfälzer** Paltsisch; ~ (Wein) Paltsische wijn
Pfalzgraf m paltsgraaf
pfälzisch Paltsisch, van de Palts
Pfand o (-(e)s; Pfänder) pand; dijkpand; auf ~ tegen pand
pfandbar recht pandbaar
Pfandbrief m pandbrief
pfänden zw: einen ~ beslag leggen op iemands bezit of inkomen
Pfänder m (-s; ~) beslaglegger, executeur; Z-Duits deurwaarder
Pfänderspiel o pandverbeuren
Pfandhaus o pandjeshuis, lommerd, bank van lening
Pfandleihanstalt v, **Pfandleihe** v (~; -n) = Pfandhaus
Pfandleiher m pandjesbaas; pandgever
Pfandschein m lommerdbriefje
Pfändung v (~; -en) beslaglegging, pandbeslag, beslag op goederen
Pfanne v (~; -n) pan; jmdn. in die ~ hauen fig iem. scherp terechtwijzen; iem. afmaken
Pfannengericht o schotel ⟨in restaurant⟩
Pfannkuchen m pannenkoek; gevulde bol, Berliner bol
Pfarramt o ambt v. dominee, pastoor, pastoraat; pastorie

Pfarrbezirk *m* parochie, kerspel

Pfarre *v* (~; -n), **Pfarrei** *v* (~; -en) predikantsplaats, pastoorsplaats; pastorie; parochie

Pfarrer *m* (-s; ~) dominee, predikant; pastoor

Pfarrerin *v* (~; -nen) domineesvrouw; vrouwelijke dominee

Pfarrgemeinde *v* parochie

Pfarrhaus *o* pastorie

Pfarrkirche *v* parochiekerk

Pfarrwohnung *v* pastorie

Pfau *m* (-(e)s & -en; -e & -en) pauw

Pfauenauge *o* pauw(en)oog ⟨vlinder⟩

Pfeffer *m* (-s) peper

Pfefferkorn *o* peperkorrel

Pfefferkuchen *m* peperkoek

Pfefferkuchenhäuschen *o* peperkoekenhuisje

Pfefferminze *v* plantk pepermunt

Pfeffermühle *v* pepermolen

pfeffern *zw* peperen; schieten, gooien; slaan, smijten; *gepfeffert* fig gepeperd; *eine gepfefferte kriegen* een oorvijg krijgen

Pfeffernuẞ, nieuwe spelling: **Pfeffernuss** *v* (~; -nüsse) pepernoot

Pfeife *v* (~; -n) pijp; fluit, fluitje; gemeenz sukkel, lafaard

pfeifen *st* fluiten; gieren; muz pijpen; slang verklikken; *ich pfeife dir was* ik dank je feestelijk; *sich eins ~* een deuntje fluiten, de onverschillige spelen; *auf etwas ~* lak aan iets hebben; *aus dem letzten Loch ~* gemeenz de pijp uitgaan; *die Spatzen ~ es von den Dächern* men schreeuwt 't van de daken, 't wordt van de daken verkondigd

Pfeifenkopf *m* pijpenkop

Pfeifentabak *m* pijptabak

Pfeifer *m* (-s; ~) fluiter; pijper; speelman

Pfeifkessel *m* fluitketel

Pfeifkonzert *o* fluitconcert

Pfeifton *m* fluittoon

Pfeil *m* (-(e)s; -e) pijl, schicht

Pfeiler *m* (-s; ~) pilaar, pijler

pfeilgerade kaarsrecht, in een rechte lijn

Pfennig *m* (-(e)s; -e) pfennig ⟨Duitse munt⟩; *nicht für fünf ~ (e)* niet in 't minst; *wer den ~ nicht ehrt, ist des Talers nicht wert* wie het kleine niet eert, is het grote niet weerd; *keinen ~ haben* geen cent hebben; *auf den ~ sehen* op de penning zijn; *jeden ~ dreimal umdrehen* ieder dubbeltje (tweemaal) omkeren

Pfennigabsatz *m* naaldhak

Pfennigfuchser *m* (-s) duitendief, geldschraper, potter, vrek

Pferch *m* (-(e)s; -e) omheinde ruimte (speciaal: schaapskooi), omheining

pferchen *zw* omheinen, afperken; opsluiten in de schaapskooi; samendringen

Pferd *o* (-(e)s; -e) paard ⟨ook scheepv & turnen⟩; *das beste ~ im Stall* 't beste paard van stal; *zu ~ se paard; aufs falsche ~ setzen* op het verkeerde paard wedden; *das ~ beim Schwanz aufzäumen* het paard achter de wagen spannen

Pferdeapfel *m* paardevijg

Pferdefuẞ *m* paardenvoet, horrelvoet; fig duivelse bedoeling, kwade kant; *etwas hat einen ~* gemeenz er schuilt een addertje onder het gras

Pferdekur *v* paardenmiddel

Pferderennen *o* paardenrennen

Pferdeschlitten *m* arrenslee

Pferdeschwanz *m*, **Pferdeschweif** *m* paardenstaart

Pferdestall *m* paardenstal

Pferdestärke *v* techn paardenkracht, pk

Pferdezucht *v* paardenfokkerij

Pfiff *m* (-(e)s; -e) gefluit, fluitsignaal; kneep, truc, handgreep; chic; 1/9 liter; *einer Sache den richtigen ~ geben* iets net 'je dat' maken; *mit ~* met iets bijzonders, leuk

Pfifferling *m* (-s; -e) plantk hanenkam, dooier-, eierzwam, cantharel; *das ist keinen ~ wert* dat is geen duit waard

pfiffig leep, pienter, listig; ondeugend

Pfiffikus *m* (~; -se) leperd, loze schalk

Pfingsten *o* & *mv* Pinksteren

Pfingstmontag *m* tweede pinksterdag

Pfingstochse *m* paasos

Pfingstrose *v* pioen, pioenroos

Pfingstsonntag *m* eerste pinksterdag

Pfirsich *m* (-(e)s; -e) perzik

Pflanze *v* (~; -n) plantk plant; *eine zarte ~* fig een kasplantje

pflanzen *zw* planten, poten; gemeenz Oostr voor de gek houden; *sich ~* gemeenz gaan zitten

Pflanzenfresser *m* planteneter

Pflanzenöl *o* plantaardige olie, plantenolie

Pflanzenzucht *v* plantenteelt

Pflanzer *m* (-s; ~) planter ⟨ook plantagebezitter⟩; pootaardappel, poter

pflanzlich plantaardig; de planten betreffend, planten-

Pflänzling *m* (-s; -e) plantk pootplant

Pflanzung *v* (~; -en) 't planten, planting; aanplanting, plantsoen; plantage; kolonie

Pflaster *o* (-s; ~) pleister, plaveisel, bestrating; *ein heißes ~* een riskante verblijfplaats; *Tokio ist ein teures ~* 't leven in Tokio is duur; *ein ~ auf die Wunde* een pleister op de wonde

Pflasterer *m* (-s; ~) straten-, straatmaker

pflastermüde moe van 't rondlopen; moe van 't stadsleven

pflastern, Z-Duits, Zwits **pflästern** *zw* plaveien, bestraten, bedekken

Pflasterstein *m* straatsteen; soort peperkoek

Pflasterung *v* (~; -en) plaveisel; het plaveien

Pflaume *v* (~; -n) plantk pruim; pruimenboom; *gedörrte ~* gedroogde pruim

pflaumen *zw* gemeenz hatelijke opmerkingen maken

pflaumenweich zacht als dons; fig halfzacht

Pflege *v* (~) verpleging, verzorging; zorg; onderhoud; *in ~ nehmen* de zorg op zich nemen voor; in de kost nemen

pflegebedürftig hulpbehoevend

Pflegebefohlene(r) *m* beschermeling; pupil; aan iemands zorg toevertrouwde

Pflegeeltern [-el-tern] *mv* pleegouders

Pflegeheim o verzorgings-, verpleeghuis
Pflegekind o pleegkind
pflegeleicht eenvoudig te behandelen, weinig zorg vereisend
pflegen zw; vero ook st verplegen, verzorgen; onderhouden; gewoon zijn, plegen; *ich pflegte es zu tun* ik placht 't te doen; *gute Beziehungen ~* goede betrekkingen onderhouden; *Geselligkeit ~* met veel mensen omgaan; *Musik ~* muziek beoefenen; *Umgang ~ mit* omgaan met; *die Wissenschaft ~* de wetenschap beoefenen; zie ook: *gepflegt*
Pflegepersonal o verplegend personeel
Pfleger m (-s; ~) verpleger; verzorger, voogd, beschermer; bestuurder; Zwits bewindvoerder
Pflegerin v (~; -nen) verpleegster, verzorgster
Pflegetochter v pleegdochter
pfleglich met zorg, voorzichtig
Pflegling m (-s; -e) verpleegde, pupil, pleegkind
Pflegschaft v (~; -en) voogdij, curatele, toezicht
1 Pflicht v (~; -en) plicht; sp verplicht nummer; *das ist meine ~ und Schuldigkeit* dat is niet meer dan mijn plicht; *jmdn. in die ~ nehmen* iem. goed toespreken, iem. van zijn plicht doordringen
2 Pflicht v (~; -en) scheepv plecht
pflichtbewußt, nieuwe spelling: **pflichtbewusst** zich van zijn plicht bewust
Pflichterfüllung v plichtsbetrachting
Pflichtexemplar o verplicht presentexemplaar
Pflichtfach o verplicht vak
Pflichtgefühl o plichtsbesef
pflichtgemäß plichtmatig, volgens plicht
pflichtmäßig wat de plicht voorschrijft, plichtmatig
Pflichtteil m & o recht legitieme portie
pflichttreu plichtsgetrouw
Pflichtübungen mv turnen verplichte oefeningen
pflichtvergessen plichtvergeten
Pflichtverletzung v plichtverzaking, -verzuim
Pflichtversicherung v verplichte verzekering
Pflichtverteidiger m recht toegevoegd verdediger
Pflichtvorlesung v verplicht college ⟨voor studenten⟩
Pflock m (-(e)s; Pflöcke) houten of ijzeren pin, plug; piketpaal, paaltje
pflöcken zw vastpinnen; met een pin vaststeken
pflücken m plukken
Pflug m (-(e)s; Pflüge) ploeg
pflügen zw ploegen
Pflugschar v ploegschaar
Pfortader v anat poortader
Pforte v (~; -n) deur, poort, poortje; *die Westfälische ~* aardr de Westfaalse Poort; *seine ~n schließen* ophouden, dichtgaan, stoppen met een activiteit'

Pförtner m (-s; ~) portier, deurwachter, conciërge; anat portier ⟨v.d. maag⟩, pylorus
Pfosten m (-s; ~) ⟨deur⟩post, stijl
Pfote v (~; -n) poot; gemeenz fig hand; ⟨gemeenz voor: handschrift⟩ poot(je)
Pfriem m (-(e)s; -e), **Pfrieme** v (~; -n), **Pfriemen** m (-s; ~) priem; els; stift; plantk brem
Pfropf m (-(e)s; -e) prop; bloedstolsel; dot ⟨watten⟩
pfropfen zw stoppen, proppen; enten
Pfropfen m (-s; ~) stop, prop, kurk
Pfründe v (~; -n) RK prebende; plaats op een hofje
Pfuhl m (-s; -e) poel; *der ~ allen Übels* de bron van alles wat slecht is
Pfühl m & o (-(e)s; -e) peluw
pfui! *~ Deibel!, ~ Teufel!* bah!, foei!
Pfund o (-(e)s; -e) pond
pfundig gemeenz geweldig, gaaf
Pfundskerl m gemeenz reuzenkerel
pfundweise pondsgewijze, bij 't pond
pfuschen zw knoeien, beunhazen, broddelen; vals spelen; *einem ins Handwerk ~* beunhazen in iemands vak
Pfuscher m (-s; ~) knoeier, knoeipot; beunhaas; valse speler
Pfuscherei v (~; -en) knoeierij, knoeiwerk
Pfütze v (~; -n) plas
Phänomen o (-s; -e) fenomeen
phänomenal fenomenaal, wonderbaarlijk, reusachtig
Phantasie v (~; -n) fantasie, verbeelding
phantasieren zw fantaseren ⟨ook muz⟩; mijmeren, dromen; med ijlen
Phantast m (-en; -en) fantast, dromer
Phantasterei v (~; -en) gefantaseer, dromerij
phantastisch fantastisch; buitengewoon
Pharisäer m (-s; ~) farizeeër, huichelaar, schijnheilige persoon
pharmazeutisch farmaceutisch
Phase v (~; -n) fase; schijngestalte; elektr fase
Philister m (-s; ~) bekrompen burger; Filistijn
philisterhaft kleinburgerlijk, bekrompen
philiströs kleinburgerlijk, bekrompen
Philosoph m (-en; -en) filosoof
Philosophie v filosofie
Phiole [-i'ole] v (~; -n) fiool
Phlegmatiker m (-s) flegmaticus
phlegmatisch flegmatisch
Phonetik ['-ne-] v (~) fonetiek, klankleer
phonetisch fonetisch
Phönix m (-(e)s; -e) feniks
Phosphor [-foor, -for] m (-s; -e) fosfor
Phosphoreszenz v (~) fosforescentie
phosphoreszieren zw fosforesceren
Photo(-), photo- zie: *Foto(-), foto-*
Photozelle v fotocel
Phrase v (~; -n) frase, nietszeggende uitspraak
phrasenhaft hol, bombastisch; als frase
Physik ['fu-, fu'ziek] v (~) natuurkunde, fysica
physikalisch natuurkundig
Physiker ['fu-] m (-s; ~) natuurkundige, fysicus

Physikum ['fu-] o (-s; -ka) propedeutisch examen in de medicijnen
Physiognomie [-'mie] v (~; -n) gelaatsuitdrukking, fysionomie, gezicht; gemeenz tronie
Physiolog(e) m (-(e)n; -(e)n) fysioloog
Physiotherapie v fysiotherapie
physisch fysisch, natuurkundig; lichamelijk, fysiek; ~e Person natuurlijke persoon
picheln zw gemeenz pimpelen, drinken
Pick m (-(e)s; -e) pik, houw
Picke v (~; -n) houweel
Pickel m (-s; ~) pikhouweel; puistje, pukkel
Pickelflöte v muz piccolo
Pickelhaube v mil punthelm
pickelig vol puisten, pukkels
picken zw pikken, happen, slaan; bikken
Picknick o (-s; -e & -s) picknick
piekfein piekfijn
piepe, piepegal [-e'gaal]: *das ist mir ~ gemeenz* mij 'n zorg!, mij 'n biet!
piepen zw piepen; gemeenz *bei ihm piept es* hij is van lotje getikt; *zum P~!* belachelijk!
Piepmatz m vogeltje
piepsen zw piepen
Piepser m (-s; ~) gepiep, piepgeluid; gemeenz semafoon
piepsig pieperig
1 Pier m (-s; -s & -e) pier, havenhoofd
2 Pier m (-e) pier (als visaas)
piesacken zw N-Duits plagen, pesten
1 Pik m (-s; -e & -s) piek, bergtop
2 Pik o (-s; -s) kaartsp schoppen
3 Pik m pik
pikant pikant; scherp, bijtend
Pike v (~; -n) mil piek; pik; *von der ~ auf* van onderop
Pikett o (-(e)s; -e) kaartsp piket
pikieren zw verspenen
pikiert gepikeerd
1 Pikkolo m (-s; -s) piccolo (in hotel)
2 Pikkolo m & o (-s; -s), **Pikkoloflöte** v muz piccolo
piko bello gemeenz onberispelijk, uitstekend
Pilger m (-s; ~) bedevaartganger, pelgrim
Pilgerfahrt v bedevaart, pelgrimstocht
pilgern zw een bedevaart doen; opgaan, trekken naar
Pille v (~; -n) pil; *eine bittere ~* fig een bittere pil
Pillendreher m schertsend pillendraaier, apotheker
Pilot m (-en; -en) scheepv loods; luchtv piloot
Pilotenschein m vliegbrevet
Pilz m (-es; -e) plantk paddestoel; zwam; Oostr eekhoornbrood; *wie ~e aus der Erde (dem Boden) schießen* als paddestoelen uit de grond komen
Pimmel m (-s; -~) gemeenz piemel
Pimpelei v (~; -en) kinderachtigheid, flauwiteit, aanstellerij
pimpelig huiverig, kouwelijk; flauw; preuts; kinderachtig, aanstellerig
pimpeln zw sukkelen; zich aanstellen, aanstellerig doen

Pimpernuß, nieuwe spelling: **Pimpernuss** v plantk pimpernoot, pistache
Pimpf m (-(e)s; -e) Oostr kleine jongen; onnozele vent; nat-soc jeugdig lid van de Hitlerjugend
pimplig = *pimpelig*
pingelig pietepeuterig, kleinzielig
Pinie ['pie-ni-e] v (~; -n) plantk Zuid-Europese pijnboom
Pinke v (~; -n) slang duiten, poen, geld
Pinkel m gemeenz: *feiner, vornehmer ~* chiqueling, fat, dandy
pinkeln zw gemeenz pissen, wateren
Pinne v (~; -n) pin, pen
pinnen zw vastpinnen
Pinnwand v prikbord
Pinscher m (-s; ~) pincher; *ein kleiner ~* een onbenullig mannetje
Pinsel m (-s; ~) penseel; scheerkwast; jacht haarpluim; fig domkop, sukkel
Pinselei v (~; -en) gekladder, knoeiwerk
pinseln zw penselen; inzepen (bij scheren); kladschilderen
Pinte v (~; -n) pint, kan; kroeg
Pinzette v (~; -n) pincet
Pionier m (-s; -e) mil genist; baanbreker; 〈DDR〉 pionier (= lid v.d. jeugdorganisatie)
Pirat m (-en; -en) piraat; RTV clandestiene zender, etherpiraat
Piraterie v piraterij
Pirol [-'rool] m (-s; -e & -s) vogelk wielewaal
Pirsch v (~) (sluip)jacht
pirschen zw jagen; sluipen
pispern zw fluisteren
Piß, nieuwe spelling: **Piss** m (Pisses); **Pisse** v (~) pis, urine
pissen zw pissen, wateren; hard regenen
Pissoir [-'swaar] o (-s; -s & -e) urinoir
Pistazie [Pis-'ta-tsi-e] pistache
Piste v (~; -n) piste, arena; skihelling; wielerbaan; luchtv startbaan; gemeenz uitgaansleven
Pistole v (~; -n) pistool 〈zowel vuurwapen als vero munt〉; *wie aus der ~ geschossen* zonder dralen, meteen
pitschnaß, pitschpatschnaß, nieuwe spelling: **pitschnass, pitschpatschnass** kletsnat
placieren zw = *plazieren*
placken zw: *sich ~* zwoegen
Plackerei v (~; -en) gezwoeg; plagerij
pladdern zw stortregenen; kletteren
plädieren zw pleiten; *auf (für) schuldig ~* recht schuldigverklaring eisen
Plädoyer [plè-dwa-'jee] o (-s; -s) pleidooi; requisitoir
Plafond [-'fõ, -'foon] m (-s; -s) Oostr plafond
Plage v (~; -n) plaag, kwelling; last; *seine ~ mit einem haben* moeite met iem. hebben
Plagegeist m plaaggeest
plagen zw plagen, kwellen; *sich ~* zich afsloven, zwoegen
Plagiat o (-(e)s; -e) plagiaat, letterdieverij
Plakat o (-(e)s; -e) plakkaat; aanplakbiljet, poster
plakatieren zw afficheren, aanplakken
plakativ voor een affiche geschikt; sprekend, opvallend

Plakatsäule v reclamezuil
plan eenvoudig, gewoon, duidelijk
Plan m (-(e)s; Pläne) plan; ontwerp, plattegrond; vlakte, dansvloer, strijdperk; *Pläne schmieden* plannen maken, smeden; *auf den ~ rufen* op het toneel roepen; *auf den ~ treten* voor de dag komen
Plane v (~; -n) huif, kap ⟨v. wagen, auto⟩, autohoes; dekzeil
planen zw beramen; plannen; zweven ⟨v. roofvogel⟩; *auf lange Sicht ~* een plan voor een verre toekomst maken
Planet m (-en; -en) planeet, dwaalster
Planetensystem o planetenstelsel
plangemäß zoals gepland, volgens plan
planieren zw egaliseren, nivelleren, effenen, vlak maken
Planiermaschine v, **Planierraupe** v bulldozer
Planke v (~; -n) plank; scheepv loopplank; planken schutting; beschot
Plänkelei v (~; -en) schermutseling
plänkeln zw: schermutselen, ruziën
planlos zonder plan, zonder bepaald doel, onbezonnen, lukraak
planmäßig zoals gepland, volgens plan; planmatig
Planschbecken o 't ondiepe, pierenbad
planschen zw plassen, ploeteren; pootje baden
Planspiel o theoretische oefening, simulatieoefening
Planstelle v vaste betrekking; formatieplaats
Planung v (~; -en) plan; project; 't projecteren, ontwerpen; planning
planvoll met veel overleg; weldoordacht
Planwagen m huifkar
Planwirtschaft v geleide economie, planeconomie
Plapperei v (~; -en) gebabbel, geklets
Plappermaul o gemeenz kletskous
plappern zw babbelen, praten
Plappertasche v = *Plappermaul*
plärren zw schreeuwen; blèren, balken, janken
plastifizieren zw plastificeren
1 **Plastik** ['plas-] v (~; -en) plastiek; plastische figuur; klein beeldhouwwerk; plastic
2 **Plastik** o (-s; -s) plastic
plastisch plastisch, aanschouwelijk
Plastizität v (~) plasticiteit
Platane v (~; -n) plantk plataan
Plateau o (-s; -s) plateau
Platin [-'tien] o (-s) platina
platschen zw plonzen, kletsen
plätschern zw plassen, plonzen; kletteren; kabbelen
platt plat, vlak; triviaal, laag bij de gronds; leeg ⟨v. luchtband⟩; gemeenz stomverbaasd; *auf dem ~en Lande* op het platteland; *einen P~en haben* een lekke band hebben
Platt o (-s) dialect; Platduits, Nederduits
Plättbrett o strijkplank
plattdeutsch Platduits, Nederduits
Platte v (~; -n) plaat ⟨ook muz⟩; schotel; blad ⟨v. tafel⟩; kale kruin; *kalte ~* koude schotel; *leg' mal eine andere ~ auf* vertel eens iets nieuws
Plätte v (~; -n) strijkbout, -ijzer; scheepv Donauaak
Plätteisen o strijkbout, -ijzer
plätten zw strijken; pletten, platmaken; *geplättet sein* verbaasd, paf staan
Plattenspieler m pick-up, platenspeler
platterdings volstrekt, ronduit
Plätterin v (~; -nen) strijkster
Plattfisch m platvis
Plattform v platform; basis; balkon ⟨v. tram⟩; platte bak
Plattfuß m platvoet; scheepv wacht van 4-8 's middags; gemeenz lekke band, klapband
plattieren zw plateren; ⟨m.b.t. textiel⟩ met een andere draad bedekken
Plättwäsche v strijkgoed
Platz m (-es; Plätze) plaats; plein; terrein, veld; rang ⟨in schouwburg enz.⟩; *~ nehmen* plaats nemen; *fehl am ~e sein* misplaatst zijn; *auf eigenem ~* op eigen veld; *am ~e* geschikt, juist; *einer Bitte ~ geben* plechtig een verzoek inwilligen
Platzangst v pleinvrees, agorafobie *ich kriege ~* ik krijg het hier benauwd
Platzanweiserin v ouvreuse
Plätzchen o (-s; ~) plaatsje; rond koekje
platzen zw barsten, uiteenspringen; mislukken; geen doorgang kunnen vinden, aflopen; *die Bombe ist geplatzt* de bom is gebarsten; *der Kragen platzt ihm* gemeenz hij verliest zijn geduld; *aus allen Nähten ~* gemeenz te dik worden; te klein worden; *herein ~* de kamer binnenstuiven; *vor Ärger, Neid, Wut ~* van ergernis, jaloezie, woede uit zijn vel springen; *vor Lachen, Neugier, Stolz ~* barsten van 't lachen, van nieuwsgierigheid, trots; *zum P~ voll* tot berstens toe vol
plätzen zw knallen
platzkartenpflichtig plaatskaarten verplicht
Platzkonzert o openluchtconcert
Platzmangel m plaatsgebrek
Platzpatrone v mil losse flodder
Platzregen m slag-, stortregen
Platzverweis m sp 't van 't veld sturen door de scheidsrechter
Plauderei v (~; -en) praatje; gebabbel, babbeltje
Plauderer m (-s; ~) babbelaar
plaudern zw babbelen, praten; *aus dem Nähkästchen ~* uit de school klappen
Plaudertasche v kletskous
Plausch m (-es; -e) babbeltje, praatje
plauschen zw praten, babbelen
Plauz m (-es; -e) plof, val; bons; lawaai, dreun; *plauz!* bons, plof!
Plauze v (~; -n) long
Plazenta v placenta
Plazet o (-s; -s) toestemming, goedkeuring
plazieren, nieuwe spelling: **platzieren** zw plaatsen; *sich ~* sp zich plaatsen
Plebejer m (-s; ~) plebejer
plebejisch plebejisch
Plebiszit o (-(e)s; -e) plebisciet, volksstem-

ming
Plebs [pleps, pleeps] *m*, *Oostr v* (~) plebs, gepeupel
pleite *bn* bankroet, failliet, op de fles; platzak
Pleite *v* (~; -n) bankroet; fiasco, strop; ~ *machen* gemeenz op de fles, over de kop gaan
Pleitegeier *m* gemeenz, iron dreigend bankroet
Plempe *v* (~; -n) slappe drank
plempern *zw* ploeteren, knoeien
Plenarsitzung *v*, **Plenarversammlung** *v* plenaire vergadering, vergadering in pleno
Plenum ['plee-] *o* (-s; -nen & -na) voltallige vergadering
Pleuel *m* (-s; ~), **Pleuelstange** *v* techn drijf-, zuiger-, krukstang
Plinse *v* (~; -n) flensje
Plombe *v* (~; -n) plombe, vulling ⟨v. tand⟩; loodje
Plombenzieher *m* slang taai zuurtje
plombieren *zw* plomberen
Plötze *v* (~; -n) visk blankvoorn
plötzlich plotseling; *bitte etwas* ~ gemeenz een beetje vlug alsjeblieft
Pluderhose(n) *v* (*mv*) pofbroek
Plumeau ['mo] *o* (-s; -s) veren dekbed
plump plomp, dom, bot
Plumpsack *m* geknoopte zakdoek; lomperd, dikke vent; ~ *spielen* zakdoekje leggen
plumpsen *zw* plompen, zwaar neervallen, neerploffen
Plunder *m* (-s) vodden, rommel; gebak van bladerdeeg
Plünderer *m* (-s; ~) plunderaar
plündern *zw* plunderen
Plural *m* (-s; -e) meervoud
plus rekenk plus, en
Plus *o* (~; ~) plus; overschot; voordeel, winst; *ein großes* ~ een groot voordeel
Plüsch *m* (-es; -e) pluche
plustern *zw: sich* ~ de veren opzetten
PLZ = *Postleitzahl* postcode
Pneumatik ['-ma-] **I** *m* (-s; -s), pneumatiek; **II** Oostr *v* (~; -en) luchtband
pneumatisch pneumatisch
Po *m* (-s; -s) gemeenz billen, achterwerk
Pöbel *m* (-s) grauw, gepeupel
Pöbelei *v* (~; -en) vlegelachtige, grofheid, grove belediging
pöbelhaft plebejisch, plat, plomp, onbeschoft
pochen *zw* kloppen; fijnstampen; kaartsp roemen, bluffen; ~ *auf (+ 4)* pochen op; aandringen op, opeisen
Pockennarbe *v* pokput
pockennarbig pokdalig
Podest [-'dest] *m & o* (-es; -e) overloop, trapportaal; verhoging; opstapje
Podex ['po-] *m* (-(e)s; -e) gemeenz achterste
Poem [-'eem] *o* (-s; -e) plechtig, iron gedicht, poëem
Poesie [-ee-'zie] *v* (~; -n) poëzie, dichtkunst
Poet [-'eet] *m* (-en; -en) ⟨vaak iron⟩ poëet, dichter

Poetaster [po-ee-'tas-] *m* (-s; ~) poëtaster, rijmelaar, pruldichter
Poetik [po-'e-tik] *v* (~; -en) poëtica, poëzieleer
poetisch [po-'e-] poëtisch, dichterlijk
Pogrom *m of o* (-s; -e) pogrom
Pointe *v* (~; -n) pointe, kern
Pokal *m* (-s; -e) bokaal; sp (wissel)beker
Pokalspiel *o* sp bekerwedstrijd
Pökel *m* (-s) pekel
Pökelhering *m* pekelharing
pökeln *zw* pekelen, in pekel leggen
pokern *zw* poker spelen, pokeren
Pol *m* (-s; -e) pool; *der ruhende* ~ rustpunt
polar [po-'laar] polair ⟨ook fig⟩; de pool betreffende, pool-
Polareis *o* poolijs
polarisieren polariseren
Polarität *v* (~) polariteit
Polarkreis *m* poolcirkel
Polarlicht *o* noorder-, poollicht
Polarstern *m* poolster
Polder *m* (-s; ~) polder
Pole *m* (-n; -n) Pool
Polemik [-'le-] *v* (~; -en) polemiek, pennenstrijd
Polemiker [-'le-] *m* (-s; ~) polemicus
polemisch polemisch
polemisieren polemiseren
Polen *o* (-s) Polen
Polente [-'len-] *v* (~) slang politie
Police [po-'liesse] *v* (~; -n) polis
Polier *m* (-s; -e) voorman ⟨in de bouw⟩
polieren *zw* polijsten; wrijven ⟨v. vloer⟩; *einem die Fresse* ~ slang iem. zijn gezicht in elkaar slaan; *auf Hochglanz* ~ fig een zeer fraai uiterlijk geven
Poliklinik [-'klie-] *v* polikliniek
Polin *v* (~; -nen) Poolse
Politesse *v* (~; -n) verkeersagente
Politik *v* (~) politiek, staatkunde; beleid
Politiker *m* (-s; ~) politicus
politisch politiek, staatkundig
politisieren *zw* politiseren
Politologie *v* politicologie
Politur *v* (~; -en) politoer; gladheid, glans
Polizei *v* (~) politie; *dümmer als die* ~ *erlaubt* erg dom, te stom om voor de duvel te dansen
Polizeiaktion *v* politiële actie
Polizeiamt *o* politiebureau
Polizeiaufgebot *o* politiemacht, afdeling politie
Polizeidienststelle *v* politiepost
Polizeikommissar *m* Oostr, Zwits **Polizeikommissär** *m* commissaris van politie
polizeilich politioneel; bij, door, op last van de politie; tot de politie behorende
Polizeipräsident *m* hoofdcommissaris ⟨van politie⟩
Polizeipräsidium *o* hoofdbureau van politie
Polizeirevier *o* politiepost, -bureau
Polizeistaat *m* politiestaat
Polizeistreife *v* politiepatrouille
Polizeistunde *v* sluitingsuur
Polizeiwache *v* politiepost
Polizist *m* (-en; -en) politieagent

Pollen

Pollen m (-s; ~), **Pollenstaub** m stuifmeel
polnisch Pools
Polster o (-s; ~) kussen, peul, peluw
Polsterer m stoffeerder
Polstergarnitur v, **Polstergruppe** v bankstel
Polstermöbel mv beklede meubelen
polstern zw stofferen, van kussens voorzien, bekleden; *gut gepolstert* mollig
Polsterstuhl m beklede stoel, stoel met kussen
Polsterung v (~; -en) stoffering, vulling, bekleding
Polterabend m avond voor de bruiloft
Polterer m (-s; ~) bulderaar
Poltergeist m klopgeest
polterig druk
poltern zw bulderen; 'Polterabend' vieren; ~*de Schritte* zware, plompe stappen
Polyp [-'luup] m (-en; -en) poliep; slang smeris
Polytechnikum [-'teç-] o polytechnische school
Polytheismus m polytheïsme, veelgodendom
Pomade v (~; -n) pommade
pomadig vettig, glimmend; gemeenz onverstoorbaar, traag
Pomeranze v (~; -n) pomerans ⟨ook v. keu⟩; ⟨ook plantk⟩ oranjeappel
Pommer m (-n; -n) Pommeraan
Pommern o (-s) Pommeren
Pomp m (-s) pracht, pronk, praal
pomphaft, **pompös** pompeus, pronkerig
Pontonbrücke v pontonbrug
Pony o (-s; -s) dierk pony; pony(haar)
Popanz ['po-] m (-es; -e) bullebak; spook, schrikbeeld; vogelverschrikker
Pope m (~; -n) pope
Popel m gemeenz snot; snotneus; miezerig ventje
popelig armzalig, sjofel; krenterig
popeln zw in de neus peuteren
Popo [po-'po] m (-s; -s) gemeenz billen, achterwerk
populär populair
Popularität v (~) populariteit
Pore v (~; -n) porie
porentief tot diep in de poriën
Pornographie, nieuwe spelling ook: **Pornografie** (~; -n) pornografie, porno
porös poreus
Porosität v (~) poreusheid
Porphyr m porfier
Porree m (-s) plantk prei
Portal o (-s; -e) portaal
Portemonnaie, nieuwe spelling ook: **Portmonee** o (-s; -s) portemonnee
Portepee o vuistriem met kwast aan officiers- of eresabel
Portier [por'tjee, Oostr -'tier] m (-s; -s) portier
Portion [-tsi'oon] v (~; -en) aandeel, portie; *eiserne* ~ noodrantsoen; *eine halbe* ~ gemeenz een scharminkel
portionieren zw in porties indelen
Porto o (-s; -s & Porti) (brief)port, porto
portofrei portvrij, franco

portopflichtig te frankeren, aan port onderhevig
Porträt [-'trè, -'trèt] o (-(e)s; -e & -s) portret
porträtieren zw portretteren
Porträtist m (-en; -en), **Porträtmaler** m portretschilder
Portugal o (-s) Portugal
Portugiese m (-n; -n) Portugees
portugiesisch Portugees
Portulak ['por-] m (-s) plantk postelein
Portwein m port, portwijn
Porzellan [-'laan] o (-s; -s) porselein
porzellanen bn van porselein, porseleinen
Posament o (-(e)s; -e) passement
Posaune v muz trombone; bazuin
posaunen zw trombone spelen; uitbazuinen
Pose v (~; -n) pose, houding; pennenschacht: *es ist nur* ~ 't is maar aanstellerij; *sich in* ~ *setzen* een pose aannemen
Posemuckel o Nergenshuizen, gat
posieren zw poseren
Position v (~; -en) positie ⟨ook scheepv⟩, betrekking; houding; handel post
positiv stellig, positief; *etwas Positives* ⟨ook⟩ een pluspunt
Positiv o (-s; -e) fotogr positief; muz klein orgel
Positur v (~) postuur; *sich in* ~ *setzen, stellen, werfen* zich in postuur stellen, een houding aannemen
Posse v (~; -n) klucht, kluchtspel; grap
Possen m (-s; ~) streek, poets; grap
possenhaft kluchtig, grappig
Possenheld m, **Possenmacher** m, **Possenreißer** m potsen-, fratsenmaker
Possessivpronomen o, **Possessivum** o (-s; -va) gramm bezittelijk voornaamwoord
possierlich potsierlijk, koddig
Post v (~; -en) post; postkantoor; *ab geht die* ~! gemeenz hup!; *zur* ~ *geben* posten, op de post doen
postalisch de post betreffend; per post
Postament o (-s; -e) postament, voetstuk, sokkel
Postamt o postkantoor
Postanweisung v postwissel
Postbote m postbode
Posten m (-s; ~) post, plaats, ambt, baantje; mil schildwacht; handel post, partij goederen; grove hagel; *auf dem* ~ *sein* opletten; gezond zijn
Postenjäger m baantjesjager
Postfach o postbus
Postgiroamt o postgirodienst; postgirokantoor
postieren zw poseren, posten, plaatsen
Postillon m (-s; -e) postiljon
Postkarte v briefkaart; ~ *mit Rückantwort* antwoordkaart
Postkutsche v vero postkoets
postlagernd poste restante
Postleitzahl v postcode
Postler, Pöstler m (-s; ~) Z-Duits postambtenaar, -beambte
Postpaket o postpakket
Postsache v poststuk
Postscheckamt o centraal girokantoor

Postscheckkonto o post(giro)rekening
Postsparkasse v postspaarbank
Poststempel m postmerk, -stempel
Postulat o, (-s; -e) postulaat
postum [-'toem] postuum
postwendend per kerende post; omgaand
Postwertzeichen o frankeer-, postzegel
Postwesen o de posterijen
Potentat m (-en; -en) potentaat, soeverein
Potential o (-s; -e) elektr potentiaal
potentiell [-tsi-'el], nieuwe spelling: **potenziell** potentieel, mogelijk
Potenz v (~; -en) potentie, macht, vermogen; wisk macht
potenzieren zw wisk tot een macht verheffen; sterk vergroten; *sich ~ verhoogd, versterkt worden*
Pott m (-(e)s; -e & Pötte) pot ⟨ook bij spel⟩; hazenleger; schertsend Nederd schip; *mit etwas zu ~e kommen* iets klaar krijgen
Pottwal m potvis
potz Blitz, potztausend tsw vero deksels, verdorie
poussieren [poe-'sie-] zw vero pousseren, bevorderen; scharrelen; *den Chef ~* de chef vleien
Prä o: *das (ein) ~ haben* de voorkeur (voorrang, een pre) hebben
Präambel v (~; -n) preambule
Präbende v (~; -n) prebende
Pracher m (-s; ~) N-Duits bedelaar, schooier
Pracht v pracht; *kalte ~* pronkkamer; *so daß es nur eine ~ ist* prachtig
prächtig prachtig, pronkend
Prachtkerl m fijne vent, prachtkerel
Prachtstück o prachtstuk, -exemplaar; fig fijne kerel
prachtvoll prachtig; kranig
Prädestination v predestinatie
prädestinieren predestineren
Prädikat o (-(e)s; -e) titel; aanduiding van kwaliteit ⟨v. bijv. films⟩; cijfer; gramm predikaat, gezegde
prädisponieren zw predisponeren, voorbestemmen; *~niert für* med vatbaar, gepredisponeerd voor
prädominieren zw predomineren, overheersen
Präfekt m (-en; -en) prefect
Präferenz v (~; -en) preferentie; kaartsp troef
Präfix o (-es; -e) gramm prefix, voorvoegsel
prägen zw munten, stempelen; vormen, vaste vorm geven aan; *einen Satz ~* een zin formuleren; *ins Gedächtnis ~* in 't geheugen prenten
Prägestempel m, **Prägestock** m muntstempel
pragmatisch pragmatisch
prägnant pregnant, nadrukkelijk, krachtig; kort en krachtig
Prägnanz v (~) pregnantie, kracht van uitdrukking
Prägung v (~; -en) stempel(ing); geaardheid
prähistorisch prehistorisch, voorhistorisch
prahlen zw pralen, opscheppen; pronken ⟨ook v. vogel⟩

Prahlerei v pralerij, opschepperij
prahlerisch opschepperig, snoeverig
Prahlhans m opschepper, pocher
Prahm m (-(e)s; -e & Prähme), **Prahme** v (~; -n) scheepv praam
präjudizieren zw (+ 3 of + 4) prejudiciëren op, vooruitlopen op
Praktik ['prak-tik] v (~; -en) praktijk; methode; list, kunstgreep; *dunkle ~en* kwade, duistere praktijken
praktikabel bruikbaar, handig, geschikt; beweegbaar
Praktikant m (-en; -en) stagiair; volontair; coassistent; deelnemer aan een practicum
Praktiker m (-s; ~) practicus
praktisch praktisch; niet-gespecialiseerd, praktiserend ⟨v. arts⟩
praktizieren zw in praktijk brengen; (ergens heen) brengen, krijgen; med praktiseren, praktijk uitoefenen
Prälat m (-en; -en) prelaat, hoge geestelijke
Praline v (~; -n), Zwits, Oostr **Pralinee** o praline, bonbon
prall strak, stijf, gespannen, vol; *die ~e Sonne* de volle zon
Prall m (-(e)s; -e) afstuiting, schok, stoot, bons
prallen zw (af)stuiten, afketsen; schokken; stoten; volop schijnen ⟨v. zon⟩
prallvoll propvol
Präludium o (-s; Präludien) muz preludium, voorspel ⟨ook fig⟩
Prämie ['pre-mi-e] v (~; -n) premie
Prämienanleihe v premielening
prämieren, prämiieren zw bekronen
Prämisse v (~; -n) premisse, vooronderstelling
pränatal prenataal
prangen zw prijken, pronken, pralen
Pranger m (-s; ~) schandpaal; *an den ~ stellen* aan de kaak stellen
Pranke v (~; -n) klauw; gemeenz knuist
pränumerando bij vooruitbetaling
Präparat o (-(e)s; -e) preparaat
präparieren zw prepareren
Präposition v (~; -en) gramm voorzetsel, prepositie
Prärie [-'rie] v (~; -n) prairie
Präsens ['pre-] o (~; Präsentia, -tien) gramm tegenwoordige tijd, presens
präsent present, tegenwoordig; *etwas ~ haben* iets voorradig hebben; zich iets herinneren
Präsent o (-s; -e) geschenk(je)
präsentabel presentabel, toonbaar
präsentieren zw presenteren, aanbieden, vertonen, voorstellen
Präsentierteller m presenteerblad; *auf dem ~ sitzen* te kijk zitten
Präsenz v (~) tegenwoordigheid, aanwezigheid
Präsident m (-en; -en) president, voorzitter
Präsidentin v (~; -nen) presidente
präsidieren zw + 3 (Zwits + 4) presideren, voorzitten
Präsidium o (-s; -dien) presidium; hoofdbureau van politie
prasseln zw knetteren; kletteren

prassen *zw* brassen, smullen, slempen
Prasser *m* (-s; ~) brasser, smulpaap
Prätendent *m* (-en; -en) pretendent
prätentiös pretentieus
Präteritum *o* (-s; -ta) *gramm* preteritum, verleden tijd
Pratze *v* (~; -n) Beiers poot; <u>gemeenz</u> knuist
Praxis ['prak-sis] (~; -xen) praktijk
praxisbezogen praktijkgericht
praxisnah dicht bij de praktijk staand
Präzedens *o* (~; -denzien), **Präzedenzfall** *m* precedent
präzis [-'tsies] precies, nauwkeurig
präzisieren *zw* preciseren, nader omschrijven
Präzision *v* (~) precisie, nauwkeurigheid
predigen *zw* preken, prediken; *tauben Ohren ~* voor dovemansoren preken
Prediger *m* (-s; ~) prediker
Predigt *v* (~; -en) preek, predikatie
preien *zw* <u>scheepv</u> praaien
Preis *m* (-es; -e) prijs; aannemingssom; lof; *ein stolzer ~* gemeenz een heleboel geld; *um jeden ~, zu jedem ~* tegen elke prijs, beslist; *um keinen ~* voor geen geld, goud
Preisanstieg *m* prijsstijging
Preisaufschlag *m* prijsverhoging
Preisauftrieb *m* prijsopdrijving
Preisausschreiben *o* prijsvraag
Preisauszeichnung *v*: *~ von Waren* het prijzen van goederen
Preisbindung *v* prijsbinding
Preiselbeere *v* <u>plantk</u> (rode) bosbes, vossebes
Preisempfehlung *v* adviesprijs
preisen (pries; gepriesen) roemen, prijzen, loven; *sich glücklich ~* zichzelf gelukkig prijzen
Preisfrage *v* prijsvraag; moeilijke vraag; kwestie van prijs
Preisgabe *v* prijsgeving
preisgeben *st* prijsgeven; overleveren; *nichts vom Geheimnis ~* niets over het geheim loslaten
preisgekrönt bekroond
Preisgericht *o* jury
preisgünstig goedkoop
Preislage *v* prijsniveau
preislich wat de prijs betreft
Preisliste *v* prijslijst
Preisnachlaß, nieuwe spelling: **Preisnachlass** *m* prijsvermindering, reductie
Preisrichter *m* lid v.d. jury
Preisschild *o* prijskaartje
Preisschwankung *v* prijsschommeling, -fluctuatie
Preissteigerung *v* prijsverhoging
Preisträger *m* prijswinnaar
Preistreiberei *v* prijsopdrijving
Preisüberwachung *v* prijsbeheersing
Preisverordnung *v* prijzenbeschikking
Preisverteilung *v* prijsuitdeling
Preisverzeichnis *o* prijslijst
preiswert billijk, het geld waard; een prijs waard; prijzenswaardig, loffelijk
prekär precair
Prellbock *m* <u>spoorw</u> stootblok; <u>fig</u> iem. die 't altijd moet ontgelden

prellen *zw* bedotten, bedriegen; neppen, afzetten; jonassen; <u>med</u> kneuzen; <u>bilj</u> laten klossen; *die Zeche ~* <u>gemeenz</u> weggaan zonder te betalen
Preller *m* (-s; ~) bedrieger, oplichter, afzetter; <u>bilj</u> klosbal
Prellerei *v* (~; -en) bedriegerij, oplichting, afzetterij
Prellschuß, nieuwe spelling: **Prellschuss** *m* ricochetschot
Prellung *v* (~; -en) kneuzing
Premier [-'mjee] *m* (-s; -s) premier, ministerpresident
Premiere [-'mjère] *v* (~; -n) première
preschen *zw* rennen
Presse *v* (~; -n) pers, drukpers; <u>gemeenz</u> drilschool; *die gegnerische ~* de oppositiepers
Presseausweis *m* perskaart
Pressechef *m* perschef
Pressefreiheit *v* persvrijheid, vrijheid van drukpers
Pressekonferenz *v* persconferentie
Pressemeldung *v* persbericht
pressen *zw* persen, drukken, prangen; oppersen ⟨v. kleren⟩; <u>mil, sp</u> pressen; *gepreßt voll* stampvol; *mit gepreßter Stimme* met verstikte stem
Pressestelle *v* voorlichtingsdienst
pressieren *zw*: haast hebben
Pression *v* (~; -en) pressie, druk, dwang
Preßkohle, nieuwe spelling: **Presskohle** *v* briket
Preßluft, nieuwe spelling: **Pressluft** *v* samengeperste lucht, perslucht
Pressung *v* (~; -en) persing
Prestige *o* (-s) prestige
Prestigefrage *v* prestigekwestie
Pretiosen *mv* preciosa, kostbaarheden
Preuße *m* (-n; -n) Pruis
Preußen *o* (-s) Pruisen
preußisch Pruisisch
preziös precieus, kostbaar; gemaniëreerd
prickeln *zw* prikkelen
pricklig prikkelend
Priel *m* (-(e)s; -e) priel ⟨in Waddenzee⟩, slenk
priemen *zw* pruimen
Priemtabak *m* pruimtabak
Priester *m* (-s; ~) priester
Priesterschaft *v* (~) de gezamenlijke priesters
Priestertum *o* priesterdom
Priesterweihe *v* priesterwijding
prima *bn & bijw* prima, uitstekend
Prima *v* (~; -men) hoogste twee klassen van het gymnasium; <u>Oostr</u> laagste klasse idem
Primaner [-'ma] *m* (-s; ~) leerling van de hoogste klassen van het gymnasium
primär primair
Primas *m* (~; -se & Primaten) <u>RK</u> primaat; eerste violist van een zigeunerorkest
Prime *v* (~; -n) <u>muz</u> prime; houw met de degen op 't hoofd ⟨bij schermen⟩
Primel *v* (~; -n) sleutelbloem, primula
primitiv primitief
Primitivität *v* (~) primitiviteit
Primus *m* (~; Primi & -musse) primus, eerste v.d. klas

Primzahl v rekenk priemgetal
Printe v (~; -n) peperkoek
Prinz m (-en; -en) prins
Prinzessin v (~; -nen) prinses
Prinzgemahl m prins-gemaal
Prinzip o (-s; -ien) principe, grondbeginsel
Prinzipal [-'paal] m (-s; -e) muz principaalbas
prinzipiell [-pi-'el] principieel
prinzipienfest beginselvast
Prinzipienfrage v principiële kwestie
Prinzipienreiter m iem. die hardnekkig aan zijn principes vasthoudt, beginselheld
Prior m (-s; -en) prior
Priorität v (~; -en) prioriteit, voorrang
Prioritätsaktie [-'ak-tsi-e] v preferent aandeel
Prise v (~; -n) snuifje; scheepv prijs
Prisma o (-s; -men) prisma
Prismenfernrohr o, **Prismenglas** o prismakijker
Pritsche v (~; -n) laadbak (v. vrachtwagen); zotskolf; brits
privat [-'vat] privé; particulier
Privat m (-en; -en) particulier
Privatangelegenheit v persoonlijke zaak, privé-aangelegenheid
Privatbesitz m particulier bezit
Privatgebrauch m privé-gebruik
Privatier vero [-'tjee] m (-s; -s), **Privatiere** vero [-'tjere] v (~; -n) particulier
privatisieren zw rentenieren, stil leven; privatiseren
Privatklage v recht civiele vordering
Privatleben o privé-leven
Privatmann m particulier
Privatrecht o recht privaatrecht
Privatsache v privé-aangelegenheid, persoonlijke zaak
Privatschule v particuliere school
Privatstunde v privaatles
Privatwirtschaft v particulier bedrijf
Privileg [-'leek] o (-s; -ien) privilege, voorrecht
privilegieren zw privilegiëren, bevoorrechten
pro voor; pro; ~ *Stück* per stuk; *das P~ und Kontra* de voors en tegens
Probe v (~; -n) proef(je), bewijs; (oefen-)tentamen; monster, staal(tje); keur (op edel metaal); theat repetitie; *die ~ aufs Exempel* de proef op de som; ~ *singen, spielen* proefpreken, op proef zingen, spelen; *zur ~* op proef
Probearbeit v theat repetitie
Probeexemplar o proefexemplaar
Probefahrt v proefrit; scheepv proefvaart, -tocht
probehalber bij wijze van proef
Probekandidat m, **Probelehrer** m Oostr aankomend leraar
proben zw theat repeteren
Probesendung v handel proef-, monsterzending
probeweise op proef, als proef; bij wijze van proef
Probezeit v proeftijd
probieren zw proberen, proeven; *P~ geht über Studieren* ondervinding is de beste leermeesteres
Probierglas o reageerbuis
Probierstube v proeflokaal
Problem o (-s; -e) probleem, vraagstuk
Problematik v [-'ma-] problematiek
problematisch problematiek, twijfelachtig
problemlos probleemloos
Produkt o (-(e)s; -e) product (ook rekenk), voortbrengsel
Produktion v (~; -en) productie (ook theat); voortbrenging
Produktionsapparat m productieapparaat
Produktionsgenossenschaft v productiecoöperatie
Produktivität v (~) productiviteit
produzieren zw produceren, voortbrengen, leveren; *sich ~* zich uitsloven
Prof. = *Professor*
Profanbau m niet-kerkelijk bouwwerk
profanieren zw profaneren, ontheiligen
Profanierung v profanatie
1 **Profeß**, nieuwe spelling: **Profess** RK I m (-fessen; -fessen) profes; II v (~; -fesse) professie
Profession v (~; -en) professie, beroep
professionell professioneel, beroeps-
Professor m (-s; -en) professor, hoogleraar; vero titel van oudere leraar; *außerordentlicher ~* buitengewoon hoogleraar; *~ für Mathematik* professor in de wiskunde
Professur [-'soer] v (~; -en) professoraat
Profi m (-s; -s) gemeenz sp prof
profihaft professioneel
Profil o (-s; -e) profiel (ook fig); afbeelding van terzijde; *das ~ ist abgefahren* de banden zijn glad geworden
profilieren zw profileren
Profit m (-(e)s; -e) profijt, winst, voordeel
profitabel voordelig, winstgevend, profijtelijk
Profitgier v winstbejag
profitieren zw: *~ von* profiteren, voordeel trekken uit (van)
Profitmacher m woekeraar, winstmaker
Profitstreben o het streven naar winst
profund diep; *~es Wissen* diepgaande kennis
Programm o (-s; -e) program(ma); *nach ~* volgens programma
programmgemäß volgens programma
Programmheft o programma(boekje)
Programmhinweis m RTV programmatip
programmieren zw comput programmeren
Programmierer m (-s; ~) programmeur
Programmiersprache v comput programmeertaal
Programmvorschau v RTV vooruitblik op de komende programma's
Progression v (~; -en) progressie, voortgang; wisk reeks
progressiv progressief
prohibitiv prohibitief, preventief; fig onbetaalbaar
Projekt o (-(e)s; -e) project, ontwerp, plan
projektieren zw ontwerpen
Projektion v (~; -en) projectie

Projektionsapparat m = *Projektor*
Projektleiter m projectleider
Projektor m (-s; -en) projectieapparaat, projector
projizieren zw projecteren
Pro-Kopf-Einkommen o gemiddeld inkomen
Pro-Kopf-Verbrauch m verbruik per persoon
Prokura v (~) handel procuratie, volmacht
Prokurist m (-en; -en) handel procuratiehouder
Proletariat o (-s) proletariaat
Proletarier [-ri-er] m (-s; ~) proletariër
Prolog m (-s; -e) proloog, voorrede
Prolongation v (~; -en) handel prolongatie
prolongieren zw handel prolongeren; ⟨ook Oostr⟩ verlengen
Promenade v (~; -n) promenade, wandelweg
Promenadendeck o promenadedek
Promenadenmischung v gemeenz, schertsend vuilnisbakkenras
promenieren zw flaneren
prominent prominent, vooraanstaand; *P~e bekende mensen*, kopstukken
Prominenz v prominente personen, kopstukken
Promotion v (~; -en) promotie
Promotor m (-s; -en) promotor, bevorderaar
promovieren zw overg & onoverg univ promoveren
prompt prompt, vlot, snel
Pronomen [-'no-] o (-s; -mina) gramm voornaamwoord, pronomen
propagieren zw propageren
Propan o propaangas
Propeller m (-s; ~) scheepv schroef; luchtv propeller
Prophet m (-en; -en) profeet, voorspeller
Prophetie [pro-fe-'tie] v (~; -n) profetie
prophezeien zw profeteren, voorspellen
prophylaktisch profylactisch, voorbehoedend
Proportion v (~; -en) proportie; wisk evenredigheid
proportional proportioneel, naar verhouding, evenredig
proportioniert: *gut ~* goed geproportioneerd
Proporz m (~; -es) Zwits, Oostr, pol evenredigheid; evenredige vertegenwoordiging
proppenvoll propvol
Propst [proopst] m (-es; Pröpste) RK proost; prot leidende dominee
Prorektor m conrector
Prosa v (~) proza; fig nuchterheid
Prosaiker [-'za-] m (-s; ~) prozaschrijver, prozaïst
prosaisch [-'za-iesj] prozaïsch ⟨ook fig⟩
Prosaist m (-en; -en), **Prosaschriftsteller** m prozaïst, prozaschrijver
Proselyt m (-en; -en) proseliet
prosit! proost!, gezondheid!; *~ Neujahr!* gelukkig nieuwjaar!
Prospekt m (-(e)s; -e) prospectus; uitzicht; theat achterwand
prosperieren zw bloeien, floreren
Prosperität v (~) voorspoed
prost! proost!; *~ Mahlzeit!* smakelijk eten!; iron morgen brengen!; *na, dann ~!* toe maar!
Prostituierte v prostituee
Prostitution v (~) prostitutie
Proszenium o (-s; -ien) proscenium
protegieren zw protegeren
Protektion v (~) protectie
Protektionismus m (~) protectionisme
Protektorat o (-(e)s; -e) protectoraat; beschermheerschap
Protest m (-es; -e) protest
Protestant m (-en; -en) godsd protestant
protestantisch protestants; Zwits luthers
protestieren zw protesteren ⟨ook van wissel⟩
Protestkundgebung v protestmeeting, -betoging, -demonstratie
Protestler m (-s; ~) protesterende
Prothese v (~; -n) prothese
Protokoll o (-s; -e) protocol, akte; notulen; proces-verbaal, bekeuring; *das ~ führen* notuleren
protokollarisch protocollair, volgens 't protocol (de notulen)
Protokollführer m notulist, secretaris; griffier
protokollieren zw bekeuren, proces-verbaal opmaken; notuleren
Proton o (-s; -en) proton
Protz m (-en; -en) opschepper, bluffer
protzen zw protsen; dik doen
protzenhaft opscheperig, protserig
Protzerei v (~; -en) gemeenz opschepperij
protzig opscheperig, protserig
Provenienz [-ni-'ents] v (~; -en) herkomst
Proviant m (-(e)s) proviand
Provinz v (~; -en) provincie, landschap; platteland; *tiefste ~* gemeenz schertsend erg provinciaal
provinziell [-tsi-'el] provinciaal, boers
Provinzler m (-s; ~) iron provinciaal
provinzlerisch provinciaal, boers, plattelands
Provision v (~; -en) handel provisie; *gegen ~* op provisiebasis
Provisor m (-s; -en) provisor (in apotheek)
provisorisch provisorisch, voorlopig
Provisorium o (-s; -ien) voorlopige regeling, toestand
Provokation v (~; -en) provocatie
provokativ, **provokatorisch** provocerend, uitdagend
provozieren zw provoceren; uitdagen, tarten
Prozedur v (~; -en) procedure
Prozent o (-(e)s; -e) procent
Prozentsatz m percentage
prozentual Oostr, **prozentuell** percentsgewijs, procentueel
Prozeß, nieuwe spelling: **Prozess** m (-sses; -sse) proces; procédé; rechtsgeding; *einem den ~ machen* iem. een proces aandoen; *kurzen ~ machen* korte metten maken
Prozeßakte, nieuwe spelling: **Prozessak-**

te *v* processtuk
prozessieren *zw* procederen
Prozession *v* ⟨~; -en⟩ RK processie
Prozessor *m* ⟨-s; -en⟩ comput processor
prüde preuts
Prüderie [-'rie] *v* ⟨~; -n⟩ preutsheid
prüfen *zw* toetsen, keuren; onderzoeken; controleren, examineren; (zwaar) beproeven; iems. kunnen op de proef stellen; *staatlich geprüft* met staatsdiploma
Prüfer *m* ⟨-s; ~⟩ onderzoeker, keurder; examinator
Prüfling *m* ⟨-s; -e⟩ kandidaat, examinandus
Prüfstand *m* techn proefbank
Prüfstein *m* toetssteen
Prüfstelle *v* controlebureau; proefstation
Prüfung *v* ⟨~; -en⟩ onderzoek; verificatie; controle; toetsing, keuring; examen; beproeving
Prüfungsangst *v* faalangst
Prüfungsausschuß, nieuwe spelling: **Prüfungsausschuss** *m* examencommissie
Prüfungskommissar *m* gecommitteerde
Prüfungsordnung *v* examenreglement; keuringsreglement
Prüfungszeugnis *o* (examen)diploma
Prügel I *m* ⟨-s; ~⟩ knuppel, stok; II *mv* slaag, ransel; *es gibt ~* er zwaait wat
Prügelei *v* ⟨~; -en⟩ klop-, vechtpartij
Prügelknabe *m* zondebok
prügeln *zw* slaan, afranselen, -rossen; *sich ~* vechten, bakkeleien
Prügelstrafe *v* stokslagen
Prunk *m* ⟨-(e)s⟩ pronk, praal
Prunkbau *m* ⟨-s; -ten⟩ prachtig bouwwerk
Prunkbett *o* praalbed
prunken *zw* pralen, pronken
Prunksucht *v* praal-, pronkzucht
prunksüchtig praalziek, pronkzuchtig
prunkvoll met pracht en praal
Prunkwagen *m* praalwagen
pruschen, prusten *zw* proesten
Psalm *m* ⟨-s; -en⟩ psalm
Psalmist *m* ⟨-en; -en⟩ psalmist, psalmdichter
Psalter *m* ⟨-s; ~⟩ psalter
Pseudonym [-'nuum] *o* ⟨-s; -s⟩ pseudoniem, schuilnaam
Psyche ['psuuçee] *v* psyche, ziel
Psychiatrie *v* psychiatrie
psychisch psychisch
Psychologe *m* ⟨-n; -n⟩ psycholoog
Psychose *v* med psychose
puberal puberaal
Pubertät *v* ⟨~⟩ puberteit
pubertieren *zw* in de puberteit zijn; *~der Knabe, ~des Mädchen* puber
publik publiek, algemeen bekend
Publikation *v* ⟨~; -en⟩ publicatie
Publikum *o* ⟨-s⟩ publiek
Publikumsliebling *m* publieksliveling
publizieren *zw* publiceren
Publizist *m* ⟨-en; -en⟩ publicist; dagbladschrijver
Publizität *v* ⟨~⟩ publiciteit
Puck *m* ⟨~; -s⟩ kobold; puck ⟨bij ijshockey⟩
puddeln *zw* plassen
Pudding *m* ⟨-s; -e & -s⟩ pudding
Puddingpulver *o* puddingpoeder

Pudel *m* poedel ⟨dierk & sp⟩; fout; stud pedel; *wie ein begossener ~* beteuterd
Pudelmütze *v* wollen muts, ijsmuts
pudeln *zw* poedelen
pudelnackt poedelnaakt
pudelnaß, nieuwe spelling: **pudelnass** druipnat, kletsnat
pudelwohl gemeenz kiplekker
Puder *m* ⟨-s; ~⟩ poeder
Puderdose *v* poederdoos
pudern *zw* poederen
Puderquaste *v* poederkwastje, -donsje
Puderzucker *m* poedersuiker
puff! pof!, paf!
1 Puff *m* ⟨-(e)s; Püffe⟩ slag, stoot; pof ⟨v. mouw⟩; poef ⟨= zitmeubel⟩
2 Puff *m, o* ⟨-s; -s⟩ slang hoerenkast, bordeel
3 Puff *o* ⟨-(e)s⟩ triktrak(spel)
Puffärmel *m* pofmouw
puffen *zw* poffen; slaan, stoten; puffen ⟨v. rook⟩
Puffer *m* ⟨-s; ~⟩ aardappelkoekje; zakpistool; buffer
pulen *zw* N-Duits peuteren
Pulk *m* ⟨-(e)s; -e⟩ groep, troep; sp peloton; luchtv formatie vliegtuigen
Pulle *v* ⟨~; -n⟩ gemeenz fles; *volle ~* heel hard ⟨rijden⟩; met volle inzet ⟨spelen⟩
pullen *zw* scheepv roeien; sp aan de teugel trekken
pullern *zw* gemeenz pissen
Pulli *m* ⟨-s; -s⟩ pullover, jumper
Pulp *m* ⟨Pulpes⟩ pulp
Puls *m* ⟨-es; -e⟩ pols; polsslag
Pulsader *v* slagader; polsader
pulsen *zw* kloppen, kloppend stromen, pulseren
pulsieren *zw = pulsen;* *~d* kloppend, vol leven
Pulsschlag *m* polsslag
Pulswärmer *m* polswarmer, -mof
Pult *o* ⟨-(e)s; -e⟩ lessenaar
Pulver *o* ⟨-s; ~⟩ poeder ⟨ook med⟩; kruit, buskruit
Pulverdampf *m* kruitdamp
Pulverfaß, nieuwe spelling: **Pulverfass** *o* kruitvat ⟨ook fig⟩
pulverig poedervormig
pulverisieren *zw* verpulveren
pulvern *zw* tot poeder maken; schieten
Pulverschnee *m* poedersneeuw
Pummel *m* ⟨-s; ~⟩ dikkerd, poemel
pummelig dik, mollig
Pump *m* ⟨-(e)s; -e⟩ het lenen, lening; *auf ~* op de pof
Pumpe *v* ⟨~; -n⟩ pomp
pumpen *zw* pompen; borgen, poffen
pumpern *zw* gemeenz hameren, kloppen
Pumpernickel *m* ⟨-s; ~⟩ Westfaals roggebrood
Pumphose *v* pofbroek
Punkt *m* ⟨-(e)s; -e⟩ punt, stip; plaats; tijdstip; onderdeel; onderwerp, gespreksthema; *fünf (Uhr) ~* klokslag vijf; *ein dunkler ~* een duistere zaak; *ein heikler ~* een teer punt; *der springende ~* de hoofdzaak; *ein wunder ~* een gevoelige plek; *nach ~en* sp op punten; *etwas auf den ~ bringen* de spij-

ker op de kop slaan; *nun mach mal einen ~!* hou eens op!; *ohne ~ und Komma reden* onafgebroken praten
Punktball *m sp* punchingball ⟨bij boksen⟩
Pünktchen *o* (-s; ~) puntje, stipje
pünkteln *zw,* **punkten** *zw* stippelen
punktieren *zw* med puncteren; (uit-)stippelen; muz punteren
Punktion *v* (~; -en) med punctie
pünktlich stipt, nauwkeurig, nauwgezet
Punktschrift *v* blindenschrift, brailleschrift
Punktsieg *m sp* overwinning op punten
Punktspiel *o* sp competitiewedstrijd
Punktum: *damit ~* daarmee uit
Punsch *m* punch
Punze *v* (~; -n) pons; Oostr keurmerk
punzen *zw,* **punzieren** *zw* ponsen, stansen; een merkteken slaan
Pupille *v* (~; -n) pupil ⟨v. 't oog⟩
Puppe *v* (~; -n) pop ⟨ook van rupsen⟩; hok; *bis in die ~n* tot diep in de nacht; heel lang
Puppentheater *o* marionettentheater, poppenkast
puppig: *ist ja ~!* eitje!, makkie!
pur puur, rein, louter
Püree *o* (-s; -s), **Püreekartoffeln** *v mv* (aardappel)puree
purgieren *zw* purgeren
Purismus *m* (~; -men) purisme, taalzuivering
Purist *m* (-en; -en) taalzuiveraar, purist
Puritaner *m* (-s; ~) puritein
puritanisch puriteins
Purpur *m* (-s) purper
purpurfarben, purpurfarbig purperkleurig
purpurn *bn* purperen; purperkleurig
Purzel *m* (-s; ~) dreumes, ventje
Purzelbaum *m* buiteling, koprol
purzeln *zw* buitelen, tuimelen, vallen
Pusselarbeit *v* peuterwerk
pusselig pietepeuterig, geduld eisend
Puste *v* (~) adem; *aus der ~* buiten adem
Pusteblume *v* paardebloem; dotterbloem
Pustekuchen: *~!* gemeenz geen sprake van!
Pustel *v* (~; -n) puist(je), pukkel
pusten *zw* gemeenz blazen
Pute *v* (~; -n) kalkoense hen; *dumme ~* gemeenz stomme trut
Puter *m* (-s; ~) kalkoen, kalkoense haan
puterrot vuurrood
Putsch *m* (-es; -e) putsch, coup, staatsgreep
putschen *zw* een coup plegen, een staatsgreep ondernemen
Putschist *m* (-en; -en) putschist, pleger van een staatsgreep
Putte *v* (~; -n), **Putto** *m,* (-s; -tti & -tten) putto, plafondengeltje
Putz *m* (-es) opschik, opsmuk, tooi; pleisterkalk; *(kräftig) auf den ~ hauen* pralen; de bloemetjes buitenzetten
putzen *zw* poetsen; versieren; schoon maken; snuiten ⟨v. kaars, neus⟩; Oostr reinigen ⟨v. kleren⟩, stomen; *Gemüse ~* groente schoonmaken
Putzerei *v* (~; -en) schoonmakerij, poetserij; Oostr stomerij
Putzfrau *v,* **Putzhilfe** *v* werkster
putzig koddig, grappig
Putzleder *o* zeem, zeemleren lap
Putzmacherin *v* (~; -nen) hoedenmaakster
Putzsucht *v* pronkzucht
putzsüchtig pronkziek
Putztuch *o* stof-, poetsdoek
Putzwolle *v* poetskatoen
Putzwut *v* schoonmaakwoede
Pyjama *m,* Oostr *ook: o* (-s; -s) pyjama
Pyramide *v* (~; -n) piramide
Pyrenäen *mv* Pyreneeën
Pyrrhussieg *m* Pyrrusoverwinning

Q

quabb(e)lig week, slap; dik
Quackelei v (~; -en) geklets; gemopper
Quacksalber m kwakzalver
Quaddel v (~; -n) blaasje op de huid
Quader v (-s; -e) & w (~; -n) hardsteen, vierkant gehouwen steen, steenblok
Quadrant m (-en; -en) kwadrant
Quadrat o (-(e)s; -e) kwadraat, vierkant; wisk tweede macht, kwadraat (ook fig); ins ~ *erheben* het kwadraat nemen van
Quadratmeter o vierkante meter
Quadratur v (~; -en) kwadratuur
Quadratwurzel v vierkantswortel
Quadratzahl v rekenk tweede macht, kwadraat(getal)
quadrieren zw wisk tot de tweede macht verheffen
quäken zw kwaken (v. stem); jammeren, blèren
Qual v (~; -en) pijn, smart, leed; kwelling; *die ~ der Wahl haben* een beslissing moeten nemen
quälen zw kwellen, plagen, pijnigen; *sich ~* zich uitsloven
Quälerei v (~; -en) plagerij, geplaag, narigheid
quälerisch plagerig, kwellend
Quälgeist m kwel-, plaaggeest
Qualifikation v (~; -en) kwalificatie (ook sp), betiteling; bekwaamheid, geschiktheid; noodzakelijke eigenschap
Qualifikationskampf m, **Qualifikationsspiel** o sp kwalificatiewedstrijd
qualifizieren zw kwalificeren, nader omschrijven
qualifiziert gekwalificeerd; bevoegd, bekwaam; vakkundig
Qualität v (~; -en) kwaliteit
qualitativ kwalitatief
Qualitätsware v kwaliteitsproduct
Qualle v (~; -n) dierk kwal
Qualm m (-(e)s; -e) walm, wasem, smook; gemeenz bedrog, herrie
qualmen zw walmen, dampen; zwetsen; gemeenz veel roken, paffen
qualmig walmend; dampig, rokerig
qualvoll pijnlijk, pijnigend, smartelijk; ~ *langsam* pijnlijk langzaam
Quantität v (~; -en) kwantiteit, hoeveelheid
quantitativ kwantitatief
Quantum o (-s; -ta & -ten) quantum, hoeveelheid
Quarantäne [ka-] v (~; -n) quarantaine
Quark m (-(e)s; -e) kwark; rommel; kleinigheid; *so ein ~* gemeenz wat een onzin; *das geht dich einen ~ an* dat gaat je geen donder aan
Quarkkuchen m kwarktaart
1 Quart o (-(e)s; -e) vierendeel, verrel; typ kwarto
2 Quart v (~; -en) muz kwart; stoot v. rechts naar links (bij schermen)
Quarta v (~; -ten) derde klas; Oostr vierde klas v.h. gymnasium
Quartal o kwartaal
Quartband m boek in kwartoformaat, kwartijn
Quartett o (-(e)s; -e) muz, kaartsp kwartet
Quartier o (-s; -e) kwartier (zowel wijk als wapenkwartier); kamers, onderdak; logies, woning
Quarz m (-es; -e) kwarts
Quasar m (-s; -e) astron quasar
quasi quasi, schijnbaar, als het ware
quasseln zw zwammen, kletsen
Quasselstrippe v gemeenz kletskous; gemeenz telefoon
Quast m (-es; -e) (grote) kwast
Quatsch m (-es) geklets, onzin; ~ *mit Soße* gemeenz klinkklare onzin
quatschen zw zeuren, kletsen; bazelen
Quatschkopf m, **Quatschliese** v, **Quatschmichel** m kletskous, -majoor
Quecke v (~) plantk kweek
Quecksilber o kwikzilver, kwik
Quell m, (-(e)s; -e) = *Quelle*
Quelle v (~; -n) bron, wel; oorsprong; *aus bester ~* uit betrouwbare bron; *aus erster ~* uit de eerste hand
quellen I onoverg (quoll; gequollen) wellen, opborrelen, stromen, opstijgen; zwellen, uitzetten; uitpuilen; II overg (quellte; gequellt) doen zwellen, weken, te week zetten
Quellenangabe v opgave van bronnen
Quellenforschung v bronnenstudie
Quendel m (-s) plantk wilde tijm
Quengelei v (~; -en) gezeur, gejengel, gedwing, gedrens
quengelig jengelend, huilerig; kleinzerig
quengeln zw jengelen, vervelend zeuren
Quentchen, nieuwe spelling: **Quäntchen** o (-s; ~) greintje, kleinigheid
quer dwars, schuin; *sich ~ legen* dwarszitten; ~ *zu* dwars op, van
Querbalken m dwarsbalk
querdurch er dwars door
Quere v (~) dwarste, schuinte; *einem in die ~ kommen* iem. dwars zitten; *es ist mir etwas in die ~ gekommen* er is iets tussen gekomen
querfeldein dwars over (door) 't veld
Querfeldeinlauf m, **Querfeldeinrennen** o sp veldloop, cross-country
Querflöte v muz dwarsfluit
Querformat o dwarsformaat
Querkopf m dwarskop, stijfkop
querlegen zw: *sich ~* dwarsliggen, tegenwerken
Querschiff o dwarsschip (in kerk)
Querschnitt m dwarssnede; dwarsdoorsnede
Querschnitt(s)lähmung v med dwarslaesie
Querstraße v dwarsstraat
Querstrich m dwarsstreep
Quersumme v som van de cijfers v.e. getal
Quertreiber m dwarsdrijver, dwarskop
Querulant m (-en; -en) querulant

querulieren zw kankeren, voortdurend mopperen

quetschen zw kneuzen, knellen, pletten, drukken; uitknijpen; persen ⟨v. druiven⟩; *sich in den (zu kleinen) Wagen* ~ zich in de auto persen; *gequetsche Stimme* geknepen stem

Quetschung v (~; -en) kneuzing, pletting, knelling

1 Queue [keu] o, Oostr m (-s; -s) bilj keu

2 Queue [keu] v (~; -s) queue, lange rij, file

quicklebendig [-'ben-] springlevend

quickvergnügt erg in zijn schik

quieken zw piepen; *zum Q*~ gemeenz om je dood te lachen

quieksen zw piepen

quietschen [kwiet-] zw schreeuwen, piepen, knarsen, krijten; *zum Q*~ gemeenz om je dood te lachen

quietschlebendig [-'ben-] springlevend

quietschvergnügt erg in zijn schik

Quinta v (~; Quinten) tweede, Oostr vijfde klas v.h. gymnasium

Quinte v (~; -n) muz kwint

Quintessenz v (~) kwintessens, kern

Quintett o (-s; -e) muz kwintet

Quirl m (-(e)s; -e) roerstaafje, karnstok, eierklutser; onrustig type, draaitol

quirlen zw draaien, omroeren, klutsen; karnen; woelen, dwarrelen

quirlig levendig

quitt [kwiet] quitte, kiet, gelijk

Quitte v (~; -n) plantk kwee, kweepeer

quittieren zw kwiteren, voldoen; beantwoorden; bedanken voor; kwijtschelden, verlaten; *den Dienst* ~ ontslag nemen

Quittung v (~; -en) kwitantie; ontvangstbewijs; *das ist die* ~ gemeenz dat is 't kwade gevolg, dat komt ervan

Quiz o (~; ~) quiz

Quote v (~; -n) deel, aandeel; uitbetaald bedrag ⟨bij wedrennen⟩; contingent, quotum

Quotenregelung v pol regeling waarbij een aantal plaatsen op een verkiezingslijst voorbehouden is aan vrouwen

Quotient [kwotsi-'ent] (-en; -en) quotiënt

R

Rabatt *m* (-(e)s; -e) <u>handel</u> rabat, korting
Rabatte *v* (~; -n) rabat, strook aan kleren enz.; border, bloemrand
Rabatz *m* (-es) <u>gemeenz</u> lawaai; ruzie, gevecht
Rabauke *m* (-n; -n) ruwe kerel, rabauw, schooier
Rabbi *m* (-(s); -s), **Rabbiner** *m* (-s; ~) rabbijn, rabbi
rabbinisch rabbinaal
Rabe *m* (-n; -n) raaf
Rabenaas *o* galgenbrok, ellendeling
Rabeneltern *mv* ontaarde ouders
Rabenmutter *v* ontaarde moeder
rabenschwarz raven-, pikzwart
rabiat rabiaat, dol, woedend
Rabulist *m* (-en; -en) rechtsverdraaier; muggenzifter; advocaat van kwade zaken
Rache *v* (~) wraak
Racheakt *m* wraakhandeling, -oefening
Rachedurst *m* wraakzucht
Rachen *m* (-s; ~) keelholte; muil; *einem etwas in den ~ werfen* <u>gemeenz</u> iem. iets geven om hem tevreden te stellen of te doen zwijgen
rächen *zw* wreken; *sich an einem ~* zich op iem. wreken
Rachenhöhle *v* keelholte
Rachenmandel *v* keelamandel
Rächer *m* (-s; ~) wreker
rachgierig wraakgierig
Racker *m* (-s; ~) rakker
rackern *zw* zwoegen, zich afbeulen
Racket ['rekket] *o* (-s; -s) <u>sp</u> racket
Rad *o* (-(e)s; Räder) rad, wiel; fiets; *du hast wohl ein ~ ab!* ben je wel goed bij je hoofd?; *unter die Räder (unters Rad) kommen* <u>fig</u> te gronde gaan; *ein ~ schlagen* pronken (v. pauw); een radslag maken
Radachse *v* <u>techn</u> wielas
Radar ['radaar, ra'daar] *m* & *o* (-s) radar
Radargerät *o* radarapparaat
Radau ['dau] *m* (-s) kabaal, lawaai, herrie
Raddampfer *m* raderboot
Rade *v* (~) <u>plantk</u> bolderik
radebrechen *zw* radbraken
radeln *zw* fietsen; *freihändig ~* met losse handen fietsen
Rädelsführer *m* belhamel, raddraaier
rädern *zw* radbraken; *wie gerädert* geradbraakt
Räderwerk *o* raderwerk
radfahren, nieuwe spelling: **Rad fahren** *st* fietsen, wielrijden
Radfahrer *m* fietser, wielrijder
Radfahrweg *m* fiets-, rijwielpad
Radi *m* (-s; ~) Z-Duits, Oostr <u>plantk</u> rammenas
radieren *zw* raderen; (uit)gummen; etsen
Radiergummi *m* vlakgom, gum
Radiernadel *v* etsnaald
Radierung *v* (~; -en) ets
Radieschen [-'dies-çen] *o* (-s; ~) radijs
radikal radicaal
Radikal *o* <u>wisk</u> wortelteken; wortel
Radikalismus *m* radicalisme
Radio *o* (-s; -s) radio
Radioapparat *m*, **Radiogerät** *o* radiotoestel
radiumhaltig radiumhoudend
Radius *m* (~; -ien) straal (v.e. cirkel), radius
radizieren *zw* <u>wisk</u> wortel trekken
Radkappe *v* <u>auto</u> wieldop
Radler *m* (-s; ~) fietser, wielrijder
Radrennbahn *v* wielerbaan
Radrennen *o* wielrennen; wielerwedstrijd
Radsport *m* wielersport
Radtour *v* fietstocht(je)
Radweg *m* fietspad
raffeln *zw* ratelen; schaven; babbelen; kwaadspreken; raspen
raffen *zw* rapen, graaien; opnemen (v. jurk); in vouwen leggen; inkorten; kort samenvatten
raffgierig hebzuchtig
Raffinement [-'mã-] *o* (-s) geraffineerdheid, raffinement
Raffinerie [-'rie] *v* (~; -n) raffineerderij
raffinieren *zw* raffineren, zuiveren; *raffiniert* <u>fig</u> geraffineerd
Raffke *m* (-(s); -s) <u>gemeenz</u> hebberig persoon, hebberd
Rage *v* razernij; *in ~ kommen*, *geraten* woedend, razend worden
ragen *zw* uitsteken, oprijzen
Rah(e) *v* (~; -n) <u>scheepv</u> ra
Rahm *m* (-(e)s) room; *den ~ abschöpfen* afromen
rahmen *zw* inlijsten; (af)romen
Rahmen *m* (-s; ~) lijst; omlijsting, kozijn; frame, chassis; kader; borduurraam; <u>letterk</u> raam; *im ~ des Tragbaren* voorzover mogelijk; *aus dem ~ fallen* uit de toon vallen; *im ~ bleiben* binnen de perken blijven; *den ~ sprengen* buiten het kader vallen
Rahmenerzählung *v* raamvertelling
Rahmengesetz *o* raamwet
Rahmkäse *m* roomkaas
Rain *m* (-(e)s; -e) berm (v. weg), gras-, bos-, akkerrand
Rainfarn *m gemeiner ~* <u>plantk</u> boerenwormkruid
räkeln = **rekeln**
Rakete *v* (~; -n) vuurpijl; raket
Raketenantrieb *m* raketaandrijving, -voortstuwing
raketenbestückt met raketten uitgerust
Ralle *v* (~; -n) <u>vogelk</u> waterral
Rammbär *v*, **Rammblock** *m* heiblok
Rammbock *m* stormram; heiblok; <u>dierk</u> ram
Ramme *v* (~; -n) heistelling, -machine; straatstamper
rammeln *zw* I *onoverg* rammelen, trekken en duwen; *gerammelt voll* propvol; II *overg* (v. dieren) dekken, bespringen; <u>gemeenz</u> neuken, naaien; III *wederk: sich ~* vechten; zich stoten aan
rammen *zw* rammen (v. schip enz.); rammeien, heien

Rammklotz *m* heiblok
Rammler *m* (-s; ~) rammelaar
Rampe *v* (~; -n) zachthellende oprit; laadperron; bordes; trapleuning; helling ⟨v. gebergte⟩
Rampenlicht *o* theat voetlicht; *das ~ der Öffentlichkeit* 't licht der openbaarheid
ramponieren *zw* beschadigen, havenen, bederven
Ramsch *m* (-es; -e) handel gemeenz ramsj; kaartsp het passen van alle spelers
ramschen *zw* en bloc kopen of verkopen; tegen spotprijzen verkopen, verramsjen
ran = *heran*; gemeenz naderbij
Rand *m* (-(e)s; Ränder) rand, kant; mond; *am ~e* terloops; *am ~e seiner Kraft* doodop; *außer ~ und Band* uitgelaten, buiten controle; *zu ~e bringen* klaar krijgen; *zu ~e kommen mit* klaarkomen met, klaarspelen
Randale *mv* spektakel, herrie
randalieren *zw* herrie schoppen
Randbedingung *v* randvoorwaarde
Randbemerkung *v* kanttekening
Randerscheinung *v* randverschijnsel
randvoll tot de rand toe vol, boordevol
Ranft *m* (-(e)s; Ränfte) korst; kapje ⟨v. brood⟩; rand, kant; oever
Rang *m* (-(e)s; Ränge) rang, rij, staat, aanzien; *~ und Namen* groot aanzien; *von ~* hooggeplaatst; van betekenis
Rangabzeichen *o* mil distinctief, onderscheidingsteken ⟨op uniform⟩
rangältest eerstaanwezend, oudste (hoogste) in rang
Range *v* (Oostr: *m*) (~; -n) ondeugend kind, deugniet, rakker
Rangelei *v* (~; -en) geworstel
rangeln *zw*: *sich ~* stoeien, vechten
Rangfolge *v* volgorde
rangieren *zw* rangeren, rangschikken, gerangschikt zijn; een plaats innemen; *~ vor* in rang staan boven; gaan voor, boven, de voorrang hebben boven
Rangliste *v* ranglijst; sp klassement
Rangordnung *v* rangorde, -schikking
Rangstufe *v* trap, graad
rank rank, slank, mager
Ranke *v* (~; -n) rank
Ränke *mv* kuiperijen, intriges
ranken *zw* ranken schieten; *sich ~* zich slingeren, opklimmen, ranken
Ränkeschmied *m* intrigant
Ränkespiel *o* intriges
ränkesüchtig, ränkevoll arglistig, intrigant
rankriegen *zw* gemeenz ter verantwoording roepen; laten opdraaien voor; hard laten werken; *ich habe ihn rangekriegt* ik heb hem flink aan het werk gezet
rannehmen *st* = *herannehmen*
Ranunkel *v* (~; -n) plantk ranonkel, boterbloem
ranzen *zw* bronstig zijn, paren ⟨v. vos &⟩
Ranzen *m* (-s; ~) ransel; schooltas ⟨op de rug gedragen⟩; knap-, reiszak; gemeenz buik(je); *den ~ voll kriegen* er flink van langs krijgen

ranzig ranzig, garstig ⟨v. spek⟩
rapid(e) [-'piet, -'piede] snel, vlug
Rappe *m* (-n; -n) zwart paard, moorpaard; *auf Schusters ~n* met de benenwagen
Rappel *m* woedeaanval
rappelig gemeenz nerveus
rappeln *zw* rammelen
Rappen *m* (-s; ~) Zwits Rappen, centime
Rapport *m* (-(e)s; -e) rapport; contact
Raps *m* (-es) kool-, raapzaad
Rapsöl *o* raapolie
Raptus *v* (~; -se) aanval van razernij
Rapünzchen *o* (-s; ~), **Rapunze** *v* (~; -n), **Rapunzel** *v* (-s; ~) plantk rapunzel(klokje)
rar schaars, zeldzaam; *sich ~ machen* zich zelden laten zien
Rarität *v* (~; -en) rariteit, zeldzaamheid
rasant stormachtig, razend-, bliksemsnel
Rasanz *v* (~) razende snelheid; razernij
rasch ras, snel, vlug
rascheln *zw* ritselen
raschlebig snel voorbijgaand, kortstondig
rasen *zw* razen, ketteren; rennen, stuiven
Rasen *m* (-s; ~) grasveld, grasmat, gazon; *der grüne ~* ⟨ook⟩ renbaan; *unter dem ~* onder de zoden
rasend dol, woedend, razend, zeer snel; *~e Eifersucht* dolle jaloezie
Rasenmäher *m*, **Rasenmähmaschine** *v* grasmaaimachine
Rasensport *m* veldsport
Rasensprenger *m* gazon-, grassproeier
Raser *m* geringsch snelheidsmaniak
Raserei *v* (~) razernij, woede; het rondrazen
Rasierapparat *m* scheerapparaat
rasieren *zw* scheren; raseren, met de grond gelijk maken
Rasierklinge *v* scheermesje
Rasierwasser *o* after-shave
Rasierzeug *o* scheergerei
rasig grazig, met gras (begroeid)
Räson [-'zõ] *v* (~) rede; inzicht; *~ annehmen* eindelijk zijn verstand gebruiken
räsonieren *zw* redeneren; kankeren; tegenwerpingen maken
Raspel *v* (~; -n) rasp
raspeln *zw* raspen; *Süßholz ~* complimentjes maken
Rasse *v* (~; -n) ras
Rassehund *m* rashond
Rassel *v* (~; -n) ratel
Rasselbande *v* gemeenz stel luidruchtige kinderen
rasseln *zw* ratelen; rammelen; *mit dem Säbel ~* fig met de sabel kletteren; *durch die Prüfung ~* zakken; *er ist gegen den Baum gerasselt* hij is tegen een boom gevlogen
Rassenhaß, nieuwe spelling: **Rassenhass** *m* rassenhaat
Rassentrennung *v* scheiding v. rassen, apartheid
rasserein raszuiver, -echt
rassig van goed ras; pittig, vurig, temperamentvol
rassisch van ras, wat ras betreft, ras-, rassen-; *~e Kennzeichen* raskenmerken
Rassismus *m* racisme

Rassist *m* (-en; -en) racist
Rast *v* (~; -en) rust, rustpoos, pauze; ~ *machen* halt (rust) houden
rasten *zw* rusten, pauzeren; *wer rastet, der rostet* rust roest
Raster *m* (-s; ~) typ & TV raster; bouwk grit
Rasthaus *o* (weg)restaurant, motel
rastlos rusteloos, onvermoeid
Rastplatz *m* parkeerplaats langs de snelweg
Raststätte *v* = Rasthaus
Rasur [-'zoer] *v* (~; -en) 't scheren; 't uitraderen; geradeerde plek
Rat *m* (-(e)s; -schläge) raad, raadgeving; raad; raadslid, -heer (ook alleen als (ere-)titel); *Räte mv* raadscollege; *mit ~ und Tat* met raad en daad; *mit sich zu ~e gehen* over iets nadenken; *jmdn. zu ~e ziehen* iem. raadplegen; *sich keinen ~ wissen* zich geen raad weten; *jmds. ~ einholen* om raad vragen bij iem.; *auf jmds. ~ hören* naar iems. raad luisteren
Rate *v* (~; -n) handel termijn (v. betaling); afbetaling; quotiënt, percentage, cijfer (om een graad aan te geven)
raten (riet; geraten) raden; raad geven; naar iets raden; *hin und her ~* veronderstellingen maken; *sich nicht ~ lassen* niet naar raad willen luisteren; *dreimal darfst du ~!* gemeenz drie keer raden!
ratenweise in termijnen, bij gedeelten
Ratenzahlung *v* betaling in termijnen
Ratgeber *m* raadgever, raadsman
Rathaus *o* raad-, stadhuis
Ratifikation *v* (~; -en) ratificatie, bekrachtiging
ratifizieren *zw* ratificeren, bekrachtigen
Ratifizierung *v* (~; -en) ratificatie
Ration *v* (~; -en) rantsoen, portie; *eiserne ~* noodrantsoen
rational rationeel
rationalisieren *zw* rationaliseren
Rationalismus *m* (~) rationalisme
rationell doelmatig; zuinig, spaarzaam
rationieren *zw* rantsoeneren
Rationierung *v* (~; -en) rantsoenering
ratlos radeloos
Ratlosigkeit *v* (~) radeloosheid
rätoromanisch Rhetoromaans
ratsam raadzaam
ratsch! krak!, rits!
ratschen, rätschen *zw* Z-Duits, Oostr klepperen; ratelen; kletsen, babbelen
Ratschlag *m* raadgeving, raad
ratschlagen *zw* beraadslagen
Ratschluß, nieuwe spelling: **Ratschluss** *m*: ~ *Gottes* Goddelijk raadsbesluit
Rätsel *o* (-s; ~) raadsel
rätselhaft raadselachtig
rätseln *zw* raden; in twijfel zijn
Ratsherr *m* raadsheer
Ratsversammlung *v* raadsvergadering
Ratte *v* (~; -n) dierk rat; poedel (bij kegelen); gemeenz rotzak, gemenerd
Rattenfänger *m* rattenvanger
Rattengift *o* rattengif, -kruit
Rattenschwanz *m* rattenstaart; eindeloze reeks van gevolgen

rattern *zw* ratelen (v. wielen); ronken (v. motor)
ratzekahl helemaal, tot op de bodem
Raub *m* (-(e)s; -e) roof, prooi, buit
Raubbau *m* roofbouw; ~ *mit seiner Gesundheit treiben* roofbouw op zijn gezondheid plegen
rauben *zw* roven, stelen; *einem den Atem ~* iem. de adem benemen; *es raubt ihm die Sprache* hij staat er verstomd van
Räuber *m* (-s; ~) rover; roofdier; dief (aan kaars); *unter die ~ geraten* beroofd, uitgebuit worden
Räuberbande *v* roversbende
räuberisch roofachtig, roofziek, -zuchtig
räubern *zw* (leeg)roven, stelen
Räuberpistole *v* schertsend indianenverhaal
Raubgier *v* roofzucht
Raubmord *m* roofmoord
Raubtier *o* roofdier
Raubüberfall *m* roofoverval
Raubvogel *m* vero roofvogel
Rauch *m* (-es) rook; *in ~ aufgehen, sich in ~ auflösen* fig in rook opgaan
rauchen *zw* roken, dampen; ~ *wie ein Schlot, ein Schornstein* roken als een schoorsteen; *ihm raucht der Kopf* 't duizelt hem; *es raucht* gemeenz er is ruzie
Raucher *m* (-s; ~) roker; rookcoupé
Räucheraal *m* gerookte paling
Räucherei *v* (~; -en) rokerij
räucherig rokerig
räuchern *zw* roken (v. vis enz.); uitroken
Räucherspeck *m* gerookt spek, rookspek
Rauchfahne *v* rookpluim, -sliert
Rauchfleisch *o* rookvlees
rauchig rookachtig, rokerig; zwaar, hees (v. stem)
Rauchschwaden *m* rooksliert
Rauchwaren *mv* bontwerk, pelterijen; rookwaar, artikelen
Rauchwerk *o* bontwerk, pelterijen; reukwerk, wierook
Räude *v* (~) schurft (bij dieren)
räudig schurftig (bij dieren)
rauf gemeenz = herauf
Raufbold *m* (-(e)s; -e) vechtersbaas, ruziezoeker
Raufe *v* (~; -n) ruif
raufen *zw* plukken, trekken; vechten, plukharen; *sich die Haare ~* wanhopig zijn, zich de haren uit het hoofd trekken
Rauferei *v* (~; -en), **Raufhandel** *m* (-s, -händel) vecht-, kloppartij
rauh, nieuwe spelling: **rau** ruw (v. uiterlijk); ruig, behaard; hees; nors; ~*es Wetter* guur weer; *in ~en Mengen* in grote hoeveelheden
Rauhbauz, nieuwe spelling: **Raubauz** *m* (-es; -e) slang ruwe kerel
Rauhbein, nieuwe spelling: **Raubein** *o* bullebak; ruwe, maar goedige kerel
rauhbeinig, rauhborstig, nieuwe spelling: **raubeinig, rauborstig** onbehouwen
Rauheit *v* (~; -en) (uiterlijke) ruwheid, ruigheid; heesheid; guurheid
rauhen *zw* ruw maken, kaarden

Rauhreif, nieuwe spelling: **Raureif** *m* rijm, rijp
Raum *m* (-(e)s; Räume) ruimte; gebied; kamer, vertrek, lokaal; scheepv ruim (v. schip); kans, gelegenheid; *der europäische ~ het Europese gebied; der luftleere ~* 't luchtledig; *im ~ stehen* nog niet beslist zijn; *etwas ~ geben* fig iets toelaten
Raumanzug *m* ruimtepak
Räumungsarbeiten *mv* opruimingswerk (ook v. puin)
Raumausstatter *m* binnenhuisarchitect
Räumboot *o* scheepv (kleine) mijnenveger
Raumdeckung *v* sp ruimtedekking
räumen *zw* (op-, weg-, ont-, leeg-)ruimen; scheepv ruimen (v.d. wind); mil ontruimen, evacueren; *das Feld ~* (ook fig) het veld ruimen; *das Lager ~* uitverkopen; *aus dem Wege ~* uit de weg ruimen
Raumersparnis ['raum-] *v* ruimtebesparing
Raumfahrt *v* ruimtevaart
Raumfahrzeug *o* ruimteschip, -vaartuig
Rauminhalt *m* kubieke inhoud
Raumkapsel *v* ruimtecapsule
räumlich ruimtelijk; ruimte-
Räumlichkeit *v* (~; -en) vertrek, ruimte
Raummangel *m* plaatsgebrek, ruimtegebrek
Raumordnung *v* ruimtelijke ordening
Raumpflegerin *v* werkster
Raumschiff *o* ruimteschip
Raumstation *v* ruimtestation
Räumung *v* (~; -en) opruiming; ontruiming
Räumungsarbeiten *v* *(mv)* opruimingswerk
Räumungsausverkauf *m* uitverkoop wegens opruiming, totale uitverkoop
raunen *zw* (geheimzinnig) fluisteren, ruisen, murmelen
raunzen *zw* Oostr knorren, mopperen
Raupe *v* (~; -n) dierk rups; techn rupsband; *~n* fig grillen
Raupenfahrzeug *o* rupsvoertuig
Raupenschlepper *m* techn rupstractor, -trekker
raus(-) zie: *heraus(-)*
Rauschebart *m* (man met) volle baard
Rauscher *m* (-s; ~) jonge, nog gistende wijn
Rauschgift *o* verdovend middel, drug
Rauschgold *o* klatergoud
rauschhaft als in een roes; dionysisch
räuspern *zw*: *sich ~* zijn keel schrapen
rausschmeißen *st* gemeenz eruit gooien
Rausschmeißer *m* uitsmijter
Rausschmiß, nieuwe spelling: **Rausschmiss** *o*; **Rauswurf** *m* 't eruitgooien, -smijten; plotseling ontslag
Raute *v* (~; -n) ruit; kaartsp ruiten
rautenförmig ruitvormig
Razzia *v* (~; -s & Razzien) razzia
Reagens ['-gens] *o* (~; Reagenzien), **Reagenz** ['-gents] *o* (-es; -ien) reagens
Reagenzglas *o* reageerbuis
reagieren *zw* reageren
Reaktion *v* (~; -en) reactie
reaktionär reactionair
Reaktionär *m* (-s; -e) reactionair
reaktionsschnell snel reagerend

Reaktor *m* kernreactor
real [-'aal] reëel, werkelijk
Realeinkommen *o* werkelijk inkomen
Realien [-'ali-en] *mv* realia, concrete zaken
realisierbar realiseerbaar
realisieren *zw* realiseren
Realismus *m* (~) realisme
Realität *v* (~; -en) realiteit; Oostr onroerend goed
Reallohn *m* reëel, werkelijk loon
Realpolitik *v* politiek op zakelijke grondslag
Realschule *v* ± mavo/havo; Oostr middelbare school
Rebe *v* (~; -n) wijnstok; wijnrank
Rebell *m* (-en; -en) rebel, muiter
rebellieren *zw* rebelleren, fig opstandig worden
Rebellion *v* (~; -en) rebellie, oproer
rebellisch rebels, oproerig, opstandig
Rebensaft *m* druivennat, druivensap; plechtig wijn
Rebhuhn *o* patrijs
Rebstock *m* plantk wijnstok
Rebus *m* & *o* (~; -se) rebus, beeldraadsel
rechen *zw* harken
Rechen *m* (-s; ~) Z-Duits, Middeld hark; techn tralierooster
Rechenaufgabe *v* (reken)som
Rechenmaschine *v* rekenmachine; telraam
Rechenschaft *v* (~) rekenschap; *einen zur ~ ziehen* iem. ter verantwoording roepen
Rechenschaftsbericht *m* rekening en verantwoording
Rechenschieber *m*, **Rechenstab** *m* rekenliniaal
Recherche *v* (~; -n) nasporing, onderzoek
recherchieren *zw* uitzoeken, -vorsen; (door journalist e.d.) gegevens verzamelen
rechnen *zw* rekenen; meerekenen; huishouden; *~ auf* (+ 4) rekenen op; *damit ~ daß* er rekening mee houden dat; *~ zu, unter* rekenen tot
Rechnen *o*: *kaufmännisches ~* handelsrekenen
Rechner *m* rekenaar; rekenmachine; computer
Rechnerei *v* gereken
rechnerisch berekend, rekenkundig, reken-
Rechnung *v* (t; -en) rekening; *fingierte ~* handel conto finto, proforma factuur; *die ~ ohne den Wirt machen* buiten de waard rekenen; *auf eigene ~* voor eigen rekening; *in ~ stellen* in rekening brengen
Rechnungsamt *o* Rekenkamer
Rechnungsführer *m* penningmeester; boekhouder
Rechnungsjahr *o* boekjaar
Rechnungslegung *v* ('t afleggen van) rekening en verantwoording
Rechnungsprüfer *m* accountant
1 recht *bn* recht, rechtmatig; echt, juist, waar; terecht; *~ und billig* niet meer dan billijk; *~ und schlecht* zo goed en zo kwaad als 't ging; *nicht mit ~en Dingen* niet pluis; *~ haben* gelijk hebben; *Sie tun ~ daran,...* U doet er juist aan... *keine ~e*

Lust niet veel zin; *ein ~er Narr* een echte dwaas; *am ~en Ort* op de juiste plaats; *ein ~er Winkel* wisk een rechte hoek; *ihm geschieht ganz ~* hij heeft zijn verdiende loon; *das kommt mir gerade ~* dat komt mij goed van pas; *einem etwas ~ machen* iem. iets naar de zin doen; *alles, was ~ ist* alles goed en wel; *das ist mir ~* dat is (mij) goed; *nach dem Rechten sehen* een oogje in 't zeil houden; *du bist mir der Rechte* jij bent ook een mooie
2 recht *bijw* zeer; nogal, tamelijk, behoorlijk; *bitte ~ freundlich!* lach eens!; *nun tue ich es erst ~* nu doe ik het juist
3 recht *bn* rechts, rechter; *dei ~e Hand* de rechterhand; *~er Hand* aan de rechterkant
Recht *o* (-(e)s; -e) recht (ook aanspraak); rechtsgeleerdheid, -wetenschap; *mit (zu) ~ terecht*; *nach ~ und Gewissen* volgens recht en geweten; *von ~s wegen* van rechtswege; *zu ~ bestehen* recht v. bestaan hebben; *für ~ erkennen* vonnissen; *~ sprechen* rechtspreken; *zu seinem ~ kommen* tot zijn recht komen
Rechte *v* (-n; -n) rechterhand; *pol* rechterzijde; *eine ~* een rechtse, een stoot met de rechtervuist (sp); *zur ~n* aan de rechterzijde
Rechteck *o* wisk rechthoek
rechteckig rechthoekig
rechten *zw* twisten, strijden
Rechtens, nieuwe spelling: **rechtens** rechtens
rechtfertigen *zw* rechtvaardigen
rechtgläubig rechtzinnig, orthodox
Rechthaber *m* eigenzinnige vent, betweter
Rechthaberei *v* (~) eigenzinnigheid, betweterij
rechthaberisch eigenzinnig, betweterig
rechtlich juridisch; gerechtelijk
rechtlos onwettig, rechteloos
rechtmäßig rechtmatig
rechts rechts; *~ stehen* (ook) op de rechtervleugel staan; *nicht mehr wissen, was ~ und links ist* de kluts kwijt zijn
Rechtsabbieger *m* naar rechts afslaande verkeersdeelnemer
Rechtsanwalt *m* advocaat en procureur
Rechtsanwältin *v* advocate
Rechtsanwaltskanzlei *v* advocatenkantoor
Rechtsaußen(stürmer) *m* sp rechtsbuiten
Rechtsbeistand *m* rechtsbijstand; juridisch adviseur
Rechtsberater *m* juridisch adviseur
Rechtsbeugung *v* rechtsverdraaiing
Rechtsbruch *m* rechtsschending
rechtschaffen ['reçt-] rechtschapen; *~ arbeiten* flink werken; *~ müde* flink moe
Rechtschaffenheit *v* (~) rechtschapenheid
Rechtschreibung *v* spelling
Rechtsempfinden *o* rechtsgevoel
Rechtsfall *m* rechtszaak
Rechtshänder *m* rechtshandige
rechtshändig rechtshandig
Rechtshilfe *v* rechtsbijstand
rechtskräftig rechtsgeldig
Rechtskurve *v* bocht naar rechts

Rechtslage *v* rechtspositie
Rechtsmittel *o* rechtsmiddel
Rechtsordnung *v* rechtsorde
Rechtspflege *v* rechtspleging
Rechtsprechung *v* rechtspraak
Rechtssache *v* rechtszaak, proces
Rechtsschutz *m* rechtsbescherming
Rechtsspruch *m* vonnis
Rechtsstreit *m* rechtsgeding
rechtsum rechtsom; *~ kehrt!* mil rechtsomkeert
rechtsverbindlich bindend
Rechtsverfahren *o* procedure
Rechtsweg *m*: *auf dem ~* langs gerechtelijke weg
rechtswidrig in strijd met het recht
rechtswirksam rechtsgeldig; *~ sein* kracht van gewijsde hebben
rechtwink(e)lig rechthoekig
rechtzeitig tijdig
Reck *o* (-(e)s; -e) rek; sp rekstok
Recke *m* (-n; -n) vero of iron held
recken *zw* rekken; uitstrekken; *sich ~* zich uitstrekken
Recycling *o* (-s) recycling
Redakteur *m* (-s; -e) redacteur
Redaktion *v* (~; -en) redactie, redactiebureau
redaktionell redactioneel
Redaktionsschluß, nieuwe spelling: **Redaktionsschluss** *m* het sluiten van de redactie
Rede *v* (~; -n) rede, redevoering; speech; *(in-)direkte ~* gramm (in)directe rede; *gebundene ~* poëzie; *erlebte ~* monologue intérieure; *üble ~* laster; *es geht die ~* er loopt een gerucht; *wovon ist die ~?* waar hebben jullie/we het over?; *davon kann keine ~ sein* daar is geen sprake van; *wenn die ~ darauf kommt* als het gesprek erop komt; *einem ~ (und Antwort) stehen* iem. rekenschap geven; *einen zur ~ stellen* iem. ter verantwoording roepen; *eine ~ schwingen* gemeenz een toespraak houden; *jmdm. in die ~ fallen* iem. in de rede vallen; *nicht der ~ wert sein* niet de moeite waard zijn
Redefluß, nieuwe spelling: **Redefluss** *m* woordenvloed
Redefreiheit *v* vrijheid van spreken
redegewandt welbespraakt
Redekunst *v* retoriek, welsprekendheid
reden *zw* spreken, praten; speechen; *Deutsch mit einem ~* iem. zeggen waar 't op staat; *sich den Mund fransig (fusselig) ~* praten als Brugman; *geschwollen daher ~* dik doen; *in Bildern ~* in beelden spreken; *ins Blaue hinein ~* in 't wilde weg praten; *ins Reden kommen* aan 't praten komen; *mit sich ~ lassen* tot overleg bereid zijn; *darüber läßt sich ~* daarover valt te praten; *viel von sich ~ machen* veel van zich doen spreken; *du redest, wie du es verstehst* je spreekt naar je verstand hebt; *du hast gut ~* jij hebt goed praten
Redensart *v* zegswijze, uitdrukking; frase, praatje; *(faule) ~en* smoesjes, praatjes voor de vaak

Rederei v (~; -en) gepraat, geklets
Redeschwall m woordenvloed
Redeverbot o spreekverbod
Redewendung v zinswending, tirade
redigieren zw redigeren
redlich eerlijk, trouw, rechtschapen
Redlichkeit v (~) eerlijkheid, rechtschapenheid
Redner m (-s; ~) redenaar, spreker
Rednerbühne v spreekgestoelte
rednerisch oratorisch, als een redenaar
redselig spraakzaam, praatlustig
Reduplikation v (~; -en) verdubbeling, reduplicatie ⟨ook taalk⟩
reduzieren zw reduceren, verminderen; herleiden
Reede v (~; -n) scheepv rede, ree
Reeder m (-s; ~) scheepv reder
Reederei v (~; -en) scheepv rederij
reëll [ree'el] reëel, werkelijk; solide, geloofwaardig, eerlijk
Reep o (-(e)s; -e) reep, touw
Refektorium o (-s; Refektorien) refter, eetzaal ⟨in klooster⟩
Referat o (-(e)s; -e) referaat; spreekbeurt; afdeling ⟨v. ministerie enz.⟩
Referendar m (-s; -e) aankomend jurist, leraar, ambtenaar ⟨= titel na het eerste staatsexamen⟩
Referent m (-en; -en) referent, verslaggever; beoordelaar; spreker; afdelingschef
Referenz ['-rents] v (~; -en) referentie, inlichting
referieren zw refereren, verslag geven, verwijzen
Reff o (-(e)s; -e) draagraam; scheepv rif, reef ⟨v. zeil⟩; geraamte
reffen zw scheepv reven
reflektieren zw reflecteren, terugkaatsen; ~ auf (+ 4) reflecteren op; über etwas ~ iets overpeinzen
Reflex m (-es; -e) reflex ⟨ook: onwillekeurige beweging⟩, weerschijn
reflexiv gramm reflexief, wederkerend
Reflexivpronomen o, **Reflexivum** o (-s; -va) gramm wederkerend voornaamwoord
Reform v (~; -en) hervorming, vernieuwing
Reformation v (~; -en) hist Reformatie, kerkhervorming
Reformationstag m Hervormingsdag ⟨31 okt.⟩
Reformator m (-s; -en) godsd hervormer, reformator
reformatorisch reformatorisch
Reformer m (-s; ~) hervormingsgezinde ⟨in niet-godsdienstige zin⟩
Reformhaus o reformhuis
reformieren zw hervormen, vernieuwen
Refrain [re-'fre] m (-s; -s) refrein
1 Regal o (-s; -e) muz regaal; draagbaar orgeltje; boekenplank
2 Regal o (-s; -ien) hist koninklijk of vorstelijk recht of voorrecht, regaal
Regatta v (~; Regatten) roeiwedstrijd
rege druk; wakker, levendig, kwiek; ~ werden ontwaken; opkomen ⟨v.e. verdenking, wens⟩
Regel v (~; -n) regel; voorschrift; menstruatie; in der (aller) ~ in de regel; nach allen ~n der Kunst volgens alle regelen der kunst
regellos ongeregeld, zonder regel, onordelijk
regelmäßig regelmatig, geregeld
regeln zw regelen; im Guten ~ goedschiks regelen
regelrecht gewoonweg
regelwidrig in strijd met (tegen) de regel(s)
regen zw roeren, bewegen; sich ~ zich bewegen; es regt sich etwas er komt beweging, er roert zich iets
Regen m regen; vom ~ in die Traufe kommen van de regen in de drup komen
Regenbogen m regenboog
regenerieren zw regenereren
Regenguß, nieuwe spelling: **Regenguss** m stortbui, stortregen
Regenmantel m regenjas
Regenpfütze v regenplas
Regenrinne v dakgoot
Regenschauer m regenbui
Regenschirm m paraplu
Regent (-en; -en) m regent; regeerder, bestuurder
Regentropfen m regendruppel
Regentschaft v (~; -en) regentschap; regeringstijd; regering
Regenwetter o regenweer; Gesicht wie drei Tage ~ gemeenz een zuur gezicht
Regenwurm m regenworm
Regie [re-'zjie] v (~; -n) theat regie; ~ führen regie voeren; in eigener ~ in eigen beheer
regieren zw regeren, besturen, leiden
Regierung v (~; -en) regering, bestuur; geschäftsführende ~ zakenkabinet
Regierungsantritt m regeringsaanvaarding, begin v.e. regeerperiode
Regierungsbezirk m district v.e. deelstaat ⟨in Duitsland⟩
Regierungserklärung v regeringsverklaring
Regierungssitz m zetel v.d. regering
Regierungsvorlage v door de regering ingediend wetsontwerp
Regiment [-gie-] I o (-(e)s; -e) bewind, bestuur; das ~ führen 't bewind voeren, de baas zijn; II o (-(e)s; -er) mil regiment
Region [-gi-'oon] v (~; -en) gewest, regio; luchtstreek; in höhern ~en in hogere sferen (regionen)
regional regionaal, gewestelijk
Regisseur [-zjie-] m (-s; -e) regisseur
Register o (-s; ~) register ⟨ook muz⟩, rol, lijst; bladwijzer; alle ~ ziehen alle registers opentrekken
Registertonne v registerton
Registratur ['-toer] v (~; -en) registratie; muz registratuur; registratiekantoor, griffie, archief
Registrierballon m meteor weerballon, weersonde
registrieren zw registreren; opmerken
Registrierkasse v kasregister
Reglement [-'mã, Zwits -'ment] o (-s; -s,

Zwits -e) reglement, voorschrift
reglementarisch reglementair
reglementieren zw reglementeren
Regler *m* (-s; ~) regelaar; *techn* regulateur
reglos roerloos, onbeweeglijk
regnen zw regenen; *es regnet Bindfäden, in Strömen* het regent pijpenstelen, de regen komt met bakken uit de hemel
regnerisch regenachtig
Regreß, nieuwe spelling: **Regress** *m* (-esses; -esse) recht op schadevergoeding
regsam actief, levendig, beweeglijk, druk
regulieren zw reguleren, regelen
Regung *v* (~; -en) beweging, gevoel, opwelling; *innere ~en* gemoedsaandoeningen
regungslos onbeweeglijk, roerloos
Reh *o* (-(e)s; -e) ree; *ein scheues ~ fig* een schuchter meisje
Rehabilitation *v* rehabilitatie; med revalidatie
rehabilitieren zw rehabiliteren, in eer herstellen; med revalideren
Rehbock *m* reebok
Rehkeule *v* reebout
Rehkitz *o* reekalf
Reibe *v* (~; -n) rasp
Reibelaut *m* taalk schuringsgeluid, spirant
reiben (rieb; gerieben) wrijven, schuren; raspen; gemeenz zich aftrekken, *sich die Augen ~* zich de ogen uitwrijven; *sich die Hände ~* zich in zijn handen wrijven; *sich an einem ~* kopjes geven; tegen iem. aanschurken; wrijving met iem. hebben; *einem etwas unter die Nase ~* iem. iets onder zijn neus wrijven
Reiberei *v* (~; -en) wrijving, botsing, twist
Reibkäse *m* geraspte kaas
Reibung *v* (~; -en) wrijving ⟨ook fig⟩
Reibungsfläche *v* wrijvingsvlak
reibungslos zonder wrijving; fig vlot, zonder haperen
reich rijk, vermogend, kostbaar; *~ an* (+ 3) rijk aan; *eine ~e Auswahl* een ruime keuze; *ein Reicher* een rijkaard
Reich *o* (-(e)s; -e) rijk; *das ~ der Mitte* China; *das ~ der Schatten* 't schimmenrijk
reichen zw genoeg zijn, voldoende zijn, strekken; reiken, toe- of aanreiken, serveren, toedienen; zich uitstrekken; *es reicht!* iron hou op!; *es reicht für einen hohlen Zahn, es reicht hinten und vorn nicht* 't is bij lange na niet voldoende; *sich die Hände ~* de handen ineenslaan; *einander die Hand ~ können* ⟨ook⟩ in 't zelfde schuitje zitten; *einem das Wasser nicht ~ können* niet in iems. schaduw kunnen staan; *an ihn reicht keiner heran* niemand kan zich met hem meten
reichhaltig rijk v. inhoud, belangrijk, veel bevattend; rijk aan erts
reichlich rijkelijk; ruim; *~ verworren* erg verward
Reichstag *m* hist rijksdag; rijksdaggebouw
Reichtum *m* (-(e)s; Reichtümer) rijkdom; de rijken
Reichweite *v* reikwijdte; vlieg-, vaarbereik, actieradius; dracht ⟨v. kanon⟩; *in ~* binnen

't bereik
reif rijp; slang gek; *~ und unreif* rijp en groen; *~ für die Insel, die Klapsmühle* gemeenz rijp voor het gekkenhuis, knettergek
1 Reif *m* (-(e)s; -e) hoepel, band; ring, diadeem; kring
2 Reif *m* (-(e)s) rijp, rijm
Reife *v* (~) rijpheid; *mittlere ~* eindexamen van een *Haupt-* of *Realschule* of na de 10de klas van het gymnasium
1 reifen zw rijpen; rijp worden; doen rijpen
2 reifen zw: *es reift* er ontstaat rijp
Reifen *m* (-s; ~) hoepel; luchtband, band; ring, diadeem
Reifenheber *m* bandenlichter
Reifenpanne *v*, **Reifenschaden** *m* lekke band, bandenpech
Reifeprüfung *v* eindexamen
Reifezeugnis *o* einddiploma vwo
reiflich grondig; *nach ~er Überlegung* na rijp beraad
Reifrock *m* hoepelrok
Reigen *m* (-s; ~) rei, rei-, rondedans; *den ~ schließen* fig de rij sluiten, de laatste zijn
Reihe *v* (~; -n) rij; reeks, serie; beurt; *Reihen mv* gelederen, rangen, kamp, ploeg; *arithmetische, geometrische ~* rekenkundige, meetkundige reeks; *fallende, steigende ~* dalende, opklimmende reeks; *ich bin an der ~, die ~ ist an mir* ik ben aan de beurt; *etw. auf die ~ kriegen* iets onder de knie krijgen; *außer der Reihe* bij keuze; *in Reih' und Glied* in 't gelid; *der ~ nach* op de rij af; *aus der ~ tanzen* een buitenbeentje zijn; *sich in eine ~ mit jmdm. stellen* zich op gelijke hoogte (met iem.) plaatsen; *Kritik aus den eigenen ~n* kritiek uit eigen gelederen
reihen zw rijgen; *sich ~ an* volgen op
Reihenfolge *v* reeks, rij; volgorde
Reihenhaus *o* rijtjeshuis
Reihenuntersuchung *v* systematisch onderzoek; med bevolkingsonderzoek
reihenweise naar de rij of beurt; in rijen
Reiher *m* (-s; ~) vogelk reiger
reihern zw kotsen
Reiherschnabel *m* plantk reigersbek
reihum om beurten, de rij langs
Reim *m* (-(e)s; -e) rijm; rijmpje; vers; *klingender, stumpfer, umschlingender ~* vrouwelijk (slepend), mannelijk (staand) rijm; *sich auf etwas keinen ~ machen können* ergens geen chocola van kunnen maken
reimen zw rijmen, op rijm zetten; *sich ~ rijmen, (samen)passen; wie reimt sich das zusammen?* hoe valt dat te rijmen?
Reimer *m* (-s; ~) rijmelaar
Reimerei *v* (~; -en) rijmelarij
1 rein helder, rein; zuiver, schoon; *darin ist sie noch das ~ste Kind* in dat opzicht is ze nog een echt kind; *~er Schwindel* puur bedrog; *~er Wahnsinn* je reinste waanzin; *reine Wäsche* schoon ondergoed; *kein ~es Vergnügen* geen onverdeeld genoegen; *~er Zufall* louter toeval; *ins R~e bringen* in 't reine brengen; *mit sich ins ~e kommen* 't met zichzelf eens worden; *die Luft*

rein

ist ~ slang 't is veilig
2 rein *bijw* geheel en al, volstrekt, totaal
Reinemachefrau *v* schoonmaakster, werkster
Reinerlös *m*, **Reinertrag** *m* zuivere opbrengst, netto-opbrengst
Reinfall *m* gemeenz flop, tegenvaller
reinfallen *st* gemeenz erin lopen
Reingewinn *m* zuivere winst, nettowinst
Reinheit *v* ⟨~⟩ rein-, zuiver-, kuisheid
reinigen *zw* reinigen, zuiveren, schoonmaken
Reinigung *v* ⟨~; -en⟩ reiniging, zuivering, loutering; stomerij
Reinkarnation ['re-in-] *v* ⟨~; -en⟩ reïncarnatie
Reinkultur *v* reincultuur
reinlich zindelijk, net, zuiver
reinrassig raszuiver
Reinschrift *v* onderw het net
1 Reis *m* ⟨-es⟩ rijst
2 Reis *o* ⟨-es; -er⟩ rijs, takje, twijgje, loot
Reisbrei *m* rijstebrij, -pap
Reise *v* ⟨~; -n⟩ reis; slang trip, roes; *die ~ nach Jerusalem* ⟨ook⟩ stoelendans; *gute ~* goede reis; *auf ~n* op reis; *jmdn. auf die ~ schicken* sp iem. het gat insturen, iem. de vrije ruimte insturen
Reisebüro *o* reisbureau
reisefertig reisvaardig
Reiseführer *m* reisgids
Reisegepäck *o* reisbagage
Reisekosten *mv* reiskosten
Reiseleiter *m* reisleider
reiselustig reislustig
reisen *zw* reizen
Reisende(r) *m* reiziger; passagier; vero vertegenwoordiger
Reisepaß, nieuwe spelling: **Reisepass** *m* paspoort
Reisescheck *m* reischeque
Reisespesen *mv* reiskosten
Reisfeld *o* rijstveld, -land
Reisig *o* ⟨-s⟩ rijshout
Reißaus *o: ~ nehmen* ervandoor gaan, de plaat poetsen
Reißbrett *o* tekenbord
reißen *st* I *overg* rukken, scheuren, trekken; tekenen, schetsen, trekken; *Gesichter, Grimassen ~* gezichten trekken; *ein Loch in den Beutel ~* veel geld kosten; *ein Tier ~* een dier verscheuren (door roofdier); *Witze ~* moppen tappen; *an sich ~* naar zich toe trekken; *in Fetzen ~* aan flarden scheuren; *zu Boden ~* omverhalen; *sich ~* zich de huid openhalen; *sich am Riemen ~* zich vermannen; *sich etwas unter den Nagel ~* gemeenz iets inpikken; *sich um etwas ~* om iets vechten; *hin und her gerissen werden* in dubio zijn; II *onoverg* scheuren, breken; snel stromen; *ihm reißt der Geduldsfaden* zijn geduld raakt op; *wenn alle Stricke ~* in 't ergste geval; *das reißt ins Geld* dat hakt erin
Reißen *o* ⟨-s⟩ het trekken, rukken; het scheuren; snijdende pijn, jicht
reißend zeer snel; snijdend, vlijmend ⟨v. pijn⟩; snelvlietend, onstuimig ⟨v. beek⟩; *die Ware findet ~en Absatz* de waar vindt gretig aftrek
Reißer *m* ⟨-s; ~⟩ gemeenz bravourestuk; succesnummer, -stuk, -film; bestseller
reißerisch pakkend, sensationeel; drakerig
Reißfeder *v* teken-, trekpen
Reißnagel *m* punaise; ingescheurde nagel
Reißverschluß, nieuwe spelling: **Reißverschluss** *m* trek-, ritssluiting
Reißzeug *o* passer
Reißzwecke *v* punaise
Reitanzug *m* rijkostuum
Reitbahn *v* rijschool, manege, rijbaan
reiten *st* I *onoverg* rijden ⟨op rijdier⟩; *im Schritt ~* stapvoets rijden; *vor dem Anker ~* scheepv op het anker rijden; II *overg* berijden ⟨v. rijdier⟩; sp rijden; *reitet ihn der Teufel?* is hij door de duivel bezeten?
1 Reiter *m* ⟨-s; ~⟩ berijder, ruiter; ruitertje ⟨= licht gewichtje *en* dossierklemmetje⟩; *friesischer, spanischer ~* mil Friese ruiter
2 Reiter *v* ⟨~; -n⟩ grove zeef
Reiterei *v* ⟨~; -en⟩ ruiterij; het gerij
Reitersmann *m* ruiter
Reitgerte *v* rijzweep, karwats
Reitpferd *o* rijpaard
Reitweg *m* ruiterpad
Reiz *m* ⟨-es; -e⟩ prikkel(ing); aanlokkelijkheid, bekoorlijkheid; *der ~ der Neuheit* de bekoring v.h. nieuwe
reizbar prikkelbaar
reizen *zw* prikkelen, irriteren; (uit)lokken; bekoren; kaartsp opbieden; *gereizt* geprikkeld; *Tiere ~* dieren tergen
reizend bekoorlijk, alleraardigst, lief; aanlokkelijk; *das ist ja ~ iron* dat is een mooie boel
reizlos oninteressant, flauw; vervelend
Reizung *v* ⟨~; -en⟩ prikkeling, aansporing, aanlokking; bekoring, verzoeking; irritatie
reizvoll bekoorlijk, vol bekoring
Reizwäsche *v* erotische lingerie, sekslingerie
rekeln *zw: sich ~* zich uitrekken, ongegeneerd onderuitzakken
Reklamation *v* ⟨~; -en⟩ reclamatie, reclame ⟨= klacht, bezwaar⟩
Reklame *v* ⟨~; -n⟩ reclame
reklamieren *zw* reclameren; terugvorderen, terug-, opeisen
rekonstruieren *zw* reconstrueren
Rekonstruktion *v* reconstructie
Rekonvaleszent [-es'tsent] *m* ⟨-en; -en⟩ herstellende, iem. die aan de beterende hand is
Rekonvaleszenz *v* ⟨~⟩ genezing, herstel
Rekord *m* ⟨-(e)s; -e⟩ record; *den ~ schlagen* 't record breken
Rekordler *m*, ⟨-s; ~⟩ recordhouder
Rekrut *m* ⟨-en; -en⟩ mil rekruut
rekrutieren *zw* rekruteren, werven; *sich ~ aus* afkomstig zijn uit
rektifizieren *zw* rectificeren
Rektion *v* ⟨~; -en⟩ gramm regering, rectie
Rektor *m* ⟨-s; -en⟩ hoofd v. lagere of middelbare school; univ rector
Rektorat *o* ⟨-(e)s; -e⟩ rectoraat, rectorswaardigheid; hoofdschap

Rekurs [-'koers] *m* (-es; -e) recht beroep, recht van schadeverhaal, protest
Relation *v* (~; -en) relatie, betrekking
relativ relatief, betrekkelijk
Relativität *v* relativiteit, betrekkelijkheid
Relativpronomen = *Relativum*
Relativsatz *m* gramm betrekkelijke bijzin
Relativum *o* (-s; -va) betrekkelijk voornaamwoord
relegieren *zw* verbannen, wegjagen ⟨v. universiteit of gymnasium⟩
relevant relevant
Religion *v* (~; -en) religie, godsdienst ⟨ook als vak op school⟩
Religionsfreiheit *v* godsdienstvrijheid
religiös religieus, godsdienstig, vroom
Religiosität *v* (~) religiositeit, godsdienstigheid, vroomheid
Relikt *o* (-(e)s; -e) overblijfsel
Reling *v* (~; -en) scheepv reling, verschansing
Reliquiar [-kwi'aar] *o* (-s; -e) reliekschrijn
Reliquie [re-'lie-kwi-e] *v* (~; -en) relikwie
Reminiszenz *v* (~; -en) reminiscentie, herinnering
remis [-'mie] remise; ~ *machen* remise maken
Remis [-'mie] *o* (~; & -en) remisepartij; sp gelijkspel
Remittende *v* (~; -n) door boekhandelaar teruggezonden boek
remittieren *zw* handel remitteren, geld of wissels overmaken; terugzenden ⟨v. boek⟩
Rempelei *v* (~; -en) botsing, ruzie
rempeln *zw* stoten, opzij dringen; sp van de bal afhouden
Ren [reen] *o*, (-s; -e) rendier
Renaissance *v* (~) renaissance
Rendite [-'die-] *v* (~; -n) rendement
Renegat *m* (-en; -en) renegaat
Renette *v* (~; -n) plantk renet
renitent [-'tent] weerspannig
Renitenz *v* weerspannigheid
Rennbahn *v* racebaan
rennen *st* rennen, hard lopen, racen, snellen; sp om 't hardst lopen of rijden; *ins Unglück ~* zijn ongeluk tegemoet gaan; *über den Haufen ~* omverlopen
Rennen *o* (-s; -) wedstrijd; wedloop; race; *ein totes ~* een onbesliste wedstrijd, een deadheat; *das ~ machen* succes hebben, 't halen; *aus dem ~ sein* geen kans meer hebben; *im ~ sein* nog kans hebben, deelnemen
Renner *m* (-s; -) goed renpaard; succesartikel
Rennfahrer *m* wiel-, motor-, autorenner, autocoureur
Rennpferd *o* renpaard
Rennrad *o* racefiets
Rennstrecke *v* racebaan, circuit
Rennwagen *m* raceauto
Renommee *o* (-s; -s) reputatie, roep
renommieren *zw* bluffen, geuren, opsnijden, prat gaan op
renommiert gerenommeerd
renovieren *zw* renoveren; nieuw inrichten; restaureren
Renovierung *v* renovatie; restauratie
rentabel rendabel, winstgevend
Rentabilität *v* (~) rentabiliteit
Rente *v* (~; -n) rente ⟨= pensioenuitkering⟩, lijfrente, (vaste) uitkering
Rentenalter *o* pensioengerechtigde leeftijd
Rentenmarkt *m* obligatiemarkt
Rentenversicherung *v* lijfrenteverzekering
1 Rentier *o* (-s; -e) rendier
2 Rentier [rã-'tjee] *m* (-s; -s) vero rentenier
rentieren *zw: sich ~* renderen
Rentner *m* (-s; -) rentenier; rente-, pensioentrekker
Reparation *v* (~; -en) wederopbouw ⟨na de oorlog⟩, herstel(werkzaamheid)
Reparatur *v* (~; -en) reparatie; *~en* herstelwerkzaamheden
reparaturbedürftig reparatiebehoevend
reparieren *zw* repareren, herstellen
Repertoire *o* (-s; -s) repertoire
Repetent *m* (-en; -en) repetitor; onderw zittenblijver
repetieren *zw* repeteren; overdoen; onderw blijven zitten
Repetiergewehr *o* repeteergeweer
Replik *v* (~; -en) repliek, wederantwoord; replica, kopie ⟨v. kunstwerk⟩
replizieren *zw* repliceren, antwoorden
Report *m* (-(e)s; -e) verslag; reportage
Repräsentant *m* (-en; -en) representant
repräsentativ representatief, vertegenwoordigend
repräsentieren *zw* representeren
Repressalien [-'sa-li-en] *mv* represailles
repressiv repressief
Reprise *v* (-n) reprise
reprivatisieren *zw* in particulier bezit terugbrengen
Reproduktion *v* reproductie
reproduzieren *zw* reproduceren, namaken
1 Reps *m* (-es; -e) Beiers plantk koolzaad
2 Reps *mv* pol = *Republikaner*
Reptil *o* (-s; -e & -ien) reptiel, kruipend dier
Republik *v* (~; -en) republiek
Republikaner *m* (-s; -) republikein; lid of aanhanger v.d. (rechtsradicale) *Republikaner*-partij
republikanisch republikeins
Reputation *v* (~; -en) reputatie
reputierlich net, fatsoenlijk, geacht, van goede naam
requirieren *zw* rekwireren, vorderen
Requisit *o* (-(e)s; -en) theat rekwisiet
Requisition *v* (~; -en) rekwisitie, vordering
Reseda [-'ze-] *v* (~; -s), **Resede** [-'ze-] *v* (~; -n) plantk reseda ⟨ook kleur⟩
Reservat *o* (-(e)s; -e) reservaat
Reserve *v* (~; -n) reserve(-); gereserveerdheid
reservieren *zw* reserveren; *Plätze ~* plaats bespreken
Reservist *m* (-en; -en) mil reservist
Residenz *v* (~; -en) residentie
residieren *zw* residéren, zijn verblijf hebben, wonen
Residuum [-'ziedoe-oem] *o* (-s; -duen) resi-

Resignation

du, rest
Resignation v (~; -en) resignatie, het afstand doen, gelatenheid, onderwerping
resigniert geresigneerd, gelaten
resistent: ~ *gegen* resistent, bestand tegen
Resistenz v (~; -en) weerstand, verzet, resistentie
Resolution v (~; -en) resolutie
Resonanz v (~; -en) resonantie, weerklank
Resonanzboden m klankbodem
resorbieren zw resorberen, opslorpen
Resorption v (~; -en) resorptie
Respekt m (-(e)s; -e) respect, ontzag, hoogachting; *sich ~ verschaffen* zich doen respecteren
respektabel respectabel
respektieren zw respecteren
respektierlich respectabel
respektive respectievelijk
respektlos zonder enig respect, oneerbiedig
Respektsperson v respectabele persoon
respektvoll vol respect, zeer eerbiedig
Ressentiment [-'mã] o (-s) ressentiment, wrok
Ressort [res-'soor] o (-s; -s) ressort, gebied, vak, werkterrein, afdeling
Rest m (-es; -e) rest, overschot; *die sterblichen ~e* het stoffelijk overschot; *der ~ ist Schweigen* daarover kunnen we beter zwijgen; *einem, etwas den ~ geben* iem., iets de genadeslag geven
Restant m (-en; -en) handel schuldenaar; restant; *die ~en* achterstallige schulden
Restaurant [-to'rã] o (-s; -s) restaurant
Restauration v (~; -en) restauratie, herstel; restaurant
restaurieren zw restaureren
Restbetrag m resterend bedrag, overschot
restituieren zw restitueren
Restitution v (~; -en) restitutie, herstel; teruggave
restlich als rest, resterend, overig
restlos zonder rest; totaal, absoluut, volkomen
Restriktion v (~; -en) restrictie, beperking; voorbehoud
Resultat o (-(e)s; -e) resultaat, uitslag
resultieren zw resulteren, uit een zaak voortvloeien; *die R~de* wisk de resultante
Resümee o (-s; -s) resumé, samenvatting
retardieren zw vertragen, retarderen
Retorte v (~; -n) retort, distilleerkolf; *aus der ~* kunstmatig; *Baby aus der ~* reageerbuisbaby
retten zw redden; *den Schein ~* de schijn bewaren; *sich vor Arbeit nicht ~ können* met het werk geen raad weten
Retter m (-s; ~) redder
Rettich m (-(e)s; -e) plantk rammenas
Rettung v (~; -en) redding; Oostr ook ambulance
Rettungsaktion v redding(s)actie
Rettungsanker m scheepv plechtanker
Rettungsboje v scheepv reddingsboei
Rettungsboot o reddingboot
Rettungsdienst m eerste hulp bij ongelukken
Rettungsgürtel m reddingsgordel
rettungslos reddeloos
Rettungsmannschaft v reddingsploeg, -brigade
Rettungsring m reddingsboei
Rettungswagen m ambulance, ziekenwagen
retuschieren zw retoucheren, bijwerken
Reue v (~) berouw, spijt
reuen zw berouwen, spijt hebben van; *das reut mich* daar heb ik spijt van
reuevoll, reuig, reumütig berouwvol
Reuse v (~; -n) fuik
reüssieren [ree-uus-] zw reüsseren, gelukken; slagen; succes hebben
Revanche v (~; -n) revanche, vergelding; tegenprestatie
revanchieren zw: *sich ~* zich revancheren, iets terugdoen
Reverenz v (~; -en) reverentie, eerbewijs; buiging; *jmdm. ~ erweisen* iem. eer betuigen
1 Revers [re-'wèr] m (~; ~) revers
2 Revers [-'wers] m (-es; -e) recht schriftelijke verklaring
revidieren zw herzien; nazien, controleren
Revier [-'wier] o (-s; -e) (bos)district; (jacht-)gebied; wijk, rayon; ziekenkamer (in kazerne); politiebureau
Revision v (~; -en) inspectie, revisie (ook typ); herziening, verificatie; beroep in cassatie
Revisor [-'wie-] m (-s; -en) revisor (ook typ); inspecteur; verificateur
Revolte [-'wol-] v (~; -n) oproer, muiterij
revoltieren zw muiten
Revolution [-woloe'tsioon] v (~; -en) revolutie
revolutionär revolutionair
Revolutionär m (-s; -e) revolutionair
revolutionieren zw volledig veranderen; in opstand komen; opruien, tot opstand aanzetten
Revoluzzer m geringsch verwoed revolutionair
Revolver [-'wol-] m (-s; ~) revolver
Revolverblatt o boulevard-, sensatieblad
Revue v (~; -n) theat revue; vero militaire parade
Rezensent m (-en; -en) recensent
rezensieren zw recenseren, beoordelen
Rezension v (~; -en) recensie, beoordeling
rezent recent, nog levend, nog voorkomend, bestaand
Rezept o (-(e)s; -e) recept, voorschrift
Rezeption v (~; -en) receptie, ontvangst, opname
rezeptpflichtig alleen op recept verkrijgbaar
Rezeptur v receptuur
Rezeß [-'tses], nieuwe spelling: **Rezess** m (-zesses; -zesse) vero overeenkomst
Rezession v (~; -en) recessie
rezipieren zw opnemen
reziprok wederkerig, wederzijds
Rezitativ o (-s; -e) muz recitatief
Rezitator m (-s; -en) declamator, voordrager

rezitieren zw reciteren, voordragen
R-Gespräch o collect call
Rhein m (-(e)s) Rijn
rheinisch Rijnlands, van de Rijn; Rijn-
Rheinländer m Rijnlander; Duitse polka
Rhetorik [-'to-] v (~) retoriek, retorica
Rheuma o (-s; -tismus) m (~) reumatiek, reuma
Rhinozeros o (~ & -ses; -se) neushoorn
Rhododendron o & m (-s; -dren) rododendron
Rhombus m (~; -ben) wisk ruit
Rhythmus m (~; -men) ritme
Richtblei o paslood
richten zw recht maken, richten; in orde brengen, klaarzetten, klaarmaken; oordelen, vonnissen; Oostr repareren; *sein Sinnen auf etwas ~* iets op 't oog hebben; *das Wort ~ an* (+ 4) 't woord richten tot; *über einen ~* een ongunstig oordeel over iem. uitspreken; *zugrunde ~* ten gronde richten; *sich ~ nach* zich schikken naar
Richter m (-s; ~) rechter; scheidsrechter; *das Buch der ~* het boek Richteren
richterlich rechterlijk, gerechtelijk; *eine ~e Entscheidung* een rechterlijke uitspraak
Richterspruch m gerechtelijke uitspraak
Richtgeschwindigkeit v aanbevolen snelheid
richtig juist, in orde; waar, betrouwbaar; echt; (politiek) goed; *im Kopf (Oberstübchen) nicht ganz ~* van lotje getikt; *ja, ~!* ja, dat is waar ook; *~, da saß er!* warempel (werkelijk), daar zat hij; *du bist mir der R~e* jij bent me een mooie; *für ~e Abschrift* voor eensluidend afschrift; *~ gehen* goed lopen (v. uurwerk); *es war ~ nett* het was (echt) heel leuk; *der R~e* de ware Jakob
richtiggehend, nieuwe spelling: **richtig gehend** accuraat lopend; gemeenz echt
Richtigkeit v (~; -en) juistheid; *es hat damit seine ~* dat is in orde
richtigstellen, nieuwe spelling: **richtig stellen** zw rectificeren, rechtzetten
Richtlinie [-ni-e] v richtlijn, -snoer; rooilijn
Richtplatz m gerechtsplaats, galgenveld
Richtpreis m richtprijs
Richtsatz m richtlijn; norm
Richtschnur v richtsnoer
Richtstrahler m RTV straalzender
Richtung v (~; -en) richting; strekking; *in ~ auf* (+ 4) in de richting van
Richtwaage v waterpas
Ricke v (~; -n) jacht rekke, reegeit (na de eerste worp)
riechen (roch; gerochen) ruiken, rieken; *etwas nicht ~ können* fig iets niet kunnen ruiken, van iets geen idee hebben; *den Braten ~* lont ruiken; *einen nicht ~ können* iem. niet kunnen luchten; *etwas drei Meilen gegen den Wind ~* gemeenz iets heel duidelijk merken
Riecher m (-s; ~) iemand die ruikt; schertsend neus; *einen ~ für etwas haben* gemeenz een fijne neus voor iets hebben
Riechsalz o vlugzout
Riechstoff m geurstof

Ried o (-(e)s; -e) riet; moerasland
Riedgras o plantk bies
Riefe v (~; -n) gleuf, groef, voor; trek ⟨in geweerloop⟩
Riege v (~; -n) turnploeg; *die alte ~* geringsch de oude hap
Riegel m (-s; ~) grendel; dwarslat; richel ⟨ookv.bergwand⟩;tong⟨v.slot⟩;(chocolade-)reep; staaf ⟨v. zeep⟩
Riemen m (-s; ~) riem; roeiriem; *sich am ~ reißen* zich vermannen; *den ~ enger schnallen* de buikriem aanhalen
Ries o (-es; -e) riem papier ⟨= 480 of 500 vel⟩; *das ~* Beiers de vlakte
Riese m (-n; -n) reus; *(brauner) ~* slang biljet van 1000 Mark; *nach Adam ~* volgens Bartjens
Rieselfeld o bevloeiings-, irrigatieveld
rieseln zw zachtjes vloeien of neervallen, neerdwarrelen; murmelen; motregenen; *es rieselt ihm kalt über den Rücken* het loopt hem koud over de rug
Riesenarbeit v reusachtig werk
riesengroß reusachtig, geweldig
riesig reusachtig, geweldig; *es freut mich ~ gemeenz* ik ben erg blij om, mee
Riesin v (~; -nen) reuzin
Riesling m (-s; -e) riesling (= witte wijn en druivensoort)
Riff o (-(e)s; -e) rif
riffeln zw ribbelen; hekelen, raspen; doorhalen, bedillen
rigoros rigoureus
Rigorosum ['-ro-] o (-s; -sa & -sen) mondelinge verdediging v.e. proefschrift
Rille v (~; -n) voor; goot, groef, geul
Rimesse v (~; -n) handel remise, geldzending
Rind o (-(e)s; -er) rund
Rinde v (~; -n) bast, schors; korst
Rinderbraten m groot stuk gebraden rundvlees
Rindfleisch o rundvlees
rindsledern bn van rundleer, rundleren
Rindvieh o (-s; -er) rundvee; scheldwoord stommeling, rund
Ring m (-(e)s; -e) ring (ook bij turnen, boksen); kring; bond; boulevard, singel; schakel, schalm; handel syndicaat, combinatie
Ringbahn v ceintuurbaan, rondweg
Ringel m (-s; -e) ringetje, krul
Ringelblume v goudsbloem
Ringellocke v krullende lok, pijpenkrul
ringeln zw krullen; ringen maken
Ringelnatter v ringslang
Ringelreigen m, **Ringelreihen** m rondedans
ringen (rang; gerungen) worstelen; *mit dem Tode ~* op sterven liggen; *mit den Tränen ~* zijn tranen nauwelijks kunnen bedwingen; *nach Atem ~* naar lucht snakken; *nach Worten ~* naar woorden zoeken
Ringer m (-s; ~) worstelaar
Ringkampf m worsteling, worstelstrijd
Ringkämpfer m worstelaar
rings rondom, in 't rond
ringsherum rondom, in 't rond
Ringstraße v ringweg, ceintuurbaan

Ringtausch *m*, ruil tussen drie of meer personen

Ringwechsel *m* het wisselen van de ringen ⟨bij huwelijk⟩

Rinne *v* (~; -n) goot; groeve; (vaar)geul

rinnen (rann; geronnen) vloeien, stromen

Rinnsal *o* (-(e)s; -e) beekje, stroompje

Rinnstein *m* gootsteen; (straat)goot; trottoirband

Rippe *v* (~; -n) rib ⟨ook v. radiateur⟩; (chocolade)reep; *nichts auf (in) den ~n haben* gemeenz broodmager zijn

rippen *zw* ribben, van ribben voorzien

Rippenfell *o* anat borstvlies

Rippenstoß *m* stoot in de zij, por tegen de ribben; fig aanmoediging

Rips *m* (-es; -e) rips (= geribbelde stof)

Risiko *o* (-s; -s & -ken) risico; *auf mein ~* voor mijn risico

riskieren *zw* riskeren, wagen; *einen Blick ~* gemeenz eventjes kijken; *Kopf und Kragen ~* zijn leven op 't spel zetten; *eine (große) Lippe ~* gemeenz wat durven zeggen

Rispe *v* (~; -n) pluim ⟨als bloeiwijze⟩

Rispengras *o* beemdgras

Riß, nieuwe spelling: **Riss** *m* (Risses; Risse) scheur, barst; breuk; ruk; *ein ~ in der Entwicklung* een breuk in de ontwikkeling

rissig gescheurd, gebarsten, vol kieren en scheuren

Rist *m* (-es; -e) wreef; handrug; schoft ⟨v. paard⟩

Ritt *m* (-(e)s; -e) rit ⟨op rijdier⟩

Ritter *m* (-s; ~) ridder; *arme ~* wentelteefjes

Rittergut *o* riddergoed, havezate

ritterlich ridderlijk

Ritterschaft *v* ridderschap; de ridders

Rittersporn *m* plantk ridderspoor

Rittertum *o* (-s) ridderschap, -wezen

rittlings schrijlings

Rittmeister *m* mil ritmeester

Ritual [-toe'aal] *o* (-s; -e) ritueel

rituell ritueel

Ritus *m* (~; -ten) ritus, rite

Ritz *m* (-es; -e), **Ritze** *v* (~; -n) spleet; kras, schram

ritzen *zw* krassen; *die Sache ist (wäre) geritzt* de zaak is voor elkaar

Ritzer *m* (-s; ~) kras, schram

Rivale [-'wa-] *m* (-n; -n) rivaal

Rivalin [-'wa-] *v* (~; -nen) rivale

rivalisieren *zw* rivaliseren

Rivalität *v* (~; -en) rivaliteit

Rizinusöl ['rie-, Oostr -'zie-] *o* wonderolie

Robbe *v* (~; -n) rob, zeehond

robben *zw* zich schuivend langs de grond voortbewegen ⟨als een rob⟩, robben

Robe ['ro-] *v* (~; -n) (nieuwe) jurk, (avond-) japon; toga

Roboter *m* (-s; ~) robot

robust robuust; sterk gespierd

Rochade [ro'chade, ro'sjade] *v* (~; -n) rokade

röcheln *zw* rochelen, reutelen

Rochen *m* (-s; ~) visk rog

rochieren [ro'chieren, -'sjieren] *zw* rokeren, rocheren ⟨bij schaakspel⟩

Rock *m* (-(e)s; Röcke) (vrouwen)rok; jas

Rockschoß *m* jas-, rokpand

Rockzipfel *m* slip v.d. jas

Rodelbahn *v* rodelbaan

rodeln *zw* rodelen, sleeën ⟨van een helling af⟩

Rodelschlitten *m* (rodel)slee

roden *zw* rooien, kappen ⟨v. bos⟩; ontginnen

Rodung *v* (~; -en) het rooien; gerooide plek, ontginning

Rogen *m* (-s; ~) kuit ⟨v. vis⟩

Roggen *m* (-s; ~) rogge

Roggenbrot *o* roggebrood

roh rauw; ruw; *~es Eisen* ruw ijzer; *~es Fleisch* rauw vlees; *ein ~er Kerl* een ruwe kerel; *~e Milch* niet-gepasteuriseerde melk; *ein ~er Entwurf* een eerste ontwerp

Rohbau *m* (-(e)s; -ten) nog niet afgewerkt huis (gebouw)

Roheit, nieuwe spelling: **Rohheit** *v* (~; -en) rauwheid; ruwheid

Rohertrag ['ro-ertraak] *m* bruto-opbrengst

Rohkost *v* rauwkost

Rohling *m* (-s; -e) ruwe kerel, bruut; onbewerkte ijzeren staaf

Rohmaterial *o* grondstof, onbewerkt materiaal

Rohöl *o* ruwe olie

Rohprodukt *o* onbewerkt product

Rohr *o* (-(e)s; -e) riet ⟨ook plantk⟩; rotting; pijp, buis; loop ⟨v.e. geweer⟩; *spanisches ~* Spaans riet; *volles ~ fahren* volgas rijden; *~e verlegen* leidingen plaatsen

Rohrammer *v* vogelk rietgors

Rohrdommel *v* vogelk roerdomp

Röhre *v* (~; -n) buis ⟨ook in radio, tv⟩, pijp, goot; gang ⟨v.e. konijnenhol⟩; *Eustachische ~* buis van Eustachius; *(dumm) in die ~ gucken* achter het net vissen

röhren *zw* schreeuwen ⟨v. hert in bronsttijd⟩; fig brullen

Rohrflöte *v* muz rietfluit, herdersfluit

Röhricht *o* (-(e)s; -e) riet, biezen, rietland

Rohrleitung *v* pijpleiding

Rohrpost *v* buizenpost

Rohrsänger *m* vogelk rietzanger

Rohrspatz *m* vogelk grote karekiet

Rohrstock *m* rotting, rietje

Rohrstuhl *m* rieten stoel

Rohrzucker *m* rietsuiker

Rohstoff *m* grondstof

Rohzucker *m* ongeraffineerde (ruwe) suiker

Rokoko ['rokkoko, Oostr -ko'ko] *o* rococo

Rolladen, nieuwe spelling: **Rollladen**, ook: **Roll-Laden** *m* rolluik

Rollbahn *v* luchtv start- en landingsbaan; ⟨in Tweede Wereldoorlog⟩ provisorische weg voor troepentransport en -bevoorrading

Rollbrett *o* skateboard

Rolle *v* (~; -n) rol; katrol; turnen koprol; luchtv rolvlucht; Oostr mangel; *eine ~ spielen* een rol spelen ⟨ook fig⟩; *aus der ~ fallen* uit zijn rol vallen; *die tragende ~* theat de hoofdrol

rollen *zw* rollen, wentelen; luchtv taxiën;

die (mit den) Augen ~ met de ogen rollen; *ins R~ bringen* op gang brengen; *ins ~ kommen* beginnen (te rollen)
Rollenlager *o* rollager
Rollenspiel *o* rollenspel
Rollenverteilung *v* rolverdeling
Roller *m* (-s; ~) step, autoped; scooter; rollertje ⟨bij voetbal⟩; grote golf in de branding; vogelk roller
rollern *zw* steppen ⟨op autoped⟩
Rollfeld *o* luchtv start- en landingsbaan
Rollkragenpullover *m* coltrui
Rollmops *m* rolmops
Rollschuh *m* rolschaats
Rollstuhl *m* rolstoel
Rolltreppe *v* roltrap
Rom *o* (-s) Rome
Roman [-'maan] *m* (-s; -e) roman
romanisch Romaans; ⟨ook Zwits⟩ Ladinisch
Romanist *m* (-en; -en) romanist
Romantik [-'man-] *v* (~) romantiek
Romantiker [-'man-] *m* (-s; ~) romanticus
Romanze *v* (~; -n) romance
Römer *m* (-s; ~) Romein; roemer ⟨= groot rijnwijnglas⟩
römisch Romeins; *~-katholisch* rooms-katholiek
Rondell *o* (-s; -e) rondeel ⟨= ronde toren⟩; rond bloembed; rond plein
Rondo *o* (-s) muz rondo
röntgen *zw* een röntgenfoto maken
Röntgenaufnahme *v*, **Röntgenbild** *o* röntgenfoto
rosa, rosafarbig, rosarot roze; fig rooskleurig
rösch hard, bros; grof geklopt
Rose *v* (~; -n) roos
Rosenbusch *m* rozenstruik
Rosenholz *o* rozenhout
Rosenkohl *m* spruitjes
Rosenkranz *m* rozenkrans ⟨ook RK⟩; *kleiner* ~ rozenhoedje
Rosenmontag *m* carnavalsmaandag
Rosenstrauß *m* boeket rozen
Rosette *v* (~; -n) rozet; roosje ⟨= bep. diamantvorm⟩
rosig rooskleurig; rozig, blozend; *in ~er Laune* in een voortreffelijk humeur; *in ~em Licht* rooskleurig
Rosine *v* (~; -n) rozijn; *~n im Kopf haben* gemeenz al te grote plannen hebben, verwaand zijn
Rosmarin ['-rien] *m* (-s) plantk rozemarijn, rosmarijn
Roß, nieuwe spelling: **Ross** *o* (-sses; -sse, gemeenz Rösser) ros, paard; *sich aufs hohe ~ setzen* verwaand zijn; *~ und Reiter nennen* man en paard noemen
Roßapfel nieuwe spelling: **Rossapfel** *m* paardenvijg
Rösselsprung *m* paardensprong ⟨bij schaakspel⟩; soort puzzel
Roßhaar, nieuwe spelling: **Rosshaar** *o* paardenhaar
Roßkastanie, nieuwe spelling: **Rosskastanie** [-ni-e] *v* paardekastanje
Roßkur, nieuwe spelling: **Rosskur** *v* paardenkuur

1 Rost *m* (-es) (ijzer)roest; plantk roest
2 Rost *m* (-es; -e) rooster
Rostbraten *m* geroosterd rundvlees
Röstbrot [eu-] *o* geroosterd brood, toast
rosten *zw* roesten
rösten [reusten] *zw* roosteren; bakken; roten ⟨v. vlas en hennep⟩
rostfrei roestvrij
rostig roestig, verroest
Röstkartoffeln ['reust-] *mv* gebakken aardappelen
rot rood; pol rood, links; *die R~e Erde* Westfalen; *der ~e Faden* de rode draad; *wie ein ~es Tuch* als een rode lap; *~ werden* blozen
Rotation *v* (~; -en) rotatie, wenteling; pol ambtswisseling (na een vastgestelde tijd)
Rotauge *o* visk blankvoorn
rotbackig, rotbäckig met rode wangen
Rotbuche *v* gewone beuk, bruine beuk
Rotdorn *m* rode meidoorn
Röte *v* (~) roodheid, blos; plantk meekrap
Rötel *m* (-s; ~) roodkrijt; roodaarde
Röteln *mv* med rodehond
röten *zw* rood maken, rood kleuren
Rotfuchs *m* vos; roodvos ⟨bep. kleur paard⟩
Rothirsch *m* edelhert
rotieren *zw* roteren, rondwentelen, draaien
Rotkäppchen Roodkapje
Rotkehlchen *o* roodborstje
Rotkohl *m* rodekool
Rotkraut *o* Z-Duits rode kool
rötlich roodachtig, rossig; pol roze
Rotschwänzchen *o* vogelk roodstaart
Rotstift *m* rood potlood; *den ~ ansetzen* schrappen, besparen
Rottanne *v* fijnspar
Rotte *v* (~; -n) bende; troep, ploeg; mil rot
rotten *zw* samenrotten, muiten; roten ⟨v. vlas⟩
Rötung *v* (~; -en) roodkleuring, roodheid
Rotwein *m* rode wijn
Rotwild *o* roodwild ⟨bijv. herten, reeën &⟩
Rotz *m* (-es) snot
rotzen *zw* snotteren
rotzig snotterig; brutaal
Rotzlöffel *m*, **Rotznase** *v* snotneus
Rotzunge *v* visk aalbot
Roulade [roe] *v* (~; -n) rollade
Rouleau [roe-'loo] *o* (-s; -s) rolgordijn
Roulett *o* (-(e)s; -s & -e), **Roulette** *v* (~; -n) roulette
roulieren *zw* rouleren
Route *v* (~; -n) route, reisweg
Routine *v* (~) routine; sleur
routiniert geroutineerd, bedreven
rubbeln *zw* (droog) wrijven; krassen ⟨v. lot⟩
Rübe *v* (~; -n) plantk raap; slang kop; *gelbe ~* peen; *rote ~* rode biet; *eins auf die ~ bekommen* gemeenz op zijn kop krijgen
Rübenzucker *m* beetwortelsuiker
rüber (= *herüber*) gemeenz hierheen, over(-heen)
Rubin [-'bien] *m* (-s; -e) robijn
Rubrik *v* (~; -en) rubriek
rubrizieren *zw* rubriceren
Rübsamen, Rübsen *m* (-s) plantk raapzaad

Ruch *m* (-(e)s) reuk, lucht; *im ~ der Korruption* verdacht van corruptie
ruchbar ruchtbaar, bekend
ruchlos goddeloos, slecht, verdorven
Ruchlosigkeit *v* (~; -en) goddeloosheid, verdorvenheid, slechtheid, snoodheid
Ruck *m* (-(e)s; -e) ruk, schok, stoot; pol verschuiving; *auf einen ~* ineens; *sich einen ~ geben* zich vermannen; *ruck, zuck* bliksemsnel
Rückansicht *v* achteraanzicht
Rückantwort *v* antwoord; repliek; antwoordkaart
ruckartig met een ruk, met een schok; plotseling
rückbezüglich taalk reflexief, wederkerend
Rückbildung *v* achteruitgang, degeneratie, atrofie
Rückblende *v* flashback
Rückblick *m* terugblik
rückdatieren *zw* antedateren
rucken *zw* roekoeën, koeren; zich met schokken bewegen
rücken *zw* (binnen)rukken; schuiven, plaatsen; *rück mal!* schuif 'ns op; *an jemands Stelle ~* iemands plaats innemen; *einem auf die Bude, Pelle ~* gemeenz iem. op zijn dak komen; *das ist in weite Ferne gerückt* dat is tot veel later uitgesteld; *ins rechte/falsche Licht ~* in het juiste licht/een verkeerd daglicht plaatsen; *etwas in ein neues Licht ~* op iets nieuw licht laten vallen; *einem zu Leibe ~* iem. te lijf gaan
Rücken *m* (-s; ~) rug; ruggensteun, steun; *einen breiten ~ haben* fig een brede rug hebben; *hinter jemands ~* achter iems. rug; *den ~ freihaben* de handen vrij hebben; *jmdm. den ~ freihalten* iem. in de rug dekken; *jmdm. in den ~ fallen* iem. in de rug aanvallen (ook fig); *mit dem ~ zur Wand stehen* met de rug tegen de muur staan; *jmdm. den ~ stärken* iem. moed toespreken
Rückendeckung *v* rugdekking
Rückenflosse *v* rugvin
Rückenlage *v: in ~* op de rug liggend, in rugligging
Rückenlehne *v* rugleuning
Rückenmark *o* ruggenmerg
Rückenwind *m* wind in de rug, wind mee
Rückenwirbel *m* rugwervel
Rückfahrkarte *v* retour(tje)
Rückfahrt *v* terugreis, het terugvaren of -rijden; retour
Rückfall *m* recidive, terugval; med instorting, inzinking
rückfällig: *ein ~er Verbrecher* een recidivist; *~ werden* recidivist worden; med weer instorten
Rückflug *m* retourvlucht
Rückfrage *v* wedervraag; herhaalde vraag (om meer inlichtingen); *nach telefonischer ~* na verdere telefonische inlichtingen
rückfragen *zw* nogmaals vragen
Rückgabe *v* teruggave; 't terugspelen (bij voetbal)
Rückgang *m* achteruit-, teruggang; verval; daling
rückgängig achteruitgaande; *etwas ~ machen* iets ongedaan maken; herroepen, opheffen; handel annuleren
Rückgrat *o* ruggengraat (ook fig)
Rückhalt *m* ruggensteun, steun; terughouding, reserve
rückhaltlos openhartig, vrij uit
Rückhand *v* tennis backhand
Rückkehr *v* (~) terugkeer, -komst
Rückkunft *v* (~) terugkomst
rückläufig teruglopend, -gaand, achteruitgaand, dalend
Rücklicht *o* achterlicht
rücklings ruggelings; achterover
Rückmarsch *m* terugmars, -tocht
Rücknahme *v* (~) terugneming
Rückreise *v* terugreis
Rucksack *m* rugzak
Rückschau *v* terugblik
Rückschlag *m* terugslag; tegenslag, -spoed
Rückschluß, nieuwe spelling: **Rückschluss** *m* gevolgtrekking, conclusie
Rückschritt *m* pas achterwaarts; achteruitgang
Rückseite *v* keerzijde
rucksen *zw* roekoeën, koeren
Rücksendung *v* terug-, retourzending
Rücksicht *v* (~; -en) inachtneming; eerbied, achting; auto zicht naar achteren; *~ nehmen auf* (+4) rekening houden met; *ästhetische ~en* esthetische overwegingen; *mit ~ auf* met het oog op; *ohne ~ auf* zonder rekening te houden met
Rücksichtnahme *v* (~) inachtneming het rekening houden met
rücksichtslos hard, onverbiddelijk, zonder rekening te houden met; niets ontziend; onhebbelijk, lomp; brutaal
rücksichtsvoll attent, voorkomend, beleefd
Rücksitz *m* achterbankje; duozit
Rückspiegel *m* auto achteruitkijkspiegel
Rückspiel *o* returnwedstrijd
Rücksprache *v* ruggespraak; overleg
Rückstand *m* achterstand, schuld; *Rückstände* aanslag (v. roet &); bezinksel, residu, rest; *in ~ geraten* achterop komen; *im ~ sein* achter staan
rückständig achterstallig; achterlijk, verouderd; *~e Aufträge* nog uit te voeren orders
Rückstellung *v* voorlopige vrijstelling; handel reservering; *~en* reserves
Rückstoß *m* terugstoot
Rückstrahler *m* reflector, kattenoog
Rücktritt *m* het terugtreden; het aftreden; het afzien van iets
Rücktrittbremse *v* techn terugtraprem
Rücktrittsgesuch *o* verzoek om ontslag, ontslagaanvraag
rückversichern *zw* herverzekeren
Rückwand *v* achterwand
rückwärtig naar achteren; achterwaarts; *der ~e Ausgang* de achteruitgang
rückwärts rugwaarts, van achteren (naar voren); achteruit, -in, -aan
Rückwärtsgang *m* auto achteruit
rückwärtsgehen, nieuwe spelling: **rück-**

wärts gehen onr achteruitgaan
Rückweg m terugweg
ruckweise met een ruk, met rukken, stoten
rückwirkend: ~ vom 1. Januar met terugwerkende kracht vanaf 1 januari
Rückwirkung v terugwerking, terugwerkende kracht; invloed; terugslag
Rückzahlung v terugbetaling
Rückzieher m herroeping; toegeving; sp omhaal; den ~ machen gemeenz terugkrabbelen, toegeven
Rückzug m terugtocht
rüde ruw, ongemanierd
Rüde m (-n; -n) dierk reu; mannetjesvos, -wolf
Rudel o (-s; ~) roedel, kudde; troep; flottielje (duikboten)
rudelweise in troepen, roedels, koppels
Ruder o (-s; ~) riem, roeispaan; roer; stuur; vogelk roeipoot; fig bewind, leiding
Ruderboot o roeiboot
Ruderer m (-s; ~) roeier
Rudergänger m, **Rudergast** m scheepv roerganger
Ruderhaus o scheepv stuurhut
rudern zw roeien; zwemmen ⟨v. eend⟩
Ruf m (-(e)s; -e) roep, schreeuw; beroeping ⟨v. professor, dominee⟩; roep, reputatie; telefoonnummer; den ~ haben (+ 2) bekend staan als; im ~ stehen de naam (reputatie) hebben
rufen st roepen; noemen; einem etwas ins Gedächtnis ~ iem. aan iets herinneren; zur Ordnung ~ tot de orde roepen; nach einem ~ om iem. roepen; wie gerufen kommen als geroepen komen
Rüffel m (-s; ~) uitbrander, standje
rüffeln zw: einen ~ iem. een standje, een uitbrander geven
Rufmord m 't bederven v. iemands reputatie
Rufname m vóór-, roepnaam
Rufnummer v telefoonnummer
Rufsäule v praatpaal
Rufweite v: in ~ op gehoorsafstand zijn
Rüge v (~; -n) ernstige berisping
rügen zw laken, berispen; afkeuren; bestraffen ⟨met geldboete⟩
Ruhe v (~; -n) rust, kalmte, bedaardheid; ~! still!; immer mit der ~! kalm aan!; angenehme ~! wel te rusten!; die ewige ~ de eeuwige rust; ~ geben ophouden; in ~ lassen met rust laten; sich zur ~ setzen stil gaan leven
Ruhegehalt o pensioen
ruhelos rusteloos, ongedurig
ruhen zw rusten; braakliggen; stilstaan, -liggen; ich wünsche wohl zu ~! plechtig wel te rusten!; in Gott ~ de eeuwige rust vinden
Ruhestand m rust, oude dag; in den ~ treten met pensioen gaan
Ruheständler m gepensioneerde, pensioentrekker
Ruhestörung v rustverstoring
ruhig rustig, gerust, bedaard, stil, kalm
Ruhm m (-(e)s) roem; sich nicht gerade mit ~ bekleckert haben geen al te goed figuur geslagen hebben
ruhmbedeckt met roem bedekt, overladen
rühmen zw roemen, prijzen; sich einer Sache ~ zich op iets beroemen
rühmenswert lovenswaardig
Ruhmesblatt o fig geweldige prestatie
rühmlich prijzenswaardig; roemvol
ruhmlos roemloos
ruhmreich roemrijk, -vol
ruhmvoll roemvol, -rijk
Ruhr v (~; -en) med dysenterie
Rührei o roerei
rühren zw roeren, raken, aanraken; bewegen; ontstaan, voortspruiten; ontroeren; aanroeren, omwerken ⟨v. grond⟩; woher rührt das? waar komt dat vandaan?; keinen Finger ~ geen hand uitsteken; kein Glied ~ geen vin verroeren; die Werbetrommel ~ für luid reclame maken voor; ~ an (+ 4) aanroeren ⟨een onderwerp⟩; sich ~ bewegen; zich verroeren; actief optreden; zich inspannen; rührt euch! mil op de plaats rust!; wie vom Donner gerührt als door de bliksem getroffen
rührend roerend, aandoenlijk
rührig druk, levendig; bedrijvig, actief
rührselig sentimenteel
Rührung v (~) ontroering
Ruin [roe-'ien] m (-s) ondergang, ruïnering
Ruine [roe'ie-ne] v (~; -n) ruïne, bouwval
ruinieren [roe-i-] zw ruïneren
ruinös [roe-i-'neus] ruïneus, verderfelijk
Rülps m (-es; -e) oprisping, boer
rülpsen zw boeren
Rülpser m (-s; ~) boer
rum- zie: herum-
Rumäne m (-n; -n) Roemeniër
Rumänien [-ni-en] o (-s) Roemenië
Rummel m (-s; ~) gemeenz gedoe, drukte, herrie; kermis, lunapark
rummeln zw lawaai maken, rommelen
Rummelplatz m kermisterrein, lunapark
rumoren zw rommelen; stommelen; lawaai maken
Rumpelkammer v rommelkamer, -zolder
rumpeln zw rommelen; rumoer maken
Rumpelstilzchen o Repelsteeltje
Rumpf m (-(e)s; Rümpfe) romp; stronk
Rumpfbeuge v buiging v.d. romp
rümpfen zw: über etwas die Nase ~ de neus ergens voor optrekken
rumstehen onr gemeenz rondhangen
rund rond; ongeveer
Runde v (~; -n) rondte; rondje; rondgang; mil, sp ronde; in der ~ in 't rond; die ~ machen rondgaan; de ronde doen; über die ~n kommen het net redden
runden, **ründen** zw rond worden; rond maken; ronden; das Jahr rundet sich het jaar loopt ten einde
Rundfahrt v rondvaart, -rit
Rundflug m rondvlucht
Rundfunk m radio-omroep; radio
Rundfunkgebühr v luistergeld
Rundfunkgerät o radiotoestel
Rundfunkhörer m luisteraar
Rundfunksendung v radio-uitzending
rundheraus ronduit, zonder omhaal

rundherum rondom, in 't rond
rundlich rondachtig; mollig, gezet
Rundschau v overzicht; panorama
Rundschreiben o circulaire
rundum rondom
Rundung v (~; -en) ronding
rundweg ronduit
Rune v (~; -n) rune
Runkelrübe v (~; -n) plantk voederbiet
runter (= *herunter*) gemeenz naar beneden, af
Runzel v (~; -n) rimpel, kreuk; frons
runzelig rimpelig, kreukelig, gefronst
runzeln zw rimpelen, kreukelen; *die Stirn* ~ het voorhoofd fronsen
runzlig = *runzelig*
Rüpel m (-s; ~) kinkel, vlegel
Rüpelei v (~; -en) onbehouwenheid, lompheid
rüpelhaft vlegelachtig
rupfen zw afrukken; plukken (ook in geld); grazen; *ein Hühnchen mit einem zu* ~ *haben* gemeenz een appeltje met iem. te schillen hebben
Rupfen m (-s) jute
ruppig onbehouwen, plomp; onhebbelijk
Rüsche v (~; -n) ruche
Ruß m (-es) roet; brand (in koren)
Russe m (-n; -n) Rus; dierk kakkerlak
Rüssel m (-s; ~) slurf; snuit (v. zwijn); slang neus; zuigspriet (v. insect), roltong (v. vlinder)
rußen zw roeten
rußig roetig, zwart van het roet

Russin ['roes-] v (~; -nen) Russin
rüsten zw toerusten, bereiden; *sich* ~ zich gereedmaken; zich wapenen
Rüster v (~; -n) iep, olm
rüstig : *ein* ~*er Greis* een krasse grijsaard
rustikal [-'kaal] rustiek, landelijk; boers
Rüstung v (~; -en) uitrusting; wapenrusting; toerusting
Rüstungsstopp m bewapeningsstop
Rüstungswettlauf m bewapeningswedloop
Rüstzeug o wapentuig, gereedschap
Rute v (~; -n) roe; roede, rijs, lid; wichelroede; staart (v. hond, vos, wolf)
Rutengänger m, **Rutenläufer** m (wichel-)roedeloper
Rutsch m, (-es; -e) verschuiving; 't glijden; aardverschuiving; *guten* ~ *(ins neue Jahr)!* gemeenz de beste wensen (voor het nieuwe jaar)!; *in einem* ~ achterelkaar
Rutschbahn v glijbaan, roetsjbaan
Rutsche v (~; -n) glijbaan; Z-Duits voetenbank
rutschen zw glijden, schuiven; onderw zakken; auto slippen; *ihm rutscht das Herz in die Hosen* het hart zinkt hem in de schoenen
Rutscher m (-s; ~) Oostr uitstapje
rutschfest niet-glijdend, anti-slip
Rüttelfalke m torenvalk
rütteln zw schudden, schokken, wrikken; rammelen; klapwieken; *daran ist nicht zu* ~ daaraan valt niet te tornen

S

Saal *m* (-es; Säle) zaal
Saat *v* (~; -en) zaad (voor 't zaaien bestemd); zaaiing; zaaitijd; het gezaaide, zaaisel; gewas
Saatgut *o* zaaigoed, -zaad
Saatkartoffel *v* pootaardappel
Saatkrähe *v* roek
Sabbat *m* (-s) sabbat
sabbeln *zw* kwijlen; leuteren
Sabber *m* (-s) *reg* speeksel, kwijl
sabbern *zw* kwijlen; leuteren
Säbel *m* (-s; ~) mil sabel
Säbelgerassel *o* sabelgekletter
Säbelhieb *m* sabelslag, -houw
säbeln *zw* sabelen, neersabelen
Sabotage *v* (~) sabotage
Saboteur *m* (-s; -e) saboteur
sabotieren *zw* saboteren
Sachbearbeiter *m* ambtenaar die een zaak behandelt
Sachbeschädigung *v* recht zaakbeschadiging
Sachbuch *o* populair-wetenschappelijk boek
sachdienlich ter zake dienend, doelmatig
Sache *v* (~; -n) zaak, ding; proces; *seine* ~ zijn bezittingen, bagage, kleren, spullen; *eine* ~ *für sich* een zaak op zichzelf; *das ist deine* ~ dat moet je zelf weten; dat is je eigen verantwoordelijkheid; *das ist nicht jedermanns* ~ dat kan niet zomaar iedereen, niet iedereen houdt daarvan; *das ist so eine* ~ daarmee is 't eigenaardig gesteld; *zweihundert* ~*n gemeenz* 200 kilometer per uur; *runde* ~ iets groots, iets nuttigs; *scharfe* ~ iets pikants; *eine tolle* ~ een dwaze geschiedenis; een goede actie; *unverrichteter* ~ onverrichter zake; *eifrig bei der* ~ *sein* druk in de weer zijn; er goed bij zijn; *nicht ganz bei der* ~ *sein* er niet goed bij zijn (met zijn aandacht); *in* ~*n Schmidt gegen Müller* in het proces van Schmidt tegen Müller; *in eigener* ~ pro domo, in (voor) zijn eigen belang; *zur* ~ ter zake
Sachgebiet *o* ressort; onderwerp
sachgerecht, sachgemäß zakelijk, objectief; doelmatig, juist, passend; deskundig, vakkundig
Sachkatalog *m* systematische catalogus
Sachkenner *m* deskundige
Sachkenntnis *v* kennis van zaken
Sachkunde *v* kennis van zaken; onderwijs in zaakvakken
sachkundig deskundig, competent
Sachlage *v* stand van zaken
sachlich zakelijk
sächlich *gramm* onzijdig
Sachlichkeit *v* (~; -en) zakelijkheid
Sachschaden *m* materiële schade
Sachse *m* (-n; -n) Sakser
sächseln *zw* Saksisch spreken
Sachsen *o* (-s) Saksen
sächsisch Saksisch
Sachspende *v* gift in natura
sacht, sachte zacht, stil; zachtjesaan; *sachte!* kalm aan!
Sachverhalt *m* stand van zaken
sachverständig deskundig; *ein S~er* een deskundige, expert
Sachwalter *m* zaakwaarnemer; pleitbezorger
Sachwerte *mv* zakelijke waarden; waardevolle, waardevaste goederen
Sack *m* (-(e)s; Säcke) zak; *gemeenz* vervelende vent, zak; *fauler* ~ luiwammes; *in* ~ *und Asche* in zak en as; *mit* ~ *und Pack* met zijn hele hebben en houden
sacken *zw* in een zak doen; zakken; zinken
sackerlot, sackerment sakkerloot
Sackgasse *v* doodlopende straat, slop; *in eine* ~ *geraten* vastlopen
Sackhüpfen *o* zaklopen
Sadismus *m* sadisme
Sadist *m* (-en; -en) sadist
sadistisch sadistisch
säen *zw* zaaien
Safran ['zafraːn] *m* (-s; -e) saffraan
Saft *m* (-(e)s; Säfte) sap; jus; *ohne* ~ *und Kraft* zonder kraak of smaak; *fig* slap
saftig sappig, mals; *fig* stevig, flink, gepeperd
saftlos zonder sap, droog; zonder kracht
Sage *v* (~; -n) sage; gerucht; *es geht die* ~ het gerucht gaat, men vertelt...
Säge *v* (~; -n) zaag; houtzagerij
Sägebock *m* zaagbok, -stoel
Sägemehl *o* zaagsel
sagen *zw* zeggen; *sage und schreibe* zegge; en wel; *wem sagst du das!* dat weet ik zelf ook wel!; ~ *wir* ... laten we zeggen ...; *das* ~ *Sie!* dat beweert u!; *leichter gesagt als getan* gemakkelijker gezegd dan gedaan; *milde gesagt* zacht uitgedrukt; *wie gesagt* zoals ik 't al zei; *wer A sagt, muß auch B* ~ wie a zegt, moet ook b zeggen; *ja* ~ *zur Gegenwart* 't heden aanvaarden; *einem die Meinung* ~ iem. zeggen waar 't op staat; *von Glück* ~ van geluk spreken; *das hat gar nichts zu* ~ dat heeft niets te betekenen; *was Sie nicht* ~! hoe heb ik het nou!; *ich will nichts gesagt haben* ik heb niks gezegd; ik wil de zegsman niet zijn; *lassen Sie sich das gesagt sein* houdt dat voor gezegd; *gesagt, getan* zo gezegd zo gedaan
sägen *zw* zagen; (ook) snurken
sagenhaft legendarisch; overeenkomstig de sage
Sagenkreis *m* sagencyclus
Sägespäne *mv* zaagsel
Sägewerk *o* houtzagerij
Sago *m* sago
Sahne *v* (~) room
Sahneeis *o* roomijs
sahnig romig
Saison [ze-'zõ] *v* (~; -s) seizoen, jaargetijde
Saite *v* (~; -n) snaar; *gelindere* ~*n aufziehen* water bij de wijn doen, inbinden; *ganz andere* ~*n aufziehen* uit een ander vaatje tappen

Saiteninstrument o muz snaarinstrument
Sakko m (-s; -s) colbertjasje (met één rij knopen); sportjasje; Oostr colbertjasje, colbertkostuum (meestal uit twee stoffen)
sakral sacraal, heilig
Sakrament o (-(e)s; -e) sacrament; ~*! gemeenz* verdorie!
sakramental sacramenteel
Sakristei v (~; -en) sacristie
Säkularfeier v eeuwfeest
säkularisieren zw seculariseren
Säkulum ['zee-] o (-s; -la) eeuw
Salamander m (-s; ~) salamander
Salami ['la-] v (~; -(s)) salami(worst)
Salamitaktik v tactiek om politieke doelen geleidelijk te bereiken
Salat [-'laat] m (-(e)s; -e) salade, sla; *grüner* ~ kropsla; *krauser* ~ krulsla; *da haben wir den* ~ *gemeenz* daar hebben we 't gedonder
Salatkopf m krop sla
Salatschüssel v slakom, -bak
Salbaderei v (~; -en) gewauwel, geleuter
salbadern zw wauwelen, leuteren, zeuren, temen; gemeenz ouwehoeren; ~*d* prekerig
Salbe v (~; -n) zalf, smeersel
Salbei v (~) & m (-s) salie
salben zw zalven
Salbung v (~; -en) zalving ⟨ook fig⟩
salbungsvoll zalvend, prekerig
saldieren zw handel salderen; afsluiten
Saldo m (-s), (-s, Salden & Saldi) handel saldo
Saldoübertrag m, **Saldovortrag** m handel op nieuwe rekening overgebrachte saldo
Saline [-'ie-] v (~; -n) zoutmijn, -ziederij
Salm m (-(e)s; -e) zalm
Salmonellen mv salmonella
salomonisch: *ein* ~*es Urteil* een Salomonsoordeel
Salon [za'lô, Oostr -'loon] m (-s; -s) salon
salonfähig geschikt voor beschaafde omgeving, salonfähig
Salonlöwe m salonheld
salopp nonchalant; ongedwongen, informeel; gemeenzaam
Salto m (-s; -s & -ti) salto; *einen* ~ *schlagen* een salto maken; ~*-mortale* salto-mortale
Salut [-'loet] m (-(e)s; -e) mil saluut
salutieren zw mil salueren
Salve [-we] v (~; -n) mil salvo
Salweide v plantk waterwilg
Salz o (-es; -e) zout
Salzbergwerk o zoutmijn
salzen (salzte; gesalzt) zouten; *eine gesalzene Rechnung* een gepeperde rekening
Salzfaß, nieuwe spelling: **Salzfass** o zoutvaatje, -vat
Salzhering m pekelharing, gezouten haring
salzig zoutig, ziltig, brak
Salzkartoffel v gekookte aardappel
Salzlake v pekel
salzlos zoutloos; zouteloos
Salzlösung v zoutoplossing
Salznäpfchen o zoutvaatje
Salzsäule v zoutpilaar

Salzsäure v zoutzuur
Salzsee m zoutmeer
Salzsole v zouthoudende bron
Salzstange v zoutstengel
Salzwasser o zout water, zoutwater
Salzwerk o zoutmijn; zoutkeet, -ziederij
Sämann m zaaier
Samariter m (-s; ~) Samaritaan
Sämaschine v zaaimachine
Same(n) m (-(n)s; -(n)) zaad; sperma
Samenbank v spermabank
Samenerguß, nieuwe spelling: **Samenerguss** m zaadlozing
Samenkapsel v zaaddoos
Samenkorn o zaadje, zaadkorrel
Samenleiter m zaadleider
Sämereien mv allerlei zaden, zaadgoed
sämig gebonden ⟨v. soep enz.⟩
Sämischleder o zeemleer
Sämling m (-s; -e) plantk zaailing
Sammelband m verzamelbundel
Sammelbecken o vergaarbak
Sammelbüchse v collectebus
sammeln zw verzamelen, inzamelen; *Erfahrungen* ~ ervaringen opdoen; *seine Gedanken* ~ zich concentreren; *seine Kräfte* ~ zijn krachten verzamelen; *Truppen* ~ troepen samentrekken; *sich* ~ zich verzamelen, bijeenkomen; zich concentreren; kalmeren
Sammelsurium o (-s; -surien) mengelmoes
Sammelwerk o verzamelwerk
Sammler m (-s; ~) verzamelaar; collectant; elektr accumulator
Sammlung v (~; -en) verzameling, inzameling, collecte; kalmte; *eine* ~ *Gedichte* een bundel gedichten; *innere* ~ inkeer tot zichzelf
Samstag m zaterdag
samstäglich, samstags zaterdags
samt met, benevens; ~ *und sonders* allemaal, alles tezamen
Samt m (-(e)s; -e) fluweel; *in* ~ *und Seide* weelderig, luxueus
Samtband o fluwelen lint; bandfluweel
samten fluwelen; muz fluwelig
Samthandschuh m fluwelen handschoen ⟨ook fig⟩
samtig fluwelen; fluwelig
Samtkleid o fluwelen japon
sämtlich alle(n), allemaal
samtweich fluweelzacht
Sanatorium o (-s; -rien) sanatorium
Sand m (-(e)s; Sände) zand; zandbank; ~ *im Getriebe* een kink in de kabel; *auf* ~ *bauen* op zand bouwen; *jmdm.* ~ *in die Augen streuen* iem. zand in de ogen strooien; *im* ~ *verlaufen* op niets uitdraaien; *wie* ~ *am Meer* onnoemelijk veel, legio; *etwas in den* ~ *setzen* iets verprutsen, verknallen
Sandale v (~; -n) sandaal
Sandalette v (~; -n) lichte damesschoen
Sandbank v zandbank
Sandelholz o sandelhout
Sandgrube v zanderij, zandgroeve
sandig zanderig, zandig
Sandkasten m, **Sandkiste** v zandbak
Sandkorn o, **Sandkörnchen** o zandkorrel-

tje
Sandkuchen *m* zandtaart, -gebak
Sandmann *m*, **Sandmännchen** *o* Klaas Vaak
Sandpapier *o* schuurpapier
Sandsack *m* zandzak
Sandstein *m* zandsteen
Sandstrahlgebläse *o* techn zandstraler
Sanduhr *v* zandloper
Sandwüste *v* zandwoestijn
sanft zacht; zachtaardig; zachtzinnig
Sänfte *v* (~; -n) draagstoel
Sanftheit *v* (~), **Sanftmut** *v* (~) zachtzinnigheid, zachtmoedigheid
sanftmütig zachtmoedig
Sang *m* (-(e)s; Sänge) gezang; *sang- und klanglos* met stille trom
Sänger *m* (-s; ~) zanger
Sängerin *v* (~; -nen) zangeres
sangesfreudig, sangesfroh, sangeslustig zanglustig
Sanguiniker [-'gwie-] *m* (-s; ~) sanguinicus
sanieren *zw* gezondmaken, saneren
Sanierung *v* (~; -en) sanering, gezondmaking
sanitär, Zwits **sanitarisch** sanitair
Sanität *v* (~) gezondheidstoestand; ziekenverzorging; ⟨Oostr ook⟩ ambulance
Sanitäter *m* (-s; ~) verpleger; mil hospitaalsoldaat
Sanitätskasten *m* eerstehulpkistje
Sanitätswagen *m* ambulance, ziekenwagen
Sanitätswesen *o* geneeskundige dienst
Sankt Sint; *~ Nikolaus* Sinterklaas
Sanktion *v* (~; -en) sanctie, strafmaatregel
sanktionieren *zw* sanctioneren
Sankt-Nimmerleins-Tag *m* sint-juttemis
Saphir ['za-] *m* (-s; -e) saffier
Sardelle *v* (~; -n) ansjovis
Sardine *v* (~; -n) sardine; *wie die ~n in der Büchse* als haringen in een ton
Sarg *m* (-(e)s; Särge) dood-, lijkkist
Sarkasmus *m* (~) sarcasme
sarkastisch sarcastisch
Sarkophag *m* (-s; -e) sarcofaag
Satan *m* (-s; -e) satan
satanisch [-'ta-] duivels, satanisch
Satellit *m* (-en; -en) satelliet
Satin [-'tẽ] *m* satijn
Satiriker *m* (-s; ~) satiricus
satirisch satirisch; *~es Gedicht* hekeldicht
satt verzadigd; zat; ⟨v. kleuren⟩ diep-, donker-; *es ~ haben er genoeg van hebben*; *es gründlich ~ haben* een *~e Lösung* chem een verzadigde oplossing; *sich an etwas nicht ~sehen können* zijn ogen niet van iets af kunnen houden; *es gab Kaviar ~* er was kaviaar in overvloed
sattblau diep-, donkerblauw
Sattel *m* (-s; Sättel) zadel ⟨ook v. neus⟩; ⟨berg-⟩ zadel
Sattelbaum *m*, **Sattelbogen** *m* zadelboog, -boom
Satteldach *o* zadeldak
sattelfest zadelvast; fig goed beslagen
satteln *zw* zadelen
Sattelschlepper *m* truck ⟨voor een opleg-

ger⟩
Sattheit *v* (~) verzadigdheid, zatheid
sättigen *zw* verzadigen; bevredigen
Sattler *m* (-s; ~) zadelmaker
sattrot donker-, dieprood
sattsam voldoende, genoeg
saturieren *zw* verzadigen; bevredigen; *saturiert* ⟨ook⟩ ± gezapig
Saturn *m* Saturnus
Satyr *m* (-s & -n; -n) sater, satyr
Satz *m* (-es; Sätze) zin, volzin; stel, reeks; tarief, koers; stelling, these; sprong, stap; typ het zetten; muz deel ⟨van een symfonie of sonate⟩; bezinksel; koffiedik; worp ⟨v. hazen enz.⟩; serie, stel; tennis set; *ein ~ Briefmarken* een serie postzegels; *in ~ gehen* typ gezet worden
Satzanalyse [-lu-] *v* gramm zinsontleding
Satzaussage *v* gramm gezegde, predicaat
Satzbau *m* gramm zinsbouw
Satzergänzung *v* gramm object, voorwerp
Satzfehler *m* zetfout
Satzgegenstand *m* gramm onderwerp
Satzteil *m* gramm zinsdeel
Satzung *v* (~; -en) statuut, statuten; huishoudelijk reglement
satzungsgemäß volgens de statuten, statutair
Satzzeichen *o* leesteken
Sau *v* (~; Säue; ⟨v. wilde zwijnen⟩ Sauen) zeug, zwijn; kaartsp aas; varken; viezerik; *wie eine gesengte ~* gemeenz als een gek; *eine grobe ~* een sterk wild zwijn; *keine ~ slang* geen hond, niemand; *die ~ rauslassen* zich ongeremd vrolijk gedragen, beesten; *das ist unter aller ~* gemeenz dat is beneden alle kritiek; *vor die Säue gehen* gemeenz naar de bliksem gaan; *einen zur ~ machen* iem. uitmaken voor alles wat lelijk is; *~! netjes!*
Sauarbeit *v* gemeenz rotwerk
sauber schoon; keurig ⟨vaak iron⟩; *das Kind ist ~* het kind is zindelijk; *ein ~er Bruder, Bursche, Gast, Patron* iron een lieve jongen, een lekker dier, een fraai heerschap; *ein ~es Früchtchen* iron een deugniet, een dondersteen; *eine ~e Geschichte* iron een fraaie geschiedenis; *~es Holz* geschaafd hout
Sauberkeit *v* (~) netheid, zindelijkheid
säuberlich netjes, keurig; *fein ~* precies, keurig netjes
saubermachen, nieuwe spelling: **sauber machen** *o* schoonmaken
säubern *zw* reinigen; zuiveren ⟨ook mil en pol⟩
Säuberung *v* (~; -en) zuivering ⟨ook pol⟩; reiniging
saublöd(e) gemeenz oerstom
Saubohne *v* tuinboon
Sauce ['zo-se] *v* (~; -n) = Soße
saudumm oerdom
sauen *zw* biggen; kladden, morsen
sauer zuur; fig kwaad, boos; *eine saure Arbeit* een zwaar werk; *ein saures Gesicht* een zuur gezicht; *~ werden* kwaad, boos worden; *einem Saures geben* gemeenz iem. op zijn kop geven; *einem das Leben*

Sauerampfer

~ *machen* iem. 't leven zuur maken
Sauerampfer *m* plantk veldzuring; gemeenz zure wijn
Sauerbraten *m* met azijn gebraden rundvlees
Sauerei *v* (~; -en) geknoei
Sauerkirsche *v* plantk zure kers
Sauerkohl *m*, **Sauerkraut** *o* zuurkool
säuerlich zuurachtig, zurig, wrang; fig zuur
Säuerling *m* (-s; -e) minerale bron; water daaruit; zure wijn
Sauermilch *v* zure melk, dikke melk
säuern *zw* zuren, zuur maken; zuur worden
Sauerstoff *m* zuurstof
sauersüß zuurzoet
Sauerteig *m* zuurdesem, -deeg
Sauertopf *m* zuurpruim
sauertöpfisch gemelijk, knorrig, zuur
saufen (soff; gesoffen) zuipen; drinken ⟨v. dieren⟩; ~ *wie ein Loch* gemeenz zuipen als een tempelier; *sich zu Tode* ~ zich doodzuipen
Säufer *m* (-s; ~) dronkaard, zuiplap
Sauferei *v* (~; -en) zuiperij; drinkpartij
Säuferwahn(sinn) *m* delirium tremens
Saufgelage *o* drinkgelag
Saufraß *m* miserabel eten, vreten
Saugbagger *m* zandzuiger, zuigbaggermachine
saugen *st* (sog; gesogen) & *zw* zuigen; *sich etwas aus den Fingern* ~ iets uit z'n duim zuigen
säugen *zw* zogen
Sauger *m* (-s; ~) zuiger, speen (op fles)
Säuger *m* (-s; ~), **Säugetier** *o* zoogdier
Saugflasche *v* zuigfles
Saugheber *m* hevel
Säugling *m* (-s; -e) zuigeling
Säuglingsausstattung *v* babyuitzet
Säuglingsschwester *v* kraamverpleegster
Säuglingssterblichkeit *v* zuigelingensterfte
Sauhaufen *m* gemeenz beestenbende, zwijnensstal
säuisch smerig, vuil, beestachtig
Saukerl *m* beroerde kerel
Säule *v* (~; -n) zuil, kolom; (steun)pilaar
Saum *m* (-(e)s; Säume) zoom, rand, plooi
saumäßig gemeenz beroerd, vreselijk, bar (slecht)
säumen *zw* (om)zomen; dralen, talmen
säumig talmend, traag
Säumnis *v* (~; -se) & *o* (-ses; -se) achteloosheid, verzuim
saumselig traag, nalatig, langzaam
Saumtier *o* lastdier; vooral muildier
Sauna *v* (~; -s) sauna
Säure *v* (~; -n) zuurheid; chem zuur
säurebeständig, säurefest zuurbestendig
Sauregurkenzeit *v* komkommertijd
Saus *m* (-es) het suizen, gesuis; getier; *in* ~ *und Braus leben* een vrolijk leventje leiden
säuseln *zw* ruisen, ritselen; vleierig, temerig spreken
sausen *zw* suizen; stuiven, vliegen; gieren; *etwas* ~ *lassen* iets laten schieten, verzuimen
Sauseschritt *m*: *im* ~ met grote snelheid

Sausewind *m* loeiende wind; druk kind
Saustall *m* varkenskot; fig zwijnenstal
Sauwetter *o* gemeenz pokken-, hondenweer
Sauwirtschaft *v* gemeenz zwijnenstal, beestenbende
sauwohl: *sich* ~ *fühlen* gemeenz zich kiplekker voelen
Savanne *v* (~; -n) savanne
Saxophon, nieuwe spelling ook: **Saxofon** *o* (-s; -e) muz saxofoon
S-Bahn = *Schnellbahn*
SB-Tankstelle = *Selbstbedienungstankstelle* benzinestation met zelfbediening
Schabe *v* (~; -n) dierk kakkerlak, bakkerstor; schaafijzer
schaben *zw* schrapen, raspen; *sich* ~ zich schurken
Schaber *m* (-s; ~) voetschrapper; schraapstaal
Schabernack *m* (-(e)s; -e) plagerij, poets, streek; kattenkwaad
schäbig sjofel, armzalig, karig
Schablone *v* (~; -n) sjabloon; techn mal
schablonenhaft, schablonenmäßig volgens 't sjabloon, naar een vast model
Schabracke *v* (~; -n) sjabrak, zadeldek
Schabsel *o* (-s; ~) schaafsel, schraapsel
Schach *o* (-(e)s) schaakspel; ~ *und matt* schaakmat
Schachbrett *o* schaakbord
Schacher *m* (-s; ~) sjacheraar
Schächer *m* (-s; ~) moordenaar ⟨naast Jezus gekruisigd⟩
schachern *zw* sjacheren
Schachfigur *v* schaakstuk; fig stroman
schachmatt schaakmat; fig uitgeput, machteloos
Schachspieler *m* schaker, schaakspeler
Schacht *m* (-(e)s; Schächte) schacht, mijnput; trapgat
Schachtel *v* (~; -n) doos; *eine alte* ~ gemeenz een oud mens
Schachtelhalm *m* plantk paardenstaart
Schachtelsatz *m* taalk meervoudig samengestelde zin, zin met enkele ingebedde zinnen
schachten *zw* uitgraven
schächten *zw* ritueel slachten
Schachzug *m* schaakzet (ook fig)
schade jammer; *es ist* ~ *um ihn* het is jammer van, voor hem; *dafür ist mir das zu* ~ daarvoor is mij dat te goed
Schädel *m* (-s; ~) schedel, hersenpan; *einen dicken* ~ *haben* koppig zijn
Schädeldach *o*, **Schädeldecke** *v* schedeldak, hersenpan
schaden *zw*: *einem* ~ iem. schaden, nadeel toebrengen, hinderen; *das schadet nichts* dat doet er niet toe; *dat doet geen kwaad*; *das schadet seinem Ruf* dat schaadt zijn reputatie
Schaden *m* (-s; Schäden) schade, nadeel; letsel; fout, defect; gebrek, ~ *nehmen* schade oplopen; letsel krijgen; *durch* ~ *wird man klug* door schade en schande wordt men wijs; *fort (weg) mit* ~! weg er mee!; *zu* ~ *bringen* schade (letsel) berok-

kenen; *zu ~ kommen* letsel oplopen, gewond raken
Schadenersatz *m* schadevergoeding
Schadenersatzanspruch *m,* **Schadenersatzklage** *v* eis tot schadevergoeding
Schadenfreude *v* leedvermaak
schadenfroh vol leedvermaak
Schadensersatz *m* (in het Duits burgerlijk wetboek) schadevergoeding
schadhaft beschadigd, kapot
Schadhaftigkeit *v* (~; -en) beschadigdheid; slechte toestand
schädigen (+ 4) *zw* schaden, benadelen; *der Geschädigte* de benadeelde
schädlich schadelijk, nadelig
Schädling *m* (-s; -e) schadelijke plant, schadelijk insect; schadelijk individu
schadlos schadeloos; *einen ~ halten* iem. schadeloosstellen; *sich an einem ~ halten* de schade op iem. verhalen
Schadstoff *m* schadelijke stof, milieuvervuilende stof
Schadstoffausstoß *m* uitstoot van schadelijke stoffen
Schaf *o* (-(e)s; -e) schaap (ook fig); *das schwarze ~* het zwarte schaap
Schafbock *m* dierk ram
Schäfchen *o* (-s; ~) schaapje; *seine ~ ins trockene bringen* zorgen dat hij zijn schaapjes op het droge heeft
Schäfer *m* (-s; ~) schaapherder
Schäferei *v* (~; -en) schaapskooi, schapenfokkerij
Schäferhund *m* herdershond
Schäferin *v* (~; -nen) herderin
Schaffell *o* schaaps-, schapenvacht
1 schaffen (schuf; geschaffen) scheppen, voortbrengen; *wie geschaffen für* geknipt voor
2 schaffen *zw* werken, doen, brengen; ⟨Oostr ook⟩ bevelen; *es ~ 't* klaarspelen; *es nicht ~ können* 't niet kunnen klaarspelen, bijbenen; *was hat er hier zu ~?* wat doet hij hier?; *das macht mir viel zu ~* daar heb ik veel last, veel moeite mee; *nichts damit zu ~ haben* daarmee niets van doen hebben; *sich zu ~ machen mit* zich bezighouden met; *Abhilfe ~* hulp verschaffen; in iets voorzien; *Ordnung ~* orde scheppen; *Ruhe ~* de rust herstellen; *auf die Seite ~* opzij leggen; in veiligheid brengen; verdonkeremanen, wegmoffelen; uit de weg ruimen; *einen aus dem Wege ~* iem. uit de weg ruimen; *einen aus der Welt ~* iem. naar de andere wereld helpen; *etwas aus der Welt ~* iets uit de wereld helpen; *sich etwas vom Halse ~* iets van zich af schuiven
Schaffensfreude *v* plezier in 't werk
Schaffenskraft *v* scheppingskracht
Schaffner *m* (-s; ~) conducteur
Schaffnerin *v* (~; -nen) conductrice
Schafgarbe *v* plantk duizendblad
Schafherde *v* kudde schapen
Schafott *o* (-(e)s; -e) schavot
Schafpelz *m* schapenvacht
Schafschur *v* het schapenscheren
Schafstall *m* schaapskooi

Schaft *m* (-(e)s; Schäfte) schacht, schaft; kap ⟨v. laars⟩; heft ⟨v. zakmes⟩, steel ⟨v. hamer⟩; stengel
Schaftstiefel *m* kaplaars
Schafzüchter *m* schapenfokker
Schake *v* (~; -n), **Schäkel** *m* (-s; ~) scheepv ring, schakel ⟨v. ketting⟩, sluiting
Schäker *m* (-s; ~) grappenmaker, guit
Schäkerei *v* (~; -en) gekheid, malligheid; flirt, geflirt
schäkern *zw* gekheid maken, stoeien; flirten
schal verschaald; laf, flauw; *~ werden* verschalen
Schal *m* (-s; -e & -s) sjaal
Schälchen *o* (-s; ~) kommetje, schoteltje
Schale *v* (~; -n) schaal, schotel; bolster, schil, dop, schors; schelp; huid ⟨v. wild⟩; hoef ⟨v. wild⟩; Oostr kopje; *eine rauhe ~* fig ruwe bolster, blanke pit; *sich in ~ werfen* gemeenz zijn (haar) mooiste kleren aantrekken, zich opdoffen
schälen *zw* schillen, pellen, doppen
Schalenwild *o* hoefwild
Schalheit *v* (~; -en) banaliteit; lafheid, flauwheid
Schalk *m* (-(e)s; -e & Schälke) schalk, guit; *er hat den ~ im Nacken, der ~ sieht ihm aus den Augen* hij is een aartsgrappenmaker
schalkhaft schalks, guitig
Schall *m* (-(e)s; Schälle, Oostr -e) geluid; klank, galm, geschal; *~ und Rauch* holle klank
Schalldämmung *v* geluiddemping
Schalldämpfer *m* knalpot; geluiddemper
Schalldämpfung *v* geluiddemping
schalldicht geluiddicht
schallen (schallte, scholl; geschallt) klinken, galmen, schallen; *~der Beifall* daverend applaus; *ein ~des Gelächter* een schaterend gelach; *eine ~de Ohrfeige* een klinkende oorveeg; *~d lachen* hartelijk lachen
Schallgeschwindigkeit *v* geluidssnelheid
Schallmauer *v* geluidsbarrière
Schallplatte *v* grammofoonplaat
Schallschwingung *v* geluidstrilling
Schallwelle *v* geluidsgolf
Schalmei *v* (~; -en) muz schalmei, herdersfluit
Schalotte *v* (~; -n) sjalotje, zilveruitje
Schaltbrett *o* elektr schakelbord; instrumentenbord
schalten *zw* schakelen ⟨ook auto⟩; beheren, beschikken; slang begrijpen, reageren *frei ~ mit* vrij handelen met; *langsam ~* traag van begrip zijn; langzaam reageren; *~ und walten* de lakens uitdelen; *einen ~ und walten lassen* iem. de vrije hand laten
Schalter *m* (-s; ~) loket; schakelaar
Schalterbeamte(r) *m* loketbeambte
Schalthebel *m* auto (versnellings)pook; schakelhefboom
Schaltjahr *o* schrikkeljaar; *alle ~e einmal* gemeenz hoogst zelden, bijna nooit
Schalttafel *v* schakelbord
Schaltung *v* (~; -en) schakeling
Schalung *v* (~; -en) techn bekisting
Schaluppe *v* (~; -n) scheepv sloep

Scham v (~) schaamte; schaamdelen; *falsche* ~ valse schaamte
Schambein o schaambeen
schämen zw: *sich* ~ zich schamen; *sich in Grund und Boden* ~ zich doodschamen
Schamgefühl o gevoel van schaamte, schaamtegevoel
Schamgegend v schaamstreek
schamhaft beschaamd, schuchter, kuis
Schamlippe v schaamlip
schamlos schaamteloos
Schampus m (~) gemeenz champagne
schamrot blozend van schaamte
Schamröte v schaamrood
schandbar schandelijk
Schande v (~; -n) schande; *zu meiner* ~ tot mijn schande
schänden zw schenden, bederven; onteren, verkrachten
Schänder m (-s; ~) schender; bederver, lasteraar; verkrachter
Schandfleck m schandvlek; deugniet
schandhaft schandalig
schändlich schandelijk, schandalig
Schandmaul o lastertong; roddelaar(ster)
Schändung v (~; -en) schending, ontering, verkrachting
Schankerlaubnis v drank-, tapvergunning
Schanktisch m buffet, tapkast (in café, bar)
Schankwirt m cafëhouder, kroegbaas
Schankwirtschaft v tapperij, kroeg
Schanze v (~; -n) schans
schanzen zw mil zwoegen; grond verzetten; vossen, blokken
Schar v (~; -en) schare, groep; reg ploegschaar; *eine* ~ *Gänse* een troepje ganzen
Scharade v (~; -n) charade
Scharbock m (-(e)s) vero scheurbuik
scharen zw: *sich* ~ zich scharen
scharenweise in scharen, in groepen; fig bij de vleet
scharf scherp; streng, wreed; bijtend; snerpend; gemeenz heet, wulps, geil; *eine ~e Zunge* een scherpe tong; *ein ~es Tempo* een fel tempo; ~ *bremsen* hard remmen; ~ *sein auf* (+ 4) fel zijn op, geil zijn op; 't gemunt hebben op
Scharfblick m scherpziende blik
Schärfe v (~; -n) scherpte, scherpheid; scherpzinnigheid
schärfen zw scherpen, wetten; *Bomben* ~ bommen scherp stellen
scharfkantig met scherpe kanten, scherphoekig
scharfmachen zw opstoken, ophitsen
Scharfmacher m ophitser; doordrijver
Scharfrichter m scherprechter, beul
Scharfschütze m scherpschutter
Scharfsinn m scherpzinnigheid
scharfsinnig scherpzinnig
Scharlach ['sjarlach] m (-s) scharlaken; med roodvonk
scharlachen, scharlachfarben, scharlachfarbig, scharlachrot scharlaken rood
Scharlatan ['sjar-] m (-s; -e) charlatan, kwakzalver; opschepper
scharmant = *charmant*
Scharmützel o (-s; ~) schermutseling

scharmützeln zw schermutselen
Scharnier o (-s; -e) scharnier
Schärpe v (~; -n) sjerp
scharren zw schrapen; krabben, scharrelen; schuifelen; trappelen ⟨v. paard⟩
Scharte v (~; -n) kerf, insnijding; schietgat
Scharteke [-'te-] v (~; -n) prul, waardeloos boek; *eine alte* ~ een oud boek; een oud wijf
schartig vol schaarden, schaardig
scharwenzeln [-'wen-] zw = *herumscharwenzeln*
schassen zw wegjagen ⟨van school⟩; schorsen, ontslaan
Schatten m (-s; ~) schaduw, lommer; schim; ~ *unter den Augen* kringen om de ogen; *einen in den* ~ *stellen* iem. in de schaduw stellen; *einen* ~ *auf etwas werfen* een schaduw op iets werpen
Schattenbild o schaduwbeeld, silhouet
Schattendasein o schijnbestaan
schattenhaft schaduwachtig; schimmig, vaag
Schattenkabinett o pol schaduwkabinet
Schattenriß, nieuwe spelling: **Schattenriss** m silhouet, schaduwbeeld; omtrek, vluchtige schets
Schattenseite v schaduwzijde ⟨ook fig⟩, -kant
schattieren zw schilderk schaduwpartijen aanbrengen; nuanceren, schakeren
Schattierung v (~; -en) schilderk (het aanbrengen van) schaduwpartijen; schakering; nuance, nuancering
schattig lommer-, schaduwrijk, -gevend
Schatulle v (~; -n) geldkistje, cassette
Schatz m (-es; Schätze) schat; schatje
Schatzamt o schatkist; het ministerie van financiën
Schatzanweisung v schatkistbiljet
schätzbar te waarderen; te schatten
Schätzchen o (-s; ~) schatje, liefje
schätzen zw schatten, vermoeden; waarderen; op prijs stellen; *über den Daumen* ~ grof, ruwweg schatten; *sich glücklich* ~ zich gelukkig prijzen
schätzenswert achtenswaardig; te waarderen
Schätzer m (-s; ~) schatter, taxateur
Schatzgräber m schatgraver
Schatzkammer v schatkamer; thesaurie
Schatzmeister m penningmeester; schatbewaarder
Schätzpreis m geschatte prijs
Schätzung v (~; -en) schatting, taxatie
schätzungsweise naar schatting
Schau v (~; -en) vertoning, tentoonstelling, revue, show; *das ist eine* ~ gemeenz dat is geweldig; *zur* ~ *stehen* te kijk staan; *zur* ~ *stellen* tentoonstellen, uitstallen; ten toon spreiden
Schaubild o diagram, grafische voorstelling
Schaubude v kermistent
Schaubühne v vero toneel, schouwburg
Schauder m (-s; ~) huivering, afschuw
schauderbar, schaudererregend, schauderhaft verschrikkelijk, huiveringwekkend, afschuwelijk

schaudern zw rillen, beven; huiveren; *mir schaudert* ik huiver, ril
schauen zw zien, kijken, schouwen; *schau, daß... zorg dat...; schau!* kijk!
Schauer m (-s; ~) rilling, huivering; regenbui; ziener; keurder; open bergplaats, schuur
Schauergeschichte v griezelverhaal
schauerig huiveringwekkend
schauerlich huiveringwekkend, griezelig
schauern zw rillen; huiveren
Schauerroman griezelroman
schauervoll griezelig
Schaufel v (~; -n) schop, schep; blad ⟨v. roeiriem⟩; schoep; geweistang ⟨v. damhert⟩; kaartsp, Zwits schoppen
schaufeln zw scheppen, graven
Schaufelrad o schoeprad
Schaufenster o etalage
Schaukasten m vitrine
Schaukel v (~; -n) schommel, wip
schaukeln zw schommelen; wippen, hobbelen; gemeenz *wir werden das Kind schon ~* we zullen dat varkentje wel wassen
Schaukelpferd o hobbelpaard
Schaukelstuhl m schommelstoel
Schaulust v kijklust
schaulustig kijklustig, nieuwsgierig
Schaum m (-(e)s; Schäume) schuim; *~ schlagen* opscheppen, dikdoen
schäumen zw schuimen; *~ vor Wut* schuimbekken, briesen van woede
Schaumgummi o schuimrubber
schaumig schuimig
Schaumkelle, Schaumlöffel v schuimspaan
Schaumlöschapparat m, **Schaumlöscher** m schuimblusser
Schaumschläger m schuimklopper; opschepper
Schaumwein m mousserende wijn; champagne ⟨uit Duitsland⟩
Schauplatz m (schouw)toneel
Schauprozeß m, nieuwe spelling: **Schauprozess** m showproces
schaurig huiveringwekkend, slang zeer, erg
Schauspiel o toneelspel; schouwspel
Schauspieler m toneelspeler, acteur
Schauspielerin v toneelspeelster, actrice
schauspielern zw komediespelen; toneelspelen, acteren
Schauspielhaus o schouwburg, theater
Schaustück o legpenning; theat toneelstuk
Scheck m (-s; -s) handel cheque
Scheckbuch o chequeboek
Schecke v (~; -n) gevlekte, bonte merrie, koe
scheckig gespikkeld; bont, gevlekt
Scheckkarte v betaalpas
scheel scheel; jaloers, afgunstig
scheeläugig, scheelblickend met schele ogen, afgunstig
Scheffel m (-s; ~) schepel; *in ~n* in massa's, bij hopen; *sein Licht unter den ~ stellen* zijn licht onder de korenmaat zetten
scheffeln zw bijeenrapen, -schrapen; *Geld ~* gemeenz massa's geld verdienen
scheffelweise bij hopen, in massa's
Scheibe v (~; -n) (schiet)schijf; (glas)ruit; honingraat; plak ⟨v. vlees⟩, snee ⟨v. brood⟩; partje ⟨v. vrucht⟩; puck ⟨bij ijshockey⟩; *~!* gemeenz verdorie!
Scheibenbremse v schijfrem
Scheibenschießen o 't schijfschieten
Scheibenwaschanlage v auto ruitensproeier
Scheibenwischer m ruitenwisser
scheibig in schijven
Scheich m (-s; -e & -s) sjeik
Scheide v (~; -n) schede, vagina; scheiding
Scheidelinie [-ni-e] v scheidingslijn
scheiden (schied; geschieden) scheiden; weggaan; afscheid nemen; *wir sind geschiedene Leute* 't is uit tussen ons; *aus dem Dienst ~* de dienst verlaten; *aus dem Leben (der Welt) ~* sterven, overlijden
Scheidewand v tussenmuur, -schot; afscheiding
Scheideweg m kruisweg; *am ~e stehen* ⟨ook⟩ tussen twee dingen moeten kiezen
Scheidung v (~; -en) scheiding, echtscheiding; *~ von Tisch und Bett* scheiding van tafel en bed
Scheidungsklage v eis tot echtscheiding
Schein m (-(e)s; -e) schijn; luister; officieel of geldswaardig papier ⟨bijv. getuigschrift, bewijsstuk, kwitantie, biljet, bankbiljet⟩; *zum ~* voor de schijn
scheinbar schijnbaar; ⟨ook gemeenz⟩ blijkbaar
scheinen (schien; geschienen) schijnen, lijken; lichten, stralen
scheinheilig schijnheilig
scheintot schijndood
Scheinwerfer m zoeklicht; koplamp
Scheiße v (~) poep; slang rotzooi; *~!* shit!; *in der ~ sitzen* in de puree zitten
scheißegal *das ist mir ~* gemeenz dat kan me geen donder schelen, daar heb ik schijt aan
scheißen (schiß; geschissen) poepen, schijten; *auf etwas ~* gemeenz maling aan iets hebben
Scheißer m gemeenz lafbek
Scheißkerl m gemeenz rotzak, klootzak
Scheißwetter o gemeenz kloteweer
Scheit o (-(e)s; -e & -er) blok; gekloofd stuk hout
Scheitel m (-s; ~) kruin, (haar)scheiding; top; *vom ~ bis zur Sohle* van top tot teen
scheiteln zw een scheiding ⟨in het haar⟩ maken
Scheiterhaufen m brandstapel; soort broodpap
scheitern zw scheepv schipbreuk lijden; mislukken, falen; *~ an* (+ 3) stranden op; sp verliezen van; *zum S~ verurteilt* tot mislukking gedoemd
Scheitholz o gekloofd brandhout
Schelle v (~; -n) bel, schel; boei, kluister; oorveeg; *~n* kaartsp ruiten
schellen zw bellen, schellen
Schellenbaum m muz, mil schellenboom
Schellenschlitten m arrenslede

Schellfisch *m* schelvis
Schelm *m* (-(e)s; -e) schelm, schurk; deugniet
Schelmenroman *m* schelmenroman
Schelmenstreich *m*, **Schelmenstück** *o* schelmenstreek
schelmisch schalks, ondeugend
Schelte *v* (~; -n) standje
schelten (schalt; gescholten) schelden; uitmaken voor; *einen ~* ⟨ook⟩ iem. een standje geven
Scheltwort *o* standje; scheldwoord
Schema *o* (-s; -ta & -s) schema; *nach ~ F* gemeenz volgens het vast patroon
Schemel *m* (-s; ~) voetenbankje; krukje
Schemen *m* (-s; ~) schaduwbeeld, schim
schemenhaft als een schim, schimmig, vaag
Schenke *v* (~; -n) café, kroeg
Schenkel *m* (-s; ~) dij, schenkel; been v.e. hoek, v.e. passer, v.e. affuit
schenken *zw* schenken, cadeau geven; (in)schenken; *Aufmerksamkeit ~* aandacht schenken; *einer Sache Gehör ~* aan iets gehoor schenken; *einer Sache Glauben ~* aan iets geloof hechten; *das Museum wollen wir uns ~* gemeenz het museum zullen we overslaan; *das ist ja geschenkt* dat is spotgoedkoop; *ihm ist nichts geschenkt worden* het leven heeft hem niet gespaard
Schenkung *v* (~; -en) schenking, gift
scheppern *zw* rinkelen, rammelen
Scherbe *v* (~; -n) scherf
Scherben *m* (-s; ~) Z-Duits, Oostr scherf; bloempot
Scherbengericht *o* hist schervengericht; volksgericht
Schere *v* (~; -n) schaar ⟨ook bij turnen⟩; gaffeldissel; *~ mit Wellenschliff* kartelschaar; *in die ~ nehmen* gemeenz klemzetten
1 scheren (schor; geschoren) scheren ⟨v. schapen, heg⟩; *alles über einen Kamm ~* alles over één kam scheren
2 scheren *zw*: *was schert euch das?* wat kan jullie dat schelen?; *scher dich weg!* scheer je weg!, donder op!; *sich den Kuckuck* (den Teufel) *um etwas ~* zich niets van iets aantrekken
Scherenschleifer *m* scharenslijper
Scherenschnitt *m* knip v.d. schaar; knipsel; silhouet, schaduwbeeld
Schererei I *v* (~; -en) (over)last, kwelling; II *mv* onaangenaamheden, narigheid
Scherflein *o* (-s; ~) kleine bijdrage
Scherge *m* (-n; -n) vero gerechtsdienaar, beulsknecht
Scherz *m* (-es; -e) scherts, grap; *aus* (im, zum) *~* voor de grap; *~ beiseite* alle gekheid op een stokje
Scherzartikel *m* schertsartikel
scherzen *zw* schertsen, gekheid maken
scherzhaft schertsend, grappig, komisch
scheu schuw, bang; schichtig
Scheu *v* (~) schuwheid, schroom
Scheuche *v* (~; -n) vogelverschrikker
scheuchen *zw* verjagen, wegjagen
scheuen *zw* schuwen, mijden; schrikken ⟨v. paard⟩; *keine Mühe ~* tegen geen moeite opzien; *sich ~ vor* terugschrikken voor
Scheuerlappen *m* dweil; schuurlap
scheuern *zw* boenen, wrijven; poetsen; *einem eine ~* gemeenz iem. een klap verkopen; *sich ~* zich schurken
Scheuertuch *o* dweil; poetsdoek
Scheuklappe *v* oogklep ⟨v. paard⟩; *~n vor den Augen haben* met oogkleppen lopen
Scheune *v* (~; -n) schuur
Scheunendrescher *m*: *fressen wie ein ~* vreten als een bootwerker
Scheusal *o* (-(e)s; -e) monster ⟨ook iron⟩, gedrocht
scheußlich afschuwelijk, afgrijselijk; verschrikkelijk
Schi *m* (-(s); -er) ski; zie verder: *Ski(-)*
Schicht *v* (~; -en) laag, bedding; werktijd; schaft; ploeg arbeiders; klasse; *~ machen* schafttijd houden, ophouden met werken; schaften; *auf ~ sein* in de mijn aan 't werk zijn; *nach der ~* na het werk
Schichtarbeit *v* arbeid in ploegen, ploegendienst
schichten *zw* in lagen leggen; schikken, stapelen
Schichtung *v* (~; -en) opbouw in lagen, opstapeling; *soziale ~ eines Volkes* sociale structuur van een volk
Schichtwechsel *m* wisseling van ploegen ⟨v. arbeiders⟩
schichtweise in lagen; in ploegen
schick chic; vlot, elegant
Schick *m* (-(e)s) chic; elegantie; Zwits voordelige handelstransactie, goede handel
schicken *zw* sturen, zenden; voegen, bereiden; *sich ~* zich schikken, zich voegen; passen, betamen; *einem einen auf den Hals ~* iem. iem. op zijn dak sturen; *in den April ~* voor de gek houden; *ins Haus geschickt bekommen* thuis bezorgd krijgen; *in die Wüste ~* gemeenz ontslaan; *sich in etwas ~* zich ergens in schikken; *wenn es sich gerade so schickt* als 't zo uitkomt
Schickeria *v* gemeenz de chic, upper ten
schicklich passend, betamelijk
Schicksal *o* (-(e)s; -e) noodlot; lotgeval, lot
schicksalhaft door het noodlot gewild, onvermijdelijk; over het lot beslissend
Schicksalsgefährte *m* lotgenoot
Schickse *v* (~; -n), **Schicksel** *o* (-s; ~) sjikse; ⟨onder joden⟩ christenmeisje
Schickung *v* (~; -en) beschikking, bestiering; noodlot
Schiebedach *o* auto schuifdak
Schiebefenster *o* schuifraam
schieben (schob; geschoben) schuiven, voortschuiven, duwen, voortduwen; gemeenz knoeien, smokkelen; op zijn gemak lopen; *Dienst ~* gemeenz dienst doen, wacht lopen; *Kohldampf ~* gemeenz honger lijden, op een houtje bijten; *eine ruhige Kugel ~* gemeenz rustig aan doen; *Wache ~* gemeenz, mil wacht kloppen; *etwas auf die lange Bank ~* iets op de lange baan schuiven; *einem etwas* (die Schuld) *in die Schuhe ~* iem. iets in de schoenen schuiven; *sich in den Vordergrund ~* zich op de voorgrond plaatsen

Schieber *m* (-s; ~) schuiver; schuif; schuifla; knip, grendel; schuifdans; beddenpan; <u>gemeenz</u> kettinghandelaar, zwendelaar; oweeër
Schiebetür *v* schuifdeur
Schieblehre *v* schuifmaat
Schiebung *v* (~; -en) knoeierij, bedrog, zwendel
schiedlich vreedzaam, toegevend; ~ *(und) friedlich* in pais en vree
Schiedsgericht *o* scheidsgerecht
Schiedsrichter *m* scheidsrechter, arbiter; <u>tennis</u> umpire
Schiedsspruch *m* scheidsrechterlijke uitspraak; arbitraal vonnis
schief scheef, schuin; dwars, krom, verkeerd; *die ~e Bahn* <u>fig</u> 't verkeerde pad; *eine ~e Ebene* een hellend vlak; *ein ~es Gesicht machen* een lelijk gezicht zetten; *eine ~e Lage* een scheve positie
Schiefblatt *o* <u>plantk</u> begonia
Schiefe *v* (~) scheefheid, schuinte; helling, hellend vlak
Schiefer *m* (-s; ~) lei, leisteen, daklei; Z-Duits, Oostr splinter
schieferblau leiblauw
schieferig leisteenachtig
Schiefertafel *v* lei
schiefgehen *onr* scheef gaan; verkeerd gaan; mislukken; *die Sache wird schon ~* ⟨ook⟩ 't zal wel loslopen
schiefgewickelt: ~ *sein* <u>gemeenz</u> 't mis hebben
schieflachen *zw: sich ~* in een deuk gaan van het lachen
schieflaufen *st: die Karre läuft schief* <u>gemeenz</u> 't loopt mis
schiefliegen *st* scheefliggen; <u>handel</u> bedenkelijk staan; zich vergissen
schiefwink(e)lig scheefhoekig
schielen *zw* scheel kijken, loensen; gluren; *auf dem einen Auge ~* met één oog loensen; *ins Publikum ~* <u>gemeenz</u> op 't publiek spelen; *nach etwas ~* schuin naar iets kijken
Schienbein *o* scheenbeen; *jmdn. gegen das ~ treten* iem. tegen het zere been trappen
Schiene *v* (~; -n) schene; spoorstaaf, rail; geleider; <u>med</u> spalk; armstuk ⟨v. wapenrusting⟩
schienen *zw* <u>med</u> spalken
Schienenstrang *m* rails
Schienenweg *m* spoorweg
schier schier, bijna; zuiver, duidelijk; ~ *unmöglich* totaal onmogelijk; ~*es Fleisch* vlees zonder been; ~*es Gold* zuiver goud
Schierling *m* (-s) <u>plantk</u> scheerling, dollekervel
Schierlingsbecher *m* gifbeker
Schießbude *v* schiettent
Schießeisen *o* <u>gemeenz</u> schietijzer, geweer; blaffer, revolver
schießen (schoß; geschossen) schieten; zaad schieten; Z-Duits, Oostr verschieten ⟨v. kleur⟩; ~ *lassen* laten schieten; vieren ⟨v. touw⟩; *blind ~* met los kruit schieten; *der Gedanke schießt einem durch den Kopf* iets valt iem. in; *in die Höhe ~* snel groeien

Schießen *o* (-s; ~) schietwedstrijd; het schieten, 't geschiet; *ausgehen wie das Hornberger ~* uitgaan als een nachtkaars; *das ist zum ~* <u>gemeenz</u> dat is dol, om je krom te lachen
Schießerei *v* (~; -en) schietpartij, geschiet
Schießplatz *m* schietterrein; schietbaan
Schießpulver *o* buskruit, kruit
Schießscharte *v* schietgat
Schießscheibe *v* schietschijf
Schießstand *m* schietbaan
Schiff *o* (-(e)s; -e) schip ⟨ook v. kerk⟩, boot, vaartuig; weversspoel
Schiffahrt, nieuwe spelling: **Schifffahrt**, ook: **Schiff-Fahrt** *v* scheepvaart
Schiffahrtsgesellschaft, nieuwe spelling: **Schifffahrtsgesellschaft** *v* scheepvaartmaatschappij
Schiffahrtslinie, nieuwe spelling: **Schifffahrtslinie** *v* scheepvaartlijn
schiffbar bevaarbaar
Schiffbau *m* scheepsbouw
Schiffbruch *m* schipbreuk
schiffbrüchig: ~ *werden* schipbreuk lijden
Schiffchen *o* (-s; ~) scheepje; weversspoel, schuitje ⟨ook v. tin⟩; <u>gemeenz</u> <u>mil</u> veldmuts
schiffen *zw* <u>vero</u> varen, zeilen; scheep gaan; <u>gemeenz</u> pissen; *es schifft* 't giet
Schiffer *m* (-s; ~) schipper
Schifferklavier *o* <u>gemeenz</u> trekharmonica, accordeon
Schifferknoten *m* schippersknoop, -steek, zeemansknoop
Schiffsjunge *m* scheepsjongen
Schiffsmannschaft *v* scheepsbemanning, -volk
Schiffsrumpf *m* scheepsromp, -casco
Schiffstagebuch *o* scheepsjournaal, logboek
Schiffsverkehr *m* scheepvaartverkeer
Schiffswerft *v* scheepswerf
Schikane *v* (~; -n) chicane, pesterij; *mit allen ~n* met alles erop en eraan
schikanieren *zw* chicaneren; vitten; pesten
schikanös chicaneus
1 Schild *m* (-(e)s; -e) schild, wapenschild; *etwas im ~e führen* iets in zijn schild voeren
2 Schild *o* (-(e)s; -er) uithangbord, naamplaat; plaat, bord
Schildbürger *m* onnozele hals
Schildbürgerstreich *m* onnozele streek
Schilddrüse *v* schildklier
schildern *zw* (af)schilderen; uitbeelden; beschrijven
Schilderwald *m* <u>gemeenz</u> opeenhoping van verkeersborden
Schildkröte *v* schildpad ⟨dier⟩
Schildwache *v* <u>vero</u> schildwacht; ~ *stehen* op wacht (post) staan
Schilf *o* (-(e)s) <u>plantk</u> riet, oeverriet
schilfig vol riet; rietachtig
Schilfmatte *v* biezen mat
Schilfrohr *o* <u>plantk</u> riet
Schiller *m* (-s; ~) Oostr roséwijn
Schillerlocke *v* slagroomhorentje ⟨= bep. soort gebakje⟩; stuk opgerolde gerookte vis
schillern *zw* weerschijn hebben; van kleur

Schilling

wisselen, ± schitteren; ~d ⟨ook⟩ ondoorzichtig

Schilling m (-s; -e) schilling ⟨= munteenheid in Oostenrijk⟩; shilling ⟨= voormalige Engelse munt⟩

schilpen zw sjilpen

Schimäre v (~; -n) drogbeeld, hersenschim

Schimmel m (-s; ~) plantk & dierk schimmel

schimmelig schimmelig, beschimmeld

schimmeln zw schimmelen

Schimmer m (-s; ~) flikkering, glans, luister; zweem, glimp; *nicht der ~ eines Beweises* geen schijn of schaduw van bewijs; *um einen ~ besser* een schijntje beter; *keinen (blassen) ~, nicht den leisesten ~ haben von* gemeenz niet de minste notie hebben

schimmern zw zacht glanzen, glinsteren, schitteren, (zwak) schijnen; *die Farbe schimmert ins Grüne* de kleur zweemt naar groen

schimmlig schimmelig, beschimmeld

Schimpanse [-'panze] m (-n; -n) chimpansee

Schimpf m (-(e)s; -e) schimp, smaad, hoon, schande; *mit ~ und Schande* met schande

schimpfen zw schimpen, schelden; opspelen, brommen, mopperen; *~ wie ein Rohrspatz* schelden als een viswijf; *sich ~* gemeenz schertsend zich noemen, heten

schimpflich smadelijk, onterend, beledigend

Schimpfname m scheldnaam

Schimpfwort o scheldwoord

Schindel v (~; -n) dakplankje, -spaan

schinden (schund; geschunden) villen, ⟨ook⟩ afzetten; schaven (v.d. huid); klaplopen; *Applaus, Beifall ~* applaus uitlokken; *Eindruck ~* gemeenz indruk maken; *das Fahrgeld ~* zwartrijden; *die Leute ~* de mensen afzetten, villen; afbeulen, treiteren; *Mitleid ~* op medelijden speculeren; *ein Pferd ~* een paard afbeulen; *Zeilen ~* te veel regels voor een stuk gebruiken; *Zeit ~* tijd rekken; *sich ~* zich uitsloven, zich afbeulen, zich kapotwerken

Schinder m (-s; ~) vilder; beul; knevelaar, afzetter

Schinderei v (~; -en) vilderij; knevelarij; plagerij, afbeulerij; gezwoeg, gezanik

Schindmähre v knol, slecht paard

Schinken m (-s; ~) ham; gemeenz dij, bil; dikke bundel akten; gemeenz slecht schilderij; slechte film; *ein alter ~* een oud boek, een verouderd toneelstuk; *ein dicker ~* een dikke pil

Schippe v (~; -n) schep, (kolen)schop; pruilmondje; *eine ~ machen, ziehen* een pruilmondje trekken; *einen auf die ~ nehmen* iem. voor de gek houden

schippen zw scheppen

Schirm m (-(e)s; -e) scherm; paraplu, parasol; bescherming, hoede; klep (v. pet)

schirmen zw beschermen, behoeden

Schirmherr m beschermheer

Schirmlampe v schemerlamp

Schirmmütze v pet met klep

Schirmständer m paraplubak, -standaard

Schiß, nieuwe spelling: **Schiss** m (Schisses; Schisse) poep; *~ haben* gemeenz 'm knijpen, benauwd (bang) zijn

Schlabber m (-s; ~), **Schlabberchen** o (-s; ~) slab(betje)

Schlabberlätzchen m slab(betje)

schlabbern zw slobberen

Schlacht v (~; -en) veldslag, slag; *eine ~ schlagen* slag leveren

Schlachtbank v slachtbank

schlachten zw slachten, doden

Schlachtenbummler m iem. die voor zijn plezier (of als verslaggever) op slagvelden ronddwaalt; gemeenz schertsend (fanatiek) supporter

Schlachter, Schlächter m (-s; ~) N-Duits slager; slachter

Schlachtfeld o slagveld

Schlachthaus o, **Schlachthof** m abattoir

Schlachtplan m plan voor de slag; fig zorgvuldig uitgewerkt plan

Schlachtruf m strijdkreet

Schlachtschiff o vero, scheepv slagschip

Schlachtung v (~; -en) slachting; slacht

Schlachtvieh o slachtvee

Schlacke v (~; -n) techn slak ⟨in metaal⟩; sintel

schlackern zw bibberen; slingeren; kwakkelen; *mit den Ohren ~* met de oren klapperen

Schlaf m (-(e)s) slaap, het slapen; *der ~ des Gerechten* de slaap van de rechtvaardige; *etwas im ~ können* iets zonder enige moeite (blindelings) kunnen

Schlafanzug m nachtgoed, pyjama

Schläfchen o slaapje, dutje

Schläfe v (~; -n) slaap (= zijde v.h. hoofd)

schlafen (schlief; geschlafen) slapen; *~ gehen, sich ~ legen* gaan slapen; *~ wie ein Murmeltier, ein Sack* slapen als een roos (marmot, os); *auf Raten ~* met onderbrekingen slapen; *in den (hellen) Tag hinein ~* een gat in de dag slapen; *rund um die Uhr ~* 't klokje rond slapen; *ein ~des Auge* plantk een slapende knop

Schläfenbein o slaapbeen

Schlafenszeit v tijd om te (gaan) slapen, bedtijd

Schläfer m (-s; ~) slaper

schlaff slap

Schlaffheit v (~; -en) slapheid

Schlafittchen [-'fiet-] o (-s): *einen am (beim) ~ fassen, kriegen, nehmen, packen* iem. in zijn kladden grijpen, bij zijn lurven pakken

schlaflos slapeloos

Schlafmittel o slaapmiddel

Schlafmütze v slaapmuts ⟨ook: borrel⟩; slaapkop

schläfrig slaperig, traag, suf

Schlafrock m kamerjas, sjamberloek

Schlafsack m slaapzak

Schlafstätte v, **Schlafstelle** v slaapplaats

schlaftrunken slaapdronken

Schlafwagen m slaapwagen

Schlafwagenabteil o slaapcoupé

schlafwandeln zw slaapwandelen

Schlafzimmer o slaapkamer

Schlag m (-(e)s; Schläge) slag, 't slaan; kap; klop; akker; kaalslag; terrein waarop alle bomen geveld zijn; slag, soort; stempel; duiventil; slagroom; auto portier; med beroerte; *ein elektrischer* ~ een elektrische schok; *ein kalter* ~ een bliksemslag die treft, maar geen brand veroorzaakt; *ein* ~ *ins Gesicht* gemeenz een lelijke verrassing; *ein* ~ *ins Wasser* een slag in de lucht; ~ *zehn (Uhr)* op slag van tienen, klokslag tien uur; *sieben auf einen* ~ zeven in één slag; *mit einem* ~ eensklaps; *ein Mann von altem* ~ een man v.d. oude stempel

Schlagabtausch *m* sp serie slagen (bij boksen); fig, sp een snel op- en neergolvende wedstrijd; *ein offener* ~ een wedstrijd waarin de ene aanval snel op de andere volgt

Schlagader *v* slagader
Schlaganfall *m* beroerte, attaque
schlagartig met één slag, plotseling
Schlagbaum *m* slag-, tolboom
Schlägel *m* (-s; ~) = **Schlegel**
schlagen (schlug; geschlagen) slaan; hakken; vellen; *ich weiß, was (wie) die Glocke (Stunde, es) ge~n hat* ik weet hoe laat 't is; *dem Glücklichen schlägt keine Stunde* wie gelukkig is kent geen tijd; *sich* ~ duelleren; *einen blau und grün (braun und blau)* ~ iem. bont en blauw slaan; *einen butter-, windelweich* ~ gemeenz iem. murw, tot moes slaan; *alles kurz und klein* ~ alles kort en klein slaan; *es schlägt einem auf den Magen* 't geeft maagklachten; *sich auf jemands Seite* ~ iems. partij kiezen; *aus der Art* ~ de eigen aard verliezen, ontaarden; *das schlägt in mein Fach* dat behoort tot mijn vak; *den Kragen in die Höhe* ~ de kraag opzetten; *nach seiner Mutter* ~ naar zijn moeder aarden; *wie vor den Kopf geschlagen* als versuft, beteuterd

schlagend treffend, in 't oog springend, afdoende; *ein ~er Beweis* een overtuigend bewijs; *eine ~e Verbindung* een studentencorps waarbij 't studentenduel gebruikelijk is; *~e Wetter* (*mv*) ontploffend mijngas

Schlager *m* (-s; ~) woord, artikel; succesnummer, schlager; topper; bestseller (bijv. boek)
Schläger *m* (-s; ~) vechtersbaas; (tennis)-racket, hockey-, golfstick
Schlägerei *v* (~; -en) vecht-, kloppartij
schlagfertig slagvaardig, gevat, bijdehand
Schlagkraft *v* doorslaande kracht, offensieve kracht (v.h. leger), energie
schlagkräftig strijdbaar
Schlaglicht *o* plotselinge lichtstraal (vooral fig); *ein ~ auf etwas werfen* iets scherp karakteriseren
Schlagloch *o* gat, kuil in de weg
Schlagobers *o* Oostr slagroom
Schlagring *m* boksbeugel
Schlagsahne *v* slagroom
Schlagseite *v* scheepv slagzij; ~ *haben* gemeenz dronken zijn
Schlagstock *m* gummiknuppel
Schlagwetter *o* ontploffing van mijngas
Schlagwort *o* herkenningswoord, wachtwoord; leuze, leus, slogan; trefwoord; typerend woord

Schlagzeile *v* vette kop ⟨in krant⟩; slagzin; *~n machen* met vette koppen in de krant staan
Schlagzeug *o* muz slagwerk
Schlagzeuger *m* muz slagwerker, drummer
Schlaks *m* (-es; -e) slungel
schlaksig slungelachtig, slungelig
Schlamassel [-'massel] *m & o v* ongeluk, gedonder; pech
Schlamm *m* (-(e)s) slijk, slik, modder, bagger; kolenslik
Schlammbad *o* modderbad ⟨ook med⟩
schlammen *zw* slib afzetten
schlämmen *zw* uitbaggeren; wassen ⟨v. ertsen⟩; overvloedig besproeien ⟨v. planten⟩
schlammig slijkerig, modderig
Schlampe *v* (~; -n) slons, lellebel, sloerie
schlampen *zw* slobberen, slordig zijn; sloffen
Schlamperei *v* (~; -en) slordigheid, slodderboel; versloffing, sloffe boel
schlampig slonzig, slordig, morsig, nonchalant
Schlange *v* (~; -n) dierk slang; file; ~ *stehen* in de rij, in de file staan
schlängelig kronkelend, slingerend
schlängeln: *zw sich* ~ kronkelen, bochten maken; slingeren, kruipen, schuifelen
Schlangenbiß, nieuwe spelling: **Schlangenbiss** *m* slangenbeet
schlank rank, slank, mager, dun; ~ *wie eine Pinie (Tanne)* slank als een den; *die ~e Linie* de slanke lijn; *in ~em Trab* in vlotte draf; *~er werden* afslanken
Schlankheitskur *v* vermageringskuur
schlankweg ronduit, zonder meer
schlapp slap, zwak, traag, laf, willoos; *ein ~er Kerl* een slappeling
Schlappe *v* (~; -n) klap; verlies, schade; echec; slof (= pantoffel)
schlappen *zw* sloffen, sleepvoeten; slap hangen; slobberen
Schlapphut *m* slappe (vilten) hoed
schlappmachen *zw* uitvallen, het opgeven; flauw vallen, van z'n stokje gaan
Schlappschwanz *m* gemeenz slappeling, lafbek, slapjanus, lapzwans
Schlaraffenland *o* luilekkerland
schlau sluw, slim, leep, geslepen; *aus einer Sache nicht* ~ *werden können* uit iets niet wijs kunnen worden
Schlauberger *m* (-s; ~) slimmerd, leperd ⟨vaak iron⟩
Schlauch *m* (-(e)s; Schläuche) leren zak; (brandspuit)slang; binnenband ⟨v. fiets⟩; gemeenz zware sjouw, karwei; pijpenla ⟨kamer⟩
Schlauchboot *o* (opblaasbare) rubberboot
schlauchlos zonder binnenband
Schläue *v* (~) leepheid, slimheid
Schlaufe *v* (~; -n) lus; poot ⟨v. bril⟩; handvat ⟨v. koffer⟩
Schlauheit *v* (~; -en), **Schlauigkeit** *v* (~; -en) slimheid, leepheid
Schlaukopf *m*, **Schlaumeier** *m* leperd
Schlawiner *m* (-s; -n) sluwe vent
schlecht slecht; ~ *und recht* recht en slecht,

zo goed en zo kwaad als 't gaat; *mehr ~ als recht* niet bijzonder goed; *gar nicht ~* helemaal niet slecht; *nicht ~ stolz* niet weinig trots; *ein ~er Witz* een flauwe grap; *mir wird ~* ik word onwel, ik word misselijk; *zu Fuß* slecht ter been

schlechterdings volstrekt, absoluut; *~ unmöglich* ten enenmale onmogelijk

schlechtgelaunt, nieuwe spelling: **schlecht gelaunt** slecht gehumeurd

schlechthin bij uitstek; ronduit, kortweg; eenvoudigweg, zonder meer; *~ vollendet* gewoonweg volmaakt

Schlechtigkeit v (~; -en) slechtheid

schlechtmachen, nieuwe spelling: **schlecht machen** zw gemeenz zwart maken ⟨v. iem.⟩

schlechtweg ronduit, eenvoudigweg

schlecken zw likken, snoepen

Schleckerei v (~; -en) snoeperij, lekkers

Schleckermaul o lekkerbek, snoeper

schleckern zw smullen, snoepen

Schlegel m (-s; ~) bout, poot ⟨v. gebraden gans enz.⟩; straatstamper; houten hamer, klopper; trommelstok; beukhamer; Zwits bierfles

Schlehdorn m, **Schlehe** v (~; -n) sleedoorn

schleichen (schlich; geschlichen) sluipen; ⟨soms⟩ langzaam lopen; *~des Gift* langzaam werkend vergift; *eine ~de Krankheit* slepende ziekte; *eine ~de Krise* een sluipende crisis; *ein ~des Tempo* een traag tempo; *sich ~* sluipen; *schleich dich* gemeenz maak dat je wegkomt

Schleicher m (-s; ~) sluiper, gluiper, flikflooier, huichelaar

Schleicherei v (~; -en) flikflooierij; huichelarij

Schleichhandel m sluikhandel

Schleichweg m sluipweg, -route

Schleichwerbung v sluikreclame

Schleie v (~; -n) visk zeelt

Schleier m (-s; ~) sluier ⟨ook fotogr⟩

Schleiereule v kerkuil, torenuil

schleierhaft gemeenz geheimzinnig; onbegrijpelijk

Schleife v (~; -n) lint, strik; strik-, vlinderdasje; sleuf; lus, dubbele bocht, kronkel, sleep, glij-, sullebaan

1 schleifen (schliff; geschliffen) slijpen, polijsten; schuren; gemeenz koeioneren, drillen; *einem die Eier ~* gemeenz drillen

2 schleifen zw I *onoverg* slepen; II *overg* slepen, sleuren; slechten, slopen; strikken; *die Kupplung ~ lassen* auto de koppeling laten slippen; *die Zügel ~ lassen* de teugels laten slippen

Schleifer m (-s; ~) slijper; glijder; slepende noot; slepende wals; elektr sleepcontact; mil onderofficier die de soldaten koeioneert; Oostr dierk libel

Schleiferei v (~; -en) slijperij; mil het drillen, koeioneren; pesterij

Schleifstein m slijpsteen

Schleim m (-(e)s; -e) slijm

Schleimhaut v slijmvlies

schleimig slijmerig ⟨ook fig⟩

schlemmen zw slempen, brassen

Schlemmer m (-s; ~) brasser; smulpaap

Schlemmerei v (~; -en) braspartij

schlendern zw slenteren

Schlendrian ['sjlen-] m (-s) sleur

schlenkern zw zwaaien, schommelen, slingeren; slenteren

schlenzen zw lepelen ⟨bij voetbal⟩

Schlepp m (-(e)s; -e) sleep; scheepv slepen; *in ~ nehmen* scheepv op sleeptouw nemen

Schleppdampfer m scheepv sleepboot

Schleppe v (~; -n) sleep ⟨v. japon⟩

schleppen zw slepen; op sleeptouw nemen; meenemen; *einen vor den Kadi ~* schertsend iem. voor de rechter slepen; *sich ~* zich voortslepen; *etwas mit sich ~* met iets rondsjouwen

schleppend slepend; langzaam; onbeholpen; moeizaam; sloffend

Schleppenträger m slippendrager; sleepdrager

Schlepper m (-s; ~) sleper; scheepv sleepboot; trekker, tractor; luchtv sleepvliegtuig; gemeenz aanbrenger van klanten, runner, stoepier; mensensmokkelaar

Schleppkahn m scheepv (sleep)aak, sleepschip, -kaan

Schleppseil o, **Schlepptau** o sleeptouw; *ins ~ nehmen* op sleeptouw nemen ⟨ook fig⟩; *im ~ haben* achter zich aanslepen

Schlesien [-zi-en] o (-s) Silezië

schlesisch Silezisch

Schleswig o (-s) Sleeswijk

Schleuder v (~; -n) slinger, katapult; centrifuge

Schleudergefahr v auto slipgevaar

Schleuderhonig m slingerhoning

schleudern zw slingeren; gooien, smijten; m.e. katapult schieten; handel als ongeregeld goed, onder de markt verkopen; *der Wagen kam ins S~* de auto begon te slippen

Schleuderpreis m handel spot-, afbraakprijs

Schleudersitz m luchtv schietstoel

schleunig spoedig, haastig, ijlelijk

Schleuse v (~; -n) sluis; *~n der Beredsamkeit* sluizen der welsprekendheid

schleusen zw scheepv schutten; fig loodsen

Schleusenkammer v schutkolk

Schleusenwärter m sluiswachter

Schlich m (-(e)s; -e) sluipweg; kneep, loze streek, kunstgreep; *einem auf, hinter die ~e kommen* achter iemands streken komen

schlicht bescheiden, eenvoudig, natuurlijk; *~ zurückgekämmt* strak naar achteren ⟨van haar⟩; *~ und ergreifend* ronduit, gewoonweg

schlichten zw gladmaken, gladstrijken; appreteren; nivelleren; *einen Streit ~* ruzie beslechten, bemiddelen

Schlichter m (-s; ~) bemiddelaar, arbiter; appreteur

Schlichtheit v (~) effenheid; eenvoud

Schlichtung v (~; -en) gladmaking; vereffening, beslechting, bemiddeling

schlichtweg zomaar, eenvoudig

Schlick m (-(e)s; -e) slik, modder, bagger

Schließe v 〈~; -n〉 sluiting, slot; gesp
schließen (schloß; geschlossen) sluiten; dichtmaken, -knopen; eindigen; besluiten; *kein Auge ~* geen oog dichtdoen; *den Reigen ~* de rij sluiten; *die Reihen ~* de gelederen sluiten; *mit einem Reißverschluß ~* dichtritsen; *fest, flau, willig ~* vast, flauw, slot sluiten 〈v. beurs〉; *sich ~* dichtgaan; *aus etwas ~* tot iets concluderen, iets opmaken; *in sein (ins) Herz ~* graag kunnen lijden, liefhebben; *darüber sind die Akten noch nicht geschlossen* deze zaak is nog niet afgedaan; *geschlossen* besloten 〈bijv. vergadering, bijeenkomst〉; *in sich geschlossen* harmonisch; afgerond; *eine Rede ~* een rede besluiten; *der Kreis schließt sich* de cirkel wordt gesloten; *die Ehe ~ mit einem* met iem. in het huwelijk treden
Schließer m 〈-s; ~〉 sluiter; portier; gevangenbewaarder, cipier
Schließfach o safeloket, kluis; postbus
schließlich tenslotte, (uit)eindelijk; *seine ~e Entlassung* zijn uiteindelijk ontslag
Schließmuskel m sluitspier
Schließung v 〈~; -en〉 sluiting
Schliff m 〈-(e)s; -e〉 't slijpen; slijpsel, draad; goede manieren; welgemanierdheid; kleffe plek; *das Glas hat einen guten ~* dat glas is goed geslepen; *~ bekommen* goede manieren krijgen; *der Sache fehlt noch der letzte ~* de zaak is nog niet af, volmaakt
schlimm erg, kwaad, ongelukkig; ondeugend; ziek, pijnlijk; *ein ~er Finger* een zere vinger; *een slinkse vent; eine ~e Lage* een netelige positie; *~e Nachrichten* kwade berichten, slechte tijdingen; *es wird nicht so ~ werden, alles halb so ~* het valt wel mee, 't zal zo'n vaart niet lopen
schlimmstenfalls in 't ergste geval
Schlinge v 〈~; -n〉 lus; strik, valstrik; kronkel; draagdoek, mitella; elektr draadoog; *einem ~ n stellen* een val voor iem. opzetten
Schlingel m 〈-s; ~〉 rakker, slungel, vlegel
schlingen (schlang; geschlungen) slingeren, strengelen; slikken, schrokken; *die Arme ~ um* de armen slaan om; *einen Knoten ~* een knoop leggen; *sich ~* zich slingeren, kronkelen; *er schlang sein Essen (herunter)* hij schrokte zijn eten naar binnen
schlingern zw scheepv slingeren, schommelen
Schlingpflanze v slingerplant
Schlipper m 〈-s; ~〉, **Schlippermilch** v dikke melk
Schlips m 〈-es; -e〉 das; *einem auf den ~ treten* iem. op zijn teentjes trappen
Schlitten m 〈-s; ~〉 slede, slee; slang auto
schlittenfahren st sleeën; iem. ruw behandelen, chicaneren
Schlittenpartie [-'tie] v sledetocht(je)
Schlitterbahn v glijbaan
schlittern zw glijden (op glijbaan); auto slippen, in een slip raken
Schlittschuh m schaats; *~ laufen* schaatsenrijden, schaatsen
Schlittschuhläufer m schaatser, schaatsenrijder

Schlitz m 〈-es; -e〉 gleuf, spleet, split 〈in kleren〉, kloof, insnijding; sleuf
Schlitzauge o spleetoog
schlitzen zw splijten, klieven
Schlitzohr o gespleten oorschelp; fig, gemeenz sluwe vos
schlohweiß sneeuwwit 〈v. haar〉
Schloß, nieuwe spelling: **Schloss** o 〈Schlosses; Schlösser〉 slot 〈zowel (deur)slot, burcht, kasteel als paleis〉; grendel 〈v. geweer〉; *hinter ~ und Riegel* achter slot en grendel, in de gevangenis; *unter ~ und Riegel* veilig opgeborgen; *ein ~ vor dem Mund haben* stijf zijn mond houden
Schloße v 〈~; -n〉 hagelsteen; *~n* hagel
schloßen zw hagelen
Schlosser m 〈-s; ~〉 slotenmaker; bankwerker; monteur
Schlosserei v 〈~; -en〉 bankwerkerij
Schloßherr, nieuwe spelling: **Schlossherr** m kasteelheer
Schloßhund, nieuwe spelling: **Schlosshund** m vero kettinghond; *heulen wie ein ~* tranen met tuiten huilen
Schlot m 〈-(e)s; -e & Schlöte〉 schoorsteen 〈v. fabriek, stoomboot enz.〉; N-Duits sloot
schlotterig slobberig; bevend, knikkend
schlottern zw slobberen, flodderen 〈van te wijde kleren〉; bibberen; slingeren; *mit ~den Knien* met knikkende knieën
schlottrig slobberig; bevend, knikkend
Schlucht v 〈~; -en〉 bergkloof, ravijn, holle weg
schluchzen zw snikken
Schluchzer m 〈-s; ~〉 snik
Schluck m 〈-(e)s; -e & Schlücke〉 slok, teug
Schluckauf m 〈-s〉 hik
Schluckbeschwerden mv moeilijkheden bij 't slikken
schlucken zw slikken, slokken; *an etwas zu ~ haben* iets met moeite accepteren; *viel ~ müssen* veel over zich heen moeten laten gaan, veel moeten slikken (verdragen)
Schlucker m 〈-s〉: *armer ~* arme slokker, stumper
schlucksen zw hikken
schluderig slordig
schludern zw slordig werken, knoeien
schludrig slordig
Schlummer m 〈-s〉 sluimer, sluimering
schlummern zw sluimeren
Schlumpf m 〈-(e)s; -e〉 smurf; dwerg
Schlund m 〈-(e)s; Schlünde〉 strot, slokdarm, keelgat; kolk, afgrond, diepte; mond 〈v. kanon, krater〉; *~ der Hölle* poel der hel
Schlupf m 〈-(e)s; Schlüpfe〉 vero schuilhoek, sluipgat; het vel het ei komen; techn slip
schlüpfen zw slippen, glippen; uit het ei komen, uitkomen; *in einen Rock ~* een rok aanschieten
Schlüpfer m 〈-s; ~〉 dameslipje, damesonderbroek
Schlupfloch o schuilplaats; sluipgat 〈v. nest〉, vlieggat
Schlupfwinkel m schuilhoek, -plaats
schlurfen zw sloffen
schlürfen zw slurpen, slorpen; sloffen
Schluß, nieuwe spelling: **Schluss** m 〈Schlus-

Schlußakt

ses; *Schlüsse*) sluiting, slot; besluit, gevolgtrekking, sluitrede; *der Weisheit letzter ~* de enig mogelijke conclusie; *~ jetzt!* nu is 't uit, afgelopen!; *~ machen* 't uitmaken; gemeenz kappen; zelfmoord plegen; gemeenz afnokken; *Schlüsse ziehen* gevolgtrekkingen maken; *zum ~* tenslotte, eindelijk

Schlußakt, nieuwe spelling: **Schlussakt** *m* theat laatste bedrijf, slotakte; fig slot, afsluiting

Schlüssel *m* (-s; ~) sleutel ⟨ook fig⟩; verdeelsleutel

Schlüsselbein *o* sleutelbeen
Schlüsselblume *v* sleutelbloem
Schlüsselbund *m* & *o* sleutelbos
Schlüsselindustrie *v* sleutelindustrie, industrie van centraal belang
Schlüsselloch *o* sleutelgat
schlüsseln *zw* volgens een bepaalde sleutel verdienen
Schlüsselstellung *v* sleutelpositie
Schlußfolge, nieuwe spelling: **Schlussfolge** *v* gevolgtrekking, conclusie
schlüssig sluitend, kloppend, juist, overtuigend; *ein ~er Beweis* een sluitend bewijs; *sich ~ sein* besloten hebben; *~ werden* tot een besluit komen; *diese Folgerung ist nicht ~* deze gevolgtrekking is niet dwingend, niet steekhoudend
Schlußlicht, nieuwe spelling: **Schlusslicht** *o* achterlicht; *das ~ machen (sein)* gemeenz de laatste zijn
Schlußpunkt, nieuwe spelling: **Schlusspunkt** *m* punt, sluitteken; *einen ~ setzen unter* met iets definitief ophouden, iets definitief afsluiten
Schlußsatz, nieuwe spelling: **Schlusssatz**, ook: **Schluss-Satz** *m* slotzin; conclusie
Schlußstrich, nieuwe spelling: **Schlussstrich**, ook: **Schluss-Strich** *m* eindstreep
Schmach *v* (~) smaad, hoon, schande
schmachten *zw* smachten, verlangen
schmächtig smal, mager, tenger, rank
schmachvoll smadelijk, schandelijk
schmackhaft smakelijk, lekker
Schmackhaftigkeit *v* (~) smakelijkheid
schmähen *zw* smaden, lasteren, schimpen
schmählich smadelijk, beledigend, schandelijk
Schmährede *v* smaad-, schimprede
Schmähschrift *v* smaadschrift
Schmähung *v* (~; -en) smaad, krenking, hoon
schmal smal, dun, gering, schraal; *ein ~es Bändchen* een dun boekje; *~e Kost* schrale kost
schmälern *zw* verminderen, versmallen
Schmälerung *v* (~; -en) vermindering, versmalling
Schmalfilm *m* smalfilm
Schmalhans *m* schraalhans; *bei ihnen ist ~ Küchenmeister* gemeenz bij hen is schraalhans keukenmeester
Schmalseite *v* smalle (korte) kant (zijde)
Schmalt *m* (-(e)s), **Schmalte** *v* (~; -n) email
Schmalz *o* (-es; -e) reuzel, smout; sentimentaliteit; smartlap; *mit ~* overdreven gevoelig, sentimenteel, 't er dik opleggend
schmalzen *zw* met reuzel bereiden
schmalzig vet; 't er dik opleggend, zalvend
schmarotzen [-'rot-] *zw* klaplopen, parasiteren
Schmarotzer *m* (-s; ~) klaploper, parasiet ⟨ook plantk⟩
Schmarren *m* (-s; ~) Beiers, Oostr pannenkoek; kleinigheid, niets; draak van een toneelstuk, film; gemeenz onzin, kletskoek; *das geht dich einen ~ an!* dat gaat je geen donder aan!
Schmatz *m* (-es; Schmätze) klapzoen
schmatzen *zw* smakken ⟨bij het eten⟩; *ein ~der Kuß* een klapzoen
schmauchen *zw* roken, walmen
Schmaus *m* (-es; Schmäuse) smulpartij, feestmaal
schmausen *zw* smullen, lekker eten
schmecken *zw* smaken, proeven; Z-Duits, Oostr ruiken; *es schmeckt mir nicht* ik vind het niet lekker; fig het staat me niet aan; *das schmeckt nach mehr* dat smaakt naar meer; *es schmeckt rauf wie runter* 't smaakt naar niets; *wie schmeckt die Arbeit?* hoe bevalt het werk?
Schmeichelei *v* (~; -en) vleierij, compliment
schmeichelhaft vleiend
Schmeichelkatze *v*, **Schmeichelkätzchen** *o* vleier, vleister
schmeicheln *zw* vleien; lief doen; *das schmeichelt ihm* dat streelt hem; *ein geschmeicheltes Bild* een geflatteerd portret
Schmeichler *m* (-s; ~) vleier
schmeichlerisch vleiend, vleierig
schmeißen (schmiß; geschmissen) smijten, gooien, gemeenz klaarspelen; *eine Aufführung ~* gemeenz een uitvoering verknoeien; *ein Examen ~* stud een examen doen; *ein Faß Bier (eine Runde) ~* een vat bier spenderen, een rondje geven; *die Kiste, den Kram (Krempel, Laden) ~* gemeenz 't voor elkaar krijgen; *sein Studium ~* met zijn studie stoppen; *eine Sache ~* gemeenz iets voor elkaar krijgen; *sich in Gala (Schale) ~* gemeenz zijn beste pak (haar mooiste jurk) aantrekken
Schmeißfliege *v* bromvlieg
Schmelz *m* (-es; -e) brandverf, email; glazuur ⟨v. tanden⟩; zachte glans, liefelijk waas; welluidendheid, smeltende klank
schmelzbar smeltbaar
Schmelze *v* (~; -n) het smelten; smelterij; gesmolten metaal
schmelzen (schmolz; geschmolzen) I *onovergw* smelten, vloeibaar worden; wegsmelten ⟨ook fig⟩; zich oplossen; II *overg* (doen) smelten, vloeibaar maken; emailleren
schmelzend smachtend
Schmelzhütte *v* smelterij ⟨voor metaalwinning⟩
Schmelzkäse *m* smeltkaas
Schmelzsicherung *v* techn smeltveiligheid, zekering, stop
Schmelztiegel *m* smeltkroes
Schmer *m* & *o* (dierlijk) vet, reuzel

Schmerbauch *m* dikke buik; dikzak
Schmerz *m* (-es; -en) smart, pijn; ~*en (mv)* (lichamelijke) pijn; *geteilter* ~ *ist halber* ~ gedeelde smart is halve smart; *mit* ~*en met mich, vol verlangen*
schmerzen *zw* pijn doen; verdriet doen; *eine* ~*de Stelle* een pijnlijke plek; *die Füße* ~ *mich (mir)* ik heb pijn aan mijn voeten
Schmerzensgeld *o* smartengeld
Schmerzensschrei *m* schreeuw van pijn
Schmerzgrenze *v* pijngrens
schmerzhaft (lichamelijk) pijnlijk
schmerzlich pijnlijk, smartelijk
schmerzlindernd pijnstillend
schmerzlos pijnloos; smarteloos
schmerzstillend pijnstillend
Schmerztablette *v* pijnstiller
Schmetterball *m* tennis smash; kanjer (bij voetbal)
Schmetterling *m* (-s; -e) dierk vlinder, kapel; vlinderdasje
schmettern *zw* schetteren, klinken, kwinkeleren; schallen (v. gelach); smijten, smakken; tennis smashen; *die Tür ins Schloß* ~ de deur hard dichtgooien; *mit* ~*der Stimme* luidkeels
Schmied *m* (-(e)s; -e) smid; *jeder ist seines Glückes* ~ ieder heeft zijn lot in handen
Schmiede *v* (~; -n) smidse, smederij; *vor die rechte* ~ *gehen (kommen)* aan 't juiste kantoor komen
Schmiedeeisen [-eisen] *o* smeedijzer
Schmiedehammer *m* smidshamer
schmieden *zw* smeden; *Ränke* ~ intrigeren; *man muß das Eisen* ~, *solange es glüht* men moet 't ijzer smeden als 't heet is
schmiegen *zw* buigen; drukken, vlijen; *sich* ~ zich schikken, zich voegen, zich vlijen
schmiegsam buigzaam, soepel; gedwee, meegaand
Schmiegsamkeit *v* (~) buigzaamheid; soepelheid, gedweeheid
Schmiere *v* (~; -n) smeersel, zalf; schoensmeer; slecht schrift; gemeenz derderangstheater; gemeenz slaag, ransel; oorvijg; ~ *stehen* slang op de uitkijk staan; *es setzt* ~ er vallen slagen
schmieren *zw* smeren; morsen, knoeien, slecht schrijven; kladden; *einen* ~ iem. omkopen, iem. de handen stoppen; *einem etwas aufs Butterbrot* ~ gemeenz iem. iets voorhouden, verwijten; *einem eine* ~ gemeenz iem. een pak slaag geven; *die Kehle* ~ gemeenz de keel smeren; *einem Brei (Honig) ums Maul (den Mund)* ~ gemeenz iem. stroop om de mond smeren, iem. vleien; *wie geschmiert* van een leien dakje
Schmiererei *v* (~; -en) geklieder, geklad; knoeiwerk
Schmierfink *m* gemeenz smeerpoe(t)s
Schmiergelder *mv* steekpenningen, smeergeld
schmierig smerig, morsig, vettig; glibberig
Schmierkäse *m* smeerkaas
Schmieröl *o* smeerolie
Schmierseife *v* groene of gele zeep, zachte zeep

Schminke *v* (~; -n) schmink, make-up
schminken *zw* schminken, grimeren; opmaken
Schmirgel *m* (-s; ~) smergel, amaril
schmirgeln *zw* smergelen, polijsten
Schmiß, nieuwe spelling: **Schmiss** *m* (Schmisses; Schmisse) striem; litteken (v. studentenduel); gemeenz fut, pit; *die Sache hat* ~ dat gaat kranig
schmissig pittig, vlot, elegant
Schmock *m* (-(e)s; -e) pruljournalist
Schmöker *m* (-s; ~) gemeenz dik, ontspannend boek; N-Duits roker
schmökern *zw* roken, paffen; gemeenz behaaglijk (met overgave) zitten te lezen; met de neus in de boeken zitten
schmollen *zw* pruilen, mokken
Schmonzes *m* gemeenz onzin, geklets
Schmorbraten *m* gesmoord vlees
schmoren *zw* smoren; sudderen, stoven; *einen* ~ *lassen* gemeenz iem. in onzekerheid laten, in de piepzak laten zitten; *einen im eigenen Saft* ~ *lassen* gemeenz iem. in zijn eigen sop laten gaar koken
Schmortopf *m* stoofpan
Schmu *m* (-s) gemeenz heimelijk voordeel, profijt; ~ *machen* door bedrog een voordeel behalen
schmuck knap, mooi; keurig; chic
Schmuck *m* (-(e)s; Schmucksachen) sieraad; tooi, versiersel, sieraden
schmücken *zw* tooien, opsmukken, versieren, opschikken; *sich mit fremden Federn* ~ met andermans veren pronken
Schmuckkästchen *o* bijouteriekistje
schmucklos onopgesmukt, eenvoudig; ongeveinsd, oprecht
Schmucknadel *v* borst-, doek-, das-, sierspeld, haarnaald
Schmucksachen *mv* sieraden
Schmuckstück *o* sieraad
Schmuddel *m* (-s; ~), **Schmuddelei** *v* (~; -en) vuile boel, morsboel
schmudd(e)lig smoezelig, morsig, vuil
Schmuggel *m* (-s; ~), **Schmuggelei** *v* (~; -en) smokkelhandel, smokkelarij, sluikhandel
schmuggeln *zw* smokkelen
Schmuggler *m* (-s; ~) smokkelaar
schmunzeln *zw* fijntjes lachen, binnenpretjes hebben
Schmus *m* (-es) gesmoes, gebabbel; smoesje, geklets; vleierij
schmusen *zw* smoezen, babbelen, praten; vleien; liefkozen; Oostr kussen
Schmuser *m* (-s; ~) gemeenz vleier, mooiprater
Schmutz *m* (-es) vuil, vuiligheid; vet; Z-Duits zoen; *einen in den* ~ *treten, ziehen* iem. door het slijk halen; ~ *und Schund* moreel bedenkelijke kunst
schmutzen *zw* vlekken, kladden, smetten; vuil worden
Schmutzfink *m* viespeuk, smeerlap, smeerpoe(t)s
Schmutzfleck *m* vieze vlek, smet, klad
schmutzig vuil, smerig; gemeen; ~*e Angelegenheiten* smerige zaakjes; ~ *machen*

vuilmaken

Schmutzliteratur v pornografie

Schmutzwäsche v vuile was

Schmutzwasser o afvalwater

Schnabel m (-s; Schnäbel) snavel; gemeenz snuit, bek; tuit; sneb, voorsteven; *den ~ halten* gemeenz zijn mond (smoel) houden

schnäbeln zw: *(sich) ~* zoenen; ⟨van vogels⟩ trekkebekken

Schnabeltasse v drinkbeker met een tuitje ⟨voor zieken⟩

schnabulieren zw smullen, lekker eten

schnackeln zw: *es hat geschnackelt* gemeenz 't is gelukt; hij heeft 't gesnapt

Schnalle v (~; -n) gesp; Oostr deurknop; slang snol

schnallen zw klappen ⟨met de tong, de zweep⟩; gespen; gemeenz begrijpen, snappen; *den Riemen enger ~* fig de buikriem aanhalen

schnalzen zw klappen ⟨met de tong, de vingers⟩

Schnalzer m (-s; ~), **Schnalzlaut** m klap met de tong, click

schnapp hap!; krak!; knip!

schnappen zw snappen; happen; grijpen, pakken; arresteren, pakken; snakken ⟨naar lucht⟩; openspringen ⟨v. deksel⟩; dichtknippen ⟨v. slot⟩; *ins Schloß ~* dichtvallen; *frische Luft ~* een luchtje scheppen, een frisse neus halen; *nach Luft ~* naar lucht snakken

Schnappmesser o knipmes

Schnappschuß, nieuwe spelling: **Schnappschuss** m fotogr snapshot, momentopname

Schnaps m (-es; Schnäpse) sterke drank, jenever; borrel

Schnapsidee v gemeenz zot idee, zotte inval

Schnapszahl v gemeenz getal dat uit een aantal dezelfde cijfers bestaat

schnarchen zw snurken, ronken

Schnarcher m (-s; ~) snurker

Schnarre v (~; -n) ratel

schnarren zw ratelen; brouwen ⟨in 't spreken⟩; kraken ⟨v. stem⟩; snorren

schnattern zw snateren, babbelen, fig kakelen; *~ vor Kälte* klappertanden

schnauben ⟨schnaubte, schnob; geschnaubt, geschnoben⟩ snuiven, blazen, hijgen; *~ vor Wut* briesen v. woede; *(die Nase) ~* de neus snuiten

schnaufen zw snuiven, blazen, hijgen

Schnaufer m (-s; ~) ademtocht; *den letzten ~ tun* de laatste adem uitblazen

Schnauzbart m snor; *ein alter ~* een oude snorrenbaard

Schnauze v (~; -n) snuit, bek; grote mond; tuit; *(halt die) ~!* gemeenz houd je bek!; *eine große ~ haben* ⟨ook⟩ een brutale, grote bek hebben; *die ~ von etwas voll haben* de buik vol hebben van iets

schnauzen zw snauwen, opspelen

Schnauzer m (-s; ~) dierk schnauzer; snor

schnauzig bars, grof

Schnecke v (~; -n) dierk slak; spil; krul ⟨ook v. strijkinstrument⟩; labyrint ⟨v. oor⟩; wenteltrap; spiraalvormige vlecht; spiraalvormig broodje; techn wormwiel; snek ⟨v. horloge⟩; *einen zur ~ machen* slang iem. vreselijk uitschelden, op zijn nummer zetten

schneckenförmig slak-, spiraalvormig

Schneckengehäuse o, **Schneckenhaus** o slakkenhuis(je)

Schneckentempo o: *im ~* met een slakkengangetje

Schnee m (-s) sneeuw, geklopt eiwit, schuim ⟨v. eiwit⟩; slang geld; cocaïne; heroïne; *alter ~, ~ von gestern* ⟨ook⟩ oude koeien, oud nieuws

Schneeball m sneeuwbal; plantk sneeuwbal, Gelderse roos

Schneebesen m sneeuwbezem; eiwitklopper, garde

Schneegestöber o stofsneeuw, sneeuwjacht

Schneeglöckchen o sneeuwklokje

schneeig [-ig] op sneeuw gelijkend, sneeuwwit, besneeuwd

Schneekette v sneeuwketting

Schneekönig m reg winterkoninkje

Schneemann m sneeuwpop

Schneematsch m vuile, smeltende sneeuw

Schneepflug m sneeuwploeg

Schneeschmelze v het smelten v.d. sneeuw

Schneetreiben o sneeuwjacht

Schneewittchen o (-s) sneeuwwitje

Schneid m (-(e)s), Beiers, Oostr v (~) durf, energie, flinkheid, kranigheid

Schneidbrenner m snijbrander

Schneide v (~; -n) scherp v.e. mes, snede; bergkam; *es ist (steht) auf des Messers ~* 't is een dubbeltje op zijn kant

schneiden ⟨schnitt; geschnitten⟩ snijden ⟨met een mes etc.⟩; knippen ⟨met een schaar⟩; graveren; zagen ⟨v. hout⟩; snoeien; maaien; *einen ~* gemeenz iem. negeren, links laten liggen; *Gesichter, Grimassen, Fratzen ~* gezichten trekken; *eine Kurve ~* auto een bocht afsnijden; *ein Tier ~* een dier castreren; *scharf geschnittene Züge* scherp getekende gelaatstrekken; *einem (wie) aus dem Gesicht geschnitten sein* sprekend op iem. lijken; *ich kann mir das Geld nicht aus den Rippen (der Haut) ~* 't geld groeit me niet op de rug; *sich ~* zich snijden; elkaar kruisen; gemeenz, fig zich in de vingers snijden

Schneider m (-s; ~) kleermaker, snijder; jong hert; dierk hooiwagen; *aus dem ~* uit de moeilijkheden; *herein, wenn's kein ~ ist!* gemeenz kom maar binnen!

Schneiderei v (~; -en) kleermakerij

Schneiderin v (~; -nen) naaister

schneidern zw kostuumnaaien

Schneidersitz m kleermakerszit; *im ~* in kleermakerszit

Schneidezahn m snijtand

schneidig flink, kranig, energiek, fiks ⟨speciaal v. militairen⟩; *ein ~er Bursche* een kranige kerel

Schneidigkeit v (~) energie, flinkheid, fut

schneien zw sneeuwen; *einem ins Haus ~* bij iem. komen binnenvallen

Schneise v (~; -n) sleuf, gekapt pad ⟨in bos⟩,

brandgang; vogelstrik
schneiteln zw snoeien (v. bomen)
schnell snel, gauw, vlug, ras
Schnelläufer, nieuwe spelling: **Schnellläufer**, ook: **Schnell-Läufer** m hardloper
Schnellbahn v sneltram
Schnellboot o scheepv, mil motortorpedoboot; raceboot
Schnelle v (~; -n) vaardigheid, vlugheid; stroomversnelling; *auf die* ~ heel vlug, zo snel mogelijk
schnellebig, nieuwe spelling: **schnelllebig**, ook: **schnell-lebig** snel (haastig) levend
schnellen zw opspringen, (op)wippen; schieten, veren, vliegen; knippen ⟨met de vingers⟩; *die Preise* ~ *in die Höhe* de prijzen vliegen omhoog
schnellfüßig snelvoetig, vlug ter been
Schnelligkeit v (~; -en) snelheid
Schnellimbiß, nieuwe spelling: **Schnellimbiss** m snelbuffet
Schnellrichter m politierechter
schnellstens zo gauw (snel) mogelijk
Schnellstraße v snelverkeersweg
Schnellverfahren o snel procédé; recht snelle berechting
Schnellzug m sneltrein
Schnepfe v (~; -n) vogelk snip; tuit; slang snol; stom mens
schneuzen, nieuwe spelling: **schnäuzen** zw: *sich* ~ de neus snuiten
Schnickschnack m (-s) onzin, geklets; snuisterijen, rommel
schniegeln zw: *sich* ~ zeer zorgvuldig toilet maken; *geschniegelt (und gebügelt)* om door een ringetje te halen, keurig
schnieke Berl fijn, netjes; chic
Schnippchen o (-s; ~): *jmdm. ein* ~ *schlagen* iem. een hak zetten, een loopje met iem. nemen
Schnippel m & o (-s; ~) snipper
schnippeln zw snipperen; uitplukken
schnippen zw knippen ⟨met de vingers⟩
schnippisch bits, snibbig
Schnipsel m & o (-s; ~) snipper
schnipseln = schnippeln
schnipsen zw knippen ⟨met de vingers⟩
Schnitt m (-(e)s; -e) snede, knip, 't knippen; doorsnede; moot, schijf; snit ⟨ook kaartsp⟩; opmaak, montage ⟨v. film⟩; halfje ⟨= half glaasje bier of wijn⟩; *der goldene* ~ de gulden snede; *seinen* ~ *bei etwas machen* ergens een slaatje uit slaan; *im* ~ in doorsnee, gemiddeld
Schnittblume v snijbloem
Schnitte v (~; -n) snee ⟨v. brood enz.⟩
Schnitter m (-s; ~) maaier
schnittfest goed snijdbaar, stevig, vast
Schnittfläche v snijvlak
schnittig slank; elegant, chic, kranig, vlot; rijp om te maaien
Schnittlauch m bieslook
Schnittmuster o knippatroon
Schnittpunkt m snijpunt; kruispunt
Schnittwunde v snijwond(je)
Schnitzel o & m (-s; ~) snipper, snijdsel, knipsel; schnitzel; *Wiener* ~ kalfsoester

Schnitzeljagd v snipper-, vossenjacht
schnitzeln zw snipperen
schnitzen zw houtsnijden; *ein geschnitzter Schrank* een kast met snijwerk; *aus anderem, demselben, gutem Holz geschnitzt* uit ander, hetzelfde, goed hout gemaakt; *aus hartem Holz geschnitzt* moeilijk te beïnvloeden
Schnitzer m (-s; ~) houtsnijder; blunder, grove fout
Schnitzerei v (~; -en) houtsnijwerk
schnodd(e)rig brutaal, onbeschaamd, vrijpostig; opschepperig
schnöde snood, gemeen, laag; bits; honend, beledigend; *der* ~ *Mammon* dat nare (ellendige) geld
Schnödigkeit v (~; -en) snood-, laagheid
Schnorchel m (-s; ~) snorkel, snuiver
Schnörkel m (-s; ~) krul, haar; uitbundige versiering
schnorren zw slang bedelen, bietsen; een lezing, college zonder betaling bijwonen
Schnorrer m (-s; ~) slang bedelaar, parasiet
Schnösel m (-s; ~) gemeenz vlerk
Schnuckelchen o (-s; ~) snoesje, schatje, dotje
schnuck(e)lig snoezig, knus
schnüffeln zw snuffelen; snuiven
Schnuller m (-s; ~) (fop)speen
Schnulze v (-n) te sentimentele film, roman, muziek; smartlap
schnupfen zw een snuifje nemen, snuiven; Z-Duits snikken
Schnupfen m (-s; ~) (neus)verkoudheid
Schnupftabak m snuif(tabak)
schnuppern zw snuffelen, snuiven
Schnur v (~; Schnüre) snoer, koord, veter; touw(tje)
Schnürchen o (-s; ~) snoertje, lijntje; *das geht wie am* ~ dat gaat van een leien dakje
schnüren zw snoeren, rijgen, dichtrijgen; dichtbinden; *sein Bündel* ~ zijn boeltje pakken, zijn matten oprollen
schnurgerade lijn-, regelrecht, linea recta
Schnurrbart m snor, knevel
Schnurre v (~; -n) klucht, grap, onzin
schnurren zw snorren ⟨ook v. kat⟩, ratelen, brommen; bedelen
schnurrig kluchtig, grappig, komisch
Schnürschuh m rijgschoen
Schnürsenkel m schoenveter
Schnürstiefel m rijglaars
schnurstracks regelrecht, dadelijk
schnurz, schnurzegal, schnurzpiepegal: *das ist mir* ~ slang dat is mij totaal om het even
Schober m (-s; ~) hoop, mijt, opper
1 Schock m (-(e)s; -e) schok, med zenuwschok; shock
2 Schock o (-(e)s; -e) zestigtal, zestig; een groot aantal
schockieren zw choqueren
schofel sjofel, ellendig; verachtelijk
Schöffe m (-n; -n) recht schepen; lid van juryrechtbank, bijzitter in een *Landgericht*
Schöffengericht o schepenrechtbank; lekenrechtbank ⟨met rechtsgeleerde voor-

Schokolade zitter⟩
Schokolade v (~; -n) chocola(de)
Schokoladenguß, nieuwespelling:**Schokoladenguss** m geglaceerd laagje chocolade
Schokoladenseite v gemeenz mooiste, beste kant ⟨voor foto⟩
Schokoladenstreusel o chocoladehagelslag
Schokoladentafel v tablet, plak chocolade
Scholle v (~; -n) kluit aarde; ijsschots; visk schol; *die heimatliche ~* de geboortegrond; *auf eigner ~* op eigen grond (erf)
schon al, reeds; nu; wel; alleen al; *das wird ~ gehen* dat zal wel gaan; *das ist ~ möglich* dat is wel mogelijk; *~ gar nicht al* helemaal niet; *los! gib ~!* vooruit, geef maar!; *ich finde es ~* ik vind het wel; *wenn ~!* dat doet er niet toe!; *wenn ~, denn ~* als het dan moet, dan moet 't maar; *~ gut!* 't is goed; laat maar; *was weiß er denn ~* weet hij veel
Schonbezug m hoes; autohoes
schonen zw sparen, zuinig zijn met, ontzien; *beide Parteien ~* (ook) de kool en de geit sparen
schönen zw mooier maken; klaren ⟨v. wijn⟩; *eine geschönte Bilanz* een geflatteerde balans
schonend voorzichtig, behoedzaam
Schoner m (-s; ~) scheepv schoener; hoes
schönfärben zw opsmukken; te mooi (optimistisch) voorstellen
Schönfärber m optimist
Schönfärberei v rooskleurige voorstelling
schöngeistig geletterd, van hoge geestelijke cultuur
Schönheit v (~; -en) schoonheid; *die landschaftliche ~* het landelijk schoon
Schönheitsfehler m schoonheidsfout(je)
schönmachen opzitten ⟨v. hond⟩; *sich ~* zich mooimaken, mooie kleren aantrekken
Schönschrift v schoonschrift
Schonung v (~; -en) verschoning, sparend handelen; voorzichtigheid, toegevendheid; jonge aanplant, jong hout, beschermd bos
schonungslos meedogenloos, niets ontziend
Schonzeit v verboden jacht- en vistijd
Schopf m (-(e)s; Schöpfe) kuif, haarbos, haardos; graspol; Oostr, Zwits afdak, luifel; *die Gelegenheit beim ~e fassen* de gelegenheid aangrijpen; *jmd. beim ~e fassen* iem. bij zijn kladden, kraag pakken
Schöpfbrunnen m waterput
Schöpfeimer m putemmer
schöpfen zw putten, scheppen; drinken ⟨v. wild⟩; *Argwohn, Mißtrauen ~* achterdocht, argwaan krijgen; *Hoffnung ~* hoop koesteren; *Verdacht ~* verdenking opvatten; *aus dem vollen ~* uit ruime beurs leven; vrij kunnen handelen; *geschöpftes Papier* geschept papier
Schöpfer m (-s; ~) schepper, maker; schepemmer
schöpferisch scheppend, creatief, vruchtbaar

Schöpferkraft v scheppingskracht, -vermogen
Schöpfkelle v, **Schöpflöffel** m pollepel, opscheplepel
Schöpfung v (~; -en) 't scheppen, schepping; voortbrengsel, gewrocht, kunstproduct, creatie
Schöpfwerk o gemaal, pompwerk
Schoppen m (-s; ~) schuur, wagenhuis, afdak; een kwart tot een halve liter; pot ⟨bier⟩; Zwits zuigfles
Schorf m (-(e)s; -e) roof, korst
schorfig met roof, korst bedekt
Schornstein m schoorsteen ⟨ook bergkloof⟩
Schornsteinfeger m schoorsteenveger
1 Schoß [sjos] m, nieuwe spelling: **Schoss** [sjos] m (Schosses; Schosse & Schösse) plantk scheut, spruit
2 Schoß [sjoos] m (-es; Schöße) schoot ⟨ook v. slot⟩; pand ⟨v. jas⟩; *in Abrahams ~* in Abrahams schoot; *die Hände in den ~ legen* fig het werk staken; werkeloos toezien; luieren
Schoßkind o troetelkind, schootkind
Schößling m, nieuwe spelling: **Schössling** m (-s; -e) scheut, spruit; zaailing
Schote v (~; -n) plantk peul, hauw; scheepv schoot ⟨v. zeil⟩; *eine ~ Vanille* een stokje vanille
Schott o (-(e)s; -e) schot ⟨v. planken⟩; scheepv waterdicht (tussen)schot; wei, hui
Schotte m (-n; -n) Schot
Schotter m (-s; ~) steenslag, losse stenen; slang geld
schottern zw steenslag strooien (op de weg)
Schottin v (~; -nen) Schotse
schottisch Schots; S~er Schotse dans; *die S~en Hochlande* de Schotse Hooglanden
schraffen, schraffieren zw arceren
schräg scheef, schuin; slang dronken; oneerlijk; lichtzinnig; *ein ~er Vogel* een vreemde kwast; *in ~er Schrift gedruckt* cursief, schuin gedrukt
Schräge v (~; -n) schuinte, het hellen; schuine lijn; schuine kant
schrägen zw schuin maken, afschuinen
Schrägschrift v schuin schrift; typ cursief
Schrägstrich m schuine streep
Schramme v (~; -n) schram; kras
Schrammelmusik v Schrammelmusik (= populaire Weense muziek met twee violen, gitaar en trekharmonica)
schrammen zw schrammen, openhalen; bekrassen, schampen; *ich habe mir die Hand an der Mauer geschrammt* ik heb mijn hand aan de muur opengehaald
Schrank m (-(e)s; Schränke) kast; *mit Laden versehener ~* toonbank; *in die ~en treten* in 't strijdperk treden, in de bres springen; *vor die ~en treten* voor 't gerecht verschijnen
Schrankbett o opklapbed met deuren ervoor
Schranke v (~; -n) paal, perk; slagboom, spoorboom; belemmering; rechtbank, balie; *trennende ~n* scheidsmuren; *einer Sa-*

che ~n setzen aan iets grenzen (paal en perk) stellen; *jmdn. vor die ~n des Gerichts laden* tegen iem. een proces aanspannen
schrankenlos onbegrensd; onbeperkt, grenzeloos; *~er Bahnübergang* onbewaakte overweg
Schrankenwärter *m* spoorw overwegwachter
Schrankfach *o* schap, legplank; kluis, safeloket
Schrapnell [-'nel] *o* (-s; -e & -s) mil granaatkartets; ⟨scheldnaam voor oude, gezette vrouwe⟩ taart
Schraube *v* ⟨~; -n⟩ schroef; bout; *die alte ~ gemeenz* de oude tang; *eine ~ ohne Ende gemeenz* een zaak, die nooit ophoudt; *bei ihm ist eine ~ locker (los)* er loopt bij hem een streepje door
schrauben *zw* schroeven; opdrijven, opschroeven; *die Ansprüche zu hoch ~* de eisen te hoog opvoeren; *sich hoch ~* spiraalsgewijze omhooggaan, -vliegen; *ein geschraubter Stil* een opgeschroefde, gemaakte, hoogdravende stijl
Schraubengewinde *o* schroefdraad
Schraubenmutter *v* moer
Schraubenschlüssel *m* schroefsleutel
Schraubenzieher *m* schroevendraaier
Schraubstock *m* techn bankschroef
Schraubverschluß, nieuwe spelling: **Schraubverschluss** *m* schroefsluiting
Schrebergarten *m* volkstuin
Schreck *m* (-(e)s; -e) schrik
Schreckbild *o* schrikbeeld; gedrocht
schrecken I (schrak; erschrocken, en *zw*) schrikken, verschrikt worden; II (schreckte; erschreckt) verschrikken, doen of laten schrikken; schreeuwen ⟨v. hert⟩
Schrecken *m* (-s; ~) schrik; verschrikking; *auf den ~ hin* op (voor) de schrik; *einen in (Angst und) ~ versetzen* iemand schrik aanjagen
schreckenerregend, nieuwe spelling: **Schrecken erregend** schrikbarend, schrikaanjagend
Schreckensherrschaft *v*, **Schreckensregiment** *o* schrikbewind
Schreckensnachricht *v* verschrikkelijk bericht, jobstijding
Schreckensruf *m* angstkreet
Schreckenstat *v* afschuwelijke daad
Schreckgespenst *o* schrik-, spookbeeld
schreckhaft schrikachtig
schrecklich verschrikkelijk; onuitstaanbaar; *sich ~ freuen* zich bijzonder verheugen
Schrecknis *o* (-ses; -se) schrik, ontsteltenis; verschrikking, schrikwekkend geval
Schreckschraube *v* tang ⟨= kwaadaardige vrouw⟩
Schreckschuß, nieuwe spelling: **Schreckschuss** *m* waarschuwingsschot
Schreckschußpistole, nieuwe spelling: **Schreckschusspistole** *v* alarmpistool
Schrei *m* (-(e)s; -e) schreeuw, kreet; gil; *der letzte ~* de laatste mode; *ein ~ des Entsetzens* een kreet van ontzetting
Schreibblock *m* blocnote, schrijfblok
schreiben (schrieb; geschrieben) schrijven; *groß (klein) ~* met een hoofdletter (een kleine letter) schrijven; *einen krank ~ iem.* (schriftelijk) ziek verklaren; *sich die Finger krumm (lahm, wund) ~* zich zijn vingers blauw schrijven; *an die Tafel ~* op 't bord schrijven; *es ist ihm auf den Leib geschrieben ~* 't is hem op 't lijf geschreven, hij is ervoor geknipt; *es steht ihm auf der Stirn geschrieben* 't staat hem op zijn voorhoofd geschreven; *sich etwas hinter die Löffel ~* zich iets inprenten; *sich etwas hinter die Ohren ~* zich iets in z'n oren knopen; *in Kurzschrift ~* stenograferen; *ins reine ~* in 't net schrijven; *sich etwas ins Stammbuch ~* van iets notitie nemen; *ins unreine ~* in 't klad schrijven; *mit der Maschine ~* tikken, typen; *sich ~ heten*, zich noemen; met elkaar corresponderen; *es schreibt sich gut mit der Feder* die pen schrijft goed
Schreiben *o* (-s; ~) het schrijven; brief
Schreiber *m* (-s; ~) schrijver ⟨v. brief⟩; klerk; schrijver ⟨v. boeken⟩; *~ dieser Zeilen* steller dezes
Schreiberei *v* ⟨~; -en⟩ schrijverij; geschrijf
schreibfaul lui in 't schrijven van brieven
Schreibfehler *m* schrijffout
Schreibgerät *o* schrijfgerei
Schreibheft *o* schrift, cahier
Schreibmaschine *v* schrijfmachine
Schreibpult *o* lessenaar
Schreibschrift *v* geschreven schrift
Schreibtisch *m* schrijftafel
Schreibung *v* ⟨~; -en⟩ het schrijven, schrijfwijze
Schreibwaren *mv* schrijfbehoeften
Schreibweise *v* spelling; schrijfwijze, -trant, stijl
Schreibzeug *o* schrijfgerei
schreien (schrie; geschrie(e)n) schreeuwen, gillen; balken ⟨v. ezel⟩; krollen ⟨v. kat⟩; *Ach und Weh (Zeter und Mordio) ~* moord en brand schreeuwen; *~ wie am Spieß* schreeuwen als een mager varken; *aus vollem Halse ~* luidkeels schreeuwen; *nach Rache ~* om wraak roepen (schreeuwen); *es schreit zum Himmel* 't schreit ten hemel; *zum S~* heel grappig
Schreier *m* (-s; ~) schreeuwer
Schreifritz(e) *m*, **Schreihals** *m* schreeuwlelijk
Schrein *m* (-(e)s; -e) kastje, kistje, schrijn
Schreiner *m* (-s; ~) Z-Duits, W-Duits meubelmaker, schrijnwerker
Schreinerei *v* ⟨~; -en⟩ meubelmakerij, schrijnwerkerij
schreinern *zw* meubels maken
schreiten (schritt; geschritten) schrijden, stappen; *zur Abstimmung ~* tot stemming overgaan; *zum Angriff ~* tot de aanval overgaan; *zur Sache ~* tot de zaak komen; *zur Tat ~* tot de daad overgaan, actief worden; *zur Wahl ~* tot verkiezing overgaan
Schrieb *m* (-es; -e) geringsch brief, geschreven stuk
Schrift *v* ⟨~; -en⟩ schrift; geschrift; letter, typ lettertype; *die (Heilige) ~* de (Heilige) Schrift; *krakelige ~* hanepoten; *~en Zwits* papieren; *gesammelte ~en* verza-

Schriftdeutsch 330

melde werken
Schriftdeutsch o Duitse schrijftaal
Schriftführer m secretaris ⟨v. vereniging⟩; griffier
schriftlich schriftelijk; *etwas ~ geben* iets op schrift, gemeenz op een briefje geven; *haben Sie das ~?* hebt u dat op schrift?; gemeenz weet u dat zo zeker?
Schriftsetzer m (letter)zetter
Schriftsprache v schrijftaal
Schriftsteller m schrijver, letterkundige
schriftstellern zw schrijven (als auteur)
Schriftstück o geschrift, schriftuur; recht conclusie; *~e bescheiden*
Schrifttum o (-s) literatuur
Schriftzeichen o letterteken, -type
Schriftzug m haal die karakteristiek is voor een handschrift; *Schriftzüge* ⟨ook⟩ schrift
schrill schril, schel
schrillen zw schril, schel klinken
Schritt m (-(e)s; -e) schrede, tred, pas, stap ⟨ook: maatregel⟩; kruis (deel v.h. lichaam); *ein diplomatischer ~* een diplomatieke stap; *einen guten ~ am Leibe haben* lange passen nemen, energiek lopen; *~ halten mit* in de pas blijven met, bijhouden; *den ersten ~ tun* fig de eerste stap doen; *keinen ~ tun* geen voet verzetten; *auf ~ und Tritt* waar men gaat; *aus dem ~ kommen* uit de pas raken; *~ für ~* stap voor stap; *(im) ~* stapvoets
Schrittmacher m sp gangmaker; med pacemaker
schrittweise stap voor stap, stapsgewijs
schroff steil, ruw; bars, bruusk, botweg; terugstotend, ongenaakbaar, scherp; *eine ~e Antwort* een bot antwoord; *ein ~er Gegensatz* een sterke tegenstelling; *~ ablehnen* bruusk afwijzen
Schroff m (-(e)s & -en; -en), **Schroffen** m (-s; ~) Z-Duits, Oostr rotsklip; steile, puntige rots
Schroffheit v (~; -en) steilheid, ongenaakbaarheid; barsheid, ruwheid, grofheid
schröpfen zw med koppen zetten, aderlaten; *einen ~* fig iem. laten bloeden, afzetten
Schrot m & o (-(e)s; -e) schroot, hagel; blok; afgezaagd stuk; grof gemalen graan; *von altem (echtem) ~ und Korn* van de oude stempel
Schrotbüchse v jachtgeweer (voor hagel)
schroten zw grof malen of breken (v. koren); vero rollen, slepen, sjouwen; snoeien; kappen; knagen
Schrotflinte v jachtgeweer (voor hagel)
Schrott m (-(e)s) schroot; oude troep; onzin
schrottreif rijp voor de sloop
schrubben zw schrobben
Schrubber m (-s; ~) schrobber
Schrulle v (~; -n) gril, kuur; zonderlinge oude vrouw
schrullenhaft, schrullig grillig, humeurig, met kuren
schrump(e)lig verschrompeld; rimpelig
schrumpfen zw krimpen; schrompelen, slinken
Schrund m (-es; Schründe), **Schrunde** v (~;
-n) spleet, kloof (speciaal in huid, gletsjer)
Schub m (-(e)s; Schübe) schuif; la; stoot, worp; kegelworp; hap, groep; aantal broodjes (in de oven); druk, aandrijving; *seitlicher ~* zijwaartse druk; *in Schüben* in groepen, in partijen, in porties; *per ~* op transport
Schuber m (-s; ~) boekkarton; huls
Schubfach o lade, schuifla(de)
Schubkarre v, **Schubkarren** m kruiwagen
Schubkasten m schuifla(de)
Schublade v schuifla(de)
Schubs m duwtje, stoot
Schubschiff o duwboot
schubsen zw stoten, duwen
schubweise langzamerhand, in partijen, in porties
schüchtern schuchter, bedeesd, verlegen
schuckeln zw schommelen, schokken, waggelen
Schuft m (-es; -e) schoft, schurk
schuften zw hard werken, zwoegen, zich doodwerken
Schufterei v (~) gezwoeg
schuftig schurkachtig, schofterig
Schuh m (-(e)s; -e) schoen; voet (als lengtemaat); *umgekehrt wird ein ~ daraus* 't moet juist andersom gedaan worden; *wo drückt denn der ~?* waar wringt de schoen?
Schuhband o, **Schuhbändel** o Z-Duits schoenveter
Schuhbürste v schoenborstel
Schuhlöffel m schoenlepel
Schuhmacher m schoenmaker
Schuhputzer m schoenpoetser
Schuhsohle v schoenzool
Schulabgänger m schoolverlater
Schularbeit v school-, huiswerk; Oostr proefwerk
Schulbank v schoolbank
Schulbeispiel o schoolvoorbeeld
Schulbildung v schoolopleiding, onderwijs
Schuld v (~; -en) schuld; *äußere ~* buitenlandse schuld; *schwebende ~* vlottende schuld; *ohne meine ~* mijn schuld; *mehr ~en als Haare auf dem Kopf haben* tot over de oren in de schuld zitten; *einem an einer Sache ~ geben* iem. van iets de schuld geven; *schuld haben, sein an* (+ 3) schuld hebben van, schuldig zijn aan
Schuldbewußtsein, nieuwe spelling: **Schuldbewusstsein** o schuldbesef, -bewustzijn, -gevoel
schulden (+ 3) zw verschuldigd zijn, schuldig zijn, te danken hebben aan
schuldenfrei vrij van schulden, onbezwaard
schuldhaft door schuld, opzettelijk
Schuldienst m onderwijs; *im ~ tätig sein* in het onderwijs werkzaam zijn
schuldig schuldig, verplicht, verschuldigd; *des Todes, eines Verbrechens ~* des doods, aan een misdrijf schuldig; *einem Dank ~ sein* iem. dank verschuldigd zijn
Schuldigkeit v (~; -en) plicht, verplichting
schuldlos schuldeloos, onschuldig
Schuldner m (-s; ~) schuldenaar

Schuldschein m schuldbekentenis
Schuldspruch m schuldigverklaring
Schuldverschreibung v schuldbrief; obligatie
Schule v (~; -n) school ⟨ook v. dieren⟩, scholing; boomkwekerij; synagoge; fig leerschool; *die Hohe* ~ de hogeschool ⟨v.h. paardrijden⟩; *höhere* ~ middelbare school; *der (guten) alten* ~ van de oude stijl; ~ *machen* school maken; *in die* ~, *zur* ~ *gehen* naar school gaan; *in eine harte* ~ *gehen* een harde school doormaken; *bei einem in die* ~ *gehen* bij iem. in de leer gaan
schulen zw scholen, opleiden, oefenen, trainen, drillen, luchtv lessen
Schüler m (-s; ~) scholier, leerling
schülerhaft schooljongensachtig; onrijp
Schülerin v (~; -nen) leerlinge, scholiere
Schülerlotse m verkeersbrigadiertje, klaarover
Schülerschaft v (~; -en) de (gezamenlijke) leerlingen
schulfähig rijp voor de school; *das* ~*e Alter* de schoolleeftijd
schulfrei vrij van school
Schulfreund m schoolkameraad
Schulfunk m schoolradio
Schulhof m schoolplein
schulisch de school betreffend, school-
Schuljahr o schooljaar
Schullehrer m schoolmeester, onderwijzer
Schulleistung v prestatie(s) op school
Schulmappe v schooltas
schulmeistern zw de schoolmeester uithangen, schoolmeesteren, bedillen
schulpflichtig leer-, schoolplichtig
schulreif schoolrijp
Schulschiff o opleidingsschip
Schulschwänzer m spijbelaar
Schulstunde v lesuur
Schulter v (~; -n) schouder; ~ *an* ~ schouder aan schouder, zij aan zij
Schulterblatt o schouderblad
schultern zw schouderen ⟨v. geweer⟩; op zijn schouders laden
Schulung v (~; -en) scholing, opleiding, training
Schulweg m weg van en naar school
Schulzimmer o schoollokaal
schummeln zw gemeenz bedriegen, besjoemelen; spieken
schummerig schemerachtig, vaag; schemerdonker
Schund m (-(e)s) rotzooi, rommel, bocht; = *Schundliteratur*
Schundliteratur v pulplectuur; pornografische lectuur
schunkeln zw schommelen ⟨arm in arm⟩
1 Schupo v (= *Schutzpolizei*) politie
2 Schupo m (= *Schutzpolizist*) politieagent
Schuppe v (~; -n) schub; schil, schel, schilfer; ~*n* roos (op de hoofdhuid); *es fällt einem wie* ~*n von den Augen* de schellen vallen iem. van de ogen
schuppen zw ontschubben; *sich* ~ afschilferen; vervellen
Schuppen m (-s; ~) loods, bergplaats; remise; garage; slang disco

schuppig geschubd, schilferig; rozig ⟨v. haar⟩
schupsen zw stoten, rukken, duwen, schoppen
Schur v (~; -en) het scheren
Schüreisen o pook
schüren zw aan-, opstoken ⟨ook fig⟩; aanblazen; opporren; fig aanwakkeren
schürfen zw boren, graven, exploreren, zoeken ⟨naar erts⟩; *sich* ~ zich schrammen, schaven
Schürfung v (~; -en) afschaving, schram; exploratie, opsporingswerkzaamheden
Schürfwunde v schaafwond
Schürhaken m pook
schurigeln zw plagen, koeioneren
Schurke m (-n; -n) schurk, schavuit
Schurkenstreich m, **Schurkerei** v (~; -en) schurken-, ploertenstreek
schurkisch schurkachtig
Schurwolle v scheerwol
Schurz m (-es; -e & Schürze) voorschoot, schootsvel
Schürze v (~; -n) schort, schortje; *hinter jeder* ~ *her sein* geen vrouw met rust laten
schürzen zw opschorten; opnemen; knopen, strikken; *ein Kleid* ~ een japon opnemen; *einen Knoten* ~ een knoop leggen; de intrige (v.e. drama) opzetten; *die Lippen* ~ de lippen optrekken; *leicht geschürzt* luchtig gekleed
Schürzenjäger m rokkenjager
Schuß, nieuwe spelling: **Schuss** m (Schusses; Schüsse) schot; spruit, loot, scheut; slang voorschot, geld; shot ⟨injectie met drugs⟩; *ein* ~ *Wasser* een scheut water; *ein* ~ *ins Blaue* een schot in 't wilde weg; *ein* ~ *ins Schwarze* een schot in de roos ⟨ook fig⟩; *ein* ~ *ins Tor* sp een doelpunt, goal; *ein* ~ *vor den Bug* ⟨ook fig⟩ een schot voor de boeg; *in* ~ in orde, op dreef, op gang; *weit ab vom* ~ afgelegen; fig buiten schot; *zum* ~ *kommen* jacht gelegenheid hebben om te schieten; fig kans krijgen
schußbereit, nieuwe spelling: **schussbereit** schietvaardig; klaar om een foto te nemen
Schussel m (-s; ~) kluns, sufferd, schutterig mens
Schüssel v (~; -n) schotel, schaal, bak; *einem auf (in) der* ~ *liegen* Oostr iem. tot last zijn
Schusselei v (~), **Schusseligkeit** v slordigheid, onoplettendheid
schusselig schutterig, onhandig, vergeetachtig
schusseln zw nerveus, schutterig rondlopen
Schußfeld, nieuwe spelling: **Schussfeld** o schootsveld
schußlig, nieuwe spelling: **schusslig** schutterig, onhandig, vergeetachtig
Schußlinie, nieuwe spelling: **Schusslinie** v vuurlijn; *in die* ~ *geraten* scherp aangevallen worden, veel kritiek krijgen
Schußwaffe, nieuwe spelling: **Schusswaffe** v vuurwapen
Schußweite, nieuwe spelling: **Schusswei-**

te v dracht v.e. geweer; schootsafstand; *außer ~* buiten schot

Schuster m (-s; ~) schoenmaker; dierk hooiwagen

schustern zw schoenen maken; knoeien; knutselen

Schute v (~; -n) schuit, dekschuit, platte vrouwenhoed

Schutt m (-(e)s) puin; *in ~ und Asche legen* in de as leggen; verwoesten

Schuttabladeplatz m vuilstortplaats

Schütte v (~; -n) bundel, hoop, bos ⟨stro⟩; voederplaats ⟨voor fazanten, wilde zwijnen⟩; Zwits korenzolder; regenbui

Schüttelfrost m koude koorts, rillingen

schütteln zw schudden, schuddebollen, schokken; opschudden ⟨v.e. bed⟩; *den Kopf ~* 't hoofd schudden; *von Angst, Ekel, Grauen geschüttelt* rillend, huiverend van angst, afschuw, afgrijzen; *das Fieber schüttelte ihn* hij rilde van koorts; *aus dem Ärmel (Handgelenk) ~* fig uit de mouw schudden; *sich ~* huiveren, rillen; zich schudden; *sich ~ vor Lachen* schudden van de lach

schütten zw storten, gieten; morsen; overlopen; veel opleveren; *es schüttet* het giet v.d. regen, 't regent dat 't giet

schütter dun, ijl, vluchtig; *~es Haar* dungeworden haar; *mit ~er Stimme* met een zwakke stem

Schutthalde v puinhoop; puinhelling ⟨v. berg⟩

Schutthaufen m puinhoop

Schutz m (-es) bescherming, hoede; afschutsel; beschutting, toevlucht; *in (seinen, ihren) ~ nehmen* in bescherming nemen; *unter ~ stellen* onder toezicht stellen; *zu ~ und Trutz* tot aanval en verdediging

Schutzanzug m beschermende kleding

Schutzblech o spatbord

Schutzbrille v beschermende bril

Schütze m (-n; -n) schutter; tirailleur; mitrailleurschutter; jager

schützen zw beschermen, beschutten; schutten; dekken; *gesetzlich geschützt* wettig gedeponeerd; *(sich) ~ vor* ⟨zich⟩ beschermen tegen; *Alter schützt vor Torheit nicht* hoe ouder hoe gekker

Schutzengel m beschermengel; engelbewaarder

Schützengraben m mil loopgraaf

Schützenhilfe v ondersteuning, hulp; mil ondersteunend geweervuur

Schutzfrist v termijn v. bescherming ⟨m.b.t. auteursrechten⟩

Schutzgebühr v prijs, bijdrage; *für den Katalog berechnen wir eine ~ von 5 DM* de catalogus kost 5 DM

Schutzheilige(r) m beschermheilige

Schutzhülle v beschermend omhulsel, hoes; harde omslag, karton, koker; etui

Schutzhütte v schuilhut ⟨in de bergen⟩

Schützling m (-s; -e) beschermeling

schutzlos onbeschermd, weerloos

Schutzmann m (-(e)s; -männer & -leute) politieagent

Schutzmarke v wettelijk gedeponeerd handelsmerk

Schutzmaßnahme v veiligheidsmaatregel

Schutzpatron m RK beschermheilige; schutspatroon

Schutzpolizei v ⟨gewone⟩ politie

Schutzraum m schuilplaats, -kelder

Schutzumschlag m stof-, boekomslag, flap

schwabbelig wiebelig, waggelend

schwabbeln zw in trillende beweging zijn, schommelen; waggelen; babbelen, kletsen

Schwabe m (-n; -n) Zwaab, inwoner van Zwaben

Schwaben o (-s) Zwaben

schwäbisch Zwabisch ⟨van *Zwaben* in Württemberg⟩; *die S~e Alb* de Zwabische Jura; *das S~e Meer* het meer van Konstanz

schwach zwak; *äußerst ~* ⟨ook⟩ doodzwak; *ein ~es Grün* een licht, teer groen; *~e Seite* ⟨ook⟩ zwak; *~er Tee* slappe thee; *~ auf der Brust sein* het op de borst hebben; gemeenz, schertsend geen geld hebben; *~ besetzt* onderbezet; *~ besucht* slecht bezocht; *~ im Kopf* zwakhoofdig

Schwäche v (~; -n) zwakheid, krachteloosheid; zwakte; zwakke zijde; *eine ~ für etwas haben* een zwak voor iets hebben

schwächen zw verzwakken

Schwachkopf m dommerd, sufferd

schwächlich zwakkelijk, ziekelijk

Schwächling m (-s; -e) zwakkeling

schwachsichtig slechtziend

Schwachsinn m zwakzinnigheid; *~!* onzin!

schwachsinnig zwakzinnig, dement; onnozel

Schwachstrom m elektr zwakstroom

Schwächung v (~; -en) verzwakking

1 Schwaden m (-s; ~), **Schwade** v (~; -n) zwad, zwade

2 Schwaden m (-s; ~) damp, walm, gaswolk

3 Schwaden m (-s; ~) plantk vlotgras

Schwadron v (~; -en) mil eskadron

Schwadronade v (~; -n), **Schwadronage** v (~; -n) vero blufferij, opschepperij

schwadronieren zw opsnijden, bluffen

schwafeln zw bazelen, kletsen

Schwager m (-s; Schwäger) zwager; vero postiljon; vakgenoot ⟨onder handwerkers⟩

Schwägerin v (~; -nen) schoonzuster

Schwalbe v (~; -n) zwaluw; *eine ~ machen* sp zich ⟨in het strafschopgebied⟩ laten vallen

Schwall m (-(e)s; -e), stroom, vloed, golf; *ein ~ von Worten* een stortvloed van woorden

Schwamm m (-(e)s; Schwämme) spons; plantk zwam; paddestoel; tondel; slang zure wijn; *~ d(a)rüber* zand erover

schwammig sponzig; dik; opgezet, pafferig

Schwan m (-(e)s; Schwäne) zwaan

schwanen zw een voorgevoel hebben, vermoeden; *mir schwant Böses (nichts Gutes)* ik heb het voorgevoel dat er iets ergs gaat gebeuren

Schwang m: *in ~ kommen* in zwang ⟨gebruik⟩ komen; *im ~(e) sein* in zwang zijn

schwanger zwanger; *mit einem Plan ~ ge-*

hen van een plan zwanger gaan
schwängern *zw* zwanger maken
Schwangerschaft *v* (~) zwangerschap
Schwank *m* (-(e)s; Schwänke) klucht(spel); grappig verhaal
schwank wankel; buigzaam; onzeker
schwanken *zw* waggelen, wankelen; weifelen, aarzelen; schommelen, wiebelen, slingeren, wisselen; fluctueren; *Kurse* ~ koersen schommelen
Schwankung *v* (~; -en) weifeling, aarzeling; slingering; schommeling, fluctuatie
Schwanz *m* (-es; Schwänze) staart, sleep, nasleep, rest, staartje; gemeenz lul, pik; *ein* ~ *von Prozessen* een reeks van processen; *kein* ~ *war da* gemeenz er was geen hond, als; *das glaubt kein* ~ gemeenz dat kun je niemand wijs maken; *einem auf den* ~ *treten* iem. op zijn tenen (teentjes) trappen; *mit eingekniffenem* ~ met de staart tussen de benen
schwänzeln *zw* kwispelstaarten; flikflooien, vleien; als een pauw rondlopen
schwänzen *zw* spijbelen; *die Schule* ~ gemeenz spijbelen
schwappen *zw* zwalpen, klotsen, over de rand slaan (v. water)
schwären (schwor; geschworen & *zw*) med zweren
Schwarm *m* (-(e)s; Schwärme) zwerm; groep; vlucht, school, hoop; escadrille (v. 4 à 5 vliegtuigen); *das ist mein* ~ dat is mijn vlam, mijn aangebedene; daar dweep ik mee
schwärmen *zw* zwermen (ook v. bijen), zwerven; mil tirailleren, zich verspreiden; zwieren, zwaaien, fuiven; *für einen* ~ met iem. dwepen; *für etwas* ~ dol zijn op iets; ~ *von* verrukt zijn van, hoog van iets opgeven
Schwärmer *m* (-s; ~) dweper, dromer, enthousiasteling; fanaticus; voetzoeker, rotje; dierk pijlstaartvlinder
Schwärmerei *v* (~; -en) dweperij, dweepzucht, fanatisme; buitensporigheid, losbandigheid
schwärmerisch dwepend, dweepziek, geestdriftig; fanatiek
Schwarte *v* (~) zwoerd, dik vel, varkenshuid; vel (v. wild zwijn of das); oud boek; stud huid
schwarz I *bn* zwart; donker; geheim; somber; gemeenz orthodox, katholiek; slang blut; II *bijw* zwart, illegaal, clandestien; ~ *auf weiß* zwart op wit; *das* ~*e Brett* 't mededelingenbord; *der S*~*e* de duivel; ~*er Kaffee, Kaffee* ~ koffie zonder melk; *die* ~*e Kunst* de boekdrukkunst; de tovenarij; *die* ~*e Liste* de zwarte lijst; *der* ~*e Markt* de zwarte markt; ~*er Peter* zwarte piet (v. kaartspel; ook fig); *das* ~*e Schaf* het zwarte schaap; *ein* ~*er Tag* een ongeluksdag; *der* ~*e Tod* de zwarte dood, de pest; ~ *handeln* aan zwarte handel doen; *etwas* ~ *kaufen* iets op de zwarte markt kopen
Schwarzarbeit *v* zwart werk
Schwarzbrot *o* roggebrood
Schwärze *v* (~) zwart, zwartheid; zwartsel; drukinkt; duisternis; snoodheid
schwärzen *zw* zwart maken, vuil maken; potloden; smokkelen
schwarzfahren *st* rijden zonder rijbewijs, zonder wegenbelasting betaald te hebben; reizen zonder kaartje, zwartrijden
Schwarzfahrer *m* zwartrijder
Schwarzhandel *m* zwarte handel
schwärzlich zwartachtig
schwarzmalen *zw* donker, pessimistisch afschilderen
Schwarzmalerei *v* het somber afschilderen, pessimistische beschrijving
Schwarzmarkt *m* zwarte markt
schwarzsehen *st* het somber inzien, zwaar op de hand zijn; *TV* zwartkijken
Schwarzseher *m* pessimist, zwartkijker (ook m.b.t. tv)
Schwarzsender *m* piratenzender
Schwarzwald *m* Zwarte Woud; *eine Schwarzwälder Uhr* een koekoeksklokje
schwarzweiß zwart-wit
Schwarzwild *o* jacht zwart wild (= wilde zwijnen)
Schwarzwurz(el) *v* schorseneer
schwatzen, Z-Duits **schwätzen** *zw* praten, babbelen, kletsen; tsjilpen; *aus der Schule* ~ uit de school klappen; *über Gott und die Welt* ~ over koetjes en kalfjes praten
Schwätzer *m* (-s; ~) babbelaar, kletser, kletskous; opschepper
schwatzhaft praatziek; babbelachtig
Schwebe *v* (~) het zweven; besluiteloosheid, onzekerheid; *die Sache ist noch in der* ~ de zaak hangt nog, is nog onbeslist
schweben *zw* zweven; hangen; *in tausend Ängsten* ~ duizend angsten uitstaan; *es schwebt in der Luft* 't hangt (zit) in de lucht; *über den Wolken* ~ niet met beide benen op de grond staan; ~*de Schuld* vlottende schuld; ~*de Unterhandlungen* hangende onderhandelingen
Schwede *m* (-n; -n) Zweed; *alter* ~ oude jongen
Schweden *o* (-s) Zweden
Schwedin *v* (~; -nen) Zweedse
schwedisch Zweeds; *hinter* ~*en Gardinen* achter slot en grendel
Schwefel *m* (-s) zwavel
Schweif *m* (-(e)s; -e) staart (ook v. komeet); sleep (v. japon)
schweifen *zw* welven, uitbuigen; rondzwerven; *den Blick über etwas* ~ *lassen* de blik over iets laten glijden, over iets uitzien
schweigen (schwieg; geschwiegen) zwijgen; ~ *wie das Grab* zwijgen als 't graf, als een mof; *in sieben Sprachen* ~ in alle talen zwijgen; *ganz zu* ~ *von* om maar te zwijgen van
schweigsam stil, zwijgend, weinig spraakzaam, gesloten
Schwein *o* (-(e)s; -e) dierk varken, zwijn; smeerpoets; kerel; ~ gemeenz geen kip, hond; *er ist ein armes* ~ hij is een arme bliksem; ~ *haben* gemeenz boffen
Schweinebraten *m* gebraden varkensvlees
Schweinehund *m* smeerlap, schooier; *der innere* ~ gemeenz inwendige lafheid

Schweinerei

(angst, gemeenheid); de oude Adam
Schweinerei v (~; -en) zwijnerij, zwijnenboel; vuiligheid, rommel; gemeenheid; smeerlapperij; vuile mop
Schweinestall m varkenshok, -stal, -kot; gemeenz rotzooi, zwijnenstal
Schweinezucht v, **Schweinezüchterei** v varkensfokkerij
Schweiß m (-es) zweet; jacht bloed; *im ~e seines Angesichtes* bijbel in 't zweet zijns aanschijns
Schweißapparat m techn lasapparaat
Schweißbrenner m techn lasapparaat
Schweißdrüse v zweetklier
schweißen zw jacht bloeden; techn lassen
Schweißnaht v lasnaad
schweißtriefend druipend van zweet
Schweiz: *die ~* Zwitserland; *die deutsche ~* Duits-Zwitserland; *die Fränkische ~* 't noordelijk deel v.d. Frankische Alb; *die französische (Welsche) ~* Frans-Zwitserland; *die italienische ~* Italiaans-Zwitserland; *die Sächsische ~* Saksisch-Zwitserland
1 Schweizer m (-s; ~) Zwitser; portier; lid van de Zwitserse (pauselijke) Garde; melkknecht
2 Schweizer Zwitsers; *der S~ Jura* de Zwitserse Jura
schweizerisch Zwitsers
schwelen zw smeulen; glimmen; *~der Haß* smeulende haat
schwelgen zw zwelgen, brassen; *in Erinnerungen ~* genieten van, zwelgen in zijn herinneringen
schwelgerisch zwelgend, wellustig; weelderig, losbandig; onmatig
Schwelle v (~; -n) drempel, dorpel; spoorw dwarsligger; verhoging; fig huis; *an der ~ des Jahrhunderts* aan de drempel, aan het begin v.d. eeuw
schwellen (schwoll; geschwollen) zwellen, zich uitzetten, rijzen; wassen (v. water); *die Zornesader schwoll ihm* hij ontstak in toorn; *einem schwillt der Kamm* iem. wordt trots, aanmatigend
schwemmen zw laten zwemmen; spoelen; *an(s) Land ~* aanspoelen
Schwemmland o alluvium; kwelder, aangeslibd land
Schwengel m (-s; ~) zwengel
schwenken zw zwenken, draaien; zwaaien, wuiven; omspoelen; reinigen; zijn draai nemen, overgaan naar; *Fahnen ~* vendel zwaaien; *die Hüte ~* met de hoeden zwaaien; *die Braut im Tanz ~* met de bruid dansen; *rechts schwenkt!* rechts uit de flank!
schwer zwaar; moeilijk, lastig; gewichtig; streng; *~ im Magen* zwaar op de maag; *~ von Begriff* moeilijk, traag, langzaam v. begrip; *ein ~er Fehler* een ernstige fout; *~es Gelände* moeilijk terrein; *~es Geld* grof geld; *ein ~er Junge* slang een zware jongen, gevaarlijke boef; *ihre ~e Stunde* het uur van haar bevalling, v.h. examen; *~ste Verluste* zeer zware verliezen; *das Herz ist mir ~* ik heb verdriet; *das ist mir sehr ~ geworden* dat is mij zwaar gevallen

Schwerbehinderte(r) m-v zwaar gehandicapte
Schwere v (~; -n) zwaarte; moeilijkheid; gewicht, last; zwaartekracht; *die ~ der Straftat* de ernst van het misdrijf
schwerelos gewichtloos; onbezwaard, luchtig, zorgeloos
schwererziehbar, nieuwe spelling: **schwer erziehbar** moeilijk opvoedbaar, lastig
schwerfallen, nieuwe spelling: **schwer fallen** st moeilijk vallen
schwerfällig onbeholpen, log, onhandig, plomp; zwaar op de hand, stroef; traag; *geistig ~, ~en Geistes* langzaam (traag) van begrip; *~e Kähne* plompe schuiten
Schwergewicht o zwaargewicht
Schwergewichtler m zwaargewicht ⟨bij boksen⟩
schwerhörig hardhorig
Schwerindustrie v zware industrie
Schwerkraft v zwaartekracht
Schwerlaster m, **Schwerlasttransporter** m vrachtauto voor zware lasten
schwerlich nauwelijks, waarschijnlijk niet, bezwaarlijk, moeilijk, wel niet
schwermütig zwaarmoedig, melancholisch
schwernehmen, nieuwe spelling: **schwer nehmen** st moeilijk vinden; ernstig opvatten; zwaar op de hand zijn
Schwerpunkt m zwaartepunt
schwerreich schatrijk
Schwert o (-(e)s; -er) zwaard ⟨ook scheepv⟩
Schwertlilie [-li-e] v iris, lis
Schwerverbrecher m gevaarlijk misdadiger, zware jongen
schwerverletzt, nieuwe spelling: **schwer verletzt** zwaar gewond
schwerverständlich, nieuwe spelling: **schwer verständlich** moeilijk te begrijpen
schwerverwundet, nieuwe spelling: **schwer verwundet** zwaar gewond
schwerwiegend zwaarwegend ⟨ook fig⟩
Schwester v (~; -n) zuster, ⟨ook⟩ verpleegster; *barmherzige ~* liefdezuster
Schwesterntracht v verpleegstersuniform
Schwibbogen m steunboog
Schwiegermutter v schoonmoeder
Schwiegersohn m schoonzoon
Schwiegertochter v schoondochter
Schwiegervater m schoonvader
Schwiele v (~; -n) eeltknobbel; *~n* eelt
schwierig moeilijk; lastig
Schwierigkeit v (~; -en) moeilijkheid, last, bezwaar; *~en machen* moeilijkheden maken, last bezorgen
Schwimmdock o drijvend dok
schwimmen (schwamm; geschwommen) zwemmen; drijven; theat improviseren; *Schmetterling ~* de vlinderslag zwemmen; *gegen den Strom (mit dem Strom) ~* fig tegen (met) de heersende opvatting in (mee) gaan; *im Geld (Reichtum) ~* bulken van 't geld, in 't geld zwemmen; *es schwimmt mir vor den Augen* het schemert mij voor de ogen; *in Tränen ~* in tranen baden; *~de Vorräte* handel stomende voorraden; *sich*

frei ~ afzwemmen; *ins Schwimmen geraten* onzeker worden, in moeilijkheden komen
Schwimmgürtel *m* zwemgordel
Schwimmhalle *v* overdekt zwembad
Schwimmkran *m* techn drijvende kraan
Schwimmvogel *m* zwemvogel
Schwimmweste *v* zwemvest
Schwindel *m* (-s; ~) duizeling, duizeligheid; zwendel, afzetterij, bedriegerij; zwendelzaak; geknoei, humbug; kwakzalverij; onzin; *den ganze ~* de hele rommel, de hele boel; *ein ausgemachter, glatter ~* eenvoudigweg bedriegerij; *den ~ kenne ich!* daar trap ik niet in!
Schwindelanfall *m* aanval van duizeligheid
Schwindelei *v* (~; -en) zwendelarij, bedriegerij
schwindelerregend duizelingwekkend
schwindelfrei vrij van duizeligheid; vrij van hoogtevrees
schwindeln *zw* duizelen; zwendelen; fantaseren, jokken; *mir schwindelt (der Kopf)* ik word (ben) duizelig; *nicht ~!* eerlijk doen!, niet jokken!; *eine ~de Höhe* een duizelingwekkende hoogte
schwinden (schwand; geschwunden) verdwijnen; verkwijnen, verminderen; krimpen; slinken; opraken; afnemen; *ihm schwanden die Sinne* hij verloor 't bewustzijn, hij viel flauw
Schwindler *m* (-s; ~) bedrieger, zwendelaar
schwindlig duizelig
Schwindsucht *v* med tering; *galoppierende ~* vliegende tering
schwingen (schwang; geschwungen) zwaaien, slingeren; nat trillen; wannen (v. graan); worstelen; zwingelen; *den Pantoffel ~* de baas zijn in huis (v. vrouw); *große Reden ~* opscheppen, drukte maken; *das Tanzbein ~* dansen, de benen van de vloer nemen, een dansje maken; *das Zepter ~* de scepter zwaaien; *~de Schritte* veerkrachtige schreden; *sich ~* zich (met zwaai) verheffen, opstijgen; zich werpen; dansen; *sich aufs Pferd ~* zich in het zadel werpen; *sich in die Höhe ~* fig zich opwerken; *geschwungen* gekruld
Schwingung *v* (~; -en) slingering; nat trilling; zwaai, het zwaaien
Schwips *m* (-es; -e) zweepslag; roes; *einen ~ kriegen* aangeschoten worden, 'm om krijgen
schwirren *zw* snorren (v. pijl); brommen; gonzen (ook v. stemmen); fladderen (v. vogel); *ihm schwirrt der Kopf* hij wordt er draaierig (duizelig) van
schwitzen *zw* zweten; uitslaan (v. muur); *Blut (und Wasser) ~* water en bloed zweten, in angst zitten
schwören (schwur, schwor; geschworen) zweren, een eed doen; *hoch und teuer, (Stein und Bein) ~* bij hoog en laag zweren; *ewige Treue ~* eeuwige trouw, hou en trouw zweren; *bei seinem Leben ~* zweren bij alles, wat iem. heilig is; *auf die Fahne ~* de eed op 't vaandel afleggen

schwul gemeenz homo(seksueel)
schwül zwoel, zoel, benauwd, broeierig
Schwüle *v* (~) zwoelheid, hitte
Schwule(r) *m* gemeenz homo, nicht
Schwulität *v* (~; -en) gemeenz benauwdheid, penarie
Schwulst *m* (-es; Schwülste) hoogdravenheid
schwulstig (ook: *schwülstig*) opgezwollen
schwülstig gezwollen; opgeblazen; hoogdravend; overdreven
Schwund *m* (-(e)s) verdwijning, wegval; RTV fading, sluiereffect; vermagering, wegkwijning; handel indroging, krimp
Schwung *m* (-(e)s; Schwünge) zwenk, zwaai; vaart, elan, gloed, bezieling; troep, schaar, menigte; *ein ~ Zeitungen* een stapel kranten; *~ in den Laden bringen* gemeenz de boel aan de gang brengen; *in ~ bringen, setzen, kommen* op gang brengen, komen; *in ~ sein* op dreef zijn, een hoge vlucht nemen; gemeenz in orde zijn; meeslepend zijn; *mit ~* vol vuur, met zwier, met vaart
Schwungfeder *v* slagpen
schwunghaft vlot, vol kracht, energiek; *ein ~er Handel* een levendige handel; *eine ~e Rede* een vlotte, meeslepende redevoering
schwunglos zonder elan, zonder pit, slap
Schwungrad *o* techn vliegwiel
schwungvoll sierlijk, zwierig, met elan, kwiek, vol verheffing, enthousiast; *ein ~es Geschäft* een bloeiende zaak, zaak waar gang in zit; *eine ~e Geste* een zwierig gebaar; *eine ~e Schilderung* een gloedvolle (enthousiaste) beschrijving
Schwur *m* (-(e)s; Schwüre) eed; vloek
Schwurgericht *o* jury
sechs (gemeenz *sechse*) zes; *wir waren zu ~t (~en)* wij waren met z'n zessen
Sechstagerennen *o* sp zesdaagse
sechste zesde
Sechstel *o* (-s; ~) zesde deel
sechstens ten zesde
sechzehn zestien
sechzig zestig; *die ~er Jahre* de jaren zestig
Sechziger *m* (-s; ~) zestiger
Sediment *o* sediment
1 See *m* (-s; -n) meer; *der Genfer ~* het Meer van Genève
2 See *v* (~; -n) zee (ook golf); *eine grobe ~* een zware (ruwe) zee; *auf hoher (offener) ~* in volle zee; *von ~ aus* van uit zee; *zur ~ gehen* naar zee gaan; *zur ~ fahren* bij de marine zijn
Seebär *m* dierk zeebeer, pelsrob; fig zeerot, -bonk; zeer hoge golf
Seefahrer *m* zeevaarder, zeevarende
seefest scheepv zeewaardig; med niet gevoelig voor zeeziekte
Seefrachtbrief *m* scheepv connossement
Seegang *m* zeegang; deining; *leichter ~* kalme zee
Seeherrschaft *v* heerschappij ter zee
Seehund *m* zeehond
Seejungfer *v* dierk libel
Seekarte *v* zeekaart

seekrank zeeziek
Seele v ⟨~; -n⟩ ziel (ook v. kanon); gevoel, gemoed; *eine ehrliche* ~ een goede ziel; *keine (lebende)* ~ geen sterveling; *eine* ~ *von einem Menschen* een beste kerel, een brave ziel; *meiner Seel!* waarachtig; *aus tiefster* ~ uit 't diepst van mijn (zijn, haar) gemoed (hart); *das ist mir in der* ~ *zuwider* daar walg ik van; *von ganzer* ~ van ganser harte
Seelenamt o RK ziel(e)mis
Seelenfriede(n) m zielenvrede
seelenfroh zielsvergenoegd, -blij
seelengut door en door goed
Seelenheil o zielenheil
Seelenleben o zielenleven
seelenlos zielloos, onbezield
Seelenmesse v RK ziel(e)mis
Seelenruhe v gemoedsrust
seelenruhig doodkalm
seelenvergnügt zielstevreden
Seelenwanderung v zielsverhuizing
Seeleute mv zeelieden, zeevolk
seelisch van de ziel, ziels-; psychisch; *körperlich und* ~ naar lichaam en ziel; ~*e Bereitschaft* bereidheid van ziel; ~*es Gleichgewicht* evenwichtigheid van gemoed; ~*er Kummer* zielsverdriet; ~*e Not* zielennood; ~ *krank* geestelijk gestoord
Seelöwe m zeeleeuw
Seelsorge v ziel(s)zorg, geestelijke verzorging
Seelsorger m zielenherder, biechtvader
Seeluft v zeelucht
Seemacht v zeemogendheid
Seemann m ⟨-(e)s; -leute⟩ zeeman
seemännisch op zijn zeemans, zeemans-; ~*e Tüchtigkeit* zeemanschap; *das ist nicht* ~ dat doet een zeeman niet
Seemannsgarn o zeemansverhalen
Seemeile v zeemijl
Seemöwe v zeemeeuw
Seenot v nood op zee
Seeräuber m zeerover, -schuimer
Seerecht o zeerecht
Seeschiff o zeeschip
Seeschiffahrt, nieuwe spelling: **Seeschiffahrt** v zeevaart, grote vaart
Seestraße v zeeroute
Seestück o zeestuk, -gezicht ⟨schilderij⟩
Seetang m zeewier
seetüchtig bevaren, bezeild; zeewaardig
Seeufer o meeroever; zeeoever
Seewarte v meteorologisch instituut voor de scheepvaart
seewärts zeewaarts
Seeweg m zeeweg
Seezunge v visk tong
Segel o ⟨-s; ~⟩ scheepv zeil; *gebauschte* ~ bolle zeilen; *(die)* ~ *setzen* scheepv de zeilen hijsen; *unter* ~ *gehen* onder zeil gaan
Segelboot o zeilboot
Segelfahrt v zeiltocht
Segelflug m zweefvlucht
Segelflugzeug o luchtv zweefvliegtuig
segeln zw zeilen; zweven; stevenen; vliegen (v. zwaluwen); gemeenz onderuitgaan, op z'n bek gaan; *am Winde* ~ bij de wind zeilen; *gegen den Wind* ~ tegen de wind zeilen
Segelschiff o zeilschip
Segeltuch o zeildoek
Segen m ⟨-s; ~⟩ zegen; zegenspreuk; *ist das der ganze* ~? is dat alles?; *seinen* ~ *zu etwas geben* zijn toestemming voor iets geven; *meinen* ~ *hast du* je hebt mijn zegen, ga je gang maar
segensreich zegenrijk, gezegend
Segler m ⟨-s; ~⟩ zeiler; zeilschip; luchtv zweefvliegtuig; vogelk gierzwaluw
segnen zw zegenen; *das Zeitliche* ~ 't tijdelijke met 't eeuwige verwisselen; *ein gesegnetes Alter* een hoge ouderdom; *ein gesegneter Appetit* een gezegende eetlust; *gesegnete Mahlzeit* wel bekome 't u; eet smakelijk; *einen gesegneten Schlaf haben* overal doorheen slapen; *in gesegneten Umständen* zwanger
Segnung v ⟨~; -en⟩ zegening
sehbehindert met slecht gezichtsvermogen
Sehbeteiligung v kijkdichtheid
sehen (sah; gesehen) zien, kijken, beschouwen; *etwas kommen* ~ iets zien aankomen; ~, *wie der Hase läuft* zien hoe 't loopt, hoe 't balletje rolt; *Ihr Geld haben Sie ge-* ~ naar uw geld kunt u fluiten; *siehste wohl!* zie je wel; *sehe ich so aus?* dat dacht je wel!; *sehe ich recht?* is 't werkelijk waar?; *sich betrogen (getäuscht)* ~ erachter komen, dat men bedrogen is; *sich zu etwas genötigt, gezwungen, veranlaßt* ~ zich genoodzaakt zien; *rot* ~ woedend zijn; *sich nicht satt* ~ *können* an iet genoeg van iets kunnen krijgen; *ich kenne ihn vom Sehen* ik ken hem van gezicht; *sich* ~ ook: elkaar ontmoeten
sehenswert, sehenswürdig bezienswaardig
Sehenswürdigkeit v bezienswaardigheid
Seher m ⟨-s; ~⟩ ziener, profeet; oog (v. wild)
seherisch profetisch; visionair
Sehfehler m gezichtsfout
Sehfeld o gezichtsveld
Sehkraft v gezichtsvermogen
Sehne v ⟨~; -n⟩ pees, zeen; wisk koorde
sehnen zw: *sich* ~ *nach* (vurig) verlangen, smachten, reikhalzen, snakken naar
Sehnenzerrung v peesverrekking
Sehnerv m gezichtszenuw
sehnig gespierd; zenig; pezig
sehnlich, sehnlichst smachtend, vurig verlangend
Sehnsucht v vurig verlangen, 't smachten
sehnsüchtig, sehnsuchtsvoll reikhalzend, smachtend
sehr zeer, erg; *bitte* ~ alstublieft; tot uw dienst; *danke* ~ dank u wel; ~ *wohl* heel goed; *das ist* ~ *gut möglich* dat is heel (zeer) goed mogelijk
Sehschärfe v gezichtsscherpte
Sehvermögen o gezichtsvermogen
seicht ondiep, laag; oppervlakkig; ~*e Witze* laag-bij-de-grondse geestigheden
Seide v ⟨~; -n⟩ zijde ⟨stof⟩
Seidel o ⟨-s; ~⟩ bierpot

Seidelbast *m* peperboompje
seiden zijden, van zijde; *mein S~es* mijn zijden japon
Seidenfaden *m* zijden draad
Seidenpapier *o* vloei(papier)
Seidenraupe *v* zijderups
seidig zijig, zijdeachtig
Seife *v* (~; -n) zeep
seifen *zw* met zeep insmeren
Seifenblase *v* zeepbel; *~n machen* bellen blazen
Seifenlauge *v* zeepsop
Seifenpulver *o* zeeppoeder
Seifenschale *v* zeepbakje
seifig zeepachtig, zepig; vol zeep
seihen *zw* zijgen, zeven, filtreren
Seiher *m* (-s; ~) zeef, vergiet, doorslag, filter
Seil *o* (-(e)s; -e) touw, lijn; koord, kabel, snoer
Seilbahn *v* kabelbaan
Seiler *m* (-s; ~) touwslager
Seilerbahn *v*, **Seilerei** *v* (~; -en) lijnbaan, touwslagerij
Seilfähre *v* kabelveer (= bep. type pont)
Seilmannschaft, **Seilschaft** *v* (~; -en) groep tochtgenoten aan hetzelfde touw ⟨tijdens bergtocht⟩
Seiltänzer *m* koorddanser
Seim *m* (-(e)s; -e) honingzeem
seimig stroperig, dik vloeibaar, smeuig
1 sein *onr* (war; gewesen) zijn, bestaan; *was ist dir?* wat scheelt je?; *sei es... sei es* hetzij... hetzij; *mir ist besser* ik voel mij beter; *es sei denn, daß* tenzij; *er ist nicht mehr* hij leeft niet meer; *das darf nicht ~* dat mag niet; *das kann nicht ~* dat is niet mogelijk; *laß das ~* laat dat; *muß das ~?* moet dat?; *es mußte ~* 't moest gebeuren; *Kritik muß ~* kritiek moet er wezen; *keiner will es gewesen ~* iedereen doet (als)of zijn neus bloedt; *woran bin ich?* waar ben ik aan toe?; *mir ist nach Ferien* ik ben aan vakantie toe; *mir ist, als ob* ik voel me alsof; *was ist zu tun?* wat moet er gebeuren
2 sein, seine zijn, zijne; *an die Seinen schreiben* aan zijn familie (huisgenoten) schrijven
3 sein (2e naamval, vero) zijner; *gedenke ~* gedenk zijner; *das ist ~* dat is van hem
Sein *o* (-s) zijn, bestaan
seinerseits van zijn kant
seinerzeit indertijd, destijds
seinesgleichen zijnsgelijke
seinethalben, seinetwegen, um seinetwillen zijnenthalve, om zijnentwil
seinige (de, het) zijne; *die Seinigen* de zijnen
seismisch seismisch
seit *voorz* + 3, *voegw* sedert, sinds
seitdem sedert die tijd, sedert(dien), sindsdien
Seite *v* (~; -n) zijde; kant, zijkant; bladzijde; *Rechnen ist nicht seine starke ~* rekenen is niet zijn sterkste kant; *sich die ~n halten vor Lachen* schudden van 't lachen; *auf dieser ~* aan deze kant; *auf der einen ~* aan de ene kant; *auf die ~ bringen* iets verdonkeremanen, in veiligheid brengen, wegmoffelen; *auf die ~ legen* opzij leggen ⟨v. geld⟩; *von der ~* van opzij, schuins; *von amtlicher ~* van officiële zijde; *von zuverlässiger ~* uit betrouwbare bron; *von Vaters ~* van vaders kant; *zur ~ gehen* opzij gaan; *zur ~ stehen* terzijde staan, helpen
Seitenansicht *v* profiel, gezicht v. terzijde
Seitenbau *m* zijvleugel; bijgebouw
Seitenblick *m* zijdelingse blik
Seitenfläche *v* zijvlak, -kant
Seitengebäude *o* = *Seitenbau*
Seitenhieb *m* zijdelingse slag, houw; fig steek onder water
seitenlang bladzijden lang
Seitenlinie [-ni-e] *v* zijtak; zijlijn
seitens (+ 2) van de zijde van, in opdracht van, uit naam van; *~ der Familie* van de kant v.d. familie
Seitenschiff *o* zijbeuk ⟨v. kerk⟩
Seitensprung *m* zijsprong; fig slippertje
Seitenstechen *o* steek in de zij
Seitenstreifen *m* berm ⟨v. weg⟩
seitenverkehrt in spiegelbeeld
Seitenwagen *m* zijspanwagen
Seitenwechsel *m* sp doelwisseling
Seitenwind *m* zijwind
Seitenzahl *v* aantal bladzijden; nummer v. een bladzijde
seither sedert, sinds, sindsdien
seitlich, seitlings zijdelings, aan de zijkant; *der seitliche Eingang* de zij-ingang; *seitliche Fläche* zijvlak
seitwärts zijwaarts, zijdelings, terzijde
Sekret *o* (-s; -e) med afscheiding
Sekretär *m* (-s; -e) secretaris; vogelk secretarisvogel; commies; schrijftafel, secretaire
Sekretariat *o* (-s; -e) secretariaat
Sekretärin *v* (~; -nen) secretaresse
Sekretion *v* (~; -en) secretie, afscheiding
Sekt *m* (-es; -e) sekt, champagne ⟨uit Duitsland⟩
Sekte *v* (~; -n) sekte
Sektierer *m* (-s; ~) sektariër, aanhanger v.e. sekte
sektiererisch sektarisch
Sektion *v* (~; -en) sectie, afdeling; sectie, lijkopening
Sektkübel *m*, **Sektkühler** *m* champagnekoeler
Sektor *m* (-s; -en) sector
Sekunda *v* (~; -den) 6de en 7de klas v.h. gymnasium; *Oostr* 2de klas v.h. gymnasium
Sekundaner *m* (-s; ~) leerling v.d. *Sekunda*
Sekundant *m* (-en; -en) secondant ⟨bij duel⟩; helper ⟨bij boksen⟩
sekundär secundair
Sekundarstufe *v* 5de tot en met de 10de klas in het Duitse onderwijssysteem
Sekunde *v* (~; -n) seconde
Sekundenzeiger *m* secondewijzer
sekundieren (+ 3) *zw* bijstaan als secondant; helpen, seconderen
selber = *selbst*
1 selbst *vnw* zelf; *~ ist der Mann* zèlf doen!; *er war die Höflichkeit ~* hij was de beleefdheid zelve; *von ~* vanzelf; uit zichzelf
2 selbst *bijw* zelfs

Selbstachtung v zelfrespect
selbständig, nieuwe spelling ook: **selbstständig** zelfstandig; *sich ~ machen* op eigen benen gaan staan, eigen baas worden
Selbstauslöser m fotogr zelfontspanner
Selbstbedienung v zelfbediening
Selbstbedienungsladen m zelfbedieningswinkel
Selbstbefriedigung v zelfbevrediging
Selbstbeherrschung v zelfbeheersing
Selbstbestimmungsrecht o zelfbeschikkingsrecht
Selbstbetrug m zelfbedrog
selbstbewußt, nieuwe spelling: **selbstbewusst** zelfbewust
Selbstbildnis o zelfportret
Selbsterhaltung v zelfbehoud
Selbsterhaltungstrieb m drang tot zelfbehoud
Selbsterkenntnis v zelfkennis
selbstgefällig zelfgenoegzaam, verwaand
selbstgemacht, nieuwe spelling: **selbst gemacht** zelfgemaakt
selbstgenügsam zelfgenoegzaam, met zichzelf tevreden
selbstgerecht eigengereid
Selbstgespräch o alleenspraak; *er führt ~e* hij praat in zichzelf
selbstherrlich soeverein, zelfstandig, autonoom; autoritair, met zich zelf tevreden; op eigen gezag
selbstisch zelfzuchtig
selbstklebend zelfklevend
Selbstkostenpreis m handel kostende prijs, kostprijs
selbstkritisch met zelfkritiek
Selbstlaut m taalk klinker, vocaal
selbstlos onbaatzuchtig
Selbstmord m zelfmoord
Selbstmörder m zelfmoordenaar
selbstredend vanzelfsprekend, natuurlijk
Selbstschutz m zelfverdediging; zelfbescherming (speciaal tegen luchtgevaar)
selbstsicher zelfverzekerd
Selbststudium o zelfstudie
Selbstsucht v zelfzucht
selbsttätig zelf handelend; zelfwerkend, automatisch
Selbsttäuschung v zelfbedrog
selbstvergessen zichzelf vergetend
selbstverständlich vanzelfsprekend, natuurlijk
Selbstverstümmelung v zelfverminking
Selbstversuch m proef op het eigen lichaam
Selbstvertrauen o zelfvertrouwen
Selbstverwaltung v zelfbestuur
Selbstverwirklichung v zelfverwezenlijking
selbstzufrieden zelfvoldaan, -genoegzaam, tevreden met zichzelf
Selbstzweck m doel op zich zelf
selig zalig; gelukkig, zielsgelukkig; verrukt; gemeenz dronken; *seine ~en Eltern, seine Eltern ~* zijn overleden ouders, zijn ouders zaliger; *~en Andenkens* zaliger gedachtenis; *Gott habe ihn ~* God hebbe zijn ziel
Seligkeit v (~; -en) zaligheid, verruktheid

Seligpreisung v zaligspreking
Seligsprechung v zaligverklaring, beatificatie
Sellerie ['sel-] m (-s; -s); v (~; -n) selderij
selten I bn zeldzaam, zelden voorkomend, ongewoon; schaars; **II** bijw zelden; *ein ~ schönes Exemplar* een ongewoon fraai exemplaar
Seltenheit v zeldzaamheid; iets zeldzaams, rariteit
seltsam eigenaardig, vreemd, raar, wonderlijk, merkwaardig
seltsamerweise vreemd genoeg, zonderling genoeg
Seltsamkeit v (~; -en) eigenaardigheid, merkwaardigheid; curiosum
Semantik v semantiek
semantisch semantisch
Semester o (-s; ~) semester, half jaar; *ein Student älteren ~s, ein älteres ~* een ouderejaars (student); *ein altes, hohes ~* een buitengewoon lang studerende student; schertsend iem. op jaren
Semikolon o (-s; -kola) puntkomma
Seminar o (-s; -e & -ien) seminar, studiebijeenkomst; werkcollege; instituut (v. hogeschool, universiteit); RK seminarie; vero kweekschool
Seminarist m (-en; -en) RK seminarist; vero leerling v. kweekschool
Semmel v (~; -n) kadetje, hard broodje; *es verkauft sich wie warme ~n gemeenz* het gaat als warme broodjes over de toonbank
Senat m (-(e)s; -e) senaat (v. Rome; universiteit; regering van Hamburg, Berlijn, Bremen); Eerste Kamer
Senator m (-s; -en) senator; Eerste-Kamerlid; minister van Berlijn, Hamburg of Bremen
Sendbote m afgezant
Sendeanlage v zendinstallatie
Sendefolge v RTV programma
Sendeleiter m RTV programmaleider
senden I (sandte, sendete; gesandt, gesendet) zenden, sturen; **II** (sendete; gesendet) RTV zenden; uitzenden
Sendepause v zendpauze
Sender m (-s; ~) zender (ook RTV)
Senderaum m RTV studio
Sendereihe v RTV reeks, serie uitzendingen
Sendeschluß, nieuwe spelling: **Sendeschluss** m RTV einde van de uitzendingen
Sendung v (~; -en) zending, missie, roeping; RTV uitzending
Senf m (-(e)s; -e) mosterd; *seinen ~ dazu geben müssen* ongevraagd zijn zegje doen
Senge mv gemeenz, reg ransel, slaag
sengen zw zengen, schroeien, blakeren
senil seniel
Senior m (-s; -en) senior (ook sp); oudste firmant
Senkblei o schietlood
Senke v (~; -n) laagte, inzinking, dal; zinkput
Senkel m (-s; ~) schoenveter; vero schietlood; *einem auf den ~ gehen gemeenz* op iemands zenuwen werken
senken zw doen zinken; neerlaten, laten

zakken, laten dalen, verminderen; inleggen ⟨v. stek⟩; *die Augen, den Blick* ~ de ogen neerslaan; *die Löhne* ~ de lonen verlagen; *die Stimme* ~ de stem laten dalen, zachter praten; *sich* ~ dalen, zakken; *mit gesenktem Kopf* met gebogen hoofd

Senkfuß *m* doorgezakte voet
Senkgrube *v* beerput
senkrecht loodrecht; *das einzig S~e* gemeenz 't enig juiste; ~ *bleiben* gemeenz op zijn standpunt blijven staan
Senkrechte *v* wisk loodlijn
Senkrechtstarter *m* luchtv steilstarter; iem. die een bliksemcarrière maakt
Senkung *v* (~; -en) neerlating, daling; verzakking; laagte, inzinking; daling ⟨m.b.t leer v.d. versbouw⟩; ~ *des Magens* verzakking v.d. maag; ~ *des Niveaus* verlaging v.h. peil; ~ *der Preise* prijsvermindering; prijsdaling
Senn *m* (-(e)s; -e) Beiers, Oostr, Zwits alpenherder
Senne *m* (-n; -n) alpenherder
Sennhütte *v* herdershut op de Alpen
Sensation *v* (~; -en) sensatie, opschudding
sensationell opzienbarend, sensationeel
Sense *v* (~; -n) zeis; *jetzt ist aber ~!* gemeenz nu is 't genoeg!
sensibel sensibel, gevoelig
sensibilisieren *zw* gevoelig maken
Sensibilität *v* (~; -en) sensibiliteit, gevoeligheid
sensitiv sensitief, gevoelig
Sensualität *v* (~) sensualiteit, zinnelijkheid
sensuell sensueel, zinnelijk
Sentenz *v* (~; -en) sententie, spreuk, zin-, kernspreuk, zedeles; recht vonnis
sentenziös sententieus, zin-, leerrijk; in de vorm van een kernspreuk
sentimental sentimenteel
Sentimentalität *v* (~; -en) sentimentaliteit
separat separaat, afzonderlijk
Separatfriede *m* afzonderlijke vrede
separieren *zw* (af)scheiden, separeren
Sepsis *v* (~) med sepsis
September *m* (-s): *der* ~ september
Septime *v* (~; -n) muz septiem, septime
septisch septisch
Sequenz *v* (~; -en) muz sequens; sequentie
Serbe *m* (-n; -n) Serviër
Serbien [-bi-en] *o* (-s) Servië
serbisch Servisch
Serie ['ze-ri-] *v* (~; -n) serie, reeks
serienmäßig in series
seriös oprecht; ernstig; *ein ~es Haus* een solide firma
Sermon [-'moon] *m* (-s; -e) sermoen; preek
seropositiv med seropositief
Serpentine *v* (~; -n) kronkeling; haarspeldbocht
Serum *o* (-s; Sera) med serum, entstof
1 Service ['zeurvis] *m* service ⟨in garage, hotel; bij tennis e.d.⟩
2 Service [zer'vies] *o* (-s; ~) servies
servieren *zw* serveren, opdienen; iron trakteren op; *den Ball* ~ sp voorzetten; *Lügen* ~ leugens opdissen
Serviererin *v* (~; -nen), **Servierfräulein** *o* dienster, serveerster
Serviertisch *m* dientafel(tje)
Serviette [-vi-'et-te] *v* (~; -n) servet
Servolenkung *v* auto stuurbekrachtiging
Servus! gemeenz, Oostr adieu!, dag!, bonjour!
Sessel *m* (-s; ~) zetel, stoel
Sessellift *m* stoeltjeslift
seßhaft, nieuwe spelling: **sesshaft** gezeten; woonachtig; stoelvast, honkvast; *sich* ~ *machen*, ~ *werden* zich vestigen
Setzei *o* spiegelei
setzen *zw* zetten, stellen, plaatsen; poten; jongen ⟨v. hazen, herten enz.⟩; inzetten ⟨bij spel⟩; *es wird etwas* ~ het zal er heet aan toegaan, we zullen nog wat beleven; *es setzt Hiebe, Schläge* er gaan klappen vallen; *Lichter* ~ scheepv scheepslichten ontsteken; *auf etwas* (4) ~ iets verwachten van; *über einen Fluß* ~ een rivier oversteken; *über einen Graben* ~ over een sloot springen; *sich* ~ gaan zitten; bezinken ⟨v. vloeistoffen⟩
Setzer *m* (-s; ~) zetter, letterzetter
Setzerei *v* (~; -en) zetterij
Setzfehler *m* zetfout, drukfout
Setzkartoffel *v* pootaardappel
Setzling *m* (-s; -e) visk pootvisje; plantk stek; ~*e* pootgoed
Setzwaage *v* waterpas
Seuche *v* (~; -n) besmettelijke ziekte, veeziekte, epidemie; pest
seufzen *zw* zuchten
Seufzer *m* (-s; ~) zucht, verzuchting; *den letzten* ~ *tun* de laatste snik geven
Sex *m* seks
Sexbiene *v*, **Sexbombe** *v*, **Sexnudel** *v* gemeenz seksbom
Sexta *v* (~; -ten) laagste klasse van een school voor middelbaar onderwijs, Oostr 6de klas van het gymnasium
Sextaner *m* (-s; ~) leerling van de *Sexta*
Sextant *m* (-en; -en) sextant
Sexte *v* (-n; -n) muz sext
Sexualaufklärung, **Sexualerziehung** *v* seksuele voorlichting
Sexualität *v* (~) seksualiteit
sexuell seksueel, geslachtelijk
Sezession *v* (~; -en) secessie, afscheiding; eigennaam van groepen kunstschilders rond 1900; tentoonstelling van hun werken
sezieren *zw* ontleden, sectie verrichten
Show *v* (~; -s) show
Siamkatze *v* siamese kat, siamees
Sibirien [-ri-en] *o* (-s) Siberië
sich zich; elkaar; ~ *selbst* zichzelf; *sie grüßen* ~ ze groeten elkaar; *an, an und für* ~ op zich, op zichzelf beschouwd; *das hat nichts auf* ~ dat heeft niets te betekenen; *das ist eine Frage für* ~ dat is een probleem op zichzelf
Sichel *v* (~; -n) sikkel
sicher I *bn* zeker; veilig, safe; vast; gewis, zelfbewust; II *bijw* zeker; ~ *ist* ~! voor alle zekerheid; *eine ~e Hand* een vaste hand; ~*e Papiere* soli(e)de fondsen; *aus* ~*er Quelle* uit betrouwbare bron; *seines Le-*

Sicherheit

bens nicht ~ sein zijn leven niet zeker zijn; *einer (seiner) Sache (2) ~ sein* zeker van iets, zijn zaak zijn; *eine Woche Gefängnis ist ihm ~* op een week hechtenis kan hij rekenen; *auf Nummer S~ gehen* het zekere voor het onzekere nemen; *vor allem Tadel ~ sein* voor alle kritiek gevrijwaard zijn

Sicherheit v (~; -en) zekerheid, zelfverzekerdheid; veiligheid, waarborg; *zur ~* voor alle zekerheid; *mit tödlicher ~* absoluut zeker (veilig)

Sicherheitsabstand m auto veilige afstand
Sicherheitsdienst m veiligheids-, bewakingsdienst
Sicherheitsglas o veiligheidsglas
Sicherheitsgurt m veiligheidsgordel
sicherheitshalber veiligheidshalve
Sicherheitsmaßnahme v veiligheidsmaatregel
Sicherheitsnadel v veiligheidsspeld
Sicherheitsrat m Veiligheidsraad
Sicherheitsvorkehrung v veiligheidsmaatregel
sicherlich zekerlijk, gewis
sichern zw beveiligen, dekken ⟨ook mil en bij bergtocht⟩; verzekeren, beschermen; mil posten uitzetten; rondkijken ⟨v. wild⟩; in de rust zetten (v. wapens); veilig stellen; *eine gesicherte Zukunft* een verzekerde toekomst; *in gesicherten Verhältnissen* verzekerd van een behoorlijk inkomen
sicherstellen zw garanderen, beveiligen, veilig stellen, in bewaring stellen; reserveren, in beslag nemen (als onderpand); borg geven; slang stelen, achteroverdrukken; *sich ~ gegen* ⟨ook⟩ zich indekken tegen
Sicherung v (~; -en) beveiliging, garantie, zekerheid; mil beveiliging(slinie); veiligheidspal (v. schietwapen); elektr zekering
Sicherungsverwahrung v recht verzekerde bewaring; terbeschikkingstelling
Sicht v (~) zicht; uitzicht; standpunt; visie; *lange ~, kurze ~* handel langzicht, kortzicht ⟨v. wissels⟩; *eine ~ auf* een visie op; *auf kurze ~* voor een korte tijd; spoedig; *auf lange ~* voor lange tijd; op lange termijn; *aus der ~ eines Menschen* vanuit iemands standpunt; *bei ~* handel bij vertoon; *in ~ sein* in 't zicht zijn; *in ~ kommen* in 't zicht komen
sichtbar zichtbaar, blijkbaar
sichten zw ziften, zeven; sorteren; zichten, maaien; wannen ⟨v. koren⟩; uitkijken ⟨v. wild⟩; scheepv in zicht krijgen
sichtlich blijkbaar, duidelijk, kennelijk
Sickergrube v beerput
sickern zw sijpelen, lekken, druipen
sie pers vnw zij, haar; hen, ze; *~ sucht ~ und ihren Bruder und findet ~ nicht* zij zoekt haar en haar broer en vindt ze niet
Sieb o (-(e)s; -e) zeef; *ein Gedächtnis wie ein ~* een geheugen als een zeef
1 sieben zeven; *wir waren zu ~t, siebt* wij waren met mijn zevenen
2 sieben zw zeven, ziften
Sieben v (~; ~) de zeven; *eine böse ~* een xantippe, een feeks, een kwaad wijf

Siebengebirge o Zevengebergte
Siebenmeilenstiefel mv zevenmijlslaarzen
Siebensachen mv boeltje, spullen, hebben en houden
Siebenschläfer m langslaper; dierk relmuis, zevenslaper
Siebenschläfer(tag) m RK 27 juni
siebzehn zeventien
siebzig zeventig; *die ~er Jahre* de jaren zeventig
Siebziger m (-s; ~) zeventiger
siech vero door en door ziek; aanhoudend ziek, sukkelend
Siechtum o (-s) langdurige (slepende) ziekte
Siedehitze v kookhitte
siedeln zw zich als boer vestigen
sieden (sott, siedete; gesotten) zieden, koken
Siedepunkt m kookpunt
Siedler m (-s; ~) kolonist, volksplanter; bewoner v.e. tuindorp
Siedlung v (~; -en) vestiging, nederzetting, kolonie; stichting, tuindorp
Siedlungshaus o huis met tuin in een buitenwijk
Sieg m (-(e)s; -e) zege, overwinning, zegepraal; *~ Heil!* nat-soc victorie!
Siegel o (-s; ~) zegel; *ein Buch mit sieben ~n* een boek met zeven zegelen; *unter dem ~ der Verschwiegenheit* onder het zegel der geheimhouding, sub rosa
siegeln zw zegelen
Siegelring m zegelring
siegen zw zegevieren, overwinnen; sp *nach Punkten ~* op punten overwinnen
Sieger m (-s; ~) overwinnaar
Siegermacht v overwinnende mogendheid
siegesbewußt, nieuwe spelling: **siegesbewusst** overtuigd van de overwinning
Siegesfeier v, **Siegesfest** o overwinningsfeest
siegesfroh triomfantelijk
siegesgewiß, nieuwe spelling: **siegesgewiss** zeker van de overwinning
siegessicher zeker van de overwinning
Siegeszug m triomf-, zegetocht
siegreich zegerijk, zegevierend
Siel o (-(e)s; -e) sluis; afwateringskanaal; riool afvalwater
Siele v (~; -n) trek-, borsttuig ⟨voor paarden⟩
siezen zw iemand met Sie aanspreken
Sigel o (-s; ~) afkorting
Signal [zig-'naal] o (-s; -s) signaal, sein
Signalanlage v verkeerslichtinstallatie
Signalflagge v seinvlag
signalisieren zw signaleren, aankondigen; karakteriseren; een teken geven; de aandacht vestigen op; mil seinen ⟨met vlaggen⟩
Signalmast m seinpaal
Signatur v (~; -en) signatuur, ondertekening; signatuur, onderscheidingsteken; algemeen karakter; typ signatuur, katernmerk; *unter der ~ des Buches* in het teken van het boek

Signet [zi'gneet, zi'gnet, zin'jee] o (-s; -e) cachet, zegel, signet; boekdrukkers- of uitgeversteken
signieren zw signeren, ondertekenen
signifikant significant
Silbe v (~; -n) lettergreep, syllabe
Silber o (-s) zilver
silberfarben, silberfarbig zilverkleurig
silberhaltig zilverhoudend
Silberhochzeit v zilveren bruiloft
Silbermünze v zilvergeld, zilveren munt
silbern zilveren, van zilver; zilverachtig
Silberschmied m zilversmid
silberweiß zilverwit
Silberzeug o zilverwerk, tafelzilver
silbrig zilverachtig
Silhouette v (~; -n) silhouet, schaduwbeeld
Silikat o (-s; -e) silicaat
Silvester o (-s; ~) oudejaarsdag
Silvesterabend m oudejaarsavond
simpel enkel; eenvoudig; onnozel
simplifizieren zw simplificeren, vereenvoudigen
Simplizität v (~; -en) simpliciteit, onnozelheid
Sims m & o (-es; -e) kroonlijst, rand, vensterbank
simulieren zw simuleren, veinzen
simultan simultaan, gelijktijdig; voor alle gezindten bestemd
Sinekure v (~; -n) sinecure
Sinfonie [-'nie] v (~; -n) muz symfonie
Singdrossel v zanglijster
singen (sang; gesungen) zingen; slang doorslaan, klikken; *ein Lied davon ~ können* ervan mee kunnen praten; *jemands Lob ~* iem. uitbundig prijzen; *jeder Vogel singt, wie ihm der Schnabel gewachsen ist* ieder vogeltje zingt, zoals 't gebekt is; *das ist ihm nicht an der Wiege gesungen* dat heeft hij nooit kunnen dromen; *im Chor ~* in koor zingen; *nach Noten ~* op noten zingen; *die Engel im Himmel ~ hören gemeenz* vreselijk pijn lijden, buiten zichzelf zijn
Singsang m (-s) dreun, zingzang, eentonig gezang
Singspiel o zangspel
Singstimme v zangstem, -partij
Singular m (-s; -e) taalk enkelvoud
singulär zonderling; op zichzelf staande; uniek
Singvogel m zangvogel
sinken (sank; gesunken) zinken, zakken, dalen; afnemen; *die Preise ~* de prijzen dalen; *die Sonne sinkt* de zon daalt, gaat onder; *in die Erde ~* door de grond zakken; *ins Grab ~* ten grave dalen, overlijden; *in Morpheus Arme, in Schlaf ~* in slaap vallen; *in Ohnmacht ~* in onmacht vallen; *zu Boden ~* op de grond vallen, neervallen; *die ~de Nacht* de invallende duisternis, het vallen v.d. avond
Sinn m (-(e)s; -e) zin; zintuig; betekenis; gevoel; *der ~ der Sache* de bedoeling; *der langen Rede kurzer ~* waar 't tenslotte om gaat; *einen sechsten ~ für etwas haben* een instinct voor iets hebben; *andern ~es sein* een andere mening hebben; *andern ~es werden* van mening veranderen; *es hat keinen ~* 't heeft geen zin; *keinen ~ haben für* geen begrip hebben voor, niets voelen voor; *seine ~e auf etwas setzen* zijn zinnen op iets zetten; *sich etwas aus dem ~e schlagen* zich iets uit 't hoofd zetten; *es will mir nicht aus dem ~* ik kan het niet van me afzetten, het laat me niet los; *bei ~en sein* bij zijn verstand zijn, bij bewustzijn zijn; *es fuhr mir durch den ~* het schoot mij door 't hoofd; *etwas im ~e haben* iets in de zin hebben, van plan zijn; *in diesem ~e* in deze zin; *in gewissem ~e* in zekere zin, tot op zekere hoogte; *ganz im ~e des Vaters* geheel in de geest van de vader; *im wahrsten ~e des Wortes* in de volste betekenis v.h. woord; *das will mir schwer in den ~* dat kan ik nauwelijks geloven; *ohne ~ und Verstand* zonder slot of zin; *von ~en sein* buiten zichzelf zijn
Sinnbild o zinnebeeld, symbool
sinnbildlich zinnebeeldig, symbolisch
sinnen (sann; gesonnen) peinzen, zinnen, denken; van plan zijn; *auf Mittel und Wege ~* zijn gedachten richten op middelen (en mogelijkheden); *auf Rache ~* op wraak zinnen; zie verder *gesinnt* en *gesonnen*
Sinnen o nadenken; *sein ganzes ~ und Trachten* zijn denken en streven
sinnentleert zinloos, zonder zin
sinnentstellend de betekenis verdraaiend
Sinnesänderung v verandering van mening; bekering
Sinnesorgan o zintuig
Sinnestäuschung v zinsbedrog, -begoocheling
Sinneswandel m = Sinnesänderung
sinnfällig concreet, aanschouwelijk, duidelijk waarneembaar
sinngemäß doelmatig, geschikt; niet letterlijk, maar naar de inhoud of strekking
sinnieren zw peinzen, mijmeren, piekeren
sinnig fijngevoelig, vol gevoel, teer; zinrijk; vaak iron doordacht
sinnlich zintuiglijk; zinnelijk, werelds, wulps
Sinnlichkeit v (~) zinnelijkheid
sinnlos zinneloos, onzinnig, dwaas; zinledig, zonder zin, onbegrijpelijk; *~ betrunken* stomdronken, laveloos
sinnreich vernuftig, vol geest, zinrijk
Sinnspruch m zinspreuk
sinnvoll zinvol; zinrijk, vol betekenis; verstandig, redelijk
sinnwidrig ongerijmd
Sinter m (-s; ~) sintel; druipsteen
Sintflut v zondvloed
Sinus m (~; & -se) wisk sinus
Siphon [zie'fõ, -'fong, Oostr -'foon] m (-s; -s) sifon; Oostr ook: spuitwater
Sippe v (~; -n) familie, sibbe; aanhang, kliek, coterie
Sippschaft v (~; -en) verwant-, maagschap; aanhang, kliek; coterie
Sirene v (~; -n) sirene, verleidster; sirene ⟨als alarmsignaal⟩; misthoorn; zeekoe
sirren zw suizen, snorren, gonzen

Sirup ['zieroep] *m* (-s; -e) stroop

sistieren *zw* schorsen; arresteren; stuiten, opschorten; inbeslagnemen

Sitte *v* (~; -n) zede, gebruik, gewoonte

Sittenlehre *v* zedenleer, ethica

sittenlos zedeloos

Sittenpolizei *v* zedenpolitie

Sittenrichter *m* zedenmeester

sittenstreng rigoreus, streng v. zeden

Sittenverfall *m* verval v. zeden

sittenwidrig onzedelijk, in strijd met de goede zeden

Sittich *m* (-s; -e) papegaai

sittlich zedelijk

Sittlichkeit *v* (~) zedelijkheid

Sittlichkeitsdelikt *o*, **Sittlichkeitsverbrechen** *o* zedenmisdrijf

sittsam zedig, eerbaar, stemmig; braaf, welgemanierd

Situation *v* (~; -en) situatie, toestand

situiert [-'iert]: *gut* ~ goed gesitueerd

Sitz *m* (-es; -e) zitplaats, zetel, verblijfplaats; zitting; zit; snit, coupe ⟨v. kostuum⟩; ~ *in einem Aufsichtsrat* handel commissariaat; *einen guten* ~ *haben* ⟨v. kostuum⟩ goed zitten; ~ *der Gesellschaft ist Berlin* de zetel van de maatschappij is in Berlijn

sitzen (saß, gesessen) zitten; *einem Maler* ~ poseren, zitten; *einen (kleinen)* ~ *haben* gemeenz een borrel op hebben; *etwas nicht auf sich (3)* ~ *lassen* iets niet op zich laten zitten; *das hat gesessen* gemeenz dat is raak geweest; *ganz hinten* ~ achteraf zitten; *(wie) auf (glühenden) Kohlen* ~ fig op hete kolen zitten; *auf den Ohren* ~ Oost-Indisch doof zijn; *auf dem hohen Roß* ~ fig hoog te paard zitten; *in der Tinte, Patsche, Klemme* ~ in de knoei, met de gebakken peren zitten; *im Kittchen (Loch)* ~ gemeenz in de bak (bajes) zitten; *die Angst sitzt ihm im Nacken* de angst vervolgt hem; *gut im Sattel* ~ goed te paard zitten (ook fig); *zu Gericht* ~ recht spreken; ⟨ook⟩ de vierschaar spannen; *das sitzt* die was raak

sitzenbleiben, nieuwe spelling: **sitzen bleiben** *st* blijven zitten (ook onderw); ~ *mit* ook: niet kwijtraken

Sitzenbleiber *m* zittenblijver

sitzenlassen, nieuwe spelling: **sitzen lassen** *st* (ook onderw en fig) laten zitten; *etwas nicht auf sich (3)* ~ iets niet op zich laten zitten

Sitzfleisch *o* zitvlees; ~ *haben* lang blijven plakken; *kein (rechtes)* ~ *haben* geen zitvlees hebben

Sitzgruppe *v* bankstel

Sitzordnung *v* tafelschikking

Sitzstreik *m* sit-down staking

Sitzung *v* (~; -en) zitting, vergadering; het poseren ⟨bij een schilder⟩

Sitzungsbericht *m* verslag v.e. zitting; ~*e* verslagen ⟨v. een academie van wetenschappen⟩

Skala *v* (~; Skalen & -s) schaal, schaalverdeling; scala

Skandal *m* (-s; -e) schandaal; *einen* ~ *machen* vreselijk opspelen

skandalös schandalig

Skat *m* (-(e)s) kaartsp skaat

Skelett *o* (-(e)s; -e) skelet

Skepsis *v* (~) scepsis

Skeptiker *m* (-s; ~) scepticus

Ski *m* (-(s); -er) ski

Skilauf *m*, **Skilaufen** *o* het skiën

Skiläufer *m* skiër

Skizze *v* (~; -n) schets

skizzenhaft schetsmatig, vluchtig

skizzieren *zw* schetsen

Sklave *m* (-n; -n) slaaf

Sklavenarbeit *v* slavenarbeid

Sklaverei *v* (~) slavernij

Sklavin *v* (~; -nen) slavin

sklavisch slaafs; ~*es Wesen* slaafsheid

skontrieren *zw* af-, verrekenen

Skorbut *m* (-s) med scheurbuik

Skorpion [-pi'oon] *m* (-s; -e) schorpioen

Skribent *m* (-en; -en), **Skribifax** *m* (-es; -e) scribent, prulschrijver

Skrupel *m* (-s; ~) scrupule, gewetensbezwaar

skrupellos zonder scrupules, onscrupuleus

Skulptur *v* (~; -en) sculptuur, beeldhouwkunst; beeldhouwwerk

Slawe *m* (-n; -n) Slaaf (= volksnaam)

slawisch Slavisch

Slip *m* slipje

Slowake *m* (-n; -n) Slowaak

Slowakei *v* (~): *die* ~ Slowakije

slowakisch Slowaaks

Slowene *m* (-n; -n) Sloveen

Slowenien *o* (-s) Slovenië

slowenisch Sloveens

Smokarbeit *v* smockwerk

1 so zo; zieozo!; ~ ~ *la la* enigszins, matig; *nein,* ~ *was!* wat een verrassing!; ~ *daß* zodat; ~ *schlau er (auch) ist* hoe slim hij (ook) is; *um* ~ *besser* des te beter; *nicht lange,* ~ *kam er* het duurde niet lang of hij kwam; *er ist* ~ *schon jung genug* hij is toch al jong genoeg; ~ *oder* ~ hoe dan ook; *die Späne flogen nur* ~ de spaanders vlogen ervan af

2 so *voegw vero* als, indien

sobald zodra

Socke *v* (~; -n) sok; *sich auf die* ~*n machen* gemeenz ervandoor gaan; *völlig von den* ~ *sein* volkomen verrast (verbluft) zijn

Sockel *m* (-s; ~) sokkel, voetstuk; lampvoet; fundament; techn sok, mof

sodann dan, verder

so daß, nieuwe spelling: **sodass**, ook: **so dass**, Oostr **sodaß** zodat

Sodbrennen *o* 't zuur (in de maag), branderig gevoel

Sode *v* (~; -n) zoutziederij; graszode

soeben [-'eben] zo-even, zojuist, -net

Sofa *o* (-; -s) sofa, canapé

sofern inzoverre, indien

sofort dadelijk, meteen, aanstonds, terstond; *ab* ~ met ingang van heden

Soforthilfe *v* onmiddellijke hulp; EHBO

sofortig onmiddellijk

Sofortmaßnahme *v* onmiddellijke maatregel

Sofortprogramm *o* urgentieprogramma

Sog *m* (-(e)s; -e) scheepv zog, kielzog, zui-

ging; gevaarlijke aantrekkingskracht
sogar zelfs
sogenannt zogeheten, zogenaamd
sogleich dadelijk, aanstonds; terstond
Sohle v (~; -n) zool, voetzool; bodem, voet (v. dal, mijngang); *auf leisen ~n heimelijk; eine flotte (kesse) ~ aufs Parkett legen* gemeenz lekker dansen
sohlen zw verzolen
Sohn m (-(e)s; Söhne) zoon
Solbad o bad met zout bronwater
solcherart dergelijk(e); zulke
solcherlei dergelijk(e), zulke
solchermaßen op zodanige wijze, in dier voege
Sold m (-es; -e) mil soldij; loon; *im ~ stehen* in dienst staan
Soldat m (-en; -en) mil soldaat; *~ werden* dienst nemen
soldatisch soldatesk, militair
Söldling m (-s; -e), **Söldner** m (-s; ~) huurling, huursoldaat
Sole v (~; -n) zouthoudend bronwater; pekel
solidarisch solidair, saamhorig
solidarisieren zw: *sich ~ mit* zich solidair verklaren, solidair zijn met
Solidarität v (~) solidariteit, saamhorigheid
solide solide, degelijk
Solidität v (~) soliditeit
Solist (-en; -en) solist
Solitär m (-s; -e) solitair
Soll o (-(s)) handel debet, schuld; verplichting; wat in een bepaalde tijd gepresteerd moet worden; *~ und Haben* debet en credit
sollen onr moeten; mogen; behoren; *das hättest du sehen ~* dat had je moeten zien; *er soll es tun* hij moet 't doen; *soll er nur warten!* laat hem maar wachten!; *was soll es denn sein?* wat mag 't zijn? (in winkel); *sollte er verhindert sein* mocht hij verhinderd zijn; *er soll sehr krank sein* hij schijnt erg ziek te zijn; *was soll das?* wat moet dat?; *soll ich das Buch holen?* moet ik het boek halen?; *das soll nicht bestritten werden* het is niet de bedoeling, dat te bestrijden; *wir sollten aufhören* we kunnen beter stoppen
Söller m (-s; ~) plat dak; balkon; zolder; Zwits vloer
Sollseite v handel debetzijde
Solo o (-s; -s & Soli) muz solo
Solvenz v (~) handel solvabiliteit, vermogen om te betalen
somit dus, bijgevolg
Sommer m (-s; ~) zomer; *im ~* 's zomers, in de zomer
Sommerfahrplan m zomerdienst(regeling)
Sommerferien mv zomervakantie, grote vakantie
Sommerfrische v zomervakantie; zomerverblijf, vakantieoord; *in die ~ gehen* 's zomers naar buiten gaan
sommerlich zomerachtig, zomers
sommers des zomers

Sommersachen mv zomerkleren, -goed
Sommerschlußverkauf, nieuwe spelling: **Sommerschlussverkauf** m zomeruitverkoop
Sommersemester o zomersemester (van febr tot juli)
Sommersprosse v (zomer)sproet
Sommerzeit v zomertijd (ook astron)
somnambul slaapwandelend, helderziend
Somnambulismus m (~) 't slaapwandelen; 't helderzien
Sonate v (~; -n) muz sonate
Sonde v (~; -n) dieplood; sonde
Sonderangebot o handel speciale aanbieding
Sonderausgabe v speciale uitgave, extra-nummer
sonderbar vreemd, zonderling
sonderbarerweise vreemd genoeg
Sonderfahrt v extradienst
Sonderfall m afzonderlijk (op zichzelf staand) geval
Sondergenehmigung v speciale vergunning
sondergleichen zonder weerga
Sonderheft o speciaal nummer
sonderlich bijzonder; zonderling; *nicht ~ viel* niet bijzonder veel; *nicht ~ überzeugend* niet bijster overtuigend
Sondermaschine v speciaal vliegtuig, extra-vliegtuig
Sondermeldung v RTV extrabericht
Sondermüll m gevaarlijke afvalstoffen (die apart worden verzameld)
1 sondern zw afzonderen, afscheiden, scheiden
2 sondern maar; *nicht nur..., ~ auch...* niet alleen... maar ook...
Sondernummer v speciaal nummer
Sonderpreis m speciale prijs
Sonderschule v school met speciaal onderwijs voor geestelijk en lichamelijk gehandicapte kinderen en moeilijk opvoedbare kinderen
Sonderstellung v speciale, uitzonderlijke positie
Sonderzug m extratrein
sondieren zw sonderen, peilen, trachten te weten te komen, uitvissen; *das Terrain ~* het terrein verkennen
Sonett o (-s; -e) sonnet, klinkdicht
Sonnabend m N-Duits zaterdag
sonnabends N-Duits zaterdags
Sonne v (~; -n) zon; *geh' mir aus der ~* sta me niet in 't licht; ga uit mijn ogen
sonnen zw in de zon zetten, in de zon leggen (v. kussens, bedden); *sich ~* zonnebaden, zonnen; zich koesteren
Sonnenaufgang m zonsopgang
Sonnenbrand m zonnegloed; zonnebrand
Sonneneinstrahlung v binnenvallende zonnestralen
Sonnenfinsternis v zonsverduistering
sonnengebräunt door de zon gebruind
sonnenklar zonneklaar, klaar als een klontje
Sonnenlicht o zonlicht; *das erste ~* ⟨ook⟩ zonnegloren

Sonnenschein m zonneschijn; fig het zonnetje in huis
Sonnenschirm m zonnescherm, markies; parasol
Sonnenseite v zonzijde
Sonnenstich m zonnesteek; *einen ~ haben* gemeenz gek krijgen
Sonnensystem o zonnestelsel
Sonnenuhr v zonnewijzer
Sonnenuntergang m zonsondergang
sonnig zonnig (ook fig)
Sonntag m zondag; *der goldene, silberne, kupferne ~* de laatste, voorlaatste, op twee na laatste zondag voor Kerstmis; *weißer ~* beloken Pasen; *~ Palmarum* Palmzondag
sonntäglich zondags; op z'n zondags
sonntags zondags
Sonntagsfahrer m zondagsrijder
Sonntagsrückfahrkarte v weekeindretour
sonor sonoor, welluidend
sonst voorheen, vroeger; anders; *wie ~ als altijd;* ⟨ook⟩ als vroeger; *~ nichts* anders niet; *was ~ noch?* wat verder nog?; *ein Käfer oder ~ ein Kerbtier* een kever of een ander insect
sonstig vroeger; verder, ander, overig; *S~es* andere dingen; diversen
sonstjemand wie dan ook, iem. anders; van alles
sonstwas iets anders; van alles
sonstwer iemand anders, wie dan ook
sonstwie anderszins; op enige andere wijze
sonstwo ergens anders, elders; overal
sooft [so-'oft] zo dikwijls, zo vaak, telkens als
Sopran m (-s; -e) sopraan
Sopranistin v, **Sopransängerin** v sopraanzangeres
Sordine v (~; -n), **Sordino** m (-s; -s) muz sourdine
Sorge v (~; -n) zorg, bekommernis, bezorgdheid; angst; *~ für* zorg voor; *~ um* bezorgdheid voor; *laß das meine ~ sein!* laat dat maar aan mij over!; *deine ~n möchte ich haben!* ik wou dat ik jouw zorgen had; *sich ~n machen* zich zorgen (ongerust) maken; *das ist meine geringste ~* dat is 't minste, daar trek ik mij niets van aan
sorgeberechtigt gescheiden en belast met de zorg voor de kinderen
sorgen zw bezorgd zijn, duchten; zorg dragen, bezorgd maken; *sich ~ um* bezorgd zijn, in zorg zijn over
sorgenfrei vrij van zorgen
sorgenlos onbezorgd
sorgenvoll vol zorgen, bezorgd
Sorgerecht o recht van verzorging
Sorgfalt v (~) zorgvuldigheid, zorg
sorgfältig zorgvuldig, nauwkeurig, achtzaam
sorglos zorgeloos, slordig, lichtzinnig
sorgsam zorgvuldig, -zaam
Sorte v (~; -n) soort, slag; *Sorten* ⟨ook handel⟩ vreemde geldsoorten; *~ zu ~* soort zoekt soort

sortieren zw sorteren
Sortiment o (-s; -e) assortiment, sortering; (grote) boekhandel
Sortimenter m (-s; ~) boekhandelaar
Sortimentsbuchhandlung v (grote) boekwinkel
sosehr zozeer; *~ ich das auch schätze* hoezeer ik dat ook waardeer
soso gemeenz matig, zozo; *~!* 't zal wel!
SOS-Ruf m SOS-sein
Soße v (~; -n) saus; gemeenz onaangename situatie; erehaag; gemeenz *die ganze ~* de hele boel
soufflieren (+ 3) zw souffleren, voorzeggen
soundso: *~ viel* zo-en-zoveel; *Herr S~* meneer die en die
souverän [zoe-] soeverein; fig superieur
Souverän m (-s; -e) soeverein
Souveränität v (~) soevereiniteit
soviel zoveel; voorzover; *~ ... wie, als ...* evenveel ... als ...; *~ ich weiß* voorzover ik weet
soweit voorzover; *es geht ihm ~ gut, jedoch...* tot dusver gaat het hem goed, maar...
sowenig, nieuwe spelling: **so wenig** zomin; evenmin
sowie zodra; evenals, zoals, zomede; *~ es geht* zodra het gaat; *dies ~ das* dit zowel als dat
sowieso [-'zo] in elk geval, toch al
Sowjet m (-s; -e) Sovjet; *die ~s* ⟨ook⟩ de Sovjets; personen, troepen uit de voormalige Sovjet-Unie
sowjetisch Sovjetrussisch
sowohl: *~ als auch* zowel als ook
sozial sociaal, maatschappelijk
Sozialabgaben mv sociale lasten
Sozialarbeiter m sociaal werker
Sozialpolitik v sociale politiek
Sozialprodukt o nationaal product
Sozialwohnung v met subsidie gebouwde woning
Soziolog(e) m (-(e)n; -(e)n) socioloog
Sozius m (~; -se) compagnon, deelgenoot; duorijder; duozit ⟨op motor⟩
Soziussitz m duozit ⟨op motor⟩
sozusagen om zo te zeggen, zogezegd, bij wijze van spreken
Spachtel m (-s; ~); v (~; -n) spatel; tempermes
spachteln zw spatelen; gemeenz schransen
Spagat [-'gaat] m (-(e)s; -e) spagaat; Z-Duits bindtouw
Spaghetti, nieuwe spelling: **Spagetti** mv spaghetti
spähen zw (be)spieden
Späher m (-s; ~) verspieder, spion
Spalier [sjpa-'lier] o (-s; -e) latwerk (in tuinen), spalier; erehaag; *~ bilden, machen, stehen* zich in twee rijen opstellen
Spalierbaum m lei-, spalierboom
Spalt m (-(e)s; -e) spleet, scheur
spaltbar splijtbaar
Spalte v (~; -n) spleet, scheur, kloof; typ kolom; partje ⟨v. vrucht⟩
spalten (spaltete; gespalten & gespaltet) splijten, kloven, spouwen; splitsen ⟨ook v.

atomen⟩
Spaltung *v* ⟨~; -en⟩ scheuring, splijting splitsing ⟨ook van atomen⟩; verdeeldheid, onenigheid
Span *m* (-(e)s; Späne) spaan, spaander, splinter; vijlsel; vijandschap, ruzie; *Späne machen* moeilijkheden maken
Spanferkel *o* speenvarken
Spange *v* ⟨~; -n⟩ spang, gesp
Spanien ['sjpa-ni-en] *o* (-s) Spanje
Spanier *m* (-s; ~) Spanjaard
spanisch Spaans; vreemd, onbegrijpelijk; *~e Nüsse* Zwits apenootjes; *~er Reiter* mil Spaanse (of Friese) ruiter; *~e Wand* tochtscherm; *das kommt mir ~ vor* dat komt mij vreemd voor
Spann *m* (-(e)s, -e) wreef ⟨v. voet⟩
Spanne *v* ⟨~; -n⟩ span(ne), handbreedte; handel marge, winstmarge
spannen *zw* spannen; *sich ~* gespannen worden, strak worden; *seine Erwartungen hoch ~* zijn verwachtingen hoog spannen; *spann dich nicht so auf die Folter!* voor de dag ermee!; *einen vor seinen Wagen ~* fig iem. voor zijn karretje spannen
Spanner *m* (-s; ~) spanner, strekker ⟨ook: spier⟩; gemeenz bespieder, voyeur; spanrups ⟨bep. dier⟩
Spannkraft *v* veerkracht, energie; spankracht
Spannung *v* ⟨~; -en⟩ spanning
Spannweite *v* spanning, spanwijdte; luchtv vleugelspanning
Spanplatte *v* spaanplaat
Spanschachtel *v* spanen doos
Sparbuch *o* spaarbankboekje
Sparbüchse *v* spaarpot
Spareinlage *v* inleg
sparen *zw* sparen; *die Mühe ~* de moeite sparen; *am Essen ~* in 't eten sparen; *mit dem Licht ~* zuinig zijn met het licht; *mit Lob ~* spaarzaam zijn met lof
Sparer *m* (-s; ~) spaarder
Sparflamme *v* spaarvlam
Spargel *m* (-s; ~) asperge
Spargroschen *mv* gemeenz spaarduitjes, -penningen
Sparguthaben *o* spaartegoed
Sparkasse *v* spaarbank, -kas
spärlich schaars; karig
Sparmaßnahme *v* bezuinigingsmaatregel
Sparren *m* (-s; ~) spar ⟨bep. boom⟩; dakspar; herald balk; *er hat einen ~ (zu viel)* hij is van lotje getikt; hij heeft een klap van de molen gehad; *jeder hat seinen ~* iedereen heeft zijn eigenaardigheden
sparsam spaarzaam, zuinig; *im Gebrauch ~* zuinig in 't gebruik; *im kleinen ~ sein* op de kleintjes passen
Sparstrumpf *m* schertsend spaarpotje, oude sok
Spartaner ['ta-] *m* (-s; ~) Spartaan
Sparte *v* ⟨~; -n⟩ afdeling; branche; tak v. wetenschap
Spaß *m* (-es; Späße) scherts, grap, plezier; *ein teurer ~* een dure grap; *~ beiseite!* alle gekheid op een stokje; *~ machen* gek doen, plezier maken; *Späße machen* grappen uithalen; *mach keine Späße* ⟨ook⟩ is dat heus waar?; *das macht mir ~* dat vind ik leuk, enig; *das ist kein ~ mehr* dat gaat te ver; *zum ~* voor de grap, bij wijze van grap
spaßen *zw* schertsen, spotten, grapjes maken
spaßeshalber voor de grap, niet in ernst
spaßhaft, spaßig grappig, guitig
Spaßmacher *m*, **Spaßvogel** *m* grappenmaker, lolbroek
spät laat; *besser ~er als gar nicht* beter laat dan nooit
spätabends laat in de avond
Spatel *m* (-s; ~); *v* (-; -n) med spatel
Spaten *m* (-s; ~) spade
späterhin later
spätestens uiterlijk, op zijn laatst
Spätfolge *v* laat gevolg
Spätherbst *m* naherfst
Spätnachrichten *mv* laatste nieuwsuitzending
Spätsommer *m* nazomer
Spatz *m* (-en; -en) mus (= bep. vogel); *mein ~* schatje; *ein frecher ~* een brutaaltje; *jung wie ein ~* piepjong
Spätzünder *m* iem. die traag van begrip is of langzaam reageert
spazieren *zw* wandelen; tippelen
spazierengehen, nieuwe spelling: **spazieren gehen** *onr* (gaan) wandelen
Spazierfahrt *v* pleziertochtje; toertje
Spaziergang *m* wandeling; *einen ~ machen* een wandeling maken, aan de wandel zijn
Spaziergänger *m* wandelaar
Spazierstock *m* wandelstok
SPD = *Sozialdemokratische Partei Deutschlands*
Specht *m* (-(e)s; -e) specht
Speck *m* (-(e)s) spek; *ran an den ~!* gemeenz de beuk erin
speckig spekkig, vettig
Speckschwarte *v* spekzwoerd
Speckseite *v* zij(de) spek
spedieren *zw* expediëren, afzenden; slang wegjagen, -sturen
Spediteur *m* (-s; -e) expediteur, verzender; wegvervoerder; bode
Spedition *v* ⟨~; -en⟩ expeditie, verzending; wegvervoer
Speer *m* (-(e)s; -e) speer, spies
Speiche *v* ⟨~; -n⟩ spaak; spaakbeen
Speichel *m* (-s) speeksel
Speichellecker *m* flikflooier, hielenlikker
Speicher *m* (-s; ~) zolder; pakhuis, korenschuur; reservoir; voorraadschuur; elektr accumulator, accu; comput geheugen
Speicherbecken *o* techn verzamelbekken
speichern *zw* opslaan; opzamelen, oppotten
speien (spie; gespie(e)n) spuwen, braken; *Feuer und Flamme ~* vuur en vlam spuwen; *Gift und Galle ~* zijn gal spuwen (uitbraken)
Speise *v* ⟨~; -n⟩ spijs, gerecht, eten; toetje; specie, mortel; *~ und Trank* spijs en drank
Speiseeis [-eis] *o* consumptie-ijs

Speisekammer v provisiekamer
Speisekarte v menu, spijskaart
Speisekartoffel v consumptieaardappel
speisen zw eten; spijzigen, voeden ⟨ook v. elektr. stroom enz.⟩; *zu Mittag ~* middageten, dineren; *wünsche wohl zu ~!* smakelijk eten!
Speisenfolge v menu
Speiseöl o spijsolie
Speisepilz m eetbare paddestoel
Speiseröhre v slokdarm
Speisesaal m eetzaal
Speisewagen m restauratierijtuig
Speisezettel m menu, spijslijst
Speisung v (~; -en) spijziging; voeding ⟨ook techn⟩
speiübel gemeenz kotsmisselijk
Spektakel m (-s; ~) spektakel, geraas, gerammel, getier; kijkspel
spektakulär spectaculair, opzienbarend
Spekulation v (~; -en) handel speculatie; beschouwing, bespiegeling
Spekulatius m (-;~) speculaas
spekulativ speculatief; beschouwend
spekulieren zw beschouwen, bespiegelen, overdenken; *~ auf (+ 4)* speculeren op
Spelunke v (~; -n) spelonk, hol; krot
Spelze v (~; -n) baard ⟨v. korenaar⟩; kaf
spendabel royaal, vrijgevig
Spende v (~; -n) gave, schenking, uitdeling, gift
spenden zw schenken; geven, uitreiken; *Anerkennung ~* waardering uitspreken; *Lob ~* lof toezwaaien, prijzen, een pluimpje geven; *einem Trost ~* iem. troosten
Spender m (-s; ~) schenker, gever; houder ⟨bijv. v. scheermesjes⟩; med bloedgever, donor
spendieren zw schenken; besteden; tracteren, fuiven (op)
Spendierhosen mv gemeenz: *die ~ anhaben* in een royale bui zijn
Spengler m (-s; ~) Z-Duits blikslager; loodgieter
Sperber m (-s; ~) sperwer
Sperenzchen, Sperenzien [-'rentsi-en] mv: *~ machen* schertsend tegenstribbelen
Sperling m (-s; -e) mus
Sperma o sperma
sperrangelweit wagenwijd
Sperre v (~; -n) (af)sluiting, versperring; verbod v. ontvangst of verzending; slagboom; blokkade; blokkering ⟨ook of effecten⟩; beslag; boycot; besmetverklaring v. bedrijven ⟨bij stakingen⟩; spoorw controle, uitgang
sperren zw versperren; sluiten, opsluiten; afzetten ⟨v.e. straat⟩; afhouden ⟨bij voetbal, hockey⟩; blokkeren; *gesperrt!* afgesloten rijweg; *die Buchstaben ~* de letters spatiëren; *ein Konto, Wertpapiere ~* een rekening, effecten blokkeren; *einem den Kredit ~* handel iemand geen krediet meer geven; *Lebensmittel ~* de verkoop van levensmiddelen stopzetten; *einen Sportler ~* een sportman schorsen; *das Wasser ~* 't water afsluiten; *sich ~* tegenspartelen, tegenstreven, tegenstribbelen

Sperrfeuer o mil sper-, afsluitingsvuur
Sperrgebiet o afgesloten gebied
Sperrgut o volumineus goed, bulkartikel; los, oningepakt vrachtgoed
Sperrholz o triplex
sperrig veel ruimte beslaand; wijd uiteen staand, met afstaande takken; versperrend, lastig, hinderlijk; *sich ~ zeigen* zich weerbarstig tonen
Sperrkette v afsluit-, sperketting; politiekordon
Sperrkonto o handel geblokkeerde rekening
Sperrmüll m grof vuil
Sperrsitz m theat stalles; stallesplaats
Sperrstunde v sluitingsuur; avondklok; elektr stroomloos uur, speruur
Sperrung v (~; -en) (af)sluiting; blokkade; handel verbod v. verkoop; grendelinrichting, pal; typ spatiëring
Spesen mv handel kosten, onkosten
Spezerei v (~; -en) vero specerij, kruiderij
Spezi m (-s), (-s) gemeenz, Z-Duits, Oostr boezemvriend; gemeenz mengsel van limonade en cola
Spezialgeschäft o zaak voor specialiteiten, gespecialiseerde zaak, winkel
spezialisieren zw specialiseren, in bijzonderheden opgeven
Spezialist m (-en; -en) specialist ⟨ook med⟩
Spezialität v (~; -en) specialiteit
speziell speciaal
Spezies ['spé-, 'sjpe-tsi-es] v (~; ~) species, soort
Spezifikation v (~; -en) specificatie
spezifisch specifiek; *~es Gewicht* soortelijk gewicht; *~er Zoll* specifiek invoerrecht
spezifizieren zw specificeren, stuk voor stuk opgeven
Sphäre v (~; -n) sfeer, kring, gebied
sphärisch sferisch, bolrond; *~es Dreieck* boldriehoek; *~e Trigonometrie* boldriehoeksmeting
Sphinx v ⟨als beeldhouwwerk ook m⟩ (~; -e) sfinx; pijlstaart, avondpauwoog
spicken zw spekken; larderen ⟨v. wild⟩; overvloedig voorzien; gemeenz spieken, afschrijven; *ein gut gespickter Geldbeutel* een welvoorziene, goedgespekte beurs; *gespickt voll* propvol; *mit Schwierigkeiten gespickt* vol moeilijkheden
Spickzettel m spiekbriefje, -blaadje
Spiegel m (-s; ~) spiegel ⟨ook v. schip en op kraag⟩; revers ⟨v. smoking⟩; bladspiegel; witte vlek ⟨bij de staart van reeën enz.⟩
Spiegelbild o spiegelbeeld
Spiegelei o spiegelei
spiegeln zw spiegelen; schitteren; *sich ~ an (+ 3)* zich spiegelen aan
Spiegelung v (~; -en) spiegeling, weerkaatsing
Spiel o (-(e)s; -e) spel, 't spelen; staart ⟨v.e. fazant⟩; sp wedstrijd; tennis game; techn speling; *freies ~ haben* vrij spel hebben; *gewonnenes ~ haben* succes bereikt hebben; *ein gutes ~ machen* een goede wedstrijd spelen; *leichtes ~ mit einem haben* weinig moeite met iem. hebben; *stummes*

~ stil spel; *auf dem* ~ *stehen* op 't spel staan; *alles aufs* ~ *setzen* alles op 't spel zetten; *aus dem* ~ *bleiben* buiten spel blijven, niet meedoen; *die Hand im* ~ *haben* de hand in 't spel hebben
Spielart *v* speelwijze; variant
Spielbank *v* speelbank, casino
spielen *zw* spelen; *Ball* ~ ballen; *Beziehungen* ~ *lassen* van relaties gebruik maken; *eine kläglicke (traurige) Figur* ~ een modderfiguur slaan; *den großen (vornehmen) Herrn* ~ de grote meneer uithangen, mooi weer spelen; *nicht wissen was hier gespielt wird* niet weten wat er aan de gang is; *ins Grünliche* ~ naar groen zwemen; *mit Marmeln (Murmeln)* ~ knikkeren; *sich* ~ *mit* Oostr iets spelenderwijs doen; ~*d leicht* met speels gemak
Spieler *m* (-s; ~) speler
Spielerei *v* (~; -en) spel(letje); speelgoed; beuzelarij, gekheid, aardigheid, badinage
spielerisch speels
Spielführer *m* spelleider; sp aanvoerder
Spielkarte *v* speelkaart
Spielleiter *m* spelleider; theat regisseur
Spielmacher *m* sp spelbepaler
Spielmarke *v* fiche, chip
Spielplan *m* repertoire
Spielplatz *m* speelterrein, veld; speelplaats, -tuin
Spielraum *m* speelruimte, bewegingsvrijheid; speling
Spielsachen *mv* speelgoed
Spielstand *m* speelstand, score
Spielstraße *v* speelstraat, woonerf
Spieluhr *v* speeldoos
Spielverderber *m* spelbreker
Spielzeug *o* speelgoed
Spiere *v* (~; -n) rondhout
Spierling *m* (-s; -e) visk spiering
Spieß *m* (-es; -e) spies; spit; adjudant-onderofficier; spies (= eerste gewei v.e. hert)
Spießbürger *m* bekrompen burgerman, brave burger
spießbürgerlich bekrompen, burgerlijk, kleinsteeds
spießen *zw* met de spies doorboren; aan het spit steken; *sich* ~ Oostr klemmen; stokken
Spießer *m* (-s; ~) spiesbok; filister, bekrompen burger
Spießgesell(e) *m* spitsbroeder; krijgsmakker; medeplichtige
Spießrute *v* spitsroede; ~*n laufen* spitsroeden lopen
Spill *o* (-(e)s; -e) ankerspil, as; windas
Spinat [-'naat] *m* (-(e)s) spinazie
Spind *o* & *m* (-es; -e) ⟨vooral mil⟩ kast
Spindel *v* (~; -n) spil ⟨ook v. spinnewiel, trap, aar⟩; spindel, klos ⟨v. weefgetouw⟩
Spinett *o* (-s; -e) muz spinet
Spinne *v* (~; -n) spin, spinnekop; fig nijdas; *pfui* ~! bah, ajakkes!
spinnefeind spinnijdig
spinnen (spann; gesponnen) spinnen ⟨ook v. kat⟩; peinzen, piekeren; onzin praten; een boom opzetten; in de nor zitten; *der Kerl spinnt* gemeenz hij is gek; *einen Faden* ~, *Garn* ~ ⟨ook⟩ verhalen doen; *Ränke* ~ intrigeren; *Seemannsgarn* ~ sterke verhalen vertellen
Spinnengewebe *o* spinnenweb, spinrag
Spinner *m* (-s; ~) gemeenz fantast, dromer
Spinnrad *o* spinnewiel
Spinnwebe *v* spinnenweb, spinrag
spinös doornig, moeilijk, lastig
spintisieren *zw* dromen, peinzen, piekeren
Spion [sjpie'oon] *m* (-s; -e) spion, verspieder; spionnetje (= spiegeltje aan pui bij een raam); kijkgat
Spionage *v* (~) spionage
spionieren *zw* spioneren, bespieden
Spionin *v* (~; -nen) spionne
Spirale *v* (~; -n) spiraal
Spirituosen *mv* spiritualiën, sterke dranken
Spiritus *m* (~; ~ & -tusse) spiritus, wijngeest, alcohol
Spital *o* (-s; Spitäler) Oostr ziekenhuis
spitz spits, puntig, scherp; *ein* ~*er Winkel* een scherpe hoek; *eine* ~*e Zunge* een scherpe tong; *etwas* ~ *haben, kriegen* iets in de gaten krijgen
Spitz *m* (-es; -e) keeshond
Spitzbart *m* spitsbaard, sik
Spitzbube *m* spitsboef, schelm; rakker
spitzbübisch schelmachtig; ondeugend, schalks
Spitze *v* (~; -n) spits, punt; kruin, top; sigarenpijpje; pointe; hatelijkheid; kop ⟨bij wedstrijd⟩; *100 km* ~ maximumsnelheid 100 kilometer; *die* ~*n der Behörde* de hoogste ambtenaren; *die* ~*n der Gesellschaft* de notabelen; *einer Sache die* ~ *nehmen* iets van de scherpe kantjes ontdoen; zie ook: *Spitzen*
Spitzel *m* (-s; -) (politie)spion, agent-provocateur
spitzeln *zw* spioneren; sp punteren
spitzen *zw* aanpunten, een punt slijpen aan; tippen ⟨v. haar⟩; *die Lippen* ~ een spits mondje trekken; *die Ohren* ~ de oren spitsen; *sich auf etwas (4)* ~ zich op iets spitsen
Spitzen *mv* kant; *Brüsseler* ~ Brusselse kant
Spitzengruppe *v* kopgroep
Spitzenhaube *v* kanten muts
Spitzenkandidat *m* lijstaanvoerder, lijsttrekker
Spitzenklasse *v* topklasse
Spitzenleistung *v* record-, topprestatie
Spitzenqualität *v* topkwaliteit
Spitzenreiter *m* topper, nummer één; sp lijstaanvoerder
Spitzenspieler *m*, **Spitzensportler** *m* sp topspeler, topsporter
Spitzenzeit *v* piekuur, spitsuur; sp toptijd
spitzfindig spitsvondig
Spitzhacke *v*, **Spitzhaue** *v* pikhouweel
spitzig spits, puntig; vinnig, bits, snibbig
spitzkriegen *zw* gemeenz doorkrijgen
Spitzname *m* bijnaam, koosnaam; scheldnaam
spleißen (spliß, spleißte; gesplissen, gespleißt) splijten, klieven, kloven, splitsen
Splint *m* (-(e)s; -e) spint ⟨v. hout⟩; techn splitpen, spie

Splitt *m* (-(e)s) split, fijngebroken steen
Splitter *m* (-s; ~) splinter; mil scherf
splitterfasernackt spiernaakt
splitterig splinterig, schilferachtig
splittern *zw* splinteren
splitternackt spiernaakt
Splitterpartei *v* splinterpartij
sponsern *zw* sponsoren
spontan spontaan, van zelf, vrijwillig
Spontaneität [-ne-i-] *v* (~), **Spontanität** *v* spontaneïteit, -niteit
Spore *v* (~; -n) spore
Sporn *m* (-(e)s; Sporen) spoor ⟨v. ruiter of haan; staartwiel van vlietuig⟩; spoorslag; prikkel, aansporing
spornen *zw* de sporen geven ⟨aan paard⟩; aansporen, prikkelen, aanzetten
spornstreichs spoorslags
Sport *m* (-(e)s; -e) sport
Sporthalle *v* sporthal, -zaal
Sportler *m* (-s; ~) sportman, -beoefenaar, sporter
Sportlerin *v* (~; -nen) sportvrouw, -beoefenaarster
sportlich v.d. sport, sportief, sport-; ~*e Wettkämpfe* sportwedstrijden; *mit* ~*em Gruß* met sportgroet
Sportplatz *m* sportterrein
Sportverein *m* sportvereniging, sportclub
Spott *m* (-(e)s) spot, schimp, hoon; *zum* ~ om te spotten
Spottbild *o* spotprent; karikatuur
spottbillig spotgoedkoop
Spöttelei *v* (~; -en) gespot, spot, spotternij
spötteln *zw* (een beetje) spotten
spotten *zw* spotten; *es spottet jeder Beschreibung* (+ 2) het tart iedere beschrijving
Spötter *m* (-s; ~) spotter; fig spotvogel
spöttisch spotachtig; spottend
Spottpreis *m* spotprijs, -geld
Sprache *v* (~; -n) taal; spraak; *die neuern* ~*n* de moderne talen; *heraus mit der* ~ zeg op; *zur* ~ *bringen, kommen* ter sprake brengen, komen
Sprachfehler *m* taalfout; spraakgebrek
Sprachforscher *m* taalgeleerde, linguïst, taalkundige
Sprachforschung *v* taalwetenschap, linguïstiek
Sprachgefühl *o* taalgevoel
sprachgewandt vaardig in 't spreken, welbespraakt
Sprachkenntnisse *mv* taal-, talenkennis
Sprachlabor *o* talenpracticum
Sprachlehre *v* spraakkunst, grammatica, taalboek
Sprachlehrer *m* taalleraar
sprachlich taalkundig, op de taal betrekking hebbende, taal-
sprachlos sprakeloos; zwijgend; zonder woorden; stomverbaasd; *ich bin einfach* ~ daar heb ik geen woorden voor, ik sta paf
Sprachraum *m* taalgebied
Sprachrohr *o* megafoon, spreekbuis ⟨ook fig⟩
Sprachschatz *m* taalschat
Sprachstudium *o* taal-, talenstudie

Sprachwissenschaft *v* taalwetenschap, -kunde, linguïstiek
Sprechchor *m* spreekkoor
sprechen (sprach; gesprochen) spreken, praten; zeggen; *nicht gut auf einen zu* ~ *sein* niet goed over iem. te spreken zijn; *das spricht für ihn* dat pleit voor hem; *das spricht Bände* dat spreekt boekdelen; *ein Gebet* ~ een gebed uitspreken; *eine deutliche Sprache* ~ duidelijk spreken; *ein Urteil* ~ vonnis wijzen; *Verse* ~ verzen zeggen, declameren; *frei* ~ vrij, zonder tekst, vrijuit spreken; *einen heilig* ~ iem. heilig verklaren; *einen mündig* ~ iem. meerderjarig verklaren; *auf Band* ~ een band inspreken; *er spricht mir aus der Seele* hij spreekt naar mijn hart; *aus dem Fenster* ~ ⟨ook⟩ voor de tribune spreken; *das ist mir aus der Seele gesprochen* dat is mij uit 't hart gegrepen; *durch die Blume* ~ in bedekte termen spreken; *das spricht für sich* dat spreekt van zelf; *in Bildern* ~ in beelden spreken; *mit sich selbst* ~ in zichzelf praten; *vor leeren Bänken* ~ voor stoelen en banken praten
Sprecher *m* (-s; ~) spreker; woordvoerder; recitator; klassenvertegenwoordiger ⟨op school⟩
Sprechfunk *m* draadloze telefonie; mobilofoon
Sprechstunde *v* spreekuur
Sprechstundenhilfe *v* vero doktersassistente
Sprechweise *v* wijze v. spreken
spreizbeinig wijdbeens
Spreize *v* (~; -n) schoor, stut; turnen spreidsprong, -stand
spreizen *zw* uiteenspreiden; *sich* ~ een hoge borst opzetten, dik doen; *sich* ~ *wie ein Pfau* pronken als een pauw; *ein wenig gespreizt* enigszins aanstellerig
Sprengel *m* (-s; ~) kerspel, diocees; rechtsgebied
sprengen *zw* besproeien, sprenkelen; laten springen, opblazen; galopperen; *eine Brücke* ⟨*in die Luft*⟩ ~ een brug opblazen, in de lucht laten vliegen; *den Rahmen* ~ buiten 't kader gaan; *die Straßen* ~ de straten besproeien; *eine Tür* ~ een deur met geweld openen; *eine Versammlung* ~ een vergadering uiteenjagen; *der Reiter sprengte davon* de ruiter vertrok in volle galop
Sprengkopf *m* mil springkop
Sprengkörper *m* explosief, bom, granaat, mijn
Sprengkraft *v* explosieve kracht
Sprengladung *v* springlading
Sprengmittel *o*, **Sprengstoff** *m* springstof
Sprengwagen *m* sproeiwagen
Sprenkel *m* (-s; ~) stipje, vlekje; spikkel, sproet
sprenkeln *zw* spikkelen
Spreu *v* (~) kaf; *wie* ~ *im Winde* als kaf voor de wind
Sprichwort *o* spreekwoord
sprichwörtlich spreekwoordelijk
sprießen (sproß; gesprossen) (uit)spruiten

Springbrunnen *m* fontein
springen (sprang; gesprungen) springen; rennen; barsten; zich haasten; *eine Flasche ~ lassen* op een fles trakteren; *Geld ~ lassen* geld stukslaan; *in die Augen ~* in het oog springen; *in die Bresche ~ für* in de bres springen voor; *mit dem Seil ~* touwtje springen; *über die Klinge ~ lassen* over de kling jagen; fig te gronde richten; *über seinen eigenen Schatten ~* handelen in strijd met de eigen aard, uit zijn eigen huid kruipen; *der ~de Punkt* 't punt waar 't op aankomt; *das Glas ist gesprungen* 't glas is gebarsten
Springer *m* (-s; ~) springer; dolfijn; fokdier; paard ⟨bij schaakspel⟩
Springflut *v* springtij, -vloed
Springinsfeld *m* (-(e)s; -e) spring-in-'t-veld
springlebendig springlevend
Sprint *m* (-es) sp sprint
Sprit *m* (-(e)s; -e) alcohol; spiritus; gemeenz benzine
Spritze *v* (~; -n) spuit, brandspuit; sproeier; spat; med injectie, spuitje
spritzen *zw* I *onoverg* spuiten, spatten; met water spelen; motregenen, druppelen; rennen; gemeenz een uitstapje maken; II *overg* besproeien; med een spuitje geven; *ein Auto ~* een auto spuiten
Spritzer *m* (-s; ~) spatje; scheutje; spuiter ⟨v. auto's enz.⟩
spritzig mousserend ⟨v. wijn⟩; prikkelend, pittig
Spritztour *v* gemeenz uitstapje, snoepreisje
Sproß, nieuwe spelling: **Spross** *m* (Sprosses; Sprosse) spruit; afstammeling; uitspruitsel
Sprosse *v* (~; -n) sport ⟨v. ladder, stoel⟩; dwarslijstje; (zomer)sproet; geweitak
sprossen *zw* (ont)spruiten, uitbotten
Sprossenwand *v* wandrek
Spößling, nieuwe spelling: **Sprössling** *m* (-s; -e) spruitsel, loot; spruit; schertsend nakomeling
Sprotte *v* (~; -n) sprot
Spruch *m* (-(e)s; Sprüche) spreuk; uitspraak; vonnis, bevel; *Sprüche machen* kletsen; opscheppen, pralen
Spruchband *o* banderol; spandoek
Sprücheklopfer *m* opschepper, grootspreker, bluffer
spruchreif rijp voor een beslissing
Sprudel *m* (-s; ~) opborreling; spuitende bron, fontein; bron-, mineraalwater
sprudeln *zw* opborrelen, opwellen; parelen, sprankelen
Sprühdose *v* spuitbus
sprühen *zw* vonken schieten, spatten, spetteren, sputteren; *Funken ~* vonken spatten; *~der Humor* sprankelende humor; *vor Geist, Witz ~* vol geestige opmerkingen zijn; *vor Lebenslust ~* tintelen van levenslust
Sprühregen *m* mot-, stofregen
Sprung *m* (-(e)s; Sprünge) sprong ⟨ook v. haas⟩; barst, scheur; koppel ⟨reeën⟩; *es ist nur ein ~* het is maar een kippeneindje; *auf dem ~ sein (stehen)* op 't punt staan; *auf einen ~ herüberkommen* even overwippen; *einem auf die Sprünge helfen* iem. op weg helpen
Sprungbrett *o* springplank
sprunghaft met sprongen, sprongsgewijs; onrustig, ongedurig
Sprungschanze *v* springschans
Sprungtuch *o* springzeil, -net ⟨v.d. brandweer⟩
Sprungturm *m* sp springtoren
Spucke *v* (~) speeksel, spuug
spucken *zw* spuwen, spugen; *große Bogen ~* opscheppen; *Gift und Galle ~* zijn gal spuwen; *dicke (große) Töne ~* opscheppen, pralen; *einem in die Schüssel (Suppe) ~* bij iem. roet in 't eten gooien
Spucknapf *m* spuwbakje, kwispedoor
Spuk *m* (-es; -e) spooksel, gespook, spookverschijning; spookbeeld; lawaai, kattenkwaad; drukte
spuken *zw* spoken; *etwas spukt durch jemands Kopf* iets spookt door iemands hoofd
spukhaft spookachtig
Spülbecken *o* gootsteen; spoelbak
Spule *v* (~; -n) spoel; klos; techn winding
Spüle *v* gootsteen
spulen *zw* spoelen, op een spoel winden
spülen *zw* spoelen, met water reinigen; *Geschirr ~* de vaat wassen, afwassen
Spülkasten *m* stortbak
Spülmaschine *v* afwasmachine
Spülmittel *o* afwasmiddel
Spülschüssel *v* afwasbak
Spülwasser *o* afwas-, spoelwater; gemeenz dunne soep of koffie
1 Spund *m* (-(e)s; Spünde) tap, pin; spon; bom ⟨v. vat⟩; prop, stop
2 Spund *m* (-(e)s; -e) jonge, nog niet volwassen kerel
Spundwand *v* damwand
Spur *v* (~; -en) spoor; kenmerk; kenteken; spoorbreedte; *keine ~!, nicht die ~!* gemeenz in 't geheel niet; geen idee, geen denken aan!; *keine ~ von Müdigkeit* geen spoortje (ziertje) moeheid; *eine ~ Salz* een snufje zout; *eine ~ zu groß* een kleinigheid, een ietsje te groot; *einer Sache auf die ~ kommen* ergens achter komen, erachter komen; *keine ~ von einer Ahnung haben* gemeenz geen flauw idee hebben; *einem auf die ~ kommen* iem. op 't spoor komen
spürbar te bespeuren, bespeurbaar
spuren *zw* een spoor maken, een spoor volgen ⟨op ski's⟩; in 't gareel lopen; *wer nicht spurt, fliegt raus* wie niet voldoet, wordt ontslagen
spüren *zw* speuren, bespeuren; gevoelen; gewaar worden; *die Folgen ~* de nawerking ondervinden; *es im kleinen Zeh ~* 't aanvoelen
Spürhund *m* speurhond
Spürsinn *m* speurzin
Spurweite *v* spoorwijdte, -breedte
sputen *zw*: *sich ~* zich spoeden, zich haasten
Staat *m* (-(e)s; -en) staat; staatsie, pracht; *(großen) ~ machen* een grote staat voe-

Staatenbund

ren; ~ *machen mit* pronken met; indruk maken met; *von ~s Wegen* van rijkswege

Staatenbund *m* statenbond

staatenlos staatloos, zonder nationaliteit

staatlich op de staat betrekking hebbende, van de staat, vanwege de staat; rijks-; ~ *geprüft* met staatsdiploma; *~e Arbeitsanstalt* rijkswerkinrichting; *~e Polizei* rijkspolitie

Staatsangehörige(r) *m* onderdaan, staatsburger

Staatsangehörigkeit *v* nationaliteit

Staatsanleihe *v* staatslening

Staatsanwalt *m* officier v. justitie; ambtenaar v.h. openbaar ministerie

Staatsanwaltschaft *v* openbaar ministerie, parket

Staatsbeamte(r) *m* rijksambtenaar; *zivile Staatsbeamte* burgerlijke ambtenaren

Staatsbürger *m* staatsburger, onderdaan

Staatsexamen *o* doctoraal examen, examen ter afsluiting v.e. universitaire studie

Staatsgewalt *v* staatsmacht, openbaar gezag

Staatskasse *v* staatskas, schatkist

staatsmännisch v.e. staatsman, staatsmans-

Staatsoberhaupt *o* staatshoofd

Staatsrat *m* Raad van State; lid daarvan

Staatssekretär *m* secretaris-generaal; staatssecretaris

Staatssicherheitsdienst *m* (in de voormalige DDR) geheime dienst, Binnenlandse Veiligheidsdienst

Staatsstreich *m* staatsgreep, coup (d'état)

Staatsverfassung *v* staatsregeling; grondwet

Staatsverwaltung *v* staatsbewind, -bestuur

Stab *m* (-(e)s; Stäbe) staf, stok; stang, staaf; bilj keu; balein (v. paraplu); muz baton; mil & fig staf

Stäbchen *o* (-s; ~) staafje; gemeenz sigaret

Stabhochsprung *m* het polsstokhoogspringen, polsstoksprong

stabil stabiel, standvastig

stabilisieren *zw* stabiliseren, stabiel maken

Stabilität *v* (~) stabiliteit, standvastigheid

Stabreim *m* stafrijm, alliteratie

Stabsarzt *m* mil officier v. gezondheid 1ste klas

Stabsoffizier *m* mil hoofdofficier; stafofficier

Stachel *m* (-s; -n) prikkel, stekel; angel; punt; step v. fiets; *ein ~ ist geblieben* er is een bittere nasmaak; *einer Sache den ~ nehmen* 't onaangename van iets wegnemen; *das ist mir ein ~ im Fleisch* dat is mij een doorn in 't vlees

Stachelbeere *v* kruis-, klapbes

Stacheldraht *m* prikkeldraad

Stacheldrahtverhau *m* prikkeldraadversperring

stachelig stekelig, puntig; borstelig; vinnig

stacheln *zw* prikken, prikkelen; aanhitsen, aanwakkeren

Stachelschwein *o* stekelvarken

Stadt *v* (~; Städte) stad; *die Ewige ~* de Eeuwige stad, Rome; *in die ~ gehen* naar de stad gaan

Stadtbahn *v* stadsspoor

Stadtbauamt *o* gemeentewerken

stadtbekannt in de gehele stad bekend

Stadtbezirk *m* stadsgebied, -gewest

Stadtbibliothek *v* gemeentebibliotheek, openbare bibliotheek

Stadtbummel *m* wandeling door de stad

Städtepartnerschaft *v* jumelage

Städter *m* (-s; ~) stedeling, stadsmens

Stadtgespräch *o* telec lokaal gesprek; praatje dat in de stad de ronde doet

städtisch stedelijk, steeds, stads-; *~e(r) Beamte(r)* gemeenteambtenaar; *~e Reinigung* stadsreiniging; *~er Steuereinnehmer* gemeenteontvanger; *~es Wasserwerk* gemeentewaterleiding; *in ~en Diensten sein* in gemeentedienst zijn

Stadtkern *m* stadskern, centrum

Stadtkind *o* stadskind

Stadtmission *v* stadszending

Stadtmitte *v* (stads)centrum

Stadtplan *m* plattegrond v.e. stad

Stadtplaner *m* stedenbouwkundige, planoloog

Stadtrat *m* gemeenteraad; lid v.d. gemeenteraad

Stadtteil *m* stadsdeel

Stadtväter *mv* vroede vaderen, gemeenteraad

Stadtverordnete(r) *m* gemeenteraadslid

Stadtverwaltung *v* gemeentebestuur

Stadtviertel *o* stadswijk

Stafette *v* (~; -n) hist renbode, koerier; vero sp estafetteloop

Staffage [-'azje] *v* (~; -n) stoffage, bijwerk, versierende figuren

Staffel *v* (~; -n) trede, sport; stoep; trap; salarisgroep; staffel; etappe; mil echelon; escadrille (v. 9 vliegtuigen); sp ploeg (vooral bij estafettewedstrijd)

Staffelei *v* (~; -en) schildersezel

Staffellauf *m* sp estafette

staffeln *zw* mil echelonneren, in echelon opstellen; staffelen, (onder)verdelen, regelmatig groter (of kleiner) worden, opklimmen; progressief maken; *gestaffelte Steuern* progressieve belastingen; *die Preise ~ sich von 5-50 Mark* de prijzen lopen van 5-50 mark op

Staffelung *v* (~; -en) progressie, opklimming; progressiefmaking; mil opstelling in echelon; onderverdeling; *~ der Hauptferien* vakantiespreiding

Stag *o* (-(e)s; -e(n)) scheepv stag

Stagnation *v* (~; -en) stagnatie

stagnieren *zw* stilstaan, stagneren

Stahl *m* (-(e)s; Stähle) staal; dolk

Stahlbeton *o* gewapend beton

Stahlblech *o* stalen plaat

stählen *zw* stalen, harden

stählern stalen, van staal

Stahlhelm *m* mil stalen helm

Stahlschrank *m* brandkast, safe

Stahlstich *m* staalgravure

Stahlwerk *o* staalfabriek

staken *zw* bomen (v. boot); stijf en met gro-

te passen lopen
Staket [sjta'keet] *o* (-s; -e), **Staketenzaun** *m* staketsel, hek
staksen = **staken**
Stall (-(e)s; Ställe) *m* stal; hok ⟨v. honden, eenden enz.⟩; gemeenz school, woning, garage; *aus gutem* ~ van goede afkomst
Stallhase *m* Z-Duits (tam) konijn
Stallung *v* (~; -en) stalling; stal
Stamm *m* (-(e)s; Stämme) stam; geslacht; vaste kern; mil oudgediende manschappen; *vom* ~*e Nimm sein* nemen wat je kan, hebberig zijn; een duitendief zijn
Stammaktie [-tsi-e] *v* handel gewoon aandeel
Stammbaum *m* stam-, geslachtsboom
Stammbuch *o* stamboek
stammeln *zw* stamelen, stotteren
stammen *zw* afstammen; dagtekenen; afkomstig zijn; *aus der Mottenkiste* ~ gemeenz totaal verouderd zijn; oude rommel zijn
Stammgast *m* stamgast
Stammhalter *m* stamhouder
stämmig sterk, potig, stevig, flink uit de kluiten gewassen
Stammkapital *o* handel grondkapitaal
Stammkneipe *v* stamkroeg
Stammkunde *m* vaste klant
Stammler *m* (-s; ~) stamelaar, stotteraar
Stammlokal *o* stamkroeg
Stammsitz *m* voorvaderlijk landgoed; oorspronkelijke woonplaats
Stammtisch *m* stamtafel; groepje stamgasten; vaste avond waarop een aantal stamgasten elkaar treft
stampfen *zw* stampen, fijn stampen, fijn stoten; stampvoeten; stampen ⟨v. schip, trein⟩; *etwas aus dem Boden* ~ fig iets uit de grond stampen; *mit den Füßen* ~ stampvoeten
Stampfer *m* (-s; ~) stamper, juffer (= heiblok); borrelglas
Stand *m* (-(e)s; Stände) stand ⟨ook op tentoonstelling⟩; stalletje; staat, beroep; rang; standplaats; sterkte, aantal manschappen; Zwits kanton; ~ *der Ehe* gehuwde staat; *keinen leichten* ~ *haben* fig 't hard te verduren hebben; *aus dem* ~ zonder aanloop, uit stand; *im* ~ *laufen* stationair lopen ⟨v. motor⟩; *in den* ~ *setzen* in staat stellen; *unter seinem* ~ beneden zijn stand; *von* ~(*e*) van stand, voornaam, van standing
Standard *m* (-s; -e) standaard, norm
Standardausführung *v* standaarduitvoering
standardisieren *zw* normaliseren, standaardiseren
Standarte [-'dar-] *v* (~; -n) mil standaard ⟨= kleine officiële vlag⟩; cavalerievaandel
Standbild *o* standbeeld
Ständchen *o* (-s; ~) muz serenade, aubade
Ständer *m* (-s; ~) stander, rek; pijler; steunbalk, stander
Standesamt *o* bureau v.d. burgerlijke stand
standesamtlich van(wege) de burgerlijke stand; ~*e Trauung* trouwen op het stadhuis
Standesbeamte(r) *m* ambtenaar v.d. burgerlijke stand
standesgemäß volgens (zijn) stand; ~ *leben* (ook) zijn stand ophouden
standfest stabiel, vaststaand; stevig staand
standhaft standvastig, volhardend
standhalten *st* standhouden; *der Kritik* ~ de toets der kritiek doorstaan; *jedem Vergleich* ~ iedere vergelijking doorstaan
ständig vast, voortdurend, doorlopend, permanent; ~*er Mitarbeiter* vaste medewerker; ~*e Ausstellung* permanente tentoonstelling; *das* ~*e Repertoire* 't vaste repertoire; ~*er Vertreter* vaste vertegenwoordiger; ~*er Wohnsitz* vaste verblijfplaats, woonplaats
ständisch de standen of stenden betreffende; ~*er Aufbau* opbouw volgens standen ⟨bijv. boeren, arbeiders enz.⟩
Standlicht *o* auto parkeerlicht
Standort *m* standplaats; groeiplaats ⟨v. planten⟩; positie; uitgangspunt, standpunt; mil garnizoen; luchtv positie
Standpauke *v* strafpreek; *einem eine* ~ *halten* gemeenz iem. vermanend toespreken
Standpunkt *m* standpunt; *von Ihrem* ~ *aus* van uw standpunt beschouwd
Standrecht *o* standrecht
standrechtlich standrechtelijk; ~ *erschossen werden* bij standrechtelijk vonnis doodgeschoten worden
Standuhr *v* staande klok
Stange *v* (~; -n) stang ⟨ook v. gewei, paardentuig⟩; steng; stok; staaf; pijp; roede; hoog bierglas; sp lat, bovenlat; *eine (schöne)* ~ *Geld* gemeenz een aardige duit; *eine* ~ *Zigaretten* een slof sigaretten; *einem die* ~ *halten* iem. de hand boven 't hoofd houden; *ein Anzug von der* ~ een confectiepak; *fast von der* ~ *fallen* verbluft zijn
Stangenbohne *v* stokboon
Stänkerei *v* (~; -en) gekanker, gekrakeel
stänkern *zw* kankeren; stampij maken, krakelen
Stanniol [-ni-'ool] stanniool, bladtin, zilverpapier
Stanze *v* (~; -n) stanza ⟨achtregelige strofe⟩; ponsmachine
stanzen *zw* stansen, uithameren, ponsen
Stapel *m* (-s; ~) stapel, hoop; stapelplaats; *auf* ~ *legen* op stapel zetten; *vom* ~ *lassen* van stapel laten lopen; *eine Rede vom* ~ *lassen* schertsend een rede ten beste geven
Stapellauf *m* het van stapel lopen ⟨schip⟩
stapeln *zw* (opeen)stapelen
stapfen *zw* met zware passen lopen
1 Star *m* (-(e)s; -e) med staar
2 Star *m* (-(e)s; -e) spreeuw
3 Star [staar, sjtaar] *m* (-s; -s) ster ⟨toneel, film, sp⟩, vedette
stark sterk, krachtig; dik; zwaar ⟨v. sigaret e.d.⟩; ~*!* gaaf!; *eine* ~*e Auflage* een grote oplaag; *ein* ~*er Esser* een flinke eter; *der* ~*e Mann* de sterke man ⟨ook fig⟩; ~*e Schmerzen* hevige pijnen; *das ist nicht meine*

~e Seite daar ben ik niet sterk in; *ein ~es Stück!* gemeenz sterk!, ongehoord!; *das ist ~er Tobak* dat is kras; *sich ~ machen* zich sterk maken

Stärke v (~; -n) sterkte ⟨ook aantal mensen⟩, kracht; dikte; corpulentie; zetmeel; stijfsel; *Rechnen ist nicht seine ~* rekenen is niet zijn sterkste kant

stärken zw sterken, versterken; stijven; *einem den Rücken (das Rückgrat) ~, einen ~ in* iemand aanmoedigen, sterken in; *sich ~* een hartversterking nemen; *ein gestärktes Hemd* een gesteven overhemd

Stärkung v (~; -en) versterking; het stijven ⟨ook v. kas⟩; *eine kleine ~* een kleine hartversterking

starr verstijfd, stijf; onbuigzaam, onverzettelijk; onbeweeglijk, strak; gemeenz verstijfd; *~ und steif* stijf en strak

Starre v (~) stijf-, starheid, verstijving; onverzettelijkheid

starren zw staren, starogen; stijf staan, stijf zijn; steil oprijzen; *Löcher in die Luft ~* gemeenz voor zich uit staren; *~ vor Schmutz* stijf staan van het vuil

Starrheit v (~) stijfheid, strakheid, onbeweeglijkheid, onverzettelijkheid

starrköpfig stijfhoofdig

Starrkrampf m med tetanus, klem

Starrsinn m koppigheid, eigenzinnigheid

starrsinnig koppig, eigenzinnig

Start m (-(e)s; -e & -s) start; 't afgaan; *fliegender ~* vliegende start; *stehender ~* staande start

startbereit startklaar

starten zw sp starten; fig beginnen, starten; *einen neuen Film ~* een nieuwe film uitbrengen, lanceren; *eine Rakete ~* een raket afschieten; *ein Unternehmen ~* met een onderneming beginnen; *einen Versuchsballon ~* een proefballon oplaten

startklar startklaar

Startschuß, nieuwe spelling: **Startschuss** m startschot

Startzeichen o startsignaal

Stasi m ⟨in de voormalige DDR⟩ = *Staatssicherheitsdienst*

Station v (~; -en) station, halteplaats, halte, verblijfplaats, verblijf; mil post, standplaats; RK statie; afdeling ⟨in ziekenhuis⟩; *irgendwo ~ machen* ergens halt houden, de reis onderbreken

stationär stationair, stilstaand; in de kliniek; *~e Behandlung* klinische behandeling

stationieren zw stationeren

Stationsarzt m afdelingsarts

Stationsschwester v afdelings-, hoofdzuster ⟨in ziekenhuis⟩

statisch statisch, rustig

Statist [sjta-'tiest] m (-en; -en) theat figurant

Statistik [-'tis-] v (~; -en) statistiek

statistisch: *~es Amt* bureau voor de statistiek

Stativ [sjta-'tief] o (-s; -e) statief ⟨v. camera⟩

statt voorz + 2 in plaats van; *~ dessen* in plaats daarvan; *~ meiner* in plaats van mij

Statt v (~) plek, plaats; *an Eides ~* plechtig, in plaats van een eed; *an Kindes ~* als kind; *an meiner ~* in mijn plaats; *an Zahlungs ~* in plaats v. betaling

Stätte v (~; -n) plaats, plek

stattfinden *st* plaats hebben, gebeuren

stattgeben (+ 3) *st* inwilligen, verhoren, gevolg geven aan; *einer Beschwerde, einem Einspruch ~* aan een protest gevolg geven; *einer Klage ~* recht een eis toewijzen

statthaft toelaatbaar, geoorloofd

Statthalter m stadhouder, bestuurder

stattlich statig, deftig, indrukwekkend; groot, flink, fors; rijzig; aanzienlijk; *eine ~e Anzahl* een aanzienlijk aantal; *ein ~er Bursche* een stevige vent; *ein ~es Programm* een rijk programma; *zwei ~e Söhne* twee flinke zonen

Statue ['sjta-toe-e] v (~; -n) standbeeld

Statuette [-tu'ette] v (~; -n) beeldje

statuieren [sjta-toe-'ieren] vaststellen; bepalen; *ein Exempel ~* een voorbeeld stellen

Statur [-'toer] v (~; -en) gestalte

Status m (~; ~) toestand, staat; handel overzicht van activa en passiva ⟨bij faillissement⟩

Statussymbol o statussymbool

Statut o (-(e)s; -en) statuut, statuten, reglement; instelling, wet, verordening

statutarisch, statutengemäß, statutenmäßig overeenkomstig de statuten

Stau m (-(e)s; -e) opstuwing, stuwing; verkeersopstopping, file

Staub m (-(e)s; -e) ⟨het⟩ stof; plantk stuifmeel; *sich aus dem ~e machen* zich uit de voeten maken; *etwas in den ~ ziehen* fig iets door het slijk halen; *zu ~ werden* vergaan, sterven

Staubecken o stuwbekken, bassin

stauben onoverg stuiven, stof geven, stof opjagen

stäuben zw I onoverg = *stauben*; II overg strooien

Staubfaden m meeldraad

staubig stoffig

staubsaugen (staubsaugte; staubgesaugt) stofzuigen

Staubsauger m stofzuiger

Staubtuch o stofdoek

staubwischen zw stof afnemen, afstoffen, stoffen

Staubzucker m poedersuiker

stauchen zw duwen, drukken, persen; een uitbrander geven; drillen; gemeenz gappen

Staudamm m stuwdam, stuw

Staude v (~; -n) vaste plant; struik; krop ⟨van sla⟩

stauen zw stuwen, stouwen; gemeenz veel eten; *sich ~* opstuwing; zich ophopen; vastlopen (verkeer); *das Wasser staut sich* het water wordt opgestuwd

Stauer m (-s; -) inlader, stouwer, stuwadoor

staunen zw verbaasd staan, zich verwonderen, opkijken; *da staunst du (Bauklötze)!, da staunt der Fachmann, und der Laie wundert sich* daar sta je van te kijken!

Staunen o (-s) verbazing, verwondering; *es ist zum* ~ 't is verbazingwekkend

staunenerregend, staunenswert verbazingwekkend; bewonderenswaardig

Staupe v (~) hondenziekte; influenza ⟨v. paard⟩; vero geseling

Stausee m stuwbekken, stuwmeer

Stauung v (~; -en) stuwing, opstuwing; scheepv stouwing; file(vorming), opstopping ⟨v. verkeer⟩

Stauwasser o doodtij, dood getij

stechen (stach; gestochen) steken, prikken; graveren; slachten; sp óverrijden, opnieuw rijden (ter beslissing); *eine Karte sticht (die andere)* kaartsp de ene kaart gaat boven de andere; *ein Schwein* ~ een varken slachten; *einem den Star* ~ med iem. de staar lichten; *wie von der Tarantel gestochen* als door een adder gebeten; *es sticht ins Auge* 't valt erg op; *es sticht ihm in die Augen* 't maakt hem jaloers; *in Kupfer* ~ in koper graveren; *ins Rote* ~ naar rood zwemen; *in See* ~ 't ruime sop kiezen; *er schreibt wie gestochen* hij schrijft als gegraveerd, keurig

Stechen o herstemming; sp barrage, beslissingswedstrijd

Stechkarre v, **Stechkarren** m steekwagentje

Stechmücke v steekmug, muskiet

Stechpalme v hulst

Stechschritt m mil paradepas

Stechuhr v prikklok

Steckbrief m signalement, persoonsbeschrijving

steckbrieflich met signalement en verzoek tot aanhouding

Steckdose v elektr stopcontact

stecken (steckte, *soms* stak; gesteckt) steken; stoppen; zitten; poten ⟨aardappels⟩; *wo steckt er?* waar zit hij?; *einem etwas* ~ iem. iets verklappen; *Grenzen* ~ grenzen stellen; *den Schlüssel* ~ *lassen* de sleutel in het slot laten zitten; *sein Ziel höher* ~ een hoger doel nastreven; *das kannst du dir an den Hut* ~ gemeenz dat mag je houden, dat hoef ik niet; *was steckt dahinter?* wat zit (steekt) erachter?; *es steckt in den Windeln, Anfängen* 't is nog in zijn begin; *in Brand* ~ in brand steken; *im Dreck* ~ gemeenz in de misère zitten; *das Wort bleibt ihm im Hals* ~ hij kan geen woord uitbrengen; *ich möchte nicht in seiner Haut* ~ ik zou niet in zijn schoenen willen staan; *das steckt noch in den Kinderschuhen* dat staat nog in de kinderschoenen; *einen in die Tasche* ~ fig iem. in zijn zak steken, aankannen; *den Hals in die Schlinge* ~ zijn nek uitsteken; *bis über die Ohren in Schulden* ~ tot over zijn oren in de schuld zitten; *mit einem unter einer Decke* ~ met iem. onder één hoedje spelen; *sich ein Ziel* ~ zich een doel stellen; *gesteckt voll* stikvol

Stecken m (-s; ~) stok; *Dreck am* ~ *haben* boter op zijn hoofd hebben

steckenbleiben, nieuwe spelling: **stecken bleiben** *st* blijven steken

steckenlassen, nieuwe spelling: **stecken lassen** *st* laten steken, laten zitten

Steckenpferd o stokpaardje; liefhebberij

Stecker m (-s; -) elektr stekker

Steckling m (-s; -e) plantk stekje

Stecknadel v speld; *eine* ~ *im Heu* een speld in een hooiberg

Steg m (-(e)s; -e) smal pad; vlonder, plank; loopplank; aanlegsteiger; muz kam; bretel; souspied; tussen-, verbindingsstuk

Stegreif m: *aus dem* ~ onvoorbereid, voor de vuist weg, à l'improviste

Stehauf m (-s; ~), **Stehaufmännchen** o duikelaartje

stehen (stand; gestanden) staan; *es steht und fällt mit* 't hangt af van; *wie steht's?* hoe gaat 't?; *das steht dir gut* dat staat je mooi, goed; *auf dem Kopf* ~ fig op zijn kop staan; *seinen Mann* ~ zijn man staan; *Posten* ~ op post staan; *das steht auf einem andern Blatt* dat is een heel ander verhaal; *auf eigenen Füßen* ~ ⟨ook⟩ op eigen wieken drijven; *auf Mord steht die Todesstrafe* op moord staat de doodstraf; *auf dem Sprung* ~ op 't punt staan; *das Wasser steht mir bis zum Hals* 't water staat mij tot aan de lippen; *es steht mir bis hier* ik heb er schoon genoeg van; *mit einem Bein im Grab* ~ op zijn laatste benen lopen; *ins Haus* ~ te wachten, voor de deur staan; *im Hintergrund* ~ op de achtergrond staan; *in der Kreide* ~ in 't krijt staan; *hoch im Kurs* ~ hoog in ere staan; *im Lichte* ~ iem. in 't licht staan ⟨ook fig⟩; *in jemands Pflicht* ~ bij iem. in dienst zijn; *(tief) in jemands Schuld* ~ iem. veel verschuldigd zijn; *sich gut mit einem* ~ met iem. op goede voet staan; *danach steht mir der Sinn* daar heb ik zin in; *unterm Pantoffel* ~ onder de plak zitten; *ich stehe zu Ihnen* ik sta aan uw zijde; *wie* ~ *Sie dazu?* wat denkt u ervan?; *er steht zu seiner Tat* hij neemt de verantwoording voor zijn daad op zich; *es steht zu hoffen, daß* het is te hopen, dat; *im S*~ *etwas essen* staande iets eten; *ein gestandener Mann* een degelijk, solide man

stehenbleiben, nieuwe spelling: **stehen bleiben** *st* blijven staan

Steher m iem. die staat; sp stayer

Stehkragen m staande kraag

Stehlampe v staande lamp

Stehleiter v trapleer

stehlen (stahl; gestohlen) (ont)stelen; ~ *wie ein Rabe (die Raben)* stelen als de raven; *mit ihm kann man Pferde* ~ hij laat je nooit in de steek; *einem die Schau, die Szene* ~ de show stelen; *dem lieben Gott die Zeit* ~ luieren; *das kann mir gestohlen bleiben* dat kan ik missen als kiespijn, dat kan mij gestolen worden; *sich aus dem Zimmer* ~ stilletjes uit de kamer verdwijnen

Stehplatz m staanplaats

Steiermark v Stiermarken

steif stijf; stevig; strak; onverzettelijk; houterig; ~ *wie ein Brett* stijf als een plank; ~ *und fest* stijf en strak

Steife v (~) stijfte, stevigheid; techn stut,

steunbalk
steifen zw stijven; steunen; stutten; *gesteifte Gardinen* gesteven gordijnen
Steifheit v (~) stijfheid, stijfte
Steig m (-(e)s; -e) bergpad; geitenpad
Steigbügel m stijgbeugel (ook gehoorbeentje); *einem den ~ halten* iem. in 't zadel helpen (ook fig)
Steige v (~; -n) stoep; trap; stijgend voetpad; krat (voor groente)
steigen (stieg; gestiegen) stijgen, klimmen, de hoogte ingaan; beter worden; steigeren; gisten; rijzen, omhoogkomen; gemeenz plaatsvinden, gebeuren; *einen Drachen ~ lassen* een vlieger oplaten; *Treppen ~* trappen klimmen; *an Land ~* aan land stappen; *auf einen Baum ~* in een boom klimmen; *einem aufs Dach ~* iem. ervan langs geven; *aus dem Auto ~* uit de auto stappen; *ins Bett ~* naar bed gaan; *ins Examen ~* gemeenz opgaan voor een examen; *in die Wanne ~* in bad gaan; *zu Berge ~* te berge rijzen; *zu Kopfe ~* naar 't hoofd stijgen; *aufs Pferd ~* 't paard bestijgen, opzitten
Steiger m (-s; ~) klimmer; mijnopzichter; steiger
steigern zw verhogen, vermeerderen; opdrijven; opvoeren; op een veiling bieden, kopen; gramm in de vergrotende of overtreffende trap brengen; *sich ~* toenemen, hoger, erger worden, opgevoerd worden; *in gesteigertem Maße* in verhoogde mate
Steigerung v (~; -en) verhoging, vermeerdering; 't opbieden; rijzing; opvoering; 't vormen v.d. trappen v. vergelijking, comparatie
Steigerungsstufe v gramm trap v. vergelijking
Steigung v (~; -en) stijging, verhoging
steil steil; *eine ~e Karriere* een bliksemcarrière
Steile v (~) steilte, steilheid
Steilhang m steile helling (berg)
Steilküste v steile kust
Stein m (-(e)s; -e) steen; pit; kern; stuk (schaken), schijf (dammen); *~ des Anstoßes* steen des aanstoots; *den ~ ins Rollen bringen* de zaak aan de gang brengen; *bei einem einen ~ im Brett haben* een wit voetje bij iem. hebben, bij iem. in de pas staan; *einem ~e in den Weg legen* iem. een spaak in de wielen steken; *es fällt mir ein ~ vom Herzen* dat is een pak van mijn hart; *es fällt ihm kein ~ aus der Krone* 't is niet beneden zijn waardigheid
steinalt stokoud
Steinbock m dierk & astron steenbok
Steinbruch m steengroeve
Steinbutt m tarbot
steinern bn stenen, van steen; *~e Ruhe* ijzige kalmte
steinhart hard als steen, bikkelhard
steinig steenachtig; stenig, vol stenen
steinigen zw stenigen
Steinkohle v steenkool
Steinmetz m (-en; -en) steenhouwer
Steinobst [-oopst] o steenvruchten

Steinpilz m plantk eekhorentjesbrood
steinreich schatrijk; stenig, vol stenen
Steinschlag m steenslag; vallend gesteente
Steinsetzer m stratenmaker
Steinzeit v stenen tijdperk, steentijd(perk)
steirisch Stiermarks
Steiß m (-es; -e) stuit, achterste
Steißbein o stuitbeen
Stelldichein [-'ain] o (-(s)) rendez-vous ⟨v. geliefden⟩
Stelle v (~; -n) plaats ⟨ook: boerderij⟩; ambt, betrekking; bureau, instantie; bewijsplaats; passage ⟨in boek⟩; *eine wunde ~* een wond; fig een pijnlijke zaak; *die zuständige ~* de bevoegde instantie; *an deiner ~* in jouw plaats; *an der richtigen ~* op de juiste plaats; *an erster ~* in de eerste plaats; *an ~ von* in plaats van, i.p.v.; *auf der ~* terstond, dadelijk; *auf der ~ treten* niet vooruit/verder komen; *von amtlicher ~* van officiële zijde; *nicht von der ~ kommen* niet vooruitkomen, niet opschieten; *zur ~* ter plaatse, aanwezig; mil present
stellen zw stellen, brengen, plaatsen, zetten; leveren; *einen ~* iem. staande houden; iem. tot staan brengen; iem. aanhouden; iem. te pakken krijgen; *hohe Anforderungen an einen ~ stellen* hoge eisen aan iem. stellen; *einen Antrag ~* een motie indienen; een verzoek richten; *einen Stellvertreter ~* voor een plaatsvervanger zorgen; *die Uhr richtig ~* het horloge gelijk zetten; *den Wein kalt ~* de wijn koud zetten; *einen vor die Wahl ~* iem. voor de keuze plaatsen; *vom Platz ~* sp van 't veld sturen; *sich ~* zich houden; veinzen; mil opkomen; *sich der Polizei ~* zich bij de politie melden; *sich dumm ~* zich van de domme houden; *sich schlafend ~* doen alsof men slaapt; *sich schwerhörig ~* Oost-Indisch doof zijn; *sich tot ~* zich dood houden; *auf sich gestellt sein* op zich zelf aangewezen zijn; *nicht zum besten gestellt mit* niet erg goed gesteld met; *gestellte Aufnahmen* in scène gezette foto's
Stellenangebot o aangeboden betrekking
Stellenanzeige v aangeboden betrekking ⟨advertentie⟩
Stellengesuch o sollicitatie(brief); advertentie 'betrekking gezocht'
Stellenvermittlung v arbeidsbemiddeling
stellenweise hier en daar; gedeeltelijk
Stellenwert m betekenis, functie
Stellmacher m wagenmaker
Stellschraube v stelschroef
Stellung v (~; -en) betrekking, positie; stand, staat; houding, plaatsing; levering; med positie, stelling; *rechtliche ~* rechtspositie; *soziale ~* maatschappelijke positie; *~ nehmen zu* zijn houding (positie) bepalen jegens
Stellungnahme v positiebepaling, 't innemen van een standpunt
stellungslos zonder betrekking, werkeloos
stellvertretend plaatsvervangend, waarnemend, substituut
Stellvertreter m plaatsvervanger
Stellwerk o spoorw seinhuis

Stelze (~; -n) stelt; Oostr varkenspootje; ~*n* gemeenz lange, dunne benen, stelten
stelzen zw steltlopen; met stijve passen lopen
Stelzfüßler, Stelzvögel mv vogelk steltlopers
Stemmeisen o steekbeitel
stemmen zw drukken, heffen; met kracht zetten, steunen; gemeenz gappen, inbreken; *einen ~* iem. omhoogheffen; gemeenz er eentje pakken; *Gewichte ~* gewichtheffen; *die Hände in die Seiten ~* de handen in de zij zetten; *sich ~ gegen* zich schrapzetten; zich verzetten tegen
Stempel *m* (-s; ~) stempel, zegel; merk; keur (op goud en zilver); kort drinkglas; gemeenz dik been; gaspedaal; plantk stamper
Stempelmarke v plakzegel
stempeln zw stempelen (ook v. werklozen); zegelen
Stengel, nieuwe spelling: **Stängel** *m* (-s; ~) stengel, steel; slang sigaar, sigaret; *vom ~ fallen* gemeenz stomverbaasd zijn; naar beneden vallen
stenographieren zw stenograferen
Stenotypistin [-'pies-] v stenotypiste
Steppdecke v doorgestikte deken
Steppe v (~; -n) steppe
steppen zw stikken (van dekens); steppen (dans)
Sterbebett o sterfbed
Sterbefall *m* sterfgeval
Sterbehilfe v euthanasie
Sterbekasse v begrafenisfonds; uitkering t.b.v. de begrafenis
sterben (starb; gestorben) sterven, overlijden; *plötzlich ~* ook: doodblijven; *im Glauben ~* in 't geloof sterven; *Hungers (vor Hunger) ~* van honger sterven; *einen gewaltsamen Tod (eines gewaltsamen Todes) ~* een gewelddadige dood sterven; *eines natürlichen Todes ~* een natuurlijke dood sterven; *zehntausend Tode ~* duizend doden sterven; *im ~ liegen* op sterven liggen; *daran stirbt man nicht gleich* daar ga je niet dood aan; *in den Sielen ~* in 't harnas sterven
Sterben o (-s) het sterven; *das große ~* de grote sterfte, de pest; *zum ~ krank* doodziek; *zum ~ langweilig* doodvervelend
Sterbensangst v doodsangst
sterbenskrank doodziek
Sterbensseele v: *keine ~* geen levende ziel
Sterbenswörtchen o: *kein ~* geen stom woord
Sterbesakramente mv RK sacramenten der stervenden
sterblich sterfelijk, vergankelijk; *keine ~e Seele* geen levende ziel
Sterblichkeit v (~) sterfelijkheid; sterfte
Stereoanlage v stereo-installatie
Stereophonie, nieuwe spelling ook: **Stereofonie** v (~) stereofonie
stereotyp(isch) stereotyp, onveranderlijk
steril steriel (kiemvrij; onvruchtbaar)
sterilisieren zw steriliseren (kiemvrij maken; onvruchtbaar maken)

Stern *m* (-(e)s; -e) ster (ook fig); gesternte; oogappel; scheepv achtersteven; *ein aufgehender ~* fig een rijzende ster; *sein guter ~* zijn goed gesternte; *unter einem glücklichen ~* onder een gelukkig gesternte
Sternbild o sterrenbeeld
Sterndeuter *m* sterrenwichelaar
Sternenzelt o plechtig sterrenhemel
Sternfahrt v sterrit, rally
sternhagelbesoffen, sternhagelvoll gemeenz stomdronken, (dronken als een) kanon, laveloos
Sternschnuppe v vallende ster
Sternstunde v beslissend uur
Sternwarte v sterrenwacht, observatorium
Sterz *m* (-es; -e) staart; ploegstaart
stet gestadig, gedurig, bestendig; *~er Fortschritt* gestadige vooruitgang; *in ~em Fluß sein* doorlopend in beweging zijn; *unter ~er Aufsicht* onder voortdurend toezicht
stetig bestendig, gestadig, onafgebroken voortgaand; handel prijshoudend
stets steeds, altijd
1 Steuer v (~; -n) belasting; belastingaanslag
2 Steuer o (-s; ~) stuur, stuurroer, stuurinrichting; *am ~ sein* aan 't roer staan (ook fig); *ohne ~* stuurloos; *das ~ herumwerfen* (ook fig) een andere koers inslaan
Steuerabzug *m* belastingaftrek
Steueraufkommen o belastingopbrengst
Steuerbeamte(r) *m* belastingambtenaar
Steuerbehörde v fiscus, belastingdienst
Steuerberater *m* belastingconsulent, -adviseur
Steuerbescheid *m* aanslagbiljet
Steuerbord o (~) stuurboord
Steuererklärung v belastingaangifte
Steuerfahndung v fiscale opsporingsdienst
steuerfrei belastingvrij
Steuerhinterziehung v belastingontduiking
Steuerklasse v belastinggroep, belastingschijf
steuerlich van de belasting, belasting-, fiscaal; *~e Entlastung* verlichting van belasting; *~e Vorteile* belastingfaciliteiten
Steuermann *m* (-s; -leute) scheepv stuurman
steuern zw sturen; belasting betalen; richten, bedienen, besturen; ⟨+ 3⟩ beletten, stuiten, tegengaan; *ein Boot ~* een boot besturen; *gesteuerte Wirtschaft* geleide economie
steuerpflichtig belastingplichtig; *~ werden* ook: in de belasting vallen
Steuerrad o stuurwiel; auto stuur
Steuersatz *m* belastingtarief
Steuersenkung v belastingverlaging
Steuerung v (~; -en) 't sturen; stuurinrichting; het tegengaan; techn balhoofd; *automatische ~* luchtv automatische piloot
Steuerveranlagung v belastingaanslag
Steuervergünstigung v belastingfaciliteit
Steuerzahler *m* belastingbetaler
Steven *m* (-s; ~) scheepv steven

Steward ['stjoe-ert] *m* (-s; -s) hofmeester
stibitzen [sjti-'biet-sen] *zw* gappen, gemeenz snaaien, bietsen
Stich *m* (-(e)s; -e) steek, prik; gravure, gravering; begin van bederf, smaakje; slang roes; kaartsp slag; *dieser Wein hat einen ~* deze wijn heeft een bijsmaak; *er hat einen ~ bij hem is er een steekje los; diese Farbe hat einen ~ ins Rote* deze kleur zweemt naar rood; *im ~ lassen* in de steek laten
Stichel *m* (-s; ~) graveerstift; spits stuk gereedschap
Stichelei *v* (~; -en) peuterig naaiwerk; schimpscheut, hatelijkheid
stichelen *zw* naaien, stikken; hatelijke opmerkingen maken; graveren
stichfest: *das ist hieb- und ~* er is geen speld tussen te krijgen
Stichflamme *v* steekvlam
Stichfrage *v* beslissende vraag
stichhaltig steekhoudend; *nicht ~ sein* geen steek houden
Stichkampf *m* sp beslissingswedstrijd
Stichling *m* (-s; -e) stekelbaars
Stichprobe *v* steekproef
Stichtag *m* rescontredag, dag van afwikkeling ⟨van bepaalde beurszaken⟩; dag van opneming, teldatum, peildatum; verkiezingsdag; beslissende dag; eind van een termijn, deadline
Stichwaffe *v* steekwapen
Stichwahl *v* keuze tussen twee kandidaten; herstemming; *in die ~ kommen* in herstemming komen
Stichwort *o* lemma, trefwoord ⟨in naslagwerken e.d.⟩; theat wacht(woord); leus
Stickarbeit *v* borduurwerk(je)
sticken *zw* borduren
Stickerei *v* (~; -en) borduurwerk(je), borduursel, stiksel
stickig benauwd, drukkend, bedompt
Stickmuster *o* borduurpatroon
Stickstoff *m* stikstof
stieben (stob; gestoben) stuiven, vliegen
Stiefel *m* (-s; ~) schoen; laars; bokaal; laarsvormig bierglas; *spanischer ~* Spaanse laars ⟨folterwerktuig⟩; *weiße ~* witte sokken ⟨v. paard⟩
stiefeln *zw* laarzen aantrekken; gemeenz stappen; *gestiefelt und gespornt* gelaarsd en gespoord, geheel reisvaardig
Stiefeltern *mv* stiefouders
Stiefmutter *v* stiefmoeder
Stiefmütterchen *o* stiefmoedertje; plantk driekleurig viooltje, pensee
Stiefvater *m* stiefvader
Stiege *v* (~; -n) Z-Duits, Oostr trap; afgeschoten ruimte; *über zwei ~n* drie hoog
Stieglitz *m* (-es; -e) vogelk putter, distelvink
Stiel *m* (-(e)s; -e) steel; stengel
stier star, strak, wezenloos, angstig, dreigend; gemeenz, Oostr, Zwits blut
Stier *m* (-(e)s; -e) stier ⟨ook astron⟩
stieren *zw* strak, wezenloos staren
Stierkampf *m* stierengevecht
Stierkämpfer *m* stierenvechter, torero
1 Stift *m* (-(e)s; -e) stift, pen; tong ⟨v. gesp⟩; spie, splitpen; potlood; gemeenz dreumes; jongste bediende
2 Stift *o* (-(e)s; -e(r)) sticht, stift ⟨geestelijke stichting⟩; opvoedingsgesticht; meisjeskostschool, domkapittel, bisdom; *das Tübinger ~* het Tübinger seminarie
stiften *zw* stichten, gronden; veroorzaken; spenderen; *einem Kloster etwas ~* aan een klooster een schenking doen; *Brand ~* brand stichten; *einen Ehrenpreis ~* een ereprijs ter beschikking stellen; *Schaden ~* schade veroorzaken; *Unheil ~* onheil stichten
Stifter *m* (-s; ~) stichter, grondvester; donateur; gemeenz schenker
Stiftskirche *v* kloosterkerk
Stiftung *v* (~; -en) stichting, fonds; donatie, schenking; geschenk
Stiftzahn *m* stifttand
Stigma *o* (-s; -ta) stigma; plantk stempel
stigmatisieren *zw* stigmatiseren, brandmerken
Stil *m* (-(e)s; -e) stijl; schrijftrant; *alten, neuen ~s* oude, nieuwe stijl ⟨kalender⟩; *~ haben* stijl hebben; goed schrijven; *im großen ~ leben* in grote stijl leven
Stilblüte *v* stijlbloempje
Stilbruch *m* stijlbreuk
Stilett *o* stilet
stilisieren *zw* stileren
Stilistik ['-lies-] *v* (~) stilistiek, stijlleer
still(e) stil, zacht; gerust, bedaard; *ein ~er Gesellschafter, Teilhaber* een stille vennoot; *~e Rücklagen* handel stille reserves; *~es Wasser* niet-koolzuurhoudend mineraalwater; *~e Werte* handel goodwill; *~e Wasser sind tief* stille waters hebben diepe gronden; *im S~en* in stilte; bij zich zelf; heimelijk
Stille *v* (~) stilte, gerustheid, kalmte; *in aller ~* in alle stilte
Stilleben, nieuwe spelling: **Stillleben**, ook: **Still-Leben** *o* stilleven
stillegen, nieuwe spelling: **stilllegen**, ook: **still-legen** *zw* stilleggen
Stillegung, nieuwe spelling: **Stilllegung**, ook: **Still-Legung** *v* stillegging, stilzetting, stopzetting, staking
stillen *zw* stillen, stil maken; stuiten; stelpen; bevredigen; dempen ⟨oproer⟩; *Blut ~* bloed stelpen; *Durst ~* dorst lessen; *ein Kind ~* een kind de borst geven; *Schmerzen ~* smart (pijn) stillen
stillhalten *st* stilhouden
stillos stijlloos
stillschweigen *st* stilzwijgen; *~d* stilzwijgend
Stillstand *m* stilstand, schorsing
stillstehen *onr* stilstaan
stilvoll stijlvol, in stijl
stilwidrig niet in stijl, indruisend tegen de stijl
Stimmband *o* stemband
stimmberechtigt stemgerechtigd
Stimmbruch *m*: *im ~ sein* in de stemwisseling zijn, de baard in de keel hebben
Stimme *v* (~; -n) stem; muz partij; stapel ⟨in strijkinstrument⟩; *mit erhobener ~* met stemverheffing; *mit halber ~* zacht, ge-

dempt
stimmen zw stemmen; kloppen, sluiten; overeenstemmen; *das stimmt (aufs Haar) dat klopt (precies)*; *es stimmt etwas nicht* er is iets niet in orde; *die Kohle stimmt bei ihm* hij zit goed in de slappe was; *stimmt so* laat maar zitten
Stimmengewirr o geroezemoes
Stimmenmehrheit v meerderheid v. stemmen; *durch* ~ bij meerderheid van stemmen
Stimmer m (-s; ~) stemmer; stemhamer
Stimmgabel v muz stemvork
stimmhaft taalk stemhebbend
stimmig kloppend, juist
Stimmlage v muz register ⟨v. stem⟩; stem-, toonhoogte
stimmlos zonder stem; taalk stemloos
Stimmung v (~; -en) 't stemmen; stemming
stimmungsvoll sfeervol, stemmig
Stimmzettel m stembiljet, -briefje
stimulieren zw stimuleren, opwekken, prikkelen
stinken ⟨stank; gestunken⟩ stinken; *Eigenlob stinkt* eigen lof stinkt; *es stank ihm gewaltig* het zat hem heel erg dwars; *hier stinkt etwas* hier is iets niet in orde; *sieben Meilen gegen den Wind* ~ gemeenz uren in de wind stinken; *nach Geld* ~ bulken van 't geld; *zum Himmel* ~ hemeltergend zijn
stinkfaul gemeenz aartslui
stinkig stinkend; *eine ~e Laune* een peststemming
stinklangweilig gemeenz oersaai
Stinklaune v gemeenz slecht humeur
stinksauer pisnijdig, erg ontstemd, slecht gehumeurd
Stinkwut v vreselijke woede
Stint m (-(e)s; -e) visk spiering; N-Duits jongen; *sich freuen wie ein* ~ zo blij zijn als een kind
Stipendiat [-di'aat] m (-en; -en), **Stipendist** m (-en; -en) Beiers, Oostr beursstudent, bursaal
Stipendium o (-s; -dien) [-di-en] studiebeurs
stippen zw indopen
Stippvisite v korte visite
Stirn v (~; -en) voorhoofd; *hohe* ~ schertsend hoog voorhoofd; *fliehende* ~ wijkend voorhoofd; *mit dreister, frecher* ~ brutaalweg; *mit eherner* ~ met een stalen gezicht; *die* ~ *haben, etwas zu behaupten* de brutaliteit hebben iets te beweren
Stirnhöhle v voorhoofdsholte
Stirnreif m diadeem
Stirnrunzeln o 't fronsen v. 't voorhoofd
Stirnseite v voorzijde, front
stöbern zw snuffelen; kamers doen, schoonmaken; stofregenen, stuifsneeuwen; *es stöbert* er valt jachtsneeuw
Stocher m (-s; ~) pook; tandenstoker
stochern zw porren, poken, peuteren
Stock m (-(e)s; Stöcke) stok; boomstronk; bloemstruik; verdieping, etage; cliché; bijenkorf; kerkbus; kern, compacte massa, berggroep; handel stamkapitaal, hoofdsom, stock; *im dritten* ~ op de derde verdieping; *über* ~ *und Stein* over heg en steg; *am* ~ *gehen* met een stok lopen; slang ziek zijn; weinig geld hebben
stockblind stekeblind
stockdumm oliedom
stockdunkel stikdonker
Stöckelabsatz m naaldhak
stöckeln zw op naaldhakken lopen
Stöckelschuh m schoen met naaldhak
stocken zw stokken, stremmen; staan blijven; door vocht verrotten, bederven; *das Gespräch stockt* 't gesprek stokt; *seine Stimme stockte* zijn stem stokte, haperde; *ins S*~ *geraten* stokken, stagneren, haperen; stollen; *gestockte Milch* dikke melk
stockfinster stik-, pikdonker
Stockfisch m stokvis
stockig met vochtvlekken; muf
stocksauer fig pisnijdig
Stockschnupfen m chronische verkoudheid
stocksteif stokstijf
stocktaub stokdoof
Stockung v (~; -en) stremming; opstopping, het stokken, stagnatie, stilstand, hapering
Stockwerk o verdieping, etage
Stoff m (-(e)s; -e) stof; substantie, materie; gemeenz bier, drank; benzine; slang stuff; ~ *zu einem Kleid* stof voor een japon; *aus* ~ *stoffen*, van stof
Stoffbahn v een baan stof
Stoffel m (-s; ~) sufferd, sukkel, domoor
stofflich als stof, wat de stof betreft, stoffelijk, materieel
Stoffwechsel m stofwisseling
stöhnen zw steunen, zuchten
Stoiker ['sjto-iker] m (-s; ~) stoïcijn
stoisch [-isj] stoïcijns
Stola, Stole v (~; -len) stola; RK stool
Stolle v (~; -n) kerststol
Stollen m (-s; ~) voetstuk, stijl; horizontale mijngang; kerststol; nop ⟨aan voetbalschoen⟩
stolpern zw strompelen, hompelen, struikelen ⟨ook fig⟩
Stolperstein m struikelblok
stolz trots, fier, hoogmoedig; statig; ~ *wie ein Pfau (ein Spanier)* trots als een pauw
Stolz m (-es) trots, fierheid
stolzieren zw pronken, op een trotse wijze lopen, paraderen
stopfen zw stoppen ⟨ook med & van kous, pijp⟩; stopzetten; proppen; *einem das Maul (den Mund, den Schnabel)* ~ iem. de mond snoeren; *gestopft voll* propvol
Stopfer m (-s; ~) stopper ⟨v. pijp⟩
Stopfnadel v stopnaald
Stoppel v (~; -n) stoppel; Oostr ⟨ook⟩ kurk
Stoppelbart m stoppelbaard
stoppelig stoppelig
stoppen zw ⟨overg, onoverg⟩ stoppen, stopzetten; klokken ⟨met stopwatch⟩
Stopper m (-s; ~) sp stopperspil
Stopplicht o remlicht
Stoppuhr v stopwatch
Stöpsel m (-s; ~) kurk, stop, prop; dikkertje, klein kereltje, kleuter

stöpseln zw kurken; met een stop sluiten; elektr inschakelen; gemeenz knoeien

Stör m (-(e)s; -e) visk steur

Storchschnabel m ooievaarsbek ⟨ook plantk⟩; techn pantograaf, tekenaap

stören zw storen, verstoren; doorsnuffelen, wroeten; *die öffentliche Ruhe ~* burengerucht veroorzaken

Störenfried m (-(e)s; -e) rustverstoorder; spelbreker

stornieren handel ongedaan maken, herstellen ⟨v. fouten⟩, terugboeken; Oostr intrekken

Störsender m stoorzender

Störung v (~; -en) storing, stoornis

Stoß m (-es; Stöße) stoot, schok, bons, stomp, duw; stapel, hoop; trap, schop ⟨bij voetbal⟩; staart van een korhaan; stootkant ⟨aan japon⟩; voeg; *sich einen ~ geben* ook: zich vermannen; een flink besluit nemen; *das gab ihm den letzten ~* dat gaf hem de genadeslag; *das gibt mir einen ~* dat geeft mij een schok; *seinem Herzen einen ~ geben* met de hand over het hart strijken

Stoßdämpfer m auto schokbreker, -demper

Stößel m (-s; ~) stamper

stoßen (stieß, gestoßen) stoten, duwen, bonzen, stompen; bomen ⟨schuit⟩; schokken; ⟨een bal⟩ trappen; stampen ⟨peper enz.⟩; *einem Bescheid ~* gemeenz iem. de waarheid zeggen; *~ an (+ 4)* grenzen aan; *sich an einer Sache ~* ⟨ook⟩ zich aan iets ergeren; *~ auf (+ 4)* stuiten op; ⟨toevallig⟩ ontmoeten; *einen mit der Nase auf etwas ~* iem. met zijn neus op iets duwen; *auf Abwehr ~* op tegenstand stuiten; *auf Resonanz ~* weerklank vinden; *ins Horn ~* ⟨op⟩ de horen blazen; *einen vor den Kopf ~* fig iem. voor het hoofd stoten; *~ zu* zich voegen bij

Stößer m (-s; ~) stamper; karnstok; vogelk havik

stoßfest stootvast, schokvrij

Stoßgebet o schietgebed

Stoßseufzer m diepe zucht, verzuchting

Stoßstange v vaarboom; auto bumper

Stoßverkehr m grote verkeersdrukte; verkeer tijdens de spitsuren

stoßweise met stoten, schoksgewijze; bij stapels, in hopen

Stoßzahn m slagtand

Stotterer m (-s; ~) stotteraar

stottern zw stotteren, stamelen; *auf S~ kaufen* gemeenz op afbetaling kopen

stracks rechtstreeks, direct, lijnrecht, regelrecht

Strafanstalt v strafinrichting

Strafantrag m eis ⟨v.h. openbaar ministerie⟩, requisitoir, strafvordering; *~ stellen* recht strafvervolging instellen, straf eisen

Strafanzeige v klacht ⟨tot strafvervolging⟩; *~ erstatten* aangifte doen

Strafaufschub m uitstel van straf; *bedingter ~* voorwaardelijke veroordeling

Strafaussetzung v recht uitstel van onderbreking van een straf

strafbar strafbaar

Strafbefehl m boete of hechtenis, opgelegd door kantonrechter

Strafe v (~; -n) straf; bestraffing; boete; *bei ~* op straffe

strafen zw straffen; bestraffen; verwijten, berispen; *einen Lügen ~* iem. logenstraffen

Straferlaß, nieuwe spelling: **Straferlass** m kwijtschelding van straf

straff straf, streng, strak ⟨gespannen⟩; rechtop; *~er Dienst* strenge dienst

Straffall m strafzaak

straffällig strafschuldig; *~ werden* in straf vervallen

straffen zw strak spannen; *sich ~* strak, gespannen worden

Straffheit v (~) strafheid, strakheid

straffrei straffeloos, vrij van straf

Strafgericht o strafgericht; rechtbank in strafzaken

Strafgesetz o strafwet

Strafgesetzbuch o wetboek van strafrecht

sträflich strafbaar; berispelijk

Sträfling m (-s; -e) gestrafte, gevangene

straflos straffeloos

Strafmaß o strafmaat

Strafpredigt v strafpreek

Strafprozeß, nieuwe spelling: **Strafprozess** m strafproces

Strafraum m strafschopgebied

Strafrecht o strafrecht

Strafstoß m strafschop

Straftat v delict, strafbaar feit

Straftäter m delinquent

Strafverfahren o strafproces; *ein ~ einleiten* de instructie openen

strafversetzen zw bij wijze van straf overplaatsen

Strafverteidiger m strafpleiter

Strafvollstreckung v, **Strafvollzug** m strafvoltrekking

Strahl m (-(e)s; -en) straal

strahlen zw stralen; schitteren

strahlig straalvormig; stralend

Strahlung o straling

Strähne v (~; -n) streng; sliert ⟨haar⟩

strähnig sprietig ⟨v. haar⟩

stramm flink, kranig, kloek; rechtop, stevig, strak; pol streng, overtuigd, radicaal; *~e Arbeit* hard werk; *ein ~er Junge* een stevige jongen; *eine ~e Hose* een strakzittende broek; *ein ~er Max* ⟨gerecht⟩ een uitsmijter

strammziehen st strak trekken; *einem die Hosen ~* iem. voor de broek geven

strampeln zw trappelen; gemeenz fietsen, peddelen

Strand m (-(e)s; -e) strand; oever; *FKK-~* naaktstrand; *auf ~ geraten, laufen* stranden; *auf (den) ~ setzen* op 't strand zetten

stranden zw stranden ⟨ook fig⟩

Strandhafer m plantk zandhaver

Strandkorb m strandstoel

Strandläufer m strandjutter; vogelk strandloper

Strandpromenade v strandboulevard

Strandung v (~; -en) stranding, 't stranden

Strang m (-(e)s; Stränge) streng; strop; spoorlijn; elektr leiding; *toter ~* dood spoor; *ein ~ Baumwolle* een streng katoen; *am gleichen ~ ziehen* fig één lijn trekken; *über die Stränge schlagen* uit de band springen

strangulieren zw wurgen, ophangen

Strapaze [stra'paats(e)] v (~; -n) (meestal mv) vermoeienis, inspanning

strapazieren zw afmatten, afbeulen, overdrijven; bovenmatig gebruiken, misbruiken; (door bovenmatig gebruik) bederven; te veel vergen van; *jemands Geduld ~* iems. geduld op de proef stellen; *seine Nerven ~* veel van zijn zenuwen vergen; *jemands Talent ~* iems. talent misbruiken

strapazierfähig sterk; *ein ~er Anzug* een pak dat overal tegen kan

strapaziös vermoeiend

Straß, nieuwe spelling: **Strass** m (~ & -sses; -sse) stras, valse diamant

Straßburg o (-s) Straatsburg

Straße v (~; -n) straat; weg; scheepv zeestraat; *zweispurige ~* tweebaansweg; *die öffentlichen ~n* 's heren wegen; *~ erster Ordnung* primaire weg; *auf offener ~* op de openbare weg; *auf die ~ gehen* de straat opgaan ⟨ook als demonstratie⟩; *auf der ~ liegen* op straat staan (werkeloos zijn); *auf die ~ setzen* op straat zetten; ontslaan; *auf der ~ sitzen* op straat zitten; werkloos zijn

Straßenanzug m wandelkostuum

Straßenarbeiter m stratenmaker, wegwerker

Straßenbahn v tram

Straßenbau m straataanleg; wegenaanleg, -bouw

Straßenbelag m wegdek

Straßenbeleuchtung v straatverlichting

Straßenbild o straattafereel, straatbeeld

Straßenecke v straathoek

Straßengraben m sloot (greppel) langs de weg

Straßenjunge m straatjongen

Straßenkampf m straatgevecht

Straßenkarte v wegenkaart

Straßenkreuzer m auto grote slee

Straßenkreuzung v kruispunt

Straßenlage v auto wegligging

Straßenmädchen o straatmadelief, straathoer

Straßennetz o straten-, wegennet

Straßenschild o straatnaambord

Straßenschlacht v straatgevecht

Straßenüberführung v viaduct over, overbrugging v.e. straat of weg

Straßenunterführung v tunnel onder een straat ⟨of weg⟩

Straßenverkehr m wegverkeer

Straßenverkehrsordnung v wegenverkeersreglement

Straßenzug m verkeersstraat; stratenreeks

Stratege m (-n; -n) strateeg

Strategie [sjtra-te-'gie] v (~; -n) strategie

strategisch strategisch

sträuben zw doen oprijzen, te berge doen rijzen; *sich ~* zich verzetten, tegenstribbelen; te berge rijzen ⟨v. haar⟩

Strauch m (-(e)s; Sträucher) struik

straucheln zw struikelen (ook fig)

Strauchwerk o kreupelhout

1 Strauß m (-es; Sträuße) boeket, ruiker; vederbos, pluim; strijd, gevecht, ruzie

2 Strauß m (-es; -e) struisvogel

Straußenfeder v struis(vogel)veer

Strebe v (~; -n) stut, schoor

streben zw streven, de krachten inspannen, trachten; gemeenz vossen; werken

Strebepfeiler m schoorpijler, steun-, schraagbeer

Streber m (-s; ~) streber(tje), eerzuchtige; promotie-, baantjesjager; statuszoeker

strebsam ijverig, actief, ambitieus

Strebsamkeit v (~) ambitie, ijver

Strecke v (~; -n) eind weegs, traject; lijn, baanvak; parcours, baan, route; rechte lijn; mijngang; 't gedode wild; *eine ~ Weges* een eind weegs; *auf offener ~* op 't open baanvak; *zur ~ bringen* jacht & fig doden; neerleggen; een eind maken aan iemands handelingen, ten val brengen, pakken

strecken zw strekken; rekken; pletten; aanlengen; *die Vorräte ~* langer met de voorraden doen; *die Waffen ~* de wapens neerleggen; *alle viere von sich ~* armen en benen (uit)strekken; *zu Boden ~* verslaan, neervellen; *sich ~* zich uitstrekken; langer worden; *sich nach der Decke ~* de tering naar de nering zetten; *ein gestreckter Winkel* een gestrekte hoek; *in gestrecktem Trab* in gestrekte draf

Streckenabschnitt m deel van een traject ⟨v. weg, spoorlijn enz.⟩

Streckenwärter m spoorw baanwachter

streckenweise bij gedeelten, over bepaalde afstanden

Strecker m (-s; ~), **Streckmuskel** m strekspier

Streckverband m rekverband

Streich m (-(e)s; -e) slag, houw; streek, list, poets; *auf einen ~* met één slag; *einem einen ~ spielen* iem. een poets bakken, een hak zetten

Streicheleinheit v (vaak schertsend) aai, streling, liefkozing, pluimpje

streicheln zw aaien, liefkozen

streichen (strich; gestrichen) strijken; smeren ⟨v. boterham⟩; wetten; doorhalen, schrappen; zwerven, trekken; verven; *ein Haus ~ lassen* een huis laten schilderen; *die Fahne, die Flagge, die Segel ~* de vlag, de zeilen strijken; *ein gestrichener Löffel* een afgestreken lepel; *gestrichenes Maß* volle maat

Streicher m (-s; ~) muz strijker

Streichholz o lucifer

Streichholzschachtel v lucifersdoosje

Streichorchester o muz strijkorkest

Streichung v (~; -en) het strijken, smeren; het schrappen, schrapping; het geschrapte

Streifband o verzend-, adresstrook

Streife v (~; -n) patrouille

streifen zw even aanraken, rakelings gaan (glijden) langs; schampen; even aankijken;

Streifen

schuiven (over); stropen, villen; dwalen, zwerven; patrouilleren; *eine Frage* ~ een kwestie even aanroeren; *durch die Gegend* ~ door het land zwerven; *in die Höhe* ~ opstropen (v. mouw, kleding); *gestreift* gestreept

Streifen m (-s; ~) streep; strook, bies; reep; film

Streifendienst m surveillance, patrouilledienst (v. politie)

Streifenwagen m patrouilleauto

streifig gestreept, met strepen; ~ *werden* strepen krijgen

Streiflicht o strijklicht; *ein* ~ *auf etwas werfen* fig iets even aanstippen, belichten

Streifschuß, nieuwe spelling: **Streifschuss** m schampschot

Streifzug m strooptocht; zwerf-, speurtocht

Streik m (-(e)s; -e & -s) (werk)staking; *in den* ~ *treten* in staking komen, gaan staken

Streikbrecher m onderkruiper, stakingsbreker

streiken zw staken; niet meedoen; niet goed functioneren; *mein Magen streikt* mijn maag is van streek; *es wird gestreikt* er wordt gestaakt, 't werk ligt plat

Streikposten m stakerspost; ~ *stehen* posten

Streit m (-(e)s; -e & -igkeiten) twist; discussie; hogere stijl strijd

Streitaxt v strijdbijl

streitbar strijdbaar

streiten (stritt; gestritten) twisten, krakelen; hogere stijl strijden; *um des Kaisers Bart* ~ ruziemaken om niets; *sich* ~ twisten, ruziën; *ins S*~ *kommen* aan het twisten slaan

Streiterei v (~; -en) ruzie, bonje

Streitfall m geschil

Streitfrage v strijdvraag; twistvraag; geschilpunt

Streithahn m, **Streithammel** m, **Streithans** m, **Streithans(e)l** Z-Duits, Oostr m ruziemaker, -zoeker

streitig betwistbaar, omstreden; *einem etwas* ~ *machen* iem. iets betwisten; *einem den Rang* ~ *machen* iem. de voorrang betwisten

Streitigkeit v (~; -en) geschil, twist

Streitkräfte mv strijdkrachten

Streitpunkt m, **Streitsache** v geschil-, twistpunt

Streitschrift v strijdschrift

streitsüchtig twistziek

streng streng, straf; bars, scherp, hard; sterk (v. smaak, geur); steil, inspannend; ~*e Kälte* barre kou; *aufs* ~*ste* ten strengste; *im* ~*sten Sinn* in de striktste zin

Strenge v (~) strengheid; hardheid, scherpheid; nauwgezetheid

strenggenommen, nieuwe spelling: **streng genommen** strikt genomen

strenggläubig strikt rechtzinnig, orthodox

Streu v (~; -en) strooisel, stroleger

Streubüchse v strooibus

streuen zw strooien, spreiden, lekken

Streulicht o diffuus (verstrooid) licht

streunen zw struinen, rondzwerven, vagebonderen

Streusel o (-s; ~) strooisel

Streuselkuchen m soort plaatkoek (met strooisel gebakken)

Streuung v (~; -en) spreiding

Streuzucker m strooisuiker

Strich m (-(e)s; -e) streek, haal, lijn, streep, richting; streek (v. kompas); loop, koers; vlucht (vogels); schrap; rosse buurt; *sie ist nur ein* ~ ze is zo mager als een talhout; *ein* ~ *durch die Rechnung* een streep door de rekening; *keinen* ~ *machen* (tun) niets doen; *einen* ~ *unter eine Sache machen, ziehen* fig een streep onder iets zetten; *auf den* ~ *gehen* tippelen; *gegen den* ~ tegen de draad in; *das geht mir gegen den* ~ dat is mij onaangenaam; *nach* ~ *und Faden* bar; gladweg, totaal, op alle manieren; *unter dem* ~ al met al, uiteindelijk; *unter dem* ~ *sein* beneden de maat zijn

stricheln zw arceren, stippellijnen maken

Strichmädchen o hoer, prostituee

Strichpunkt m puntkomma

Strichvogel m zwerfvogel

strichweise in enige streken; in troepen; met strepen

Strick m (-(e)s; -e) strik, strop; streng, koord; das; eind touw; galgenstrop; *ein böser* ~ een galgenbrok

stricken zw breien (ook v. netten)

Strickerin v (~; -nen) breister

Strickleiter v touwladder

Stricknadel v breinaald

Strickwaren mv gebreide goederen, tricotage

Strickzeug o breiwerk

Striegel m (-s; ~) roskam

striegeln zw roskammen; afrossen; *geschniegelt und gestriegelt* in de puntjes

Strieme v (~; -n), **Striemen** m (-s; ~) striem

striemig vol striemen; gestreept

striezen zw gemeenz gappen; treiteren

strikt(e) strikt, nauwgezet, nauwkeurig

Strippe v (~; -n) strop (v. laars), lus (ook in tram); lijn, touw, draad, veter; *an der* ~ *haben* aan de lijn hebben; *an der* ~ *hängen* aan de telefoon hangen

strittig betwist, kwestieus; *ein* ~*er Punkt* een twistpunt, kwestieus punt, een punt in kwestie

Stroh o (-(e)s; -e) stro; ~ *im Kopf haben* geen verstand hebben

Strohblume v strobloem

Strohbündel o, **Strohbüschel** o strobos

Strohdach o strodak, rieten dak

strohdumm gemeenz oliedom

strohfarben, strohfarbig strokleurig

Strohhalm m strohalm; rietje (in limonade); *der rettende* ~ fig de laatste strohalm

Strohhut m strooien hoed, strohoed

Strohkopf m stommeling

Strohmann m (-s; -männer) stropop; vogelverschrikker (van stro), stroman; kaartsp dummy, blinde

Strohsack m strozak; *heiliger (gerechter)* ~*!* gemeenz lieve hemel!

Strohwitwe v schertsend onbestorven we-

duwe
Strohwitwer *m* schertsend onbestorven weduwnaar
Strolch *m* (-(e)s; -e) landloper, zwerver; schurk; kwajongen, deugniet
strolchen *zw* rondzwerven
Strom *m* (-(e)s; Ströme) stroom, rivier, vloed; *auf, im ~ liegen* scheepv op stroom liggen
stromab(wärts) stroomaf(waarts)
strömen *zw* stromen, vloeien; *bei (in) ~dem Regen* in de stromende regen, terwijl het giet
Stromer *m* (-s; ~) landloper, zwerver
Stromerzeugung *v* elektr stroomopwekking
Stromkreis *m* elektr stroomkring, -keten
stromlinienförmig gestroomlijnd
Strommesser *m* elektr ampèremeter
Stromschnelle *v* stroomversnelling
Stromsperre *v* afsluiting van elektrische stroom; stroomloze uren
Stromstärke *v* elektr stroomsterkte
Strömung *v* (~; -en) stroming
Stromversorgung *v* elektr stroomvoorziening
Strophe *v* (~; -n) strofe, couplet
strotzen *zw* opgezwollen zijn, vol zijn, overvloeien, overlopen; pronken, prijken; *von (vor) Fehlern ~* vol fouten zitten; *von (vor) Geld ~* bulken van 't geld; *von (vor) Gesundheit ~* blaken van gezondheid; *von (vor) Ungeziefer ~* vol ongedierte zitten; *~d* overvol, overvloedig
strubbelig verward, ruig ⟨v. haren⟩
Strudel *m* (-s; ~) maalstroom, draaikolk; stroom, vloed; soort gebak ⟨vaak appelgebak⟩
strudeln *zw* wervelen, ronddraaien, dooreenwarrelen
Struktur *v* (~; -en) structuur, bouw
strukturell structureel
Strumpf *m* (-(e)s; Strümpfe) kous; sok ⟨v. paard⟩; *auf (bloßen) Strümpfen* op kousenvoeten
Strumpfband *o* kousenband
Strumpfhose *v* panty; maillot
Strunk *m* (-(e)s; Strünke) stronk, struik
struppig ruig, harig, verward
Struwwelpeter *m* Piet de Smeerpoe(t)s
Stube *v* (~; -n) kamer, huiskamer; mil soldatenkamer; *gute ~* mooie kamer; *rin in die gute ~!* gemeenz kom maar binnen!
Stubenarrest *m* mil kamerarrest
Stubendienst *m* mil kamerwacht
Stubenhocker *m* fig huismus
Stubenmädchen *o*, **Stubenmädel** *o* kamermeisje, ⟨ook Oostr⟩ dienstmeisje
stubenrein zindelijk ⟨v. hond, kat⟩; gemeenz betrouwbaar; fatsoenlijk
Stuck *m* (-(e)s) stuc, pleisterwerk
Stück *o* (-(e)s; -e) stuk, deel; exemplaar; *ein ~ Weges* een eind weegs; *mein bestes (gutes) ~* gemeenz mijn beste, mooiste exemplaar; het beste paard van stal; *ein faules ~* gemeenz een luiwammes; *ein freches ~* gemeenz een brutale vent, brutaaltje; *ein hübsches (schönes) ~ Geld* heel wat geld;

stufenweise
das ist ein starkes ~ dat is sterk; *etwa zehn ~* een stuk of tien; *zwanzig ~* 20 stuks; *große ~e auf jmdn. halten* veel met iem. ophebben; *aus freien ~en* uit eigen beweging, uit vrije verkiezing; *in Stücke gehen* stuk gaan; *in allen ~en* in alles; *im ~* bij 't stuk
Stuckarbeit *v* pleisterwerk, stukadoorwerk
Stückarbeit *v* stukwerk
Stuckdecke *v* gestukadoord plafond
stückeln *zw* uit kleinere stukken samenstellen, samenflansen
Stückgut *o* stukgoed
Stücklohn *m* stukloon
stückweise per stuk; bij 'stukjes en beetjes, stuksgewijze
Stückwerk *o* stukwerk
Stückzahl *v* aantal stuks
Student *m* (-en; -en) student; Oostr ook: leerling van middelbare school; *~ der Medizin* medisch student; *~ der Rechte* rechtenstudent
Studentenausweis *m* collegekaart
Studentenfutter *o* studentenhaver
Studentenheim *o* studentenhuis
Studentenschaft *v* (~; -en) de gezamenlijke studenten; studentenorganisatie; 't student zijn
Studentin *v* (~; -nen) studente
studentisch van een student, studentikoos; *~e Sitten* studentengewoonten
Studie ['sjtoe-di-e] *v* (~; -n) studie ⟨zowel verhandeling als oefenschets voor tekening, schilderij⟩; oefenstuk
Studienanfänger *m* eerstejaars
Studienassessor *m* titel v. aanstaande leraren na twee jaar praktijk
Studiendirektor *m* conrector
Studienfahrt *v* studietocht, -reis
studienhalber voor studie, vanwege de studie
Studienrat *m* leraar ⟨titel van leraar bij het voortgezet onderwijs⟩
Studienreferendar [-'daar] *m* kandidaat-leraar ⟨na voltooiing v.d. studie⟩
studieren *zw* studeren; *ein Buch ~* een boek bestuderen; *eine Rolle ~* een rol instuderen; *ein Studierter* een gestudeerd man; *(auf) Ingenieur ~* voor ingenieur studeren
Studierzimmer *o* studeerkamer
Studio *o* (-s; -s) atelier, studeerkamer; RTV studio
Studiosus *m* (~; Studiosen & Studiosi) studiosus, student
Studium *o* (-s; Studien) [-di-en] studie, het studeren, bestuderen
Stufe *v* (~; -n) trede, tree; trap; terras ⟨v. gebergte⟩; graad, rang; stadium; *auf gleicher ~ stehen* op één lijn staan; *auf eine ~ stellen* op één lijn plaatsen; *auf einer hohen ~ stehen* ⟨ook⟩ hoog ontwikkeld zijn
stufen *zw* trapsgewijs indelen, classificeren, rangschikken
stufenförmig trapvormig
Stufenleiter *v* ladder, schaal, geregelde opklimming, climax
stufenweise trapsgewijze, bij trappen

Stuhl *m* (-(e)s; Stühle) stoel; stoelgang; leerstoel; (klokken)stoel; *der Apostolische, Päpstliche ~* de Heilige Stoel; *vom ~ fallen* gemeenz van je stoel vallen; *einem den ~ vor die Tür setzen* iem. de deur uitzetten, gedaan geven; *zwischen zwei Stühlen sitzen* tussen wal en schip raken
Stuhlbein *o* stoelpoot
Stuhlgang *m* stoelgang
Stuhlverstopfung *v* constipatie, verstopping
Stukkatur *v* (~; -en) pleisterwerk
Stulle *v* (~; -n) N-Duits, Berl boterham
Stulpe *v* (~) rand v. hoed; omslag ⟨v. mouw⟩; kap ⟨v. laars of handschoen⟩; beenwarmer
stülpen *zw* omslaan, omkeren; v.e. kap voorzien; *sich den Hut auf den Kopf ~* zijn hoed opzetten
stumm stom, sprakeloos; *~e Person* zwijgende rol, figurant; *~es Spiel* theat stil spel; *einen ~ machen* slang iem. afmaken; voor altijd de mond snoeren
Stummel *m* (-s; ~) stomp ⟨v. tak, tand, arm, been⟩; peukje, eindje sigaar; kort pijpje; N-Duits kindje
Stummelpfeife *v* neuswarmertje, kort pijpje
Stummelschwanz *m* gecoupeerde staart
Stummfilm *m* stomme film
Stumpe *m* (-n; -n), **Stumpen** *m* (-s; ~) stronk, stomp ⟨v. boom enz.⟩; sigaar zonder punt
Stümper *m* (-s; ~) knoeier, prul, broddelaar, stumper
Stümperei *v* (~; -en) prulwerk; knoeiwerk, broddelarij, gestumper
stümperhaft knoeierig, prullig
stümpern *zw* knoeien, broddelen, stumperig doen, stuntelen
stumpf stomp, onscherp, bot; afgestompt; stompzinnig; *~er Kegel* afgeknotte kegel; *~er Reim* mannelijk rijm; *~e Seide* doffe zijde; *~er Winkel* stompe hoek; *~ gewordenes Haar* mat, dof, glansloos geworden haar
Stumpf *m* (-(e)s; Stümpfe) stomp, tronk; *mit ~ und Stiel* met wortel en tak, geheel en al
Stumpfheit *v* (~) stompheid; stompzinnigheid
Stumpfsinn *m* stompzinnigheid, botheid
stumpfsinnig stompzinnig, dom, bot
stumpfwink(e)lig wisk stomphoekig
Stunde *v* (~; -n) uur; les; ogenblik; *~n nehmen* les nemen; *eine ~ Weges* een uur gaans; *seine ~ kommt noch* hij komt nog aan zijn trek; *seine ~ schlägt* zijn tijd is gekomen; *eine aktuelle ~* pol een vragenuurtje; *die blaue ~* de schemering; *eine geschlagene ~* een vol uur; *eine schwache ~* een zwak ogenblik; *die schwere ~* de tijd van de bevalling; *in einer ~* over (binnen) een uur; *in letzter, elfter (zwölfter) ~* te elfder ure, op 't nippertje, op 't allerlaatst; *von Stund' an* vanaf dat moment; *zu dieser, zur ~* op dit uur; op dit ogenblik, nu; *zu früher ~* vroeg (in de morgen); *zu später ~* laat (op de avond)
stunden *zw* uitstel verlenen (bijv. v. betaling)
Stundenbuch *o* getijdenboek
Stundengeschwindigkeit *v* snelheid per uur, uursnelheid
stundenlang urenlang
Stundenlohn *m* uurloon
Stundenplan *m* lesrooster
stundenweise bij het uur; voor een uur; per les
Stundenzeiger *m* uurwijzer, kleine wijzer
stündlich elk uur, van uur tot uur; per uur, om 't uur
Stundung *v* (~; -en) uitstel van betaling
Stunk *m* (-(e)s) stank; gemeenz herrie, last, ruzie
stupend [-'pent] enorm, buitengewoon, verbazingwekkend
stupid(e) stupide, stompzinnig, dom
Stups *m* (-es; -e) stoot, stomp
stupsen *zw* (zacht) stoten, stompen, duwen
Stupsnase *v* wipneus
stur koppig; stug, stijf; strak, onbeweeglijk, onverzettelijk, hardnekkig; *ein ~er Bock* gemeenz een stijfkop; *~es Schweigen* stug zwijgen; *~ blicken* strak kijken; *~ leugnen* stug (gladweg) ontkennen
Sturm *m* (-(e)s; Stürme) storm; mil stormaanval, -loop; sp aanval; *ein ~ der Begeisterung* een storm van geestdrift; *ein ~ im Wasserglas* een storm in een glas water; *im ~* stormenderhand
stürmen *zw* (be)stormen
Stürmer *m* (-s; ~) bestormer; sp aanvaller; soort studentenpet
Sturmflut *v* stormvloed
stürmisch stormachtig; onstuimig
Sturmschritt *m* stormpas
Sturm-und-Drang-Periode *v* periode in de Duitse letterkunde ± 1770; fig tijd van ontwikkeling en zoeken
Sturz *m* (-es; Stürze) (heftige of plotselinge) val ⟨ook pol⟩; (in)storting; bankroet; stortplaats; stolp; deksel; handel opmaking v.d. kas
Sturzbach *m* bergbeek
stürzen *zw* I overg storten, gooien, werpen, ten val brengen; omkeren; *nicht ~!* niet kantelen!; *eine Regierung ~* een regering ten val brengen; *ins Unglück, Verderben ~* in 't ongeluk, 't verderf storten; *einen in Unkosten ~* iem. op (on)kosten jagen; *sich in Unkosten ~* grote onkosten maken; II onoverg vallen; snellen; ten val komen; rennen; *von der Treppe ~* de trap af vallen; *sich ~* zich storten, zich werpen
Sturzflug *m* luchtv duikvlucht
Sturzhelm *m* valhelm
Sturzsee *v*, **Sturzwelle** *v* stortzee (grote golf)
Stuß, nieuwe spelling: **Stuss** *m* (Stusses) gemeenz flauwekul
Stute *v* (~; -n) stut, steun, bijstand, steunpilaar; hulp; *~n der Gesellschaft* steunpilaren der maatschappij

stutzen zw I *onoverg* raak opkijken, wantrouwig worden; II *overg* kappen; knotten, snoeien; bijknippen; kort afknippen; couperen (ook v. staart); *das Pferd stutzte* het paard schrok; *einem die Flügel ~* iem. kortwieken; *einem den Kamm ~* iem. op zijn nummer zetten; *die Ohren ~* kortoren

Stutzen *m* (-s; ~) jachtbuks, korte buks; beker; korte broek; polsmofje

stützen zw ondersteunen, stutten, schoren; bijstaan; *sich ~ auf* leunen op; steunen op

Stutzer *m* (-s; ~) fat, modegek, saletjonker

stutzig wantrouwig, achterdochtig, verbaasd; *das machte mich ~* daar keek ik raar van op, dat maakte me wantrouwig; *~ werden* verbaasd zijn, raar opkijken, wantrouwig worden

Stützpfeiler *m* steunpilaar

Stützpunkt *m* steunpunt; mil basis, steunpunt

StVO = *Straßenverkehrsordnung*

Subjekt [-'jekt, gramm ook 'zoep-] *o*, (-s; -e) subject; geringsch sujet, individu; gramm subject, onderwerp

submiß nieuwe spelling: **submiss** vero onderdanig

Submission *v* (~; -en) aanbesteding, inschrijving; onderwerping; *im Wege der ~* bij aanbesteding

Subordination *v* (~; -en) subordinatie, ondergeschiktheid, gehoorzaamheid; gramm onderschikking

Subskribent *m* intekenaar

subskribieren zw: *~ auf* (+ 4) intekenen op

Subskription *v* (~; -en) intekening

substantiell [-tsi-'el], nieuwe spelling ook: **substanziell** substantieel, werkelijk, wezenlijk, krachtig; hoofdzakelijk

Substantiv *o* (-s; -e) substantief, zelfstandig naamwoord

Substanz *v* (~; -en) substantie, wezen; voorraad; handel kapitaal; *aus (von) der ~ leben* van het kapitaal leven, interen

substituieren zw substitueren, in de plaats stellen

subtil subtiel, dun, fijn, teer; spitsvondig

subtrahieren zw rekenk aftrekken

Subtraktion *v* (~; -en) rekenk aftrekking

Subvention *v* (~; -en) subsidie, hulp, ondersteuning

subventionieren zw subsidiëren

subversiv subversief, revolutionair gezind

Suchanzeige *v* wordt-gezocht-advertentie

Suche *v* (~) 't zoeken; *auf die ~ gehen* aan 't zoeken gaan, op zoek gaan; *auf der ~ sein* op zoek zijn

suchen zw zoeken, trachten; *sein Glück ~* zijn fortuin zoeken; *Streit ~* ruzie zoeken; *sein Heil in der Flucht ~* zijn heil in de vlucht zoeken; *Mittel und Wege ~* mogelijkheden zoeken; *Spuren ~* spoorzoeken; *das Weite ~* een goed heenkomen zoeken, ervandoor gaan; *er hat da nichts zu ~* hij heeft daar niets te zoeken; zie ook: *gesucht*

Sucher *m* (-s; ~) fotogr zoeker

Sucht *v* (~; Süchte) ziekte; verslaving; zucht; *fallende ~* vallende ziekte

süchtig ziekelijk, sukkelend; verslaafd (aan verdovende middelen)

Sud *m* (-(e)s; -e) kooksel, aftreksel, drankje

Süd *m* (-(e)s) zuid(en), zuidenwind; zie ook *Nord*

Sudelei *v* (~; -en) geknoei, knoei-, prulwerk; kladderij, morserij, knoeierij

sudeln zw kladden, knoeien, morsen, kliederen

Süden *m* (-s) zuiden; *nach ~* naar 't zuiden (richting); *nach dem ~* naar 't zuiden (landstreek); *nach ~ liegen* op 't zuiden liggen

Südfrucht *v* zuidvrucht

Südländer *m* (-s; ~) zuiderling

südlich zuidelijk; *~ (+ 2), ~ von* ten zuiden van

Südost *m* (-(e)s; -e) zuidoosten(wind)

Südosten *m* (-(s)) zuidoosten

südöstlich zuidoostelijk

Südpol *m* zuidpool

südwärts zuidwaarts

Südwest *m* (-(e)s; -e) zuidwesten(wind)

Südwesten *m* (-s) zuidwesten

Südwester *m* (-s; ~) zuidwester (= bep. hoofddeksel)

südwestlich zuidwestelijk

Südwind *m* zuidenwind

Suff *m* (~; -s) het drinken, drankzucht; drank; *dem ~ ergeben* aan de drank; *im ~* in dronkenschap

süffeln zw pimpelen, zuipen

süffig goed, smakelijk; *der Wein ist ~* de wijn is lekker

süffisant zelfgenoegzaam, verwaand

Suffix [-'fieks] *o* (-es; -e) gramm suffix, achtervoegsel

suggerieren zw suggereren

Suggestion *v* (~; -en) suggestie

Suggestivfrage *v* suggestieve vraag

Suhle *v* (~; -n) modderpoel

suhlen zw: *sich ~* zich in een modderpoel, plas wentelen (v. dieren)

Sühne *v* (~; -n) verzoening; boete; wraak, vergelding

sühnen zw boeten, goedmaken

Suite ['swie-te] *v* (~; -n) suite (muz; kamers; stoet, gevolg); gemeenz streek

Suizidversuch *m* zelfmoordpoging

Sukzession *v* (~; -en) successie, opvolging (in rechten, op troon)

sukzessiv(e) successievelijk, achtereenvolgens

Sülze *v*; Z-Duits, Oostr, Zwits **Sulz(e)** *v* (~; -n) stukjes vlees of vis in aspic; aspic

sülzen; Z-Duits, Oostr, Zwits **sulzen** zw zulten, in gelei inmaken; kletsen; bazelen

summarisch summier, kort, beknopt

Summe *v* (~; -n) som; korte inhoud; samenvatting; *in runder ~* in een ronde som

summen zw zoemen, gonzen, suizen, neuriën; zingen (v. water); *sich ~* aangroeien; zich ophopen

Summer *m* (-s; ~) zoemer

Summerton *m*, **Summerzeichen** *o* zoemtoon, zoemertoon, kiestoon

summieren zw de som opmaken, samenstellen; samenvatten, een conclusie trek-

ken; *sich* ~ *aangroeien*
Sumpf *m* (-(es); Sümpfe) moeras, poel; liederlijk leven, liederlijke toestand
Sumpffieber *o* moeraskoorts, malaria
sumpfig moerassig, modderig
Sünde *v* (~; -n) zonde; *es ist eine* ~ *und Schande* 't is zonde en schande
Sündenbock *m* zondebok
Sündenfall *m* zondeval
Sünder *m* (-s; ~) zondaar
Sünderin *v* (-nen) zondares
Sündflut *v* zondvloed
sündhaft zondig; <u>gemeenz</u> ~ *teuer* schandalig duur
sündig zondig
sündigen *zw* zondigen; *heimlich* ~ ⟨ook⟩ de kat in 't donker knijpen
super fantastisch, te gek
Super *m* super(benzine)
superklug <u>iron</u> superslim
Superlativ *m* (-s; -e) <u>gramm</u> superlatief, overtreffende trap
Supermarkt *m* supermarkt
Suppe *v* (~; -n) soep; <u>slang</u> onaangename situatie; ~ *mit Einlage* soep met balletjes; groente- of vermicellisoep
Suppengewürz *o*, **Suppengrün** *o* soepgroente
Suppenhuhn *o* soepkip
Suppenkasper *m* slechte eter ⟨gewoonlijk een kind⟩
Suppenschüssel *v* soepterrine
Suppenteller *m* soepbord
Suppentopf *m* soepterrine
Suppenwürfel *m* bouillonblokje, soeptablet
Surrealismus *m* surrealisme
surren *zw* snorren, gonzen
suspekt suspect, verdacht
suspendieren *zw* schorsen
Suspension *v* (~; -en) schorsing, suspensie
Suspensorium *o*, (-s; -rien) suspensoir
süß zoet; lief, allerliefst, snoezig, schattig; *das Süße* het zoet; *ein* ~*es Mädel* een snoesje
Süße *v* (~) zoetheid; bekoorlijkheid, liefheid
süßen *zw* zoet maken, zoeten
Süßholz *o* ['zuus-] zoethout
Süßigkeit *v* (~; -en) zoetheid; zoetigheid; lekkernij; ~*en* lekkers, heerlijkheden
süßlich zoetig; zoetsappig
süßsauer zoetzuur; <u>fig</u> zuurzoet
Süßspeise *v* zoet toetje, dessert
Süßstoff *m* zoetstof, -middel
Süßwasser *o* zoet water
Symbol *o* (-s; -s) symbool, zinnebeeld; geloofsbelijdenis, symbolum
Symbolik [-'bo-] *v* (~) symboliek
symbolisch symbolisch, symboliek, zinnebeeldig; tot de geloofsbelijdenis behorende
Symmetrie [-'trie] *v* (~; -n) symmetrie
symmetrisch symmetrisch
Sympathie [-'tie] *v* (~; -n) sympathie, medegevoel
Symptom *o* (-s; -e) symptoom, verschijnsel, kenmerk, ziekteverschijnsel
symptomatisch symptomatisch
synchron [-'kroon] synchroon
synchronisieren *zw* synchroniseren
Syndikus ['zuun-] *m* (~; -diken & -dizi) rechtskundig adviseur
Synkope ['zuunkopee] *v* <u>taalk</u>, <u>muz</u> syncope; <u>med</u> diepe bewusteloosheid
Synonym [-'nuum] *o* (-s; -e) <u>taalk</u> synoniem
syntaktisch syntaktisch
Syntax ['zuun-taks] *v* (~) syntaxis
Synthese *v* (~; -n) synthese
synthetisch synthetisch
System *o* (-s; -e) systeem, stelsel
Szenar [-'naar] *o* (-s; -e), **Szenario** *o* (-s; -s), **Szenarium** *o*, (-s; -ien) scenario ⟨v. film⟩
Szene ['stse-ne] *v* (~; -n) toneel, scène; *auf, bei offener* ~ bij open doek; *in* ~ *gehen* opgevoerd worden, plaatsvinden; *in* ~ *setzen* ensceneren; tot stand brengen; *sich in* ~ *setzen* de aandacht op zich vestigen
Szenerie [-'rie] *v* (~; -n) mise-en-scène, toneelschikking
szenisch toneelmatig

T

Tabak ['ta-; Oostr -'bak] m (-s; -e) tabak
Tabak(s)bau m tabakssteelt, -bouw
Tabaksteuer v tabaksaccijns
Tabakwaren mv tabaksartikelen
tabellarisch tabellarisch
Tabelle v (~; -n) tabel, lijst, rol
Tabellenerster m, **Tabellenführer** m sp club bovenaan de ranglijst, lijstaanvoerder
Tablett o (-s; -s) dienblad, presenteerblad
Tablette v (~; -n) tabletje
tabu [-'boe] taboe, heilig, verboden
Tabu o (-s; -s) taboe
tabui(si)eren zw taboe verklaren
Tabula rasa: ~ machen opruimen, schoon schip maken
Tacho m (-s; -s), **Tachometer** o & m auto snelheidsmeter
Tadel m (-s; ~) berisping, standje; onderw afkeuring, slechte aantekening; verwijt; ohne ~ onberispelijk
tadellos onberispelijk, keurig; ein ~er Kerl (ook) reuzenkerel, aardige kerel
tadeln zw berispen, afkeuren, laken
tadelnswert laakbaar
Tafel v (~; -n) plaat, tabel; bord, schoolbord; lei; paneel (v. schilderij); lei; dis, tafel; plak, tablet (v. chocolade); die ~n des Gesetzes de Tafelen der Wet; bei ~ aan tafel
Tafelaufsatz m pièce de milieu, middenstuk op tafel
Tafelbesteck o couvert, bestek; mes, lepel en vork
Tafelbild o paneel(tje)
tafelfertig klaar om opgediend te worden
Tafelgeschirr o tafelservies, eetservies
tafeln zw tafelen, dineren
täfeln zw met hout beschieten, lambriseren
Täfelwerk o houten beschot, lambrisering
Taffet m (-s; -e), **Taft** m (-es; -e) taf
Tag m (-(e)s; -e) dag; vergadering, congres; guten ~ goedendag; der jüngste ~ de jongste dag, het Laatste Oordeel; ein schwarzer ~ een ongeluksdag; der ~ des Herrn de Dag des Heren; slang uitbetalingsdag (v. loon); ~ der offenen Tür open dag; dieser ~e dezer dagen; eines schönen ~es op zekere dag; den ganzen lieben langen ~ de godganse dag; alle ~e ist kein Sonntag 't is niet alle dagen kermis; seinen guten ~ haben goed op dreef zijn; an den ~ bringen ophelderen; an den ~ kommen aan 't (dag)licht komen; an den ~ legen aan de dag leggen, tonen; am hellichten ~ op klaarlichte dag; fast auf den ~ bijna op de dag af; auf seine alten ~e op zijn oude dag; in den ~ hinein reden kletsen; einen ~ nach dem andern, ~ für ~, ~ um ~ dag na dag; zwei ~en zweiten ~ om de andere dag; heute in acht ~en vandaag over acht dagen; über ~ bovengronds; unter ~e ondergronds; von ~ zu ~ van dag tot dag
tagaus: ~, tagein dag in, dag uit
Tagebuch o dagboek; handel journaal
tagelang dagen lang
tagen zw dagen, dag worden; samenkomen, vergaderen, congresseren
Tagereise v dagreis
Tagesanbruch m dageraad; 't aanbreken v.d. dag
Tageseinnahme v dagopbrengst, ontvangst(en) v.d. dag, recette
Tagesereignis o gebeurtenis van de dag
Tagesgespräch o het gesprek v.d. dag
Tageskarte v dagkaart
Tageslicht o daglicht; ans ~ kommen bekend worden
Tagesmutter v vrouw die overdag kinderen van werkende ouders opvangt, dagmoeder
Tagesordnung v dagorde, orde v.d. dag; agenda ⟨v. vergadering⟩
Tagespresse v dagbladpers
Tagesschau v TV journaal
Tageszeit v tijd van de dag
Tageszeitung v dagblad
tageweise voor een paar dagen, telkens voor een dag
taghell zo helder als de dag
täglich dagelijks; ~ kündbares Geld handel callmoney; per dag opzegbaar geld
tags overdag; ~ darauf de volgende dag; ~ zuvor de dag van tevoren
Tagschicht v dagploeg
tagsüber de gehele dag; overdag, bij dag
tagtäglich dag aan dag, dagelijks
Tagung v (~; -en) zitting, vergadering; samenkomst, congres
Taifun [-'foen] m (-s; -e) tyfoon
Taille ['talje] v (~; -n) taille, middel; snit; lijf, onderlijfje
Takel o (-s; ~) takel
Takelage v (~; -n) takeltuig, -werk
takeln zw scheepv takelen, v. takelwerk voorzien
Takelung v (~; -en) scheepv takelage
Takt m (-(e)s; -e) tact (ook techn); muz maat; den ~ schlagen muz de maat slaan; einen aus dem ~ bringen fig iem. van de wijs brengen; aus dem ~ geraten, kommen uit de maat raken; im ~ in de maat
taktfest muz maatvast; beslist, krachtig; nicht ~ sein niet zeker van zijn zaak zijn; gemeenz ziekelijk zijn
Taktgefühl o gevoel voor tact, kiesheid; maatgevoel
taktieren zw muz de maat slaan; fig tactisch optreden, manoeuvreren
Taktik ['tak-] v (~; -en) tactiek ⟨ook mil⟩
Taktiker m (-s; ~) tacticus ⟨ook mil⟩
taktisch tactisch ⟨ook mil⟩
taktlos tactloos, onhandig
taktvoll tactvol, met veel tact
Tal o (-(e)s; Täler) dal, vallei
Talar [-'laar] m (-s; -e) toga, tabberd
Talent o (-(e)s; -e) talent, begaafdheid; talent ⟨= gewicht of som gelds in de oudheid⟩
talentiert, talentvoll begaafd, talentvol
Taler m (-s; ~) vroeger daalder; gemeenz plakje worst
Talfahrt v vaart, tocht stroomaf of bergaf,

dalwaarts; tocht, rit door dal; <u>handel</u> periode van laagconjunctuur
Talg *m* (-(e)s; -e) talg, talk; huidsmeer
Talgdrüse *v* vet-, talgklier
Talk *m* (-(e)s) <u>geol</u> talk
Talkpuder *m* talkpoeder
Talkum *o* (-s) <u>geol</u> talk
talmi vals, onecht
Talsohle *v* bodem(lijn) ⟨v.e. dal⟩; <u>fig</u> dieptepunt
Talsperre *v* stuwdam ⟨aan 't benedeneinde v.e. dal⟩
Tamburin *o* (-s; -e) <u>muz</u> tamboerijn; borduurraam, haakraam
Tamtam *o* (-s) <u>gemeenz</u> drukte, lawaai, tamtam
Tand *m* (-(e)s) beuzelarij, nietigheid; speelgoed; snuisterij
Tändelei *v* (~; -en) gespeel, speels gedoe, geflirt, gekoketteer
tändeln *zw* spelen; koketteren
Tang *m* (-(e)s; -e) (zee)wier
Tangente *v* (~; -n) <u>wisk</u> raaklijn, tangente; straat aan de rand v.e. stad
tangieren *zw* <u>wisk, fig</u> raken, aangaan, betreffen; *das tangiert ihn nicht* dat raakt hem niet, dat kan hem niet schelen
Tank [tank] *m* (-s; -s) tank ⟨ook <u>mil</u>⟩
tanken *zw* tanken; <u>gemeenz</u> drinken; in voorraad nemen; *Wein ~* <u>gemeenz</u> wijn hijsen
Tanker *m* (-s; ~) <u>scheepv</u> tankschip, tanker; houder van een benzinepomp
Tanksäule *v* benzinepomp
Tankschiff *o* <u>scheepv</u> tankboot
Tankstelle *v* benzinepomp, tankstation
Tankwart *m*, **Tankwärter** *m* pompbediende; houder van een benzinepomp
Tann *m* (-(e)s; -e) plechtig naaldbos; donker woud
Tanne *v* (~; -n) zilverspar, zilverden
Tannenbaum *m* = *Tanne*; kerstboom
Tannenwald *m* sparrenbos
Tannenzapfen *m* sparappel
Tante *v* (~; -n) tante; <u>slang</u> mietje
Tante-Emma-Laden *m* kleine kruidenierswinkel, buurtwinkel
Tantieme *v* (~; -n) tantième
Tanz *m* (-es; Tänze) dans; dansavond, bal; <u>gemeenz</u> twist, strijd, gevecht, spektakel; *der ~ auf dem Vulkan* de dans op de vulkaan; *zum ~ gehen* gaan dansen
Tanzboden *m* danszaal, -vloer
Tanzdiele *v* dancing
tänzeln *zw* huppelen, wiegelen; trappelen; trippelen
tanzen *zw* dansen; *die Puppen ~ lassen* ⟨ook <u>gemeenz</u>⟩ de bloemetjes buiten zetten; *die Mücken ~* de muggen dansen; *mir ~ die Buchstaben vor den Augen* de letters dansen voor mijn ogen; *auf zwei Hochzeiten ~* twee dingen tegelijk doen; *auf dem Seil ~* dansen op 't slappe koord (ook <u>fig</u>); *aus der Reihe ~* een buitenbeentje zijn; *nach jemands Pfeife ~* naar iemands pijpen dansen; *es tanzt sich hier gut* 't is hier goed dansen
Tänzer *m* (-s; ~) danser, danseur

tänzerisch als ⟨van⟩ een danser
Tanzlokal *o* dancing, dansgelegenheid
Tanzschritt *m* danspas
Tanzschule *v* dansschool
Tanzstunde *v* dansles
Tapet [-'peet] *o*: *etwas aufs ~ bringen* <u>vero</u> iets te berde, ter sprake brengen
Tapete [-'pe-] *v* (~; -n) behangsel, behang
Tapetenwechsel *m* <u>fig</u> verandering van omgeving; *er braucht dringend einen ~* hij is dringend aan verandering toe
tapezieren *zw* behangen ⟨v. kamers⟩
Tapezierer *m* (-s; ~) behanger
tapfer dapper, lustig; terdege, flink
Tapferkeit *v* (~; -en) dapperheid
Tapir *m* (-s; -e) tapir
Tapisserie [-'rie] *v* (~; -n) tapisserie, borduurwerk
tappen *zw* tasten, voelen; op de tast lopen, zwaar (onhandig) stappen; *im dunkeln (im finstern) ~* <u>fig</u> in het duister tasten, niet op de hoogte zijn
täppisch onhandig, plomp, bot
Taps *m* (-es; -e) sukkel, lomperd, onhandige vent; klap, slag
tapsen *zw* lomp, onhandig stappen of doen
tapsig onbeholpen
Tara *v* (~; -ren) tarra
Tarantel [-'ran] *v* (~; -n) tarantula; *wie von der ~ gestochen* <u>fig</u> als door een adder gebeten, bliksemsnel
tarieren *zw* <u>handel</u> tarren, tarreren, de tarra bepalen
Tarif *m* (-s; -e) tarief; loon
Tariferhöhung *v* tariefverhoging
tarifieren *zw* de tarieven of lonen bepalen
tariflich tarief-
Tariflohn *m* loon volgens arbeidscontract
Tarifrunde *v* loonronde
Tarifvertrag *m* collectieve arbeidsovereenkomst, CAO
Tarnanzug *m* <u>mil</u> camouflagekleding
tarnen *zw* verhullen; <u>mil</u> camoufleren, vermommen; *getarnt* ⟨ook⟩ verkapt
Tarnung *v* (~; -en) camouflage; verdoezeling; vermomming
Tarock [-'rok] *o* & *m* <u>kaartsp</u> tarok
Tasche *v* (~; -n) zak ⟨voor kleren⟩; tas, handtasje; hoes ⟨voor grammofoonplaat⟩; *einem auf der ~ liegen* op iemands zak teren; *einen in die ~ stecken können* <u>fig</u> m. makkelijk aankunnen; *etwas in der ~ haben* iets in zijn zak hebben, iets zo goed als zeker binnengekregen hebben
Taschenbuch *o* zakboek; pocket
Taschendieb *m* zakkenroller
Taschenformat *o* zakformaat
Taschengeld *o* zakgeld, -cent
Taschenlampe *v* zaklantaarn
Taschenmesser *o* zakmes
Taschentuch *o* zakdoek
Taschenuhr *v* zakhorloge
Taschenwörterbuch *o* zakwoordenboek
Tasse *v* (~; -n) kop, kopje ⟨v. servies⟩; <u>Oostr</u> schoteltje; presenteerblaadje; *eine trübe ~* <u>gemeenz</u> een nul; *(nicht) alle ~n im Schrank haben* <u>gemeenz</u> ze (niet) alle vijf op een rijtje hebben

Tastatur [-'toer] v (~; -en) tastatuur, toetsen ⟨v. piano⟩; toetsenbord
Taste v (~; -n) toets ⟨v. piano, schrijfmachine e.d.⟩; schakelknop; *tote* ~ dode toets ⟨v. schrijfmachine⟩
tasten zw tasten, voelen; op de toetsen drukken; voorzichtig vragen
Taster m (-s; ~) taster; voelspriet ⟨v. insect⟩; krompasser
Tat v (~; -en) daad, feit; *in der* ~ inderdaad
1 Tatar [-'taar] m (-en; -en) Tartaar
2 Tatar o, **Tatarbeefsteak** m tartaar
Tatbestand m feiten, feitenmateriaal
Tatendrang m, **Tatendurst** m drang tot daden, dadendrang
Täter m (-s; ~) dader, bedrijver
Täterschaft v (~) daderschap
tätig werkzaam, actief; werkend ⟨v. vulkaan⟩; *~e Hilfe* hulp door de daad, daadwerkelijke hulp
tätigen zw bewerkstelligen, verrichten, doen, tot stand brengen; *Abschlüsse, Geschäfte* ~ handel posten, zaken afsluiten
Tätigkeit v (~; -en) werkzaamheid, actie; *außer* ~ *setzen* buiten werking stellen; *in* ~ *sein* in actie zijn; *in* ~ *setzen* in werking stellen
Tatkraft v energie, wilskracht
tatkräftig energiek, krachtdadig, met wilskracht
tätlich door de daad; ~ *mithelfen* mee aanpakken; ~ *werden* handtastelijk worden
Tätlichkeit v (~; -en) handtastelijkheid, daad v. geweld, gewelddadigheid
Tatort m plaats van een misdrijf
tätowieren zw tatoeëren
Tatsache v feit; *die nackten* ~*n* de naakte feiten; *eine vollendete* ~ een voldongen feit
Tatsachenbericht m reportage
tatsächlich feitelijk; werkelijk, inderdaad, in feite, de facto, metterdaad; *etwas in seiner* ~*en Gewalt haben* iets daadwerkelijk in bezit hebben
tätscheln zw liefkozen, strelen
Tattergreis m grijsaard
Tatterich m (-s; -e) grijsaard; *einen* ~ *haben* gemeenz trillende handen hebben, ziekelijk beven, trillen
Tatze v (~; -n) klauw; poot ⟨gemeenz ook v. mens⟩
1 Tau m (-(e)s) dauw; *vor* ~ *und Tag* voor dag en dauw
2 Tau o (-(e)s; -e) scheepv scheeps-, kabeltouw
taub doof; verdoofd, gevoelloos, dood; ongevoelig; leeg, loos; nutteloos; ~ *gegen* doof voor; *ein* ~*es Ei* een onbevrucht ei; ~*es Gestein* gesteente zonder erts; *eine* ~*e Nuß* een lege noot; een sukkel; *auf einem Ohre* ~ *sein* aan één oor doof zijn; *auf diesem Ohr* ~ *sein* fig van iets niets willen weten; iets niet willen horen; *sich* ~ *stellen* Oost-Indisch doof zijn
Taube v duif
Taubenschlag m duivenhok; *der reinste* ~ gemeenz grote drukte
Tauber, Täuber m (-s; ~) **Täuberich** m (-s;
-e) doffer
Taubheit v (~) doofheid
Taubnessel v dovenetel
taubstumm ['taup-] doofstom
Tauchboot o scheepv duikboot
tauchen zw duiken, dompelen; *getaucht fahren* onder water varen
Taucher m (-s; ~) duiker; duikelaar, dompelaar; vogelk fuut
Taucheranzug m duikpak
Tauchsieder m elektr dompelaar
tauen zw dauwen; dooien; doen smelten; scheepv slepen
Tauende [-ende] o eind touw
Taufbecken o doopbekken, -vont
Taufe v (~; -n) doop, doopsel; *über die* ~ *halten, aus der* ~ *heben* ten doop houden
taufen zw dopen; *er ist mit Spreewasser getauft* hij is een echte Berlijner
Täufer m (-s; ~) doper; *Johannes der* ~ Johannes de Doper
taufeucht vochtig door de dauw
Täufling m (-s; -e) dopeling
Taufname m doopnaam
Taufpate v peetoom, peet, peter
taufrisch ['tau-] bedauwd; heel fris, vers
Taufschein m doopakte
taugen zw deugen; dienstig zijn, dienen; *nichts* ~ niet deugen
Taugenichts m (~ & -es; -e) deugniet
tauglich geschikt ⟨ook v.d. dienst⟩; bekwaam; dienstig
Tauglichkeit v geschikt-, bekwaamheid
Taumel m (-s) duizeling, duizeligheid; roes, bedwelming, geestvervoering
taumelig duizelig; in een roes
taumeln zw zwijmelen, duizelen, wankelen, waggelen; dartelen ⟨v. vlinders⟩
Tausch m (-es; -e) ruiling; ruil; *im* ~ *gegen* in ruil voor; *etwas in* ~ *nehmen* iets in ruil aannemen
tauschen zw ruilen; *Blicke, Worte* ~ blikken, woorden wisselen
täuschen zw bedriegen, misleiden, bedotten; *der Schein täuscht* schijn bedriegt; *sich* ~ zich vergissen
Täuscher m (-s) bedrieger, misleider
Tauschgeschäft o, **Tauschhandel** m ruilhandel
Täuschung v (~; -en) misleiding, bedrog; illusie; *optische* ~ gezichtsbedrog
tausend duizend; ~ *Dank!* duizendmaal dank!; *gut* ~ *Menschen* ruim duizend mensen; *viel* ~ *Menschen* (vele) duizenden mensen; *an die* ~ *Menschen* tegen de duizend mensen; *einer aus* ~ iem. uit duizenden
1 Tausend o (-s; -e) duizendtal; *einige* ~*e* enige duizenden; ~*e und aber* ~*e* vele duizenden; duizenden en duizenden; *mehrere* ~*e* verscheiden duizenden; ~*e von Menschen* duizenden mensen; *zu* ~*en* bij duizenden
2 Tausend v (~; -en) getal of cijfer duizend
Tausender m (-s; ~) duizendtal; bankbiljet van 1000 mark, gulden, frank, dollar, schilling; berg van 1000 meter hoog
tausenderlei duizenderlei

tausendfach, tausendfältig duizendvoudig, -werf
tausendst duizendst
Tausendstel o (-s; ~) duizendste (deel)
Tautropfen m dauwdruppel
Tauwetter o dooiweer, dooi ⟨ook pol⟩
Tauziehen o touwtrekken ⟨ook fig⟩
Taverne v ⟨~; -n⟩ kroeg, café
Taxameter m (-s; ~) taximeter; vero taxi
Taxator [-'sa-] m (-s; -en) taxateur, schatter
Taxe v ⟨~; -n⟩ tarief, kosten; vaste prijs, taxatie; taxi
Taxi o (-s; -s) taxi
taxieren zw taxeren, schatten, waarderen
Taxistand m taxistandplaats
Taxpreis m getaxeerde prijs
Taxus m ⟨~; ~⟩, **Taxusbaum** m taxusboom
Technik ['teç-niek] v ⟨~; -en⟩ techniek; ⟨ook Oostr⟩ Technische Hogeschool
Techniker ['teç-] m (-s; ~) technicus
Technikum ['teç-] o (-s; -ka & -ken) hogere technische school
technisch technisch; ~er Ausdruck technische term, vakterm; höhere ~e Lehranstalt hogere technische school; ~es Zeichnen technisch tekenen, lijntekenen
Technokrat m (-en; -en) technocraat
Technokratie [-'tie] v ⟨~⟩ technocratie
Technologe m, (-n; -n) technoloog
Technologie v ⟨~⟩ technologie
Techtelmechtel o (-s; ~) avontuurtje, scharrelpartijtje
Teckel m (-s; ~) dashond, teckel
Tee m (-s; -s) thee; tea, namiddagthee
Teebeutel m theezakje
Teegeschirr o theegoed, -servies
Teekanne v theepot
Teenager ['tieneedzjer] m (-s; ~) teenager, tiener
Teer m (-(e)s; -e) teer
teeren zw teren; met teer besmeren
Teerose v theeroos
Teerpappe v geteerd dakvilt
Teesieb o theezeefje
Teich m (-(e)s; -e) vijver; der große ~ gemeenz de grote plas ⟨= de Atlantische Oceaan⟩
Teichrose v gelbe ~ plantk gele plomp
Teig m (-(e)s; -e) deeg
teigig deegachtig, van deeg; klef, beurs, melig; fig opgezet
1 Teil m (-(e)s; -e) deel, gedeelte; der beklagte, klagende ~ de aangeklaagde, aanklagende partij; ich für meinen ~ wat mij betreft; das ist besser für beide ~e dat is beter voor beide partijen; zum ~ ten dele, voor een deel, deels, gedeeltelijk; zu gleichen ~en in gelijke delen, porties; zu einem großen ~ voor een goed deel; zum größten ~ voor het grootste deel
2 Teil o (-(e)s; -e) deel, gedeelte, onderdeel; kledingstuk; gemeenz ding; das schadhafte ~ het kapotte onderdeel
teilbar deelbaar, scheidbaar
Teilchen o deeltje
Teilchenbeschleuniger m deeltjesversneller
teilen zw delen, verdelen; splitsen, scheiden, oplossen; zehn geteilt durch zwei tien gedeeld door twee; jemands Ansicht ~ iems. mening delen; der Bug teilt die Wellen de boeg klieft de golven; in drei Teile ~ in drieën delen; sich etwas ~ iets delen; sich in eine Summe ~ een som onderling verdelen; die Meinungen sind geteilt de meningen lopen uiteen; geteilter Ansicht (Meinung) sein van mening verschillen; der Vorhang teilt sich het doek (gordijn) gaat open
Teiler m (-s; ~) verdeler; deler ⟨ook rekenk⟩; der größte gemeinsame ~ rekenk de grootste gemene deler
Teilgebiet o deel v.e. gebied, onderdeel
teilhaben zw: ~ an (+ 3) deel hebben aan
Teilhaber m (-s; ~) vennoot, deelhebber, deelgerechtigde, compagnon; leitender, geschäftsführender ~ beherend vennoot; stiller ~ stille vennoot
teilhaft deelachtig; des Glücks ~ werden het geluk deelachtig worden
Teilkaskoversicherung v auto verzekering met beperkte cascodekking
Teillösung v gedeeltelijke oplossing
Teilnahme v ⟨~⟩ deelneming, -name; condoleances; belangstelling, sympathie; ~ an (+ 3) deelneming aan; deelneming met
teilnahmslos lusteloos, onverschillig; verstrooid; zonder belangstelling
teilnahmsvoll vol deelneming; vol belangstelling
teilnehmen st: ~ an (+ 3) deelnemen aan; participeren
teilnehmend deelnemend; belangstellend
Teilnehmer m deelnemer; abonnee
Teilnehmergebühr v kosten van deelname; abonnementsgeld
teils ten dele, deels, gedeeltelijk; ~ dies, ~ das deels dit, deels dat
Teilstrecke v baanvak, traject; sectie
Teilung v ⟨~; -en⟩ deling; recht scheiding en deling ⟨bij erfenis⟩
teilweise ten dele, gedeeltelijk, bij gedeelten; eine ~ Vergütung een gedeeltelijke vergoeding
Teilzahlung v betaling in gedeelten; afbetaling
Teilzeitarbeit v parttimewerk, deeltijdbaan
Teilzeitkraft v parttimer
Tektonik [-'to-] v ⟨~⟩ tektoniek, leer van de bouw van de aardkorst
Telefon o (-s; -e) telefoon
telefonieren zw telefoneren, bellen
Telefonkarte v telefoonkaart; ⟨in België⟩ telecard
Telefonnummer v telefoonnummer
Telefonzelle v telefooncel
telegen [-'geen] telegeniek
Telegraf m (-en; -en) telegraaf
Telegrafie v ⟨~⟩ telegrafie
telegrafieren zw telegraferen, seinen
Telegramm o (-s; -e) telegram
Telegrammstil m telegramstijl
Telemark(schwung) m sp telemark
Teleobjektiv o telelens, teleobjectief
Telepathie [-'tie] v ⟨~⟩ telepathie

Teleskop o (-s; -e) telescoop, sterrenkijker
Teller m (-s; ~) bord, eetbord; schaal, schotel; schijf ⟨van skistok⟩; collecteschaal; centenbakje
Tellerwäscher bordenwasser
Tempel m (-s; ~) tempel
Temperament o (-(e)s; -e) temperament; levendigheid
temperamentvoll temperamentvol, met veel temperament
Temperatur v (~; -en) temperatuur; (erhöhte) ~ med verhoging
Temperaturerhöhung v, **Temperaturanstieg** m temperatuurstijging
Temperaturschwankung v temperatuurschommeling
temperieren zw op (een bepaalde) temperatuur brengen; temperen, matigen, verzachten
Templer m (-s; ~) tempelier
Templerorden m hist orde der tempeliers
Tempo o (-s; -s & Tempi) tempo; tijd; vaart, snelheid, spoed; muz tempo; ~!, ~! vooruit, schiet op!; in wildem ~ in dolle vaart
Tempolimit o auto snelheidsbeperking
Temporalsatz m gramm bijwoordelijke bijzin v. tijd
temporär tijdelijk, voorbijgaand
Tempus o (~; Tempora) gramm tijd, tijdvorm
Tendenz v (~; -en) tendens, tendentie; neiging, strekking; handel schwache ~ des Marktes zwakke stemming v.d. markt
tendenziös tendentieus, met een zekere strekking
Tender m (-s; ~) spoorw tender; scheepv tender, hulpvaartuig
tendieren zw neigen; Aktien tendierten fest, matt (schwach) aandelen waren vast, zwak gestemd
Tenne v (~; -n) deel, dorsvloer; Z-Duits lemen of geplaveide vloer
Tennis o (~; ~) tennis; ~ spielen tennissen
Tennishalle v overdekte tennisbaan
Tennisplatz m tennisveld, -baan
Tennisschläger m (tennis)racket
Tennisturnier o tennistoernooi
1 Tenor ['te-nor] m (-s) teneur, gehalte, inhoud; woordelijke inhoud v.e. stuk
2 Tenor [te-'noor] m (-s; Tenöre), Oostr (Tenore) muz tenor; tenorzanger
Tenuis v ['tenoe-ies] v (~; Tenues) taalk stemloze explosief, stemloze plofklank ⟨p, t, k⟩
Teppich m (-s; -e) tapijt, vloerkleed; loper; auf dem ~ bleiben gemeenz 't hoofd koel houden; met beide benen op de grond blijven; zakelijk blijven
Teppichklopfer m mattenklopper
Term m (-(e)s; -e) wisk term
Termin m (-s; -e) termijn, gezette tijd; zittingsdag; recht morgen ist ~ morgen komt de zaak voor; auf ~ handeln handel op termijn (ver)kopen
termingemäß, termingerecht op de juiste, de afgesproken tijd
Terminkalender m agenda ⟨met afspraken⟩
Terminologie [-'gie] v (~; -n) terminologie

Terminus m (~; Termini) term; grens, eindpunt
Termite v (~; -n) termiet
Terpentin o, **Oostr** m (-s) terpentijn
Terrain [ter'rë] o (-s; -s) terrein
Terrakotta v (~; -kotten) terracotta; terracottabeeldje
Terrasse v (~) terras
Territorialgewässer mv territoriale wateren
Territorium o (~; Territorien) territorium, gebied, rechtsgebied
Terror ['terror] m (-s) terreur, schrikbewind
Terrorakt m terroristische daad
terrorisieren zw terroriseren
Terrorismus m (~) terrorisme, schrikbewind
Terrorist m (-en; -en) terrorist
Tertia v (~; Tertien) 4de en 5de klas v.h. gymnasium; Oostr derde klas v.h. gynasium
Tertianer m (-s; ~) leerling uit de Tertia
tertiär tertiair
Terz v (~; -en) muz terts; bepaalde stoot of slag; kaartsp driekaart; gemeenz ruzie; lawaai
Terzett o (-s; -e) muz terzet
Test m (-(e)s; -e & -s) test, proef
Testament o (-(e)s; -e) testament
testamentarisch testamentair, 't testament betreffende
Testamentsvollstrecker m executeur-testamentair
Testat [-'taat] o (-s; -e) attest, getuigschrift, schriftelijke verklaring
Testator [-'ta-] m (-s; -en) recht erflater
Testbild o TV testbeeld
testen zw testen
testieren zw testeren; betuigen, een getuigschrift geven; een testament maken; een testimonium geven
teuer duur; dierbaar, teergeliefd; ein teures Pflaster schertsend een dure plaats; es kommt ihn ~ zu stehen het komt hem duur te staan
Teuerung v (~; -en) duurte
Teuerungsrate v handel indexcijfer
Teufel m (-s; ~) duivel; ein armer ~ een arme drommel; ein kleiner ~ een duvel van een kind; der ~ und seine Großmutter gemeenz de duivel en zijn (oude) moer; pfui ~ bah!; zum ~, ~ noch einmal wel verduiveld; der ~ ist los 't is een dolle boel, de boel staat op stelten; sind Sie des ~s? bent u helemaal gek?; den ~ im Leib haben van de duivel bezeten zijn; auf ~ komm raus als gekken, als een gek; alles ist zum ~ alles is naar de maan
Teufelei v (~; -en) hekserij; duivelse (lelijke) streek, duivels ding
Teufelin v (~; -nen) duivelin
Teufelsbrut v duivelsgebroed
Teufelskerl m duivelse kerel; duizendkunstenaar
Teufelskreis m vicieuze cirkel; in einen ~ geraten in een vicieuze cirkel terechtkomen
teuflisch duivels, duivelachtig

Text *m* (-es; -e) tekst; *weiter im ~!* ga door! praat maar door!; schiet op!
Texter *m* (-s; ~) tekstschrijver ⟨v. film, reclame⟩
Textilien [-'tie-li-en] *mv* textielwaren
Textverarbeitung *v* tekstverwerking
Tezett [-'zet] *o: bis zum ~* precies, geheel en al
Theater *o* (-s; ~) theater, schouwburg; *~ spielen* toneelspelen ⟨ook fig⟩; *reines ~!* wat een aanstellerij!; *so ein ~!* wat een drukte voor niets!; *das übliche ~* gemeenz 't gewone gedoe, gezeur; *mach kein ~ ~* gemeenz stel je niet aan; *am (beim) ~* bij 't toneel; *ans (zum) ~ gehen* bij 't toneel gaan; *ins ~ gehen* naar de schouwburg gaan; *nach dem ~* na de voorstelling
Theaterkarte *v* schouwburgkaartje
Theatervorstellung *v* toneelvoorstelling
theatralisch theatraal
Theismus *m* (~) theïsme
Theke *v* (~; -n) toonbank, toog; balie; bar, buffet; *unter der ~* gemeenz onder de toonbank
Thema *o* (~ & -s; Themen & -mata) thema, onderwerp; muz thema
Themse *v* (~) Theems
Theolog(e) *m* (-(e)n; -(e)n) theoloog
Theologie *v* (~) theologie, godgeleerdheid
Theoretiker [-'re-] *m* (-s; ~) theoreticus
Theorie *v* (~; -n) theorie; *graue ~* droge theorie
Therapeut *m* (-en; -en) therapeut
Therapie [-'pie] *v* (~) therapie
Thermalquelle *v*, **Therme** *v* (~; -n) warme bron
Thermik *v* ['ter-] thermiek
thermisch thermisch, de warmte betreffende; warmte-
Thermometer *o* [-'me-] thermometer
Thermosflasche *v* thermosfles
Thermostat *m* (-(e)s & -en; -e & -en) thermostaat
These *v* (~; -n) these, stelling
Thing *o* (-s; -e) thing, Germaanse volksvergadering
Thrombose *v* (~; -n) med trombose
Thron *m* (-(e)s; -e) troon; gemeenz po, wc
Thronanwärter *m* troonopvolger; troonpretendent
Thronbesteigung *v* troonsbestijging
thronen *zw* tronen
Thronerbe *m* erfgenaam v.d. troon
Thronfolge *v* troonopvolging
Thronfolger *m* troonopvolger
Thronverzicht *m* troonsafstand
Thunfisch, nieuwe spelling ook: **Tunfisch** *m* tonijn
Thymian *m* (-s) tijm
Tiara *v* tiara
Tick *m* (-(e)s; -e) tik; tic, aanwensel, hebbelijkheid; *einen gewaltigen ~ haben* niet goed bij 't hoofd zijn
ticken *zw* tikken
tief diep; diepzinnig; laag; ver, zeer; *~er Boden* losse grond; *~e Stimme* lage stem; *ein ~er Teller* een diep bord; *~e Temperatur* lage temperatuur; *~e Trauer* zware rouw; *~es Wissen* diepgaande kennis; *aus ~stem Herzen* uit 't diepst van het hart; *im ~sten Frieden* midden in vredestijd; *aus ~ster Seele* uit 't diepst van de ziel; *im ~sten Winter* in 't hartje van de winter; *bis in die ~e Nacht* tot diep in de nacht
Tief *o* (-(e)s; -e & -s) scheepv diep, vaargeul tussen de wadden; meteor gebied met lage luchtdruk, lagedrukgebied, depressie
Tiefausläufer *m* uitloper van een gebied met lage luchtdruk
Tiefbau *m* het bouwen (bouwwerk) op of onder de grond
tiefbetrübt, nieuwe spelling: **tief betrübt** diepbedroefd
Tiefdruck *m* typ diepdruk; met lage druk, depressie
Tiefdruckgebiet *o* meteor depressie, lagedrukgebied
Tiefe *v* (~; -n) diepte, laagte; scheepv diepgang; *in der ~ des Saales* aan het eind van de zaal, achter in de zaal
Tiefebene ['tief-e-] *v* laagvlakte
Tiefflieger *m* luchtv laagvliegend toestel; vliegtuig in scheervlucht; *geistiger ~* gemeenz oppervlakkig of weinig intelligent mens, geen hoogvlieger
Tiefflug *m* luchtv scheervlucht
Tiefgang *m* scheepv, &, fig diepgang; slang decolleté; *Roman ohne ~* oppervlakkige roman
tiefgefroren: *~es Gemüse* diepvriesgroente
tiefgehend diepgaand
tiefgekühlt: fig onnatuurlijk koel; slang diep gedecolleteerd; *~es Gemüse* diepvriesgroente; *~e Mahlzeit* v diepvriesmaaltijd; *T~es* diepvries
tiefgründig diepgaand, diepzinnig
Tiefkühlfach *o* diepvriesvak
Tiefkühltruhe *v* diepvrieskist, -vriezer
Tiefland *o* laagland
Tiefpunkt *m* dieptepunt, laagste punt; laagste stand
Tiefschlag *m* slag onder de gordel ⟨bij boksen⟩
tiefschürfend, nieuwe spelling: **tief schürfend** diepborend; diepgaand
Tiefsinn *m* diepzinnigheid; zwaarmoedigheid, melancholie
tiefsinnig diepzinnig; peinzend, zwaarmoedig, melancholisch
Tiefstand *m* lage waterstand; slechte toestand
tieftraurig diepbedroefd; indroevig, diepdroevig
Tiegel *m* (-s; ~) smeltkroes; koekenpan, braadpan
Tier *o* (-(e)s; -e) dier, beest; jacht hinde; *ein großes (hohes) ~* gemeenz een hoge meneer, een hoge piet, gemeenz hotemetoot
Tierarzt *m* vee-, dierenarts
Tierfreund *m* dierenvriend
Tiergarten *m* dierentuin
Tierheim *o* dierenasiel
tierisch dierlijk, beestachtig; *~e Fette* dierlijke vetten; *einfach ~!* bij de beesten af!; *mit ~em Ernst* met dodelijke ernst

Tierkreis *m* astron dierenriem, zodiak
Tierkunde *v* dierkunde
tierlieb lief voor dieren
Tierpark *m* dierenpark
Tierquäler *m* dierenbeul
Tierreich *o* dierenrijk
Tierschutz *m* dierenbescherming
Tiger *m* (-s; ~) tijger
Tigerin *v* (~; -nen) tijgerin
tigern *zw* gevlekt maken; slang trekken, marcheren; gemeenz *auf und ab* ~ ijsberen
tilgbar aflosbaar ⟨v. schulden⟩
tilgen *zw* delgen; schrappen, tenietdoen; amortiseren, aflossen, afdoen
Tilgung *v* (~; -en) delging; aflossing, afdoening, amortisatie ⟨v. schulden⟩
timid(e) timide, schuchter
Tingeltangel *m & o* (-s; ~) gemeenz caféchantant, tingeltangel
Tinktur *v* (~; -en) tinctuur, aftreksel
Tinnef *m & o* (-s) slang rommel, tennef, tinnef
Tinte *v* (~; -n) inkt; tint; *in der* ~ *sitzen* in de knoei zitten; *klar wie dicke* ~ helder als koffiedik
Tintenfaß, nieuwe spelling: **Tintenfass** *o* inktpot
Tintenfisch *m* inktvis
Tintenfleck *m*, **Tintenklecks** *m* intkvlek
Tintenkuli *m* ballpoint, balpen
Tip, nieuwe spelling: **Tipp** *m* (-s; -s) tip, wenk
Tippelbruder *m* slang landloper, zwerver
tippeln *zw* gemeenz tippelen; sjouwen; stippelen
1 tippen *zw* even aanraken, tikken; aanroeren; gemeenz vermoeden, wedden; *das kann nicht daran* ~ dat kan er niet aan tippen, dat is niet te vergelijken; *daran ist nicht zu* ~ daarop is niets aan te merken; *an die Stirn* ~ naar zijn voorhoofd wijzen; *ich tippe auf Sieg* ik wed dat we/ze winnen
2 tippen *zw* typen, tikken
Tippfehler *m* tikfout
Tippfräulein *o* gemeenz typiste
Tippse *v* (~; -n) gemeenz secretaresse, typiste
tipptopp tiptop, piekfijn
Tippzettel *m* lotto-, totobriefje
Tisch *m* (-es; -e) tafel; dis; tafeltje; toonbank; *der* ~ *des Herrn* de Tafel des Heren, de Avondmaalstafel; *reinen* ~ *machen* schoon schip maken; *am grünen* ~, *vom grünen* ~ *aus* in theorie, zuiver theoretisch, zonder de praktijk te kennen; *am* ~ aan de tafel; *bei, zu* ~ aan tafel; *nach* ~ na het eten; *unter den* ~ *fallen lassen* stilletjes laten verdwijnen
Tischbein *o* tafelpoot
Tischdame *v* tafeldame
Tischdecke *v* tafelkleed
Tischgebet *o* tafelgebed
Tischleindeckdich *o* (~) tafeltje-dek-je
Tischler *m* (-s; ~) meubelmaker, schrijnwerker
Tischlerarbeit *v* schrijnwerk
Tischlerei *v* (~; -en) meubelmakerij; het schrijnwerken
tischlern *zw* hout bewerken, 't schrijnwerkersambacht uitoefenen; ineentimmeren
Tischplatte *v* tafelblad
Tischrede *v* tafelrede, toast
Tischtennis *o* tafeltennis
Tischtuch *o* tafellaken
Titel *m* (-s; ~) titel; recht recht, aanspraak, rechtsgrond; ~ *und Vorwort* typ voorwerk
Titelbild *o* titelplaat
Titular *m* (-s; -e) titularis
titulieren *zw* tituleren, betitelen
Toast [toast] *m* (-es; -e) toast, heildronk; toast ⟨geroosterd brood⟩
toasten *zw* brood roosteren; een toast uitbrengen, toasten
Toaster *m* broodrooster
toben *zw* razen, tieren, woeden, te keer gaan; opspelen; luidruchtig spelen
Tobsucht *v* dolheid; razernij
Tobsuchtsanfall *m* aanval van razernij
tobsüchtig razend
Tochter *v* (~; Töchter) dochter; meisje; Zwits meisje, juffrouw; gemeenz *eine höhere* ~ een meisje van goeden huize
töchterlich dochterlijk
Tod *m* (-(e)s; -e) dood, overlijden; *der weiße* ~ de dood door een lawine, door bevriezing in de sneeuw; *umsonst ist der* ~ voor niets gaat de zon op; *des* ~*es sein* een kind des doods zijn; *ich will des* ~*es sein, wenn...* ik mag doodvallen als...; *auf den* ~ *krank sein* op sterven liggen; *auf* ~ *und Leben* op leven en dood; *auf den* ~ *nicht leiden können* totaal niet kunnen uitstaan; *auf den* ~ *verwundet* dodelijk gewond
todblaß (nieuwe spelling: **todblass**), **todbleich** doodsbleek
todbringend de dood veroorzakend
todernst doodernstig, met dodelijke ernst
Todesahnung *v* voorgevoel v.d. dood
Todesangst *v* doodsangst
Todesanzeige *v* doodsbericht, bericht van overlijden; rouwbrief; rouwadvertentie
Todesfall *m* sterfgeval; *im* ~ ingeval van overlijden, bij sterfgeval
Todesgefahr *v* doodsgevaar
Todeskampf *m* doodsstrijd
Todeskandidat *m* iemand die ten dode opgeschreven is
todesmutig met doodsverachting
Todesnachricht *v* overlijdensbericht
Todesopfer *o* slachtoffer, dode
Todesqual *v* plechtig doodsnood, doodsstrijd; fig verschrikkelijke kwelling
Todesstrafe *v* doodstraf
Todesstunde *v* sterfuur
Todestag *m* sterfdag, overlijdensdatum
Todesursache *v* doodsoorzaak
Todesurteil *o* doodvonnis
todkrank doodziek
todlangweilig dodelijk vervelend
tödlich dodelijk ⟨ook fig⟩; ~*er Ausgang* dodelijke afloop
todmüde doodmoe, -op
todschick gemeenz oerchic
todsicher gemeenz vast en zeker, beslist; steevast

Todsünde *v* doodzonde
todunglücklich doodongelukkig
Toga *v* (~; Togen) toga
Tohuwabohu [-'bo-] *o* (-(s); -s) verwarring, chaos
Toilette [twa-] *v* (~; -n) toilet; kaptafel; toilet, wc; ~ *machen* toilet maken
Toilettenpapier *o* wc-papier, toiletpapier
Toilettentasche *v* toiletttas
toi, toi, toi! [-'toi]: veel succes!; *(unberufen)* ~! afkloppen!
Tokaier *m* (-s; ~) tokayer
tolerant tolerant, verdraagzaam, ruimdenkend
Toleranz *v* (~) tolerantie, verdraagzaamheid; techn speling, tolerantie
tolerieren *zw* tolereren; pol gedogen
toll geweldig, enorm, prachtig; dol, dwaas, onzinnig; *wie* ~ als een gek; *ein* ~*er Hund* een dolle hond; *ein* ~*er Wagen* een fantastische auto; *es war* ~*!* 't was enig!; *das ist zu* ~ dat is te dol (gek)
Tolle *v* (~; -n) kuif; bundel, kwast
tollen *zw* dol doen, stoeien, ravotten; dartelen
Tollheit *v* (~; -en) dolheid, razernij
tollkühn vermetel, roekeloos, doldriest
Tollwut *v* med hondsdolheid
tollwütig dol (v. hond)
Tolpatsch ['tol-], nieuwe spelling: **Tollpatsch** *m* (-es; -e) lomperd; onhandige kerel
tolpatschig, nieuwe spelling: **tollpatschig** plomp, lomp; onhandig
Tölpel *m* (-s; ~) lomperd, vlegel; domoor, onnozele kerel; *einen zum* ~ *machen* iem. overbluffen, iem. te vlug af zijn
Tölpelei *v* (~; -en) botheid, lummelachtigheid; dom-, onnozelheid
tölpelhaft, tölpisch bot, lomp, boers, lummelig, onhandig
Tomate *v* (~; -n) tomaat; *treulose* ~ gemeenz onbetrouwbaar mens
Tomatenmark *o* tomatenpuree
1 Ton *m* (-(e)s; Töne) toon, klank; klemtoon; fotogr tint; *einen* ~ *reden* iets, een woordje zeggen; *der feine* ~ de fijne, de beschaafde toon; *ein gebieterischer* ~ een toon van gezag; *der gute* ~ de goede toon; *was ist denn das für ein* ~*?* hoe durf je zo'n toon tegen mij aanslaan?; *keinen* ~ *von sich geben* geen kik geven; *hast du Töne?* heb je zoiets ooit beleefd?; *in allen Tönen, in den höchsten Tönen* in alle toonaarden
2 Ton *m* (-(e)s; -e) pottenbakkersklei
Tonabnehmer *m* element v.e. pick-up
tonangebend toonaangevend, invloedrijk
Tonart *v* muz toonaard
Tonband *o* geluidsband
Tonbandgerät *o* bandrecorder
tönen *zw* klinken; luiden; een kleurspoeling geven (v. haar); gemeenz luid spreken; schakeren, nuanceren; ~*de Worte* mooi klinkende woorden
Tonerde [-eerde] *v* pijpaarde, aluminiumoxide; *essigsaure* ~ med burowwater
tönern van pottenbakkersklei, aarden, stenen, lemen
Tonfall *m* toonval, stembuiging
Tonfilm *m* geluidsfilm
Tongefäß *o* aarden pot, vat
Tonikum *o* (-s; -ka) tonicum
Tonkopf *m* = *Tonabnehmer*
Tonleiter *v* muz toonladder, -schaal
tonlos toonloos, zonder toon, klankloos
Tonne *v* (~; -n) ton, maat; handel ton, inhoudsmaat v. 1000 kg; scheepv ton, registerton (= 2.83 m³)
Tonnengehalt *m* scheepv tonnenmaat, tonnage
tonnenweise tonsgewijs, bij tonnen
Tonschöpfer *m*, **Tonsetzer** *m* muz componist, toonzetter
Tonspur *v*, **Tonstreifen** *m* geluidsspoor ⟨bij film⟩
Tonsur *v* (~; -en) RK tonsuur
Tönung *v* (~; -en) nuance, schakering
Topas [-'paas] *m* (-es; -e) topaas
Topf *m* (-es; -e & Töpfe) (aarden) pot; pan ⟨bijv. voor melk⟩; kamerpot; *alles in einen* ~ *werfen* gemeenz alles over één kam scheren
Topfblume *v* bloeiende potplant
Töpfchen *o* (-s; ~) potje ⟨ook kamerpot⟩; pannetje
Topfdeckel *m* potdeksel
Töpfer *m* (-s; ~) pottenbakker
Töpferei *v* (~; -en) 't pottenbakken; pottenbakkerij
1 töpfern *zw* pottenbakken
2 töpfern *bn* aarden, van aardewerk
Töpferscheibe *v* pottenbakkersschijf
Töpferware *v* aardewerk
Topfgucker *m* pottenkijker
Topflappen *m* pannenlap, aanpakkertje, aanvattertje
Topfpflanze *v* potplant
Topfschlagen *o* bep. kinderspel
topp! top!, akkoord!
Topp *m* (-s; -e(n)) top ⟨v. mast⟩; gemeenz engelenbak, schellinkje
1 Tor *m* (-en; -en) dwaas, zot
2 Tor *o* (-(e)s; -e) poort, hek, grote deur, doel; sp doelpunt, goal; poortje ⟨bij slalom⟩; *das Eiserne* ~ de IJzeren Poort; *vor den* ~ *en der Stadt* buiten de (stads)poort; *ein* ~ *schießen* sp een goal maken
Torbogen *m* portiek; poortgewelf
Torschluß *m*, nieuwe spelling: **Torsschluss** *m* = *Torschluß*
Torf *m* (-es; -e) turf; mil gemeenz kuch; geld, duiten
Torfboden *m* veengrond; turfzolder
Torheit *v* (~; -en) dwaas-, zotheid
Torhüter *m* poortwachter, portier; sp doelverdediger, doelman, keeper
töricht dwaas, mal, zot
törichterweise dwaselijk, dwaas genoeg
Torkel *m* (-s; ~), *v* (~; -n) wijnpers
torkeln *zw* zwaaien, waggelen; slang zuipen; *Wein* ~ wijn persen
Torlinie *v* sp doellijn
Tormann *m* sp doelverdediger, doelman, keeper
Törn *m* (-s; -e) scheepv wachtbeurt

Tornister *m* (-s; ~) ransel (v. soldaat)
torpedieren *zw* torpederen (ook fig)
Torpedo *m* (-s; -s) torpedo
Torpedoboot *o* scheepv torpedoboot
Torpfosten *m* sp doelpaal
Torschluß, nieuwe spelling: **Torschluss** *m* 't sluiten van de poort; *grade vor* ~ op 't laatste ogenblik, op 't nippertje
Torschlußpanik, nieuwe spelling: **Torschlusspanik** *v* angst om voor iets te laat te komen
Torschuß, nieuwe spelling: **Torschuss** *m* sp schot op doel
Torschütze *m* sp doelpuntenmaker
Torsion *v* (~; -en) techn torsie, wringing
Torso *m* (-s; -s) torso, romp, brokstuk
Tort *m* (-(e)s) verdriet, ergernis; *einem einen* ~ *antun* iem. onrecht aandoen, iem. krenken; *mir zum* ~ om mij te ergeren
Törtchen *o* (-s; ~) taartje
Torte *v* (~; -n) taart, koek
Tortenheber *m*, **Tortenschaufel** *v* taartschep
Tortur [-'toer] *v* (~; -en) tortuur, foltering; pijnbank
Torwächter *m*, **Torwart**, **Torwärter** *m* poortwachter, portier; sp doelverdediger, keeper
tosen *zw* bruisen, gieren, razen, loeien; ~*der Beifall* daverend applaus
tot dood, overleden; doodstil; mat v. kleur; ~*es Gewicht* dood gewicht; ~*es Gleis (Geleise)* dood spoor; ~*es Kapital* dood kapitaal; *das Tote Meer* de Dode Zee; *der* ~*e Punkt* het dode punt; ~*es Rennen* gelijke aankomst, deadheat; ~*e Sprache* dode taal; ~*es Wasser* doodtij; ~*er Winkel* dode hoek; ~*es Wissen* boekengeleerdheid; *Güter in der* ~*en Hand* hist goederen in de dode hand; *nicht* ~ *zu kriegen* onvermoeibaar; *auf der Stelle* ~ *sein* op de plaats doodblijven; *sich* ~ *stellen* zich dood houden
total totaal; *der* ~*e Krieg* de totale oorlog
Totale *v* fotogr overzichtsbeeld, totaalshot
totalitär totalitair; *ein* ~*er Staat* een totalitaire staat
Totalschaden *m* total loss
töten *zw* doden
Totenbett *o* doodbed
totenblaß, nieuwe spelling: **totenblass** doods-, lijkbleek
totenbleich doods-, lijkbleek
Totengräber *m* doodgraver (ook dierk)
Totenhemd *o* doodshemd
Totenkopf *m* doodshoofd, -kop; doodshoofdvlinder
Totenmaske *v* dodenmasker
Totenmesse *v* RK lijkdienst, ziel(e)mis
Totenschein *m* overlijdensakte
Totensonntag *m* Dodenzondag (= laatste zondag van het kerkelijk jaar)
Totenstarre *v* lijkverstijving
totenstill doodstil
Totenstille *v* doodse stilte
Toto *m* (-s), Oostr *o* gemeenz totalisator, toto
Totschlag *m* doodslag, 't doodslaan

totschlagen *st* doodslaan, doden; *den Tag (die Zeit)* ~ de tijd doden; *auch wenn du mich totschlägst...* al sla je me dood...
totstellen *zw*: *sich* ~ zich dood houden
Tötung *v* (~; -en) het doden, doding; *fahrlässige* ~ veroorzaken van dood door schuld
Toupet [toe'pee] *o* toupet
Tour *v* (~; -en) toer (ook techn); tochtje, wending; omwenteling; rondedans; figuur ⟨bij dansen⟩; truc; *die alte* ~ de oude truc, 't oude praatje; *eine krumme* ~ gemeenheid, oneerlijke handeling; *auf* ~*en bringen* goed op gang brengen; *auf* ~*en kommen* op dreef (toeren) komen; boos worden; *auf vollen* ~*en* op volle toeren; *viel auf* ~ *sein* veel onderweg zijn; *in einer* ~ onafgebroken
Tourist *m* (-en; -en) toerist
Touristik *v* (~) toerisme
Tournee *v* (~; -n & -s) tournee
Trab *m* (-(e)s) draf; ~ *laufen* draven; *nun aber ein bißchen* ~ nu een beetje vlug (gauw)!; *einen auf* ~ *bringen* iem. in draf zetten; *im* ~ *halten* bezig houden
Trabant *m* (-en; -en) trawant (ook astron satelliet); lijfwacht; ~*en* gemeenz, schertsend drukke kinderen
Trabantenstadt *v* satellietstad
traben *zw* draven
Traber *m* (-s; ~) harddraver ⟨bij paardenrennen⟩
Trabrennen *o* harddraverij
Tracht *v* (~; -en) dracht ⟨speciaal klederdracht⟩, kleding, mode; dracht, draagtijd ⟨v. dieren⟩; vracht; gang, lading; *eine* ~ *Prügel* een pak slaag
trachten *zw* streven, ernstig trachten; *einem nach dem Leben* ~ iem. naar 't leven staan; *sein ganzes T*~ zijn hele streven
trächtig drachtig
tradieren *zw* mondeling overdragen, overleveren
Tradition *v* (~; -en) traditie, overlevering
traditionell traditioneel, volgens traditie
Tragbahre *v* draagbaar, brancard
tragbar draagbaar; te dragen, duldbaar; *nicht mehr* ~ onduldbaar, onmogelijk; ~*er Apparat* portable
Trage *v* (~; -n) draagbaar, brancard; draagband
träge traag
tragen (trug; getragen) dragen; verdragen; opbrengen; drachtig zijn; *er hat sein Bündel zu* ~ hij heeft zorgen genoeg; *Eulen nach Athen, Wasser in den Rhein, ins Meer* ~ water naar de zee dragen; *das Herz auf der Zunge* ~ 't hart op de tong dragen; *Trauer* ~ rouw dragen, in de rouw zijn, rouwen; *Vorsorge* ~ voorzorgsmaatregelen treffen; *Zinsen* ~ rente opbrengen (dragen); *auf Händen* ~ op de handen dragen; *auf die Post* ~ naar de post brengen; *ins Gefecht* ~ aanvoeren, doen gelden; *zu Grabe* ~ ten grave dragen; *zu Markte* ~ op 't spel zetten, wagen; *zur Schau* ~ ten toon spreiden; *te koop lopen met;* ~ *sich bedruipen; sich mit dem Gedanken (Plan)*

Träger

~ met plannen rondlopen, van plan zijn
Träger *m* ⟨-s; ~⟩ drager; draagbalk, ligger; bretel, schouderband(je); witkiel; bezorger; hals ⟨v. hert⟩; vliegdekschip; ~ *einer Krankheit* lijder aan een ziekte; ~ *des Nobelpreises* winnaar v.d. Nobelprijs
tragfähig in staat te dragen; ~ *sein* draagvermogen hebben
Tragfähigkeit *v* draagkracht, draagvermogen; scheepv inhoud, tonnenmaat
Tragfläche *v* draagvlak
Trägheit *v* ⟨~⟩ traagheid
Traghimmel *m* draaghemel, baldakijn
Tragik ['tra-] *v* ⟨~⟩ tragiek
Tragiker ['tra-] *m* ⟨-s; ~⟩ treurspeldichter; speler van tragische rollen
tragikomisch tragikomisch
tragisch tragisch
Tragöde [-'gøː-] *m* ⟨-n; -n⟩ treurspelspeler, speler v. tragische rollen
Tragödin [-'gøː-] *v* ⟨-; -nen⟩ tragédienne, treurspelspeelster
Tragweite *v* betekenis, portee, draagwijdte, strekking, invloed; mil dracht
Trainer ['treː-] *m* ⟨-s; ~⟩ trainer
trainieren ['treː-] *zw* trainen, oefenen
Training [tréː-] *o* ⟨-s⟩ training, africhting
Trainingsanzug *m* trainingspak
Trajekt *m* & *o* ⟨-s; -e⟩ traject, overvaart, spoorwegveer, veerboot
Trakt *m* ⟨-es; -e⟩ traject; vleugel ⟨v. gebouw⟩; stratenrij
Traktat *m* ⟨-s; -e⟩ traktaat, verdrag
traktieren *zw* behandelen, bejegenen; hanteren; treiteren; vero trakteren; ~ *mit* onthalen, vergasten op
Traktion *v* ⟨~; -en⟩ techn tractie
trällern *zw* zingen, neuriën; *einen* ~ gemeenz ⟨ook⟩ er eentje pakken
Trampel *m* & *o* ⟨-s; ~⟩, *v* ⟨-; -n⟩ plompe schoen; dik, log mens; lomperd
trampeln *zw* stampen, stampvoeten
Trampeltier *o* dromedaris; plomp, onbehouwen vrouwmens
trampen *zw* als landloper zwerven; liften
Trampolin *o* ⟨-s; -e⟩ trampoline
Tran *m* ⟨-(e)s; -e⟩ (vis)traan; *im* ~ *sein* gemeenz in de olie, aangeschoten zijn; slaperig, oververmoeid zijn
Trance *v* trance
tranchieren *zw* trancheren, voorsnijden
Träne *v* ⟨~; -n⟩ traan; slang vent van niets; *heiße, helle* ~*n* tranen met tuiten; *mit einer* ~ *im Knopfloch* gemeenz vol medelijden of verdriet
tränen *zw* tranen, traanogen; lekken ⟨v. vat⟩
Tränendrüse *v* traanklier
Tränengas *o* traangas
tranig tranig, traanachtig; fig verward, suf; langzaam
Trank *m* ⟨-(e)s; Tränke⟩ drank
Tränke *v* ⟨~; -n⟩ drenk-, drinkplaats ⟨v. dieren⟩; *mv van Trank*
tränken *zw* drenken, te drinken geven; bevochtigen, nat maken; impregneren; doordrenken
Trankopfer *o* plengoffer

Transaktion *v* transactie
Transfer *m* handel, sp transfer
transferieren *zw* handel overdragen; overmaken, transfereren, mil, Oostr overplaatsen
Transformation *v* ⟨~; -en⟩ transformatie, herschepping, omvorming
Transformator *m* ⟨-s; -en⟩ techn transformator
Transfusion *v* (bloed)transfusie
Transistor *m* ⟨-s; -en⟩ transistor
Transit [-'siːt] *m* ⟨-s; -e⟩ handel transito, doorvoer
transitiv gramm transitief, overgankelijk
Transitreisende(r) *m-v* doortrekkend reiziger, passant
transkribieren *zw* transcriberen
Transmission *v* ⟨~; -en⟩ transmissie
transparent transparant, doorschijnend
Transparent *o* ⟨-(e)s; -e⟩ transparant
Transplantat *o* transplantaat
transponieren *zw* muz transponeren
Transport *m* ⟨-s; -e⟩ transport, vervoer; voerloon, vracht; overdracht, overboeking
transportabel vervoerbaar
Transporter *m* ⟨-s; ~⟩ transportschip, -vliegtuig
Transporteur *m* ⟨-s; -e⟩ transporter; hoekmeter; graadboog
transportfähig vervoerbaar
transportieren *zw* handel transporteren, overbrengen
Transuse ['traːn-] *v* gemeenz sufferd
Transvestit *m* ⟨-en; -en⟩ trans-, travestiet
transzendent transcendent
Trapez [-'peːts] *o* ⟨-es; -e⟩ trapezium; trapeze, zweefrek
Trapezakt [-akt] *m* toer aan de trapeze
Trappe *v* ⟨~; -n⟩ vogelk trapgans
trappeln *zw* trappelen, trippelen
trappen *zw* lomp stappen
Trappist *m* ⟨-en; -en⟩ trappist
trapsen *zw* gemeenz lomp stappen, stampen; *Nachtigall, ich hör dir* ~ gemeenz ik heb 't door, ik ruik lont
Trara [-'raː] *o* ⟨-s⟩ herrie, spektakel
Traß, nieuwe spelling: **Trass** *m* ⟨-sses; -sse⟩ tras (= bep. bouwmateriaal)
Trassant *m* ⟨-en; -en⟩ handel trekker ⟨v. wissel⟩, trassant
Trassat *m* ⟨-en; -en⟩ handel betrokkene, trassaat
Trasse *v* ⟨~; -n⟩; Zwits **Trassee** *o* ⟨-s; -s⟩ tracé; schets, tekening, spoor
trassieren *zw* handel trasseren, een wissel op iem. trekken; traceren
Tratsch [-aː-] *m* ⟨-es⟩ geklets; geroddel
tratschen *zw* kletsen, leuteren
Tratscherei *v* ⟨~; -en⟩ geklets
Tratte *v* ⟨~; -n⟩ handel traite, (getrokken) wissel
Traualtar *m* trouwaltaar
Traube *v* ⟨~; -n⟩ druiventros; druif
traubenförmig druifvormig; trosvormig
Traubenlese *v* druivenoogst
Traubenzucker *m* druivensuiker
1 trauen *zw* (+ 3) vertrouwen; *einem* ~ iem. vertrouwen; *seinen Augen (Ohren) nicht* ~

können zijn ogen (oren) niet kunnen geloven; *dem Braten, dem Frieden nicht recht* ~ de zaak niet vertrouwen; *einem nicht über den Weg (um die Ecke)* ~ iem. in 't geheel niet (voor geen cent) vertrouwen; *trau, schau, wem* zie toe, wie je vertrouwt; *sich* ~ wagen, durven
2 trauen *zw: sich (4) kirchlich, standesamtlich* ~ *lassen* kerkelijk, burgerlijk trouwen
Trauer *v* (~) rouw, droefheid, leed; *tiefe* ~ zware rouw; *in* ~ in de rouw
Traueranzeige *v* overlijdensbericht, rouwadvertentie
Trauerbinde *v* rouwband, -floers
Trauerbotschaft *v* overlijdensbericht
Trauerbrief *m* condoleancebrief
Trauerfahne *v* rouwvlag
Trauerfall *m* sterfgeval
Trauerfeier *v* rouwplechtigheid
Trauergottesdienst *m* rouwdienst
Trauerkleidung *v* rouwkleding
Trauermarsch *m* muz treurmars
Trauermusik *v* muz treurmuziek
trauern *zw* treuren; rouwen, in de rouw zijn
Trauernachricht *v* droevige tijding; overlijdensbericht
Trauerspiel *o* treurspel, tragedie
Trauerweide *v* treurwilg
Trauerzug *m* rouwstoet
Traufe *v* (~; -n) drup; dakgoot; bosrand; overhangend dak; helling; *vom Regen in die* ~ van de regen in de drup
träufeln *zw (onoverg & overg)* druipen, druppelen
traulich behaaglijk, gezellig, knus, hartelijk, aangenaam
Traum *m* (-(e)s; Träume) droom; *Träume Schäume* dromen zijn bedrog
Trauma *o* (-s; -men & -mata) trauma, wond
Traumbild *o* droombeeld, hersenschim
Traumdeutung *v* droomuitlegging
träumen *zw* dromen, mijmeren; *ich träume, mir träumt* ik droom; *du träumst wohl!* gemeenz wat een onzin!; *das hat er sich nicht* ~ *lassen* dat heeft hij nooit durven dromen
Träumer *m* (-s; ~) dromer
Träumerei *v* (~; -en) dromerij; mijmering
träumerisch dromerig, mijmerend
Traumgesicht *o* visioen
traumhaft als in een droom; dromerig
Traumwelt *v* droomwereld, rijk der dromen
traurig treurig, droevig, rouwig
Traurigkeit *v* (~) treurigheid, droefheid
Trauring *m* trouwring
Trauschein *m* trouwakte
traut lief, gezellig, vertrouwd, innig, intiem
Traute *v* (~) gemeenz durf, moed, lef
Trauung *v* (~; -en) huwelijksvoltrekking ⟨zowel kerkelijk als burgerlijk⟩; trouwplechtigheid; *standesamtliche* ~ voltrekking van het burgerlijk huwelijk
Trauzeuge *m* getuige ⟨bij huwelijk⟩
Traverse [-'wer-] *v* (~; -n) traverse, dwarslijn; dwarsgang; dwarsbalk
Travestie [-wes-'tie] *v* (~; -n) travestie

Treber *mv* draf; droesem
Treck *m* (-s; -s) trek ⟨v.d. Boeren in Zuid-Afrika; van vluchtelingen in een oorlog⟩
trecken *zw* trekken ⟨= deelnemen aan volksverhuizing⟩
Trecker *m* (-s; ~) trekker; techn tractor
1 Treff *m* (-s; -s) ontmoeting
2 Treff *o* (-s; -s) kaartsp klaveren
treffen (traf; getroffen) treffen, raken, bereiken; *es gut (schlecht)* ~ 't goed (slecht) treffen; *mich trifft der Schlag* ik sta stomverbaasd; *ein Abkommen, eine Abmachung* ~ een overeenkomst aangaan, een akkoord sluiten, een schikking treffen; *Anordnungen* ~ beschikkingen uitvaardigen; *Anstalten, Maßnahmen* ~ maatregelen nemen, treffen; *eine Auswahl* ~ een keuze maken; *eine Entscheidung* ~ een beslissing nemen; *jemands schwache Seite* ~ iem. in zijn zwakke plek raken; *den richtigen Ton* ~ de juiste toon treffen; *einen Vergleich* ~ een akkoord sluiten; een schikking treffen; *Vorkehrungen* ~ voorzorgsmaatregelen nemen; *eine Wahl* ~ een keuze doen; *auf einen* ~ iem. tegenkomen; *den Nagel auf den Kopf* ~ de spijker op z'n kop slaan; *ins Schwarze* ~ in de roos schieten; *einander (sich)* ~ elkaar ontmoeten; *im Innersten getroffen* tot in de ziel getroffen; *es trifft sich gut* het komt goed uit, het treft goed (gelukkig)
Treffen *o* (-s; ~) gevecht, veldslag; samenkomst; *das vordere* ~ de voorste linie; *ins* ~ *führen* te berde brengen
treffend treffend, karakteristiek; flink, snedig; juist, nauwkeurig
Treffer *m* (-s; ~) prijs ⟨in de loterij⟩; mil treffer; sp doelpunt
trefflich uitmuntend, voortreffelijk, heerlijk
Treffpunkt *m* trefpunt, plaats van samenkomst; rendez-vous
Treffsicherheit *v* trefzekerheid
Treibanker *m* scheepv drijfanker
Treibeis *o* drijfijs; *mit* ~ *gehen* kruien ⟨v. rivier⟩
treiben (trieb; getrieben) drijven, inslaan; doen aan, uitoefenen, bedrijven, plegen; uithalen; krijgen ⟨v. knoppen enz.⟩; hakken ⟨in mijnen⟩; *es* ~ 'het' doen; *Blüten* ~ knoppen vormen, in bloei komen; *ein Gewerbe* ~ een bedrijf uitoefenen; *Handel* ~ handel drijven; *Keime* ~ ontkiemen; *Knospen* ~ uitbotten; *Kult mit einem* ~ iem. verafgoden; *Pflanzen* ~ planten telen; *Possen* ~ grappen maken; *Raubbau* ~ roofbouw bedrijven; *Schabernack* ~ een streek, kattenkwaad uithalen; *mit einem (seinen) Scherz* ~ iem. voor de gek houden; *Schindluder mit einem* ~ iem. schandalig behandelen; *Schößlinge (Schüsse)* ~ plantk nieuwe loten krijgen; *sein Spiel mit einem* ~ iem. als speelbal gebruiken; *das Spiel zu weit* ~ te ver gaan; *Sport* ~ aan sport doen, sport beoefenen; *seinen Spott mit einem* ~ de spot met iem. drijven; *sein Unwesen* ~ huishouden, herrie schoppen; *Unfug* ~ streken uithalen; *Unzucht* ~ on-

Treiben

tucht plegen; *sein Wesen* ~ ergens huishouden; *Wurzeln* ~ wortel schieten; *etwas auf die Spitze* ~ iets op de spits drijven; *in die Enge* ~ in 't nauw drijven; *in die Höhe* ~ opdrijven ⟨v. prijzen⟩; *im Sog* ~ in 't kielzog drijven; *was* ~ *Sie da?* wat voert u daar uit?; *es trieb ihn hinaus in die Welt* hij werd de wijde wereld in gedreven; *es zu bunt (toll)* ~ het te bont maken

Treiben o (-s) doen, gedoe, bedrijvigheid, drukte; drijfjacht; 't telen, trekken; *ins* ~ *kommen scheepv* op drift raken

Treiber *m* (-s; ~) drijver; drijvende kracht

Treiberei *v* (~; -en) gekonkel

Treibgas o drijfgas

Treibhaus o broeikas

Treibhauseffekt *m* broeikaseffect

Treibholz o drijfhout

Treibjagd *v* drijfjacht

Treibmittel o rijsmiddel; drijfgas

Treibriemen *m* techn drijfriem

Treibsand *m* drijfzand

Treibstoff *m* motorbrandstof

Treidel *m* (-s; ~) trek-, sleeptouw

Treidelpfad *m*, **Treidelweg** *m* jaagpad

Trema o (-s; -s & -mata) trema, deelteken

tremolieren *zw* muz tremuleren

Trend *m* (-s; -s) trend, neiging

trendeln *zw* treuzelen; in een kring lopen, drentelen

trennbar scheidbaar

trennen *zw* scheiden, losmaken; lostornen, vaneenscheuren; (telec en typ) afbreken; *der Radioapparat trennt sehr gut* het radiotoestel is zeer selectief; *sich* ~ scheiden, van elkaar gaan; uit elkaar gaan

Trennung *v* (~; -en) scheiding, 't scheiden; 't lostornen, (telec en typ) 't afbreken ; ~ *von Staat und Kirche* scheiding van kerk en staat; ~ *von Tisch und Bett* scheiding van tafel en bed; *in ehelicher* ~ *leben* gescheiden leven

Trennungsstrich *m* scheidingsteken; afbrekingsteken; scheidingslijn

Trennwand *v* tussenwand, scheidsmuur

treppauf, treppab trapop, trapaf

Treppe *v* (~; -n) trap; *drei* ~*n hoch* (op) driehoog

Treppenabsatz *m* trapportaal

Treppengeländer o trapleuning

Treppenhaus o trappenhuis

Treppenstufe *v* traptrede, -tree

Treppenwitz *m* gevat antwoord dat iem. te laat invalt

Tresen *m* (-s; ~) bar; toonbank; balie ⟨in bank, hotel enz.⟩

Tresor [-'zoor] *m* (-s; -e) brandkast, kluis

Tresse *v* (~; -n) galon, tres

Trester *mv* draf, droesem

treten (trat; getreten) treden; stappen, trappen; *einen* ~ gemeenz iem. manen; *einem näher* ~ fig iem. nader komen; *einem zu nahe* ~ iem. beledigen, iemands eer te na komen; *das Pflaster* ~ straatslijpen, rondslenteren; *in jemands Dienst* ~ bij iem. in dienst treden; *in das sechzigste Jahr* ~ zijn zestigste jaar ingaan; *zutage* ~ aan 't licht treden

Treter *mv* gemeenz grove schoenen, stappers

Tretmine *v* landmijn

Tretmühle *v* tredmolen; gemeenz dagelijkse sleur

treu trouw, getrouw; gemeenz dwaas, naïef; ~ *und brav* bijzonder braaf

Treubruch *m* verraad

Treue *v* (~) trouw, trouwheid, eerlijkheid; ~ *zum Vaterland* trouw aan 't vaderland; *einem die* ~ *halten* iem. trouw blijven; *in (guten) T*~*n Zwits* te goeder trouw

Treueeid *m* eed van trouw

Treuhandanstalt *v* instelling belast met de privatisering van de staatsbedrijven in de voormalige DDR

Treuhänder *m* bewindvoerder, beheerder, gemachtigde; vertrouwensman, trustee

Treuhandgesellschaft *v* handel trustmaatschappij

treuherzig trouwhartig

treulich trouw, oprecht, getrouwelijk

treulos trouweloos

Treulosigkeit *v* (~; -en) trouweloosheid

Triangel ['trie-] *m* (-s; -n) triangel

Tribun *m* (-s & -en; -e(n)) tribuun, volksleider

Tribunal o (-s; -e) tribunaal

Tribüne *v* (~; -n) tribune

Tribut *m* (-s; -e) tribuut, schatting, belasting, cijns; *einer Sache* ~ *zollen* waardering opbrengen voor iets

tributär, tributpflichtig cijns-, schatplichtig

Trichter *m* (-s; ~) trechter ⟨ook v. granaat⟩; spreekbuis; slang wc; *einem auf den* ~ *gehen* op iemands zenuwen werken; *auf den (richtigen)* ~ *kommen* de oplossing vinden

trichtern *zw* door een trechter gieten

Trick *m* (-s; -s & -e) kaartsp trek; truc

Trieb *m* (-(e)s; -e) (aan)drift, instinct, neiging; drijven v. vee, kudde; plantk telg, loot; drijfkracht, groeikracht; ~ *zur Arbeit* werkdrift

Triebfeder *v* drijfveer, beweegreden

triebhaft instinctief, intuïtief; onbeheerst

Triebkraft *v* (aan)drijfkracht; groeikracht

Triebwerk o drijfwerk, aandrijfmechanisme

Triefauge o leep-, traanoog

triefen (troff, triefte; getroffen, getrieft) druipen; ~*d naß* druipnat, kletsnat

Triefnase *v* druip-, loopneus

triefnaß, nieuwe spelling: **triefnass** druipnat

triezen *zw* plagen, pesten; *das T*~ pesterij

Trift *v* (~; -en) weg om 't vee langs te drijven; recht om dat te doen; 't vlotten ⟨v. hout⟩; weiland

triften *zw* los hout vlotten; drijven

triftig belangrijk, afdoend; gewichtig; ~*e Gründe* afdoende redenen

Trigonometrie [-mee-'trie] *v* (~) trigonometrie, driehoeksmeting; *ebene (sphärische)* ~ vlakke (bolvormige) trigonometrie, vlakke driehoeksmeting, boldriehoeksmeting

Trikot [-koo] *m* & o (-s; -s) tricot; trui; *das gelbe* ~ sp de gele trui

Triller *m* (-s; ~) muz triller
trillern zw muz trillen, trillers zingen; ⟨v. leeuwerik⟩ kwinkeleren, kwelen
Trillerpfeife v bootsmansfluit
Trillion v (~; -en) triljoen (= miljoen maal biljoen)
Trimester o (-s; ~) trimester
Trimm-Dich-Pfad *m* trimbaan
trimmen zw stuwen, tremmen; verdelen ⟨v. lading⟩; bedienen ⟨v. trein⟩; trimmen
Trimmer *m* (-s; ~) sp & scheepv trimmer
trinkbar drinkbaar
Trinkbecher *m* drinkkroes
trinken ⟨trank; getrunken⟩ drinken; vloeien ⟨v. papier⟩; *Brüderschaft* ~ broederschap drinken ⟨en daarmee bezegelen dat men elkaar voortaan tutoyeert⟩; *einen* ~ gemeenz er eentje pakken; *ein Glas über den Durst* ~ te diep in 't glaasje kijken; *einen Korn* ~ een borrel pakken; *auf jemands Gesundheit (Wohl)* ~ op iemands gezondheid (welzijn) drinken
Trinker *m* (-s; ~) drinker
Trinkerheilanstalt v, **Trinkerheilstätte** v ontwenningskliniek voor alcoholici
trinkfest veel alcohol kunnen verdragen; *ein ~er Kerl* een stevig drinker
trinkfreudig, trinkfroh graag een goed glas drinkend
Trinkgeld o fooi; gemeenz kleinigheid
Trinkmilch v consumptiemelk
Trinkspruch *m* toast
Trinkwasser o drinkwater
Trinkwasseraufbereitung v drinkwaterzuivering
Trinkwasserversorgung v drinkwatervoorziening
Trio o (-s; -s) muz trio; schertsend drietal
Triole v (~; -n) muz triool
Trip *m* (-s; -s) trip, reis; trip ⟨op drugs⟩, roes; hoeveelheid drugs nodig voor een trip; *er ist auf dem* ~ hij is aan het trippen
trippeln zw trippelen
Tripper *m* (-s; ~) med druiper
Triptychon ['triep-] o (-s; -chen & -cha) drieluik
trist triest, treurig
Tritt *m* (-(e)s; -e) trede, stap; trap, schop; (fiets)trapper; *aus dem* ~ *kommen*, geraten uit de pas raken, in moeilijkheden komen; ~ *fassen* in de pas gaan lopen ⟨ook fig⟩
Trittbrett o treeplank
Trittleiter v trapleer
Triumph *m* (-s; -e) triomf, zegepraal
triumphieren zw triomferen, zegepralen; *~d* triomfantelijk
Triumphzug *m* triomftocht
Triumvirat [-wi-'raat] o (-s; -e) triumviraat, driemanschap
trivial triviaal, plat, laag bij de gronds
Trivialliteratur v pulp, leesvoer, prulletuur
Trochäus [-us] *m* (~; -äen) trochee (= bep. versvoet)
trocken droog, schraal, dor; droogjes; ⟨v. alcoholische drank⟩ sec, dry; *~en Fußes* droogvoets; *das ~e Gedeck* couvert zonder wijn; *ein ~er Wechsel* een promesse; *da bleibt kein Auge* ~ niemand kon zijn tranen, ⟨ook schertsend⟩ zijn lachen bedwingen; ~ *fallen* droogvallen; ~ *liegen* droog liggen ⟨v. land⟩; ~ *stehen* droogstaan ⟨v. koe⟩; *auf dem (im) trocknen sein* vastzitten, niet verder komen; *auf dem trocknen sitzen* in (geld)verlegenheid zijn, blut zijn; *seine Schäfchen im trocknen haben, ins trockne bringen* zijn schaapjes op het droge brengen
Trockenapparat *m* droogtoestel
Trockeneis o koolzuursneeuw
Trockengebiet o regenarm gebied
Trockenhaube v (haar)droogkap
Trockenheit v droogte
trockenlegen zw droogleggen; verschonen ⟨v. baby⟩
Trockenmilch v gecondenseerde melk
Trockenobst o gedroogd fruit
Trockenschleuder v centrifuge
Trockenständer *m* droogrek
Trockenzeit v droge tijd, droge moesson
trocknen zw onoverg & overg drogen
Troddel v (~; -n) kwast ⟨v. sabel⟩
Trödel *m* (-s; ~) rommel, vodden; gezeur, getreuzel
Trödelei v (~; -en) getreuzel, lijntrekkerij
Trödelmarkt *m* voddenmarkt
trödeln zw oude rommel (als uitdrager) verkopen; talmen, treuzelen; lijntrekken
Trödler *m* (-s; ~) uitdrager, opkoper; zeurkous
Troer ['tro-er] *m* (-s; ~) Trojaan
Trog [trook, trooch] *m* (-(e)s; Tröge) trog, bak
Troja o (-s) Troje
Trojaner *m* (-s; ~) Trojaan
trojanisch Trojaans
Troll *m* (-(e)s; -e) troll, gedrocht, kobold
trollen zw rondslenteren; draven ⟨v. hert⟩; *sich* ~ zich wegpakken; *sich ins Bett* ~ maken dat men in bed komt
Trommel v (~; -n) trommel, trom
Trommelfell o trommelvel; trommelvlies
Trommelfeuer o mil trommelvuur
trommeln zw trommelen, de trom roeren
Trommelschlegel *m* trommelstok
Trommelwirbel *m* tromgeroffel
Trommler *m* (-s; ~) trommelaar; mil tamboer
Trompete [-'pe-] v (~; -n) muz trompet
trompeten zw trompetten; slang luid spreken
Trompeter *m* (-s; ~) trompetter
Trope v (-n) troop, figuurlijke uitdrukking
Tropen mv tropen
Tropenausrüstung v tropenuitrusting
Tropenklima o tropisch klimaat
Tropenkrankheit v tropische ziekte
Tropf *m* (-(e)s; Tröpfe) domkop, sukkel, sul; infuus; *am* ~ *hängen* aan het infuus liggen; fig ondersteund worden
tröpfchenweise fig in minieme porties, in uiterst kleine stukken
tröpfeln zw druppelen, sijpelen
tropfen zw druipen, druppelen
Tropfen *m* (-s; ~) druppel, droppel; *ein eleganter (edler, guter)* ~ een goed glas ⟨wijn⟩; *ein* ~ *auf den heißen (glühenden) Stein* een druppel op een gloeiende plaat

Tropfenfänger

Tropfenfänger *m* druppelvanger, -bakje; morsring
tropfenweise druppelsgewijze
tropfnaß, nieuwe spelling: **tropfnass** druipnat
Tropfsteinhöhle *v* druipsteengrot
Trophäe [-'fee-e] *v* (~; -n) trofee, zegeteken
tropisch tropisch
Troß, nieuwe spelling: **Tross** *m* (-sses; -sse) mil (leger)tros; gevolg
Trosse *v* (~; -n) scheepv tros, scheepstros
Trost *m* (-es; Tröstungen) troost; *ein leerer ~* een schrale troost; *nicht bei ~ sein* niet wijs zijn
trostbedürftig troostbehoevend
trösten *zw* troosten, vertroosten
Tröster *m* (-s; ~) trooster
tröstlich troostrijk, troostend
trostlos troosteloos, treurig, mistroostig
Trostpflaster, Trostpflästerchen *o* fig een pleister op de wonde
Trostpreis *m* troostprijs
Tröstung *v* (~; -en) vertroosting
Trott *m* (-(e)s; -e) draf; *im alten ~* in 't oude gangetje, in de oude sleur
Trottel *m* (-s; ~) halve gare; stommeling, sukkel
trottelhaft, trottelig idioot; sukkelig
trotteln *zw* sukkelen, sjokken
trotten *zw* draven, sjokken, sukkelen
trotz *voorz* (+ 3 of 2) ondanks, in weerwil van; *~ alledem* ondanks alles, toch; *~ dem Regen (des Regens)* in weerwil van (ondanks) de regen
Trotz *m* (-es) stijfkoppigheid, eigenzinnigheid, weerspannigheid, verzet; *allen zum ~* allen ten spijt
trotzdem hoewel, nochtans, toch, ofschoon; *er hat Fieber; ~ geht er aus* hij heeft koorts; toch gaat hij uit; *gemeenz ~ er krank ist* hoewel hij ziek is
trotzen (+ 3) *zw* trotseren; koppig zijn, dwars zijn, de bokkenpruik op hebben
trotzig weerbarstig, koppig, stug; uitdagend, fier
Trotzkopf *m* stijfkop
trotzköpfig koppig, dwars
trübe troebel; dof; betrokken, druilerig; treurig, somber; *~ Erfahrungen* droevige ervaringen; *~ Flüssigkeiten* troebele vloeistoffen; *ein ~r Himmel* een betrokken lucht; *~s Licht* mat, vaag licht; *~s Wetter* druilerig weer
Trubel *m* (-s; ~) verwarring, drukte
trüben *zw* troebel maken, vertroebelen, verstoren; *die Stimmung ~* de stemming verstoren; *kein Wässerchen ~* geen vlieg kwaad doen; *getrübter Verstand* gestoord, beneveld verstand; *von keiner Sachkenntnis getrübt* totaal onwetend, dilettanterig; *sich ~* betrekken (v.d. lucht); troebel worden (v. water); verward worden (v.d. geest); slechter worden (v. verhouding)
Trübsal *v* (~; -e), *o* (-(e)s; -e) tegenspoed, rampspoed, ongeluk, smart
trübselig treurig, triest, jammerlijk
Trübsinn *m* droefgeestigheid, zwaarmoedigheid

trübsinnig droefgeestig, zwaarmoedig
Trübung *v* (~; -en) het troebel worden; vertroebeling; fig verstoring
Truchseß, nieuwe spelling: **Truchsess** *m* (-s-sen; -ssen) hist hofbeambte, belast met de keuken; drossaard, drost
trudeln *zw* rollen; voortslenteren; kalm voortrollen, peddelen (op de fiets); sukkelen; luchtv snelheid verliezen, afglijden; kantelen (v. ijsberg); *ins T~ kommen* luchtv in een vrille geraken
Trüffel *v* (~; -n) truffel
Trug *m* (-s) bedrog, list
Trugbild *o* hersenschim, fantoom, spookbeeld
trügen (trog; getrogen) bedriegen; falen; *der (Augen)schein trügt* de schijn bedriegt; *wenn nicht alle Zeichen ~* als 't goed is; *ein nie ~des Gedächtnis* een nimmer falend geheugen
trügerisch bedriegelijk, verraderlijk, misleidend
Trugschluß, nieuwe spelling: **Trugschluss** *m* drogreden, sofisme; verkeerde gevolgtrekking
Truhe *v* (~; -n) sierkist met snijwerk, halkist; koelkist
Trulla, Trulle *v* (~; -n) slons, stom wijf, troela, tuthola
Trumm *o* (-(e)s; Trümmer) Beiers, Oostr eind, stuk; brok; slang kerel, gezette kerel
Trümmer *mv*, Z-Duits ook *v* puinhopen, steenhopen; overblijfselen, brok-, wrakstukken, resten; *~ eines Flugzeugs* wrak v.e. vliegtuig; *in ~ legen* in puin leggen; *in ~n liegen* in puin liggen
Trümmerfeld *o* terrein met ruïnes, bouwresten (v. oude bouwwerken); puinveld
Trümmerhaufen *m* puinhoop
Trumpf *m* (-(e)s; Trümpfe) troef; *ohne ~ kaartsp* sans atout, zonder troef
trumpfen *zw* (af)troeven (ook fig)
Trunk *m* (-(e)s; -e) dronk, teug; dronkenschap
trunken dronken (vooral fig van vreugde, verrukking)
Trunkenbold *m* dronkaard, dronkelap, drankorgel
Trunkenheit *v* (~) beschonkenheid, dronkenschap; roes; *~ am Steuer* dronkenschap achter 't stuur
Trunksucht *v* (~) drankzucht
Trupp *m* (-s; -s) troep, hoop, groep, menigte
Truppe *v* (~; -n) troep (soldaten, toneelspelers enz.); sp elftal
Truppenübungsplatz *m* mil militair oefen-, exercitieterrein
truppweise troepsgewijze, in troepen
Truthahn *m* kalkoen(se haan)
Tschako ['tsja-] *m* (-s; -s) mil sjako
Tscheche *m* (-n; -n) Tsjech
Tschechei: *die ~* Tsjechië
Tschechien *o* (-s) Tsjechië
tschechisch Tsjechisch
Tschechoslowakei: *die ~* hist Tsjechoslowakije
Tschinelle *v* (~; -n) muz bekken
tschüs gemeenz tot ziens, dag!, doeg!

Tuba v (~; -ben) muz tuba
Tube v (~; -n) tube, pijp, buis; verftube
Tuberkelbakterium o tuberkelbacterie
tuberkulös tuberculeus
Tuberkulose v med tuberculose
Tuch o (-(e)s), (pl -(e)s) (= *Tuchsorten*)) doek; laken ⟨stof⟩; gemeenz type; *einem ein rotes ~ sein* gemeenz iem. razend maken
tuchen bn lakens, v. laken; v. doek
Tuchfühlung v voeling; mil aanraking van de armen in 't gelid; *~ haben mit, in ~ bleiben (stehen) mit* voeling houden met
tüchtig flink, degelijk, bekwaam, knap, kranig; *er ist sehr ~* hij is zeer bekwaam, hij verstaat zijn vak; hij werkt hard
Tüchtigkeit v (~) flinkheid, bekwaamheid, knapheid
Tuchwaren mv lakense goederen (stoffen), manufacturen
Tücke v (~; -n) boosaardigheid, valsheid, valse streek, arglist; *die ~ des Objekts* schertsend de boosaardigheid van de dingen
tuckern zw puffen ⟨v. motor⟩
tückisch boosaardig, vals, verraderlijk, geniepig
tüdelig N-Duits vergeetachtig, verstrooid; onbeholpen
Tuerei v (~; -en) gedoe, aanstellerij
Tuff m (-(e)s, -e), **Tuffstein** m tufsteen
Tüftelei v (~; -en) gepeuter, peuterwerkje
tüftelig peuterachtig, pietepeuterig; *eine ~e Arbeit* een peuterwerkje
tüfteln zw peuteren, piekeren; knutselen
Tüftler m pietepeuter, peuteraar; knutselaar; uitvinder
Tugend v (~; -en) deugd; deugdelijkheid; goede eigenschap
Tugendbold m, **Tugendfritze** m toonbeeld v. deugd, brave Hendrik
tugendhaft deugdzaam
Tugendhaftigkeit v deugdzaamheid
tugendsam deugdzaam
Tüll m (-s; -e) tule ⟨stof⟩; vitrage; *aus ~* tulen
Tülle v (~; -n) tuit ⟨v. koffiekan⟩; buis, koker, opening
Tüllgardine v tulen gordijn, vitrage
Tulpe v (~; -n) tulp; gemeenz tulpvormig bierglas; slang zonderling; nietsnut
Tulpenbaum m tulpenboom
Tulpenzwiebel v tulpenbol
tummeln zw spelen, dartelen; *ein Pferd ~* een paard afrijden, laten lopen; *sich ~* spelen, ronddartelen, stoeien; bezig zijn, opschieten, voortmaken
Tummelplatz m oefenplaats; speelterrein; centrum
Tümmler m (-s; ~) tuimelaar ⟨= dolfijn; buitelende duif⟩
Tumor m (-s; -en) tumor, gezwel
Tümpel m (-s; ~) plas
Tumult m (-s; -e) tumult, opschudding; herrie, rel
tumultuarisch [-toe'a-] oproerig, lawaaierig
tun (tat; getan) doen; *einer Sache Erwäh-*

nung ~ van iets gewagen; ich habe zu ~ ik moet werken; *ich habe noch zu ~* ik ben nog bezig, moet nog iets doen; *es tut not* 't is nodig; *nur so ~* doen alsof; *er tut groß* hij bluft; *was habe ich damit zu ~?* wat heb ik ermee te maken?; *es mit der Angst zu ~ bekommen* bang worden; *es ist nicht damit getan...* dat is niet voldoende...; *das tut nichts zur Sache* dat doet er niets toe; *tu nicht so...* stel je niet zo aan, doe niet alsof...; *was tut sich da?* wat gebeurt daar? wat is er aan de hand?; *sich schwer ~ mit* zich moeite geven, veel moeite hebben met
Tun o (-s) bedrijf, handeling, doen; *sein ~ und Lassen* zijn doen en laten; *das ~ und Treiben* handel en wandel
Tünche v (~; -n) witsel, witkalk; fig vernis(-je)
tünchen zw witten, sausen
Tüncher m (-s; ~) reg schilder
Tunichtgut m (-s; ~) deugniet, nietsnut
Tunke v (~; -n) saus, jus
tunlich doenlijk, uitvoerbaar, mogelijk; *~st* zo (goed) mogelijk; *~st bald* zo spoedig mogelijk
Tunlichkeit v: *nach ~* zoveel mogelijk
Tunnel ['toe-nel; Z-Duits, Zwits ook toe-'nel] m (-s; ~ & -s) tunnel
Tunte v verwijfde homo, nicht, mietje
Tupf m (-(e)s; -e) stip
Tüpfelchen o (-s; ~) stipje, vlekje; *das ~ auf das i setzen* de puntjes op de i zetten; *bis zum ~ auf dem i* tot in de puntjes
tüpfeln zw (be)stippelen, bespikkelen
tupfen zw even aanraken, aanstippen; betten; tippen; spikkelen; *ein getupftes Kleid* een japon met moetjes; *einem auf die Schulter ~* iemand op de schouder tikken
Tupfen m (-s; ~) stip, moesje
Tupfer m (-s; ~) dot ⟨watten⟩; stip
Tür v (~; -en) deur; *~ an ~* vlak naast elkaar; *bei (hinter) verschlossenen ~en* achter gesloten deuren; *vor geschlossene ~en kommen* niemand thuis treffen; nergens succes hebben; *einen vor die ~ setzen* iem. de deur uitzetten; *vor der ~ stehen* ⟨ook⟩ binnenkort plaatsvinden; *zur ~ hinaus* de deur uit; *zwischen ~ und Angel* op 't laatste moment; snel, vluchtig, voorlopig
Türangel v deurhengsel, scharnier
Turban ['toer-] m (-s; -e) tulband ⟨als hoofdtooi⟩
turbulent woelig, stormachtig
Turbulenz v werveling; grote drukte, gewoel
Türe v (~; -n) = *Tür*
Türgriff m deurknop, -kruk
Türke m (-n; -n) Turk
Türkei: *die ~* Turkije
türkis turquoise
Türkis ['kies] m (-es; -e) turkoois
türkisch Turks; *~es Korn, ~er Weizen* maïs
Türklinke v deurklink
Turm m (-(e)s; Türme) toren ⟨ook in zwembad en bij schaakspel⟩; *der elfenbeinerne ~* de ivoren toren
türmen zw (als een toren) ophopen, opsta-

pelen; slang uitknijpen, ervandoor gaan, hem smeren; *sich* ~ zich opstapelen, zich verheffen
Türmer *m* (-s; ~) torenwachter
Turmfalke *m* torenvalk
Turmschwalbe *v*, **Turmsegler** *m* gierzwaluw
Turmuhr *v* torenklok
Turnanzug *m* gymnastiekpak(je), turnpak(je)
turnen *zw* turnen; gemeenz klauteren, klimmen
Turnen *o* gymnastiek, turnen
Turner *o* (-s; ~) turner, gymnast
turnerisch gymnastisch
Turngerät *o* gymnastiektoestel
Turnhalle *v* gymnastieklokaal, turnhal
Turnier [-'nier] *o* (-s; -e) steekspel; toernooi ⟨ook sport, schaken⟩
Turnierbahn *v*, **Turnierplatz** *m* toernooiveld
Turnlehrer *m* gymnastiekleraar, -onderwijzer
Turnschuh *m* gymschoen, gympje, sportschoen
Turnstunde *v* gymnastiekles
Turnus *m* (~; -se) rooster; *im* ~ volgens rooster
Turnverein *m* turn-, gymnastiekvereniging
Türöffnung *v* deuropening, -gat, gat van de deur
Türpfosten *m* deurstijl, -post
Türrahmen *m* deurkozijn, -lijst
Türriegel *m* grendel
Türschwelle *v* drempel
Türspalt *m* spleet van de deur
Turteltaube *v* tortelduif, tortel
Tusch *m* (-es; -e) trompetgeschal, fanfare; Oostr = *Tusche*
Tusche *v* (~; -n) tekeninkt; *(chinesische)* ~ Oost-Indische inkt

tuscheln *zw* fluisteren, smoezen
tuschen *zw* met Oost-Indische inkt kleuren; *die Wimpern* ~ de wimpers aanzetten
Tuschkasten *m* verfdoos; slang schminkpotje
Tüte *v* (~; -n) papieren zak; peperhuisje; *das kommt (gar) nicht in die* ~*!* gemeenz geen sprake van!
tuten *zw* toeten, blazen, toeteren; *von T~ und Blasen keine Ahnung haben*; van toeten noch blazen weten
Tuthorn *o* toeter
Tutor *m* (-s; -en) voogd; assistent a. d. universiteit
Tüttel *m* & *o* (-s; ~), **Tüttelchen** *o* (-s; ~) stipje, puntje
tüttelig peuterig, al te precies; = *tüdelig*
Twist *m* (-es; -e) katoengaren, poetsgoed; pruimtabak; twist (= bep. dans)
Typ [tuup] *m* (-s; -e(n)) type; monster, grondvorm, ontwerp; *er ist nicht mein* ~ hij is niet mijn type
Type ['tu-pe] *v* (~; -n) type, drukletter; type (= origineel, komiek iemand)
Typhus *m* (~) tyfus
typisch typerend, typisch, karakteristiek, eigenaardig
typisieren *zw* typeren
Typograph, nieuwe spelling ook: **Typograf** *m* (-en; -en) typograaf
typographisch, nieuwe spelling ook: **typografisch** typografisch
Typologie *v* typologie
Typus ['tu-] *m* (~; -pen) type, soort
Tyrann [tu-'ran] *m* (-en; -en) tiran, dwingeland
Tyrannei *v* (~; -en) tirannie, dwingelandij
tyrannisch tiranniek, gewelddadig
tyrannisieren *zw* tiranniseren
Tz = *Tezett*

U

u.a. = *und andere(s); unter anderem, anderen*

u.ä. = *und ähnliche(s)*

U-Bahn (= *Untergrundbahn*) v metro

übel kwalijk, slecht, lelijk; naar, misselijk; *mir ist ~* ik ben misselijk; *~ dran sein* er slecht aan toe zijn; *das ist nicht ~* dat is nog niet zo slecht; *einem ~ wollen* iemand kwaad gezind zijn; *ein übler Bursche, Patron* een ongunstige kerel, een kwaaie vent; *eine üble Laune* een slecht humeur; *nicht ~ Lust haben* veel zin hebben; *Übles von einem reden* kwaad van iem. spreken

Übel o (-s; ~) kwaal; kwaad, euvel, ongemak; *das ist von ~* dat is uit den boze; *von zwei ~n das kleinere wählen* van twee kwaden het minste kiezen

übelbeleumdet, übelbeleumundet, nieuwe spelling: **übel beleumdet, übel beleumundet** slecht bekend staand, van bedenkelijke reputatie

übelgelaunt, nieuwe spelling: **übel gelaunt** slechtgehumeurd, -geluimd

übelgesinnt, nieuwe spelling: **übel gesinnt** kwaadgezind; *einem ~ sein* iem. een kwaad hart toedragen

Übelkeit v (~; -en) onpasselijk-, misselijkheid

übelnehmen, nieuwe spelling: **übel nehmen** *st* kwalijk nemen, ten kwade duiden, hardvallen

Übeltäter m misdadiger, boosdoener

üben zw oefenen; studeren ⟨op piano enz.⟩; instuderen; *sich ~* zich oefenen; *Barmherzigkeit ~* barmhartigheid betonen; *Geduld ~* geduld hebben; *Gnade ~* genadig zijn; *Kritik ~ an* (+ 3) kritiek uitoefenen op; *Milde ~, Nachsicht ~* clementie betrachten; *Rache ~* wraak nemen; *Vergeltung ~* vergelden; *Verrat ~* verraad plegen; *Verzicht ~ auf* afstand doen van, afzien van

1 über *voorz* (+ 3 of 4) over; boven; *der Kessel hängt ~ dem Feuer* de ketel hangt boven het vuur; *ich hänge den Kessel ~ das Feuer* ik hang de ketel boven het vuur; *~ dem Lesen ist er eingeschlafen* onder het lezen (al lezend) is hij ingeslapen; *~ alle Berge sein* ervandoor zijn; *~ den Büchern sitzen* met zijn neus in de boeken zitten; *~ 100* meer dan 100; *~ die Hälfte* over (meer dan) de helft; *seit ~ einem Jahr* sinds meer dan een jaar; *~ die Maßen* bovenmatig; *~ Nacht* gedurende de nacht; plotseling; *~ Tag* boven de grond; *~ Weihnachten* met de kerst; *über drei Tage* over drie dagen

2 über *bijw* genoeg; *ich habe es ~* (*mir ist es ~*) *gemeenz* ik heb er genoeg van; *einem ~ sein* iem. de baas zijn; *~ und ~* helemaal; *den ganzen Tag ~* de hele dag; *er hat es ~ und ~ satt* hij heeft er meer dan genoeg van

über'all overal, alom; *~ und nirgends* nooit thuis

überall'her: *von ~* overal vandaan

überall'hin overal heen

über'altert vergrijsd; te oud; achterhaald

Über'angebot o te groot aanbod

über'ängstlich overdreven angstig

über'anstrengen zw buitengewoon inspannen; forceren; *sich ~* zich overwerken

über'antworten zw overleveren, overhandigen, overgeven, -dragen

1 'überarbeiten zw overwerken

2 über'arbeiten zw omwerken, retoucheren; *sich ~* zich overwerken

Überarbeitung v bewerking

'überaus zeer, hoogst, ongemeen

über'backen *st* even bakken; *~e Gerichte* gegratineerde gerechten

'Überbau m bovenbouw

über'bauen zw overbouwen; bouwen voor

überbe'anspruchen te veel vergen van, overbelasten ⟨v.e. machine⟩

'überbetonen zw overdreven nadruk leggen op

Überbevölkerung v overbevolking

'überbewerten zw te hoog waarderen, als te belangrijk opvatten

über'bieten *st*: *einen ~* hoger bieden dan iem. anders; *~ an* overtreffen in; *sich ~* elkaar overtreffen; handel tegen elkaar opbieden

'überbleiben *st* overblijven, -schieten

'Überbleibsel o (-s; ~) overblijfsel, -schot

über'blenden zw laten overvloeien ⟨v. beeld, geluid⟩

'Überblick m overzicht

über'blicken zw overzien

über'bringen *onr* overbrengen

Über'bringer m (over)brenger

über'brücken zw overbruggen

über'bürden zw te zwaar belasten, overbelasten, overstelpen

'Überdach o afdak

über'dachen zw overkappen, v.e. dak voorzien, overdekken; *überdacht* ⟨ook⟩ overdekt

über'dauern zw langer duren (dan); overleven

'Überdecke v dekkleed; sprei

1 'überdecken zw uitspreiden over

2 über'decken zw overdekken

über'denken *onr* overdenken, -peinzen

'überdeutlich overduidelijk

über'dies bovendien, daarenboven

'überdimensional, 'überdimensioniert overmatig groot, reusachtig

über'drehen zw doldraaien; *überdreht gemeenz* overspannen; opgefokt; *die Feder ist überdreht* de veer is stukgedraaid; *eine Maschine ~* te veel vergen van een machine

'Überdruck m techn overdruk

'Überdruß, nieuwe spelling: **Überdruss** m (-sses) walging, afkeer; *bis zum ~* tot vervelens toe

'überdrüssig (+ 2): *einer Sache ~ sein* genoeg van iets hebben; *mit ~er Miene* met een verveeld gezicht

'überdurchschnittlich boven de middel-

maat; boven het gemiddelde
über'eck haaks staand
'Übereifer m overdreven ijver
'übereifrig overdreven ijverig, al te ijverig
über'eignen zw overdragen ⟨v. eigendom⟩
über'eilen zw overhaasten; *sich* ~ ⟨ook⟩ te hard van stapel lopen
über'eilt overhaast
überein'ander over elkaar, boven elkaar
über'einkommen st overeenkomen, afspreken
Über'einkommen o overeenkomst
über'einstimmen zw overeenstemmen
Über'einstimmung v overeenstemming; overeenkomst
'überempfindlich overgevoelig
'Übererzeugung v: *agrarische* ~ landbouwoverschot
1 **'überfahren** st 'overvaren, -rijden
2 **über'fahren** st over'rijden, over'varen; slang overdonderen; rijden over ⟨iets heen⟩; *eine Kreuzung* ~ over een kruising heenrijden; *ein Signal* ~ door een signaal heenrijden; *er wurde ganz einfach* ~ hij werd gewoonweg overdonderd
'Überfahrt v overvaart, -tocht, veer, oversteek
'Überfall m overval, onverhoedse aanval; overlaat
über'fallen st overvallen; aanranden
'überfällig verlaat, over tijd, te laat; verouderd; *ein ~es Flugzeug* een vliegtuig dat over tijd is; *ein ~es Problem* een zeer dringend probleem; *ein ~er Wechsel* een reeds vervallen wissel
'überfein zeer fijn, superfijn
über'feinert al te verfijnd
1 **'überfliegen** st overvliegen
2 **über'fliegen** st vliegen over; vluchtig lezen, doorvliegen ⟨v. krant, brief⟩
1 **'überfließen** st overvloeien, overlopen; *von Liebe* ~ overvloeien van liefde
2 **über'fließen** st over'stromen
'überflügeln zw overvleugelen ⟨ook mil⟩
'Überfluß, nieuwe spelling: **Überfluss** m overvloed; *im* ~ in overvloed; *zu allem* ~, *zum* ~ ten overvloede
'überflüssig overtollig, -bodig
'überflüssigerweise ten overvloede
über'fluten zw over'stromen
über'fordern zw overvragen; *einen* ~ te veel eisen van iem.
über'fragen zw te veel vragen van; *da bin ich überfragt* dat weet ik niet
über'frieren st bevriezen, opvriezen, een laagje ijs vormen op; *~nde Nässe* bevriezing van natte weggedeelten
1 **'überführen** zw overzetten; overvoeren, vervoeren
2 **über'führen** zw overvoeren; bewijzen, door de mand doen vallen, schuldig bevinden; *einen einer Lüge* ~ iem. op een leugen betrappen; *einen seiner Schuld* ~ iemands schuld overtuigend bewijzen; *der Spionage überführt sein* schuldig bevonden zijn aan spionage
'Überfülle v grote overvloed, overlading
über'füllen zw overladen, overstelpen;

überfüllt overvol, stampvol; *ein überfülltes Haus* een totaal uitverkochte zaal
über'füttern zw overvoeren, te veel voedsel ⟨voer⟩ geven
'Übergabe v overgave; overhandiging; ~ *eines Werkes* oplevering van een werk
'Übergang overgang, overtocht; verandering
'Übergardine v overgordijn
über'geben st overgeven, -handigen; tot iemands beschikking stellen; *einem etwas zu treuen Händen* ~ iem. als trustee machtigen; *der Öffentlichkeit* ~ openbaar maken; *sich* ~ overgeven, braken
'Übergebot o hoger bod
1 **'übergehen** onr overgaan, -lopen; *die Augen gehen ihm über* zijn ogen schieten vol tranen; *die Milch geht über* de melk kookt over; *in Fäulnis* ~ verrotten
2 **über'gehen** onr aan iets, iem. voorbijgaan; overslaan; overtreden
'übergenug meer dan genoeg
'übergeschnappt niet goed snik
'Übergewicht o overgewicht; overwicht; *das* ~ *bekommen* ⟨ook⟩ het evenwicht verliezen
'übergewichtig te zwaar ⟨m.b.t. gewicht⟩
1 **'übergießen** st overgieten, overschenken; morsen
2 **über'gießen** st begieten, overgieten, gietend bedekken
'übergreifen (+ *auf*, *in* + 4) st inbreuk maken op; verkeerd ingrijpen in; overgrijpen ⟨op piano⟩; *in jemands Gebiet* ~ inbreuk maken op iemands terrein
'Übergriff m inbreuk, eigenmachtigheid, rechtsovertreding
'übergroß zeer groot, enorm
über'handnehmen, nieuwe spelling: **überhand nehmen** st hand over hand toenemen, de overhand krijgen, aangroeien, veld winnen
'Überhang m gordijn; bouwk uitstek; overhangende rots of bergwand; wat over een schutting heen hangt; uitstekend deel
1 **'überhängen** st overhangen, overhellen
2 **über'hängen** zw behangen, bedekken
über'hasten zw overhaasten
über'häufen zw overladen
über'haupt over 't algemeen, ten slotte; helemaal, eigenlijk, ook maar, tenminste; ~ *nicht* helemaal niet; *alle* ~ *mögliche Fälle* alle ook maar mogelijke gevallen; *wenn es* ~ *möglich ist* indien het tenminste mogelijk is; *wer sind Sie* ~? wie bent u eigenlijk wel?
über'heben st ontheffen; *einen einer Sache* ~ *vero* iem. v. iets ontheffen, ontslaan; *sich* ~ zich vertillen; zich verhovaardigen
über'heblich aanmatigend
Über'heblichkeit v aanmatiging
Über'hebung v ontheffing; aanmatiging; zelfverheffing
über'heizen zw te warm stoken
Über'hitzung v oververhitting; ~ *der Konjunktur, konjunkturelle* ~ overspanning van de conjunctuur
über'höhen zw uitsteken boven; *überhöh-*

ter Blutdruck verhoogde bloeddruk; *überhöhter Gewinn* te hoge winst; *überhöhte Preise* opgedreven prijzen

1 'überholen zw overhalen ⟨met boot⟩; *hol über!* haal over!

2 über'holen zw inhalen (en voorbijgaan); voorbijstreven; reviseren, nazien ⟨v. schip, vliegtuig, auto; kennis⟩; *diese Ausgabe ist überholt* deze uitgave is verouderd, door een betere vervangen; *Fachgenossen ~* vakgenoten voorbijstreven; *das ist überholt* dat is verouderd; *ein überholtes Modell* een verouderd model

Über'holspur v inhaalstrook

über'hören zw niet horen; overhoren, doen, alsof men 't niet hoort

'überirdisch bovenaards, hemels

'überkandidelt gemeenz overspannen, gek; overdreven

'Überkapazität v overcapaciteit

'überkippen zw omkantelen, omkiepen, 't evenwicht verliezen

über'kleben zw over-, beplakken

über'klettern zw klimmen over

'überklug waanwijs

'überkochen zw overkoken

1 'überkommen st 'overkomen; erover komen

2 über'kommen ontvangen; erven, bij traditie overnemen; overmannen, overweldigen, overstelpen, overvallen; *Angst überkommt mich* angst overvalt mij; *es überkommt mich heiß, kalt* ik krijg het er warm, koud van; *Mitleid überkäm ihn* hij werd overmand door medelijden

3 über'kommen bn overgeleverd, traditioneel

1 'überladen st 'overladen, een lading overbrengen

2 über'laden st over'laden, te zwaar laden; overstelpen, te rijk versieren

über'lagern zw overdekken; radio overstemmen

Über'landbus m streekbus

'überlang bovenmatig lang

über'lappen zw: *sich ~* elkaar overlappen

1 'überlassen st overlaten, laten staan ⟨v. eten enz.⟩

2 über'lassen st overlaten, afstaan; *leihweise ~* te leen, in bruikleen geven; *das überlasse ich dir* dat laat ik aan jou over; *sich seinen Gedanken (seinem Schmerz) ~* zich aan zijn gedachten, zijn verdriet overgeven

über'lasten zw overbelasten

1 'überlaufen st 'overlopen; overkoken; *mir läuft die Galle über* fig de gal loopt mij over

2 über'laufen st te vaak bezoeken; onder de voet lopen; *ein ~er Ort* een overvolle plaats; *ein ~er Beruf* een overbezet beroep; *es überläuft mich (heiß und kalt, kalt)* er gaat een (koude) rilling door mij heen

'Überläufer m overloper

'überlaut overluid, luidkeels

über'leben zw overleven; *sich ~* zijn roem overleven; *überlebte Ansichten* overwonnen meningen; *seinen Ruhm ~* zijn roem overleven; *ein Überlebender* een overlevende

'überlebensgroß meer dan levensgroot

1 'überlegen zw 'overleggen, overheenleggen; op zijn achterste geven; *sich ~* vooroverbuigen; *das Schiff legt sich über* het schip maakt slagzij

2 über'legen zw over'leggen, overwegen, nadenken over; *ich überlege es mir noch* ik zal er nog eens over denken; *wenn man es sich überlegt* als men erover nadenkt

3 über'legen bn superieur, overtreffend, meer, beter dan iets anders, beter op de hoogte; *er ist mir ~* hij is mij de baas, hij is (daarin) mijn meerdere; *~ lächeln* uit de hoogte, superieur, enigszins minachtend glimlachen; *~e Ironie* superieure ironie

Über'legenheit v (~) overwicht, overmacht, meerderheid, superioriteit; *numerische ~* overwicht in getal

Über'legung v (~; -en) overleg, overweging, -denking

'überleiten zw leiden tot, een overgang maken tot

'Überleitung v (~; -en) overgang

über'lesen st over-, doorlezen; (ergens) overheen lezen

über'liefern zw overleveren; overgeven; *überliefert* ⟨ook⟩ traditioneel

Über'lieferung v overlevering, traditie

über'listen zw verschalken, te slim af zijn

'überm (= *über dem*) over de, over het; *er wohnt ~ Berg* hij woont over de, achter de berg

'Übermacht v overmacht

'übermächtig overmachtig, sterker

über'malen zw overschilderen, over (iets) heen schilderen

über'mannen zw overmannen, -meesteren

'Übermaß o overmaat; *im ~* in overvloed

'übermäßig bovenmatig, buitensporig

'Übermensch m supermens, Übermensch

'übermenschlich bovenmenselijk

über'mitteln zw overbrengen, doen toekomen; overmaken, -zenden; *Kenntnisse ~* kennis overdragen; *Nachrichten ~* berichten overbrengen, doen toekomen

'übermorgen overmorgen

über'müden zw: *sich ~* zich te veel vermoeien

über'müdet oververmoeid

Über'müdung v (~) oververmoeidheid

'Übermut m overmoed

'übermütig overmoedig

'übern (= *über den*) over de, over het

'übernächst op een na de eerstvolgende; de tweede volgende; *am ~en Tage* over twee dagen; *im nächsten oder im ~ Jahr* in het volgend of daaropvolgend jaar

über'nachten zw overnachten

'übernächtig, über'nächtigt een nacht durend; *~ aussehen* er onuitgeslapen uitzien

'Übernahme v (~; -n) overneming; aanvaarding

'übernatürlich bovennatuurlijk

1 'übernehmen st overnemen ⟨v.d. ene

kant naar de andere), aannemen
2 **über'nehmen** *st* op zich nemen, voor zijn rekening nemen; aanvaarden, accepteren; *eine Aufgabe ~* een taak op zich nemen; *einen ~* iem. afzetten; *die Führung ~* de leiding nemen; *sich ~* te veel eten of drinken; te veel hooi op zijn vork nemen; te veel verplichtingen op zich nemen
'überordnen *zw* stellen boven; *einem übergeordnet sein* boven iem. staan; *eine übergeordnete Stelle* een hogere instantie
'überparteilich boven de partijen staand, neutraal
'Überproduktion *v* overproductie
über'prüfen *zw* controleren, nazien, aan een onderzoek onderwerpen
'überquellen *zw* overvloeien, -borrelen
über'quer overdwars
über'queren *zw* oversteken ⟨v.e. straat⟩
über'ragen *zw* uitsteken, uitspringen; in lengte overtreffen; uitsteken boven; overtreffen; *einen an Größe ~* in lengte (fig grootheid) boven iem. uitsteken; *~d* alles overtreffend, superieur, eminent
über'raschen *zw* verrassen; betrappen; *~d* verrassend, bij verrassing
Über'raschung *v* ⟨~; -en⟩ verrassing
über'reden *zw* overreden, overhalen
'überreich schatrijk
über'reichen *zw* overhandigen, uitreiken
'überreichlich overvloedig
'überreif overrijp
über'reiten *st* ⟨met een paard⟩ over'rijden, omverrijden
über'rennen *onr* voorbijrennen, overhoop, onder de voet lopen, overweldigen; *völlig überrannt* geheel verrast
'Überrest *m* overschot, overblijfsel; rest
über'rieseln *zw overg* overstromen; bevloeien; doorhuiveren
'Überrollbügel *m auto* rolbeugel ⟨= versterking in het dak van sommige auto's⟩
über'rollen *zw* rollen over; onder de voet lopen; overhooprijden; fig verrassen
über'rumpeln *zw* overrompelen
über'runden *zw*: *einen ~* sp iemand een ronde voorkomen, een lap geven; fig inhalen en vóórkomen, overtreffen
'übers (= *über das*) over het; *~ Jahr* over een jaar; *~ Kreuz* kruiselings
'übersatt oververzadigd
über'sättigen *zw* oververzadigen
über'schallen *zw* overstemmen
'Überschallgeschwindigkeit *v* supersonische snelheid ⟨= sneller dan 't geluid⟩
über'schatten *zw* overschaduwen
über'schätzen *zw* overschatten, te hoog schatten
'Überschau *v* overzicht; het overzien
über'schaubar overzienbaar, te overzien
über'schauen *zw* overzien
'überschäumen *zw* schuimend overlopen; *~de Lebenslust* bruisende levenslust
'Überschicht *v* bovenlaag; overwerktijd
über'schießen *st* jacht over iets heen schieten; te sterk bejagen
über'schlafen *st*: *etwas ~* nog eens een nachtje over iets slapen

'Überschlag *m* buiteling, salto; looping; berekening, begroting, raming ⟨v. kosten⟩; kraag
1 **'überschlagen** *st* om-, overslaan ⟨ook van stem⟩; overspringen; *mit übergeschlagenen Beinen* met over elkaar geslagen benen
2 **über'schlagen** *st* voorbijgaan, -zien; overzien; ramen, begroten; overslaan, vergeten; *die Kosten ~* de kosten ramen; *etwas im Kopf ~* iets uit het hoofd berekenen; *sich ~* achteroverslaan, over de kop slaan; overslaan ⟨v. stem⟩; een looping maken ⟨met vliegtuig⟩; *die Gerüchte ~ sich* de geruchten volgen elkaar onophoudelijk op
'Überschlagsrechnung *v* raming
'überschnappen *zw* overslaan ⟨ook v. stem⟩; omslaan; uitschieten; gek worden; *übergeschnappt* van lotje getikt
über'schneiden *st*: *sich ~* over elkaar heen reiken; wisk elkaar snijden
über'schreiben *st* handel overschrijven, -maken ⟨v. geld⟩; op iemands naam zetten; van een opschrift, een titel voorzien
über'schreien *st* overschreeuwen
über'schreiten *st* over iets heen stappen; overtrekken; overschrijden ⟨v. termijn, raming⟩; overtreden ⟨v. wet⟩; *die fünfzig ~* ouder dan vijftig worden
'Überschrift *v* opschrift; titel
'Überschuh *m* overschoen
über'schuldet: *~ sein* zeer bezwaard zijn met schulden, onder een grote schuldenlast gebukt gaan
'Überschuß, nieuwe spelling: **Überschuss** *m* overschot; batig saldo
'überschüssig overschietend; overbodig
1 **'überschütten** *zw* overgieten, morsen; overstorten
2 **über'schütten** *zw* bedekken, overladen, overstelpen; *einen mit Vorwürfen ~* iem. met verwijten overstelpen
'Überschwang *m* overvloed, overdaad; overdrevenheid; *im ~ des Gefühls* in de volheid van 't gemoed, overstelpt door 't gevoel
'überschwappen *zw* 'overstromen, over de rand heen gaan
über'schwemmen *zw* over'stromen; overvoeren, overstelpen ⟨met waren enz.⟩
Über'schwemmung *v* ⟨~; -en⟩ overstroming; fig overstelping
'überschwenglich, nieuwe spelling: **überschwänglich** overdadig, buitensporig, overdreven, enthousiast, uitbundig
'Überschwenglichkeit, nieuwe spelling: **Überschwänglichkeit** *v* ⟨~; -en⟩ uitbundigheid, overdrevenheid, buitensporigheid
'Übersee *v* de overzeese gebieden; *nach ~* over zee, naar de overzeese gebieden
'überseeisch overzees
über'sehbar overzienbaar, te overzien
1 **'übersehen** *st*: *sich (an) etwas ~* iets te vaak zien, genoeg van iets krijgen
2 **über'sehen** *st* over-, nazien, doorzien; voorbijzien, over 't hoofd zien
über'senden *onr* overzenden, toesturen

über'setzbar vertaalbaar
1 **'übersetzen** zw overzetten, 'overvaren; springen over
2 **über'setzen** zw vertalen; overzetten; *das Rad ist hoch übersetzt* de fiets heeft een hoge versnelling
Über'setzer m vertaler
Über'setzung v (~; -en) vertaling; techn overzetting, overbrenging; versnelling
'Übersicht v overzicht, korte inhoud
'übersichtlich overzichtelijk, helder, duidelijk
'übersiedeln, über'siedeln zw verhuizen, emigreren
über'spannen zw over'spannen, te strak spannen; overdrijven, op de spits drijven; *den Bogen ~* te hoge eisen stellen; *überspannt* ⟨ook⟩ geëxalteerd
Über'spannung v te hoge spanning, 't op de spits drijven, overdrijving; buitensporigheid, geëxalteerdheid
über'spielen zw trachten te verbergen, verdoezelen; overtroeven, de baas blijven, verschalken, spelend overheen lopen; overdrijven; sp beter spelen dan, overklassen; *auf ein Tonband ~* op een bandje opnemen; *ein überspieltes Klavier* een afgespeelde piano
über'spitzen zw overdreven toespitsen, overdrijven, op de spits drijven
1 **'überspringen** st overspringen
2 **über'springen** st overslaan, overspringen; ⟨bij bevordering⟩ passeren
'übersprudeln zw overschuimen, -borrelen; *von Witz ~* tintelen van geest
'überstaatlich boven de staat uitgaand, supranationaal
'überständig te rijp, te oud ⟨v. boom⟩; fig verouderd, rijp om vervangen te worden
1 **'überstehen** onr uitsteken
2 **über'stehen** onr doorstaan, uithouden; *die Gefahr ist überstanden* het gevaar is doorstaan; *er hat es überstanden* ⟨ook⟩ hij is overleden; *es ist überstanden* het leed is geleden, we hebben het gehad
1 **'übersteigen** st overklimmen
2 **über'steigen** st overklimmen; overtreffen, te boven gaan; te hoge eisen stellen
über'steigern zw hoger bieden, opjagen ⟨v. prijs⟩; overdrijven, exalteren; steeds hoger opvoeren; *übersteigerte Selbstschätzung* overdreven eigendunk
über'stellen zw plaatsen boven; overplaatsen; overbrengen; overgeven, -leveren
über'stimmen zw overstemmen
über'strahlen zw over'stralen, in glans overtreffen
über'streichen st bestrijken, besmeren
'überstreifen zw aantrekken ⟨v. kleding⟩
1 **'überströmen** zw 'overstromen
2 **über'strömen** zw over'stromen
'überstülpen zw over (iets) heen zetten
'Überstunde v overuur
über'stürzen zw overhaasten; *sich ~* overhaast op elkaar volgen; *überstürzt* overhaast, hals over kop
Über'stürzung v (~; -en) overhaasting, -ijling

über'täuben zw overstemmen, naar de achtergrond dringen
über'teuern zw te duur maken, overvragen, te veel vragen; afzetten
über'tölpeln zw bedotten, overbluffen
über'tönen zw overstemmen, harder klinken
'Übertrag m (-s; -träge) overbrenging, overdracht; handel transport ⟨v.e. bedrag op een andere bladzijde⟩
über'tragbar vertaalbaar; vatbaar voor overdracht
1 **'übertragen** st overbrengen, transporteren; overdragen
2 **über'tragen** st overdragen; opdragen; overbrengen, overzetten; muz transponeren; vertalen; uitzenden; overschrijven; transporteren; handel overdragen, -boeken, -schrijven; RTV uitzenden
3 **über'tragen** bn overdrachtelijk, figuurlijk
Über'tragung v (~; -en) overdracht; delegatie; vertaling; transport, overboeking, techn overbrenging, transmissie; RTV (her-)uitzending
Über'tragungswagen m radio-, televisiewagen
über'treffen st overtreffen
über'treiben st over'drijven
Über'treibung v (~; -en) overdrijving, overdrevenheid
1 **'übertreten** st overlopen; overgaan ⟨tot andere kerk, partij enz.⟩; overstromen, buiten zijn oevers treden; sp over de lijn (afzetbalk) gaan ⟨v. verspringers, kogelstoters e.d.⟩
2 **über'treten** st overtreden, verbreken, schenden; verzwikken ⟨v. voet⟩; *ich habe mir den Fuß ~* ik heb mijn voet verzwikt; *er hat das Gesetz ~* hij heeft de wet overtreden
Über'tretung v (~; -en) overtreding
über'trieben bn overdreven
'Übertritt m overgang, verandering ⟨v. partij, gevoelen, godsdienst⟩; *~ zu einem andern Glauben* overgang tot een ander geloof
über'trumpfen zw overtroeven
über'tünchen zw pleisteren, witten; vernissen, een vernisje geven
'überübermorgen dag na overmorgen
Über'völkerung v overbevolking
'übervoll overvol
über'vorteilen zw afzetten, bedotten, bedriegen, oplichten
'überwach klaarwakker; met gescherpte zintuigen
über'wachen zw controleren, toezicht houden op, bewaken
über'wachsen st voorbij groeien, boven 't hoofd groeien; over(heen)groeien, begroeien
Über'wachung v (~; -en) controle, bewaking; toezicht; *polizeiliche ~* politiebewaking; *~ von Löhnen und Preisen* loonbeleid
über'wältigen zw overweldigen, overmeesteren
Über'wältigung v (~; -en) overweldiging,

overmeestering
'überwechseln zw wisselen, overgaan op ander gebied ⟨v. wild⟩; overgaan naar andere partij, betrekken, enz.
'Überweg m overpad
über'weisen st verwijzen; aanwijzen; overmaken ⟨v. geld⟩, (doen) overschrijven, gireren; *das Geld für die Miete wird überwiesen* het geld voor de huur wordt overgemaakt
Über'weisung v overschrijving ⟨per giro⟩, overmaking ⟨v. geld⟩
1 'überwerfen st omdoen, omslaan, overgooien
2 über'werfen st: *sich ~* ruzie met elkaar krijgen
über'wiegen st zwaarder wegen dan, overwegend zijn, overheersen; groter zijn dan
über'wiegend overwegend, zwaarder wegend; voor 't grootste gedeelte, hoofdzakelijk
über'winden st overwinnen; te boven komen; *den toten Punkt ~* over 't dode punt heen komen; *etwas überwunden haben* iets te boven zijn; *ein überwundener Standpunkt* een overwonnen, verouderd standpunt; *sich ~* zich vermannen, zichzelf overwinnen; iets over zijn hart verkrijgen
Über'windung v (~) zelfoverwinning, overwinning ⟨v. moeilijkheden enz.⟩
über'wintern zw overwinteren
über'wölben zw overwelven
über'wuchern zw overwoekeren
'Überwurf m dek; overtrek; sprei; overall; jurk, overgooier, mantel; bepleistering ⟨v. muur⟩
'Überzahl v meerderheid; overmacht; overgroot aantal; *in der ~* in de meerderheid
über'zahlen zw te veel betalen
über'zählen zw overtellen, natellen
'überzählig boventallig; boven de formatie, overcompleet
über'zeichnen zw chargeren; handel over'tekenen ⟨bij lening⟩
über'zeugen zw overtuigen
Über'zeugung v (~; -en) overtuiging
1 'überziehen st overheen(aan)trekken; aandoen; *einem einen (eins) ~* iem. een klap geven
2 über'ziehen st over'trekken, bekleden; overschrijden; *ein Bett ~* een bed verschonen; *ein Konto ~* een krediet overschrijden; *ein Land mit Krieg ~* een land de oorlog aandoen; *mit Rost überzogen* met roest bedekt; *sich ~* betrekken ⟨v.d. lucht⟩
'Überzieher m overjas; gemeenz kapotje
über'zuckern zw met suiker bedekken, glaceren
'Überzug m overtrek, sloop, omslag; hoes
üblich gebruikelijk, gewoon, gangbaar
Üblichkeit v (~; -en) gebruikelijkheid, gebruik
U-Bogen m boogje boven de u
U-Boot o scheepv duikboot, onderzeeër
übrig overig, over; *im ~en* voor 't overige; *nichts ~ haben für einen* niets voor iem. overhebben; *dafür habe ich nichts ~* daar heb ik niets mee op; daar geef ik niet veel om; *~ sein* over zijn; *ein ~es tun* meer dan het nodige doen; iets extra's doen
übrigbehalten, nieuwe spelling: **übrig behalten** st overhouden
übrigbleiben, nieuwe spelling: **übrig bleiben** st overblijven; *mir wird nichts andres ~* er zal voor mij niet anders opzitten
übrigens overigens, voor 't overige; trouwens
übriglassen, nieuwe spelling: **übrig lassen** st overlaten; *etwas zu wünschen ~* iets te wensen overlaten
Übung v (~; -en) oefening, training; mil herhalingsoefening; *~ macht den Meister* al doende leert men; oefening baart kunst; *aus der ~ kommen* verleren; eruit raken
U-Eisen o u-ijzer
Ufer o (-s; ~) oever, wal; *das jenseitige ~* de overkant; *über die ~ treten* buiten z'n oevers treden
uferlos oeverloos; fig eindeloos
U-Haft = *Untersuchungshaft*
Uhr v (~; -en) horloge, klok; uur; *wieviel ~ ist es?, was sagt die ~?* hoe laat is 't?; *Punkt zwei ~, Schlag zwei ~* klokslag twee; *die ~ geht nach dem Mond* de klok loopt verkeerd; *rund um die ~* 24 uur per dag, het klokje rond
Uhrarmband o horlogearmband
Uhrmacher m horloge-, klokkenmaker
Uhrwerk o uurwerk
Uhrzeiger m wijzer van een uurwerk
Uhrzeigersinn m: *in (im) ~* met de (wijzers v.d.) klok mee
Uhu m (-s; -s) vogelk oehoe
Ukas ['oekaas] m (-es; -e) oekaze; fig bevel, order
Ukraine v (~): *die ~* de Oekraïne
Ukrainer m (-s; ~) Oekraïner
ukrainisch Oekraïens
UKW = radio *Ultrakurzwelle(n)* ultrakorte golf
Ulk m (-(e)s; -e) scherts, onzin, gekheid
ulken zw onzin, gekheid maken, schertsen
ulkig komiek, grappig
Ulknudel v grappenmaker
Ulme v (~; -n) olm, iep
Ultima v (~; Ultimä) laatste lettergreep
ultimativ ultimatief, laatst; *eine ~e Forderung* een laatste eis
Ultimatum o (-s; Ultimaten) ultimatum
Ultimo ['oel-] m (-s; -s) laatste dag v.d. maand
Ultra m (-s; -s) ultra, extremist
Ultrakurzwelle v ultrakorte golf
Ultraschall m ultrageluid, ultrasone trillingen
1 um voorz (+ 4) om; rondom; met ⟨bij hoeveelheid⟩; *Jahr ~ Jahr* jaar na jaar; *~ 100 Mark (herum)* ongeveer 100 Mark; *~ so mehr* des te meer; *ein Fehler ~ den andern* de ene fout na de andere; *schade um ihn, ums Geld* jammer van hem, van het geld; *einen ~ sein Geld bringen* iem. zijn geld doen verliezen; *~ etwas wissen* van iets op de hoogte zijn; *~ ein Stockwerk erhöhen* met een verdieping verhogen; *~ 14 Tage verschieben* 14 dagen uitstellen; *~ eine*

Terz tiefer een terts lager
2 um *bijw*: ~ *und* ~ aan alle kanten; ~ *so des te*
'umackern *zw* omploegen
'umändern *zw* anders maken, veranderen, omwerken
'umarbeiten *zw* omwerken
um'armen *zw* omarmen, omhelzen
Um'armung *v* (~; -en) omarming, omhelzing
'Umbau *m* (-s; -ten) verbouwing; omwerking; ombouw ⟨om bed enz.⟩
1 'umbauen *zw* verbouwen; anders bouwen
2 um'bauen *zw* inbouwen, om (iets) heen bouwen
'umbehalten *st* omhouden
'umbenennen *onr* een andere naam geven; omdopen (v. straat enz.)
Umber *m* (~; -s) omber (= bep. kleur, verfstof)
'umbesetzen *zw* theat anders bezetten
'umbetten *zw* verbedden; in een ander graf leggen
'umbiegen *st* ombuigen, krommen; omdraaien; omvouwen; een weinig veranderen, verdraaien, een andere draai geven
'umbilden *zw* anders vormen, hervormen, omwerken
'Umbildung *v* omvorming
1 'umbinden *st* ombinden; omdoen
2 um'binden *st* erom binden, om'winden
'umblasen *st* omverblazen
'umblättern *zw* ombladeren, een bladzijde omslaan
'umblicken *zw*: *sich* ~ omkijken, omzien
Umbra *v* (~) omber (= bep. kleur, verfstof)
1 'umbrechen *st* omverwerpen; breken; scheuren, omploegen
2 um'brechen *st* typ opmaken
'umbringen *onr* ombrengen, doden; *es bringt mich noch um* ik word er nog gek van; *sich* ~ zelfmoord plegen
'Umbruch *m* omgeploegd land; ontginning, scheuring; kentering, ommekeer; typ opmaak; ~ *von Grünland* het scheuren van grasland; *die Zeit des* ~*s* de tijd van kentering, van diepgaande verandering
'umbuchen *zw* anders boeken
'umdenken *onr* anders (gaan) denken
'umdeuten *zw* een andere betekenis geven
'umdichten *zw* omwerken ⟨v. literair werk⟩
um'drängen *zw* omstuwen, zich verdringen om
'umdrehen *zw* omdraaien, omkeren, wenden, draaien, omwentelen; *einem den Hals, den Kragen* ~ fig iem. om zeep brengen; iem. ruïneren, de nek omdraaien; *den Spieß* ~ fig de rollen omdraaien, iem. met zijn eigen wapens bestrijden; *sich im Grab (Sarg)* ~ zich in 't graf omdraaien; *einem dreht sich der Magen um* iem. wordt misselijk
'Umdrehung *v* omdraaiing, omwenteling
'Umdrehungszahl *v* techn aantal omwentelingen
'umeinander om elkaar
1 'umfahren *st* omvaren; omverrijden; omrijden; omverrijden
2 um'fahren *st* varen om, rijden om
'umfallen *st* omvallen; omslaan ⟨ook: v. standpunt veranderen⟩; flauwvallen; neervallen
'Umfang *m* omvang; wisk omtrek
um'fangen *st* omvatten, -vangen, -geven; omarmen
'umfänglich, 'umfangreich omvangrijk
'umfärben *zw* anders verven
1 'umfassen *zw* anders vatten (zetten) ⟨v. edelsteen⟩
2 um'fassen *zw* omvatten, omhelzen, omarmen; mil omvatten, omsingelen
um'fassend omvangrijk; veel omvattend
Um'fassung *v* omvatting, omsingeling
'Umfeld *o* (sociaal) milieu, omgeving
um'fliegen *st* vliegen om
um'fließen *st* omvloeien, omspoelen
um'fluten *zw* omgolven, omspoelen
'umformen *zw* omvormen, anders vormen, anders fatsoeneren; transformeren ⟨ook elektr⟩
'Umformer *m* elektr omvormer, transformator
'Umformung *v* verandering, hervorming; het omvormen, transformatie
'Umfrage *v* rondvraag, enquête; *eine* ~ *halten (veranstalten)* een enquête houden
um'frieden *zw*, **um'friedigen** *zw* omheinen
'umfüllen *zw* overtappen, -gieten
'umfunktionieren *zw* een andere functie geven
'Umgang *m* omgang; rondgang; omloop ⟨v. toren⟩, trans; ommegang, processie; *kein* ~ *sein für*... geen goed gezelschap zijn voor...
'umgänglich sociaal, aangenaam in de omgang
'Umgangsform *v* omgangsvorm; ~*en* manieren
'Umgangssprache *v* omgangstaal, spreektaal
'umgangssprachlich wat tot de omgangstaal behoort
um'garnen *zw* inpalmen, strikken
um'gaukeln *zw* fladderen om, dartelen om
um'geben *st* omgeven, omringen
Um'gebung *v* (~; -en), **'Umgegend** *v* (~; -en) omgeving, omstreken
1 'umgehen *onr* een omweg maken; omgaan, processie houden; spoken; *die Grippe geht um* er heerst griep; *diese Sage geht dort um* deze sage is daar in omloop; *ein Geist geht in diesem Hause um* 't spookt in dit huis; *mit dem Gedanken* ~ met de gedachte rondlopen
2 um'gehen *onr* ontwijken, ontgaan, ontduiken; mil omtrekken; *Vorschriften* ~ voorschriften ontduiken
'umgehend omgaande, rondgaande; post per ommegaande
Um'gehung *v* (~; -en) ontduiking; het ontwijken; rondlopen; mil omtrekkende beweging
Um'gehungsstraße *v* ringweg, rondweg, omleidingsweg, -route

umgekehrt

'**umgekehrt** omgekeerd; ~ *proportional, in ~em Verhältnis* <u>rekenk</u> omgekeerd evenredig

'**umgestalten** *zw* veranderen, omvormen, herscheppen

'**Umgestaltung** *v* omvorming, herschepping, hervorming, verandering

'**umgießen** *st* overgieten; anders gieten ⟨v. metaal⟩

'**umgraben** *st* omgraven, omspitten

um'grenzen *zw* omgrenzen, omperken

'**umgruppieren** *zw* anders groeperen, anders rangschikken

'**umgucken** *zw* omkijken; *sich* ~ rond-, omkijken; *du wirst dich (schön)* ~ *gemeenz* je zult opkijken

um'gürten *zw*: *das Schwert, sich mit einem Schwert* ~ 't zwaard omgorden

'**umhacken** *zw* omhakken

um'halsen *zw* omhelzen

'**Umhang** *m* cape, schoudermantel

1 '**umhängen** *zw* omhangen, omdoen; anders hangen; *der Katze die Schelle* ~ de kat de bel aanbinden

2 **um'hängen** *zw* om'hangen, behangen; *das Bild war mit Flor umhängt* het portret was met floers omhangen

'**umhauen** *st & schw* omhouwen, omhakken; vellen; *es haut mich um* <u>gemeenz</u> ik ben stomverbaasd; ik kan er niet tegen; *das haut die stärkste Schnecke um* <u>gemeenz</u> daar kan niemand bij, tegen

um'hegen *zw* met zorg omgeven

um'her in 't rond, rondom

um'herblicken *zw* rondkijken

um'herirren *zw* ronddwalen

um'hin erom heen

'**umhören** *zw*: *sich nach etwas* ~ naar iets informeren

um'hüllen *zw* om-, verhullen

'**Umkehr** *v* ⟨~⟩ omdraai, -keer, -kering, ommekeer; bekering

'**umkehren** *zw* omkeren, -wenden, -draaien; *das ganze Haus* ~ het hele huis ondersteboven keren; *mir kehrte sich der Magen um* ik werd erg misselijk

'**umkippen** *zw* I *onoverg* omkantelen, 't evenwicht verliezen; <u>fig</u>, <u>gemeenz</u> flauwvallen; van standpunt veranderen; uit balans raken ⟨v. ecologisch systeem⟩; <u>slang</u> eindelijk bekennen, door de knieën gaan; II *overg* omkiepen; omwippen; omkieperen; doen omslaan

um'klammern *zw* omklemmen; zich aan iets vastklampen

'**umklappen** *zw* omklappen, neervallen, flauwvallen

'**Umkleidekabine** *v* kleedhokje; kleedkamertje

1 '**umkleiden** *zw*: *sich* ~ zich verkleden

2 **um'kleiden** *zw* bekleden, rondom behangen

'**Umkleideraum** *m* kleedkamer

'**umknicken** *zw* omknakken, knikken, (om-) zwikken

'**umkommen** *st* omkomen; *etwas* ~ *lassen* iets laten bederven; ~ *vor Langeweile* zich doodvervelen; *vor Hitze und Durst* ~ omkomen van de hitte en de dorst

um'kränzen *zw* omkransen

'**Umkreis** *m* omtrek, omgeving; <u>wisk</u> omgeschreven cirkel

um'kreisen *zw* draaien om, omcirkelen, zich in een kring om iets bewegen

'**umkrempeln** *zw* op-, omslaan ⟨v. mouwen enz.⟩; <u>fig</u> totaal veranderen; *die ganze Sache* ~ alles ondersteboven gooien, binnenstebuiten keren

'**umladen** *st* overladen

'**Umlage** *v* hoofdelijke omslag ⟨v. onkosten enz.⟩

1 '**umlagern** *zw* anders plaatsen; hergroeperen

2 **um'lagern** *zw* belegeren

1 '**Umlagerung** *v* verandering; hergroepering

2 **Um'lagerung** *v* belegering

'**Umland** *o* ommelanden

'**Umlauf** *m* omloop, circulatie; circulaire; <u>med</u> omloop; *durch* ~ *etwas bekanntgeben* per circulaire iets bekendmaken; *im* ~ *sein* in omloop zijn

1 '**umlaufen** *st* omlopen; omverlopen; verstrijken, ten einde gaan; de ronde doen; *~de Zeitschriften* rondgaande, in omloop zijnde tijdschriften

2 **um'laufen** *st* lopen om

'**Umlaut** *m* <u>taalk</u> umlaut

'**umlauten** *zw* <u>taalk</u> door umlaut van klank veranderen

'**Umlegekragen** *m* liggende boord

'**umlegen** *zw* omleggen, -doen, anders leggen; omklappen; vellen ⟨v. bomen⟩; doden ⟨v. wild, mensen⟩; om-, neerleggen; anders leggen; neerlaten, omslaan ⟨v.d. mast⟩; *Unkosten* ~ onkosten omslaan; *sich* ~ draaien ⟨v.d. wind⟩

'**umleiten** *zw* omleiden ⟨v.h. verkeer⟩

'**Umleitung** *v* wegomlegging, omleiding

'**umlenken** *zw* omdraaien, omkeren

'**umlernen** *zw* opnieuw gaan leren; zich omscholen; <u>fig</u> tot een ander inzicht komen

'**umliegend** omliggend, rondom; *die ~e Gegend* de omstreken, de omgeving

um'mauern *zw* ommuren

'**ummodeln** *zw* vervormen

um'nachten *zw* in duisternis hullen; *geistig umnachtet* geestelijk gestoord, waanzinnig

um'nebeln *zw* benevelen, omnevelen, in nevelen hullen

'**umnehmen** *st* aandoen, omdoen ⟨v. kleding⟩

'**Umorganisation** *v* reorganisatie

'**umpacken** *zw* overpakken, anders pakken, verpakken

1 '**umpflanzen** *zw* verplanten, anders planten; verpotten

2 **um'pflanzen** *zw* rondom beplanten

'**umpflügen** *zw* omploegen

'**umquartieren** *zw* doen verhuizen, elders inkwartieren of onderdak brengen; een andere kamer geven

um'rahmen *zw* omlijsten, encadreren

um'ranken *zw* omranken, omslingeren

'umrechnen zw omrekenen
'Umrechnungskurs m omrekenings-, wisselkoers
um'reisen zw: *die Welt ~* een wereldreis maken
1 **'umreißen** st omverhalen, -rukken, -trekken
2 **um'reißen** st omlijnen, in omtrekken tekenen; fig schetsen, in 't kort aangeven
1 **'umreiten** st omrijden; omverrijden; rondrijden (op rijdier)
2 **um'reiten** st rijden om, om (iets) heen rijden
'umrennen onr omrennen, omverlopen
um'ringen zw omringen, omgeven
'Umriß, nieuwe spelling: **Umriss** m omtrek, omlijning; schets
'Umritt m rondrit (te paard); processie te paard; rondrit in de manege
ums (= *um das*) om het; *ein Jahr ~ andere* jaar na jaar
'umsatteln zw omzadelen; omzwaaien van studie, de betrekking veranderen
'umsatzgroß, 'umsatzstark met grote omzet
'Umsatzsteuer v omzetbelasting
1 **'umsäumen** zw 'omzomen
2 **um'säumen** zw om'zomen
'umschalten zw omschakelen; overschakelen
um'schatten zw omschaduwen
'Umschau v overzicht; rondblik; *~ halten* rondkijken, inspecteren
'umschauen zw omkijken: *sich ~* rond-, omzien, -kijken
'umschichten omkeren, omwerken; de sociale structuur wijzigen
'umschichtig beurtelings, beurt om beurt
'Umschichtung v omwerking (v. lagen); wijziging v.d. sociale structuur
1 **'umschiffen** zw 'overladen
2 **um'schiffen** zw om'varen, -'zeilen ⟨ook fig⟩
'Umschlag m omslag; 't omslaan, omkeer; envelop, couvert; overlading (v. goederen); omzet; *kalte Umschläge* koude compressen, omslagen
'umschlagen st omslaan ⟨ook v. weer⟩; omvallen; omverslaan, vellen; overladen (v. goederen); omwikkelen, aandoen
'Umschlagetuch o omslagdoek
'Umschlaghafen m overlaadhaven
'Umschlagplatz m handel overlaadplaats, -station
um'schleichen st sluipen om; omsluipen
um'schließen st omsluiten, omringen; omvatten
um'schlingen st omklemmen, -strengelen; omarmen
'umschmeißen st omsmijten, -gooien; omversmijten, -gooien
'umschmelzen st omsmelten
'umschnallen zw omgespen
1 **'umschreiben** st over-, herschrijven
2 **um'schreiben** st omschrijven
Um'schreibung v omschrijving; nadere beschrijving
'Umschrift v rand-, omschrift; 't overschrijven; (gewijzigde) kopie
'Umschuldung v handel conversie, omzetting (in schuld met andere rente)
'umschulen zw op een andere school doen, overplaatsen; herscholen, omscholen
'Umschulung v overplaatsing naar een andere school; herscholing, omscholing
'umschütten zw overgieten, -storten; omwerpen, omgooien (v. vloeistof)
um'schwärmen zw omzwermen, omstuwen
um'schweben zw omzweven, zweven om
'Umschweif m omweg; breedvoerigheid; *ohne ~e* zonder omhaal
'umschwenken zw omzwenken, -zwaaien; van mening veranderen; omspoelen; zijn draai nemen
um'schwirren zw gonzen om
'Umschwung m wending, ommezwaai; plotselinge verandering, ommekeer; Zwits omgeving
um'segeln zw zeilen om; om'zeilen
'umsehen st omkijken, om-, rondzien; *da wirst du dich noch ~* je zult nog verbaasd staan; *sich ~* omkijken, -zien; rondkijken; *sich nach einer Stelle ~* uitkijken naar een betrekking
'umsein, nieuwe spelling: **um sein** onr om zijn, voorbij zijn
'umseitig aan ommezijde
'umsetzen zw verzetten, verplaatsen, wisselen; verplanten; handel verkopen, omzetten; chem omzetten
'umsichtig omzichtig, met beleid
'umsiedeln zw I overg een andere woonplaats geven; evacueren; II onoverg verhuizen
'umsinken st omvallen; omzakken; bezwijmen
um'sonst gratis, voor niets; tevergeefs; *nicht ~* niet voor niets
um'sorgen zw met zorg omringen
um'spannen zw omspannen (met de vingers of armen)
um'spielen zw sp & muz om'spelen
'umspringen st rondspringen, omspringen (met); omslaan (v.d. wind)
um'spülen zw om'spoelen, -golven
'Umstand m omstandigheid; *mildernde Umstände* recht verzachtende omstandigheden; *Umstände machen* (onnodige) drukte maken; last veroorzaken; *keine (großen) Umstände machen* niet veel omslag, niet veel werk van iets maken; *in andern Umständen* in gezegende omstandigheden, in verwachting; *ohne Umstände* zonder complimenten, zomaar; *unter Umständen* bij gelegenheid, eventueel; *unter allen (keinen) Umständen* in elk (geen) geval; *unter diesen Umständen* in deze omstandigheden; *unter den gegebenen (obwaltenden) Umständen* in de gegeven omstandigheden
'umständehalber wegens omstandigheden
'umständlich omslachtig, omstandig, uit-, breedvoerig
'umstandshalber wegens omstandighe-

den
'Umstandskleid o positiejurk
'Umstandswort o gramm bijwoord; ~ der Art und Weise, ~ des Ortes, ~ der Zeit bijwoord van hoedanigheid, plaats, tijd
'umstechen st omspitten
'umstecken zw anders spelden, steken; om-, afspelden ⟨v. een zoom enz.⟩
um'stehen st omringen, om iem. heen staan
'umstehend om(me)staand
'Umstehende(r) m omstander
'Umsteigefahrschein m, **'Umsteigekarte** v overstap(kaart)je
'umsteigen st overstappen; naar een andere partij gaan; ~ auf overgaan tot; ~ in overstappen op ⟨trein enz.⟩, in ⟨plaats⟩
'Umsteiger m (-s; ~) gemeenz overstap(kaart)je
1 **'umstellen** zw anders stellen (plaatsen), omzetten, verschikken; einen Betrieb ~ auf (+ 4) in een bedrijf overgaan op een ander fabrikaat; sich ~ zich anders instellen, een andere houding aannemen, ander werk gaan doen
2 **um'stellen** zw omringen, omsingelen; das Haus ist umstellt het huis is omsingeld
'umstimmen zw anders stemmen; einen ~ iem. van mening doen veranderen, ompraten, op andere gedachten brengen
'umstoßen st omverstoten, -duwen, omstoten, omverwerpen; vernietigen, opheffen; einen Plan ~ de uitvoering van een plan verhinderen; ein Testament ~ een testament nietig verklaren
um'strahlen zw omstralen
um'stritten (veel) omstreden; betwist
'umstülpen zw omkeren, ondersteboven keren; binnenstebuiten keren; omslaan ⟨v. hoedrand⟩
'Umsturz m omverwerping; omwenteling, revolutie
'umstürzen zw omstorten, omverhalen, -gooien, omwentelen, omvallen
'Umstürzler m (-s; ~) revolutionair
'umstürzlerisch revolutionair
'umtaufen zw her-, om-, verdopen, een andere naam geven
'Umtausch m ruiling; het omruilen
'umtauschen zw ruilen, omwisselen
'Umtrieb m drukte; omwenteling ⟨v. wiel⟩; ~e intriges, woelingen
'Umtrunk m rondgaan v. glas of beker; borrel
'umtun st omdoen; aandoen, los omslaan; sich ~ rondkijken; sich nach etwas ~ naar iets uitkijken
'Umverteilung v: ~ von Vermögen vermogensspreiding
um'wachsen st omgroeien, om... heen groeien
um'wallen zw omgolven
'umwälzen zw omrollen, -wentelen
'Umwälzung v omwenteling; revolutie
'umwandeln zw (geheel) veranderen; converteren; omzetten, transformeren
'Umwandlung v (algehele) verandering; conversie; elektr omzetting

'umwechseln zw om-, in-, verwisselen
'Umweg m omweg; auf ~en langs omwegen
1 **'umwehen** zw 'omwaaien
2 **um'wehen** zw om iets, iem. heen waaien
'Umwelt v milieu, omgeving
'Umweltbelastung v belasting van het milieu
umwelt'freundlich milieuvriendelijk
'Umweltpapier o kringlooppapier
'Umweltschutz m milieubescherming
'Umweltverschmutzung v milieuverontreiniging, -vervuiling
'umwenden onr omwenden, -keren; omslaan
um'werben st 't hof maken; trachten te winnen; sie ist sehr umworben veel mannen maken haar het hof; er wurde stark umworben men gaf zich veel moeite hem te winnen
'umwerfen st omverwerpen, -gooien; rondom werpen; omslaan ⟨v. doek⟩; einen Plan ~ een plan grondig wijzigen; das Ruder ~ fig 't roer omgooien
'umwerten zw herwaarderen
'Umwertung v herwaardering
1 **'umwickeln** zw anders winden; omwikkelen; een schone luier aandoen
2 **um'wickeln** zw omwikkelen, omzwachtelen
um'winden st omwinden, -vlechten
'umwohnend omwonend
um'wölken zw omwolken; der Himmel umwölkt sich de lucht betrekt
'umwühlen zw omwroeten
um'zäunen zw omheinen
Um'zäunung v (~; -en) omheining, -rastering, schutting
1 **'umziehen** st verhuizen; sich ~ zich verkleden
2 **um'ziehen** st : sich ~ betrekken ⟨v.d. lucht⟩
um'zingeln zw omsingelen
Um'zing(e)lung v omsingeling
'Umzug m verhuizing; ommegang, processie; optocht
unab'änderlich onveranderlijk
unab'dingbar, unab'dinglich onafwijsbaar; ein ~er Anspruch een eis waartegen niets in te brengen is; die ~en Notwendigkeiten het bestaansminimum; ~e Pflichten onafwijsbare plichten
'unabhängig onafhankelijk
'Unabhängigkeit v onafhankelijkheid
'unabkömmlich onmisbaar; er ist ~ hij kan niet gemist worden, hij is onmisbaar
unab'lässig onophoudelijk, gedurig, onafgebroken
unab'sehbar onafzienbaar, onoverzienbaar
'unabsetzbar onafzetbaar, niet uit een functie te ontheffen
'unabsichtlich onopzettelijk
unab'weisbar, unab'weislich onafwijsbaar; onvermijdelijk, onontkoombaar
unab'wendbar, unab'wendlich onvermijdelijk
'unachtsam onachtzaam, slordig

'un**ähnlich** ongelijk; niet gelijkend; *er ist seinem Bruder ganz ~* hij lijkt in niets op zijn broer
'un**anfechtbar** onbetwistbaar, onaantastbaar; niet aanvechtbaar ⟨v. vonnis⟩
'un**angebracht** misplaatst, verkeerd
'un**angefochten** ongehinderd, ongestoord, rustig; *ein ~er Sieg* een onbetwiste overwinning; *~ siegen* onbedreigd overwinnen
'un**angemessen** ongepast, ondoelmatig
'un**angenehm** onaangenaam; gemeenz vijandig, onvriendelijk; *ich kann auch ~ werden!* zometeen word ik echt boos!
unan'**greifbar** onaantastbaar
unan'**nehmbar** onaannemelijk, onaanvaardbaar
'**Unannehmlichkeit** *v* onaangenaamheid, narigheid
'un**ansehnlich** onaanzienlijk, onbelangrijk; weinig toonbaar, onooglijk
'un**anständig** onfatsoenlijk, onbetamelijk, onwelvoeglijk
'un**appetitlich** onsmakelijk, onappetijtelijk
'**Unart** *v* ondeugd, slechte gewoonte
'un**artig** ondeugend, stout ⟨v. kinderen⟩; onbeleefd
'un**artikuliert** ongearticuleerd; woest en hard ⟨v. schreeuwen⟩
'un**auffällig** onopvallend
unauf'**findbar** onvindbaar
'un**aufgefordert** ongevraagd, vrijwillig
'un**aufgeklärt** onopgehelderd
unauf'**haltbar, unauf'haltsam** niet tegen te houden (te stuiten); onophoudelijk, voortdurend
unauf'**hörlich** onophoudelijk
unauf'**lösbar, unauf'löslich** onoplosbaar, niet op te lossen
'un**aufmerksam** onoplettend, onattent
'un**aufrichtig** onoprecht
unauf'**schiebbar** geen uitstel duldend
unaus'**bleiblich** onvermijdelijk, zeker
unaus'**führbar** onuitvoerbaar, ondoenlijk
'un**ausgefüllt** niet ingevuld; blanco
'un**ausgeglichen** onevenwichtig
'un**ausgesetzt** onophoudelijk, onafgebroken
unaus'**rottbar** onuitroeibaar
unaus'**sprechlich** onuitsprekelijk; onbeschrijfelijk
unaus'**stehlich** onuitstaanbaar, onverdraaglijk
unaus'**weichlich** onvermijdelijk
'un**bändig** onbeheerst, wild, onbedwingbaar; uitbundig, buitengewoon; *~er Stolz* mateloze trots; *sich ~ freuen* enorm blij zijn; *~ lachen* onbedaarlijk lachen
'un**barmherzig** onbarmhartig, meedogenloos
'un**beachtet** onopgemerkt
'un**beanstandet** onbetwist, ongehinderd
'un**bedacht, 'unbedachtsam** onbedachtzaam, onbezonnen
'un**bedarft** onervaren, naïef
'un**bedenklich** onbedenkelijk, zonder bezwaar, gerust; zonder consideratie
'un**bedeutend** onbeduidend, gering
'un**bedingt** per se, beslist, volstrekt; zonder voorwaarde, onvoorwaardelijk; absoluut
unbe'**fahrbar** onberijdbaar ⟨v. weg⟩
'un**befangen** onbevangen, onpartijdig, onbevooroordeeld
'un**befleckt** onbevlekt, onbesmet, rein
'un**befriedigend** onbevredigend
'un**befugt** onbevoegd
'un**begabt** niet begaafd, zonder aanleg
unbe'**greiflich** onbegrijpelijk
'un**begrenzt** onbegrensd, onbeperkt
'un**begründet** ongegrond, onmotiveerd
'un**behaart** onbehaard
'**Unbehagen** *o* onbehagen, onbehaaglijkheid, onbehaaglijke stemming, misnoegen
'un**behaust** dakloos
'un**behelligt** ongemoeid, ongehinderd
unbe'**hindert** ongehinderd
'un**beholfen** onbeholpen, onhandig
unbe'**irrbar** niet van de wijs te brengen, onverstoorbaar; zeker
'un**beirrt** onverstoorbaar, vastberaden
'un**bekannt** ongekend; *Anzeige gegen U~* aanklacht tegen onbekende dader
'un**bekannterweise**: *grüßen Sie ihre Frau ~* doet u de groeten aan uw vrouw, hoewel ik haar niet persoonlijk ken
'un**bekümmert** onbekommerd, zorgeloos
'un**belastet** onbelast, zonder hypotheek; zonder zorgen; politiek zuiver (of gezuiverd)
'un**belebt** zonder leven, dood; niet druk ⟨bijv. v. weg, buurt⟩
unbe'**lehrbar** hardleers, eigenwijs
'un**beliebt** onbemind, weinig populair, niet in trek, onpopulair
'un**bemerkbar, 'unbemerkt** ongemerkt, onmerkbaar
'un**bemittelt** onbemiddeld, onvermogend
'un**benommen** veroorloofd, vrij; *das bleibt Ihnen ~* dat staat u vrij
'un**benutzt** ongebruikt, onaangeroerd, nieuw
'un**bequem** lastig, ongelegen, onbehaaglijk, hinderlijk; *ein ~er Mensch* een lastpak
'un**berechenbar** onberekenbaar
'un**berechtigt(erweise)** zonder gerechtigd te zijn, niet gerechtigd
'un**berücksichtigt** onopgemerkt, buiten beschouwing; *etwas ~ lassen* iets niet in aanmerking nemen, op iets niet ingaan
'un**berührt** onaangeraakt; ongerept, rein, maagdelijk; *diese Vorschriften bleiben davon ~* deze voorschriften blijven onaangetast
'un**beschadet** (+ 2) voorz onverminderd, behoudens, afgezien van; *~ meines Rechtes* behoudens mijn recht
'un**beschädigt** onbeschadigd, ongedeerd
'un**beschäftigt** niet bezig; zonder werk, zonder bezigheid, werkloos
'un**bescheiden** onbescheiden, vrijpostig
'un**bescholten** van onbesproken karakter, te goeder naam en faam bekend
'un**beschrankt** zonder slagboom; *~er Bahnübergang* onbewaakte spoorwegovergang

'unbeschränkt onbeperkt, onbekrompen, onbelemmerd
unbeschreiblich onbeschrijfelijk, <u>gemeenz</u> niet te filmen
'unbeschrieben onbeschreven; *ein ~es Blatt* een onbeschreven blad
'unbeschwert onbezwaard, vrij, onbezorgd
unbe'sehen ongezien; <u>handel</u> voetstoots
'unbesetzt onbezet, vacant, open
'unbesorgt zorgeloos, onbezorgd
'unbeständig onbestendig, veranderlijk
'unbestechlich onomkoopbaar, niet te beïnvloeden, onkreukbaar
'unbestimmt onbepaald; onzeker, onbestemd, onduidelijk, vaag; *der ~e Artikel* het onbepaald lidwoord
unbe'streitbar onbetwistbaar
'unbestritten onbetwist
'unbeteiligt niet deelnemend, niet betrokken, niet geïnteresseerd; *ein U~er* een buitenstaander
'unbetont zonder klemtoon, onbeklemtoond
'unbeugsam onverzettelijk, stijfhoofdig
'unbewaffnet ongewapend; *das ~e Auge* 't blote oog
'unbewandert onbedreven, -ervaren
'unbeweglich onbewegelijk; *~e Habe* onroerend goed
'unbewegt onbewogen
'unbewußt, nieuwe spelling: **unbewusst** onbewust
unbe'zweifelbar ongetwijfeld, zonder twijfel
unbe'zwingbar, unbe'zwinglich niet te bedwingen, onbedwingbaar
'Unbill *v* (~) onrecht, krenking
'unblutig zonder bloedvergieten
un'brauchbar onbruikbaar
und en; plus; *der Mensch ist frei, ~ wär' er in Ketten geboren* de mens is vrij, al was hij in ketenen geboren; *~ zwar* en wel, te weten
'Undank *m* ondank, ondankbaarheid; *~ ist der Welt Lohn* stank voor dank
'undankbar ondankbaar
'Undankbarkeit *v* ondankbaarheid
un'denkbar ondenkbaar
'undeutlich onduidelijk
'undicht niet dicht, lek ⟨bijv. fietsband enz.⟩; niet sluitend; <u>pol</u> onbetrouwbaar
'Unding *o* onding; *ein ~ sein* onzinnig, ongepast zijn, van de gekke zijn
undurch'dringlich ondoordringbaar
'undurchlässig dicht, niet-doorlatend
'undurchsichtig ondoorzichtig, onduidelijk, ondoorgrondelijk
'uneben [-ee-] oneffen, ongelijk; *das ist nicht ~* <u>gemeenz</u> dat is niet onaardig, niet slecht
'unecht onecht; *~er Bruch* <u>rekenk</u> onechte breuk
'unehelich onecht, onwettig, buitenechtelijk; *ein ~e Mutter* een ongehuwde moeder
'unehrlich oneerlijk, vals; eerloos
'uneigennützig onbaatzuchtig, belangeloos
'uneingeschränkt onbeperkt; zonder enig voorbehoud
'uneinig oneens, onenig; *~ sein mit* 't oneens zijn met
'uneins = uneinig
'unempfänglich onontvankelijk, ongevoelig, onvatbaar; *~ für* onontvankelijk voor
'unempfindlich ongevoelig, onverschillig, gevoelloos; *~ gegen* ongevoelig voor
un'endlich oneindig, eindeloos; ontzettend, buitengewoon
unent'behrlich onontbeerlijk, onmisbaar
unent'geltlich gratis, om niet, pro deo, zonder beloning, belangeloos
unent'rinnbar onontkoombaar
'unentschieden onbeslist, onuitgemaakt; besluiteloos
'unentschlossen besluiteloos, weifelend
unent'wegt onverdroten, onvermoeid, hardnekkig; aan één stuk door; recht door zee
uner'bittlich onverbiddelijk; <u>gemeenz</u> zo hard als een spijker
'unerfahren onbedreven, onervaren
uner'findlich onbegrijpelijk
uner'forschlich ondoorgrondelijk
uner'freulich onaangenaam, onverkwikkelijk
'unergiebig weinig opleverend, schraal
uner'gründbar, uner'gründlich ondoorgrondelijk, onpeilbaar
'unerheblich niet van belang, onbelangrijk, onbeduidend, onbetekenend, irrelevant
uner'hört ongehoord, buitengewoon; schandelijk, schaamteloos; onverhoord
uner'klärlich onverklaarbaar
uner'läßlich, nieuwe spelling: **uner'lässlich** noodzakelijk, onmisbaar
'unerlaubt ongeoorloofd
'unerledigt onafgedaan, niet afgewerkt
uner'meßlich, nieuwe spelling: **uner'messlich** onmetelijk
uner'müdlich onvermoeibaar, onvermoeid
uner'reichbar onbereikbaar
uner'reicht ongeëvenaard
uner'sättlich onverzadelijk, onverzadigbaar
uner'schöpflich onuitputtelijk
uner'schütterlich onverzettelijk; onverstoorbaar, doodgemoedereerd
uner'schwinglich niet te betalen
uner'setzbar, uner'setzlich onvervangbaar; onherstelbaar
uner'träglich onverdraaglijk, ondraaglijk
'unerwähnt onvermeld
'unerwartet onverwacht; onverhoeds
'unerwidert onbeantwoord
'unerwünscht niet welkom, ongewenst
'unfähig onbekwaam, ongeschikt, zonder aanleg; niet in staat (tot iets)
'Unfähigkeit *v* onbekwaamheid, ongeschiktheid; het niet in staat zijn
'Unfall *m* ongeval, ongeluk
'Unfallflucht *v* <u>auto</u> doorrijden na een ongeluk
'unfallfrei: *~ fahren* <u>auto</u> rijden zonder

een ongeluk te krijgen, schadevrij
un'faßbar, un'faßlich, nieuwe spelling: **un'fassbar, un'fasslich** onbegrijpelijk; schokkend
un'fehlbar onfeilbaar; zonder mankeren, zonder enige twijfel, stellig
'unfein onbeschaafd, ordinair; ondelicaat; *diese ~e Person* dat ordinaire mens
'unfern *voorz* (+ 2) niet ver van, dicht bij
'unfertig niet gereed, onaf, onvoltooid, onafgewerkt; onrijp
'Unflat *m* (-s) vuiligheid, vuile taal; vuilak
'unflätig vuil, ontuchtig, goor, vulgair, vies; *~e Reden* vuile praatjes
'unförmig vormloos, plomp, mismaakt, wanstaltig
'unfrei onvrij; bevangen; ongefrankeerd
'unfreiwillig onvrijwillig, zonder eigen toedoen, onopzettelijk
'unfreundlich onvriendelijk, nors; onaangenaam
'unfruchtbar onvruchtbaar, dor, schraal
'Unfug *m* (-s) herrie; kattenkwaad, baldadigheid; onzin; *grober ~ recht* verstoring van de openbare orde; straatschenderij; *alles ~!* allemaal onzin!
'Ungar ['oeng-gar] *m* (-n; -n) Hongaar
'ungarisch ['oeng-] Hongaars
'Ungarn ['oeng-garn] *o* (-s) Hongarije
'ungastlich ongastvrij; onaangenaam
'ungeachtet I niet geacht; II *voorz* (+ 2) niettegenstaande, ondanks, ongeacht
'ungeahnt onvermoed, onverwacht
'ungebeten niet uitgenodigd, ongevraagd; *~e Gäste* ongenode gasten
'ungebildet ongevormd; onbeschaafd
'Ungebühr *v* onbehoorlijkheid, onbetamelijkheid, ongepastheid
'ungebührend, 'ungebührlich ongepast
'ungebunden ongebonden, ongeregeld, losbandig; zonder bindingen; gemeenz ongetrouwd; *~e Rede* proza
'Ungeduld *v* ongeduld
'ungeduldig ongeduldig
'ungeeignet ongeschikt
'ungefähr omtrent, ongeveer; *der ~e Wert* de globale waarde; *von ~* bij toeval, toevallig
'ungefährdet veilig, zonder gevaar, niet in gevaar gebracht
'ungehalten ontevreden, boos, verstoord
'ungeheizt onverwarmd
'ungehemmt ongebreideld, onbeheerst, ongeremd
'ungeheuer monsterachtig, geweldig, kolossaal, buitengewoon; *die Kosten gehen ins Ungeheure* de kosten zijn geweldig hoog
'Ungeheuer *o* (-s; ~) monster
unge'heuerlich monsterachtig; kolossaal, geweldig
'ungehobelt ongeschaafd; onbeschaafd, ruw
'ungehörig onbehoorlijk, ongepast
'ungehorsam ongehoorzaam
'Ungeist *m* verderfelijke geest (v.e. ideologie)
'ungeklärt onopgehelderd

'ungelegen ongelegen
'ungelenk onhandig (in bewegingen), onbeholpen
'ungelernt ongeschoold, zonder vakkennis
'ungelogen ongelogen, werkelijk
'ungelöst onopgelost
'Ungemach *o* ongemak, hinder, last
unge'mein ongemeen, buitengewoon, zeer
'ungemütlich ongezellig, onbehaaglijk; nijdig, bedenkelijk; kwaad; *~ werden* nijdig worden
'ungenannt onbenoemd, ongenoemd, naamloos
'ungenau onnauwkeurig
'Ungenauigkeit *v* onnauwkeurigheid
'ungeniert [-zjeniert] ongegeneerd
unge'nießbar ondrink-, oneetbaar; niet te genieten (van personen)
'ungenügend onvoldoende
'ungenutzt, 'ungenützt ongebruikt; onaangeroerd
'ungepflegt onverzorgd, slordig
'ungeprüft niet onderzocht, niet geëxamineerd, niet gekeurd, niet gecontroleerd
'ungerade oneven 〈v. getallen〉
'ungerecht onrechtvaardig, onbillijk
'Ungerechtigkeit *v* onrechtvaardigheid
'ungereimt rijmloos; ongerijmd, dwaas
'ungern niet graag, met tegenzin; kwaadschiks
'ungerührt onbewogen, onaangedaan, onverschillig
'ungeschehen: *etwas ~ machen* iets ongedaan maken
'ungeschickt onhandig
'ungeschlacht onbehouwen, bot, lomp, plomp
'ungeschliffen ongeslepen 〈ook v. diamant〉, ruw 〈v. diamant〉; onbeschaafd, bot, plomp
'ungeschminkt niet opgemaakt; *fig* onopgesmukt, onomwonden; *die ~e Wahrheit* de ongezouten waarheid
'ungeschoren ongeschoren; *~ davonkommen* er heelhuids afkomen; *einen ~ lassen* iem. ongemoeid, met rust laten; *nichts ~ lassen* 〈ook〉 over alles spotten
'ungesellig eenzelvig; biol solitair
'ungesetzlich onwettig
'ungesittet onbeschaafd
'ungestalt mismaakt, wanstaltig
'ungestüm onstuimig, stormachtig
'Ungestüm *o* (-s) onstuimigheid
'ungesund ongezond, ziekelijk; schadelijk voor de gezondheid
'ungeteilt onverdeeld, eenstemmig
'ungetreu ontrouw
'ungetrübt ongestoord, onbewolkt, helder, zuiver
'Ungetüm *o* (-s; -e) wangedrocht, monster
'ungeübt ongeoefend, onbedreven
'ungewaschen: *ein ~es Maul haben* gemeenz een brutale bek hebben
'ungewiß, nieuwe spelling: **ungewiss** onzeker, ongewis, twijfelachtig; *aufs Ungewisse hin* op goed geluk af; *im ungewissen lassen* in 't onzekere laten

'**Ungewißheit**, nieuwe spelling: **Ungewissheit** v onzekerheid
'**ungewöhnlich** ongewoon, ongebruikelijk; ~ *schwierig* erg (ongemeen) lastig
'**ungewohnt** ongewoon, niet gewend
'**ungezählt** talloos; ongeteld
'**Ungeziefer** o ongedierte
'**ungeziemend** onbetamelijk, onpassend
'**ungezogen** ongemanierd, onhebbelijk, onbehoorlijk; ondeugend, stout
'**ungezügelt** losbandig, tomeloos
'**ungezwungen** ongedwongen, natuurlijk; *ganz* ~ *sein* heel gewoon zijn, jezelf zijn
'**Unglaube** m (-ns) ongeloof
'**ungläubig** ongelovig
un'glaublich ongelofelijk
'**unglaubwürdig** niet geloofwaardig, ongeloofwaardig
'**Unglaubwürdigkeit** v ongeloofwaardigheid, onbetrouwbaarheid
'**ungleich** ongelijk; ~ *mehr* aanzienlijk meer
'**ungleichartig** ongelijksoortig
'**Ungleichheit** v ongelijkheid
'**ungleichmäßig** ongelijkmatig, onregelmatig
'**Unglück** o (-s; -e) ongeluk, ramp-, tegenspoed; *zu allem* ~ tot overmaat van ramp
'**unglücklich** ongelukkig, rampspoedig
'**unglücklicherweise** ongelukkigerwijze, ongelukkig
'**unglückselig** rampzalig
'**Unglücksfall** m ongeluk, ongeval
'**Unglücksvogel** m, '**Unglückswurm** m gemeenz pechvogel
'**Ungnade** v ongenade
'**ungnädig** ongenadig; onvriendelijk, boos
'**ungültig** ongeldig, nietig, niet geldig; *etwas für* ~ *erklären* iets voor nietig verklaren
'**Ungunst** v (~) ongenade; ongunstige toestand; *zu meinen* ~*en* te mijnen nadele
'**ungünstig** ongunstig
'**ungut** niet goed, onaangenaam, onvriendelijk; *ein* ~*es Gefühl* een onbehaaglijk gevoel; *nichts für* ~ neem me niet kwalijk
un'haltbar onhoudbaar, onverdedigbaar; *ein* ~*es Tor* sp een onhoudbaar doelpunt
'**unhandlich** onhandig, onpraktisch, moeilijk te hanteren
'**Unheil** o onheil, ongeluk, ramp
un'heilbar ongeneeslijk, onherstelbaar
'**Unheilstifter** m onheilstichter
'**unheimlich** onguur, akelig, eng, angstig; beangstigend, angstwekkend, onheilspellend, griezelig, luguber; ~ *viel* ontzettend veel; *ein* ~*es Gedächtnis* een waanzinnig (groot) geheugen
'**unhöflich** onhoffelijk, onbeleefd
'**Unhold** m (-(e)s; -e) boze geest, duivel; angstaanjagend wezen; onverlaat, ongure kerel; zedendelinquent
'**unhörbar** onhoorbaar
Uni v stud = *Universität*
uniform uniform, eenvormig, eenheids-
Uniform v (~; -en) uniform
uniformieren zw van uniformen voorzien, in uniform steken; uniformeren, gelijk van vorm maken; *uniformiert* geüniformeerd
Uniformität v (~; -en) uniformiteit, eenvormigheid
Unikum o (-s; -ka & -s) unicum; gemeenz zonderlinge kerel
'**uninteressant** oninteressant
'**uninteressiert** ongeïnteresseerd
Union [oeni-'oon] v (~; -en) unie, bond, liga; *die Utrechter* ~ de Unie van Utrecht
unison(o) unisono, eenstemmig
universal universeel, algemeen
Universalerbe m universeel (enig) erfgenaam
Universalität v (~) universaliteit, algemeenheid
universell universeel, algemeen; veelzijdig
Universität v (~; -en) universiteit
Universum o (-s) universum, heelal
Unke v (~; -n) dierk vuurpad; gemeenz pessimist, zwartkijker
unken zw sombere geluiden doen horen; jeremiëren; een catastrofe voorspellen, zwartkijken
'**unkenntlich** onken-, onherkenbaar
'**Unkenntnis** v onwetendheid, onkunde; *in* ~ *lassen* ook: niet inlichten
Unkenruf m somber, onheilspellend geluid
'**unkeusch** onkuis
'**unklar** niet helder; onduidelijk, verward; scheepv onklaar; *im* ~*en lassen* niet (volledig) inlichten
'**unklug** onverstandig, dwaas
'**unkörperlich** onstoffelijk
'**Unkosten** mv onkosten
'**Unkostenbeitrag** m bijdrage in de kosten
'**Unkraut** o onkruid
'**unkündbar** niet ontslagen kunnende worden; handel onopzegbaar, niet aflosbaar
'**unkundig** onkundig, onbewust; *einer Sache* ~ *sein* van iets onkundig zijn
'**unlängst** onlangs, niet lang geleden, kortelings
'**unlauter** onzuiver, unfair, bedenkelijk; ~*e Machenschaften, Praktiken* onoorbare praktijken; ~*er Wettbewerb* oneerlijke concurrentie
'**unleidlich** onuitstaanbaar, ondragelijk; slecht gehumeurd, onhebbelijk
'**unlenkbar** onbestuurbaar
'**unlesbar** onleesbaar
'**unleserlich** onleesbaar, niet te ontcijferen
un'leugbar onloochenbaar, ontegenzeggelijk
'**unlieb** onaangenaam; *es ist mir nicht* ~ (ook) 't komt mij goed uit
'**unliebsam** onaangenaam; onwelgevallig, ongewenst; ~*e Überraschungen* onaangename verrassingen
'**unlimitiert** ongelimiteerd
un'lösbar onoplosbaar; onscheidbaar; onontwarbaar
'**Unlust** v onbehagen, ontevredenheid; lusteloosheid, tegenzin
'**unlustig** lusteloos, met tegenzin; handel ongeanimeerd, lusteloos
'**unmanierlich** ongemanierd, onbeleefd
'**unmännlich** onmannelijk
'**Unmaß** o onmatigheid, overmaat; *im* ~

mateloos, bovenmatig
'Unmasse v : ~n enorme hoeveelheden
'unmaßgeblich niet als maatstaf dienend; *nach meiner ~en Meinung* naar mijn bescheiden mening
'unmäßig onmatig, buitensporig
'Unmäßigkeit v onmatigheid
'Unmenge v grote massa, enorme menigte
'Unmensch m onmens, wreedaard; *ich bin ja schließlich kein* ~ er valt met mij best te praten
'unmenschlich onmenselijk, barbaars; fig enorm
un'merkbar, un'merklich onmerkbaar
'unmißverständlich, nieuwe spelling: **unmissverständlich** niet mis te verstaan, ondubbelzinnig
'unmittelbar rechtstreeks, onmiddellijk, direct; *in ~er Nähe* in de onmiddellijke nabijheid; *mein ~er Vorgesetzter* mijn directe superieur; *~e Wahlen* rechtstreekse verkiezingen; *das steht ~ bevor* dat staat ieder ogenblik te wachten; *~ darauf, vorher* onmiddellijk (vlak) erna, ervoor
'unmodisch niet modieus, niet volgens de mode
'unmöglich onmogelijk; onbehoorlijk
'Unmöglichkeit v onmogelijkheid; *ein Ding der* ~ onbehoorlijk; onmogelijk
'unmoralisch onzedelijk, immoreel
'unmündig onmondig, minderjarig
'Unmut m wrevel, misnoegen, ontevredenheid
'unmutig wrevelig, misnoegd
'unnachahmlich onnavolgbaar
'unnachgiebig onbuigzaam, niet toegevend
'unnachsichtig, 'unnachsichtlich onverbiddelijk, streng
un'nahbar ongenaakbaar
'Unnatur v onnatuurlijkheid
'unnatürlich onnatuurlijk, ontaard, ongewoon
un'nennbar onnoembaar, onnoemelijk, onuitsprekelijk
'unnötig onnodig, niet noodzakelijk
'unnütz onnut, nutteloos; gemeenz ondeugend; *~es Gerede* zinloos gepraat
'unordentlich wanordelijk, ongeregeld, losbandig
'Unordnung v wanorde, verwarring, ongeregeldheid
'unpaar, 'unpaarig biol ongepaard
'unparteiisch, 'unparteilich onpartijdig; *der Unparteiische* de scheidsrechter
'unpassend ongepast; ongeschikt; ongelegen
'unpäßlich, nieuwe spelling: **unpässlich** onpasselijk, onwel
'Unpäßlichkeit, nieuwe spelling: **Unpässlichkeit** v onpasselijkheid
'unpoliert ongepolijst; onbeschaafd
'unpraktisch onpraktisch, onuitvoerbaar
'unpünktlich niet stipt op tijd, niet punctueel, onnauwkeurig
'unqualifiziert zonder (de juiste) kwalificaties; ~ *Arbeit* ongeschoold werk; ⟨in ongunstige zin⟩ onvakkundig

'unrasiert ongeschoren
'Unrast v (~) rusteloosheid, gejaagdheid
'Unrat m vuil, vuiligheid; drek
'unrecht verkeerd, onjuist, ongeschikt; ~ *bekommen, haben* ongelijk krijgen, hebben; *einem* ~ *geben* iem. ongelijk geven; *an den U~en kommen* aan 't verkeerde adres komen; *in die ~en Hände fallen* in verkeerde handen vallen
'Unrecht o onrecht, ongelijk; onrechtvaardigheid; *mit* ~, *zu* ~ ten onrechte; *einem* ~ *tun* iem. onrecht aandoen; *im* ~ *sein* ongelijk hebben; *einen ins* ~ *setzen* iem. in 't ongelijk stellen
'unrechtmäßig onrechtmatig
'unredlich oneerlijk
unreell ['oen-ree-'el] handel niet reëel, oneerlijk
'unregelmäßig onregelmatig, ongeregeld
'unreif onrijp
'Unreife v onrijpheid
'unrein onrein, onzuiver, onzindelijk
'unreinlich onzindelijk, vuil
'unrentabel niet renderend (rendabel, winstgevend)
un'rettbar reddeloos; hopeloos
'unrichtig verkeerd, onjuist, dwalend
'Unruh v onrust (in horloge)
'Unruhe v onrust (ook in horloge); ongerustheid; *~n* onlusten, troebelen
'Unruheherd m haard v. onrust
'Unruhestifter m onruststoker
'unruhig onrustig; ongerust
'unrühmlich roemloos
uns pers vnw ons; elkaar; *er besuchte* ~ *und sagte* ~ *seine Meinung* hij bezocht ons en zei ons zijn mening; *wir kennen* ~ wij kennen elkaar
'unsachgemäß verkeerd, niet zoals 't hoort
'unsachlich onzakelijk
un'sagbar, un'säglich onzegbaar, onnoemelijk; onuitsprekelijk
'unsanft onzacht, hard, hardhandig
'unsauber onzindelijk; vies, vuil; *~es Spiel* sp vuil spel
'unschädlich onschadelijk
'unscharf onscherp, niet scherp
'unschätzbar onschatbaar
'unscheinbar onopvallend, onooglijk, onaanzienlijk; onbetekenend, nietig
'unschicklich onwelvoegelijk, onbehoorlijk, onbetamelijk, ongepast
'unschlüssig besluiteloos
'unschön lelijk, niet mooi
'Unschuld v onschuld, reinheid; *eine* ~ *vom Lande* gemeenz een provinciaaltje; een onnozel meisje
'unschuldig onschuldig, schuldeloos; maagdelijk; ~ *wie ein Lamm* doodonschuldig
'Unschuldslamm o fig onschuldig lammetje
'unschwer niet moeilijk, gemakkelijk
'Unsegen m onheil, ongeluk; rampspoed, vloek
'unselbständig, nieuwe spelling ook: **unselbstständig** onzelfstandig
'unselig rampzalig, onzalig; ongelukkig

'unser, 'uns(e)re, 'unser *bez vnw* ons; *unser Buch* ons boek
'unsereiner, 'unsereins een van ons; iemand als wij
'unsererseits = *unserseits*
'unseresgleichen onsgelijken
'unserseits van onze kant, op onze beurt
'unserthalben onzenthalve
'unsertwegen onzentwege
'unsertwillen: *um ~* om onzentwil
'unsicher onzeker; onveilig; onbetrouwbaar
'Unsicherheit *v* onzekerheid; onveiligheid
'unsichtbar onzichtbaar; *~ werden, sich ~ machen* gemeenz verdwijnen
'Unsinn *m* onzin, dwaasheid; *blühender, bodenloser, heller ~* klinkklare onzin
'unsinnig onzinnig, dwaas; gek; *~en Durst haben* verschrikkelijke dorst hebben
'Unsitte *v* slechte gewoonte, onhebbelijkheid
'unsittlich onzedelijk, immoreel
'unsolid(e) onsolide; onbetrouwbaar
'unsorgsam zorge-, achteloos
'unsportlich onsportief
'unsrerseits = *unserseits*
'unstatthaft ongeoorloofd, ontoelaatbaar; niet ontvankelijk
'unsterblich onsterfelijk
'Unstern *m* ongelukkig gesternte, pech; onheil, ongeluk
'unstet ongestadig, rusteloos, onvast, ongeduring; *ein ~es Leben* een rusteloos, zwervend leven
'Unstetigkeit *v* rusteloos-, ongedurigheid
un'stillbar onstilbaar, niet te stillen ⟨ook fig⟩
'Unstimmigkeit *v* ⟨~; -en⟩ iets dat niet klopt, klein verschil; meningsverschil
'unstreitig ontegenzeggelijk, onbetwistbaar
'Unsumme *v* gigantische hoeveelheid, som geld
'untadelhaft, 'untad(e)lig onberispelijk
'Untat *v* wan-, gruweldaad, wanbedrijf
'untätig werkeloos; zonder iets te (kunnen) doen
'untauglich ondeugdelijk, onbruikbaar
un'teilbar ondeelbaar
'unten *bijw* beneden; onder; *von ~* van onderop, van beneden; *weiter ~ am Fluß* verder stroomafwaarts; *von ~ her* van beneden; *nach ~ hin* naar beneden; *~ durch* = *untendurch*
'untenan onderaan, beneden, a. h. benedeneind
'untendurch: *~ sein bei* 't verbruid hebben bij, eruitliggen bij, afgedaan hebben voor
1 unter (+ 3, 4) *voorz* onder, beneden, tussen; *~ ander(e)m, ~ ander(e)n* onder andere; *~ einem* Oostr tegelijkertijd; *~ der Bedingung* op voorwaarde; *Gefängnis nicht ~ einem Jahr* gevangenisstraf van ten minste één jaar; *~ 18 Jahren* beneden de 18 (jaar); *~ aller Kanone, ~ aller Kritik,* gemeenz *~ aller Sau* beneden alle kritiek; *~ Mittag* 's middags; *~ Tag* in de mijn; *~ Tags* overdag; *~ Umständen* in sommige gevallen, soms
2 'unter *bn* lager, onderste; *die ~e Donau* de Beneden-Donau; *die ~en Klassen* de lagere klassen; *der ~e Rand* de benedenrand; *der ~e Stock* de benedenverdieping
'Unterabteilung *v* onderafdeling
'Unterarm *m* onderarm
'Unterart *v* biol variëteit
'Unterbau *m* onderbouw, basis; fundament
unter'bauen *zw* funderen, steunen, stutten, onderbouwen; *philosophisch unterbaut* filosofisch gefundeerd
'unterbelichtet fotogr onderbelicht; gemeenzg geestelijk wat achter
'unterbewerten *zw* te laag taxeren, onderwaarderen
'unterbewußt, nieuwe spelling: **'unterbewusst** onderbewust
'Unterbewußtsein, nieuwe spelling: **'Unterbewusstsein** *o* onderbewustzijn
unter'bieten *st* beneden iets blijven ⟨bijv. prijs, record⟩; *die Preise der anderen ~* beneden de prijzen van de anderen blijven
'Unterbilanz *v* handel tekort, nadelig saldo, deficit
1 'unterbinden *st* onder-, aanbinden
2 unter'binden *st* afbinden; verhinderen, belemmeren
unter'bleiben *st* achterwege blijven; in de pen blijven
unter'brechen *st* onderbreken, afbreken, staken; in de rede vallen, storen
Unter'brechung *v* onderbreking, afbreking, stoornis, tussenpoos
1 'unterbreiten *zw* onder (iem., iets) uitspreiden
2 unter'breiten *zw* voorleggen, ter overweging geven; *einer Versammlung Anträge ~* aan een vergadering voorstellen voorleggen
'unterbringen *onr* onder dak brengen, onderdak verschaffen, huisvesten; (op-) bergen; aan een baantje helpen, verzorgen; handel verkopen, plaatsen
unter'buttern *zw* gemeenz eronder krijgen, klein krijgen; *sich nicht ~ lassen* zich niet klein laten krijgen, zich niet op de kop laten zitten
'Unterdeck *o* scheepv benedendek
unterder'hand, nieuwe spelling: **unter der Hand** ondershands; in vertrouwen
unter'des(sen) ondertussen, onderwijl
'Unterdruck *m* med te lage bloeddruk; techn te lage drukking; lagere druk
unter'drücken *zw* onderdrukken, beheersen; de kop indrukken; verdrukken; *eine Bemerkung ~* een opmerking voor zich houden; *eine Nachricht ~* nieuws achterhouden
Unter'drücker *m* onderdrukker, dwingeland
unterein'ander onder elkaar
'unterentwickelt: onderontwikkeld, achtergebleven
'unterernährt ondervoed
'Unterernährung *v* ondervoeding
unter'fangen *st*: *sich ~* (+ 2) zich verstouten, wagen

Unter'fangen o onderneming, waagstuk
'unterfassen zw: einen ~ iemand een arm geven; untergefaßt gearmd
unter'fertigen zw ondertekenen; Unterfertigter ondergetekende
unter'führen zw onder iets door leiden; herhalen ⟨d.m.v. aanhalingstekens⟩
Unter'führung v tunnel, ondergrondse verbinding; herhaling d.m.v. aanhalingstekens
Unter'führungszeichen o aanhalingsteken (voor herhaling)
'Untergang m ondergang; verval
unter'geben ondergeschikt
'untergehen onr ondergaan, te gronde gaan, vergaan, zinken
'untergeordnet ondergeschikt, -horig; onderschikkend, subordinerend; ~ sein (+ 3) (ook) ressorteren onder; ein ~er Satz een onderschikkende zin
'Untergeschoß, nieuwe spelling: **Untergeschoss** o souterrain
'Untergestell o onderstel ⟨ook schertsend benen⟩
1 **'untergraben** st 'ondergraven, -spitten
2 **unter'graben** st ondermijnen, onder'graven
'Untergrund m ondergrond, grondslag, fundament; bezinksel; underground
'Untergrundbahn v metro
'unterhalb voorz (+ 2, soms + 3) beneden(waarts); ~ der Stadt am Rhein beneden de stad aan de Rijn
'Unterhalt m onderhoud
1 **'unterhalten** st 'onderhouden, onder iets houden
2 **unter'halten** st onder'houden, in stand houden, verzorgen; amuseren; sich ~ (samen) praten; zich bezig houden, zich amuseren
Unter'halter m (-s; ~) conferencier, entertainer
unter'haltsam onderhoudend, gezellig
'Unterhaltsanspruch m recht op, eis tot alimentatie
'Unterhaltskosten mv onderhoudskosten
'Unterhaltszahlung v alimentatie
Unter'haltung v onderhoud, instandhouding; ontspanning, amusement; gesprek, onderhoud, conversatie
Unter'haltungsmusik v amusementsmuziek
unter'handeln zw onderhandelen
Unter'händler m bemiddelaar, onderhandelaar
Unter'handlung v onderhandeling
'Unterhaus o benedenhuis; Lagerhuis ⟨van 't Engelse parlement⟩
unter'höhlen zw ondermijnen
'Unterholz o laag hout, kreupelhout
'Unterhose v onderbroek
'unterirdisch onderaards, -gronds
'Unterjacke v onderhemd
unter'jochen zw onderwerpen, onder 't juk brengen
unter'kellern zw van kelders voorzien, een kelder bouwen onder
'Unterkiefer m onderkaak

'unterkommen st onderkomen; terechtkomen, onder dak komen (= een ambt, betrekking krijgen); komen logeren; over'komen
'Unterkommen o toevlucht, onderdak; betrekking
'unterkriegen zw eronder krijgen; sich nicht ~ lassen zich niet klein laten krijgen
unter'kühlen zw onderkoelen, afkoelen beneden het vriespunt; unterkühlt fig koel; nuchter
'Unterkunft v schuilplaats, onderdak
'Unterlage v onderlaag, onderstel; grondslag, basis, onderlegger; ~n officiële gegevens, bescheiden, bewijsstukken; handel documenten; Kredite gegen ~n handel kredieten op documenten
'Unterland o laag land; benedenlanden
'Unterlaß, nieuwe spelling: **Unterlass** m: ohne ~ zonder ophouden
unter'lassen st nalaten, verzuimen, niet doen, in gebreke blijven
Unter'lassung v nalatigheid, verzuim, omissie
'Unterlauf m benedenloop ⟨v. rivier⟩
unter'laufen st ontduiken, ontgaan; tegenkomen; einige Fehler sind ~ er zijn enige fouten ingeslopen; einen ~ iem. scheppen, beentje lichten; mit Blut ~ met bloed belopen
1 **'unterlegen** zw 'onderleggen
2 **unter'legen** st leggen onder; van een onderlegger, steun, voering voorzien; einer Melodie einen Text ~ bij een melodie een tekst schrijven
3 **unter'legen** bn zwakker, minder; einem ~ sein iemands mindere zijn; zahlenmäßig ~ minder in aantal; die ~e Partei de verliezende partij
Unter'legenheit v inferioriteit
'Unterleib m onderlijf, -buik
1 **'unterliegen** st onderliggen
2 **unter'liegen** st (+ 3) st bezwijken aan; zwichten voor; 't onderspit delven, 't afleggen; onderhevig zijn aan; sp verliezen; der Genehmigung ~ goedkeuring behoeven; einer Ordnungsstrafe ~ in boete vervallen; dem deutschen Recht ~ onder 't Duitse recht vallen; einer Steuer ~ aan een belasting onderworpen zijn; das unterliegt keinem Zweifel dat lijdt geen twijfel
'Unterlippe v onderlip
'unterm (= unter dem) onder de, het; ~ Tisch onder de tafel
unter'malen zw muz begeleiden; opluisteren; schilderk de eerste laag opbrengen
Unter'malung v ondergrond, fond; musikalische ~ eines Films muzikale begeleiding van een film
unter'mauern zw door metselwerk steunen; fig steunen, staven
'Untermensch m onmens; nat-soc niet-Ariër, inferieur mens
'Untermiete v onderhuur; zur ~ in onderhuur
'Untermieter m onderhuurder
untermi'nieren ondermijnen ⟨ook fig⟩
untermischen zw vermengen

'untern (= *unter den*) onder de; ~ *Tisch* onder de tafel
unter'nehmen *st* ondernemen
Unter'nehmen *o* (-s; ~) onderneming
unter'nehmend ondernemend, stoutmoedig
Unter'nehmung *v* onderneming
Unter'nehmungsgeist *m* ondernemingsgeest
unter'nehmungslustig ondernemend
'Unteroffizier *m* mil onderofficier; ⟨als rang⟩ ± sergeant
'unterordnen *zw* onderschikken; ondergeschikt maken
'Unterordnung *v* onderschikking (ook gramm); onderverdeling; onderwerping
'Unterpfand *o* onderpand, pand
'unterpflügen *zw* onderploegen
'Unterprima *v* vero voorlaatste klas v.h. gymnasium
unter'queren *zw* onder (iets) door gaan
unter'reden *zw*: *sich* ~ met elkaar spreken; een onderhoud hebben, een bespreking houden, confereren; *sich* ~ *mit* spreken met
Unter'redung *v* (~; -en) onderhoud, bespreking, conferentie
'Unterricht *m* onderricht, -wijs; les; *fremdsprachlicher* ~ 't onderwijs in de vreemde talen; *landwirtschaftlicher* ~ landbouwonderwijs; *muttersprachlicher* ~ moedertaalonderwijs
unter'richten *zw* onderrichten, -wijzen, les geven; op de hoogte brengen, kennis geven; *in (gut) unterrichteten Kreisen* in welingelichte kringen; *unterrichtet sein* op de hoogte (gebracht) zijn; ontwikkeld zijn; *wenn ich recht unterrichtet bin ...* als ik goed ingelicht ben ...; *sich* ~ zich op de hoogte stellen; *sich* ~ *lassen* zich laten voorlichten
'Unterrichtsanstalt *v* inrichting v. onderwijs, onderwijsinrichting, -instelling
'Unterrichtsstunde *v* lesuur
'Unter'richtung *v* onderrichting, onderwijs; kennisgeving
'Unterrock *m* onderrok
'unters (= *unter das*) onder het
unter'sagen *zw* verbieden, ontzeggen
'Untersatz *m* onderstel, -zetje, -zetter; voet, onderschraging, steun; *fahrbarer* ~ schertsend auto
unter'schätzen *zw* onderschatten, te laag schatten, minachten
unter'scheiden *st* onderscheiden, onderscheid maken; *sich* ~ verschillen
Unter'scheidung *v* 't onderscheiden, onderscheiding
'Unterschenkel *m* onderbeen
'Unterschicht *v* onderlaag
'unterschieben *st* onder iets schuiven; onderschuiven, toedichten
'Unterschiebung *v* toedichting, verkeerde voorstelling
'Unterschied *m* (-s; -e) onderscheid, verschil; *im* ~ *zu* anders dan; *ein* ~ *wie Tag und Nacht* een verschil van dag en nacht
unter'schiedlich verschillend
'unterschiedslos zonder onderscheid
1 **'unterschlagen** *st* over elkaar slaan; *mit untergeschlagenen Armen (Beinen)* met gekruiste armen (benen)
2 **unter'schlagen** *st* verduisteren, verdonkeremanen, ontvreemden; opzettelijk onvermeld laten; *einen Brief* ~ een brief onderscheppen
'Unterschleif *m* (-(e)s; -e) bedrog, oplichting; verduistering, diefstal; schelmerij
'Unterschlupf *m* onderkomen, -dak, schuilplaats
'unterschlupfen, 'unterschlüpfen *zw* schuilen, een onderkomen zoeken; heimelijk binnendringen
unter'schreiben *st* ondertekenen; onderschrijven
unter'schreiten *st*: *die Norm* ~ beneden de norm blijven
'Unterschrift *v* ondertekening, handtekening
'unterschwellig onbewust, onderhuids, onderbewust
'Unterseeboot *o* (~) duikboot, onderzeeër
'unterseeisch onderzees
'Unterseite *v* onderkant
'untersetzen *zw* onderzetten, -plaatsen; eronder zetten
'Untersetzer *m* onderzetter, schotel, bak ⟨onder iets⟩
unter'setzt gedrongen, kort en stevig
'untersinken *st* onderzinken, verzinken, te gronde gaan
unter'spülen *zw* onderspoelen, uitspoelen; fig ondermijnen
'unterst onderste, benedenste, laagste; *zu*~ 't laagst, onderaan
'Unterstand *m* mil onderkomen, bomvrije schuilplaats
1 **'unterstehen** *onr* ergens onder staan, schuilen ⟨onder een dak bijv.⟩
2 **unter'stehen** *onr* staan onder; (+ 3) ressorteren onder, vallen onder; *sich* ~ zich verstouten, wagen; *untersteh dich!* heb 't hart eens dat te doen!
1 **'unterstellen** *zw* onderzetten; stallen ⟨v. auto, fiets⟩; *sich irgendwo* ~ ergens schuilen
2 **unter'stellen** *zw* veronderstellen; plaatsen onder, de leiding geven over; *einem etwas* ~ iem. iets toedichten; iets van iem. veronderstellen; *einen seinem Befehl* ~ iem. onder zijn bevel plaatsen; *die ihm unterstellten Beamten* de onder hem ressorterende ambtenaren
Unter'stellung *v* onderstelling; insinuatie
unter'streichen *st* onderstrepen, nadruk leggen op, accentueren
'Unterstufe *v* drie laagste klassen v.e. middelbare school; onderbouw
unter'stützen *zw* ondersteunen, schragen; helpen
Unter'stützung *v* ondersteuning, uitkering; bijstand, hulp
unter'suchen *zw* onderzoeken; keuren
Unter'suchung *v* onderzoek
Unter'suchungsausschuß, nieuwe spelling: **Unter'suchungsausschuss** *m* com-

missie van onderzoek
Unter'suchungsgefängnis o recht huis van bewaring
Unter'suchungshaft v recht preventieve hechtenis, voorarrest
Unter'suchungsrichter m recht rechter v. instructie
'untertan onderdanig, onderworpen; *einem ~ sein* aan iem. onderworpen, onderdanig zijn
'Untertan m (-s; -en) onderdaan
'untertänig onderdanig, onderworpen; *ich bitte ~st* ik verzoek eerbiedig
'Untertasse v schoteltje 〈onder kopje〉; *fliegende ~n* vliegende schotels
'untertauchen zw onderdompelen, -duiken (ook fig)
'Unterteil m & o onderste deel
unter'teilen zw: *~ in* (+ 4) onderverdelen in
'Untertitel m ondertitel
'Unterton m bijklank, ondertoon
unter'treiben st (iets) geringer voorstellen dan 't is
unter'tunneln zw een tunnel aanleggen onder
unter'wandern zw binnendringen, penetreren; fig infiltreren
'Unterwäsche v ondergoed, lingerie
'Unterwasser o grondwater
unter'wegs onderweg, op stap; Zwits *etwas ~ lassen* iets achterwege laten
unter'weisen st onderwijzen, -richten
Unter'weisung v onderricht, instructie; lering, catechisatie
'Unterwelt v onderwereld
unter'werfen st onderwerpen, ten onder brengen, overmeesteren
Unter'werfung v onderwerping
'unterwürfig onderdanig, afhankelijk; ootmoedig
unter'zeichnen zw ondertekenen
Unter'zeichner m ondertekenaar
Unter'zeichnete(r) m ondergetekende
Unter'zeichnung v ondertekening, handtekening
'Unterzeug o onderkleren, -goed
1 **'unterziehen** st onder iets aantrekken, onderdoorhalen
2 **unter'ziehen** (+ 3) st onderwerpen (aan); *sich einer Arbeit ~* een werk op zich nemen; *sich einer Prüfung ~* zich aan een examen, een onderzoek onderwerpen
'untief ondiep
'Untiefe v ondiepte; geweldige diepte
'Untier o ondier, monster
un'tilgbar niet af te lossen 〈v. schuld enz.〉
un'tragbar niet te dragen, onduldbaar
un'trennbar onscheidbaar; onafscheidelijk
'untreu ontrouw
'Untreue v ontrouw, trouweloosheid
un'trinkbar ondrinkbaar
un'tröstlich ontroostbaar
un'trüglich onbedriegelijk, onfeilbaar, zeker
'untüchtig onbekwaam, ongeschikt, niet flink
'Untugend v ondeugd, gebrek

unüber'brückbar niet te overbruggen
'unüberlegt onbezonnen
unüber'sehbar onover-, onafzienbaar
unüber'setzbar onvertaalbaar
'unübersichtlich onoverzichtelijk
unüber'trefflich niet te overtreffen
unüber'troffen onovertroffen
unüber'windlich onoverwinnelijk
'unüblich ongebruikelijk
unum'gänglich onvermijdelijk
unum'schränkt onbeperkt
unum'stößlich onomstotelijk; onherroepelijk, onveranderlijk
unum'wunden onomwonden, rondborstig
'ununterbrochen onafgebroken, voortdurend, zonder tussenpoos
unver'änderlich onveranderlijk
unver'antwortlich onverantwoordelijk, onverantwoord
unver'äußerlich onvervreemdbaar
unver'besserlich onverbeterlijk
'unverbindlich niet verplichtend, niet bindend; handel vrijblijvend; facultatief; afstandelijk
'unverblümt onverbloemd, onbewimpeld
'unverbrüchlich onverbrekelijk, onschendbaar
'unverbürgt ongewaarborgd; niet bevestigd 〈v. bericht, gerucht〉
'unverdächtig onverdacht
'unverdaulich onverteerbaar (ook fig)
'unverdorben onbedorven
'unverdrossen onverdroten
'unverehelicht ongehuwd
unver'einbar onverenigbaar, tegenstrijdig, onbestaanbaar
'unverfälscht onvervalst, zuiver
'unverfänglich onschuldig, naïef, natuurlijk
'unverfroren brutaalweg, met een stalen gezicht; doodleuk; ijskoud, ongegeneerd
'Unverfrorenheit v ongegeneerdheid, brutaliteit; kalmte; leukheid
'unvergänglich onvergankelijk
'unvergeßlich, nieuwe spelling: **unvergesslich** onvergetelijk; *das wird mir ~ sein* dat zal ik nooit vergeten
unver'gleichlich onvergelijkelijk, weergaloos
'unverhältnismäßig buiten verhouding, buitengewoon
'unverheiratet ongetrouwd, ongehuwd
'unverhofft onverhoopt, onverwacht; *~ kommt oft* dat zul je altijd zien
'unverhohlen onverholen
'unverhüllt onverhuld, onbedekt
'unverkäuflich onverkoopbaar; niet te koop
unver'kennbar onmiskenbaar, onloochenbaar, klaarblijkelijk
'unverletzt ongekwetst, ongedeerd, ongeschonden
unver'meidlich onvermijdelijk
'unvermischt onvermengd
'unvermittelt plotseling, zonder overgang, bruusk
'Unvermögen o onvermogen, onmacht
'unvermögend onvermogend, niet ge-

goed; niet in staat; *ganz oder teilweise* ~ on- of minvermogend
'unvermutet niet vermoed, onverwacht, onverhoeds
'Unvernunft *v* onverstand; redeloosheid
unver'nünftig redeloos; onredelijk, onverstandig, dwaas, zot
'unverrichtet onverricht, ongedaan; ~*er Dinge* onverrichter zake
'unverrichteterdinge, 'unverrichtetersache onverrichter zake
unver'rückbar onwrikbaar, onbewegelijk
'unverschämt onbeschaamd, brutaal, onbeschoft; ~*e Preise* ongehoorde prijzen
'unverschuldet onverdiend, zonder schuld; zonder schulden
'unversehens onverwacht; zonder er erg in te hebben
'unversehrt ongedeerd, onbeschadigd, ongeschonden
unver'siegbar, unver'sieglich niet opdrogend, onuitputtelijk
unver'söhnlich onverzoenlijk
'Unverstand *m* onverstand, domheid, onbedachtzaamheid
'unverstanden onbegrepen
'unverständig onverstandig
'Unverständnis *o* onbegrip, gebrek aan begrip
'unversteuert niet aangegeven 〈bij de belasting〉; onbelast
'unversucht onbeproefd; onaangevochten; *nichts* ~ *lassen* niets onbeproefd laten, alles in 't werk stellen
unver'träglich onverenigbaar; onverdraagzaam
'unverwandt onafgewend, strak
unver'wechselbar onverwisselbaar
'unverwehrt onbelemmerd; *das bleibt Ihnen* ~ dat staat u vrij
'unverweilt onverwijld, ogenblikkelijk
unver'wertbar onbruikbaar
unver'wundbar onkwetsbaar
unver'wüstlich onverwoestbaar
'unverzagt onversaagd, onbevreesd
unver'zeihbar, unver'zeihlich onvergeeflijk
unver'zinslich: *ein* ~*es Darlehen* een renteloos voorschot
'unverzollt niet veraccijnsd, zonder betaling van rechten, exclusief rechten
unver'züglich onverwijld, onmiddellijk, zonder uitstel
'unvollendet onvoltooid, -voleindigd
'unvollkommen onvolkomen, -volmaakt
'unvollständig onvolledig
'unvordenklich: *seit* ~*en Zeiten* sedert onheuglijke tijden
'unvorhergesehen onvoorzien; *U*~*es* 〈ook〉 onvoorziene uitgaven
'unvorsichtig onvoorzichtig, onbedachtzaam
unvor'stellbar niet voor te stellen, ondenkbaar
'unvorteilhaft onvoordelig; niet flatterend
'unwahr onwaar, onjuist
'unwahrhaftig onwaarachtig

'Unwahrheit *v* onwaarheid
'unwahrscheinlich onwaarschijnlijk
un'wandelbar onveranderlijk, onwrikbaar, vast
'unwegsam onbegaanbaar, onbegaan
'unweiblich onvrouwelijk
un'weigerlich I *bijw* onverbiddelijk, beslist, vast en zeker; **II** *bn* absoluut, onverbiddelijk
'unweit (+ 2) niet ver van, nabij, dicht bij
'unwert (+ 2) onwaardig; *einer Sache* ~ *sein* een ding niet waard zijn
'Unwert *m* waardeloosheid
'Unwesen *o* wanorde; wantoestand, schandalig gedoe, misstand
'unwesentlich niet-essentieel; onbelangrijk; ~ *sein* geen gewicht in de schaal leggen; niet meetellen
'Unwetter *o* onweer, noodweer, hondenweer
'unwichtig onbelangrijk; *nicht* ~ niet zonder belang
unwider'legbar, unwider'leglich onweerlegbaar, onbetwistbaar
unwider'ruflich onherroepelijk; *ein* ~*es Urteil* een onherroepelijke rechterlijke uitspraak
unwider'stehlich onweerstaanbaar
unwieder'bringlich onherstelbaar, onherroepelijk; ~ *verloren* voor altijd verloren
'Unwille(n) *m* misnoegen, wrevel; onwil
'unwillig wrevelig, misnoegd, ontstemd, boos, verontwaardigd; onwillig, tegen zijn (haar) zin
'unwillkommen onwelkom
'unwillkürlich onwillekeurig, onopzettelijk
'unwirksam zonder effect, krachteloos, nietig; ~ *werden* ophouden geldig te zijn, ongeldig worden
'unwirsch nors, onvriendelijk, kwaad
'unwirtlich ongastvrij; onaangenaam, naargeestig
'unwirtschaftlich oneconomisch, weinig zuinig
'unwissend onkundig, onwetend
'unwissentlich onopzettelijk, uit onkunde
'unwohl onwel, ongesteld, niet lekker, onpasselijk; *ein* ~*es Gefühl* een onbehaaglijk gevoel
'Unwohlsein ongesteldheid
'unwohnlich slecht bewoonbaar, ongezellig
'unwürdig onwaardig, schandelijk
'Unzahl *v* zeer groot aantal
un'zählbar, un'zählig talloos, ontelbaar
'Unzeit *v*: *zur* ~ ten ontijde, te onpas; bij nacht en ontij
'unzeitgemäß niet modern, niet in overeenstemming met de tijd; niet actueel
unzer'brechlich onbreekbaar, onverbreekbaar
unzer'störbar onverwoestbaar
unzer'trennbar, unzer'trennlich onscheidbaar, onafscheidelijk
'unziemend, 'unziemlich onbetamelijk, -passend, -behoorlijk
'Unzucht *v* ontucht

'unzüchtig ontuchtig, onkuis, zedeloos, obsceen
'unzufrieden ontevreden, misnoegd
'unzugänglich ontoegankelijk; niet vatbaar
'unzulänglich ontoereikend, onvoldoend
'unzulässig ontoelaatbaar, ongeoorloofd
'unzumutbar niet te eisen; niet te verdragen
'unzurechnungsfähig ontoerekeningsvatbaar
'unzureichend ontoereikend, onvoldoende
'unzuständig onbevoegd
'unzustellbar onbestelbaar
'unzuträglich schadelijk, nadelig; ongezond
'unzutreffend onjuist
'unzuverlässig onbetrouwbaar, onzeker
'unzweckmäßig ondoelmatig
'unzweideutig ondubbelzinnig
'unzweifelhaft ongetwijfeld, ontwijfelbaar
üppig weelderig, dartel, welig; dartel, uitgelaten; zinnelijk, wulps, sensueel; ~e Formen weelderige vormen; ein ~es Frühstück een overvloedig ontbijt; ~ leben in overvloed leven; ~ werden gemeenz brutaal worden
Üppigkeit v (~; -en) weelderigheid; weelde, overvloed
Ur m (-(e)s; -e) oeros
Urahne m voorouder, -vader
uralt oeroud, stokoud
Uran o (-s) uranium
Uranfang ['oer-] m allereerste begin, oorsprong
uraufführen zw in première laten gaan
Uraufführung v première, allereerste opvoering
urban [-'baan] urbaan, beleefd, beschaafd; stedelijk
urbanisieren zw urbaniseren
Urbanität v (~; -en) urbaniteit, beleefdheid, beschaafdheid; stedelijk karakter
urbar bebouwbaar, geschikt om bebouwd te worden; ~ machen ontginnen
Urbedeutung v grondbetekenis
Urbewohner m oorspronkelijke bewoner
Urbild o origineel; oervorm; prototype
urdeutsch echt (typisch) Duits
ureigen zuiver, oorspronkelijk, origineel
Ureinwohner m oorspronkelijke bewoner
Ureltern mv overgrootouders; stamouders
Urenkel ['oer-] m achterkleinkind, -zoon, -dochter
Urfassung v oorspronkelijke versie
Urfehde v hist einde v.d. strijd
Urform v oervorm, oorspronkelijke vorm
urgemütlich ontzettend gezellig
Urgeschichte v oudste prehistorie
Urgroßeltern mv overgrootouders
Urheber m schepper, grondlegger; uitvinder, auteur; bewerker; dader; van wie iets is uitgegaan; geistiger ~ geestelijk vader
Urheberrecht o auteursrecht
urheberrechtlich: ~ geschützt beschermd door de auteurswet

Urheimat v bakermat
urig origineel, echt
Urin [-'rien] m (-s; -e) urine
urinieren zw urineren, wateren
urkomisch buitengewoon komisch, ontzettend grappig
'Urkraft v oerkracht
Urkunde v oorkonde, akte, handvest; bewijsstuk
Urkundenfälschung v valsheid in geschrifte
urkundlich volgens oorkonde, authentiek, gewaarmerkt, echt, geloofwaardig
Urlaub m (-(e)s; -e) vakantie, verlof; ~ auf Staatskosten slang verblijf in de gevangenis; ~ von der Stange gemeenz vakantie via een reisbureau; ~ machen met vakantie gaan; auf, in ~ fahren met, op vakantie gaan
Urlauber m (-s; ~) vakantieganger; mil verlofganger
Urlaubsgeld o vakantiegeld
Urlaubsschein m mil verlofpas
Urmensch m oermens
Urne v (~; -n) urn, askruik, bus; stembus; zur ~ gehen ter stembus gaan
Urologe m (-n; -n) uroloog
Urologie v urologie
urplötzlich heel plotseling
Urquell m, **Urquelle** v eerste bron, oorspronkelijke oorzaak
Ursache v oorzaak; ~ und Wirkung oorzaak en gevolg; keine ~! geen dank, niets te danken
ursächlich oorzakelijk, causaal
Urschrift v oorspronkelijk stuk, origineel; manuscript
Ursprache v oertaal
Ursprung m oorsprong
ursprünglich oorspronkelijk
Urstand v godsd, Z-Duits opstanding; fröhliche ~ gemeenz, schertsend 't weer populair worden
Urteil o (-(e)s; -e) oordeel, mening; oordeelvelling; vonnis, arrest; salomonisches ~ salomonsoordeel
urteilen zw oordelen, menen
Urteilsbegründung v recht motivering v. een vonnis
urteilsfähig in staat te oordelen, oordeelkundig
Urteilskraft v oordeelkunde, het vermogen om te oordelen
Urteilsspruch m recht vonnis; oordeelvelling
Urteilsverkündung v recht uitspraak ⟨= vonnis⟩
Urteilsvollstreckung v recht voltrekking v.e. vonnis
Urtext m oertekst, oorspronkelijke tekst
Urtrieb m oerdrift, oerinstinct
urtümlich primitief; oorspronkelijk
Urvater m (oudste) stamvader
Urwahl v eerste verkiezing ⟨bij getrapte verkiezing⟩
Urwald m oerwoud
Urwelt v wereld in de oertijd
urwüchsig oorspronkelijk, echt, origineel,

wild, ongekunsteld
Urzeit *v* oertijd
urzeitlich van de, uit de oertijd
Usance *v*, **Usanz** *v* handel usance, gebruik
Usurpation *v* (~; -en) usurpatie, onrechtvaardige toe-eigening
Usurpator *m* (-s; -en) overweldiger, usurpator

usurpieren *zw* usurperen, in bezit nemen
Usus *m* (~; ~) gebruik, gewoonte
Utopie [-'pie] *v* (~; -n) utopie, droombeeld
utopisch utopisch, hersenschimmig, denkbeeldig
u.Z. = *unsere(r) Zeitrechnung* (van) onze jaartelling
Uz *m* (-es; -e) grap, gekheid

V

vag [vaak, vaach] = *vage*
Vagabund [vaga-'boent] *m* (-en; -en) vagebond, zwerver, landloper
vagabundieren *zw* rondzwerven
vage vaag, onduidelijk, vagelijk
Vagheit *v* vaagheid
Vagina *v* (~; -s) vagina
vakant [va-] vacant
Vakanz *v* (~; -en) vacature, open post
Vakuum ['vakoe-oem] *o* (-s; Vakua) vacuüm, luchtledig
vakzinieren *zw* vaccineren, inenten
Valet [va'leet, -'let] *o*: *einem, einer Sache ~ sagen* plechtig vaarwel zeggen, opgeven
validieren *zw* vero geldig maken; recht de waarde van iets bepalen
Valuta [va-] *v* (~; Valuten) valuta, waarde; geldsoort, munt; muntvoet
Vampir ['vam-] *m* (-s; -e) vampier ⟨ook vleermuissoort⟩
Vandale *m* (-n; -n) Vandaal; vandaal
Vandalismus [van-] *m* (~; -men) vandalisme
Vanille [va'nieljə] *v* (~) vanille
variabel variabel, veranderlijk
Variante [va-] *v* (~; -n) variant
Variation *v* (~; -en) variatie, afwisseling
Varietät *v* (~; -en) variëteit, verscheidenheid
Varieté, nieuwe spelling ook: **Varietee** *o* (-s; -s) variété
variieren *zw* variëren, afwisselen
Vasall [va-] *m* (-en; -en) vazal, leenman
Vase ['va-] *v* (~; -n) vaas, pul
Vasektomie *v* med vasectomie
Vaselin [vaze-'lien] *o* (~), **Vaseline** *v* (~) vaseline
Vater *m* (-s; Väter) vader; *die Väter* de voorvaderen; *die Väter der Stadt* de vroede vaderen
Vaterhaus *o* vaderhuis
Vaterland *o* vaderland
vaterländisch vaderlands, patriottisch
väterlich vaderlijk; *sein ~es Erbe* zijn vaderlijk erfdeel
väterlicherseits van vaderszijde
vaterlos vaderloos
Vaterschaft *v* (~) vaderschap
Vaterstelle *v* plaats van de vader
Vaterunser [-'oenzər] *o* het onzevader
Vati *m* (-s) gemeenz papa, pappie, paps
Vatikan [va-] *m* (-s) Vaticaan
Vegetari(an)er *m* (-s; ~) vegetariër
Vegetation *v* (~; -en) vegetatie, plantengroei
vegetativ plantaardig, vegetatief
vegetieren *zw* vegeteren, een plantenleven leiden
vehement [vehe'ment] heftig
Vehemenz *o* (-s; ~) heftigheid
Vehikel *o* (-s; -s) schertsend vehikel, oude auto; fig (hulp)middel
Veilchen *o* (-s; ~) viooltje; slang blauw oog ⟨na klap⟩
veilchenblau blauw als een viooltje; gemeenz stomdronken
Vene ['ve-] *v* (~; -n) ader
Venedig [vee-'ne-dieç] *o* (-s) Venetië
Venezianer *m* (-s; ~) Venetiaan
venezianisch Venetiaans
venös [vee-] veneus, aderlijk
Ventil [ven'tiel] *o* (-s; -e) ventiel, klep
Ventilation *v* (~; -en) ventilatie, luchtversing
ventilieren *zw* ventileren, luchten; *ein Problem ~* het voor en tegen v.e. kwestie bekijken, bespreken
Venusberg *m* venusheuvel
verabfolgen *zw* vero afleveren, afgeven, uitreiken
verabreden *zw* afspreken; *ich habe mich (ich bin) für den Sonntag verabredet* ik heb voor zondag een afspraak
Verabredung *v* (~; -en) afspraak
verabreichen *zw* schrijft uitreiken, ter hand stellen; *einem eine Arznei, eine Tracht Prügel ~* iem. een geneesmiddel, een pak slaag toedienen; *ein Klistier ~* een lavement zetten
verabsäumen *zw* schrijft verzuimen, veronachtzamen
verabscheuen *zw* verfoeien, verafschuwen
verabscheuenswert, verabscheuungswürdig verfoeilijk
verabschieden *zw* wegzenden; zijn congé geven; afdanken, ontslag geven; *ein Gesetz ~* een wet in laatste lezing behandelen, aannemen; *einen Gast ~* afscheid nemen van een gast, een gast uitgeleide doen; *sich ~* afscheid nemen
Verabschiedung *v* ontslag uit de dienst; afscheid; aanneming ⟨v. wet⟩
verachten *zw* verachten, minachten, versmaden; *nicht zu ~* gemeenz niet te versmaden
verächtlich verachtelijk; *einen ~ machen* iem. zwart maken, kwaad van iem. spreken
Verachtung *v* (~) verachting
veralbern *zw* gemeenz voor de gek houden, in 't ootje nemen
verallgemeinern *zw* algemeen maken, generaliseren, veralgemenen
Verallgemeinerung *v*, (~; -en) generalisatie
veralten *zw* verouderen, buiten gebruik geraken
Veranda [vee-] *v* (~; -den) veranda
veränderlich veranderlijk; wispelturig, ongestadig
verändern *zw* veranderen, wijzigen; *sich ~* veranderen, anders worden; een andere betrekking zoeken, van betrekking veranderen; *zu seinen Gunsten verändert* in zijn voordeel veranderd
Veränderung *v* verandering; variatie
verängstigt angstig gemaakt, geïntimideerd, bang
verankern *zw* verankeren; vastleggen; *etwas gesetzlich ~* iets in de wet vastleggen
veranlagen *zw* aanslaan ⟨v. belastingplich-

Veranlagung

tige); *gut veranlagt sein* goede aanleg hebben; *ein künstlerisch veranlagter Mensch* een kunstzinnig, artistiek iemand

Veranlagung v (~; -en) aanslag ⟨v. belastingdienst⟩; aanleg, begaafdheid

veranlassen zw veroorzaken, aanleiding geven tot; *einen zu etwas* ~ iem. tot iets bewegen, brengen; *ich sah mich dazu veranlaßt* ik zag mij daartoe genoopt; *das Nötige* ~ de nodige maatregelen treffen, voor het nodige zorgen

Veranlassung v aanleiding, oorzaak, reden; gelegenheid; *auf seine* ~ op zijn verzoek, door zijn toedoen, op zijn initiatief, op zijn instigatie; ~ *nehmen* aanleiding vinden

veranschaulichen zw aanschouwelijk maken, veraanschouwelijken

veranschlagen zw schatten, ramen, begroten

veranstalten zw op touw zetten, arrangeren, organiseren

Veranstaltung v (~; -en) organisatie, regeling; manifestatie, voorstelling, concert; bijeenkomst; *kulturelle, künstlerische ~en* culturele manifestaties; zang-, toneel-, muziekuitvoeringen

verantworten zw verantwoorden, aansprakelijk zijn voor

verantwortlich verantwoordelijk, aansprakelijk; ~ *machen* verantwoordelijk stellen

Verantwortung v (~; -en) verantwoording, verantwoordelijkheid; *einen zur* ~ *ziehen* iem. ter verantwoording roepen

verantwortungsbewußt, nieuwe spelling: **verantwortungsbewusst** bewust van eigen verantwoordelijkheid

Verantwortungsgefühl o verantwoordelijkheidsbesef, -gevoel

verantwortungslos onverantwoordelijk; onverantwoord

verantwortungsvoll consciëntieus, verantwoord

veräppeln zw gemeenz voor de gek houden

verarbeiten zw verwerken, verbruiken

verargen zw: *einem etwas* ~ plechtig iem. iets kwalijk nemen

verärgern zw: *einen* ~ iem. nijdig maken; *verärgert* nijdig, kwaad, geïrriteerd, ontstemd

Verärgerung v (~; -en) ergernis

verarmen zw verarmen

verarschen zw gemeenz om de tuin leiden, voor de gek houden

verarzten zw gemeenz geneeskundig behandelen; fig onder handen nemen; in orde brengen, repareren; *viel Geld* ~ veel geld verdokteren

verästeln zw: *sich* ~ zich vertakken

verauktionieren zw veilen, aan de meestbiedende verkopen

verausgaben zw uitgeven; *sich* ~ al zijn geld uitgeven; zijn kracht uitputten, alles geven

verauslagen zw voorschieten ⟨v. geld⟩; besteden

veräußerlich vervreemdbaar, verkoopbaar

veräußern zw verkopen, vervreemden

Veräußerung v verkoop, het vervreemden

Verb [verp] o (-s; -en) werkwoord

verbal [ver-'baal] verbaal, woordelijk, in woorden; mondeling; gramm verbaal, werkwoordelijk

verballhornen zw verbasteren; verknoeien

Verballhornung v verbastering; het verknoeien

Verband m (-s; Verbände) verband; bond, federatie ⟨ook sp⟩; mil formatie, afdeling; *die Partei und angeschlossene Verbände* de partij en aangesloten organisaties

verbannen zw verbannen

Verbannung v (~; -en) verbanning; ballingschap

Verbannungsort m verbanningsoord

verbarrikadieren zw barricaderen

verbauen zw vertimmeren; verkeerd bouwen; 't uitzicht benemen; onmogelijk maken, ontoegankelijk maken, beletten; *Geld* ~ geld verbouwen, aan de bouw besteden; *sich etwas* ~ iets verknoeien, bederven; *sich seine Zukunft* ~ zijn toekomst verpesten

verbauern zw gemeenz verboer(s)en

verbeißen st verbijten, inhouden, opkroppen; *sich das Lachen* ~ zijn lachen onderdrukken; *sich in eine Sache* ~ zich in iets vastbijten

verbergen st verbergen; *sich* ~ ⟨ook⟩ schuilgaan

verbessern zw verbeteren; corrigeren; *sich* ~ een betere betrekking krijgen

Verbesserung v verbetering, correctie

verbesserungsfähig vatbaar voor verbetering

verbeugen zw: *sich* ~ een buiging maken

Verbeugung v buiging

verbeulen zw deuken

verbiegen st ombuigen, krom buigen

verbiestern zw reg verbijsteren, in de war brengen; kwaad maken; *sich* ~ het spoor bijster raken; zich vastbijten (in)

verbieten st verbieden, ontzeggen; *einem das Haus* ~ iem. de toegang tot 't huis ontzeggen; *einem den Mund* ~ gemeenz iem. het zwijgen opleggen; *Betreten verboten!* verboden toegang

verbilden zw misvormen, verkeerd vormen; verkeerd opvoeden, bederven

verbildlichen zw symboliseren, zinnebeeldig voorstellen

verbilligen zw goedkoper maken; *sich* ~ goedkoper worden

verbinden st verbinden, toebinden; verkeerd binden; telec doorverbinden; *ehelich* ~ in de echt verbinden; *ich wäre Ihnen sehr verbunden* plechtig u zou me zeer verplichten; *einem die Augen* ~ iem. blinddoeken; *sich* ~ *mit* zich verbinden, een verbond aangaan met

verbindlich beleefd, welwillend, vriendelijk; verplichtend, bindend; verplicht, verschuldigd; ~(*st*) *danken* beleefd danken; *für* ~ *erklären* bindend verklaren; *eine ~e Zusage* een bindende toezegging

Verbindlichkeit v verplichting; verbintenis; beleefdheid; ~en handel verplichtingen; passief; ohne ~ vrijblijvend
Verbindung v verbinding ⟨ook chem⟩, samenvoeging, contact; connectie, relatie; stud corps; *schlagende* ~ corps waar 't studentenduel mogelijk is; *gute ~en haben* goede connecties, relaties hebben; *sich in* ~ *setzen* in contact treden
Verbindungsstraße v verbindingsweg
verbissen verbeten, nijdig
verbitten st: *sich etwas* ~ eisen van iets verschoond te blijven, iets niet willen horen; *das möchte ich mir verbeten haben* daar ben ik niet van gediend
verbittern zw verbitteren, bitter maken; bitter worden
verblassen zw verbleken
Verbleib m (-(e)s) verblijf, verblijfplaats
verbleiben st blijven, verblijven; afspreken; overblijven; ~ *wir dabei* laten we dit afspreken; *im Amt* ~ aanblijven
verbleichen (verblich; verblichen) verbleken, bleek worden; plechtig sterven, overlijden; *der Verblichene* de overledene
verbleien zw met lood bekleden, verloden, afdekken; plomberen
verblenden zw blinderen; afdekken ⟨v. licht⟩; fig verblinden
Verblendung v blindering; afdekking ⟨v. licht⟩; fig verblinding, verblindheid
verbleuen, nieuwe spelling: **verbläuen** zw afranselen
verblöden zw idioot worden, versuffen, afstompen
verblüffen zw over-, verbluffen
verblühen zw verwelken, verleppen
verblümt verbloemd, bedekt
verbluten zw verbloeden, doodbloeden; *sich* ~ ⟨ook fig⟩ doodbloeden
verbohren zw verkeerd boren; gemeenz geen succes hebben; *sich* ~ *in eine Meinung* hardnekkig aan een verkeerde opvatting vasthouden
verbohrt dwaas, zot, maniakaal; vastgeroest; totaal verkeerd
1 verborgen zw uitlenen, ter leen geven
2 verborgen bn verborgen, geheimzinnig; *im ~en* in stilte, in 't verborgen
Verborgenheit v verborgenheid
Verbot o (-(e)s, -e) verbod
Verbotsschild o, **Verbotstafel** v verbodsbord
verbrämen zw met bont afzetten, omboorden, garneren; opsieren; *religiös verbrämt* met een religieus tintje
Verbrauch m verbruik, vertering, slijtage
verbrauchen zw verbruiken, verslijten; verteren; *sich* ~ zich uitputten
Verbraucher m (-s; ~) verbruiker, consument
verbrechen st misdrijven, misdoen; zich schuldig maken aan; *Verse* ~ schertsend slechte dichten maken, rijmelen
Verbrechen o (-s; ~) misdaad; recht misdrijf
Verbrecher m (-s; ~) misdadiger
verbrecherisch misdadig, snood
verbreiten zw verbreiden, verspreiden, uitbreiden, alom bekend maken; *ein Gerücht* ~ een gerucht verspreiden; *sich* ~ zich verspreiden; zich uitbreiden ⟨v. ziekte⟩; *sich wie ein Lauffeuer* ~ zich als een lopend vuurtje verbreiden; *sich* ~ *über* uitweiden over; *nach verbreiteter Annahme* volgens een wijdverspreide veronderstelling
verbreitern zw verbreden
Verbreiterung v (~; -en) verbreding
Verbreitung v (~) verbreiding, uitbreiding; verspreiding ⟨v. ziekten, dieren, geruchten enz.⟩
verbrennen onr verbranden; *sich die Finger (die Pfoten)* ~ zijn vingers branden ⟨ook fig⟩; *sich den Mund* ~ zijn mond voorbijpraten
Verbrennung v (~; -en) verbranding, brandwond
verbriefen zw schriftelijk staven of bevestigen, beschrijven; *verbrieft* gedocumenteerd, beschreven
verbringen onr overbrengen; doorbrengen, slijten
verbrüdern zw: *sich* ~ zich verbroederen
Verbrüderung v verbroedering
verbrühen zw verbranden ⟨met hete vloeistof, stoom⟩
verbuchen zw boeken; overboeken
Verbum ['ver-] o (-s; -ba) werkwoord
verbummeln zw verboemelen; verlummelen; versloffen, vergeten
Verbund m groep, afdeling
verbünden zw: *sich* ~ een verbond aangaan
Verbündete(r) m bondgenoot, geallieerde
Verbundglas o veiligheidsglas
verbürgen zw instaan voor; garanderen, waarborgen; *sich* ~ een waarborg stellen, borg staan; *verbürgte Nachrichten* berichten, voor welker juistheid wordt ingestaan
verbüßen zw: *eine Strafe* ~ een straf uitzitten
verbuttern zw gemeenz erdoor jagen ⟨v. geld⟩; erbij inschieten
Verdacht m (-(e)s) verdenking; argwaan; ~ *auf Diebstahl* verdenking van diefstal; *auf* ~ gemeenz op goed geluk; bij wijze van voorzorg; *einen im (in)* ~ *haben* iem. verdenken; *im* ~ ~ *stehen* verdacht worden
verdächtig verdacht; ~ *sein* verdacht worden; *des Diebstahls* ~ *sein* van (de) diefstal verdacht worden
verdächtigen zw verdacht maken, beschuldigen, verdenking uitspreken tegen
Verdächtigung v (~; -en) verdachtmaking
verdammen zw verdoemen, veroordelen
Verdammnis v verdoemenis
verdammt verdo(e)md, vervloekt; ~ *(nochmal)!* gemeenz verduiveld!, verdorie!, verdraaid!; ~ *schnell* verdomd snel
verdampfen zw verdampen, in damp (doen) overgaan
verdanken (+ 3) zw te danken hebben; Zwits danken
verdattert gemeenz beteuterd
verdauen zw verteren, verduwen; verdragen, slikken; fig verwerken
verdaulich verteerbaar, licht te verteren

Verdauung v ⟨~⟩ spijsvertering, digestie
Verdeck o ⟨-(e)s; -e⟩ scheepv dek; kap ⟨v. auto of rijtuig⟩
verdecken zw overdekken, bedekken; verbergen
verdenken onr: *einem etwas ~* iem. iets kwalijk nemen
Verderb m ⟨-s⟩ bederf, ondergang; het teloorgaan
1 verderben ⟨verdarb; verdorben⟩ **I** overg bederven, vernielen, verwoesten, te gronde richten; *einem die Laune ~* iem. uit zijn humeur brengen; *die Preise ~* de markt verzieken; **II** onoverg bederven, vergaan; te gronde gaan; vervallen; *Unkraut verdirbt nicht* onkruid vergaat niet; *sie sind verdorben, gestorben* ze zijn te gronde gegaan, gestorven; *es bei (mit) einem verdorben haben* 't bij iem. verbruid hebben; *viele Köche ~ den Brei* vele koks verzouten de brij; *einem den Appetit ~* iems. eetlust bederven
2 verderben zw (moreel) te gronde richten; *verderbt* moreel verdorven; verknoeid ⟨v. tekst⟩; *verderbte Sitten* bedorven zeden
Verderben o ⟨-s⟩ bederf, verderf; ondergang
verderblich bederfelijk, verderfelijk; *(leicht) ~e Ware* bederfelijke waar
Verderbnis v ⟨~; -se⟩ verdorvenheid; bederf
verderbt (moreel) verdorven; verknoeid ⟨v. tekst⟩
Verderbtheit v ⟨~; -en⟩ verdorvenheid
verdeutlichen zw duidelijk maken, verduidelijken
verdeutschen zw verduitsen; in 't Duits vertalen; gemeenz duidelijk maken
verdichten zw verdichten, dichter maken; samenpersen, comprimeren; *sich ~* sterker worden; dikker worden ⟨v. mist⟩; vaste vorm aannemen; *der Verdacht hat sich verdichtet* de verdenking is sterker geworden
verdicken zw dikker maken, doen stollen, stremmen; *sich ~* dikker worden
verdienen zw verdienen, winnen; *sich die (ersten) Sporen ~* zijn sporen verdienen; *Anerkennung ~* waardering verdienen
1 Verdienst m verdienste, loon, winst
2 Verdienst o ⟨-(e)s; -e⟩ verdienste, verdienstelijkheid; *sein ~ um das Vaterland* zijn verdienste jegens het vaderland
Verdienstausfall m derving van loon, inkomen
Verdienstkreuz o kruis van verdienste
verdienstlich verdienstelijk
Verdienstorden m orde van verdienste
verdient verdiend; verdienstelijk; *ein ~er Mann* een man van verdienste; *sich um etwas ~ machen* zich verdienstelijk maken ten opzichte van iets
verdientermaßen zoals verdiend is, naar verdienste
Verdikt [ver-] o ⟨-(e)s; -e⟩ verdict, uitspraak, beslissing
verdingen zw & st aanbesteden; verhuren; *sich ~* een dienst aannemen; *verdungene Arbeit* aanbesteed werk
verdinglichen zw concretiseren

verdolmetschen zw vertolken; vertalen
verdonnern zw: *~ zu* gemeenz veroordelen tot; *verdonnert* onthutst, ontdaan; sprakeloos
verdoppeln zw verdubbelen
verdorben be-, verdorven
Verdorbenheit v verdorvenheid
verdrängen zw verdringen; *das Schiff verdrängt 1000 Tonnen* het schip heeft een waterverplaatsing van 1000 ton
Verdrängung v: *~* verdringing; scheepv waterverplaatsing
verdrecken zw gemeenz bevuilen; *verdreckt* vervuild
verdrehen zw verdraaien; *die Augen ~* met de ogen rollen; *einem den Kopf ~* iem. het hoofd op hol brengen; *die Tatsachen ~* de feiten verdraaien
verdreifachen zw verdriedubbelen
verdreschen st gemeenz afranselen
verdrießen ⟨verdroß; verdrossen⟩ verdrieten, ergeren *es verdrießt mich* het ontstemt, ergert, verdriet mij; *sich die Mühe nicht ~ lassen* niet tegen de moeite opzien
verdrießlich geërgerd, slecht gehumeurd, knorrig; onaangenaam, ergerlijk
verdrossen lusteloos; ontstemd
Verdrossenheit v lusteloosheid
verdrücken zw plat drukken, verfrommelen; opeten; laten verdwijnen; *sich ~* gemeenz hem knijpen, smeren; *ein verdrückter Hut* een verfrommelde, verfomfaaide hoed; *das Kleid ist verdrückt* de japon is gekreukt
Verdruß, nieuwe spelling: **Verdruss** m ⟨-drusses; -drusse⟩ ergernis, spijt
verduften zw verdampen, vervliegen; slang ervandoor gaan, opduvelen
verdummen zw dom worden, versuffen; dom maken
verdunkeln zw verdonkeren, donker maken; verduisteren, licht afschermen
Verdunk(e)lung v verduistering
verdünnen zw verdunnen; *sich ~* dun worden
verdunsten zw verdampen, vervliegen
verdursten zw verdorsten, versmachten van dorst
verdüstern zw versomberen
verdutzt verbluft, verbaasd; sprakeloos
verebben zw verminderen, afnemen, minder worden, verflauwen, verlopen
veredeln zw veredelen, verfijnen
verehelichen zw overg trouwen, huwen; *Charlotte Buff, verehelichte Kestner* Charlotte Kestner, geboren Buff; *sich ~* trouwen, huwen
verehren zw vereren, eerbiedigen; schenken; *verehrter Freund* waarde vriend; *(mein) Verehrtester!* vaak iron waarde vriend!
Verehrer m ⟨-s; ~⟩ vereerder, aanbidder
Verehrung v ⟨~; -en⟩ verering, eerbied; geschenk; *meine ~!* mijn respect!
vereiden, vereidigen zw beëdigen; *einen ~ lassen.* de eed afnemen
Vereidigung v ⟨~; -en⟩ beëdiging
Verein m ⟨-(e)s; -e⟩ vereniging; *im ~ mit* in

vereniging met, samen met; *in trautem ~* gezellig bij elkaar

vereinbar verenigbaar, te verenigen

vereinbaren *zw* afspreken met elkaar, vaststellen, bepalen, overeenkomen; met elkaar in overeenstemming brengen

Vereinbarung *v* (~; -en) overeenkomst; afspraak ⟨over prijzen enz.⟩; *laut ~* volgens afspraak; *nach telefonischer ~* volgens telefonische afspraak

vereinbarungsgemäß volgens overeenkomst (afspraak), zoals overeengekomen was

vereinen *zw* verenigen, verenen; *die Vereinten Nationen* de Verenigde Naties; *mit vereinten Kräften* met vereende krachten; *das vereinte Deutschland* het verenigd Duitsland

vereinfachen *zw* vereenvoudigen

vereinheitlichen *zw* uniform maken, gelijk maken; eenheid brengen in

vereinigen *zw* verenigen, verenen; *die Vereinigten Staaten* de Verenigde Staten; *sich ~* zich verenigen, zich verbinden; samenkomen ⟨v. rivieren⟩; samengaan

Vereinigung *v* (~; -en) vereniging; samenvloeiing

vereinnahmen *zw* ontvangen, beuren, in beslag nemen; schertsend inpikken; gevangen nemen

vereinsamen *zw* vereenzamen, eenzaam worden

Vereinshaus *o* clubgebouw; wijkgebouw

vereinzeln *zw* isoleren, scheiden; *sich ~* zich isoleren, zich afzonderen

vereinzelt op zich zelf staand, geïsoleerd; sporadisch; *ein ~er Fall* een op zichzelf staand geval; *in ~en Fällen* in heel enkele gevallen; *das kommt ~ vor* dat komt sporadisch, een enkele keer voor; *vereinzelte Regenschauer* af en toe een bui

vereisen *zw* tot ijs worden, met ijs bedekt worden; *ein vereistes Fenster* een bevroren ruit

vereiteln *zw* verijdelen, verhinderen

vereitern *zw* verzweren

verekeln *zw*: *einem etwas ~* iem. iets tegenmaken

verelenden *zw* in de ellende komen, verpauperen

Verelendung *v* grote armoede, verpaupering

verenden *zw* (langzaam, pijnlijk) sterven, creperen ⟨van dier⟩

verengen *zw* vernauwen; *sich ~* nauwer worden

vererben *zw* overerven; *sich ~* overerven

Vererbung *v* (~) overerving; erfelijkheid

verewigen *zw* vereeuwigen; *verewigt* ⟨ook⟩ overleden; *der Verewigte* de overledene

verfahren *st* verrijden; vervoeren; verkeerd varen of rijden; te werk gaan, handelen, bejegenen; *sich ~* verkeerd rijden, verdwalen; *eine Sache ~* iets in de war brengen; *gegen einen ~* tegen iemand optreden, een rechtsvervolging instellen; *grausam mit einem ~* wreed tegenover iem. handelen; *nach einem Schema ~* naar een schema te werk gaan; *eine ~e Geschichte, Sache* iets dat helemaal misgelopen is; *eine ~e Lage* een scheve positie; *~e Verhältnisse* in 't honderd geraakte verhoudingen

Verfahren *o* (-s; ~) handelwijze, behandeling; vervolging; optreden, gedrag; chem techn procédé, methode; *ein dringliches ~ recht* een kort geding ; *ein (gerichtliches) ~ recht* een proces, een rechtsgeding

Verfahrensweise *v* methode, procédé

Verfall *m* (~; -s) verval, verloop; handel vervaltijd; *seniler ~* seniele aftakeling

verfallen *st* vervallen ⟨ook v. termijn⟩; afnemen, aflopen; *einem ~ sein* geheel onder iems. invloed zijn, iems. slaaf, slavin zijn; *dem Gesetz ~* aan de wet ten offer vallen; *dem Kokain ~* aan cocaïne verslaafd; *dem Alkohol, Suff ~* aan de drank raken, verslaafd zijn; *auf etwas ~* op iets komen; *in Armut ~* tot armoede vervallen; *in einen alten Fehler ~* in een oude fout terugvallen; *in Strafe ~* boete (straf) oplopen

Verfallsdatum *o* vervaldag, -datum

verfälschen *zw* vervalsen, bederven

verfangen *st* helpen, baten, uitwerking hebben; *ganz in sich ~ sein* alleen met zichzelf bezig zijn; *sich ~* verward raken; vastraken, -lopen, blijven hangen

verfänglich bedenkelijk; lastig, netelig, gevaarlijk; koket; *eine ~e Frage* een strikvraag; een lastige kwestie, vraag; *eine ~e Lage* een netelige positie, een gevaarlijke positie

verfärben *zw* verkleuren; *sich ~* van kleur verschieten; verbleken

verfassen *zw* schrijven, opstellen, vervaardigen

Verfasser *m* (-s; ~) schrijver, auteur

Verfasserschaft *v* auteurschap

Verfassung *v* (~; -en) 't schrijven, opstellen; toestand, gesteldheid; geaardheid; gemoedsgesteldheid, stemming; constitutie, grondwet; *die ~ des Landes* de grondwet; de staatsregeling v.h. land; de gesteldheid v.h. land

Verfassungsbruch *m* schending v.d. grondwet

verfassungsgemäß grondwettig, constitutioneel

verfassungswidrig in strijd met de grondwet, anticonstitutioneel, ongrondwettig

verfaulen *zw* verrotten, -gaan, -molmen

verfechten *st* voorstaan, verdedigen, staande houden

Verfechter *m* voorvechter, verdediger; voorstander

verfehlen *zw* missen; mislopen, niet aantreffen; *seinen Beruf ~* zijn roeping mislopen; *den Weg ~* verdwalen; *das Ziel ~* 't doel missen; *ich möchte nicht ~, darauf hinzuweisen* ik zou niet willen nalaten (verzuimen) daarop te wijzen; *sich ~* zich vergissen, verdwalen; elkaar mislopen

verfehlt mis; mislukt; *es für ~ halten* 't verkeerd vinden

Verfehlung *v* (~; -en) 't missen; misstap

verfeinden zw: sich ~ kwade vrienden worden

verfeinern zw verfijnen; fijner maken

verfemen zw buiten de wet plaatsen, vogelvrij verklaren, boycotten

verfertigen zw vervaardigen, maken, bereiden

verfestigen versterken; sich ~ hard worden

verfetten vervetten, vet worden

Verfettung v (~) vervetting; vetzucht

verfeuern zw verbranden; stoken, verstoken; mil verschieten

verfilmen zw verfilmen

verfilzen zw vervilten, tot vilt worden; met vilt bekleden; in de war maken; samengroeien; sich ~ fig in elkaar groeien, in de war raken

verfilzt totaal verward, samengegroeid; viltig geworden

verfinstern zw verduisteren; sich ~ duister worden; versomberen, somber worden

Verfinsterung v (~; -en) verduistering; versombering

verfitzen verwarren; sich ~ in de war raken

verfitzt verward (v. haren, kluwen enz.)

verflachen zw vervlakken, vlak maken, nivelleren; vlak worden; fig oppervlakkig worden; sich ~ plat, vlak worden; oppervlakkig worden

verflechten st vervlechten, in elkaar vlechten, samenknopen; verflochten werden in (+ 4) verwikkeld, betrokken worden in

verfliegen st vervliegen, verdampen; die Zeit verfliegt de tijd vliegt; sich ~ verkeerd vliegen, de richting kwijt raken

verfließen st verlopen, verstrijken; uitvloeien

verflixt deksels, verwenst; gemeenz hartstikke; ~ nochmal, ~ und zugenäht! gemeenz verdorie!; ein ~er Kerl een dekselse kerel

verflossen voorbijgegaan, verleden, vroeger; mein V~er mijn ex

verfluchen zw vervloeken, verwensen

verflucht vervloekt, verwenst, verdomd; ~ nochmal! gemeenz vervloekt!, verdomd!, verduiveld!; ein ~er Kerl een verwenste kerel; een dekselse kerel (in gunstige zin)

verflüchtigen zw overg verdampen, doen vervliegen; sich ~ vervluchtigen, vervliegen

verflüssigen zw vloeibaar maken; vloeiend, vlot maken; sich ~ fig vlot worden (ook v. beurs)

Verfolg m (-(e)s; -e) schrijft vervolg, (ver-)loop, samenhang; in/im ~ der Sache tijdens de kwestie

verfolgen zw vervolgen, achtervolgen; den Gang des Prozesses ~ de loop van het proces volgen; eine Politik ~ een politiek voeren; einen Zweck ~ een doel najagen

Verfolger m (-s; ~) vervolger, achtervolger

Verfolgung v vervolging; außer ~ setzen recht buiten vervolging stellen

verfrachten zw handel vervrachten, verzenden; gemeenz (weg)brengen

Verfrachter m (-s; ~) handel vervrachter, vrachtvaarder

verfremden zw vervreemden

verfressen I st gemeenz opsouperen; II bn vraatzuchtig

verfroren verkleumd

verfrühen zw vervroegen; verfrüht voorbarig, te vroeg, ondoordacht, prematuur

verfügbar beschikbaar

verfügen zw beschikken; verordenen; ~ über (+ 4) beschikken over; letztwillig ~ bij uiterste wil beschikken; vorläufige Haftentlassung ~ voorlopig uit de hechtenis ontslaan; sich ~ schrijft, ook iron zich vervoegen, zich begeven

Verfügung v beschikking, maatregel; last, besluit; einstweilige ~ recht beslissing bij voorraad; letztwillige ~ uiterste wilsbeschikking; jmdm. zur ~ stehen iem. ter beschikking staan; zur ~ stellen ter beschikking stellen; durch ~ von bij beschikking van

verführen zw verleiden, misleiden

Verführer m verleider

verführerisch verleidelijk

Verführung v verleiding

verfüttern zw als (vee)voer verbruiken; als (vee)voer geven; Rüben ~ rapen als voer geven

Vergabe v handel gunning

vergackeiern zw beetnemen, voor de gek houden, erin laten lopen

vergaffen zw: sich ~ in (+ 4) zich vergapen aan; verliefd, dol op iem. worden

vergällen zw vergallen, verbitteren; denatureren (v. spiritus)

vergaloppieren zw: sich ~ zich vergaloperen

vergammeln zw gemeenz bederven, te gronde gaan; verschimmelen; die Zeit ~ de tijd verknoeien

vergangen vergaan, voorbij; ~er Glanz vergane glorie; ~e Woche verleden week

Vergangenheit v verleden; verleden tijd

Vergangenheitsbewältigung v het leren leven met het verleden (vooral met de nazi-tijd in Duitsland)

vergänglich vergankelijk, wisselvallig, ijdel, nietig

vergären zw laten gisten

vergasen zw vergassen

Vergaser m (-s; ~) auto carburateur; vergasser

vergattern zw verplichten; bijeenbrengen, verzamelen; omheinen; die Wache ~ de wacht laten aantreden

vergeben st vergeven, vergiffenis schenken; wegschenken, gunnen; vergiftigen; handel plaatsen (v. order); eine Chance ~ een kans laten lopen; seinem Recht nichts ~ aan zijn recht niet laten tornen; sich ~ kaartsp verkeerd geven; sich nichts ~ niets aan zijn waardigheid tekortdoen

vergebens vergeefs, tevergeefs

vergeblich vergeefs, vruchteloos, nutteloos

Vergebung v (~; -en) vergeving; wegschenking; gunning; vergiftiging; freie ~ handel onderhandse gunning, toewijzing; um ~

bitten om vergeving vragen
vergegenständlichen *zw* concretiseren
vergegenwärtigen *zw*: *sich etwas* ~ zich iets voor de geest brengen, voor ogen stellen
vergehen *onr vergaan*; aflopen; verdwijnen; *sich* ~ zich bezondigen, misdrijven; *sich an einem* ~ aan iem. een misdrijf begaan, iem. aanranden; *der Appetit ist mir vergangen* ik heb geen trek (fig lust) meer; *Hören und Sehen vergeht einem* iem. vergaat horen en zien; *die Lust, der Spaß vergeht mir* de lust vergaat me, ik heb er geen lust (lol) meer in; *vor Neid* ~ barsten van afgunst (jaloezie); *viele Jahre sind vergangen* vele jaren zijn voorbijgegaan
Vergehen *o* (-s; ~) overtreding, vergrijp; 't vergaan, verdwijning
vergeistigen *zw chem* vervluchtigen; vergeestelijken, spiritualiseren
vergelten *st* vergelden; *Gleiches mit Gleichem* ~ iets met gelijke munt betalen; *vergelt's Gott* Z-Duits hartelijk bedankt
Vergeltung *v* vergelding; beloning
Vergeltungsmaßnahme *v* vergeldingsmaatregel, represaille
vergesellschaften *zw* socialiseren; in een naamloze vennootschap omzetten
Vergesellschaftung *v* (~; -en) socialisatie; omzetting in een naamloze vennootschap
vergessen (vergaß; vergessen) vergeten; ~ *an, auf* Oostr vergeten; *das vergesse ich dir nie* daar blijf ik je altijd dankbaar voor; dat zal ik je nooit vergeven; *sich* ~ zich vergeten; vergeten worden
Vergessenheit *v* (~) vergetelheid; *in* ~ *geraten* in vergetelheid raken
vergeßlich, nieuwe spelling: **vergesslich** vergeetachtig
vergeuden *zw* verkwisten, verspillen
Vergeudung *v* verkwisting
vergewaltigen *zw* geweld aandoen, misbruiken; verkrachten, schofferen
Vergewaltigung *v* geweldpleging; overweldiging; verkrachting
vergewissern *zw*: *sich* ~ zich vergewissen, zich verzekeren
vergießen *st* vergieten, morsen, storten; *heiße Tränen* ~ tranen met tuiten huilen; *deswegen vergieße ich keine Tränen* daar zal ik geen traan over laten
vergiften *zw* vergiftigen, vergeven; vergallen, verbitteren
Vergiftung *v* vergiftiging
vergilben *zw* vergelen, geel worden
vergilbt vergeeld
vergipsen *zw* in 't gips zetten; met gips vullen, vastmaken
Vergißmeinnicht, nieuwe spelling: **Vergissmeinnicht** *o* (-s; -e) vergeet-mij-niet(je)
vergittern *zw* traliën
verglasen *zw* verglazen, met glazuur bedekken; met glas afsluiten, van glasvensters voorzien; *verglast* glasdicht; *mit verglastem Blick* met starre blik, zonder uitdrukking in de ogen
Vergleich *m* (-(e)s; -e) vergelijking; vergelijk, dading, overeenkomst, minnelijke schikking; *ein gerichtlicher* ~ een gerechtelijk akkoord; *ein gütlicher* ~ een minnelijke schikking; een onderhands akkoord; *im* ~ *mit (zu)* in vergelijking met
vergleichbar vergelijkbaar, te vergelijken
vergleichen *st* vergelijken; *sich* ~ een vergelijk treffen, een geschil bijleggen; ~*d* vergelijkend
vergleichsweise vergelijkenderwijs, bij wijze van vergelijking
verglimmen *zw & st* langzaam uitdoven; langzaam uitgaan
verglühen *zw* uitgloeien
vergnügen *zw*: *sich* ~ zich amuseren, zich vermaken
Vergnügen *o* (-s; ~) genoegen, vermaak, plezier; *mit wem hab' ich das* ~? met wie heb ik 't genoegen?; met wie spreek ik?; *'rin ins* gemeenz vooruit met de geit!, vooruit naar binnen!; *mit dem größten* ~! heel graag! *viel* ~! veel plezier!; *na dann, viel* ~! hou je taai!
vergnüglich vergenoegd, vrolijk, behagelijk, genoeglijk, plezierig
vergnügt vergenoegd, tevreden; prettig
Vergnügung *v* (~; -en) amusement, vermakelijkheid; genoegen; *seinen* ~*en nachgehen* alleen voor zijn pleziertjes leven
Vergnügungsdampfer *m* pleziervaartuig
Vergnügungspark *m* luna-, pretpark
Vergnügungsstätte *v*: *öffentliche* ~ gelegenheid van openbare vermakelijkheid
Vergnügungsviertel *o* uitgaanscentrum
vergolden *zw* vergulden; fig schoon, aangenaam maken
Vergoldung *v* (~; -en) verguldsel; 't vergulden
vergönnen *zw* vergunnen, inwilligen, toestaan, toelaten, veroorloven; *er war ihr nicht vergönnt* het was haar niet gegund
vergöttern *zw* verafgoden; aanbidden
vergraben *st* begraven; in de grond stoppen; *sich in seiner Arbeit* ~ zich in zijn werk begraven, in zijn werk geheel opgaan
vergrämen *zw* verkniezen; wegpesten; ergeren, krenken; *Tiere* ~ dieren verstoren; *sich (das Leben)* ~ zich verkniezen; *vergrämt* door verdriet verteerd, afgetobd
vergrätzen *zw* ergeren, boos maken
vergraulen *zw* verjagen, af-, verschrikken, wegpesten; wegkijken
vergreifen *st* misgrijpen; *sich an einem* ~ zich aan iem. vergrijpen; *sich* ~ *an* (+ 3) zich vergrijpen aan; *sich im Ausdruck* ~ de verkeerde term gebruiken
Vergreisung *v* vergrijzing, het oud worden
vergriffen uitverkocht ⟨v. boek⟩
vergröbern *zw* vergroven
vergrößern *zw* vergroten, uitbreiden, overdrijven; *sich* ~ een grotere woning betrekken; *das Geschäft vergrößert sich* de zaak breidt zich uit
Vergröß(e)rung *v* (~; -en) vergroting; overdrijving
Vergröß(e)rungsglas *o* vergrootglas
vergucken *zw*: *sich* ~ zich verkijken, zich

vergissen; *sich ~ in* (+ 4) zich vergapen, verliefd worden op

vergünstigen zw gunstiger maken; *Preise ~* prijzen lager maken

Vergünstigung v (~; -en) gunst, genade, voorrecht; gunstige bepaling; voordeel

vergüten zw vergoeden; de kwaliteit verbeteren; belonen, betalen

Vergütung v (~; -en) vergoeding

verhackstücken zw gemeenz in details bespreken of kritiseren

verhaften zw in hechtenis nemen, arresteren; slang gappen; in beslag nemen; *verhaftet sein* gearresteerd zijn; (+ 3) gehecht zijn aan; *verhaftete Grundstücke* verbonden onroerend goed (bij hypotheken); *örtlich verhaftet* plaatselijk gebonden

Verhaftung v (~; -en) arrestatie, inhechtenisneming; gebondenheid

verhageln zw verhagelen; *ihm ist die Ernte verhagelt* gemeenz hij heeft pech gehad; hij is zeer terneergeslagen; *einem die Petersilie (Suppe) ~* gemeenz iemands plan in duigen doen vallen

verhallen zw wegsterven (v. geluid)

1 verhalten st inhouden, onderdrukken; tot staan brengen; *sich ~* zich verhouden, zich houden, zich gedragen; *sich abwartend ~* een afwachtende houding aannemen; *sich ruhig ~* zich rustig (koest) houden; *die Sache verhält sich anders* de zaak ligt anders; *die Sache verhält sich so* zo staat 't met de zaak; *2 verhält sich zu 3 wie 4 zu 6* 2 staat tot 3 als 4 staat tot 6

2 verhalten bn ingehouden, beheerst; *mit ~em Atem* met ingehouden adem

Verhalten o (-s; Verhaltensweisen) gedrag, handelwijze, houding

Verhaltensforschung v ethologie

Verhaltensmuster o psych gedragspatroon

Verhältnis o (-ses; -se) verhouding, betrekking, evenredigheid; liefdesverhouding; *Verhältnisse* omstandigheden, financiën, toestand; verhoudingen; *das geht über meine ~* mijn financiële positie laat dat niet toe; *kein ~ zur Musik haben* geen gevoel voor muziek hebben; *aus kleinsten ~sen* uit een zeer eenvoudig milieu; *im ~ zu* in verhouding tot; *in geradem, in umgekehrtem ~ stehen zu* recht, omgekeerd evenredig zijn met; *in guten ~sen leben* in goeden doen zijn; *über seine ~se leben* boven zijn stand leven

verhältnismäßig betrekkelijk; overeenkomstig; naar verhouding

Verhältniswahl v evenredige verkiezing

Verhältniswort o gramm voorzetsel

Verhaltung v schrijft inhouding; 't vasthouden

verhandeln zw onderhandelen over; beraadslagen over; vero versjacheren

Verhandlung v verhandeling; onderhandeling; conferentie; beraadslaging; recht behandeling; *~en* handelingen, verslagen; *die Sache steht zur ~* de zaak wordt behandeld, komt voor

verhandlungswillig bereid tot onderhandelen

verhangen ondoorzichtig; *eine ~e Stimme* een gevoileerde stem; *der Himmel ist ~* de lucht is bedekt, bewolkt

verhängen zw ophangen; hangen voor, verduisteren; anders, verkeerd hangen; beschikken (ook: door het noodlot); opleggen; *Ausgangssperre ~* mil een uitgaansverbod uitvaardigen; *den Ausnahmezustand ~* de uitzonderingstoestand afkondigen; *ein Fenster ~* iets voor een raam hangen; *den Konkurs über einen ~* iem. failliet verklaren; *Sanktionen ~ gegen* sancties uitvaardigen tegen; *die Sicht ~* het zicht benemen; *eine Sperre ~ über* een handelsverbod uitvaardigen, een blokkade instellen voor; *eine Sperre über Wertpapiere ~* effecten blokkeren; *eine Strafe über einen ~* iem. een straf opleggen; *Untersuchungshaft über jemand ~* iem. in voorlopige hechtenis stellen; *eine Urlaubssperre ~* mil de verloven intrekken; *mit verhängtem Blick* met omfloerste blik; *mit verhängtem Zügel* met losse teugel

Verhängnis o (-ses; -se) lot; noodlot; *zum ~ werden* noodlottig worden

verhängnisvoll noodlottig, fataal

Verhängung v (~; -en) uitvaardiging, het opleggen; *~ von Strafen* oplegging v. straffen

verharmlosen zw (iets) onschuldig voorstellen, bagatelliseren

verhärmt door verdriet verteerd, afgetobd

verharren zw volhouden, volharden; verblijven, vertoeven; *auf, bei seiner Meinung ~* bij zijn mening blijven, op zijn stuk blijven staan

verharschen zw met een korst bedekt worden, een roof krijgen (v. wonden)

verhärten zw verharden; *sich ~* hard worden

verhaspeln zw: *sich ~* zich verhaspelen, in de war raken

verhaßt, nieuwe spelling: **verhasst** gehaat; *einem bis in den Tod ~ sein* iem. een dodelijke haat toedragen

verhätscheln zw vertroetelen, verwennen

Verhau m versperring; gemeenz chaos, wanorde

verhauen (-haute; -hauen) versperren; afrossen; verknoeien; erdoor brengen (v. geld); goedkoop verkopen; *einen tüchtig ~* iem. een flinke pak slaag geven; *sich ~* misslaan; zich lelijk vergissen

verheben st: *sich ~* zich vertillen, zich een ongeluk tillen

verheddern zw in de war brengen; *sich ~* vastraken, in de war raken

verheeren zw verwoesten; *~d* verwoestend, vernietigend; gemeenz ontzettend

verhehlen zw verhelen, verbergen, verzwijgen, ontveinzen

verheilen zw onoverg genezen, beter worden, helen

verheimlichen zw verheimelijken, verzwijgen, geheim houden

verheiraten zw ten huwelijk geven, uithuwen; *sich ~* trouwen

Verheiratung v (~; -en) huwelijk; het trouwen
verheißen st beloven, toezeggen
Verheißung v (~; -en) belofte
verheißungsvoll veelbelovend
verheizen zw verstoken, opstoken; mil onnodig inzetten ⟨v. troepen⟩
verhelfen st helpen; *zum Durchbruch* ~ doen doorbreken; *einem zur Flucht* ~ iemand helpen vluchten; *einer Idee zum Siege* ~ een idee doen zegevieren; *einem zu einer Stelle* ~ iem. aan een betrekking helpen
verherrlichen zw verheerlijken
verhetzen zw ophitsen, -stoken
verheult behuild
verhexen zw beheksen, betoveren; *das ist ja wie verhext* het is of de duvel ermee speelt
verhimmeln zw gemeenz ophemelen
verhindern zw verhinderen, beletten, dwarsbomen; *dienstlich verhindert* door dienst verhinderd
Verhinderung v verhindering
verhohlen verholen, heimelijk
verhöhnen zw honen, bespotten
verhohnepiepeln zw gemeenz bespotten
Verhöhnung v (~; -en) bespotting, het honen
verhökern zw te gelde maken, verpatsen
verholen zw scheepv verhalen
verholzen zw houtachtig worden
Verhör o (-(e)s; -e) verhoor
verhören zw verhoren, voor 't gerecht ondervragen; *sich* ~ verkeerd horen
verhudeln zw reg verknoeien
verhüllen zw om-, verhullen, bedekken; bewimpelen
Verhüllung v (~; -en) verberging, -hulling, omhulling; omhulsel
verhungern zw verhongeren
verhunzen zw verbroddelen; verknoeien; bederven
verhüten zw verhoeden, voorkomen, afweren
Verhütung v (~) verhoeding, vermijding
Verhütungsmittel o voorbehoedmiddel
verhutzelt ineengeschrompeld, uitgedroogd
verifizieren [ve-] verifiëren, waarmerken; bevestigen, als waar bewijzen
verinnerlichen zw verinnerlijken; *ein verinnerlichter Mensch* een mens met een sterk innerlijk leven
verirren zw: *sich* ~ verdwalen
Verirrung v verdwaling; afdwaling; dwaling, fout
verjagen zw verjagen
verjähren zw verjaren
verjubeln zw reg erdoor jagen, opsouperen
verjüngen zw verjongen, jeugdiger worden; *das Personal* ~ jonge mensen aanstellen; *sich* ~ jonger worden, er jonger gaan uitzien; techn dunner, smaller worden, smal of dun uitlopen; *in verjüngtem Maßstabe* op verkleinde schaal
Verjüngung v (~; -en) verjonging

verjuxen zw gemeenz verspelen, erdoor brengen, opsouperen
verkabeln zw van een kabelnet voorzien; met kabels aansluiten
verkalken zw verkalken; fig aftakelen, seniel worden
verkalkulieren zw: *sich* ~ zich verrekenen
verkannt miskend
verkappt verkapt, vermomd
verkapseln zw inkapselen
Verkauf m verkoop, afzet; ~ *aus freier Hand* verkoop uit de hand; ~ *im Abstrich (Aufstreich)* verkoop bij afslag (opbod); *zum* ~ *stehen* te koop staan
verkaufen zw verkopen; *freihändig* ~ uit de hand verkopen; *leer* ~ handel in blanco verkopen; in de wind gaan ⟨op de beurs⟩; *sein Leben teuer* ~ zijn huid duur verkopen; *auf Abbruch* ~ voor de afbraak (de sloop) verkopen; *für ein Butterbrot* ~ voor een appel en een ei verkopen; *im kleinen* ~ in 't klein verkopen; *unter dem Ladentisch* ~ onder de toonbank verkopen; *unter Preis* ~ onder de prijs verkopen; *sich nicht für dumm* ~ *lassen* zich niets laten wijsmaken; *sich leicht* ~ gemakkelijk verkocht worden; *zu* ~ te koop
Verkäufer m verkoper; winkelbediende
Verkäuferin v verkoopster; winkelbediende
verkäuflich verkoopbaar, te koop
Verkaufsschlager m goed verkopend artikel
Verkehr m (-s) verkeer, omgang; handel, gemeenschap; omloop
verkehren zw verkeren, lopen ⟨v. trein enz.⟩; omgaan, omgang hebben; veranderen; verdraaien, vervalsen; *der Zug verkehrt nicht mehr* de trein loopt niet meer; *ins Gegenteil* ~ in 't tegendeel veranderen; *in jemands Haus* ~ bij iem. aan huis komen; *sich in sein/ihr Gegenteil* ~ geheel in het tegendeel veranderen
Verkehrsamt o VVV-kantoor
Verkehrsaufkommen o verkeersdrukte, verkeersdichtheid
Verkehrsinsel v vluchtheuvel
Verkehrsmittel o vervoermiddel
Verkehrspolizist m verkeersagent
verkehrsreich druk
Verkehrsrowdy m, **Verkehrsrüpel** m wegpiraat
Verkehrsschild o verkeersbord
Verkehrssünder m verkeersovertreder
Verkehrsteilnehmer m weggebruiker
Verkehrsverhältnisse mv verkeerssituatie
Verkehrszeichen o verkeersteken
verkehrt verkeerd, averechts; ~ *proportional* omgekeerd evenredig; *die ~e Adresse* 't verkeerde adres; *Kaffee* ~ koffie verkeerd
verkehrtherum verkeerd, omgekeerd, binnenstebuiten, ondersteboven, achterstevoren
Verkehrung v (~) omdraaiing, verdraaiing; gehele verandering
verkeilen zw vastpinnen, met een wig vastzetten; fig vastzetten; gemeenz afrossen;

verkennen

slang verpatsen; *sich ~ vast raken, ineengeklemd worden*

verkennen *onr* miskennen, foutief beoordelen, niet beseffen; *etwas nicht ~ können* iets moeten toegeven

Verkennung *v* (~; -en) miskenning

verketten *zw* aaneenschakelen, samenknopen, samenvlechten; elektr koppelen; *sich ~* samenhangen, zich verbinden

Verkettung *v* aaneenschakeling; *eine ~ von Umständen* een samenloop van omstandigheden

verketzern *zw* verketteren

verkitten *zw* lijmen; verkitten

verklagen *zw* aanklagen

verklammern *zw* techn krammen; verbinden, samenvatten; *sich ~* zich vastklampen

verklapsen *zw* voor de gek houden

verklären *zw* verheerlijken; met een poëtische glans omgeven; idealiseren; omstralen

Verklärung *v* verheerlijking; *die ~ Christi* RK de transfiguratie van Christus

verklatschen *zw* verklappen, verklikken; belasteren

verklauseln *zw,* **verklausulieren** *zw* verclausuleren, door allerlei clausules beperken, onduidelijk maken

verkleben *zw* dichtkleven, toe-, dichtplakken

verkleiden *zw* verkleden, vermommen; afsluiten ⟨met kleed enz.⟩; beschieten ⟨met hout⟩; bekleden, betimmeren

verkleinern *zw* verkleinen; minder maken, kleiner doen schijnen; kleineren; wisk vereenvoudigen ⟨v. breuk⟩

Verkleinerungsform *v* verkleinvorm

verkleistern *zw* met stijfsel plakken, dichtplakken, overplakken

verklemmt geremd, gefrustreerd

verklingen *st* wegsterven; langzamerhand ophouden te klinken; *längst verklungene Tage* dagen die allang voorbij zijn

verkloppen *zw* stukkloppen, kloppen ⟨v. ei bijv.⟩; slang verpatsen; gemeenz afranselen; *einem den Hintern ~* iem. een pak op zijn broek geven

verknacken *zw* gemeenz veroordelen

verknacksen *zw* gemeenz: *sich den Fuß ~* zijn voet verstuiken

verknallen *zw* gemeenz verpaffen ⟨v. kruit⟩, verschieten; gemeenz verknoeien; *sich ~ in (+ 4)* gemeenz verliefd (verkikkerd) worden op

verknappen *zw* verminderen, schaarser maken; krapper maken; in-, verkorten; *sich ~* schaarser worden; *verknappt in 't kort*

verkneifen *st* onderdrukken, verkroppen; *sich etwas ~* iets onderdrukken; zich iets ontzeggen, nalaten

verkniffen toe-, samengeknepen; gesloten, afwijzend

verknöchern *zw* verbenen, verharden; verstarren, verstijven, vastroesten; afstompen; *verknöchert* ⟨fig v. personen⟩ uitgedroogd, verstard; verkalkt

verknoten *zw* dicht-, vastknopen, met een knoop vastleggen; *sich ~* in de knoop raken

verknüpfen *zw* vast-, samenknopen, verbinden, verenigen; *verknüpft sein mit* verbonden zijn (gepaard gaan) met

verknusen *zw* gemeenz, N-Duits uitstaan; verkroppen

verkochen *zw* verkoken

verkohlen *zw* verkolen; gemeenz te grazen nemen, beduvelen, voor de gek houden

verkoken *zw* (tot) cokes worden, tot cokes verwerken

verkommen *st* vervallen, in verval (aan lager wal) geraken, verlopen; te gronde gaan; *~ lassen* verwaarlozen; *die Wohnung verkommt* de woning vervalt; *ein ~er Mensch* een verlopen individu

verkonsumieren *zw* gemeenz consumeren, verbruiken

verkoppeln *zw* verenigen, -binden

verkorken *zw* dichtkurken

verkorksen *zw* gemeenz verknoeien, bederven

verkörpern *zw* belichamen

verkosten *zw* proeven

verköstigen *zw* onderhouden, de kost geven; *sich selbst ~* voor eigen kost zorgen

verkrachen *zw* handel over de kop gaan, op de fles gaan, failliet gaan; *sich (mit einem) ~* ruzie (met iem.) krijgen; *verkracht* mislukt, failliet; *eine verkrachte Existenz* gemeenz een verlopen type

verkraften *zw* motoriseren; opbrengen; verwerken, te boven komen; gemeenz opeten; *den Verkehr ~* het verkeer verwerken

verkrampfen *zw*: *sich ~* verkrampen, zich krampachtig sluiten; *verkrampft* krampachtig, verkrampt

verkriechen *st*: *sich ~* zich verschuilen, zich verbergen, wegkruipen

verkrümeln *zw* verkruimelen; gemeenz verkwisten; gemeenz *sich ~* onbemerkt verdwijnen, hem knijpen

verkrümmen *zw* krom buigen, verbuigen; *verkrümmt* gekromd

verkrüppeln *zw* invalide worden; misvormen, verminken

verkühlen *zw*: *sich ~* koeler worden; afkoelen; Z-Duits verkouden worden, kou vatten

verkümmern *zw* verkwijnen, degenereren; verschrompelen; bederven ⟨v.d. vreugde⟩; beknot worden ⟨in rechten⟩; *eine verkümmerte Hand* een geatrofieerde, onontwikkelde hand

verkünden *zw,* **verkündigen** *zw* plechtig verkondigen, afkondigen; *das Urteil verkünden* recht arrest wijzen

Verkündigung *v* verkondiging, afkondiging, bekendmaking; *Mariä ~* Maria Boodschap

verkuppeln *zw* koppelen ⟨ook v. mensen⟩

verkürzen *zw* korter maken, verkorten; korten; benadelen; *sich ~* korter worden

verlachen *zw* uitlachen, bespotten

Verlad *m* (-es) Zwits lading

Verladebrücke *v* techn laadbrug

verladen *st* (in)laden; overladen; overbren-

verlieren

gen, verzenden, transporteren
Verladerampe v laadperron, oprit
Verladung v (~; -en) lading
Verlag m (-(e)s; -e) uitgeverij; fonds; uitgave ⟨v. boek⟩; verkoop; *in ~ nehmen* uitgeven; *im ~ von* uitgegeven bij
verlagern zw (~) verleggen, verschuiven, verplaatsen; *das Gewicht ~* het gewicht van 't ene been op 't andere overbrengen; *sich ~* gaan werken ⟨v. lading⟩
Verlagerung v (~; -en) verlegging, verplaatsing, verschuiving
Verlagsanstalt v uitgeverij
Verlagsrecht o kopijrecht
verlanden zw dichtgroeien, verlanden
Verlangen o (-s; ~) verlangen, begeerte; eis, vordering; *auf ~* desverlangd, op verzoek, op verlangen
verlangen zw verlangen, vorderen; ontbieden; *mich verlangt nach ...* ik verlang naar ...; *Sie werden am Apparat (Telefon) verlangt* er is telefoon voor u
verlängern zw langer maken, verlengen; aanlengen; prolongeren ⟨v. film⟩
Verlängerung v verlenging, verlengde
Verlängerungsschnur v elektr verlengsnoer
verlangsamen zw verlangzamen
verläppern zw gemeenz erdoor brengen ⟨v. geld⟩; *sich ~* zijn krachten aan kleinigheden verspillen
Verlaß, nieuwe spelling: **Verlass** m: *auf ihn ist kein ~* op hem kan men niet rekenen, hij is niet betrouwbaar
verlassen st verlaten; *sich auf einen ~* zich op iem. verlaten, op iem. vertrouwen; *von allen guten Geistern ~* helemaal gek geworden; *Sie werden am böswilliges V~* recht kwaadwillige verlating
Verlassenschaft v (~; -en) Oostr, Zwits nalatenschap
verläßlich, nieuwe spelling: **verlässlich** betrouwbaar; *aus ~er Quelle* uit betrouwbare bron
verlästern zw belasteren
Verlaub m (-(e)s; -e) *mit ~* met uw verlof (permissie)
Verlauf m verloop; toedracht
verlaufen st verlopen; *sich ~* verdwalen, zich verspreiden, uiteengaan; *im Sande ~* doodlopen, -bloeden; *alles ist gut ~* alles is goed gegaan
verlaust onder de luizen
verlautbaren zw publiceren, bekend maken; *es wurde verlautbart, daß...* men zegt dat...; *sich ~* zich openbaren, zich uiten, bekend worden
Verlautbarung v officiële publicatie, communiqué, bekendmaking
verlauten zw uitlekken, bekend worden; *~ lassen* verluiden laten, te kennen geven; *von etwas nichts ~ lassen* iets niet ruchtbaar maken; *es verlautet* men zegt, het gerucht loopt, naar het heet...; *es verlautete nichts davon* er werd niets van bekend
verleben zw beleven; te besteden hebben (voor levensonderhoud); *den Urlaub irgendwo ~* de vakantie ergens doorbrengen
verlebt beleefd; afgeleefd, oud; verboemeld
1 verlegen zw leggen; verleggen, zoek maken; versperren; uitgeven ⟨v. boek⟩; op de verkeerde plaats leggen; *das Fest ist auf Sonntag verlegt* het feest is naar zondag verplaatst; *ein Kabel ~* ⟨ook⟩ een kabel leggen; *sich auf etwas ~* zich op iets toeleggen
2 verlegen bn verlegen, bedeesd; verlegen, door liggen bedorven ⟨v. waren⟩; verkreukeld; *äußerst ~* doodverlegen
Verlegenheit v (~; -en) verlegenheid; geldgebrek
Verleger m (-s; ~) uitgever ⟨v. boek⟩
Verlegung v het leggen; verlegging, het zoekmaken
verleiden zw bederven, vergallen, tegen maken; *das ist mir verleidet* daar is voor mij de aardigheid af, dat is mij tegen gaan staan
Verleih m (-(e)s; -e) verhuur; uitleen
verleihen st verlenen, toekennen; te leen geven, uitlenen; verhuren; toestaan; *einem den Ehrendoktor ~* iem. de doctorstitel honoris causa verlenen; *einer Sache Gestalt ~* aan iets gestalte geven; *einer Sache Nachdruck ~* aan iets kracht bijzetten
Verleiher m verlener, lener, uitlener; schenker; verhuurder, koppelbaas
verleimen zw vastlijmen
verleiten zw verleiden, ertoe brengen
verlernen zw verleren
verlesen st af-, op-, voorlezen, afkondigen; appèl houden, fout lezen: *Erbsen ~* erwten uitzoeken; *sich ~* zich verlezen
Verlesung v af-, op-, voorlezing 't uitzoeken; het voorlezen, appèl; het verlezen
verletzbar kwetsbaar
verletzen zw kwetsen, verwonden, krenken; *das Gesetz ~* de wet schenden, overtreden; *seine Pflicht ~* zijn plicht verzaken; *einen Vertrag ~* een verdrag, een contract schenden
verletzlich kwetsbaar, gevoelig
Verletzung v (~; -en) kwetsing, verwonding; benadeling, schending
verleugnen zw verloochenen, ontkennen, verzaken; *sich ~ lassen* niet thuis geven
Verleugnung v verloochening, ontkenning
verleumden zw belasteren, onteren
Verleumdung v (~; -en) laster
verlieben zw verlieven; *sich in einen ~* verliefd op iemand worden
verliebt verliefd; *unsterblich ~*, *~ über beide Ohren* smoorlijk, tot over de oren verliefd
verlieren (verlor; verloren) verliezen; kwijtraken; zoekraken; *das Bewußtsein ~* buiten kennis raken, flauwvallen; *den Faden ~* de draad verliezen; *die Fährte ~* 't spoor bijster zijn; *die Fassung ~* zijn hoofd verliezen; *sein Gesicht ~* zijn gezicht verliezen; *seinen Halt ~* geen houvast meer hebben; *sein Herz ~ an einen* iem. liefkrijgen; *den Kopf ~* fig zijn hoofd verliezen; *die Nerven ~* overstuur raken; *die Sprache ~*

zijn tong verliezen; *die Spur* ~ 't spoor bijster raken; *keine Worte darüber* ~ er geen woorden aan vuil maken; *den Zusammenhang* ~ de draad verliezen; *aus den Augen (dem Auge)* ~ uit 't oog verliezen; *ich habe da nichts verloren* ik heb daar niets te maken; *sich* ~ verloren gaan; verdwijnen; *sich in einen Anblick* ~ in een aanblik verzinken; *sich ins Uferlose* ~ oeverloos (tot in 't oneindige) over iets doorpraten; zie ook: *verloren*
Verlierer *m* (-s; ~) verliezer
Verlies *o* (-es; -e) onderaardse gevangenis, kerker
verloben *zw*: *sich* ~ zich verloven
Verlöbnis *o* (-ses; -se) plechtig verloving
Verlobte(r) *m-v* verloofde, aanstaande
Verlobung *v* (~; -en) verloving
verlocken *zw* verlokken
verlogen leugenachtig, onbetrouwbaar, onwaarachtig
verlohnen *zw*: *das verlohnt sich nicht, das verlohnt die Mühe nicht* dat loont de moeite niet
verloren verloren, kwijt; afgelegen; ~*e Eier* gepocheerde eieren; *der* ~*e Haufen* vero de verloren hoop; *ein* ~*es Lächeln* een dromerige glimlach; *in Gedanken* ~ in gedachten verzonken; *etwas (einen)* ~ *geben* iets (iemand) opgeven, als verloren beschouwen
verlorengehen, nieuwe spelling: **verloren gehen** *onr* verloren gaan
Verlorenheit *v* (~) verlorenheid; afgelegenheid; verzonkenheid
verlöschen (verlosch; verloschen) *onoverg* uitdoven; uitgaan; verdwijnen; sterven; *verloschene Augen* doffe ogen
verlosen *zw* verloten
Verlosung *v* verloting, loting, loterij
verlöten *zw* solderen
verlottern *zw* verliederlijken, vervallen; *verlottert* liederlijk, aan lager wal
verludern *zw onoverg* verliederlijken, -loederen; verboemelen; verslonzen; ongevonden sterven ⟨v. aangeschoten wild⟩; *sein Erbe* ~ zijn erfenis verboemelen; ~ *lassen* verwaarlozen; *ein verluderter Kerl* een verlopen individu
verlumpen *zw onoverg* verboemelen, aan lager wal raken; *overg* erdoor lappen ⟨v. geld⟩
verlumpt in lompen gekleed; gescheurd; haveloos
Verlust *m* (-(e)s; -e) verlies, schade; *in* ~ *geraten* verloren gaan, teloorgaan, zoekraken
Verlustgeschäft *o* handel verliesgevende zaak
verlustig kwijt; ~ *gehen* (+ 2) verliezen
verlustreich met grote verliezen
vermachen *zw* vermaken ⟨in testament⟩
Vermächtnis *o* (-ses; -se) testament, legaat; nalatenschap
vermählen *zw* uithuwen; verenigen; *sich* ~ huwen, trouwen
Vermählung *v* (~; -en) huwelijk
vermaledeien *zw* gemeenz vervloeken, verwensen
vermarkten *zw* op de markt brengen; in de publiciteit brengen
vermasseln *zw* gemeenz verknoeien
vermassen *zw* tot massa worden, in de massa opgaan
vermauern *zw* dicht-, toemetselen
vermehren *zw* vermeerderen; *sich* ~ meer worden; zich voortplanten
vermeiden *st* vermijden
vermeidlich vermijdbaar
vermeinen *zw* vermenen, menen
vermeintlich gewaand, zogenaamd, vermeend
vermelden *zw* vero, nog schertsend vermelden, melden, berichten, aankondigen
vermengen *zw* vermengen, dooreenmengen, door elkaar halen
vermenschlichen *zw* vermenselijken
Vermerk *m* (-(e)s; -e) aantekening, notitie
vermerken *zw* bemerken, bespeuren; noteren, aantekenen; *(einem) etwas übel* ~ (iem.) iets kwalijk nemen; *das sei nur am Rande vermerkt* dat zij slechts terloops vermeld
vermessen *st* meten, opmeten; verkeerd meten; *sich* ~ zich verstouten, wagen
Vermessenheit *v* (~; -en) vermetelheid
Vermessung *v* meting, opmeting, opneming
vermiesen *zw* gemeenz verknoeien, bederven; tegenmaken
vermieten *zw* verhuren
Vermieter *m* verhuurder, huisbaas, hospes
Vermieterin *v* verhuurster, hospita
vermindern *zw* verminderen; *sich* ~ afnemen, minder (kleiner) worden
verminen *zw*: *einen Weg* ~ een weg ondermijnen, door landmijnen onveilig maken; *vermint* door mijnenvelden beschermd
vermischen *zw* vermengen, mengen; *sich* ~ zich vermengen; *Vermischte(s)* allerlei, gemengd nieuws, gemengde berichten, mengelwerk
Vermischung *v* vermenging
vermissen *zw* missen, ontberen; *vermißt* mil vermist
Vermißt(en)anzeige, nieuwe spelling: **Vermisst(en)anzeige** *v* aangifte van iemands vermissing
Vermißte(r), nieuwe spelling: **Vermisste(r)** *m-v* vermiste
vermitteln *zw onoverg* bemiddelen, tot stand brengen; *overg* zorgen voor, verschaffen; overdragen; *dem Leser etwas* ~ de lezer met iets bekend maken
vermittels(t) (+ 2) *voorz* schrijft door middel van
Vermittler *m* bemiddelaar, tussenpersoon; fig vertolker
Vermittlung *v* (~; -en) bemiddeling; interventie; telefooncentrale
Vermittlungsgebühr *v* bemiddelingskosten; handel commissieloon
vermöbeln *zw* gemeenz afrossen; verpatsen
vermodern *zw* vermolmen, vergaan, ver-

rotten
vermöge (+ 2) *voorz* vero, schrijft krachtens, door, tengevolge van
Vermögen o (-s; ~) vermogen; kracht, macht; *bewegliches und unbewegliches* ~ roerend en onroerend goed; *nach bestem* ~ zo goed mogelijk
vermögen vermogen, kunnen, in staat zijn; *bei einem viel* ~ van iem. veel gedaan weten te krijgen
vermögend vermogend, gegoed
Vermögenssteuer *v* vermogensbelasting
vermöglich reg vermogend, bemiddeld, rijk
vermorschen *zw* vergaan, vermolmen
vermummen *zw* vermommen; warm inpakken
vermurksen *zw* gemeenz verknoeien, bederven
vermuten *zw* vermoeden, gissen; *einen in Bonn* ~ vermoeden dat iem. in Bonn is
vermutlich vermoedelijk, waarschijnlijk
Vermutung *v* (~; -en) vermoeden, gissing
vernachlässigen *zw* verwaarlozen, veronachtzamen, verzuimen
Vernachlässigung *v* verwaarlozing, veronachtzaming
vernageln *zw* vernagelen, dichtspijkeren
vernagelt toegespijkerd, ontoegankelijk; zeer dom, bekrompen, kortzichtig; *wie* ~ suf, verward, dom
vernähen *st* vastnaaien; dichtnaaien ⟨v. wond enz.⟩
vernarben *zw*: *(sich)* ~ een litteken vormen, helen
vernarren: *sich* ~ *in* helemaal gek worden op
vernaschen *zw* versnoepen; gemeenz een avontuurtje hebben met; *vernascht* snoepzuchtig
vernebeln *zw* mil omnevelen, versluieren, camoufleren; een rookgordijn leggen; *vernebelt* in de nevel, nevelig; dampig, rokerig
vernehmbar verstaan-, hoorbaar, duidelijk
Vernehmen o (-s) vernemen; bericht; *dem* ~ *nach* naar verluidt; *gutem (sicherem)* ~ *nach* naar wij uit goede bron vernemen
vernehmen *st* vernemen, gewaar worden, horen; recht verhoren, ondervragen; *nichts von sich* ~ *lassen* niets van zich laten horen
vernehmlich verstaanbaar, hoorbaar, duidelijk
Vernehmung *v* (~; -en) recht verhoor, ondervraging; *nach* ~ *der Parteien* de partijen gehoord
vernehmungsfähig recht in staat om verhoord te worden
verneigen *zw*: *sich* ~ nijgen, buigen, een buiging maken
Verneigung *v* nijging, buiging
verneinen *zw* ontkennen; niet aanvaarden
Verneinung *v* (~; -en) ontkenning; afwijzing
vernichten *zw* vernietigen, verdelgen; opheffen; *eine* ~*de Kritik* een vernietigende kritiek; *eine* ~*de Niederlage* een verpletterende nederlaag
Vernichtung *v* (~; -en) vernietiging, verdelging, vernieling; opheffing
verniedlichen *zw* minder gevaarlijk voorstellen, bagatelliseren
vernieten *zw* techn klinken; hechten
Vernunft *v* (~) rede, verstand, oordeel, redelijkheid; *wider alle* ~ tegen alle redelijkheid in; *zur* ~ *kommen* verstandig worden
Vernunftehe *v* verstandshuwelijk
Vernunftheirat *v* verstandshuwelijk
vernünftig verstandig, schrander; redelijk, behoorlijk
vernünftigerweise verstandig genoeg; redelijkerwijs
veröden *zw* doods, verlaten, ontvolkt worden; *verödet* verlaten, doods
veröffentlichen *zw* openbaar (bekend) maken; uitgeven, publiceren, in 't licht geven
Veröffentlichung *v* (~; -en) openbaar-, bekendmaking; publicatie; uitgave
verordnen *zw* verordenen, instellen, bepalen, gelasten; med voorschrijven
Verordnung *v* verordening, besluit; med voorschrift
verpachten *zw* verpachten
verpacken *zw* ver-, inpakken
Verpackung *v* verpakking, inpakking
verpäppeln *zw* gemeenz verwennen
verpassen *zw* iem. iets geven ⟨tegen zijn zin⟩, toedienen; missen ⟨v. trein, iemand⟩; verzuimen, laten voorbijgaan ⟨v. gelegenheid⟩; gemeenz aanmeten; *den Anschluß* ~ schertsend, gemeenz geen man krijgen; *eine verpaßt kriegen* gemeenz een oorveeg krijgen
verpatzen *zw* verknoeien
verpennen *zw* zich verslapen; missen; slapend doorbrengen; *ich habe den Termin verpennt* ik heb de afspraak gemist; *er hat den ganzen Nachmittag verpennt* hij heeft de hele middag liggen slapen
verpesten *zw* verpesten, bederven
verpetzen *zw* onderw verklikken, -raden
verpfänden *zw* verpanden
verpfeifen *st* gemeenz verklikken, -raden
verpflanzen *zw* verplanten, verpoten
verpflegen *zw* verzorgen; te eten geven
Verpflegung *v* (~; -en) verzorging, voeding, proviand; pension; *warme, kalte* ~ warme, koude maaltijden; *mit halber, voller* ~ half, vol pension
verpflichten *zw* verplichten; engageren, contracteren; *Adel verpflichtet* noblesse oblige; *sich verpflichtet fühlen* zich verplicht voelen; *einen auf die Verfassung* ~ iem. de eed op de grondwet laten afleggen; *sich* ~ zich verplichten, verbinden; *sich alle zu Dank* ~ allen aan zich verplichten; *die verpflichteten Ärzte der Krankenkasse* de aan het ziekenfonds verbonden artsen
Verpflichtung *v* (~; -en) verplichting; engagement, verbintenis
verpfuschen *zw* verknoeien, verhaspelen; gemeenz verknallen
verpissen *zw*: *sich* ~ gemeenz ophoepelen

verplanen zw volgens plan verdelen; aan plannen besteden; een verkeerd plan maken, verkeerd organiseren

verplappern zw: *sich* ~ zich verpraten

verplaudern zw Oostr verpraten

verplempern zw verspillen, verknoeien; *das Geld* ~ het geld voor waardeloze prullen uitgeven; *sich* ~ zijn tijd verprutsen, zich vergooien

verpönen zw: *verpönt sein* niet oorbaar zijn; verboden zijn ⟨bij de wet, door het fatsoen⟩

verprassen zw verbrassen

verproviantieren zw provianderen

verprügeln zw afranselen

verpuffen zw verschieten, doen ontploffen; ontploffen; in rook opgaan; geen succes hebben

verpulvern zw tot poeder maken, verpulveren, pulveriseren; gemeenz verkwisten, erdoor brengen

verpuppen zw: *sich* ~ biol zich verpoppen

verpusten zw: *sich* ~ gemeenz, N-Duits even uitblazen

Verputz m pleisterlaag ⟨v. muur⟩

verputzen zw bepleisteren, berapen ⟨v. huis⟩; opmaken, verdoen; *das Geld* ~ gemeenz 't geld erdoorheen jagen; opeten

verqualmen zw met rook vullen; *verqualmt* vol rook, walm

verquatschen zw verpraten, met praten doorbrengen; *sich* ~ gemeenz zich verpraten

verquellen st zwellen ⟨door vocht⟩

verquer [-'kweer] dwars; verkeerd; merkwaardig, vreemd

verquicken zw amalgameren; innig verbinden, ineensmelten

verrammeln zw versperren, barricaderen

verramschen zw opruimen, uitverkopen ⟨als ongeregeld goed⟩

Verrat m verraad

verraten st verraden; heimelijk mededelen; *kein Sterbenswörtchen* ~ niets laten blijken; ~ *und verkauft* in de steek gelaten, hulpeloos

Verräter m (-s; ~) verrader

verräterisch verraderlijk, trouweloos

verrauchen zw verdampen, vervliegen ⟨ook v. toorn⟩; *verrauchte Zimmer* kamers vol rook; *der Zorn ist verraucht* de boosheid is over

verrauschen zw voorbijgaan, vervliegen; wegebben ⟨van applaus⟩

verrechnen zw verrekenen; *sich* ~ zich verrekenen, misrekenen

Verrechnung v misrekening; handel verrekening; clearing

Verrechnungsinstitut o, **Verrechnungskasse** v, **Verrechnungsstelle** v handel clearinginstituut, vereffeningsbureau

verreden zw *sich* ~ zijn mond voorbij praten

verregnen zw verregenen

verreisen zw op reis gaan; verreizen, met reizen verdoen; *er ist verreist* hij is op reis, hij is de stad uit

verreißen st afbreken ⟨door kritiek⟩, afkammen, afkraken; plotseling omgooien, wenden; *es verreißt einen auto*, Oostr men slipt

verrenken zw verstuiken; ontwrichten; *sich den Verstand* ~ gemeenz zich suf prakkiseren; *sich die Zunge* ~ zijn tong over iets breken

verrennen onr: *sich* ~ verdwalen; vastlopen, zich vastwerken; *sich in eine Idee* ~ zich op een idee blind staren

verrichten zw verrichten, uitrichten, volbrengen, uitvoeren; *seine Notdurft* ~ zijn behoefte doen; *Hand- und Spanndienste* ~ hand- en spandiensten verrichten

Verrichtung v bezigheid, affaire; verrichting, volbrenging, bezorging

verriegeln zw afgrendelen, -sluiten

verringern zw verminderen, -kleinen; beperken; *Fahrt* ~ snelheid minderen

verrinnen st wegstromen, -sijpelen; *die Zeit verrinnt* de tijd verstrijkt

Verriß, nieuwe spelling: **Verriss** m (-risses; -risse) het afbreken, afkammen; vernietigende kritiek

verrohen zw verruwen, ruw worden

verrosten zw verroesten

verrotten zw verrotten; fig degenereren

verrucht slecht, verfoeilijk

verrücken zw verschuiven, -plaatsen, -zetten

verrückt gek, dwaas; dol; *total* ~ stapelgek; *wie* ~ als een gek; ~ *werden* ⟨ook⟩ gemeenz paf staan; ~ *auf, nach* dol op

Verrücktheit v (~; -en) krankzinnig-, dol-, dwaasheid

Verrücktwerden o: *es ist zum* ~ het is om gek van te worden

Verruf m slechte naam, kwade reuk; *einen in* ~ *bringen* iemands reputatie bederven; *in* ~ *kommen, geraten* een slechte naam krijgen; *in (im)* ~ *stehen* in een kwade reuk staan

verrufen bn berucht, te kwader naam en faam bekend

verrutschen zw verschuiven, afglijden; uitgesteld worden

Vers m (-es; -e) versregel; vers; *sich keinen* ~ *darauf machen können* er niets van begrijpen

versachlichen zw zakelijk voorstellen

versacken zw N-Duits wegzinken, -zakken; gemeenz aan lager wal raken; doorzakken

versagen zw weigeren ⟨ook van geweer⟩; falen; in de steek laten, tegenvallen, 't afleggen; niet functioneren, defect zijn; ontzeggen, afslaan; mislukken, onbekwaam blijken, tekortschieten; niet aan de verwachting beantwoorden; stokken, in de steek laten ⟨v. stem⟩; *sich etwas nicht* ~ *können* zich iets niet kunnen ontzeggen; *ein technisches V*~ een technische fout; *die Bremsen versagten* de remmen werkten niet

Versager m mislukkeling, nul

Versal [-'zaal] m (-s; -ien), **Versalbuchstabe** m hoofd-, beginletter

versalzen (versalzte; versalzen) verzouten, te zout maken; verzilten; *einem die Freude* *(den Spaß, das Vergnügen)* ~ iem. de vreugde vergallen; *einem die Suppe* ~ iemands plan in de war sturen; roet in 't eten gooien

versammeln *zw* vergaderen; verzamelen, bijeenbrengen; *sich* ~ zich verzamelen; vergaderen; samenkomen; *sich vor der Schule* ~ voor het schoolgebouw samenkomen

Versammlung *v* vergadering, bijeenkomst

Versand *m* (-(e)s; -e) verzending; expeditieafdeling (v.e. bedrijf); postorderbedrijf; ~ *nach auswärts* verzending naar buiten de stad

versandbereit voor verzending gereed

versanden *zw* verzanden; <u>gemeenz</u> doodbloeden

Versandgeschäft *o* postorderbedrijf, verzendhuis

Versandhaus *o* postorderbedrijf, verzendhuis

Versatz *m* verpanding

versauen *zw gemeenz* bezoedelen, vuil maken; <u>gemeenz</u> verknoeien, bederven

versauern *zw* verzuren, zuur worden; verkommeren

versaufen *st* **I** *onoverg* verzuipen, verdrinken; **II** *overg* verzuipen

versäumen *zw* verzuimen; verzaken; <u>Zwits</u> ophouden; *seine Pflicht* ~ zijn plicht verzuimen, verzaken; *den Zug* ~ de trein missen; *nichts zu* ~ *haben* geen haast hebben

Versäumnis *o* (-ses; -se), <u>vero</u> ook *v* (~; -se) verstek; verzuim, omissie; veronachtzaming

Versäumnisurteil *o* <u>recht</u> verstekvonnis

verschachern *zw* versjacheren

verschachtelt in elkaar geschoven; ingewikkeld, gecompliceerd

verschaffen *zw* verschaffen, bezorgen; *einer Sache Geltung* ~ iets doen eerbiedigen; *sich Gehör* ~ zich gehoor verschaffen; *sich über etwas Klarheit* ~ duidelijkheid over iets trachten te krijgen; *sich Respekt* ~ zich doen eerbiedigen

verschalen *zw* met planken bekleden, beschieten; verschalen (v. bier enz.)

verschämt beschaamd, schaamachtig, schuchter, bedeesd

verschandeln *zw* bederven, verknoeien

verschanzen *zw* verschansen

Verschanzung *v* (~; -en) verschansing

verschärfen *zw* verscherpen; escaleren

verscharren *zw* onder de grond stoppen, begraven (vooral van dieren)

verschätzen *zw* verkeerd schatten, verkeerd taxeren

verschaukeln *zw gemeenz* voor de gek houden

verscheiden *st* <u>schrijft</u> overlijden, sterven

verscheißern *zw gemeenz* voor de gek houden

verschenken (an + 4) *zw* weggeven, -schenken

verscherbeln *zw gemeenz* verkwanselen, -patsen, -sjacheren

verscherzen *zw* verspelen, -gooien (v. kans, gelegenheid)

verscheuchen *zw* verjagen, verschrikken

Verschiebebahnhof *m* rangeerstation

verschieben *st* **I** *overg* verschuiven, -plaatsen, -zetten; uitstellen, opschorten; rangeren ⟨v. trein⟩; <u>slang</u> zwart verhandelen; **II** *wederk*: *sich* ~ verschuiven, uitgesteld worden

Verschiebung *v* verschuiving, verplaatsing; uitstel; 't rangeren

verschieden verschillend, ongelijk; ~ *wie Tag und Nacht, wie Wasser und Feuer* verschillend als dag en nacht; *V~es* allerlei

verschiedenartig verschillend

Verschiedenheit *v* (~; -en) verschil, onderscheid

verschiedentlich verscheidene keren, meermaals

verschießen *st* verschieten ⟨ook van kleur⟩; *einen Elfmeter* ~ *sp* een strafschop missen; *all sein (sein ganzes) Pulver* al zijn kruit verschieten; *verschossen in* (+ 4) verkikkerd, verliefd op

verschiffen *zw* verschepen, per schip vervoeren

verschimmeln *zw* verschimmelen; afstompen

1 verschlafen *st* verslapen; *sich* ~ zich verslapen

2 verschlafen *bn* slaperig, niet uitgeslapen, slaapdronken

Verschlag *m* beschot ⟨v. hout⟩; afgeschoten ruimte, vertrekje, rommelkamertje; box

1 verschlagen *zw* verslaan, wegslaan; door storm afgedreven worden, uit de koers raken; ergens terechtkomen; toespijkeren; *es verschlug ihm den Appetit* hij kon geen hap door zijn keel krijgen; *es verschlägt einem den Atem* 't beneemt iemand de adem; *es verschlägt einem die Rede (Sprache)* iem. wordt er sprakeloos van; *es hatte ihn nach Australien* ~ hij was in Australië verzeild geraakt

2 verschlagen *bn* sluw, leep, listig; angstig ⟨v. dier⟩; ~*es Wasser* <u>reg</u> lauwwarm water; *mit* ~*em Atem* geheel buiten adem

verschlammen *zw* met modder bedekt raken; dichtslibben; *zw* ~ verstopt raken

verschlampen *zw gemeenz* verwaarloosd worden; kwijtraken; vergeten

verschlechtern *zw* slechter maken; *sich* ~ slechter worden, achteruitgaan; erop achteruitgaan

verschleiern *zw* met een sluier bedekken; sluieren; bemantelen; *eine verschleierte Bilanz* een geflatteerde balans; *verschleierte Bilder* gesluierde foto's; *mit verschleierter Stimme* met gevoileerde stem

Verschleierung *v* (~; -en) camouflage, versluiering

Verschleiß *m* (-es; -e) verslijting; verkoop; <u>Oostr</u> detailverkoop

verschleißen (verschliß; verschlissen & *zw*) verslijten; <u>Oostr</u> slijten, in het klein verkopen

verschleppen *zw* heimelijk wegslepen of wegvoeren, verslepen; zoek maken, verleggen; overbrengen ⟨v. besmettelijke ziekten⟩; op de lange baan schuiven; *die*

verschleudern

Behandlung einer Angelegenheit ~ de behandeling v.e. zaak op de lange baan schuiven, traineren; *eine verschleppte Krankheit* een verwaarloosde ziekte; *die Verschleppten* de ontheemden, de gedeporteerden

verschleudern zw wegslingeren, weggooien; verkwisten, doorbrengen; *Waren ~* waren verkwanselen, voor elke prijs verkopen

verschließen st sluiten, dicht-, wegsluiten; *sich ~* zich afsluiten, doof blijven voor, ontoegankelijk zijn voor; *sich einer Tatsache nicht ~* de ogen niet sluiten voor een feit; *sich einem Vorschlag ~* van een voorstel niets willen weten

verschlimmbessern zw in schijn beter, in werkelijkheid slechter maken; verergeren, -knoeien

verschlimmern zw overg verergeren; *sich ~* verergeren, erger worden

verschlingen st ineenslingeren; verzwelgen, opslokken (ook fig), verslinden; *den Faden ~* afhechten; *ein verschlungener Weg* een kronkelige weg, kronkelweg

Verschlingung v (~; -en) ineenstrengeling; kronkel; verzwelging

verschlossen gesloten; weinig spraakzaam; *hinter ~en Türen* recht met gesloten deuren; *vor ~er Tür* voor een dichte deur (ook fig)

verschlucken zw inslikken, opslokken; verkroppen; inslikken, onvolledig uitspreken; *einen Besenstiel, ein Lineal verschluckt haben* schertsend een bezemsteel ingeslikt hebben; *die Nacht hat ihn verschluckt* de duisternis heeft hem verzwolgen; *sich ~* zich verslikken

Verschluß, nieuwe spelling: **Verschluss** m sluiting, slot; fotogr sluiter; grendel (v. geweer); sluitstuk (v. kanon); gesloten ruimte; *unter ~* achter slot

verschlüsseln zw in code overbrengen; *verschlüsselt* in code; bedekt

Verschlußlaut, nieuwe spelling: **Verschlusslaut** m taalk ploffer, plofklank, explosief

verschmachten zw plechtig versmachten

verschmähen zw versmaden

verschmausen zw oppeuzelen

verschmelzen st onoverg & overg versmelten, samensmelten; *sich ~* samensmelten

verschmerzen zw verduren; verbijten, opkroppen; *ich kann das nicht ~* ik kan er niet overheen komen

verschmieren zw versmeren; volkladden; dichtsmeren; *verschmiert* bevuild

verschmitzt leep, listig; fijntjes, ondeugend, schalks

verschmutzen zw vervuilen, bekladden, bemorsen, verontreinigen

Verschmutzung v vervuiling, verontreiniging

verschnappen zw: *sich ~* reg zijn mond voorbijpraten

verschnaufen zw: *(sich) ~* uitblazen, op adem komen

Verschnaufpause v adempauze

verschneiden st versnijden (ook wijn); verknippen; castreren

Verschnitt m het versnijden, verknippen; afval (bij het knippen); versneden drank; castratie

verschnupfen zw ergeren, krenken, uit zijn humeur brengen; *verschnupft* verkouden; gepikeerd

verschnüren zw vast-, dichtbinden; met snoeren of koorden omboorden; *mit verschnürter Kehle* met dichtgeknepen keel

verschollen spoorloos verdwenen, weg, zoek; *er ist ~* men heeft nooit meer van hem gehoord

verschonen zw verschonen, sparen, ontzien; *einen mit etwas ~* iem. iets besparen

verschöne(r)n zw verfraaien

verschränken zw kruisen, ineensluiten; met slagbomen sluiten; *mit verschränkten Armen* met de armen over elkaar; *sich ~* ineensluiten

verschrauben zw dichtschroeven; verkeerd schroeven

verschreiben st verschrijven (v. papier enz.); schriftelijk toezeggen, legateren; voorschrijven med; op iemands naam doen overschrijven; *sich ~* zich verschrijven; *sich einer Sache (mit Haut und Haar, Leib und Seele) ~* zich geheel aan iets overgeven (wijden); *sich dem Teufel ~* zijn ziel aan de duivel verkopen

Verschreibung v schriftelijke verzekering, verbintenis; legatering; verschrijving; med recept

verschreien st berucht maken, in een kwaad gerucht brengen; *verschrien* berucht; *er ist als Geizhals verschrien* hij staat bekend als gierigaard

verschroben verschroefd, verdraaid; gewrongen, onnatuurlijk (v. stijl); *ein ~er Kopf* een dwaas, een zonderling

Verschrobenheit v zonderlinge aard

verschrotten zw techn slopen, tot schroot verwerken (v. schip, auto)

verschrumpeln, verschrumpfen zw verschrompelen

verschüchtert bang, bedeesd, verlegen; geïntimideerd

verschulden zw met schuld bezwaren; *etwas ~* de schuld van iets dragen; *sich ~* zich in de schuld steken; *(bis über die Ohren) verschuldet sein* (zwaar) in de schuld zitten; *ein verschuldetes Gut* een landgoed waarop zware schulden rusten

Verschulden o (-s) schuld; *ohne mein ~* buiten mijn schuld

Verschuldung v (~; -en) schuld

verschütten zw met puin dichtgooien (v. gracht); bedelven, overdekken; *ein verschütteter Graben* een ingestorte loopgraaf; *Tee ~* thee morsen; *verschüttet werden* onder 't puin bedolven worden; *von einer Lawine verschüttet* door een lawine bedolven

verschüttgehen onr slang de bak in draaien; verloren gaan; zoek raken

verschweigen st verzwijgen, met stilzwijgen voorbijgaan

verschwenden zw verkwisten, -spillen; *seine Kräfte* ~ zich uitputten, al zijn krachten geven
Verschwender m (-s; ~) verkwister, doorbrenger, verspiller
verschwenderisch verkwistend, overdadig
Verschwendung v (~; -en) verkwisting, -spilling
verschwiegen zwijgzaam, discreet; achterhoudend; stilzwijgend; *er ist ein ~er Mensch* hij weet te zwijgen; *ein ~er Ort* een stil plekje; ~ *wie ein (das) Grab sein* zwijgen als 't graf
Verschwiegenheit v (~) zwijgzaamheid, discretie, geheimhouding; *er ist die ~ selbst* hij is de discretie in persoon; *unter dem Siegel der* ~ onder het zegel van geheimhouding
verschwimmen st vervagen, vervloeien, in elkaar lopen
verschwinden st verdwijnen; *(mal)* ~ müssen gemeenz naar 't toilet gaan; *in der Versenkung, von der Bildfläche* ~ fig van 't toneel verdwijnen; *neben (gegen) jemand* ~ naast iem. nietig lijken; *etwas* ~ *lassen* gemeenz iets achteroverdrukken; verduisteren; vernietigen
verschwistern zw vermaagschappen; fig eng verbinden
verschwitzen zw doorzweten; gemeenz vergeten; *verschwitzt* bezweet; doorgezweet
verschwommen vaag, vervaagd, wazig
verschwören st afzweren, onder ede verwerpen; *sich* ~ samenzweren, samenspannen
Verschwor(e)ne(r) m-v, **Verschwörer** m (-s; ~) samenzweerder
Verschwörung v (~; -en) samenzwering
versehen st voorzien, zorgen voor; verzuimen; RK bedienen; ~ *mit* voorzien van; *ein Amt* ~ een ambt bekleden; *den Haushalt* ~ het huishouden verzorgen; *mit Gründen* ~ met redenen omkleed; *mit Ohrmarken* ~ oormerken ⟨v. dieren⟩; *sich* ~ zich verkijken; zich vergissen; verkeerd zien; *ehe (ohne daß) ich mich's versah* eer (zonder dat) ik er op verdacht was
Versehen o (-s; ~) misslag, fout, dwaling, abuis; *aus* ~ bij vergissing, per abuis
versehentlich bij vergissing, abusievelijk, bij ongeluk
versehren zw bezeren; kwetsen, wonden; schenden (bijv. graf)
Versehrte(r) m-v invalide
verselbständigen, nieuwe spelling ook: **verselbstständigen** zw zelfstandig maken; *sich* ~ zich zelfstandig maken
versenden onr verzenden
versengen zw verzengen, verschroeien
versenken zw doen zinken, tot zinken brengen; inlaten, laten zakken, indompelen; *Schiffe* ~ schepen in de grond boren, doen zinken; *sich in etwas* ~ zich in iets verdiepen
Versenkung v verzinking, 't laten zakken; 't laten zinken; 't zich verdiepen, verzonkenheid; kuil, diepte; valdeur, valluik ⟨op toneel⟩; *in der* ~ *verschwinden* in de vergetelheid raken
Verseschmied m schertsend rijmelaar
versessen: ~ *auf* verzot op
versetzen zw verzetten, verplaatsen; overplaatsen; verpotten; verpanden, belenen; hernemen, antwoorden; vermengen; gemeenz vergeefs laten wachten, laten zitten; *die Schüler werden versetzt* de leerlingen gaan over; *der Glaube versetzt Berge* 't geloof verzet bergen; *einem eine, eins, einen Hieb, einen Schlag* ~ iem. een houw, een slag toebrengen; iem. een hatelijkheid toevoegen; *in Angst* ~ angstig maken; *in den Anklagezustand* ~ in staat van beschuldiging stellen; *in den Ruhestand* ~ pensioneren; *in Trauer* ~ in rouw dompelen; *in den Wartestand* ~ op wachtgeld stellen; *Silber mit Kupfer* ~ zilver met koper mengen
Versetzung v (~; -en) verzetting, omzetting, verplaatsing; overplaatsing; vermenging; verpanding, belening; onderw overgang; ~ *auf Probe* onderw voorwaardelijke overgang; ~ *in den Ruhestand* pensionering
verseuchen zw besmetten, verpesten; *verseucht* verziekt; *verseuchtes Gebiet* (door en door) besmet gebied
Versicherer m (-s; ~) verzekeraar, assuradeur
versichern zw verzekeren; ~ *gegen* verzekeren, assureren tegen; *einem etwas* ~ iem. iets verzekeren; *etwas hoch und heilig (teuer)* ~ iets bij alles, wat heilig is, verzekeren; *sich* ~ (+ 2) zich verzekeren van
Versicherung v (~; -en) verzekering, assurantie; ~ *gegen jede Gefahr* all-riskverzekering
Versicherungsbeitrag m verzekeringspremie
Versicherungsgesellschaft v verzekerings-, assurantiemaatschappij
Versicherungspolice v, **Versicherungsschein** m verzekeringspolis
Versicherungsvertreter m verzekeringsagent
versickern zw weglekken, wegsijpelen; doorsijpelen; fig aan de strijkstok blijven hangen
versiegeln zw verzegelen
versiegen zw opdrogen, ophouden te vloeien; verminderen; *die Mittel* ~ de middelen raken uitgeput; *ein nie ~der Humor* een onuitputtelijke humor
versiert [ver-]: *in einem Fach* ~ *sein* in een vak goed thuis, bedreven zijn
versilbern zw verzilveren ⟨ook: te gelde maken, verkopen⟩
versimpeln zw onoverg aftakelen, simpel worden; overg te eenvoudig voorstellen; simpel maken
versinken st wegzinken; *in Schutt und Asche* ~ verwoest worden; *in Gedanken versunken* in gedachten verdiept; *vor Scham imlin den Erboden* ~ van schaamte door de grond gaan
versinnbildlichen zw zinnebeeldig voor-

stellen, symboliseren
Version [ver-] v (~; -en) versie, vorm v.e. bericht of verhaal; vertaling
versippt verwant
versklaven zw tot slavernij brengen
Versklavung v (~) verslaving
versoffen aan de drank verslaafd, verzopen
versohlen zw verzolen; *einem das Fell, den Hintern, den Hosenboden, das Leder ~, einen ~ <u>gemeenz</u>* iem. aframmelen
versöhnen zw verzoenen
versöhnlich verzoenend, verzoeningsgezind
Versöhnung v (~; -en) verzoening
versonnen verdiept, in gedachten verzonken, dromerig
versorgen zw verzorgen; voorzien van; onderhouden; de huishouding doen voor; *~ mit* voorzien van
Versorger m (-s; ~) verzorger, broodwinner
Versorgung v (~; -en) verzorging, voorziening; broodwinning; *~ der Truppen* <u>mil</u> ravitaillering van de troepen
Versorgungslage v voedselvoorziening; verzorging met levensmiddelen
verspachteln zw <u>gemeenz</u> opslokken; dichtsmeren (met een spatel), gladmaken
verspannen zw vastzetten; *zich ~* verkrampen
verspäten zw vertragen, ophouden; *sich ~* zich verlaten, te laat komen
Verspätung v (~; -en) vertraging, verlating
verspeisen zw opeten, verorberen
verspekulieren zw met speculeren verliezen; *sich ~* zich vergissen
versperren zw versperren, afsluiten; belemmeren; *einem die Aussicht ~* iem. 't uitzicht benemen; *einem den Weg ~* iem. de weg versperren
verspielen zw verspelen, vergokken; *du hast verspielt* 't is je mislukt; *bei einem verspielt haben* iemands vertrouwen of sympathie verloren hebben
verspinnen st verspinnen, opspinnen; *sich in einen Gedanken ~* een gedachte niet kunnen loslaten; *in seine Träume versponnen sein* in zijn dromen ingesponnen zijn
verspotten zw bespotten, de draak steken met
Versprechen o (-s; ~) belofte, toezegging; 't verspreken
versprechen st beloven, toezeggen; bezweren; *einem etwas hoch und heilig ~* iem. bij alles, wat heilig is, beloven; *etwas durch Handschlag (in die Hand) ~* op handslag beloven; *sich ~* zich verspreken; zich verloven; *sich nicht viel von etwas ~* niet veel van iets verwachten
Versprecher m (-s; ~), verspreking
Versprechung v (~; -en) belofte; *das sind nur leere ~en* dat zijn ijdele beloftes
versprengen zw uiteenjagen, doen uiteenstuiven, verstrooien
verspritzen zw onoverg wegspatten; overg rondspuiten, plengen; vergieten; *sein Gift ~* <u>gemeenz</u> zijn gal spuwen
versprochenermaßen zoals beloofd, volgens belofte
verspüren zw bespeuren; voelen; *ein Gelüst ~* neiging bespeuren; *keine Neigung ~* geen aanvechting voelen; *Hunger, Durst, Schmerz, Angst ~* honger, dorst, pijn hebben, bang zijn
verstaatlichen zw naasten, onteigenen, annexeren (door de staat)
Verstaatlichung v (~; -en) naasting, annexatie door de staat
verstädtern verstedelijken
Verstädterung v verstedelijking
Verstand m (-(e)s) verstand, oordeel; geest, mening, begrip; *bei vollem ~* volledig bij zijn verstand; *nicht ganz (recht) bei ~* niet goed bij zijn verstand; *mit ~* met verstand, *ohne Sinn und ~* zonder na te denken; *über jemands ~ gehen* iemands verstand te boven gaan; *wenn sie nur ein Fünkchen ~ hätte* als zij ook maar een greintje verstand had
verstandesmäßig verstandelijk
verständig verstandig; met verstand
verständigen zw op de hoogte brengen, mededelen, waarschuwen; *die Polizei ~* de politie waarschuwen; *einen von etwas ~* iem. van iets in kennis stellen; *sich miteinander ~* zich aan elkaar verstaanbaar maken; ''t eens worden
Verständigung v (~; -en) verstaanbaarmaking; overeenkomst, overleg, goede verstandhouding, samenwerking, toenadering; *~ zwischen Mensch und Mensch* wederzijds begrip tussen de mensen onderling; *die ~ am Telefon war schlecht* de verbinding was slecht
verständlich begrijpelijk, duidelijk; verstaanbaar
Verständnis o (-ses) begrip, verstand, gevoel, inzicht; *mangelndes ~* onbegrip; *für etwas ~ haben* zich iets kunnen indenken, begrip voor iets hebben; *er hat kein ~ für die Kunst* hij heeft geen gevoel voor kunst
verständnislos niet begrijpend, zonder inzicht of gevoel, onbevaarsd
verständnisvoll met dieper begrip, vol begrip
verstärken zw versterken (ook fotogr); dikker maken; *sich ~* sterker worden
Verstärker m (-s; ~) versterker
verstauben zw stoffig worden
verstäuben zw verstuiven
verstaubt met stof bedekt, onder 't stof; <u>fig</u> ouderwets, achterhaald
verstauchen zw verstuiken
Verstauchung v (~; -en) verstuiking
verstauen zw verstowen, verstouwen
Versteck o (-(e)s; -e) schuilhoek(je); verstoppertje; *~ spielen* zie: verstecken
verstecken zw verbergen, verstoppen; *sich ~* zich verschuilen; *sich nicht vor einem zu ~ brauchen* niet voor iem. onderdoen; *Verstecken spielen* verstoppertje spelen
Versteckspiel o, Oostr **Versteckerlspiel** o verstoppertje
versteckt verborgen; heimelijk, clandestien, geheim; bedekt, verkapt

verstehen onr verstaan; begrijpen, menen, bedoelen; *sein Handwerk* ~ zijn zaakjes weten; alle kneepjes kennen; *keine Silbe* ~ geen woord verstaan; *keinen Spaß* ~ niet tegen een grapje kunnen; niet met zich laten spotten; *ich verstehe immer nur Bahnhof* ik begrijp er geen barst van; *wir* ~ *uns!* wij begrijpen elkaar!; *das versteht sich von selbst* dat spreekt van zelf; *das versteht sich so* dat moet zo opgevat worden; *sich gut* ~ goed met elkaar overweg kunnen; *sich* ~ *auf (+ 4)* verstand hebben van; *die Preise* ~ *sich in Franken* handel de prijzen zijn bedoeld in franken

versteifen zw stijf, strak maken; *sich* ~ stijf, strak worden; *sich* ~ *auf (+ 4)* op iets staan, aan iets halsstarrig vasthouden; *der Widerstand versteift sich* de tegenstand wordt krachtiger

Versteifung v (~; -en) verstijving, -sterking

versteigen st: *sich* ~ te hoog klimmen, bij het bergbeklimmen verdwalen; zich door zijn gevoel laten meeslepen; fig te ver gaan; *sich* ~ *zu der Behauptung* zover gaan te beweren

versteigern zw veilen, bij opbod verkopen

Versteigerung v veiling, verkoop bij opbod; gerechtelijke verkoop; *zur* ~ *kommen* geveild worden

versteinern zw verstenen

Versteinerung v (~; -en) verstening

verstellbar verstelbaar

verstellen zw verzetten, -plaatsen, verkeerd plaatsen; anders stellen, verstellen; veranderen, -draaien; misvormen; *die Handschrift* ~ het handschrift verdraaien; *einem den Weg* ~ iem. de weg versperren; *ein verstellter Korridor* een volgeplaatste gang; *mit verstellter Hand* met een verdraaide hand; *mit verstellter Stimme* met veranderde stem; *sich* ~ veinzen, zich anders voordoen dan men is, simuleren

Verstellung v verplaatsing; veinzerij, geveinsdheid, huichelarij, aanstellerij

versterben st plechtig sterven

versteuern zw aangeven (voor de belasting), belasting betalen van; *der zu* ~*de Betrag* de belastbare som; *versteuert* 〈ook〉 met inbegrip v. belasting

verstiegen overspannen, -dreven

Verstiegenheit v (~) overdreven voorstelling, het overdreven zijn

verstimmen zw ontstemmen, ontevreden maken; *verstimmt* ontstemd 〈ook muz〉; van streek (v. maag)

Verstimmung v ontstemming, ontevredenheid; lichte ongesteldheid (v. maag enz.)

verstockt verstokt; door rouch bedorven

Verstocktheit v (~) verstoktheid

verstohlen, **verstohlenerweise** verstolen, heimelijk, ongemerkt, steels

verstopfen zw stoppen 〈ook med〉, verstoppen, toe-, dichtsluiten, verstoppen; *verstopft* verstopt; Zwits slechtgehumeurd

Verstopfung v (~; -en) het dichtstoppen; med verstopping, constipatie

verstorben overleden; *meine* ~*e Mutter* wijlen mijn moeder; *der V*~*e* de overledene

verstören zw ontdaan maken, schokken; doen schrikken; in verwarring brengen

verstört geheel ontdaan, verwilderd, verward, overstuur; *die Flüchtlinge waren völlig* ~ de vluchtelingen waren helemaal overstuur

Verstörtheit v (~) verwarring, ontdaanheid

Verstoß m dwaling, misgreep, fout; strafbaar gesteld feit, overtreding, vergrijp; *in* ~ *geraten* vero, Oostr wegraken; verloren gaan

verstoßen st verstoten; een dwaling begaan; ~ *gegen* in strijd handelen met; *das verstößt gegen die Etikette* dat zondigt tegen de etikette

verstreben zw stutten, schoren

Verstrebung v (~) schoor, stut, het schoren, stutten

verstreichen st verstrijken, -gaan, -lopen; dichtstrijken; (uit)smeren, uitstrijken

verstreuen zw verstrooien, rondstrooien; *verstreute Anmerkungen* losse opmerkingen

verstricken zw verstrikken; *sich in eigene Lügen* ~ in zijn eigen leugens verstrikt raken; *sich in etwas* ~ in iets vastraken, verstrikt raken

verströmen zw uitstromen

verstümmeln zw verminken 〈ook v. tekst〉

Verstümmelung v (~) verminking

verstummen zw verstommen

Versuch m (-(e)s; -e) poging; try 〈bij rugby〉; essay; proeve; proefneming; ~ *eines Verbrechens* poging tot misdrijf; *es kommt auf den* ~ *an* we moeten het maar eens proberen

versuchen zw beproeven; verzoeken, in verzoeking brengen; *sein Glück (Heil)* ~ zijn geluk beproeven, een kans wagen; *man soll nicht das Unmögliche* ~ men kan geen ijzer met handen breken; *des versuchten Mordes angeklagt* aangeklaagd van poging tot moord; *man wäre versucht, das zu glauben* men zou geneigd zijn, dat te geloven; *sich* ~ zijn krachten beproeven

Versucher m verleider

Versuchsanstalt v proefstation; laboratorium

Versuchskaninchen o, gemeenz **Versuchskarnickel** o proefkonijn

Versuchsperson v proefpersoon

versuchsweise bij wijze van proef, op proef

Versuchung v (~; -en) verleiding, verzoeking, beproeving, aanvechting

versumpfen zw moerassig worden; naar de kelder gaan, aan lager wal raken, verboemelen

Versumpfung v moerasvorming; het aan lager wal raken

versündigen zw: *sich* ~ *an (+ 3)* zich bezondigen aan

versunken verzonken, in gedachten verzonken; *in Gedanken* ~ in gedachten verdiept; *ein* ~*es Weltreich* een ondergegaan wereldrijk

versüßen zw verzoeten; veraangenamen; *die Pille* ~ de pil vergulden
vertäfeln zw betimmeren, lambriseren
vertagen zw verdagen, uitstellen
vertändeln zw verbeuzelen; verklungelen
vertäuen zw vertuien, vastmeren, vastleggen ⟨v. boei, schip⟩
vertauschen zw verruilen, verwisselen; *die Rollen* ~ de rollen omkeren, verwisselen
Vertauschung v verruiling, verwisseling
verteidigen zw verdedigen, verweren
Verteidiger m (-s; ~) verdediger; recht raadsman, advocaat; sp verdediger, achterspeler
Verteidigung v verdediging
Verteidigungsminister m minister van Defensie
Verteilung v verdeling; uitkering; distributie
vertelefonieren zw gemeenz vertelefoneren; *sie hat 10 DM vertelefoniert* ze heeft voor 10 DM gebeld
verteuern zw duurder maken, de prijs verhogen of opdrijven; *sich* ~ duurder worden
Verteuerung v 't duurder worden, duurder worden; prijsstijging
verteufeln zw slecht maken, slecht voorstellen
verteufelt verduiveld, erg; gecompliceerd
vertiefen zw verdiepen, uitdiepen; *vertieft* verdiept; in bas-reliëf; *sich* ~ *in* (+ 4) zich verdiepen in
Vertiefung v (~; -en) uitdieping; diepte, kuil
vertieren zw verdierlijken
vertikal [ver-] verticaal, loodrecht
Vertikale v (~; -n) verticale lijn, loodlijn
Vertiko ['ver-] m & o (-s; -s) vroeger salonkastje
vertilgen zw verdelgen, uitroeien, opeten, verorberen
Vertilgung v verdelging; verorbering
vertippen zw: *sich* ~ verkeerd typen; gemeenz verkeerd wedden
vertonen zw muz toonzetten, op muziek zetten, componeren
Vertonung v (~; -en) muz compositie, toonzetting; het componeren
vertrackt drommels, vervelend, moeilijk; raar; *eine ~e Geschichte, Situation* een vervelende, moeilijke geschiedenis, situatie
Vertrag m (-(e)s; Verträge) verdrag; contract; *einen unter* ~ *nehmen* iem. contracteren; *der Versailler* ~ 't verdrag van Versailles
vertragen st overdragen, elders heen dragen; verdragen, doorstaan; afdragen, verslijten; *gut 'was* ~ *können* gemeenz goed tegen alcohol kunnen; *Zeitungen* ~ Zwits kranten bezorgen; *sich* ~ *mit* 't goed kunnen vinden met; *sich (wieder)* ~ zich verzoenen; overweg kunnen; vrede houden met elkaar; *das verträgt sich nicht mit meiner Pflicht* dat is niet met mijn plicht overeen te brengen
vertraglich contractueel, volgens overeenkomst, contract

verträglich verdraagzaam, eendrachtig; verenigbaar; verteerbaar, licht, goed te verdragen ⟨v. eten⟩
Verträglichkeit v (~) verdraagzaamheid, eendrachtigheid; verenigbaarheid
Vertragsabschluß, nieuwe spelling: **Vertragsabschluss** m 't sluiten van een contract
vertragsbrüchig zich niet aan het verdrag of contract houdend; door contractbreuk
vertragswidrig in strijd met een verdrag of contract
Vertrauen o (-s) vertrouwen; *jmds.* ~ *haben* iems. vertrouwen genieten; ~ *auf jmdn. setzen* vertrouwen in iem. stellen; *jmdn. ins* ~ *ziehen* iem. in vertrouwen nemen; ~ *in einen, zu jmdm. (haben)* vertrouwen in iem. (hebben); *im* ~ in vertrouwen
vertrauen zw vertrouwen; *einem* ~, *auf einen* ~ iem. vertrouwen
vertrauenerweckend vertrouwenwekkend
Vertrauensarzt m controlerend geneesheer
Vertrauensbruch m schending van geheimhouding (vertrouwen)
Vertrauensfrage v vertrouwenskwestie; kwestie van vertrouwen; *die* ~ *stellen* de vertrouwenskwestie stellen
vertrauensvoll vol vertrouwen
vertraulich vertrouwelijk
Vertraulichkeit v vertrouwelijkheid, discretie; intimiteit
verträumen zw verdromen; *verträumt* dromerig
vertraut vertrouwd, intiem, vertrouwelijk; *mit etwas ~ werden* met iets vertrouwd (ge)raken; *ein Vertrauter* een vertrouweling
vertreiben st verdrijven; wegdrijven; verkopen, handelen, aan de man brengen; *sich die Zeit* ~ *mit* zijn tijd doorbrengen met
Vertreibung v (~) verdrijving
vertretbar verdedigbaar; bevredigend; *~e Sachen* recht vervangbare zaken
vertreten st vertreden, aftrappen, vertrappen; vervangen ⟨v. persoon⟩; vertegenwoordigen; behartigen ⟨v. belangen⟩; verdedigen; *eine Ansicht* ~ een mening huldigen; *einen Kollegen* ~ een collega vervangen; *eine Meinung, einen Standpunkt* ~ van mening zijn; *einem dem Weg* ~ iem. de weg versperren; *sich den Fuß* ~ zijn voet verstuiken; *sich die Beine, die Füße* ~ zich een beetje vertreden
Vertreter m (-s; ~) vertegenwoordiger, afgevaardigde; verdediger, plaatsvervanger, invaller; handel agent, vertegenwoordiger, reiziger; *einen* ~ *stellen* voor een plaatsvervanger zorgen
Vertretung v (~; -en) vertegenwoordiging, vervanging; handel agentuur; *in* ~ plaatsvervangend, waarnemend
Vertrieb m debiet; verkoop, handel
vertrinken st verdrinken, drinkend doorbrengen ⟨v.d. tijd⟩
vertrocknen zw verdrogen, uitdrogen
vertrödeln zw verbeuzelen; verhandelen,

versjacheren
vertrösten zw hoop (op iets) geven; *einen mit etwas ~* iem. met iets troosten, paaien; *einen auf später ~* iem. met een kluitje het riet in sturen
vertun *onr* verdoen, verspillen, verkwisten; gemeenz verknallen; *sich ~* zich vergissen
vertuschen zw verdoezelen, bewimpelen, bemantelen, in de doofpot stoppen
verübeln (+ 3) zw ten kwade duiden, kwalijk nemen
verüben zw bedrijven, plegen, begaan; *ein Attentat ~* een aanslag plegen; *einen Diebstahl, einen Einbruch ~* een diefstal, een inbraak plegen; *einen Raub ~* roven
verulken zw in 't ootje (ertussen, op de hak) nemen, een loopje nemen met
veruneinigen zw tweedracht brengen tussen; *sich ~* in twist geraken, oneens worden
verunglimpfen zw in een kwaad licht stellen, belasteren, smaden, beledigen
Verunglimpfung *v* laster, smaad
verunglücken zw verongelukken
verunreinigen zw verontreinigen
Verunreinigung *v* (~; -en) vervuiling; vervuilde stof
verunsichern zw onveilig, onzeker maken; in zijn veiligheid bedreigen
verunstalten zw misvormen, ontsieren, lelijk maken
veruntreuen zw verduisteren, ontvreemden
Veruntreuung *v* (~; -en) verduistering, ontvreemding
verunzieren zw ontsieren
verursachen zw veroorzaken
verurteilen zw veroordelen, vonnissen; *kostenfällig (kostenpflichtig) ~* recht veroordeeld tot de kosten; *in Abwesenheit ~* bij verstek veroordelen; *zum Strang ~* tot de strop veroordelen; *zu Tode ~* tot de dood veroordelen
Verurteilung *v* (~; -en) veroordeling; vonnis; *bedingte ~* recht voorwaardelijke veroordeling
Verve *v* (~) verve, gloed, geestdrift
vervielfachen zw verveelvoudigen; vermenigvuldigen, vergroten; *sich ~* sterk toenemen
Vervielfältigen zw reproduceren, kopiëren
Vervielfältigung *v* (~; -en) reproductie, vermenigvuldiging
vervollkommnen zw volmaken, perfectioneren, verbeteren
Vervollkommnung *v* (~) vervolmaking, perfectionering
vervollständigen zw volledig maken, voltooien, completeren
Vervollständigung *v* (~; -en) 't volledig maken, voltooiing, completering
verwachsen *st* vergroeien, dichtgaan (v. wond); samengroeien; verkeerd groeien, een bult krijgen; *sich ~* vergroeien
Verwachsung *v* (~; -en) vergroeiing
verwählen zw: *sich ~* telec een verkeerd nummer draaien

verwahren zw bewaren, in bewaring nemen; opbergen, beschermen; *sich gegen etwas ~* tegen iets protesteren
verwahrlosen zw verwaarlozen, veronachtzamen
Verwahrlosung *v* (~) verwaarloosde toestand, het in verval raken
Verwahrung *v* (~) bewaring, berusting; protest; *in ~ haben* in bewaring, onder (zijn) berusting hebben; *unter ~ der Rechte* onder voorbehoud der rechten
verwaisen zw verwezen, wees worden
verwalken zw gemeenz afrossen
verwalten zw beheren, administreren; besturen; bekleden (v. ambt)
Verwalter *m* (-s; ~) beheerder, bewindvoerder, bestuurder, administrateur, rentmeester
Verwaltung *v* (~; -en) beheer, bestuur, bewind, administratie, directie
Verwaltungsapparat *m* bestuursapparaat
Verwaltungsbehörde *v* bestuur, administratie
Verwaltungsdeutsch *o* ambtelijk Duits
Verwaltungsrat *m* raad van commissarissen; raad van beheer; lid van die raad
verwandeln zw *overg* veranderen, een andere gedaante geven; herleiden, omzetten; theat changeren; rekenk herleiden (v. breuk); *sich ~* veranderen (v. gedaante); *ich fühle mich wie verwandelt* ik voel me een (compleet) ander mens
Verwandlung *v* algehele verandering, transformatie; gedaanteverwisseling; theat changement; rekenk herleiding (v. breuk)
verwandt: *~ mit* verwant met; familie van; *nahe, entfernt (gemeenz um sieben Ecken, weitläufig) ~* van nabij, in de verte verwant; *durch Heirat ~* aangetrouwd
Verwandte(r) *m-v* bloedverwant, familielid; *entfernte (weitläufige) Verwandte* verre bloedverwanten
Verwandtschaft *v* (~; -en) verwantschap, familiebetrekking; de familie; gelijkenis
verwandtschaftlich verwantschaps..., familie...; *~e Beziehungen* familiebetrekkingen
verwarnen zw (officieel) waarschuwen
Verwarnung *v* officiële waarschuwing; *eine gebührenpflichtige ~* een boete
verwaschen *bn* vervaagd, door regen of veel wassen verkleurd
verwässern zw met water mengen, verwateren (ook *fig*); zwakker, vager maken
verweben *schw & st* verweven, bij 't weven verbruiken; samenweven
verwechseln zw verwisselen, verwarren; *mein und dein ~* 't mijn en dijn niet uit elkaar kunnen houden; *zum V~ ähnlich* als twee druppels water op elkaar lijkend
verwegen *bn* vermetel, stout, roekeloos; *ein ~er Plan* een stoutmoedig plan
Verwegenheit *v* (~; -en) vermetelheid, stoutmoedige daad
verwehen zw verwaaien, wegwaaien; door de wind bedekt worden
verwehren zw beletten, belemmeren, te-

Verwehung

genhouden, verhinderen; *das war mir verwehrt* dat was mij ontzegd; *ein Gläschen in Ehren kann niemand ~* één glaasje alcohol kan geen kwaad; *einem den Ausblick ~* iem. het uitzicht benemen

Verwehung *v* hoop opgewaaide sneeuw of zand

verweichlichen *zw* verwekelijken

verweigern *zw* weigeren, ontzeggen; *die Aussage ~* recht weigeren te getuigen; *ein Hindernis ~* weigeren (v. paard)

verweilen *zw* schrijft vertoeven, verwijlen, blijven; *bei etwas ~* bij iets stilstaan

verweint behuild

Verweis *m* (-es; -e) verwijzing; berisping, standje

verweisen *st* verwijzen; aanwijzen; *~ an* (+ 4) verwijzen naar; *~ auf* (+ 4) wijzen op; *einen Spieler aus dem Feld (vom Platz) ~* sp een speler uit het veld sturen; *einen des Landes, aus dem Lande ~* iem. uit 't land verbannen; *in die Schranken ~* binnen de perken houden; *einen Schüler von der Schule ~* een leerling van school sturen

Verweisung *v* verwijzing; verbanning

verwelken *zw* verwelken, -leppen

verweltlichen *zw* verwereldlijken, seculariseren

Verweltlichung *v* (~; -en) secularisatie, verwereldlijking

verwendbar bruikbaar, te gebruiken

Verwendbarkeit *v* bruikbaarheid

verwenden *onr* besteden, gebruiken; *viel Mühe, Zeit auf etwas ~* veel moeite, tijd aan iets besteden; *Geld fürlzu etwas ~* geld aan iets uitgeven; *sich für einen ~* voor iem. opkomen

Verwendung *v* besteding, aanwending, gebruik, toepassing; tussenkomst, voorspraak, bemiddeling; *für etwas keine ~ haben* iets niet kunnen gebruiken; *in ~ stehen* Oostr in gebruik zijn

verwerfen *st* verwerpen, afstemmen; verkeerd werpen; een miskraam hebben (bij dier); door elkaar gooien; wraken (v. getuige); *als unstatthaft (unzulässig) ~* recht niet-ontvankelijk verklaren; *sich ~* krom trekken; verkeerd werpen; geol verspringen, een breuk vormen

verwerflich verwerpelijk; recht wraakbaar

Verwerfung *v* verwerping, versmading; wraking (v. getuige); geol verschuiving, sprong; 't kromtrekken (v. hout); verwerpen, miskraam (v. dier)

verwertbar bruikbaar, te gebruiken

verwerten *zw* gebruiken, toepassen, gebruik maken van, benutten; verwerken, productief maken, te gelde maken; *Effekten ~* effecten realiseren, verkopen; *kaum verwertetes Material* nauwelijks benut materiaal

Verwertung *v* gebruik, benutting; verwerking, productiefmaking; tegeldemaking; *~ von Abfallstoffen* verwerking van afvalstoffen

1 verwesen *zw* verrotten, vergaan, bederven, in ontbinding verkeren (v. lijk)

2 verwesen *zw* vero als plaatsvervanger be-

sturen; *ein Amt ~* een ambt bekleden

Verweser *m* (-s; ~) vero bestuurder, regent

verwetten *zw* verwedden

verwichsen *zw* gemeenz verboemelen, stuk slaan (v. geld); gemeenz afrossen

verwickeln *zw* inwikkelen, verwarren; *in einen Prozeß verwickelt* in een proces verwikkeld; *sich ~* zich verwarren, verward worden

verwickelt ingewikkeld, verward

Verwick(e)lung *v* (~; -en) verwikkeling, verwarring; intrige, plot (in roman enz.)

verwildern *zw* verwilderen

verwinden *st* ineenwinden; te boven komen (v. pijn, verlies)

verwinkelt hoekig, bochtig

verwirken *zw* verwerken, verbruiken, oplopen, verbeuren; *das Leben ~* 't leven verbeuren; *eine Strafe ~* zich een straf op de hals halen; *das Vertrauen ~* het vertrouwen door eigen schuld verliezen

verwirklichen *zw* verwezenlijken, realiseren; *sich ~* werkelijkheid worden

Verwirklichung *v* (~) verwezenlijking, realisatie

Verwirkung *v* (~) verbeuring

verwirren *zw* in de war brengen, verwarren, verlegen maken; *sich ~* verward raken

verwirrt verward, verlegen; niet wel bij 't hoofd

Verwirrung *v* verwarring, wanorde, verlegenheid

verwirtschaften *zw* verkwisten ⟨door verkeerd beleid⟩; opgebruiken

verwischen *zw* uit-, wegwissen, uitvegen; vervagen, onduidelijk maken of worden; *verwischt* vervaagd, vaag

verwittern *zw*

verwitwet weduwnaar of weduwe geworden; *die ~e Herzogin* de hertogin-weduwe; *Frau Anna, ~e B.* Mevrouw Anna B., weduwe van de heer B.; *er ist seit zwei Jahren ~* hij is sinds twee jaar weduwnaar

verwohnen *zw* uitwonen

verwöhnen *zw* verwennen

Verwöhnung *v* verwennerij

verworfen verdorven

verworren verward, duister

verwundbar kwets-, verwondbaar

verwunden *zw* wonden, verwonden, kwetsen, bezeren

verwunderlich verwonderlijk, wonderlijk

verwundern *zw* verwonderen, bevreemden, verbazen; *sich ~* zich verwonderen

Verwunderung *v* (~) verwondering, bevreemding, verbazing

Verwundete(r) *m-v* gewonde

Verwundung *v* verwonding; wond

verwunschen *bn* betoverd

verwünschen *zw* verwensen, vervloeken; vero wegtoveren; *verwünscht!* verdorie

verwünscht verwenst, vervloekt, ellendig

Verwünschung *v* (~; -en) verwensing, vervloeking; betovering

verwurzeln *zw* wortel schieten, wortelen; *verwurzelt* vastgeworteld, -gegroeid

verwüsten *zw* verwoesten; vernielen; *verwüstete Ehen* ontwrichte huwelijken; *ver-*

wüstete Gesichter vervallen, afgeleefde gezichten

Verwüstung *v* (~; -en) verwoesting, vernieling; verval

verzagen *zw* versagen, moedeloos worden

verzagt versaagd, moedeloos

verzählen *zw: sich ~* zich vertellen, mistellen, de tel kwijt raken; *sich verzählt haben* de tel kwijt zijn

verzahnen *zw* verbinden ⟨v. hout d.m.v. zwaluwstaarten⟩; in elkaar laten grijpen; fig verbinden; *sich ~* in elkaar grijpen ⟨als met tandraderen⟩

verzanken *zw: sich mit einem ~* met iem. ruzie krijgen; *mit einem verzankt sein* met iem. ruzie hebben

verzapfen *zw* tappen; in het klein verkopen; techn verbinden door gat en pin; *Unsinn ~* gemeenz onzin uitkramen

verzärteln *zw* vertroetelen, verwennen

verzaubern *zw* betoveren

verzäunen *zw* omheinen

Verzehr *m* (-s) consumptie, verbruik

verzehren *zw* eten, gebruiken, opeten, verorberen; verteren ⟨v. geld⟩; *der Gram verzehrte sie* het verdriet putte haar volledig uit; *dieses Unternehmen hat seine ganzen Kräfte verzehrt* deze onderneming heeft al zijn krachten opgebruikt; *sich in Liebe zu einem ~* door liefde voor iem. verteerd worden

verzeichnen *zw* mistekenen; optekenen, noteren; *einen Erfolg ~* een succes boeken

Verzeichnis *o* (-ses; -se) lijst, catalogus, register, inventaris, index, tabel

Verzeichnung *v* mistekening; 't noteren, specificatie; opgave

verzeihen *st* vergeven; *~ Sie* pardon

verzeihlich vergeeflijk, verschoonbaar

Verzeihung *v* (~) vergeving, vergiffenis, verschoning

verzerren *zw* misvormen, -maken, verwringen, -trekken; *verzerrt* verwrongen; ⟨v. toon⟩ vervormd; *in verzerrter Form* ⟨ook⟩ in karikatuur

verzetteln *zw* verstrooien, laten slingeren; verspillen ⟨v. tijd, geld, jeugd⟩; verklungelen; versnipperen ⟨v. papier⟩; catalogiseren, op fiches schrijven, op kaart brengen; *sich (mit Kleinigkeiten) ~* zijn tijd verdoen (met kleinigheden)

Verzicht *m* (-(e)s; -e): *~ auf* (+ 4) afstand, 't afzien van

verzichten *zw: ~ auf* (+ 4) afzien van; afstand doen van; *ich verzichte!* iron dank je feestelijk!; *auf den Thron ~* afstand doen van de troon

Verzicht(s)leistung *v* 't afzien (van iets)

verziehen *st* vertrekken; verhuizen; vervormen; dunnen ⟨v. planten⟩; *ein Kind ~* een kind verwennen; *keine Miene ~* geen spier vertrekken; *ohne eine Miene zu ~* met een effen (stalen) gezicht; *sich ~* weg-, kromtrekken; vertraagd worden; vertraging krijgen; wegtrekken ⟨v. onweer⟩; kromtrekken ⟨v. metaal⟩; optrekken ⟨v. mist⟩; miszetten ⟨bij schaak-, damspel⟩; naast gaan ⟨v. bal⟩, verdwijnen; *verzieh dich!* hoepel op!

verzieren *zw* versieren, optooien; garneren

Verzierung *v* (~; -en) versiering, opschikking; versiersel, tooisel; garnering

verzimmern *zw* vertimmeren; betimmeren, bekleden ⟨v. mijnwand bijv.⟩

verzinken *zw* met zink bedekken, galvaniseren; zwaluwstaarten; slang verraden, aangeven

verzinnen *zw* vertinnen

verzinsbar rentegevend; *~ zu 5%* met 5% rente

verzinsen *zw* rente betalen van; op rente zetten; *mit 5% ~* 5% rente betalen van; *sich ~* renderen, zijn rente opbrengen

verzinslich rentegevend

Verzinsung *v* (~; -en) rente; rendement; rentebetaling; *eine Anleihe mit achtprozentiger ~* een lening met 8% rendement

verzögern *zw* vertragen, met iets talmen, uitstellen; *sich ~* vertraging hebben, lang duren; *verzögerte Bewegung* vertraagde beweging

Verzögerung *v* vertraging, uitstel

verzollen *zw* bij de douane aangeven; rechten van iets betalen ⟨bij de douane⟩; *haben Sie etwas zu ~?* hebt u iets aan te geven?; *verzollt* ⟨ook⟩ met inbegrip van rechten

verzücken *zw* in vervoering, in extase brengen

verzuckern *zw* versuikeren; fig verzoeten; *einem eine bittere Pille ~* fig voor iem. de pil vergulden

verzückt in extase, in geestvervoering

Verzücktheit *v* (~) extase

Verzug *m* (-(e)s) vertraging, verzuim; *in ~ geraten* in gebreke blijven; achter raken ⟨met betaling⟩; *es ist Gefahr im ~* uitstel leidt tot gevaar; *einen in ~ setzen* iem. in gebreke stellen

Verzugszinsen *mv* interest voor te late betaling

verzwackt verduiveld, duivels; ingewikkeld, moeilijk te ontwarren

verzweifeln *zw* wanhopen, vertwijfelen; *~ an* (+ 3) wanhopen aan; *es ist zum V~* het is om (er) wanhopig (bij) te worden

verzweifelt wanhopig, vertwijfeld; *eine ~e Situation* een hopeloze situatie

Verzweiflung *v* (~; -en) wanhoop, vertwijfeling; *helle ~* diepe wanhoop

Verzweiflungstat *v* wanhoopsdaad

verzweigen *zw: sich ~* zich vertakken

Verzweigung *v* (~; -en) vertakking

verzwickt ingewikkeld, lastig, moeilijk; *eine ~e Aufgabe* een verdraaid lastige taak

Vesper ['ves-] *v* (~; -n) godsd vesper, avonddienst; Z-Duits kleine maaltijd in de namiddag

vespern *zw* ⟨vooral Z-Duits⟩ een kleine namiddagmaaltijd gebruiken

Vestibül [ves-] *o* (-s; -e) vestibule, hal

Veterinär [vee-] *m* (-es; -e) veearts, dierenarts

Veterinärmedizin *v* diergeneeskunde

Veto *o* (-s; -s) veto

Vettel *v* (~; -n) gemeenz oud wijf

Vetter *m* (-s; -n) neef (= zoon v. oom of tante); bloedverwant
Vetternwirtschaft *v* nepotisme
Vexierbild [veks-] *o* zoekplaatje
Viadukt [vi-] *m* (-s; -e) viaduct
Viatikum [vi-] *o* (-s; -ka & -ken) reispenning; Heilige Communie aan stervenden
Vibration [vi-] *v* (~; -en) vibratie, trilling
Vibrator *m* (-s; -en) vibrator
vibrieren *zw* vibreren, trillen
Videotext *m* teletekst
Vieh *o* (-(e)s) vee; scheldwoord beest(mens)
viehisch beestachtig, als een beest; ~er Mensch beestmens
Viehzucht *v* veeteelt, veefokkerij
viel veel; *ich frage nicht ~ danach!* ⟨ook⟩ ik geef er niets om; *er weiß ~es, aber nicht ~* hij weet veel losse dingen (details), maar niet veel (als geheel); *damit ist nicht ~ los* dat heeft weinig om 't lijf; *Sie haben in ~em recht* u hebt in vele opzichten gelijk; *um ~es teurer* veel duurder
vielbeschäftigt, nieuwe spelling: **viel beschäftigt** druk; ~ *sein* het druk hebben
vieldeutig met verschillende betekenissen; voor verschillende uitleggingen vatbaar, dubbelzinnig
vielerlei velerlei, velerhande
vielfach veelvuldig, veelal, in vele gevallen; *auf ~en Wunsch* op veelvuldig verlangen; *das V~e, ein V~es* het, een veelvoud; *das kleinste gemeinsame (gemeinschaftliche) V~e* rekenk het kleinste gemene veelvoud
Vielfalt *v* verscheidenheid
vielfältig veelvoudig
vielfarbig, Oostr **vielfärbig** veelkleurig
Vielfraß *m* veelvraat (bep. roofdier); gulzigaard, veelvraat (persoon)
Vielheit *v* (~; -en) veelheid, menigte
vielleicht misschien, wellicht, mogelijk; *weißt du das ~?* weet jij dat soms?; *du bist ~ einer!* gemeenz jij bent me een mooie!
vielmals menigmaal, vaak, dikwijls; *danke ~* dank u zeer; *entschuldigen Sie ~!* neem me niet kwalijk!
vielmehr [-'meer] veeleer, liever
vielsagend, nieuwe spelling: **viel sagend** veelzeggend, -betekenend
vielseitig veelzijdig; *ein ~er Wunsch* een van vele zijden geuite wens
vielverheißend, nieuwe spelling: **viel verheißend** veelbelovend
vielversprechend, nieuwe spelling: **viel versprechend** veelbelovend
Vielzahl *v*: *eine ~* een groot aantal
vier ⟨gemeenz **viere**⟩ vier; *auf allen ~en* op handen en voeten; *wir waren zu ~t* wij waren met z'n vieren
Vierbeiner *m* viervoeter; schertsend hond
Viereck *o* vierhoek
Vierer *m* (-s; ~) vierriemsgiek; het cijfer 4 ⟨speciaal op school⟩; lottoprijs met vier juiste getallen
Vierfüßer *m* (-s; ~), **Vierfüßler** *m* (-s) dierk viervoeter; letterk vers met vier voeten
vierhändig vierhandig; muz quatremains; *~es Klavierspiel* quatremains
Vierling *m* (-s; -e) één van een vierling; vierloopsjachtgeweer; vierde deel; *~e* ⟨mv⟩ vierling
Vierradantrieb *m* auto vierwielaandrijving
vierschrötig vierkant, plomp, grof; fors, robuust, stevig
Viertakter *m* (-s; ~) techn viertactmotor
vierte vierde
vierteilen *zw* vierendelen
Viertel *o* (-s; ~) vierde, kwart, vierde deel; kwartier ⟨ook v. maan⟩; wijk ⟨v. stad⟩; een kwart pond, 125 gr; kwart vat; kwart liter; *ein ~ (Rotwein)* een kwart liter rode wijn; *(ein) ~ (auf) eins, ein ~ nach zwölf* kwart over twaalf; *drei ~ eins, (ein) ~ vor eins* kwart voor één; *das akademische ~* het academisch kwartiertje
vierteljährig een trimester durend
vierteljährlich driemaandelijks, per kwartaal
vierteln *zw* in vieren delen
Viertelnote *v* muz kwart, kwartnoot
Viertelstunde *v* kwartier
viertens ten vierde
viertürig vierdeurs ⟨vooral auto⟩
Vierwaldstättersee *m* Vierwoudstedenmeer
vierzehn veertien
vierzig veertig; *die ~er Jahre* de jaren veertig
Vierziger *m* (-s; ~) veertiger
Vierzigstundenwoche *v* veertigurige werkweek
Vignette [vin-'jette] *v* (~; -n) vignet
Vikar [vi-'kaar] *m* (-s; -e) RK vicaris, plaatsvervanger v. e. geestelijke; prot leerlingpredikant, hulpprediker; Zwits plaatsvervangend onderwijzer
Villa ['vil-la] *v* (~; Villen) villa
Villenviertel *o* villawijk
Viola *v* (~; -len) muz alt(viool); plantk viool
violett(blau) [vi-] violet
Violine [vi-] *v* (~; -n) muz viool
Violoncello [-'tschello] *o* (-s; -s) muz violoncel
Viper ['vi-] *v* (~; -n) adder
viril [vi-'ril] viriel, mannelijk
virtuell [vir-] virtueel
virtuos virtuoos
Virtuose [vir-] *m* (-n; -n) virtuoos
Virtuosität *v* virtuositeit
Virulenz [vir-] *v* (~) virulentie
Virus *o* ⟨gemeenz ook: m⟩ (~; Viren) virus
Visage *v* (~; -n) gemeenz facie, smoel
vis-à-vis tegenover
Visier [vi-] *o* (-s; -e) vizier ⟨v. helm of geweer⟩; *mit offenem ~* met open vizier; *im ~ haben* in 't vizier hebben, in 't oog houden; *ins ~ nehmen* gaan letten op
visieren *zw* viseren; peilen, roeien; mikken, scherp kijken
Vision [vizi-'oon] *v* (~; -en) visioen; visie
visionär visionair
Visitation [vi-] *v* (~; -en) visitatie, doorzoeking
Visite [vi-] *v* (~; -n) visite, bezoek ⟨speciaal v. dokter⟩
Visitenkarte *v* visitekaartje
visitieren *zw* visiteren, onderzoeken

visuell visueel
Visum ['vi-] o (-s; Visa & -s) visum
vital [vi-] vitaal, levenskrachtig
Vitalität v (~) vitaliteit
Vitamin o (-s; -e) vitamine
Vivisektion [vi-] v vivisectie
Vizeadmiral m mil vice-admiraal
Vlame m (-n; -n) Vlaming
Vlamin, Vlämin v (~; -nen) Vlaamse
vlämisch Vlaams
Vlies o (-es; -e), (Oostr ook) **Vließ** o vacht, vel; *das Goldene ~* het Gulden Vlies
V-Mann m = *Vertrauensmann* vertrouwensman van geheime dienst
Vogel m (-s; Vögel) vogel; snuiter, vent; gemeenz vliegtuig; *ein komischer ~* een rare kwibus; *ein schräger ~* onbetrouwbare man, slecht bekend staande man; *einen ~ haben* niet goed bij 't hoofd zijn; *den ~ abschießen* fig de beste zijn
Vogelbauer o(& m) vogelkooi; slang cel
Vogelbeerbaum m lijsterbes(senboom)
Vogelflug m vogelvlucht, vlucht van een vogel
vogelfrei vogelvrij
vögeln zw gemeenz neuken, naaien
Vogelschau v: *aus der ~* in vogelvlucht
Vogelscheuche v vogelverschrikker
Vogelschutz m vogelbescherming
Vogelsteller m vogelvanger
Vogt m (-(e)s; Vögte) slotvoogd; bestuurder
Vogtei v (~; -en) ambtswoning v.e. *Vogt*
Vokabel [vo'ka-] v, Oostr ook o (~; -n) woord; *~n lernen* woordjes leren; *jmdn. ~n abfragen* iem. woordjes overhoren
Vokabelheft o woordjesschrift (op school)
Vokabular [-'laar] o (-s; -e) woordenlijst, vocabulair
vokal vocaal, op de stem betrekking hebbend
Vokal [vo-'kaal] m (-s; -e) taalk vocaal, klinker
vokalisch: *~e Laute* taalk klinkers
Vokativ m (-s; -e) gramm vocatief
Volk o (-(e)s; Völker) volk; schaar, zwerm, vlucht; *fahrendes ~* kermisvolk, rondtrekkende artiesten; *vier Völker Bienen* vier bijenvolken; *ein ~ Rebhühner* een vlucht, koppel patrijzen; *ein Mann aus dem ~* een man van het volk; *blödes ~* idioten
Völkerbund m hist Volkenbond
Völkerkunde v volkenkunde, etnologie
Völkerrecht o volkenrecht
Völkerschaft v natie, volk
Völkerwanderung v volksverhuizing (ook fig)
völkisch nationaal; volks; *~e Tracht* klederdracht
volkreich volkrijk
Volksabstimmung v volksstemming
Volksbefragung v referendum, plebisciet, volksraadpleging
Volksbegehren o volkspetitionnement
Volksdichtung v volkspoëzie
volkseigen (in de voormalige DDR) door de staat onteigend
Volksentscheid m referendum, plebisciet
Volkshochschule v volksuniversiteit, volkshogeschool
Volkskunde v volkskunde
Volksmusik v volksmuziek
volksnah dicht bij het volk staande
Volkspolizei v (in de voormalige DDR) volkspolitie
Volkspolizist m (in de voormalige DDR) lid van de *Volkspolizei*
volkstümlich populair; uit 't volksleven; nationaal; *~er Brauch* volksgebruik; *~e Tracht* nationale dracht
Volksvertreter m volksvertegenwoordiger
Volkswirt v econoom
Volkswirtschaft v economie, staathuishoudkunde
Volkszählung v volkstelling
voll vol, volledig; gevuld, gezet; gemeenz dronken; *~ und ganz* geheel en al; *gerammelt, gerappelt, gestopft, gestrichen ~* prop-, stampvol; *eine ~e Stunde* een vol uur; *alle Hände ~ zu tun haben* de handen vol hebben; *die Nase ~ haben* de buik vol hebben; *~ wie eine Kanone, ein Sack, eine Strandhaubitze* gemeenz straalbezopen, ladderzat; *aus ~em Halse* luidkeels; *bei ~em Verstand* volledig bij (zijn) verstand; *aus dem ~en schöpfen* goed in de slappe was zitten; *~ verantwortlich sein* de volledige verantwoording voor iets dragen; *einen nicht für ~ nehmen* iem. niet voor vol aanzien; *den Mund nicht ~ nehmen* opscheppen; *den Hals nicht ~ kriegen können* nooit genoeg krijgen; *die Hosen (gestrichen) ~ haben* doodsbang zijn; *einem die Hucke ~ hauen* iem. afranselen
'**vollauf** volop, in overvloed; ten volle; *~ zu tun haben* het heel druk hebben
'**Vollbart** m volle baard
'**vollbeschäftigt**: *~ sein* volledig in beslag genomen zijn; ruim voldoende werk hebbend (v. fabriek); een volledige betrekking hebben
'**Vollbeschäftigung** v volledige werkgelegenheid
'**Vollbesitz** m volledig bezit; *im ~ seiner geistigen Kräfte* bij zijn volle verstand
Vollblut o, '**Vollblüter** m (-s; ~) volbloed (= paard v. bep. ras)
vollbringen onr volbrengen, -voeren
'**Volldampf** m volle kracht
'**Völlegefühl** o gevoel van volheid in de maag
voll'enden zw voleindigen, -brengen; tot stand brengen; voltooien, perfectioneren; *er hat vollendet* hij is niet meer; *nach vollendetem Gymnasium* na het aflopen v.h. gymnasium
voll'endet voltooid; volmaakt, voorbeeldig; *~ schön* volmaakt schoon; *einen vor ~e Tatsachen stellen* iem. voor voldongen feiten plaatsen
'**vollends** ['vol-] geheel en al, ten volle, helemaal; ten slotte, nog wel, bovendien, zeker, vooral, stellig
Voll'endung v voleinding; voltooiing; volmaaktheid; *in (der) ~* volmaakt, in perfectie
'**voller**: *~ Menschen* vol mensen

Völle'rei v 〈~; -en〉 zwelgpartij
'vollessen [-es-] *st: sich* ~ zijn buikje vullen
voll'führen *zw* volvoeren, tot stand brengen; *einen Lärm* ~ lawaai maken; *einen Skandal* ~ een schandaal veroorzaken
'Vollgas o: ~ *geben* vol gas geven; *mit* ~ met vol gas; fig uiterst energiek, intensief
'vollgültig van volle waarde, ten volle geldig; *ein* ~*er Beweis* een onweerlegbaar bewijs
'Vollidiot *m* volslagen idioot
'völlig I *bijw* geheel en al, volkomen, totaal; II *bn:* ~ *dunkel (falsch)* volslagen donker (onjuist); ~ *unmöglich* totaal onmogelijk
'volljährig meerderjarig
voll'kommen volkomen, volmaakt; compleet
Vollkommenheit *v* volmaaktheid
'Vollkornbrot *o* volkorenbrood
'vollmachen *zw* volmaken; *sich* ~ zich vuilmaken; *die Hose* ~ in zijn broek doen; *das Maß* ~ de doorslag geven
'Vollmacht *v* volmacht(brief), machtiging
'Vollmilch *v* volle melk
Vollmilchschokolade *v* melkchocola
'Vollmond *m* volle maan
'vollschenken *zw* vol schenken
'vollschlank mollig, tamelijk gevuld
'vollständig volledig, geheel en al; voluit
voll'streckbar recht uitvoerbaar (v. vonnis)
'vollstrecken *zw* recht voltrekken, uitvoeren, executeren 〈door deurwaarder〉
Voll'streckung *v* recht voltrekking, executie; ~ *eines Urteils* tenuitvoerlegging van een vonnis
'Volltreffer *m* mil voltreffer; *das war ein* ~ die was raak 〈ook fig〉
'Vollversammlung *v* plenum, vergadering in pleno, algemene vergadering
'Vollwaise *v* volle wees
Vollwaschmittel *o* wasmiddel geschikt voor alle temperaturen
'vollwertig volwaardig
Vollwertkost *m* volwaardig voedsel
'vollzählig voltallig
voll'ziehen *st* voltrekken, uitvoeren, verrichten, bewerkstelligen, executeren; *einen Arrest* ~ recht een beslag leggen; *die* ~*de Gewalt* het uitvoerend gezag
Voll'ziehung *v* voltrekking, uitvoering, volbrenging, bewerkstelliging
Voll'zug *m* uitvoering, voltrekking
Volontär [vo-] *m* 〈-s; -e〉 volontair
Volt [volt] *o* elektr volt
voltigieren [vol-] *zw* voltigeren, kunstrijden
Volumen [vo-] *o* 〈-s; ~ & Volumina〉 volume, omvang; handel omzet; boekdeel
voluminös volumineus
vom (= *von dem*) van de, van het; *der Offizier* ~ *Dienst* mil de officier van dienst
von van; door; *eine geborene* ~ een vrouw van adel; *Faust* ~ *Goethe* Faust van Goethe; *Faust, geschrieben* ~ *Goethe* Faust, geschreven door Goethe; ~ *Jugend auf* van jongs af aan; *ein Engel* ~ *Frau* een engel van een vrouw; ~ *mir aus* voor mijn part, wat mij betreft; ~ *neuem* opnieuw; ~ *ungefähr* bij toeval; ~ *wegen* = *wegen*
voneinander van elkaar, vaneen
vonnöten nodig, van node
vonstatten: ~ *gehen* plaatsvinden; *gut* ~ *gehen* goed opschieten, flink vooruitkomen
Vopo *m* 〈-s; -s〉 〈in de voormalige DDR〉 = *Volkspolizist, Volkspolizei*
1 vor *voorz* (+ 3 of 4) voor 〈m.b.t. tijd, plaats〉; van, vanwege; ~ *allem* vooral, in de eerste plaats; ~ *Furcht* van vrees; ~ *einem Jahr* een jaar geleden; *nicht schlafen* ~ *Kälte* niet slapen vanwege de kou; ~ *der Stadt wohnen* even buiten de stad wonen; ~ *sich gehen* plaatsvinden, gebeuren; *etwas* ~ *sich haben* iets moeten doen, voor de boeg hebben; ~ *sich hin pfeifen* voor zich uit fluiten
2 vor *bijw* tevoren; ~ *und nach* allengs
vor'ab in de eerste plaats; vooral; van tevoren, vooraf
'Vorabend *m* avond tevoren, vooravond
'Vorahnung *v* voorgevoel
vor'an vooraan, voorop, aan het hoofd; in de eerste plaats; *allen* ~ voor alle anderen uit
vor'angehen (+ 3) *onr* voorgaan, vooraan-, voorafgaan; vooruitgaan, opschieten; *mit gutem Beispiel* ~ een goed voorbeeld geven, voorgaan; *die Arbeit geht gut voran* het werk schiet goed op
vor'ankommen *st* vooruitkomen, opschieten
'Voranschlag ['foor-] *m* voorlopige begroting (raming)
vor'antreiben *st* vooruitdrijven; voortjagen; doen opschieten
'Voranzeige *v* aankondiging vooraf 〈v. boek, film &〉
'Vorarbeit *v* voorbereidend werk
'vorarbeiten *zw* voorwerken, voorbereiden
'Vorarbeiter *m* voorman
vor'auf voorop, vooraan
vor'aus voorop, vooruit, van tevoren; *im 'voraus* vooruit, vooraf, bij voorbaat; *den anderen ein Jahr* ~ *sein* de anderen een jaar voor(uit) zijn; *seiner Zeit* ~ zijn tijd vooruit
vor'ausbezahlen *zw* vooruitbetalen
vor'auseilen *zw* vooruitsnellen; *den Ereignissen* ~ op de gebeurtenissen vooruitlopen
vor'ausgehen (+ 3) *onr* vooropgaan; voorafgaan
vor'aushaben *onr: etwas vor einem* ~ iets op iem. voorhebben
Vor'aussage *v* voorspelling
vor'aussagen *zw* vooruit zeggen, voorspellen
vor'aussagbar voorspelbaar
vor'ausschicken *zw* vooruitzenden, -sturen; vooropstellen; voorop laten gaan
vor'aussehbar voorzienbaar
vor'aussehen *st* van tevoren zien, zien komen, voorzien
vor'aussein (+ 3) *onr* vooruit zijn, voor zijn
vor'aussetzen *zw* (voor)onderstellen, uit-

gaan van; vereisen; *dies vorausgesetzt hiervan uitgaande; vorausgesetzt, daß* onder de voorwaarde dat

Vor'aussetzung *v* (~; -en) (voor)onderstelling; voorwaarde; *wenn die ~en der Paragraphen ... vorliegen* wanneer aan de paragrafen ... is voldaan

Vor'aussicht *v* vooruitzien, vooruitziendheid; *in weiser ~* met wijze vooruitziendheid; *aller ~ nach, nach aller menschlichen ~ naar* 't zich laat aanzien, waarschijnlijk

vor'aussichtlich vermoedelijk, naar het zich laat aanzien

'Vorbau *m* vooruitstekend gedeelte v.e. gebouw, uitbouw; *schertsend* memmen, boezem

'vorbauen *zw* vooraan uitbouwen; *~ (+ 3)* voor'komen; *der kluge Mann baut vor* voor'komen is beter dan genezen

Vorbedacht *m* opzet, overleg; *mit, ohne ~* met, zonder voorbedachten rade; met, zonder opzet

'Vorbedeutung *v* voorteken

'Vorbedingung *v* voorbeding, eerste voorwaarde

'Vorbehalt *m* voorbehoud; *mit allem ~* met alle voorbehoud; *unter ~* onder voorbehoud; *Verkauf mit ~ des Wiedereinkaufsrechts* verkoop met recht van wederinkoop; *~e machen* een slag om de arm houden; *unter üblichem ~* onder 't gewone voorbehoud

'vorbehalten *st* voorbehouden; reserveren; *höhere Gewalt ~* overmacht voorbehouden; *Irrtümer ~* vergissingen voorbehouden

'vorbehaltlich (+ 2) onder voorbehoud van, behoudens; *~ der Genehmigung* behoudens de toestemming

'vorbehaltlos zonder voorbehoud

'vorbehandeln *zw* voorbereidend behandelen

vor'bei voorbij, verlopen, geëindigd, uit, afgedaan; *am Hause ~* het huis voorbij; *es ist drei Uhr ~* het is over drieën; *sie ist 18 ~* ze is over de 18; *damit ist's ~!* dat is afgelopen!

vor'beibenehmen *st: sich ~* zich slecht gedragen

vor'beifahren *st: ~ an (+ 3)* voorbijrijden, -varen

vor'beigehen *onr* voorbijgaan, -lopen; *~ an (+ 3)* langs gaan; *fig* overtreffen; *bei Freunden ~* (ook) bij vrienden aanlopen; *im V~* in 't voorbijgaan, terloops

vor'beikommen *st* langskomen; even aanlopen

vor'beireden *zw: aneinander ~* langs elkaar heen praten; *an einer Sache ~* over iets heenlopen

'Vorbemerkung *v* voorafgaande opmerking

'vorbereiten *zw* voorbereiden; *~ auf (+ 4)* voorbereiden op

'Vorbescheid *m* voorlopige beslissing

'vorbestellen *zw* bespreken, reserveren

'vorbestraft eerder gestraft, eerder veroordeeld

'Vorbeugehaft *v* preventieve hechtenis

'vorbeugen (+ 3) *zw* voor'komen; *sich ~* zich vooroverbuigen; *ein ~des Mittel* een preventief middel; *~ ist besser als heilen* voorkomen is beter dan genezen

'Vorbeugung *v* voor'koming; *med* profylaxe; preventie; *~ gegen* voorkoming van

'Vorbild *o* (ideaal) voorbeeld

'vorbildlich voorbeeldig, anderen tot voorbeeld strekkend, model; *ein ~er Betrieb* een modelbedrijf

'Vorbildung *v* vorming, opleiding; voorbereidend onderwijs; vooropleiding

'Vorbote *m* voorbode; voorteken

'vorbringen *onr* voorbrengen, aanvoeren, naar voren brengen; vooruitbrengen

'vorchristlich voorchristelijk; *die ~e Zeit* de tijd voor Christus

'Vordach *o* luifel

'Vordeck *o scheepv* voordek

vor'dem [-'deem] eertijds; *wie ~* als weleer, als vroeger

'vorder voorste; *die ~e Seite* de voorzijde

'Vorderachse *v* vooras, voorste as

'Vorderansicht *v* vooraanzicht, gezicht van voren (op bouwtekening)

'vordergründig oppervlakkig, weinig diepgaand

'Vordermann *m* (-s; -männer) voorman (in 't gelid of op de ranglijst); *auf ~ bringen* in 't gareel brengen; tot de orde roepen; in orde brengen

'Vorderseite *v* voorzijde, -kant

'Vordersitz *m* voorste zitplaats

'Vordertür *v* voordeur

'Vorderzahn *m* voortand, snijtand

'vordrängeln *zw: sich ~* voordringen

'vordrängen *zw* opdringen, naar voren dringen; *sich ~* voordringen; zich op de voorgrond plaatsen

'vordringen *st* naar voren dringen, 'doordringen

'Vordruck *m*, **'Vorblatt** *o* formulier

'vorehelich voor het huwelijk; *ein ~es Kind* een voorkind, een voorechtelijk kind; *~e Beziehungen* voorechtelijke relaties

'voreilig voorbarig

'voreingenommen vooringenomen

'Voreltern *mv* voorouders

'vorenthalten *st: einem etwas ~* iem. iets onthouden

'Vorentscheid *m*, **'Vorentscheidung** *v* vroeger gewezen vonnis; voorlopige beslissing; *sp* halve finale

vor'erst vooreerst; voorlopig; voor alles

'vorerwähnt *schrijft* voormeld, -noemd, bovenstaand

'Vorfahr *m* (-en; -en) voorvader; voorganger; *~en* (*mv*) voorgeslacht

'vorfahren *st* voorrijden (v. rijtuig enz.); vooruitrijden; *~des Auto* voorligger

'Vorfahrt *v* het voorrijden; voorrang (in het verkeer)

'vorfahrtberechtigt: *~e Straße* voorrangsweg

'Vorfahrtsstraße *v* voorrangsweg

'Vorfall *m* voorval, gebeurtenis; *med* uit-

vorfallen

zakking, verzakking, prolaps
'vorfallen *st* voorvallen; <u>med</u> verzakken
'Vorfeld *o* mil voorterrein; *im ~ der Wahlen* in de tijd vóór de verkiezingen
'vorfinden *st* aantreffen, aanwezig vinden
'Vorform *v* vroegere vorm
'Vorfrage *v* voorafgaande (inleidende) vraag
'Vorfreude *v* voorpret
'vorfristig voor afloop van de termijn
'Vorfrühling *m* vroege lente
'vorfühlen *zw: bei jmdm. ~* iem. polsen, voorzichtig bij iem. informeren
'vorführen *zw* voor ogen brengen, naar voren brengen; <u>recht</u> voor(ge)leiden; bijbrengen (v. bewijzen); tonen, demonstreren, presenteren; *einen Film ~* een film vertonen
'Vorführung *v* recht voor(ge)leiding; vertoning; demonstratie
'Vorgabe *v* sp voorgift, handicap
'Vorgang *m* voorval, gebeurtenis; handeling; loop v. zaken; voorbeeld; <u>techn</u> proces; *ein seelischer ~* een zielsproces
'Vorgänger *m* (-s; ~) voorganger
'vorgaukeln *zw* voorspiegelen
'vorgeben *st* voorgeven, -wenden, veinzen; van tevoren geven; <u>sp</u> voorgeven
'Vorgebirge *o* voorgebergte, kaap
'vorgeblich <u>vero</u> voorgewend, zogenaamd, naar beweerd wordt
'vorgefaßt, nieuwe spelling: **vorgefasst** vooraf opgevat; *eine ~e Meinung* een vooropgezette mening
'Vorgefühl *o* voorgevoel; *ein ~ haben von* (ook) voor'voelen
'vorgehen *onr* vooruitgaan; vooraangaan; naar voren gaan; optreden; te werk gaan; voorgaan, voorrang hebben; gebeuren, geschieden, voorvallen; voorlopen (v. klok); *energisch ~* energiek optreden; *gerichtlich gegen einen ~* gerechtelijke stappen tegen iem. ondernemen; *was in ihm vorging, weiß ich nicht* wat er in hem omging, weet ik niet
'Vorgehen *o*, **'Vorgehensweise** *v* handelwijze
'vorgelagert (ergens) voor liggend
'Vorgericht *o* voorgerecht
'Vorgeschichte *v* voorgeschiedenis; prehistorie
'Vorgeschmack *m* voorsmaak; voorproefje
'vorgesetzt hoger (v. ambtenaren)
'Vorgesetzte(r) *m-v* meerdere, superieur, patroon, chef
'vorgestern eergisteren
'vorgestrig van eergisteren
'vorgreifen *st* een voorschot nemen op, vooruitlopen op; *einem ~* iem. voor zijn; *einer Frage ~* een vraag vooruitlopen
'Vorgriff *m* 't vooruitlopen op
'vorhaben *onr* voorhebben (v. schort); voorhebben, beogen, bedoelen, van plan zijn; *haben Sie etwas vor für heute abend?* bent u vanavond iets van plan?
'Vorhaben *o* (-s; ~) voornemen, plan
'Vorhalle *v* vestibule; voorportaal
'vorhalten *st* voorhouden; voor ogen houden, onder 't oog brengen; verwijten; duren, meegaan
'Vorhaltung *v* verwijt, vermaning; *einem ~en machen* iem. verwijten maken, iem. iets voorhouden
'Vorhand *v* voorhand (ook kaartsp; v. paard); <u>tennis</u> forehand; *die ~ haben* 't voordeel hebben, de voorrang hebben, kaartsp uitkomen
vor'handen voorhanden, aanwezig, voorradig
'Vorhang *m* gordijn; (toneel)scherm, gordijn, scherm; voorhangsel; *~! halen of:* zakken; *der eiserne ~* theat 't brandscherm; *der Eiserne ~* het IJzeren Gordijn; *es hat sechs Vorhänge gegeben* theat er moest zesmaal gehaald worden
'vorhängen *zw overg* voorhangen, hangen voor
'Vorhängeschloß, nieuwe spelling: **Vorhängeschloss** *o* hangslot
vor'her, 'vorher tevoren, eerst, vooraf, van tevoren
vor'herbestimmen *zw* vooraf bepalen, voorbestemmen, voorbeschikken
vor'hergehen (+ 3) [-'her] *onr* voorafgaan aan
vor'herig voorafgaand
Vor'herrschaft *v* hegemonie, overwicht
'vorherrschen *zw* overheersen, de overhand hebben; bovendrijven, domineren
vor'hersagbar voorspelbaar
'Vor'hersage *v* voorspelling, prognose
vor'hersagen *zw* tevoren zeggen; voorspellen
vor'hersehen *st* voor'zien, tevoren zien
'vorheulen *zw* bij iem. (luid) staan jammeren
vor'hin, 'vorhin zo-even, zojuist, zonet, daarnet, -straks
'vorhinein, nieuwe spelling: **Vorhinein**: *im ~* Z-Duits bij voorbaat
'Vorhof *m* voorhof; hartboezem
'Vorhut *v* mil voorhoede
'vorig vorig; voorafgaand
'Vorjahr *o* het vorige jaar
'vorjährig van het vorige jaar
'Vorkammer *v* hartboezem
'Vorkämpfer *m* voorvechter, kampioen
'vorkauen *zw* voorkauwen (ook fig)
'Vorkaufsrecht *o* recht v. voorkoop
'Vorkehrung *v* (~; -en) voorzorg, voorzorgsmaatregel
'Vorkenntnisse *mv* reeds aanwezige kennis; vooropleiding
'vorknöpfen *zw* voorknopen; *sich einen ~ gemeenz* iem. onderhanden nemen, de mantel uitvegen; *sich etwas ~* zich intensief met iets bezighouden
'vorkommen *onr* naar voren komen; voorkomen, gebeuren; (+ 3) toeschijnen, dunken, schijnen; bij iem. komen; *daß mir das nicht wieder vorkommt!* laat dat niet weer gebeuren!; *das kommt mir bekannt vor* dat klinkt mij bekend in de oren; *das kommt in den besten Familien vor!* gemeenz zo erg is dat niet!
'Vorkommen *o* het voorkomen, naar voren

komen; aanbieding ⟨v. wissel⟩; vindplaats ⟨v. mineraal, petroleum⟩; de aanwezige delfstof
'Vorkommnis o (-ses; -se) voorval
'vorkriegsmäßig van voor de oorlog
'Vorkriegszeit v tijd voor de oorlog
'vorladen st recht dagvaarden
'Vorladung v recht dagvaarding
'Vorlage v voor-, overlegging; voorovergeneigde houding; voorbeeld; wetsontwerp, voorstel; sp voorzet; ~ *von Dokumenten* overlegging van stukken; *gegen* ~ *der Eintrittskarte* op vertoon van het entreebiljet; *in* ~ *bringen* als aanbetaling accepteren
'Vorland o uiterwaard; wad; voorterrein
'vorlassen st toe-, binnenlaten
'Vorlauf m sp manche
'vorlaufen st voorlopen, vooruitlopen
'Vorläufer m voorloper; Zwits voortrein
'vorläufig voorlopig
'vorlaut vrijpostig, brutaal
'Vorleben o vroeger leven, verleden
'vorlegen zw voorleggen, leggen voor; overleggen; *den Ball* ~ sp voorzetten; *die Bilanz* ~ handel de balans overleggen; *(ein schnelles) Tempo* ~ een snel tempo aannemen; *ein Schloß* ~ een hangslot aanbrengen
'Vorleger m grote lepel; badmatje, beddenkleedje
'Vorlegung v voor-, overlegging
'vorlehnen zw: *sich* ~ vooroverleunen
'vorlesen st voorlezen; *vorgelesen, genehmigt, unterschrieben* (vaak afgekort tot: v., g., u.) voorgelezen en goedgekeurd
'Vorlesung v voorlezing; hoorcollege
'vorlesungsfrei collegevrij; ~*e Zeit* collegevrije periode
'Vorlesungsverzeichnis o series, collegerooster, studiegids
'vorletzt voorlaatst
'Vorliebe v voorliefde, -keur
vor'liebnehmen, nieuwe spelling: **vor'lieb nehmen** st: *mit etwas* ~ iets voor lief nemen, tevreden zijn met
'vorliegen st open liggen, voor ogen liggen; ter visie liggen, ter tafel zijn; voorhanden zijn; *es liegt gegen ihn nichts vor* tegen hem is geen beschuldiging ingebracht; *es liegt ein Irrtum vor* er is een vergissing in 't spel
'vorliegend voor (ons) liggend, aanwezig; *im* ~*en Fall* in 't onderhavige geval; *unter den* ~*en Umständen* onder de bestaande omstandigheden
'vorlügen st voorliegen, jokken
vorm (= *vor dem*) voor de, voor het; ~ *Hause* voor het huis
'vormachen zw ⟨ter nabootsing⟩ voordoen; iets (wijs)maken; *einem etwas* ~ iets op de mouw spelden; *einem ein X für ein U* ~ iem. knollen voor citroenen verkopen
'Vormacht v, **'Vormachtstellung** v suprematie, overwicht
'vormalig voormalig, vroeger
'vormals voorheen, weleer, vroeger, eertijds
'Vormarsch m opmars; *im* ~ *sein* oprukken

'Vormärz m tijd van 1815 tot de Maartrevolutie in 1848
'vormerken zw noteren, aantekenen
'Vormieter m vorige huurder
'Vormittag m voormiddag, ochtend; *heute v*~ vanmorgen, -ochtend; *morgen v*~ morgenochtend
'vormittägig 's morgens, in de voormiddag plaatsvindend
'vormittags 's morgens
'Vormund m (-(e)s; Vormünder) voogd; curator
'Vormundschaft v voogdij; curatele
vorn voor, vooraan; ~ *und hinten betrogen werden* aan alle kanten bedrogen worden; *Herr Doktor* ~ *und Herr Doktor hinten* doctor voor en na
'Vornahme v (~) behandeling, het onderhanden nemen, aanpakken; *die* ~ *einer Handlung* 't verrichten v.e. handeling
'Vorname m voor-, doopnaam
vorne gemeenz voor, vooraan
'vornehm voornaam, aanzienlijk; deftig, sjiek; keurig; belangrijk; ~*es Briefpapier* keurig postpapier; *ein* ~*es Hotel* een deftig hotel; *die* ~*ste Straße* de hoofdstraat; ~ *tun* deftig doen, zich een air geven
'vornehmen st ondernemen, onderhanden nemen, aanpakken; voordoen; *sich einen tüchtig* ~ iem. flink de les lezen, aan de tand voelen; *Änderungen* ~ veranderingen aanbrengen; *Auszahlungen* ~ uitbetalingen doen; *eine Haussuchung* ~ huiszoeking doen; *Korrekturen* ~ correcties aanbrengen; *einen Tausch* ~ een ruil aangaan; *eine Verhaftung* ~ een arrestatie verrichten; *eine Zählung* ~ een telling houden; *sich etwas* ~ zich iets voornemen
'Vornehmen o (-s; ~) voornemen, plan
'Vornehmheit v (~) voornaamheid; deftigheid, keurigheid
'vornehmlich voornamelijk, hoofdzakelijk
'vorneigen zw: *sich* ~ (zich) vooroverbuigen
'vorneweg vooraan; vooruit, voorbarig; *immer mit dem Mund* ~ altijd met de mond vooraan
vornher'ein: *von* ~, *im (zum)* ~ van tevoren, bij voorbaat, a priori, van meet af aan
vorn'über voorover
'Vorort m voorstad; Zwits hoofdplaats ⟨v.e. streek⟩
'Vorposten m mil voorpost
'vorprellen, **'vorpreschen** zw oprukken; overhaast handelen
'vorquellen I st opborrelen; uitpuilen; II zw vooraf weken ⟨v. zaad⟩
'Vorrang m voorrang; prioriteit
'vorrangig met voorrang, in (op) de eerste plaats, belangrijkst
'Vorrat m voorraad
'vorrätig voorradig, in voorraad, voorhanden
'Vorratskammer v provisie-, voorraadkamer; magazijn
'Vorratsschrank m provisiekast
'Vorraum m vestibule, hal
'vorrechnen zw voorrekenen, -cijferen

'Vorrecht o voorrecht, privilege
'Vorrede v voorrede, voorbericht, inleiding; inleidende toespraak
'vorreden zw wijsmaken
'Vorredner m vorige spreker
'vorrennen onr vooruitrennen
'vorrichten zw reg toerusten; in orde brengen; voorbereiden, toebereiden
'Vorrichtung v toestel, apparaat, installatie
'vorrücken zw naar voren schuiven; vooruit gaan; mil oprukken; *die Uhr* ~ de klok voorzetten; *die Zeit rückt vor* de tijd verstrijkt; *in eine höhere Stelle* ~ tot een hogere betrekking opklimmen; *zu vorgerückter Stunde* laat op de avond; *in vorgerückter Alter* op gevorderde leeftijd
'Vorruhestand m VUT, (in België) brugpensioen
vors (= *vor das*) voor de, voor het; *er ging* ~ *Haus* hij ging naar buiten
'vorsagen zw voorzeggen, souffleren
'Vorsänger m voorzanger
'Vorsatz m voornemen, plan; toeleg, opzet; typ schutblad
'Vorsatzblatt o typ schutblad
'vorsätzlich opzettelijk; ~*er Mord* moord met voorbedachten rade
'Vorschau v aankondiging; overzicht van komende programma's; trailer (v. film)
'Vorschein m: *zum* ~ *kommen* tevoorschijn (voor de dag) komen; gemeenz boven water komen
'vorschicken zw vooruitzenden, naar voren sturen
'vorschieben st voorschuiven, ervoor schuiven, vooruitschuiven; voorgeven, voorwenden, als voorwendsel gebruiken; *einer Sache einen Riegel* ~ ergens een stokje voor steken
'vorschießen st naar voren schieten; voorschieten (v. geld)
'Vorschlag m voorstel; voorslag, eerste slag; muz voorslag; ~ *zur Güte* voorstel tot minnelijke schikking; *etwas in* ~ *bringen* iets voorstellen
'vorschlagen st voorstellen, een voorstel doen; voordragen (v. sollicitant enz.)
'vorschnell overhaast, voorbarig
'vorschreiben st voorschrijven, bevelen, gelasten
'vorschreiten st voorwaarts schrijden; vorderingen maken, vorderen; *zu vorgeschrittener Stunde* laat op de avond
'Vorschrift v voorschrift, bevel, last; voorbeeld; med recept; *Dienst nach* ~ stiptheidsactie
'vorschriftsgemäß, 'vorschriftsmäßig volgens voorschrift (de voorschriften); *nicht* ~ mil buitenmodel
'vorschriftswidrig tegen de voorschriften indruisend, in strijd met het voorschrift
'Vorschub m bevordering, hulp; techn voortstuwende beweging; *einem, einer Sache* ~ *leisten* iem., iets begunstigen, ondersteunen
'Vorschulalter o nog niet leerplichtige leeftijd
'Vorschule v kleuterschool, kleutergroepen van de basisschool
'vorschulisch, 'vorschulpflichtig: *im* ~*en Alter* nog niet leerplichtig
'Vorschuß, nieuwe spelling: **Vorschuss** m voorschot (v. geld)
'vorschützen zw voorwenden; *nur keine Müdigkeit* ~! fig geen uitvluchten!
'vorschweben zw voor de geest zweven; *mir schwebt etwas bestimmtes vor* ik heb iets bepaalds in gedachten
'vorschwindeln zw voorjokken, wijsmaken
'vorsehen st I *onoverg* te zien zijn, tevoorschijn komen; (achter iets vandaan) kijken; II *overg* voorzien in, rekening houden met; beogen; verwachten; *der Vertrag sieht vor, daß...* het contract schrijft voor, dat...; *ein kurzer Aufenthalt ist vorgesehen* op een kort oponthoud is gerekend; *dieser Fall ist nicht vorgesehen* in dit geval is niet voorzien; *dagegen sind Strafen vorgesehen* daar staan straffen op; *sich* ~ oppassen, op zijn hoede zijn; *sieh dich vor!* opgepast!
'Vorsehung v (~) de voorzienigheid
'vorsetzen zw voorzetten, -leggen; vooruitzetten; voorschotelen; zetten voor, plaatsen in, plaatsen boven; aan 't hoofd plaatsen
'Vorsicht v (~) voorzichtigheid; vero voorzienigheid; ~! pas op!, neem u in acht!; ~ *ist besser als Nachsicht* beter voorzichtigheid vooraf dan spijt naderhand; ~ *ist die Mutter der Porzellankiste* voorzichtigheid is de moeder van de porseleinkast
'vorsichtig voorzichtig, behoedzaam
'vorsichtigerweise, 'vorsichtshalber voorzichtigheidshalve
'Vorsichtsmaßnahme, 'Vorsichtsmaßregel v voorzorgsmaatregel
'Vorsilbe v gramm voorvoegsel, prefix
'vorsingen st voorzingen
'vorsintflutlich antediluviaal, van voor de zondvloed; fig erg ouderwets
'Vorsitz m voorzitterschap; *den* ~ *führen* 't voorzitterschap bekleden
'Vorsitzende(r) m-v, **'Vorsitzer** m voorzitter
'Vorsommer m voorzomer
'Vorsorge v voorzorg; voorzorgsmaatregelen
'vorsorgen zw tevoren zorgen voor; *für alles ist vorgesorgt* in alles is voorzien
'Vorsorgeuntersuchung v med preventief onderzoek
'vorsorglich uit voorzorg; bij voorbaat; ~*e Maßnahmen* (ook) conservatoire maatregelen
'Vorspann m voorspan; begintitels (v. film, televisie); inleiding v.e. persartikel e.d.; *jemands* ~ *sein* iemand voorthelpen
'vorspannen zw voor de wagen spannen
'Vorspeise v voorgerecht
'vorspiegeln zw voorspiegelen
'Vorspiegelung v voorspiegeling; ~ *falscher Tatsachen* valse voorspiegeling
'Vorspiel o muz voorspel, ouverture; fig begin
'vorsprechen st 'voorzeggen (bij wijze van

voorbeeld); een voordrachtstest doen; *bei einem* ~ bij iem. langs gaan om iets te bespreken
'**vorspringen** *st* uitsteken, uit-, voorspringen; vooruitspringen, naar voren springen; vooruitsteken
'**Vorsprung** *m* voorsprong; vooruitstekend gedeelte, uitstekende punt, uitloper ⟨v. berg⟩; *im* ~ *sein* een voorsprong hebben
'**Vorstadt** *v* voorstad
'**Vorstand** *m* bestuur, bestuurder(s); voorzitter, hoofd, directeur
'**Vorstandsmitglied** *o* bestuurslid
'**vorstecken** *zw* voordoen; vooruitsteken; vaststeken; *eine Brosche* ~ een broche opsteken
'**vorstehen** *onr* (voor)uitsteken, uitspringen; besturen, leiden; ~ *(+ 3)* aan 't hoofd staan van
'**Vorsteher** *m* directeur, chef, leider; deken ⟨v.d. orde v. advocaten⟩; staande hond, staander
'**Vorsteherdrüse** *v* voorstanderklier, prostaat
'**Vorstehhund** *m* jacht staande hond, patrijshond
'**vorstellen** *zw* voorstellen; ⟨v. klok⟩ voorzetten; onder 't oog brengen, presenteren, introduceren; *sie stellt etwas vor* zij is een belangrijke persoon; *die Uhr* ~ de klok voorzetten; *sich* ~ zich voorstellen; zich presenteren; *sich etwas* ~ zich iets voorstellen; *stell dir vor!* stel je voor!
'**vorstellig**: ~ *werden bei* een verzoek indienen bij, rekwestreren bij, zich wenden tot
'**Vorstellung** *v* 't voorstellen; voorstelling; vertoning, uit-, opvoering; vertoog, bezwaar, aanmaning; *jmdm. ~en machen* iem. iets voor ogen houden
'**Vorstoß** *m* uitval, eerste stoot; mil voorwaartse stoot, offensieve stoot; aanval, het oprukken; uitstekend gedeelte, zoom, rand, bies; begin, initiatief
'**vorstoßen** *st* voorwaarts stoten, oprukken, voorwaartsrukken, vooruitdringen, uitvallen; *zum Kern einer Frage* ~ doordringen tot de kern van een probleem
'**Vorstrafe** *v* recht vroegere straf
'**vorstrecken** *zw* uitstrekken; voorschieten ⟨v. geld⟩
'**Vorstreichfarbe** *v* grondverf
'**Vorstufe** *v* voorstadium
'**Vortag** *m* vorige dag, dag voor
'**Vortänzer** *m* voordanser
'**vortäuschen** *zw* voorspiegelen, -wenden, -geven
'**Vorteil** *m* voordeel, winst; tennis advantage; ~ *ziehen aus* profijt trekken van, zijn voordeel doen met; *im* ~ *sein* aan de winnende hand zijn; *dies ist von* ~ dit is voordelig
'**vorteilhaft** voordelig, profijtelijk, dienstig; nuttig
'**Vortrag** *m* (-s; 'Vorträge) voordracht; ~ *(auf neue Rechnung)* handel overdracht op nieuwe rekening; ~ *halten* officieel verslag uitbrengen; *einen* ~ *halten* een lezing houden; *zum* ~ *bringen* voordragen
'**vortragen** *st* vooruitdragen, -brengen; voordragen, verslag doen, uiteenzetten; *den Gewinn auf neue Rechnung* ~ handel de winst op nieuwe rekening overbrengen; *einem seine Wünsche* ~ iemand zijn wensen uiteenzetten; ~*der Rat* rapporteur; referendaris ⟨aan departement⟩
vor'trefflich voortreffelijk, uitmuntend, uitstekend
'**vortreiben** *st* voorwaarts drijven; vooruitbrengen
'**vortreten** *st* naar voren treden; uitsteken
'**Vortritt** *m* voorrang; Zwits ⟨ook in het verkeer⟩; *einem den* ~ *lassen* iem. laten voorgaan
'**Vortrupp** *m* mil voorste deel v.d. voorhoede
vor'über (+ an + 3) voorbij; gedaan; *es ist neun Uhr* ~ 't is over negenen; *es ist alles* ~ het is allemaal voorbij
vor'übergehen *onr* voorbijgaan; ~*d* voorbijgaand; voor korte tijd, niet-blijvend; ~*der Natur* van voorbijgaande aard
'**Vorurteil** *o* vooroordeel, vooringenomenheid
'**vorurteilsfrei**, '**vorurteilslos** onbevooroordeeld
'**Vorväter** *mv* plechtig voorvaderen, voorouders
'**Vorverkauf** *m* voorverkoop, verkoop vooraf
'**vorverlegen** *zw* naar voren verplaatsen, vervroegen
'**Vorvertrag** *m* voorlopig contract, verdrag
'**vorvorgestern** vooreergisteren, drie dagen geleden
'**vorvorletzt** op twee na laatste
'**vorwagen** *zw*: *sich* ~ zich naar voren wagen
'**Vorwahl** *v* telec (het draaien van het) netnummer
'**Vorwählnummer**, '**Vorwahlnummer** *v* telec netnummer, kengetal
'**vorwalten** *zw* vero heersen, heersende zijn, de overhand hebben; bestaan, voorhanden zijn; *die* ~*de Meinung* de heersende opvatting
'**Vorwand** *m* (-s; -wände) voorwendsel, uitvlucht
'**vorwärmen** *zw* voorverwarmen
'**Vorwarnung** *v* voorafgaande waarschuwing
'**vorwärts** voorwaarts, naar voren, vooruit
'**vorwärtsbringen** *onr* vooruitbrengen, -helpen
'**vorwärtsgehen**, nieuwe spelling: '**vorwärts gehen** *onr* voorwaarts gaan; vooruitgaan ⟨ook: beter worden⟩
'**vorwärtskommen**, nieuwe spelling: '**vorwärts kommen** *st* vooruitkomen, -gaan
Vorwäsche *v* voorwas
vor'weg [-'wek, -'weç] vooraf, -uit, van tevoren, bij voorbaat; om te beginnen; vooral; vooraan
'**Vorwegnahme** *v* 't vooruitlopen (op), anticipatie
'**vorwegnehmen** *st* vooruitlopen op, anti-

ciperen
'vorweisen *st* vertonen, tonen, voorleggen; *Erfahrung* ~ op ervaring kunnen wijzen
'Vorwelt *v* voorwereld, oertijd
'vorweltlich voorwereldlijk ⟨ook schertsend⟩
'vorwenden *onr* voorwenden, -geven
'vorwerfen *st* werpen voor; verwijten, voor de voeten gooien (werpen)
'vorwiegen *st* zwaarder wegen, overheersen, prevaleren; de overhand hebben
'vorwiegend overwegend; vooral
'Vorwissen *o*, **'Vorwissenschaft** *v* voorkennis, voorwetenschap; *ohne mein* ~ buiten mijn voorkennis
'Vorwitz *m* eigenwijsheid; nieuwsgierigheid
'vorwitzig eigenwijs; nieuwsgierig
'Vorwoche *v* vorige, voorafgaande week
'Vorwort *o* voorbericht, -rede, -woord, woord vooraf; gramm voorzetsel; *Titel und* ~ voorwerk ⟨v. boek⟩
'Vorwurf *m* verwijt; voorwerp ⟨v. beschrijving enz.⟩; onderwerp ⟨voor schilderij enz.⟩; *einem einen* ~ *machen* iem. iets verwijten; *ein versteckter* ~ een bedekt verwijt
'vorwurfsvoll vol verwijt, verwijtend
'Vorzeichen *o* voorteken ⟨ook muz⟩
'vorzeichnen *zw* voortekenen; afbakenen, aanwijzen
'vorzeigen *zw* vertonen, laten zien; handel presenteren, aanbieden (v. wissel)
'Vorzeit *v* voortijd, prehistorische tijd; vroegere tijd; *in grauer* ~ in 't grijze verleden
vor'zeiten eertijds, weleer, lang geleden
'vorzeitig te vroeg, ontijdig, voorbarig
'vorzeitlich uit, van de voortijd, prehistorisch
'vorziehen *st* naar voren trekken of halen; bevoordelen; vervroegen; ~ *(+ 3)* de voorkeur geven aan, stellen boven
'Vorzimmer *o* antichambre, voorkamer; wachtkamer
'Vorzimmerdame *v* secretaresse ⟨in de kamer voor die van haar baas⟩
'Vorzug *m* voorkeur, voorrang; voortrein, extra trein; *Vorzüge* voortreffelijke eigenschappen; *den* ~ *haben* de voorkeur genieten; *einer Sache den* ~ *geben vor* de voorkeur aan iets geven boven; *große Vorzüge haben* grote voordelen hebben
vor'züglich, **'vorzüglich** [-tsuuç-] voortreffelijk, uitmuntend, uitstekend; vooral, met name; *mit* ~*er Hochachtung* met bijzondere hoogachting
'Vorzugsaktie [-tsi-e] *v* handel preferent aandeel
'Vorzugspreis *m* speciale prijs
'vorzugsweise bij voorkeur, voornamelijk
votieren [wo-] *zw* voteren, kiezen, stemmen
Votivbild [vo'tief-] *o* votief-, geloftebeeld
Votivgabe *v*, **Votivgeschenk** *o* votiefgeschenk
Votum ['vo-] *o* (-s; Vota & Voten) votum, stem, stemming
v.u. = *von unten* van onderen
vulgär ['voel-] vulgair, alledaags, plat
Vulkan [voel-] *m* (-s; -e) vulkaan
Vulkanausbruch *m* uitbarsting van een vulkaan
vulkanisieren *zw* vulkaniseren
v.u.Z. = *vor unserer Zeitrechnung* voor onze jaartelling

W

Waage v (~; -n) weegschaal, balans, waag, waaggebouw; *sich die ~ halten* tegen elkaar opwegen; *schwer in die ~ fallen* van grote betekenis zijn
waag(e)recht horizontaal, waterpas; *die W~e* de horizontale lijn, waterpaslijn
Waagschale v weegschaal; *auf die ~ legen* in de waagschale stellen
wabb(e)lig slap, week; wee
wabbeln zw wankelen, zwabberen
Wabe v (~; -n) honingraat; cellenweefsel
wach wakker, helder; *~ bleiben* wakker blijven; *die immer ~e Sehnsucht* het nooit rustend verlangen; *bei ~en Sinnen* bij helder bewustzijn
Wache v (~; -n) wacht; het waken; politiebureau; *~ stehen* op post staan
wachen zw waken, wakker zijn
Wachhund m waakhond
Wachmann m bewaker; Oostr politieagent
Wacholder [-'chol-] m (-s) jeneverbes, -struik; jenever
wachrütteln zw wakker schudden (vooral fig)
Wachs o (-es) was; *wie ~ in jemands Händen sein* als was in iems. handen zijn
wachsam waakzaam; waaks; *ein ~es Auge auf etwas, einen haben* iets, iem. goed in de gaten, scherp in 't oog houden
Wachsamkeit v (~) waakzaamheid
wachsbleich wasbleek
wachsen (wuchs; gewachsen) wassen, groeien, aangroeien; toenemen, vorderingen maken, worden; *da wächst kein Gras mehr* daar wil niets meer groeien; *das Gras ~ hören* 't gras horen groeien; *über etwas wächst Gras* iets raakt in de vergetelheid; *sich keine grauen Haare über etwas ~ lassen* geen grijze haren van iets krijgen; *wie schön sie ge~ ist!* wat is zij mooi gebouwd!; *einem ge~ sein* tegen iem. opgewassen zijn; *einer Sache nicht ge~ sein* iets niet de baas kunnen zijn; *einem ans Herz ge~ sein* iem. zeer dierbaar zijn; *das ist nicht auf seinem Mist gewachsen* dat komt niet uit zijn koker; *wie aus dem Boden ge~* plotseling, onbemerkt; *dagegen ist kein Kraut ge~* daartegen is geen kruid gewassen; *einem über den Kopf ~* iem. over 't hoofd groeien; *gerade (gut) ge~ sein* recht van lijf en leden zijn, een goed figuur hebben; *krumm ~* krom groeien; *ge~er Fels* oergesteente; *im W~ (begriffen)* aan de groei
wächsern bn wassen, van was; wasbleek
Wachsfigur v wassen beeld
Wachskerze v waskaars
Wachslicht o waskaars
Wachstuch o wasdoek; tafelkleed van wasdoek
Wachstum o (-s) groei, wasdom; *eigenes ~* eigen teelt
Wachstumsrate v groeipercentage

Wachtel v (~; -n) kwartel
Wachtelhund m patrijshond
Wächter m (-s; ~) wachter, waker
Wachtmeister m hoofdagent v. politie; mil opperwachtmeester
Wachtturm m wachttoren
wackelig waggelend, wankelend, wankel (ook v. zaak)
Wackelkontakt m elektr loszittend contact
wackeln zw wankelen, waggelen, schudden; wiebelen; schommelen; *mit den Ohren ~* de oren bewegen; *mit dem Stuhl ~* met de stoel wiebelen, wippen
Wade v (~; -n) kuit (van 't been)
Wadenkrampf m kuitkramp
Waffe v (~; -n) wapen; klauw; slagtand (v. wild zwijn); *unter den ~n* onder de wapenen; *zu den ~!* te wapen!
Waffel v (~; -n) wafel
Waffeleisen o wafelijzer
Waffenbesitz m wapenbezit
Waffengattung v mil wapen(soort); *Truppen aller ~en* troepen v. alle wapens
Waffenruhe v staakt-het-vuren
Waffenschein m wapenvergunning
Waffenstillstand m wapenstilstand
Wagehals m waaghals
Wagemut m moed, durf
wagemutig vermetel, gedurfd; *~ sein* (ook) durf (lef) hebben
wagen zw wagen, durven; *ein Tänzchen ~* een dansje wagen; *frisch gewagt ist halb gewonnen* wie waagt die wint; *wer nicht wagt, gewinnt nicht*, die niet waagt, die niet wint; *sich aufs Glatteis ~* zich op glad ijs wagen
wägen (wog; gewogen) wegen, overwegen; *erst wäge, dann wage* bezint eer gij begint
Wagenabteil o coupé
Wagenführer m wagenbestuurder (v. tram)
Wagenheber m krik
Wagenpark m wagenpark
Wagenpflege v autoservice
Wagenwäsche v autowassen
Wagestück o waagstuk, gok
Waggon, nieuwe spelling ook: **Wagon** [va'gõ] m (-s; -s) wagon, spoorwagen
waghalsig vermetel
Wagnis o (-ses; -se) waagstuk, gewaagde onderneming; risico, gok
Wahl v (~; -en) keus, keuze; verkiezing; *Strümpfe erster ~* eerste kwaliteit kousen; *~ macht Qual, wer die ~ hat, hat die Qual* kiezen is moeilijk; *in die engere ~ kommen* in herstemming komen; nader in aanmerking komen; *vor die ~ stellen* voor de keuze plaatsen
wählbar verkiesbaar
wahlberechtigt kiesgerechtigd
Wahlbezirk m kiesdistrict
wählen zw kiezen, verkiezen, uitkiezen; telec kiezen, draaien; *von zwei Übeln das kleinere ~* van twee kwaden 't minste kiezen
Wähler m (-s; ~) kiezer ⟨bij verkiezingen⟩
wählerisch kieskeurig; lastig
Wählerschaft v de kiezers, 't kiezersvolk

Wahlfach *o* onderw keuzevak
Wahlgang *m* stemming
Wahlheimat *v* nieuwgekozen vaderland *of* woonplaats
Wahlkabine *v* stemhokje
Wahlkampf *m* verkiezings-, stembusstrijd
Wahlkreis *m* kiesdistrict, -kring
Wahlliste *v* pol kandidatenlijst
Wahllokal *o* stemlokaal, -bureau
wahllos blindelings, op goed geluk
Wahlrecht *o* kiesrecht
Wählscheibe *v* kiesschijf ⟨v. telefoon⟩
Wahlversammlung *v* verkiezingsbijeenkomst
wahlweise naar keuze, facultatief
Wahlzelle *v* stemhokje
Wahlzettel *m* stembiljet
Wahn *m* ⟨-(e)s⟩ waan
Wahnbild *o* waandenkbeeld, hersenschim
wähnen *zw* wanen, menen
Wahnidee *v* waanvoorstelling, idee-fixe
Wahnsinn *m* waanzin; *heller ~!* volslagen krankzinnig
wahnsinnig waanzinnig; *bist du ~ geworden?* gemeenz ben je een haartje betoeterd?; *sich ~ auf etwas freuen* zich verschrikkelijk op iets verheugen
Wahnwitz *m* verstandsverbijstering, waanzin; krankzinnigheid
wahnwitzig waanzinnig; krankzinnig
wahr waar, oprecht, echt; *das ist gar nicht mehr ~!* dat is zó lang geleden!; *etwas ~ machen* iets waar maken; *ein ~es Glück* wat een geluk; *daran ist kein ~es Wort* daar is geen woord van waar; *so ~ mir Gott helfe* zo waarlijk helpe mij God; *so ~ ich lebe* zo waar als ik leef
wahren *zw* bewaren, zorgen voor; handhaven; *den Anstand ~* zijn fatsoen houden; *Abstand, Distanz ~* afstand houden ⟨ook fig⟩; *eine Frist ~* zich aan een termijn houden; *das Gesicht ~* de (goede) schijn bewaren, zijn gezicht redden; *jemandes Interessen ~* iemands belangen behartigen; *das Prestige ~* zijn prestige ophouden; *das Recht ~* 't recht handhaven; *den Schein ~* de schijn ophouden; *seinen Vorteil ~* zijn voordeel waarnemen
währen *zw* duren, voortduren; *ehrlich währt am längsten* eerlijk duurt het langst
während I *voorz* (+ 2 of 3) gedurende; II *voegw* terwijl; *~ des Krieges* gedurende de oorlog; *~ fünf Jahre(n)* gedurende vijf jaren; *~ der Versammlung* ⟨ook⟩ staande de vergadering
währenddem, währenddessen intussen, ondertussen
wahrhaftig waarachtig, waarlijk, heus
Wahrheit *v* ⟨~; -en⟩ waarheid; *ein Körnchen ~* een kern van waarheid
wahrheitsgemäß, wahrheitsgetreu overeenkomstig de waarheid
wahrnehmen waarnemen, gewaar worden, bespeuren, zien; *seine Chance ~* zijn kans benutten; *eine Frist ~* zich aan een termijn houden; *die Gelegenheit ~* de gelegenheid waarnemen; *jemands Interessen ~* iems. belangen behartigen

Wahrnehmung *v* ⟨~; -en⟩ waarneming, behartiging, zorg
wahrsagen *zw* waarzeggen; voorspellen; wichelen
Wahrsagung *v* ⟨~; -en⟩ waarzegging
wahrscheinlich waarschijnlijk
Wahrung *v* ⟨~⟩ zorg, handhaving; *~ der Formen* inachtneming v.d. vormen; *~ der Interessen* behartiging v.d. belangen
Währung *v* ⟨~; -en⟩ muntvoet, munt, standaard; valuta; *goldene ~* gouden standaard; *harte ~* harde valuta; *in fremder ~* in vreemde valuta, buitenlandse betaalmiddelen
Währungsreform *v* geldzuivering
Waise *v* ⟨~; -n⟩ wees, weeskind; rijmloze versregel
Waisenanstalt *v* weeshuis
Waisenhaus *o* weeshuis
Waisenkind *o* weeskind
Waisenrente *v* wezenondersteuning
Wal [waal] *m* ⟨-(e)s; -e⟩ walvis; *die ~e* ⟨ook⟩ de walvisachtigen
Wald *m* ⟨-(e)s; Wälder⟩ woud, bos; *einen ~ abholzen, roden* een bos kappen, rooien; *den ~ vor lauter Bäumen nicht (mehr) sehen* door de bomen het bos niet (meer) zien
Waldbau *m* bosbouw
Waldbestand *m* bosopstand, stuk bos
Waldbrand *m* bosbrand
Waldhorn *o* muz waldhoorn
Waldhüter *m* boswachter
waldig bebost, bosrijk
Waldkauz *m* bosuil
Waldlichtung *v* open plek ⟨in bos⟩
Waldmeister *m* onzelievevrouwebedstro
Waldschrat *m* bosreus, -geest
Waldsenke *v* laaggelegen deel v. bos
Waldtaube *v* houtduif
Waldung *v* ⟨~; -en⟩ bos, bosland, bosstreek
Waldweg *m* bosweg
Walfisch ['wal-] *m* walvis
Waliser *m* ⟨-s; ~⟩ inwoner van Wales
Wall *m* ⟨-(e)s; Wälle⟩ wal, dam, oever, kust; *ein ~ Heringe* 80 stuks haring
Wallach *m* ⟨-s; -e⟩ ⟨Oostr ⟨-en; -en⟩⟩ ruin
wallen *zw* opborrelen, koken; golven; een bedevaart doen; optrekken; *~des Haar* (omlaag) golvend haar; *der Mantel wallt von seinen Schultern* de mantel golft van zijn schouders; *das Blut wallt in den Adern* het bloed bruist in de aderen
Wallfahrtsort *m*, **Wallfahrtsstätte** *v* bedevaartsplaats
Wallone [-'lo-] *m* ⟨-n; -n⟩ Waal ⟨= Franstalige Belg⟩
Wallonien [-ni-en] *o* ⟨-s⟩ Wallonië
Wallung *v* ⟨~; -en⟩ opborreling; bevlieging, opwelling; *in ~ bringen* fig doen koken ⟨v. woede⟩; *in ~ kommen, geraten* aan de kook raken, opbruisen; fig opgewonden worden
Walnuß, nieuwe spelling: **Walnuss** ['wal-] *v* wal-, okkernoot
walten *zw* besturen, heersen; *seines Amtes ~* zijn ambt uitoefenen; *das walte Gott!* dat geve God!; *einen ~ lassen* iem. laten

begaan; *Gnade ~ lassen* genade voor recht laten gelden; *Milde, Nachsicht ~ lassen* clementie betrachten; *die Vernunft ~ lassen* gehoor geven aan de roepstem der rede; *Vorsicht ~ lassen* voorzichtig zijn; *das göttliche W~* het goddelijk bestier

Walze *v* (~; -n) rol (ook v. schrijfmachine); landrol; wals, straatwals; cilinder ⟨ook wisk⟩; *die alte (gleiche) ~* gemeenz 't oude liedje; *auf der Walz sein* slang, vroeger ⟨v. trekarbeiders⟩ onderweg, op pad zijn

walzen *zw* techn walsen, pletten; rollen, walsen; walsen ⟨= bep. dans⟩; vero als handwerksman rondtrekken

wälzen *zw* wentelen, rollen; *Bücher ~* het ene boek na 't andere raadplegen; *Probleme ~* over problemen piekeren; *sich ~* zich (rond)wentelen; woelen; *sich vor Lachen ~* de buik vasthouden van 't lachen

walzenförmig rol-, cilindervormig

Walzer *m* (-s; ~) muz wals

Wälzer *m* (-s; ~) wentelaar; zwaar boekdeel, foliant, dikke pil

Walzwerk *o* techn pletterij, walserij

Wand *v* (~; Wände) wand, (binnen)muur; rotswand; (wolken)bank; *spanische ~* (kamer)scherm; *die Wände haben Ohren* er wordt afgeluisterd; *einen an die ~ spielen* veel beter spelen dan, overklassen; *er will immer mit dem Kopf durch die ~* hij wil altijd zijn zin doorzetten; *gegen eine ~ reden* tevergeefs praten; *in seinen vier Wänden* binnen zijn vier muren

Wandale *m* (-n; -n) Vandaal; vandaal

Wandalismus *m* vandalisme, vandalenwerk

Wandbehang *m* wandbekleding; gobelin, wandkleed

Wandel *m* (-s) verandering, wisselvalligheid, ongestadigheid; levenswandel

wandeln *zw* veranderen, wijzigen; gaan, wandelen; trekken; *krumme Pfade (auf krummen Pfaden) ~* kromme wegen bewandelen; *sich ~ (geheel)* veranderen; *ein ~der Beweis für* een levend bewijs voor; *~des Blatt* (o) wandelend blad (= bep. sprinkhaan); *ein ~des Gerippe* een (levend) geraamte

Wanderausstellung *v* reizende tentoonstelling

Wanderbühne *v* reizend toneelgezelschap

Wanderer *m* (-s) toerist op een voetreis, trekker; wandelaar

Wanderkarte *v* wandelkaart

Wanderleben *o* zwervend leven

Wanderlust *v* reislust

wandern *zw* trekken, een voettocht maken, reizen; gaan; *ins Gefängnis ~* naar de gevangenis verhuizen; *in den Papierkorb ~* de prullenmand ingaan

Wanderpokal *m* wisselbeker ⟨bij wedstrijd⟩

Wanderschaft *v* (~) ambachtsreis, rondtrekkend doorgebrachte leertijd; trektocht

Wanderung *v* (~; -en) 't reizen, trekken; trek ⟨v. vogels⟩; voetreis, tocht; zwerftocht

Wandkarte *v* wandkaart

Wandleuchter *m* wandlamp

Wandlung *v* (~; -en) verandering, wijziging, ommekeer; RK transsubstantiatie; handel koopvernietiging, redhibitie

wandlungsfähig voor verandering vatbaar

Wandmalerei *v* muurschildering

Wandschirm *m* kamerscherm

Wandschrank *m* muur-, wandkast

Wandtafel *v* schoolbord, bord

Wanduhr *v* hang-, wandklok

Wandzeitung *v* muurkrant

Wange *v* (~; -n) wang, koon; techn wang, zijkant ⟨v. bankschroef en dgl.⟩

wankelmütig wankel, wankel-, weifelmoedig; *W~e(r)* ⟨ook⟩ weifelaar

wanken *zw* wankelen, waggelen, dreigen te vallen; weifelen, besluiteloos zijn; *nicht ~ und weichen* standvastig blijven; *ins W~ bringen* aan 't wankelen brengen

wann wanneer; *~ immer* wanneer ook maar; *~ kommt er?* wanneer komt hij?

Wanne *v* (~; -n) wan; kuip, badkuip

Wanst *m* (-(e)s; Wänste) gemeenz dikke buik, pens; vetzak

Wanze *v* (~; -n) dierk wand-, weegluis; wants; slang opdringerig mens; parasiet; afluisterapparaat

Wappen *o* (-s; ~) wapen ⟨v. stad, familie enz.⟩

Wappenkunde *v* wapenkunde, heraldiek

Wappenschild *o* wapenschild

Wappenspruch *m* wapenspreuk

wappnen *zw* wapenen ⟨meestal fig⟩; *gegen etwas gewappnet sein* tegen iets gewapend zijn; *sich mit Geduld ~* zich met geduld wapenen

Ware *v* (~; -n) waar, koopwaar; *~n* goederen, waren; *faule ~* gemeenz waardeloze aandelen of wissels; *heiße ~* smokkelwaar

Warenbestand *m* goederenvoorraad; inventaris

Warenhaus *o* warenhuis

Warenlager *o* pakhuis, magazijn; voorraad

Warenmuster *o*, **Warenprobe** *v* proefje, staaltje, monster

Warenzeichen *o* handelsmerk

1 Warf *m & o* (-(e)s; -e) schering, ketting ⟨bij het weven⟩

2 Warf, Warft *v* (~; -en) terp; werf; helling ⟨v. scheepsbouw⟩

warm warm, heet; warmpjes; slang homoseksueel; *~e Miete* huur met inbegrip van verwarming; *mir ist ~* ik heb 't warm; *mir wird ~* ik krijg 't warm; *~ stellen* warm houden, op 't vuur zetten; *er sitzt ~* ⟨ook⟩ hij heeft 't goed; *mit einem nicht ~ werden* geen contact met iem. krijgen

Warmbeet *o* broeibed

Warmblüter *m* (-s; ~) warmbloedig dier

Wärme *v* (~) warmte

wärmebeständig tegen warmte bestand

Wärmedämmung *v* warmte-isolatie

Wärmeleiter *m* warmtegeleider

wärmen *zw* warmen, verwarmen; *sich ~* zich (ver)warmen; *sich an der Sonne ~* zich in de zon koesteren

Wärmflasche *v* bedwarmer, (warme) kruik

Warmfront *v* warmtefront

warmhalten *st:* *sich einen ~* gemeenz iem. te vriend houden
Warmhalteplatte *v* réchaud
warmherzig hartelijk
Warmluft *v* warme lucht
Warmluftheizung *v* heteluchtverwarming
Warmwasserbereiter *m* geiser; boiler
Warmwasserspeicher *m* boiler
Warnblickanlage *v*, **Warnblicker** *m* auto waarschuwings(knipper)licht
Warndreieck *o* gevarendriehoek
warnen *zw* waarschuwen; *vor Taschendieben wird gewarnt* pas op voor zakkenrollers
Warnruf *m* waarschuwende kreet
Warnschild *o* waarschuwingsbord
Warnschuß, nieuwe spelling: **Warnschuss** *m* waarschuwingsschot; fig een schot voor de boeg
Warnstreik *m* prikactie
Warnung *v* (~; -en) waarschuwing
Warnzeichen *o* waarschuwingsteken, -signaal
Warte *v* (~; -n) wachttoren, sterrenwacht; station, observatorium; fig standpunt; *von hoher ~* vanuit een hoog standpunt
Wartefrau *v* = **Wärterin**
Wartehalle *v*, **Wartehäuschen** *o* abri, wacht-, tramhuisje
Warteliste *v* wachtlijst
warten *zw* wachten, vertoeven; waarnemen, bezorgen, oppassen, bedienen; verzorgen, koesteren; *da kann er lange ~; er kann ~, bis er schwarz wird* hij kan wachten tot hij een ons weegt; *ein Auto ~* servicewerkzaamheden verrichten aan een auto, een auto onderhouden
wartepflichtig verplicht te stoppen (in 't verkeer)
Wärter *m* (-s; ~) oppasser, bewaarder; opzichter; verpleger; baanwachter
Warteraum *m* wachtkamer (v. station enz.)
Wärterin *v* (~; -nen) bewaakster, oppasster
Wartesaal *m* wachtkamer (v. station enz.)
Warteschleife *v* luchtv wachtrondje (alvorens te landen)
Wartezimmer *o* wachtkamer (v. dokter enz.)
Wartturm *m* wachttoren
Wartung *v* (~; -en) verzorging, toezicht, koestering; verpleging; onderhoud, service
warum waarom, om welke reden; *~ nicht gar!* kom nou!
Warze *v* (~; -n) wrat; (als afk. v. *Brustwarze*) tepel
was wat, welk; hetwelk; gemeenz (ook) iets; *~ Neues* wat nieuws; *~ für ein...* wat voor een...; *~ für welche?* welke?; *~ bin ich froh, daß...* wat ben ik blij dat...; *~ lachst du?* waarom lach je?; *schön ~?* mooi hè?; *~ weiß ich?* weet ik veel!; *~ Wunder, daß...* geen wonder dat...
Waschautomat *m* wasmachine, -automaat
Waschbär *m* wasbeer
Waschbecken *o* waskom, -bekken; wastafel
Wäsche *v* (~; -n) 't wassen; was; ondergoed, lingerie; *saubere, frische ~* schoon goed; *schmutzige ~* vuile was (ook fig)
Wäschebeutel *m* waszak
Wäscheklammer *v* wasknijper
Wäscheleine *v* was-, drooglijn
waschen (wusch; gewaschen) wassen; zuiveren; babbelen, kletsen; witwassen (v. geld); *sich sauber (fig rein) ~* zich schoon wassen; *der Brief hat sich gewaschen* die brief staat op poten; *einem (tüchtig) den Kopf ~* iem. de oren wassen; *einem den Pelz ~* iem. op zijn huid geven; *mit allen Wassern ge~* doorgewinterd, door de wol geverfd; *seine Hände in Unschuld ~* zijn handen in onschuld wassen
Wäscher *m* (-s; ~) wasser
Wäscherei *v* (~; -en) het wassen; wasserij, wasinrichting
Wäscherin *v* (~; -nen) wasvrouw
Wäscheschleuder *v* centrifuge
Wäscheschrank *m* linnen-, legkast
Waschlappen *m* waslapje; gemeenz slappeling, doetje
Waschmaschine *v* wasmachine
Waschpulver *o* waspoeder
Waschraum *m* waslokaal
Waschsalon *m* wasserette
Waschtisch *m* wastafel
Waschweib *o* vero wasvrouw; babbelkous, kletskous
Waschzettel *m* waslijst (ook fig); gemeenz flaptekst (op boek)
Waschzeug *o* wasgerei
Wasser *o* (-s; ~ & (voor minerale wateren) Wässer) water; rivier, stroom; *Kölnisch ~* eau de cologne; *ein stilles ~* een gesloten mens; *weiches ~* zacht water; *stille ~ sind tief* stille wateren hebben diepe gronden; *~ lassen* urineren; *~ treten* watertrappen; *das ist ~ auf seine Mühle* dat is koren op zijn molen; *auf (bei) ~ und Brot* op water en brood; *ins ~ fallen* in duigen vallen (v. plan); *ins ~ gehen* zich verdrinken; *sich über ~ halten* zich (zijn hoofd) boven water houden (ook fig); *zu ~ und zu Lande* te land en ter zee
wasserabstoßend,   wasserabweisend waterafstotend
Wasserball *m* sp waterpolo; strandbal
Wasserbau *m* waterbouwkunde
Wasserbehälter *m* waterbak, -reservoir, -tank
Wasserblase *v* blaar
wasserdicht waterdicht, waterproof
Wasserfall *m* waterval
Wasserfarbe *v* waterverf
wasserfest tegen water bestand, watervast, -bestendig
Wasserfläche *v* water(opper)vlakte
Wasserflut *v* overstroming; watervloed
Wasserfrosch *m* groene kikker
wassergekühlt met waterkoeling
Wasserglas *o* waterglas (ook: luchtafsluitende stof)
Wassergraben *m* gracht, sloot
Wasserhahn *m* waterkraan
Wasserhaushalt *m* waterhuishouding
Wasserhuhn *o* meerkoet

wässerig waterig, waterachtig, sopperig; flauw, slap; *der Mund wird mir* ~ ik watertand; *einem den Mund* ~ *machen* iem. lekker maken, doen watertanden
Wasserklosett o watercloset
Wasserkopf m waterhoofd
Wasserlache v waterplas
Wasserlauf m waterloop
Wasserleiche v lijk v.e. verdronkene
Wasserleitung v waterleiding
Wasserlinie [-li-ni-e] v waterlijn
Wasserlinse v eendekroos
wasserlöslich in water oplosbaar
Wassermangel m watergebrek
Wassermann m watergeest; astron Waterman
Wassermelone v watermeloen
Wassermühle v watermolen
wässern zw besproeien, bevochtigen; weken; in water leggen; fotogr spoelen; verdunnen, urineren, wateren; *Pflanzen* ~ planten water geven; *Wein* ~ wijn versnijden; *der Mund wässert mir* ik watertand
Wasserpolizei v waterpolitie
Wasserratte v waterrat (ook fig)
Wasserrohr o waterbuis, waterleidingbuis
Wasserscheide v waterscheiding
wasserscheu aan watervrees lijdend, waterschuw
Wasserschlauch m waterslang; leren waterzak; plantk blaasjeskruid
Wasserspeier m waterspuwer
Wasserstand m waterstand; waterpeil
Wasserstoffbombe v waterstofbom, H-bom
Wasserstrahl m waterstraal, plens water; *wie ein kalter* ~ als een koude douche, ontnuchterend
Wasserstraße v waterweg
Wasserturm m watertoren
Wasseruhr v wateruurwerk
Wasserung v (~; -en) landing op het water (v. watervliegtuig)
Wasserverdrängung v waterverplaatsing
Wasserversorgung v watervoorziening
Wasserwaage v waterpas
Wasserwehr o waterkering, stuw
Wasserwelle v watergolf (in 't haar)
Wasserwerfer m waterkanon
Wasserwerk o waterleidingbedrijf
Wasserzähler m watermeter
Wasserzeichen o watermerk (in papier)
waten zw waden; *im Wasser* ~ (ook) pootje baden
Waterkant v N-Duits Duitse Noord- en Oostzeekust
Watsche v (~; -n) Z-Duits, **Watschen** v (~; ~) Oostr oorveeg
watscheln zw schommelen, waggelen
watschen zw oorveeg geven
Watt o (-(e)s; -e) wad
Watte v (~; -n) watten; *du hast wohl* ~ *in den Ohren!* gemeenz ben je soms doof?!
Wattebausch m dot watten
wattieren zw wat'teren, met watten voeren
Watvogel m waadvogel
Wauwau m (-s; -e) wafwaf, woef; kindertaal hond
Webe v stuk linnen; bedlinnen
weben (wobte, wob; gewebt, gewoben) weven; zich bewegen, in beweging zijn; *das W~ im Walde* plechtig 't stille, geheimzinnige leven in 't woud
Weber m (-s; ~) wever
Weberei v (~; -en) weverij; weefsel
Weberknecht m dierk hooiwagen
Weberschiffchen o, **Webschütze** v weefspoel
Webstuhl m weefstoel, -getouw
Wechsel m (-s; ~) (af)wisseling, verandering; het wisselen; handel wissel, wisselbrief; stud maandelijkse toelage; wissel, wildpaadje; *eigner* ~, *trockener* ~ promesse; *fauler* ~ handel ongedekte wissel; *kurzer, kurzsichtiger* ~ handel kortzichtwissel; *langer* ~ langzichtwissel
Wechselbäder mv wisselbaden
Wechselbeziehung v wederzijdse betrekking, correlatie
Wechselfälle mv wisselingen, wisselvalligheden
Wechselgeld o wisselgeld
Wechselgesang m beurtzang
wechselhaft wisselvallig (v. weer)
Wechseljahre mv overgang, climacterium
Wechselkurs m handel wisselkoers
wechseln zw verwisselen, afwisselen; wisselen, veranderen; overlopen, overgaan (v. wild); wisselen (v. tanden); *für Kleingeld* ~ kleinmaken; *den Besitzer* ~ in andere handen overgaan; *den Beruf* ~ van beroep veranderen; *die Farbe* ~ van kleur veranderen; fig van politieke overtuiging veranderen; *die Freundinnen* ~ *wie das Hemd* gemeenz het ene vriendinnetje na het andere afwerken; *das Hemd* ~ een schoon (over)hemd aantrekken; *die Kleider* ~ zich verkleden; *die Tapete(n)* ~ gemeenz verhuizen; van kroeg veranderen; *das Thema* ~ van onderwerp veranderen
wechselseitig wederkerig, over en weer
Wechselstrom m elektr wisselstroom
Wechselstube v wisselkantoor(tje)
wechselwarm biol koudbloedig
wechselweise afwisselend, beurtelings, bij beurten
Wechselwirkung v wisselwerking
Wecken m (-s; ~) wegge, langwerpig brood(-je)
Wecker m (-s; ~) wekker (ook klok); *einem auf den* ~ *gehen, fallen* gemeenz iem. op zijn zenuwen werken
Wedel m (-s; ~) staart (speciaal v. hert); kwast; bosje rijshout; wijwaterkwast
wedeln zw waaieren, wuiven, kwispelen, kwispelstaarten; zigzaggend afdalen (bij skiën); *Staub* ~ stof afnemen; *mit dem Schwanz* ~ kwispelstaarten
weder: ~ ... *noch* noch ... noch
weg [weç, wek] weg, kwijt; heen; *in einem* ~ aan één stuk; *ganz hin und* ~ *sein* helemaal weg zijn (van), verrukt zijn
Weg [weeç, week] m (-(e)s; -e) weg; wandeling, boodschap; *es ist noch ein weiter* ~ er is nog veel voor te doen; ~ *des gering-*

sten Widerstandes weg van de geringste weerstand; *wohin des ~s?* vero waar ga je, gaat u heen; *seiner ~e gehen* weggaan, zijn eigen weg kiezen; *seinen ~ machen* vooruitkomen, er wel komen; *des W~es kommen* aan komen lopen; *auf diesem ~e* langs deze weg; *auf freundlichem ~e* in der minne; *auf gesetzlichem ~e* langs wettelijke weg; *auf halbem ~e* halfweg, halverwege; *auf dem schnellsten ~e* zo snel mogelijk; *auf dem ~e der Besserung sein* aan de beterende hand; *auf ~ und Steg* overal; *weder ~ noch Steg wissen* heg noch steg kennen; *Waren auf den ~ bringen* waren afzenden; *auf dem besten ~e sein* goed op weg (hard bezig) zijn; *sich auf den ~ machen* op weg gaan; *einem im ~e sein* iem. hinderen; *es steht nichts im ~e* er is niets tegen; *einem über den ~ laufen* iem. toevallig ontmoeten

Wegbereiter ['weeç-, 'week-] *m* baanbreker

wegbleiben *st* wegblijven; *mir bleibt der Atem, die Sprache, die Spucke weg* ik ben stomverbaasd, ik ben sprakeloos

Wegebau *m* wegenaanleg

Wegegeld *o* kilometervergoeding; vero tol

wegen wegens, om, vanwege; *von ~* vanwege; *von ~!* geen sprake van!, absoluut niet!; *~ der Kälte* wegens (om) de kou; *von Amts ~* ambtshalve; *von Staats ~* van rijkswege

Wegerich *m* (-s) plantk weegbree

wegfegen *zw* wegvegen

Weggabel ['weeç-, 'week-] *v*, **Weggabelung** *v* wegsplitsing

Weggefährte, **Weggenosse** ['weeç-, 'week-] *m* reisgenoot, metgezel

weghaben *onr* weghebben; beethebben, gevat (begrepen) hebben; *er hat sein Fett (seinen Lohn, sein Teil) weg* hij heeft zijn loon (zijn portie) binnen (ook iron); *endlich hat er es weg* eindelijk is hij erachter

wegkommen *st* ontkomen, wegkomen, wegraken; *wir sind gut dabei weggekommen* we zijn er goed afgekomen; *übel ~* van een koude kermis thuiskomen; *bei etwas schlecht ~* (ook) ergens kaal afkomen; *über etwas ~* over iets heenkomen

weglassen *st* weg-, eruitlaten

weglaufen *st* weglopen; *das läuft (mir) nicht weg* dat heeft nog de tijd

Wegnahme *v* (~; -n) wegneming; verbeurdverklaring

wegräumen *zw* wegruimen; uit de weg ruimen

wegrollen *zw* wegrollen

wegschaffen *v* verwijderen, wegdoen, -brengen, -maken, -werken

wegschauen *zw* een andere kant op kijken

Wegscheid ['weeç-, 'week-] *m & v*, **Wegscheide** *v* tweesprong, splitsing v.d. weg

wegscheren *zw* wegscheren; *sich ~* zich wegscheren, zich uit de voeten maken, zich wegpakken

wegschicken *zw* wegzenden, -sturen

wegschnappen *zw* wegkapen; *einem etwas (vor der Nase) ~* iets voor iemands neus wegkapen

wegschütten *zw* weggieten

wegsehen *st* een andere kant op kijken

wegsehnen *zw*: *sich ~* verlangen weg te gaan

wegstecken *zw* wegsteken, -stoppen, opbergen; fig incasseren

wegstehlen *st*: *sich ~* wegsluipen, zich uit de voeten maken

wegstellen *zw* wegzetten

wegstoßen *st* wegstoten; sp wegtrappen

Wegstrecke ['weeç-, 'week-] *v* traject, weggedeelte

wegstreichen *st* wegstrijken; doorhalen

wegtreten *st* wegstappen; wegschoppen; *weg(ge)treten!* mil ingerukt!; *geistig weggetreten* gemeenz verstrooid, ongeconcentreerd zijn

wegtun *onr* wegdoen, -bergen; op zij leggen

Wegweiser *m* (-s; ~) wegwijzer

wegwerfen *st* wegwerpen, -gooien; *sich ~* zich weggooien

wegwerfend minachtend; *~e Bemerkungen* geringschattende opmerkingen; *~e Handbewegung* minachtend gebaar

Wegwerfgesellschaft *v* wegwerpmaatschappij

wegwischen *zw* wegvegen; Oostr afvegen, wegvagen; *eine Träne ~* een traan wegpinken

Wegzug *m* vertrek; het wegtrekken

weh, wehe pijnlijk, smartelijk; *ein ~er Finger* een zere vinger; *~ tun* pijn doen; *das tut mir in der Seele ~* dat snijdt mij dwars door de ziel; *ein ~er Ausdruck in jemands Augen* een smartelijke uitdrukking in iemands ogen; *weh!* wee!; *~e!* pas op jij!; *~ mir!* wee mij!

Wehe *v* (~; -n) zandverstuiving; sneeuwverstuiving, opgewaaide sneeuw

wehen *zw* waaien; suizelen; wuiven; wapperen; *daher weht der Wind!* uit die hoek waait de wind!

Wehklage *v* weeklacht

wehklagen *zw* weeklagen, kermen; jammeren

wehleidig kleinzerig; overgevoelig

Wehmut *v* weemoed

wehmütig weemoedig

Wehrdienst *m* (militaire) dienst; *im ~ stehen* onder de wapenen zijn

wehrdienstuntauglich afgekeurd voor militaire dienst

Wehrdienstverweigerer *m* dienstweigeraar

wehren *zw* weren, tegenhouden, stuiten, beletten; *sich ~* zich (ver)weren; *sich seiner Haut ~* zich verdedigen, van zich af bijten; *sich mit Händen und Füßen ~* zich met hand en tand verzetten

Wehretat [-ee'ta] *m* defensiebegroting

wehrlos weerloos

Wehrmachtsbericht *m* ⟨tussen 1939 en 1945⟩ legerbericht

Wehrpflicht *v* dienstplicht

wehrpflichtig dienstplichtig

Weib *o* (-(e)s; -er) vrouw; wijf; plechtig gade

Weibchen *o* (-s; ~) vrouwtje, wijfje (ook v.

dier⟩
Weiberfeind *m* vrouwenhater
weibisch verwijfd
weiblich vrouwelijk; ~*e Stimme* vrouwenstem; ~*er machen* vervrouwelijken
Weiblichkeit *v* (~) vrouwelijkheid; *holde* ~ schertsend schone dames
Weibsbild *o*, **Weibsen** *o* (-s; ~) geringsch vrouwspersoon, mens
Weibsleute *mv* vrouwvolk
Weibsperson *v*, **Weibsstück** *o* = *Weibsbild*
weich week, zacht; mals; murw, slap, weekhartig; gevoelig, aandoenlijk; taalk stemhebbend; *ein ~er Kragen* een slappe boord; *eine ~e Birne haben* gemeenz niet helemaal goed bij zijn hoofd zijn; *einen* ~ *kriegen* iem. murw maken; ~ *werden* toegeven, verslappen; ~ *in den Knien werden* door de knieën gaan
Weichbild *o* (rechts)gebied
Weiche *v* (~; -n) weekheid, zachtheid; zijde, flank ⟨v. romp⟩; week, weking; wissel ⟨v. spoor, tram⟩; *selbststellende* ~ automatische wissel; *die ~n stellen* bedisselen, van tevoren bekokstoven
1 weichen (weichte; geweicht) weken
2 weichen (wich; gewichen) wijken, zwichten; vluchten, achteruitgaan; *dem Druck* ~ zwichten voor de druk
Weichensteller *m* wisselwachter
weichgekocht, nieuwe spelling: **weich gekocht** zachtgekookt ⟨v. ei⟩
Weichheit *v* (~) week-, zachtheid; week-, teerhartigheid; zachtmoedigheid
weichherzig week-, teerhartig
Weichkäse *m* zachte kaas
weichlich wekelijk, verwijfd
Weichling *m* (-s; -e) verwijfde man; zwakkeling
Weichsel *v* (~; -n), **Weichselkirsche** *v* weichselboom
Weichspüler, **Weichspülmittel** *m* wasverzachter
Weide *v* (~; -n) weide, weiland; 't weiden; grasvoeder; jacht; plantk wilg, wilgenboom; *spanische (wilde)* ~ liguster; *schwarze* ~ vogelkers
Weideland *o* weidegrond
weiden *zw* weiden; *sich* ~ *an* (+ 3) zich verheugen, te gast gaan, zich vermeien
Weidengerte *v* wilgentwijg, -teen
Weidenkätzchen *o* wilgenkatje
Weidenrute *v* wilgenteen
weidgerecht overeenkomstig de regels van de jacht, naar jagersgebruik, weidelijk
weidlich braaf, flink, danig
Weidmann *m* jager
Weidmesser *o* jachtmes, hartsvanger
weigern *zw*: *sich* ~ weigeren
Weigerung *v* (~; -en) weigering
Weigerungsfall *m*: *im* ~ in geval v. weigering
Weih *m* (-en; -en) wouw, kiekendief ⟨= bep. havikachtige vogel⟩
Weihbischof *m* wijbisschop
1 Weihe *m* (-n; -n), **Weihe** *v* (~; -n) Oostr wouw, kiekendief ⟨= bep. havikachtige vogel⟩

2 Weihe *v* (~; -n) wijding; RK consecratie; fig plechtigheid; RK *die höhern, niedern* ~*n* de hogere en lagere wijdingen
weihen *zw* wijden, toewijden; *sich* ~ (+ 3) zich wijden aan; *dem Tode geweiht* ten dode gewijd
Weiher *m* (-s; ~) vijver
Weihnacht *v*, **Weihnachten** *o*, *v* & *mv* Kerstmis; *grüne* ~ Kerstmis zonder sneeuw; *zu* ~*en* met Kerstmis
weihnachten *zw* tegen kerstmis lopen
Weihnachtsabend *m* kerstavond ⟨24 dec.⟩
Weihnachtsbaum *m* kerstboom
Weihnachtsbescherung *v* uitdeling v.d. geschenken op kerstavond; kerstgeschenk(-en)
Weihnachtsfeier *v* kerstviering
Weihnachtsfest *o* kerstfeest
Weihnachtsgeschenk *o* kerstcadeau
Weihnachtsmann *m* kerstman(netje)
Weihnachtstag *m* kerstdag
Weihrauch *m* wierook
Weihwasser *o* wijwater
weil omdat; *er kam nicht,* ~ *er krank war* hij kwam niet, omdat hij ziek was; *eine unschätzbare,* ~ *einzige Stütze* een onschatbare, want enige steun
weiland wijlen
Weilchen *o* (-s; ~) poosje
Weile *v* (~; -n) wijle, poos, ogenblik; *damit hat es noch gute* ~ dat heeft nog de tijd
weilen *zw* vertoeven, zich ophouden, (ver-)wijlen
Weiler *m* (-s; ~) gehucht
Wein *m* (-(e)s; -e) wijn; wijnstok; *offener* ~ wijn uit 't vat; *wilder* ~ wilde wingerd; ~ *in alten Schläuchen* wijn in oude zakken; ~, *Weib und Gesang* wijntje en trijntje
Weinbau *m* wijnbouw, -teelt
Weinbeere *v* druif, wijndruif; Z-Duits, Oostr, Zwits rozijn
Weinberg *m* wijnberg, wijngaard
Weinbergschnecke *v* wijngaardslak
Weinbrand *m* cognac ⟨uit Duitsland⟩
weinen *zw* wenen, huilen; *heiße Tränen* ~ tranen met tuiten schreien; *das W~ ist ihm näher als das Lachen* 't huilen staat hem nader dan het lachen; *leise* ~*d* ⟨ook⟩ beteuterd
weinerlich huilerig, jammerend, larmoyant
Weinernte *v* wijnoogst
Weinessig *m* wijnazijn
Weingarten *m* wijngaard
Weingeist *m* wijngeest, spiritus
weinig naar wijn smakend; fris en fruitig ⟨v. wijn⟩
Weinkarte *v* wijnkaart
Weinkrampf *m* huilbui, krampachtig huilen
Weinlaub *o* wingerdloof
Weinlaube *v* prieel van wingerdloof
Weinlese *v* wijnoogst
Weinlokal *o* wijnlokaal
Weinprobe *v* wijnmonster; wijnproef
Weinranke *v*, **Weinrebe** *v* wijn(gaard)rank
weinrot wijnrood
Weinstock *m* wijnstok
Weinstube *v* wijnlokaal, -restaurant

Weintraube v (wijn)druif; druiventros
weise wijs; *Weise(r)* wijze, wijsgeer
Weise v (~; -n) wijze, wijs, manier; muz wijs, melodie; *auf diese (Art und) ~, in dieser (Art und) ~* op deze manier; *jeder auf seine ~* ieder op zijn manier
Weisel m (-s; ~) bijenkoningin
weisen (wies; gewiesen) *st* wijzen, verwijzen; *einem die Tür ~* fig iem. 't gat van de deur wijzen; *mit Fingern auf einen ~* iem. met de vingers nawijzen; *einen aus dem Hause ~* iem. het huis uitzetten; *einen in die Schranken ~* iem. op zijn nummer zetten; *von der Hand ~* van de hand wijzen; *einen Gedanken nicht von sich ~* een gedachte niet afwijzen
Weisheit v (~; -en) wijsheid; *salomonische ~* wijsheid van Salomo; *mit seiner ~ zu Ende sein* er geen gat meer in zien, geen uitweg meer weten
Weisheitszahn m verstandskies
weislich wijselijk
weismachen zw wijsmaken; *du kannst mir doch nicht ~, daß...* je wil me toch niet vertellen dat...
weiß wit, blank; *~ wie die Wand* doodsbleek; *~e Ostern* witte Paas; *ein ~er Rabe* een grote uitzondering; een uitzonderlijk mens; *~er Sonntag* beloken Pasen; *~ gekleidet, in W~ gekleidet* in 't wit gekleed; *ein Weißer* een blanke; Oostr kop koffie met melk; *das W~e* het wit ⟨v. oog, ei⟩
weissagen zw voorspellen
Weissagung v (~; -en) voorspelling
Weißblech o blik
Weißbrot o wittebrood
Weißdorn m witte meidoorn
1 Weiße v (~) witheid, het wit
2 Weiße v (-n; -(n)) Berl glas wit bier; *eine ~ mit Schuß* een glas bier met frambozensap
weißeln zw, **weißen** zw witten
Weißglut v witgloeiende hitte ⟨ook woede⟩; *einen zur ~ bringen* iem. razend (van woede) maken
Weißkohl m N-Duits witte kool
weißlich witachtig
Weißling m (-s; -e) dierk koolwitje; visk witvis, voorn; albino
Weißrusse m (-n; -n) Wit-Rus
weißrussisch Wit-Russisch
Weißrussland o (-s) Wit-Rusland
Weißtanne v zilverspar
Weißwein m witte wijn
Weisung v (~; -en) order, aanwijzing, voorschrift, instructie
weit wijd, ruim; ver; *eine ~e Reise* een verre reis; *die ~e Welt* de wijde wereld; *~ und breit* wijd en zijd; *~ besser* veel beter; *~ gefehlt* helemaal (glad) mis; *damit ist es nicht ~ her* dat is niet veel bijzonders (soeps); *das geht zu ~* dat gaat te ver; *bei ~em* verreweg, veel; *bei ~em nicht* bij lange na niet; *in ~er Ferne liegen* ver in de toekomst liggen; *von ~em* van verre
weitab wijd van hier, ver van daar; *~ vom Schuß* zie bij *Schuß*
weitaus verreweg; *~ mehr* veel meer

Weitblick m ruim uitzicht, vergezicht; vooruitziende blik
weitblickend vooruitziend
1 Weite v (~; -n) wijdte, ruimte; verte; breedheid, ruimte v. blik; afstand; de wijde wereld; *die lichte ~* binnenwerkse afmetingen
2 Weite o: *das ~* 't vrije veld, 't ruime sop
weiten zw wijder maken, verruimen; uitbreiden; opensperren ⟨v. ogen⟩; *sich ~* wijder, ruimer worden
weiter verder, voort, meer; wijder, ruimer; *und so ~* en zo voorts; en zo verder; *das ist nicht ~ schlimm* geen ramp; *eine ~e Flasche trinken* nog een fles drinken; *~e 1000 Gäste* 1000 nieuwe gasten; *das W~e veranlassen* voor het overige zorgen; *bis auf w~es* voorlopig; *bis auf weiter(e)n Befehl* tot nader order; *ohne ~es* zonder meer
weiterarbeiten zw door-, voortwerken, verder werken
Weiterbildung v verdere (geestelijke) ontwikkeling
Weiterfahrt v voortzetting van de reis, 't verder reizen
weiterführen zw voortgeleiden; -zetten
Weitergabe v het doorgeven; overdracht
weitergeben *st* doorgeven
weiterhin in het vervolg, voortaan
weiterleiten zw doorgeven; ⟨ook officieel⟩ adres verlenen aan
weitermachen zw doorgaan; *seinen (alten) Stiefel ~* gemeenz op dezelfde manier doorgaan
Weiterreise v voortzetting van de reis
weitersagen zw verder vertellen
Weiterung v (~; -en) (meestal *mv*) omslag, nodeloze omhaal; verdere maatregelen, moeilijkheden, onaangenaamheden, onaangename gevolgen
weitgehend verregaand, in hoge mate; veel omvattend; uitgebreid
weitgereist, nieuwe spelling: **weit gereist** bereisd
weither: *von ~* van ver weg
weithergeholt vergezocht
weitherzig ruim van hart, breed van opvatting; *eine ~e Auslegung* een soepele interpretatie
weithin ver weg; in sterke mate
weitläufig uitgestrekt, ver uiteenstaand; ver verwijderd; wijdlopig, breedvoerig, veel omvattend, omstandig; dik; *ein ~es Haus* een zeer ruim huis; *ein ~er Verwandter* een verre bloedverwant, achterneef; *~ schreiben* wijd uit elkaar schrijven
Weitläufigkeit v wijdlopig-, omslachtigheid
weitreichend, nieuwe spelling: **weit reichend** omvangrijk, verregaand
weitschweifig langdradig, wijdlopig, omslachtig
weitsichtig verziend; fig met vooruitziende blik
Weitsichtigkeit v verziendheid
Weitsprung m sp het verspringen
weitverbreitet, nieuwe spelling: **weit ver-**

breitet wijd verspreid; op een groot gebied voorkomend, wijdverbreid

Weitwinkelobjektiv fotogr groothoeklens

Weizen m (-s) tarwe

Weizenbrot o tarwebrood

welch welk, wat, wat een, wat voor een; *was für ~e?* welke?, wat voor soort?; *hast du Geld? Ja, ich habe ~es* heb jij geld?; ja, ik heb wat; *derjenige, ~er* degene die; *welch ein Künstler!* wat (welk) een kunstenaar!; *~es sind die Tage der Woche?* wat (welke) zijn de dagen van de week?

welcherart, welchergestalt hoedanig, hoe

welcherlei welke, van welk soort, wat voor

Welfe m (-n; -n) hist Welf

welk verwelkt, verlept

welken zw verwelken, verleppen

Wellblech o ijzeren golfplaat; gegolfd plaatijzer

Welle v (~; -n) golf ⟨ook elektr⟩, golving; mode; mil aanvalsgolf; techn (vaste) as; turnen zwaai (aan rekstok); rol, rolhout; takkenbos; *Deutsche ~* Duitse wereldomroep; *die grüne ~* de groene golf; *hohe ~n schlagen* hoge golven vormen; fig veel beroering veroorzaken

wellen zw golven; onduleren; *sich ~* golven

Wellenbereich m RTV golfbereik, frequentiegebied

Wellenbrecher m golfbreker

wellenförmig golvend, gegolfd

Wellengang m golfslag

Wellenlänge v nat en fig golflengte

Wellenlinie [-ni-e] v golflijn

Wellenreiten o sp surfen

Wellensittich m (gras)parkiet

wellig golvend, gegolfd

Wellpappe v golfkarton

Welp(e) m (-(e)n; -(e)n) welp, puppy

Wels m (-es; -s) meerval

welsch Romaans (Spaans, Frans, Italiaans); *der W~e, die W~en* de Fransen; de Italianen; *der ~e Hahn* de Gallische haan ⟨als symbool v. Frankrijk⟩; *~es Korn* maïs; *~e Nuß* walnoot; *die ~ Schweiz* Frans-Zwitserland

Welt v (~; -en) wereld; *alle ~* iedereen; *die alte ~* de oude wereld; *die Dritte ~* de derde wereld; *die Neue ~* de Nieuwe Wereld, de Verenigde Staten; *~ des Scheins* schijnwereld; *das kostet ja nicht die ~* dat is geen rib uit je lijf; *was in aller ~ ...?* wat ter wereld ...?; *wie in aller ~ ...?* hoe in vredesnaam ...?; *wo in aller ~?* waar ter wereld?; *in die ~ setzen* in omloop brengen ⟨gerucht enz.⟩; *nicht um alles in der ~* voor niets ter wereld; *ein Mann von ~* een man v.d. wereld; *der beste Mensch von der ~* de beste mens ter wereld; *Kinder zur ~ bringen* kinderen ter wereld brengen

Weltall o heelal

weltanschaulich levens-, wereldbeschouwelijk

Weltanschauung v, **Weltansicht** v levens-, wereldbeschouwing

Weltausstellung v wereldtentoonstelling

weltbekannt over de gehele wereld bekend, alom bekend

weltberühmt wereldberoemd

weltbest de ('t) beste ter wereld

Weltbestleistung v wereldrecord

Weltbürger m wereldburger, kosmopoliet

Weltenbummler m schertsend globetrotter, wereldreiziger

weltentrückt ['welt-] in geestvervoering, van de wereld

weltfremd wereldvreemd

Weltgerichtshof m Internationaal Gerechtshof

Weltgeschichte v wereldgeschiedenis, algemene geschiedenis

weltgewandt wereldwijs; tactvol; handig in de omgang met mensen

Weltherrschaft v wereldheerschappij

weltklug wereldwijs, tactvol; voorzichtig, politiek

Weltkrieg m wereldoorlog

weltlich werelds; wereldlijk, profaan

Weltmacht v wereldmacht, grote mogendheid

Weltmann m man v.d. wereld

Weltmeer o oceaan, wereldzee

Weltmeister m wereldkampioen

Weltmeisterschaft v wereldkampioenschap

Weltöffentlichkeit v wereldopinie; *sie stehen vor der ~ als Kriegsverbrecher da* in de wereldopinie zijn zij oorlogsmisdadigers

Weltraum m heelal, ruimte

Weltraumfahrer m astronaut, kosmonaut, ruimtevaarder

Weltraumfahrt v ruimtevaart

Weltraumforschung v ruimteonderzoek

Weltreise v wereldreis, reis om de wereld

Weltreisende(r) m wereldreiziger

Weltruf m wereldreputatie, -naam; *von ~* met een wereldreputatie, wereldberoemd

Weltschmerz m weltschmerz, melancholie, onbestemd verdriet

Weltteil m werelddeel

weltumfassend wereldomvattend

Weltuntergang m ondergang v.d. wereld

Weltverbesserer m wereldhervormer

weltweit de gehele wereld omspannend; in de gehele wereld

Weltwirtschaft v wereldeconomie

wem (derde naamval van wer) wie; iemand

Wemfall m gramm datief, derde naamval

wen (vierde naamval van wer) wie; iemand; *~ suchen Sie?* wie zoekt u?; *suchen Sie ~?* zoekt u iemand?

Wende v (~; -n) ommekeer, keerpunt; wending; pregnant politieke omwenteling na de val van de Berlijnse muur ⟨nov. 1989⟩; sp keersprong; *geistige ~* keerpunt der geesten

Wendehals m vogelk draaihals; fig, gemeenz opportunist, draaikont

Wendekreis m keerkring; auto draaicirkel; *~ des Krebses, Steinbocks* astron kreefts-, steenbokskeerkring; *nördlicher, südlicher ~* noorder-, zuiderkeerkring

Wendel v (~; -n) spiraal

Wendeltreppe v wenteltrap

wenden (wendete, wandte; gewendet, gewandt; *van kleren* wendete, gewendet) **I** *overg* wenden, draaien, keren; richten; **II** *onoverg* wenden, keren; *bitte ~!* zie ommezijde, z.o.z.; *zu kurz ~ auto* de draai te kort nemen; *das Innere nach außen ~* 't binnenste buiten keren; *sich ~* zich wenden, zich keren; veranderen; *sich an einen ~* zich tot iem. wenden, richten; *er wandte sich zum Gehen* hij draaide zich om, om weg te gaan; *es hat sich zum Guten gewandt* het is ten goede gekeerd; *das Blättchen hat sich gewendet* de bordjes zijn verhangen; *mit ~der Post* met kerende post, omgaand

Wendepunkt *m* keerpunt

wendig wendbaar, vlot wendend, handig, soepel, beweeglijk, zich snel aanpassend; *ein ~er Kopf* een beweeglijke geest, een snel reagerend verstand

Wendigkeit *v* (~) vlotheid in 't wenden; kwiekheid, soepelheid, beweeglijkheid

Wendung *v* (~; -en) wending, draai, keer; *eine ~ zum Bessern* een verandering ten goede; *eine andere ~ geben* over een andere boeg gooien, een andere draai geven

Wenfall *m* accusatief, vierde naamval

wenig weinig, luttel, gering; *ein ~* een weinig, een beetje; *~es genügt* een kleine (luttele, geringe) hoeveelheid is voldoende

weniger minder; minus, min; *sechs ~ drei* zes min drie; *desto ~, um so ~* des te minder; *immer ~ werden* (ook) mager worden

Wenigkeit *v* (~; -en) weinigheid, geringheid; kleinigheid; *meine ~ schertsend* mijn persoontje

wenigstens ten minste, minstens

wenn indien, wanneer; als; *wie ~* alsof; *~ anders* zo niet; *~ auch* wanneer ook, indien ook; al, ofschoon; *~ es auch spät ist, ich gehe doch* al is 't ook laat, ik ga toch; *~ schon denn schon* als je 't doet, doe 't dan (meteen) goed

Wenn *o: das ständige (ewige) ~ und Aber* de voortdurende bezwaren; *viele ~ und Aber* vele bezwaren

wenngleich ofschoon, al

wer wie; iemand; *~ da?* wie is daar?; *~ sein gemeenz* een belangrijke persoon zijn; *ist ~ da?* is daar iemand?

Werbeabteilung *v* propaganda-, reclameafdeling

Werbefeldzug *m* reclamecampagne

Werbefernsehen *o* commerciële televisie, reclametelevisie

Werbegeschenk *o* relatiegeschenk

werben (warb; geworben) werven, aanwerven, dingen; propaganda (reclame) maken; *~ für* (ook) propageren; *um jemand ~* trachten iem. te winnen; *um (die Hand) ein(es) Mädchen(s) ~* een aanzoek doen; *~d* propagandistisch

Werber *m* (-s; ~) reclame(vak)man; vero minnaar, vrijer, pretendent

Werbeschrift *v* reclamedrukwerk, reclamefolder

Werbetexter *m* reclametekstschrijver

Werbeträger *m* reclamemedium

Werbetrommel *v: die ~ rühren, schlagen* reclame maken

werbewirksam effectvol in de reclame

Werbung *v* (~; -en) werving, aanwerving, reclame, propaganda; aanzoek; *unlautere ~* oneerlijke concurrentie

Werbungskosten *mv* kosten van verwerving

Werdegang *m* ontwikkelingsgang; loopbaan; *im ~ begriffen* in wording

werden (wurde (vero ward); (ge)worden) worden, ontstaan; zullen; *was nicht ist, kann noch ~* wat niet is, kan nog komen; *was soll nun ~?* hoe moet het nu verder?; *wird es bald?* komt er nog wat van??; *ganz klein ~* niets meer zeggen; *er wird krank sein* hij zal wel ziek zijn; *mir wurde schlecht* ik werd naar (misselijk); *es wird schon ~* 't zal wel goedkomen; *daraus wird nichts* daarvan komt niets (terecht); *was wird denn aus ihm ~?* wat zal er dan van hem terecht komen?; *dir soll Hilfe ~ bijbel* u zal hulp geworden; *~d* komend, toekomstig, in wording zijnd; *~de Mutter* aanstaande moeder; *er ist alt geworden* hij is oud geworden; *er ist gestern ernannt worden* hij is gisteren benoemd

Werden *o* (-s) 't ontstaan, wording, ontwikkeling; *im ~ sein* in ontwikkeling zijn

Werder *m* (-s; ~) eilandje in een rivier; uiterwaard

Werfall *m* nominatief, eerste naamval

werfen (warf; geworfen) werpen, gooien, smijten, slingeren; jongen werpen; *einen ~* iemand leggen (bij worstelen); *den Feind ~* de vijand slaan; *auf den Strand geworfen werden* op 't strand vastlopen (v. schip); *einen aus dem Sattel ~* iem. uit 't zadel werpen; *einen Brief in den Kasten ~* een brief op de bus doen; *etwas von sich ~* iets afwerpen; *sich ~* zich werpen; kromtrekken (v. hout); *sich in die Kleider ~* zich vliegensvlug aankleden

Werfer *m* werper; mil granaatwerper; sp werper, pitcher

Werft *v* (~; -en) werf; terp

werkeln *zw* knutselen, klusjes doen (als hobby)

Werkstatt, Werkstätte *v* werkplaats

Werkstoff *m* grondstof, materiaal; kunststof

Werkstoffkunde *v* materiaalkennis

Werktag *m* werkdag

werktags op werkdagen

werktätig werkend; *die ~e Jugend* de werkende jongeren

Werkzeugkasten *m* gereedschapsbak, -kist; timmerdoos

Wermut *m* (-s) plantk alsem; absint; vermout; bitterheid

Wermutstropfen *m* alsemdruppel, bittere druppel; bittere ervaring

wert waard, waardig, lief, kostelijk; *einem ~ sein* iem. dierbaar zijn; *das Ansehen ~* 't aankijken waard; *der Beachtung ~* opmerkenswaardig, waard opgemerkt te worden; *keinen Deut, Heller, Pappenstiel, Pfennig, Pfifferling, Taler ~* geen cent, greintje, sikkepit, zier waard; *Goldes ~ sein* zijn gewicht in goud waard zijn; *das ist nicht der Mühe ~* dat is niet de moeite waard; *das ist nicht der Rede ~* dat is niet de moeite waard (om te praten); *was ist Ihr ~er Name?* mag ik uw naam weten?; *Ihre ~e Zuschrift* uw gewaardeerde brief

Wert *m* (-(e)s; -e) waarde; prijs; betekenis; *feste ~e vaste grootheden; geistige ~e* geestige waarden; *im ~e von* ter waarde van; *(keinen gesteigerten) ~ auf etwas legen* (geen) waarde aan iets hechten, iets (niet erg) op prijs stellen, ergens (niet) op gesteld zijn

Wertangabe *v* aangegeven waarde
Wertarbeit *v* prima werk
wertbeständig waardevast
Wertbrief *m* brief met aangegeven waarde
werten *zw* waarderen, schatten, taxeren; kritiseren, bespreken
wertlos waardeloos, zonder waarde
Wertpapier *o* papier van waarde; effect; *~e* waardepapieren
wertschätzen *zw* vero achten, waarderen
Wertung *v* (~; -en) schatting, waardering; oordeel; klassering ⟨bij wedstrijden⟩, klassement
wertvoll waardevol, kostbaar, van grote waarde; *ein ~er Mensch* een waardevolle persoonlijkheid
Werwolf *m* weerwolf
Wesen *o* (-s; ~) wezen; kern van de zaak, essentie; inborst, natuur; aard; manier van doen, gedrag; persoon, wezen; *ein einnehmendes ~ haben* innemend zijn; gemeenz, schertsend inhalig zijn; *ein gesetztes ~* bezadigdheid; *lautes ~* luidruchtige aard; *viel ~s machen* grote ophef maken, veel drukte maken; *im ~ der Dinge* in de aard der zaak
Wesenheit *v* (~; -en) wezen, aard; werkelijkheid
wesenlos onwerkelijk, vaag, leeg
wesensfremd wezensvreemd
Wesenszug *m* karaktertrek
wesentlich wat de kern v.d. zaak betreft, essentieel; voornamelijk, hoofdzakelijk; *im W~en* in de kern, in hoofdzaak; *das ist hier nicht ~* dat is hierbij niet van essentieel belang; *~ verbessert* belangrijk verbeterd; *~teurer geworden* aanmerkelijk duurder geworden
Wesfall *m* genitief, tweede naamval
weshalb weshalve, waarom
Wespe *v* (~; -n) wesp
Wespennest *o* wespennest ⟨ook fig⟩
wessen (2e nv. van *wer* en *was*) wiens, van wat, waarvan; *~ Schuld* wiens schuld
Wessi *m* (-s; -s) geringsch inwoner van West-Duitsland (in de ogen van een *Ossi*)
West *m* (-(e)s) oost, westen; plechtig westenwind
Weste *v* (~; -n) vest; gemeenz *eine reine, weiße ~ haben* niets op zijn kerfstok hebben
Westen *m* (-s) westen
Westfale *m* (-n; -n) Westfaler
Westfront *v* mil westelijk front

westlich westelijk, ten westen; *~ von Bonn* westelijk van Bonn
Westwind *m* westenwind
Wettbewerb *m* concurrentie; wedstrijd; prijsvraag; *unlauterer ~* oneerlijke concurrentie, mededinging; *außer ~* sp buiten mededinging, hors concours
Wette *v* (~; -n) weddenschap; *um die ~* om strijd, om 't hardst
wetten *zw* wedden; *so haben wir nicht gewettet* dat was niet afgesproken, zo zijn we niet getrouwd; *wir ~ eins zu hundert* we wedden één tegen honderd
Wetter *o* (-s; ~) weer; onweer; stormweer, regenweer; lucht (in de mijn); *alle ~!* drommels!; *dichtes ~* slecht zicht; *schlagende ~ (mv)* ontploffing van mijngas; *wieder gut ~ machen* een ruzie weer bijleggen; *wie das ~ auch ist* weer of geen weer
Wetteramt *o* meteorologische dienst
Wetteransage *v*, **Wetterbericht** *m* weerbericht
Wetteraussichten *mv* weersverwachting
wetterbeständig = *wetterfest*
Wetterdienst *m* = **Wetteramt**
Wetterfahne *v* windvaantje, weerhaan
wetterfest tegen alle weersinvloeden bestand, weerbestendig
wetterfühlig weergevoelig
Wetterhahn *m* weerhaan ⟨ook fig⟩; *unbeständig wie ein ~* fig met alle winden meewaaiend
Wetterkarte *v* weerkaart
Wetterlage *v* weersgesteldheid
wettern *zw* onweren; te keer gaan, fulmineren, tieren, razen, vloeken, bulderen
Wetterseite *v* windzijde; kant, van waar de regen of wind komt
Wettervorhersage *v* weer(s)voorspelling
Wetterwarte *v* meteorologisch station
wetterwendisch wispelturig, ongestadig, veranderlijk; *~ sein* met alle winden waaien
Wettkampf *m* wedstrijd, match
Wettlauf *m* wedloop, hardloopwedstrijd
Wettrennen *o* wedren, race, de rennen
Wettrüsten *o* bewapeningswedloop
Wettspiel *o* wedstrijd, match
wetzen *zw* wetten, slijpen; scherpen; rennen; gemeenz haasten
Wetzstein *m* wetsteen
Wichse *v* (~; -n) was, boenwas; schoensmeer; gemeenz slaag, stokslagen
wichsen *zw* wassen, met was insmeren, boenen, poetsen (v. schoenen); gemeenz afrossen; gemeenz zich aftrekken
Wichser *m* (-s; ~) gemeenz rukker; klootzak
Wicht *m* (-(e)s; -e) wicht, kindje; ellendig mens, schurk; aardmannetje
Wichte *v* (~) soortelijk gewicht
wichtig gewichtig, belangrijk, van belang; *sich ~ machen* gewichtig doen; *~ tun* gewichtig doen; zich voelen
Wichtigkeit *v* (~) gewichtigheid, gewicht, belangrijkheid
Wichtigtuer *m* (-s; ~) iem. die gewichtig doet, aansteller

wichtigtuerisch drukdoend, aanstellerig
Wickel *m* (-s; ~) rol, wikkel, knot; windsel, zwachtel; luier; papillot; *kalte* ~ koude omslagen; *einen am (beim)* ~ *haben, kriegen, nehmen* iem. bij zijn kraag (de lurven) pakken, iem. te pakken krijgen
Wickelband *o* zwachtel, windsel; luier
wickeln *zw* wikkelen, inwikkelen, zwachtelen; *gemeenz schief gewickelt sein* 't mis hebben, zich erg vergissen; *einen um den (kleinen) Finger* ~ iem. om zijn vinger winden
Wicklung *v* (~; -en) wikkeling ⟨ook elektr⟩
Widder *m* (-s; ~) dierk ram; rammelaar ⟨= mannelijk haas of konijn⟩; stormram; astron Ram
wider tegen; ~ *Erwarten* tegen verwachting; *eine Sünde* ~ *den Heiligen Geist* een zonde tegen de Heilige Geest; ~ *Willen* tegen mijn (enz.) wil; ~ *besseres Wissen* tegen beter weten in
widerborstig weerbarstig
Widerhaken *m* weerhaak
Widerhall *m* echo, weerklank; respons
widerhallen ['wie-] *zw* weerklinken, resoneren
widerlegbar [-'leek-] betwist-, weerlegbaar
widerlich misselijk, walgelijk, stuitend; akelig, naar, onaangenaam; *das ist mir* ~ dat staat me tegen, dat stuit me tegen de borst
widernatürlich tegennatuurlijk
widerraten [-'ra-] *st* afraden, ontraden
widerrechtlich wederrechtelijk, onwettig
Widerrede *v* tegenspraak
widerruflich herroepbaar, -roepelijk
Widersacher *m* tegenstander, vijand; de duivel
Widerschein *m* weerschijn
widersetzen [-'zet-] *zw*: *sich einem* ~ zich tegen iem. verzetten, opboksen, tegenspartelen
widersetzlich [-'zets-] weerspannig, -barstig
Widersinn *m* ongerijmdheid
widersinnig ongerijmd, dwaas, indruisend tegen het gezond verstand
widerspenstig weerspannig, weerbarstig, onhandelbaar, recalcitrant
widerspiegeln ['wie-] *zw* weerspiegelen
widersprechen [-'sjpre-] *st* tegenspreken; ~*de Gerüchte* tegenstrijdige geruchten
Widerspruch *m* tegenspraak, tegenstrijdigheid; protest, verzet; *in geradem* ~ in lijnrechte tegenspraak; *mit (zu) etwas im* ~ *stehen* in strijd zijn met; *ohne* ~ ⟨ook⟩ ontegenzeggelijk, beslist
widerspruchslos zonder (enige) tegenspraak
Widerstand *m* tegenstand, verzet, weerstand ⟨ook elektr⟩ *passiver* ~ lijdelijk verzet
widerstandsfähig in staat tegenstand te bieden, taai, resistent
Widerstandsfähigkeit *v* weerstandsvermogen
Widerstandskämpfer *m* verzetsstrijder
widerstandslos zonder tegenstand te bieden
wider'stehen (+ 3) *st* weerstaan; tegenstaan; tegenzin (op)wekken, doen walgen; *der Versuchung* ~ de verleiding weerstaan
widerstreiten [-'strei-] *st* strijdig zijn met, indruisen tegen; *es widerstreitet meinem Gefühl* 't strijdt tegen mijn gevoel; ~*de Interessen* tegenstrijdige belangen
widerwärtig afstotend, afschuwelijk, naar, onbehaaglijk; ~ *sein* tegenstaan
Widerwort *o*: *immer* ~*e haben* altijd 'n antwoord klaar hebben
widmen *zw* (toe)wijden; *einem ein Buch* ~ iem. een boek opdragen; *sich einer Sache* ~ zich aan iets wijden; *sich einer Wissenschaft* ~ zich op een wetenschap toeleggen
widrig ongunstig, naar, akelig, walgelijk; tegenovergesteld; ~*e Praktiken* weerzinwekkende praktijken; *ein* ~*es Schicksal* een hard lot; ~*e Umstände* ongunstige toestanden (of) omstandigheden; ~*er Wind* tegenwind
Widrigkeit *v* (~; -en) tegenspoed, onaangenaamheid; ongunstigheid; walgelijkheid
wie hoe; als, zoals, zowel als; toen; ~? wat zeg je, wat zegt u?; ~ *immer* (zo)als altijd; ~ *auch hoe dan ook*; ~ *schön sie ist!* wat is ze mooi!; *ebenso alt* ~ even oud als; ~ *wenn* alsof; *und* ~*!* (nou,) en of!; *Sie kommen auch, wie?* u komt ook, niet waar?; *einen Tag* ~ *den andern* dag aan dag; ~ *man sagt* naar men zegt; ~ *du weißt* zoals je weet; ~ *ich kam, ging er gerade weg* toen ik kwam, ging hij juist weg; ~ *du mir, so ich dir* leer om leer; *dem sei,* ~ *ihm wolle* hoe het ook zij
Wiedehopf *m* (-(e)s; -e) vogelk hop
wieder weder, weer, terug; nog eens; ~ *und* ~ telkens weer
Wiederabdruck *m* herdruk
Wiederaufbau *m* herbouw; wederopbouw
Wiederaufnahme *v* hervatting, heropening; recht revisie
wiederaufnehmen *st* weer opnemen, opnieuw beginnen
wiederbekommen *st* terugkrijgen
wiederbeleben *zw* tot het bewustzijn terugbrengen; tot nieuw leven brengen, doen herleven
Wiederbelebungsversuch *m* reanimatiepoging
wiederbringen *onr* terugbrengen
wiedererhalten *st* terugkrijgen
wiedererkennen *onr* herkennen
wiedererlangen *zw* terugkrijgen
wiederersetzen *zw* vergoeden, teruggeven
wiederfinden *st* terugvinden, weer vinden
Wiedergabe *v* teruggaaf; weergave; reproductie ⟨naar een schilderij bijv.⟩
Wiedergeburt *v* wedergeboorte
wiedergewinnen *st* herwinnen
Wiedergutmachung *v* schadeloosstelling, herstelbetaling
wiederhaben *onr* terughebben
wiederherstellen [-'heer-] *zw* herstellen,

repareren; restaureren; genezen
Wiederhören o: *auf* ~ tot de volgende keer; dag (als afscheidsgroet bij telefoongesprek, radioprogramma e.d.)
wiederkäuen zw herkauwen ⟨ook fig⟩
Wiederkäuer m dierk herkauwer
wiederkommen st terugkomen
wiedersehen st weerzien; *auf W~* tot ziens; *~ macht Freude* schertsend graag terug! ⟨bij uitlenen⟩
Wiedertäufer m wederdoper
wiederum [-'oem] weer, opnieuw; daarentegen
Wiedervereinigung v hereniging
Wiederverwendung v: ~ *der Altstoffe* recycling
Wiederwahl v herverkiezing
Wiege v (~; -n) wieg; bakermat; *von der ~ bis zur Bahre (zum Grab)* van de wieg tot 't graf
Wiegemesser o (gebogen) hakmes
1 wiegen (wog; gewogen) overg & onoverg wegen; *gewogen und zu leicht befunden* gewogen en te licht bevonden
2 wiegen zw wiegen; wiegelen, deinen; *den Kopf ~* het hoofd schudden; *sich ~* wiegelen; *sich in (trügerischer) Hoffnung ~ leven* in de (bedrieglijke) hoop; *sich in den Hüften ~* heupwiegen; *sich in Sicherheit ~* zich overgeven aan de gedachte veilig te zijn; *~de Schritte* (heup)wiegende gang
Wiegendruck m wiegendruk, incunabel ⟨van vóór 1501⟩
Wiegenlied o wiegelied
wiehern zw hinniken, briesen; gieren v.h. lachen
Wien o (-s) Wenen
1 Wiener m (-s; ~) Wener
2 Wiener bn Weens
wienerisch Weens; met Weens accent
wienern zw poetsen; met Weens accent spreken
Wiese v (~; -n) weide ⟨= grasland⟩
Wiesel o (-s; ~) wezel; *großes ~* hermelijn; *flink wie ein ~* vlug als water
Wiesenklee m rode klaver
wieso? hoezo?
wieviel, nieuwe spelling: **wie viel** hoeveel
wieweit (in)hoever
wiewohl hoewel, ofschoon, alhoewel
Wiking m (-s; -e(r)), **Wikinger** m (-s; ~) viking
wild wild, wreed, ruw, onbeschaafd, woest; ongebreideld; *halb so ~* niet zo erg; *ein W~er* een wilde; *~e Ehe* het ongehuwd samenwonen, hokken; *~es Fleisch* med wild vlees; *~e Gegend* woeste streek; *~es Gestein* gesteente zonder mineralen; *das W~e Heer, die W~e Jagd* de Wilde Jacht ⟨in de mythologie⟩; *ein ~es Leben* een losbandig leven; *~es Parken* ongeoorloofd parkeren; *~ wachsen* in 't wild groeien; *~ auf etwas sein*, dol op iets zijn
Wild o (-(e)s) wild
Wildbach m bergbeek
Wildbestand m wildstand
Wildbraten m gebraden wild, wildbraad

Wilde(r) m wilde; *wie ein ~r* als een wildeman
Wilderer m (-s; ~) wilddief, stroper
wildern zw stropen
wildfremd wildvreemd
Wildgans v wilde gans
Wildgehege o wildpark
Wildheit v wildheid
Wildhüter m jachtopziener
Wildleder o wildleer; suède
Wildling m (-s; -e) wilde boom, wildeling; wildeman, wilde jongen; wild meisje, wildzang, wildebras
Wildnis v (~; -se) wildernis
Wildschaden m wildschade
Wildschwein o wild zwijn, everzwijn
Wildwechsel m wisselplaats ⟨v. wild⟩
Wille m (-ns) wil; zin; *letzter ~* uiterste wil, testament; *des Menschen ~ ist sein Himmelreich* 's mensen lust is 's mensen leven; *einem den ~n tun* iem. zijn zin geven; *guten ~ns sein* van goede wil zijn; *aus freiem ~n* uit vrije wil; *beim besten ~n* met de beste wil van de wereld; *um des Brotes ~n* om den brode; *um Gottes (Himmels) ~n* in 's hemelswaam; *um ... (+ 2) ~n* ter wille van ...; *wider ~n* tegen wil en dank; *zonder 't te willen*; *einem zu ~n sein* iem. ter wille zijn
willenlos willoos
willens geneigd, gezind; ~ *sein* van plan zijn, geneigd, willens zijn
Willensfreiheit v wilsvrijheid, vrijheid van wil
Willenskraft v wilskracht
willensschwach zwak van wil
willensstark energiek, wilskrachtig
willentlich opzettelijk, willens en wetens
willig gewillig, bereidwillig, geneigd, bereid
willigen zw: *in eine Sache ~* in iets toestemmen
willkommen [-'kom-] welkom
Willkür v (~) willekeur, vrije keus; eigenmachtigheid
willkürlich willekeurig, eigendunkelijk
wimmeln zw wemelen, krioelen
wimmern zw kermen, jammeren
Wimpel m (-s; ~) wimpel
Wimper v (~; -n) wimper, oogharen
Wind m (-(e)s; -e) wind; lucht ⟨in mijn⟩; wind, veest; *wie der ~* bliksemsnel; *widrigen ~ haben* de wind tegen hebben ⟨ook fig⟩; *jmdm. den ~ aus den Segeln nehmen* iem. de wind uit de zeilen nemen; *viel ~ machen* drukte maken, opscheppen; *bei ~ und Wetter* bij alle wind en weer; *in den ~ schlagen* in de wind slaan; *in alle vier ~e* naar alle windstreken; *Inseln über und unter dem ~* eilanden boven en beneden de wind; *sich wind ~ um die Nase wehen lassen* levenservaring opdoen; *von etwas ~ bekommen* van iets lucht krijgen
Windbüchse v windbuks
Winde v (~; -n) techn windas, dommekracht, lier; haspel, garenwinder; plantk winde
Windei o ['wint-] windei

Windel v ⟨~; -n⟩ luier; *in den ~n liegen* in 't eerste (prille) begin, in de windselen zijn
windeln zw een luier aandoen
windelweich murw, gedwee; zoetsappig
1 winden ⟨wand; gewunden⟩ winden, draaien; ophijsen; vlechten (v. krans); wringen, ineendraaien; *gewundene Wege* kronkelwegen; *sich ~ (wie ein Aal)* zich draaien; zich kronkelen; zich in allerlei bochten wringen; *sich ~ vor Schmerzen* ineenkrimpen van de pijn
2 winden zw waaien; lucht opsnuiven, snuffelen (v. wild, hond); *es windet* het waait
Windeseile [-aile] v grote spoed
Windfang m windvang; tochtafweer; tocht-, draaideur
Windhauch m windje, zuchtje
Windhose v windhoos
Windhund m hazewind, windhond; fig blaaskaak, windbuil
windig winderig; luchtig, oppervlakkig, onsolide, kwasterig; gemeenz bedenkelijk, beroerd; gevaarlijk; *eine ~e Ausrede* een flauwe uitvlucht
Windjacke v windjak
Windkanal m windtunnel
Windmühle v windmolen
Windpocken mv med waterpokken
Windrose v kompas-, windroos
Windsbraut v plechtig windvlaag, rukwind
Windschatten m luwte
windschief scheef, scheefgezakt; wisk elkaar kruisend
Windschirm m windscherm, -schut
windschlüpfig, windschnittig gestroomlijnd
Windschutz m bescherming tegen de wind
Windschutzscheibe v auto voorruit; windscherm ⟨aan motorfiets⟩
Windstärke v windsterkte, -kracht
windstill windstil, bladstil
Windstoß m windstoot, -vlaag, rukwind
Windsurfing o ⟨-s⟩ het windsurfen
Windung v ⟨~; -en⟩ winding, kronkeling, kromming; schroefwinding
Windzug m tocht
Wink m ⟨-(e)s; -e⟩ wenk, teken, sein, knik; *~ mit dem Zaunpfahl* zeer duidelijke wenk
Winkel m ⟨-s; ~⟩ hoek; winkelhaak; techn hoekijzer; schuilhoek; hoekje; mil chevron; wisk *gestreckter, rechter, spitzer, stumpfer, überstumpfer ~* gestrekte, rechte, scherpe, stompe, inspringende hoek; *~ an der Spitze* tophoek
Winkeladvokat m louche (onbeëdigde) advocaat
winkelig hoekig
Winkelmesser m hoekmeter, graadboog
Winkelzug m listige draai, uitvlucht, draaierij; intrige
winken zw wenken, wuiven, zwaaien; *einem ~* iem. wenken, naar iem. zwaaien; *ihm winkt Erfolg* hem lokt, wacht succes
Winker m ⟨-s; ~⟩ scheepv seiner; auto richtingaanwijzer
winseln zw kermen, huilen, janken, jammeren
Winter m ⟨-s; ~⟩ winter

Winterfahrplan m spoorw winterdienst(regeling)
winterfest winterhard ⟨v. plant⟩
winterhart winterhard ⟨v. planten⟩
winterlich winters, winter...
wintern zw: *es wintert* 't is winter
Wintersemester o stud wintersemester ⟨van 1 okt. tot 1 maart⟩
Wintersport m wintersport
Winzer m ⟨-s; ~⟩ wijnbouwer, -boer
winzig nietig, erg klein, petieterig, piepklein, onbeduidend, minuscuul
Winzigkeit v ⟨~; -en⟩ nietigheid, kleinheid; kleinigheid
Wipfel m ⟨-s; ~⟩ kruin, top ⟨v. boom⟩
Wippe v ⟨~; -n⟩ wip ⟨als speeltuig⟩
wippen zw wippen; doen kantelen; afstraffen
wir wij; (soms) je; gemeenz *da haben ~ die Bescherung!* daar heb je 't gezanik!
Wirbel m ⟨-s; ~⟩ wervel; draaiing, warreling, verwarring, wirwar; draaikolk, wervelwind; mil roffel; gekweel; techn wervel, pin; schroef (v. viool); *ein ~ von Vergnügungen* een maalstroom van genoegens; *vom ~ bis zur Sohle (Zehe)* van top tot teen; *viel (einen großen) ~ machen* veel drukte maken
wirbelig draaierig, duizelig; druk
wirbellos ongewerveld
wirbeln zw draaien, dwarrelen, wervelen, zwieren; duizelen; kwelen, kwinkeleren; *mir wirbelt der Kopf* mijn hoofd duizelt, ik ben draaierig
Wirbelsäule v wervelkolom
Wirbelsturm m wervelstorm
Wirbeltier o gewerveld dier
Wirbelwind m wervel-, dwarrelwind; levendig persoontje
wirken zw werken, arbeiden, werkzaam zijn; uitwerken, uitwerking hebben ⟨bijv. v. geneesmiddel⟩, invloed hebben; indruk maken; doel treffen; inwerken; verrichten; *altmodisch ~* ouderwets aandoen; *ansteckend ~* aanstekelijk werken; *komisch ~* een komische indruk maken; *wohltuend ~* aangenaam aandoen; *wie ein rotes Tuch ~* werken als een rode lap op een stier; *Teppiche ~* tapijten weven; *Gott hat ein Wunder gewirkt* God heeft een wonder volbracht; *das hat (ein) Wunder gewirkt* dat heeft een wonderbaarlijke uitwerking gehad; *dahin ~, daß* erop aansturen dat
Wirker m ⟨-s; ~⟩ werker, bewerker; wever
Wirkerei v ⟨~; -en⟩ weverij; het weven
wirklich werkelijk, wezenlijk; heus
Wirklichkeit v ⟨~; -en⟩ werkelijkheid
Wirklichkeitsform v gramm indicatief, aantonende wijs
wirklichkeitsfremd ver van de realiteit staande
wirklichkeitsgetreu getrouw naar de werkelijkheid
wirklichkeitsnah reëel, de werkelijkheid nabij komend, realistisch
wirksam doeltreffend, effectief; krachtdadig; werkzaam; pakkend; *~ sein* uitwerking hebben, effect sorteren; *~ werden* in

werking treden; *ein ~es Mittel* een effectief middel, een middel dat helpt
Wirksamkeit *v* effect, uitwerking
Wirkstoff *m* werkzame stof
Wirkung *v* (~; -en) werking, uitwerking, effect; *zur ~ kommen* effect hebben (sorteren); *mit ~ vom 1. August* met ingang van de 1ste augustus; *mit bindender ~* met bindende kracht
Wirkungsbereich *m* werkterrein; invloedssfeer; luchtv actieradius
Wirkungskreis *m* werkterrein; invloedssfeer
wirkungslos zonder uitwerking, krachteloos
wirkungsvoll effectvol
Wirkwaren *mv* geweven goederen
wirr verward
Wirrkopf *m* wargeest, -hoofd
Wirrnis *v* (~; -se), **Wirrsal** *o* (-s; -e), **Wirrwarr** *m* (-s) verwarring, mengelmoes, warboel, warwinkel
Wirsing(kohl) *m* savooiekool
Wirt *m* (-(e)s; -e) hotelier, waard, hospes, kamerverhuurder; huisheer; heer des huizes; gastheer (ook v. parasieten); *wie der ~, so die Gäste* zoals de waard is, vertrouwt hij zijn gasten
Wirtin *v* (~; -nen) vrouw v.d. hotelier; waardin; kamerverhuurster, hospita; vrouw des huizes; gastvrouw
wirtlich gastvrij
Wirtschaft *v* (~; -en) herberg; huishouding; landbouwbedrijf; economie, economisch leven, 't bedrijf; 't bedrijfsleven; *die deutsche ~* 't Duitse bedrijfsleven; *dirigierte, gelenkte, gesteuerte ~* geleide economie; *eine schöne, saubere ~* iron een mooie boel, een mooi huishouden; *getrennte ~* huishouding met gescheiden portemonnees
wirtschaften *zw* huishouden, beheren; bezig zijn, rondscharrelen; *gut, schlecht ~* goede, slechte zaken doen; goed, slecht boeren; *in die eigene Tasche ~* voor eigen voordeel (portemonnee) zaken doen; *sich zugrunde ~* zich in de grond (put) werken
Wirtschafter *m* (-s; ~) beheerder, administrateur; econoom
Wirtschafterin *v* (~; -nen) huishoudster
Wirtschaftler *m* (-s; ~) econoom
wirtschaftlich huishoudelijk; spaarzaam, zuinig; efficiënt; economisch, commercieel; huishoudkundig; *~ tätig* in de huishouding werkzaam; *~e Depression* malaise in zaken
Wirtschaftlichkeit *v* (~) huishoudelijkheid, zuinigheid; rentabiliteit, efficiency; economie
Wirtschaftsabkommen *o* handelsverdrag
Wirtschaftsaufschwung *m* economische opleving
Wirtschaftsgeld *o* huishoudgeld
Wirtschaftslage *v* economische toestand, conjunctuur
Wirtschaftsleben *o* economisch leven
Wirtschaftslenkung *v* geleide economie
Wirtschaftspolitik *v* economische politiek

Wirtschaftsprüfer *m* accountant
Wirtschaftswunder *o* economisch wonder
Wirtschaftszweig *m* bedrijfstak, branche
Wirtshaus *o* café, café-restaurant; herberg
Wisch *m* (-es; -e) stofdoek; vaatdoek; prulgeschrift; vod; pluk, bosje
wischen *zw* wissen, vegen; doezelen; *Staub ~* stof afnemen; *einem eine ~* gemeenz iem. een oplawaai geven
Wischer *m* (-s; ~) veger; wisser; vaatdoek, dweil; doezelaar
Wischiwaschi *o* (-s) oppervlakkig geklets, onzin
Wischlappen *m* vaatdoek
Wismut *o* (-s) bismut
wispeln *zw*, **wispern** *zw* prevelen, fluisteren, suizen
Wißbegier(de), nieuwe spelling: **Wissbegier(de)** *v* weetgierigheid, -lust
wißbegierig, nieuwe spelling: **wissbegierig** weetgierig
Wissen *o* (-s) 't weten, geleerdheid, kennis; *meines ~s* voorzover ik weet, bij mijn weten; *gegen (wider) besseres ~* tegen beter weten in; *mit ~ und Willen* willens en wetens; *mit ~ des Chefs* met medeweten van de chef; *nach bestem ~ (und Gewissen)* volgens mijn beste weten; *ohne mein ~* buiten mijn weten
wissen (wußte; gewußt) weten; *weiß Gott* bij God; heus; *was ich nicht weiß, macht mich nicht heiß* wat niet weet, wat niet deert; *was weiß ich!* weet ik 't!, weet ik veel!; *weißt du was?* weet je wat?; *nicht daß ich wüßte* niet dat ik weet; *(das) weiß der Himmel, der Kuckuck, der Teufel, das ~ die Götter!* gemeenz Joost mag 't weten!; *auswendig ~* van buiten kennen; *~, mit wem man es zu tun hat* weten wat voor vlees men in de kuip heeft; *etwas erledigt ~ wollen* willen weten dat iets gebeurd is; *nicht ~, wo aus noch ein* ten einde raad zijn; *um etwas ~* van iets afweten, v. iets op de hoogte zijn; *einen etwas ~ lassen* iem. iets laten weten; *nichts davon ~ wollen* er niets van willen weten
Wissenschaft *v* (~; -en) wetenschap, geleerdheid, kundigheid; weten, kennis; *der ~ halber* (ook) om te weten, bijv. iets proeven
Wissenschaftler, Oostr, Zwits **Wissenschafter** *m* (-s; ~) wetenschapper, geleerde
wissenschaftlich wetenschappelijk
Wissensdrang *m*, **Wissensdurst** *m* dorst naar kennis, weetgierigheid
Wissenslücke *v* hiaat in de kennis
wissenswert wetenswaardig, merkwaardig, interessant
wissentlich opzettelijk, welbewust
wittern *zw* de lucht krijgen van, snuffelen, ruiken, speuren; vermoeden; *den Stall ~* de stal ruiken; *Unrat ~* lont ruiken
Witterung *v* (~) weer, weersgesteldheid, -type; reukzin; *eine feine ~ für etwas haben* een fijne neus voor iets hebben; *~ von etwas bekommen* iets in de gaten krijgen
Witterungsverhältnisse *mv* weersgesteld-

Witwe v (~; -n) weduwe
Witwengeld o weduwenpensioen
Witwer m (-s; ~) weduwnaar
Witz m (-es; -e) geestigheid, mop, grap; schranderheid, verstand, esprit; ~*e machen* geestigheden debiteren, moppen tappen; *sie hat* ~ zij is geestig; *das ist der ganze* ~ dat is het hele eieren eten; *mach keine dummen* ~*e!* geen uitvluchten!
Witzblatt o humoristisch blad
Witzbold m (-s; -e) grappenmaker, grapjas
Witzelei v (~; -en) gezochte geestigheid; grappige toespeling
witzeln zw geestig doen, flauwe aardigheden debiteren; *über etwas* ~ over iets spotten
witzig geestig, grappig
Witzler m (-s; ~), **Witzling** m (-s; -e) flauwe grappenmaker
witzlos zinloos, onverstandig
wo waar; ergens; *ach* ~*!, i* ~*!* och kom! och wat!; *zur Zeit,* ~ *es geschah* op de tijd, waarop het gebeurde
woanders ergens anders, elders
wobei waarbij
Woche v (~; -n) week; *zweimal die* ~ tweemaal per week; *die* ~ *haben* de week(dienst, -beurt) hebben; *in die* ~*n kommen* in de kraam komen, bevallen; *in den* ~*n liegen* in de kraam liggen
Wochenbett o kraambed
Wochenblatt o weekblad
Wochenende o eind v.d. week; weekend, weekeinde
Wochentag m weekdag, dag door de week
wochentags door de week, op een weekdag
wöchentlich wekelijks
Wochenzeitung v weekblad
Wöchnerin v (~; -nen) kraamvrouw
wodurch waardoor
wofür waarvoor
Woge v (~; -n) golf, baar
wogegen waartegen, waartegenover; terwijl
wogen zw golven, deinen
woher waarvandaan; ~ *weißt du das?* waar heb je dat vandaan?; *ach* ~ *denn?* schei (toch) uit!
wohin waarheen; *mal* ~ *müssen* even naar achteren (de wc) moeten
wohingegen waartegenover
wohinter waarachter
wohl wel; vermoedelijk; ~ *einmal* weleens; ~ *oder nicht* al of niet; ~ *oder übel* goedof kwaadschiks; ~ *und warm* hoog en droog; *sehr* ~ tot uw dienst; *er ist* ~ *krank* hij zal wel ziek zijn; *sich* ~ *fühlen* zich wel, lekker, goed voelen; *zich op zijn gemak voelen; mir ist nicht* ~ ik voel mij niet wel; *mir ist nicht* ~ *dabei* ik voel me niet op mijn gemak; *leben Sie* ~ vaarwel; *sie ließen es sich* ~ *sein* ze namen het er goed van
Wohl o (-(e)s) welzijn; *jemands leibliches* ~ iems. lichamelijk welzijn; *das öffentliche* ~ het algemeen belang; *das* ~ *und Weh* het wel en wee; *auf Ihr* ~ op uw gezondheid!; *zum* ~*!* prosit!
wohlauf! welaan!; ~ *sein* in welstand verkeren
Wohlbefinden o welvaren; goede gezondheid
Wohlbehagen o welbehagen
wohlbehalten bn behouden, gezond, in goede welstand, hoog en droog
wohlbeleibt gezet, corpulent
Wohlergehen o welzijn, welvaren
wohlerzogen welopgevoed
Wohlfahrt v vero welvaart; liefdadigheid; sociale dienst, steun
Wohlfahrtspflege v sociale zorg, maatschappelijk werk
Wohlfahrtsstaat m welvaartsstaat
Wohlgefallen o welgevallen, welbehagen
wohlgefällig welbehaaglijk, met welgevallen
Wohlgefühl o gevoel van welbehagen
wohlgemerkt welteverstaan
wohlgemut welgemoed, vrolijk, blij
wohlgenährt weldoorvoed
wohlgeraten bn goed geslaagd, goed gelukt, goed uitgevallen
Wohlgeruch m aangename geur; parfum
wohlgesinnt welgezind
wohlhabend gegoed, welgesteld
wohlig aangenaam, behaaglijk, prettig
Wohlklang m welluidendheid
wohlmeinend welmenend
Wohlsein o welzijn, welvaart, gezondheid; *zum* ~ prosit, op je gezondheid
Wohlstand m welstand, welvaart
Wohlstandsgesellschaft v welvaartsmaatschappij
Wohlstandsmüll m afval van de welvaartsmaatschappij
Wohltat v weldaad
Wohltäter m weldoener
wohltätig weldoende, liefdadig, weldadig; weldadig, aangenaam
wohltemperiert goed verwarmd; muz met gelijkzwevende temperatuur
wohltuend weldadig, aangenaam
wohlüberlegt weldoordacht, -overwogen
wohlunterrichtet welingelicht, goed op de hoogte
wohlverdient welverdiend; verdienstelijk
Wohlverhalten o goed gedrag
wohlweislich wijselijk
Wohlwollen o welwillendheid
wohlwollend welwillend
Wohnbau m woningcomplex; woningbouw
wohnen zw wonen; logeren; *möbliert* ~ op kamers wonen; *Wand an Wand* ~ buren zijn; *unterm Dach* ~ op een zolderkamer wonen; *zur Miete* ~ in een huurhuis, op kamers wonen
Wohngeld o huursubsidie
Wohngemeinschaft v commune, woongemeenschap
wohnhaft woonachtig
wohnlich gezellig, behaaglijk, geriefelijk
Wohnort m woonplaats
Wohnraum m woonruimte; woonkamer; milieu, omgeving

Wohnschlafzimmer o zitslaapkamer
Wohnsitz m woonplaats, zetel, domicilie
Wohnung v (~; -en) woning; huisvesting; ~ *nehmen* zijn intrek nemen
Wohnungsamt o huisvestingsbureau
Wohnungsbau m woningbouw
Wohnungsnot v woningnood
Wohnungstausch m woningruil
Wohnungswechsel m verhuizing
Wohnviertel o woonwijk
Wohnwagen m woonwagen; kampeerauto; caravan
Wohnzimmer o huiskamer, woonkamer, zitkamer
wölben zw welven; *sich* ~ zich welven
Wölbung v (~; -en) welving; gewelf
Wolf m (-(e)s; Wölfe) dierk wolf; dreganker; vleesmolen; med smetten (v.d. huid); tandheelkunde cariës, wolf; ~ *im Schafspelz (-kleidern)* wolf in schaapskleren; *sich einen* ~ *gehen, laufen, reiten* zich doorlopen, -rijden
wölfisch als een wolf, wolfachtig
Wolfsmilch v plantk wolfsmelk
Wolke v (~; -n) wolk; *treibende* ~*n* jagende wolkenjacht; *aus allen* ~*en fallen* een onverwachte teleurstelling te verwerken krijgen; *auf* ~*n schweben* in de zevende hemel zijn
wölken zw: *sich* ~ bewolkt worden
Wolkenbruch m wolkbreuk
Wolkenkratzer m wolkenkrabber
wolkenleer, wolkenlos onbewolkt, wolkeloos
wolkig wolkig, bewolkt; fig vaag
Wolldecke v wollen deken
Wolle v (~) wol; haar (v. konijn, haas); *in der* ~ *sitzen* er warmpjes bij zitten; *sich in der* ~ *haben, liegen, sich in die* ~ *geraten* elkaar in de haren vliegen, ruzie krijgen; *leicht in die* ~ *geraten* gauw boos worden, opvliegend
1 wollen bn wollen, van wol; *eine* ~*e Decke* een wollen deken
2 wollen onr willen; zullen; gelieven; *dann* ~ *wir mal* gemeenz laten we (dan maar) beginnen; *das will nichts sagen* dat betekent niets; *es wollte und wollte nicht aufhören* het wou maar niet ophouden; *er will es gehört haben* hij beweert, het te hebben gehoord; *das will gelernt sein* dat moet je leren; *er wollte sich totlachen* hij lachte zich bijna dood; *dem sei wie ihm wolle* hoe het ook zij; *da ist nichts zu* ~ daar is niets aan te doen; *keiner kann ihm was* ~ niemand kan hem wat maken; *will's Gott* zo God het wil; *einem wohl* ~ iem. welgezind zijn; *einem an den Kragen, ans Leben* ~ iemands leven bedreigen; *mit dem Kopf durch die Wand* ~ met geweld zijn zin willen doordrijven
wollig wolachtig, wollig
Wollust v wellust, wulpsheid
wollüstig wellustig, wulps
Wollüstling m (-s; -e) wellusteling
womit waarme(d)e
womöglich zo mogelijk; misschien
wonach waarnaar; waarna; volgens welke; *eine Erklärung,* ~ *er...* een verklaring, volgens welke hij...
woneben waarnaast
Wonne v (~; -n) geluk, gelukzaligheid, genot; *mit (wahrer)* ~ gemeenz met plezier; *Schweinefleisch ist meine* ~ gemeenz ik ben dol op varkensvlees
wonnig, wonniglich heerlijk, gelukzalig; allerliefst, snoezig; *in* ~*er Laune* in gelukzalige stemming
woran waaraan
worauf waarop, waarna
woraus waaruit
worein = gemeenz voor *irgendwo hinein*: ergens in
worin waarin
Wort o (-(e)s; Worte (bij op zich zelf staande woorden Wörter)) woord; *geflügelte* ~*e* gevleugelde woorden; *goldene* ~*e* gulden woorden; *leere* ~*e* holle klanken; *das große* ~ het hoogste woord; *einem das* ~ *aus dem Mund nehmen* iem. de woorden uit de mond halen; *einem das* ~ *reden* iem. verdedigen, voor iem. opkomen, pleiten; *ist das ein* ~? ⟨ook⟩ meen je dat?; kan ik je daaraan houden?; *ist das dein letztes* ~? ⟨ook⟩ je wilt niet verder gaan? daarbij blijf je?; *das ist ein* ~! mag ik u even spreken?; *auf mein* ~ op mijn woord; *beim* ~ *nehmen* aan zijn woord houden; ~ *für* ~ woord voor woord; *in* ~ *en* voluit; *in* ~ *und Schrift* in woord en geschrift; *mit einem* ~ in één woord; *mit dürren* ~*en* in nuchtere bewoordingen; *einem ins* ~ *fallen* iem. in de rede vallen; *in* ~*e fassen* onder woorden brengen; *mit nackten* ~*en* onomwonden, onverbloemd; *mit wenigen* ~*en* met een enkel woord
Wortart v taalk woordsoort, rededeel
Wortbildung v taalk woordvorming
wortbrüchig ontrouw aan zijn woord; trouweloos
Wörterbuch o woordenboek
Wörterverzeichnis o woordenlijst
Wortfolge v taalk woordvolgorde, -schikking
Wortführer m woordvoerder
wortgetreu woordelijk, letterlijk
wortkarg weinig spraakzaam
Wortlaut m bewoordingen, tekst; *der Paragraph hat folgenden* ~ de paragraaf luidt als volgt; *im* ~ woordelijk; in extenso; *nach dem* ~ *des Gesetzes* volgens de termen der wet
wörtlich woordelijk, letterlijk; ~*e Rede* directe rede
wortlos zonder een woord (te zeggen)
Wortmeldung v aanmelding om het woord te voeren
wortreich woordenrijk
Wortschatz m woordenschat
Wortschwall m woordenvloed
Wortspiel o woordspeling
Wortwahl v woordkeus
Wortwechsel m woordenwisseling, -strijd

wortwörtlich woord voor woord, letterlijk
worüber waarover; waarboven
worum om wat, over wat
worunter waaronder
woselbst waar, alwaar
wovon waarvan
wovor waarvoor
wozu waartoe
wozwischen waartussen
Wrack o (-(e)s; -e &-s) scheepv & fig wrak
wrack scheepv wrak
Wrasen m (-s; ~) wasem
wricken, wriggen zw scheepv wrikken
wringen (wrang; gewrungen) wringen
Wucher m (-s) woeker
Wucherer m (-s; ~) woekeraar
wucherisch: ~e Zinsen woekerrente
wuchern zw woekeren, woeker bedrijven, woekeren, weelderig groeien, tieren; mit seinem Pfunde ~ met zijn talent woekeren
Wucherung v woekering
Wuchs m (-es) groei, was(dom), gestalte; groß von ~ groot van stuk; von stattlichem ~ flink uit de kluiten gewassen
Wucht v (~; -en) zwaarte; kracht, energie; krachtig effect; das ist 'ne ~ gemeenz dat is geweldig, fantastisch; du bust 'ne ~ gemeenz je bent een kanjer; mit ~ met kracht
wuchten zw I onoverg zwaar wegen; zwaar drukken; zwoegen, met kracht, hard werken; II overg (met moeite) (op)tillen
wuchtig zwaar, massief, imposant; krachtig, energiek
Wühlarbeit v gewroet
wühlen zw woelen, wroeten; opruien; in seinen Papieren ~ gemeenz in zijn papieren rommelen, zoeken
Wühler m (-s; ~) woeler; wroeter; demagoog, agitator
Wühlerei v (~; -en) gewoel, gewroet; agitatie; woeling
Wühlmaus v woelmuis; fig onrustige geest, wroeter
Wühltisch m gemeenz bak met koopjes (in warenhuizen)
Wulst m (-es; Wülste), **Wulst** v (~; Wülste) dikte, gezwel, knobbel, bobbel, uitpuiling
wulsten zw dik opbollen, een uitpuiling vormen
wulstig gezwollen, opgezet, dik; uitpuilend
wummern zw dof dreunen
wund gewond, gekwetst, bezeerd; ~e Füße zere voeten; der ~e Punkt, die ~e Stelle de wonde plek, 't tere punt; sich die Finger ~ schreiben zijn vingers kapot schrijven; sich die Füße ~ laufen zijn voeten stuk lopen; fig zich de benen uit 't lijf, het vuur uit de sloffen lopen; ~ werden smetten 〈v.d. huid〉
Wundarzt m vero heelmeester, chirurgijn
Wunde v (~; -n) wonde, kwetsuur
Wunder o (-s; ~) wonder; was ~, daß... is 't verwonderlijk dat...?, geen wonder dat...; er glaubt wunder was getan zu haben hij meent, dat hij wonder wat gedaan heeft
wunderbar wonderbaarlijk; heerlijk, prachtig
Wunderkind o wonderkind
wunderlich wonderlijk, grillig, eigenzinnig, vreemd
wundern zw verwonderen; es sollte mich ~, wenn... het zou mij verbazen, als...; sich ~ verwonderd zijn; zich verwonderen, opkijken; du wirst dich (noch) ~! je zult nog vreemd opkijken!
wundersam plechtig wonderbaar(lijk), bovennatuurlijk
wunderschön wondermooi, prachtig
wundervoll wonderbaarlijk; buitengewoon, heerlijk, prachtig
Wundfieber o wondkoorts
wundliegen, nieuwe spelling: **wund liegen** st: sich ~ dóórliggen
Wundmal o open wond; godsd stigma; litteken
Wunsch m (-es; Wünsche) wens; gelukwens; ein frommer ~ een vrome wens; auf ~ op verlangen, desgevraagd; nach ~ naar wens
Wünschelrute v wichelroede
Wünschelrutengänger(in) m (v) wichelroedeloper, -loopster
wünschen zw wensen, verlangen, b(e-)lieven; wünsche, wohl zu schlafen welterusten; einen zum Kuckuck ~ wensen dat iem. naar de duivel loopt
wünschenswert wenselijk
wunschgemäß naar (uw) wens, ingevolge (uw) verzoek
Wunschkonzert o radio programma met verzoeknummers
wunschlos zonder dat er iets te wensen overblijft, volmaakt
Wunschzettel m verlanglijst(je)
Würde v (~; -n) waardigheid, rang, verdienste; deftigheid; ~ bringt Bürde noblesse oblige; das ist unter meiner ~ dat is beneden mijn waardigheid
würdelos onwaardig, zonder gevoel van eigenwaarde
Würdenträger m hoogwaardigheidsbekleder
würdevoll waardig, vol waardigheid, deftig
würdig waardig, verdienstelijk, deftig; das ist seiner nicht ~ dat is hem niet waardig; einer Auszeichnung ~ sein een onderscheiding waard zijn
würdigen zw waardig achten (keuren); waarderen, schatten; etwas zu ~ wissen iets weten te waarderen; jmds. Verdienste ~ waardering uitspreken over; er hat ihn keines Blickes gewürdigt hij heeft hem geen blik waardig gekeurd
Würdigung v (~; -en) schatting, waardering; beoordeling, recensie; eerbetoon
Wurf m (-(e)s; Würfe) worp, gooi; val, plooi; worp 〈v. dieren〉; kunstwerk; snuit 〈v. wild zwijn〉; ontwerp; ein großer ~ een grootse poging; ein guter ~ handel een goede zaak; auf einen ~ met één slag
Würfel m (-s; ~) dobbelsteen; kubus, blok; die ~ sind gefallen de teerling is geworpen
Würfelbecher m dobbelbeker

würfelförmig, würfelig kubisch; geruit; in dobbelsteentjes
würfeln zw ruiten, van ruiten voorzien, met ruiten borduren; dobbelen
Würfelspiel o dobbelspel, dobbelarij
Wurfgeschoß, nieuwe spelling: **Wurfgeschoss** o werptuig, projectiel
Wurfscheibe v werpschijf, discus
Wurfsendung v door de post huis aan huis te bezorgen drukwerk
würgen zw wurgen, de keel toeknijpen; wurmen; in de keel blijven steken; kokhalzen; *es würgt ihn in der Kehle* hij heeft een brok in de keel; *an etwas ~* iets met veel moeite inslikken, naar binnen werken; *eine ~de Angst* een benauwende angst
Würgengel m engel des verderfs (doods)
Würger m (-s; ~) wurger, moordenaar; vogelk klauwier; plantk bremraap
wurlen zw Z-Duits wriemelen, krioelen
1 Wurm m (-(e)s; Würmer) dierk worm, pier; med fijt; *einem die Würmer aus der Nase ziehen* gemeenz iem. uithoren, geheimen ontlokken; *der innere ~, der ~ des Gewissens* spijt, hartzeer; gewetenswroeging
2 Wurm o (-(e)s; Würmer) wurm, klein kind
wurmen zw verdrieten, spijten, knagen, wroeten; *das wurmt mich* dat zit me dwars, dat hindert mij
wurmig wormstekig
wurmstichig wormstekig
Wurst v (~; Würste) worst; beuling; *~ wider ~* leer om leer; *es ist mir alles ~ (wurscht)!* gemeenz 't kan mij niets schelen!, mij een biet!; *die ~ (mit der ~) nach der Speckseite (dem Schinken) werfen* gemeenz een spierinkje uitgooien om een kabeljauw te vangen; *nun geht's um die ~* gemeenz nu komt 't erop aan
Wurstblatt o gemeenz prul-, snertkrant
wursteln zw gemeenz knoeien, klungelen, prutsen
Wurstigkeit v (~) gemeenz onverschilligheid
Wurstzipfel m kontje v.d. worst
Würze v (~; -n) specerij, kruiderij; pikante smaak; fig pikanterie; *eine ~ des Lebens* iets dat aan het leven kleur geeft
Wurzel v (~; -n) wortel; N-Duits worteltje, peentje; *~ fassen* wortel schieten; *etwas an (bei) den ~n fassen* iets aan de wortel aanpakken; *mit der ~, mit allen ~n* met wortel en tak; *die ~ ziehen* wisk worteltrekken; *zweite ~* tweedemachtswortel; *dritte ~* derdemachtswortel
wurzeln zw wortelen, wortel schieten; vaste voet krijgen
Wurzelstock m wortelstok
Wurzelziehen o, **Wurzelziehung** v rekenk worteltrekking
wurzen zw Oostr uitbuiten, bedriegen, exploiteren
würzen zw kruiden; *eine gewürzte Anekdote* een pikante anekdote, gewaagde mop
würzig gekruid, kruidig, geurig, pittig
Würzmischung v kruidenmengsel, -brouwsel
wuschelig krullig, verward, onordelijk
wuselig onrustig, druk, altijd bezig
wuseln zw, **wusseln** zw zich druk bewegen; krioelen, wemelen
Wust m (-(e)s; -e) chaos, warboel, -hoop, rommel
wüst woest, onbebouwd; zedeloos; verwilderd, wild, bar; *ein ~es Durcheinander* een totale chaos; *~e Zechereien* wilde drinkpartijen; *es ging ~ her* 't ging er wild toe
Wüste v (~; -n) woestijn; woestenij
wüsten zw: *mit dem Gelde ~* met het geld smijten; *mit seiner Gesundheit ~* met zijn gezondheid spelen
Wüstenei v (~; -en) woestenij
Wüstling m (-s; -e) wellusteling, lichtmis
Wüstung v (~; -en) verlaten woonplaats of mijn
Wut v (~) woede, razernij, dolheid; hondsdolheid; *eine ~ auf einen haben* woedend zijn op iem.; *einen in ~ bringen* iem. woedend maken; *in ~ geraten* woedend worden
Wutanfall m woedeaanval
Wutausbruch m uitbarsting v. woede, woedeuitbarsting
wüten zw woeden, razen
wütend woedend, razend, dol; *das ~e Heer* de wilde jacht (in de Germaanse mythologie)
wutentbrannt in woede ontstoken
Wüterich m (-s; -e) vero woesteling, wreedaard
wutsch! zoef!
wutschäumend, wutschnaubend briesend, kokend van woede

X

X [iks] *o* (~; ~) de x; *ein ~ für ein U* knollen voor citroenen
X-Beine *mv* x-benen
x-beliebig willekeurig, onverschillig welke
x-fach, x-mal x-maal; eindeloos vaak
X-te: *er hat das Auto aus der ~n Hand gekauft* hij heeft de auto uit de zoveelste hand gekocht; *die ~ Potenz* wisk de n-de macht
Xylophon *o* (-s; -e) xylofoon

Y

Yak *m* (-s; -s) jak, Tibetaanse buffel
Yoga *m* yoga
Ypsilon *o* (-s) ypsilon, i-grec

Z

Zacke v (~; -n), **Zacken** m (-s; ~) tand (ook v.e. haarkam), punt, spits; (ijs)pegel; zijtak v. gewei; tak; *dir wird kein Zacken aus der Krone brechen* gemeenz daar zul je niks minder van worden; *einen ~ drauf haben* gemeenz plankgas geven
zackig puntig; getand, scherp; pittig; mil stram; *~ sprechen* scherp geaccentueerd, kortaf spreken
zag(e) bedeesd, schuchter, schuw
zagen zw schromen, weifelen
zaghaft bedeesd, beschroomd, schuchter
Zaghaftigkeit v (~) schroom, beschroomdheid, bedeesdheid
zäh(e) taai; vasthoudend
Zäheit, nieuwe spelling: **Zähheit** v taaiheid (v.e. stof, materiaal)
zähfließend: *~er Verkehr mit Stillstand* langzaam rijdend en stilstaand verkeer
zähflüssig dikvloeibaar (bijv. hars), stroperig; *~e Verhandlungen* moeizaam verlopende onderhandelingen
Zähigkeit v (~) taaiheid; vasthoudendheid, vastberadenheid, ontoegeeflijkheid
Zahl v (~; -en) getal (ook gramm), aantal; *einstellige, vierstellige ~* getal van één cijfer, van vier cijfers; *rote ~en* handel rode cijfers; *zwanzig an der ~* twintig in getal; *in großer ~* in groten getale; *in voller ~* voltallig; *ohne ~* zonder tal
zahlbar betaalbaar; te betalen
zählbar telbaar
zähleblg taai, met een taai leven; *~e Gerüchte* hardnekkige geruchten
zahlen zw betalen; *bar ~* contant betalen; *Kaution ~* een waarborgsom storten; *Lehrgeld ~* leergeld betalen; *in Raten ~* in termijnen betalen
zählen zw tellen; *auf einen ~* op iem. rekenen; *~ zu* behoren tot, horen bij; rekenen tot; *bei ihm kann man alle Rippen ~* schertsend hij is broodmager; *nicht bis drei ~ können* niet tot tien kunnen tellen
zahlenmäßig in getallen (uitgedrukt), in aantal; numeriek; *~ überlegen sein* in getal de baas zijn
Zahlenschloß, nieuwe spelling: **Zahlenschloss** o cijferslot
Zahler m (-s; ~) betaler; *fauler (schlechter) ~* wanbetaler
Zähler m (-s; ~) gas-, elektriciteitsmeter; wisk teller
Zahlkarte v stortingsbiljet (voor giro)
zahllos talloos, ontelbaar
Zahlmeister m betaalmeester; mil officier van administratie; scheepv purser, administrateur
Zahlmeisterei v mil & scheepv administratie
zahlreich talrijk
Zahltag m betaaldag
Zahlung v (~; -en) betaling, voldoening; *gegen ~ von* tegen betaling (à raison) van; *Protest mangels ~* protest van non-betaling (bij wissels)
Zählung v (~; -en) telling
Zahlungsanweisung v betalingsmandaat, betalingsopdracht
zahlungsfähig in staat te betalen, solvent
Zahlungsfrist v betalingstermijn
zahlungskräftig betaalkrachtig, draagkrachtig
Zahlungsmittel o betaalmiddel
Zahlungstermin m betalingstermijn
zahlungsunfähig insolvent, onvermogend om te betalen
Zählwerk o telmechanisme, telwerk
Zahlwort o telwoord
zahm tam, mak; gehoorzaam
zähmbar tembaar
zähmen zw temmen, mak maken; beteugelen, onderwerpen
Zahn m (-(e)s; Zähne) tand; kies; *die dritten Zähne* kunstgebit; *der ~ der Zeit* de tand des tijds; *lange Zähne machen* met lange tanden eten; *bis an die Zähne bewaffnet* tot de tanden gewapend; *jmdm. auf den ~ fühlen* iem. aan de tand voelen; *das reicht für den hohlen ~* dat kan je in een holle kies stoppen (v. eten); *jmdm. den ~ ziehen* iem. een illusie armer maken; *jmdm. die Zähne zeigen* iem. zijn tanden laten zien
Zahnarzt m tandarts
Zahnarzthelferin v tandartsassistente
zahnärztlich tandheelkundig
Zahnbürste v tandenborstel; gemeenz smal snorretje
Zähneklappern o 't klappertanden
Zähneknirschen o 't knarsetanden
zähneknirschend tandenknarsend
zahne(l)n zw tanden, uittanden; *gezähnte Blätter, Briefmarken* getande bladeren, postzegels
zahnen zw tanden krijgen
Zahnersatz m kunstgebit, prothese
Zahnfäule v tandbederf, cariës
Zahnfleisch o tandvlees; *auf dem ~ gehen* op zijn tandvlees lopen
Zahnklempner m schertsend tandarts
zahnlos tandeloos
Zahnlücke v ontbrekende tand; gat tussen tanden of kiezen
Zahnpasta, Zahnpaste v tandpasta
Zahnpflege v tandverzorging
Zahnpraxis v tandheelkundige praktijk
Zahnrad o tandrad, -wiel
Zahnschmelz m tandglazuur
Zahnschmerzen mv tand-, kiespijn
Zahnstocher m tandenstoker
Zahntechniker m tandtechnicus
Zahnweh o kiespijn
Zähre v (~; -n) plechtig traan
Zaine v (~; -n) Zwits vlechtwerk, korf, mand
Zander m (-s; ~) snoekbaars
Zange v (~; -n) tang; gemeenz xantippe, tang; *einen in der ~ haben, einen in die ~ nehmen* gemeenz iem. in de houdgreep nemen; *etwas, jmdn. nicht mit der ~ anfassen mögen* iets, iem. met geen tang willen vastpakken

Zangengeburt v med tangverlossing
Zank m (-(e)s; Zänkereien) twist; gekijf, krakeel; gemeenz trammelant
Zankapfel m twistappel
zanken zw opspelen, te keer gaan; ~*de Möwen* krijsende meeuwen; *sich* ~ twisten, kibbelen
Zänker m (-s; ~) ruziemaker, twistzoeker
zankhaft, zänkisch, zanksüchtig twistziek
Zäpfchen o (-s; ~) huig; med zetpil
zapfen zw tappen
Zapfen m (-s; ~) techn tap, pin, pen; bom, spon (v. vat); ijspegel; plantk dennenkegel
Zapfenstreich m mil taptoe
Zapfsäule v, **Zapfstelle** v auto benzinepomp
zappelig druk, onrustig
zappeln zw spartelen, gemeenz sappelen; *einen* ~ *lassen* gemeenz iem. aan 't lijntje houden
zappenduster gemeenz pikdonker
Zar m (-en; -en) tsaar
Zarge v (~; -n) zijblad, zijwand ⟨v. snaarinstrument, kist enz.⟩; lijst, raam, boord, rand
Zarin v (~; -nen) tsarina
zart teer, zacht; fragiel, zwak(jes), fijn; fijngevoelig, kies; ~*es Fleisch* mals vlees; *das* ~*e Geschlecht* het zwakke geslacht; *eine* ~*e Gestalt* een tengere gestalte; *Kinder in* ~*em Alter* kinderen in de prille (tedere) jeugd
zartbesaitet fig fijnbesnaard
zartbitter puur (v. chocolade), (in België) fondant
zartfühlend fijngevoelig; kies; teerhartig
Zartheit v (~; -en) teerheid; fijnheid
zärtlich teder, innig; teergevoelig; ~ *werden* aanhalig worden
Zärtlichkeit v (~; -en) tederheid, teergevoeligheid; liefkozing
Zaster m (-s) slang poen, duiten
Zäsur [tse'zoer] v (~; -en) cesuur, verssnede
Zauber m (-s) betovering; bekoring; toverkracht; gemeenz herrie, drukte, vertoning; waardeloos spul, zootje; *das ist fauler* ~ gemeenz dat is boerenbedrog; *den* ~ *kennen wir* gemeenz dat kennen we; *mach doch keinen* ~ gemeenz stel je niet zo aan
Zauberei v (~; -en) toverij, tovenarij, toverkunst
Zauberer m (-s; ~) tovenaar, magiër; goochelaar
zauberhaft toverachtig, betoverend
Zauberin v (~; -nen) tovenares, goochelaarster
zauberisch toverachtig
zaubern zw toveren; goochelen; *ich kann nicht* ~ gemeenz ik kan niet heksen
Zauberspruch m toverspreuk
Zauder m treuzelaar, treuzel
Zauderei v (~; -en) getalm, getreuzel, besluiteloosheid
Zaum m (-(e)s; Zäume) toom, teugel, breidel; *einem im* ~ *halten* iem. in toom houden
zaumlos zonder teugel

Zaumzeug o paardentuig
Zaun m (-(e)s; Zäune) haag, (om)heining; hek; *mit etwas hinterm* ~ *halten* iets verzwijgen, achterhouden, geheim houden
Zaunkönig m winterkoninkje
Zaunpfahl m paal v.e. hek
Zaunwinde v haagwinde
zausen zw trekken, plukken, plukharen; door elkaar schudden; *der Wind zaust die Blätter* de wind jaagt door de bladeren; *einem die Haare* ~ iemands haren in de war brengen; *einen Knochen* ~ een bot afkluiven
z.B. = *zum Beispiel* bijv. ⟨= bijvoorbeeld⟩
ZDF = *Zweites Deutsches Fernsehen*
Zebra o (-s; -s) zebra
Zebrastreifen m zebrapad
Zebu m (-s; -s) zeboe
Zeche v (~; -n) gelag, vertering; drinkgelag; (kolen)mijn; *die* ~ *zahlen* het gelag betalen; *in die* ~ *fahren* in de mijn afdalen
zechen zw drinken, pimpelen; fuiven
Zecher m (-s; ~) drankorgel
Zecherei v (~; -en) fuifpartij, drinkgelag
Zechpreller m iem. die weggaat zonder zijn vertering te betalen
Zeck m (-(e)s; -e(n)), **Zecke** v (~; -n) teek, schapenluis
Zedent m (-en; -en) handel cedent, overdrager ⟨v.e. wissel⟩
Zeder v (~; -n) ceder
zedieren zw afstaan, overdragen, cederen
Zeh m (-(es); -en), **Zehe** v (~; -n) teen ⟨v. voet⟩; *auf den* ~*n op* (op (zijn, haar, hun) tenen; *einem auf die* ~*n treten* iem. op zijn tenen (teentjes) trappen ⟨ook fig⟩
Zehenspitze v punt v.d. teen
zehn tien, tiental; *wir waren zu* ~*t* we waren met z'n tienen; *etwa* ~ bij tienen; *die* Z~ de tien
Zehner m (-s; ~) rekenk tiental; tien; biljet v. 10 Mark, 10 Schilling of 10 gulden; tientje
Zehnerpackung v pakje van tien
Zehnt m (-en; -en), **Zehnte** (-n; -n) tiend(e)
zehntausend tienduizend; *die obern Z~* de upper ten, de chic, de deftige kringen
zehntens ten tiende
zehren zw verteren; slopen; *Seeluft zehrt* zeelucht pakt aan, maakt mager; *das zehrt an seiner Gesundheit* dat knaagt aan zijn gezondheid; ~ *von* leven van; *von seinem Fett* ~ op zijn vet teren; *vom Kapital* ~ interen op het kapitaal
Zeichen o (-s; ~) teken, kenteken, kenmerk; signaal, nummer; *unser* ~ ons kenmerk ⟨in brieven⟩; ~ *des Kreuzes* teken des kruises; *seines* ~*s ein Schneider* kleermaker van beroep; *im* ~ *des Preisabbaus* in het teken van de prijsverlaging; *unter einem glücklichen* ~ onder een gelukkig gesternte
Zeichensetzung v interpunctie, plaatsing van leestekens
Zeichenstift m tekenpotlood
Zeichentrickfilm m tekenfilm
zeichnen zw tekenen, afbeelden; merken ⟨v. linnen⟩; inschrijven ⟨op lening⟩; intekenen; verantwoordelijk zijn; *das Wild zeich-*

net het (aangeschoten) wild laat een bloedspoor achter; *aus freier Hand* ~ uit de hand tekenen; *per Aval* ~ voor aval tekenen; *gebundenes, technisches Z*~ lijntekenen; *vom Tode gezeichnet* de dood nabij

Zeichner *m* (-s; ~) tekenaar; inschrijver ⟨op aanbesteding⟩; intekenaar

zeichnerisch als tekening; *~es Können* tekenkunst

Zeichnung *v* (~; -en) tekening; ondertekening; intekening

Zeigefinger *m* wijsvinger

zeigen *zw* wijzen, tonen; vertonen, laten zien, bewijzen, aantonen, blijk geven van, uiten; *es einem* ~ 't iem. inpeperen, iem. flink de waarheid zeggen; *die Fersen* ~ zijn hielen lichten, vluchten; *Flagge* ~ de vlag vertonen; kleur bekennen; *einem die Krallen (die Zähne)* ~ flink (hard) tegen iem. optreden; *einem die kalte Schulter* ~ iem. de rug tonen; *Talent* ~ blijk geven van talent; *einem den Vogel* ~ gemeenz op zijn voorhoofd wijzen, tikken; *auf einen* ~ naar iem. wijzen; *mit Fingern auf einen* ~ iem. met de vingers nawijzen; *auf Sturm* ~ storm aanwijzen ⟨v. barometer⟩; *das zeigt die Sache in einem andern Licht* dat werpt een ander licht op de zaak; *sich* ~ zich vertonen, verschijnen; blijken; *das wird sich* ~ dat zal blijken; *sich im günstigsten Licht (von der besten Seite, sein Bestes)* ~ ⟨ook⟩ zijn beste beentje voorzetten

Zeiger *m* (-s; ~) wijzer; uurwijzer; wijzer v.d. manometer

Zeile *v* (~; -n) regel; rij; *ein paar* ~*n* een briefje

Zeilenabstand *m* regelafstand

zeilenweise regel voor regel

Zeisig *m* (-s; -e) vogelk sijsje; *ein lockerer* ~ een losbol

Zeit *v* (~; -en) tijd; *du meine* ~!, *ach du liebe* ~! heremijntijd!; *es ist an der* ~, *es wird* ~ het is, wordt tijd; *es ist die höchste* ~ het is hoog tijd; *kommt* ~, *kommt Rat* komt tijd, komt raad; *das hat noch* ~, *damit hat es* ~ dat heeft nog tijd; *sich* ~ *lassen* zich de tijd gunnen; *auf kurze* ~ voor korte tijd; *Geschäfte auf* ~ termijnaffaires; *er kommt auf* ~ hij komt voor tijdelijk; *in kürzester* ~ zeer binnenkort; *in letzter* ~ in de laatste tijd; *mit der* ~ langzamerhand; *von zu* ~ van tijd tot tijd; *vor langer* ~ lang geleden; *zur* ~ op 't ogenblik; tijdelijk; *zu gegebener* ~ te zijner tijd; *zu gleicher* ~ tegelijkertijd; *zur* ~ *des Krieges* ten tijde van de oorlog; *zur* ~ *und Unzeit* te pas en te onpas; *irgendwo die längste* ~ *gewesen sein* ergens niet langer ⟨kunnen, willen, mogen⟩ blijven; *sich* ~ *lassen* tijd voor iets nemen, de tijd nemen; ~ *nehmen* sp tijd opnemen; *die* ~ *totschlagen* de tijd doden; *vor undenklichen* ~*en* heel lang geleden

Zeitabschnitt *m* tijdvak, periode

Zeitalter *o* eeuw, tijdperk, periode; *das Goldene* ~ de Gouden Eeuw; *das* ~ *der Vernunft* de Verlichting

Zeitangabe *v* opgave van tijd

Zeitaufwand *m* investering, opoffering van tijd

zeitbedingt afhankelijk v.d. tijd, aan een bepaalde tijd gebonden

Zeitersparnis *v* tijdsbesparing

Zeitgeist *m* tijdgeest, geest v.d. tijd

zeitgemäß overeenkomstig de tijd, op de hoogte van de tijd, modern, actueel, met de tijd meegaand; *nicht* ~ uit de tijd

Zeitgenosse *m* tijdgenoot; medemens

zeitgenössisch van die tijd, uit dezelfde tijd; van onze tijd, hedendaags, eigentijds, contemporain

Zeitgeschichte *v* moderne geschiedenis

zeitig tijdig, vroegtijdig; vroeg; vero rijp

zeitigen *zw* opleveren, voortbrengen; aanleiding geven tot; *Erfolge* ~ resultaten opleveren

Zeitlang, nieuwe spelling: **Zeit lang** *v*: *eine* ~ een tijdlang

zeitlebens levenslang, mijn ⟨zijn, haar, hun⟩ leven lang, gedurende ⟨in de loop van⟩ mijn enz. gehele leven

zeitlich wat de tijd betreft, chronologisch; tijds-; tijdelijk, voorbijgaand; werelds, aards, vergankelijk; Oostr ⟨ook⟩ tijdig, vroeg; *trotz der ~en Ferne* ondanks de tijdsafstand

zeitlos tijdloos, niet aan een bepaalde tijd gebonden; *ein ~es Problem* een probleem van alle tijden

Zeitlupe *v* vertraagde weergave, slowmotion

Zeitpunkt *m* tijdstip; *zu diesem* ~ op dit tijdstip

Zeitraffer *m* versnelde weergave

zeitraubend tijdrovend

Zeitraum *m* tijdsbestek, tijdsruimte, tijdvak

Zeitrechnung *v* tijdrekening

Zeitschrift *v* tijdschrift

Zeitspanne *v* tijdsspanne, periode

Zeitung *v* (~; -en) krant, courant

Zeitungsausschnitt *m* krantenknipsel

Zeitverlust *m* tijdverlies

Zeitverschwendung *v* tijdverspilling

Zeitvertreib *m* tijdverdrijf, -passering

zeitweilig voorlopig, tijdelijk, voor enige tijd

zeitweise bij tijden, van tijd tot tijd

Zeitzeichen *o* tijdsein

Zeitzünder *m* tijdbuis ⟨vertragingsmechanisme in bom, projectiel⟩

zelebrieren *zw* vieren; *die Messe* ~ RK de mis lezen

Zelebrität *v* (~; -en) beroemdheid

Zelle *v* (~; -n) cel ⟨ook pol⟩, hokje

Zellteilung *v* celdeling

zellular [-'laar] biol cellulair

Zelluloid [tse-loe-lo-'iet] *o* (-s) celluloid

Zellulose *v* cellulose

Zelt *o* (-(e)s; -e) tent; uitspansel

zelten *zw* kamperen ⟨in tent⟩

Zelter *m* (-s; ~) dierk telganger

Zeltlager *o* tentenkamp

Zeltler *m* (-s; ~) kampeerder

Zeltplatz *m* plaats v.e. tent; kampeerterrein, camping

Zement *m* (-(e)s; -e) cement

zementieren *zw* cementeren, met cement dichtmaken; harden (v. staal); fig stevig maken, verstevigen

Zenit [tse'niet] *m-s* zenit, toppunt

zensieren *zw* censureren; onderw een cijfer geven, beoordelen

Zensor *m* (-s; -en) censor

Zensur *v* (~; -en) censuur; onderzoek; schoolrapport; rapportcijfer

zensurieren *zw* Oostr, Zwits censureren; beoordelen

Zentaur *m* (-en; -en) centaur, paardmens

Zentimeter *o* centimeter

Zentner *m* (-s; ~) centenaar (= 50 kg; Oostr, Zwits 100 kg)

zentnerschwer loodzwaar

zentral centraal

Zentrale *v* (~; -n) centrale

Zentralheizung *v* centrale verwarming

zentralisieren *zw* centraliseren

Zentralnervensystem *o* centraal zenuwstelsel

zentrieren *zw* in 't middelpunt plaatsen; sp centeren

zentrifugal centrifugaal, middelpuntvliedend

Zentrifugalkraft *v* middelpuntvliedende kracht

Zentrifuge ['-foege] *v* (~; -n) centrifuge

zentripetal centripetaal, middelpuntzoekend

Zentrum *o* (-s; Zentren) centrum, middelpunt

Zeppelin *m* (-s; -s) zeppelin

Zepter *o & m* (-s; ~) scepter; *das ~ führen* de scepter zwaaien

zerbersten *st* uiteenbarsten, -springen

zerbeulen *zw* deuken; *zerbeult* vol deuken

zerbrechen *st* aan stukken breken, stukbreken; verbreken; *am Leben ~* door het leven geknakt worden; *sich den Kopf ~* zich het hoofd over iets breken

zerbrechlich broos, teer

zerbröckeln *zw* verbrokkelen, verkruimelen

zerdrücken *zw* fijn drukken, verpletteren; *Kartoffeln ~* aardappels prakken; *eine Träne ~* een traan wegpinken

Zeremonie [tsere-mo-'nie of -'mo-ni-e] *v* (~; -n) ceremonie, plechtigheid

Zeremoniell [-ni-'el] *o* (-s) ceremonieel

1 zerfahren *st* stukrijden of -varen

2 zerfahren *bn* ongedurig, ordeloos, onsamenhangend

Zerfall *m* verval, het uiteenvallen; verwering

zerfallen *st* uiteenvallen, aan stukken vallen, vervallen; bestaan uit; in onmin geraken, oneens worden; *mit einem ~ sein* met iem. gebrouilleerd zijn

zerfasern *zw* I *overg* uiteenrafelen; II *onoverg* rafelen

zerfetzen *zw* verscheuren; aan flarden (in stukken) scheuren; toetakelen

zerfleischen *zw* verscheuren (met de tanden)

zerfließen *st* uiteenvloeien, smelten, vergaan; *in Tränen ~* in tranen wegsmelten

zerfressen *st* wegvreten; aantasten

zergehen *onr* uiteengaan; zich oplossen, smelten

zergliedern *zw* ontleden, analyseren

zerhacken *zw* klein-, stukhakken

zerhauen *zw* stukhakken, aan stukken houwen

zerkleinern *zw* klein maken, fijn maken

zerklüften *zw* splijten; *zerklüftete Parteien* sterk verdeelde partijen

zerknallen *zw* (doen) exploderen

zerknautschen *zw* verfrommelen, in elkaar drukken, kraken

zerknirscht berouwvol, boetvaardig

zerknittern *zw* verfrommelen; *ein zerknittertes Gesicht* een gezicht vol rimpels

zerknüllen *zw* verfrommelen, verfomfaaien; *ein zerknülltes Bett* een onopgemaakt bed; *ein zerknülltes Gesicht* een gerimpeld gezicht

zerkochen *zw* door koken oplossen; doen verkoken; verkoken

zerkratzen *zw* bekrassen, stukkrabben

zerkrümeln *zw* verkruimelen

zerlassen *st* overg smelten, oplossen; *~e Butter* gesmolten boter

zerlegbar uit elkaar te nemen; ontleedbaar; rekenk ontbindbaar (in factoren); chem (ook) afbreekbaar

zerlegen *zw* ontleden, uit elkander nemen, aan stukken snijden; analyseren; *in Faktoren ~* in factoren ontbinden

zerlesen *st* stuklezen

zerlumpt in lompen gehuld; haveloos

zermahlen *zw* fijnmalen, vergruizen, vermorzelen

zermalmen *zw* verbrijzelen, verpletteren, vermorzelen

zermanschen *zw* fijnprakken

zermürben *zw* murw maken, afmatten; *vom Kummer zermürbt* kapot van verdriet

zerpflücken *zw* stuk-, uit elkaar plukken

zerplatzen *zw* barsten, uiteenspringen

zerquetschen *zw* verpletteren, fijn drukken; *das zerquetschte Auto* de totaal in elkaar gedeukte auto

zerraufen *zw* in de war maken (van haar)

Zerrbild *o* karikatuur

zerreiben *st* fijn wrijven, stukwrijven; fig vernietigen

zerreißen *st* verscheuren, stuk scheuren; breken; *es zerreißt einem das Herz* iems. hart wordt erdoor verscheurd; *innerlich zerrissen* innerlijk verscheurd

Zerreißprobe *v* trekproef; fig beproeving

zerren *zw* rukken, heen en weer trekken; sleuren; verrekken (v. spier); *es zerrt an meinen Nerven* het knaagt aan mijn zenuwen; *in den Schmutz ~* fig door 't slijk halen, slecht maken (afschilderen)

zerrinnen *st* uiteenvloeien, smelten, verlopen, verdwijnen

zerrissen verscheurd; kapot, stuk; innerlijk verdeeld, ontredderd; gebroken (v. lijn); vol kloven (v. gebergte); *mit ~er Seele* met innerlijk verscheurde ziel

Zerrung *v* (~; -en) peesverrekking

zerrütten *zw* geheel in de war brengen,

ontwrichten; *eine zerrüttete Ehe* een verwoest huwelijk; *zerrüttete Finanzen* ontredderde financiën; *ein zerrütteter Geist* een gestoorde geest; *eine zerrüttete Gesundheit* een ondermijnde gezondheid

Zerrüttung *v* (~) geschoktheid; ontwrichting, ontreddering

zersägen *zw* aan stukken zagen

zerschellen *zw overg* verbrijzelen; *onoverg* vermorzeld worden; barsten, uiteenspringen; *am Widerstand* ~ mislukken door tegenstand, doodlopen op tegenstand

1 zerschlagen *st* stukslaan, verbrijzelen; uiteenslaan; *allerhand (viel) Porzellan* ~ fig veel brokken maken; *sich* ~ niet tot stand komen, niet doorgaan, mislukken

2 zerschlagen *bn* geradbraakt, doodop, lamgeslagen

zerschmettern *zw* verbrijzelen; diep treffen

zerschneiden *st* stuk snijden; door snijden bederven; *das Tischtuch zwischen sich und einem* ~ fig 't tafellaken doorsnijden tussen zich en een ander

zerschunden gekneusd, ontveld

zersetzen *zw* ontleden, ontbinden, ondermijnen; *sich* ~ uiteenvallen; verweren

zersingen *st* kapotzingen, verbasteren (v. volkslied)

zerspalten *zw*, **zerspellen** *zw* kloven, vaneensplijten

zersplittern *zw* versplinteren; *sich* ~ versplinteren, versnipperen; fig zich aan te veel dingen tegelijk wijden

zersprengen *zw* uiteen doen springen; doen barsten; verstrooien (v. troepen)

zerspringen *st* aan stukken springen, barsten; *der Kopf will mir* ~ 't is alsof mijn hoofd zal barsten

zerstäuben *zw* verstuiven

Zerstäuber *m* verstuiver, sproeier

zerstieben *st* verstuiven, uiteenstuiven

zerstören *zw* verwoesten, verdelgen, vernielen, vernietigen

Zerstörer *m* verwoester, vernieler; scheepv torpedojager; luchtv jachtvliegtuig

Zerstörung *v* verwoesting, vernieling

zerstoßen *st* kapot-, fijnstampen

zerstreiten *st*: *sich mit einem* ~ met iem. grote ruzie krijgen

zerstreuen *zw* verstrooien (ook fig); *Bedenken* ~ bezwaren uit de weg ruimen; *Furcht* ~ vrees doen verdwijnen; *in alle Winde* ~ naar alle windstreken uitstrooien; *sich* ~ uiteengaan (v. menigte)

zerstreut verstrooid

Zerstreutheit *v* (~; -en) verstrooidheid

Zerstreuung *v* (~; -en) verstrooiing, ontspanning; verzetje; *in der* ~ in de verstrooiing (de diaspora)

zerstücke(l)n *zw* in stukken snijden (delen), versnipperen, verbrokkelen

zerteilen *zw* verdelen, scheiden, ontleden; indelen; verstrooien; verspreiden; uitdelen; *sich* ~ uiteenvallen

Zertifikat *o* (-s; -e) certificaat; bewijs

zertrampeln *zw* vertrappen, stuktrappen, plattrappen

zertreten *st* vertrappen, -treden

zertrümmern *zw* verbrijzelen, vernielen; vernietigen; *Hoffnungen* ~ verwachtingen de bodem inslaan

zerwühlen *zw* omwoelen, -wroeten; *ein zerwühltes Bett* een wanordelijk bed; *zerwühlte Züge* een doorgroefd gelaat

Zerwürfnis *o* (-ses; -se) onenigheid, twist

zerzausen *zw* plukharen, in wanorde brengen, verwarren

Zeter: ~ *und Mord (Mordio) schreien* moord en brand schreeuwen

zetern *zw* moord en brand schreeuwen, tieren; ~ *gegen* uitvaren, razen tegen

Zettel *m* (-s; ~) briefje, papiertje, kattebelletje; papiertje, stukje papier, fiche (v. papier); biljet; programma; kaart

Zeug *o* (-(e)s; -e) stof, goed; spullen; kleren; goedje, bocht, tuig; onzin, kletspraat; talent, aanleg; scheepv takelage; *albernes, blödes, dummes* ~ onzin, kletspraat; *klebriges* ~ kleverig spul; *sich mächtig ins* ~ *legen* alle krachten inspannen, zich moeite geven; *er hat das* ~ *zum Tennisspieler* hij heeft aanleg om tennisser te worden; *jmdm. etwas am* ~ *flicken* gemeenz iem. een loer draaien; *was das* ~ *hält* uit alle macht, zo hard mogelijk

Zeuge *m* (-n; -n) getuige; ~ *Jehovas* Jehovah's getuige

zeugen *zw* telen, voortbrengen, verwekken (v.e. kind); veroorzaken; getuigen; *gegen (wider) einen* ~ tegen iem. getuigen; *von etwas* ~ van iets getuigen

Zeugenaussage *v* getuigenverklaring, getuigenis

Zeugenstand *m* getuigenbank

Zeugenverhör *o*, **Zeugenvernehmung** *v* getuigenverhoor

Zeugnis *o* (-ses; -se) getuigenis; getuigschrift, diploma, certificaat; attest, bewijs; (school)rapport

Zeugung *v* (~; -en) verwekking

zeugungsfähig geschikt voor de voortplanting; vruchtbaar

Zichorie [tsi-'ço-ri-e] *v* (~; -n) plantk cichorei

Zicke *v* (~; -n) dierk geit; bokkensprong, streek; gril; scheldwoord geit, trut; ~*n machen* gemeenz foefjes, streken uithalen; *blöde* ~ stomme trut

zickig gemeenz truttig; preuts; lastig, dwars

Zickzack *o*: *im* ~ zigzag, zigzagsgewijs (-wijze)

Ziege *v* (~; -n) dierk geit; gemeenz trut; *eine blöde (dämliche, dumme)* ~ gemeenz een stomme trut; *eine neugierige* ~ een nieuwsgierig Aagje

Ziegel *m* (-s; ~) baksteen; (als afk. v. *Dachziegel*) dakpan

Ziegelei *v* (~; -en) steenfabriek, pannenbakkerij

Ziegelstein *m* baksteen

ziehen (zog; gezogen) **I** *onoverg* trekken (v. thee, koffie; succes hebben); tochten; verhuizen; weggaan; rondtrekken; *der Tee zieht* de thee trekt; *das zieht bei ihm nicht* daar moet je bij hem niet mee aankomen;

an einer Zigarette ~ aan een sigaret trekken; *durch das Land* ~ de boer op gaan; **II** *overg* trekken, tevoorschijn halen; telen, kweken, opvoeden; zetten ⟨bij schaak-, damspel⟩; hijsen, ophalen; *es zieht mich dahin* ik verlang ernaar; *die Aufmerksamkeit auf sich* ~ de aandacht trekken; *Saiten auf eine Geige* ~ snaren op een viool spannen; *die Summe* ~ de som, 't totaal opmaken; *Vergleiche* ~ vergelijkingen maken; *Wein auf Flaschen* ~ wijn bottelen; *einem die Hose stramm* ~ iem. een pak voor de broek geven; *auf eine Schnur* ~ aan een koord rijgen; *einem Geld aus der Tasche* ~ iem. geld uit de zak kloppen; *aus dem Verkehr* ~ uit de omloop nemen; *die Stirn in Falten* ~ 't voorhoofd fronsen; *einen ins Gespräch* ~ iem. in het gesprek betrekken; *etwas in die Länge* ~ iets rekken; *nach sich* ~ als gevolg hebben; **III** *wederk*: *sich* ~ rekken, aanslepen, eindeloos duren; zich trekken (uit), zich verwijderen (van); kromtrekken, vervormen; *sich aus der Affäre* ~ zich uit de moeilijkheid, gevaarlijke positie redden; *sich in die Länge* ~ lang duren, gerekt worden

Ziehharmonika *v muz* (trek)harmonica
Ziehung *v* (~; -en) trekking (v. loterij)
Ziel *o* (-(e)s; -e) doel, oogmerk, doelwit; sp eindpaal, eindpunt, finish; handel termijn; krediet; *zwei Monate* ~ handel twee maanden looptijd (v. wissel); *das* ~ *seiner Leiden* 't einde van zijn lijden; *einer Sache ein* ~ *setzen* paal en perk aan iets stellen; *über das* ~ *hinausschießen* zijn doel (ver) voorbijschieten
Zielbahnhof *m* station van bestemming
zielbewußt, nieuwe spelling: **zielbewusst** doelbewust
zielen *zw* mikken, aanleggen; richten; *nach etwas* ~ iets beogen; *ein gezielter Schuß* een gericht schot; *das zielt auf mich* dat doelt op mij
Zielgerade *v* sp recht stuk van de baan voor de finish
ziellos doelloos
zielsicher doelbewust; schotvaardig
Zielsprache *v* doeltaal ⟨bij een vertaling⟩
zielstrebig naar een bepaald doel strevend, doelbewust
ziemen *zw*: *sich* ~ betamen, passen
Ziemer *m* (-s; ~) lendenstuk ⟨v. wild⟩; vogelk kramsvogel; bullepees
ziemlich tamelijk, redelijk; ongeveer, vrij, vrijwel; ~ *fertig* vrijwel klaar; ~ *spät* tamelijk laat; *so ziemlich* zo ongeveer; ~ *alle waren da* vrijwel allen waren er
ziepen *zw* piepen; trekken ⟨aan het haar⟩
Zierat, nieuwe spelling: **Zierrat** *m* (-s; -e), **Zierde** *v* (~; -n) sieraad, versiering, versiersel
zieren *zw* sieren, versieren, optooien; *sich* ~ zich aanstellen, nuffig doen, fatterig doen; een pruimenmondje trekken; verlegen (bleu) zijn
Ziererei *v* (~; -en) gemaaktheid, aanstellerij
zierlich sierlijk, net, bevallig, elegant

Zierpflanze *v* sierplant
Ziffer *v* (~; -n) cijfer; letter (of nummer) van advertentie; lid ⟨v. artikel⟩
Zifferblatt *o* wijzerplaat
zig gemeenz heel veel, talloos, tig, een boel
Zigarette *v* (~; -n) sigaret
Zigarettenkippe *v* (sigaretten)peuk(je)
Zigarettenschachtel *v* pakje sigaretten
Zigarettenstummel *m* (sigaretten)peuk(je)
Zigarre *v* (~; -n) sigaar; gemeenz uitbrander
Zigarrengeschäft *o*, **Zigarrenladen** *m* sigarenwinkel, -zaak
Zigeuner *m* (-s; ~) zigeuner
Zigeunerin *v* (~; -nen) zigeunerin
zigmal gemeenz heel vaak
zigtausend x-duizend; *Zigtausende* tienduizenden
Zille *v* (~; -en) scheepv aak, praam, platboomde boot, dekschuit
Zimbel *v* (~; -n) muz bekken, cimbaal, cimbel
Zimmer *o* (-s; ~) kamer; *in seinem* ~ op zijn kamer; *das* ~ *machen* de kamer doen
Zimmerlautstärke *v* kamersterkte ⟨v. geluid van radio, tv enz.⟩
Zimmermädchen *o* kamermeisje
Zimmermann *m* timmerman
zimmern *zw* timmeren
Zimmerpflanze *v* kamerplant
Zimmertemperatur *v* kamertemperatuur
zimperlich preuts; gemaakt, aanstellerig; angstig, bleu
Zimt *m* (-(e)s) kaneel; gemeenz rommel; onzin; *der ganze* ~ gemeenz de hele rommel; *keinen* ~ *machen* gemeenz zich niet aanstellen
Zimtstange *v*, **Zimtstengel** *m* pijp kaneel
Zink *o* (-(e)s) zink; muz klaroen
Zinke *v* (~; -n), **Zinken** *m* (-s; ~) tand ⟨v. hark enz.⟩, tak, punt; spits; gemeenz kokkerd; slang geheim teken
zinken *zw* zinken; verlinken; *Karten* ~ kaarten merken
Zinn *o* (-s) tin
Zinne *v* (~; -n) tinne ⟨v. burcht⟩
Zinnober *m* (-s) cinnaber, vermiljoen; *der ganze* ~ gemeenz de hele rommel, 't hele gezanik, gedoe
zinnoberrot vermiljoenkleurig
Zins *m* (-es; -en) (meestal *mv*.) rente, interest; Z-Duits, Oostr, Zwits pacht, huur, cijns; *laufende* ~*en* lopende rente; *Geld auf* ~*en geben* geld op rente zetten; ~ *auf* ~ rente op rente, samengestelde interest; *mit* ~ *und Zinseszinsen* dubbel en dwars
Zinseszinsen *mv* rente op rente, samengestelde interest
zinsfrei renteloos
Zinssatz *m* rentevoet
Zionismus *m* (~) zionisme
Zionist *m*, (-en; -en) zionist
Zipfel *m* (-s; ~) slip, tip, punt, strookje, pluim; gemeenz idioot; gemeenz piemel(tje)
Zipfelmütze *v* puntmuts
Zippdrossel *v*, **Zippe** *v* (~; -n) zanglijster;

vervelend vrouwmens
Zipperlein o (-s) vero jicht
Zirbe v (~; -n), **Zirbel** v (~; -n) alpenden
Zirbeldrüse v pijnappelklier
zirka circa, ongeveer
Zirkel m (-s; ~) passer ⟨= tekenwerktuig⟩; vereniging, (gesloten) kring, cirkel; monogram van studentencorps
zirkeln zw een cirkellijn maken, met de passer meten; fig nauwkeurig werken; *gezirkelt* afgemeten, afgepast
Zirkelschluß, nieuwe spelling: **Zirkelschluss** m cirkelredenering
zirkulieren zw circuleren; *das Gerücht zirkuliert* het gerucht doet de ronde
Zirkus m (~; -se) circus; gemeenz grote drukte; gedoe, reutemeteut
Zirpe v (~; -n) krekel
zirpen zw tjilpen; piepen ⟨v. krekels⟩
zischeln zw sissen
zischen zw sissen; zingen, razen ⟨v. water⟩; gemeenz *einen ~* er eentje pakken; *einem eine ~* gemeenz iem. een oorveeg geven
Zischlaut m sisklank
ziselieren zw ciseleren
Zisterne v (~; -n) cisterne, vergaarbak; regenbak,-put; tank
Zisterzienser [-tsi-'en-] m (-s; ~) cisterciënzer monnik
Zitadelle v (~; -n) citadel
Zitat o (-s; -e) citaat, aanhaling
Zither v (~; -n) muz citer
zitieren zw citeren, aanhalen; ontbieden, dagvaarden; oproepen ⟨v. geesten⟩; *zum Direktor zitiert werden* bij de directeur op het matje worden geroepen
Zitronat [-'naat] o (-s) sukade
Zitrone v (~; -n) citroen
Zitronenkraut o, **Zitronenmelisse** v plantk citroenmelisse
Zitronenpresse v citroenpers
zitterig beverig
zittern zw sidderen, beven, trillen; *~ wie Espenlaub* beven (trillen) als een rietje, bibberen als een juffershondje; *das Zittern* ⟨ook⟩ de bibberatie; *mit Z~ und Zagen* met angst en beven
zittrig beverig
Zitze v (~; -n) speen; gemeenz tepel, tiet
Zivi = *Zivildienstleistender*
zivil [-'viel] civiel, burgerlijk; beleefd; *~e Staatsbeamte* burgerlijke rijksambtenaren
Zivil o (-s) burgerstand; burgerkleding; *Offiziere in ~* officieren in burger, in politiek
Zivilbevölkerung v burgerlijke bevolking
Zivilcourage v zedelijke moed
Zivildienst m vervangende dienstplicht
Zivildienstleistender m iem. die vervangende dienstplicht doet, gewetensbezwaarde
Zivilisation v (~; -en) beschaving
Zivilisationskrankheit v beschavingsziekte
zivilisieren zw civiliseren, beschaven
Zivilist m (-en; -en) burger ⟨niet militair⟩, civilist
Zivilkleidung v burgerkleding

Zivilluftfahrt v burgerluchtvaart
Zivilrecht o burgerlijk recht
Zivilschutz m bescherming burgerbevolking
Zobel m (-s) sabeldier; sabelbont, sabelvel
zockeln zw sukkelen, sjokken
Zockeltrab m, **Zockeltrott** m sukkeldraf
Zofe v (~; -n) kamenier
Zoff m (-s) slang ruzie, mot, bonje
zögern zw talmen, aarzelen, dralen
Zögling m (-s; -e) kweekeling, leerling
Zölibat m & o (-s) celibaat
1 Zoll m (-(e)s) duim ⟨= 2 l/2 cm⟩; *jeder ~ ein Herr (Kavalier)* vero op en top een heer (gentleman)
2 Zoll m (-(e)s; Zölle) invoerrecht, tol, accijns; de douane(dienst)
Zollabfertigung v in-, uitklaring
Zollamt o douanekantoor
Zollbeamte(r) m douaneambtenaar, -beambte; ambtenaar v. invoerrechten en accijnzen; tolbeambte
zollen zw plechtig tol betalen; geven, betuigen; *einem Anerkennung ~* iem. waardering betuigen; *einem Beifall ~* met iem. instemmen, iem. toejuichen; *einem Dank ~* iem. dank zeggen
zollfrei tolvrij; vrij van invoerrechten
Zollgebühr v, **Zollgeld** o tolgeld
Zollkontrolle v douanecontrole
Zöllner m (-s; ~) tolbeambte; bijbel tollenaar; douaneambtenaar
zollpflichtig aan tol, invoerrechten onderhevig
Zollschranke v tol (slag)boom, tolhek
Zollstock m duimstok
Zone v (~; -n) zone; streek; wereldstreek, aardgordel; hist DDR
Zoo m ⟨als afk. v. *Zoologischer Garten*⟩ dierentuin
Zoologe [-o-o-] m (-n; -n) zoöloog, dierkundige
Zoologie [-'gie] v (~) zoölogie, dierkunde
zoologisch zoölogisch; *der ~e Garten* de dierentuin
Zopf m (-(e)s; Zöpfe) vlecht; staartpruik; pruikerigheid; fig oude pruik; zeurpiet; oude praatjes; roes; top ⟨v. boom⟩; soort gebak; *ein alter ~* iets totaal verouderds
Zorn m (-(e)s) toorn, drift; *einen ~ auf einen haben* kwaad op iemand zijn; *im ~* ⟨ook⟩ in arren moede
zornentbrannt in toorn ontstoken
zornig toornig, vergramd, driftig, kwaad
Zote v (~; -n) schuine mop
zotig vuil, onzedelijk, obsceen
zottelig ruig, harig; verward
zotteln zw sjokken, slenteren; zeuren
zottig ruig, harig, behaard
1 zu *voorz* (+ 3) te, tot; bij; naar; *~ zweien, ~ zweit* bij tweeën, met zijn tweeën; *~ verkaufen* te koop; *ich komme heute ~ dir* ik kom vandaag bij je; *~ Anfang* in 't begin; *~ Bett liegen* plechtig te bed liggen; *~ ebner Erde* gelijkvloers; *~r Hälfte* voor de helft; *Hotel ~m Mohren* Hotel (in) de Moriaan; *~r Not* desnoods; *zu Pferde* te paard; *~ Schiff* per schip; *~r Schule gehen*

zu

naar school gaan; ~ *dieser Stunde* op dit uur; ~ *Tage fördern* a. h. licht brengen; ~*r Tür hinaus* de deur uit; ~*r Unzeit* te ongelegener tijd; *drei Bücher* ~ *je 9 Mark* drie boeken tegen 9 Mark per stuk; *gratulieren* ~*m Geburtstag* feliciteren met de verjaardag; ~*m Fenster hinaussehen* uit 't raam kijken; *bis* ~ tot aan; *bis* ~*r Grenze* tot de grens; ~*r Zeit* op 't ogenblik, momenteel
2 zu *bijw* toe; *die Tür ist* ~ de deur is toe; ~ *viel,* ~ *wenig* te veel, te weinig; *nur* ~*!* vooruit maar!; *ich tue es nur* ~ *gern* ik doe het maar al te graag, dolgraag; ~ *schade!* doodjammer; ~ *nett, daß Sie mitkommen* alleraardigst dat u meekomt
Zubehör *o* toebehoren; onderdelen; <u>auto</u> accessoires; *mit allem* ~ met alles wat er bijhoort
zubeißen *st* toebijten, toehappen
zubereiten *zw* toebereiden; apprêteren
zubilligen *zw* toekennen; toestaan
zubinden *st* dicht-, toebinden
zublinzeln *zw* knipoogjes geven
zubringen *onr* doorbrengen; aanbrengen, toebrengen; overbrengen, verklikken; *den Koffer nicht* ~ de koffer niet dichtkrijgen
Zubringer *m* aanvoerroute, toegangsweg; bus (naar vliegveld)
Zubrot *o* wat men bij het brood eet; <u>fig</u> extraatje, bijverdienste
Zucht *v* (~; Züchte) tucht; zedigheid; eerbaarheid, ingetogenheid, braafheid; fokkerij, kwekerij, teelt; slag; *eine gute* ~ een goed slag; *junge* ~ jonge dieren
züchten *zw* fokken, kweken, telen
Züchter *m* (-s; ~) fokker, kweker
Zuchthaus *o* tuchthuis
züchtig zedig, eerbaar, ingetogen, kuis
züchtigen *zw* tuchtigen, straffen
zuchtlos bandeloos
Züchtung *v* (~; -en) teelt, het fokken
zuckeln *zw* sukkelen, sjokken
zucken *zw* trekken, trillen; stuiptrekkingen hebben; flitsen ⟨v. bliksem⟩; *die Achseln (mit den Achseln)* ~ de schouders ophalen; *ohne mit der Wimper zu* ~ zonder een spier te vertrekken, glashard
zücken *zw* trekken ⟨v.e. zwaard⟩; tevoorschijn halen
Zucker *m* suiker; *einfach* ~*!* gemeenz uitstekend!, prachtig!; ~ *haben* suikerziekte hebben
Zuckerbrot *o* suikerbrood, marsepein; *mit* ~ *und Peitsche* afwisselend zacht en streng
Zuckerdose *v* suikerpot, -bus
Zuckerguß, nieuwe spelling: **Zuckerguss** *m* glazuur (op gebak); gemeenz lofspraak
zuckerig suikerzoet; allerliefst
Zuckerkrankheit *v* med suikerziekte, diabetes
zuckern *zw* met suiker bestrooien, suikeren; konfijten
Zuckerrohr *o* suikerriet
Zuckerrübe *v* suikerbiet
Zuckerstreuer *m* suikerstrooier
Zuckerzeug *o* suikergoed, -werk
Zuckung *v* (~; -en) stuiptrekking, trilling

Zudecke *v* (bedden)deken
zudecken *zw* toedekken; <u>mil</u> onder vuur nemen
zudem bovendien, daarenboven
zudenken *onr:* *einem etwas* ~ iem. iets toedenken, voor iem. iets bestemmen
zudrehen *zw* dichtdraaien
zudringlich indringerig, lastig, onbeschaamd; *einer Dame gegenüber* ~ *sein* een dame lastig vallen
zudrücken *zw* dicht-, toedrukken, -duwen; *ein Auge* (beide Augen) ~ een oogje toedrukken, iets door de vingers zien, oogluikend toestaan
zueignen *zw* opdragen ⟨v. boek enz.⟩; *sich etwas* ~ zich iets eigen maken
Zueignung *v* opdracht ⟨in boek⟩
zueinander tot elkaar
zuerkennen *onr* toekennen, verlenen
zuerst eerst, het eerst; ten eerste
zufahren *st* voortrijden, -varen; ~ *auf* toerijden, -varen op
Zufahrt *v* oprit, oprijlaan
Zufahrtsstraße *v* aanvoerweg
Zufall *m* toeval; *ein bloßer* ~ zuiver (puur) toeval; *durch* ~ bij toeval
zufallen *st* toevallen, ten deel vallen
zufällig toevallig
Zufallstreffer *m* geluksgoal, toevalstreffer
zufassen *zw* aanpakken
zufliegen *st* toevliegen; *es fliegt ihm zu* het vliegt hem aan; *die Taube ist mir zugeflogen* de duif is bij mij komen aanvliegen
zufließen *st* toevloeien; ten deel worden
Zuflucht *v* toevlucht, schuilplaats; *seine* ~ *zu etwas nehmen* zijn toevlucht tot iets nemen
Zufluchtsort *m*, **Zufluchtsstätte** *v* wijkplaats, toevluchtsoord
Zufluß, nieuwe spelling: **Zufluss** *m* toevloed
zufolge naar, volgens; *dem Befehl* ~, ~ *des Befehls* volgens 't bevel
zufrieden tevreden; *ich bin es* ~ ik heb er vrede mee; ~ *mit* tevreden over; *laß mich* ~ laat mij met rust
zufriedengeben, nieuwe spelling: **zufrieden geben** *st: sich* ~ *mit* zich neerleggen bij, berusten in, zich schikken in
Zufriedenheit *v* tevredenheid
zufriedenstellen, nieuwe spelling: **zufrieden stelen** *zw* tevredenstellen
zufriedenstellend bevredigend
zufrieren *st* dichtvriezen
zufügen *zw* toevoegen, bijvoegen; *Schaden* ~ schade veroorzaken, berokkenen, toebrengen
Zufuhr *v* toevoer, aanvoer
zuführen *zw* toevoeren, aanvoeren; *einen dem Richter* ~ iem. voor de rechter brengen; *einem Kunden* ~ iem. klanten aanbrengen
Zug *m* (-(e)s; Züge) trein; tocht; zet; loop, trek; stoet; teug ⟨v. schepen⟩; span ⟨v. ossen⟩; <u>mil</u> peloton; koppel; teug, haal; *der* ~ *der Zeit* de tendentie (geest) van de tijd; *ein* ~ *im Gesicht* een trek in het gezicht; *es kommt* ~ *in die Sache* er komt schot in;

es ist kein ~ dahinter er zit geen schot in; *einen guten ~ haben* snel drinken; *auf einen ~* in één teug; *Vögel auf dem ~e* vogels op de trek; *in einem ~* aan één stuk; *in vier Zügen matt* in 4 zetten mat; *im ~ sein* in de trein zijn; in trek zijn; *im ~e der Entwicklung* in de loop van de ontwikkeling; *im ~e der Maßnahmen* in 't kader der maatregelen; *in großen Zügen* in grote trekken (lijnen); *in den letzten Zügen liegen* op sterven liggen; *in vollen Zügen* met volle teugen; *~ um ~* zet na zet, trek na trek; *zum ~e kommen* aan de zet, aan bod komen

Zugabe *v* toegift, cadeau; *~, ~!* roep om een toegift na een concert

Zugang *m* toegang; handel ingekomen bedrag; aanwas, toename; inkomende voorraden, artikelen; nieuwaangekomenen; nieuwe patiënt (in ziekenhuis); handel *Zugänge* vermeerderingen v.h. kapitaal v.e. onderneming; nieuwe aanwinsten

zugängig, zugänglich toegankelijk, genaakbaar, tegemoetkomend ⟨v. mensen⟩

Zugbrücke *v* ophaalbrug

zugeben *st* toegeven; erkennen

zugegen tegenwoordig, aanwezig

zugehen *onr* aanstappen; toegaan, gebeuren; dichtgaan; *geh zu!* toe!; *es geht bunt zu* 't gaat hier wild toe; *einem etwas ~ lassen* iemand iets doen toekomen, toesturen; *es geht auf Weihnachten zu* het loopt naar Kerstmis; *es geht nicht mit rechten Dingen zu* het is niet in de haak (niet pluis)

Zugeherin *v* ⟨~; -nen⟩, **Zugehfrau** *v* Oostr werkvrouw, schoonmaakster, daghulp

zugehören *zw* toebehoren; behoren tot

zugehörig bijbehorende, behorende tot

Zügel *m* ⟨-s; ~⟩ teugel, toom, breidel; *die ~ fest in der Hand haben* de touwtjes strak in handen hebben; *die ~ schießen lassen* de teugel laten vieren ⟨ook fig⟩

zugenäht gemeenz zwijgzaam; *verflixt und ~!* verduiveld!

zugereist van buiten komend; *ein Z~er* een vreemdeling ⟨vooral: iem. uit Noord- en Midden-Duitsland die in Beieren woont⟩

zugesellen *zw*: *sich einem ~* zich bij iem. voegen

zugestandenermaßen zoals toegegeven wordt

Zugeständnis *o* concessie

zugestehen *onr* toegeven, erkennen, inwilligen, toekennen

zugetan toegedaan, genegen, goedgunstig

Zugezogene(r) *m* iem. die zich pas ergens gevestigd heeft

Zugführer *m* hoofdconducteur; mil pelotonscommandant

zugießen *st* bijgieten

zugig tochtig

zügig vlot; doorlopend; handel gangbaar; gewild

Zugkraft *v* trekkracht; aantrekkingskracht

zugleich tegelijk, tegelijkertijd

Zugluft *v* tocht(wind)

Zugnummer *v* treinnummer; nummer, dat trekt

Zugpferd *o* trekpaard; *~ für den Wahlkampf* gemeenz stemmentrekker

Zugpflaster *o* trekpleister

zugreifen *st* toegrijpen, toetasten; aanpakken; *~d* flink, energiek, doortastend

Zugriff *m* 't toegrijpen, -tasten; greep, 't toeslaan, doortasten

zugrunde, nieuwe spelling ook: **zu Grunde**: *~ gehen* te gronde gaan; *~ legen* ten grondslag leggen, als basis nemen; *~ liegen* ten grondslag liggen; *~ richten* te gronde richten

Zugtier *o* trekdier

zugucken *zw* toekijken

zugunsten, nieuwe spelling ook: **zu Gunsten** (+ 2) ten gunste van

zugute te goed; *einem etwas ~ halten* iem. iets niet kwalijk nemen; *~ kommen* ten goede (te pas) komen; *sich ~ tun* zich te goed doen; *sich etwas ~ tun* zichzelf iets, een pleziertje gunnen; *sich etwas auf etwas ~ halten* zich op iets laten voorstaan

zuguterletzt ten laatste, uiteindelijk

Zugverkehr *m* treinverkeer, treinenloop

Zugvogel *m* trekvogel

Zugzwang *m* zetdwang; *in ~ kommen* (op een bepaalde manier) moeten reageren

zuhalten *st* toe-, dichthouden; *~ auf* (+ 4) aanhouden op

Zuhälter *m* souteneur, pooier

zuhanden: *~ des Herrn P.* de heer P. in handen

zuhängen *zw* met een gordijn bedekken

zuhauen *st* ⟨haute zu; zugehauen⟩ toeslaan; door houwen bewerken

zuhauf tezamen, te hoop; in massa

Zuhause *o* tehuis, thuis

Zuhilfenahme *v*: *unter ~* (+ 2) met behulp van

zuhinterst helemaal achteraan

zuhöchst het hoogst, op zijn hoogst

zuhören *zw* toehoren; auditeren; *hör' mal zu* luister eens goed; *mit halbem Ohr ~* met een half oor luisteren

Zuhörer *m* toehoorder

Zuhörerschaft *v* de toehoorders, gehoor, het auditorium

zuinnerst [tsoe-] in het diepst v. (zijn) ziel

zuklappen *zw* toe-, dichtklappen

zukleben *zw*, **zukleistern** *zw* dicht-, toeplakken

zuknallen *zw* dichtgooien, -slaan

zuknöpfen *zw* toe-, dichtknopen; *zugeknöpft* ⟨ook⟩ gesloten

zukommen *st* toekomen; voegen, zich schikken, passen; gebeuren, voorvallen; *auf einen ~* op iem. af-, toekomen; *einem etwas ~ lassen* iem. iets doen toekomen; *wie ist Ihnen das Gerücht zugekommen?* hoe is het gerucht tot u gekomen?

Zukost *v* toespijs; bijvoeding

Zukunft *v* ⟨~⟩ toekomst; gramm toekomende tijd; *in ~* in de toekomst; *in nächster ~* zeer binnenkort

zukünftig toekomstig; *seine Z~e* gemeenz zijn aanstaande, zijn verloofde

Zukunftsmusik *v* toekomstmuziek

zukunftsträchtig vol beloften voor de toekomst

zulächeln (+ 3) *zw* glimlachen tegen

zulachen (+ 3) *zw* toelachen

Zulage *v* toelage, tegemoetkoming; bijvoegsel ⟨ook bij vlees⟩; *mit* ~ garni

zulande, nieuwe spelling: **zu Lande**: *bei uns* ~ hier te lande

zulangen *zw* aanlangen; toetasten, zich bedienen; *ordentlich* ~ flink toetasten

zulänglich toereikend, voldoende

zulassen 't toelaten; dichthouden; toegeven, vergunnen, gedogen; *eine Ausnahme* ~ ⟨ook⟩ ontheffing verlenen

zulässig geoorloofd, toelaatbaar; *Berufung ist* ~ (hoger) beroep staat open

Zulassung *v* (~; -en) toelating, vergunning

Zulassungsstelle *v* auto bureau voor afgifte van kentekenbewijzen

Zulauf *m* toeloop

zulaufen *st* toelopen, komen aanlopen, toestappen; *Hund zugelaufen* hond komen aanlopen; *spitz* ~ spits, in een punt uitlopen

zulegen *zw* toeleggen, bijvoegen; geld erop toeleggen; zwaarder worden; *an Tempo* ~ het tempo opvoeren; *sich etwas* ~ zich iets aanschaffen; *sich ein Bäuchlein* ~ gemeenz een buikje fokken; *einen Zahn* ~ gemeenz sneller rijden, lopen

zuleide, nieuwe spelling ook: **zu Leide** *einem etwas* ~ *tun* iem. kwaad doen

zuleiten *zw* toevoeren; doorzenden

Zuleitung *v* toevoerleiding; doorzending

zuletzt 't laatst; eindelijk, ten laatste, ten slotte; *er kam* ~ hij kwam 't laatst; *nicht* ~, *weil...* niet in de laatste plaats, omdat...

zuliebe: *mir* ~ om mijnentwil, voor mijn plezier

Zulieferbetrieb *m* toeleveringsbedrijf

zum (samentrekking van *zu dem*), tot de, bij de, naar de; ~ *mindesten* op zijn minst; *Gasthof* ~ *Kaiser von Österreich* hotel De keizer van Oostenrijk; ~ *letzten Male* voor de laatste maal; ~ *Wohl!* prosit!

zumachen *zw* dichtmaken, -doen, toedoen, sluiten; voortmaken; *kein Auge* ~ geen oog dichtdoen; *(den Laden)* ~ gemeenz de zaak sluiten; inpakken

zumal *bijw* & *voegw* vooral, bovenal (omdat); tegelijk; *es geht nicht,* ~ *(da) ich dann verreist bin* het gaat niet, temeer omdat ik dan op reis ben

zumauern *zw* toe-, dichtmetselen

zumeist meest, merendeels, hoofdzakelijk

zumessen *st* toemeten, -bedelen

zumindest ten minste, op zijn minst

zumutbar wat geëist, gevergd kan worden

zumute, nieuwe spelling ook: **zu Mute** te moede; *mir ist traurig* ~ ik ben verdrietig; *mir ist nicht nach Musik* ~ mijn hoofd staat niet naar muziek, ik ben niet in de stemming voor muziek

zumuten *zw*: *einem etwas* ~ van iem. iets vergen, (tegen de billijkheid) verlangen

Zumutung *v* vordering, eis; ongerechtvaardigd verlangen; *eine* ~! ongehoord!

zunächst I *bijw* allereerst, in de eerste plaats; in 't eerste ogenblik; aanvankelijk, voorlopig; II *voorz* (+ 3) vlak bij

zunageln *zw* dicht-, toespijkeren

zunähen *zw* toe-, dichtnaaien

Zunahme *v* (~; -n) toename, groei, wasdom, vermeerdering, toeneming

Zuname *m* (-ns; -n) familienaam; bijnaam

Zündblättchen *o* klappertje

zünden *zw* vuur vatten, ontbranden, ontvlammen; inslaan ⟨v.e. grap, voordracht⟩; *den Motor* ~ de motor starten; ~ *die Lieder* geestdrift wekkende liederen; *es hat bei jemand gezündet* iem. heeft 't begrepen; *die Idee zündet nicht* het idee slaat niet aan; *der Motor zündet nicht* de motor slaat niet aan

Zunder *m* (-s; ~) tonder, tondel; gemeenz een pak slaag; gemeenz mil zwaar vuur; *das brennt wie* ~ dat brandt als een lier; ~ *bekommen* mil onder zwaar vuur komen te liggen

Zünder *m* (-s; ~) ontsteker, ontstekingsbuis; lont

Zündholz *o* Z-Duits, Oostr lucifer

Zündkerze *v* auto bougie

Zündschnur *v* mil slagkoord

Zündstoff *m* springstof, explosieve stof ⟨ook fig⟩

Zündung *v* (~; -en) ontbranding; ontsteking ⟨bij motor⟩, het aanslaan ⟨v. motor⟩

zunehmen *st* toenemen, vermeerderen, wassen; meerderen ⟨bij breien⟩; *(an Gewicht)* ~ aankomen (in gewicht); *bei* ~*dem Monde* bij wassende maan; *im* ~*den Alter* bij het klimmen der jaren

zuneigen (+ 3) *zw* neigen, overhellen naar; *sich seinem Ende* ~ ten einde lopen

Zuneigung *v* neiging, toegenegenheid

Zunft *v* (~; Zünfte) gilde, vak; groep vakgenoten, bent, kliek

zünftig vero tot het gilde behorende; vero vakkundig, v.h. vak, vak-; gemeenz fijn, echt, krachtig

Zunge *v* (~; -n) tong ⟨ook vis⟩; taal; *böse* ~*n* boze (kwade) tongen; *es liegt mir auf der* ~ 't zweeft me op de tong; *eine beredte, fertige* ~ *haben* een radde tong hebben, welbespraakt zijn; *es brennt mir auf der* ~ het brandt me op de lippen; *das geht mir glatt von der* ~ dat krijg ik makkelijk over mijn lippen

züngeln *zw* de tong uitsteken ⟨v. slang⟩; met spitse tong spreken, sissen; lekken ⟨v. vlammen⟩

Zungenband *o*, **Zungenbändchen** *o* tongriem

Zungenbrecher *m* zeer moeilijk uit te spreken woord of zin, tongbreker

zungenfertig welbespraakt

Zungenschlag *m* klik met de tong; spraakstoornis

Zünglein *o* (-s; ~) tongetje, evenaar ⟨v. balans, weegschaal⟩; *das* ~ *an der Waage sein* de doorslag geven, op de wip zitten

zunichte te niet, te gronde; ~ *machen* tenietdoen, vernietigen, verwoesten; ~ *werden* te gronde gaan

zunicken *zw* toeknikken

zunutze, nieuwe spelling ook: **zu Nutze** *sich etwas* (+ 3) ~ *machen* van iets profiteren

zuoberst bovenaan, bovenop

zuordnen (+ 3) zw toevoegen aan, onderbrengen bij

zupacken zw (flink) aanpakken

zupaß, (nieuwe spelling: **zupass**), **zupasse** te pas; ~ *kommen* te pas komen

zupfen zw trekken, plukken; afgrazen, afrukken ⟨v. gras door schapen bijv.⟩; muz tokkelen; slang bestelen; *am Ärmel* ~ aan de mouw trekken

Zupfinstrument o tokkelinstrument

zur (= *zu der*) ter, tot de; ~ *Hälfte* voor de helft; ~ *Not* desnoods

zuraten st aanraden

zuraunen zw toefluisteren

Zürcher I m (-s; ~) Züricher, inwoner van Zürich; **II** bn Züricher, van/uit Zürich

zurechnen zw rekenen tot; bijrekenen; aanrekenen; toeschrijven; ten laste leggen, wijten

zurechnungsfähig toerekenbaar, toerekeningsvatbaar; *vermindert (teilweise)* ~ verminderd toerekeningsvatbaar

zurechnungsunfähig ontoerekenbaar

zurechtbiegen st rechtbuigen; gemeenz weer in orde brengen

zurechtbringen onr in orde brengen; tot stand brengen

zurechtfinden st: *sich* ~ zich weten te helpen, de weg vinden

zurechtkommen st klaarkomen, zich redden, zijn weg vinden; op tijd komen; *mit einem* ~ met iemand overweg kunnen; *mit seinem Geld* ~ met zijn geld rondkomen; *kommst du zurecht?* red je het?, gaat het?

zurechtlegen zw terecht-, klaarleggen; in orde brengen; *sich etwas* ~ iets in orde brengen, van tevoren bedenken, zich iets (in een bepaalde vorm) voorstellen

zurechtmachen zw in orde maken; *sich* ~ zich opmaken ⟨v. dames⟩

zurechtrücken zw op de juiste plaats zetten; *einem den Kopf* ~ iem. op zijn nummer zetten

zurechtweisen st terechtwijzen; berispen; terechthelpen

zureden zw: *einem* ~ iem. tot iets trachten te bewegen, bij iem. aandringen; *einem gut, gütlich* ~ vriendelijk aandrang op iem. uitoefenen

zureichen zw toereikend (voldoende) zijn; aanreiken, aanbieden

zureichend voldoende

zureisen zw (ergens) heen reizen; (ergens) aankomen

Zureiter m pikeur, rijleraar

Züricher, = *Zürcher*

zurichten zw klaar-, gereedmaken; toebereiden; bewerken; apprêteren; lelijk mishandelen; vuilmaken; *übel* ~ lelijk toetakelen

zuriegeln zw toe-, dichtgrendelen

zürnen zw boos, toornig zijn of worden; *einem* ~ boos op iem. zijn

zurren zw scheepv sjorren

zurück terug; achtergebleven; ~! achteruit!

zurückbilden zw: *sich* ~ med atrofiëren

zurückbleiben st achterblijven; ten achter (achterop) raken (zijn); *geistig zurückgeblieben* achterlijk; *hinter den Erwartungen* ~ tegenvallen

zurückblicken zw terugzien, achteruitkijken

zurückdenken onr. ~ *an* (+ 4) terugdenken aan, aan iets van vroeger denken

zurückdrängen zw terugdringen

zurückdrehen zw terugdraaien

zurückfahren st terugrijden, -varen; terugdeinzen

zurückfinden st terugvinden; *zu einem* ~ de weg tot iem. terugvinden, tot iem. terugkeren

zurückführen zw terugvoeren, -leiden, -brengen; toeschrijven; *das ist darauf zurückzuführen* dat is daaraan toe te schrijven; *auf das richtige Ausmaß* ~ tot zijn ware proporties terugbrengen

zurückgeben st teruggeven; antwoorden, repliceren

zurückgehen onr teruggaan; achteruitgaan; dalen ⟨v. koersen, prijzen⟩; mil terugtrekken; minder worden

zurückhalten st achterhouden; beletten, dwarsbomen; *mit etwas nicht* ~ iets duidelijk doen blijken; *mit Anmerkungen nicht* ~ opmerkingen niet achterhouden; *die Presse hält sich zurück* de pers is erg gereserveerd

zurückhaltend terughoudend, gereserveerd

Zurückhaltung v terughoudendheid, gereserveerdheid

zurückkommen st terugkomen

zurücklassen st achterlaten

zurücklegen zw terug-, neerleggen; laten rusten; oversparen, opzij leggen ⟨v. geld⟩; afleggen ⟨v. weg⟩; Oostr ⟨ook⟩ neerleggen ⟨v. functie⟩

zurückliegen st sp achterstaan; *es liegt zwei Jahre zurück* 't ligt twee jaar achter ons

zurücknehmen st terugnemen, intrekken; *die Front* ~ mil 't front naar achteren verleggen

zurückschauen zw terugzien, achteruitkijken

zurückschlagen st terugslaan, -stoten, -springen; afslaan

zurückschrecken zw terugschrikken, -deinzen; zw afschrikken

zurücksetzen zw terug-, achteruitzetten, -plaatsen; achterstellen; auto achteruitrijden; *zurückgesetzte Waren* restant, overschot

zurückstecken zw inbinden, een toontje lager zingen; zich beperken

zurückstehen onr achterstaan; achterop zijn; iems. mindere zijn, achterblijven bij; achter de rooilijn staan, inspringen; *hinter einem* ~ bij iem. achterstaan

zurückstellen zw achteruitzetten; op de plaats zetten, terugzetten; reserveren,

zurückziehen

achterhouden; opschorten; <u>mil</u> voorlopig van dienst vrijstellen; terugzenden; <u>Oostr</u> ⟨ook⟩ teruggeven

zurückziehen *st* terugtrekken ⟨ook <u>mil</u>⟩; intrekken; *sich* ~ zich terugtrekken; achteruit-, terugkrabbelen; terug-, aftreden; *sich aufs Altenteil* ~ met pensioen gaan

Zuruf *m* toeroep; *durch* ~ bij acclamatie, met handgeklap

zurufen *st* toeroepen

zurüsten *zw* toe-, uitrusten

Zusage *v* ⟨~; -n⟩ belofte, toestemmend antwoord, toezegging

zusagen *zw* beloven, toezeggen, aannemen, accepteren ⟨v. uitnodiging⟩; passen, bevallen; voorzeggen ⟨op school⟩; *die Arbeit sagt mir zu* het werk bevalt me; *jmdm. einen Kredit* ~ iem. een krediet beloven

zusammen samen, tezamen, bijeen, bij elkaar, met elkaar

Zusammenarbeit *v* samenwerking

zusammenballen *zw* tot een bal maken, samenballen; samenbundelen; *sich* ~ zich samenpakken ⟨v. wolken⟩, zich ophopen

zusammenbeißen *st: die Zähne* ~ de tanden op elkaar zetten; *sich* ~ <u>gemeenz</u> aan elkaar aanpassen

zusammenbrauen *zw* <u>gemeenz</u> brouwen, samenstellen ⟨v. drank⟩; <u>fig</u> fantaseren; *sich* ~ zich samenpakken ⟨v. wolken, onweer⟩; *es braut sich etwas zusammen* er broeit iets

zusammenbrechen *st* in(een)storten, neerzinken, ineenzakken; niet verder kunnen; *eine zusammengebrochene Firma* een gefailleerde firma

Zusammenbruch *m* in(een)storting, val; inzinking; debacle, catastrofe, ondergang; breakdown; faillissement

zusammenfahren *st* ineenkrimpen ⟨v. schrik⟩; <u>auto</u> op elkaar botsen; in de prak rijden

zusammenfallen *st* invallen, instorten, bouwvallig worden; samenvallen

zusammenfalten *zw* op-, dubbelvouwen

zusammenfassen *zw* samenvatten; *zusammengefaßtes Feuer* <u>mil</u> geconcentreerd vuur

Zusammenfassung *v* samenvatting

zusammenflicken *zw* aan elkaar naaien; <u>fig</u> in elkaar flansen

zusammenfügen *zw* samenvoegen

zusammengehen *onr* samengaan; verminderen, inkrimpen

zusammengehören *zw* bijeenhoren

Zusammengehörigkeitsgefühl *o* saamhorigheidsgevoel

zusammengesetzt samengesteld

Zusammenhalt *m* saamhorigheidsgevoel, solidariteit

zusammenhalten *st* bij elkaar houden; met elkaar vergelijken; elkaar trouw blijven, één lijn trekken

Zusammenhang *m* samenhang; *im* ~ in 't verband; *mit etwas im* ~ *stehen* met iets verband houden

zusammenhängen *st* samenhangen, verband hebben met elkaar; *wie die Kletten* ~ *als de klitten aan elkaar hangen*

zusammenhängend samenhangend

zusammenhanglos zonder samenhang, los van elkaar

zusammenklappen *zw* dichtklappen; dubbel vouwen; ~ *(wie ein Taschenmesser)* <u>gemeenz</u> inelkaar zakken

zusammenkommen *st* samenkomen, vergaderen; bijeenkomen; tegelijk gebeuren; verzamelen, bijeenkomen ⟨v. geld e.d.⟩

Zusammenkunft *v* samen-, bijeenkomst, vergadering

zusammenlaufen *st* samenstromen, samenlopen, te hoop lopen; inkrimpen; stremmen; *einem läuft das Wasser im Mund(e) zusammen* iem. watertandt

zusammenlegen *zw* bij elkaar leggen; toevouwen; combineren, bijeen-, samenvoegen, verenigen; botje bij botje leggen

zusammennehmen *st* samennemen; vergaren ⟨v. krachten⟩; *seine Gedanken* ~ zijn gedachten bij elkaar houden; goed nadenken; *seine Kräfte* ~ al zijn krachten vergaren; *seine (fünf) Sinne* ~ zich concentreren; *sich* ~ zich beheersen; zijn krachten vergaren; *alles zusammengenommen* alles tezamen genomen

zusammenpassen *zw* bij elkaar passen; *wie Topf und Deckel* ~ <u>gemeenz</u> goed bij elkaar passen

zusammenpferchen *zw* opeenpakken, samenpersen

zusammenreimen *zw* in overeenstemming brengen met; verklaren; *das reimt sich nicht zusammen* dat past niet bij elkaar

zusammenreißen *st: sich* ~ zich vermannen; *reiß dich zusammen!* beheers je!

zusammenrotten *zw: sich* ~ samenscholen, -rotten, -spannen, -zweren

zusammenrücken *zw* ineen-, opschuiven

zusammenscheißen *st* <u>gemeenz</u> uitschelden, -foeteren, de mantel uitvegen

zusammenschlagen *st* ineen-, stukslaan; ineenvouwen; in elkaar timmeren; *einen* ~ iem. vreselijk afranselen; *die Hacken* ~ <u>mil</u> de houding aannemen; *die Hände überm Kopf* ~ de handen van verbazing in elkaar slaan

zusammenschließen *st* aaneensluiten; *sich* ~ zich aaneensluiten

Zusammenschluß, nieuwe spelling: **Zusammenschluss** *m* aaneensluiting; fusie

zusammenschrecken *st* & *zw* ineenkrimpen v. schrik

zusammenschreiben *st* aan elkaar schrijven; met schrijven verdienen; neerpennen

zusammenschrumpfen *zw* ineenkrimpen, slinken, verschrompelen

Zusammensein *o* bijeen-, samenzijn

zusammensetzen *zw* samenstellen, in elkaar zetten; bijeenzetten; <u>auto</u> assembleren; *sich* ~ bij elkaar gaan zitten; samen overleggen; samengesteld zijn; *ein zusammengesetzter Satz* een samengestelde zin

Zusammensetzung *v* samenstelling; bijeenplaatsing; <u>auto</u> assemblage

zusammensitzen *st* bij elkaar zitten

zusammenstecken zw aan elkaar steken; bij elkaar zitten; *die Köpfe* ~ de hoofden bijeensteken
zusammenstellen zw bijeenplaatsen, naast elkaar plaatsen; samenschikken; samenstellen (v.e. programma); (overzichtelijk) bijeenvoegen, vergelijken; *Ziffern* ~ cijfers groeperen
Zusammenstellung v overzicht; groepering
zusammenstimmen zw samenstemmen, overeenstemmen, harmoniëren
Zusammenstoß m botsing; aanvaring, schok; *frontaler* ~ auto frontale botsing
zusammenstoßen st tegen elkaar stoten; aanvaren; botsen; aan elkaar grenzen; ruzie hebben
zusammenstürzen zw ineenstorten
zusammentragen st bijeendragen, verzamelen
zusammentreffen st elkaar ontmoeten, samenkomen, samenvallen
zusammentreten st bijeenkomen; in elkaar trappen
zusammentrommeln zw bijeentrommelen
zusammentun onr bij elkaar doen; *sich* ~ zich verenigen
zusammenzählen zw optellen; samentellen, bijeenrekenen
zusammenziehen st samentrekken; gaan samenwonen; *sich* ~ zich samentrekken, (in)krimpen
zusammenzucken zw schrikken, een schok krijgen, ineenkrimpen van schrik
Zusatz m bijvoegsel, bijmenging, aanhangsel, toevoeging
zusätzlich aanvullend, extra; ~*e Arbeit* extrawerk
Zusatzversicherung v aanvullende verzekering
Zusatzzahl v reservegetal (bij lotto)
zuschanden, nieuwe spelling ook: **zu Schanden** *ein Auto* ~ *fahren* een auto in de soep (prak) rijden; ~ *gehen* kapotgaan, eraan gaan; *ein Pferd* ~ *reiten* een paard kapot rijden
zuschanzen zw: *einem etwas* ~ iem. iets toestoppen; *einem die Schuld* ~ de schuld op iem. schuiven; *sich etwas* ~ iets voor zich zelf inpikken
zuschauen zw toekijken, -zien, aanschouwen
Zuschauer m (-s; ~) toeschouwer
Zuschauerraum m zaal
zuschicken zw toezenden, -sturen
zuschieben st dicht-, toeschuiven; *einem die Schuld* ~ de schuld op iem. schuiven
zuschießen st erbij doen, toeschieten; ~ *auf* (+ 4) toeschieten, toesnellen op
Zuschlag m toeslag, bijslag, opcenten; toewijzing (op veiling); bijbetaling, suppletie; ~ *zur (auf die) Gewinnsteuer* opcenten op de winstbelasting
zuschlagen st dichtslaan; erbij voegen; toewijzen
zuschlagpflichtig: *ein* ~*er Zug* een trein waarvoor toeslag betaald moet worden

zuschließen st dichtdoen, sluiten
zuschnallen zw dichtgespen
zuschnappen zw dichtvallen, -klappen; toehappen, -bijten
zuschneiden st snijden, gereed snijden; knippen (v. kleren), pasklaar maken (ook fig)
Zuschneider m coupeur
Zuschnitt m model, fatsoen; stijl, manier v. leven
zuschnüren zw toerijgen, -binden, -snoeren; *einem die Gurgel* ~ iem. de keel dichtknijpen (ook fig); *die Kehle ist ihm wie zugeschnürt* hij kan geen woord uitbrengen
zuschreiben st toeschrijven; ten laste leggen, wijten
Zuschrift v ingekomen brief, schrijven
zuschulden, nieuwe spelling ook: **zu Schulden**: *sich etwas* ~ *kommen lassen* zich aan iets schuldig maken
Zuschuß, nieuwe spelling: **Zuschuss** m subsidie, financiële bijdrage, toelage; typ inschiet
zuschustern zw toespelen; toeschieten; *einem etwas* ~ (ook) iem. iets toestoppen
zuschütten zw toe-, dichtwerpen, dempen
zusehen st toezien, toeschouwen; *untätig* ~ toekijken zonder de hand uit te steken; *soll ich da ruhig* ~? moet ik dat maar accepteren, op zijn beloop laten?; *sieh zu, daß...* zie maar, dat...; *dem Spiel* ~ naar 't spel kijken
zusehends zienderogen
zusenden onr toezenden, -sturen
zusetzen zw bijvoegen, -zetten; erbij inschieten, erop toeleggen (v. geld); (+ 3) in 't nauw brengen, lastig vallen; kwellen; hevig aangrijpen (v. ziekte); *einem hart* ~ (ook) iem. erg in 't nauw brengen; *nicht viel zuzusetzen haben* niet veel bij te zetten hebben (= mager zijn)
zusichern zw vast beloven, verzekeren, toezeggen
Zusicherung v (~; -en) toezegging, verzekering
zusperren zw toe-, afsluiten
zuspielen zw: *einem den Ball* ~ sp & fig iem. de bal toespelen; *einem etwas* ~ iem. iets toespelen
zuspitzen zw toespitsen, pointeren, puntig maken; *sich* ~ spits worden; in een punt uitlopen; fig gevaarlijker worden, zich toespitsen, zich verscherpen
zusprechen (+ 3) st toespreken; vermanen; bemoedigen, troosten; toekennen; *sprich nur zu!* spreek maar op!; *dem Essen* ~ zich aan 't eten te goed doen; *einem ein Kind* ~ een kind toewijzen; *einem Mut* ~ iem. moed inspreken; *einem einen Preis* ~ iem. een prijs toekennen; *einem das Sorgerecht* ~ iem. met de ouderlijke macht bekleden; *einem Trost* ~ iem. troosten; *dem Wein* ~ de wijn flink aanspreken
Zuspruch m aanspraak, bemoediging, vertroosting, opmontering; aandringen; *der Laden hat viel (findet großen)* ~ die winkel heeft veel aanloop; *geistlicher* ~ geestelijke troost

Zustand *m* toestand, staat; *das ist doch kein ~ gemeenz* dat gaat toch niet; *Zustände haben gemeenz* 't op de zenuwen hebben

zustande, nieuwe spelling ook: **zu Stande** *~ bringen* tot stand brengen; voor elkaar brengen; *~ kommen* tot stand komen

zuständig bevoegd, competent; verantwoordelijk; passend; *in Wien ~ Oostr*, plechtig in Wenen thuishorend, gedomicilieerd; *~ nach Oostr* afkomstig van; *er ist ~er Polizeidirektor* hij is in functie als politiechef; *(+ 3) onr e Portion* het wettig erfdeel, de legitieme portie

Zuständigkeit *v* bevoegdheid, competentie; domicilie

Zuständigkeitsbereich *m* ressort, competentie

zustatten: *~ kommen* van pas komen

zustecken *zw* dichtspelden; toestoppen, heimelijk in de hand stoppen

zustehen *(+ 3) onr* passen, voegen, geoorloofd zijn, toekomen; *das steht mir zu* daarop heb ik recht

zusteigen *st* bijklimmen; (ergens bij) instappen

zustellen *zw* ter hand stellen, overhandigen; bezorgen, bestellen; volzetten; *eine Vorladung amtlich ~* een dagvaarding betekenen

zusteuern *zw* bijdragen; *~ auf* toesturen op

zustimmen *zw* toestemmen; *einem ~* iem. gelijk geven, met iem. instemmen

Zustimmung *v* in-, toestemming

zustoßen *st* dichtstoten; *(+ 3)* overkomen, gebeuren

zustreben *zw* nastreven; aansturen op, gaan naar; *der Küste ~* op de kust afstevenen

Zustrom *m* toevloed

zustürzen *zw*: *auf einen ~* op iem. toevliegen

zutage, nieuwe spelling ook: **zu Tage** aan de oppervlakte; *~ bringen, fördern* a. h. daglicht brengen; *(offen) ~ liegen* duidelijk zijn; *~ kommen, treten* aan 't licht treden

Zutat *v* bijvoegsel; ingrediënt; extraatje; *~en* ingrediënten; bijbehoren; fournituren (v. kleermakers)

zuteil ten deel; *~ werden* ten deel vallen

zuteilen *zw* be-, toedelen; indelen bij; toewijzen (bijv. bij inschrijvingen)

Zuteilung *v* toewijzing; distributie

zutiefst uiterst, diep, zeer (beledigd, gekwetst enz.)

zutragen *st* aandragen, aanbrengen, oververtellen, -brengen, verklikken; *sich ~* zich toedragen, gebeuren

Zuträger *m* verklikker

zuträglich nuttig, dienstig, voordelig, bevorderlijk; *der Gesundheit ~* goed voor de gezondheid

zutrauen *zw*: *einem etwas ~* iem. tot iets in staat achten, iets v. iem. verwachten; *sich etwas ~* iets aandurven

Zutrauen *o (-s)* vertrouwen; *~ haben zu* vertrouwen stellen in

zutraulich vriendelijk, lief; vertrouwelijk

zutreffen *st* uitkomen, kloppen, opgaan; *~d* juist; *das trifft nicht zu* (ook) dat snijdt geen hout; *nicht Z~des bitte streichen* verzoeke door te halen, wat niet gewenst wordt

zutreten *st* dichttrappen

zutrinken *(+ 3) st* toedrinken

Zutritt *m* toegang; toetreding; *~ verboten* verboden toegang

zutun *onr* dicht-, toedoen, erbij voegen (doen)

Zutun *o* toedoen; *ohne mein ~* buiten mijn toedoen

zutunlich innemend, aimabel, vriendelijk

zuungunsten [tsoe-'oen-], nieuwe spelling ook: **zu Ungunsten** *(+ 2)* ten nadele van

zuunterst [tsoe-'oen-] helemaal onderaan

zuverlässig betrouwbaar; vol vertrouwen

Zuversicht *v (~)* vertrouwen; toeverlaat

zuversichtlich vol vertrouwen, met vertrouwen, overtuigd

zuviel, nieuwe spelling ook: **zu viel** te veel; *das Zuviel* het teveel; *einen ~ haben* niet goed bij zijn verstand zijn; beschonken zijn

zuvor tevoren; vooraf; voor alles

zuvörderst allereerst, in de eerste plaats

zuvorkommen *(+ 3)* [tsoe'foor-] *st* voor-'komen; *einem ~* iem. te vlug af zijn, iem. een vlieg afvangen

zuvorkommend voorkomend, dienstvaardig, dienstwillig

Zuwachs *m* groei; vermeerdering, aanwas, toeneming, aanvulling; *auf ~* op de groei

zuwachsen *st* dicht-, aangroeien; *~ (+ 3)* te beurt vallen

Zuwachsrate *v* groeipercentage

Zuwanderer *m* immigrant

Zuwanderung *v* immigratie, vestiging

zuwarten *zw* afwachten

zuwege, nieuwe spelling ook: **zu Wege** *gut ~* goed ter been, goed gezond; *~ bringen, mit etwas ~ kommen* klaarspelen, voor elkaar krijgen, tot stand brengen

zuweilen soms

zuweisen *st* toewijzen; *eine Lieferung ~* een levering gunnen

Zuweisung *v* toewijzing, toevoeging

zuwenden *onr* toewenden, -keren, -draaien; verschaffen, bezorgen; schenken; *einer Stiftung Geld ~* een stichting met geld begunstigen

Zuwendung *v* schenking, toelage

zuwenig, nieuwe spelling: **zu wenig** te weinig

zuwerfen *st* toewerpen; dichtwerpen, dichtgooien, dempen

zuwider *(voorz + 3)* tegen, in spijt van; *dem Geschmack ~* smakeloos; *dem Gesetz ~* in strijd met de wet; *den Vorschriften ~* tegen de voorschriften; *das ist mir ~* daar walg ik van

zuwiderhandeln *(+ 3) zw* in strijd handelen met

zuwinken *(+ 3) zw* toewenken, -wuiven, -zwaaien

zuzahlen *zw* bijbetalen, bijpassen

zuzählen *zw* bijtellen, optellen bij

zuzeiten soms, af en toe, bijtijden
zuziehen *st* dicht-, toetrekken, toehalen; erbij halen, uitnodigen; ergens komen wonen, ergens bij intrekken; *einen Arzt* ~ een dokter raadplegen, roepen; *sich eine Erkältung* ~ zich een verkoudheid op de hals halen; *zugezogen* pas gevestigd
Zuzug *m* 't aanrukken, toevloed, toeloop, vermeerdering, versterking
zuzüglich (+ 2) met bijvoeging van, vermeerderd met; ~ *der Zinsen* plus de rente
ZVS = *Zentralstelle für die Vergabe von Studienplätzen* centraal bureau voor de toewijzing van studieplaatsen aan alle universiteiten
zwacken *zw* (k)nijpen, knellen, drukken, plagen
Zwang *m* (-(e)s) dwang, geweld; *aus* ~ gedwongen; *unter* ~ onder dwang; met behulp van de sterke arm
zwängen *zw* drukken, persen, klemmen; dwingen, pijnigen, kwellen, plagen
zwanghaft gedwongen
zwanglos vrij van dwang, ongedwongen, vrij; *in* ~*er Folge* in afleveringen op onbepaalde tijden
Zwangsanleihe *v* gedwongen lening
Zwangsarbeit *v* dwangarbeid
Zwangsjacke *v* dwangbuis
Zwangslage *v* noodtoestand, dwangpositie
zwangsläufig *bn* automatisch, noodzakelijk, onvermijdelijk; *bijw* als noodzakelijk gevolg, noodzakelijkerwijs
Zwangsräumung *v* gedwongen ontruiming
zwangsversetzt voor straf overgeplaatst
Zwangsvorstellung *v* dwangvoorstelling, idee-fixe
zwangsweise gedwongen, onder dwang; bij executie
zwanzig twintig; ~ *an der Zahl, zu* ~ met zijn twintigen; *die* ~*er Jahre* de jaren twintig
Zwanziger *m* (-s; ~) twintiger, iem. tussen de 20 en 30 jaar
Zwanzigstel *o* (-s; ~) twintigste
zwar wel is waar; wel; *und* ~ en wel
Zweck *m* (-(e)s; -e) doel, oogmerk, doeleinde; punaise; houten pin, plug; *das ist der* ~ *der Übung* daar is het om te doen, dat is (was) de bedoeling; *das hat keinen* ~ dat dient tot niets, dat heeft geen zin; *zu diesem* ~ met dat doel, te dien einde
zweckdienlich doelmatig, geschikt, passend
Zwecke *v* (~; -n) houten pin, nagel; punaise
zwecken *zw* pinnen, vastpinnen
zweckentsprechend aan het doel beantwoordend, doelmatig, -treffend
zwecklos doelloos; *das ist* ~ dat heeft geen zin
Zwecklosigkeit *v* doelloosheid
zweckmäßig doelmatig
zwecks (*voorz* + 2) ten behoeve van; met het doel om, om te
zweckwidrig ondoelmatig, tegen 't doel indruisend

zwei twee; *während* ~*er Jahre* gedurende twee jaar; *zu* ~*en, zu* ~*t* met zijn tweeën; twee aan twee
Zweibettzimmer *o* tweepersoonskamer
zweideutig dubbelzinnig; verdacht
zweieiig twee-eiig
Zweier *m* (-s; ~) cijfer 2; de twee; tweepfennigstuk; tweepersoonskano
zweierlei tweeërlei; *eine Vorliebe für* ~ *Tuch* een voorliefde voor uniformen, voor de militairen
zweifach tweevoudig; *das Z*~*e* het tweevoud
Zweifamilienhaus *o* twee-onder-een-kap (= bep. type woning)
Zweifel *m* (-s; ~) twijfel, twijfeling; ~ *an* (+ 3) twijfel aan; *außer* ~ *stehen* buiten twijfel staan; *ohne* ~ zonder twijfel, ongetwijfeld; *in* ~ *ziehen* in twijfel trekken; *nicht der leiseste* ~ niet de geringste twijfel; *über etwas nicht im* ~ *sein* over iets niet in twijfel zijn
zweifelhaft twijfelachtig, dubieus, bedenkelijk; ~*e Forderungen* dubieuze vorderingen
zweifellos ongetwijfeld
zweifeln *zw:* ~ *an* (+ 3) twijfelen aan, aarzelen
Zweifelsfall *m* twijfelgeval; *im* ~ in geval van twijfel, in dubio
zweifelsfrei, zweifelsohne zonder twijfel
Zweifler *m* (-s; ~) twijfelaar
Zweig *m* (-(e)s; -e) twijg, tak, telg, spruit; afdeling 〈v. vereniging〉; *auf einen grünen* ~ *kommen* vooruitkomen, succes hebben; *auf keinen grünen* ~ *kommen* 't niet ver brengen
zweigleisig spoorw dubbelsporig
Zweigniederlassung *v*, **Zweigstelle** *v* filiaal
zweijährig tweejarig
zweijährlich tweejaarlijks
Zweikampf *m* tweekamp, -gevecht, duel
zweimal tweemaal, twee keer
zweimalig tweemaal plaatsvindend, herhaald
zweimonatig tweemaands
zweimonatlich tweemaandelijks
Zweirad *o* tweewieler, fiets
zweischneidig tweesnijdend
zweiseitig tweezijdig
zweisilbig tweelettergrepig
Zweisitzer *m* (-s; ~) slee, rijtuig, vliegtuig, auto, kano enz. met twee zitplaatsen; tweepersoonsauto
zweisprachig tweetalig
zweispurig auto in 2 files naast elkaar; ~*e Straße* tweebaansweg
zweistellig met 2 cijfers, met 2 decimalen
zweistimmig tweestemmig
zweistöckig met twee verdiepingen
zweitägig tweedaags
zweitbest op een na de (het) beste
zweite tweede; *das* ~ *Gesicht* het tweede gezicht; ~*r Vorsitzender* vice-voorzitter; *wie kein* ~*r* beter dan wie dan ook
zweiteilig tweedelig; ~*es Kostüm* deux-pièces

zweitens ten tweede
Zweitfrisur v pruik
zweitklassig tweederangs
zweitrangig tweederangs
Zweitschrift v duplicaat, kopie
Zweitstimme v tweede stem ⟨bij verkiezingen⟩
zweitürig auto met twee deuren, tweedeurs
Zweitwagen m tweede auto
zweiwöchentlich tweewekelijks
zweiwöchig tweeweeks, van twee weken
Zwerchfell o middenrif
Zwerg m (-(e)s; -e) dwerg
Zwetsch(g)e v (~; -n) plantk kwets; gemeenz pruim
Zwickel m (-s; ~) klink; wig; wigvormige uitloper; versterking, inzetsel ⟨aan de hiel bij kous, in het kruis bij badpak⟩; *ein verdrehter ~* een zot type, een zonderling
zwicken zw knijpen; pinnen; nijpen; plagen; Oostr knippen ⟨v. kaartje⟩
Zwickmühle v molen ⟨bij molenspel⟩; dilemma; *in der ~ sein* in de benauwdheid zitten
Zwieback m (-s; -bäcke & -e) beschuit
Zwiebel v (~; -n) plantk ui; (bloem)bol; knol (= oud of lomp horloge); bol ⟨op kerktoren⟩; opgerolde haarvlecht
zwiebeln zw met uien kruiden; met uien wrijven; plagen, pesten; koeioneren ⟨v. bijv. rekruten⟩; gemeenz proppen; *das Z~* pesterij, gepest
Zwiegespräch o gesprek ⟨v. twee mensen⟩; samenspraak, dialoog
Zwielicht o schemerlicht, schemering, schemerdonker
zwielichtig dubbelzinnig, dubieus; geheimzinnig
Zwiespalt m tweespalt, -dracht; *~ der Gefühle* tweestrijd der gevoelens
zwiespältig disharmonisch, verdeeld; *~e Gefühle* tegenstrijdige gevoelens; *die Börse war ~* de beurs was verdeeld
Zwiesprache v onderhoud, gesprek; dialoog; *mit einem ~ halten* met iem. overleg plegen
Zwietracht v tweedracht, twist
Zwilch m ((-e)s) **Zwillich** m (-s) tijk ⟨stof⟩, pilo
Zwilling m (-s; -e) één van een tweeling; dubbelloopsgeweer
Zwingburg v citadel
Zwinge v (~; -n) ijzeren boei, klemhaak; klem; ijzeren beslag
zwingen (zwang; gezwungen) dwingen, noodzaken; *er wird es schon ~* reg hij zal 't wel klaarspelen, bolwerken; *einen in die Knie ~* iemand op de knieën krijgen, onderwerpen; *gezwungener Stil* onnatuurlijke stijl
Zwinger m (-s; ~) bedwinger; kooi, hok ⟨voor wilde dieren⟩; kennel; binnensingel, onderwal; versterkte toren, gevangenis
zwinkern zw twinkelen; *mit den Augen ~* knipogen, met de ogen knippe(re)n
zwirbeln zw draaien, opdraaien ⟨v. haar, snor⟩
Zwirn m (-(e)s; -e) garen ⟨uit twee draden gedraaid⟩, twijn; gemeenz duiten; Oostr, mil dril
zwirnen zw tweernen, twijnen
Zwirnsfaden m dunne draad; fig ⟨aan een⟩ zijden draad (= in gevaar)
zwischen tussen
Zwischenakt m entr'acte
Zwischenbemerkung v ingelaste, terloopse opmerking
zwischendurch tussendoor, nu en dan, ondertussen
Zwischenergebnis o voorlopig resultaat
Zwischenfall m (onaangenaam) voorval, incident
Zwischenlösung v interimoplossing, voorlopige oplossing; compromis
zwischenmenschlich: *~e Beziehungen* intermenselijke betrekkingen
Zwischenraum m tussenruimte
Zwischenruf m onderbreking, interruptie
Zwischenspiel o tussenspel, intermezzo
zwischenstaatlich tussen de staten onderling, internationaal
Zwischenzeit v tussentijd, tussenpoos; *in der ~* intussen
Zwist m (-(e)s; -e & Zwistigkeiten) twist, geschil, strijd
zwitschern zw sjilpen, kwinkeleren; *einen ~* gemeenz er eentje pakken; *einem eine ~* gemeenz op iem. schieten
Zwitter m (-s; ~) tweeslachtig mens, dier of plant; hermafrodiet
zwittrig tweeslachtig
zwo ⟨bij telefoon, radio gebruikt voor *zwei*⟩ twee
zwölf twaalf; *die Z~* de twaalf apostelen; *von ~ bis Mittag* gemeenz, schertsend geen ogenblik; *fünf Minuten vor ~* vijf minuten voor twaalf, fig de allerhoogste tijd
Zwölftel o (-s; ~) twaalfde (gedeelte)
Zyankali(um) o cyaankali
zyklisch cyclisch, als cyclus
Zyklon m (-s; -e) cycloon, wervelstorm
Zyklop m (-en; -en) cycloop
Zyklotron o (-s; -e) cyclotron
Zyklus m (~; Zyklen) cyclus, kring, reeks
Zylinder m (-s; ~) cilinder, ronde zuil, rolsteen, rol; hoge hoed
zylindrisch cilindervormig, cilindrisch
Zyniker ['tsu-ni-ker] m (-s; ~) cynicus
zynisch cynisch, onbeschaamd, spottend
Zynismus m (~; -men) cynisme
Zypern o (-s) Cyprus
Zyste v (~; -n) cyste

BIJLAGEN

DUITSE ONREGELMATIGE WERKWOORDEN
DEUTSCHE UNREGELMÄßIGE VERBEN

(De met een * aangeduide werkwoorden komen ook zwak verbogen voor)

ONBEP. WIJS	O.T.T AANTONENDE WIJS	O.V.T. AANTONENDE WIJS	O.V.T. VAN DE KONJUNKTIV	GEBIEDENDE WIJS	VOLT. DEELW.[1]
backen*	ich backe, du bäckst, er bäckt	backte, buk	büke	back(e)	h. gebacken
befehlen	ich befehle, du befiehlst, er befiehlt	befahl	beföhle	befiehl	h. befohlen
befleißen (sich)	ich befleiße, du befleiß(es)t, er befleißt	befliß	beflisse	befleiß(e)	h. beflissen
beginnen	ich beginne, du beginnst, er beginnt	begann	begönne (begänne)	beginn(e)	h. begonnen
beißen	ich beiße, du beißest (beißt), er beißt	biß	bisse	beiß(e)	h. gebissen
bergen	ich berge, du birgst, er birgt	barg	bürge (bärge)	birg	h. geborgen
bersten	ich berste, du birst (berstest), er birst (berstet)	barst (borst)	börste (bärste)	birst	i. geborsten
besinnen	ich besinne, du besinnst, er besinnt	besann	besänne (besönne)	besinn(e)	h. besonnen
besitzen	ich besitze, du besitz(es)t, er besitzt	besaß	besäße	besitz(e)	h. besessen
betrügen	ich betrüge, du betrügst, er betrügt	betrog	betröge	betrüg(e)	h. betrogen
bewegen*	ich bewege, du bewegst, er bewegt	bewog	bewöge	beweg(e)	h. bewogen
biegen	ich biege, du biegst, er biegt	bog	böge	bieg(e)	h. gebogen
bieten	ich biete, du bietest, er bietet (vero beutst, beut)	bot	böte	biet(e)	h. geboten
binden	ich binde, du bindest, er bindet	band	bände	bind(e)	h. gebunden
bitten	ich bitte, du bittest, er bittet	bat	bäte	bitte	h. gebeten
blasen	ich blase, du bläs(est)t, er bläst	blies	bliese	blas(e)	h. geblasen

[1] h. = hulpwerkwoord *haben*; i. = hulpwerkwoord *sein*

DUITSE ONREGELMATIGE WERKWOORDEN

ONBEP. WIJS	O.T.T AANTONENDE WIJS	O.V.T. AANTONENDE WIJS	O.V.T. VAN DE KONJUNKTIV	GEBIEDENDE WIJS	VOLT. DEELW.[1]
bleiben	ich bleibe, du bleibst, er bleibt	blieb	bliebe	bleib(e)	i. geblieben
braten	ich brate, du brätst, er brät	briet	briete	brat(e)	h. gebraten
brechen	ich breche, du brichst, er bricht	brach	bräche	brich	h. gebrochen
brennen	ich brenne, du brennst, er brennt	brannte	brennte	brenn(e)	h. gebrannt
bringen	ich bringe, du bringst, er bringt	brachte	brächte	bring(e)	h. gebracht
denken	ich denke, du denkst, er denkt	dachte	dächte	denk(e)	h. gedacht
dreschen	ich dresche, du drisch(e)st, er drischt	drasch (drosch)	drösche (dräsche)	drisch	h. gedroschen
dringen	ich dringe, du dringst, er dringt	drang	dränge	dring(e)	h. gedrungen
dürfen	ich darf, du darfst, er darf	durfte	dürfte	-	h. gedurft
empfangen	ich empfange, du empfängst, er empfängt	empfing	empfinge	empfang(e)	h. empfangen
empfehlen	ich empfehle, du empfiehlst, er empfiehlt	empfahl	empföhle	empfiehl	h. empfohlen
empfinden	ich empfinde, du empfindest, er empfindet	empfand	empfände	empfind(e)	h. empfunden
erbleichen	ich erbleiche, du erbleichst, er erbleicht	erblich	erbliche	erbleich(e)	i. erblichen
erlöschen	ich erlösche, du erlisch(e)st, er erlischt	erlosch	erlösche	erlisch	i. erloschen
erschallen	ich erschalle, du erschallst, er erschallt	erscholl	erschölle	erschall(e)	h. erschollen
erschrecken	ich erschrecke, du erschrickst, er erschrickt	erschrak	erschräke	erschrick	h. erschrocken
erwägen	ich erwäge, du erwägst, er erwägt	erwog	erwöge	erwäg(e)	h. erwogen
essen	ich esse, du ißt, er ißt	aß	äße	iß	h. gegessen

[1] h. = hulpwerkwoord *haben*; i. = hulpwerkwoord *sein*

DUITSE ONREGELMATIGE WERKWOORDEN

ONBEP. WIJS	O.T.T AANTONENDE WIJS	O.V.T. AANTONENDE WIJS	O.V.T. VAN DE KONJUNKTIV	GEBIEDENDE WIJS	VOLT. DEELW.[1]
fahren	ich fahre, du fährst, er fährt	fuhr	führe	fahr(e)	i. gefahren
fallen	ich falle, du fällst, er fällt	fiel	fiele	fall(e)	i. gefallen
fangen	ich fange, du fängst, er fängt	fing	finge	fang(e)	h. gefangen
fechten	ich fechte, du fichst, er ficht	focht	föchte	ficht	h. gefochten
finden	ich finde, du findest, er findet	fand	fände	find(e)	h. gefunden
flechten	ich flechte, du flichtst, er flicht	flocht	flöchte	flicht	h. geflochten
fliegen	ich fliege, du fliegst, er fliegt (vero fleug(s)t)	flog	flöge	flieg(e)	h., i. geflogen
fliehen	ich fliehe, du fliehst, er flieht	floh	flöhe	flieh(e)	i. geflohen
fließen	ich fließe, du fließ(es)t, er fließt (vero fleußt)	floß	flösse	fließ(e)	i. geflossen
fressen	ich fresse, du frißt, er frißt	fraß	fräße	friß	h. gefressen
frieren	ich friere, du frierst, er friert	fror	fröre	frier(e)	h. gefroren
gären	es gärt	gor	göre	gär(e)	h. gegoren
gebären	ich gebäre, du gebierst, sie gebiert	gebar	gebäre	gebier	h. geboren
geben	ich gebe, du gibst, er gibt	gab	gäbe	gib	h. gegeben
gedeihen	ich gedeihe, du gedeihst, er gedeiht	gedieh	gediehe	gedeih(e)	h. gediehen
gehen	ich gehe, du gehst, er geht	ging	ginge	geh(e)	i. gegangen
gelingen	ich gelinge, du gelingst, er gelingt	gelang	gelänge	-	i. gelungen
gelten	ich gelte, du giltst, er gilt	galt	gölte (gälte)	gilt	h. gegolten
genesen	ich genese, du genes(es)t, er genest	genas	genäse	genese	i. genesen
genießen	ich genieße, du genieß(es)t, er genießt	genoß	genösse	genieß(e)	h. genossen
geschehen	es geschieht	es geschah	geschähe	-	i. geschehen
gewinnen	ich gewinne, du gewinnst, er gewinnt	gewann	gewönne (gewänne)	gewinn(e)	h. gewonnen

[1]) h. = hulpwerkwoord *haben*; i. = hulpwerkwoord *sein*

DUITSE ONREGELMATIGE WERKWOORDEN

ONBEP. WIJS	O.T.T AANTONENDE WIJS	O.V.T. AANTONENDE WIJS	O.V.T. VAN DE KONJUNKTIV	GEBIEDENDE WIJS	VOLT. DEELW.[1]
gießen	ich gieße, du gieß(es)t, er gießt	goß	gösse	gieß(e)	h. gegossen
gleichen	ich gleiche, du gleichst, er gleicht	glich	gliche	gleich(e)	h. geglichen
gleiten	ich gleite, du gleitest, er gleitet	glitt	glitte	gleit(e)	i. geglitten
glimmen*	ich glimme, du glimmst, er glimmt	glomm	glömme	glimm(e)	h. geglommen
graben	ich grabe, du gräbst, er gräbt	grub	grübe	grab(e)	h. gegraben
greifen	ich greife, du greifst, er greift	griff	griffe	greif(e)	h. gegriffen
haben	ich habe, du hast, er hat	hatte	hätte	hab(e)	h. gehabt
halten	ich halte, du hältst, er hält	hielt	hielte	halt(e)	h. gehalten
hangen	ich hange, du hängst, er hängt	hing	hinge	hang(e)	h. gehangen
hauen*	ich haue, du haust, er haut	hieb	hiebe	hau(e)	h. gehauen
heben	ich hebe, du hebst, er hebt	hob	höbe	heb(e)	h. gehoben
heißen	ich heiße, du heiß(es)t, er heißt	hieß	hieße	heiß(e)	h. geheißen
helfen	ich helfe, du hilfst, er hilft	half	hülfe	hilf	h. geholfen
kennen	ich kenne, du kennst, er kennt	kannte	kennte	kenn(e)	h. gekannt
klimmen*	ich klimme, du klimmst, er klimmt	klomm	klömme	klimm(e)	i. geklommen
klingen	ich klinge, du klingst, er klingt	klang	klänge	kling(e)	h. geklungen
kneifen	ich kneife, du kneifst, er kneift	kniff	kniffe	kneif(e)	h. gekniffen
kommen	ich komme, du kommst, er kommt	kam	käme	komm(e)	i. gekommen
können	ich kann, du kannst, er kann	konnte	könnte	-	h. gekonnt

[1] h. = hulpwerkwoord *haben*; i. = hulpwerkwoord *sein*

DUITSE ONREGELMATIGE WERKWOORDEN

ONBEP. WIJS	O.T.T AANTONENDE WIJS	O.V.T. AANTONENDE WIJS	O.V.T. VAN DE KONJUNKTIV	GEBIEDENDE WIJS	VOLT. DEELW.[1]
kriechen	ich krieche, du kriechst, er kriecht (vero kreuch(s)t)	kroch	kröche	kriech(e)	i. gekrochen
laden	ich lade, du lädst, er lädt	lud	lüde	lad(e)	h. geladen
lassen	ich lasse, du läßt, er läßt	ließ	ließe	lass(e)	h. gelassen
laufen	ich laufe, du läufst, er läuft	lief	liefe	lauf(e)	i. gelaufen
leiden	ich leide, du leidest, er leidet	litt	litte	leid(e)	h. gelitten
leihen	ich leihe, du leihst, er leiht	lieh	liehe	leih(e)	h. geliehen
lesen	ich lese, du liest, er liest	las	läse	lies	h. gelesen
liegen	ich liege, du liegst, er liegt	lag	läge	lieg(e)	h., i. gelegen
lügen	ich lüge, du lügst, er lügt	log	löge	lüg(e)	h. gelogen
mahlen	ich mahle, du mahlst, er mahlt	mahlte	mahlte	mahl(e)	h. gemahlen
meiden	ich meide, du meidest, er meidet	mied	miede	meid(e)	h. gemieden
messen	ich messe, du mißt, er mißt	maß	mäße	miß	h. gemessen
mögen	ich mag, du magst, er mag	mochte	möchte	-	h. gemocht
müssen	ich muß, du mußt, er muß	mußte	müßte	-	h. gemußt
nehmen	ich nehme, du nimmst, er nimmt	nahm	nähme	nimm	h. genommen
nennen	ich nenne, du nennst, er nennt	nannte	nennte	nenn(e)	h. genannt
pfeifen	ich pfeife, du pfeifst, er pfeift	pfiff	pfiffe	pfeif(e)	h. gepfiffen
pflegen*	ich pflege, du pflegst, er pflegt	pflog	pflöge	pfleg(e)	h. gepflogen
preisen	ich preise, du preis(es)t, er preist	pries	priese	preis(e)	h. gepriesen
quellen*	ich quelle, du quillst, er quillt	quoll	quölle	quill	h. gequollen
raten	ich rate, du rätst, er rät	riet	riete	rat(e)	h. geraten
reiben	ich reibe, du reibst, er reibt	rieb	riebe	reib(e)	h. gerieben

[1] h. = hulpwerkwoord *haben*; i. = hulpwerkwoord *sein*

DUITSE ONREGELMATIGE WERKWOORDEN

ONBEP. WIJS	O.T.T AANTONENDE WIJS	O.V.T. AANTONENDE WIJS	O.V.T. VAN DE KONJUNKTIV	GEBIEDENDE WIJS	VOLT. DEELW.[1]
reißen	ich reiße, du reiß(es)t, er reißt	riß	risse	reiß(e)	h. gerissen
reiten	ich reite, du reitest, er reitet	ritt	ritte	reit(e)	h. geritten
rennen	ich renne, du rennst, er rennt	rannte	rennte	renn(e)	i. gerannt
riechen	ich rieche, du riechst, er riecht	roch	röche	riech(e)	h. gerochen
ringen	ich ringe, du ringst, er ringt	rang	ränge	ring(e)	h. gerungen
rinnen	ich rinne, du rinnst, er rinnt	rann	rönne (ränne)	rinn(e)	i. geronnen
rufen	ich rufe, du rufst, er ruft	rief	riefe	ruf(e)	h. gerufen
salzen*	ich salze, du salz(es)t, er salzt	salzte	salzte	salz(e)	h. gesalzen
saufen	ich saufe, du säufst, er säuft	soff	söffe	sauf(e)	h. gesoffen
saugen*	ich sauge, du saugst, er saugt	sog	söge	saug(e)	h. gesogen
schaffen*	ich schaffe, du schaffst, er schafft	schuf	schüfe	schaff(e)	h. geschaffen
scheiden	ich scheide, du scheidest, er scheidet	schied	schiede	scheid(e)	i. geschieden
scheinen	ich scheine, du scheinst, er scheint	schien	schiene	schein(e)	h. geschienen
schelten	ich schelte, du schiltst, er schilt	schalt	schölte (schälte)	schilt	h. gescholten
scheren*	ich schere, du scherst, er schert	schor	schöre	scher(e)	h. geschoren
schieben	ich schiebe, du schiebst, er schiebt	schob	schöbe	schieb(e)	h. geschoben
schießen	ich schieße, du schieß(es)t, er schießt	schoß	schösse	schieß(e)	h. geschossen
schinden	ich schinde, du schindest, er schindet	schund	schünde	schind(e)	h. geschunden
schlafen	ich schlafe, du schläfst, er schläft	schlief	schliefe	schlaf(e)	h. geschlafen
schlagen	ich schlage, du schlägst, er schlägt	schlug	schlüge	schlag(e)	h. geschlagen

[1] h. = hulpwerkwoord *haben*; i. = hulpwerkwoord *sein*

DUITSE ONREGELMATIGE WERKWOORDEN

ONBEP. WIJS	O.T.T AANTONENDE WIJS	O.V.T. AANTONENDE WIJS	O.V.T. VAN DE KONJUNKTIV	GEBIEDENDE WIJS	VOLT. DEELW.[1]
schleichen	ich schleiche, du schleichst, er schleicht	schlich	schliche	schleich(e)	i. geschlichen
schleifen*	ich schleife, du schleifst, er schleift	schliff	schliffe	schleif(e)	h. geschliffen
schließen	ich schließe, du schließ(es)t, er schließt	schloß	schlösse	schließ(e)	h. geschlossen
schlingen	ich schlinge, du schlingst, er schlingt	schlang	schlänge	schling(e)	h. geschlungen
schmeißen	ich schmeiße, du schmeiß(es)t, er schmeißt	schmiß	schmisse	schmeiß(e)	h. geschmissen
schmelzen*	ich schmelze, du schmilzt, er schmilzt	schmolz	schmölze	schmilz	i. geschmolzen
schneiden	ich schneide, du schneidest, er schneidet	schnitt	schnitte	schneid(e)	h. geschnitten
schreiben	ich schreibe, du schreibst, er schreibt	schrieb	schriebe	schreib(e)	h. geschrieben
schreien	ich schreie, du schreist, er schreit	schrie	schriee	schrei(e)	h. geschrie(e)n
schreiten	ich schreite, du schreitest, er schreitet	schritt	schritte	schreit(e)	i. geschritten
schwären	ich schwäre, du schwärst, er schwärt	schwor	schwöre	schwär(e)	h. geschworen
schweigen	ich schweige, du schweigst, er schweigt	schwieg	schwiege	schweig(e)	h. geschwiegen
schwellen*	ich schwelle, du schwillst, er schwillt	schwoll	schwölle	schwill	h. geschwollen
schwimmen	ich schwimme, du schwimmst, er schwimmt	schwamm	schwömme (schwämme)	schwimm(e)	h., i. geschwommen
schwinden	ich schwinde, du schwindest, er schwindet	schwand	schwände	schwind(e)	i. geschwunden
schwingen	ich schwinge, du schwingst, er schwingt	schwang	schwänge	schwing(e)	h. geschwungen
schwören	ich schwöre, du schwörst, er schwört	schwur (schwor)	schwüre (schwöre)	schwör(e)	h. geschworen

[1] h. = hulpwerkwoord *haben*; i. = hulpwerkwoord *sein*

DUITSE ONREGELMATIGE WERKWOORDEN

ONBEP. WIJS	O.T.T AANTONENDE WIJS	O.V.T. AANTONENDE WIJS	O.V.T. VAN DE KONJUNKTIV	GEBIEDENDE WIJS	VOLT. DEELW.[1]
sehen	ich sehe, du siehst, er sieht	sah	sähe	sieh(e)	h. gesehen
sein	ich bin du bist, er ist, wir sind, ihr seid, sie sind	war	wäre	sei	i. gewesen
senden	ich sende, du sendest, er sendet	sandte (sendete)	sendete	send(e)	h. gesandt (gesendet)
sieden	ich siede, du siedest, er siedet	sott	sötte	sied(e)	h. gesotten
singen	ich sing, du singst, er singt	sang	sänge	sing(e)	h. gesungen
sinken	ich sinke, du sinkst, er sinkt	sank	sänke	sink(e)	i. gesunken
sinnen	ich sinne, du sinnst, er sinnt	sann	sönne (sänne)	sinn(e)	h. gesonnen
sitzen	ich sitze, du sitz(es)t, er sitzt	saß	säße	sitz(e)	h. gesessen
sollen	ich soll, du sollst, er soll	sollte	sollte	-	h. gesollt
spalten	ich spalte, du spaltest, er spaltet	spaltete	spaltete	spalt(e)	h. gespalten
speien	ich speie, du speist, er speit	spie	spiee	spei(e)	h. gespie(e)n
spinnen	ich spinne, du spinnst, er spinnt	spann	spönne	spinn(e)	h. gesponnen
sprechen	ich spreche, du sprichst, er spricht	sprach	spräche	sprich	h. gesprochen
sprießen	ich sprieße, du sprieß(es)t, er sprießt	sproß	sprösse	sprieß(e)	i. gesprossen
springen	ich springe, du springst, er springt	sprang	spränge	spring(e)	i. gesprungen
stechen	ich steche, du stichst, er sticht	stach	stäche	stich	h. gestochen
stehen	ich stehe, du stehst, er steht	stand	stünde (stände)	steh(e)	h. gestanden
stehlen	ich stehle, du stiehlst, er stiehlt	stahl	stöhle (stähle)	stiehl	h. gestohlen
steigen	ich steige, du steigst, er steigt	stieg	stiege	steig(e)	i. gestiegen
sterben	ich sterbe, du stirbst, er stirbt	starb	stürbe	stirb	i. gestorben
stieben	ich stiebe, du stiebst, er stiebt	stob	stöbe	stieb(e)	i. gestoben

[1]) h. = hulpwerkwoord *haben*; i. = hulpwerkwoord *sein*

DUITSE ONREGELMATIGE WERKWOORDEN

ONBEP. WIJS	O.T.T AANTONENDE WIJS	O.V.T. AANTONENDE WIJS	O.V.T. VAN DE KONJUNKTIV	GEBIEDENDE WIJS	VOLT. DEELW.[1]
stinken	ich stinke, du stinkst, er stinkt	stank	stänke	stink(e)	h. gestunken
stoßen	ich stoße, du stöß(es)t, er stößt	stieß	stieße	stoß(e)	h. gestoßen
streichen	ich streiche, du streichst, er streicht	strich	striche	streich(e)	h. gestrichen
streiten	ich streite, du streitest, er streitet	stritt	stritte	streit(e)	h. gestritten
tragen	ich trage, du trägst, er trägt	trug	trüge	trag(e)	h. getragen
treffen	ich treffe, du triffst, er trifft	traf	träfe	triff	h. getroffen
treiben	ich treibe, du treibst, er treibt	trieb	triebe	treib(e)	h. getrieben
treten	ich trete, du trittst, er tritt	trat	träte	tritt	h., i. getreten
triefen*	ich triefe, du triefst, er trieft	troff	tröffe	trief(e)	h. getroffen
trinken	ich trinke, du trinkst, er trinkt	trank	tränke	trink(e)	h. getrunken
trügen	ich trüge, du trügst, er trügt	trog	tröge	trüg(e)	h. getrogen
tun	ich tue, du tust, er tut	tat	täte	tu(e)	h. getan
verderben	ich verderbe, du verdirbst, er verdirbt	verdarb	verdürbe	verdirb	h. verdorben
verdrießen	ich verdrieße, du verdrieß(es)t, er verdrießt	verdroß	verdrösse	verdrieß(e)	h. verdrossen
vergessen	ich vergesse, du vergißt, er vergißt	vergaß	vergäße	vergiß	h. vergessen
vergleichen	ich vergleiche, du vergleichst, er vergleicht	verglich	vergliche	vergleich(e)	h. verglichen
verlieren	ich verliere, du verlierst, er verliert	verlor	verlöre	verlier(e)	h. verloren
wachsen	ich wachse, du wächs(es)t, er wächst	wuchs	wüchse	wachs(e)	i. gewachsen
wägen	ich wäge, du wägst, er wägt	wog	wöge	wäg(e)	h. gewogen
waschen	ich wasche, du wäsch(e)st, er wäscht	wusch	wüsche	wasch(e)	h. gewaschen
weben*	ich webe, du webst, er webt	wob	wöbe	web(e)	h. gewoben

[1]) h. = hulpwerkwoord *haben*; i. = hulpwerkwoord *sein*

DUITSE ONREGELMATIGE WERKWOORDEN

ONBEP. WIJS	O.T.T AANTONENDE WIJS	O.V.T. AANTONENDE WIJS	O.V.T. VAN DE KONJUNKTIV	GEBIEDENDE WIJS	VOLT. DEELW.[1]
weichen	ich weiche, du weichst, er weicht	wich	wiche	weich(e)	i. gewichen
weisen	ich weise, du weis(es)t, er weist	wies	wiese	weis(e)	h. gewiesen
wenden	ich wende, du wendest, er wendet	wandte (wendete)	wendete	wend(e)	h. gewandt (gewendet)
werben	ich werbe, du wirbst, er wirbt	warb	würbe	wirb	h. geworben
werden	ich werde, du wirst, er wird	wurde (ward)	würde	werd(e)	i. (ge)worden
werfen	ich werfe, du wirfst, er wirft	warf	würfe	wirf	h. geworfen
wiegen	ich wiege, du wiegst, er wiegt	wog	wöge	wieg(e)	h. gewogen
winden	ich winde, du windest, er windet	wand	wände	wind(e)	h. gewunden
wissen	ich weiß, du weißt, er weiß	wußte	wüßte	wisse	h. gewußt
wollen	ich will, du willst, er will	wollte	wollte	wolle	h. gewollt
ziehen	ich ziehe, du ziehst, er zieht	zog	zöge	zieh(e)	h. gezogen
zwingen	ich zwinge, du zwingst, er zwingt	zwang	zwänge	zwing(e)	h. gezwungen

[1] h. = hulpwerkwoord *haben*; i. = hulpwerkwoord *sein*

NEDERLANDSE ONREGELMATIGE WERKWOORDEN
NIEDERLÄNDISCHE UNREGELMÄßIGE VERBEN

ONBEP. WIJS	ONVOLT. VERL. TIJD	VOLT. DEELW.
bakken	bakte (bakten)	h. gebakken
bannen	bande (banden)	h. gebannen
barsten	barstte (barstten)	is gebarsten
bederven	bedierf (bedierven)	*overg* h., *onoverg* is bedorven
bedriegen	bedroog (bedrogen)	h. bedrogen
beginnen	begon (begonnen)	is begonnen
bergen	borg (borgen)	h. geborgen
bevelen	beval (bevalen)	h. bevolen
bevriezen	bevroor, bevroos (bevroren, bevrozen)	*overg* h., *onoverg* is bevroren,
bezwijken	bezweek (bezweken)	is bezweken
bidden	bad (baden)	h. gebeden
bieden	bood (boden)	h. geboden
bijten	beet (beten)	h. gebeten
binden	bond (bonden)	h. gebonden
blazen	blies (bliezen)	h. geblazen
blijken	(het) bleek	is gebleken
blijven	bleef (bleven)	is gebleven
blinken	blonk (blonken)	h. geblonken
braden	braadde (braadden)	h. gebraden
breken	brak (braken)	*overg* h., *onoverg* is gebroken
brengen	bracht (brachten)	h. gebracht
brouwen (*brauen*)	brouwde (brouwden)	h. gebrouwen
brouwen (*schnarren*)	brouwde (brouwden)	h. gebrouwd
buigen	boog (bogen)	*overg* h., *onoverg* is gebogen
delven	dolf, delfde (dolven, delfden)	h. gedolven
denken	dacht (dachten)	h. gedacht
dingen	dong (dongen)	h. gedongen
doen	deed (deden)	h. gedaan
dragen	droeg (droegen)	h. gedragen
drijven	dreef (dreven)	*overg* h., *onoverg* is gedreven
dringen	drong (drongen)	h. en is gedrongen
drinken	dronk (dronken)	h. gedronken
druipen	droop (dropen)	h. en is gedropen
duiken	dook (doken)	h. en is gedoken
durven	durfde, dorst (durfden, dorsten)	h. gedurfd
dwingen	dwong (dwongen)	h. gedwongen
ervaren	ervaarde, ervoer (ervaarden, ervoeren)	h. ervaren
eten	at (aten)	h. gegeten
fluiten	floot (floten)	h. gefloten
gaan	ging (gingen)	is gegaan
gelden	gold (golden)	h. gegolden
genezen	genas (genazen)	*overg* h., *onoverg* is genezen

NEDERLANDSE ONREGELMATIGE WERKWOORDEN

ONBEP. WIJS	ONVOLT. VERL. TIJD	VOLT. DEELW.
genieten	genoot (genoten)	h. genoten
geven	gaf (gaven)	h. gegeven
gieten	goot (goten)	h. gegoten
glijden	gleed (gleden)	h. en is gegleden
glimmen	glom (glommen)	h. geglommen
graven	groef (groeven)	h. gegraven
grijpen	greep (grepen)	h. gegrepen
hangen	hing (hingen)	h. gehangen
hebben	had (hadden)	h. gehad
heffen	hief (hieven)	h. geheven
helpen	hielp (hielpen)	h. geholpen
heten	heette (heetten)	h. geheten
hijsen	hees (hesen)	h. gehesen
hoeven	hoefde (hoefden)	h. gehoefd, gehoeven
houden	hield (hielden)	h. gehouden
houwen	hieuw (hieuwen)	h. gehouwen
jagen	joeg, jaagde (joegen, jaagden)	h. gejaagd
kerven	kerfde, korf (kerfden, korven)	overg h., onoverg is gekerfd, gekorven
kiezen	koos (kozen)	h. gekozen
kijken	keek (keken)	h. gekeken
kijven	keef (keven)	h. gekeven
klieven	kliefde, ZN kloof (kliefden, kloven)	h. gekliefd, ZN gekloven
klimmen	klom (klommen)	h. en is geklommen
klinken	klonk (klonken)	h. geklonken
kluiven	kloof (kloven)	h. gekloven
knijpen	kneep (knepen)	h. geknepen
komen	kwam (kwamen)	is gekomen
kopen	kocht (kochten)	h. gekocht
krijgen	kreeg (kregen)	h. gekregen
krijten	kreet (kreten)	h. gekreten
krimpen	kromp (krompen)	overg h., onoverg is gekrompen
kruipen	kroop (kropen)	h. en is gekropen
kunnen	kon (konden)	h. gekund
kwijten	kweet (kweten)	h. gekweten
lachen	lachte (lachten)	h. gelachen
laden	laadde (laadden)	h. geladen
laten	liet (lieten)	h. gelaten
leggen	legde, lei (legden, leien)	h. gelegd
lezen	las (lazen)	h. gelezen
liegen	loog (logen)	h. gelogen
liggen	lag (lagen)	h. gelegen
lijden	leed (leden)	h. geleden
lijken	leek (leken)	h. geleken
lopen	liep (liepen)	h. en is gelopen
malen (*mahlen*)	maalde (maalden)	h. gemalen
malen (*spinnen*)	maalde (maalden)	h. gemaald
melken	molk, melkte (molken, melkten)	h. gemolken
meten	mat (maten)	h. gemeten
mijden	meed (meden)	h. gemeden
moeten	moest (moesten)	h. gemoeten
mogen	mocht (mochten)	h. gemogen

ONBEP. WIJS	ONVOLT. VERL. TIJD	VOLT. DEELW.
nemen	nam (namen)	h. genomen
nijgen	neeg (negen)	h. genegen
nijpen	neep (nepen)	h. genepen
ontginnen	ontgon (ontgonnen)	h. ontgonnen
plegen (*pflegen*)	placht (plachten)	
plegen (*verüben*)	pleegde (pleegden)	h. gepleegd
pluizen	ploos (plozen)	h. geplozen
prijzen (*loben*)	prees (prezen)	h. geprezen
prijzen (*den Preis angeben*)	prijsde (prijsden)	h. geprijsd
raden	raadde, ried (raadden, rieden)	h. geraden
rieken	rook (roken)	h. geroken
rijden	reed (reden)	h. en is gereden
rijgen	reeg (regen)	h. geregen
rijten	reet (reten)	*overg* h., *onoverg* is gereten
rijzen	rees (rezen)	is gerezen
roepen	riep (riepen)	h. geroepen
ruiken	rook (roken)	h. geroken
scheiden	scheidde (scheidden)	*overg* h., *onoverg* is gescheiden
schelden	schold (scholden)	h. gescholden
schenden	schond (schonden)	h. geschonden
schenken	schonk (schonken)	h. geschonken
scheppen (*schaffen*)	schiep (schiepen)	h. geschapen
scheppen (*schaufeln*)	schepte (schepten)	h. geschept
scheren (*rasieren*)	schoor (schoren)	h. geschoren
scheren (*streifen*)	scheerde (scheerden)	h. gescheerd
schieten	schoot (schoten)	h. en is geschoten
schijnen	scheen (schenen)	h. geschenen
schijten	scheet (scheten)	h. gescheten
schrijden	schreed (schreden)	h. en is geschreden
schrijven	schreef (schreven)	h. geschreven
schrikken	schrok (schrokken)	is geschrokken
schuilen	school, schuilde (scholen, schuilden)	h. gescholen, geschuild
schuiven	schoof (schoven)	h. en is geschoven
slaan	sloeg (sloegen)	h. en is geslagen
slapen	sliep (sliepen)	h. geslapen
slijpen	sleep (slepen)	h. geslepen
slijten	sleet (sleten)	*overg* h., *onoverg* is gesleten
slinken	slonk (slonken)	is geslonken
sluipen	sloop (slopen)	h. en is geslopen
sluiten	sloot (sloten)	h. gesloten
smelten	smolt (smolten)	*overg* h., *onoverg* is gesmolten
smijten	smeet (smeten)	h. gesmeten
snijden	sneed (sneden)	h. gesneden
snuiten	snoot (snoten)	h. gesnoten
snuiven (*schnauben*)	snoof (snoven)	h. gesnoven
snuiven (*Kokain*)	snuifde, snoof (snuifden, snoven)	h. gesnuifd
spannen	spande (spanden)	h. gespannen
spijten	(het) speet	h. gespeten

NEDERLANDSE ONREGELMATIGE WERKWOORDEN

ONBEP. WIJS	ONVOLT. VERL. TIJD	VOLT. DEELW.
spinnen	spon (sponnen)	h. gesponnen
splijten	spleet (spleten)	overg h., onoverg is gespleten
spreken	sprak (spraken)	h. gesproken
springen	sprong (sprongen)	h. en is gesprongen
spruiten	sproot (sproten)	is gesproten
spugen	spuugde, spoog (spuugden, spogen)	h. gespuugd, gespogen
spuiten	spoot (spoten)	h. en is gespoten
staan	stond (stonden)	h. gestaan
steken	stak (staken)	h. gestoken
stelen	stal (stalen)	h. gestolen
sterven	stierf (stierven)	is gestorven
stijgen	steeg (stegen)	is gestegen
stijven (*stärken*)	steef (steven)	h. gesteven
stijven (*bestärken*)	stijfde (stijfden)	h. gestijfd
stinken	stonk (stonken)	h. gestonken
stoten	stootte, stiet (stootten, stieten)	h. gestoten
strijden	streed (streden)	h. gestreden
strijken	streek (streken)	h. gestreken
stuiven	stoof (stoven)	h. en is gestoven
tijgen	toog (togen)	is getogen
treden	trad (traden)	h. en is getreden
treffen	trof (troffen)	h. getroffen
trekken	trok (trokken)	h. en is getrokken
uitscheiden (*aufhören*)	scheidde, schee(d) uit (scheidden, scheden uit)	is uitgescheiden, uitgescheden
uitscheiden (*ausscheiden*)	scheidde uit (scheidden uit)	h. uitgescheiden
vallen	viel (vielen)	is gevallen
vangen	ving (vingen)	h. gevangen
varen	voer (voeren)	h. en is gevaren
vechten	vocht (vochten)	h. gevochten
verderven	verdierf (verdierven)	h. en is verdorven
verdrieten	verdroot (verdroten)	h. verdroten
verdwijnen	verdween (verdwenen)	is verdwenen
vergeten	vergat (vergaten)	h. en is vergeten
verliezen	verloor (verloren)	h. en is verloren
verslinden	verslond (verslonden)	h. verslonden
verzwinden	verzwond (verzwonden)	is verzwonden
vinden	vond (vonden)	h. gevonden
vlechten	vlocht (vlochten)	h. gevlochten
vliegen	vloog (vlogen)	h. en is gevlogen
vouwen	vouwde (vouwden)	h. gevouwen
vragen	vroeg, vraagde (vroegen, vraagden)	h. gevraagd
vreten	vrat (vraten)	h. gevreten
vriezen	vroor (vroren)	h. en is gevroren
vrijen	vrijde, vree (vrijden, vreeën)	h. gevrijd, gevreeën
waaien	waaide, woei (waaiden, woeien)	h. en is gewaaid
wassen (*wachsen*)	wies (wiesen)	is gewassen
wassen (*waschen*)	waste, wies (wasten, wiesen)	h. gewassen

NEDERLANDSE ONREGELMATIGE WERKWOORDEN

ONBEP. WIJS	ONVOLT. VERL. TIJD	VOLT. DEELW.
wassen (*mit Wachs bestreichen*)	waste (wasten)	h. gewast
wegen	woog (wogen)	h. gewogen
werpen	wierp (wierpen)	h. geworpen
werven	wierf (wierven)	h. geworven
weten	wist (wisten)	h. geweten
weven	weefde (weefden)	h. geweven
wezen	was (waren)	is geweest
wijken	week (weken)	is geweken
wijten	weet (weten)	h. geweten
wijzen	wees (wezen)	h. gewezen
willen	wou, wilde (wouen, wilden)	h. gewild
winden	wond (wonden)	h. gewonden
winnen	won (wonnen)	h. gewonnen
worden	werd (werden)	is geworden
wreken	wreekte (wreekten)	h. gewroken
wrijven	wreef (wreven)	h. gewreven
wringen	wrong (wrongen)	h. gewrongen
wuiven	wuifde, woof (wuifden, woven)	h. gewuifd, gewoven
zeggen	zei, zegde (zeiden, zegden)	h. gezegd
zeiken	zeikte, zeek (zeikten, zeken)	h. gezeikt, gezeken
zenden	zond (zonden)	h. gezonden
zieden	ziedde (ziedden)	h. gezoden
zien	zag (zagen)	h. gezien
zijgen	zeeg (zegen)	*overg* h., *onoverg* is gezegen
zijn (ik ben, wij zijn)	was (waren)	is geweest
zingen	zong (zongen)	h. gezongen
zinken	zonk (zonken)	is gezonken
zinnen (*sinnen*)	zon (zonnen)	h. gezonnen
zinnen (*gefallen*)	zinde (zinden)	h. gezind
zitten	zat (zaten)	h. gezeten
zoeken	zocht (zochten)	h. gezocht
zouten	zoutte (zoutten)	h. gezouten
zuigen	zoog (zogen)	h. gezogen
zuipen	zoop (zopen)	h. gezopen
zullen (zal)	zou (zouden)	
zwelgen	zwelgde, zwolg (zwelgden, zwolgen)	h. gezwolgen
zwellen	zwol (zwollen)	is gezwollen
zwemmen	zwom (zwommen)	h. en is gezwommen
zweren (*schwören*)	zwoer (zwoeren)	h. gezworen
zweren (*eitern*)	zweerde, zwoor (zweerden, zworen)	h. gezweerd, gezworen
zwerven	zwierf (zwierven)	h. gezworven
zwijgen	zweeg (zwegen)	h. gezwegen

NIEDERLÄNDISCHE GRAMMATIK

INHALT

I AUSSPRACHE
  1 Konsonanten
  2 Vokale
  2.1 Lange Vokale
  2.2 Kurze Vokale
  2.3 Diphtonge
  3 Betonung

II RECHTSCHREIBUNG
  1 Lange und kurze Vokale
  2 Veränderung von *f* und *s* in *v* und *z*

III ARTIKEL UND SUBSTANTIVE
  1 Artikel
  2 Pluralbildung
  2.1 Pluralendung *en*
  2.2 Pluralendung *s*
  2.3 Pluralendung *eren*
  2.4 Unregelmäßige Pluralbildungen
  3 Verkleinerungsformen

IV ADJEKTIVE
  1 Die Deklination der Adjektive
  2 Die Steigerungsformen
  3 Die unregelmäßigen Steigerungsformen

V ADVERBIEN

VI PERSONALPRONOMEN

VII POSSESSIVPRONOMEN

VIII INTERROGATIVPRONOMEN

IX DEMONSTRATIVPRONOMEN

X VERBEN
  1 Der Stamm
  2 Präsens
  2.1 Unregelmäßige Verben im Präsens
  2.2 Präsenspartizip (Partizip I)
  3 Die Vergangenheitsformen
  3.1 Präteritum
  3.1.1 Regelmäßige Verben im Präteritum
  3.1.2 Unregelmäßige Verben im Präteritum
  3.2 Perfekt
  3.2.1 Perfektpartizip (Partizip II): regelmäßige Verben
  3.2.2 Perfektpartizip (Partizip II): unregelmäßige Verben
  3.2.3 Bildung des Perfekts
  3.3 Plusquamperfekt
  4 Futur
  4.1 Futur I
  4.2 Futur II

- 5 Der Konjunktiv
- 6 Der Imperativ
- 7 Der Infinitiv
- 8 Unpersönliche Verben
- 9 Reflexive Verben
- 10 Trennbare und untrennbare Verben

XI SATZBAU
- 1 Aussagesätze
- 2 Relativsätze
- 2.1 Relativpronomen
- 2.2 Relativpronomen in Kombination mit anderen Präpositionen
- 3 Konjunktionen
- 3.1 Koordinierende Konjunktionen
- 3.2 Subordinierende Konjunktionen
- 4 Fragesätze
- 5 Verbkombinationen mit Infinitiven

XII NEGATION
- 1 Das Wort *niet*
- 2 Das Wort *geen*

XIII DAS PASSIV

XIV DAS WORT *ER*

NIEDERLÄNDISCHE GRAMMATIK

I AUSSPRACHE

Die Artikulation des Niederländischen unterscheidet sich stark von der des Deutschen. Dabei ist allgemein zu beachten, daß das Niederländische innerhalb eines Wortes keine Knacklaute im Vokalansatz kennt. Dadurch werden die Silben akustisch viel mehr miteinander verbunden.

aardappel – aar-dappel

1 Konsonanten

Die Explosivlaute **p**, **t** und **k** werden unbehaucht ausgesprochen:

paard (Pferd): das *p* ist dem *b* viel ähnlicher als im Deutschen.
tas (Tasche): das *t* ist dem *d* viel ähnlicher als im Deutschen.

r wird sowohl als Zungen- als auch als Zäpfchen-r ausgesprochen.

s ist immer stimmlos, wobei sich die Zungenspitze, im Vergleich zum deutschen *s*, weiter entfernt von den Zähnen, in Richtung Gaumen befindet; *suiker* (Zucker) beginnt mit *s* ähnlich wie in "Softeis" und wird auch nie ausgesprochen wie *sch* (wie in *Stuttgart*)

c wird vor *e, i* und *y* wie stimmloses *s* ausgesprochen und vor *a, o, u* und vor Konsonanten wie *k*: *cel* (Zelle), *cultuur* (Kultur)

g ist vergleichbar mit dem deutschen ach-Laut in "Mach!", wird aber noch härter ausgesprochen: *groot* (groß)

z ist ein stimmhaftes s [z], wie in "summen": *zien* (sehen)

ch wird wie *g* ausgesprochen (siehe oben)

sch ist ein stimmloses s plus ach-Laut: *schaap* (Schaf). In der Endung *isch* wird nur das s und nicht der ach-Laut gesprochen; das *i* wird dabei lang ausgesprochen.

schr wird wie s und r ausgesprochen, wie in "Sri Lanka", siehe *s* für die Zungenposition

sj entspricht dem deutschen sch-Laut. Die Zungenspitze befindet sich allerdings noch etwas weiter vorn im Mundraum als bei *Schule*

Alle andere Konsonanten werden ungefähr wie im Deutschen ausgesprochen

2 Vokale

2.1 Lange Vokale

Im Niederländischen kommen sieben verschiedene lange Vokale vor. Die Vokale *aa, ee, oo* und *uu* können als Doppel- oder als Einzellaute geschrieben werden. Dies ist davon abhängig, ob sie in einer offenen oder in einer geschlossenen Silbe vorkommen (siehe II.1).

aa wie in *raam* (Fenster) wird ausgesprochen wie a in "Jahr"
ee wie in *breed* (breit) wird ähnlich ausgesprochen wie in "Seele", in *nee* (nein) wie im Englischen "way", in *leer* (Leder) ähnlich wie in "Meer"
ie wie in *niet* (nicht), ausgesprochen wie in "Lied", nur etwas länger
oo wie in *nood* (Not), ausgesprochen wie im Englischen "low"; in *oor* (Ohr) wie in "Ohr", aber längeres o
uu wie in *muur* (Wand) wird ausgesprochen wie ü in "für", aber länger
oe wie in *bloed* (Blut), ausgesprochen wie u in "Blut", aber kürzer
eu wie in *leuk* (toll), ähnlich ausgesprochen wie ö in "blöd"

NIEDERLÄNDISCHE GRAMMATIK

2.2 Kurze Vokale

Es kommen fünf kurze Vokale vor, die sich nur gering von den deutschen unterscheiden:

a wie in *blad*, ausgesprochen wie in "Blatt", nur mehr im hinteren Teil des Mundes
e wie in *bed*, ausgesprochen wie in "Bett"
i wie in *kind*, ausgesprochen wie in "Kind"
o wie in *mop* (Witz), ausgesprochen wie in "Rock", nur mehr im hinteren Teil des Mundes
u wie in *kus* (Kuß), ausgesprochen wie ö in "Götter"

2.3 Diphtonge

au	wie in *gauw* (bald), ausgesprochen wie in "Haus"
ou	wie in *nou* (jetzt) = *au*
ij	wie in *ijs* (Eis), ausgesprochen wie *eil* in Französisch *réveil*
ei	wie in *mei* (Mai) = *ij*
ui	wie in *ui* (Zwiebel), ausgesprochen wie *euil* in Französisch *fauteuil*
uw	wie in *duwen* (drücken) ist eine Kombination von *uu* + *w*. Das *w* wird nur mit einer sehr leichten Reibung ausgesprochen, fast wie das deutsche *u*.
aai	wie in *maaien* (mähen), ausgesprochen wie in "Mai", aber längeres a
ooi	wie in *kooi* (Käfig) ist eine Kombination von *oo* + *j*
oei	wie in *boei* (Boje) ist eine Kombination von *oe* + *j*
eeuw	wie in *meeuw* (Möwe) ist eine Kombination von *ee* + *w*
ieuw	wie in *nieuw* (neu) ist eine Kombination von *ie* + *w*

Beachte: Ein stilles e, wie in *machen* kann auf verschiedene Arten geschrieben werden: als *e* wie in *de* (der, die), als *ee* wie in *een* (ein/e), als *i* wie in *aardig* (nett) und als *ij* wie in *tamelijk* (ziemlich)

3 Betonung

Wie im Deutschen liegt die Betonung meistens auf der ersten Silbe.

Ausnahmen:

Die Vorsilben *be, er, ge, ont,* und *ver* bleiben immer unbetont.
Die Vorsilbe *on* wird, im Gegensatz zum Deutschen, meistens nicht betont:

on*bruik*baar (unbrauchbar), onge*loof*waardig (unglaubwürdig)

In vielen Fremd- und Lehnwörtern liegt die Betonung auch auf der zweiten und dritten Silbe:

po*li*tie (Polizei), monu*ment* (Denkmal), demon*stra*tie (Demonstration)

Bei Fremdwörtern weicht die Betonung manchmal von der Deutschen ab:

chim*pan*see (Schimpanse), *mi*kado (Mikado)

II RECHTSCHREIBUNG

Hier folgen einige Grundregeln. Dabei muß allerdings beachtet werden, daß sich die Schreibweise von Substantiven, Adjektiven und Verben oft verändert, wenn Endungen hinzukommen.
Im Niederländischen wird grundsätzlich alles klein geschrieben. Großbuchstaben kommen nur bei Eigennamen und am Satzanfang vor.

NIEDERLÄNDISCHE GRAMMATIK

1 Lange und kurze Vokale

Wie oben schon erwähnt, können lange Vokale sowohl als Einzel- als auch als Doppellaute auftreten. Um zu entscheiden, welche benutzt werden müssen, ist es wichtig, daß man offene von geschlossenen Silben unterscheiden kann.

Offene Silben enden mit einem Vokal oder Diphtong:

lo-pen (laufen), *ma-ken* (machen), *hui-zen* (Häuser)

Geschlossene Silben enden mit einem Konsonanten:

zeg-gen (sagen), *maan-den* (Monate), *let-sel* (Verletzung)

Silben werden wie folgt getrennt:

- Nach der Trennung beginnt jede nächste Silbe mit einem einzelnen Konsonanten (das *p* in *lopen*).
- Bei zwei aufeinanderfolgenden Konsonanten wird zwischen den Konsonanten getrennt (zwischen *n* und *d* in *maanden*).
- Ein Wort oder eine Silbe beginnt oder endet nie mit zwei gleichen Kosonanten. Die Trennung erfolgt zwischen den Konsonanten (*zeg-gen*, *rok-ken* (Röcke))

Wenn ein **langer Vokal** in einer geschlossenen Silbe steht, wird er als Doppelbuchstabe geschrieben: *been* (Bein), *haar* (Haar), *geel* (gelb).

Wenn die langen Vokale *aa, ee, oo* und *uu* in einer offenen Silbe stehen, werden sie als Einzelbuchstaben geschrieben: *benen* (Beine), *haren* (Haare), *gele* (gelbe).

Die langen Vokale *ie, oe* und *eu* verändern sich nicht in einer offenen Silbe: *vieren* (feiern), *voeren* (füttern), *deuren* (Türen).

Beachte: Wenn lange Vokale am Ende eines Wortes auftreten, werden sie meistens als Einzelbuchstaben geschrieben: *la* (Schublade), *kano* (Kanu). Eine Ausnahme bilden Wörter, die auf *ee* enden, z.B. *nee* (nein) und *idee* (Idee).

Kurze Vokale kommen nur in geschlossenen Silben vor und werden als Einzelbuchstaben geschrieben:

kam – kammen (Kamm – Kämme)
pot – potten (Topf – Töpfe)

Wie man sieht, werden die Konsonanten *m* und *t* im Plural verdoppelt, sodaß die vorhergehenden Vokale kurz bleiben.

Diese Konsonantenverdopplung ist auch wichtig für die Deklination der Adjektive (siehe IV): *nat* (naß) - *een natte straat* (eine nasse Straße).

2 Veränderung von *f* und *s* in *v* und *z*

Bei der Pluralbildung, der Deklination oder Konjugation eines Wortes verändert sich ein *f* am Wortende in ein *v*, wenn ein langer Vokal oder ein stimmhafter Konsonant davorsteht.

brief – brieven (Brief – Briefe)
braaf – een brave hond (ein braver Hund)
half – de halve waarheid (die halbe Wahrheit)
ik leef – wij leven (ich lebe – wir leben)

Unter den gleichen Bedingungen verändert sich ein *s* am Wortende in ein *z*:

huis – huizen (Haus – Häuser)
gans – ganzen (Gans – Gänse)
boos – een boze man (ein böser Mann)
ik lees – wij lezen (ich lese – wir lesen)

III ARTIKEL UND SUBSTANTIVE

Substantive bezeichnen Lebewesen, Gegenstände und gegenständlich Gedachtes (Abstrakta wie z.B. *Frieden, Glück, Sprung)*.
Wie schon in II erwähnt, werden grundsätzlich alle Substantive klein geschrieben.
Im Deutschen deklinieren wir verschiedene Wortarten in bestimmte Fälle. Dies gibt es im Niederländischen nicht mehr. Nur in einigen Redewendungen kommt der Genitiv noch vor: *'s morgens* (morgens), *de vrouw des huizes* (die Frau des Hauses).
Die Substantive sind weiblich, männlich oder sächlich. Die weiblichen und männlichen Substantive werden beide mit dem Artikel *de* gebraucht, die sächlichen mit *het*. Weil es nur ein Artikel gibt für die weiblichen und männlichen Substantive, können die meisten Niederländer allerdings nicht die weiblichen von den männlichen unterscheiden. Im Folgenden sprechen wir von *de*- und *het*-Wörtern.
Im Wörterbuchteil Niederländisch-Deutsch steht bei jedem Substantiv ein Vermerk für das Geschlecht:

v = vrouwelijk (weiblich)
m = mannelijk (männlich)
o = onzijdig (sächlich)

1 Artikel

Een ist der **unbestimmte Artikel** und wird nicht dekliniert:

een dame (eine Dame)   een kind (ein kind)
een man (ein Mann)   een boom (ein Baum)

De ist der **bestimmte Artikel** für weibliche und männliche Substantive (*de*-Wörter) und für die Pluralformen:

de man (der Mann)   de boeken (die Bücher)
de vrouw (die Frau)   de huizen (die Häuser)

Het ist der **bestimmte Artikel** für sächliche Substantive (*het*-Wörter) und Verkleinerungsformen:

het huis (das Haus)   het bos (der Wald)
het meisje (das Mädchen) het mannetje (das Männchen)

2 Pluralbildung

2.2 Pluralendung *en*

Im allgemeinen wird der Plural durch das Hinzufügen der Endung *en* an das Singularwort gebildet:

boek – boeken (Buch – Bücher)
hond – honden (Hund – Hunde)
vrouw – vrouwen (Frau – Frauen)

Auch hier gelten die Rechtschreiberegeln aus II:

- ein langer Vokal mit einem Doppelbuchstaben wird im Plural zu einem Einzelbuchstaben:

  oor – oren (Ohr – Ohren)
  boot – boten (Boot – Boote)

- nach einem kurzen Vokal wird der letzte Konsonant verdoppelt:

  rat – ratten (Ratte – Ratten)
  bot – botten (Knochen – Knochen)

- ein *s* und *f* am Wortende verändern sich in *v* und *z* (siehe II.2):

    huis – huizen (Haus – Häuser)
    golf – golven (Welle – Wellen)

Manchmal kann auch eine Kombination der beiden obigen Regeln auftreten:

   baas – bazen (Chef – Chefs)
   raaf – raven (Rabe – Raben)

Ausnahmen von der *f-v*-Regel (siehe II.2): alle Fremdwörter, die auf *graaf* und *soof* enden:

   fotograaf – fotografen (Fotograf – Fotografen)
   filosoof – filosofen (Philosoph – Philosophen)

Ausnahmen von der *s-z*-Regel (siehe II.2): u.a.

   kruis – kruisen (Kreuz – Kreuze)
   eis – eisen (Forderung – Forderungen))
   dans – dansen (Tanz – Tänze)
   mens – mensen (Mensch – Menschen)

2.2 Pluralendung *s*

Bei den folgenden Wörtern wird der Plural mit der Endung *s* gebildet:

- bei Wörtern mit der Endung *el, em, en* oder *er*, wenn das *e* still ist:

    lepel – lepels (Löffel)
    bezem – bezems (Besen)
    kussen – kussens (Kissen)
    kever – kevers (Käfer)

- bei Wörtern mit der Endung *aar, eur, ier* oder *oor*:

    bedelaar – bedelaars (Bettler)
    conducteur – conducteurs (Schaffner)
    kruidenier – kruideniers (Lebensmittelhändler)
    majoor – majoors (Majore)

- bei Verkleinerungswörtern:

    meisje – meisjes (Mädchen)
    hondje – hondjes (Hündchen)

- bei den meisten Lehnwörtern:

    telefoon – telefoons (Telefone)
    club – clubs (Klubs)

Bei Wörtern auf *a, i, o, u* oder *y*, kommt ein Apostroph vor das *s*, weil der Vokal sonst kurz werden würde: *drama's, ski's, baby's, menu's.*

Wörter, die auf ein stilles *e* enden, bekommen im Plural *s* oder *n*:

   gemeente – gemeentes/gemeenten (Gemeinde)
   ziekte – ziektes/ziekten (Krankheiten)

2.3 Pluralendung *eren*

Bei einigen Wörtern wird der Plural mit der Endung *eren* gebildet. Die wichtigsten Beispiele werden hier genannt:

   blad – bladeren (Blätter)
   ei – eieren (Eier)
   kalf – kalveren (Kälber)
   kind – kinderen (Kinder)
   rund – runderen (Rinder)

2.4 Unregelmäßige Pluralbildungen

In manchen Wörtern verwandelt sich bei der Pluralbildung der Vokal in einen anderen, oder er wird länger (also ohne Verdopplung der Konsonanten):

bad – baden (Bäden)
bevel – bevelen (Befehle)
graf – graven (Gräber)
blad – bladen (Blätter Papier)
dag – dagen (Tage)
dak – daken (Dächer)
dal – dalen (Täler)
gat – gaten (Löcher)
glas – glazen (Gläser)
bedrag – bedragen (Beträge)
god – goden (Götter)
oorlog – oorlogen (Kriege)
slag – slagen (Schläge)
slot – sloten (Schlößen)
weg – wegen (Straßen)
lid – leden (Mitglieder)
schip – schepen (Schiffe)
stad – steden (Städte)

Wörter, die auf *heid* enden, bilden den Plural mit *heden*:

mogelijkheid – mogelijkheden (Möglichkeiten)
waarheid – waarheden (Wahrheiten)

Lateinische Lehnwörter, die auf *um* enden, bilden den Plural mit *a*; *s* ist allerdings auch erlaubt:

museum – musea/museums (Museen)

Lateinische Lehnwörter auf *cus* enden im Plural mit *ci*:

musicus – musici (Musiker)
politicus – politici (Politiker)

3 Verkleinerungsformen

Die meisten Substantive können verkleinert werden. Die Verkleinerungsformen sind immer *het*-Wörter, und ihr Plural wird mit der Endung *s* gebildet. Im Niederländischen ist es viel gebräuchlicher als im Deutschen, die Substantive zu verkleinern. Diese Formen bezeichnen nicht nur Verniedlichung, sondern auch Gerührtheit, Ironie und Geringschätzung. Es gibt auch Wörter, die ausschließlich in der Verkleinerungsform vorkommen: *meisje* (Mädchen), *koekje* (Keks). Manchmal wird das Wort *klein* auch zusammen mit einer Verkleinerungsform benutzt: *een klein dorpje* (ein kleines Dörfchen).

Die allgemeine Endung für eine Verkleinerungsform ist *je*:

boek – boekje (Buch)
lamp – lampje (Lampe)

Die Endungen *tje*, *etje* und *pje* kommen allerdings auch vor:

muur – muurtje (Mauer)
ding – dingetje (Ding)
boom – boompje (Baum)

Wörter, die auf *ing* enden, werden mit *kje* gebildet. Dabei fällt das *g* weg:

woning – woninkje (Wohnung)
ketting – kettinkje (Kette)

Viele Wörter, die einen unregelmäßigen Plural bilden, bilden auch eine unregelmäßige Verkleinerungsform:

blad – blaadje (Blatt)
gat – gaatje (Loch)
glas – glaasje (Glas)
schip – scheepje (Schiff)
pad – paadje (Weg)

IV ADJEKTIVE

Adjektive bezeichnen Eigenschaften von Substantiven: *de snelle auto* (das schnelle Auto)

1 Die Deklination der Adjektive

Wenn das Adjektiv vor einem Substantiv mit bestimmtem Artikel steht, bekommt es immer die Endung *e*. Das gilt sowohl bei *het*-Wörtern als auch bei *de*-Wörtern:

mooi – de mooie foto (das schöne Foto)
groot – het grote huis (das große Haus)

Dabei gelten die Rechtschreiberegeln für lange und kurze Vokale und Konsonantenveränderung (*f* und *s* werden *v* und *z*, siehe II.2):

hoog – de hoge boom (der hohe Baum)
dik – de dikke man (der dicke Mann)
boos – de boze vrouw (die böse Frau)
doof – de dove prinses (die taube Prinzessin)

In den folgenden Fällen bekommen die Adjektive jedoch nicht die Endung *e*:

- vor *het*-Wörtern mit unbestimmtem Artikel:

  het idee – een vreemd idee (eine merkwürdige Idee)
  het kind – een gezond kind (ein gesundes Kind)

Beachte im Gegensatz dazu *de*-Wörter mit unbestimmtem Artikel:

de school – een grote school (eine große Schule)
de kachel – een warme kachel (ein warmen Ofen)

- vor *het*-Wörtern mit Indefinitpronomen, wie *geen* (kein), *elk* (jeder), *ieder* (jeder), *zo'n* (solch/so ein):

  geen droog brood (kein trockenes Brot)
  zo'n groot huis (so ein großes Haus)

- vor *het*-Wörtern ohne Artikel:

  het weer – mooi weer (schönes Wetter)
  het meel – wit meel (weißes Mehl)

- wenn das Adjektiv auf *en* endet:

  een dronken zeeman (ein betrunkener Seemann)
  het houten huis (das hölzerne Haus)
  de gestolen tas (die gestohlene Tasche)

- wenn das Adjektiv von einem Materialnamen abgeleitet ist:

  een plastic tas (eine Plastiktüte)
  de aluminium lamp (die Aluminiumlampe)

- wenn das Adjektiv nach dem Substantiv steht:

  Het weer is slecht. (Das Wetter ist schlecht.)
  De jongen is ziek. (Der Junge ist krank.)

Wie im Deutschen, können sowohl Partizip I als auch II (siehe X.2.2 und X.3.2) als Adjektive verwendet werden. Sie werden entsprechend den obigen Regeln dekliniert:

de man – een huilende man (ein heulender Mann)
het kind – een bang kind (ein ängstliches Kind)
het papier – het gekleurde papier (das gefärbte/farbige Papier)

2 Die Steigerungsformen

Der Komparativ wird im allgemeinen mit der Endung *er* gebildet, der Superlativ mit der Endung *st*:

klein – kleiner – kleinst (klein – kleiner – am kleinsten)
gek – gekker – gekst (verrückt – verrückter – am verrücktesten)
lief – liever – liefst (lieb – lieber – am liebsten)
vies – viezer – viest (schmutzig – schmutziger – am schmutzigsten)

Beachte: Im Superlativ kommt keine Verdopplung der Konsonanten vor: *vies – viest*

Auch hier gelten die Rechtschreiberegeln aus II.

Bei Adjektiven, die auf *r* enden, kommt ein *d* vor die Komparativendung:

duur – duurder – duurst (teuer)
lekker – lekkerder – lekkerst (lecker, angenehm)

Im Prinzip können die Steigerungsformen auch mit *meer* (mehr) und *meest* (am meisten) vor dem Adjektiv gebildet werden. Das ist gebräuchlich bei Adjektiven, die auf *st* oder *sd* enden:

waarschijnlijk – waarschijnlijker oder *meer waarschijnlijk – waarschijnlijkst* oder *meest waarschijnlijk* (wahrscheinlich)
verbaasd – verbaasder oder *meer verbaasd – meest verbaasd* (überrascht)
gewenst – gewenster oder *meer gewenst – meest gewenst* (erwünscht)

In den letzten beiden Fällen ist es sogar erforderlich, den Superlativ mit *meest* zu formen. Dies gilt übrigens für die meisten drei- oder mehrsilbigen Adjektive.

Komparativ- und Superlativformen werden nach denselben Regeln wie die regelmäßigen Adjektive dekliniert:

jong – een jonge man – een jongere man – de jongste man (jung – ein junger Mann – ein jüngerer Mann – der jüngste Mann)
donker – een donker huis – een donkerder huis – het donkerste huis (dunkel – ein dunkles Haus – ein dunkleres Haus – das dunkelste Haus)

In Vergleichssätzen verwendet das Niederländische das Wort *dan* (im Deutschen *als*):

Metaal is harder dan hout. (Metall ist härter als Holz.)

3 Die unregelmäßigen Steigerungsformen

goed – beter – best (gut – besser – am besten)
veel – meer – meest (viel – mehr – am meisten)
weinig – minder – minst (wenig – weniger – am wenigsten)
graag – liever – liefst (gern – lieber – am liebsten)

V ADVERBIEN

Adverbien werden genauso behandelt wie im Deutschen.

VI PERSONALPRONOMEN

Die Deklination der niederländischen Personalpronomen ist nicht so kompliziert wie die der Deutschen. Personalpronomen kommen im Nominativ vor – diese Form nennen wir die Subjektform. Wenn ein Personalpronomen als Objekt auftritt, wird es dekliniert. Der Dativ und Akkusativ fallen dabei zusammen – in der sogenannten Objektform. Genitivformen kommen bei den Personalpronomen nicht vor.

	SUBJEKTFORM		OBJEKTFORM	
1. Pers. Sg.	*ik*	(ich)	*mij (me)*	(mir, mich)
2. Pers. Sg.	*jij (je)*	(du)	*jou (je)*	(dir, dich)
	u	(Sie)	*u*	(Ihnen, Sie)
3. Pers. Sg.	*hij*	(er)	*hem*	(ihm, ihn)
	zij (ze)	(sie)	*haar*	(ihr, sie)
	het ('t)	(es)	*het*	(ihm, es)
1. Pers. Pl.	*wij (we)*	(wir)	*ons*	(uns)
2. Pers. Pl.	*jullie*	(ihr)	*jullie*	(euch)
	u	(Sie)	*u*	(Ihnen, Sie)
3. Pers. Pl.	*zij (ze)*	(sie)	*hun/hen/ze*	(ihnen, sie)

Die schräggedruckten Formen in Klammern werden gebraucht, wenn das Personalpronomen nicht betont wird. In der gesprochenen Sprache sind sie allgemein gebräuchlich, man trifft sie aber auch in geschriebener Sprache an.

Die Höflichkeitsform ist *u*. Auch in Briefen schreibt man *u* meistens klein. Die Höflichkeitsform wird nicht so viel wie im Deutschen verwendet. Arbeitskollegen z.B. duzen einander meistens. Unbekannte Personen auf der Straße, zu denen man Abstand empfindet – auf Grund des Alters oder des Äußerlichen -, offizielle Personen, Vorgesetzte und allgemein Personen die man mit *mevrouw* oder *meneer* anspricht, werden mit *u* angeredet. Manche Niederländer sprechen ihre Eltern, Großeltern und Tanten oder Onkel mit *u* an.

De-Wörter für Gegenstände, d.h. Substantive ohne biologisches Geschlecht, werden von den meisten Niederländern mit *hij* oder *die* bezeichnet:

De auto *start niet.* **Hij** *staat in de garage.* (Das Auto startet nicht. Es steht in der Garage.)
Dat is een mooie **tafel**. *Hoeveel heeft* **die** *gekost?* (Das ist ein schöner Tisch. Wieviel hat er gekostet?)

Het-Wörter werden mit *het* bezeichnet:

Het huis *staat op de hoek.* **Het** *is wit.* (Das Haus steht an der Ecke. Es ist weiß.)

Auch bei unpersönlichen Verben wird *het* benutzt:

Het regent. (Es regnet.)
Het is laat. (Es ist spät.)

Für die 3. Person Plural werden in der obigen Tabelle drei Personalpronomen genannt: *hun, hen* und *ze*. Strenggenommen ist *hun* das Pronomen für das indirekte Objekt und *hen* das Pronomen für das direkte Objekt und die Form, die nach einer Präposition stehen soll:

Hij schrijft **hun** *een brief.* (Er schreibt ihnen einen Brief.)
Ik veracht **hen**. (Ich verachte sie.)
Ik wacht op **hen**. (Ich warte auf sie.)

Viele Niederländer benutzen jedoch *hun* in beiden Fällen. In der gesprochenen Sprache ersetzen sie es auch durch *ze*:

Hij schrijft **ze** *een brief. Ik veracht* **ze**.

VII POSSESIVPRONOMEN

Die folgenden Possesivpronomen kommen im Niederländischen vor:

mijn	(mein)
jouw (je)	(dein)
uw	(Ihr)
zijn	(sein)
haar	(ihr)
ons/onze	(unser)
jullie	(euer)
hun	(ihr)

Possesivpronomen werden nicht dekliniert, nur das Pronomen *ons* bildet eine Ausnahme. Bei *het*-Wörtern im Singular wird *ons* gebraucht, bei *de*-Wörtern und beim Plural wird *onze* gebraucht:

ons kind – onze kinderen (unser Kind – unsere Kinder)
onze boot – onze boten (unser Boot – unsere Boote)

Possesivpronomen können auch ohne Substantive vorkommen. In solchen Fällen steht ein bestimmter Artikel (*de* oder *het*) davor, und das Possesivpronomen bekommt die Endung *e*:

*Dit is mijn fiets en dat is **de zijne**.* (Dies ist mein Fahrrad, und das ist seins.)
*Dat is hun idee en niet **het onze**.* (Dat ist ihre Idee und nicht unsere.)

Eine Ausnahme von dieser Regel ist *jullie*, vor dem dann *van* (von) steht:

*Dit is onze tent en dat is **die van jullie**.* (Dies ist unser Zelt und das ist eueres.)

Diese Konstruktion mit *van* wird auch bei allen anderen Personalpronomen verwendet:

*Deze fiets is niet **de jouwe**, hij is **van mij**.* (Dieses Fahrrad ist nicht deins, es ist meins.)

Wie im Deutschen, kann Besitz auch mit dem Namen der Person und einem *s* als Endung ausgedrückt werden.

Peters hond. (Peters Hund)

Wenn der Name mit einem langen Vokal endet, muß ein Apostroph vor das *s* gefügt werden, damit der Vokal nicht kurz wird. Wenn der Name mit einem *s* endet, kommt nur ein Apostroph hinter den Namen:

Theo's vriend. (Theos Freund)
Hans' vrouw. (Hans' Frau)

VIII INTERROGATIVPRONOMEN

Interrogativpronomen leiten eine Frage ein. Meistens stehen sie am Anfang des Satzes. Außer *welk(e)* werden sie nicht dekliniert. Manche Interrogativpronomen (*wie*, *wat* und *welke*) können mit einer Präposition kombiniert werden:

- *wie* (wer):
  Wie is dat? (Wer ist das?)
  Wie zullen wij uitnodigen? (Wen sollen wir einladen?)
  Met wie ga je naar het feest? (Mit wem gehst du zur Party?)
  Aan wie heb jij het boek gegeven? (Wem hast du das Buch gegeben?)
  Van wie is deze auto? (Wessen Auto ist das?)

- *wat* (was):
  Wat zie je? (Was siehst du?)
  Wat hebben jullie gisteren gedaan? (Was habt ihr gestern gemacht?)

Beachte: Wenn *wat* mit einer Präposition verbunden ist, wird es zu *waar*:
aan + wat = waaraan: Waaraan denk je? (Woran denkst du?)
over + wat = waarover: Waarover praten jullie? (Worüber redet ihr?)
met + wat = waarmee: Waarmee heb je dat schoongemaakt? (Womit hast du das saubergemacht?)

- *welke* (welche/r/s):
Welke kleur wil je? (Welche Farbe willst/möchtest du?)
Met welke Auto gaan we? (Mit welchem Auto fahren wir?)

    Beachte: *Welke* wird dekliniert wie ein Adjektiv. Deshalb bekommt es die Endung e, außer wenn es mit einem *het*-Wort im Singular vorkommt:

    Welke jongen bedoel je? (Welchen Jungen meinst du?)
    Welk meisje vind jij leuk? (Welches Mädchen findest du toll?)

- *waar* (wo):
Waar is het? (Wo ist es?)

- *wanneer* (wann):
Wanneer komen jullie terug? (Wann kommt ihr zurück?)

- *waarom* (warum):
Waarom vraag je dat? (Warum fragst du das?)

- *hoe* (wie):
Hoe doe je dat? (Wie machst du das?)

IX DEMONSTRATIVPRONOMEN

Es gibt vier Demonstrativpronomen: *deze, die, dit* und *dat,* die alle nicht dekliniert werden. Der Gebrauch hängt davon ab, ob das Substantiv, das näher bestimmt wird, im Singular oder Plural steht, welches Geschlecht es hat und welchen Abstand es räumlich und zeitlich zum Sprecher hat. Im Niederländischen geht man viel genauer mit dem Abstand um als im Deutschen:

	de-Wort Sing.	het-Wort Sing.	Plural
nah	*deze* (diese/r)	*dit* (dieses)	*deze* (diese)
fern	*die* (der, die, jene/r)	*dat* (das, jenes)	*die* (die, jene)

de kat (die Katze) – *deze kat* (diese Katze) – *die kat* (die Katze da/jene Katze)
het boek (das Buch) – *dit boek* (dieses Buch) – *dat boek* (das Buch da/ jenes Buch)
de jaren (die Jahre) – *deze jaren* (diese Jahre) – *die jaren* (die/jene Jahre)

Demonstrativpronomen können auch ohne Substantive gebraucht werden:

*Deze man is rijker dan **die**.* (Dieser Mann ist reicher als der.)
*Ik heb liever **deze**.* (Ich möchte lieber diese.)

Wenn ein Satz mit einem Demonstrativpronomen ohne Substantiv beginnt, können nur *dit* oder *dat* verwendet werden. Es ist dabei unwichtig, ob das Substantiv ein Singular- oder ein Pluralobjekt ist:

Dit is een mooi huis. (Das ist ein schönes Haus.)
Dat zijn aardige mensen. (Das sind nette Leute.)
Dat is een grote auto. (Das ist ein großes Auto.)

X VERBEN

1 Der Stamm

Um Zeitformen bilden zu können, ist es wichtig, daß man den Stamm eines Verbes erkennen kann. Man bildet ihn ganz einfach, indem man die Endung *en* beim Infinitiv wegstreicht. Im Wörterbuch stehen alle Verben in der Infinitivform.

dansen (tanzen) – Stamm: *dans*
werken (arbeiten) – Stamm: *werk*

Auch hier gelten die Rechtschreiberegeln aus II:

horen (hören) – Stamm: *hoor*
vallen (fallen) – Stamm: *val*
beloven (versprechen) – Stamm: *beloof* (*v* wird zu *f*)
reizen (reisen) – Stamm: *reis* (*z* wird zu *s*)

Manche Verben enden im Infinitiv nicht auf *en*, sondern auf *n*. In solchen Fällen muß das *n* weggestrichen werden, um den Stamm zu bilden:

gaan (gehen, Stamm: *ga*) – *ik ga, jij gaat, hij gaat*
doen (machen, Stamm: *doe*) – *ik doe, jij doet, hij doet*
Analog dazu: *staan* (stehen), *slaan* (schlagen), *zien* (sehen)

Beachte: *oe* und *ie* sind lange Vokale!

2 Präsens

Das Präsens wird wie das deutsche Präsens gebraucht:

Ik lees een boek. (Ich lese ein Buch.)
Hij komt altijd te laat. (Er kommt immer zu spät.)
Volgende week ben ik jarig. (Nächste Woche habe ich Geburtstag.)
Ik liep op straat en opeens staat mijn opa voor me. (Ich lief auf der Straße, und auf einmal steht mein Opa vor mir.)

Konjugation im Präsens:

1. Pers. Sing.	*ik werk/dans*	Stamm
2. Pers. Sing.	*jij werkt/danst*	Stamm + *t*
	u werkt/danst	Stamm + *t*
3. Pers. Sing.	*hij werkt/danst*	Stamm + *t*
1. Pers. Pl.	*wij werken/dansen*	Infinitiv
2. Pers. Pl.	*jullie werken/dansen*	Infinitiv
3. Pers. Pl.	*zij werken/dansen*	Infinitiv

In der zweiten und dritten Person Singular bekommt die Verbform die Endung -*t*. Wenn der Stamm schon auf *t* endet, wird allerdings kein zweites *t* hinzugefügt:

rusten (ruhen) – *jij rust*

Wenn der Stamm auf *d* endet, kommt ein *t* hinzu. Dadurch verändert sich die Aussprache aber nicht:

lijden (leiden) – *zij lijdt*
worden (werden) – *hij wordt*

Beachte: Wenn das Personalpronomen *jij* oder *je* nach dem Verb steht, z.B. in Fragesätzen, bekommt das Verb kein *t*:

Jij werkt. – Werk jij?
Jij danst. – Dans je?

In der Höflichkeitsform steht das Verb immer im Singular, bekommt also auch die Endung *t*, wenn es im Plural benutzt wird.

.1 Unregelmäßige Verben im Präsens

In der folgenden Tabelle sind die unregelmäßigen Formen fettgedruckt wiedergegeben:

	zijn (sein)	hebben (haben)	zullen (sollen/werden)	kunnen (können)	willen (wollen)	mogen (dürfen)
ik	**ben**	**heb**	**zal**	**kan**	**wil**	**mag**
jij	**bent**	**hebt**	**zult/zal**	**kunt/kan**	**wilt**	**mag**
u	**bent**	**hebt**	**zult/zal**	**kunt/kan**	**wilt**	**mag**
hij	**is**	**heeft**	**zal**	**kan**	**wil**	**mag**
wij	zijn	hebben	zullen	kunnen	willen	mogen
jullie	zijn	hebben	zullen	kunnen	willen	mogen
zij	zijn	hebben	zullen	kunnen	willen	mogen

Beachte: Wenn das Personalpronomen *jij* oder *je* nach dem Verb steht, gilt auch hier, daß die Verbform nicht die Endung *t* bekommt: *ben jij, heb jij, wil jij*.

2.2 Präsenspartizip (Partizip I)

Präsenspartizipien bildet man mit der Endung *d* oder *de* und dem Infinitiv. Sie kommen als Adjektive vor und werden auch so dekliniert (siehe IV). Außerdem werden sie als Adverbien benutzt oder auch selbständig, ohne ein Substantiv:

> *de **lachende** vrouw* (die lachende Frau)
> *Hij kwam **schreeuwend** binnen.* (Er kam schreiend herein.)
> *De **werkenden** komen laat thuis.* (Die arbeitenden Leute kommen spät nach Hause.)

3 Die Vergangenheitsformen

Auch im Niederländischen gibt es regelmäßige und unregelmäßige Verben. Bei den unregelmäßigen Verben verändert sich der Vokal in den Vergangenheitsformen (siehe X.3.1.2).

Präteritum

Das Präteritum wird im Niederländischen mehr gebraucht als im Deutschen.

3.1.1 Regelmäßige Verben im Präteritum

Das Präterium wird im Singular mit der Endung *te* oder *de* gebildet, im Plural mit der Endung *ten* und *den*:

	werken (arbeiten) Stamm: *werk*	huilen (weinen) Stamm: *huil*
ik	werkte	huilde
jij	werkte	huilde
u	werkte	huilde
hij	werkte	huilde
wij	werkten	huilden
jullie	werkten	huilden
zij	werkten	huilden

Um zu entscheiden, ob die Endung *de* oder *te* lauten muß, beachte folgende Regel:

Wenn der Stamm mit *t, k, f, s, ch* oder *p* endet, muß die Endung *t* gebraucht werden (als Eselsbrücke kann man sich *'t **kofschip*** merken):

rusten (ruhen) – *ik rustte*
waken (wachen) – *jij waakte*
blaffen (bellen) – *hij blafte*

wensen (wünschen) – *wij wensten*
lachen (lachen) – *jullie lachten*
stoppen (anhalten) – *zij stopten*

In allen anderen Fällen lautet die Endung *de*:

krabben (kratzen) – *ik krabde*
draaien (drehen) – *jij draaide*
zagen (sägen) – *hij zaagde*

bellen (anrufen) – *wij belden*
leren (lernen) – *jullie leerden*
trouwen (heiraten) – *zij trouwden*

Beachte: In Verben mit *f* oder *s*, worin sich der Konsonant bei der Konjugation verändert, richtet sich die Präteritumsendung nach dem Konsonanten im Infinitiv (nicht im Stamm!):

leven – *ik leefde, wij leefden*
reizen – *ik reisde, wij reisden*

3.1.2 Unregelmäßige Verben im Präteritum

Wie schon erwähnt, verändert sich bei einem unregelmäßigen Verb im Präteritum der Vokal im Singular. Dies ist oft ein anderer Vokal als im entsprechenden deutschen Wort. Im Plural kommt außerdem die Endung *en* dazu. Im Anhang des Wörterbuches Niederländisch-Deutsch steht eine Liste mit allen unregelmäßigen Verben.

lopen (laufen) – *ik liep, wij liepen*
eten (essen) – *ik at, wij aten*
drinken (trinken) – *ik dronk, wij dronken*
beginnen (beginnen) – *ik begon, wij begonnen*

In manchen Verben ändert sich mehr als der Vokal. Die wichtigsten seien hier genannt:

hebben (haben) – *ik had, wij hadden*
zijn (sein) – *ik was, wij waren*
kunnen (können) – *ik kon, wij konden*
zullen (sollen, werden) – *ik zou, wij zouden*
doen (machen) – *ik deed, wij deden*
zeggen (sagen) – *ik zei, wij zeiden*

3.2 Perfekt

Das Perfect wird mit einer Form von *hebben* oder *zijn* und dem Perfektpartizip (II) gebildet. Zunächst wird erklärt, wie die Partizipien gebildet werden.

3.2.1 Perfektpartizip (Partizip II): regelmäßige Verben

Das Perfektpartizip besteht aus der Vorsilbe *ge*, dem Stamm und der Endung *t* oder *d*. Für das *t* oder *d* gilt wieder die *'t kofschip*-Regel aus X.3.1.1:

blaffen (bellen) – *geblaft (ge + blaf + t)*
werken (arbeiten) – *gewerkt (ge + werk + t)*
stoppen (anhalten) – *gestopt (ge + stop + t)*
huilen (weinen) – *gehuild (ge + huil + d)*
trouwen (heiraten) – *getrouwd (ge + trouw + d)*

Beachte: In Verben mit *f* oder *s*, in denen sich der Konsonant bei der Konjugation verändert, richtet sich die Endung im Partizip nach dem Konsonanten im Infinitiv (nicht im Stamm!):

leven – *geleefd (ge + leef + d)*
reizen – *gereisd (ge + reis + d)*

3.2 Perfektpartizip (Partizip II): unregelmäßige Verben

Bei den meisten unregelmäßigen Verben verändert sich im Partizip der Vokal. In vielen Fällen lautet die Endung auch *en* anstatt *t* oder *d*. Es gibt noch andere Veränderungen, hier jedoch nur einige Beispiele:

bijten (beißen) – *gebeten*   *spreken* (sprechen) – *gesproken*
blijven (bleiben) – *gebleven*   *denken* (denken) – *gedacht*
nemen (nehmen) – *genomen*   *kopen* (kaufen) – *gekocht*
doen (machen) – *gedaan*   *vriezen* (frieren) – *gevroren*

Eine vollständige Übersicht über alle unregelmäßigen Perfektpartizipien ist in die Liste mit unregelmäßigen Verben im Anhang des Wörterbuches zu finden.

Beachte: Sowohl für regelmäßige als auch für unregelmäßige Verben gilt: Wenn der Infinitiv mit der Vorsilbe *be, er, ge, her, ont* oder *ver* beginnt, wird die Vorsilbe *ge* im Perfektpartizip weggelassen:

bedoelen (meinen) – *bedoeld* (gemeint)
herkennen (wiedererkennen) – *herkend* (wiedererkannt)
ontmoeten (begegnen) – *ontmoet* (begegnet)
genieten (genießen) – *genoten* (genossen)
verliezen (verlieren) – *verloren* (verloren)

Auch im Niederländischen gibt es **trennbare Verben** (Verben mit Vorsilben wie *aan, af, uit* etc., siehe X.10). Bei der Bildung des Perfektpartizips wird die Vorsilbe *ge* zwischen die Vorsilbe des Verbs und das Verb selbst gesetzt, wie im Deutschen:

aankomen (ankommen) – *aangekomen*
afwisselen (afwechseln) – *afgewisseld*
opbellen (anrufen) – *opgebeld*
uitkleden (ausziehen) – *uitgekleed*

3.2.3 Die Bildung des Perfekt(s)

Mit dem Perfekt werden abgeschlossene Handlungen aus der Vergangenheit ausgedrückt. Wie schon gesagt, wird diese Zeitform neben dem Partizip mit einer Form von *hebben* oder *zijn* gebildet.

ik heb gewerkt (ich habe gearbeitet)
wij hebben gewerkt (wir haben gearbeitet)
ik ben het vergeten (ich habe es vergessen)
wij zijn het vergeten (wir haben es vergessen)

Beachte, daß die Zuordnung von *hebben* oder *zijn* nicht immer mit dem Deutschen übereinstimmt.
Es ist nicht möglich, eine genaue Regel zu finden, aus der hervorgeht, welches Verb mit *hebben* und welches mit *zijn* konjugiert wird. Für die unregelmäßigen Verben ist die Form aus der Tabelle 3 der Liste mit unregelmäßigen Verben im Wörterbuch Niederländisch-Deutsch abzulesen. Für die regelmäßigen Verben gibt es nur eine Faustregel: **die meisten Verben werden mit *hebben* konjugiert.**

Die wichtigsten Verben, die mit *zijn* konjugiert werden, sind:

zijn (sein) – *ik ben geweest*
gaan (gehen) – *jij bent gegaan*
komen (kommen) – *zij is gekomen*
blijven (bleiben) – *wij zijn gebleven*
beginnen (beginnen) – *jullie zijn begonnen*
worden (werden) – *zij zijn geworden*

Verben der Bewegung, wie *vallen* (fallen), *stijgen* (steigen), *zinken* (sinken), werden auch mit *zijn* konjugiert.

Beachte: Einige Bewegungsverben kommen sowohl mit *hebben* als auch mit *zijn* vor, z.B.: *lopen* (laufen), *fietsen* (Fahrrad fahren), *wandelen* (wandern), *vliegen* (fliegen), *springen* (springen) und *zwemmen* (schwimmen). Diese Verben werden sehr konsequent nach der folgenden Regel benutzt:

- *Zijn* wird benutzt, wenn die Richtung angedeutet wird
- *Hebben* wird benutzt, wenn es um die Handlung geht; oft wird der Ort der Handlung genannt, aber keine Richtung:

Anne loopt naar het park.   *Anne is naar het park gelopen.*
Anne läuft zum Park.   Anne ist zum Park gelaufen.

Anne wandelt in het park.   *Anne heeft in het park gewandeld.*
Anne geht im Park spazieren.   Anne ist im Park spazieren gegangen.

Eine Bemerkung zur Wortstellung. In Nebensätzen, wo das finite Verb am Satzende steht, ist beim Perfekt Folgendes zu beachten: im Niederländischen steht meistens das Partizip am Satzende. Es ist aber auch möglich, das Hilfsverb an das Satzende zu setzen (wie im Deutschen):

Dit is de taart die oma heeft gebakken.
Dit is de taart die oma gebakken heeft.
Das ist die Torte, die Oma gebacken hat.

3.3 Plusquamperfekt

Diese Zeitform wird mit dem Perfektpartizip und mit der Präteritumsform von *hebben* oder *zijn* gebildet. Bei der Entscheidung zwischen den beiden Hilfsverben gelten dieselben Regeln wie in X.3.2.
Das Plusquamperfekt bezeichnet, wie im Deutschen, eine Handlung in der Vergangenheit, die vor einer anderen Handlung stattgefunden hat und mit dieser zu tun hat. Das Plusquamperfekt tritt zusammen mit dem Perfekt auf, wenn Vorzeitigkeit ausgedrückt wird:

*Nadat zij **gekomen was**, zijn we met eten begonnen.*
Nachdem sie gekommen war, haben wir angefangen zu essen.

*We hebben vandaag spaghetti gekookt. Gisteren **hadden** we al zuurkool gemaakt.*
Wir haben heute Spagetti gekocht. Gestern hatten wir schon Sauerkraut gemacht.

Mit dem Plusquamperfekt wird auch der Konjunktiv Präteritum ausgedrückt, den es im Niederländischen an sich nicht mehr gibt:

*Als ik niet ziek **was geweest**, was ik zeker **meegekomen**.*
Wenn ich nicht krank gewesen wäre, wäre ich bestimmt mitgekommen.

4 Futur

Wie wir es auch aus dem Deutschen kennen, wird im Futur eine Handlung bezeichnet, die in der Zukunft noch stattfinden muß.

4.1 Futur I

Handlungen, die im Futur I stehen, sind noch nicht abgeschlossen.
Diese Zeitform wird mit einer Präsensform von *zullen* (im Deutschen mit 'werden'!) und dem Infinitiv gebildet:

ik zal werken (ich werde arbeiten)
zij zullen komen (sie werden kommen)

Außerdem gibt es noch zwei andere Formen, mit denen eine zukünftige Handlung ausgedrückt werden kann:

- Wenn aus dem Kontext deutlich hervorgeht, daß es um die Zukunft geht, steht die Form, wie im Deutschen, im Präsens:

  Peter komt morgen. (Peter kommt morgen.)
  Hoe lang blijft hij? (Wie lange bleibt er?)

- eine Präsensform von *gaan* zusammen mit einem Infinitiv:

  Ik ga afwassen. (Ich werde abwaschen.)
  Zij gaat het hele weekend werken. (Sie wird das ganze Wochenende arbeiten.)

Futur II

In dieser Zeitform stehen Handlungen, die in der Zukunft abgeschlossen sein werden. Sie kommt nicht so oft vor. Das Futur II wird mit einer Präsensform von *zullen*, dem Infinitiv von *hebben* oder *zijn* und einem Perfektpartizip gebildet:

Ik zal gekookt hebben. (Ich werde gekocht haben.)
Mijn moeder zal morgen vertrokken zijn. (Meine Mutter wird morgen abgereist sein.)

5 Der Konjunktiv

Der Konjunktiv ist keine Zeitform, sondern eine Aussageweise (Modus). Ein Verb kann in verschiedenen Modi ausgedrückt werden. Meistens sprechen wir im Indikativ – der Grundform, in der eine Handlung als gegeben dargestellt wird: *er arbeitet*. Der Konjunktiv drückt etwas Vorgestelltes aus – daß Zweifel über die Handlung besteht, oder daß es um einen Wunsch geht.
Im Deutschen gibt es für viele Verben noch eine grammatische Form für den Konjunktiv (*ich ginge, es gäbe, er liefe*), oft wird er aber auch ersetzt durch *würden* und einen Infinitiv. Im Niederländischen gibt es keine grammatische Form für diesen Modus, nur in alten Redewendungen, z.B. *Leve de koningin!* (Es lebe die Königin!).

Die folgenden Konstruktionen sind mit dem deutschen Konjunktiv vergleichbar:

- eine Präteritumsform von *zullen (zou/zouden)* und ein Infinitiv:

  Ze zei, dat ze niet weg zou gaan. (Sie sagte, daß sie nicht weggehe.)
  Als ik veel geld zou hebben, zou ik een hele grote auto kopen. (Wenn ich viel Geld hätte, würde ich ein ganz großes Auto kaufen.)

- Wenn ein Infinitiv von *hebben* oder *zijn* dazukommt, wird ausgedrückt, daß die Handlung vollendet ist:

  Hij zei dat hij gisteren gekomen zou zijn, als hij niet ziek was geweest. (Er sagte, daß er gestern gekommen wäre, wenn er nicht krank gewesen wäre.)

- außerdem werden mit dem Plusquamperfekt Formen gebildet, die dem deutschen Konjunktiv entsprechen. In solchen Fällen wird meistens erst eine Bedingung genannt (siehe X.3.3).

6 Der Imperativ

Mit diesem Modus werden Befehle ausgedrückt. In der *jij*-Form benutzt man den Stamm des Verbes (siehe X.1). Dann handelt es sich um einen sehr direkten Befehl:

Luister! (Hör zu!) *Kom hier!* (Komm her!)
Schrijf! (Schreib!) *Ren weg!* (Renn weg!)

In der Höflichkeitsform kommt ein *t* hinter den Stamm:

Komt u binnen! (Kommen Sie herein!)
Volgt u mij! (Folgen Sie mir!)

Eine andere Form für einen ausdrücklichen Befehl wird mit dem Infinitiv gebildet:

Afblijven! (Nicht anfassen!)   *Niet roken!* (Rauchen verboten!)

Meistens wird der Imperativ allerdings viel freundlicher gebraucht, indem *eens* oder *maar* hinzugefügt wird:

Ga maar zitten! (Setz dich!)
Kijk eens! (Guck mal!)

7 Der Infinitiv

Viele niederländische Verben kommen zusammen mit einem Infinitiv vor. Oft geht es um den Infinitiv mit *te* (zu), wie wir ihn auch aus dem Deutschen kennen:

Hij belooft te komen. (Er verspricht zu kommen.)
Wij besluiten morgen te vertrekken. (Wir beschließen, morgen abzufahren.)

Beachte: Vor dem erweiterten Infinitiv mit *te* steht kein Komma!

Mit dem **aan het + Infinitiv** wird eine aktive Tätigkeit ausgedrückt:

Ik ben aan het koken. (Ich bin beim Kochen.)
Nina is een brief aan het schrijven. (Nina schreibt einen Brief / ist dabei, einen Brief zu schreiben.)

Wie im Deutschen kommen auch Kombinationen mit Modalverben vor:

kunnen (können) – *Hij kan lezen.* (Er kann lesen.)
moeten (müssen) – *Jij moet komen.* (Du sollst kommen.)

Ein Infinitiv kann auch als sächliches Substantiv auftreten:

Schilderen is mijn hobby. (Malen ist mein Hobby.)

Siehe auch XI.5

8 Unpersönliche Verben

Diese Verben bezeichnen meistens Naturvorgänge. Sie werden behandelt wie im Deutschen: sie treten nicht mit einem gewöhnlichen Personalpronomen auf, sondern haben immer *het* (es) als Subjekt:

Het regent. (Es regnet.)   *Het vriest.* (Es friert.)
Het onweerde. (Es gab Gewitter.)   *Het sneeuwt.* (Es schneit.)

Auch die Verben *zijn*, *worden* und *blijven* können unpersönlich, mit *het* als Subjekt, vorkommen:

Het is laat. (Es ist spät.)
Het wordt donker. (Es wird dunkel.)
Het blijft maar koud. (Es bleibt kalt.)

9 Reflexive Verben

Diese Verben werden mit einem Reflexivpronomen (*zich* im Infinitiv) gebraucht. Das Reflexivpronomen ändert sich entsprechend dem Subjekt:

zich amuseren (sich amüsieren)
*ik amuseer **me***
*jij amuseert **je***
*hij amuseert **zich***

...j amuseert zich
zij amuseert zich
wij amuseren ons
jullie amuseren je
zij amuseren zich

Die meisten deutschen reflexiven Verben sind auch im Niederländischen reflexiv, aber nicht alle! Im Niederländischen gibt es nicht so viele reflexive Verben wie im Deutschen:

afspraken maken (sich verabreden)
informeren (sich erkundigen)
onthouden (sich merken)
praten (sich unterhalten)
solliciteren (sich bewerben)
uitrusten (sich ausruhen)
verdwalen (sich verlaufen)
weigeren (sich weigern)

geduld hebben (sich gedulden)
kopen (sich etwas kaufen)
omkijken (sich umsehen)
schrikken (sich erschrecken)
gaan staan (sich hinstellen)
veranderen ((sich) verändern)
verkouden worden (sich erkälten)
gaan zitten (sich setzen)

Ik informeer even naar de vertrektijden.
(Ich erkundige **mich** mal nach den Abfahrtzeiten.)

Je praat immers graag met hem.
(Du unterhältst **dich** ja gerne mit ihm.)

Hij is zo veranderd in dat jaar.
(Er hat **sich** so verändert in dem Jahr.)

10 Trennbare und untrennbare Verben

Viele niederländische Verben beginnen mit einer Vorsilbe. Wenn sie konjugiert werden, wird in vielen Fällen die Vorsilbe vom Verb getrennt und steht an einer anderen Stelle im Satz als selbständiges Wort. In diesem Fall sprechen wir von **trennbaren Verben**. Andere Verben werden dagegen nicht getrennt, wenn sie konjugiert werden. Diese heißen **untrennbare Verben**. Diese Erscheinung kennen wir auch aus dem Deutschen. Es folgt jeweils ein Beispiel:

*We willen op tijd **aankomen**. We **komen** om 17.00 uur **aan**.*
(Wir wollen pünktlich ankommen. Wir kommen um 17.00 Uhr an.)

*Jullie mogen het niet vergeten, want ik **vergeet** het altijd.*
(Ihr dürft es das nicht vergessen, denn ich vergesse es immer.)

Beispiele für Verben, die im Niederländischen trennbar sind und im Deutschen nicht oder umgekehrt (Wörter, die nicht wörtlich übersetzt werden):

*Het meisje **steekt** de straat **over**.* Das Mädchen **überquert** die Straße.
*Waar **brengen** jullie de vakantie **door**?* Wo **verbringt** ihr die Ferien?
*Hij **verhuist** volgende week.* (Er **zieht** nächste Woche **um**.)

Trennbare Verben werden auf der ersten Silbe betont, untrennbare Verben nie. Verben mit der Vorsilbe *be, er, ge, her, ont* oder *ver* sind immer untrennbare Verben. Trennbare Verben können verschiedene Vorsilben haben:

- Präpositionen und Adverbien wie *aan* (an), *achter* (hinter), *af* (ab), *bij* (bei), *in* (in), *op* (auf), *terug* (zurück), *weg* (weg)
- Adjektive wie *goed – goedkeuren* (genehmigen), *hard – hardlopen* (Dauerlauf machen), *kapot – kapotgaan* (kaputtgehen), *los – loslaten* (loslassen), *open – openscheuren* (aufreißen), *vast – vastmaken* (festmachen)
- Substantive wie *deel – deelnemen* (teilnehmen), *geluk – gelukwensen* (beglückwünschen), *plaats – plaatsvinden* (stattfinden)

Trennbare- und untrennbare Verben bilden unterschiedliche Perfektpartizipien:

Untrennbare: *verliezen* (verlieren) – *verloren*
ontmoeten (begegnen) – *ontmoet*
Trennbare: *aankomen* (ankommen) – *aangekomen*
opbellen (anrufen) – *opgebeld*

Wenn ein Infinitiv mit *te* mit einem trennbaren Verb auftritt, steht *te*, wie im Deutschen, zwischen der Vorsilbe und dem Verb; *te* wird aber getrennt vom Verb geschrieben!

Ik probeerde haar op te bellen. (Ich versuchte, sie anzurufen.)

Im Unterschied zum Deutschen sind die folgenden niederländischen Verben nicht trennbar:

voorspéllen (voraussagen) *voorkómen* (vorbeugen)
voorzíen (vorhersehen)

Ik voorkom een griep door me warm te kleden.
Ich beuge einer Grippe **vor**, indem ich mich warm anziehe.

Ein häufig vorkommendes Verb, das anders behandelt wird als im Deutschen, ist *stofzuigen*; es wird immer auf der ersten Silbe betont, obwohl es nicht trennbar ist:

Ik stofzuig het hele huis. (Ich **sauge** im ganzen Haus **Staub**.)
Heb jij al gestofzuigd? (Hast du schon **Staub gesaugt**?)

Im Niederländischen sind die folgenden Verben trennbar:

achterlaten (hinterlassen)   *nalaten* (unterlassen)
overbrengen (überbringen)   *overlaten* (überlassen)
overleveren (überliefern)   *overmaken* (überweisen)
overnemen (übernehmen)   *overslaan* (überschlagen, auslassen)
oversteken (überqueren)   *tegenspreken* (widersprechen)

Laat dat maar aan mij over!
(**Überlaß** mir das mal!)

Zij spreekt haar moeder tegen.
(Sie **widerspricht** ihrer Mutter.)

XI   SATZBAU

Im Niederländischen ist der Satzbau prinzipiell strikter als im Deutschen. Das hat vor allem damit zu tun, daß Objekte und Subjekte nicht dekliniert werden, also von der Form her nicht als solche zu erkennen sind. Deshalb muß ihre grammatische Funktion aus der Wortstellung hervorgehen.

1   Aussagesätze

Der Bau des Aussagesatzes unterscheidet sich im Prinzip nicht vom Deutschen:

Maria schrijft een brief.
(Maria schreibt einen Brief.)

Maria zal hem morgen in de trein een brief schrijven.
(Maria wird ihm morgen im Zug einen Brief schreiben.)

Beachte: die abweichende Wortstellung im Perfekt! (siehe X.3.2.3)

2   Relativsätze

Dies sind Nebensätze, die durch ein Relativpronomen eingeleitet werden. Die Wahl des Relativpronomens hängt vom Geschlecht und von der Zahl des Subjektes ab,

das es sich bezieht (Bezugswort). Die Pronomen werden nicht dekliniert.
Der Bau der niederländischen Nebensätze entspricht den deutschen. Allerdings steht zwischen Hauptsatz und Relativsatz oft kein Komma! Die Relativpronomen werden im folgenden erläutert:

2.1 Relativpronomen

Die (die, der, welche/r) wird gebraucht, wenn das Bezugswort ein *de*-Wort ist oder im Plural steht:

Dat is de vrouw die ik zocht. (Das ist die Frau, die ich suchte.)
Wat kosten de boeken die daar liggen? (Was kosten die Bücher, die dort liegen?)

Dat (das, welches) wird gebraucht, wenn das Bezugswort ein *het*-Wort im Singular ist:

Ik wil graag het boek dat daar ligt. (Ich möchte gern das Buch, das dort liegt.)
Dit is het meisje dat ik vaak ontmoet. (Dies ist das Mädchen, das ich oft treffe.)

Wat (was) wird gebraucht, wenn das Bezugswort *alles* (alles), *iets* (etwas), oder *niets* (nichts) ist, oder wenn sich der ganze Hauptsatz auf das Relativpronomen bezieht. Im letzteren Fall steht zwischen Haupt- und Relativsatz ein Komma:

Hij gelooft alles wat ik zeg. (Er glaubt alles, was ich sage.)
Zij stuurde mij bloemen, wat ik erg leuk vond. (Sie schickte mir Blumen, was ich ganz toll fand.)

2.2 Relativpronomen in Kombination mit anderen Präpositionen

Relativpronomen kommen oft zusammen mit Präpositionen vor. In diesem Falle verändert sich ihre Form:

- Wenn das Bezugswort eine Person ist, werden *die* und *dat* zu *wie*:

  de jongen met wie ik sprak (der Junge, mit dem ich sprach)

- Wenn das Bezugswort ein Tier oder ein Gegenstand ist, werden *die* und *dat* zu *waar* + Präposition:

  de kat waarover ik je heb verteld (die Katze, von der/wovon ich dir erzählte)
  de stoel waarop jij zit (der Stuhl, worauf du sitzt)
  het mes waarmee je snijdt (das Messer, womit du schneidest)

Beachte: Es ist auch möglich, die Präposition von *waar* zu trennen und sie vor die Verben am Satzende zu setzen:

de kat waar ik je over heb verteld
de stoel waar je op zit

3 Konjunktionen

3.1 Koordinierende Konjunktionen

Diese Konjunktionen verbinden zwei Hauptsätze miteinander. Die wichtigsten sind:

en (und)	of (oder)
maar (aber, sondern)	want (denn)

Der Satzbau für die Hauptsätze entspricht dem Bau der Aussagesätze, unterscheidet sich also nicht von deutschen Sätzen:

Hij kwam binnen en (hij) vertelde het nieuws.
(Er kam herein und (er) erzählte die Neuigkeit.)
Ik kom morgen, maar eerst ga ik naar mijn moeder.
(Ich komme morgen, aber erst gehe ich zu meiner Mutter.)

3.2 Subordinierende Konjunktionen

Subordinierende Konjunktionen verbinden Nebensätze mit Hauptsätzen. Die wichtigsten sind:

als/indien/wanneer (wenn)	*sinds* (seit)
alsof (als ob)	*terwijl* (obwohl)
dat (daß)	*toen* (als, dann)
hoewel (obwohl)	*tot(dat)* (bis)
nadat (nachdem)	*voor(dat)* (bevor)
of (ob)	*zoals* ((so)wie)
omdat (weil)	*zodat* (sodaß)

*Hij zal ons roepen **als** hij klaar is.* (Er wird uns rufen, wenn er fertig ist.)
*Ze had een kaartje gekocht, **voordat** ze in de bus stapte.* (Sie hatte eine Fahrkarte gekauft, bevor sie in den Bus stieg.)
*Ik geloof, **dat** hij thuis is.* (Ich glaube, daß er zu Hause ist / er ist zu Hause.)

Beachte: Es ist nicht möglich, *dat* wegzulassen, wie wir es aus dem Deutschen kennen!

4 Fragesätze

Der Bau der Fragesätze entspricht völlig dem im Deutschen. Wir haben die gleichen Möglichkeiten, Fragesätze zu bilden:

Entscheidungsfragen: *Schrijf je me?* (Schreibst du mir?)
Ergänzungsfragen: *Wat zie je?* (Was siehst du?)
Wie heeft de bal gezien? (Wer hat den Ball gesehen?)

5 Verbkombinationen mit Infinitiven

liggen te ..., staan te ..., zitten te ..., lopen te ... + Infinitiv

Diese Verben kommen im Niederländischen oft mit einem anderen Infinitiv vor. Manchmal wird dabei ausgedrückt, wo eine Person liegt, steht oder sitzt. Aber auch wenn es gar nicht von Belang ist, wo und in welcher Lage sich die Person während der Handlung befindet, steht oft eines der obigen Verben dabei. Solche Sätze sind nicht wörtlich ins Deutsche zu übersetzen:

Hij zit de hele avond op de bank een boek te lezen.
(Er sitzt den ganzen Abend auf der Couch und liest ein Buch.)

Ze ligt al uren te slapen.
(Sie schläft schon ein paar Stunden.)

Je staat te liegen!
(Du lügst!)

Hans loopt altijd te vloeken.
(Hans flucht immer.)

Im Perfekt gibt es einen wichtigen Unterschied zur Wortstellung im Deutschen: es wird kein Partizip gebildet, sondern beide Verben stehen im Infinitiv:

Hij is gaan zitten. (Er hat sich gesetzt.)
Zij heeft lopen schelden. (Sie hat geschimpft.)

olgenden Verben können mit einem **Infinitiv ohne *te*** auftreten:

ljven (bleiben)	*gaan* (gehen)	*komen* (kommen)
doen (machen)	*kunnen* (können)	*mogen* (dürfen)
moeten (müssen)	*zullen* (sollen)	*willen* (wollen)
laten (lassen)	*voelen* (fühlen)	*horen* (hören)
zien (sehen)	*leren* (lernen)	*helpen* (helfen)

Diese Verben können mit allen Verben auftreten. Das Perfekt wird wie oben gebildet (siehe 5):

De kinderen zijn blijven liggen. (Die Kinder sind liegen geblieben.)
De politie is gaan kijken. (Die Polizei hat geguckt/ist gucken gegangen.)

Bei Verben, die im Deutschen nicht mit den genannten Verben auftreten, kann man nicht wörtlich übersetzten:

Zij blijft nog twee uur werken. (Sie arbeitet noch zwei Stunden.)
Dit doet me aan de vakantie denken. (Das erinnert mich an den Urlaub.)

Unterschiede im Satzbau bei Verbkombinationen:

- Wenn ein Satz mit zwei Infinitiven endet, steht im Niederländischen der Infinitiv mit der Hauptbetonung am Satzende:

    *Dat had ik hem willen **vertellen**.* (Das hätte ich ihm **erzählen** wollen.)
    *Hij had het moeten **doen**.* (Er hätte es **tun** müssen.)

- Im Nebensatz steht das finite Verb an vorletzter Stelle:

    Ik dacht dat hij wilde spelen. (Ich dachte, daß er spielen wollte.)
    Ik vind het leuk als je morgen komt eten. (Ich finde es nett, wenn du morgen zum Essen kommst.)

XII NEGATION

Das Wort *niet*

Wie im Deutschen, steht *niet* in einfachen Sätzen am Satzende und in komplizierteren Sätzen vor dem Satzglied, das verneint wird. Eine Präposition gehört dabei zum verneinenden Satzglied:

Ik werk niet. (Ich arbeite nicht.)
Zij gaat vandaag niet naar Amsterdam, maar naar Brussel. (Sie fährt heute nicht nach Amsterdam, sondern nach Brüssel.)

Das Wort *geen*

Dieses Verneinungswort entspricht dem Wort *kein*, wird aber nicht dekliniert:

Ik heb geen brief geschreven. (Ich habe keinen Brief geschrieben.)
Wij verkopen geen bloemen. (Wir verkaufen keine Blumen.)

XIII DAS PASSIV

Im Passiv wird ausgedrückt, was getan wird, oder wem etwas getan wird. Dabei kann weggelassen werden, wer dies tut.

Aktiv: *De man slaat de hond.* (Der Mann schlägt den Hund.)
Passiv: *De hond wordt (door de man) geslagen.* Der Hund wird (vom Mann) geschlagen.

Mit der Präposition *door* (durch, von) kann der Verursacher der Handlung bezeichnet werden, meistens wird er aber nicht genannt. Es folgen Beispielsätze im Passiv, in verschiedenen Zeitformen:

Präsens:	*Het papier wordt (door de kinderen) opgehaald.* (Das Papier wird (von den Kindern) abgeholt.)
Präteritum:	*Het papier werd opgehaald.* (Das Papier wurde abgeholt.)
Perfekt:	*Het papier is opgehaald.* (Das Papier ist abgeholt worden.)

Beachte: Im Perfekt wird, im Unterschied zum Deutschen, die Form von *worden* immer weggelassen!

Im Futur kann das Partizip mit dem Infinitiv vertauscht werden:

Futur I:	*Het papier zal opgehaald worden/worden opgehaald.* (Das Papier wird abgeholt werden.)
Futur II:	*Het papier zal opgehaald zijn/zijn opgehaald.* (Das Papier wird abgeholt werden sein.)

Hier gilt, wie im Perfekt, daß die Form von *werden* immer weggelassen wird.

Das Passiv wird oft in unpersönlichen Sätzen benutzt, die mit *er* (es) eingeleitet werden:

Er wordt hier veel gepraat. (Es wird hier viel geredet.)
Er wordt gebeld. ("Es wird geklingelt". Es klingelt.)

XIV DAS WORT *ER*

Dieses Wort wird in fünf verschiedenen Funktionen gebraucht:

- als ein Adverb mit Ortsbestimmung:

  Ben je al in Groningen geweest? Ja, ik heb er drie jaar gewoond.
  (Bist du schon in Groningen gewesen? Ja, ich habe dort drei Jahre gewohnt.)

- als Ersatz für ein Subjekt:

  Er zijn veel mensen op het strand. (Es sind viele Leute am Strand.)
  Er liggen kruimels op tafel. (Es liegen Krümel auf dem Tisch/Auf dem Tisch liegen Krümel.)

Beachte: Es gibt wird in manchen Fällen mit *er zijn* übersetzt, aber nie mit *er geeft*!

  Er zijn geen haaien in dit water. (Es gibt keine Haie in diesem Wasser.)
  Op de markt worden appels verkocht. (Auf dem Markt gibt es Äpfel.)

- zusammen mit einem Zahlwort:

  Hoeveel kaarten heb jij? Ik heb er vijf.
  (Wieviel Karten hast du? Ich habe fünf.)

  Ik heb alles verloren, maar jij hebt er nog veel.
  (Ich habe alles verloren, aber du hast noch viele.)

- als Subjekt im Passivsatz (siehe XIII)

- zusammen mit einer Präposition, z.B. *erover* ((dar)über), *erop* ((dar)auf) und *ervoor* ((da)für, vor):

  Zij praten erover. (Sie sprechen darüber.)
  Ik reken erop. (Ich rechne damit ("darauf").)
  Hij heeft me ervoor uitgenodigd. (Er hat mich dazu ("dafür") eingeladen.)

Beachte: *er + met* wird zu *ermee* und *er + tot* wird zu *ertoe*:

  *Nu spelen de jongens **ermee**.* (Jetzt spielen die Jungen damit.)
  *Ik werd **ertoe** gedwongen.* (Ich wurde dazu gezwungen.)

wird die Präposition auch von *er* getrennt, meistens von einem Adverb oder dem Objekt:

*De jongens spelen **er** graag **mee**.* (Die Jungen spielen gern damit.)
*Ik werd **er** altijd **toe** gedwongen.* (Ich wurde immer dazu gezwungen.)